Vietnam

Nick Ray, Wendy Yanagihara

Sommaire

Lonely Planet réalise ses guides en toute indépendance et n'accepte aucune publicité. Tous les établissements et prestataires mentionnés dans l'ouvrage le sont sur la foi du seul jugement des auteurs, qui ne bénéficient d'aucune rétribution ou réduction de prix en échange de leurs commentaires.

Các sách do nhà xuất bản Lonely Planet ấn hành chỉ nhằm giúp ý kiến một cách khách quan và vô vụ lợi. Lonely Planet không chấp nhận quảng cáo trong các sách hướng dẫn, cũng không nhận thù lao khi chọn đăng hoặc tán dương một cơ sở hay một thương vụ nào. Những người viết bài cho Lonely Planet không xin giảm giá hoặc nhận thù lao để nhận đăng những bài vở có tính chất cổ xúy, dù dưới hình thức nào.

Destination Vietnam

Jalonné de sons, de senteurs, d'images, de saveurs, un voyage au Vietnam peut devenir synonyme d'une fête des sens. Creuset d'une civilisation d'une richesse exceptionnelle, ce pays conserve l'héritage des cultures qui l'ont imprégné dans un cadre somptueux, celui d'une nature généreuse qui fait alterner chaînes montagneuses, bord de mer, delta fertile des fleuves, rizières ou cultures en terrasse.

Le Vietnam se caractérise par un puissant dynamisme qui semble parfois, pour un regard occidental, bien débridé. Une population toujours en mouvement répond au bouillonnement de cités qui se projettent dans le futur. Le va-et-vient des vélos, les cris des marchands, le bourdonnement des voix, le tintement des verres de bière côtoient le recueillement dans les pagodes, le bruissement des faux dans les champs, la musique envoûtante qui accompagne chaque occasion, gaie ou triste.

Un autre bonheur, de taille, naît de la maestria de la cuisine vietnamienne, riche de près de 500 spécialités, concoctées avec force herbes odorantes et épices secrètes. Et si l'odeur du nuoc mam, l'incontournable sauce au poisson, vous lasse, goûtez au *xeo*, l'alcool de riz dont il existe autant de variétés que de whiskies !

Désireux avant tout de protéger son indépendance et sa souveraineté, le Vietnam vous paraîtra sans doute revendiquer farouchement sa différence : rien de surprenant à cela, après toutes les épreuves que la population a dû franchir pour parvenir à la paix. Aujourd'hui, c'est à bras ouverts que le pays accueille tous les visiteurs.

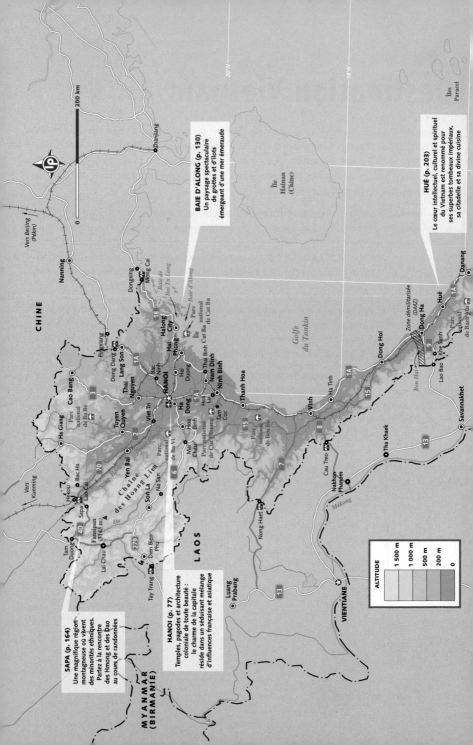

SAPA (p. 164)
Une magnifique région montagneuse où vivent des minorités ethniques. Partez à la rencontre des Hmong et des Dao au cours de randonnées.

HANOI (p. 77)
Temples, pagodes et architecture coloniale de toute beauté : le charme de la capitale réside dans un séduisant mélange d'influences française et asiatique.

BAIE D'ALONG (p. 130)
Un paysage spectaculaire de grottes et d'îlots émergeant d'une mer émeraude.

HUÉ (p. 203)
Le cœur intellectuel, culturel et spirituel du Vietnam est renommé pour ses superbes tombeaux impériaux, sa citadelle et sa divine cuisine.

CHINE

MYANMAR (BIRMANIE)

LAOS

Golfe du Tonkin

Île Hainan (Chine)

Îles Paracel

ALTITUDE
1 500 m
1 000 m
500 m
200 m
0

Vers Beijing (Pékin)

Vers Kunming

Nanning

Zhanjiang

200 km
0

20 N
18 N

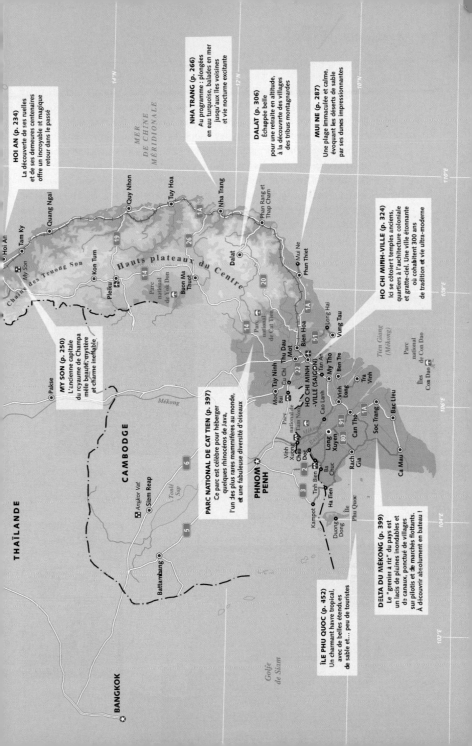

HOI AN (p. 234)
La découverte de ses ruelles et de ses demeures centenaires offre un incroyable et magique retour dans le passé

NHA TRANG (p. 266)
Au programme : plongées en eau turquoise, balades en mer jusqu'aux îles voisines et vie nocturne excitante

DALAT (p. 306)
Échappée belle pour une retraite en altitude, à la découverte des villages des tribus montagnardes

MUI NE (p. 287)
Une plage immaculée et calme, évoquant les déserts de sable par ses dunes impressionnantes

HO CHI MINH-VILLE (p. 324)
Ici se côtoient temples anciens, quartiers à l'architecture coloniale et gratte-ciel. Une ville étonnante où cohabitent 300 ans de tradition et vie ultra-moderne

MY SON (p. 250)
L'ancienne capitale du royaume de Champa mêle beauté, mystère et charme ineffable

PARC NATIONAL DE CAT TIEN (p. 397)
Ce parc est célèbre pour héberger quelques rhinocéros de Java, l'un des plus rares mammifères au monde, et une fabuleuse diversité d'oiseaux

DELTA DU MÉKONG (p. 399)
Le "grenier à riz" du pays est un lacis de plaines inondables et de canaux, ponctué de villages sur pilotis et de marchés flottants. À découvrir absolument en bateau !

ÎLE PHU QUOC (p. 452)
Un charmant havre tropical, avec de belles étendues de sable et... peu de touristes

THAÏLANDE

CAMBODGE

PHNOM PENH

BANGKOK

MER DE CHINE MÉRIDIONALE

Golfe de Siam

Hauts plateaux du Centre

Chaîne des Truong Son

Hoi An
Tam Ky
Quang Ngai
Quy Nhon
Tuy Hoa
Nha Trang
Phan Rang et Thap Cham
Dalat
Mui Ne
Phan Thiet
Kon Tum
Pleiku
Buon Ma Thuot
Parc national de Yok Don
Parc national de Cat Tien
Long Hai
Vung Tau
Bien Hoa
Thu Dau Mot
Tay Ninh
Cu Chi
Moc Bai
Parc national de Tram Nhon
HO CHI MINH-VILLE (SAIGON)
Tan An
My Tho
Ben Tre
Tra Vinh
Vinh Long
Can Tho
Soc Trang
Bac Lieu
Ca Mau
Rach Gia
Long Xuyen
Chau Doc
Vinh Xuong
Ha Tien
Kampot
Duong Dong
Île Phu Quoc
Tinh Bien
Ba Chuc
Pakse
Mékong
Angkor Vat
Siem Reap
Tonlé Sap
Battambang
Tien Giang (Mékong)
Îles de Con Dao
Con Dao
Parc national de Con Dao
My Son

14°N
12°N
10°N
110°E
108°E
106°E
104°E
102°E

C'est dans les grandes villes qu'il faut se rendre pour plonger réellement au cœur du Vietnam moderne. À la fois envoûtantes et pleines de contradictions dans leur course effrénée vers le futur, ces presque mégapoles restent attachées au passé. Les motos, les téléphones cellulaires et les mini-jupes de la nouvelle génération cohabitent avec les pagodes, les convictions politiques et la foi religieuse des plus âgés. Marx vous parle, et MTV lui succède. Sans faire l'impasse sur Hanoi et Ho Chi Minh-Ville, n'oubliez pas les deux joyaux que sont Hué et Danang. Outre ses prouesses en matière d'art culinaire, l'ancienne capitale impériale, **Hué** (p. 203), séduira les assoiffés de culture, tout comme **Danang** (p. 224), qui abrite la plus belle collection d'art cham au monde.

Un temple chinois dans Pho Hang Quat,
sur le chemin du vieux Hanoi (p. 83)

RICHARD I'ANSON

OLIVER STREWE

L'un des nombreux bars
de Hanoi (p. 107)

Étudiantes en *ao dai* (costume traditionnel)
à Ho Chi Minh-Ville (p. 324)

JOHN BANAGAN

ALAIN EVARD

Chez un coiffeur
à Hanoi (p. 112)

GREG ELMS

Ho Chi Minh-Ville de nuit, depuis le balcon du Rex Hotel (p. 357)

Circulation intense dans le vieux Hanoi (p. 83)

MANFRED GOTTSCHALK

Avec plus de 3 450 km de littoral, le Vietnam peut s'enorgueillir de plusieurs belles plages. À quelques kilomètres au large de la côte s'étendent des îles sublimes, à l'environnement subtropical (au sud) ou aux paysages de montagnes déchiquetées, cernées par la jungle (au nord). Pour les adeptes de la plage ou les mordus de voile, de plongée et de surf, l'éventail des activités est large. Goûtez le plaisir d'un verre sur le bateau flottant de Mama Linh (une légende vivante en Asie), ancré à proximité de **Nha Trang** (p. 266). Marchez dans la jungle parmi des paysages d'un autre monde de l'**île Cat Ba** (p. 134). Enfin, prenez le frais sur la plage de **Cua Dai** (p. 249), un alibi parfait pour prolonger votre séjour à Hoi An.

Embarcations traditionnelles
sur China Beach (p. 232)

PHIL WEYMOUTH

ANDERS BLOMQVIST

Les dunes et les bateaux de Mui Ne (p. 287)

La plage de Lang Co (p. 222)

NOBORU KOMINE

JOHN BANAGAN

Front de mer à Nha Trang (p. 264)

JOHN ASHBURNE

Pêche nocturne près
de l'île Phu Quoc (p. 452)

Jeunes pêcheurs dans la baie d'Along (p. 130)

RICHARD I'ANSON

La baie d'Along (p. 130)

MICHAEL GEBICKI

Afin de préserver notre culture et l'héritage des générations futures, l'Unesco inscrit les trésors de la planète sur la liste du patrimoine mondial. Le Vietnam recèle plusieurs de ces sites, qu'ils soient l'œuvre de l'homme, comme les monuments de Hué, la vieille ville de Hoi An, le sanctuaire cham de My Son, ou celle d'une nature inventive, telle la baie d'Along et Phong Nha.

Ainsi, la grotte de **Phong Nha** (p. 188) forme le plus important réseau de cavités souterraines du pays. Le charme de **Hoi An** (p. 234), où subsistent de superbes édifices, tient principalement à la préservation de l'héritage des civilisations successives.

Tombeau de l'empereur Minh Mang (p. 219), à Hué

NOBORU KOMINE

MARK KIRBY

Les grottes illuminées
de la baie d'Along (p. 130)

Les tours cham de Phan Rang (p. 281), vestiges de l'ancien royaume du Champa

NOBORU KOMIN

Les hauts reliefs et la végétation dense dans certaines régions plantent le décor pour les amateurs d'aventures ou simplement les amoureux de la nature. Envie d'explorer la jungle à pied ou à dos d'éléphant, d'observer les singes et les oiseaux ? Dirigez-vous vers le **parc national de Yok Don** (p. 315). Les montagnes du Nord-Ouest, accessibles par voie carrossable, promettent de longs et magnifiques périples – tout particulièrement la région de **Sapa** (p. 163), départ idéal pour une exploration des Alpes tonkinoises où vivent de nombreuses minorités ethniques. Le **parc national de Ba Be** (p. 147), empreint de beauté et de sérénité, se parcourt en bateau, à pied ou à vélo ; celui de **Bac Ha** (p. 171) vous invite à rencontrer les Hmong Fleur. Enfin, découvrez le monde sous-marin au large de **Nha Trang** (p. 266), et tentez de toucher le ciel en escaladant les rochers près de **Dalat** (p. 294).

Un gibbon du parc national
de Cuc Phuong (p. 181)

MASON FLORENCE

MANFRED GOTTSCHALK

Les îles de la baie d'Along (p. 130)

Les grottes de Tam Coc (p. 179), à découvrir en bateau

ANTHONY PLUMMER

Il existerait près de 500 spécialités culinaires au Vietnam et vous ne pourrez sans doute pas toutes les déguster (voir le chapitre *Saveurs du Vietnam*). Cette gastronomie se décline en saveurs aussi diverses que le sont les régions du pays. L'art culinaire de Hué, héritier de la cuisine impériale, s'y distingue tout particulièrement. Découvrez aussi les secrets du *cao lau* au Ba Le Well Restaurant de **Hoi An** (p. 234), la finesse d'un barbecue de fruits de mer à **Nha Trang** (p. 266), et n'oubliez pas la tournée des **bars bia hoi** (p. 108) du vieux Hanoi.

Le *pho bo*, petit déjeuner national (p. 64)

RICHARD I'ANSON

Marché Binh Tay
à Cholon (p. 366)

GARRETT CULHAN

Colporteurs à Hué
(p. 203)

Marché de nuit à Dalat (p. 294)

GREG EL

Mise en route

Pour ses villes traditionnelles et pleines de vie, la beauté de son littoral, ses paysages inouïs et le mélange de ses populations, le Vietnam, vibrant d'histoire et de culture, est devenu l'une des destinations asiatiques à la mode. Ce pays a énormément à offrir mais il manque parfois de souplesse. Armez-vous donc de patience et d'humour, et préparez-vous à l'inattendu, à l'aventure autant qu'aux vacances : il vous donnera alors le meilleur de lui-même.

QUAND PARTIR

La question est difficile à trancher, du fait de la diversité des climats. Les gelées, voire la neige, sont fréquentes dans les montagnes du Nord alors que, dans le Sud, les températures montent jusqu'à 40°C pendant la saison sèche.

Le Vietnam vit au rythme de ses deux moussons annuelles. L'une descend du nord-est entre octobre et mars, apporte un hiver froid à toutes les régions situées au nord de Nha Trang et un temps doux et sec au sud. L'autre, active d'avril-mai à octobre, génère un temps chaud et humide dans tout le pays, hormis les régions abritées par les montagnes. Pour viser au mieux, partez de préférence en avril, mai ou octobre. Si vous restez dans le Sud, sachez que, de novembre à mai, le temps y est sec et légèrement frais. De juillet à novembre, des typhons aussi violents qu'imprévisibles se forment au centre et au nord du pays.

Voir aussi la rubrique *Climat* (p. 465)

Le Vietnam est très fréquenté de novembre à mars, ainsi qu'en juillet-août, et les prix montent en flèche à l'époque de Noël et du Nouvel An ; évitez ces périodes si vous souhaitez le visiter tranquillement.

Voyager au moment du Têt (Nouvel An vietnamien, voir p. 51), une bonne idée en théorie, reste une entreprise un peu compliquée dans la pratique car la population entière se déplace à cette période, avant de passer la semaine tranquillement en famille. Cette fête, la plus importante du calendrier, a lieu entre fin janvier et mi-février.

COÛT DE LA VIE

Vos dépenses varieront considérablement en fonction de vos goûts et de vos exigences de confort. Les ascètes s'en sortiront sans problème avec 10 $US par jour, les voyageurs plus classiques avec 20 ou 25 $US ; avec un

---

QUE PRENDRE AVEC SOI ?

Il est conseillé de se charger le moins possible, car on trouve vraiment tout sur place : savons et parfums, vêtements, chaussures, sacs à dos de fabrication locale vendus à des prix compétitifs, etc. Voyageuses, attention toutefois : les tampons ne se trouvent que dans les grandes villes.

Torche et boussole peuvent s'avérer utiles, tout comme un couteau suisse, mais sans accessoires superflus – une lame et un ouvre-boîte suffisent largement.

Pensez également à prendre avec vous des cartes de visite, car les Vietnamiens se les distribuent comme des cartes à jouer ; des boules Quiès, pour parer au bruit omniprésent et permanent ; un adaptateur universel ; une protection contre la pluie pour le sac à dos ; un pull ou un sweat-shirt pour les voyages dans les Hauts-Plateaux et les trajets en bus climatisés ; un produit antimoustiques.

Pour finir, n'oubliez pas des sacs en plastique, pour conserver vos affaires propres et sèches, ce qui est fort agréable après une longue journée sous la pluie.

budget de 75 à 100 $US par jour, vous serez plus que confortablement logé et nourri et aurez accès à de bons moyens de transport. À partir de 200 $US ou plus à dépenser quotidiennement, les possibilités se multiplient... bien évidemment.

Il n'est pas rare que les prix gonflent à l'intention des voyageurs, lors d'achat de souvenirs, de courses en taxi, ou dans les restaurants. Cela étant, ne pensez surtout pas que tous les Vietnamiens voient en vous une manne financière sur pied : le plus souvent, et en dépit d'une grande pauvreté, on vous fera payer les prix qui se pratiquent localement.

Dans les régions très touristiques, on trouve des chambres d'hôtel très bon marché (3-5 $US). De 10 à 20 $US, le confort s'améliore nettement, la chambre possédant généralement la climatisation, l'eau chaude, la TV satellite et un réfrigérateur. Moyennant 50 $US la nuit, on accède aux trois-étoiles ; à partir de 100 $US aux cinq-étoiles. En basse saison, ou si la fréquentation est faible, n'hésitez pas à négocier.

C'est au chapitre alimentaire que le Vietnam donne toute sa mesure. Aux étals des marchés, se restaurer revient à 0,35 $US ou 0,70 $US ; un établissement plus confortable facture un repas de 1 à 3,50 $US ; quant aux restaurants gastronomiques, l'addition n'y dépasse pas 10 $US, boissons comprises – toutefois, s'il s'agit de bon vin, il peut rapidement vous en coûter autour de 50 $US.

Les vols intérieurs reviennent comparativement plus cher que dans les autres pays de la région : comptez environ 100 $US pour l'aller simple Hanoi-Ho Chi Minh-Ville (HCMV). Le train offre un excellent rapport qualité/prix, en particulier le train de nuit, qui permet de parcourir les grandes distances comme Hanoi-Hué ou HCMV-Nha Trang.

Le bus est quasiment donné. Les bus publics desservent les grandes villes affichent des tarifs fixes, mais il n'est pas rare que les prix augmentent subitement lorsqu'on circule dans des régions reculées. Pour plus d'indépendance, beaucoup préfèrent louer une voiture ou un 4x4 avec guide : dans l'intérieur du pays, il vous en coûtera de 25 à 70 $US par jour, en comptant la nourriture et le logement de votre guide. Les services du guide se rémunèrent quant à eux entre 20 et 40 $US, selon la destination.

Quel que soit votre budget, le Vietnam est une expérience rêvée – à vous de la vivre au maximum.

LIVRES À EMPORTER

La Nuit du dragon – Voyages en Indochine (1952) : dans ce fascinant récit, Norman Lewis relate ses voyages au Vietnam, au Laos et au Cambodge en 1949-1950, et apporte un éclairage sur les derniers jours de la colonisation française.

Dans *Un barrage contre le Pacifique* (1950), Marguerite Duras retrace son enfance et son adolescence, avec en toile de fond l'Indochine coloniale française. Dans l'*Amant* (1984), elle revient sur cette période qui a marqué toute son œuvre.

Feuilles odorantes du palmier (1998) est un merveilleux recueil poétique rassemblant des passages du journal tenu au Vietnam et aux États-Unis, dans les années 1960, par Thich Nhat Hanh, moine zen et militant de la paix. Alors que la guerre fait rage dans son pays, il tente de trouver un sens à ces événements ; son évocation du Sud-Vietnam de l'époque est particulièrement marquante.

Le Souffle du cobra (2001) : Andrew X. Pham, Américain d'origine vietnamienne, évoque sa fuite, en 1977, d'un pays déchiré par la guerre et son retour, vingt ans plus tard, muni d'un vélo et du désir de travailler sur sa double identité culturelle.

TOP 10
10 FILMS À VOIR

Dans l'histoire mouvementée du Vietnam, les cinéastes, tant vietnamiens qu'étrangers, ont puisé et exploité une matière infiniment riche : films d'atmosphère datant d'avant la tourmente, traitement de l'expérience américaine au Vietnam, mais aussi du retour à la vie des Américains et des Vietnamiens après tant de morts dans l'un et l'autre camp.

- *Voyage au bout de l'enfer,* de Michael Cimino (1978)
- *Apocalypse Now,* de Francis Ford Coppola (1979)
- *Platoon,* de Oliver Stone (1986)
- *Né un 4 juillet,* de Oliver Stone (1989)
- *Dien Bien Phu,* de Pierre Schoendoerffer (1991)
- *L'Amant,* de Jean-Jacques Annaud (1992)
- *Indochine,* de Régis Wargnier (1992)
- *L'Odeur de la papaye verte,* de Tran Anh Hung (1992)
- *Cyclo,* de Tran Anh Hung (1995)
- *Trois saisons,* de Tony Bui (2000)

10 SPÉCIALITÉS À SAVOURER

Le Vietnam est l'un des pays d'Asie où la gastronomie est la plus variée. Bien manger fait partie intégrante de la culture vietnamienne, et les plats sont toujours très bien présentés, même dans les restaurants modestes.

- Le pho, soupe de nouille au riz
- Les nems appelés sur place *nem ran* ou *cha glo*
- Le nuoc mam, sauce au poisson qui accompagne tous les plats
- Les banh cuon, des crêpes de riz
- Lau, la fondue vietnamienne
- Les tcha ká, filets de poisson grillés sur la braise
- Tchao tôm, canne à sucre grillée, roulée dans de la pâte de crevette épicée
- Le Cau Lau, plat à base de nouilles plates, spécialité de Hoi An
- Le thanh long, fruit du dragon
- La papaye, fruit à la chair orange

10 BIÈRES À DÉGUSTER

La *bia hoi* (bière pression) se consomme partout à 0,10 $US le verre et jusqu'à 1 $US la grande bouteille. N'hésitez pas à y goûter, car c'est de surcroît un excellent moyen de lier connaissance. Voici les meilleures, selon nos auteurs.

- **Bia Hoi** – la moins chère ; elle coule à flots
- **BGI** – très appréciée dans le Sud
- **Halida** – une pilsner un peu doucereuse, la meilleure bière du Nord
- **Hanoi** – autre spécialité du Nord, très pratique en bouteille de 50 cl
- **Huda Hué** – une rencontre entre le Vietnam et le Danemark, pour cette dernière des "joint ventures" du centre du Vietnam
- **Larue** – héritage des Français ; la version Export est excellente
- **Red Horse** – hyper corsée : goûtez-la à Nha Trang
- **Saigon** – elle tenait l'affiche dans le Sud ; sa version Export est nationale
- **333** – le sauveur du Sud : à prononcer ba-ba-ba
- **Tiger** – c'est une intruse (elle vient de Singapour), mais elle est brassée localement

Dix ans après (1987), de Tim Page, est un ouvrage impressionnant regroupant "des photos prises sur douze mois, dix ans après la guerre".

La Colline des anges : retour au Vietnam (1993), de Jean-Claude Guillebaud et Raymond Depardon. Regards croisés, avec 20 ans de recul, sur le Vietnam contemporain pour un ancien correspondant de guerre et un photographe.

La guerre du Vietnam a marqué toute une génération et inspiré d'innombrables récits : tragédies et victoires, témoignages de soldats américains de retour au pays, histoires poignantes et pleines d'humanité relatées par des Vietnamiens, reportages des meilleurs journalistes de l'époque. Citons notamment *À propos de courage* (1973) de Tim O'Brien, *L'Innocence perdue – un Américain au Vietnam* (1991) de Neil Sheehan (voir également p. 34), *Roman sans titre* (1992) de Duong Thu Huong, *Le Chagrin de la guerre* (1996) de Bao Ninh (p. 35), et *La Fille de la photo* (2001) de Denise Chong.

Enfin, pour découvrir une grande figure de la littérature vietnamienne, lisez *À nos vingt ans* de Nguyen Huy Thiep (L'Aube, 2005), portrait sans concession d'une jeunesse entrée de plain-pied dans la société capitaliste – un livre non encore édité au Vietnam. Les quatorze nouvelles d'*Au rez-de-chaussée du paradis, récits vietnamiens 1991-2003* (Philippe Picquier, 2005) sont, quant à elles, représentatives de la génération montante des lettres vietnamiennes, celle qui a pour maître, justement, Nguyen Huy Thiep (voir aussi p. 48).

SITES INTERNET

Carnets du Vietnam (www.carnetsduvietnam.com). Site culturel de passionnés du Vietnam, comportant une revue en ligne, un annuaire d'associations franco-vietnamiennes, un calendrier et des petites annonces, avec mention spéciale pour la rubrique consacrée au cinéma vietnamien.

Jewels of the Mekong Delta (www.travelmedia.com/mekong/). Informations sur les voyages et sur les pays situés en bordure du Mékong (site anglophone).

Lonely Planet (www.lonelyplanet.fr). Informations pratiques et culturelles. Forum de voyageurs.

Terre des dragons et des légendes (www.limsi.fr/Recherche/CIG/france.htm). Le site d'un Vietnamien, au contenu attractif et intéressant. Nombre d'informations sur l'histoire, la culture, les arts, la cuisine ou la société.

Things Asian (www.thingsasian.com). Architecture, littérature, mode... tout (ou presque) sur la culture vietnamienne (site anglophone).

Vietnam Adventures Online (www.vietnamadventures.com). Mille informations pratiques et, chaque mois, des récits de voyages et des offres spéciales (site anglophone).

Vietnam Travel (www.vietnam-travel.com). Voyages à travers le Vietnam, vaste choix de liens en vue d'explorations plus poussées (site anglophone).

Vietnam 1900 (www.masse.to/vietold/). Des centaines de photographies en noir et blanc sur le pays au début du siècle, mêlant paysages, portraits et scènes de la vie quotidienne.

Vivre et travailler au Vietnam (www.net-on-line.net/infos_pays/asie/vietnam/). Renseignements utiles sur le pays et les opportunités de travail sur place.

Itinéraires
LES GRANDS CLASSIQUES

LA CÔTE
3-4 semaines

Depuis la capitale, **Hanoi** (p. 77), préparez-vous au long voyage vers le sud. Une petite étape vous mènera à **Ninh Binh** (p. 178), qui ouvre sur les panoramas irréels de **Tam Coc** (p. 179) et **Hoa Lu** (p. 180), et vous emmène à la rencontre de la faune du parc national de **Cuc Phuong** (p. 181).

Visitez **Hué** (p. 203), l'ancienne capitale impériale, puis passez l'impressionnant col de Hai Van jusqu'à **Danang** (p. 224) et son **musée de la Sculpture cham** (p. 227) – incontournable si vous souhaitez découvrir l'héritage du royaume de Champa. À **Hoi An** (p. 234), flânez dans les rues pour apprécier l'architecture coloniale ou détendez-vous sur la plage. Passez une journée à **My Son** (p. 250), la mieux préservée des cités historiques cham qui parsèment les régions côtières situées plus au sud.

À **Nha Trang** (p. 266), la plus grande et la plus débridée des stations balnéaires du Vietnam, savourez la somptueuse promenade en bateau jusqu'aux îles avoisinantes. Si ce rythme est trop soutenu, poursuivez vers le sud, où l'élégante **Mui Ne** (p. 287), avec sa plage de rêve entourée d'imposantes dunes de sable, est très accessible aux petits budgets.

Terminez par **Ho Chi Minh-Ville** (p. 324), où vous pourrez découvrir à loisir les meilleurs bars et restaurants du pays.

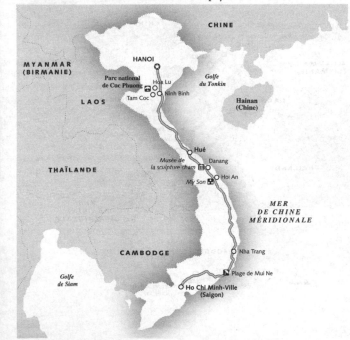

De nombreux voyagistes proposent ce circuit en 2 semaines, ce qui laisse à peine le temps de s'arrêter à chaque étape. Pour cette équipée de 1 710 km, optez plutôt pour le train, le bus ou une location de voiture avec guide.

DU SUD AU NORD

1 mois

Commencez votre voyage par **Ho Chi Minh-Ville** (p. 324), cœur commercial du pays. Parcourez les marchés, visitez quelques musées et faites une incursion dans le monde souterrain des **tunnels de Cu Chi** (p. 376). Poursuivez par **Tay Ninh** (p. 379), haut lieu du caodaïsme, où vous pourrez assister au culte du matin dans son temple baroque.

Pendant un ou deux jours, explorez le delta du Mékong ; passez une ou deux nuits à **Can Tho** (p. 419), centre de la vie sociale et commerciale de la région, avant de gagner le delta et l'univers des marchés flottants.

Prenez ensuite un peu de hauteur et dirigez-vous vers les hauts plateaux du Centre et **Dalat** (p. 294), station d'altitude nichée dans un cadre romantique.

De retour sur le littoral, suivez l'itinéraire côtier (voir p. 17) en faisant étape à **Nha Trang** (p. 266), dans la ravissante **Hoi An** (p. 234) et à **Hué** (p. 203). Au nord de l'ancienne capitale impériale s'étend la zone démilitarisée (DMZ) qui séparait les deux Vietnam et vous traverserez des sites rendus célèbres par la guerre, notamment la base militaire de **Khe Sanh** (p. 198) et les **tunnels de Vinh Moc** (p. 195). Prenez ensuite le train de nuit pour **Hanoi** (p. 77), qui vous ouvre la porte du Nord.

À l'est de la capitale s'étend la spectaculaire baie d'**Along** (p. 130), jalonnée de plus de 3 000 affleurements calcaires. Allez jusqu'à l'île **Cat Ba** (p. 134), au relief déchiqueté, puis bouclez la boucle en retrouvant la capitale *via* **Haiphong** (p. 124), où règne une atmosphère proche de celle du vieux Hanoi. Pour achever ce périple, prenez un train de nuit jusqu'à **Sapa** (p. 163), capitale non officielle des tribus montagnardes du Nord-Ouest, superbe point de départ de randonnées à pied ou à vélo.

Trains et bus desservent la plupart des étapes de ce périple. Cependant, pour le long trajet Hué-Hanoi, l'avion vous fera gagner un temps précieux. Dans la baie d'Along, choisissez le bateau, idéal pour admirer les formations karstiques.

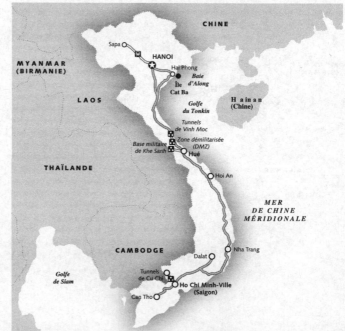

HORS DES SENTIERS BATTUS

TOUJOURS PLUS HAUT
1-3 semaines

Région de montagnes à la beauté ensorcelante et mosaïque ethnique, le Nord-Ouest est un monde à part entière. Le parcourir en 4x4 ou à moto vous laissera un souvenir impérissable.

Quittez Hanoi pour **Mai Chau** (p. 155), le fief des Thaï blancs, qui offre un excellent aperçu de la vie des minorités. Si vous aimez la marche, partez à pied à la découverte des villages des alentours. Reprenez ensuite votre périple et, lorsque la route commence à grimper dans les montagnes Hoang Lien, faites halte à **Son La** (p.156), une bonne étape avant d'atteindre **Dien Bien Phu** (p. 159).

En poussant vers les régions reculées du Nord-Est, on parvient à **Lai Chau** (p. 161), cœur d'un patchwork de communautés thaï et point de ravitaillement sur la route de Sapa, laquelle serpente à travers **Tam Duong** (p. 163) avant de franchir le col impressionnant de **Tram Ton** (p. 167).

Surgit alors **Sapa** (p. 163), l'une des destinations les plus prisées de cette région pour l'incroyable éventail des minorités qui y cohabitent, pour ses marchés si colorés et pour ses panoramas à perte de vue (par temps clair). Prenez un train depuis **Lao Cai** (p. 170) ou continuez vers l'est jusqu'à **Bac Ha** (p. 171), ville des Hmong Fleur. Pour achever l'aventure en beauté, mettez le cap sur **Ha Giang** (p. 173), aux paysages mythiques et dont aucun relevé topographique n'a encore fait l'inventaire.

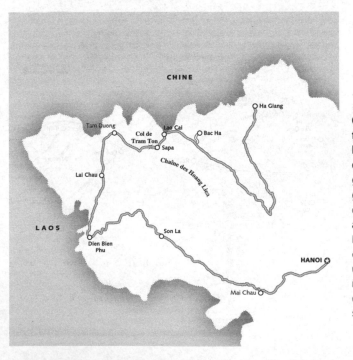

Ces routes sinueuses figurent parmi les plus dangereuses du pays. Prenez garde aux fréquents glissements de terrain et aux inondations. Pour les motards chevronnés, c'est un voyage de rêve, même si le moyen de transport le plus sûr reste le 4x4.

LES CHARMES DU DELTA

2 semaines

Les voyageurs motorisés peuvent suivre avec bonheur les chemins détournés qui bordent le Mékong et, pénétrant plus avant dans le delta, découvrir ses rythmes, ses parfums, ses couleurs. Si vous êtes à moto, n'oubliez pas de porter un casque, accessoire indispensable (et désormais obligatoire).

Au départ de **Ben Tre** (p. 408), offrez-vous une balade dans les îles toutes proches et passez la nuit dans un bungalow au milieu des longaniers. Une randonnée vers **Can Tho** (p. 422), la ville la plus marchande et cosmopolite du delta, vous mènera à la célèbre statue de Ho Chi Minh.

Une promenade en bateau est la meilleure manière de découvrir les marchés flottants, avant de se rendre à **Chau Doc** (p. 436), charmante ville-frontière que traverseront ceux qui souhaitent passer au Cambodge, par voie terrestre ou maritime.

C'est là que l'on quitte la route fréquentée. Partez d'abord en direction du sud-est et de **Ba Chuc** (p. 441), qui abrite la "pagode aux ossements". Dirigez-vous ensuite vers la plage de **Ha Tien** (p. 444), une autre ville-frontière, puis vers celle de **Hon Chong** (p. 267), plus bucolique encore, où le soleil se couche dans la mer de Chine. Le littoral rocheux contraste ici singulièrement avec les plages sableuses à l'est de HCMV.

La route nationale longeant le delta vous conduit jusqu'à **Rach Gia** (p. 443), point de départ des bateaux à destination de **Phu Quoc** (p. 452). Goûtez le calme de cette île paisible, couverte de réserves forestières – un site d'exception pour clore cette escapade dans le delta du Mékong.

Si, jusqu'à Chau Doc, les transports publics ne posent aucun problème, ils se raréfient ensuite et demandent de la souplesse. Trois liaisons hebdomadaires relient l'île Phu Quoc à HCMV et il est préférable de réserver son vol bien à l'avance.

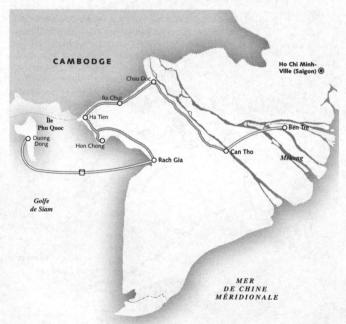

VOYAGES THÉMATIQUES

NATURE ET SPORTS D'AVENTURE

Pour les adeptes de sensations fortes et les amoureux de la nature exclusivement ! Découvrez la baie d'**Along** (p. 130) en kayak de mer, pour approcher au plus près les formations karstiques, ou par l'escalade – les affleurements rocheux sont le point de départ de superbes ascensions pour les grimpeurs expérimentés. Embarquez ensuite pour la baie de **Bai Tu Long** (p. 138), au nord-est, et admirez cette "nouvelle" baie d'Along, encore peu envahie par les touristes. Cap ensuite vers le parc national de **Ba Be** (p. 147), au nord de la capitale : au cœur d'une forêt verdoyante, trois lacs magnifiques offrent diverses possibilités de randonnées à pied et à vélo. Dans le Centre, le parc national de **Bach Ma** (p. 220) est bien aménagé pour les marcheurs, avec un ensemble de sentiers balisés menant à des cascades.

Si les plages vous attirent, commencez par **China Beach** (p. 232), avant de glisser sous les vagues à **Nha Trang** (p. 266), haut lieu de la plongée. Retour en altitude, ensuite, avec une incursion dans deux parcs nationaux des Hauts Plateaux : **Cat Tien** (p. 397), bien connu pour ses oiseaux et ses spécimens très rares de rhinocéros de Java, et **Yok Don** (p. 315), paradis des éléphants. Achevez votre périple en allant vous détendre à **Dalat** (p. 294), où se pratiquent la descente en rappel, le vélo et l'escalade.

ÎLES ET PLAGES

Non loin de HCMV, les plages de **Vung Tau** (p. 386) se distinguent par leurs bars bondés de celles, plus tranquilles, de **Loc An** (p. 394), **Ho Coc** (p. 392) et **Long Hai** (p. 392). Si vous le pouvez, sautez dans un avion ou un hélicoptère pour vous offrir une escapade aux **îles Con Dao** (p. 389) ou à **Phu Quoc** (p. 452), l'île de rêve. **Mui Ne** (p. 287), la plus jolie station balnéaire du pays, permet de s'adonner à la planche à voile, au surf, au kite-surf ou tout simplement au farniente... avant d'aborder **Ca Na** (p. 285) et ses superbes paysages granitiques. Un peu plus au nord vous attend **Nha Trang** (p. 266), la reine du littoral en terme de popularité. La région abrite aussi des paradis paisibles, telles les plages de **Doc Let** (p. 265), de la **Jungle** (p. 266), de **Dai Lanh** (p. 265) et de l'**île aux Baleines** (p. 265).

Si l'île **Cat Ba** (p. 134) et la baie de **Bai Tu Long** (p. 138) possèdent aussi de belles étendues de sable, la palme en ce domaine appartient à la région du Centre : qu'elle porte le nom de **China Beach** (p. 232), au nord, ou de **Cua Dai** (p. 249) au sud, cette plage longue de 30 km, s'étendant de Danang à Hoi An, reste paradisiaque. Et la liste n'est pas close : sur des centaines de kilomètres vers le nord et le sud, d'innombrables criques et baies retirées jalonnent le littoral vietnamien, assurant au pays un brillant avenir en matière balnéaire.

Les auteurs

NICK RAY
**Auteur-coordinateur,
Hanoi, Nord-Ouest, Nord-Est, Centre-Nord et Centre**
Délaissant son Angleterre d'origine, Nick parcourt le Vietnam
depuis une dizaine d'années, tout d'abord en dilettante, puis
comme guide de circuits sportifs. Vivant à Phnom Penh, il considère un peu le Vietnam comme sa résidence secondaire. Auteur
pour Lonely Planet des guides *Cycling Vietnam*, *Laos* et *Cambodia*,
il connaît pratiquement toutes les provinces, du nord au sud,
mais s'enflamme plus particulièrement pour Hoi An et sa beauté
tranquille, ainsi que pour les montagnes du Nord-Ouest.

Les coups de cœur de l'auteur
Le littoral par la nationale 1, en faisant halte sur des
petites plages inconnues comme Dai Lanh (p. 265) et
Doc Let (p. 265), et les montagnes du Nord-Ouest en
Minsk, l'une des expéditions à moto les plus mémorables
qui soient ! Arriver de nuit dans la vallée de Muong
Thanh, autour de Dien Bien Phu (p. 159), tenait un peu
de la folie, mais les qualificatifs m'ont manqué pour
décrire les paysages traversés jusqu'à Sapa (p. 163). J'ai
gardé le meilleur pour la fin : l'entrée dans Ha Giang, au
nord (p. 173), par la route époustouflante de Meo Vac
(p. 173). Cette impression grandiose fut, hélas, anéantie
quand je tombai sur des exercices militaires dans le
district de Khau Vai !

WENDY YANAGIHARA
**Littoral du Centre et du Sud,
Hauts plateaux du Centre,
Ho Chi Minh-Ville et ses alentours,
delta du Mékong**
C'est la curiosité qui a poussé Wendy Yanagihara à s'installer
pour un an à Ho Chi Minh-Ville, où elle a enseigné l'anglais tout
en apprenant énormément sur elle-même. Pour Lonely Planet,
Wendy a collaboré à la mise à jour des guides *Southeast Asia on a
Shoestring* et *Mexico*. Pour cette édition, elle a parcouru le Vietnam
du Sud. Grande amoureuse de ce pays, elle médite désormais sur sa
complexité depuis la Californie, tout en rêvant de pouvoir le faire
dans l'ancienne Saigon en buvant un petit pastis.

Instantané

Ces dix dernières années, la société vietnamienne a amorcé une phase de profonde transition, même si, sur le plan politique, le changement n'a pas suivi. Le communisme, mot d'ordre de toute une génération, a fait place au capitalisme. Empruntant la même route que celle empruntée par les dirigeants chinois sous la houlette de Deng Xiaoping, le gouvernement vietnamien a lâché les rênes de l'économie pour permettre au pays d'accéder à la prospérité, tout en conservant une poigne de fer dans le domaine politique et celui de la pensée. Il en résulte aujourd'hui un mélange assez paradoxal d'économie ultra-libérale et de politique ultra-conservatrice qui ne manque pas de rendre la population perplexe quant aux fondements réels du pays. Les Vietnamiens possèdent la liberté de gagner de l'argent mais non celle de s'exprimer au plan politique ; plus ils entrent en relation avec le monde extérieur par le biais des affaires, du tourisme et d'Internet, plus cette contradiction devient difficile à admettre.

L'économie actuelle laisse pour l'instant le communisme à la porte. Le Vietnam, qui fait partie de la nouvelle génération des "tigres asiatiques", connaît une croissance annuelle de 8%. C'est l'un des rares pays capables de garder le géant chinois dans sa ligne de mire. Si le pouvoir politique repose entre les mains d'une élite, le pouvoir économique appartient sans conteste aux classes moyennes. Le gouvernement veut aujourd'hui s'acheter une légitimité qu'il n'a pas gagnée dans les urnes en se lançant à corps perdu dans des projets d'aménagement de vaste envergure – routes, ponts, tunnels, bâtiments administratifs –, dans le but non avoué d'empêcher l'opinion de s'interroger.

Certaines questions commencent néanmoins à être posées. À propos de la corruption, par exemple : le procès de Nam Can, parrain de la pègre de Ho Chi Minh-Ville, a ébranlé l'assise du gouvernement en raison du nombre de policiers et d'officiels impliqués.

Les minorités, de leur côté, se révoltent ; c'est ainsi, du moins, que le gouvernement présente la situation. La vietnamisation bat son plein dans les hauts plateaux du Centre et au nord-ouest du pays : lorsque les populations concernées ont décidé qu'elles souhaitaient y mettre un terme, la répression ne s'est pas fait attendre. Le gouvernement doit comprendre qu'il lui faut dialoguer d'égal à égal avec les minorités et, dans ce domaine, tout reste à faire.

Par ailleurs, les épidémies ont placé le Vietnam, ces deux dernières années, à la une des médias. Le sras a fait cinq victimes en 2003 et anéanti toute perspective touristique pour le reste de l'année. Au moment où le pays et l'industrie touristique commençaient à se relever, la grippe aviaire a émergé, assortie à son tour d'une couverture médiatique catastrophique. Il faut signaler que le gouvernement et le système de santé vietnamiens ont pris en charge ces deux épidémies avec beaucoup de professionnalisme.

Si Marx et Lénine reposent aujourd'hui dans leur terre natale, ils sont toujours bien vivants au Vietnam. Combien de temps la situation actuelle pourra-t-elle durer, dès lors que le pays s'engage dans des relations de voisinage et s'investit dans l'économie mondiale ? La question reste ouverte. Quoi que pensent les Vietnamiens du communisme en privé et quoi qu'il advienne du Parti, Ho Chi Minh reste le héros intemporel, nationaliste et patriote, qui a donné au Vietnam son indépendance et dont la place dans l'Histoire est assurée.

QUELQUES CHIFFRES

Population : 82,7 millions (2004)

Espérance de vie : 68 ans pour les hommes, 73 ans pour les femmes

Taux de mortalité infantile : 30/1 000

PIB : 34,6 milliards $US (2002)

Taux d'alphabétisation des adultes : 94%

Production annuelle de riz : 32,3 millions de tonnes

Bombes larguées durant la guerre : 15 millions de tonnes

Motos en circulation : 9,4 millions

Production annuelle de nuoc mam : 200 millions de litres

Membres du Parti communiste : 2 millions

Histoire

L'histoire du Vietnam évoque encore aujourd'hui, en premier lieu, la guerre du Vietnam, qui focalisa l'attention des Occidentaux ; mais il y a de cela plusieurs siècles, le pays affrontait déjà les Chinois, les Khmers, les Cham et les Mongols. La civilisation vietnamienne, quant à elle, s'avère tout aussi élaborée que celle de la Chine – elle a eu le temps, en mille ans d'occupation chinoise, de puiser nombre d'influences chez son puissant voisin du Nord. Bien plus tard, la tutelle française amorce l'époque humiliante du colonialisme, dont le Vietnam ne parviendra à émerger que dans la seconde moitié du XXᵉ siècle. Les Américains n'ont donc été que les derniers sur la longue liste des envahisseurs qu'a connus le pays au fil des siècles.

Dans les villes et les bourgs du Vietnam, les rues principales portent toutes les mêmes noms – ceux des grands héros nationaux qui, pendant 2 000 ans, ont guidé le pays dans ses guerres de libération successives et dont les exploits ont inspiré des générations de patriotes.

LA PRÉHISTOIRE

Selon des découvertes archéologiques récentes, le plus ancien peuplement du nord du Vietnam remonte à environ 500 000 ans. Des civilisations néolithiques, apparues dans cette région il y a 10 000 ans, auraient pratiqué une forme primitive d'agriculture dès 7000 av. J.-C. La culture très brillante de Dong Son, connue pour ses tambours, naquit à l'âge du bronze, aux alentours du IIIᵉ siècle av. J.-C.

LES ROYAUMES DU FUNAN ET DU CHAMPA

Du Iᵉʳ au Vᵉ siècle de notre ère, le sud du Vietnam actuel faisait partie du royaume cambodgien hindouisé du Funan, réputé pour le raffinement de ses arts et de son architecture. Ce peuple possédait un système de canaux très complexe servant à la fois à la navigation et à l'irrigation des rizières ; le port principal du royaume, Oc-Eo, se situait sur le delta du Mékong. Des fouilles archéologiques ont révélé que le Funan entretenait des relations avec la Chine, l'Indonésie, la Perse et même les pays méditerranéens.

À la fin du IIᵉ siècle, le royaume hindou du Champa s'installe sur le site de l'actuelle Danang (voir p. 224). Tout comme le Funan, il adopte le sanskrit comme langue sacrée, et emprunte beaucoup à l'art indien. Dès le VIIIᵉ siècle, le royaume du Champa, se tournant vers le sud, avait gagné les territoires incluant les villes actuelles de Nha Trang et Phan Rang. Les Cham, très combatifs, menaient des attaques tout le long de la côte indo-chinoise, instaurant un état de guerre permanent avec les Vietnamiens, au nord, et les Khmers, au sud-ouest. Les splendides sculptures cham du musée de Danang témoignent de cette période (p. 227).

LA DOMINATION CHINOISE

Les Chinois conquièrent le delta du fleuve Rouge au IIᵉ siècle av. J.-C. Durant les siècles qui suivent, bon nombre de colons, de bureaucrates et d'intellectuels chinois imposeront aux Vietnamiens un système centralisé.

Pour en savoir plus sur l'histoire ancienne qui a tant façonné le Vietnam d'aujourd'hui, consultez l'ouvrage de Lê Thanh Khôi, *Histoire du Vietnam, des origines à 1858* (Sudestasie, 1982).

CHRONOLOGIE

40	938
Les sœurs Trung (Hai Ba Trung) mènent une rébellion contre les occupants chinois	Les Chinois sont chassés du Vietnam après plus d'un millénaire d'occupation

Certains seigneurs locaux s'y opposeront fermement : l'acte de résistance le plus célèbre est la rébellion des sœurs Trung (Hai Ba Trung) qui, en l'an 40, rallient des chefs tribaux, lèvent une armée et conduisent une révolte qui poussera à la fuite le gouverneur chinois. Elles se proclament alors reines du Vietnam indépendant. En 43, toutefois, les Chinois contre-attaquent : plutôt que de se rendre, les sœurs Trung se jetteront dans la rivière Hat Giang.

À cette époque, les ports du Vietnam constituent des escales importantes sur la route maritime reliant la Chine à l'Inde. Les Vietnamiens se familiarisent avec le confucianisme, le taoïsme et le bouddhisme mahayana, tandis que les Indiens introduisent le bouddhisme theravada. Les bonzes transmettent les connaissances scientifiques et médicales de ces deux grandes civilisations, et le Vietnam forme rapidement de grands érudits, médecins et botanistes.

Les Vietnamiens d'alors ont énormément emprunté aux Chinois, notamment pour la construction des digues et des systèmes d'irrigation – des innovations qui leur permettent d'obtenir une production rizicole constante, aujourd'hui encore essentielle pour l'alimentation quotidienne. Mieux nourrie, la population a commencé à croître et, par conséquent, à partir à la recherche de terres nouvelles.

LES DYNASTIES DES LY ET DES TRAN

Après la chute de la dynastie des Tang, au début du Xᵉ siècle, les Vietnamiens se révoltent contre l'autorité chinoise. En 938, Ngo Quyen, lors d'une bataille sur la rivière Bach Dang, soumet les armées chinoises, mettant ainsi un terme à un millénaire de domination.

Du XIᵉ au XIIIᵉ siècle, l'indépendance du Vietnam se consolide avec les empereurs de la dynastie des Ly, fondée par Ly Thai To, qui repoussera les assauts répétés des Chinois, des Khmers et des Cham. Pendant ce temps, les Vietnamiens poursuivent leur expansion vers le sud, entamant la colonisation brutale du royaume cham.

Au milieu du XIIIᵉ siècle, le Mongol Kubilai Khan parachève sa conquête de la Chine et réclame le droit de traverser le territoire vietnamien pour attaquer le Champa. Les Vietnamiens refusent, mais l'armée mongole, forte de quelque 500 000 hommes, passe outre. Tran Hung Dao repousse alors l'envahisseur lors de la célèbre bataille de la rivière Bach Dang. Pour en savoir plus, voir l'encadré *Tran Hung Dao, un stratège infaillible* (p. 133) et la partie consacrée à la baie d'Along (p. 130).

Les Chinois reprennent le contrôle du Vietnam au début du XVᵉ siècle : ils emporteront avec eux les archives nationales et forceront les intellectuels à émigrer en Chine, causant ainsi une perte irréparable à la civilisation vietnamienne. Le grand poète Nguyen Trai (1380-1442) traduit en ces termes la domination chinoise : "Toute l'eau de la mer orientale ne saurait suffire à effacer la tache de leur ignominie ; tous les bambous des montagnes méridionales ne sauraient donner assez de papier pour dresser la longue liste de leurs crimes."

LE LOI ET LES LE POSTÉRIEURS

En 1418, Le Loi, un riche philanthrope, prépare l'insurrection de Lam Son en parcourant le pays pour rallier les populations à la cause anti-chinoise.

En 679, les Chinois transforment le nom de Vietnam en Annam, signifiant " Sud pacifié". Depuis cette époque, la domination chinoise, inscrite dans la mémoire collective, a façonné l'identité vietnamienne.

1010	1076
Thanh Long, "la cité du dragon déployé", aujourd'hui Hanoi, devient la capitale du Vietnam	La 1ʳᵉ université vietnamienne, le temple de la Littérature, ouvre ses portes à Hanoi

En 1428, il se proclame empereur sous le nom de Le Thai To : aujourd'hui encore, le Vietnam continue de voir en lui l'un de ses plus grands héros.

Après sa victoire contre les Chinois, Nguyen Trai, intellectuel et compagnon d'armes de Le Loi, écrivit sa fameuse *Grande Proclamation* (Binh Ngo Dai Cao), traduisant ainsi l'esprit d'indépendance du Vietnam :

> Notre peuple a fait du Vietnam, il y a longtemps déjà, une nation indépendante dotée de sa propre civilisation. Nous avons nos montagnes et nos fleuves, nos coutumes et nos traditions, toutes différentes de celles du pays étranger du Nord... Nous avons été parfois faibles et parfois puissants, mais nous n'avons jamais manqué de héros.

Le Loi et ses successeurs partent en campagne vers le sud pour conquérir les territoires cham, rayant de la carte le royaume du Champa. Certaines parties du Laos oriental se voient même contraintes de reconnaître leur suzeraineté.

LES PREMIERS CONTACTS AVEC L'OCCIDENT

Les premiers marins portugais débarquent à Danang en 1516, bientôt suivis par des missionnaires dominicains. Pendant les décennies qui suivent, les Portugais développent les échanges commerciaux avec le Vietnam. Tout comme le Japon et la Chine, ils établissent un comptoir (sorte de colonie marchande) à Faifo (aujourd'hui Hoi An, près de Danang). Au fil des siècles, l'Église catholique s'implanta mieux au Vietnam que dans tout autre pays d'Asie, à l'exception des Philippines où s'exercera la férule espagnole pendant quatre siècles.

LES SEIGNEURS DU PEUPLE

Tout au long des XVIIe et XVIIIe siècles, le Vietnam est divisé : les seigneurs Trinh gouvernent le Nord, tandis que le Sud est tenu par leurs rivaux, les seigneurs Nguyen. Les Trinh ne parviendront pas à annexer le territoire des Nguyen ; en revanche, ceux-ci, bien mieux armés (ils sont équipés par les Portugais), étendront leur contrôle sur les territoires khmers du delta du Mékong.

LA RÉBELLION DES TAY SON (1765-1802)

En 1765 éclate une révolte antigouvernementale dans la ville de Tay Son, près de Qui Nhon, menée par trois frères issus d'une riche famille de marchands : Nguyen Nhac, Nguyen Hue et Nguyen Lu. Dès 1773, les "rebelles Tay Son" contrôlent le centre du Vietnam, avant de s'emparer, dix ans plus tard, de Saigon et du reste de la partie méridionale du pays. Après avoir tué le prince régnant et sa famille, Nguyen Lu se proclame roi du Sud et Nguyen Nhac roi du Centre.

Parallèlement, les rebelles renversent les seigneurs Trinh du Nord. Les Chinois entrent dans la danse, espérant profiter du vide politique qui s'est instauré. C'est sans compter avec le troisième des frères, Nguyen Hue, qui se proclame empereur sous le nom de Quang Trung en 1788. L'année suivante, ses troupes infligent aux Chinois une défaite cuisante à Dong Da, près de Hanoi. Cette victoire figure également parmi les plus célèbres de l'histoire vietnamienne.

Saigon
(elle s'appelait
Prey Nokor
au XVIe siècle)
était à l'origine
un petit village khmer
à la bordure orientale
du Cambodge.

1428	1516
Sa victoire contre la Chine marque l'avènement de Le Loi	Arrivée des marchands portugais à Danang et début de l'ingérence européenne au Vietnam

Au Sud, Nguyen Anh, l'un des rares survivants des seigneurs Nguyen du Sud repousse peu à peu les Tay Son et se proclame empereur en 1802 sous le nom de Gia Long, fondant ainsi la dynastie des Nguyen. Quand il s'empare de Hanoi, sa victoire est totale. Hué devient la nouvelle capitale d'un Vietnam enfin réunifié après deux siècles de divisions.

LA DYNASTIE DES NGUYEN (1802-1945)

Pour consolider les bases chancelantes de sa dynastie, l'empereur Gia Long fait appel aux tendances conservatrices de l'élite, qui s'était sentie menacée par la vague des réformes entreprises par les Tay Son.

Le fils de Gia Long, l'empereur Minh Mang, va s'attacher à renforcer l'État. Profondément hostile au catholicisme, qu'il ressent comme une menace pour les traditions confucéennes, il s'oppose d'une façon générale à toute influence occidentale.

Les premiers empereurs Nguyen poursuivent la politique expansionniste de leurs prédécesseurs en pénétrant au Cambodge et jusqu'au large front montagneux, à l'ouest. Ils s'emparent d'immenses territoires au Laos et disputent au Siam (Thaïlande) le contrôle d'un empire khmer affaibli.

LA COLONISATION FRANÇAISE (1859-1954)

L'aventure militaire française au Vietnam commence dès 1847 et, suite à la révolution de 1848, commence à intéresser certains milieux. Il faut attendre 1852 et l'avènement du Second Empire pour que cet intérêt se généralise au nom de du catholicisme, du commerce, de la patrie, de la stratégie et des idéaux (la "mission salvatrice"). Pendant les quarante ans qui suivent, cependant, l'aventure coloniale française dans la péninsule indochinoise sera menée au hasard et sans plan préétabli. Elle échouera à plusieurs reprises, ne se poursuivant parfois que par les agissements d'une poignée d'aventuriers indisciplinés et téméraires.

En 1847, les Français pilonnent le port de Danang en représailles contre les mauvais traitements infligés par Thieu Tri aux missionnaires catholiques. Saigon est prise début 1859. En 1862, Tu Duc signe un traité cédant aux Français les trois provinces orientales de la Cochinchine (soit la partie méridionale du Vietnam).

En 1872, Jean Dupuis, un négociant, remonte le fleuve Rouge pour ravitailler un général du Yunnan en sel et en armes, et s'empare de la citadelle de Hanoi. Le capitaine Francis Garnier, officiellement dépêché pour arraisonner Dupuis, poursuit l'aventure et entame la conquête du Nord, soit la région du Tonkin.

Quelques semaines seulement après la mort de Tu Duc, en 1883, les Français attaquent Hué, conquièrent l'Annam (correspondant peu ou prou au centre du Vietnam) et imposent un traité de protectorat à la cour impériale. C'est alors que commence une lutte de succession tragi-comique, ponctuée de mystérieuses disparitions d'empereurs et de révolutions de palais, orchestrées en sous-main par les diplomates français.

L'Union indochinoise, comprenant la Cochinchine, l'Annam, le Tonkin, le Cambodge et le Laos, est scellée par la France en 1887 ; elle met fin à l'existence d'un État vietnamien indépendant. Toutefois, la résistance au colonialisme persistera dans plusieurs parties du pays tout au long de la présence française. L'Union indochinoise met en tout cas

L'un des premiers missionnaires, le jésuite français Alexandre de Rhodes (1591-1660), s'est rendu célèbre pour ses travaux d'élaboration du *quoc ngu*, l'alphabet phonétique romanisé qui constitue aujourd'hui l'écriture vietnamienne.

Pour plus d'informations sur la colonisation française et la guerre d'Indochine, consultez l'ouvrage de Pierre Brocheux et Daniel Hémery, *Indochine, la colonisation ambiguë* (La Découverte, 2001).

1802	1883
L'arrivée sur le trône de l'empereur Gia Long signe la naissance de la dynastie des Nguyen, qui gouvernera jusqu'en 1945	Les Français imposent au Vietnam un traité de protectorat, marquant le début officiel de 70 ans de domination coloniale

un frein à l'expansionnisme des Vietnamiens, qui se voient contraints de rendre les terres gagnées sur le Cambodge et le Laos.

Les autorités coloniales perpétuent la tradition séculaire des dynasties vietnamiennes en entreprenant d'ambitieux travaux publics, comme la ligne de chemin de fer Hanoi-Saigon. Pour financer cette politique d'équipement, les paysans sont très lourdement imposés, ce qui bouleverse profondément l'économie rurale traditionnelle. Le colonialisme étant censé être lucratif, les entrepreneurs versent aux employés vietnamiens des salaires de misère, leur infligeant en outre des sévices inhumains. Maladie et malnutrition ne sont pas rares sur les plantations ou dans les fabriques.

À la fin de la Seconde Guerre mondiale, les réquisitions de riz par les Japonais, les ruptures de digues et les inondations furent à l'origine d'une famine qui causa la mort de 2 millions de personnes dans le nord du pays, soit un cinquième de la population de cette région.

L'ANTICOLONIALISME VIETNAMIEN

Pendant la période coloniale, la grande majorité des Vietnamiens n'aspire qu'à l'indépendance, et les élans nationalistes se traduisent souvent par une hostilité ouverte à l'égard des Français, allant de la publication de journaux et de livres patriotiques jusqu'à la tentative d'empoisonnement de la garnison française de Hanoi.

Bien que corrompue, et malgré la valse des empereurs orchestrée par les Français – dont l'apogée est l'accession au trône, en 1925, de l'empereur Bao Dai, qui n'a que douze ans et fait ses études en France –, la cour impériale de Hué reste un axe central du nationalisme vietnamien. Toutefois, les anticolonialistes les plus efficaces sont les communistes, les seuls à comprendre les frustrations et les aspirations de la population – tout spécialement celles des paysans –, à canaliser et organiser leurs revendications.

L'histoire institutionnelle du communisme vietnamien, très liée à la carrière politique de Ho Chi Minh (1890-1969), est complexe (voir l'encadré *L'oncle du peuple*). En résumé, le premier groupe marxiste en Indochine, baptisé Ligue de la jeunesse révolutionnaire vietnamienne (Viet Nam Cach Manh Thanh Nien Dong Chi Hoi), est fondé en 1925 à Canton par Ho Chi Minh. Cette ligue devient en février 1930 le Parti communiste vietnamien (Dang Cong San Viet Nam). En 1941, toujours sous la houlette de Ho Chi Minh, naît la Ligue pour l'indépendance du Vietnam, plus connue sous le nom de Viet Minh, qui résiste à l'occupation japonaise et organise pendant la Seconde Guerre mondiale un vaste mouvement politique. En dépit de son programme nationaliste élargi (et de ses dénégations), le Viet Minh est, depuis le premier jour, chapeauté par les communistes.

LA SECONDE GUERRE MONDIALE

Après la défaite de la France, en 1940, le gouverneur d'Indochine nommé par le régime de Vichy signe un accord autorisant la présence de troupes japonaises au Vietnam. Ravis de se décharger ainsi, les Japonais abandonnent à l'administration française la gestion des affaires courantes. Le Viet Minh est, de fait, le seul groupe à s'opposer activement à l'occupation japonaise.

Au printemps 1945, le Viet Minh contrôle une grande partie du pays, essentiellement dans le Nord. À la mi-août, Ho Chi Minh crée le Comité de libération nationale ; profitant du vide politique, il lance un appel au soulèvement général qui sera par la suite baptisé "Révolution d'août" (Cach Mang Thang Tam). Dans le Centre, l'empereur Bao Dai abdique

1887	1925
Proclamation par les Français de l'Union indochinoise, contrée par la résistance active des Vietnamiens	Ho Chi Minh crée à Canton la Ligue de la jeunesse révolutionnaire vietnamienne, qui deviendra le Parti communiste vietnamien

L'ONCLE DU PEUPLE

Parmi la cinquantaine de pseudonymes adoptés par Nguyen Tat Thanh (1890-1969) est resté celui de Ho Chi Minh, qui signifie "Celui qui apporte la lumière". Ce fils d'un modeste lettré, nationaliste fervent, allait devenir le fondateur du Parti communiste vietnamien, puis le président de la République démocratique du Vietnam, de 1946 à sa mort.

Il fréquente le lycée Quoc Hoc de Hué puis, en 1911, s'engage comme apprenti cuisinier sur un navire français : il parcourt les mers, découvrant l'Amérique du Nord, l'Afrique et l'Europe, où il s'établit – il sera tour à tour jardinier, balayeur, serveur, retoucheur de photos, chauffeur de chaudière – et où s'éveille peu à peu sa conscience politique.

Ho Chi Minh, alias Nguyen Ai Quoc (Nguyen le Patriote), s'installe à Paris, où il acquiert la maîtrise de plusieurs langues (dont le français, l'anglais, l'allemand et le mandarin) et commence à débattre et à écrire sur la question de l'indépendance indochinoise. En 1919, lors du traité de Versailles, il tente de proposer au président Wilson un plan pour l'indépendance du Vietnam.

En 1920, il est membre fondateur du Parti communiste français ; en 1923, il est appelé par Moscou pour être formé à l'Internationale ouvrière socialiste, puis envoyé à Guangzhou (Canton), où il fonde la Ligue de la jeunesse révolutionnaire du Vietnam.

Au début des années 1930, à la demande des Français, le gouvernement anglais de Hong Kong l'incarcère pour ses activités révolutionnaires en France, en Indochine, en Chine et à Hong Kong. À sa libération, il se rend en Union soviétique et en Chine, avant de regagner son pays en 1941 après trente années d'absence. La même année, âgé de 51 ans, il participe à la création du Viet Minh, qui se donne pour objectif de mettre fin à la colonisation française et à l'occupation japonaise. Arrêté en 1942 par les nationalistes chinois, il restera emprisonné un an durant.

Profitant de la reddition du Japon en août 1945, Ho Chi Minh, à la tête de la Révolution d'août, prend alors le contrôle d'une grande partie du pays. Le retour des Français le contraint à quitter Hanoi avec le Viet Minh et à constituer une résistance armée : il passera huit ans à mener la guérilla, jusqu'à la victoire du Viet Minh à Dien Bien Phu en 1954. Il conduira les affaires du Nord Vietnam jusqu'à sa mort, en septembre 1969, sans voir la victoire du Nord sur le Sud.

Le Parti a soigneusement veillé à entretenir l'image de celui que ses admirateurs surnomment affectueusement "Oncle Ho" et qui, à l'instar de son ancien ennemi Ngo Dinh Diem, le président sud-vietnamien, ne s'est jamais, disait-on, marié. Plus de trente ans après sa mort, son image domine toujours le Vietnam d'aujourd'hui – chaque ville possède sa statue et son musée Ho Chi Minh, un culte de la personnalité qui contraste fortement avec la simplicité avec laquelle il menait sa vie. La presse à sensation vietnamienne des années 1990 a "révélé" que Ho avait eu de nombreuses maîtresses et deux épouses, dont une française, ainsi qu'un fils né de son union avec une femme issue de la minorité thay, décédée dans des circonstances mystérieuses. Pour une étude fouillée de la vie de Ho Chi Minh, reportez-vous à la biographie de Pierre Brocheux, *Ho Chi Minh*.

Le gouvernement vietnamien a toujours refusé à quiconque le droit de capitaliser sur son nom : la proposition d'une joint-venture américaine baptisée "Hamburgers de l'oncle Ho" a fait long feu. En revanche, Kentucky Fried Chicken a fait une entrée réussie dans le pays, même si le partenaire vietnamien s'est montré très réprobateur lorsque son interlocuteur américain a relevé la vague ressemblance entre Ho Chi Minh et le colonel Sanders (l'effigie du KFC) : "Certainement pas, aurait-il corrigé, très mécontent. Ho Chi Minh était général."

en faveur du nouveau gouvernement ; dans le Sud, enfin, le Viet Minh forme avec des groupes non communistes un gouvernement instable. Le 2 septembre 1945, Ho Chi Minh proclame à Hanoi l'indépendance de la République démocratique du Vietnam lors d'un grand rassemblement sur la place Ba Dinh. Il n'écrira pas moins de huit lettres au président

1941	1945
Ho Chi Minh crée le Viet Minh	Le 2 septembre, Ho Chi Minh proclame l'indépendance du Vietnam

Truman et au département d'État pour réclamer une aide américaine, sans jamais obtenir la moindre réponse.

Lors de la conférence de Potsdam de 1945, le désarmement des forces d'occupation japonaises en Indochine n'est pas, loin s'en faut, une question prioritaire. Les Alliés décident alors que le Guomindang acceptera la reddition japonaise au nord du 16e parallèle et que les Britanniques feront de même au sud de cette ligne.

Lorsque les Britanniques débarquent, le chaos le plus total règne à Saigon. Les troupes japonaises vaincues sont relâchées pour aider à rétablir l'ordre ; 1 400 parachutistes français libérés de prison déferlent sur la ville, pillent, font irruption dans les maisons et les boutiques, brutalisant indifféremment hommes, femmes et enfants. Le Viet Minh et ses alliés répliquent en appelant à la grève générale et en entamant une campagne de terrorisme à l'encontre des Français. Le 24 septembre, le général Leclerc, commandant suprême des forces françaises en Indochine, arrive à Saigon et proclame : "Nous sommes venus réclamer notre héritage." La fin de la guerre a apporté la libération à la France mais non à ses colonies, visiblement.

La situation ne vaut guère mieux dans le Nord, où 180 000 soldats du Guomindang, en fuite devant les communistes, pillent tout sur leur passage. Ho Chi Minh tente en vain de calmer le jeu ; l'occupation chinoise s'éternisant, il finit par choisir le moindre de deux maux et par accepter un retour temporaire des Français. En échange de cinq années supplémentaires, la France reconnaît au Vietnam un statut d'État libre à l'intérieur de l'Union française.

LA GUERRE D'INDOCHINE (1946-1954)

Les Français reprennent le contrôle du Vietnam, du moins formellement. Quand, en novembre 1946, ils bombardent Haiphong sous un obscur prétexte, provoquant la mort de centaines de civils, le Viet Minh perd cependant patience : quelques semaines plus tard, des combats éclatent à Hanoi, marquant le début de la guerre d'Indochine. Ho Chi Minh et ses troupes se retirent dans les montagnes, où ils resteront huit ans.

La soif d'indépendance du pays est si grande que la France n'arrive pas à réaffirmer son contrôle, malgré une aide américaine massive et le soutien des anticommunistes. Ho Chi Minh déclare aux Français : "Vous pouvez tuer dix de mes hommes pour un des vôtres. Même avec cet avantage, vous perdrez et je gagnerai."

Il faudra cependant au Viet Minh huit ans de lutte pour contrôler la quasi-totalité du Vietnam et du Laos voisin. Le 7 mai 1954, à Dien Bien Phu, après un siège de 57 jours, plus de 10 000 soldats français à moitié morts de faim se rendent au Viet Minh – une défaite catastrophique qui anéantira le peu de soutien dont la France bénéficiait encore. La conférence de Genève s'ouvre, chargée de négocier la fin du conflit. Les accords de Genève prévoient l'échange des prisonniers, la division temporaire du Vietnam en deux zones séparées par la rivière Ben Hai (près du 17e parallèle), la libre circulation des personnes à travers le 17e parallèle durant 300 jours et, enfin, la tenue d'élections nationales le 20 juillet 1956. Le bilan de cette guerre est, côté français, de plus de 35 000 soldats tués et de 48 000 blessés ; côté vietnamien, il est inconnu, mais sans doute bien plus lourd.

Entre 1944 et 1945, le Viet Minh a reçu des fonds et des armes de l'Office américain des Services stratégiques (OSS). Ironie de l'histoire : lorsque Ho Chi Minh proclame l'indépendance en 1945, des agents de l'OSS se tiennent à ses côtés et il emprunte librement à la Déclaration d'indépendance américaine.

1946	1954
Des combats éclatent à Hanoi, marquant le début de la guerre d'Indochine	Reddition massive des forces françaises au Viet Minh, le 7 mai à Dien Bien Phu. Fin de la domination française en Indochine

LA PARTITION DU VIETNAM (1956)
Le Sud-Vietnam

Après la signature des accords de Genève, le Sud-Vietnam est gouverné par Ngo Dinh Diem, catholique et farouchement anticommuniste. L'assise de son pouvoir se trouve renforcée par la présence de quelque 900 000 réfugiés – la plupart d'entre eux sont catholiques – ayant fui le communisme du Nord pendant les fameux 300 jours de passage autorisé.

Diem consolide assez bien son pouvoir les premières années ; il vient même à bout du syndicat du crime Binh Xuyen et des armées privées constituées par les sectes religieuses Hoa Hao et caodaïste. À l'occasion d'une visite officielle, le président américain Eisenhower cite Diem comme "l'homme providentiel" de l'Asie. Néanmoins, plus le temps passe, plus il se montre despotique vis-à-vis des dissidents. Le gouvernement devient vite une affaire de famille.

Au début des années 1960, le Sud connaît une grande fièvre anti-Diem : ce mouvement, mené par les étudiants et le clergé bouddhiste – plusieurs bonzes s'immolent par le feu – connaît une couverture médiatique est intense, qui secoue le monde entier (voir p. 215).

Les États-Unis se sentent alors prêts à appuyer un coup d'État. En novembre 1963, Diem est renversé et assassiné. Une série de gouverneurs militaires lui succèdent, tous fidèles à sa politique de répression.

> À Hanoi et dans le Nord, Ho Chi Minh avait créé une police d'État d'une efficacité redoutable, caractérisée par le pouvoir policier, les dénonciations *via* un gigantesque réseau d'informateurs, le fichage des dissidents et de leur famille.

Le Nord-Vietnam

Les accords de Genève stipulent que la République démocratique du Vietnam, composée de toute la partie située au nord du 17e parallèle, retourne sous l'autorité de Hanoi. Le nouveau gouvernement cherche à éliminer toute résistance susceptible de menacer son pouvoir : des dizaines de milliers de "propriétaires" terriens, dont certains ne possèdent parfois guère plus qu'un lopin, sont dénoncés aux "comités de sécurité" par des voisins jaloux, puis arrêtés. Des procès plus que sommaires prononceront 10 000 à 15 000 condamnations à mort et enverront 50 000 à 100 000 personnes en prison. En 1956, le Parti, confronté à de graves agitations paysannes, reconnaîtra que les tribunaux populaires sont allés trop loin et lancera une "Campagne pour la rectification des erreurs".

La guerre Nord-Sud

La campagne de "libération" du Sud ne commence qu'en 1959. La piste Ho Chi Minh, qui existe depuis plusieurs années, est prolongée ; en avril 1960, le Nord décrète la mobilisation générale et, huit mois plus tard, Hanoi annonce la formation du Front national de libération (FNL). Cette appellation, qui sera reprise sous le terme méprisant de Viet-Cong, ou VC, est en fait l'abréviation de Viet Nam Cong San, qui signifie "communiste vietnamien".

La situation militaire du gouvernement de Diem se détériore dès le début de l'offensive du FNL. En 1962 est amorcé le programme des hameaux stratégiques, qui s'inspire d'une tactique utilisée avec succès dans les années 1950 par les Britanniques en Malaisie : il a pour but de regrouper les paysans dans des hameaux fortifiés, de manière à priver le Viet-Cong de tout soutien. À la mort de Diem, le gouvernement sud-

> En mai 1954, le Viet Minh creuse un réseau de galeries sous les défenses françaises de la colline A1, qu'il truffe d'explosifs. Le camarade sapeur Nguyen Van Bach se porte volontaire pour servir de bombe humaine au cas où le détonateur ne se déclencherait pas : heureusement pour lui, il se déclencha et Nguyen Van Bach est aujourd'hui vénéré comme un héros national.

1956	1960
Le Vietnam reste divisé au niveau du 17e parallèle entre le Nord-Vietnam communiste et le Sud-Vietnam "libre"	La guerre civile éclate dans le Sud ; réouverture de la piste Ho Chi Minh

vietnamien finira par y renoncer ; après la guerre, pourtant, le Viet-Cong reconnaîtra que cette tactique a largement entravé son action.

À partir de 1964, il ne s'agit plus seulement d'une bataille contre le Viet-Cong : en 1964, des unités de l'Armée nord-vietnamienne (ANV) s'infiltrent au Sud. Au début de 1965, le gouvernement de Saigon se trouve dans une situation désespérée ; dans l'ARVN (Armée de la Répu-blique du Vietnam), dont l'état-major est connu pour sa corruption et son incompétence, les désertions atteignent le nombre de 2 000 par mois ; elle perd un chef-lieu de district par semaine, mais ne comptera qu'un seul officier supérieur blessé en dix ans. L'armée se prépare à évacuer Hué et Danang, la région des hauts plateaux semblent sur le point de tomber. C'est dans ce contexte que les envoient leurs premières troupes.

LA GUERRE DU VIETNAM
Les États-Unis prennent pied au Vietnam (1950-1965)

Les Américains avaient considéré la guerre coloniale française comme un rouage important de la lutte mondiale contre l'expansion communiste. En 1954, l'aide militaire américaine à l'effort de guerre français se montait à 2 milliards de dollars. Dès 1950, le Groupe de conseil et d'assistance militaire américain (MAAG) avait débarqué au Vietnam pour enseigner le maniement des armes américaines ; cette date marquera le début de la présence militaire américaine pour les vingt-cinq ans à venir.

En août 1960, l'"incident du golfe du Tonkin" modifia la stratégie des États-Unis : deux destroyers américains, le *Maddox* et le *Turner Joy*, affirmèrent avoir été attaqués sans raison alors qu'ils se trouvaient loin au large des côtes nord-vietnamiennes. Une enquête révéla par la suite que la première attaque avait eu lieu alors que le *Maddox* croisait dans les eaux territoriales du Nord-Vietnam pour appuyer un commando sud-vietnamien en mission secrète, et que la seconde attaque n'avait tout simplement jamais eu lieu.

En guise de riposte, le président Johnson ordonna à ses avions d'effectuer 64 incursions au Nord. Ces bombardements ne seront que les premiers d'une longue liste ; ils affecteront bientôt toutes les routes et tous les ponts, ainsi que 4 000 des 5 788 villages du Nord-Vietnam. Deux avions américains sont touchés et l'un des pilotes, le lieutenant Everett Alvarez, est capturé. Premier prisonnier de guerre américain (POW) du conflit, il restera séquestré pendant huit ans.

Indigné (et berné), le Congrès vote alors, à l'unanimité moins deux voix, la Résolution du golfe du Tonkin, qui donne au président le pouvoir de "prendre toutes les mesures nécessaires pour repousser toute attaque armée contre les forces américaines et éviter toute agression future". Cette résolution, qui ne sera annulée qu'en 1970, dispensera les présidents américains d'en référer au Congrès pour toute décision concernant la guerre au Vietnam.

Vers une guerre totale

Alors que la situation militaire à Saigon est de nouveau catastrophique, les premières troupes de combat américaines débarquent à Danang en mars 1965. C'est ainsi qu'on dénombre sur place, dès décembre 1965, 184 300 militaires américains – et déjà 636 morts. En décembre 1967, les soldats étaient au nombre de 485 600 et comptaient 16 021 morts. En

Graham Greene, dans Un Américain bien tranquille, campe le Saigon du début des années 1950. Récit d'une enquête policière et d'une histoire d'amour, ce tableau du Vietnam colonial de 1952 évoque le retrait français et l'arrivée des Américains. Ce livre a été adapté en 2002 au cinéma avec Michael Caine dans le rôle-titre.

Le 12 décembre 1955, les États-Unis ferment leur consulat de Hanoi. Il faudra attendre quarante ans pour qu'une ambassade américaine se réinstalle officiellement dans la capitale vietnamienne .

1962
Mise en place du programme des hameaux stratégiques, qui vise à éliminer tout soutien au Viet-Cong

1963
Le président sud-vietnamien Ngo Dinh Diem est renversé et tué lors d'un coup d'État orchestré par les États-Unis

SUR LES TRACES DE LA GUERRE

Les guerres d'Indochine puis du Vietnam a marqué la vie de plus d'une génération. Voici certains des sites où elles se sont déroulées, qui sont autant de lieux de mémoire.

- **China Beach** (p. 232) : c'est la plage, non loin de Danang, où les GI étaient parachutés pour quelques jours de repos et de détente.
- **Tunnels de Cu Chi** (p. 376) : pour échapper aux forces américaines, les Vietnamiens creusèrent à 30 km de Saigon un réseau extrêmement complexe de tunnels, juste sous le nez des occupants d'une base militaire.
- **Zone démilitarisée** (p. 194) : ce *no man's land*, situé au niveau du 17e parallèle qui scindait le Vietnam depuis 1954, devint rapidement, malgré son nom, l'une des zones les plus fortement militarisées au monde.
- **Dien Bien Phu** (p. 159) : site de la dernière bataille livrée par les Français contre le Viet-Minh, en mai 1954 : une défaite qui signe la fin de l'Indochine française.
- **Piste Ho Chi Minh** (p. 198) : sur cette route de réapprovisionnement du Sud, une incroyable piste creusée dans les monts Truong Son, les Nord-Vietnamiens faisaient transiter hommes et munitions, réalisant de véritables prouesses techniques.
- **Citadelle de Hué** (p. 207) : l'ancienne citadelle fut totalement rasée lors des combats de rue de 1968, lorsque les Américains reprirent la ville après trois semaines d'occupation communiste.
- **Khe Sanh** (p. 198-199) : en 1968, les Nord-Vietnamiens massèrent leurs forces autour de cette base américaine. La plus grosse opération de diversion de toute cette guerre visait à masquer l'offensive du Têt, alors imminente.
- **Mémorial de Long Tan** : un hommage émouvant est ici rendu au contingent australien basé à Vung Tau, dans le Sud. La croix (Long Tan Memorial Cross) fut érigée par des Australiens rescapés d'un combat mené en 1967 ; l'original se trouve aujourd'hui au Musée militaire de Bien Hoa. En 2002, les Vietnamiens ont eux aussi érigé une croix, mais il faut une autorisation pour visiter le site.
- **My Lai** (p. 257) : ce village est resté tristement célèbre. Il fut le théâtre, en mars 1968, des plus grandes atrocités de la guerre du Vietnam, lorsque les GI y massacrèrent des centaines de villageois.
- **Tunnels de Vinh Moc** (p. 195) : contrairement à ceux de Cu Chi, ces tunnels n'ont pas été élargis à l'intention des touristes et témoignent une fois encore de l'ingéniosité déployée dans ce conflit.

incluant les Sud-Vietnamiens et les "forces militaires du monde libre", 1,3 million d'hommes ont pris les armes pour défendre le gouvernement de Saigon.

En 1966, la nouvelle politique de Washington résonne de termes comme "pacification", "ratissage et destruction" et "zones de feu à volonté". Que recouvrent-ils ? La pacification consiste à installer des civils pro-gouvernementaux à la tête de tous les villages, sous la protection de soldats. Des unités mobiles de ratissage fouillent le pays (souvent en hélicoptère), traquant les maquisards vietcong. Au "besoin", les villageois sont évacués pour que les Américains puissent nettoyer leur région, déclarée "zone de feu à volonté", à coup de bombes, de napalm, d'artillerie et de tanks.

1964	1965
Premiers bombardements américains sur le Nord-Vietnam	Les premiers *marines* américains débarquent à Danang

Cette politique porte plus ou moins ses fruits : les forces américaines contrôlent les campagnes pendant la journée et les abandonnent au Viet-Cong la nuit ; dépourvus d'armes lourdes, les maquisards n'en infligent pas moins de fortes pertes aux Américains, en multipliant les embuscades, les mines et les pièges. Les "zones de feu à volonté" sont censées éviter les victimes civiles, mais les bombardements de toutes sortes et les arrosages au napalm n'épargnent pas les villageois, dont les survivants rejoindront bien souvent les rangs du Viet-Cong.

L'offensive du Têt (1968)

En janvier 1968, les troupes nord-vietnamiennes attaquent Khe Sanh, dans la zone démilitarisée (DMZ). Cette bataille, la plus importante de cette guerre, n'est en partie qu'une manœuvre de diversion visant à mieux surprendre l'ennemi la semaine suivante avec l'offensive du Têt, laquelle marque un tournant décisif. Dans la soirée du 31 janvier 1968, alors que tout le pays célèbre le Nouvel An lunaire, le Viet-Cong lance une formidable offensive dans plus de cent villes et villages, y compris à Saigon. Devant les caméras de télévision, un commando vietcong fait irruption dans la cour de l'ambassade américaine, au cœur de Saigon.

Bien que pris de court (un échec cuisant pour les renseignements militaires américains), les Sud-Vietnamiens et les Américains contre-attaquent très vite avec une énorme puissance de feu, bombardant et pilonnant les villes surpeuplées. Si un grand nombre de combattants vietcong périssent, que dire de la population civile… À Ben Tre, un officier américain dira : "Nous avons dû détruire la ville pour la sauver."

L'offensive du Têt coûtera la vie à près de 1 000 soldats américains et 2 000 soldats de l'ARVN, mais les pertes vietcong, pour leur part, seront estimées à 32 000 hommes. Sans oublier les 500 Américains et les 10 000 Nord-Vietnamiens tués dans la bataille de Khe Sanh, une semaine auparavant. Si, à première vue, le Viet-Cong perd cette bataille, il est loin d'avoir perdu la guerre. Après avoir entendu crier victoire pendant des années, nombre d'Américains sont sous le choc : ils ont vu en direct les massacres et le chaos de Saigon dans leurs journaux télévisés. Tandis que les généraux américains affirment avoir remporté une belle victoire, l'opinion publique trouve désormais disproportionné le prix à payer, tant en dollars qu'en vies humaines ; c'est en ce sens que le Viet-Cong sort victorieux de l'offensive du Têt.

Parallèlement, des détails commencent à filtrer sur les atrocités et les tueries perpétrées à l'encontre des civils vietnamiens, notamment le massacre de My Lai (p. 258). Ce climat aide à renverser l'opinion : la prise de conscience est telle que le gouvernement s'en trouve menacé. Les manifestations contre la guerre au Vietnam envahissent les campus et se multiplient dans la rue.

La doctrine Nixon et le désengagement américain (1969-1973)

Richard Nixon doit en partie son élection à la révélation d'un "plan secret" élaboré pour arrêter la guerre. Dévoilée en juillet 1969, cette "doctrine" incite en fait les nations d'Asie à compter davantage sur elles-mêmes en matière de défense et prône la "vietnamisation" de la guerre, c'est-à-dire le retrait progressif des troupes américaines auparavant engagées au côté des militaires sud-vietnamiens.

Les Américains ont beau avoir perdu la guerre du Vietnam, Hollywood a mobilisé beaucoup d'énergie et d'argent à dépeindre le conflit, voire à revendiquer une victoire morale sur les écrans. Même les meilleures réalisations dressent rarement un juste portrait du peuple vietnamien. Les scénarios se concentrent sur les soldats américains, présentés comme des victimes et souffrant de séquelles, tant physiques que psychiques (voir p. 15 pour une filmographie sélective).

Avec *L'Innocence perdue – un Américain au Vietnam* (Seuil, 1991), Neil Sheehan remporta le prix Pulitzer. Cette biographie du colonel John Paul Vann évoque le désenchantement d'un homme face à la guerre, et la prise de conscience de l'échec des États-Unis dans ce conflit.

1967	1968
En décembre, 1,3 million de soldats se battent pour le Sud-Vietnam, dont environ 500 000 Américains	Le Viet-Cong lance l'offensive du Têt sur les villes et les villages du Sud, prenant les Américains par surprise

Le premier semestre de 1969 n'en est pas moins marqué par une esca-lade. Le nombre de soldats américains au Vietnam atteint son maximum en avril : 543 400. Tandis que les combats font rage, Henry Kissinger, chef de la diplomatie de Nixon, entame à Paris d'âpres négociations avec Le Duc Tho, son homologue nord-vietnamien.

En 1969, les États-Unis ont commencé à bombarder secrètement le Cambodge. L'année suivante, l'armée de terre américaine pénètre dans ce pays pour en exfiltrer les unités de l'ARVN, toujours impuissantes face à l'ennemi. Les Nord-Vietnamiens entrent plus avant en territoire cambodgien et, soutenus par leurs alliés khmers rouges, contrôlent dès l'été 1970 la moitié du pays.

Cette nouvelle situation déclenche aux États-Unis de nouvelles manifestations anti-guerre. Quatre manifestants sont abattus par la Garde nationale, lors d'un meeting pacifiste à l'université de Kent State, dans l'Ohio. L'émergence d'organisations comme les "Vétérans du Vietnam contre la guerre" prouve alors que ceux qui exigent le retrait des troupes américaines ne sont pas qu'une bande d'"étudiants dégonflés redoutant la conscription" : cette guerre est bel et bien en train de déchirer le pays.

Au printemps 1972, les Nord-Vietnamiens lancent une offensive au-delà du 17e parallèle. Les États-Unis redoublent les pilonnages sur le Nord et minent les ports. Fin 1972, les "bombardements de Noël" sur Hanoi et Haiphong doivent servir à arracher au Nord-Vietnam des concessions à la table des négociations. Les Accords de Paris, signés le 27 janvier 1973 par les États-Unis, le Nord-Vietnam, le Sud-Vietnam et le Viet-Cong, portent sur un cessez-le-feu, le retrait total des forces américaines et la libération de 590 POW. L'accord ne fait pas mention des 200 000 soldats nord-vietnamiens déployés dans le Sud.

Au total, 3,14 millions d'Américains (dont 7 200 femmes) ont servi dans les forces armées pendant la guerre du Vietnam. Le bilan officiel des pertes humaines fait état de 58 183 Américains (dont 8 femmes), tués au combat ou portés disparus. Selon le Pentagone, les États-Unis ont perdu 3 689 avions et 4 857 hélicoptères, et utilisé 15 millions de tonnes de munitions. Le coût direct de la guerre a été officiellement évalué à 165 milliards de dollars, mais il faut au moins doubler ce chiffre pour coller à la réalité économique.

À la fin de 1973, on estimait à 223 748 le nombre de Sud-Vietnamiens tués au combat et à 1 million les pertes dans les rangs de l'armée nord-vietnamienne et du Viet-Cong. Environ 4 millions de civils – 10% de la population – ont été tués ou blessés, dont une bonne partie au Nord du fait des bombardements. Plus de 2 200 Américains et de 300 000 Vietnamiens sont toujours portés disparus (voir l'encadré p. 195).

D'autres nations, telles l'Australie, la Nouvelle-Zélande, la Corée du Sud, la Thaïlande et les Philippines, ont envoyé des troupes combattre au côté des États-Unis et du Sud-Vietnam dans le cadre de ce que les Américains appelaient les "Forces militaires du monde libre". Washington a cherché à internationaliser l'effort de guerre pour légitimer le sien (une pratique qu'elle professe toujours). La participation de l'Australie a constitué son engagement à l'étranger le plus important depuis 1940 : au total, 46 852 soldats australiens ont servi au Vietnam.

Le Chagrin de la guerre de Bao Ninh (Philippe Picquier, 1994) est un récit plein d'humanité sur la guerre vécue du côté nord-vietnamien. Il déroule l'histoire d'un homme de 30 ans qui, après une décennie de combats, tente de rassembler les morceaux épars de son existence.

Chu Lai, né en 1946 dans le Nord-Vietnam, s'est porté volontaire dans la guerre contre les États-Unis. À la fin du conflit, il s'installe à Hanoi et reprend son métier d'écrivain. De lui, découvrez *Rue des soldats* (L'Aube, 2003), tableau de ces soldats réchappés de l'enfer, en qui l'aspiration à la vie et au bonheur reste bien tenace.

1973	1975
27 janvier : signature des accords de paix de Paris	30 avril : Saigon tombe aux mains des Nord-Vietnamiens ; elle est rebaptisée Ho Chi Minh-Ville

VICTIMES INNOCENTES

Le sort des milliers d'Amérasiens est l'un des tragiques héritages de la guerre du Vietnam. À l'époque, les mariages et les unions plus ou moins formelles entre soldats américains et femmes vietnamiennes furent nombreux, et la prostitution importante. Cependant, lorsque sonna l'heure de rentrer au pays, les Américains abandonnèrent souvent leurs "femmes" ou leurs petites amies, les laissant élever des enfants de père blanc ou noir dans une société peu ouverte au métissage.

Après la Réunification, ces Amérasiens, rappel vivant de la présence américaine, ont souvent été maltraités par la société vietnamienne, voire abandonnés. Beaucoup se sont retrouvés à la rue. Surnommés "les enfants de la poussière", ils se sont vu refuser les ouvertures éducatives et les opportunités professionnelles.

Le Programme de départ (Orderly Departure Programme, ou ODP) a été créé à la fin des années 1980 sous les auspices du Haut-Commissariat des Nations unies pour les réfugiés (HCR) pour permettre l'installation en Occident (principalement aux États-Unis) d'enfants amérasiens ou de réfugiés politiques qui auraient, faute de quoi, essayé de fuir par terre ou par mer.

Beaucoup de ces jeunes Amérasiens connurent le malheur supplémentaire d'être adoptés par des Vietnamiens candidats à l'émigration, qui les abandonnèrent dès leur arrivée aux États-Unis. L'organisme **Asian American LEAD** (☎ 202 518 6737, www.aalead.org, 1323 Girard St NW, Washington DC 20009, USA) s'est efforcé de former et de soutenir ces enfants dans leur adaptation à la vie américaine.

La chute du Sud-Vietnam (1975)

En 1973, les États-Unis rapatrient l'ensemble de leur personnel militaire, à l'exception d'un petit contingent de techniciens et d'agents de la CIA. Les bombardements sur le Nord-Vietnam cessent, les prisonniers de guerre américains sont libérés, mais la guérilla persiste. Seule différence : les Sud-Vietnamiens se battent maintenant seuls.

En janvier 1975, ils lancent une attaque terrestre massive sur le 17e parallèle, secondés par les tanks et l'artillerie lourde. L'invasion sème la panique dans l'armée et le gouvernement sud-vietnamiens qui, jusque-là, comptaient sur les Américains. En mars, l'ANV occupe rapidement la région de Buon Ma Thuot, zone stratégique des Hauts plateaux du Centre. Privé de ses conseillers habituels, le président Thieu commet l'énorme erreur d'ordonner un repli stratégique sur des positions plus défendables.

Des brigades entières fuient vers le sud, rejoignant ainsi les centaines de milliers de civils qui bloquent déjà la RN 1. Les unes après les autres, les villes de Hué, Danang, Qui Nhon sont abandonnées par leurs défenseurs sans un seul coup de feu. Les troupes sud-vietnamiennes s'enfuient si rapidement que l'armée du Nord peine à les suivre.

Au pouvoir depuis 1967, le président Nguyen Van Thieu démissionne le 21 avril 1975 et quitte le pays, emportant avec lui des millions de dollars mal acquis. Les Nord-Vietnamiens poursuivent sur Saigon et, le 30 avril 1975 au matin, après seulement 42 heures d'exercice, le général Duong Van Minh rend les armes au palais de l'Indépendance de Saigon, rebaptisé depuis lors palais de la Réunification. Cet épisode marque la fin de la guerre.

Le photographe Larry Borrows est resté neuf ans au Vietnam, de 1962 à 1971, date de sa mort à la frontière laotienne. C'est l'un des premiers à avoir photographié la guerre "en couleurs". Et ces images terribles, publiées notamment dans *Life*, ont contribué à faire basculer l'opinion américaine. Un recueil qui lui est consacré est sobrement intitulé *Vietnam* (Flammarion, 2002).

1978	1979
Le jour de Noël, invasion du Cambodge par le Vietnam, qui renverse ainsi le gouvernement khmer rouge	Février : le nord du Vietnam est envahi par la Chine, en représaille contre l'attaque vietnamienne au Cambodge

Quelques heures avant la reddition du Sud-Vietnam, les derniers Américains sautent dans les hélicoptères qui les attendent sur le toit de leur ambassade, et embarquent sur des navires mouillant non loin de là. Ainsi prend fin un conflit de plus de dix ans, que les États-Unis ont mené sans jamais déclarer la guerre au Nord-Vietnam.

Les Américains ne sont pas les seuls à partir : la désintégration du Sud a également poussé 135 000 Vietnamiens à quitter leur pays. Au cours des cinq années suivantes, 545 000 de leurs compatriotes feront de même. Ceux qui ont fui par la mer sont connus dans le monde entier sous le nom de *boat people*.

LA RÉUNIFICATION (1976)

Le jour de leur victoire, les communistes donnent à Saigon le nom de Ho Chi Minh-Ville (HCMV). C'est le premier d'une longue succession de changements. Ni le Nord ni le Sud n'ayant prévu une victoire si rapide, Hanoi n'a pas de plan particulier pour intégrer les deux parties du pays, dont les systèmes économiques et sociaux divergent tant.

Les dirigeants du Nord doivent assumer les conséquences d'un conflit long et cruel qui a littéralement coupé le pays en deux. Chaque camp est animé d'une amertume bien compréhensible, et les problèmes sont aussi nombreux que complexes. Comment estimer le nombre de champs de mines ? L'économie est exsangue. D'innombrables étendues cultivées restent imprégnées de poisons chimiques. Des millions de Vietnamiens sont blessés dans leur corps comme dans leur âme. Sur le plan diplomatique, le pays est isolé, car ses anciens alliés ne souhaitent plus lui fournir d'aide importante, ou n'en ont plus le moyen. Certes, la paix est de retour, mais, à bien des égards, les effets de la guerre se font toujours sentir.

Jusqu'à la réunification officielle du Vietnam, en juillet 1976, le Sud reste sous la coupe d'un gouvernement révolutionnaire provisoire. Toutefois, le Parti communiste ne fait pas vraiment confiance à l'intelligentsia urbaine du Sud, pas même à ceux qui ont soutenu le Viet-Cong, et dépêche du Nord un armada de cadres pour assurer la transition. Cette politique est peu appréciée de ceux qui ont milité contre le gouvernement de Thieu et se retrouvent privés de postes à responsabilités.

Le Sud connaît un rapide passage par le socialisme, qui se révèle désastreux pour l'économie. La réunification s'accompagne en outre d'une impressionnante répression politique. Les autorités avaient promis qu'il n'y aurait pas de règlements de compte, mais, de fait, des centaines de milliers de personnes liées à l'ancien régime se voient confisquer leur maison et leurs biens, sont arrêtées, emprisonnées et expédiées sans procès dans des "camps de rééducation".

Hommes d'affaires, intellectuels, artistes, journalistes, écrivains, syndicalistes, bonzes, prêtres... les arrestations ne se comptent plus, et les conditions de détention sont épouvantables.

Contradictoirement avec sa politique économique, le Vietnam cherche à effectuer une sorte de *rapprochement* avec les États-Unis. En 1978, Washington est sur le point de rétablir des relations avec Hanoi, mais, finalement, jouera la carte de la Chine : le Vietnam sera sacrifié au profit des relations sino-américaines et poussé dans les bras de l'Union soviétique, dont il dépendra pendant toute la décennie suivante.

Anna Moï, née au Vietnam, évoque dans *Riz noir* (Gallimard, 2004) de la violence exacerbée qui s'empara de Saigon après l'offensive du Têt. Ce récit est inspiré par l'histoire vraie de deux sœurs emprisonnées dans le bagne de Poulo Condor à la fin des années 1960 (voir aussi p. 389-391).

La majorité des *boat people* ayant fui le pays à la fin des années 1970 étaient non pas des Vietnamiens "de souche", mais des membres de la minorité chinoise que leur argent et leur sens des affaires, outre leur origine, avaient transformés en cible rêvée pour la Révolution.

1986	1989
Instauration du *doi moi* (ouverture économique), premier pas vers le rapprochement avec l'Occident	En se retirant du Cambodge, le Vietnam connaît enfin la paix, pour la première fois depuis des décennies

Les relations avec la Chine et avec ses alliés khmers rouges ne tardent pas à se détériorer. Affaibli par la guerre, le Vietnam semble assailli par ses ennemis. Une campagne anticapitaliste est lancée en mars 1978 : le gouvernement peut ainsi saisir les propriétés et les commerces privés. La plupart des victimes étant d'origine chinoise, les relations avec la Chine empirent encore. Parallèlement, les attaques répétées des Khmers rouges contre les villages frontaliers conduisent les Vietnamiens à envahir le Cambodge à la fin de 1978 : ils chassent les Khmers rouges du pouvoir au début de l'année suivante et établissent à Phnom Penh un régime favorable à Hanoi. La Chine considère cette attaque contre ses alliés comme la dernière des insultes : en février 1979, ses troupes envahiront le nord du Vietnam, où elles livreront bataille durant 17 jours avant de se retirer (voir p. 143).

L'OUVERTURE

La récente libéralisation des lois sur les investissements étrangers et l'assouplissement des règles de délivrance des visas de tourisme semblent indiquer que le pays s'ouvre sur le monde extérieur.

À l'image de l'ouverture à l'Ouest de l'Union soviétique, en 1984, le réformiste Nguyen Van Linh est nommé en 1986 secrétaire général du Parti. Les changements radicaux que connaissent alors l'Europe de l'Est et l'URSS ne plaisent pas pour autant à Hanoi, qui fustige l'entrée de nouveaux ministres non communistes dans les gouvernements des pays du bloc de l'Est et voit derrière les révolutions démocratiques l'influence des pays impérialistes.

Les tensions qui opposaient le Vietnam aux États-Unis se sont considérablement relâchées dans la dernière décennie. Début 1994, l'Amérique a levé l'embargo économique qu'elle maintenait en vigueur depuis les années 1960, et instauré des relations diplomatiques pleines et entières : Bill Clinton, qui n'a pas fait la guerre, a été le premier président américain à se rendre au Vietnam en 2000.

Les relations s'améliorent également avec l'ennemi de toujours, la Chine ; le commerce et le tourisme connaissent une forte expansion de part et d'autre. Le Vietnam est aujourd'hui membre actif de l'Asean – une organisation créée à l'origine comme rempart contre le communisme –, ce qui ne peut que renforcer encore le contexte économique florissant. L'avenir s'annonce brillant, mais les succès futurs dépendent de la mesure dans laquelle les Vietnamiens emboîteront le pas aux Chinois dans un processus de développement basé sur le libéralisme économique *et* l'absence de liberté politique. Le Parti communiste ne comptant que 2 millions de membres sur une population totale de 80 millions, la prudence reste de rigueur.

La liberté d'expression est toujours bafouée au Vietnam. En raison de la censure pesant sur la presse (malgré une certaine libéralisation, la majorité des médias appartiennent encore à l'État), les voix dissidentes vietnamiennes se sont alors tournées vers Internet. Le retour de baton n'a pas tardé et plusieurs journalistes et intellectuels restent emprisonnés. Pour plus d'information, consultez les rapports annuels de Reporters sans frontière (www.rsf.org)

1995	2001
Le Vietnam rejoint l'Association des pays du Sud-Est asiatique (Asean)	IXᵉ congrès du PC et nouvel élan à la politique d'ouverture. En février, un mouvement de protestation des minorités des Hauts Plateaux est réprimé

Culture et société

ESPRIT NATIONAL

Les Vietnamiens ont été façonnés par leur histoire, elle-même marquée par des luttes incessantes contre l'ennemi, aujourd'hui et hier. Longtemps, les Chinois ont constitué la principale menace : la proximité du géant du Nord a obscurci leur ciel pendant des siècles. Les Vietnamiens respectent et craignent la Chine tout à la fois. C'est sans doute à sa combativité et à son patriotisme que le Vietnam doit d'avoir pu tenir tête aux plus grandes puissances mondiales au cours du XXᵉ siècle.

Cependant, seule l'ancienne génération se rappelle les combats acharnés menés lors des guerres d'Indochine et du Vietnam. Pour les plus jeunes, leur pays est tout autre : il est aujourd'hui possible de gagner de l'argent, d'ignorer les structures rigides instaurées par les communistes et de faire la fête. Bien que l'"oncle Ho" soit unanimement respecté et révéré pour son dévouement à la cause nationale, la jeunesse se préoccupe actuellement davantage de Zidane que des dernières déclarations du Parti.

Les différences n'opposent pas seulement les générations, mais également les ruraux aux citadins et les riches aux pauvres. Le communisme vietnamien est bien mort, même si la dictature du parti unique persiste. Certains notables ont survécu à la transition mieux que d'autres, leurs oppositions créant parfois des tensions politiques. L'un des grands paradoxes de la révolution vietnamienne est qu'elle a tenté à tout prix d'imposer un système communiste à un peuple qui possède à l'évidence un sens inné des affaires, quitte à travailler jour et nuit. Pour les Vietnamiens, le travail et le commerce représentent toute leur vie.

Enfin, n'oublions pas l'importance du prestige et celui de ne pas perdre de la face : dans toute l'Asie, et plus particulièrement au Vietnam, la fierté est un élément culturel fondamental. Chaque famille, y compris parmi les plus pauvres, est censée organiser de grandes cérémonies de mariage. Dépenser à ces occasions de véritables fortunes n'est rien, perdre la face est autrement plus grave. Un étranger ne doit jamais perdre son sang-froid avec un Vietnamien ni le placer dans une position délicate. Blesser l'estime et l'orgueil de son interlocuteur revient à entraver toute possibilité de trouver une solution à la querelle ou au conflit.

MODE DE VIE

La société traditionnelle gravite autour de la famille, des travaux des champs et de la religion, le rythme de la vie rurale étant resté inchangé au cours des siècles. Pour la majorité de la population, qui continue de vivre à la campagne, ces constantes ont perduré, plusieurs générations continuant de partager le riz, le même toit et la même religion. Depuis quelques décennies, cependant, cette société traditionnelle a été fortement ébranlée par les guerres et les idéologies : les paysans, contraints d'abord de quitter leurs terres et leurs proches pour défendre leur patrie, furent ensuite embrigadés dans des coopératives pour épouser les aspirations sociales et morales du Parti.

Après la fin de la guerre du Vietnam, le Parti échoua dans sa tentative de convaincre les masses – très peu de Vietnamiens se convertirent aux préceptes du communisme –, tout comme, avant eux, avaient échoué les Français et les Américains dans leurs tentatives de corruption. La majorité resta attachée aux valeurs familiales. Mais les choses changent, et ce n'est

Pour tout savoir sur la culture, la mode, le cinéma et la musique du Vietnam, consultez le site, en anglais, www.thingsasian.com.

Dat Vuoc : c'est par ces termes qui signifient la terre et l'eau que les Vietnamiens désignent leur pays, marquant ainsi la conquête des terres par la riziculture. Vous saurez tout, ou presque, sur les identités culturelles du pays en lisant *Voyages dans les cultures du Vietnam* de Thanh Khoi Le (Horizon du monde, 2001) pas du fait de Ho Chi Minh ou de Nixon, mais de deux facteurs conjoints que sont l'exode rural et le rajeunissement de la population.

À l'instar de Singapour et de la Thaïlande, le Vietnam connaît en effet une véritable mutation. Les jeunes aspirent à un mode de vie différent de celui de leurs parents, et certaines tensions se font sentir dans les villes. Les jeunes gens s'habillent dorénavant à leur goût, fréquentent les personnes de leur choix et sortent à toute heure de la nuit. Ils vivent cependant toujours chez leurs parents, qui leur reprochent leur comportement.

La famille élargie est très importante : elle comprend les cousins éloignés, ainsi que d'autres proches qui ne représentent rien aux yeux des Occidentaux. Cette parentèle se rassemble dans les temps de difficultés ou de grandes joies, pour célébrer les fêtes et les succès comme pour pleurer ses morts. Pour l'ancienne génération, ce lien représente une force, tandis que les plus jeunes préfèrent s'investir dans leurs relations amicales et amoureuses, ou dans un gang.

Faute de place, les Vietnamiens ne partagent pas les concepts occidentaux de vie privée et d'espace personnel. Ne vous étonnez donc pas s'ils entrent dans votre chambre d'hôtel sans frapper : nu comme un ver dans votre salle de bains, vous verrez peut-être le réceptionniste faire irruption sans prévenir !

Comme dans la plupart des pays asiatiques, les Vietnamiennes assument des tâches nombreuses et pénibles sans aucune contrepartie décisionnelle. Ces combattantes se sont révélées redoutables dans la guérilla, comme peuvent en témoigner à leurs dépens les soldats américains. À la fin de la guerre, elles n'ont pourtant été remerciées que par de belles paroles, les hommes ayant, pour leur part, accaparé tous les postes importants.

Les hommes d'affaires en difficulté font souvent appel à un géomancien. Le remède tient parfois, au mieux, à déplacer une porte ou une fenêtre ou, au pire, à installer ailleurs la tombe des ancêtres. Un esprit angoissé peut ainsi retrouver la sérénité contre un peu de monnaie sonnante et trébuchante.

MÉMO POUR NE PAS FAIRE D'IMPAIR

Habillement

Montrez-vous respectueux des codes vestimentaires, notamment dans les lieux de prière. Retirez toujours vos chaussures avant de pénétrer dans un temple. Sur les plages, le nudisme est à proscrire.

Salutations

On se salue traditionnellement en joignant les deux mains devant soi et en inclinant légèrement la tête. L'habitude occidentale de se serrer la main a maintenant pris le pas sur l'usage ancien.

Tout est dans les cartes

Il est de bon ton de s'échanger ses cartes de visite, même pour la plus petite transaction. Faites-en imprimer avant votre départ et distribuez-les généreusement.

Baguettes funèbres

Une paire de baguettes plantées verticalement dans un bol de riz ressemble beaucoup aux bâtons d'encens que l'on brûle pour les morts. C'est donc un puissant symbole mortuaire.

Langage des pieds

Comme les Chinois et les Japonais, les Vietnamiens sont obsédés par la propreté des sols. Il est d'usage de retirer ses chaussures en entrant chez quelqu'un. Par ailleurs, diriger ses orteils vers autrui est très mal élevé. Enfin, ne tournez jamais la pointe des pieds vers des représentations de Bouddha ou tout autre objet sacré.

Chapeau bas !

La correction veut que l'on se découvre devant une personne âgée ou tout autre individu digne de respect, comme un moine. Il faut également incliner la tête avant de s'adresser à eux. En Asie, la tête est le point symbolique le plus élevé : aussi, ne touchez jamais le crâne ou le visage des personnes que vous cotoyez.

Dans les campagnes, les femmes travaillent aux champs, cassent les pierres sur les chantiers et portent des palanches de 60 kg : leur énergie est incroyable.

Les mesures gouvernementales en faveur de la limitation à deux enfants par famille leur offrent actuellement de grandes perspectives d'indépendance : elles sont de plus en plus nombreuses à retarder leur mariage pour continuer leurs études. Si 50 % de la population étudiante est féminine, les compétences de ces jeunes filles semblent, hélas, assez peu mises à profit à leur sortie de l'université.

L'ouverture à l'Occident a engendré un triste phénomène : l'arrivée de proxénètes déguisés en "prospecteurs de talents". Ils font miroiter des emplois lucratifs dans un pays industrialisé à des jeunes femmes naïves, qui deviennent alors des esclaves sexuelles. La traite des jeunes campa-gnardes pauvres dans l'industrie du sexe est un phénomène massif qui exploite la misère de certaines familles, lesquelles en arrivent parfois à vendre une de leurs filles pour survivre.

Les Vietnamiens préfèrent les peaux claires : voilà pourquoi vous verrez parfois de jeunes élégantes abriter leur visage sous un parapluie. Les paysannes tentent de se préserver du soleil en portant des chemisiers à manches longues, des gants montant jusqu'aux coudes et un chapeau conique, et en s'enveloppant la tête dans une serviette. Dire à une Vietnamienne qu'elle a la peau blanche est un grand compliment ; la féliciter pour son "joli bronzage", une insulte.

La géomancie, ou *feng shui* (*phong thuy en* vietnamien), est un art (ou science) consistant à vivre en harmonie avec son environnement, ainsi qu'une tradition très importante : elle détermine l'orientation des maisons, des tombes, des *dinh* (maisons communales) et des pagodes. L'emplacement de la tombe d'un ancêtre fait particulièrement problème : le terrain et l'orientation rendront les esprits plus ou moins favorables aux descendants. Il en va de même de l'emplacement de l'autel placé dans chaque foyer vietnamien.

La réalisatrice Viet Linh dans L'Immeuble (1999) évoque les changements à l'œuvre dans la société vietnamienne, entre 1975 et l'ouverture à l'économie de marché, à la fin des années 1980, à travers la vie des habitants d'un hôtel réquisitionné pour servir de logement collectif à des cadres du parti.

POPULATION

Le Vietnam compte environ 83 millions d'habitants, ce qui en fait le treizième pays du monde par la population ; avec son fort taux de natalité, il va sans doute rapidement devenir l'un des dix premiers. C'est un pays jeune : 65 % de sa population est âgée de moins de 30 ans ! Si, pendant des années, la tendance "révolutionnaire" consistait à encourager les familles nombreuses, la politique actuelle milite en faveur d'une limitation à deux enfants dans les zones urbaines.

La société agricole, jadis prédominante, connaît aujourd'hui un exode vers les villes. Tout comme celles de la Thaïlande et la Malaisie, la répartition démographique du Vietnam subit à l'heure actuelle de très grands changements : en nombre toujours croissant, les jeunes gens désertent les campagnes pour le mythe des rues citadines pavées d'or. Ho Chi Minh-Ville (HCMV) et sa banlieue atteignent déjà 6 millions d'habitants, Hanoi plus de 3 millions, et Danang, tout comme Hai Phong, plus de 1 million. La migration économique, en plein essor, va sûrement accroître encore ces chiffres.

Les Vietnamiens émigrés (Viet Kieu) ont longtemps été considérés comme des gens lâches, arrogants et privilégiés. Dans les années 1990, ceux qui revenaient au pays étaient souvent surveillés par la police. De nos jours, la ligne officielle est qu'ils reçoivent dans la mère patrie un bon accueil, tout comme leur argent.

Les Vietnamiens de souche et les minorités

La culture et la civilisation vietnamiennes ont été profondément influencées par la Chine. Selon de nombreux historiens, la Chine traita longtemps son voisin comme une province plutôt que comme une entité indépendante ; pourtant, les Vietnamiens, occupant le delta du fleuve

Rouge, existaient déjà en tant que peuple bien avant les premières vagues chinoises, il y a plus de 2000 ans.

Au cours de l'histoire, les minorités vietnamiennes se sont mélangées. Peu à peu descendues vers le sud à la recherche de terres cultivables, elles absorbèrent le royaume du Champa puis les terres orientales de l'empire khmer ; les Cham et les Khmers constituent aujourd'hui des minorités importantes. On estime qu'un million de Khmers vivent dans le delta du Mékong (que l'on appelle également le Kampuchea Krom, ou Cambodge inférieur) et qu'un nombre au moins égal de Cham peuple les régions côtières comprises entre Phan Rang et Danang.

Ces mouvements de populations ne se sont pas faits à sens unique. Une grande partie des cinquante minorités ethnolinguistiques vivant dans le Nord-Ouest, et qui constituent aujourd'hui l'une des facettes les plus originales du mélange ethnique du Vietnam, n'ont quitté le Yunnan (Chine) et le Tibet qu'au cours des deux derniers siècles, s'installant dans les montagnes que les Vietnamiens des plaines rechignaient à cultiver.

La minorité la plus importante n'en demeure pas moins la communauté chinoise, qui possède l'essentiel du commerce dans les zones urbaines. Les Chinois ont été longtemps considérés avec beaucoup de méfiance par le pouvoir, qui en expulsa un grand nombre à la fin des années 1970. Beaucoup d'entre eux sont cependant aujourd'hui revenus au Vietnam, où ils jouent un rôle non négligeable dans le développement économique.

Consultez la section *Les ethnies montagnardes* pour plus d'informations sur les minorités ethniques des Hauts Plateaux et du Nord-Ouest.

RELIGION

Quatre grandes philosophies et religions ont façonné la vie spirituelle du peuple vietnamien : le bouddhisme, le confucianisme, le taoïsme et, plus tardivement, le christianisme. Au fil des siècles, le confucianisme, le taoïsme et le bouddhisme se sont mélangés aux croyances populaires chinoises et à l'ancien animisme vietnamien pour former la "Religion triple", ou *Tam Giao*. Interrogés sur la religion qu'ils pratiquent, la plupart des Vietnamiens répondent généralement qu'ils sont bouddhistes, même s'ils suivent plutôt les principes du confucianisme dans leurs devoirs familiaux ou civiques. Leur compréhension de la nature et de cosmos relève davantage, quant à elle, du système taoïste.

ONG TAY ET BA TAY

Les enfants adorent attirer l'attention des Occidentaux à la peau blanche en les apostrophant d'un *ông Tây !* (Monsieur l'Occidental) et d'un *ba Tây !* (Madame l'Occidentale), particulièrement dans les régions reculées. Certains s'enhardiront même à venir leur tirer les poils des bras et des jambes ou à leur toucher la peau.

Dans le passé, on prenait tous les Occidentaux pour des Russes, très impopulaires, et on les interpellait d'un *liên xo !* (Union soviétique) peu amène.

Sur les marchés, les vendeurs chercheront peut-être à vous séduire d'un *dông chi !* (camarade) qui se voudrait une marque d'affection fraternelle. Selon votre âge et votre accoutrement, vous recevrez parfois le gentil sobriquet de *Tây ba-lô !* (Occidental sac au dos), un terme relativement récent soulignant votre allure de routard.

Si vous circulez à bicyclette, vous entendrez également des Vietnamiens vous dire *Tây di xe dap*, qui signifie "Occidental qui voyage à vélo". Jusque très récemment, la plupart des étrangers ne se déplaçaient qu'en Citroën, jeeps, Volga ou Toyota.

Bien que la majorité de la population ne possède que de vagues notions des enseignements bouddhistes, les moines participent aux cérémonies rituelles tels que les enterrements. Aux yeux des Vietnamiens, les pagodes bouddhistes représentent, dans ce monde incertain, un refuge physique et spirituel.

Bouddhisme

Le bouddhisme, comme toutes les grandes religions, a connu plusieurs schismes. Il fut introduit au Vietnam par deux vecteurs : le bouddhisme *mahayana* pénétra par le nord au Népal, au Tibet, en Chine, en Corée, en Mongolie, au Vietnam et au Japon, tandis que le bouddhisme *theravada* (celui du sud) prenait la route de l'Inde, du Sri Lanka, du Myanmar et du Cambodge.

L'école theravada est une forme de bouddhisme plus ancienne et, selon ses adeptes, moins corrompue que les écoles mahayana disséminées dans l'Asie de l'Est et la région himalayenne. L'école du Sud essayant de préserver ou de limiter les doctrines bouddhiques aux seuls canons codifiés lors de la première époque du bouddhisme, l'école du Nord lui a donné le nom de *hinayana*, ou Petit Véhicule, par opposition au Grand Véhicule qui prend racine dans les premiers enseignements.

L'école prédominante au Vietnam est le bouddhisme mahayana (*Dai Thua*, ou *Bac Tong*, ce qui signifie "qui vient du Nord"). La principale secte mahayana du pays est la Zen (*Dhyana*, ou *Thien*), également appelée École de la méditation. Dao Trang (école du Pur Pays), autre secte importante, ne se pratique que dans le Sud.

Le bouddhisme theravada (*Tieu Thua, ou Nam Tong*) se pratique essentiellement dans le delta du Mékong, au sein des communautés d'origine khmère.

Les moines bouddhistes vietnamiens *(bonzes)* ont pour mission de répondre aux besoins spirituels des paysans. Ils sont libres de recourir aux traditions du taoïsme ou à la philosophie du bouddhisme.

Bouddhisme Hoa Hao

La secte bouddhiste Hoa Hao (Phat Giao Hoa Hao), fondée par le jeune Huynh Phu So, est apparue dans le delta du Mékong en 1939. Guéri miraculeusement d'une maladie chronique, So commença à prêcher auprès du petit peuple un bouddhisme réformé, en s'appuyant sur la foi personnelle plutôt que sur des rites. Sa philosophie préconise la simplicité du culte et nie le besoin d'un intermédiaire entre les êtres humains et l'Être suprême. Le bouddhisme Hoa Hao compterait actuellement 1,5 million de fidèles.

Caodaïsme

Le caodaïsme est une religion vietnamienne qui tente de créer la religion idéale en associant les philosophies religieuses de l'Orient et de l'Occident. Fondé au début des années 1920 par Ngo Minh Chieu, qui aurait reçu des "révélations" de l'au-delà, il compte aujourd'hui près de deux millions d'adeptes au Vietnam. C'est à Tay Ninh (p. 379), à 96 km au nord-ouest d'HCMV, que se trouve le pittoresque quartier général du père fondateur.

Taoïsme

Le taoïsme (*Lao Giao*, ou *Dao Giao*) est né en Chine. Le philosophe Lao Tseu (le Vieux Sage) aurait vécu au VIe siècle av. J.-C., mais son existence même est mise en doute. L'Histoire veut pourtant que Confucius en personne ait consulté ce gardien des archives impériales.

Comprendre le taoïsme n'a rien de facile. Cette philosophie, dont l'idéal est de revenir au Tao (la Voie, le principe de l'univers), préconise

Le caodaïsme est un cocktail des croyances et des philosophies du monde entier. Parmi ses prophètes figurent Bouddha, Confucius, Jésus-Christ, Moïse et Mahomet, ainsi que d'autres personnalités telles que Jeanne d'Arc, Shakespeare et Victor Hugo.

la contemplation et la vie simple. Elle se fonde sur le *am* et le *duong*, équivalents vietnamiens du yin et du yang. L'essentiel du rituel taoïste a été absorbé par le bouddhisme chinois et vietnamien. L'influence taoïste notable en architecture est celle des dragons et des démons en guise de décoration des toitures des temples.

Christianisme

Le catholicisme fut introduit au XVIe siècle par des missionnaires. Aujourd'hui, le Vietnam est le deuxième pays catholique d'Asie après les Philippines : sa population compte en effet 8 à 10 % de catholiques. Sous le régime communiste, leur liberté religieuse avait été fortement réduite : à l'instar de l'Union soviétique, les Églises étaient officiellement assimilées à des institutions capitalistes et considérées par le gouvernement comme un dangereux contre-pouvoir. Depuis 1990, toutefois, l'État conduit une politique plus libérale et la religion catholique effectue un retour en force.

Les premiers protestants firent leur apparition au Vietnam en 1911. Les 200 000 pratiquants vietnamiens sont en majorité des montagnards des Hauts Plateaux. Les protestants ont été doublement malchanceux : persécutés par Diem, pro-catholique, ils le furent ensuite par les communistes.

Confucianisme

Philosophie religieuse plutôt que religion organisée, le confucianisme (*Nho Giao*, ou *Khong Giao*) a forgé le système social du Vietnam et grandement influencé sa vie quotidienne, tout comme les croyances de sa population.

Confucius (Khong Tu), né en Chine en 550 av. J.-C., voyait en l'homme un être formé par la société mais capable de la modifier : il élabora donc un code éthique pour guider celui-ci dans ses relations sociales. Ce code, qui spécifie les obligations de chacun envers sa famille, la société et l'État, constitue toujours les bases de la société vietnamienne.

Culte des ancêtres

Le culte des ancêtres existait chez les Vietnamiens bien avant le confucianisme ou le bouddhisme. Il se fonde sur la croyance que l'âme du défunt survit après sa mort et protège ses descendants ; vu l'influence que les esprits des ancêtres exercent sur la vie de chacun, il n'est pas seulement honteux de les contrarier ou de ne pas leur accorder le repos, mais carrément dangereux.

Les Vietnamiens ont coutume de vénérer et d'honorer régulièrement les esprits de leurs ancêtres, particulièrement à l'anniversaire de leur mort. Ils offrent ce jour-là des sacrifices au dieu du foyer et à l'âme des ancêtres.

PAGODE OU TEMPLE ?

Le Vietnam compte de nombreuses pagodes et temples, mais comment les distinguer ? Sachez donc que les Vietnamiens considèrent une *chua* (pagode) comme un lieu de culte où prier et faire des offrandes, alors qu'un *den* (temple) est plutôt un bâtiment construit en l'honneur d'une grande figure historique (Confucius, Tran Hung Dao, voire Ho Chi Minh).

Le temple caodaï semble néanmoins ne pas correspondre à cette définition ; étant donné la complexité du caodaïsme, il est difficile de dire s'il s'agit d'un temple, d'une pagode, d'une église ou d'une mosquée !

LE CALENDRIER LUNAIRE

Le calendrier lunaire vietnamien ressemble beaucoup au calendrier chinois. La première année correspond à l'an 2637 av. J.-C., et chaque mois lunaire compte 29 ou 30 jours, ce qui donne des années de 355 jours. Les années bissextiles reviennent approximativement tous les 3 ans : on rajoute alors un mois entre les 3e et 4e mois pour faire coïncider l'année lunaire avec l'année solaire, faute de quoi on finirait par avoir un trop grand décalage entre les saisons formelles et celles de la nature. Pour trouver à quelle date du calendrier grégorien (solaire) correspond une date lunaire, consultez un calendrier vietnamien ou chinois.

Le calendrier vietnamien comprend 12 animaux du zodiaque, chacun d'entre eux représentant une année dans un cycle de 12 ans. Pour connaître votre signe zodiacal vietnamien, il vous suffit de chercher votre année de naissance dans le tableau ci-dessous. Mais attention : l'astrologie vietnamienne épousant le calendrier lunaire, le Nouvel An tombe habituellement fin janvier ou début février : si vous êtes né en janvier, il vous faut donc retenir l'année zodiacale précédant votre année de naissance.

Rat *(tý)*	1924	1936	1948	1960	1972	1984	1996
Buffle *(suu)*	1925	1937	1949	1961	1973	1985	1997
Tigre *(dan)*	1926	1938	1950	1962	1974	1986	1998
Lapin *(mao)*	1927	1939	1951	1963	1975	1987	1999
Dragon *(thin)*	1928	1940	1952	1964	1976	1988	2000
Serpent *(ty)*	1929	1941	1953	1965	1977	1989	2001
Cheval *(ngo)*	1930	1942	1954	1966	1978	1990	2002
Chèvre *(mui)*	1931	1943	1955	1967	1979	1991	2003
Singe *(than)*	1932	1944	1956	1968	1980	1992	2004
Coq *(dau)*	1933	1945	1957	1969	1981	1993	2005
Chien *(tuat)*	1934	1946	1958	1970	1982	1994	2006
Cochon *(hoi)*	1935	1947	1959	1971	1983	1995	2007

Prières et offrandes sont alors censées apporter la prospérité ou permettre de recouvrer la santé. La possession d'un autel familial et la propriété d'un morceau de terrain pour assurer financièrement "l'entretien" des ancêtres sont nécessaires à la pratique de ce culte.

Hindouisme

Le royaume du Champa a été profondément influencé par l'hindouisme, et beaucoup de tours cham (qui servaient jadis de sanctuaires hindous) contiennent un lingam que Vietnamiens et Chinois vénèrent encore. Après la chute du Champa, au XVe siècle, la plupart des Cham demeurés au Vietnam se convertirent à l'islam, tout en continuant de pratiquer différents rites et coutumes brahmaniques.

Islam

Les musulmans, essentiellement des Cham, constituent quelque 0,5% de la population. Les Cham se considèrent musulmans, tout en suivant la théologie et les lois islamiques dans une version qui leur est propre. Alors que les musulmans des autres latitudes prient cinq fois par jour, les Cham ne prient que le vendredi ; par ailleurs, ils n'observent le ramadan que pendant trois jours au lieu d'un mois. Ils incorporent en outre à leurs rites des éléments animistes et le culte des dieux hindous. Les garçons de 15 ans subissent une circoncision symbolique, le chef religieux mimant à cette occasion la délicate opération avec un couteau en bois.

ARTS
Architecture

Les Vietnamiens n'ont jamais eu, en la matière, le talent de leurs voisins les Khmers, bâtisseurs des temples d'Angkor, ni des Cham, dont on admire dans le Sud les superbes tours de brique (voir l'encadré p. 249).

Traditionnellement, la plupart des constructions vietnamiennes sont faites de bois et d'autres matériaux trop fragiles pour le climat tropical. Si l'on ajoute à cela le fait que presque tous les édifices de pierre érigés par les Vietnamiens furent détruits au cours des innombrables guerres féodales et autres invasions, on comprend pourquoi il subsiste dans ce pays si peu d'exemples d'architecture prémoderne.

Pagodes et temples multiséculaires abondent mais, le plus souvent, reconstruits plusieurs fois, sans respecter l'architecture originelle. Sans parler des éléments modernes, comme les auréoles de néon ornant la tête des bouddhas...

La pratique du culte des ancêtres explique le grand nombre de tombes datant de plusieurs siècles et de temples érigés à la mémoire de mandarins de haut rang, de membres de la famille royale et d'empereurs.

Les monuments aux morts commémorant les Vietnamiens tombés lors des guerres contre les Chinois, les Français et les Américains comportent souvent un obélisque en ciment où sont inscrits les mots *to quoc ghi cong* ("Le pays se souviendra de leurs exploits").

Cinéma

La bande d'actualités réalisée à l'occasion de la proclamation d'indépendance de Ho Chi Minh, en 1945, marqua les débuts du cinéma national. Par la suite furent tournées des reconstitutions de certains épisodes de la bataille de Dien Bien Phu. Avant la réunification, l'industrie cinématographique du Sud-Vietnam produisait principalement des séries B spectaculaires à petit budget, tandis que Hanoi fixait pour objectif aux metteurs en scène de "mobiliser les masses pour la reconstruction économique, l'édification du socialisme et la lutte pour la réunification nationale".

En revenant à Ngo Thuy (1977), réalisé par Lê Manh Thich et Do Khanh Toan, rend hommage aux femmes du village de Ngo Thuy. En 1971, elles avaient fait l'objet d'un film de propagande incitant la population à participer à l'effort de guerre.

Ces dernières années, les films de propagande ont fait place à des œuvres reflétant davantage la vie courante et les problèmes quotidiens. Leurs thèmes, très divers, vont de la guerre aux comédies romantiques modernes.

Dans *Un général à la retraite*, de Nguyen Khac (1988), le personnage central doit passer de sa condition de soldat à la vie civile, symbolisant la difficile transition de l'après-guerre.

Viet Linh, née en 1952 à Saigon, a réalisé plusieurs longs métrages depuis 1986, tous diffusés dans le circuit officiel, dont *L'Immeuble* (1998). Son dernier film, *Me Thao – il fut un temps* (sorti en France en 2004) est inspiré d'un ouvrage de Nguyen Thuan : dans le Vietnam des années 1930, un jeune seigneur devenu fou après la mort de sa fiancée rejette présent et avenir pour ne vivre que dans le passé et le culte de la femme qu'il a aimé.

Dang Nhat Minh, né en 1936, est probablement le réalisateur vietnamien le plus prolifique. Sa source d'inspiration reste les soubresauts de la société vietnamienne. Il raconte, dans *Co Gao Tren Song* (La Fille sur la rivière, 1987), l'histoire émouvante d'une journaliste qui aide une ex-prostituée à retrouver un ancien amant, un soldat vietcong à qui elle a sauvé la vie et auquel elle était promise. Dans *Tro Ve* (Le Retour, 1993), il s'interroge sur la complexité des relations modernes à travers le personnage d'un *boat people* de retour à Ho Chi Minh-Ville. Parmi ses autres films, citons : *Thuong Nho Dong Que* (Nostalgie de la campagne, 1996) et *Mua Oi* (La Saison des goyaves, 2000)

Dancing Girl, réalisé par Lê Hoang, a fait sensation lors de sa sortie en 2003 ; il relate l'histoire de deux prostituées séropositives.

En nombre croissant, de jeunes réalisateurs expatriés se font une place dans l'industrie du cinéma international et sont récompensés dans les festivals. *L'Odeur de la papaye verte* (1992), très beau film tourné en France par Tran Anh Hung, raconte le passage à l'âge adulte d'une jeune paysanne employée comme servante, dans les années 1950, chez une riche famille saigonnaise. Étonnant sur le plan visuel, *Cyclo* (1995) explore les bas-fonds de HCMV.

L'Américano-Vietnamien Tony Bui a remporté un immense succès avec son premier et superbe film *Trois saisons* (1999). Situé dans l'actuelle HCMV, il entrelace les vies de quatre personnages et leurs rapports avec un vétéran américain (joué par Harvey Keitel), venu au Vietnam retrouver sa fille.

Danse

Les danses folkloriques se pratiquent généralement pendant les cérémonies et les festivals, mais le tourisme les a banalisées. Intéressante et spectaculaire, la danse des Chapeaux coniques met en scène des femmes revêtues d'un *ao dai* (le costume national) dont les coiffes, manipulées à la manière de Fred Astaire, tournoient et s'entrelacent.

Les minorités possèdent naturellement, en matière de danse, leurs traditions propres, qui diffèrent énormément de celles des Vietnamiens de souche. Quantité d'études anthropologiques ont été réalisées ces dernières années, dans le but de préserver et de faire revivre les traditions locales.

Laque et céramique

Ce sont les Chinois qui initièrent les Vietnamiens à l'art de la laque, au milieu du XVᵉ siècle. Au cours des années 1930, des professeurs japonais, appelés par l'école des Beaux-Arts de Hanoi, enseignèrent de nouveaux styles et de nouvelles méthodes de production d'objets laqués.

La laque, ou *cay son*, est une résine que l'on extrait d'un arbre, le sumac *(Rhus Vernaciflua)*. Ce latex, blanc crémeux à l'état brut, devient noir ou brun une fois mélangé avec des pigments et laissé au repos une quarantaine d'heures dans un récipient en fer. L'objet à laquer (traditionnellement en teck) reçoit d'abord un fixatif, puis dix couches de laque au minimum. Il faut laisser sécher chaque couche une semaine, puis la poncer, d'abord avec une pierre ponce puis avec un os de seiche, avant d'appliquer la couche suivante. Une laque spécialement raffinée est utilisée pour la onzième et dernière couche, que l'on polit avec de la chaux et une fine poussière de charbon avant de passer à la décoration. Pensez à tout ce travail avant de trop négocier les prix ! Les motifs peuvent être gravés en léger relief, peints ou incrustés de nacre, de coquille d'œuf, d'argent ou même d'or.

La production de céramique *(gom)* est une tradition très ancienne : on modelait autrefois les objets sur un moule en osier et on les cuisait au four. La fabrication de la céramique est ensuite devenue très raffinée, chaque dynastie imposant ses propres techniques et ses motifs particuliers.

Des céramiques anciennes sont exposées dans la plupart des musées nationaux. Les fouilles conduites dans les sites archéologiques et l'exploration d'épaves mettent encore au jour des pièces anciennes.

Le village de Bat Trang (p. 117), proche de Hanoi, est célèbre pour sa production de céramique.

Littérature

On distingue traditionnellement trois genres littéraires. La littérature orale traditionnelle *(truyen khau)* se perpétue depuis des temps immémoriaux ;

Les Paradis aveugles (Des Femmes, 1991) se déroule dans un village du Nord et dans un quartier pauvre de Hanoi. Son auteur, Duong Thu Huong, une ancienne communiste, connut la prison après-guerre pour ses écrits. À lire aussi : *Roman sans titre* (Des Femmes, 1992), *Au delà des illusions* (Philippe Picquier, 2000) et *Histoire d'amour racontée avant l'aube* (L'Aube, 2001).

Nguyen Huy Thiep, né en 1950 à Hanoi, raconte dans *Un général à la retraite* (L'Aube, 1998) le désenchantement et la difficile reconversion d'une société combattante à une société civile. Son recueil de nouvelles *Le Cœur du tigre* (L'Aube, 1998) est une autre plongée dans la Vietnam contemporain, tout comme son premier roman, *À nos vingt ans* (voir p.16), paru en France en 2005.

elle comprend les légendes, les chansons folkloriques et les proverbes. La littérature sino-vietnamienne, quant à elle, s'écrivait en caractères chinois (*chu nho*) : influencée par les textes confucéens et bouddhiques, elle obéissait à des règles métriques et de versification très strictes. Enfin, la littérature moderne (*quoc am*) recouvre la totalité des écrits en caractères *nom*. Le premier grand texte écrit en *nom*, *Van Te Ca Sau* (Ode à un alligator), date du XIIIᵉ siècle.

Nguyen Du (1765-1820), poète, homme de lettres, mandarin et diplomate, est l'auteur du chef d'œuvre de la littérature vietnamienne, *Kim Van Kieu* (La Légende de Kieu), qui date du début du XIXᵉ siècle, période de grande activité littéraire.

Musique

MUSIQUE TRADITIONNELLE

Bien que fortement influencée par la Chine, ainsi que par les traditions musicales khmères et cham dans le Sud, la musique vietnamienne possède un style et des instruments très originaux. Le système traditionnel de transcription musicale et l'échelle pentatonique (cinq notes) sont, certes, d'origine chinoise, mais la musique chorale vietnamienne est unique : la mélodie épouse l'accentuation des paroles – ainsi, elle ne peut pas monter la gamme sur un mot au ton descendant.

Le folklore vietnamien se chante généralement *a capella*. Le Parti communiste l'a adapté pour créer de nombreux chants patriotiques.

La musique classique, ou "musique savante", est assez rigide et cérémonieuse. Elle était jouée à la Cour impériale pour distraire les mandarins. Il existe deux types de musique de chambre classique : le *hat a dao*, originaire du Nord, et le *ca Hue*, originaire du Centre.

La musique traditionnelle se joue sur de nombreux instruments typiques, dont certains très anciens, à l'image des *do son*, tambours aujourd'hui très recherchés par les collectionneurs. L'instrument traditionnel le plus surprenant est sans doute le *dan bau*, un luth monocorde produisant une gamme de sons étonnante. Par ailleurs, le *dan tranh*, cithare à 16 cordes, et le *to rung*, grand xylophone de bambou, sont fréquemment utilisés dans les concerts de musique folklorique.

Chaque minorité ethnolinguistique possède ses propres traditions musicales, comprenant, outre des costumes colorés, des instruments tels que la flûte à anche, le lithophone (proche du xylophone), le sifflet de bambou, les gongs et des instruments à cordes fabriqués avec des calebasses.

MUSIQUE CONTEMPORAINE ET POP

Comme toute l'Asie du Sud-Est, le Vietnam possède de nombreux chanteurs pop. Sa chanteuse la plus célèbre, Khanh Ly, a quitté le pays en 1975 pour les États-Unis. Elle est aussi populaire au Vietnam qu'à l'étranger. Il est très facile de trouver ses disques au Vietnam, mais le gouvernement vietnamien n'apprécie guère ses dernières compositions évoquant ses souvenirs pénibles de réfugiée.

L'enfant chéri du pays, Quang Linh, né à Hué, travaillait dans une banque de Hanoi avant de gagner sa popularité auprès des Saigonnais et de se voir propulser en tête du hit-parade. Tous âges confondus, les Vietnamiens adorent ses vibrantes chansons d'amour.

Autre chanteuse célèbre dans son pays, la sex-symbol Phuong Thanh est la réplique vietnamienne de Madonna ou de Britney Spears (en plus habillée). Son équivalent masculin est Lam Truong, véritable idole des jeunes filles.

Parmi les nombreux compositeurs connus, le plus apprécié était Trinh Cong Son, décédé en 2001 à HCMV. Ancien étudiant en littérature à Hué, Trinh Cong Son était vraisemblablement le compositeur le plus prolifique de toute l'histoire vietnamienne, avec plus de 500 chansons à son actif.

Peinture et sculpture

La peinture sur soie, qui remonte au XIIIᵉ siècle, fut longtemps le domaine réservé de calligraphes lettrés qui aimaient également représenter la nature. Avant l'avènement de la photographie, on réalisait ainsi les portraits des défunts pour le culte des ancêtres ; on peut encore en voir quelques-uns (généralement des bonzes) dans les pagodes.

Au cours du XXᵉ siècle, la peinture vietnamienne fut fortement influencée par l'Occident. Quant aux œuvres récentes, elles tirent leur inspiration de thèmes politiques plus que de préoccupations esthétiques ou artistiques ; vous pourrez voir quantité d'œuvres de ce style au musée des Beaux-Arts de Hanoi (p.93).

La libéralisation économique a incité beaucoup de jeunes artistes à abandonner les thèmes révolutionnaires en faveur de sujets plus commerciaux. Certains sont revenus à la peinture sur soie ou à la laque, tandis que d'autres se lancent dans de nouvelles expériences.

Les Cham sculptaient d'étonnantes statues de grès destinées à orner leurs sanctuaires hindouistes ou bouddhiques ; profondément influencée par l'art indien, leur sculpture a su incorporer, au fil des siècles, des éléments indonésiens et vietnamiens. Le musée de Sculpture cham de Danang (p. 227) abrite la plus grande collection au monde de ces œuvres. Pour plus de renseignements dans la matière, consultez, p. 111, le chapitre consacré aux *Tours cham de Po Klong Garai*.

L'art du Vietnam – la fleur du pêcher et l'oiseau d'azur, de Catherine Noppe et Jean-François Hubert (La Renaissance du livre, 2002) aborde les aspects connus et méconnus des arts vietnamiens – les bronzes anciens du Nord, les porcelaines bleues de Hué, la sculpture cham du sud du pays ou les créations textiles des minorités ethniques.

Théâtre et marionnettes

Des dizaines de troupes et de compagnies subventionnées présentent, dans tout le pays, les diverses formes de théâtre vietnamien, lequel intègre harmonieusement la musique, le chant, la récitation, la déclamation, la danse et le mime.

Le théâtre classique, très cérémonieux, s'appelle *hat tuong* dans le Nord et *hat boi* dans le Sud. Très nettement influencé par l'opéra chinois, il lui emprunte sa gestuelle et ses décors. Un orchestre de six musiciens, que domine le tambour, l'accompagne. Les spectateurs apportent souvent leur propre tambour pour manifester leurs réactions au cours du déroulement de l'intrigue. On y trouve un nombre limité de personnages, immédiatement identifiables par leur maquillage et leurs costumes symboliques : une face maquillée en rouge représente ainsi le courage, la loyauté et la fidélité, tandis que les traîtres et les personnages cruels se blanchissent le visage. Selon la façon dont l'acteur tripote sa barbe, on peut reconnaître les émotions qui animent le personnage – réflexion, inquiétude, colère, etc.

Le théâtre populaire (*hat cheo*) a pour objet la satire sociale. On y chante et y déclame des mots de tous les jours, ou en recourant à de nombreux proverbes et dictons. La plupart des mélodies sont d'origine paysanne.

Le théâtre moderne (*cai luong*), né au Sud au début du XXᵉ siècle, est largement influencé par l'Occident. Le théâtre parlé (*kich noi* ou *kich*), inspiré du théâtre occidental, est apparu dans les années 1920 ; il trouve ses adeptes parmi les étudiants et les intellectuels.

Les marionnettes conventionnelles (*roi can*) et les marionnettes sur l'eau (*roi nuoc*), art exclusivement vietnamien, tirent leurs intrigues des mêmes légendes et du même passé que les autres formes de théâtre traditionnel. Selon la légende, l'art des marionnettes aquatiques serait né un jour de mousson : malgré l'inondation, des marionnettistes du delta du fleuve Rouge s'entêtèrent à poursuivre le spectacle (voir l'encadré p. 117).

SPORTS

Le football est extrêmement populaire. Pendant les compétitions internationales, la moitié du pays reste éveillée toute la nuit à regarder les matchs en direct. Dans les rues de Hanoi et de HCMV, les matchs sont souvent suivis de "rodéos" à moto. L'équipe nationale n'a malheureusement pas encore atteint le niveau digne de cette popularité : elle a beau être l'une des meilleures équipes d'Asie du Sud-Est, elle a peu de poids sur la scène internationale. Les perspectives de succès les plus réalistes ne s'annoncent pas avant, au plus tôt, la Coupe du monde 2022.

Le tennis est actuellement un sport snob, tout comme le golf qui suscite un intérêt croissant, notamment parce qu'il permet d'évoluer en bonne compagnie. Le sport national reste le badminton, et chaque rue représente un terrain de jeu potentiel. Le volley-ball et le ping-pong sont également très prisés.

La fête du Têt

Le Têt Nguyen Dan (Fête du premier jour), qui annonce le Nouvel An lunaire, est la date la plus importante du calendrier vietnamien. Connue sous le nom de Têt, elle représente bien plus que le Nouvel An de notre calendrier grégorien : les familles se rassemblent, espérant obtenir la chance pour l'année à venir, et accueillent les esprits de leurs ancêtres dans la maison familiale. Le Têt marque également l'anniversaire de tous les Vietnamiens – ce jour-là, tout le monde vieillit d'un an.

Le Têt tombe entre le 19 janvier et le 20 février du calendrier occidental, comme le Nouvel An chinois. Sa date précise change chaque année du fait des différences entre les calendriers solaire et lunaire : ainsi, elle tombera en 2006 le 29 janvier et en 2007 le 18 février. Les trois premiers jours suivant le Nouvel An sont fériés, mais de nombreux Vietnamiens chôment toute la semaine, notamment dans le Sud.

Les festivités débutent sept jours avant le Têt, lorsque les *Tao Quan* (les trois esprits du foyer, qui logent dans la cuisine de chaque maison) montent aux cieux pour rapporter à l'empereur de Jade les événements de l'année passée. Ces dieux du foyer sont parfois décrits sous forme d'une seule personne appelée Ong Tao, Ong Lo ou Ong Vua Bep. Le jour où les Tao Quan montent aux cieux, chevauchant des poissons, les Vietnamiens lâchent des carpes vivantes dans les lacs et les rivières. Des autels sont dressés et chargés d'offrandes de nourriture, d'eau, de fleurs, de noix de bétel et de carpes vivantes pour le transport céleste. Par ces préparatifs, les Vietnamiens espèrent faire l'objet d'un rapport favorable et s'attirer la chance pour l'année à venir.

Au cours de la semaine précédant la fête, on se rend au cimetière pour inviter les esprits des défunts à participer aux célébrations. Chacun regagne son foyer afin que la famille soit réunie. Les liens se resserrent pour permettre à la nouvelle année de commencer sur de nouvelles bases. Les dettes sont remboursées et la propreté doit régner partout.

À l'instar de la tradition occidentale de l'arbre de Noël, les maisons sont, à cette occasion, décorées d'arbres. On dresse un arbre du Nouvel An *(cay neu)* pour repousser les mauvais esprits ; le kumquat a la préférence, mais

---

LES ESPRITS DU FOYER

Il existe quantité de légendes relatives aux Tao Quan (esprits du foyer), en particulier celle-ci : un bûcheron et sa femme vivaient heureux jusqu'au jour où le mari, terrifié à l'idée de ne plus pouvoir assurer la subsistance du ménage, se mit à boire et à battre sa femme. Celle-ci ne put le supporter et quitta le foyer conjugal. Quelque temps après, oubliant les épreuves de sa première union, elle épousa un chasseur. Un jour, peu de temps avant le Têt, un mendiant vint se présenter à sa porte alors qu'elle se trouvait seule. Lui offrant à manger, elle reconnut rapidement son premier mari. Son second époux rentra alors de la chasse : prise de panique, elle cacha le mendiant sous une botte de paille. Affamé, et inconscient de la présence du mendiant, le chasseur mit le feu à la paille pour faire rôtir le gibier qu'il venait de tuer. De crainte que le chasseur ne tue sa femme s'il venait à découvrir sa présence, le mendiant brûla vif sans émettre un seul son. La pauvre femme, bouleversée, comprit alors que son premier amour mourait en silence pour la sauver et, sans hésiter, se jeta dans le feu pour l'accompagner dans la mort. Le pauvre chasseur crut que, désespérée, elle se tuait par sa faute : incapable de vivre sans elle, il se jeta à son tour dans le feu. Tous trois périrent donc, en un acte de générosité qui toucha si profondément l'empereur de Jade qu'il fit d'eux des dieux, leur donnant pour mission de veiller au bien-être des Vietnamiens.

on trouve également dans le Nord des branches de pêcher *(dao)*, le Sud et le Centre optant plutôt pour les branches d'abricotier *(mai)*.

Le marché aux fleurs qui couvre la quasi-totalité de Đ L Nguyen Hue, à HCMV, offre un superbe spectacle. À Hanoi, les rues du quartier de Hang Dau et de Hang Ma se transforment en une véritable halle aux kumquats et branches de pêcher. On peut également admirer les décorations rouge et or qui attendent preneur dans les rues adjacentes au marché Dong Xuan, dûment interdites à la circulation. Au cours des quelques jours précédant le Nouvel An, l'excitation est palpable : les gens se précipitent pour acheter décorations ou nourriture, et les motos chargées de branches et de kumquats encombrent les rues.

Pour la plupart des familles, cette époque de l'année revient très cher : le kumquat, à lui seul, se vend 20 $US. En outre, on offre aux enfants des enveloppes rouges contenant de grosses sommes de *li xi* (argent de la chance). Les Vietnamiens considèrent en effet que ces dépenses sont nécessaires pour s'attirer les faveurs des dieux pendant l'année à venir.

Comme toutes les fêtes partout dans le monde, une grande partie des célébrations tourne autour de la nourriture. Le plat de base du Têt est le *banh chung* (voir l'encadré), carré de viande de porc gras et de pâte de haricot disposé entre deux couches de riz gluant *(nep)*. La préparation est emballée dans des feuilles de *dong* vert (une feuille ressemblant à celle du bananier) et ficelée avec des brindilles de bambou, ce qui lui donne l'apparence d'un cadeau. On en voit des piles entières partout. Vous serez certainement invité à en goûter. Dans le Sud est servi un plat similaire de forme ronde, le *banh day*.

Le banh chung s'accompagne souvent de *mang*, plat de pousses de bambou bouillies et de porc frit, mariné dans de la sauce de poisson *(nuoc mam)*. Il est possible que vous n'appréciez pas ces plats, mais sachez qu'ils revêtent une signification symbolique pour les Vietnamiens : leurs ingrédients rappellent les temps difficiles vécus dans le passé. En dessert, le *mut*, assortiment de fruits confits (pommes, prunes, voire tomates), est très populaire. Les fruits frais, comme les fruits du dragon et les pastèques, sont d'autres composants essentiels du Têt.

La veille du Nouvel An, les Tao Quan reviennent sur terre. Aux douze coups de minuit, tous les problèmes de l'année passée s'envolent et font place à de joyeuses festivités dont le but est de faire le plus de bruit possible à l'aide de tambours et autres instruments à percussion. On utilisait également des pétards, mais ceux-ci ont été interdits en 1995 ; vous pourrez toutefois entendre des pétards enregistrés sur magnétophone ! Tout ce qui est bruyant est accepté, tant que cela permet d'accueillir à nouveau les dieux et d'éloigner les mauvais esprits en maraude.

Pour les Vietnamiens, les festivités du Têt influent sur l'année à venir ; ainsi essaient-ils de ne pas de se montrer impolis ou coléreux et évitent-ils certaines activités – comme faire le ménage, coudre, jurer, briser des objets (ce qui pourrait attirer les mauvais esprits).

De même, il est crucial que le premier visiteur de la journée soit une personne "appropriée" : idéalement, un homme riche, marié et père de plusieurs enfants. On accueille parfois volontiers des étrangers comme premiers visiteurs, mais ce n'est pas toujours le cas ; mieux vaut donc éviter de se présenter spontanément chez un Vietnamien le premier jour du Têt (si vous êtes invité, faites-vous confirmer l'heure exacte à laquelle vous êtes attendu). Parmi les premiers visiteurs à bannir : les femmes célibataires d'un certain âge, les personnes ayant eu un accident, perdu leur emploi ou un membre de leur famille au cours de l'année précédente, signes de malchance. Ces infortunés et leurs familles, parfois mis au

LE SECRET DU BANH CHUNG

La légende du *banh chung* tire son origine du roi Huong Vuong VI et de ses 22 fils, tous dignes de lui succéder. Afin de choisir son dauphin, le roi ordonna à ses fils de parcourir le monde à la recherche de mets délicats inconnus de lui : lui succéderait celui qui lui rapporterait le meilleur. Tous les fils partirent, sauf un : Lang Lieu, en effet, ne savait pas par où entamer ses recherches. Dans sa détresse, un génie féminin lui apparut. "L'homme ne peut vivre sans riz", lui dit-elle, lui révélant alors la recette du *banh chung*. Lorsque le moment fut venu pour le roi de goûter les 22 mets, il fut amèrement déçu par ceux que ses 21 fils avaient rapportés de leurs voyages. Goûtant pour finir le plat concocté par Lang Lieu, il le trouva délicieux. Impressionné par le rôle du génie, il choisit Lang Lieu comme successeur.

ban de leur communauté, doivent alors parfois passer les fêtes du Têt enfermés chez eux.

La danse de la Licorne est une procession menée par des hommes arborant des drapeaux aux couleurs claires, suivis de la licorne elle-même (constituée de plusieurs hommes en uniforme ajusté), puis d'une autre créature mythique, le Ong Dia (un homme portant un masque qui représente la Lune). Des tambours et des timbales ferment la procession. Celle-ci commence tôt le premier jour du Têt, s'arrêtant à chaque maison et boutique du quartier pour y obtenir une obole. Les Vietnamiens se montrent généreux, car ils considèrent la licorne comme un symbole de prospérité et de paix. Celle-ci doit cependant mériter ses présents, que l'on suspend en général au balcon ou à la fenêtre du premier étage. La licorne est alors soulevée par une pyramide humaine, de façon à pouvoir saisir les dons dans sa bouche.

À Hanoi, le *co nguoi* (échecs humains) est une activité très pratiquée au cours des semaines suivant le Têt. Toutes les pièces humaines du jeu d'échecs proviennent du même village de Lien Xa, dans la province septentrionale de Ha Tay. Ces beaux jeunes gens, célibataires, doivent n'avoir subi pendant l'année précédente aucun décès dans leur famille ni aucun autre signe de malchance. Dans ces échecs chinois, les coups et les pièces sont différents du jeu occidental mais le but est identique : capturer le chef de l'équipe opposée, en l'occurrence le "général".

Hormis la veille du Nouvel An, le Têt ne donne pas lieu à des célébrations particulièrement tumultueuses : il ressemble plutôt à un jour de Noël occidental, paisible et familial. Hormis les difficultés de transport et de logement, la fête du Têt constitue une excellente occasion pour visiter le pays ; vous pourrez constater le contraste existant entre la frénésie des jours précédant la fête et le calme qui lui succède. Où que vous résidiez, il est fort probable, en outre, que l'on vous invite aux festivités.

Si vous êtes au Vietnam à cette époque, apprenez cette phrase : *chúc mùng nam mói* – Bonne année !

Les ethnies montagnardes

Si les Chinois et les Vietnamiens d'origine résident essentiellement dans les centres urbains et les régions côtières, les autres ethnies – soit environ 10 % de la population – vivent dans les régions d'altitude. Plusieurs de ces minorités regroupent au moins un million de personnes, tandis que d'autres n'en comptent plus qu'une centaine.

C'est dans le Nord-Ouest, au cœur du superbe massif montagneux qui s'étire à la frontière de la Chine et du Laos, que résident la plupart des tribus montagnardes du Vietnam. D'autres vivent également dans la région des hauts plateaux du Centre et du Sud, mais elles se distinguent difficilement des Vietnamiens ou des Chinois aux yeux des étrangers. Certaines de ces ethnies vivent au Vietnam depuis des milliers d'années, d'autres ont émigré au cours des derniers siècles.

Historiquement, les régions de hauts plateaux et leurs habitants ont bénéficié de leur indépendance tant que leurs dirigeants ont reconnu la souveraineté du Vietnam et payé tributs et taxes. La Constitution de 1980 a aboli deux de ces régions, établies dans les montagnes septentrionales en 1959. Au cours du siècle dernier, les Montagnards virent leur territoire se réduire comme peau de chagrin. Sous le mandat français, nombre d'entre eux furent dépossédés de leurs terres au profit des colons et de leurs plantations. Cernés par ces exploitations, privés de leurs zones de chasse et de leurs cultures, nombre d'entre eux durent travailler pour les colons. Ces derniers "importèrent" en outre des paysans vietnamiens, entraînant ainsi le déplacement des Montagnards.

Les tentatives des Vietnamiens de souche pour soumettre les populations des Hauts Plateaux ont rencontré des résistance farouches. Durant la guerre du Vietnam, les Montagnards, qui occupaient une position stratégique sur la piste Ho Chi Minh, ont été activement enrôlés, tant par les communistes que par les Américains. Leur parfaite connaissance du terrain en faisait des experts en matière de guérilla. Selon les chiffres américains, on estime que 200 000 Montagnards sont morts au cours de la guerre. Après la victoire des Nord-Vietnamiens, nombre de ceux qui avaient combattu au côté du Sud-Vietnam et des Américains ont été emprisonnés ou exécutés.

La plupart des ethnies montagnardes sont semi-nomades et pratiquent la culture sur brûlis (notamment du riz), ce qui a considérablement nui à l'environnement. Le gouvernement tente de les encourager à cultiver les terres en basse altitude, mais leur tradition d'indépendance, associée à leur méfiance envers l'ethnie vietnamienne majoritaire, les empêche de venir s'installer dans les plaines.

Comme dans d'autres régions d'Asie, les influences extérieures ont peu à peu effrité la culture propre aux minorités ethniques. L'arrivée de l'électricité, de la médecine moderne et les progrès de la scolarisation ont positivement amélioré leur mode de vie. Plus récent, l'afflux de touristes n'en est pas moins menaçant (voir p. 165 l'encadré *Un tourisme responsable à l'égard des minorités ethniques*). À Sapa, par exemple, les enfants tendent dorénavant la main en réclamant une pièce ou un bonbon. Pire encore, l'arrivée des citadins et des visiteurs a créé un marché pour les karaokés, les "massages" et la prostitution, des Vietnamiens sans scrupules cherchant dans certaines régions à recruter pour ce commerce sexuel des femmes issues des minorités.

Les ethnies des Hauts Plateaux jouissent d'une autonomie certaine et, bien que la langue nationale officielle soit le vietnamien, les enfants

Les Français appelaient les ethnies des Hauts Plateaux les "Montagnards". Les Vietnamiens utilisent quant à eux le mot *moi* ("sauvages"), un terme peu flatteur qui reflète malheureusement des préjugés bien réels. Le gouvernement actuel préfère les termes de "minorités nationales".

Colors of Sapa, portrait photographique époustouflant des populations et des paysages de cette ancienne station d'altitude française, constitue une introduction très riche au Nord-Ouest.

continuent d'apprendre leur propre langue (pour quelques phrases utiles, voir p. 504 le chapitre *Langues du Vietnam*). Tant qu'elles ne semblent pas interférer avec les orientations de Hanoi, les ethnies peuvent continuer à vivre comme elles l'entendent ; cependant, si d'aventure elles s'y opposaient, il est très probable que cette tolérance prendrait alors fin, comme l'a prouvé la répression violente des manifestations, organisées en 2001 et 2002 dans les Hauts Plateaux, en faveur du droit à l'enseignement linguistique à l'école et contre la vietnamisation de leur culture.

S'il n'existe aucun système de discrimination officiellement institué, les préjugés à l'encontre de ces minorités les maintiennent au bas de l'échelle dans les domaines de l'éducation et de l'économie.

Photographier les Montagnards semble être l'activité favorite des touristes en visite. Sachez vous montrer respectueux et demandez l'autorisation (faites-vous comprendre par gestes au besoin) avant de prendre un cliché. Certains voyageurs imaginent, à tort, que les minorités portent leurs costumes uniquement dans le but d'être pris en photo, ce qui est loin d'être le cas.

BAHNAR

Population : environ 135 000 personnes
Provinces : Kon Tum, Binh Dinh, Phu Yen

Les Bahnar auraient migré il y a fort longtemps du littoral vers les hauts plateaux du Centre (p. 292). Animistes, ils vénèrent les arbres comme le banian et le ficus. Ils observent leur propre calendrier, lequel impose dix mois de culture – les deux derniers étant voués aux obligations sociales et personnelles (mariages, tissage, cérémonies et fêtes). Ils portent le même costume que les Jarai (voir plus loin).

DZAO (DAO)

Population : environ 470 000 personnes
Provinces : régions des frontières chinoise et laotienne, Sapa

Les Dzao (ou Zao/Dao) constituent l'un des groupes ethniques les plus originaux. Ils vivent surtout dans le Nord-Ouest (p. 150). Ils pratiquent le culte ancestral des esprits, connu sous le nom de "Ban Ho", et sacrifient des animaux au cours de rituels complexes.

Ils sont connus pour leurs costumes sophistiqués. Les tenues féminines traditionnelles associent des tissages recherchés, des perles et des pièces d'argent – la richesse d'une femme se calculant, dit-on, au poids des pièces qu'elle porte. Leurs longs cheveux sont noués dans un grand turban rouge.

EDE

Population : environ 24 000 personnes
Provinces : Gia Lai, Kon Tum, Da Lac

Polythéistes, les Ede vivent dans de longues maisons sur pilotis, sans poutre, en forme de bateau, qui abritent souvent des familles élargies. Un tiers de l'espace est réservé à l'usage collectif ; le reste est réparti en petits quartiers, de manière à créer une certaine intimité. Comme les Jarai, les Ede sont matrilinéaires. C'est la famille de la jeune fille qui demande le garçon en mariage ; le couple vit avec la famille de l'épouse et les enfants portent de nom de famille de leur mère. L'héritage revient aux femmes, en particulier à la benjamine de la famille. Les femmes ede portent généralement une veste brodée de couleurs vives, ainsi que des bijoux et des perles en cuivre et en argent.

HMONG

Population : environ 550 000 personnes
Provinces : Cao Bang, Ha Giang, Lai Chau, Lao Cai, Nghe An, Tuyen Quang, Son La, Yen Bai

Depuis leur migration de Chine, au XIXᵉ siècle, les Hmong sont devenus l'une des plus importantes communautés ethniques du pays.

Ils peuplent l'extrémité nord du pays, mais les touristes les croiseront à Sapa (p. 163) ou Bac Ha (p. 171). Ils sont animistes et vénèrent les esprits.

Les Hmong vivent en altitude, où ils élèvent des animaux, cultivent le riz pluvial et des plantes médicinales (y compris l'opium). Ils se divisent en plusieurs sous-groupes : les Hmong noir, blanc, rouge, vert et Fleur, qui se distinguent par les subtiles variations de leur costume traditionnel. Les plus faciles à reconnaître sont les Hmong noir, avec leurs habits de toile indigo ; les femmes, quant à elles, portent des jupes, des tabliers, des sortes de guêtres et des chapeaux cylindriques. Les costumes des femmes Hmong Fleur sont plus colorés, arborant des rubans aux couleurs de l'arc-en-ciel et des paillettes de la tête aux pieds. De nombreuses femmes se parent de grands colliers, de boucles d'oreilles et d'une multitude de bracelets en argent.

JARAI
Population : environ 200 000 personnes
Provinces : Dac La, Gia Lai, Khanh Hoa, Phu Yen, Pleiku

Cette minorité est la plus importante des hauts plateaux du Centre, particulièrement aux environs de Pleiku (p. 318). Les femmes demandent les hommes en mariage par l'intermédiaire d'une marieuse, qui remet à l'élu un bracelet de cuivre. Les croyances et les rituels animistes demeurent vivaces, et les Jarai manifestent leur respect envers leurs ancêtres et la nature par le biais d'une cohorte de génies (*yang*).

Plus peut-être que n'importe quelle autre ethnie montagnarde, les Jarai sont renommés pour leurs instruments de musique, depuis les "gongs" à cordes jusqu'aux tubes de bambou qu'ils utilisent comme flûtes et percussions. Les femmes portent des blouses indigo sans manches et de longues jupes.

MUONG
Population : environ 900 000 personnes
Provinces : Hoa Binh, Thanh Hoa

Établis principalement dans la province de Hoa Binh (p. 153), les Muong, ethnie à domination masculine, résident dans des petits hameaux. S'ils sont, à l'origine, proches des Vietnamiens de souche, leur culture se rapproche davantage de celle des Thaï.

Ils sont réputés pour leur littérature folklorique, leurs poèmes et leurs chants, très souvent traduits en vietnamien. Leurs instruments de musique préférés sont le gong, le tambour, la flûte de pan, la flûte et le violon à deux cordes. Les femmes portent de longues jupes et des chemisiers courts, les hommes des chemises et des pantalons bleu indigo.

NUNG
Population : environ 700 000 personnes
Provinces : Bac Thai, Cao Bang, Ha Bac, Lang Son, Tuyen Quang

Les Nung peuplent les provinces du Nord-Est proches de la frontière chinoise. Du culte des ancêtres jusqu'aux fêtes traditionnelles, ils s'apparentent aux Thay sur le plan spirituel et social. Les jeunes filles exigent généralement de leur futur époux une dot importante.

La plupart de leurs villages possèdent un guérisseur dont le rôle est de chasser les mauvais esprits et de soigner les malades. Les Nung s'illustrent par leur artisanat : meubles en bambou, vannerie, travail de l'argent et fabrication de papier. Leurs vêtements sont essentiellement de couleur noir et indigo, et leurs coiffes très élaborées.

SEDANG
Population : environ 95 000 personnes
Provinces : Kon Tum, Quang Ngai, Quang Nam

Originaires des hauts plateaux du Centre, les Sedang n'ont pas de nom de famille et pratiquent, dit-on, une totale égalité des sexes. Ils prennent soin de leurs neveux ou nièces aussi bien que de leurs propres enfants, créant ainsi une forte tradition de solidarité fraternelle. Les Sedang ont des pratiques sans équivalent ailleurs, comme la cession des tombes, le partage des biens avec les défunts et les accouchements à l'orée des bois. Les femmes portent de longues jupes et s'enroulent le buste dans une sorte de sarong.

THAY
Population : environ 1,2 million de personnes
Provinces : Bac Can, Bac Giang, Cao Bang, Lang Son, Quang Ninh, Thai Nguyen

Venus de Chine, les Thay constituent la plus importante des ethnies montagnardes. Ils vivent à basse altitude, dans les vallées s'étendant entre Hanoi et la frontière chinoise. Très proches des croyances vietnamiennes, ils vénèrent aussi des génies et des esprits locaux. Ils possèdent une écriture propre, élaborée au XVIe siècle. Leur littérature et leur art ont acquis une renommée certaine dans tout le pays. Leurs vêtements sont de couleurs indigo et noir.

THAÏ
Population : environ 1 million de personnes
Provinces : Hoa Binh, Lai Chau, Nghe An, Son La

À l'instar des Thay, les Thaï sont originaires du sud de la Chine. Ils se sont établis sur les rives fertiles des fleuves du Nord-Ouest, entre Hoa Binh (p. 153) et Lai Chau (p. 161). Ils vénèrent les esprits selon le mode animiste. La minorité thaï se distingue généralement par différentes couleurs : on parle alors de Thaï rouge, noir ou blanc. Les femmes Thaï noir se vêtent de chemises et de coiffes de couleurs vives, tandis que les Thaï blanc portent des vêtements occidentaux.

Les Thaï, dont l'écriture date du Ve siècle, ont produit une littérature très diverse, allant des poèmes aux chants d'amour en passant par les contes populaires. Si vous passez la nuit à Mai Chau (p. 155), vous aurez peut-être la chance d'assister à un spectacle de musique et de danse thaï.

Environnement

GÉOGRAPHIE

Le Vietnam est une terre marquée par son histoire. Dominés par les Chinois pendant des milliers d'années, les Vietnamiens ont peu à peu migré vers le sud à la recherche de nouvelles terres à cultiver, le plus loin possible de leur voisin du nord. Les monts Truong Son limitant leur expansion vers l'ouest, leur unique possibilité consistait à s'installer sur la côte, grignotant une partie du royaume du Champa et un morceau du Cambodge.

La carte du Vietnam montre bien cette évolution. Les Vietnamiens décrivent souvent leur pays, dont la forme évoque un S, large au nord et au sud et très étroit au centre (50 km au point le moins large), comme un *don ganh*, une tige de bambou portant un panier de riz à chaque extrémité. Les paniers représentent, au nord, les principales régions rizicoles du delta du fleuve Rouge et, au sud, celles du delta du Mékong.

Le Vietnam s'étend sur plus de 1 600 km, le long de la côte orientale de la péninsule indochinoise. Sa superficie – 326 797 km² – est légèrement supérieure à celle de l'Italie et légèrement inférieure à celle du Japon. Ses côtes s'étendent sur 3 451 km et ses frontières terrestres sur 3 818 km.

Les touristes adorent le littoral : ils ne sont jamais déçus par les magnifiques plages, falaises, dunes et îles désertes. Le golfe de Thaïlande, près de la côte cambodgienne, abrite la plus grande île, Phu Quoc (p. 452). Parmi les autres îles de bonnes dimensions, citons Cat Ba (p. 134) et Van Don (p. 138), dans la baie d'Along, ainsi qu'une multitude d'autres près de Nha Trang (p. 266).

Le delta du fleuve Rouge et le delta du Mékong sont plats et régulièrement inondés. Les alluvions du fleuve Rouge et de ses affluents (canalisés dans leurs lits par 3 000 km de digues) ont élevé le niveau de ses cours d'eau au-dessus des plaines alentour, provoquant de terribles inondations lorsque des brèches s'ouvrent dans les digues. Il n'a pas été construit de digues dans le delta du Mékong : ainsi, lorsque les *cuu long* (les "neuf dragons", surnom des neuf affluents du Mékong) sortent de leur cours, ils exercent des ravages sur les habitants comme sur les récoltes. Le delta du Mékong continue de progresser au rythme de 100 m par an ; néanmoins, le réchauffement global de la planète et la montée du niveau de la mer qui en résultera pourraient bien un jour le faire disparaître.

Les trois quarts du pays sont occupés par des collines et des montagnes. Le plus haut sommet est le Fansipan (p. 166), dans l'extrême nord-ouest du pays, qui culmine à 3 143 m. Les monts Truong Son, qui forment les hauts plateaux du Centre, courent le long des frontières du Laos et du Cambodge.

Le Vietnam présente diverses particularités géologiques étonnantes, la plus frappante étant de loin les formations karstiques. Le karst est une roche calcaire irrégulière dans laquelle l'érosion a créé des fissures, des trous, des grottes et des rivières souterraines. Le Nord compte de spectaculaires formations karstiques, notamment dans les environs des baies d'Along (p. 130) et de Bai Tu Long (p.138), près de Ninh Binh (p. 178) et de la pagode des Parfums (p. 115). Dans les baies d'Along et de Bai Tu Long, l'immense plateau calcaire s'est progressivement enfoncé dans l'océan, et les anciens pics se dressent hors de la mer comme des doigts verticaux pointés vers le ciel.

Toutes les montagnes vietnamiennes ne sont pas des formations calcaires : ainsi, les chaînes du littoral, près de Nha Trang et au col de Hai Van

Les Vietnamiens commencent à prendre au sérieux la protection de l'environnement, grâce notamment au succès que connaissent les parcs nationaux. L'Agence vietnamienne pour la protection de l'environnement est chargée de cette tâche difficile ; consultez son site www.nea.gov.vn (en anglais).

(Danang), sont parsemées d'impressionnants blocs de granit. Quant à la partie occidentale des Hauts-Plateaux, près de Buon Ma Thuot et de Pleiku, elle est connue pour son sol volcanique rouge extrêmement fertile.

FAUNE ET FLORE

Malgré les ravages du déboisement, la végétation et la faune sont typiquement tropicales : luxuriantes et diversifiées. Les scientifiques viennent seulement d'en entamer la classification et, aujourd'hui, les autorités se mobilisent sérieusement pour les protéger.

Faune

Le Vietnam comprend un nombre d'espèces tout à fait surprenant : cependant, elles vivent dans des régions reculées et se laissent difficilement apercevoir. En outre, certaines s'éteignent à une vitesse inquiétante : si la cause essentielle en est la destruction de l'habitat naturel, la chasse, le braconnage et la pollution en sont également des facteurs non négligeables.

Le Vietnam dispose d'une gamme d'habitats très diversifiée – plaines équatoriales, plateaux tempérés, voire sommets alpins – abritant une faune sauvage extrêmement riche. On n'y dénombre pas moins de 275 espèces de mammifères, plus de 800 espèces d'oiseaux, 180 types de reptiles, 80 d'amphibiens, des centaines de types de poissons et des milliers d'espèces invertébrées.

De temps à autre, le Vietnam dévoile une forme de vie qui avait jusqu'ici échappé à la classification scientifique. Au cours de la dernière décennie, des zoologues ont ainsi repéré des grands mammifères d'espèces jusqu'ici inconnus ; en 1998, par exemple, il a été découvert une nouvelle espèce de cerf muntjac. L'intérêt scientifique et écologique de telles découvertes n'a pas échappé au gouvernement, qui a augmenté la superficie des parcs nationaux et des réserves naturelles, tout en interdisant l'exploitation forestière à l'intérieur de leurs limites. Grâce aux efforts portant sur la recherche et la protection de la faune, il est vraisemblable que l'on découvrira encore nombre d'espèces rares et peu connues dans les prochaines années.

Dans les immenses forêts en bordure du Laos, notamment, nichent également des oiseaux rarissimes que l'on croyait disparus, et d'autres attendent encore d'être découverts : ainsi le faisan d'Edwards, espèce que l'on croyait éteinte à l'état sauvage, a-t-il été récemment redécouvert. Parmi d'autres espèces rares ou en voie de disparition repérées par des expéditions scientifiques, citons le canard musqué à ailes blanches et l'ibis de Davison.

Même sans être un expert, on repère aisément des hirondelles et des martinets survolant les champs et les cours d'eau, des vols de fringillidés au bord des routes et dans les rizières, et des rossignols et des martins dans les jardins et les bosquets. Le Vietnam est une halte importante pour les échassiers migrateurs qui quittent leur zone de reproduction en Sibérie pour gagner leurs quartiers d'hiver en Australie.

ESPÈCES MENACÉES

La vie sauvage est en danger au Vietnam : les forêts se réduisent comme peau de chagrin, et les voies d'eau sont de plus en plus polluées. De plus, le braconnage incontrôlé a décimé, voire exterminé, nombre d'espèces dans le pays. Du fait du braconnage et de la destruction systématique de leur habitat, plusieurs espèces sont actuellement programmées pour l'extinction. Pour certaines, les programmes de reproduction en captivité restent peut-être l'unique planche de salut.

A Field Guide to the Birds of South-East Asia (1982), de Ben King, Martin Woodcock et Edward Dickinson, est facile à trouver partout au Vietnam ; c'est une mine d'informations sur les oiseaux.

Ainsi, le gouvernement a ajouté 54 types de mammifères et 60 espèces d'oiseaux sur la liste des espèces menacées ; le tapir et le rhinocéros de Sumatra sont deux espèces déjà éteintes. Au début des années 1990, un petit groupe d'une espèce extrêmement rare, le rhinocéros de Java, a été découvert dans le parc national de Cat Tien, au sud-ouest de Dalat ; il n'en resterait plus, en tout et pour tout, que 20 à 30 individus dans le pays.

Parmi les espèces protégées figurent l'éléphant, le tigre, le léopard, l'ours noir, l'ours à miel, le singe au nez retroussé, l'écureuil volant, le crocodile et la tortue.

Certains animaux sauvages, toutefois, semblent à l'heure actuelle regagner les zones reboisées : on a vu, ainsi, réapparaître les oiseaux, des poissons et des crustacés dans les nouvelles forêts de mangroves. Des régions où l'on croyait les grands animaux exterminés par la guerre et le braconnage sont aujourd'hui des havres de biodiversité et d'abondance. Les forêts du Nord et des hauts plateaux du Centre abritent encore de spectaculaires spécimens, tels le tigre, l'éléphant d'Asie, la panthère longibande et l'ours à miel, même si leur nombre décroît du fait de l'occupation accrue des terres sauvages.

Flore

Le Vietnam, à l'origine, était presque entièrement recouvert de forêts, depuis les vastes mangroves bordant le littoral jusqu'aux denses forêts tropicales des régions montagneuses. Au cours des millénaires, les forêts furent graduellement repoussées, d'abord par le défrichement progressif opéré en faveur des cultures, puis par la croissance démographique et les ravages de la guerre.

Bien que la plus grande partie des dégâts soit irréversible et les cicatrices des combats encore visibles, il a été mis en place des programmes de reboisement, et l'on note ici et là quelques signes encourageants. Dans les forêts naturelles d'altitude, comme celles du Nord-Ouest, ont réapparu les rhododendrons sauvages, les bambous nains et de nombreuses variétés d'orchidées. Le littoral du centre, plus sec, abrite des pinèdes. Quant aux deltas, ils sont recouverts de forêts de palétuviers, lesquelles constituent de précieux viviers de poissons et de crustacés ainsi qu'un refuge et un lieu de ravitaillement pour de nombreuses espèces d'oiseaux.

On estime que les forêts abritent encore plus de 12 000 espèces de végétaux, dont quelque 7 000 seulement ont été identifiées et 2 300 sont utiles à l'homme. Récemment, sept sortes de plantes jusqu'ici inconnues ont été découvertes dans les îles et les grottes de la baie d'Along – la plus grande et la plus extraordinaire a été baptisée "palme-éventail d'Along".

Les Vietnamiens utilisent les plantes à des fins médicinales ; les forêts recèlent des écorces, racines, herbes et fleurs servant à préparer toutes sortes d'onguents.

PARCS NATIONAUX

Le Vietnam compte actuellement 13 parcs nationaux et un nombre de réserves naturelles en constante augmentation.

La plupart de ces parcs nationaux ne sont guère visités par les touristes : manquant du temps ou de l'envie de les explorer, ceux-ci ont tendance à se focaliser sur les parcours "à ne pas manquer". L'accès à certains parcs est parfois problématique du fait de leur éloignement, mais d'autres sont très accessibles. Quand on fait l'effort de s'y rendre, en outre, ces parcs révèlent du Vietnam un tout autre visage, où les touristes ne sont pas sans cesse sollicités. Si vous recherchez un havre de paix où admirer dans le silence les beautés de la nature, optez

EN 1963, en pleine guerre, Ho Chi Minh créait le parc national de Cuc Phuong : "La forêt est comme de l'or. Si nous savons bien la conserver, elle restera un bien précieux. Si elle est détruite, en revanche, les conséquences en seront désastreuses pour la vie et la productivité."

LES PARCS NATIONAUX

Parc (superficie en hectares)	Caractéristiques	Activités	Meilleure période	Page
Ba Be (7 610)	lacs, forêts tropicales, cascades, pics, ours, singes	randonnée, canotage, ornithologie	avril-nov	p. 147
Bach Ma (22 000)	randonnée, cascades, tigres, primates	randonnée, ornithologie	mars-sept	p. 220
Cat Ba (15 200)	randonnée, villages de minorités,	randonnée, baignade, grottes, singes, ornithologie sangliers, cerfs, gibier d'eau	avril-août	p. 134
Cat Tien (73 878)	primates, éléphants,	randonnée, oiseaux, rhinocéros, tigres, exploration de la jungle	nov-fév	p. 397
Cuc Phuong (22 200)	jungle, grottes, primates, oiseaux	randonnée, observation d'espèces menacées (singes)	oct-mars	p. 181
Yok Don (115 545)	villages de minorités, maisons sur pilotis	balades à dos d'éléphant, randonnée	nov-fév	p. 315

néanmoins pour les jours de semaine, les Vietnamiens s'y rendant en masse le week-end.

Parmi les parcs les plus intéressants et les plus faciles d'accès figurent, dans le Nord, Cat Ba (p. 134), Ba Be (p. 147) et Cuc Phuong (p. 181) ; dans le Sud, Bach Ma (p. 220) ; dans le Centre, Cat Tien (p. 397) et Yok Don (p. 315). L'entrée est payante, mais très raisonnable (autour de 10 000 d, soit moins de 1 $US). On trouvera dans la plupart des parcs des chambres ou des bungalows, et il est également possible de camper si vous apportez votre propre équipement.

Le parc national de Cat Ba, qui se situe sur une île magnifique, attire l'été un flot continu de touristes étrangers. En 2000 a par ailleurs été créé le parc national de Bai Tu Long, une réserve protégée à l'est de la baie d'Along comprenant plus de 15 000 hectares de forêt tropicale.

Le parc national de Ba Be possède des cascades spectaculaires. On y accède en louant une motocyclette à Hanoi. Moins visité, quoique très proche de Hanoi, le parc national de Cuc Phuong offre de nombreuses possibilités de randonnée et permet d'observer plusieurs espèces protégées de primates. Le parc national de Bach Ma, près de Hué, s'il ne connaît pas le succès qu'il mérite, montre en revanche une réelle préoccupation pour l'écotourisme.

Le parc national de Cat Tien, au sud des Hauts-Plateaux, facilement accessible depuis HCMV ou Dalat, s'adresse tout particulièrement aux ornithologues amateurs. Le parc national de Yok Don, également situé dans les Hauts-Plateaux, abrite des minorités locales ; on y aperçoit de nombreux éléphants.

ÉCOLOGIE

Si la situation de l'environnement n'est pas à proprement parler catastrophique, certains indices sont néanmoins alarmants. Dans ce pays agricole pauvre et à forte densité de population, les habitants exploitent exagérément les ressources que constituent les plantes ou la faune sauvage.

PARTICIPEZ À LA PROTECTION DE L'ENVIRONNEMENT

■ Peu de gens se soucient de la protection de l'environnement au Vietnam et ignorent les conséquences néfastes des déchets abandonnés dans la nature. Montrez-vous responsable, ne jetez pas vos détritus n'importe où.

■ La faune est gravement menacée par la consommation nationale et le commerce international illégal de produits dérivés d'animaux. Il est peut-être très "exotique" de goûter à des muntjacs, des chauve-souris, du cerf, des hippocampes ou un aileron de requin, ou d'acheter des produits fabriqués à base d'animaux ou de plantes en voie de disparition, mais cela ne fera qu'accroître la demande.

■ Lorsque vous admirez les récifs coralliens, en plongée ou en bateau, ne touchez pas au corail et n'y jetez pas l'ancre, car cela entrave son développement. N'achetez pas non plus de corail comme souvenir.

■ Lorsque vous visitez des grottes, sachez que le simple fait de toucher les formations calcaires entrave leur développement et les noircit. Il ne faut pas non plus briser des stalactites ou des stalagmites, leur reconstitution prenant des siècles. Abstenez-vous également de graver des graffitis sur les formations calcaires, les murs des grottes ou toute autre roche.

■ N'emportez ni n'achetez de souvenirs provenant de sites historiques ou de zones naturelles.

Le déboisement est le plus grave problème. À l'origine, la quasi-totalité du Vietnam était recouvert de forêts denses. Depuis l'arrivée des premiers hommes, il y a plusieurs millénaires, ces forêts ont progressivement perdu du terrain : il restait encore 44% de la couverture forestière d'origine en 1943, mais seulement 29% en 1976, 24% en 1983 et 20% en 1995. Fort heureusement, les récents projets de reboisement conduits par le ministère des Forêts ont permis une légère augmentation de la couverture forestière, ainsi que l'interdiction, en 1992, des exportations de bois brut.

De plus, le ministère de l'Éducation a intégré dans les programmes scolaires la plantation d'arbres et la notion de leur entretien. Toutes ces mesures n'empêchent cependant pas la déforestation de progresser toujours plus vite que le reboisement. Le défrichement favorise les inondations en aval des bassins de captage, l'érosion irréversible des sols, l'envasement des rivières, des ruisseaux, des lacs et des réservoirs, de même qu'il réduit l'habitat naturel des animaux sauvages. Sans compter les imprévisibles changements de climat.

Jusqu'à présent, les industries restaient rares et le Vietnam ne souffrait donc guère de pollution industrielle ; cependant, l'essor économique et démographique laisse présager des problèmes écologiques à venir. Ces dernières années, la prodigieuse augmentation du nombre de motos, bruyantes et polluantes, fait redouter le pire.

L'écotourisme est en plein essor ; les voyageurs sont de plus en plus nombreux à choisir des séjours proposant des randonnées et autres activités de plein air. Le gouvernement a sauvegardé des dizaines de milliers de kilomètres carrés de forêts pour y créer une centaine de parcs nationaux et de réserves naturelles. Les écosystèmes tropicaux abritent une multitude d'espèces comptant chacune un nombre limité d'individus, mais les écologistes locaux espèrent que ces zones protégées permettront d'accueillir des populations significatives. Cependant, l'extension des parcs nationaux et des réserves naturelles se heurte, comme en Occident, à d'autres intérêts de nature plus économique : des projets de grosses infrastructures (comme des autoroutes) viennent menacer des zones

Treize millions de tonnes de bombes (soit 450 fois l'énergie dégagée par la bombe atomique de Hiroshima) furent largués sur la péninsule indochinoise, ce qui représente 265 kg pour chaque homme, chaque femme et chaque enfant du Vietnam, du Cambodge et du Laos.

protégées. Pour le gouvernement, l'exploitation des parcs revient moins cher que de dédommager des villageois pour l'achat de leurs terres. La nouvelle route Ho Chi Minh (la route 14), qui traverse le parc national de Cuc Phuong, en est une bonne illustration.

Si les hommes et l'économie ont notoirement souffert des ravages causés par l'armée américaine, l'environnement, à cette même époque, a été l'enjeu d'une stratégie parmi les plus destructrices qu'un pays ait jamais subie : on peut parler d'un véritable écocide. L'armée américaine a répandu 72 millions de litres d'herbicides (baptisés Agents orange, blanc et bleu, selon la couleur des barils) sur 16% de la superficie du Sud-Vietnam pour détruire les cachettes naturelles du Viet-Cong.

Il existait une autre méthode de défoliation à grande échelle : l'éventration de la jungle à l'aide d'énormes bulldozers. Ainsi, de vastes étendues de forêts, de terres agricoles, des villages et même des cimetières furent rasés au bulldozer, arrachant tout à la fois la végétation et la couche arable. Des forêts entières de malaleucas – un bois particulièrement inflammable – furent carbonisées au napalm. Dans les régions montagneuses, des éboulements furent délibérément provoqués, par bombardement et arrosage à l'acide des flancs de collines calcaires. Même les éléphants, utilisés pour le transport, furent visés par les bombes et le napalm largués au cours de raids aériens. Quand la guerre prit fin, de vastes étendues étaient déjà recouvertes de mauvaises herbes, baptisées "chiendent américain" par la population. Le gouvernement estime à 20 000 km^2 la superficie de forêts et de terres cultivées détruites en conséquence directe de la guerre.

Les scientifiques doivent encore faire la preuve du rapport direct entre les produits chimiques utilisés par les Américains et l'ensemble des fausses couches, enfants mort-nés, malformations de tous ordres, etc ; pourtant, les preuves indirectes sont accablantes. En 2002, suite à la conférence de Hanoi sur l'Agent orange, les États-Unis et le Vietnam ont conjointement lancé une enquête sur les risques sanitaires provoqués par cet herbicide ravageur. Les représentants de l'Agence nationale vietnamienne pour l'environnement et de l'US National Institute of Environmental Health Sciences ont cosigné une directive engageant les scientifiques à étudier les liens éventuels entre l'Agent orange et diverses maladies.

L'écotourisme est de plus en plus populaire au Vietnam, où l'on propose aujourd'hui des visites écologiques en vélo ou à pied. Vietnam Ecotours (www.ecotourisminvietnam.com) est une agence locale fiable en ce domaine.

Saveurs du Vietnam

Les repas comptent parmi les temps forts d'un voyage au Vietnam : y sont répertoriés, dit-on, près de 500 plats traditionnels. Selon l'antique proverbe vietnamien, *hoc an, hoc noi*, on devrait "apprendre à manger avant d'apprendre à parler"...

La gastronomie vietnamienne se compose d'influences diverses. La nature est ici prospère, et les techniques culinaires exploitent à leur avantage les richesses terrestres et maritimes. Le colonialisme et les influences étrangères ont introduit des mélanges originaux d'ingrédients et de recettes.

Les plats les plus célèbres, tels le *pho* et les rouleaux de printemps, ne constituent que la partie émergée de l'iceberg gastronomique. À l'incroyable choix d'ingrédients et de plats s'ajoutent un nombre stupéfiant de sauces. Si la cuisine se traduisait en peinture, le Vietnam posséderait l'une des palettes les plus hautes en couleurs. Les Vietnamiens ne connaissent aucun interdit culinaire et sont toujours partants pour de nouvelles concoctions ; lorsque ces deux qualités sont réunies, les perspectives sont sans limites pour les papilles.

SPÉCIALITÉS

Le riz vient de la terre, la mer et les fleuves apportant le poisson frais nécessaire à la préparation du *nuoc mam* (sauce de poisson, voir l'encadré) : à eux deux, ces ingrédients dressent les fondations de la cuisine vietnamienne. Dans les seconds rôles, on compte une myriade de racines âcres et de plantes aromatiques qui donnent aux salades, en-cas, soupes et ragoûts leurs saveurs corsées si originales. On ne déroge jamais à certains principes : la fraîcheur des ingrédients et le mélange équilibré des saveurs et des textures sont indispensables.

Le "décodeur de menus", p.73, rassemble la plupart de ces spécialités.

Pho

S'il est possible de manger du *pho* (soupe aux nouilles de riz) partout au Vietnam, Hanoi lui voue toutefois un culte tout particulier. Ce plat est servi dans un bol ; il est complet et équilibré, savoureux, pratique et économique – il coûte moins de 10 000 d. Dans le Nord, il se prend à toute heure du jour et de la nuit, les gens du Sud le consommant surtout au petit-déjeuner.

Com

Les Vietnamiens vénèrent le *com* (riz). C'est l'aliment vital, non seulement à table mais également aux plans économique et culturel. Le riz peut prendre presque toutes les formes : du papier d'emballage au vin, en passant par les nouilles. Le nom du *banh trang* (papier de riz), qui sert notamment à envelopper les rouleaux de printemps, est peu approprié : on peut difficilement écrire dessus, mais il est excellent à manger.

La cuisine végétarienne recourt avec abondance au riz gluant, le *gao nep*, légèrement sucré quand il est cuit. Fourré avec de la pâte de haricots mung ou d'autres ingrédients, il forme la base de très nombreux gâteaux.

Nem

Le *nem* est l'un des plats vietnamiens les plus populaires. On le nomme *cha gio* dans le Sud et *nem Sai Gon* ou *nem ran* dans le Nord. Il se compose

LE NUOC MAM

Le *nuoc mam* est une spécialité typiquement vietnamienne : cette sauce, dont l'usage est aussi courant que celui du sel en Occident, s'obtient en faisant fermenter pendant 4 à 12 mois des poissons très salés dans d'énormes cuves en céramique. La variante appelée *nuoc cham* se compose d'un mélange de *nuoc mam*, d'ail, de piment, de sucre, de vinaigre et de citron vert. À moins d'avoir goûté à la version originale, vous ne pourrez pas prétendre connaître le Vietnam.

Si le *nuoc mam* vous semble manquer de vigueur, essayez le *mam tom*, une pâte de crevette extrêmement relevée que les soldats américains appelaient parfois le "gaz lacrymogène vietcong". Elle accompagne souvent la viande de chien, et dégoûte souvent bien davantage le palais des étrangers que la viande elle-même.

de papier de riz fourré avec de l'éminé de porc, du crabe, du vermicelle, des oignons, des champignons et des œufs. Le *nem rau* convient aux végétariens.

L'une des plus délicieuses variantes du *nem* est le rouleau de printemps appelé *banh trang* dans le Sud et *banh da* dans le Nord, où l'on enrobe les différents ingrédients dans une crêpe de papier de riz translucide.

Épices

Tout comme le riz et le *nuoc mam*, les épices font partie intégrante de la cuisine vietnamienne : leur utilisation est un art véritable. Sans elles, le *pho bo* ne serait qu'une simple soupe de nouilles au bœuf.

Fruits et légumes

Après le riz, les fruits et les légumes forment la base de la cuisine nationale. S'ils sont sommés de choisir entre la viande et les légumes, les Vietnamiens choisissent sans hésiter ces derniers. Et s'ils sont célèbres pour leur capacité à grignoter sans arrêt, c'est pour leur consommation permanente de fruits.

Poissons et viande

La très grande longueur de leurs côtes offre aux Vietnamiens une source importante de protéines sous forme de crustacés, de coquillages et de poissons. Les amateurs de fruits de mer seront ici comblés.

Les volailles sont élevées en pleine nature, d'où leur goût. Le bœuf a tendance à coûter cher, car les pâturages sont rares ; sa viande est parfois un peu dure, mais néanmoins savoureuse. Le porc est l'une des viandes les plus appréciées. Les cuisses de grenouilles sont goûteuses, l'agneau et le mouton plus rares. On trouve des saucisses à la chinoise sur la plupart des marchés. Il existe également des viandes, comment dire, plus inhabituelles... (voir l'encadré *Faites voyager vos papilles*).

Desserts

Les *do ngot* (sucreries vietnamiennes) et les *do trang mieng* (desserts) sont populaires dans tout le pays, notamment pendant les fêtes. Les *danh* (gâteaux traditionnels) se présentent sous une grande variété de formes et de saveurs.

Spécialités régionales

La longueur du pays explique que les ingrédients soient utilisés de manières si différentes. La cuisine du Nord indique un héritage chinois, alors que dans le Sud, où le climat est plus tropical, les plats sont plus épicés. Le Centre, aux environs de Hué, est le foyer de la gastronomie

En accord avec l'interdiction du transport de substances corrosives et malodorantes édictée par la réglementation internationale de l'aviation, la compagnie nationale Vietnam Airlines interdit sur ses vols le transport de *nuoc mam*, tout comme celui du durian, ce fruit bien connu pour son odeur désagréable.

FAITES VOYAGER VOS PAPILLES

En voyageant au Vietnam, vous découvrirez très probablement des plats qui vous sembleront assez inhabituels. Les Vietnamiens, omnivores et fiers de l'être, ne voient rien d'étrange à la consommation d'insectes, d'algues, d'abats ou de vessie de poisson. Ils font de véritables festins avec de la viande de chien, de crocodile ou des testicules de coq, découperont à votre table un singe pour le faire ensuite cuire au barbecue, tueront devant vos yeux un serpent venimeux pour en extraire son cœur encore palpitant et vous l'offrir en ripaille accompagné d'un verre de son sang, affirmant que cela accroîtra votre virilité.

Pour les Vietnamiens, rien n'est "bizarre" tant que cela nourrit leur organisme. Tout se mange : ils goûteront sans aucune difficulté à tous les mets du moment qu'ils sont nutritifs et goûteux.

Évitez cependant de manger des espèces en voie de disparition, car vous les mettriez plus encore en danger ! Au cas où vous souhaiteriez goûter à un chow-chow (ou, au contraire, éviter de le faire), sachez que "viande de chien" se dit *thit cho* dans le Nord, *thit cay* dans le Sud.

Chiche ! Goûtez les cinq favoris si le cœur vous en dit :

- criquets
- chien
- embryon de canard
- mulot
- cobra royal

Des galettes croquantes de germes de soja aux crevettes orchidées, en passant par des plats plus quotidiens, les recettes données par Minh Kinh dans 250 recettes de cuisine vietnamienne (Jacques Grancher, 1988) vous feront voyager.

Le thanh long ("fruit du dragon") pousse sur un cactus rampant qui ressemble, dit-on, à un dragon vert et grimpe sur les troncs et les branches d'arbres des collines arides.

impériale vietnamienne : on y prépare des plats raffinés, jadis conçus pour séduire les appétits royaux les plus blasés.

LE NORD

La capitale a le mérite d'avoir offert le *pho* au reste du monde, mais cette région recèle également d'autres plats savoureux. On trouve des *banh cuon* (crêpes de riz) partout au Vietnam, ceux de Hanoi ayant la particularité d'avoir une enveloppe aussi fine qu'une feuille de papier à cigarette.

Il existe à Hanoi une espèce d'escargot *(oc)* recouverte de rayures colorées, vivant aux abords des plans d'eau et pouvant atteindre la taille d'une balle de golf. Il est un peu difficile à mâcher, mais a très bon goût. Les *bun oc* sont des escargots bouillis trempés dans du *nuoc cham*.

LE CENTRE

Que grâces soient rendues à l'empereur Tu Duc, gastronome exigeant auquel Hué doit de posséder la meilleure cuisine du pays.

La présentation – les couleurs, la disposition des ingrédients, le service – revêt une grande importance. Aujourd'hui encore, le repas de style impérial comprend parfois jusqu'à une douzaine de plats, qu'il soit servi dans un grand restaurant ou chez des particuliers.

Hoi An est célèbre pour son *cao lau* (nouilles plates mélangées à des croûtons, des pousses de haricots et du porc émincé).

LE SUD

La grande variété de fruits et de légumes tropicaux, venant s'ajouter aux nombreuses épices existantes, a donné naissance dans le Sud à des plats épicés. On y cuisine des curries depuis la nuit des temps, même si, contrairement à la version originale indienne, ils ne sont pas très relevés : dans leur saveur sophistiquée se retrouvent plutôt des influences cambodgiennes. Les préparations à base de lait de coco sont typiques du Sud.

BOISSONS

Les Vietnamiens absorbent beaucoup de liquides, car la boisson est ici d'une importance vitale : la chaleur et l'humidité poussent chacun à boire tout ce qui est susceptible de le désaltérer, café, thé, bière, sodas, jus de fruits frais ou eaux-de-vie exotiques. Le thé reste la boisson traditionnelle, mais la bière tend désormais à s'imposer au hit-parade des consommations.

Bière

Il n'existe aucune bière "nationale" mais, en revanche, un choix incroyable de bières régionales, dont certaines sont distribuées dans tout le pays. Parmi les meilleures, citons la Ha Noi et la Halida dans le Nord ; la Hué, la Huda et la Biere Larue dans le Centre (Larue Export gagne du terrain partout) ; la 333 *(ba ba ba)* et la Saigon Export dans le Sud.

Les mots *bia hoi* signifient "bière pression". La "bière fraîche" *(bia tuoi)* équivaut à la bière pression. Sur cette institution vietnamienne, voir encadré p.XXX.

Xeo

Le *xeo* (vin de riz) est aussi ancien que les collines. Autrefois considéré comme une forme de cidre réservée aux rustres, cet alcool gagne du terrain en ville car il n'est pas cher et saoule très vite.

La plupart des ethnies des hauts plateaux du Centre en produisent, et en boivent à l'occasion des fêtes, rituels religieux, mariages, ou lorsqu'ils reçoivent des invités.

Autre spécialité vietnamienne, le *ruou ran* (vin de serpent) n'est autre qu'un vin de riz dans lequel macère un serpent. Cet élixir, réputé pour ses vertus toniques, est censé tout guérir, de l'héméralopie (diminution de la vision dès que le jour baisse) à l'impuissance.

Vin

Depuis l'arrivée des Français, au XIXe siècle, il est possible de trouver du vin partout dans le pays. Dans les principaux lieux touristiques, on vous proposera une sélection de vins tout à fait honorable.

Des vignes ont été plantées dans les Hauts-Plateaux, là où les températures plus douces et la lumière abondante offrent des conditions potentiellement idéales à la production de très bons vins. Mais les Vietnamiens mettront encore de nombreuses années à maîtriser l'art vinicole.

Thé

La préparation, le service et la consommation du thé ont une importance sociale rarement comprise par les touristes occidentaux. Offrir du thé, au foyer comme au bureau, représente plus qu'un geste d'hospitalité : il s'agit d'un véritable rituel.

Il faut du temps pour le préparer, le contempler, comme pour en parler ou le savourer. Ce plaisir s'apparente à celui qu'éprouvent les Occidentaux pour les vins les plus fins.

Café

Le café vietnamien est excellent, même si les Vietnamiens le consomment d'une étrange manière : tandis que la plupart des buveurs de café le diluent avec de l'eau chaude, les Vietnamiens, quant à eux, le boivent très fort et très sucré. En commandant un "café au lait" *(ca phe sua da)*, on obtient généralement un café additionné d'environ 30 à 40% de lait concentré sucré.

La *bia hoi* (bière à la pression) est probablement l'une des meilleures bières au monde... car la moins chère ! À seulement 1 500 d le verre, n'importe qui peut payer une tournée ou devenir gris pour seulement 1 $US !

Le café instantané *(ca phe tan)* a fait son entrée au Vietnam en 1996. Les Vietnamiens supposent que les Occidentaux préfèrent le café instantané, plus "moderne" ; par conséquent, précisez bien que vous désirez du café vietnamien fraîchement moulu *(ca phe phin)*, et non du café en poudre.

Les Vietnamiens préfèrent le préparer à table : ils versent de l'eau bouillante sur un filtre rempli de café au-dessus des tasses.

Le café vietnamien le plus renommé est le *chon*. Une espèce particulière de belette est nourrie de grains, que l'on récupère ensuite dans ses excréments (!). Vous pourrez goûter ce breuvage chez Trung Nguyen, une chaîne de cafés présente partout dans le pays.

Eau minérale

Depuis que les Vietnamiens ont compris que les touristes étaient prêts à payer un bon prix pour de l'eau conditionnée dans des bouteilles en plastique, il existe un grand choix de ces *nuoc suoi*. Dans la rue, une bouteille vous reviendra à 3 000 d ; dans les grands hôtels, à 3 \$US.

Jus de fruits

Rien de commun avec nos produits en bouteille ! Vous allez redécouvrir le goût véritable du fruit pressé. En outre, le choix est vaste. Les jours de grande chaleur, rien n'est plus rafraîchissant qu'un *nuoc dua* (noix de coco glacée), mais, si vous préférez un taux de glucose naturel plus élevé, optez pour un jus de canne à sucre. Vous en trouverez dans toutes les échoppes, où la canne sera pressée sous vos yeux – un désaltérant idéal sous le soleil de plomb.

PLATS DE FÊTE

Malgré sa pauvreté, le pays possède des ressources naturelles abondantes à fort potentiel. Les nombreuses fêtes, mariages et autres cérémonies donnent l'occasion de consommer des plats spéciaux.

Pendant les fêtes, les familles ouvrent grand leurs réserves – toujours trop limitées à leur goût –, qu'elles savent exploiter à merveille pour rôtir des pigeonneaux et autres gibiers à plumes. La version vietnamienne du canard laqué pékinois, découpé en morceaux juteux agrémentés de sauce piquante, est très prisée. Les poissons les plus coûteux sont cuits à la vapeur ou braisés, et présentés avec une décoration sophistiquée à la manière chinoise.

Dans la société vietnamienne, extrêmement structurée, il serait tout à fait anormal de se satisfaire en ces occasions de plats simples : en effet, le festin symbolise le fait qu'à cet instant le monde devient meilleur. Au Nord comme au Sud, les Vietnamiens évoquent le souvenir des empereurs de Hué en grignotant des amuse-gueules et en sirotant du whisky. Les plats sont ensuite servis un par un, afin de pouvoir être savourés avec toute l'attention qu'ils méritent ; les convives les commenteront avec verve, vantant les mérites de chacun d'eux.

ÉTABLISSEMENTS

Quels que soient vos goûts, vous trouverez sûrement votre bonheur : dans la palanche d'un humble vendeur de rue, dans un restaurant de *pho* tout simple ou dans un établissement de luxe.

Le choix est partout très vaste. Beaucoup de restaurants se sont spécialisés. Le *pho* se déguste aussi bien dans des restaurants haut de gamme que dans des échoppes sommaires. Les "établissements à pancakes" sont aussi très populaires : loin des pancakes américains, ces plats savoureux ressemblent à des crêpes ou à des *dhosa* indiens.

À chaque repas, l'empereur Tu Duc (1848-1883) exigeait que 50 plats soient préparés par 50 cuisiniers et servis par 50 serviteurs. Son thé devait également être préparé avec la rosée qui s'était déposée sur les feuilles pendant la nuit. Un monarque un rien exigeant !

Le barbecue est également une spécialité locale. Les restaurants de ce type sont facilement repérables à l'odeur délicieuse dont ils enveloppent les rues avoisinantes. Le *bo bay mon* – bœuf cuisiné de sept manières différentes – est également très prisé.

Les micro-restaurants établis chez des particuliers gagnent du terrain. Certains ne peuvent accueillir que quelques clients, mais d'autres servent des multitudes.

N'oublions pas les restaurants français et chinois ayant survécu au temps : ils sont moins répandus qu'autrefois, mais constituent une part importante de l'héritage culinaire et culturel du Vietnam. Les grandes villes abritent également aujourd'hui des restaurants indiens, italiens, turcs et thaïlandais.

Il n'existe aucun créneau horaire précis pour se restaurer. Les cafés restent en général ouverts une grande partie de la journée et jusque tard dans la nuit ; les échoppes de rue ouvrent tôt le matin et ferment tard le soir ; quant aux restaurants, ils ouvrent leurs portes pour le déjeuner entre 11h et 14h et pour le dîner entre 17/18h et 22/23h.

Restauration rapide

La restauration de rue joue un rôle essentiel dans la vie quotidienne. Comme partout ailleurs dans le Sud-Est asiatique, les Vietnamiens adorent grignoter : on les verra chercher de petits en-cas dans les étals des échoppes improvisées, à toute heure du jour et de la nuit. Enveloppés ou non, épicés ou sucrés, tendres ou croustillants, tous les en-cas sont proposés dans les rues ; peu chers, sympathiques, ils permettent de découvrir de plus près la cuisine locale.

POUR LES VÉGÉTARIENS

Le choix en la matière s'est nettement diversifié, même si le Vietnam n'est pas le pays de prédilection des végétariens. Les Vietnamiens sont en effet de purs omnivores : ils adorent les légumes, mais également tout ce qui rampe sur terre, vit dans la mer ou vole dans les airs.

En accord avec les préceptes bouddhistes, de nombreux restaurants ne proposent que des plats végétariens entre les premier et quinzième jours du mois lunaire – la période idéale pour explorer les marchés. Le reste du temps, prudence : tous les plats de légumes sont susceptibles d'avoir été préparés avec de la sauce de poisson ou de la pâte de crevette. Les Vietnamiens accéderont à votre demande si vous insistez. Les végétaliens

---

LA FÊTE EST AUSSI DANS L'ASSIETTE

Pendant la fête du Têt, les Vietnamiens consomment diverses douceurs. Dans les villes et les villages, des assortiments de bonbons sont vendus dans de belles boîtes. Pour accompagner le thé, on sert aux visiteurs des graines de pastèque séchées ou des bonbons acidulés à base de haricots verts. Les *mut* (fruits et légumes secs confits) étonneront les étrangers. On trouve également beaucoup de gingembre, kakis, bananes, citrons, mandarines, de graines de lotus et de melons sucrés, ou encore des fruits secs salés appelés *o mai*.

D'autres fêtes donnent lieu à la dégustation des *banh troi* ("gâteaux flottants"), préparations de pâte de riz gluant fourrée de sucre roux dont la forme d'œuf représente le ciel, la boulette de sucre roux symbolisant la terre. Les *banh chay* sont ronds, légèrement creusés en leur centre, et flottent dans une soupe jaune épaisse et sont parsemés de graines de sésame : cet ensemble représente la trinité du Soleil, de la Lune et de la Terre avec les "trois gâteaux", l'eau (le liquide) et les étoiles (les graines de sésame).

doivent quant à eux se préparer à un véritable parcours du combattant ! Les œufs sont facilement repérables ; quant au lait, il est extrêmement rare qu'il soit utilisé en cuisine, même si la population en met dans le café et raffole du yaourt et des glaces.

Certains restaurants proposent des imitations de viande : grâce à l'utilisation du tofu et des légumes à gousse, les plats ont un goût de viande étonnant qu'apprécient les carnivores les plus convaincus.

La plupart des lieux touristiques comptent désormais un ou deux restaurants végétariens. Sans oublier les restaurants indiens, qui restent toujours une bonne solution de rechange car ils comprennent mieux que d'autres les principes végétariens.

AVEC DES ENFANTS

La famille étant le pivot de la vie au Vietnam, la plupart des restaurateurs accueillent avec plaisir les enfants, notamment les enfants étrangers, car l'occasion leur est rarement donnée d'en approcher. Ceux-ci auront parfois droit à un accueil expansif, s'accompagnant de moult pincements et caresses. Réagissez tranquillement, en mettant certaines limites à ces effusions.

Les enfants peuvent recevoir un accueil plus mitigé dans les restaurants occidentaux haut de gamme, s'ils se montrent dissipés. On trouve rarement des menus enfants mais, vu les prix pratiqués, on s'en arrange sans problème.

La restauration rapide chérie des enfants se retrouve dorénavant au Vietnam, qui est par ailleurs un paradis en termes de fruits : le goût sucré des mangoustans, l'étrangeté des fruits du dragon et des ramboutans ne peuvent qu'éveiller la curiosité.

La cuisine vietnamienne comprend un taux important de glutamate de sodium. Si votre enfant a du mal à le digérer, ou si vous préférez qu'il n'en consomme pas, vous devrez vous limiter aux restaurants habitués à servir des touristes.

HABITUDES DE TABLE

En entrant dans une cuisine vietnamienne, vous découvrirez que la bonne cuisine s'inspire de choses simples. Parmi les éléments indispensables : une bonne flamme, de l'eau propre, quelques ustensiles tranchants, un mortier, un pilon, une ou deux casseroles noircies. La cuisine est un lieu tellement sacré que les Vietnamiens la croient habitée par des esprits spécifiques. Le gardien spirituel du foyer doit y recevoir son dû : l'objet le plus important de la pièce est donc l'autel qui lui est voué.

Les Vietnamiens aiment manger trois repas par jour. Le petit déjeuner est simple, généralement à base de *pho* ou de *congee* (bouillie de riz). Ils mangent des baguettes à la française à toute heure, les trempant parfois dans le café.

Le déjeuner commence tôt, autour de 11h. Traditionnellement, les Vietnamiens rentraient le prendre chez eux mais ils sont désormais nombreux à le prendre au café, arrosant leur repas de *bia hoi*. Les grands marchés sont également très fréquentés à l'heure du déjeuner, car on peut y manger pour pas cher.

La famille se rassemble à l'heure du dîner. Les plats sont disposés autour du plat de riz au centre de la table, chaque membre de la famille mangeant dans son bol. Le repas se déroule sans manière : on ajoute soi-même un accompagnement au riz préalablement servi dans le bol.

Après le repas, les Vietnamiens ne prisent pas les desserts (ils leur préfèrent les fruits) ; entre les repas, toutefois, ils aiment les douceurs

> **MÉMO DES US ET COUTUMES D'UN REPAS AU VIETNAM**
> - Attendez que votre hôte s'asseye le premier
> - Ne refusez pas la nourriture qu'il dépose dans votre bol
> - Apprenez à utiliser les baguettes
> - Ne laissez pas les baguettes plantées dans votre bol : c'est un symbole de mort
> - Faites usage de la serviette humide qui vous est fournie
> - Ne vous levez pas de table quand les Vietnamiens déplient leur serviette humide
> - Laissez environ 10% de pourboire (les salaires sont très bas)
> - Ne donnez pas de pourboire s'il est déjà inclus dans l'addition
> - Buvez chaque fois que quelqu'un propose un toast
> - Si le repas se prolonge jusqu'au bout de la nuit, ne vous affalez pas sur la table !

comme les petits gâteaux de riz, les bananes frites, les patates douces et les bonbons à la noix de coco – sans parler des glaces, dont ils raffolent.

Quand vous passez commande, ne vous souciez pas de l'ordre des plats : tous les mets sont placés au centre de la table dès qu'ils sont prêts. Chacun se sert de ce qui lui fait envie, indépendamment de sa commande.

Étiquette

Installez-vous à table avec votre bol placé sur une petite assiette, des baguettes et une cuillère à soupe. À droite du bol, vous trouverez toujours un petit récipient rempli de *nuoc mam,* de *nuoc cham* ou d'autres sauces.

Lorsque vous vous servez dans les plats disposés au centre de la table, utilisez la cuillère réservée au service collectif et non pas vos baguettes. Prenez votre bol avec la main gauche, approchez-le de votre bouche et servez-vous des baguettes pour pousser la nourriture.

La politesse veut qu'on serve aux invités plus que ce qu'ils ne peuvent manger, et que les invités ne mangent pas tout ce qui s'offre à leurs yeux !

COURS DE CUISINE

La meilleure façon d'aborder cette gastronomie est de s'inscrire à des cours de cuisine pendant son séjour. Pour ceux qui raffolent de tous ces petits plats, apprendre à les préparer est très instructif, et permet de partager cette expérience avec leurs amis à leur retour.

Depuis quelques années, les cours de cuisine ont le vent en poupe du fait de la demande accrue des touristes. Leurs tarifs sont variables : bas pour les spécialités de Hoi An, beaucoup plus élevés pour les formules intensives proposées par des hôtels de luxe de Hanoi et de Ho Chi Minh-Ville, portant sur l'ensemble de la gastronomie traditionnelle. Essayez d'abord les cours organisés à Hoi An avant de vous décider pour une formule plus sophistiquée.

LES MOTS À LA BOUCHE

Maîtriser quelques expressions locales ne peut que faciliter les choses, surtout à l'heure du repas. Les Vietnamiens apprécieront vos efforts, même si votre prononciation laisse à désirer. Vous serez ainsi plus à même de découvrir certaines spécialités locales.

Si vous lisez l'anglais et êtes un passionné de gastronomie, procurez-vous l'ouvrage de Bach Ngo et Gloria Zimmerman, *The Classic Cuisine of Vietnam* (1986). Plus qu'un livre de cuisine, il constitue pour les générations futures un ensemble précieux de vieilles recettes vietnamiennes.

Quelques phrases utiles
restaurant

> *nhà hàng*
> nyà hàng

Avez-vous un menu en français ?

> *Anh có thực đơn bằng tiếng Pháp không?*
> teuk deun bàng tíng fap kom

Je suis végétarien.

> *Tôi ăn chay.*
> doy un chay

J'aimerais...

> *Xin cho tôi...*
> sin tcho toy...

Quelle est la spécialité locale ?

> *Ở đây có món gì đặc biệt?*
> Eu dey kó món zi dak biet

Pas trop épicé, s'il vous plaît.

> *Xin đừng cho cay qu*
> sin dùng tcho kay kwá

Sans sucre

> *Không đường.*
> kom du-ong

Sans sel

> *Không muối.*
> kom mu-oi

Puis-je le commander sans viande ?

> *Cho tôi món này không thịt được không?*
> tcho toy món này kom tit duoc kom

Je suis allergique au....

> *Tôi bị dị ứng với ...*
> toy bi zi oung veui...

Je ne mange pas de...

> *Tôi không được ăn ...*
> toy kom duoc an...

bœuf

> *thịt bò*
> tit bò

poulet

> *thịt gà*
> tit gà

poisson

> *cá*
> ká

sauce de poisson

> *nước mắm*
> nuoc mám

porc

> *thịt heo*
> tit heo

cacahuète

> *đậu phộng*
> zo fom

Pourriez-vous me donner... ?

Xin mang cho tôi...?
sin mang tcho toy...

une cuillère

cái thìa
káy tìa

un couteau

con dao
kon zao

une fourchette

cái nũa
káy ni-a

des baguettes

đôi đũa
doy deu-a

un verre

cái ly
áy li

Pourrais-je avoir une (bière) s'il vous plaît ?

Xin cho tôi (chai bia)?
sinn tcho toy (chai bi-a)

Merci, c'était délicieux.

Cám ơn, ngon lắm.
kám eun, gnonn lám

L'addition, s'il vous plaît.

Xin tính tiền
sin tíng ti-èn

Décodeur de menus
PLATS TYPIQUES

bánh bao (bán bao) – pâte chinoise sucrée farcie à la viande et aux légumes, que l'on trempe dans de la sauce de soja

bánh chưng (bán tchoung) – pâte de riz gluant fourrée de haricots, d'oignons et de porc, bouillie dans des feuilles pendant 10 heures

bánh cuốn (bán cu-on) – pâte de riz cuite à la vapeur et farcie de porc émincé

bò bảy món (bò bay món) – bœuf au caramel

bún bò huế (boun bò hué) – soupe épicée de pâtes et bœuf

bún chả (boun cha) – vermicelles de riz au porc rôti et légumes

bún thịt nướng (boun tit nu-ong) – vermicelles de riz au porc grillé

cánh khổ qua (káng kho kwa) – soupe amère

chả (cha) – pâte de porc frite ou grillée sur des braises

chả cá (tcha ká) – filet de poisson grillé sur des braises

chả quế (tcha kwé) – poisson assaisonné à la cannelle

chạo tôm (tchao tôm) – canne à sucre grillée, roulée dans de la pâte de crevette épicée

ếch tấm bột rán (ek tam bot zán) – beignets de cuisses de grenouille

giò (zo) – porc haché enveloppé dans une feuille de bananier et bouilli

gói ngó sen (goy gno sen) – salade de feuilles de lotus

lẩu (lo) – fondue vietnamienne, souvent servie avec du poisson *(lau cá)*, de la chèvre *(lau dê)* ou des légumes *(lau rau)*

khoai rán/chiên (N/S) (khoai zán/tchien) – frites

ốc nhồi (óc nyo-i) – mélange de chair d'escargots, de porc, d'oignon vert haché, de nuoc mam et de piment, roulé dans des feuilles de gingembre et cuit dans des coquilles d'escargot

rau muống xào (zao mu-ong saò) – épinards sautés dans l'huile

NOUILLES

bún bò (boun bò) – vermicelles de riz au bœuf braisé
hú tiếu bò kho (hou ti-ou bò kho) – nouilles de riz au bœuf cuit à l'étouffée
mì gà (mí gà) – soupe de poulet aux vermicelles
miến cua (mí-en kou-a) – soupe de nouilles au crabe
phở gà/bò (feu gà/bò) – soupe de nouilles de riz au bœuf ou au poulet

VÉGÉTARIEN

đậu hũ kho (dô hou kho) – tofu braisé
bánh ít nhân đậu (dô hou saò sa éut) – tofu frit avec de la citronnelle et du piment
gói cuốn chay (goy koú-on tchay) – rouleaux de pâte de riz végétariens
nấm rơm kho (neúm zeum kho) – champignons sauvages
rau cái xào thập cẩm (zao kay saò toup kam) – mélange de légumes sautés à l'huile
súp rau (soup zao) – soupe de légumes

DESSERTS

bánh đậu xanh (bán zo sang) – gâteau de haricots mung
bánh ít nhân đậu (bán ít nyan do) – pâtisserie composée de riz gluant, haricots et sucre,
cuite à la vapeur dans une feuille de bananier en forme de triangle
chè (tchè) – mélange de haricots, fruits, noix de coco et sucre, servi dans un grand verre rempli de glace
kem dừa (kem zeu-a) – mélange de glace, fruits confits et chair de noix de coco
mút (mout) – mélange de fruits et de légumes confits à base de carottes, noix de coco, kumquat,
gourde, racines de gingembre, graines de lotus et tomates
sữa chua (seu-a tchou-a) – petites coupelles de yaourt sucré et glacé

Glossaire

RIZ

riz	cơm	
	keum	
riz à la vapeur	cơm trắng	
	keum tchang	
riz sauté	cơm rang thập cẩm (N)	keum rang tap kam
	cơm chiên (S)	keum tchien
bouillie de riz	cháo	
	tchaó	

VIANDES ET CRUSTACÉS

abats	thịt lòng	tit lòm
anguille	lươn	lu-on
bœuf	thịt bò	tit bò
calmar	mực	meuk
chèvre	thịt dê	tit zé
crabe	cua	kou-a
crevette	tôm	tôm
escargot	ốc	óp
grenouille	éch	ék
poisson	cá	ká
porc	thịt lợn/heo (N/S)	tit leun/heo
poulet	thịt gà	tit gà

FRUITS

ananas	dứa	zeú-a
banane	chuối	tchou-ói
citron	chanh	tchang
fraise	dâu	zo

CRÊPES À LA VIETNAMIENNE

Dans un saladier, mélangez 200-250 grammes environ de mélange de farine à base de riz (disponible dans les magasins asiatiques), un peu de curcuma, 0,5 litre d'eau et une tasse de lait de coco. Laissez reposer la pâte ainsi obtenue.

Pendant ce temps, coupez en fines lanières 500 grammes de poitrine de porc, que vous laisserez mariner dans un peu de nuoc mam avec un oignon émincé. Poivrez. Faites ensuite revenir environ 600 grammes de crevettes dans un peu d'huile. Lorsque la pâte a reposé 2 heures, déposez dans une poêle bien huilée un peu de viande et de crevettes et ajoutez une louche de pâte, que vous ferez cuire comme une crêpe épaisse.

Les crêpes vietnamiennes se dégustent pliées en deux dans une feuille de laitue, comme les nems, accompagnées d'une sauce à base de nuoc mam, de vinaigre, d'un peu de sucre, d'ail et de ciboulette.

lychee	*vải*	vai
mandarine	*quýt*	kwít
mangue	*xoài*	swày
noix de coco	*dừa*	zeùa
orange	*cam*	kam
papaye	*đu đủ*	dou dou
pastèque	*dưa hấu*	zeu-a haó
pomme	*táo/bơm* (N/S)	taó/beum
raisin	*nho*	nyo

LÉGUMES

aubergine	*cà tím*	kà tím
carotte	*cà rốt*	carotte
champignon	*nấm*	neum
chou	*bắp cải*	báp kay
concombre	*dưa leo/dưa chuột*	zeu-a leo/zeu-a tchou-ot
haricot vert	*đậu xanh*	do sang
laitue	*rau diếp*	zao zíp
maïs	*bắp/ngô*	báp/gno
patate douce	*khoai lang*	khoai lang
petit pois	*đậu bi*	do bi
poivron	*ớt xanh*	eút sang
pomme de terre	*khoai tây*	khoai tai
potiron	*bí ngô*	bí gno
tomate	*cà chua*	kà tchou-a

BOISSONS

bière	*bia*	bi-a
café	*cà phë*	café
café au lait chaud	*nâu nóng* (N)	nao nóm
	cà phê sữa nóng (S)	café seu-a nóm
café au lait glacé	*nâu đá* (N)	nao dá
	cà phê sữa đá (S)	café seu-a dá
café noir chaud	*cà phê đen nóng*	café den nóm
café noir glacé	*cà phê đá*	café dá
chocolat au lait glacé	*cacao đá*	cacao dá
cocktail de fruits	*sinh tố*	sin to

eau minérale	*nước khoáng* (N)	nu-oc khoang
	nước suối (S)	nu-oc sou-oi
eau gazeuse		
citronnée	*soda chanh*	soda tchang
glaçon	*đá*	dá
sans glaçons	*không đá*	kom dá
jus de citron glacé	*chanh đá*	tchang dá
jus d'orange	*cam vắt*	kam vát
lait	*sữa*	seu-a
lait chaud	*sữa nóng*	seu-a nóm
lait glacé	*sữa đá*	seu-a dá
lait de soja	*sữa đậu nành*	seu-a do nàn
thé	*chè/trà* (N/S)	tchè/tchà
thé chaud	*chè đen nóng* (N)	tchè den nóm
	trà nóng (S)	tchà nóm
thé au lait chaud	*chè đen sữa* (N)	tchè den seu-a
	trà pha sữa (S)	tchà fa seu-a

MASON FLORENCE

Procession funéraire, Hanoi (p. 77)

JOHN BANAGAN

Fleurs de lotus. Temple de la Littérature (p. 91), Hanoi

Une barque, souvent maniée par une femme, vous conduira à la pagode des Parfums (p. 115)

CRAIG PERSHOUSE

RICHARD I'ANSON

Attendez-vous à un trafic intense de deux-roues dans les rues de Hanoi (p. 77)

JULIET COOMBE

Marionnettes sur l'eau,
Théâtre municipal de Hanoi (p. 110)

Vendeur de rue, Hanoi (p. 77)

MICHAEL COYNE

Passerelle Huc sur le lac Hoan Kiem (p. 87), au cœur de la vieille ville de Hanoi

ANDERS BLOMQ

Vue sur la baie d'Along (p. 130) et quelques-unes des 3 000 îles
qui ponctuent ici les eaux du golfe du Tonkin

Petit garçon sur un sampan, dans la baie d'Along (p. 130)

MANFRED GOTTSCHA

Merveille méconnue de la baie d'Along (p. 130) :
le chant des multitudes d'oiseaux nichant dans la végétation des îlots

RICHARD I'ANSON

Jonque, baie d'Along (p. 130)

Sampans, baie d'Along (p. 130)

MICHAEL GEBI

CRAIG PERSHOUSE

Les pics karstiques de la baie d'Along,
entrevus depuis l'entrée d'une grotte (p. 130)

Femmes de la minorité des Thaï noir dans les rues de Son La (p. 156)

Jeune Thaï noir du village de Cat Cat
(p. 166), près de Sapa

Architecture coloniale, Sapa (p. 163)

La force de la Song Da est utilisée
pour battre le riz, Lai Chau (p. 161)

ALISON WRIGHT

Maisons traditionnelles,
près de Sapa (p. 163)

MASON FLORENCE

Jeune fille Hmong,
col de Tram Ton (p. 167)

NIGEL MAR

Cultures en terrasse, Lao Cai (p. 170)

Le col de Tram Ton (p. 167), sur le versant nord du Fansipan, un passage obligé entre Sapa et Lai Cha
NICK WELLM

Tam Coc, dite la "baie d'Along des rizières", abrite trois grottes reliées par la rivière Ngo Dong (p. 179)

Temple à Ninh Binh (p. 178)

Plaine irriguée pour la culture du riz, à Hoa Lu (p. 180)

Rizière, Ninh Binh (p. 178)

Lanternes chinoises, Hoi An (p. 234)

NOBORU KOMINE

La maison Tan Ky (p. 242), à Hoi An, construite
au début du XIXe siècle pour un riche marchand

JOHN ELK III

WAYNE WA

Les montagnes de Marbre (p. 233),
près de Danang

La rivière des Parfums, Hué (p. 203)

ALAIN EV

TOM SMALLMAN

Marches menant à la Tour nord dans le sanctuaire cham de Po Nagar (p. 270), à Nha Trang

NORORU KOMINE

Cathédrale de Nha Trang
(p. 272)

Demeure cossue sur Đ Tran Phu,
à Nha Trang (p. 266)

MATT DARBY

JOHN BAN

Office dans le grand temple caodai (p. 381), à Tay Ninh

Cuisine d'un restaurant
de Ho Chi Minh-Ville (p. 358)

GARRETT CULHANE

KEREN SU

Fidèles de la secte caodaïste,
à Tay Ninh (p. 380)

Crevettes séchées, marché de Cholon (p. 366), Ho Chi Minh-Ville

MATT DARBY

Maisons sur pilotis, près de Chau Doc (p. 436), dans le delta du Mékong

Rizière dans le delta
du Mékong (p. 399)

Écoliers khmers, à Tra Vinh (p. 414),
delta du Mékong

Panorama sur Chau Doc depuis le mont Sam
(p. 441), delta du Mékong

Le Hau Giang (ou Bassac), l'un des bras du Mékong,
rejoint lui aussi la mer de Chine méridionale dans le delta (p. 399)

Marché flottant du delta (p. 399)

Pagode Tay An (p. 441), sur l'un des flancs
du mont Sam, delta du Mékong

Un habitant
de Ha Tien (p. 446)

Hanoi

Pleine d'une grâce intemporelle, la capitale du Vietnam supporte mieux le passage des ans que nombre de ses contemporaines asiatiques. Après la partition du Vietnam, en 1954, Hanoi tomba dans un profond sommeil dont elle ne sortit que quarante ans plus tard grâce à l'action des réformes économiques. Merveilleux exemple d'architecture coloniale française, la ville a échappé aux bombes américaines et à l'urbanisme soviétique.

Mêlant élégance parisienne et sérénité asiatique, le centre de Hanoi est un véritable musée architectural qui se développe en harmonie avec son histoire, quand tant d'autres capitales de la région font appel aux bulldozers. Très animée, la vieille ville fourmille d'activités commerciales depuis 800 ans. C'est l'endroit idéal où prendre le pouls de cette ville renaissante. Dans les autres quartiers, de superbes demeures bordent de grands boulevards plantés d'arbres, tandis que les nombreux lacs et parcs offrent un cadre parfait pour la pratique de la gymnastique matinale. À certains coins de rue, l'odeur de baguette flottant dans l'air et le "bonjour !" des habitants témoignent de l'empreinte laissée par la culture française.

Le tourisme a mis du temps à se développer à Hanoi : dans les premières années de l'ouverture du pays, les dirigeants restaient quelque peu hermétiques aux influences étrangères et à la notion de réforme économique. Toutefois, les choses ont énormément changé et, par rapport à ce qu'elle était il y a quelques années encore, la ville s'est métamorphosée. Désormais, des foules de visiteurs s'y pressent pour goûter son ambiance, arpenter les musées, traîner dans les cafés et faire la fête en boîte de nuit. Les investisseurs considèrent aujourd'hui Hanoi avec l'intérêt réservé naguère à Ho Chi Minh-Ville (HCMV). Thanh Long, la "cité du dragon déployé", n'a jamais aussi bien porté son nom.

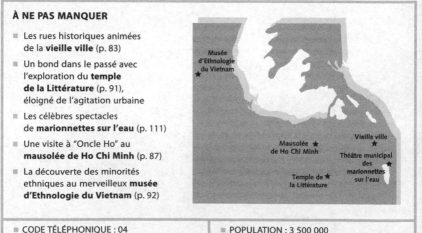

À NE PAS MANQUER

- Les rues historiques animées de la **vieille ville** (p. 83)
- Un bond dans le passé avec l'exploration du **temple de la Littérature** (p. 91), éloigné de l'agitation urbaine
- Les célèbres spectacles de **marionnettes sur l'eau** (p. 111)
- Une visite à "Oncle Ho" au **mausolée de Ho Chi Minh** (p. 87)
- La découverte des minorités ethniques au merveilleux **musée d'Ethnologie du Vietnam** (p. 92)

Musée
d'Ethnologie
du Vietnam
★

Vieille ville
★

Mausolée ★
de Ho Chi Minh

Théâtre municipal
des
marionnettes
sur l'eau
★

Temple de ★
la Littérature

■ CODE TÉLÉPHONIQUE : 04

■ POPULATION : 3 500 000

HISTOIRE

Le site de Hanoi fut habité dès la période néolithique. L'empereur Ly Thai To y transféra sa capitale en 1010, la rebaptisant du nom de Thang Long (cité du Dragon déployé). Lorsque l'empereur Gia Long, fondateur en 1802 de la dynastie des Nguyen, décida d'établir sa capitale à Hué, Hanoi se retrouva reléguée au rang de métropole régionale.

Au cours des siècles, la ville changea souvent de nom. Le nom de Dong Kinh ("capitale de l'Est") fut repris par les Européens pour désigner le nord du Vietnam : le Tonkin. L'appellation de Hanoi ("ville dans la courbe du fleuve") lui fut donnée par l'empereur Tu Duc en 1831. De 1902 à 1953, elle fut la capitale de l'Indochine française.

Hanoi fut proclamée capitale du Vietnam après la révolution d'août 1945, mais ce n'est qu'en 1954, après les accords de Genève, que le Viet Minh – chassé de la ville en 1946 par les Français – put y revenir.

Pendant la guerre du Vietnam, les bombardements américains détruisirent une partie de la ville et tuèrent des centaines de civils, mais il ne reste aujourd'hui que peu de traces de ces temps difficiles. L'une des cibles principales fut le pont Long Bien, ouvrage de 1 682 m de long édifié sous la direction de Gustave Eiffel entre 1888 et 1902. Ce pont stratégique fut régulièrement bombardé par l'aviation américaine, puis réparé avec des travées de fortune après chaque attaque. Les Américains auraient, dit-on, cessé leurs attaques lorsque les Vietnamiens employèrent les prisonniers de guerre américains à sa réfection.

ORIENTATION

Hanoi s'étire le long des rives du Song Hong (fleuve Rouge), qu'enjambent deux ponts : Long Bien (désormais réservé aux cyclistes et aux piétons) et, 600 m plus au sud, le nouveau pont Chuong Duong.

Son centre-ville, très plaisant, enserre le lac Hoan Kiem, au nord duquel s'étend la vieille ville, que les Français appelaient la "ville indigène". Cette partie de la capitale, très prisée des voyageurs, se caractérise par ses rues étroites, dont les noms changent tous les deux ou trois pâtés de maisons.

À la périphérie ouest de la vieille ville se dresse la citadelle de Hanoi, construite par l'empereur Gia Long. Aujourd'hui base militaire et lieu de résidence des officiers de haut rang et de leur famille, elle est donc malheureusement fermée au public. Déjà fort endommagés par les troupes françaises en 1894, de nombreux bâtiments anciens furent définitivement mis à mal par les bombardements américains plusieurs décennies plus tard.

Plus loin vers l'ouest, on rejoint le mausolée de Ho Chi Minh et la plupart des ambassades. Celles-ci occupent le plus souvent des joyaux d'architecture coloniale française. De nouveaux hôtels chics créés en joint-venture ont également fait leur apparition dans ce secteur. Au nord du mausolée de Ho Chi Minh, le plus grand plan d'eau de Hanoi, Ho Tay (lac de l'Ouest), est au cœur d'un nouveau quartier touristique.

Des taxis, un minibus et des bus municipaux assurent la liaison entre l'aéroport international de Noi Bai et le centre-ville. Des gares routières et ferroviaires, des taxis équipés d'un compteur, des xe om (motos-taxis) et des cyclos attendent les clients.

Cartes

Vous trouverez des cartes de Hanoi de toutes tailles et à toutes échelles. Certaines, sponsorisées par des publicitaires, sont offertes, tandis que d'autres sont des merveilles de précision.

Ban Do (☎ 344 108) édite la plupart des cartes les plus utilisées, notamment les plans très détaillés au 1/10 000 et au 1/17 500 (tous deux à environ 6 000 d), et propose une carte de la vieille ville en trois dimensions, dessinée à la main, qui fera un agréable souvenir. Vous pouvez vous les procurer dans toutes les grandes librairies.

RENSEIGNEMENTS
Accès Internet

Vous ne ferez pas 100 m à Hanoi sans tomber sur un cybercafé, notamment dans les agences de voyages de Pho Hang Bac et Pho Hang Be, dans la vieille ville, et dans les rues que fréquentent les voyageurs à petit budget. Une grande partie des cybercafés n'indiquent pas leurs tarifs : demandez-les avant de surfer, car il n'est pas rare qu'ils soient prohibitifs.

Argent

ANZ Bank (carte p. 88 ; ☎ 825 8190 ; 14 Pho Le Thai To ; ☺ 8h30-16h lun-ven). Sur la rive ouest du lac

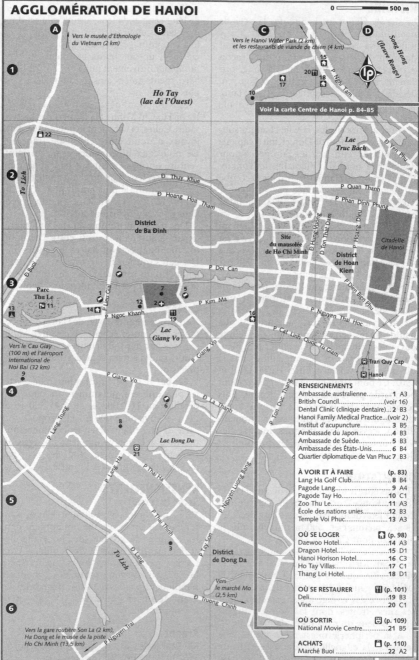

AGGLOMÉRATION DE HANOI

0 — 500 m

Vers le musée d'Ethnologie du Vietnam (2 km)

Vers le Hanoi Water Park (2 km) et les restaurants de viande de chien (4 km)

Song Hong (fleuve Rouge)

Ho Tay (lac de l'Ouest)

Voir la carte Centre de Hanoi p. 84-85

Lac Truc Bach

P. Yen Phu

P. Quan Thanh

P. Phan Dinh Phung

Đ. Thuy Khue

Đ. Hoang Hoa Tham

District de Ba Dinh

Site du mausolée de Ho Chi Minh

P. Doi Can

District de Hoan Kiem

Citadelle de Hanoi

Parc Thu Le

P. Kim Ma

P. Dien Bien Phu

P. Nguyen Thai Hoc

P. Ngoc Khanh

Lac Giang Vo

P. Cat Linh - Quoc Tu Giam

P. Giang Vo

Vers le Cau Giay (100 m) et l'aéroport international de Noi Bai (32 km)

P. Giang Vo

Tran Quy Cap

Hanoi

Đ. La Thanh

P. Lang Trung

P. Lang Ha

Lac Dong Da

P. Ton Duc Thang

P. Thai Ha

P. Nguyen Luong Bang

P. Thai Thinh

Đ. Lang

To Lich

P. Tay Son

District de Dong Da

Vers le marché Mo (2,5 km)

Đ. Truong Chinh

Vers la gare routière Son La (2 km), Ha Dong et le musée de la piste Ho Chi Minh (13,5 km)

P. Nguyen Trai

RENSEIGNEMENTS
Ambassade australienne	1 A3
British Council	(voir 16)
Dental Clinic (clinique dentaire)	2 B3
Hanoi Family Medical Practice	(voir 2)
Institut d'acupuncture	3 B5
Ambassade du Japon	4 B3
Ambassade de Suède	5 B3
Ambassade des États-Unis	6 B4
Quartier diplomatique de Van Phuc	7 B3

À VOIR ET À FAIRE (p. 83)
Lang Ha Golf Club	8 B4
Pagode Lang	9 A4
Pagode Tay Ho	10 C1
Zoo Thu Le	11 A3
École des nations unies	12 B3
Temple Voi Phuc	13 A3

OÙ SE LOGER (p. 98)
Daewoo Hotel	14 A3
Dragon Hotel	15 D1
Hanoi Horison Hotel	16 C3
Ho Tay Villas	17 C1
Thang Loi Hotel	18 D1

OÙ SE RESTAURER (p. 101)
Deli	19 B3
Vine	20 C1

OÙ SORTIR (p. 109)
National Movie Centre	21 B5

ACHATS (p. 110)
Marché Buoi	22 A2

Hoan Kiem ; dongs et dollars sur présentation de la carte bancaire ; DAB 24h/24.
Industrial & Commercial Bank (carte p. 88 ; ☎ 825 4276 ; 37 Pho Hang Bo). Emplacement pratique au cœur de la vieille ville ; commission de 0,5% sur les chèques de voyage en dongs, de 1,25% sur ceux libellés en dollars et de 3% pour les avances sur carte de crédit.
Vietcombank Pho Hang Bai (carte p. 88 ; ☎ 826 8031 ; 2 Pho Hang Bai) ; Pho Tran Quang Khai (carte p. 88 ; ☎ 826 8045 ; 198 Pho Tran Quang Khai ; ⏰ 7h30-11h30 et 13h-15h30 lun-ven, 7h30-11h30 sam). L'agence principale, à quelques rues à l'est du lac Hoan Kiem, dispose d'un DAB et change la plupart des devises. Plusieurs succursales plus modestes sont réparties en ville, notamment une, bien pratique, près de l'extrémité sud-est du lac Hoan Kiem.

Agences de voyages

Privées ou non, les agences de voyages ne manquent pas. Elles se chargent d'organiser des circuits, de louer des voitures, de trouver des guides, de réserver les billets d'avion et de proroger les visas.

Nombre d'agences pour voyageurs à petit budget font également office de cafés-restaurants où se nourrir à moindre frais, louer une chambre et surfer sur le Net. La puissante alliance entre le Sinh Cafe de HCMV et l'agence d'État Hanoi Toserco draine une part importante du marché touristique de base, avec la vente des billets "open tours" (très avantageux) sur les bus circulant le long de la RN 1 entre Hanoi et HCMV. Méfiez-vous, toutefois, car les agences prétendant être des "Sinh Cafe" (ou d'autres enseignes sérieuses) ont proliféré à Hanoi et trompé déjà plus d'un voyageur. Vérifiez bien les adresses et les sites Internet avant tout achat.

La plupart des hôtels proposent également des circuits. Cependant, même si les prix se valent, mieux vaut vous adresser directement aux agences pour vous faire une idée précise des prestations.

Certains tour-opérateurs bon marché n'ont pas bonne presse, principalement en raison du décalage existant entre les prestations annoncées et la réalité du programme. La concurrence sans merci entre les opérateurs a tellement fait baisser le prix des excursions qu'il leur devient difficile de fournir un service de qualité.

Ainsi, vous pourrez trouver une excursion de deux jours et une nuit dans la baie d'Along pour seulement 16 $US tout compris, mais il vous faudra partager un bus avec des dizaines d'autres passagers et vous serez trimbalé dans les baies et les grottes comme un troupeau de moutons. À vous de décider s'il n'est pas préférable de sacrifier quelques dollars pour bénéficier d'un service supérieur et, surtout, garder un excellent souvenir.

Nous vous conseillons de rechercher les agences privilégiant les circuits en petit groupe et possédant leurs propres guides et véhicules. **Handspan Adventure Travel** (carte p. 88 ; ☎ 926 0581 ; www.handspan.com ; 80 Pho Ma May), au Tamarind Café, est une agence bien établie, recommandée par de nombreux lecteurs. **Kangaroo Café** (carte p. 88 ; ☎ 828 9931 ; kangaroo@hn. vnn.vn ; 18 Pho Bao Khanh), gérée par des Australiens, a également très bonne réputation.

De nouvelles agences font sans cesse leur apparition, prenant la place des plus anciennes ; la liste qui suit n'a donc rien de définitif. Comparez leurs prestations avant de faire un choix.
A to Z Queen Café (carte p. 88 ; ☎ 826 0860 ; www.queencafe.com.vn ; 65 Pho Hang Bac)
ET Pumpkin (carte p. 88 ; ☎ 926 0739 ; www.et-pumpkin.com ; 85 Pho Ma May)
Explorer Tours (carte p. 88 ; ☎ 923 0713 ; www.explorer.com.vn ; 75 Pho Hang Bo)
Fansipan Tours (carte p. 88 ; ☎ /fax 926 0910 ; www.fansipantours.com.vn ; 24a Pho Hang Bac)
Footprint Travel (carte p. 88 ; ☎ /fax 826 0879 ; 116 Pho Hang Bac)
Kim Café (carte p. 88 ; ☎ 824 9049 ; www.kimcafe79travel.com ; 79 Pho Hang Bac)
Lotus Travel (carte p. 88 ; ☎ 826 8642 ; Lotus Guesthouse, 42V Pho Ly Thuong Kiet)
Love Planet Café (carte p. 88 ; ☎ 828 4864 ; loveplanet@hn.vnn.vn ; 25 Pho Hang Bac)
ODC Travel (ancien Old Darling Café ; carte p. 88 ; ☎ 824 3024 ; www.odctravel.com ; 43 Pho Hang Bo et 142 Pho Hang Bac)
Red River Tours (carte p. 88 ; ☎ 826 8427 ; fax 828 7159 ; redrivertours.hn.vn@fpt.vn ; www.redrivertours.com.vn ; 73 Pho Hang Bo)
Sinh Café (carte p. 88 ; ☎ 926 0646 ; sinhcafe@hn.vnn.vn ; 52 Pho Hang Bac)

Bibliothèques

Bibliothèque et Archives nationales (carte p. 88 ; ☎ 825 3357 ; 31 Pho Trang Thi). Son fonds possède des documents en français et en anglais.

Centres culturels

Alliance Française de Hanoi (carte p. 88 ; ☎ 936 2164 ; 24 Trang Tien). Installée dans le bâtiment L'Espace, magnifique lieu de rendez-vous en face du Dan Chu Hotel.

HANOI EN...

1 jour

Démarrez votre journée par un petit déjeuner dans un café de la vieille ville, puis hélez un cyclo-pousse pour vous rendre au **mausolée de Ho Chi Minh** (p. 87) où vous pourrez apercevoir, avec un peu de chance, la relève de la garde. Visitez l'étrange **musée** (p. 91) et la **pagode au Pilier unique** (p. 91), modèle d'harmonie, avant de vous diriger vers le **temple de la Littérature** (p. 91), havre de paix loin de l'agitation urbaine. Pour le déjeuner, arrêtez-vous à **KOTO** (p. 102), juste en face, un magnifique restaurant qui vient en aide aux enfants des rues. Dans l'après-midi, explorez la **vieille ville** (p. 83), ses bâtiments, ses boutiques et ses bars. Si vous ne l'avez pas encore fait, allez goûter une *bia hoi* (bière pression) au coucher du soleil, pour voir la ville s'animer. Ne manquez pas le spectacle des merveilleuses **marionnettes sur l'eau** (p. 110) avant d'aller déguster un repas typique et quelques bières dans les environs de Pho Bao Khanh.

2 jours

Après la découverte du premier jour, consacrez votre seconde journée à approfondir vos connaissances dans les musées : le matin, portez vos pas vers l'excellent **musée d'Ethnologie** (p. 92), où vous découvrirez la mosaïque d'ethnies qui composent le Vietnam. Déjeunez d'un plat local au **Nha Hang Lan Chin** (p. 108), non loin du **musée de la Révolution vietnamienne** (p. 93), avant de traverser la rue pour gagner le **musée d'Histoire** (p. 93). Cet édifice étonnant abrite une exposition introduisant le visiteur de façon intelligente à 2000 ans d'une histoire tumultueuse. Revenez dans la vieille ville pour jeter un coup d'œil à la **Maison commémorative** (p. 93), puis installez-vous dans un café pour savourer un repos bien mérité.

American Club (carte p. 88 ; ☎ 824 1850 ; amclub@fpt.vn ; 19-21 Pho Hai Ba Trung)
British Council (carte p. 80 ; ☎ 843 6780 ; www.british council.org/vietnam ; 40 Pho Cat Linh). À côté du Hanoi Horison Hotel.

Librairies

Hanoi est très riche en librairies et fera la joie des gros lecteurs. De nombreux hôtels et cafés pour voyageurs pratiquent le troc de livres.
Bookworm (carte p. 84-85 ; ☎ 943 7226 ; bookworm@fpt.vn ; 15a Ngo Van So ; ☾ 10h-19h mar-dim). Propose essentiellement des romans et nombre de livres de voyages, neufs ou d'occasion.
Foreign Language Bookshop (carte p. 88 ; ☎ 825 7376 ; 64 Pho Trang Tien). Très grand choix d'ouvrages en langues étrangères, surtout en français.
Hanoi Bookstore (Hieu Sach Hanoi ; carte p. 88 ; ☎ 824 1616 ; 34 Pho Trang Tien). Bonne adresse pour acheter des beaux-livres ou des volumes souvenirs.
Love Planet (carte p. 88 ; ☎ 828 4864 ; 25 Pho Hang Bac). Grand magasin de livres de poche d'occasion, essentiellement en anglais.
Thang Long Bookshop (carte p. 88 ; ☎ 825 7043 ; 53-55 Pho Trang Tien). Non loin du lac Hoan Kiem, cette grande librairie offre une sélection de titres en français et en anglais, ainsi que des journaux et des magazines étrangers.

Offices du tourisme

Bien que Hanoi soit la capitale, vous n'y trouverez aucun office du tourisme fournissant renseignements pratiques et brochures gratuites. Le meilleur moyen d'obtenir des informations, à Hanoi comme dans le reste du pays, est de demander autour de soi, dans les pensions, les agences de voyage, les bars...

Poste

La ville comporte de nombreux kiosques postaux proposant tous les services de base. Pour les opérations plus complexes, vous devrez vous rendre à la poste centrale nationale ou à la poste internationale.
Poste nationale (Buu Dien Trung Uong ; carte p. 88 ; ☎ 825 7036 ; 75 Pho Dinh Tien Hoang ; ☾ 7h-21h30). Elle occupe tout un pâté de maisons en face du lac Hoan Kiem et permet l'envoi de courrier, la réception de colis en provenance du Vietnam et l'achat de timbres de collection.
Poste internationale (☎ 825 2030 ; angle Pho Dinh Tien Hoang et Pho Dinh Le ; ☾ 7h-20h30). Possède sa propre entrée, à droite de la poste centrale.

Parmi les transporteurs privés, citons :
DHL (carte p. 84-85 ; ☎ 733 2086 ; 49 Pho Nguyen Thai Hoc)
Federal Express (carte p. 88 ; ☎ 824 9054 ; 6C Pho Dinh Le)
UPS (carte p. 88 ; ☎ 824 6483 ; 4C Pho Dinh Le)

Services médicaux

Clinique de l'ambassade de France (carte p. 84-85 ; ☎ 825 2719 ; 49 Pho Ba Trieu). Ouverte 24h/24, pour les ressortissants français uniquement.
Dental Clinic (carte p. 80 ; ☎ 846 2864 ; thedental@netnam.vn). Cette clinique dentaire fait partie de la Hanoi Family Medical Practice.
Hanoi Family Medical Practice (carte p. 80 ; ☎ 843 0748, urgences 24h/24 ☎ 0903-401 919 ; www. doctorkot.com ; quartier diplomatique de Van Phuc, bât. A1, ste 109-112, Pho Kim Ma). Gérée par une équipe internationale de médecins renommés. Au vu des tarifs élevés qui y sont pratiqués, mieux vaut être couvert par une bonne assurance.
Hôpital Bach Mai (Benh Vien Bach Mai ; carte p. 84-85 ; ☎ 869 3731 ; Đ Giai Phong). Comprend un service international géré par des médecins anglophones.
Hôpital Viet Duc (Benh Vien Viet Duc ; carte p. 88 ; ☎ 825 3531 ; 40 Pho Trang Thi ; ☾ 24h/24). Situé dans la vieille ville, il dispose d'un service de chirurgie d'urgence. Les médecins parlent français.
SOS International Clinic (carte p. 88 ; ☎ 934 0555 ; fax 934 0556 ; 31 Pho Hai Ba Trung ; ☾ 8h-19h lun-ven, 8h-14h sam, urgences 24h/24). Ces cliniques internationales coûteuses proposent des assurances annuelles aux expatriés vivant au Vietnam. On y parle français. Service d'évacuation d'urgence.
Vietnam International Hospital (carte p. 84-85 ; ☎ 574 0740, urgences 24h/24 ☎ 547 1111 ; Đ Giai Phong). Bon établissement aux normes internationales dont le personnel comporte des médecins français.
Vietnam-Korea Friendship Clinic (carte p. 84-85 ; ☎ 843 7231 ; 12 Chu Van An ; ☾ 9h-12h et 14h-17h lun-ven). Si vous n'avez pas contracté d'assurance, cette clinique à but non lucratif, qui offre des soins de bonne qualité, pratique les tarifs les moins élevés de Hanoi (consultations 5 $US).

MÉDECINE TRADITIONNELLE

Institut d'acupuncture (carte p. 80 ; ☎ 853 3881 ; H3 Pho Vinh Ho et 49 Pho Thai Thinh)
Institut de médecine traditionnelle (carte p. 84-85 ; ☎ 943 1018 ; 26-29 Pho Nguyen Binh Khiem)

Téléphone

Tous les bureaux de poste proposent de bonnes liaisons pour les appels nationaux. Les pensions et les cybercafés sont également très pratiques pour passer des appels dans Hanoi. Il est possible de téléphoner et de faxer à l'étranger depuis la poste internationale (p. 82). Les appels internationaux reviennent moins cher si on les passe d'un cybercafé, mais la qualité des liaisons n'est pas toujours aussi bonne.

Urgences

Ambulance (☎ 115)
Pompiers (☎ 114)
Police (☎ 113)

DÉSAGRÉMENTS ET DANGERS

Ils sont nettement moins fréquents qu'à Saigon ! Toutefois, des Occidentales ont rapporté avoir été importunées par de jeunes hommes les ayant suivies jusqu'à leur lieu de résidence. Bien que les rues bien éclairées de la vieille ville soient généralement sûres pour les femmes seules, mieux vaut rester sur ses gardes et prendre un taxi équipé d'un compteur ou un *xe om* pour traverser la ville de nuit, en particulier en sortant des établissements fermant tard.

Escroqueries fréquentes

Le marché hôtelier a vu se multiplier les malfaiteurs louant des bâtiments et y apposant le nom d'autres hôtels : leurs rabatteurs y piègent les touristes en les conduisant à ce qu'ils croient être leur hôtel, expliquant que l'établissement a récemment déménagé. Ce n'est malheureusement que le lendemain, après vérification, que ceux-ci se rendent compte de l'escroquerie. Par ailleurs, ces hôtels n'hésitent pas à faire payer le prix fort pour les extras (1 $US pour une bouteille d'eau, par exemple). Méfiez-vous aussi des taxis et des minibus au départ de l'aéroport.

Les homosexuels font aussi parfois l'objet d'escroqueries autour du lac Hoan Kiem : ils se font aborder par un inconnu aimable qui leur proposent une sortie et les amènent dans un bar-karaoké pour chanter et boire quelques verres. Tout se passe bien jusqu'au moment où arrive une addition de 100 $US, voire davantage. Restez sur vos gardes et fiez-vous à votre instinct.

À VOIR
Vieille ville

Plus que millénaire, la vieille ville est l'un des lieux les plus animés et les plus fascinants du Vietnam. Ce quartier commerçant s'est développé le long du fleuve Rouge et de la rivière To Lich, qui a tissé au centre de la ville un réseau complexe de canaux et de cours d'eau où abondent les embarcations. Comme le niveau des eaux pouvait monter de 8 m pendant la mousson, on a construit des digues de protection, encore visibles le long de Tran Quang Khai.

HANOI

CENTRE DE HANOI

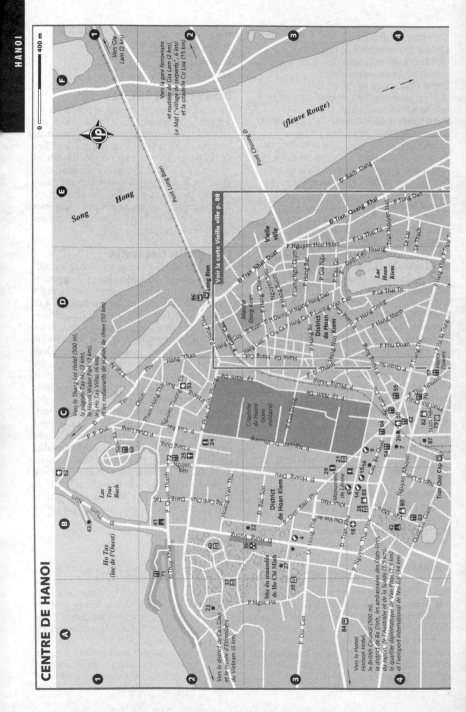

0   400 m

Vers Gia Lam (2 km)

Vers la gare ferroviaire
et routière de Gia Lam (2 km),
Le Mat ("village de serpents", 6 km)
et la citadelle Co Loa (15 km)

(fleuve Rouge)

Pont Chuong D

Song   Hong

Vers le Thang Loi Hotel (500 m),
la pagode Tay Ho (3 km),
le Hanoi Water Park (3 km),
les Ho Tay Villas (6 km)
et les restaurants de viande de chien (10 km)

Ho Tay
(lac de l'Ouest)

D Bach Dang

Voir la carte Vieille ville p. 88

Vieille
ville

Long Bien

Pont Long Bien

D Tran Quang Khai

D Tran Nhat Duat

P Nguyen Huu Huan

P Ly Thai To

Tran Nguyen Han

P Tong Dan

Le Lai

Le Thach

Marché
Dong Xuan

Nguyen Sieu

P Hang Chieu

P Hang Bac

P Gia Ngu

P Cau Go

Dinh Tien Hoang

Lac
Hoan
Kiem

P Le Thai To

P Hang Mach

P Hang Trong

P Phu Doan

P Phan Dinh Phung

P Quan Thanh

Citadelle
de Hanoi
(zone
militaire)

District
de Hoan
Kiem

P Hoang Dieu

P Dien Bien Phu

P Tran Phu

District
de Hoan Kiem

Site du mausolée
de Ho Chi Minh

P Ngoc Ha

P Doi Can

Vers le district de Cau Giay
et le musée d'Ethnologie
du Vietnam (6 km)

Vers le Hanoi
Horison Hotel,
le British Council (500 m),
le district de Ba Dinh, les ambassades des États-Unis,
du Japon, de l'Australie et de la Suède (1,5 km),
le quartier diplomatique de Van Phuc (7,5 km)
et l'aéroport international de Noi Bai (34 km)

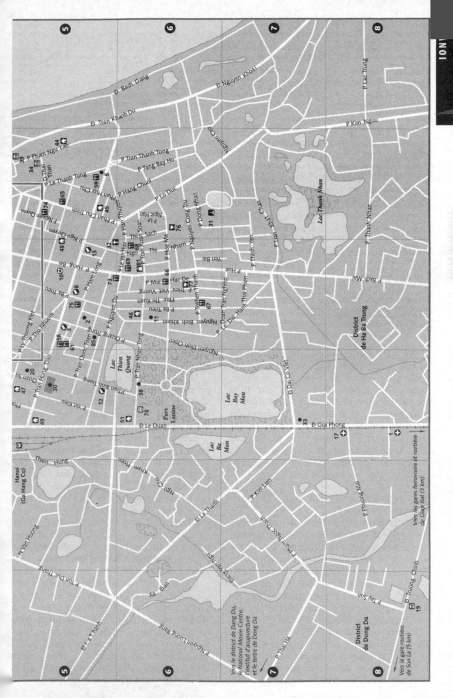

Au XIIIᵉ siècle, les 36 corporations de la ville s'établirent chacune dans une rue différente – d'où le nom de "36 rues", bien qu'on en dénombre de nos jours plus de 50. Le mot vietnamien *hang* signifie marchandise, et il est suivi du nom du produit qui y était traditionnellement vendu : ainsi, Pho Hang Gai signifie "rue de la Soie" (pour les autres, reportez-vous à l'encadré p. 90). Aujourd'hui, cependant, le nom des rues ne correspond plus toujours à ce qui y est vendu... sinon, le plus répandu serait Pho Hang Du Lich (rue du Tourisme) !

Partir à la découverte de ce dédale de rues est une expérience mémorable. Certaines voies s'élargissent, alors que d'autres se rétrécissent en un labyrinthe de ruelles minuscules. Les célèbres "maisons-tunnels" de la vieille ville dissimulent, derrière une façade étroite, de très longues pièces : cette astuce permettait aux propriétaires de réduire les taxes foncières, calculées sur la largeur de la façade. La loi féodale exigeait également que les maisons se limitent à 2 étages et, par respect pour le souverain, ne dépassent pas en hauteur le palais royal. On trouve aujourd'hui des bâtiments plus grands (6-8 étages), mais aucun gratte-ciel ne dépare l'ensemble.

Les occasions de dépenser vos dongs sont presque infinies : vêtements, cosmétiques, aliments de luxe, T-shirts, instruments de musique, herbes médicinales, bijoux, offrandes religieuses, épices, nattes... (voir p. 110).

Parmi les rues spécialisées, citons Pho Hang Quat, où l'on vend des cierges rouges, urnes funéraires, drapeaux et autres articles religieux, et Pho Hang Gai, plus élégante, avec ses soieries, broderies, laques, peintures et marionnettes. Les sacs de couchage en soie et les élégants *ao dai* (costumes traditionnels) sont très recherchés. Enfin, aucune visite de la vieille ville ne serait complète sans un petit tour au **marché Dong Xuan** (angle Pho Hang Khoai et Pho Dong Xuan), reconstruit après l'incendie de 1994.

La découverte de la vieille ville peut durer un court moment ou une journée entière, selon votre rythme et votre capacité à affronter une circulation automobile de plus en plus intense. Le circuit que nous vous proposons (voir *Promenades à pied*, p. 95) vous donnera un bon aperçu de la longue histoire et de la culture vietnamiennes, quels que soient votre tempo et vos détours.

Lacs

LAC HOAN KIEM

Au cœur de Hanoi, le **lac Hoan Kiem** (carte p. 88) est un merveilleux plan d'eau. Selon la légende, le Ciel, au XVe siècle, aurait donné, à l'empereur Le Thai To (Le Loi) une épée magique qu'il aurait utilisée pour chasser les Chinois du Vietnam. Alors qu'il se promenait sur le lac, une fois la paix revenue, une tortue d'or géante sortit de l'eau, s'empara de l'épée et disparut dans les profondeurs. La tortue ayant rendu l'épée à ses propriétaires divins, le lac fut baptisé Ho Hoan Kiem (lac de l'Épée restituée).

Sur une île au nord du lac s'élève le **temple Ngoc Son** (p. 92). Dressée sur un îlot au sud du lac, la **Thap Rua** (tour de la Tortue), surmontée d'une étoile rouge, sert souvent d'emblème à Hanoi. Les abords du lac connaissent une grande activité vers 6h, les habitants du quartier venant alors y pratiquer le traditionnel tai-chi, faire du jogging ou jouer au badminton.

HO TAY (LAC DE L'OUEST)

Deux légendes expliquent les origines du lac **Ho Tay** (carte p. 80), connu aussi sous les noms de lac des Brumes ou Grand Lac. Selon la première, le lac Ho Tay fut créé lorsque le roi-dragon étouffa un méchant renard à neuf queues dans sa tanière, au cœur d'une forêt se trouvant sur ce site ; selon la seconde, un bonze vietnamien nommé Khong Lo rendit un grand service à l'empereur de Chine au XIe siècle, et reçut en retour une grande quantité de bronze qu'il utilisa pour fondre une énorme cloche : le tintement de cette cloche s'entendait jusqu'en Chine, si loin qu'un jour le Bufflon d'or crut entendre l'appel de sa mère, courut vers le sud et piétina le site de Ho Tay, le transformant en lac.

L'explication scientifique veut que le lac ait été créé lors d'une crue du Song Hong (fleuve Rouge) : le tracé de ce cours d'eau changea en effet plusieurs fois, inondant tour à tour différentes régions et créant des bandes de terre par accumulation de limons. Les inondations ont été en partie maîtrisées grâce à la construction de digues, comme celle sur laquelle passe la nationale longeant la rive est de Ho Tay.

La circonférence du lac de l'Ouest est de 13 km. Il était autrefois entouré de palais et de pavillons, qui furent détruits au cours des multiples guerres féodales.

Sa rive sud est bordée de nombreux restaurants en plein air (voir p. 106), tandis que sur la rive nord ont été construits de luxueux hôtels et villas.

LAC TRUC BACH

Ce **lac** (Ho Truc Bach ; carte p. 80) est séparé de son voisin, Ho Tay, par Đ Thanh Nien, une route bordée de flamboyants. Au XVIIIe siècle, les seigneurs Trinh édifièrent un palais au bord du lac. Plus tard, le palais devint une "maison de correction" pour les concubines impériales ayant trahi leur maître ; elles étaient condamnées à tisser une soie blanche très fine.

Site du mausolée de Ho Chi Minh

À l'ouest de la vieille ville, le **site du mausolée de Ho Chi Minh** (carte p. 84-85 ; angle Pho Ngoc Ha et Pho Doi Can), lieu de pèlerinage d'une grande importance, mêle harmonieusement le profane et le spirituel. Interdit aux véhicules, ce site comprend parcs, bâtiments historiques, monuments et pagodes. Il est généralement fréquenté par de nombreux groupes de personnes de tous âges venues s'y recueillir.

MAUSOLÉE DE HO CHI MINH

Tout comme pour Lénine et Staline avant lui, et plus tard Mao, la **dernière demeure de Ho Chi Minh** (carte p. 84-85 ; entrée gratuite ; ⊗ 8-11h mar-jeu, sam et dim déc-sept, dernière entrée généralement à 10h15) est un cercueil de verre trônant dans les entrailles d'un immense monument qui est le lieu de pèlerinage le plus visité du Vietnam. Contraire aux vœux de Ho Chi Minh, qui souhaitait être incinéré, le mausolée fut érigé entre 1973 et 1975 avec des matériaux provenant de différentes régions du Vietnam. Le toit et le péristyle sont censés évoquer une maison commune traditionnelle, ou encore une fleur de lotus. Le monument est fermé au public trois mois par an, pendant lesquels le corps momifié de Ho Chi Minh est envoyé en Russie pour y subir des soins d'entretien.

La file d'attente, qui s'étend généralement sur plusieurs centaines de mètres avant l'entrée du mausolée, avance assez rapidement. À l'intérieur, des gardes en uniforme blanc, postés tous les cinq pas, ajoutent un aspect solennel au spectacle macabre du vieillard embaumé.

HANOI

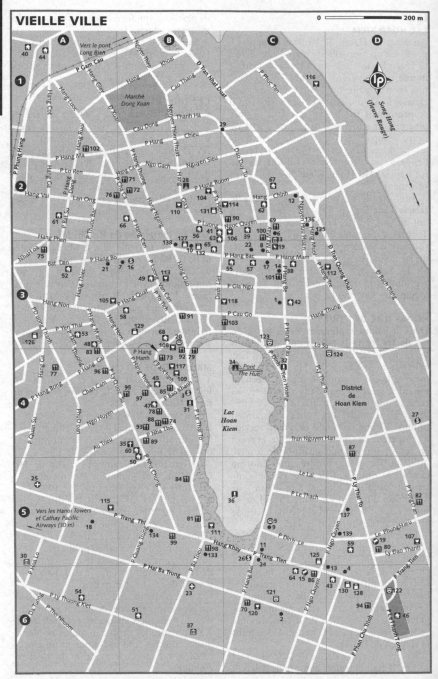

VIEILLE VILLE

0 —————— 200 m

LES TORTUES DU LAC HOAN KIEM : LÉGENDE OU RÉALITÉ ?

Incroyable mais vrai : les eaux troubles du lac Hoan Kiem abritent bel et bien des tortues. La tortue *Rafetus leloii* du lac de l'Épée fait surface en de rares occasions et porte chance à quiconque la voit. Elle ne ressemble pas à une tortue d'eau commune : elle est énorme. Le spécimen mort en 1968 pesait 250 kg et mesurait 2,10 m ! Ses restes sont exposés dans l'enceinte du temple Ngoc Son (p. 92), à côté de la photo d'une tortue apparue en 2000. Personne ne sait combien de tortues peuplent encore le lac, ni comment elles ont survécu dans cet environnement urbanisé.

Les rumeurs vont bon train : sont-elles réellement les descendantes de la tortue d'or de Le Loi ? Sont-elles élevées dans un site protégé et transportées de temps à autre dans les eaux du lac, pour que leurs apparitions occasionnelles – mais savamment orchestrées – continuent d'alimenter la légende ?

LES "36" RUES DE LA VIEILLE VILLE

nom de rue	signification	nom de rue	signification
Bat Dan	bols en bois	Hang Giay	papier ou chaussures
Bat Su	bols de faïence	Hang Hanh	oignons
Cha Ca	poisson grillé	Hang Hom	paniers
Chan Cam	instruments à cordes	Hang Huong	encens
Cho Gao	marché au riz	Hang Khay	plateaux
Gia Ngu	pêcheurs	Hang Khoai	patates douces
Hai Tuong	sandales	Hang Luoc	peignes
Hang Bac	orfèvres	Hang Ma	papiers votifs
Hang Be	bateaux	Hang Mam	poisson macéré
Hang Bo	grands paniers	Hang Manh	store en bambou
Hang Bong	coton	Hang Muoi	sel
Hang Buom	voiles	Hang Ngang	rue transversale
Hang But	pinceaux	Hang Non	chapeaux
Hang Ca	poisson	Hang Phen	aluminium
Hang Can	balances	Hang Quat	éventails
Hang Chai	bouteilles	Hang Ruoi	vers
Hang Chi	vêtements	Hang Than	charbon de bois
Hang Chieu	tapis	Hang Thiec	étain
Hang Chinh	pots	Hang Thung	tonneaux
Hang Cot	treillages en bambou	Hang Tre	bambou
Hang Da	cuir	Hang Trong	tambours
Hang Dao	teintures de la soie	Hang Vai	tissu
Hang Dau	haricots ou huiles	Lo Ren	forgerons
Hang Dieu	tuyaux	Lo Su	cercueils
Hang Dong	cuivre	Ma May	rotin
Hang Duong	sucre	Ngo Gach	briques
Hang Ga	poulet	Thuoc Bac	phytothérapie
Hang Gai	soie		

Les règles suivantes ne souffrent aucune exception :
- Défense de porter un short, un débardeur, etc.
- Aucun objet (y compris sac ou appareil photo) n'est autorisé à l'intérieur.
- Une attitude respectueuse est exigée à tout moment.
- Pour des raisons de bienséance évidentes, il est formellement interdit de prendre des photos à l'intérieur du mausolée.
- Défense d'avoir les mains dans les poches.
- Défense de garder son chapeau à l'intérieur du mausolée.

Il est intéressant d'observer les réactions des visiteurs, vietnamiens pour la plupart : ils montrent généralement un profond respect et une grande admiration pour Ho Chi Minh, honoré tant pour avoir libéré le pays du colonialisme que pour son idéologie communiste. Ce point de vue est renforcé par le système éducatif, qui vante les hauts faits et les talents du libérateur.

Avec un peu de chance, vous assisterez à la relève de la garde devant le mausolée – la pompe déployée égale bien celle de Buckingham Palace.

Vous pouvez prendre des photos à l'extérieur, mais non à l'intérieur du mausolée, et les visiteurs doivent laisser leurs sacs à la consigne de l'entrée. Les commentaires de la vidéo de 20 minutes sont fournis en plusieurs langues.

MAISON SUR PILOTIS DE HO CHI MINH ET PALAIS PRÉSIDENTIEL

Derrière le mausolée, dans un beau jardin agrémenté d'un bassin à carpes, s'élève la **maison sur pilotis** (Nha San Bac Ho ; carte p. 84-85 ; 5 000 d ; 🕑 8h-11h et 14h-16h) où Ho Chi Minh vécut par intermittences entre 1958 et 1969 (la maison aurait été une cible trop tentante pour les Américains). Construite à la façon des habitations des minorités ethniques, elle a été conservée en l'état.

Le **palais présidentiel** (carte p. 84-85), qui jouxte la maison sur pilotis, occupe une demeure coloniale de 1906, magnifiquement restaurée, qui était jadis le palais du gouverneur général d'Indochine. Aujourd'hui utilisé pour des réceptions officielles, il n'est pas ouvert au public. Pour accéder à la maison sur pilotis et au palais présidentiel, franchissez le portail plan sur Pho Ong Ich Kiem, à l'intérieur du site. Si l'entrée principale du mausolée est fermée, passez par Đ Hung Vuong, près du palais.

MUSÉE HO CHI MINH

Le **musée Ho Chi Minh** (Bao Tang Ho Chi Minh ; carte p. 84-85 ; ⏰ 8h-11h et 13h30-16h30 mar-jeu, sam et dim) se divise en deux sections, "le passé" et "l'avenir". La visite commence par le passé et se dirige vers l'avenir, dans le sens des aiguilles d'une montre, et traverse le musée en partant de l'étage supérieur, à droite de l'escalier. Les collections sont présentées de manière moderne et délivrent toutes un message : paix, bonheur, liberté, etc.

Si vous parlez anglais, n'hésitez pas à faire appel à un guide, les symboles n'étant pas faciles à décrypter. Ne manquez pas la Ford Edsel 1958 qui crève le mur (publicité américaine symbolisant l'échec militaire américain au Vietnam).

Le musée est une gigantesque structure de béton adjacente au mausolée de Ho Chi Minh. Les photos sont interdites, et il faut laisser sacs et appareils photo au vestiaire.

PAGODE AU PILIER UNIQUE

La célèbre **pagode au Pilier unique** (Chua Mot Cot ; Pho Ong Ich Kiem ; carte p. 84-85), qui se dresse entre le mausolée et le musée, fut édifiée par l'empereur Ly Thai Tong, qui régna de 1028 à 1054. Selon les annales, l'empereur, affligé de ne pas avoir de descendance, rêva que Quan The Am Bo Tat, déesse de la Miséricorde, assise sur une fleur de lotus, lui tendait un enfant mâle. Peu après, Ly Thai Tong épousa une jeune paysanne, qui lui donna un fils. En témoignage de sa gratitude, il fit ériger cette pagode en 1049.

Tout en bois, elle repose sur un pilier de pierre de 1,25 m de diamètre et représente une fleur de lotus, symbole de pureté, émergeant d'une mer de chagrin. Détruite en 1954 par les Français avant qu'ils n'aban-

donnent la ville, elle fut reconstruite par le nouveau gouvernement.

PAGODE DIEN HUU

L'entrée de la **pagode Dien Huu** (carte p. 84-85) se situe à quelques mètres de l'escalier menant à la pagode au Pilier unique. Entourée d'un jardin, cette petite pagode est l'une des plus ravissantes de Hanoi. Les vieilles statues de bois et de céramique que l'on peut admirer sur l'autel sont typiques du Nord. Avec un peu de chance, vous verrez un vieux bonze pratiquer l'acupuncture sous le porche d'entrée.

Temples et pagodes
TEMPLE DE LA LITTÉRATURE

Véritable havre de paix à environ 2 km à l'ouest du lac Hoan Kiem, le **temple de la Littérature** (Van Mieu ; carte p. 84-85 ; Pho Quoc Tu Giam ; 20 000 d ; ⏰ 8h-17h) est un rare exemple d'architecture traditionnelle bien préservée ; il mérite largement la visite.

Édifié en 1070 par l'empereur Ly Thanh Tong, il fut dédié à Confucius (Khong Tu) afin d'honorer les lettrés et les grands écrivains. Ici fut inaugurée en 1076 la première université du Vietnam, destinée à l'instruction des fils de mandarins. En 1484, l'empereur Le Thanh Tong ordonna l'édification de stèles portant les noms, lieux de naissance et hauts faits des lauréats du doctorat, dont le concours se déroulait tous les trois ans depuis 1442. Des 116 stèles figurant les sessions tenues de 1442 à 1778 (date à laquelle cette pratique prit fin), il ne reste aujourd'hui que 82. En 1802, l'empereur Gia Long transféra l'université nationale à Hué, sa nouvelle capitale. Les plus importants travaux effectués ici remontent à 1920 et 1956.

L'ensemble du temple se divise en cinq cours intérieures. Les allées et les portes centrales étaient réservées à l'empereur. Les allées latérales, quant à elles, étaient destinées d'un côté aux mandarins lettrés et, de l'autre, aux mandarins militaires.

Un portique, surmonté d'une inscription priant les visiteurs de descendre de cheval, précède l'entrée principale. À l'extrémité de la deuxième cour, le pavillon Khué Van (datant de 1802) constitue un magnifique exemple d'architecture vietnamienne. Les 82 stèles, véritables joyaux du temple, sont alignées de part et d'autre de la troisième

HAN

our ; chacune d'elles repose sur une tortue de pierre.

TEMPLE NGOC SON

Érigé au XVIIIᵉ siècle, le **temple Ngoc Son** (temple de la Montagne de jade ; carte p. 88 ; 2 000 d ; 8h-17h) s'élève sur un îlot dans la partie nord du lac Hoan Kiem, ombragé et entouré d'eau, idéal pour une halte. Le temple est dédié à l'érudit Van Xuong, au général Tran Hung Dao (vainqueur des Mongols au XIIIᵉ siècle) et à La To, saint patron des physiciens.

On y accède par le pont de bois rouge The Huc (Soleil levant), qui date de 1885.

PAGODE DES AMBASSADEURS

Siège officiel du bouddhisme à Hanoi, situé entre Pho Ly Thuong Kiet et Pho Tran Hung Dao, la **pagode des Ambassadeurs** (Chua Quan Su ; carte p. 84-85 ; ☎ 825 2427 ; 73 Pho Quan Su) attire une foule nombreuse durant les fêtes. Au XVIIᵉ siècle, un bâtiment adjacent accueillait les ambassadeurs des pays bouddhiques. La pagode abrite aujourd'hui une douzaine de bonzes et de religieuses. Jouxtant l'édifice, une petite boutique vend des objets rituels.

TEMPLE BACH MA

Tapi au cœur de la vieille ville, le petit **temple Bach Ma** (carte p. 88 ; Pho Hang Buom et Pho Hang Giay ; entrée libre) est le plus ancien de Hanoi.

Édifié par l'empereur Ly Thai To, le temple Bach Ma s'orne d'un magnifique palanquin funéraire rouge laqué et de la statue du cheval légendaire qui aurait guidé l'empereur jusqu'au site où il pourrait construire les remparts de la ville. Les donations sont bienvenues.

TEMPLE HAI BA TRUNG

Situé à environ 2 km au sud du lac Hoan Kiem, ce **temple** (carte p. 84-85 ; Pho Tho Lao) fut fondé en 1142. Une statue représente les deux sœurs Trung (héroïnes nationales du Iᵉʳ siècle) à genoux, les bras levés, comme si elles s'adressaient à une foule. Pour certains, la statue figure en fait les deux sœurs (qui avaient été proclamées reines du Vietnam) après leur défaite, prêtes à se jeter dans le fleuve : selon la légende, en effet, elles se suicidèrent par noyade plutôt que se rendre aux Chinois.

TEMPLE QUAN THANH

Ombragé par des arbres immenses, le **temple Quan Thanh** (carte p. 84-85) se dresse au bord du lac Truc Bach, près de l'intersection de Đ Thanh Nien et de Pho Quan Thanh. Il fut édifié sous la dynastie Ly (1010-1225), qui le dédia à Tran Vo (le dieu du Nord) dont les symboles de pouvoir sont la tortue et le serpent. La statue et la cloche de bronze datent de 1677.

PAGODE TAY HO

La **pagode Tay Ho** (Pho Tay Ho ; carte p. 80), lieu de culte le plus fréquenté de Hanoi, reçoit, les 1ᵉʳ et 15ᵉ jours du mois lunaire, de très nombreux fidèles qui espèrent séduire la chance. Empruntez le chemin bordé d'échoppes animées et colorées vendant des offrandes et de la nourriture. Des restaurants de fruits de mer se sont également installés en bordure du lac. L'endroit se prête parfaitement à la flânerie.

PAGODE TRAN QUOC

La **pagode Tran Quoc** (carte p. 84-85), qui se dresse sur la rive est du lac Ho Tay, en retrait de Đ Thanh Nien (l'artère séparant le lac de l'Ouest du lac Truc Bach), est l'une des plus anciennes du pays. Une stèle datant de 1639 relate l'histoire du site. La pagode fut reconstruite au XVᵉ siècle, puis à nouveau en 1842. Le jardin abrite de nombreuses tombes de moines.

Musées

La plupart des musées de Hanoi ferment le lundi, et durant 2 heures pour le déjeuner.

MUSÉE D'ETHNOLOGIE DU VIETNAM

Le merveilleux **musée d'Ethnologie du Vietnam** (carte p. 116 ; ☎ 756 2193 ; Đ Nguyen Van Huyen ; 10 000 d ; 8h30-17h30 mar-dim), créé en collaboration avec le musée de l'Homme de Paris, rassemble une collection impressionnante d'œuvres d'art et d'objets de la vie quotidienne, provenant de toutes les régions du pays et figurant ses différentes ethnies.

Les cartes sont excellentes, et les explications très bien rédigées en vietnamien, français et anglais. D'intéressants dioramas dépeignent un marché de village typique, la fabrication des chapeaux coniques et une cérémonie chamanique thay. Des bandes vidéo présentent des scènes de la vie quotidienne, et on découvre également des spécimens extraordinaires de motifs textiles et de tissages. Il est également possible de voir la reconstitution d'une maison traditionnelle de l'ethnie thaï noir, de même que des présentations d'objets mis en scène dans le parc paysager. Le musée abrite une boutique d'artisanat (affiliée à Craft Link, organisation de commerce équitable) vendant des livres, de magnifiques cartes postales ainsi que des objets d'art et d'artisanat créés par les communautés ethniques.

Ce musée, quoiqu'un peu excentré, est à voir absolument.

Depuis/vers le musée d'Ethnologie du Vietnam

Le musée se trouve dans le district de Cau Giay, à environ 7 km du centre-ville. On peut louer une bicyclette (30 minutes) ou un taxi climatisé avec compteur (40 000 d la course). Le moins cher consiste à prendre le bus local n°14 (2 500 d) depuis le lac Hoan Kiem, et à descendre à l'embranchement de Ð Hoang Quoc Viet et de Ð Nguyen Van Huyen.

MAISON COMMÉMORATIVE

Ne manquez pas cette ravissante **maison** (carte p. 88 ; 87 Pho Ma May ; 5 000 d ; ☼ 9h-11h30 et 14h-17h), habitation chinoise traditionnelle située au nord du lac Hoan Kiem : décorée sobrement et avec goût, elle donne un excellent aperçu du mode de vie qui était autrefois celui des marchands de la vieille ville. Les travaux de restauration, conduits en association avec la Ville de Toulouse, ont été entrepris en 1999. C'est la seule à Hanoi de ce type, dont il existe à Hoi An de nombreux exemples.

MUSÉE D'HISTOIRE

Autrefois musée de l'École française d'Extrême-Orient, le **musée d'Histoire** (Bao Tang Lich Su ; carte p. 84-85 ; 1 Pho Pham Ngu Lao ; 15 000 d ; ☼ 8h-11h30 et 13h30-16h30 mar-dim) est un élégant bâtiment de couleur ocre, érigé entre 1925 et 1932 par le Français Ernest Hébrard. Cet architecte fut l'un des premiers à introduire au Vietnam un style de construction alliant éléments chinois et français, et ce musée est l'un des chefs-d'œuvre architecturaux les plus éblouissants de la ville.

Ses collections illustrent l'histoire turbulente du pays : Préhistoire (paléolithique et néolithique), civilisations protovietnamiennes (IIe et Ier millénaires av. J.-C.), culture Dong Son (IIIe siècle av. J.-C. au IIIe siècle),

culture Oc-Eo (Funan) du delta du Mékong (Ier au VIe siècles), civilisation du royaume de Champa (IIe au XVe siècles), royaumes khmers, plusieurs dynasties vietnamiennes, et leur résistance aux Chinois, lutte contre les Français, et, pour finir, l'incontournable histoire du Parti communiste vietnamien.

MUSÉE DE LA RÉVOLUTION VIETNAMIENNE

Ce **musée** (Bao Tang Cach Mang ; carte p. 84-85 ; 25 Pho Tong Dan ; 10 000 d ; ☼ 8h-11h45 et 13h30-16h15 mar-dim), qui se trouve à la diagonale du musée d'Histoire, présente de façon originale l'histoire de la révolution vietnamienne.

MUSÉE DES BEAUX-ARTS

Ce bâtiment, qu'occupait autrefois le ministère français de l'Information, abrite aujourd'hui le **musée des Beaux-Arts** de Hanoi (Bao Tang My Thuat ; carte p. 84-85 ; 66 Pho Nguyen Thai Hoc ; 10 000 d ; ☼ 9h15-17h mar-dim). Vous y découvrirez des sculptures très enchevêtrées, des peintures, des laques, des céramiques, ainsi que d'autres œuvres réalisées dans la plus pure tradition vietnamienne. Si vous achetez des reproductions d'antiquités, demandez un certificat, à produire à la douane en quittant le pays.

Le musée des Beaux-Arts se trouve au coin de Pho Cao Ba Quat, derrière le temple de la Littérature.

MUSÉE DES FEMMES

L'excellent **musée des Femmes** (Bao Tang Phu Nu ; carte p. 88 ; 36 Pho Ly Thuong Kiet ; 10 000 d ; ☼ 8h-16h) possède une merveilleuse collection. S'il rend évidemment hommage aux femmes-soldats, il expose également des pièces surprenantes illustrant les mouvements féministes internationaux qui s'élevèrent contre la guerre du Vietnam. Ce lieu vous permet aussi d'approfondir vos connaissances de la culture et de la politique du pays. Au 4e étage, vous découvrirez les costumes traditionnels féminins des différentes minorités ethniques, ainsi que des articles de vannerie et des motifs de tissage. Les pièces s'accompagnent généralement d'explications traduites en plusieurs langues.

MUSÉE DE L'ARMÉE

À l'extérieur du **musée de l'Armée** (Bao Tang Quan Doi ; carte p. 84-85 ; Pho Dien Bien Phu ; 10 000 d ; ☼ 8h-11h30 et 13h30-16h30 mar-dim) sont exposés du matériel militaire russe et chinois fourni aux forces du Nord, ainsi que des armes françaises et américaines saisies pendant les guerres d'Indochine et du Vietnam. Le Mig-21 soviétique, pièce maîtresse, semble triompher aux côtés des carcasses d'avions français abattus à Dien Bien Phu et d'un F-111 américain. Les maquettes exposées reproduisent des grandes batailles de l'histoire du Vietnam, parmi lesquelles Dien Bien Phu et la prise de Saigon.

Non loin du musée se dresse la tour hexagonale du Drapeau, l'un des monuments symboles de la ville. Certains gardiens du musée vous proposeront sans doute de vous faire visiter la tour, mais vous demanderont en échange un gros pourboire.

MUSÉE DE LA PRISON DE HOA LO
Ce musée très particulier est tout ce qui subsiste de l'ancienne **prison de Hoa Lo** (carte p. 88 ; 1 Pho Hoa Lo, angle Pho Hai Ba Trung ; 5 000 d ; ☺ 8h-11h30 et 13h30-16h30 mar-dim), que les prisonniers de guerre américains avaient surnommée par dérision "le Hanoi Hilton" : parmi ceux-ci figure Pete Peterson, devenu en 1995 le premier ambassadeur des États-Unis après le rétablissement des relations diplomatiques entre les États-Unis et le Vietnam.

Cette vaste "maison centrale" (on peut encore lire cette inscription au-dessus de l'entrée) fut construite par les Français en 1896. Prévue à l'origine pour 450 prisonniers, elle en comptait, selon les registres, près de 2 000 dans les années 1930 ! Une grande partie de la prison a été récemment rasée pour laisser place à un gratte-ciel, mais le bâtiment de façade a été conservé, restauré et transformé en musée. Les panneaux explicatifs sont rédigés en français et en anglais.

Les objets exposés ont trait pour l'essentiel à l'activité de la prison jusqu'au milieu des années 1950, et notamment jusqu'à la guerre d'Indochine. Sont ainsi exposés, dans des salles assez sombres, différents instruments de torture, la guillotine qui servait à décapiter les "révolutionnaires" vietnamiens pendant la période coloniale, les fers qui enchaînaient les prisonniers à leurs lits.

Vous y verrez aussi les photos d'anciens détenus américains et vietnamiens. Des clichés de propagande, montrant des prison-niers américains souriants, s'accompagnent d'un panneau :

Entre le 5 août 1964 et le 24 janvier 1973, le gouvernement américain mena deux guerres de destruction, maritime et aérienne, à l'encontre du Vietnam du Nord. L'armée et le peuple nord-vietnamiens abattirent des milliers d'avions et capturèrent des centaines de pilotes américains. Malgré les crimes commis à l'encontre de notre peuple, les Américains capturés n'ont fait l'objet d'aucune mesure de représailles. Bien au contraire, ils ont reçu une nourriture correcte, des vêtements et un abri. Conformément aux dispositions des accords de Paris, notre gouvernement avait, dès mars 1973, rendu au gouvernement américain tous les pilotes capturés.

MUSÉE DE L'AVIATION
Bien que ce musée soit l'un des plus grands du pays, il n'attire que peu de visiteurs étrangers. Il présente pourtant un réel intérêt pour les férus d'histoire et les mordus d'aviation.

Le **musée de l'Aviation** (Bao Tang Khong Quan ; carte p. 84-85 ; Đ Truong Chinh ; 10 000 d ; ☺ 8h-11h et 13h-16h30 mar-sam) présente Mig soviétiques, avions de reconnaissance, hélicoptères et matériel antiaérien. À l'intérieur sont exposés des mortiers, des mitrailleuses et des bombes de fabrication américaine. Une échelle permet aux visiteurs de s'installer aux commandes d'un Mig à demi tronqué pour s'y faire photographier. Le musée compte d'autres objets datant de la guerre, notamment des peintures de facture très soviétique et des portraits de Ho Chi Minh.

Le musée se situe dans le district de Dong Da, à l'extrême sud-ouest de la ville.

Cathédrale Saint-Joseph
Au cœur de la vieille ville, cette **cathédrale** de style néogothique (carte p. 88 ; Pho Nha Tho ; ☺ portail principal 5h-7h et 17h-19h) fut consacrée en 1886. La création de la première mission catholique à Hanoi remonte à 1679. Ne manquez pas ses tours carrées, son autel très travaillé et ses vitraux ; malheureusement, elle a grand besoin de travaux de restauration. Elle se dresse à l'extrémité ouest de Pho Nha Tho, une artère aujourd'hui

branchée où se côtoient cafés, restaurants et boutiques.

L'entrée principale ouvre pendant les offices religieux. En dehors des horaires de la messe, les visiteurs doivent passer par les bâtiments de l'évêché de Hanoi, une rue plus loin, au 40 Pho Nha Chung. Une fois passé le portail principal, dirigez-vous tout droit puis tournez à droite ; à la porte latérale de la cathédrale, appuyez sur la sonnette, placée très haut sur votre droite, pour que le prêtre vous ouvre.

Parc Thu Le et zoo

Le parc Thu Le et son zoo (Bach Thu Le ; carte p. 80 ; 2 000 d ; ☸ 4h-22h), aux étangs et aux vastes pelouses ombragés, se situent à 4 km à l'ouest du lac Hoan Kiem. Le parc est agréable et fera le bonheur des enfants, qui apprécieront l'espace de jeux et les pédalos en forme de cygne. Pour vous y rendre, prenez un taxi équipé d'un compteur.

À FAIRE
Centres de remise en forme

Nombre d'hôtels internationaux ouvrent leur club au public, moyennant un droit d'entrée. Le plus chic, le Clark Hatch Fitness Centre (☎ 826 6919 poste 8881), dans le Sofitel Metropole Hotel et Sofitel Plaza, propose un forfait à la journée de 15 $US donnant accès à la salle de sport et à la piscine. Dans la même catégorie, vous pourrez profiter de toutes les prestations du Daewoo Hotel Fitness Centre (☎ 835 1000), piscine comprise, moyennant 20 $US par jour.

Golf

King's Island (☎ 733 2459 ; www.kingsislandgolf.com) est un parcours de 18 trous, à 45 km à l'ouest de Hanoi, au pied du Ba Vi. L'adhésion s'élève à quelque 5 000 $US ! Le club est ouvert aux visiteurs.

À l'ouest de Hanoi, mais toujours dans les limites de l'agglomération, en face de la tour de la TV, vous pourrez vous entraîner sur le practice du Lang Ha Golf Club (carte p. 80 ; ☎ 835 0909 ; 16A Pho Lang Ha ; non-membres 20 $US ; ☸ 6h-22h). Les mordus de la petite balle blanche iront à King's Island pour effectuer un parcours complet.

Massage

Afin de parer à tout abus de nature répréhensible, le gouvernement a sévèrement limité le nombre d'établissements autorisés à pratiquer des massages. Pour le moment, vous pourrez vous faire masser, en tout bien tout honneur, au Hoa Binh Hotel (carte p. 84-85 ; 7 $US/h) et au Dan Chu Hotel (carte p. 88 ; ☎ 825 4937 ; www.danchuhotel.com ; 29 Pho Trang Tien) pour environ 7 $US/heure, séance de sauna comprise. Les établissements plus chics, comme le Guoman (carte p. 84-85 ; ☎ 822 2800 ; 83A Pho Ly Thuong Kiet) et le Sofitel Metropole Hotel (carte p. 88 ; ☎ 826 6919 ; 15 Pho Ngo Quyen), facturent respectivement leurs services 15 $US et 25 $US/heure.

Natation

Plusieurs hôtels hauts de gamme abritent une piscine privée réservée en général à leur clientèle ou à leurs membres. L'Army Hotel (carte p. 84-85 ; Pho Pham Ngu Lao), non loin du musée de l'Histoire, met pour sa part sa grande piscine à disposition du public toute l'année (3,50 $US/jour) ; quant à la piscine du Melia Hotel (carte p. 88 ; Pho Ly Thuong Kiet), elle est aussi grande mais son cadre est bien plus agréable. Les "membres invités" paieront 6 $US l'accès au bassin ou 10 $US l'accès combiné bassin/salle de sport. D'autres hôtels proposent également des forfaits à la journée (10 $US).

Près du Ho Tay (lac de l'Ouest), les Ho Tay Villas (carte p. 80 ; ☎ 804 7772) font payer l'accès à la piscine 2 $US/jour. À proximité, le Thang Loi Hotel (Hôtel cubain ; carte p. 80 ; ☎ 829 4211 ; Đ Yen Phu) dispose d'une piscine bien mieux située dont l'entrée coûte 1 $US. Ces deux piscines n'ouvrent que de mai à octobre.

Le Hanoi Water Park (carte p. 116 ; ☎ 753 2757 ; ☸ 9h-21h mer-lun 15 avr-nov), à environ 5 km au nord du centre-ville, réunit un grand choix de bassins, toboggans et jeux aquatiques. L'entrée revient à 50 000 d pour les personnes mesurant plus de 1,10 m, 30 000 d pour les autres.

PROMENADES À PIED (carte p. 96)

Partez du temple Ngoc Son (1 ; p. 92), à l'extrémité nord du lac Hoan Kiem. Après avoir emprunté le pont de bois rouge vif The Huc (2), faites une pause devant le monument aux Martyrs (3), érigé à la mémoire des combattants morts pour l'indépendance du Vietnam, puis suivez Pho Dinh Tien Hoang, qui longe le lac, et tournez dans So Lau au niveau du théâtre des marionnettes sur l'eau (4 ; p. 111). Continuez vers le nord en empruntant Pho Hang Dau : vous vous retrouverez bientôt entouré de **magasins de chaussures (5)** de tous styles, formes et tailles. Après avoir traversé Pho Cau Go pour atteindre Pho Hang Be, pénétrez dans le pittoresque **marché (6)** qui occupe l'extrémité est de Pho Gia Ngu.

De retour dans Pho Hang Be, continuez vers le nord jusqu'à l'intersection avec Pho Hang Bac. À quelques pas de là se trouvent les ateliers où sont sculptées à la main des **pierres tombales (7)** élaborées, dont la plupart portent une image du défunt. Faites un petit détour par Pho Ma May, au nord, pour découvrir, au n°87, la **Maison commémorative (8 ; p. 93)**, ravissante demeure, récemment restaurée et transformée en musée, d'un marchand chinois.

Retournez dans Pho Hang Bac et dirigez-vous vers l'ouest en dépassant une rangée de **bijouteries (9)** ; tournez à droite dans Pho Hang Ngang, où se succèdent des **magasins de vêtements (10)**, puis encore à droite dans Pho Hang Buom pour découvrir le petit **temple Bach Ma (11 ; p. 92)**, pagode ornée d'un palanquin funéraire rouge, dont les gardes à barbiche blanche passent la journée à siroter du thé.

Selon la légende, l'empereur Ly, désespéré par l'effondrement répété des remparts, serait venu y implorer l'aide divine. Sa prière fut exaucée : un cheval blanc apparut devant le temple et le guida jusqu'à l'endroit où il pourrait bâtir son enceinte en toute sécurité. Il en reste un vestige à **Cua O Quan Chuong (12)** – l'ancienne porte Est, bien préservée –, à l'extrémité est de Pho Hang Chieu, non loin de son intersection avec Pho Tran Nhat Duat.

Repartez vers l'ouest dans Pho Hang Chieu, où plusieurs **boutiques (13)** vendent des nattes en paille et de la corde. Vous déboucherez dans l'une des rues les plus intéressantes, **Pho Hang Ma (14)** – "rue de la contrebande" –, où l'on vend de faux billets destinés à être brûlés lors des cérémonies bouddhistes (on y trouve même des billets de 5 000 $US !). À l'oreille, dirigez-vous vers les ateliers des **forgerons (15)**, à l'angle de Pho Lo Ren et de Pho Thuoc Bac ; longez Pho Thuoc Bac vers le sud, tournez

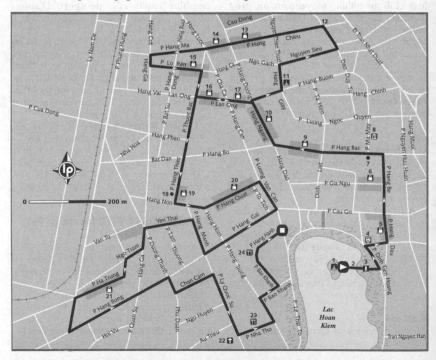

à gauche dans Pho Lan Ong en direction des **boutiques de linge de maison (16)** et de la magnifique rangée d'**herboristeries (17)** exhalant des parfums entêtants.

Faites demi-tour et reprenez vers le sud en passant devant les **ferblantiers (18)** et les **miroitiers (19)**, des deux côtés de Pho Hang Thiec ; tournez ensuite à gauche vers Pho Hang Quat, dont les échoppes exposent des **autels** et des **statues bouddhiques (20)**.

Si vous avez le temps, continuez vers l'ouest jusqu'aux **boutiques de cuir et de PVC (21)** qui bordent Pho Ha Trung, avant de reprendre vers l'est en direction de la superbe **cathédrale Saint-Joseph (22 ; p. 94)**, de style néogothique. Si vous ressentez un peu de fatigue, Pho Nha Tho regroupe, face à la cathédrale, un bon nombre d'élégants **cafés et restaurants (23)**.

Si vous recherchez un lieu plus typique, tournez à gauche au bout de Pho Nha Tho ; dans Pho Hang Trong, tournez à droite dans Pho Bao Khanh puis à gauche dans Pho Hang Hanh – cette rue regorge de **petits cafés (24)** où passer un moment agréable à flâner ou se reposer.

COURS

Le **Hanoi Foreign Language College** (carte p. 84-85 ; ☎ 826 2468 ; 1 Pho Pham Ngu Lao), situé dans l'enceinte du musée d'Histoire, fait partie de l'Université nationale de Hanoi ; les étrangers peuvent y étudier le vietnamien (7 $US/cours).

SPÉCIAL ENFANTS

Avec sa vieille ville (p. 83) très riche, ses nombreux parcs et lacs, Hanoi est une ville agréable pour les enfants. Bien sûr, les plus jeunes se fatigueront vite à sillonner la vieille ville, mais ils trouveront en chemin assez de distractions – ainsi que de nombreux glaciers et marchés aux fruits – pour persévérer.

Les promenades sur l'eau sont une activité familiale amusante ; on a le choix entre les grands bateaux sur le lac Ho Tay (p. 87) et les pédalos du parc Thu Le (p. 95). Le Hanoi Water Park (p. 95) est un fantastique lieu de détente, mais il n'est malheureusement ouvert que six mois par an. En soirée, une seule direction à prendre : celle du théâtre des marionnettes sur l'eau (p. 111), qui ravira tous les enfants.

CIRCUITS ORGANISÉS

En principe, les personnes qui se rendent à Hanoi en voyage organisé ont un tour de ville compris dans leur forfait, mais il est évident que Hanoi est une ville plus agréable quand on la visite à son propre rythme et sans emploi du temps. Toutefois, si vous préférez découvrir la ville à l'aide d'un tour organisé, contactez l'une des agences conseillées p. 81. Les tarifs démarrent à 12 $US pour un groupe et incluent l'accompagnement d'un guide, le transport et les entrées aux monuments. Pour un circuit privé en voiture, comptez entre 40 et 50 $US.

Circuits à moto

Si vous êtes un motard émérite, rien ne vous empêche d'organiser vous-même votre circuit. Pour plus de renseignements sur la location de motos, voir p. 491.

Hanoi compte quelques agences qui organisent des randonnées à moto : elles connaissent des routes peu fréquentées et peuvent vous faire découvrir des coins que vous n'auriez pas soupçonnés en regardant une carte. Les guides étrangers pratiquent des tarifs beaucoup plus élevés que leurs collègues vietnamiens : en groupe de quatre, comptez environ 100 $US par jour et par personne pour une excursion tout compris (location de moto, guide, repas, boissons et hébergement).

Explore Indochina (☎ 0913-524 658 ; www.explore indochina.com) est géré par Digby et Dan, deux passionnés de moto que l'on peut contacter au Highway 4 (carte p. 88), dans Pho Hang Tre.

Nous recommandons également **Free Wheelin Tours** (☎ 747 0545 ; www.freewheelin-tours.com), dont le patron, Fredo (Binh étant son prénom vietnamien), parle français et anglais. Il pourra vous fournir un guide vietnamien sur demande.

FÊTES ET FESTIVALS

Têt (Tet Nguyen Dan/ Nouvel An lunaire vietnamien ; entre fin janvier et mi-février). Une semaine avant le Têt, un marché aux fleurs s'installe dans Pho Hang Luoc.
À partir du jour de l'An, et pendant deux semaines, une exposition/compétition florale se déroule dans le parc Lénine, à proximité du lac Bay Mau. Pour plus de détails sur cette fête, reportez-vous à *La fête du Têt* (p. 51).
Fête de Quang Trung (février/mars). Le 15e jour du premier mois lunaire se déroulent des compétitions de lutte, des danses de lions et des parties d'échecs humains

LES HOMOSEXUELS À HANOI

Par rapport au reste du Vietnam, la scène gay de Hanoi est très animée. Toutefois, la capitale compte peu d'établissements gay, si ce n'est aucun ; on n'y trouve que quelques adresses où les gays sont mieux accueillis qu'ailleurs. Les lieux de rencontre sont Pho Bao Khanh et les environs du lac Hoan Kiem. Les autorités, à Hanoi, font encore preuve d'un conformisme certain. Les raids de la police au nom de la "morale" ne sont pas rares et poussent les homosexuels à se faire discrets.

Le **GC Pub** (carte p. 88 ; ☎ 825 0499 ; 5 Pho Bao Khanh) dispose d'un billard ; l'**Apocalypse Now** (carte p. 84-85 ; ☎ 971 2783 ; 5C Pho Hoa Ma) attire une clientèle homosexuelle qui se regroupe au fond du bar – mais reste toujours sur le qui-vive.

---

sur le tertre de Dong Da, site du soulèvement mené en 1788 par l'empereur Quang Trung (Nguyen Hue) contre les envahisseurs chinois.

Fête nationale du Vietnam (2 septembre). Elle est célébrée sur la place Ba Dinh, l'immense esplanade devant le mausolée de Ho Chi Minh, par un grand rassemblement populaire et un feu d'artifice. Des courses de bateaux ont lieu sur le lac Hoan Kiem.

OÙ SE LOGER

Presque tous les hébergements bon marché se concentrent dans les environs proches du lac Hoan Kiem. À la différence des hôtels du district de Pham Ngu Lao, à HCMV, qui se succèdent sans interruption, ils sont ici plus éparpillés, mais restent essentiellement dans la vieille ville ou à proximité.

Plusieurs établissements pour petits budgets vous logent en dortoir (environ 3 $US) ou en chambre économique (moins de 10 $US). Dans un éventail de 10 à 20 $US, nombre de "mini-hôtels" proposent des chambres propres et climatisées, certaines avec TV sat. et eau chaude.

En général, les hôtels prenant entre 20 et 50 $US offrent un meilleur service et des chambres souvent plus grandes que dans les mini-hôtels ou les pensions.

Un budget de 50 $US et plus vous offre la possibilité de séjourner dans un établissement quatre ou cinq-étoiles chic, qui coûterait le double à Hong Kong ou à Bangkok. Surveillez les offres dans *Vietnam News*, le *Guide* et *Time Out*. Demandez également à la réception de l'hôtel quelles sont les remises du moment.

Vieille ville
PETITS BUDGETS

Stars Hotel (carte p. 88 ; ☎ 828 1911 ; hoalinhhotel@hn.vnn.vn ; 26 Pho Bat Su ; ch 10-20 $US, avec petit déj ; ❄). Établissement très prisé pour ses chambres claires et confortables et son charmant

personnel. Les chambres disposent de la TV sat., d'un réfrig., d'une baignoire et, pour certaines, d'un balcon.

Prince Hotel (carte p. 88 ; ☎ 828 0155 ; ngodzung@hn.vnn.vn ; 51 Pho Luong Ngoc Quyen ; ch 14/20 $US, avec petit déj ; ❄). Si ce nom est aujourd'hui repris par nombre d'hôtels, celui-ci l'a étrenné. Spacieuses et propres, ses doubles, meublées dans le style chinois, possèdent un balcon. Les tarifs incluent l'accès Internet.

Prince 79 Hotel (carte p. 88 ; ☎ 926 0628 ; www.kimcafe79travel.com ; 79 Pho Hang Bac ; ch 8-15 $US ; ❄). Adresse plus élégante où les chambres les plus coûteuses sont équipées d'une baignoire et d'un balcon. Les propriétaires sont sympathiques.

Van Minh Hotel (carte p. 88 ; ☎ 926 0150 ; nngocminh@fpt.vn ; 88 Pho Hang Bac ; ch 10-20 $US ; ❄). Un très bon choix, de l'autre côté de la rue, avec des chambres impeccables décorées de manière typique. Les gros ballons d'eau chaude autorisent les longues douches.

Venus Hotel (carte p. 88 ; ☎ 826 1212 ; venus.hotel@fpt.vn ; 10 Pho Hang Can ; ch 8-10 $US, avec petit déj ; ❄). L'intérieur est kitsch et démodé, mais les chambres, d'un bon rapport qualité/prix, possèdent TV et eau chaude.

Thuy Giang Guesthouse (carte p. 88 ; ☎ 828 5734 ; thuygiangn@hotmail.com ; 5A Pho Tam Thuong ; ch 6-8 $US ; ❄). Pension sympathique, nichée dans une allée entre Pho Yen Thai et Pho Hang Gai, louant des chambres rustiques mais confortables.

Manh Dung Guesthouse (carte p. 88 ; ☎ 826 7201 ; tranmanhdungvn@yahoo.com ; 2 Pho Tam Thuong ; ch 4-8 $US ; ❄ ▢). Petite pension accueillante, tenue par une famille chaleureuse et très serviable, aux chambres agréables avec TV, réfrig. et eau chaude. Dans le second bâtiment, tout proche, les chambres sont plus spacieuses et plus claires.

Thuy Nga Guesthouse (carte p. 88 ; ☎ 826 6053 ; thuyngahotel@hotmail.com ; 24C Pho Ta Hien ; ch 9-10 $US ;

LE CHOIX DE L'AUTEUR

Viet Anh Hotel (carte p. 88 ; ☎ 926 1302 ; www. vietanhhotel.com ; 11 Pho Ma May ; ch 8-20 $US ; 🍴 💻). Ce nouvel hôtel de Ma May, une rue de plus en plus "tendance", possède des chambres ornées de boiseries et tout confort (TV, réfrig. et baignoire). Ascenseur en prime.

🍴). Pension familiale proposant de petites chambres lumineuses et bien tenues avec TV, réfrig. et téléphone automatique international.

Hanoi Spirit Club (carte p. 88 ; ☎ 826 7356 ; www. azqueencafe.com ; 50 Pho Hang Be ; dort 2 $US, ch 4-7 $US ; 🍴 💻). Sans doute l'adresse la moins chère, mais des plus basiques.

Binh Minh II Hotel (carte p. 88 ; ☎ 825 0728 ; 31 Pho Hang Mam ; ch 10 $US ; 🍴). Bâtiment classiquement étroit et tout en hauteur, aux chambres d'un bon rapport qualité/prix avec TV et eau chaude – mais mieux vaut être sportif si l'on dort au dernier étage.

Real Darling Café (carte p. 88 ; ☎ 826 9386 ; darlingcafe@hotmail.com ; 33 Pho Hang Quat ; dort 3 $US, ch 5-12 $US ; 🍴 💻). Une des rares adresses de Hanoi proposant un hébergement en dortoirs et une bonne gamme de chambres. Le personnel est anglophone.

Lotus Guesthouse (carte p. 88 ; ☎ 934 4197 ; lotus-travel@hn.vnn.vn ; 42V Pho Ly Thuong Kiet ; ch 6-15 $US ; 🍴). Pension-café labyrinthique et basse de plafond qui ne conviendra peut-être pas aux claustrophobes ou aux personnes de grande taille.

CATÉGORIE MOYENNE

Sunshine Hotel (carte p. 88 ; ☎ 926 1559 ; fax 926 1558 ; 42 Pho Ma May ; ch 10-22 $US ; 🍴). Magnifique adresse, installée dans une superbe artère, proposant de grandes chambres lumineuses et meublées avec goût. Dans certaines, le balcon permet de profiter de l'animation de la rue. Le personnel est aimable et serviable. Le petit déj, servi dans le Sunshine Restaurant, très prisé, est inclus.

Classic Street Hotel (carte p. 88 ; ☎ 825 2421 ; hohoa@hn.vnn.vn ; 41 Pho Hang Be ; ch 20-30 $US ; 🍴). Hôtel chic en plein cœur de la vieille ville. Toutes les chambres ont la clim et la TV sat. ; certaines offrent une vue imprenable sur les toits.

Queen Hotel (carte p. 88 ; ☎ 826 0860 ; www. azqueentravel.com ; 65 Pho Hang Bac ; ch 30-35 $US ;

🍴 💻). Cette adresse, dorénavant l'un des meilleurs hôtels de catégorie moyenne, a fait peau neuve : ses 10 chambres sont joliment agrémentées de mobilier en bois et d'abat-jour en soie. Les "petits extras" sont ici de taille : chaque chambre est équipée d'un lecteur DVD. Il est conseillé de réserver très à l'avance.

Camellia Hotel (carte p. 88 ; ☎ 828 3583 ; www. camellia-hotels.com ; 13 Pho Luong Ngoc Quyen ; ch 15-22 $US, avec petit déj ; 🍴 💻). Établissement couru de longue date, d'un très bon rapport qualité/prix. Les tarifs comprennent la TV sat., un petit déj. buffet et l'accès Internet.

Lucky Star Hotel (carte p. 88 ; ☎ 923 1781 ; www. luckystarhotel.com ; 11 Pho Bat Dan ; ch 12-30 $US ; 🍴). Nouvel établissement chic, à l'est de la vieille ville, abritant de grandes chambres bien équipées (véritables œuvres d'art, d'après certains) et de vastes sdb.

Hong Ngoc Hotel 1 (carte p. 88 ; ☎ 828 5053 ; hongngochotel@hn.vnn.vn ; 34 Pho Hang Manh ; ch 25-30 $US, avec petit déj ; 🍴). À quelques minutes à pied au nord-ouest du lac Hoan Kiem, un hôtel agréable louant des chambres spacieuses avec de grands lits et un mobilier robuste.

Hong Ngoc Hotel 2 (carte p. 88 ; ☎ 923 0000 ; hongngochotel@hn.vnn.vn ; 14 Pho Luong Van Can ; ch 25 $US ; 🍴). Le Hong Ngoc s'est développé et a ouvert plusieurs annexes. Centrale, celle-ci est une bonne affaire.

Ho Guom Hotel (carte p. 88 ; ☎ 825 2225 ; hoguomtjc@hn.vnn.vn ; 76 Pho Hang Trong ; s 18-30 $US, d 20-35 $US ; 🍴). Bien situé, calme et d'une propreté irréprochable, cet établissement géré par l'État est une véritable perle. Le personnel est affable. Les chambres offrent un excellent rapport qualité/prix.

Vous trouverez un certain nombre d'hôtels pratiquant des prix raisonnables dans le quartier branché de Pho Nha Chung, aux alentours de la cathédrale.

Spring Hotel (carte p. 88 ; ☎ 826 8500 ; spring. hotel@fpt.vn ; 8a Pho Nha Chung ; ch 10-30 $US ; 🍴). Cet hôtel est tenu par une famille aimable parlant anglais. Certaines des chambres sont de taille modeste mais, pour quelques dollars de plus, vous en aurez une joliment meublée et, peut-être, avec balcon.

Hotel Thien Trang (carte p. 88 ; ☎ 826 9823 ; thientranghotel24@hotmail.com ; 24 Pho Nha Chung ; ch 10-20 $US ; 🍴). Lieu très accueillant abritant des chambres d'un rapport qualité/prix intéressant vu son emplacement.

Win Hotel (carte p. 88 ; ☎ 8267150 ; winhotel@yahoo. com ; 34 Pho Hang Hanh ; ch 20-30 $US ; ✶). Adresse agréable dans la "rue des cafés", au milieu de bars tendance. Les chambres, exiguës pour certaines, sont pimpantes.

Nam Phuong Hotel (carte p. 88 ; ☎ 928 5085 ; fax 825 8964 ; 16 Pho Bao Khanh ; ch 12-20 $US ; ✶). Chambres confortables avec TV sat., mini-bar et eau chaude en abondance.

Chains First Eden Hotel (carte p. 88 ; ☎ 828 3896 ; cfeden@hn.vnn.vn ; 3A Pho Phan Dinh Phung ; ch 25-35 $US ; ✶). Proche de la citadelle, ce grand établissement d'affaires abrite une salle de sport, un sauna, un centre d'affaires et des chambres somptueuses à des prix raison-nables. Les "de luxe" coûtent le double des tarifs indiqués.

Galaxy Hotel (carte p. 88 ; ☎ 828 2888 ; galaxyhtl @netnam.org.vn ; 1 Phan Dinh Phung ; s/d 40/45 $US ; ✶ 🖳). Adresse chaleureuse appréciée des groupes de touristes. Autour du bâtiment principal, datant de 1918, se trouvent un centre d'affaires et un sympathique café-res-taurant ; toutes les chambres sont équipées de la TV sat. et d'un coffre.

Autres hôtels recommandés :

Classic Hotel (carte p. 88 ; ☎ 826 6224 ; 22A Pho Ta Hien ; ch 15-22 $US ; ✶). Appartenant au même groupe que le Sunshine, il loue le même genre de chambres, d'un aussi bon rapport qualité/prix et presque au même emplacement.

Golden Buffalo Hotel (Trau Vang Hotel ; carte p. 88 ; ☎ 928 6979 ; goldenbuffalohotel@fpt.vn ; 35 Pho Hang Trong ; ch 17-25 $US ; ✶). Ce nouvel hôtel dispose de chambres élégantes, près du quartier branché de Bao Khanh.

Trang Tien Hotel (carte p. 88 ; ☎ 825 6115 ; fax 825 1416 ; 35 Pho Trang Tien ; ch 15-30 $US ; ✶). Hôtel labyrinthique, à retenir si l'on considère son emplacement entre le lac Hoan Kiem et l'Opéra.

LE CHOIX DE L'AUTEUR

Dan Chu Hotel (carte p. 88 ; ☎ 825 4937 ; www.danchuhotel.com ; 29 Pho Trang Tien ; ch à partir de 40 $US ; ✶ 🖳). Cet hôtel élégant datant de la fin du XIXe siècle affiche un air de grandeur quelque peu décadente. Profitez-en avant qu'il ne soit rénové et que ses tarifs n'explosent. Il est idéalement situé, entre l'Opéra et le lac, et propose des massages (tout à fait respectables) à 80 000 d/heure.

CATÉGORIE SUPÉRIEURE

Hilton Hanoi Opera (carte p. 88 ; ☎ 933 0500 ; www. hanoi.hilton.com ; 1 Le Thanh Tong ; ch à partir de 95 $US ; ✶ 🖳 ✶). Idéalement situé à côté de l'Opéra, ce somptueux hôtel, sans doute le meilleur de sa catégorie dans ce quartier, offre le confort et les prestations attendues d'un Hilton. Offrez-vous l'accès au luxueux centre de remise en forme et à la piscine moyennant 11 $US la journée.

Melia Hotel (carte p. 88 ; ☎ 934 3343 ; solmelia@ meliahanoi.com.vn ; 44B Pho Ly Thuong Kiet ; ch 79-149 $US ; ✶ 🖳 ✶). Des chambres du dernier étage, vous pourrez admirer la plus belle vue sur la ville. L'hôtel occupe un édifice assez laid, mais l'intérieur est superbe ; en outre, le confort et les équipements (y compris l'ascenseur) sont bien ceux d'un cinq-étoiles.

Centre de Hanoi
PETITS BUDGETS

Hotel Memory (carte p. 84-85 ; ☎ 934 9909 ; memory hotel@fpt.vn ; 25 Pho Nguyen Thai Hoc ; ch 13-20 $US, avec petit déj ; ✶). Près de la vieille ville, le Memory offre l'avantage d'être à deux pas de la gare ferroviaire et de Cam Chi (p. 106). Les tarifs incluent la TV sat.

Hotel 30/4 (carte p. 84-85 ; ☎ 942 0807 ; 115 Pho Tran Hung Dao ; ch 10-20 $US ; ✶). En face de la gare ferroviaire, cet hôtel tire son nom du 30 avril 1975, date de la libération de Saigon : rien de surprenant, donc, à ce qu'il soit géré par l'État ! Si les chambres sont vastes, le personnel n'est pas spécialement aimable.

CATÉGORIE MOYENNE

Thien Thai Hotel (carte p. 84-85 ; ☎ 716 4126 ; 45 Pho Nguyen Truong To ; ch 30-40 $US, avec petit déj ; ✶). Un trois-étoiles moderne et élégant, décoré dans le style colonial. Les chambres ont un balcon et un bon niveau de confort.

Army Hotel (Khach San Quan Doi ; carte p. 84-85 ; ☎ 825 2896 ; armyhotel@fpt.vn ; 33C Pho Pham Ngu Lao ; ch 30-40 $US ; ✶). Propriété de l'armée mais très éloigné d'un baraquement militaire, ce magnifique immeuble date de l'époque colo-niale. Fréquenté par les groupes, il dispose d'une salle de sport et d'une belle piscine d'eau de mer. L'entrée à la piscine pour les non-résidents coûte 3,50 $US/jour.

Green Park Hotel (carte p. 84-85 ; ☎ 822 7725 ; www.hanoi-greenpark-hotel.com ; 48 Pho Tan Nhan Tong ; ch à partir de 45 $US ; ✶ 🖳). À deux pas du parc Lénine, cet imposant immeuble arbore des façades d'un vert vif. Le Park View, restaurant de l'hôtel, offre une très belle vue.

De Syloia Hotel (carte p. 84-85 ; ☎ 824 5346 ; www.desyloia.com ; 17A Pho Tran Hung Dao ; s/d 80/90 $US ; ✂ 🖳). Décoré à la française, cet hôtel-boutique, l'un des meilleurs de Hanoi, abrite un centre de fitness, un sauna et un restaurant vietnamien, Cay Cau, très apprécié pour son copieux déjeuner.

Guoman Hotel (carte p. 84-85 ; ☎ 822 2800 ; guomanhn@hn.vnn.vn ; 83A Pho Ly Thuong Kiet ; ch 70-180 $US ; ✂ 🖳 🖳). Géré par l'État, ce quatre-étoiles aux normes internationales offre souvent des remises. Il dispose d'un centre de fitness luxueux, d'un restaurant de grande qualité et de deux bars.

Sofitel Plaza (carte p. 84-85 ; ☎ 823 8888 ; www.accor.com ; 1 Ð Thanh Nien ; ch 89-299 $US ; ✂ 🖳 🖳). Ce géant propose toutes les prestations possibles et imaginables, telle la piscine à toit ouvrant, une première en Asie du Sud-Est. Au 20e étage, on peut admirer le coucher du soleil sur le lac de l'Ouest et la ville depuis le Summit Lounge Bar, qui pratique tous les jours une happy hour de 16h30 à 20h.

Agglomération de Hanoi
CATÉGORIE MOYENNE

Thang Loi Hotel (Hôtel cubain ; carte p. 77 ; ☎ 829 4211 ; thangloihtl@hn.vnn.vn ; Ð Yen Phu ; ch à partir de 40 $US ; ✂ 🖳). Tous les étages de cet hôtel, construit au milieu des années 1970 avec l'aide de Cuba (d'où son surnom), seraient la réplique exacte d'un bâtiment cubain de plain-pied, ce qui expliquerait l'existence de portes ne menant nulle part. Bâti sur pilotis au-dessus du Ho Tay (lac de l'Ouest), le Thang Loi se situe à 3,5 km du centre-ville. Il est entouré d'un ravissant jardin paysager et dispose d'une piscine, de courts de tennis, d'un sauna et d'un salon de massage.

Dragon Hotel (carte p. 77 ; ☎ 829 2955 ; dragonco@hn.vnn.vn ; 48 Pho Xuan Dieu ; s/d 30/35 $US ; ✂). Cet hôtel décoré à la chinoise surplombe le Ho Tay. Les chambres sont d'un bon rapport qualité/prix, compte tenu des prestations, et les appartements (60 $US) valent la dépense si l'on séjourne un certain temps dans les environs.

Ho Tay Villas (carte p. 77 ; ☎ 804 7772 ; hotayvillas@fmail.vnn.vn ; ch 45-50 $US ; ✂ 🖳). Ces spacieuses villas sur les rives du Ho Tay, à 5,5 km au nord du centre-ville, étaient jadis réservées aux cadres du Parti communiste. Transformées en hôtel, elles accueillent

---

> **LE CHOIX DE L'AUTEUR**
>
> **Sofitel Metropole Hotel** (carte P. 88 ; ☎ 826 6919 ; sofitelhanoi@hn.vnn.vn ; 15 Pho Ngo Quyen ; ch à partir de 159 $US ; ✂ 🖳 🖳). Cet établissement compte parmi les grands hôtels de luxe d'Asie, au même titre que le Raffles de Singapour et l'Oriental de Bangkok. La décoration à la française est omniprésente : il suffit de fermer les rideaux pour se croire à Paris. Parmi les équipements figurent une petite piscine, un centre de fitness, un sauna et plusieurs restaurants qui plairont aux gourmets.

désormais les touristes aisés dans un cadre quelque peu délabré. Même si vous n'y résidez pas, il est instructif de venir voir la façon dont vivaient les "représentants du peuple" dans l'un des pays les plus pauvres d'Asie.

CATÉGORIE SUPÉRIEURE

Hanoi Horison Hotel (carte p. 77 ; ☎ 733 0808 ; hhh_sale@netnam.org.vn ; 40 Pho Cat Linh ; ch 70-135 $US ; ✂ 🖳 🖳). À l'entrée de ce luxueux hôtel se dresse une cheminée en brique, seul vestige de la briqueterie qui occupait autrefois ce site. Il dispose d'une magnifique salle de remise en forme et d'une piscine pour lesquelles le forfait s'élève à 7 $US/jour.

Daewoo Hotel (carte p. 77 ; ☎ 831 5000 ; info@daewoohotel.com.vn ; Pho Ngoc Khanh ; ch à partir de 199 $US ; ✂ 🖳 🖳). Cofinancé par la Corée du Sud, cet hôtel, le plus grand et le plus cher de Hanoi, est loin, pour sa part, d'arborer un style colonial : ce bâtiment colossal de 15 étages offre toutes les prestations imaginables, notamment une piscine construite au cœur d'un jardin paysager, une discothèque, une salle de remise en forme, un centre d'affaires et trois restaurants. L'entrée de la piscine coûte 10 $US/jour.

OÙ SE RESTAURER

Ces dernières années, Hanoi a connu une transformation miraculeuse, en passant du rang de "désert culinaire" à celui de capitale réputée pour sa gastronomie. La ville répond à toutes les envies avec ses en-cas (idéaux pour les voyageurs désargentés), ses restaurants vietnamiens exquis et le nombre grandissant de cafés chics.

Les restaurants, les bars et les cafés ont une fâcheuse tendance à souvent changer

HANOI

de nom, d'adresse ou de propriétaire. Demandez autour de vous quelles sont les meilleures tables du moment ou tenez-vous au courant avec le *Guide* et *Time Out*.

Dîner pour la bonne cause

Pour allier bonne chère et juste cause, optez pour les cafés et les restaurants qui mettent sur pied des programmes de formation professionnelle destinés aux enfants des rues. Que demander de plus ?

Hoa Sua (carte p. 84-85 ; ☎ 824 0448 ; www.hoa-suaschool.com ; 28A Pho Ha Hoi ; menu vietnamien/français 35 000/65 000 d ; ☼ 11h-22h). Adresse magnifique pour déguster, en journée ou en soirée, des plats combinant subtilement cuisines vietnamienne et internationale. Les menus offrent un très bon rapport qualité/prix mais, si vous préférez varier les plaisirs, choisissez un repas à la carte. Le restaurant a récemment déménagé pour s'installer dans un bâtiment doté d'un jardin luxuriant en terrasse, ainsi que d'une salle intérieure pour les jours pluvieux. Hoa Sua est une association qui accueille un grand nombre d'enfants en difficulté et les forme aux métiers de l'hôtellerie. Il organise souvent des concerts ou des nuits à thème.

Baguette & Chocolat (carte p. 88 ; ☎ 923 1500 ; 11 Pho Cha Ca ; cakes à partir de 6 000 d ; ☼ 7h-22h). Branche de l'association Hoa Sua, cette pâtisserie prépare des gâteaux et des viennoiseries succulentes.

Cuisine vietnamienne

Les petites échoppes éparpillées partout en ville servent une cuisine savoureuse et bon marché. Les aliments, ultra frais, sont préparés sous vos yeux. La plupart des spécialités, sont parfaites pour se retaper après une longue nuit. Presque tous les coins de rue et allées de la vieille ville abritent des échoppes, et des tables sont dressées à même le trottoir. Fiez-vous aux habitants : si l'échoppe est très fréquentée, la cuisine est sûrement délicieuse.

Il est de pratique courante de charger la note, aussi vaut-il mieux vérifier les prix avant de commander.

Par ailleurs, les innombrables *bia hoi* (établissements, parfois minuscules, où est brassée cette bière extrêmement répandue au Vietnam) proposent des mini-cartes où figurent des plats excellents et peu coûteux, parfaits pour accompagner les boissons.

LE CHOIX DE L'AUTEUR

KOTO (carte p. 84-85 ; ☎ 747 0338 ; www. streetvoices.com.au ; 61 Pho Van Mieu ; plats environ 40 000 d ; ☼ 6h30-16h et 18h-21h30 ven-dim). Acronyme de *Know One, Teach One* (que l'on pourrait traduire par "Connaître et enseigner à chacun"), KOTO est une association qui vise à former et encadrer des enfants des rues. Sur la carte, remarquable, figurent spécialités locales, plats occidentaux, sandwichs, gâteaux délicieux, café (du vrai !) et cocktails de fruits. Koto possède une petite salle au rez-de-chaussée et, à l'étage, un restaurant à l'atmosphère détendue qui surplombe le temple de la Littérature, ce qui en fait le lieu idéal pour recharger ses batteries avant ou après la visite de la ville.

Pour tout savoir sur cette institution nationale, lisez l'encadré *Bia Hoi* (p. 108).

Vous trouverez d'autres adresses p. 106 ; une mention spéciale au Highway 4 (p. 109), où sont servis les plats alléchants des minorités du Nord.

VIEILLE VILLE

La vieille ville regorge de bons restaurants.

Little Hanoi 1 (carte p. 84 ; ☎ 926 0168 ; 25 Pho Ta Hien ; repas à partir de 20 000 d). Ne manquez abso-lument pas cette petite adresse à l'ambiance accueillante, d'ailleurs si petite et si accueillante qu'elle a dû ouvrir une annexe de l'autre côté de la rue. Les spécialités les plus demandées sont les rouleaux de printemps au poisson à faire soi-même... un délice !

69 Bar-Restaurant (carte p. 84 ; ☎ 926 0452 ; 69 Pho Ma May ; repas à partir de 40 000 d). La carte de ce restaurant, qui occupe une vieille maison superbement restaurée, à l'abri de l'agitation de la vieille ville, est marquée par des influences étrangères. Ouvert tard, c'est l'endroit idéal pour un dernier verre.

Hanoi Garden (carte p. 84 ; ☎ 824 3402 ; 36 Pho Hang Manh ; menus à partir de 80 000 d, carte à partir de 40 000 d). Dans cet élégant bâtiment agrémenté d'une cour conseillée les soirs d'été, on déguste des plats du Sud ou des plats chinois épicés.

Dinh Lang Restaurant (carte p. 84 ; ☎ 828 6290 ; 1 Pho Le Thai Tho ; repas 50 000-150 000 d). Merveilleusement situé sur la rive nord-ouest du lac Hoan Kiem, ce lieu sert des plats chinois et vietnamiens sur fond de musique traditionnelle. Très agréable, bien qu'un peu kitsch.

Pho Bo Dac Biet (carte p. 84 ; 2B Pho Ly Quoc Su ; soupes 10 000 d). Si vous voulez vous régaler d'une délicieuse soupe de nouilles au bœuf (pho bo), essayez cette adresse. Vous pouvez commander de la soupe dans la plupart des restaurants, même dans une échoppe de rue, du moment que vous voyez la marmite bouillir.

L'une des spécialités les plus connues de Hanoi est le *cha ca*. **Cha Ca La Vong** (carte p. 84 ; ☎ 825 3929 ; 14 Pho Cha Ca ; repas à partir de 50 000 d). Chef incontesté du *cha ca* dans la vieille ville, ce restaurant est tenu par la même famille depuis cinq générations. Vous pourrez également en déguster dans des établissements meilleur marché tels le **Cha Ca 66** (carte p. 84 ; ☎ 826 7881 ; 66 Pho Hang Ga), à l'étage, et le **Thang Long** (carte p. 84 ; ☎ 824 5115 ; 40 Pho Hang Ma).

CENTRE DE HANOI

Quan Com Pho (carte p. 84-85 ; ☎ 943 2356 ; 29 Pho Le Van Huu ; plats à partir de 25 000 d). Faire découvrir aux classes moyennes la cuisine de la rue et des marchés, voilà une excellente idée. Les petites cuisines concoctent ici de véritables délices, notamment les seiches au miel cuites au barbecue. Le midi, les employés vietnamiens et étrangers prennent d'assaut les salles à manger, qui occupent plusieurs niveaux.

Tiem Pho (carte p. 84-85 ; 48-50 Pho Hué ; plats 10 000 d). Sa soupe de nouilles au poulet *(pho ga)* est un vrai régal. Il ferme tard.

Restaurant 1,2,3 (carte p. 84-85 ; ☎ 822 9100 ; 55 Pho Hué ; repas 30 000 d). À l'angle opposé, cette table ressemble à un fast-food haut de gamme. Le poisson au barbecue et la bouillie de poisson *(chao)* sont tous deux succulents.

Cuisine vietnamienne gastronomique
VIEILLE VILLE

Club Opera (carte p. 88 ; ☎ 824 6950 ; 59 Pho Ly Thai To ; plats à partir de 6 $US). Installé en face du Sofitel Metropole Hotel, ce restaurant sert de la grande cuisine vietnamienne dans un cadre élégant à l'européenne. La carte se renouvelle en fonction des saisons, mais affiche toujours un grand choix de poissons et de fruits de mer.

CENTRE DE HANOI

Brothers Café (carte p. 84-85 ; ☎ 733 3866 ; 26 Pho Nguyen Thai Hoc ; buffet déjeuner/dîner 6/11,50 $US). Si vous désirez dîner dans un cadre original, ne manquez pas ce lieu aménagé dans la cour d'un temple bouddhiste édifié il y a deux siècles et demi. Superbement restauré, il propose un buffet dînatoire (avec une boisson) à prix raisonnable ; le menu de midi est également très bon marché. L'ambiance zen le reste même en plein service.

Emperor (carte p. 84-85 ; ☎ 826 8801 ; 18B Pho Le Thanh Tong ; plats à partir de 5 $US). Cuisine vietnamienne chic mettant la présentation à l'honneur. Des concerts de musique traditionnelle sont programmés le mercredi et le samedi de 19h30 à 21h30 ; place à la musique latino le mardi et le vendredi.

Nam Phuong (carte p. 84-85 ; ☎ 824 0926 ; 19 Pho Phan Chu Trinh ; plats 60 000 d). Situé dans une charmante villa, ce restaurant élégamment décoré propose une cuisine authentique et savoureuse. Un orchestre traditionnel anime les soirées à partir de 19h30. La carte des vins est impressionnante.

Seasons of Hanoi (carte p. 84-85 ; ☎ 843 5444 ; 95B Pho Quan Thanh ; plats 40 000-100 000 d). Villa meublée d'antiquités vietnamiennes et coloniales – une autre adresse d'exception pour savourer la gastronomie locale.

Le Tonkin (☎ 943 3457 ; 14 Pho Ngo Van So ; repas 40 000-120 000 d). Dans la même veine que le précédent ; des mets gastronomiques dans un jardin luxuriant, à tarifs raisonnables.

Cuisine asiatique
VIEILLE VILLE

Baan Thai Restaurant (carte p. 88 ; ☎ 828 1120 ; 3B Pho Cha Ca ; plats 30 000-90 000 d). L'une des plus anciennes adresses de ce type ; elle connaît un franc succès dans la communauté thaïlandaise. Une carte illustrée est affichée à l'entrée.

Tandoor (carte p. 88 ; ☎ 824 5359 ; 24 Pho Hang Be ; plats à partir de 40 000 d). Au cœur de la vieille ville, cette enseigne mettra un peu de piment dans votre voyage. À noter, les délicieux *thali*.

Dakshin (carte p. 88 ; ☎ 928 6872 ; 94 Pho Hang Trong ; repas 25 000-60 000 d). Ce restaurant, filiale du Tandoor, propose une carte végétarienne. Sa délicieuse cuisine du sud de l'Inde, notamment ses savoureux *dosas*, remporte tous les suffrages.

Khazaana (ancien Revival ; carte p. 88 ; ☎ 824 1166 ; 41B Pho Ly Thai To ; plats végétariens/avec viande 39 000 d/59 000 d). Ce restaurant indien recherché a rajouté sur sa carte un index des piments bien pratique.

HANOI

Saigon Sakura (carte p. 88 ; ☎ 825 7565 ; 17 Pho Trang Thi). L'un des restaurants japonais les plus centraux. Attendez-vous à débourser 10 à 15 $US pour des *sushi* et une soupe *miso*.

CENTRE DE HANOI
Benkay Restaurant (carte p. 84-85 ; ☎ 822 3535 ; 84 Tran Nhan Tong ; menus déjeuner à partir de 7 $US). Selon les expatriés japonais, aucun restaurant n'égale cette adresse, située au 2e étage de l'Hotel Nikko.

Van Anh (carte p. 84-85 ; ☎ 928 5163 ; 5a Pho Tong Duy Tan). Ce restaurant tenu par un chef thaïlandais est entouré de la kyrielle de restaurants vietnamiens de Pho Cam Chi (p. 106).

Foodshop 45 (carte p. 84-85 ; ☎ 716 2959 ; 11B Pho Tran Te Xuong St). Ce restaurant légèrement excentré s'est attiré une clientèle fidèle grâce à ses mets indiens succulents et bon marché.

Cuisine internationale
VIEILLE VILLE
Café des Arts (carte p.88 ; ☎ 828 7207 ; 11B Pho Bao Khanh ; plats à partir de 5 $US ; ☾ 9h-tard). Ce grill gastronomique où règne une bonne ambiance imite une brasserie parisienne. La carte est idéale pour les amoureux de la grande cuisine française. Il organise des expositions temporaires et autres événements culturels.

Stop Café (carte p. 88 ; ☎ 828 7207 ; 11A Pho Bao Khanh ; steaks 60 000 d ; ☾ 9h-tard). Ce café sans prétention propose de goûter la cuisine du Café des Arts à moindre coût.

Restaurant Bobby Chinn (carte p. 88 ; ☎ 934 8577 ; www.bobbychinn.com ; 1 Pho Ba Trieu ; plats 6-10 $US ; ☾ 10h-tard). Dans un cadre très chic, Bobby Chinn, chef cuisinier et propriétaire des lieux, d'origine chinoise et égyptienne, allie dans sa cuisine fusion les saveurs occidentales et orientales. Savourez une délicieuse salade ou un plat de poisson avant de terminer sur une bombe au chocolat, puis poussez les tentures de soie pour boire un apéritif ou un café, confortablement installé sur les coussins, au fond de la salle où des *chichas* (pipes à eau) et du tabac parfumé sont à disposition.

Cyclo Bar & Restaurant (carte p. 88 ; ☎ 828 6844 ; 38 Pho Duong Thanh ; plats à partir de 60 000 d). Un restaurant inoubliable… pour les plats franco-vietnamiens sympathiques, mais surtout pour les cyclos habilement trans-formés en tables. Le menu déjeuner offre un bon rapport qualité/prix.

Green Tangerine (carte p. 88 ; ☎ 825 1286 ; 48 Pho Hang Be). Dernier-né de l'équipe qui a ouvert le Cyclo, situé dans un superbe bâtiment colonial, le Green Tangerine propose une carte mixte dans une ambiance accueillante et sereine.

La Salsa (carte p. 88 ; ☎ 828 9052 ; 25 Pho Nha Tho ; ☾ 10h30-24h). Bar à tapas très fréquenté par les touristes et les expatriés, installé dans la rue branchée face à la cathédrale Saint-Joseph. Le jeudi, il prépare une délicieuse paella.

Restaurant (Press Club ; carte p. 88 ; ☎ 934 0888 ; 59a Pho Ly Thai To ; plats environ 15 $US). Considéré de longue date comme le meilleur éta-blissement de Hanoi ; y sont servis des plats novateurs mêlant recettes vietnamiennes et étrangères, le tout dans un cadre élégant. Essayez la fameuse sauce maison à base de haricots noirs et de cabernet sauvignon pour accompagner vos fruits de mer.

Le Beaulieu Restaurant (carte p. 88 ; ☎ 826 6919 poste 8028 ; 15 Pho Ngo Quyen). Voici sans doute, à l'intérieur de l'élégant Sofitel Metropole Hotel, le meilleur restaurant français de Hanoi : on y déguste une authentique cuisine française et quelques spécialités régionales dans un décor romantique.

Plusieurs restaurants italiens jalonnent la vieille ville :

Mama Rosa (carte p. 88 ; ☎ 825 8057 ; 6 Pho Le Thai To ; pâtes et pizzas à partir de 50 000 d). Face au lac Hoan Kiem, le lieu se donne un air plus chic que nécessaire avec ses serveurs en nœud papillon. Passez outre au formalisme pour la carte italienne authentique.

Mediterraneo (carte p. 88 ; ☎ 826 6288 ; 23 Pho Nha Tho ; plats 5-7 $US). Des pâtes, des pizzas et des salades excellentes mais servies en portions congrues. Une seconde commande sera peut-être indispensable.

Al Fresco's (carte p. 88 ; ☎ 826 7782 ; 23L Pho Hai Ba Trung ; repas 5-15 $US ; ☾ à partir du déjeuner). Délicieux plats de côtes tex-mex, fajitas au poisson, nombreuses pizzas et salades. Réputé pour ses margaritas, Al Fresco's est fréquenté par une clientèle fidèle.

Pepperoni's Pizza & Café (carte p. 88 ; ☎ 928 5246 ; 29 Pho Ly Quoc Su ; plats à partir de 40 000 d ; ☾ à partir du déjeuner). Devenu légendaire grâce à sa formule déjeuner "pâtes et salade à volonté" à 25 000 d (uniquement en semaine), il sert aussi des pizzas savoureuses. Livraison possible. Testez la nouvelle **succursale** (☎ 928 7030 ; 31 Pho Bao Khanh) dans la très courue Bao Khanh.

La plupart des cafés pour voyageurs cités dans la rubrique *Agences de voyages* (p. 81) préparent des plats occidentaux bon marché (livraison possible). Parmi eux, le **Kangaroo Café** (carte p. 88 ; ☎ 828 9931 ; 18 Pho Bao Khanh), à l'angle de Pho Bao Khanh, est une adresse conviviale tenue par un couple d'Australiens qui sert de plantureux plats occidentaux à des prix vietnamiens.

CENTRE DE HANOI
Jacc's (carte p. 84-85 ; ☎ 934 8325 ; 4e ét. Hanoi Towers, 49 Hai Ba Trung ; ☺ 6h30-24h). Bar-restaurant animé attirant les expatriés avec une carte innovante et des en-cas abordables servis au bar. Les mordus viennent y regarder les événements sportifs.

Verandah Bar & Café (carte p. 84-85 ; ☎ 825 7220 ; 9 Pho Nguyen Khac Can ; plats à partir de 5 $US). Aménagé dans une jolie villa coloniale, ce restaurant affiche à son menu des *enchiladas* au poulet et du saumon fumé. On peut simplement venir y prendre un verre. Si vous le pouvez, choisissez une table sous la véranda.

Luna d'Autumno (carte p. 84-85 ; ☎ 823 7338 ; 11B Dien Bien Phu ; pizzas à partir de 60 000 d, pâtes fraîches à partir de 90 000 d ; salades à partir de 33 000 d). Installé dans une ravissante villa dotée d'une grande terrasse extérieure, le Luna d'Autumno est en passe de devenir le meilleur restaurant italien de la capitale. La carte présente un large choix d'antipasti maison et de pâtes fraîches (rares à Hanoi). À l'étage, le Luna Lounge est un bar branché qui attire une foule de noctambules. Téléphonez si vous désirez des plats à emporter.

Vine (carte p. 80 , ☎ /19 8000 ; 1A Xuan Dieu). Situé aux abords du lac de l'Ouest, ce restaurant magnifiquement décoré offre un grand assortiment de plats internationaux. Nous vous conseillons le délicieux faux-filet au bleu. La carte des vins est plus que correcte grâce à la branche distribution de l'établissement, et comprend des crus en provenance du monde entier.

Poissons et fruits de mer
VIEILLE VILLE
La Brique (carte p. 88 ; ☎ 928 5638 ; 6 Pho Nha Tho ; plats de poisson à partir de 60 000 d ; ☺ 9h-24h). Située sur l'artère chic débouchant sur la cathédrale Saint-Joseph, cette adresse est ceinte par les murs qui délimitaient autrefois un marché au poisson. Dans une atmosphère détendue, La Brique offre un choix simple mais délicieux de fruits de mer. Le *cha ca* de poisson au barbecue et le poisson enrobé d'une feuille de bananier sont les mets phare de sa carte.

CENTRE DE HANOI
Sam Son Seafood Market (☎ 825 0780 ; 77 Pho Doc Bac). À la fois marché aux poissons et restaurant, cet établissement se situe sur la rive du fleuve Rouge. Choisissez un poisson frétillant que vous dégusterez quelques minutes plus tard : fraîcheur garantie !

San Ho Restaurant (carte p. 84-85 ; ☎ 934 9184 ; 58 Pho Ly Thuong Kiet ; repas environ 200 000 d). Installé dans une jolie villa, voici l'un des meilleurs restaurants de fruits de mer de Hanoi. Les prix reflètent ceux du marché.

Cuisine végétarienne
Tamarind Café (carte p. 88 ; ☎ 926 0580 ; 80 Pho Ma May ; repas 2-4 $US ; ☺ 6h-24h). Cuisine végétarienne de haut vol alliant saveurs asiatiques et européennes. Ce café branché de Ma May prépare quelques-uns des meilleurs cocktails de fruits de la ville.

Whole Earth Restaurant (carte p. 88 ; ☎ 926 0696 ; 7 Pho Dinh Liet ; menus à partir de 25 000 d ; ☺ 8h-23h). Situé dans une rue très animée regorgeant de cafés et de bars, le Whole Earth propose un vaste choix de "plats de viande" végétariens.

Com Chay Nang Tam (carte p. 84-85 ; ☎ 826 6140 ; 79A Pho Tran Hung Dao ; repas à partir de 20 000 d). À environ 1 km au sud-ouest du lac Hoan Kiem, cet établissement non fumeurs est une véritable institution : il prépare en effet de succulentes créations culinaires imitant des plats de viande. Quelques végétariens pourront s'en offusquer, mais il s'agit là d'une vieille tradition bouddhiste conçue pour mettre les non-végétariens à l'aise. L'entrée du restaurant se fait par une allée peu engageante. Il possède une **annexe** (79 Pho Hang Bac) dans la vieille ville.

Cafés et glaciers
VIELLE VILLE
Little Hanoi 2 (carte p. 88 ; ☎ 928 5333 ; 21 Pho Hang Gai ; sandwichs à partir de 25 000 d ; ☺ 7h30-23h). Situé au nord-ouest du lac Hoan Kiem, ce charmant café (sans lien avec le Little Hanoi 1 !) sert un large éventail de sandwichs baguette, de pâtes et de salades appétissants. Le petit déj. français à 30 000 d est une affaire.

Puku (carte p. 88 ; ☎ 928 5244 ; à l'étage 60 Pho Hang Trong ; en-cas 25 000-35 000 d ; ⏱ 7h-22h). Pour déguster une cuisine raffinée dans une bonne ambiance, ce petit café agrémenté d'un minuscule balcon est idéal. Sa merveilleuse carte de visite fera un parfait frisbee miniature !

No Noodles (carte p. 88 ; ☎ 928 5969 ; 20 Pho Nha Chung ; sandwichs à partir de 22 000 d ; ⏱ 9h-21h). Sandwichs faits de divers pains et baguettes, à manger sur place ou à emporter au bord du lac Hoan Kiem.

Moca Café (carte p. 88 ; ☎ 825 6334 ; 14-16 Pho Nha Tho ; expresso 20 000 d ; ⏱ 7h30-23h). Avec ses immenses fenêtres, c'est l'endroit rêvé pour les voyageurs qui aiment regarder la vie suivre son cours tout en dégustant des spécialités vietnamiennes, indiennes et occidentales à moindre coût.

Café Le Malraux (carte p. 88 ; ☎ 928 6203 ; 6 Pho Nha Tho ; petit déj français 55 000 d ; ⏱ toute la journée). Tenu par un Français, ce café branché propose une carte variée et vend également des meubles, ce qui explique la diversité des sièges !

Au Lac (carte p. 88 ; ☎ 825 7807 ; 57 Pho Ly Thai To). Installé dans la cour d'une demeure coloniale, ce bar sert d'excellents repas légers. Son café lui vaut toutes les faveurs des caféinomanes !

Diva (carte p. 88 ; ☎ 934 4088 ; 57 Pho Ly Thai To ; repas légers à partir de 35 000 d ; ⏱ 7h-24h). À quelques pas de là, Diva occupe une autre charmante bâtisse coloniale. Choisissez la terrasse pour un déjeuner détendu ou un verre au soleil couchant.

Press Club Deli (carte p. 88 ; ☎ 934 0888 ; 59A Pho Ly Thai To ; sandwichs à partir de 3 $US ; menu déjeuner à partir de 5 $US). Cette boulangerie prépare des quiches, des gâteaux et des pâtisseries à fondre de plaisir. À déguster sur place ou emporter.

Paris Deli (carte p. 88 ; ☎ 934 5269 ; 2 Pho Phan Chu Trinh ; repas à partir de 30 000 d ; ⏱ 7h30-23h). Bistro parisien juste en face de l'Opéra, servant de belles baguettes ventrues et des pâtisseries fines.

Fanny Ice Cream (carte p. 88 ; ☎ 828 5656 ; 48 Pho Le Thai To). Glacier le plus réputé de Hanoi, Fanny sert de délicieuses glaces et crêpes "franco-vietnamiennes". En saison, ne manquez pas la glace au *com* (riz), un parfum exquis extrait de pousses de riz gluant. Si vous voulez goûter le parfum de l'Asie, choisissez la glace au gingembre.

Kem Trang Tien (carte p. 88 ; 54 Pho Trang Tien). Situé entre l'Opéra et le lac Hoan Kiem, ce glacier est sans doute le plus couru de Hanoi. L'immense file d'attente en est la preuve ! Dégustez votre glace à l'intérieur du café, qui est climatisé.

CENTRE DE HANOI

Café Pho Cu Xua (carte p. 84-85 ; ☎ 928 5749 ; 195 Pho Hang Bong). Ne vous fiez pas à la devanture de ce café très prisé des jeunes cadres : il possède un joli petit jardin à l'arrière où prendre un café, une crème glacée ou un cocktail.

Kinh Do Café (carte p. 84-85 ; ☎ 825 0216 ; 252 Pho Hang Bong ; repas légers 20 000 d ; ⏱ 7h-22h). Excellents yaourts, succulentes pâtisseries françaises et café stimulant. C'est là que Catherine Deneuve venait prendre son café du matin pendant le tournage du film *Indochine*. Le patron parle couramment français.

AGGLOMÉRATION DE HANOI

Deli (carte p. 80 ; ☎ 846 0007 ; 18 Pho Tran Huy Lieu). Près du lac Giang Vo, à l'extérieur de la ville, Deli prépare de savoureux sandwichs (à partir de 20 000 d).

Restaurants de rue

Pour allier gastronomie et découverte des sites, nous vous recommandons d'explorer les rues suivantes, situées pour la plupart dans le centre.

CAM CHI

Cam Chi, à environ 500 m au nord-est de la gare ferroviaire, est une ruelle étroite (carte p. 84-85), bondée de petites échoppes servant une cuisine délicieuse et très bon marché. Les cartes sont rédigées uniquement en vietnamien et le confort laisse à désirer, mais vous ferez un mini-festin pour 2 $US ! Cam Chi signifie "interdiction de montrer du doigt" : ce nom aurait été donné à la rue il y a plusieurs siècles pour rappeler à ses habitants qu'ils ne devaient pas pointer d'un doigt curieux le roi et sa cour lorsque ceux-ci se déplaçaient dans le quartier.

PHO MAI HAC DE ET PHO TO HIEN THANH

Au sud du centre-ville, une multitude de restaurants (carte p. 84-85) se concentrent tout le long de Pho Mai Hac De (qui débouche, au nord, dans Pho Tran Nhan Tong). Cette artère croise Pho To Hien Thanh, laquelle foisonne d'établissements spécialisés dans les poissons et les fruits de mer.

DUONG THUY KHUE
Sur la rive sud du Ho Tay, Đ Thuy Khue (carte p. 84-85) regroupe une trentaine de restaurants de poissons et de fruits de mer en plein air, très prisés de la population locale. La concurrence y fait rage, si l'on en juge par les rabatteurs qui se jettent presque sous les roues des voitures pour guider les clients jusqu'à leur table. On s'y restaure bien, dans un cadre apaisant, pour environ 100 000 d/personne.

PHO NGHI TAM
À environ 10 km au nord du centre, le long de la digue séparant le lac de l'Ouest du fleuve Rouge, une soixantaine de **restaurants de viande de chien** (carte p. 116 ; repas à partir de 30 000 d) bordent Pho Nghi Tam sur 1 km. Même si vous n'avez aucune envie de goûter du chien, allez y faire un tour le dernier soir du mois lunaire. Les habitants croient que consommer cette viande pendant la première moitié du mois lunaire porte malheur et, en conséquence, désertent ces restaurants, dont la plupart restent d'ailleurs fermés pendant cette période ; la seconde quinzaine, en revanche, les affaires reprennent et les clients s'y bousculent, particulièrement le dernier jour. Le soir, des milliers de motos encombrent la rue, et les rabatteurs se jettent littéralement sur vous pour vous vanter les vertus de leur établissement.

Faire ses courses
VIEILLE VILLE
Fivimart (carte p. 88 ; 210 Tran Quang Khai). L'une des meilleures sélections de produits alimentaires occidentaux.

Trung Tam Thuong Mai (carte p.88 ; 7 Pho Dinh Tien Hoang). Supermarché et grand magasin très bien situé vendant nombre de denrées alimentaires et de boissons importées. Il possède une entrée côté lac et une autre à l'arrière du magasin.

Citimart (carte p. 84-85 ; Hanoi Towers, 49 Hai Ba Trung). Supermarché bien fourni en produits alimentaires faisant le bonheur des expatriés vivant dans l'immeuble.

Intimex (carte p. 88). Situé sur la rive ouest du lac Hoan Kiem, dans une allée derrière l'institut de beauté Clinique, ce supermar-

ché offre également un grand choix de denrées.

CENTRE DE HANOI
Western Canned Foods (carte p. 88 ; Pho Ba Trieu). Spécialisé dans les conserves, il vend aussi d'autres produits importés.

On s'approvisionne aussi en légumes frais au Hom Market (carte p. 84-85), au sud du centre-ville, à l'angle de Pho Hué et de Pho Tran Xuan Soan.

OÙ PRENDRE UN VERRE
Bars
Hanoi compte tant de bars, qu'ils soient chics, décontractés ou miteux, que vous en trouverez forcément un correspondant à votre humeur. Faites plus ample connaissance avec les Hanoïens en sirotant une *bia hoi*, la bière la moins chère au monde (voir l'encadré *Bia hoi* page suivante). Bao Khanh, rue très animée et prisée des Vietnamiens branchés, renferme également une multitude de bars.

À l'heure actuelle, la police fait respecter strictement un couvre-feu qui réduit presque à néant la vie nocturne : les bars doivent fermer à 24h en semaine et à 1h le week-end. Quelques lieux parviennent à y échapper.

Quan Bia Minh (carte p. 88 ; ☎ 934 5233 ; 7A Pho Dinh Liet). Très prisé des voyageurs au budget serré car il propose l'une des bières les moins chères de la ville (8 000 d pour un grand verre). Le superbe balcon domine Dinh Liet.

Red Beer (carte p. 88 ; ☎ 826 0247 ; 97 Pho Ma May). Tout à fait à l'opposé du précédent, cette micro-brasserie a très bonne presse auprès d'une clientèle vietnamienne amatrice de bière. Elle propose deux types de bières inhabituelles, pour ceux qui aiment le dépaysement.

Funky Monkey (carte p. 88 ; ☎ 928 6113 ; 15b Pho Hang Hanh ; bières à partir de 15 000 d). Ce bar long et étroit est l'une des adresses de choix dans Bao Khanh : très bonne musique, cocktails très alcoolisés, salle à peine éclairée et, parfois, piste de danse improvisée. Il s'anime tout particulièrement les vendredi et samedi soirs.

Polite Pub (carte p. 88 ; ☎ 825 0959 ; 5 Pho Bao Khanh). Très couru pour sa bière bon marché et ses retransmissions sportives.

GC Pub (carte p. 88 ; ☎ 825 0499 ; 5 Pho Bao Khanh). Ambiance plus confortable et table

BIA HOI

"Tram phan tram !" C'est à ce cri ("cent pour cent !" que l'on pourrait traduire par "cul sec !") que des milliers de verres de *bia hoi* (bière pression) sont vidés chaque jour au Vietnam.

Produite de manière on ne peut plus artisanale, la *bia hoi* est une bière légère et rafraîchissante, de type pilsener. Introduite au Vietnam par les Tchèques, elle est devenue depuis lors une particularité locale bien ancrée et on la sert partout, de Hanoi à Ho Chi Minh-Ville. Destinée à être bue immédiatement, elle est brassée sans aucun conservateur et fait le bonheur des consommateurs. En outre, à seulement 1 500 d le verre, il n'y a aucune raison de s'en priver !

Malheureusement, cette petite merveille reste inconnue de la plupart des étrangers et il faut donc un certain aplomb pour oser entrer dans une brasserie de *bia hoi*, car les Occidentaux y sont rares et attirent inévitablement les regards. Pourtant, il suffit souvent de lever son verre et de porter un toast pour être invité à rejoindre un groupe.

Hanoi étant la capitale de la *bia hoi*, vous trouverez des micro-brasseries à presque tous les coins de rue. Une tournée des bars à *bia hoi* de la vieille ville permet d'ailleurs de découvrir la vie quotidienne de la capitale. Avec à peine 10 $US en poche, vous aurez de quoi payer une centaine de bières… et vous faire beaucoup d'amis ! Le carrefour de Pho Ta Hien et Pho Luong Ngoc Quyen, dans la vieille ville, est l'un des meilleurs endroits (carte p. 88) : s'y trouvent en effet trois brasseries animées où se presse une clientèle mêlant habitants et touristes sans le sou.

C'est au **Bia Hoi Viet Ha** (carte p. 88 ; 24 Pho Tong Dan) que vous trouverez la meilleure *bia hoi*. Signe de sa popularité : il possède les plus gros réfrigérateurs de la ville. N'oubliez pas de faire un tour aux toilettes… qui sont devenues légendaires.

Parmi les autres bonnes adresses, citons le **Bia Hoi 68 Hang Quat** (carte p. 88 ; Pho Hang Quat), notre Q.G. depuis plusieurs années, et le **Nha Hang Lan Chin** (carte p. 84-85 ; 2 Pho Trang Tien), l'un des établissements les plus populaires à l'heure du déjeuner : la plupart des brasseries de *bia hoi* servent en effet une cuisine aussi délicieuse que bon marché.

de billard. L'un des bars de Hanoi les plus ouverts aux homosexuels.

Bar Le Maquis (carte p. 88 ; ☎ 928 2618 ; 2A Pho Ta Hien). Bar minuscule à l'atmosphère très vivante. C'est l'une des rares adresses à rester ouverte plus tard.

Labyrinth (carte p. 88 ; ☎ 926 0788 ; 7 Pho Ta Hien). Dotée d'une porte minuscule donnant dans Ta Hien, le Labyrinth porte bien son nom car il se compose d'une quantité de petites salles. L'ambiance tranquille en fait plutôt un bar de début de soirée.

Half Man, Half Noodle (carte p. 88 ; ☎ 926 1943 ; 52 Dao Duy Tu, près de Pho Hang Giay). L'ancien barman du Labyrinth a su prouver que la réussite d'un établissement tenait pour beaucoup à la personnalité de son propriétaire : il a emmené à sa suite un grand nombre de clients fidèles.

Met Pub (carte p. 88 ; ☎ 826 6919 poste 8857). Installé dans les locaux du Sofitel Metropole Hotel, cet endroit charmant et élégant propose une cuisine raffinée et la meilleure carte de bières de Hanoi. Malheureusement, ses prix sont prohibitifs en dehors des *happy hours*.

Spotted Cow (carte p. 88 ; ☎ 824 1028 ; 23C Pho Hai Ba Trung). Tenu par un Australien, ce pub très prisé organise des activités hautement intellectuelles (et bruyantes) telle la course de grenouilles. C'est également le point de rendez-vous des courses des Hash House Harriers.

Phuc Tan Bar (carte p. 88 ; ☎ 932 3244 ; 49 Phuc Tan ; ☽ tôt-tard). Sans aucun doute, voici l'adresse où passer des nuits blanches le week-end. Incomparable, le Phuc Tan s'est établi dans un quartier inhabituel, derrière la digue, le long du fleuve Rouge. Mais que cela ne vous arrête pas : quand minuit sonne, arrivent des classiques punk et rock ; puis Leftfield, The Prodigy et compagnie prennent la relève au beau milieu de la nuit. À l'entrée du bâtiment se tient un petit bar avec une table de billard toujours prise d'assaut. À l'arrière se découvre une immense terrasse donnant sur la rivière. Il ne ferme pas vraiment du week-end, car il sert le dimanche matin un petit déj. roboratif.

Cafés

Thuy Ta Café (carte p. 88 ; ☎ 828 8148 ; 1 Pho Le Thai To ; pâtisseries à partir de 5 000 d ; ☽ 6h-23h). Ce jardin

HANOI

ombragé, tout au bord du lac Hoan Kiem, est l'un des cadres les plus plaisants où siroter un café.

Highlands Coffee (carte p. 88 ; ☎ 828 7043). De l'autre côté du lac Hoan Kiem, le délicieux patio est idéal pour se désaltérer et regarder les gens passer par une chaude après-midi.

De nombreux petits cafés sympathiques jalonnent Pho Hang Hanh, dans la vieille ville. Reposez-vous sur l'un des balcons et observez l'animation de cette rue animée.

OÙ SORTIR
Cinémas
National Movie Centre (carte p. 80 ; ☎ 514 1114 ; 87 Pho Lang Ha). Le meilleur endroit pour voir des films étrangers – il serait considéré en Occident comme un cinéma d'art et d'essai.

Cinematheque (carte p. 88 ; 22a Hai Ba Trung ; ☎ 936 2648). Ce cinéma, le dernier à avoir ouvert ses portes, se fait encenser par la critique pour sa programmation audacieuse, composée de courts-métrages et d'un grand choix de films d'art et d'essai.

Fanslands Cinema (carte p. 84-85 ; ☎ 825 7484 ; 84 Pho Ly Thuong Kiet). Films occidentaux plus classiques.

Alliance Française de Hanoi (carte p. 88 ; ☎ 936 2164 ; 24 Trang Tien). Installée dans le magnifique bâtiment L'Espace, près de l'Opéra, elle projette régulièrement des films français.

Cirque
Central Circus (Rap Xiec Trung Uong ; carte p. 84-85 ; 2,50 $US ; spectacle 20h-22h mar-dim, 9h dim). Le cirque reste une tradition russe encore bien vivante au Vietnam. Si les artistes (acrobates, jongleurs, dresseurs de fauves...) apprenaient jadis leur métier dans les pays de l'Est, les nouvelles recrues reçoivent aujourd'hui l'enseignement de leurs aînés vietnamiens.

Les spectacles se déroulent sous un immense chapiteau à proximité de l'entrée nord du parc Lénine. Une représentation spéciale pour les enfants a lieu le dimanche matin.

Clubs et discothèques
Si vous voulez voir se trémousser les Vietnamiens aisés, vous avez le choix entre plusieurs discothèques. Ces établissements se démodant vite, renseignez-vous pour connaître les derniers endroits branchés.

Apocalypse Now (carte p. 84-85 ; ☎ 971 2783 ; 5C Pho Hoa Ma ; ☺ 20h-1h). Établissement de pèlerinage des hédonistes de la ville, il bat son plein le week-end. Sa clientèle est essentiellement composée de noceurs qui apprécient sa musique tonitruante. Il y a quelques années, le bar fermait lorsqu'en partaient les derniers clients ; aujourd'hui, la police fait sortir tout le monde vers 1h.

New Century Nightclub (carte p. 88 ; ☎ 928 5285 ; 10 Pho Trang Thi). C'est la discothèque à la mode des jeunes gens fortunés. La tenue est primordiale, comme dans n'importe quel club de New York, Londres ou Paris.

Concerts
MUSIQUE CLASSIQUE
Hanoi Opera House (Nha Hat Lon ; carte p. 88 ; ☎ 825 4312 ; Pho Trang Tien). Tourné vers le lac Hoan Kiem, ce somptueux édifice de 1911 peut accueillir 900 personnes. Pendant trois ans, il a subi de minutieux travaux de restauration qui lui ont rendu toute sa splendeur passée. C'est de l'une de ses loges que le comité des citoyens annonça, le 16 août 1945, la prise de la ville par le Viet Minh. Des concerts de musique classique sont donnés régulièrement en soirée, et l'ambiance est fabuleuse.

Feuilletez le *Guide* ou *Time Out* pour vous tenir au courant des programmes.

JAZZ ET MUSIQUE MODERNE

Jazz Club By Quyen Van Minh (Cau Lac Bo ; carte p. 88 ; ☎ 825 7655 ; 31-33 Pho Luong Van Can ; ☺ concerts 21-23h30). Si vous êtes un inconditionnel des jam-sessions, cette adresse est faite pour vous. Le propriétaire, Minh, professeur de saxophone au conservatoire de Hanoi, fait ici des bœufs en compagnie de musiciens talentueux, dont son fils, et de jazzmen de réputation internationale.

R&R Tavern (carte p. 88 ; ☎ 934 4109 ; 47 Pho Lo Su). Bar idéal pour les amateurs de concerts. Le week-end, un groupe vient jouer des classiques des années 1960 ; le jeudi se produit un quatuor à cordes. La bière est bon marché, comparée aux autres adresses favorites des expatriés, et les hamburgers sont succulents.

Terrace Bar (Press Club ; carte p. 88 ; ☎ 934 0888 ; 59a Pho Ly Thai To). Le vendredi, à la *happy hour* (18h), ce bar est pris d'assaut par la moitié des cadres de la ville. Les formules boisson (à partir de 20 000 d) permettent de piocher dans les assiettes d'amuse-gueule. Au hasard des programmations, on vous bercera de rythmes rock', disco ou latino.

MUSIQUE TRADITIONNELLE

Les meilleurs endroits pour entendre un concert de musique traditionnelle sont les grands restaurants vietnamiens du centre-ville, comme le **Cay Cau** (carte p. 84-85 ; ☎ 824 5346 ; 17A Pho Tran Hung Dao), dans le De Syloia Hotel, le **Club Opera** (carte p. 88 ; ☎ 824 6950 ; 59 Pho Ly Thai To), le **Dinh Lang Restaurant** (carte p. 88 ; ☎ 828 6290 ; 1 Pho Le Thai Tho) et le **Nam Phuong** (carte p. 88 ; ☎ 928 5085 ; fax 825 8964 ; 16 Pho Bao Khanh). Si vous trouvez l'environnement trop peu authentique, fermez les yeux... et laissez-vous transporter par cette musique magnifique.

Le temple de la Littérature (p. 91) accueille des concerts tous les jours.

Marionnettes sur l'eau

Hanoi est le lieu des plus beaux spectacles de cet art fantastique, originaire du nord du pays (voir l'encadré *Le théâtre de marionnettes sur l'eau* p. 111).

Théâtre municipal des marionnettes sur l'eau (Roi Nuoc Thang Long ; carte p. 88 ; ☎ 825 5450 ; 57B Pho Dinh Tien Hoang ; 20 000-40 000 d, supp appareil photo 10 000 d, supp caméscope 50 000 d ; ☺ spectacles 18h30 et 20h, 9h30 dim). Les tarifs les plus élevés donnent droit aux meilleures places et à une cassette audio souvenir. Les éventails et les programmes

multilingues, qui permettent de mieux suivre le spectacle, sont gratuits. Jetez quelques coups d'œil aux visages captivés des enfants vietnamiens. C'est magique !

ACHATS
Stylistes

La Boutique and the Silk (carte p. 88 ; ☎ 928 5368 ; 6 Pho Nha Tho). Proche de la cathédrale Saint-Joseph, ce magasin mérite une petite visite. Les créations originales s'inspirent des costumes portés par les minorités ethniques et sont fabriquées à partir de soieries laotiennes de haute qualité.

Khai Silk (carte p. 88 ; ☎ 825 4237 ; khaisilk@fpt.vn ; 96 Pho Hang Gai). Les créations, en soie, sont aussi bien originales et branchées que classiques et austères. Son propriétaire, Khai, parle couramment français et anglais et a le chic pour donner du style à toutes les tenues.

Ipa-Nima (carte p. 84-85 ; ☎ 942 1872 ; 59G Pho Hai Ba Trung). Boutique recherchant avant tout "la bonne humeur, les couleurs vives et la moquerie légère", et proposant une fabuleuse collection de vêtements ainsi que des petits hauts et accessoires brodés de perles assez kitsch.

Vous voulez redécorer votre intérieur ? Plusieurs belles boutiques de meubles bordent Pho Nha Tho.

Galeries

Dans l'espoir d'attirer les acheteurs, les jeunes artistes exposent leurs œuvres dans des galeries d'art privées dont les plus huppées ont principalement élu domicile dans Pho Trang Tien, entre le lac Hoan Kiem et l'Opéra. La plupart de ces galeries ouvrent tous les jours jusqu'à 20h ou 21h. En général, les employés parlent anglais. Les prix vont de quelques dizaines à plusieurs milliers de dollars ; le marchandage plaisant est de rigueur.

Hanoi Gallery (carte p. 88 ; 110 Pho Hang Bac ; ☺ 9h-20h) dispose d'un vaste choix de posters de propagande (avec traduction des slogans) et de tubes rigides pour le transport ou l'expédition.

Plusieurs galeries sont regroupées dans la vieille ville, à l'angle de Pho Trang Tien et de Pho Ngo Quyen : **Gallery Huong Xuyen** (carte p. 88), qui vend aussi de belles cartes de vœux, **A Gallery** (carte p. 88 ; www.vietnamesepainting.com), qui anime des expositions permanentes et temporaires, et **Hanoi Contemporary**

LE THÉÂTRE DE MARIONNETTES SUR L'EAU

L'art millénaire des marionnettes sur l'eau *(roi nuoc)*, qui demeura confiné au nord du Vietnam jusque dans les années 1960, était à l'origine un passe-temps des paysans, qui travaillaient toute la journée dans les rizières. Les versions divergent quant à la naissance de ces "spectacles" : ces paysans auraient considéré la surface de l'eau comme une scène toute trouvée, ou bien ils auraient décidé, après une inondation du delta du fleuve Rouge, d'adapter l'art des marionnettes traditionnelles. Quoi qu'il en soit, ils sculptaient les marionnettes dans du bois de figuier *(sung)*, matériau imputrescible, en s'inspirant des habitants de leur village, des animaux qui les entouraient ou des créatures mythiques (dragon, phénix ou licorne). Les représentations avaient lieu sur des étangs, des lacs ou des rizières inondées.

Les spectacles se donnent aujourd'hui dans un bassin de forme carrée (la "scène") dont l'eau est obscurcie afin de dissimuler les mécanismes actionnant les marionnettes. Recouvertes d'une peinture brillante à base de pigments végétaux, celles-ci peuvent mesurer jusqu'à 50 cm et peser jusqu'à 15 kg. Leur vie n'excédant pas trois à quatre mois quand elles servent en continu, leur fabrication occupe à plein temps plusieurs villages des environs de Hanoi.

Chaque représentation nécessite onze marionnettistes, qui ont tous suivi une formation d'au moins trois ans. Plongés dans l'eau jusqu'à la taille, ils sont dissimulés derrière un écran de bambou. Souffrant autrefois de différentes affections liées à leur présence constante dans l'eau, les artistes portent de nos jours des combinaisons qui leur évitent ces maladies professionnelles.

Certaines marionnettes sont simplement fixées à de longues tiges de bambou ; d'autres sont placées sur une base flottante, elle-même fixée à une tige. Elles ont pour la plupart une tête et des membres articulés, et, parfois un gouvernail pour les diriger. Dans la pénombre, on a l'impression de les voir littéralement se mouvoir seules sur l'eau. Les techniques complexes de manipulation des marionnettes, gardées secrètes par tradition, ne se transmettaient jadis que de père en fils (jamais de père en fille, pour éviter, si la fille se mariait à un homme étranger au village, qu'elle ne lui livre le secret).

Dans le *roi nuoc*, la musique a autant d'importance que l'action. L'orchestre comprend des flûtes en bois *(sao)*, des gongs *(cong)*, des tambours *(trong com)*, des xylophones en bambou et l'étonnant monocorde, le *dan bau*.

Le spectacle se compose d'une succession de tableaux évoquant aussi bien des scènes de la vie quotidienne que des légendes. Une scène mémorable illustre la lutte entre un pêcheur et sa proie ; elle est si réaliste que le poisson semble vivant. D'autres tableaux figurent des dragons crachant du feu (réalisé avec des techniques d'artificier) ou un jeune garçon jouant de la flûte sur le dos d'un buffle.

Le spectacle est très divertissant. Les marionnettes sont drôles et gracieuses, et l'eau met merveilleusement l'intrigue en valeur en permettant aux marionnettes d'apparaître et de disparaître comme par magie. Attention aux éclaboussures dans les premiers rangs.

Art Gallery (carte p. 88 ; www.hanoi-artgallery.com), qui expose des céramiques et des tableaux.

Non loin du Dan Chu Hotel, dans Pho Trang Tien, vous trouverez les célèbres galeries **Hanoi Studio** (carte p. 88) et **Van Gallery** (www.vangallery.com).

Artisanat et antiquités

Plusieurs boutiques sont spécialisées dans l'artisanat moderne et ancien (laques, mobilier incrusté de nacre, céramiques, statuettes en bois de santal), les aquarelles, les peintures à l'huile, les gravures et les antiquités (vraies ou fausses). Pho Hang Gai, Pho To Tich, Pho

Hang Khai et Pho Cau Go constituent un bon terrain de recherche.

Viet Hien (carte p. 84-85 ; ☎ 826 9769 ; 8B Pho Ta Hien). Immense entrepôt où vous trouverez des antiquités, des tableaux, des meubles et des objets d'artisanat, notamment des créations en rotin à bien moindre prix qu'en Occident.

Vietnamese House (carte p. 88 ; ☎ 826 2455 ; 92 Pho Hang Bac). Petite boutique agréable vendant tout un bric-à-brac de neuf et d'ancien.

Plusieurs magasins d'antiquités, affichant pour la plupart des tarifs excessifs, se succèdent dans Le Duan, face à l'Hotel Nikko, dans Tran Nhan Tong.

Marchés

Le marché Dong Xuan (carte p. 88) s'élève sur 3 étages, à 900 m au nord du lac Hoan Kiem. En 1994, un incendie le détruisit, faisant cinq victimes. Depuis sa reconstruction, cette véritable attraction touristique compte des centaines de stands et occupe près de 3 000 personnes.

Le marché Hang Da (carte p. 88), proche de l'église protestante, est de taille modeste mais dispose d'une bonne sélection de produits alimentaires importés, de bières, de vins et de fleurs. L'étage comporte quant à lui un choix d'étoffes et de vêtements.

Le marché Hom (carte p. 84-85), à l'angle nord-est de Pho Hué et de Tran Xuan Soan, offre essentiellement des produits alimentaires d'importation. Si vous avez l'intention de vous faire faire des vêtements, c'est l'endroit idéal pour l'achat de vos tissus.

Le marché Cua Nam (carte p. 84-85), dont l'intérêt principal réside dans les étals de fleurs, se situe à quelques pâtés de maisons au nord de la gare ferroviaire. Ð Le Duan, artère reliant la gare au marché, regorge de boutiques d'articles ménagers.

Le marché Buoi (carte p. 80), très éloigné du centre, au nord-ouest de la ville, est célèbre pour ses animaux vivants (poulets, canards, cochons, etc.) et ses plantes d'ornement.

Salons et spas

Sachez que les salons de beauté de Hanoi offrent souvent des services un peu "particuliers".

Vu Doo Salon (☎ 823 3439 ; 32c Pho Cao Ba Quat). Si vous voulez rafraîchir votre coupe, venez dans cet endroit recommandable qui s'est acquis une solide réputation au sein de la communauté expatriée. Ses tarifs sont raisonnables : 9/10 $US homme/femme (shampooing, massage du crâne, coupe et séchage). Comptez environ 4 $US pour une manucure ou une pédicure.

QT Salon (carte p. 88 ; ☎ 928 6166 ; 28 Pho Le Thai To ; ☉ 10h-20h). Ici, les soins du corps et du visage coûtent une petite fortune. Cette annexe donne sur le lac Hoan Kiem, mais il en existe une autre dans les hôtels Hilton (carte p. 88) et Horison (carte p. 80).

Souvenirs et autres boutiques

Les alentours de Pho Hang Bong et de Pho Hang Gai, au nord-ouest du lac Hoan Kiem, regorgent de boutiques de souvenirs où acheter du linge de maison, des T-shirts et tentures brodés, ainsi que des T-shirts à l'effigie de Ho Chi Minh et des couvre-chefs vietcong – des tenues que, sachez-le, réfugiés vietnamiens et anciens combattants aujourd'hui émigrés en Occident n'apprécient pas toujours.

Pho Hang Gai est également l'endroit idéal pour se faire tailler un vêtement sur mesure. Promenez-vous dans Pho Hang Dao, au nord du lac Hoan Kiem, pour trouver une montre russe.

Si vous ne vous rendez pas à Sapa (p. 163), vous trouverez sur place à Hanoi un vaste choix de costumes ethniques et d'objets artisanaux : sur Pho Hang Bac ou Pho To Tich se concentrent une dizaine de boutiques. **Craft Link** (carte p. 84-85 ; ☎ 843 7710 ; 43 Pho Van Mieu) est une organisation à but non lucratif qui achète de l'artisanat et des tissus de bonne qualité aux prix du marché et finance des projets communautaires au profit des artisans.

Vous trouverez un extraordinaire **marché aux chaussures** (carte p. 88 ; Pho Hang Dau) au nord-est du lac Hoan Kiem ; n'espérez cependant pas y trouver de grandes pointures occidentales.

Si vous recherchez des CD et des DVD, sachez que plusieurs boutiques sur Pho Hang Bong et Pho Trang Tien en vendent. Ils sont piratés, et leur commerce n'est donc pas légal.

Dans Pho Trang Tien, de nombreuses boutiques fabriquent en dix minutes des lunettes incroyablement bon marché, avec de bons verres importés de France ou du Japon.

DEPUIS/VERS HANOI
Avion

Les vols internationaux directs sont moins nombreux à Hanoi qu'à HCMV. Cependant, avec un changement à Bangkok ou à Hong Kong, presque toutes les destinations sont accessibles. Pour plus de renseignements sur les vols internationaux, voir p. 479.

Vietnam Airlines (carte p. 88 ; ☎ 943 9660 ; www. vietnamair.com.vn ; 25 Pho Trang Thi ; ☉ 7h-18h30 lun-ven, 8h-11h30 et 13h30-17h sam, dim et fêtes) relie Hanoi aux autres villes du Vietnam. Au départ de Hanoi, les destinations les mieux desservies sont Danang, Dien Bien Phu, HCMV, Hué et Nha Trang (vols quotidiens).

Pacific Airlines (carte p. 84-85 ; ☎ 851 5356 ; 100 Ð Le Duan) propose des vols quotidiens pour Danang et HCMV.

Pour plus de renseignements sur les vols intérieurs au départ de Hanoi, voir p. 486.

Bus et minibus

Hanoi possède plusieurs gares routières, chacune desservant une région particulière. Elles sont généralement bien organisées, comportant guichets, tableaux des horaires et tarifs. Si vous comptez voyager en bus, mieux vaut vous renseigner et acheter votre billet 24 heures à l'avance.

La **gare routière de Kim Ma** (carte p. 84-85 ; angle Pho Nguyen Thai Hoc et Pho Giang Vo), dans le centre, dessert le nord-ouest du pays, notamment Lao Cai (53 000 d, 10 heures) et Dien Bien Phu (100 000 d, 16 heures).

De la **gare routière de Gia Lam** partent les bus ralliant le Nord-Est : la baie d'Along (35 000 d, 3 heures 30), Haiphong et Lang Son (30 000 d, 3 heures), près de la frontière chinoise. La gare se trouve à 2 km à l'est du centre-ville, au-delà du fleuve Rouge. Les cyclo-pousse ne traversent pas le pont ; vous devrez donc vous y rendre à moto ou en taxi (environ 30 000 d).

La **gare routière de Giap Bat** (Đ Giai Phong), à 7 km au sud de la gare ferroviaire de Hanoi, dessert les localités situées au sud de Hanoi, y compris HCMV (49 heures).

La **gare routière de Son La** (km 8, Pho Nguyen Trai), au sud-ouest de Hanoi (près de l'université de Hanoi), est accessible à moto ou en taxi. C'est aussi le port d'attache des bus en direction du Nord-Ouest : Hoa Binh, Son La (63 000 d, 12-14 heures), Dien Bien Phu (100 000 d, 16 heures) et Lai Chau. La plupart des voyageurs se rendant dans ces villes trouvent toutefois la gare routière de Kim Ma beaucoup plus pratique.

La plupart des cafés et des hôtels de la ville se chargent des réservations dans les minibus touristiques. Parmi les destinations les plus demandées figurent la baie d'Along et Sapa. Voir la liste des agences p. 81.

Hanoi sert de point de départ et d'arrivée à la majorité des circuits "open" à travers le Vietnam. Pour plus de détails, voir p. 484.

Voiture et moto

Pour louer une voiture avec chauffeur, adressez-vous à un hôtel, un café de voyageurs ou une agence de voyages. Si, dans le Nord-Est, les routes principales sont à peu près bonnes, certaines routes du Nord-Ouest sont dans un état épouvantable : vous devrez recourir à un 4x4 ou à un véhicule à grand dégagement.

Un circuit de six jours avec une jeep russe revient en moyenne à 200 $US, tarif comprenant la location du véhicule, l'essence et les services d'un chauffeur. Ces vieilles guimbardes n'accueillent que deux passagers et sont inconfortables à souhait : selon la saison, vous serez poussiéreux et en sueur, ou trempé et frissonnant. Si vous optez pour un 4x4 climatisé et plus confortable, de type japonais ou coréen, comptez au moins le double de ce prix – n'hésitez pas par ailleurs à vous faire préciser s'il inclut le logement et les repas du chauffeur.

Une longue randonnée dans l'arrière-pays montagneux est séduisante, mais épuisante et dangereuse, à cause de la circulation. Même si vous ne roulez pas pendant les mois les plus froids (janvier-février), n'oubliez pas les fortes averses du milieu de l'été. Malgré ces désagréments, bon nombre de voyageurs préfèrent la moto à tout autre moyen de transport.

Si vous envisagez de parcourir le nord du pays à moto, reportez-vous p. 97. Plusieurs agences de bonne réputation peuvent vous procurer un guide et une moto de location, et vous aider à mettre au point votre itinéraire.

Une Minsk 125cc de fabrication russe vous permettra de rouler sans souci : elle est d'une bonne puissance pour les routes de montagne, et tous les mécaniciens savent la réparer. La qualité des motos de location variant énormément, prenez bien le temps de trouver une société réputée, surtout si vous projetez un long circuit.

Vous n'aurez aucune mauvaise surprise chez **Cuong's Motorbike Adventure** (carte p. 88 ; ☎ 926 1534 ; 1 Pho Luong Ngoc Quyen). Cuong offre un service impeccable. Il loue des motos 5 $US/jour, tarif comprenant un assortiment de pièces de rechanges et un manuel de réparation. C'est aussi l'adresse idéale si vous désirez acheter une Minsk.

Train

La **gare principale de Hanoi** (Ga Hang Co ; carte p. 84-85 ; ☎ 825 3949 ; 120 Đ Le Duan ; ⏰ guichets 7h30-12h30 et 13h30-19h30) se trouve à l'extrémité ouest de Pho Tran Hung Dao. Les trains qui en partent se dirigent vers le sud. Les étrangers peuvent retirer leurs billets au guichet n°2, où le personnel parle anglais. Il est préférable d'acheter son billet au moins la veille pour s'assurer une place assise ou une couchette.

Les billets des trains à destination du Nord, de Lao Cai (pour Sapa) et de la Chine se prennent aux guichets spéciaux, à droite de l'entrée principale. Seul le guichet n°13 vend des billets pour la Chine.

Méfiez-vous : votre train ne part peut-être pas de la gare où vous avez acheté le billet correspondant. Juste derrière la gare principale, ou "gare A", dans Đ Le Duan, se trouve la **gare Tran Quy Cap** ("gare B" ; Pho Tran Quy Cap ; ☎ 825 2628), d'où partent les trains en direction du Nord.

Pour compliquer encore un peu les choses, certains trains desservant les villes du Nord (y compris Lao Cai et Lang Son) et de l'Est (Haiphong) partent des gares de **Gia Lam**, à l'est du fleuve Rouge, et de **Long Bien** (carte p. 84-85 ; ☎ 826 8280), située côté ouest du fleuve (c'est-à-dire côté ville). N'oubliez surtout pas de vous faire préciser la gare de départ lors de l'achat de votre billet. Celui-ci peut s'acheter à la gare principale jusqu'à 2 heures avant le départ ; autrement, il faut se rendre directement à la gare de départ.

Pour les horaires, renseignez-vous auprès de **Vietnam Rail** (Duong Sat Viet Nam ; www.vr.com. vn). Pour plus d'informations sur les trains, voir p. 491.

COMMENT CIRCULER
Depuis/vers l'aéroport

Implanté à environ 35 km au nord, l'aéroport de Noi Bai se trouve à 45-60 minutes du centre. La route de l'aéroport, l'une des plus modernes du Vietnam (mais elle s'arrête brutalement dans la banlieue nord), est parfois traversée par un troupeau de buffles mené par un paysan en tenue traditionnelle.

Les minibus de Vietnam Airlines effectuent la navette entre Hanoi et l'aéroport de Noi Bai moyennant 2 $US/personne. Le nouveau terminal compte peu de panneaux d'information ; vous devrez en sortir pour voir où se trouvent les taxis et les minibus. En venant de l'aéroport, les chauffeurs doivent déposer les voyageurs au bureau de Vietnam Airlines de Pho Trang Thi, mais ils font généralement le tour de la vieille ville dans l'espoir de récolter quelques commissions. Le taxi avec compteur est plus pratique si vous avez de gros sacs et ne nécessite aucun marchandage.

Le service de minibus fonctionne correctement, mais prenez garde aux escroqueries, en particulier à l'aéroport. Méfiez-vous des rabatteurs élégamment vêtus qui montent dans les minibus en se prétendant employés de Vietnam Airlines ; ils sont particulièrement doués pour repérer les nouveaux venus, entamer la conversation avec eux et leur recommander un "bon hôtel pas cher". Pour éviter ce genre de harcèlement, dites que vous avez déjà une réservation, même si c'est faux.

En direction de l'aéroport, vous trouverez environ toutes les 30 minutes un minibus qui part du même endroit, en face du bureau de Vietnam Airlines, dans Pho Trang Thi. Il est préférable de réserver sa place la veille.

Le moyen le meilleur marché pour se rendre de l'aéroport Noi Bai au centre-ville est le bus n°17, qui s'arrête à l'extrémité nord du lac Hoan Kiem, à la limite de la vieille ville. Il part toutes les 15 minutes entre 5h et 21h. Le trajet ne coûte que 2 500 d, mais il peut durer plus d'une heure.

La compagnie **Airport Taxi** (☎ 873 3333) facture 10 $US la course, dans un sens comme dans l'autre. Ses chauffeurs ne vous demanderont pas de régler le péage du pont traversé en route, ce qui n'est pas le cas de certains autres taxis – renseignez-vous avant de monter.

Dès l'intérieur du terminal, des rabatteurs vous proposeront des taxis ; ne les laissez pas vous imposer un taxi avec compteur, vous risqueriez de vous faire escroquer. La file d'attente "officielle" se trouve à l'extérieur du hall ; le billet se prend au guichet.

Dans le centre de Hanoi, vous trouverez toujours un grand nombre de chauffeurs de taxi devant le bureau de Vietnam Airlines ou au nord du lac Hoan Kiem. N'acceptez pas de payer plus de 10 $US, péage compris.

Vous verrez également devant les cafés de voyageurs des taxis collectifs et des minibus privés qui vous conduiront à l'aéroport pour 2 $US environ.

Bicyclette

La bicyclette est un bon moyen de se promener dans Hanoi. De nombreux hôtels et cafés en louent pour 10 000 d/jour.

Bus

Hanoi compte 31 lignes de bus publics. Le parcours des lignes n'est pas facile à comprendre, et certaines sont peu fréquentes. Hormis la marche, c'est néanmoins le moyen le plus économique de se déplacer (environ 2 000 d selon le trajet).

Longtemps attendu, le plan des lignes de bus a finalement été publié en 2001 ; il indique également les lignes interprovinces et les correspondances. Le seul endroit où se le procurer est le **Centre de gestion du trafic** (carte p. 84-85 ; ☎ 747 0403 ; hncauduong@fpt.vn ; 16 Cao Ba Quat).

Voiture et moto

De nombreux voyageurs louent des motos ou des scooters pour explorer Hanoi, mais nous vous le déconseillons, surtout si vous n'êtes pas expérimenté. Tout d'abord, le mode de conduite vietnamien est sûrement très différent de celui de votre pays d'origine, et conduire de nuit, qui plus est après avoir bu quelques verres, peut s'avérer très dangereux, notamment aux carrefours dépourvus de feux de signalisation. Par ailleurs, vous devrez résoudre le problème du code de la route, du parking, de l'éventualité d'un vol, etc. Enfin, il est facile de contrevenir à des règles que l'on ne connaît pas.

Cela dit, si vous connaissez bien les us et coutumes du trafic asiatique, vous y prendrez sans doute beaucoup de plaisir. Nombre de pensions et d'hôtels peuvent vous trouver une moto pour environ 5 \$US/jour.

Cyclo

Les cyclos de Hanoi sont plus larges que ceux de HCMV ; on peut y monter à deux et partager ainsi le prix de la course. Mettez-vous bien d'accord avec le conducteur sur le tarif avant de partir, car il arrive souvent qu'il réclame le double à l'arrivée, prétendant que le prix convenu s'entendait par personne.

Une course dans le centre-ville tourne autour de 5 000 d/personne, les trajets plus longs ou de nuit pouvant revenir au moins deux fois plus cher. Tentez de vous mettre d'accord sur un prix en dongs et non en dollars. Quelques rudiments de vietnamien s'avèrent fort utiles pour marchander.

Tout comme leurs homologues de HCMV, les conducteurs ne comprennent ni le français ni l'anglais ; mieux vaut se munir d'un plan de ville pour indiquer sa destination. Pensez à prendre un calepin et un crayon pour noter votre destination et négocier les prix. C'est un métier ingrat : n'hésitez pas à offrir quelques milliers de dongs en pourboire.

Xe om (moto-taxi)

Vous n'aurez aucune difficulté à trouver un *xe om* à Hanoi. Placez-vous sur une grande artère, et vous aurez des propositions toutes les dix secondes.

Le tarif officiel est de 2 000 d/km. En réalité, les touristes paient environ 5 000 d/ personne pour un trajet en centre-ville et 10 000 d, voire plus, pour les courses plus longues.

Taxi

Plusieurs compagnies de taxi possèdent des véhicules avec compteur. Toutes pratiquent des tarifs similaires : de 5 000 d à 10 000 d pour la prise en charge et les deux premiers kilomètres, puis 5 000 d/km. Parmi les différentes compagnies, citons :
Airport Taxi (☎ 873 3333)
City Taxi (☎ 822 2222)
Red Taxi (☎ 856 8686)
Taxi PT (☎ 856 5656)
Viet Phuong Taxi (☎ 828 2828)

ENVIRONS DE HANOI

MUSÉE DE LA PISTE HO CHI MINH

Le **musée de la Piste Ho Chi Minh** (Bao Tang Duong Ho Chi Minh ; RN 6 ; 10 000 d ; 🕐 7h30-11h et 13h30-16h mardim), situé à 13 km au sud-ouest de Hanoi, s'intéresse à la célèbre route d'approvisionnement entre le Nord communiste et le Sud occupé. Les mordus d'histoire pourront le visiter lors d'une excursion au village d'artisans de Van Phuc (p. 118) ou à la pagode des Parfums.

PAGODE DES PARFUMS

Ensemble de temples et de sanctuaires bouddhiques, la **pagode des Parfums** (Chua Huong ; 17 000 d plus 8 000 d l'aller-retour en bateau) se niche dans les falaises calcaires du mont Huong Tich (montagne de l'Empreinte parfumée). Les principaux sites en sont Thien Chu (pagode du Chemin du Ciel), Giai Oan Chu (pagode du Purgatoire) – où les divinités purifient les âmes, apaisent les souffrances et accordent une descendance

ENVIRONS DE HANOI

0 ————— 10 km

aux couples sans enfants – et Huong Tich Chu (pagode de l'Empreinte parfumée).

Très agréable, la promenade en bateau, qui traverse de superbes paysages, prend environ 2 heures aller-retour. Comptez 2 ou 3 heures supplémentaires pour grimper au sommet. Prévoyez de bonnes chaussures de marche, car le chemin qui y mène est par endroits escarpé, et très glissant en cas de pluie.

Les pèlerins accourent nombreux à la fête annuelle, qui débute au milieu du 2e mois lunaire et se poursuit jusqu'à la dernière semaine du 3e mois lunaire (correspondant généralement à mars-avril), notamment les jours pairs du mois lunaire. Consultez un calendrier, car vous serez bien plus tran-

quille un jour impair. En 2002, le 6e jour du premier mois lunaire se plaçant sous des auspices particulièrement favorables, près de 3 000 barques se sont retrouvées en même temps sur l'eau, créant un embouteillage qui a duré plusieurs heures ! Chaque week-end de l'année, les fidèles et les visiteurs viennent faire du bateau, de la marche et explorer les grottes. Détritus, échoppes bruyantes et vendeurs ambulants plus que tenaces font partie du paysage. Vous voilà prévenu !

Depuis/vers la pagode des Parfums
La pagode des Parfums se situe à 60 km de Hanoi. On y accède d'abord par la route, puis en bateau, avant de terminer à pied.

MADAME THUYEN MÈNE SA BARQUE

Quiconque va visiter la pagode des Parfums doit faire une partie du trajet jusqu'à la montagne sacrée en barque. Mme Thuyen, rameuse, nous raconte son histoire :

"Cela fait quelques années que je conduis des touristes en bateau à la pagode des Parfums. J'appartiens à un groupe de plus d'une centaine de femmes, toutes issues de familles martyres – dont le mari, le père ou les enfants ont été blessés ou tués pendant la guerre. Nous ne possédons que 27 barques à rames, donc seules 27 d'entre nous peuvent travailler en même temps. Un système de loterie détermine chaque année lesquelles pourront travailler. Quand j'ai cette chance, je gagne bien ma vie : je perçois 15 000 d par jour, quel que soit le nombre de trajets que j'effectue, même si aucun touriste ne se présente pendant plusieurs jours.

Notre groupe a la priorité pour promener les touristes étrangers ; comme nos barques prennent moins de personnes, elles sont plus faciles à manier. En outre, avec un peu de chance, nous recevons des pourboires. Les autres rameurs doivent se battre seuls pour ravir des clients à la concurrence et, quand il n'y a aucun client, ils ne gagnent rien. Une barque coûte environ un million de dongs, et nous faisons toutes des économies pour pouvoir acheter notre propre embarcation. Tous les trois ou quatre ans, nous devons en rénover le fond, ce qui coûte 250 000 d.

Nous possédons également un terrain dans les environs, et vendons ce que nous cultivons quand nous ne travaillons pas sur le plan d'eau. Je cultive des longanes, une sorte de lychee. Mon mari, apiculteur, transporte ses ruches chez nos voisins au rythme des floraisons ; en contrepartie, il leur remet un ou deux litres de miel. Un litre de miel nous rapporte 70 000 d. L'année dernière, la récolte n'a pas été bonne : mon mari n'a obtenu que 50 litres dans l'année, alors que les trois premiers mois de cette année ont déjà rapporté 30 litres.

J'étais une femme-soldat ; c'est ainsi que j'ai rencontré mon mari. Nos enfants ont maintenant 19, 16 et 14 ans. Quand ils étaient plus jeunes, je ne ramais pas, je vendais des bijoux et de l'encens sur le site de la pagode. Je travaille dur, mais quand je pense à mes enfants qui finissent leurs études et qui auront un vrai métier, ça me motive."

Le trajet en voiture entre Hanoi et My Duc prend 2 heures. Votre chauffeur vous déposera à une quinzaine de minutes de marche de l'embarcadère, mais un *xe om* pourra vous y mener moyennant quelques milliers de dongs. C'est à bord de barques à rames, maniées le plus souvent par des femmes, que vous atteindrez enfin le pied de la montagne. La promenade sur l'eau dure 1 heure à 1 heure 30.

La pagode principale est à environ 4 km du débarcadère, mais la montée est harassante : prévoyez 2 heures pour le trajet du retour, davantage s'il a plu car le sentier sera glissant. Le forfait – comprenant l'aller-retour en barque et l'entrée du site – revient à 28 000 d. Si vous préférez réserver une barque pour aller et venir à votre guise, il vous en coûtera 45 000 d supplémentaires. Négociez la location directement à l'embarcadère, car le guichet à l'entrée du site voudra vous faire payer 200 000 d !

La plupart des cafés de voyageurs organisent des sorties bon marché jusqu'à la pagode. Pour 9 ou 10 $US, vous pouvez trouver un circuit d'une journée compre-

nant le transport, le guide et le déjeuner. Une excursion de meilleure qualité, en petit groupe et dans un véhicule plus confortable, vous coûtera 14 à 16 $US environ. Optez pour une visite organisée, car, à moins de louer une voiture, gagner le site en transport public relève du parcours du combattant.

VILLAGES D'ARTISANS

Des industries familiales se sont développées dans de nombreux villages aux alentours de Hanoi. Une excursion d'une journée peut être très agréable, à condition de l'effectuer en compagnie d'un guide compétent.

Bat Trang, à 13 km au sud-est de Hanoi, est le village de la céramique. Les artisans y produisent en grandes quantités de superbes vases et autres œuvres. Le travail est épuisant, mais le produit est remarquable et d'un prix très raisonnable. Évidemment, ce ne sont pas les boutiques qui manquent ; promenez-vous dans les allées derrière les échoppes pour observer la cuisson des objets.

So se trouve à environ 25 km au sud-ouest de Hanoi, dans la province de Ha Tay. Il est réputé pour la délicatesse de ses nouilles : ses habitants en fabriquent eux-mêmes la farine, faite d'ignames et de *cassava* (manioc) et non de froment.

Van Phuc, à 8 km au sud-ouest de Hanoi, dans la province de Ha Tay, est le village de la soie. Les étoffes, confectionnées sur d'anciens métiers à tisser, attirent nombre de visiteurs venant y acheter des vêtements ou les faire faire sur mesure. La plupart des soieries en vente dans Pho Hang Gai, à Hanoi, proviennent de Van Phuc. Un petit marché aux fruits et légumes se tient chaque matin. La pagode du village s'agrémente d'un étang à nénuphars.

Dong Ky, à 15 km au nord-est de Hanoi, était le "village des pétards" jusqu'en 1995, date à laquelle le gouvernement les a interdits. Cette production a donc aujourd'hui cédé la place à celle de magnifiques meubles traditionnels incrustés de nacre. Vous pouvez passer commande et vous les faire livrer à l'étranger.

Le Mat, à 7 km au nord-est du centre de Hanoi, est connu pour les serpents que ses habitants élèvent pour les vendre aux restaurants cossus de la capitale et fabriquer des décoctions médicinales. On peut acheter sur place de la chair fraîche et de l'élixir de serpent ; moyennant 100 000 d à 150 000 d, vous pourrez déguster un repas à base de serpent, composé d'une dizaine de plats différents. Le **festival de Mat**, qui a lieu le 23ᵉ jour du 3ᵉ mois lunaire, présente, entre autres animations, des "danses de serpents".

D'autres villages d'artisans, dans cette même région, produisent des chapeaux coniques, de délicates cages à oiseaux en bois et des herbes aromatiques.

PAGODES THAY ET TAY PHUONG

Accrochées aux parois de saillies calcaires qui émergent soudain des rizières, ces deux pagodes se trouvent à 20 minutes de route l'une de l'autre.

La **pagode Thay** (pagode du Maître ; 3 000 d), également appelée Thien Phuc (pagode de la Bénédiction céleste), est dédiée au Bouddha Thich Ca (Sakyamuni, Bouddha historique) ; 18 arhats apparaissent sur l'autel central. À gauche se dresse une statue du "Maître" à qui est consacrée la pagode : Tu Dao Hanh, bonze du XIIᵉ siècle. Sur la droite, la statue représente le roi Ly Nhan

Tong, qui aurait été une réincarnation de Tu Dao Hanh.

Devant la pagode se trouve un étang au milieu duquel se dresse une petite estrade sur pilotis : il accueille des spectacles de marionnettes sur l'eau pendant les fêtes. Suivez le sentier escarpé qui longe la pagode principale et grimpez une dizaine de minutes pour atteindre le magnifique petit temple perché sur un rocher. L'ensemble du site est gigantesque, et seuls les habitués semblent s'y retrouver. Nous vous conseillons de prendre un guide pour profiter au mieux de votre visite.

La fête annuelle de la pagode a lieu du 5ᵉ au 7ᵉ jour du 3ᵉ mois lunaire. Les pèlerins et les touristes peuvent alors voir un spectacle de marionnettes sur l'eau, se promener sur le site et explorer les grottes alentour.

La **pagode Tay Phuong** (pagode de l'Ouest ; 3 000 d), également appelée pagode Sung Phuc, se compose de trois bâtiments de plain-pied édifiés en ordre décroissant, nichés au sommet d'une butte qui aurait la forme d'un buffle. Les sculptures représentant "les conditions humaines", centre d'intérêt de la pagode, ont été réalisées dans du bois de jacquier ; la plupart d'entre elles datent du XVIIIᵉ siècle. La plus ancienne construction du site fut érigée au VIIIᵉ siècle. Après avoir grimpé l'escalier très raide menant à la pagode principale, vous pourrez redescendre par un sentier qui passe par deux autres pagodes et traverse un village à flanc de colline. Au bout du chemin, tournez à droite pour arriver au parking, à quelques centaines de mètres de là.

Depuis/vers les pagodes Thay et Tay Phuong

Les pagodes se trouvent à environ 30 km à l'ouest de Hanoi, dans la province de Ha Tay. À Hanoi, certains cafés pour voyageurs proposent une excursion d'une journée regroupant les deux visites. Vous pouvez également louer une voiture avec chauffeur (30 $US) afin de combiner la visite des pagodes et celle du parc national de Ba Vi.

PARC NATIONAL DE BA VI
☎ 034

S'étirant sur le magnifique mont du même nom (Nui Ba Vi), le **parc national de Ba Vi** (☎ 881 205 ; 10 000 d, moto 5 000 d) attire les citadins cherchant à s'échapper le temps d'un week-end. Le parc recèle plusieurs espèces de plantes rares et, côté faune, deux espèces menacées d'écureuils volants. Malheureusement, en raison d'une présence humaine accrue dans la région, il est très rare d'en apercevoir.

Le parc abrite également un jardin d'orchidées et une volière, et ses pentes boisées se prêtent aux randonnées. Un **temple** dédié à Ho Chi Minh se dresse au sommet de la montagne (1 276 m), auquel on accède par un escalier de 1 229 marches. L'ascension (30 minutes environ) est difficile, mais votre effort sera récompensé par le panorama sublime découvrant le fleuve Rouge et, au loin, Hanoi – du moins quand la vue est dégagée, d'avril à décembre. Le reste de l'année, l'ambiance humide et embrumée tient du surnaturel. La route glissante et étroite menant au parking est d'une raideur impressionnante, mais des travaux d'élargissement sont en cours.

Où se loger et se restaurer

Ba Vi Guesthouse (☎ 881 197 ; ch 120 000-150 000 d). Cette immense pension est installée au cœur même du parc. Le week-end, les tarifs augmentent de 50 000 d/chambre. En été, la grande piscine est ouverte aux clients. Si vous souhaitez être au calme, demandez un bungalow éloigné de la piscine et du restaurant, surtout le week-end. Vous devrez impérativement vous munir de votre passeport.

Malgré son aspect peu engageant, le restaurant du parc propose une cuisine fraîche, délicieuse et bon marché : comptez environ 35 000 d le repas pour deux personnes. Nous vous conseillons d'y déjeuner si votre circuit à la journée combine la visite du parc national et des pagodes Thay et Tay Phuong.

Depuis/vers le parc national de Ba Vi

Le parc national se trouve à environ 65 km à l'ouest de Hanoi. Actuellement, le seul moyen pratique d'y accéder consiste à louer un véhicule ; les voyageurs à moto pourront visiter Ba Vi avant d'emprunter la superbe route qui longe la rivière jusqu'à Hoa Binh et continuer ensuite vers le nordouest.

On confond souvent les sites touristiques proches de la ville de Ba Vi, loin des limites du parc, et le parc national lui-même – en

conséquence, assurez-vous que votre chauffeur a bien compris où vous souhaitez vous rendre.

CITADELLE CO LOA

La **citadelle Co Loa** (Co Loa Thanh ; 2 000 d/pers, 5 000 d/voiture ; ☯ 8h-17h), première citadelle fortifiée de l'histoire du Vietnam, remonte au IIIᵉ siècle av. J.-C. Elle devint capitale nationale sous le règne de Ngo Quyen (939-944). Des anciens remparts, qui entouraient un terrain d'environ 5 km², il ne subsiste aujourd'hui que des vestiges.

Au centre de la citadelle se dressent des temples dédiés au roi An Duong Vuong (257-208 av. J.-C), fondateur de la dynastie légendaire des Thuc, et à sa fille My Nuong (Mi Chau). Selon la légende, après que My Nuong eut montré à son mari, fils d'un général chinois, l'arbalète magique qui rendait son père invincible, ledit mari la vola pour la remettre à son père – grâce à quoi les Chinois purent enfin vaincre An Duong Vuong en son armée, privant le Vietnam de son indépendance.

La citadelle se trouve à 16 km au nord du centre de Hanoi, dans le district de Dong Anh, et peut se visiter en faisant un bref détour sur le chemin de Tam Dao.

STATION CLIMATIQUE DE TAM DAO

☎ 0211 / altitude 930 m

La **station climatique de Tam Dao** fut fondée en 1907 par les Français, qui l'appelaient la "Cascade d'argent" (Thac Bac), afin d'échapper à la touffeur du delta du fleuve Rouge. La plupart des somptueuses villas coloniales ayant été détruites durant la guerre d'Indochine, dans les années 1950, les ruines ont fait place à des cubes de béton inspirés de l'architecture soviétique. Aujourd'hui, les autorités locales tentent enfin de restaurer les anciennes splendeurs.

Les Hanoïens appellent parfois Tam Dao "la Dalat du Nord", en raison de son altitude et de la fraîcheur de son climat plus que pour sa ressemblance avec la "vraie" Dalat. Si vous vivez à Hanoi et que vous souhaitez passer un week-end d'été tranquille, vous y trouverez la fraîcheur et un rythme paisible. Cependant, à moins de vouloir faire une grande randonnée ou observer les oiseaux, vous serez un peu déçu : il n'y a pas grandchose à y faire mis à part écouter le vacarme des karaokés renvoyer leurs échos dans la

HANOI

vallée. Si vous envisagez de faire de la marche dans d'autres régions, vous ne raterez rien en court-circuitant Tam Dao.

Créé en 1996, le **parc national de Tam Dao** recouvre une grande partie de la région. Tam Dao signifie "trois îles" : les trois sommets de la montagne Tam Dao, tous culminant à environ 1 400 m, sont parfois visibles au nord-est de la station, semblables à des îles flottant dans la brume. L'humidité relative et l'altitude favorisent le développement de la forêt tropicale et de sa faune : le parc abrite 64 espèces de mammifères, dont le langur, et 239 sortes d'oiseaux. Le braconnage reste préoccupant ; la plupart des bars de Tam Dao servent de l'alcool de riz relevé, selon le cas, d'un oiseau, d'un reptile ou d'un petit mammifère capturé dans le parc. En outre, les touristes se voient fréquemment proposer des bêtes sauvages. Le déboisage, légal ou non, a également eu de graves répercussions sur l'environnement. Plusieurs minorités montagnardes vivent dans la région, mais la taille de leurs communautés a tendance à décroître.

Ne vous laissez pas surprendre par le froid à Tam Dao : l'hiver y est très marqué. Les randonnées vont d'une demi-heure (l'aller-retour jusqu'à la **cascade**) à 8 heures de marche dans la **forêt tropicale primaire**. Renseignez-vous au Mela Hotel (p. 120) pour louer les services d'un guide (50 000 d), indispensable pour les marches les plus longues. La meilleure période va de fin avril à mi-octobre, époque à laquelle la brume se lève parfois, laissant place au soleil. Sachez cependant que, à l'instar d'autres sites, Tam Dao attire le week-end de nombreux groupes de touristes vietnamiens ; mieux vaut donc, si possible, s'y rendre en semaine.

Où se loger et se restaurer

Tam Dao compte de nombreux hôtels et pensions, dont les tarifs varient de 80 000 d à 65 $US. Le tour de la ville se fait rapidement : n'hésitez donc pas à comparer et à négocier les prix. Méfiez-vous des établissements jouxtant des karaokés.

Huong Lien Hotel (☎ 824 282 ; ch 150 000 d). Adresse familiale et conviviale offrant un bon rapport qualité/prix. Les propriétaires ne parlant que vietnamien, n'oubliez pas votre guide de conversation !

Green World Hotel (☎ 824 315 ; ch 180 000-350 000 d). Ce grand hôtel récent offre des chambres somptueuses pour leur prix. Entièrement décoré de meubles en bois, il possède des balcons donnant sur le devant de l'hôtel et un court de tennis.

Mela Hotel (☎ /fax 824 352 ; ch 45-65 $US). Élégant et haut de gamme, à l'image de ses tarifs, cet établissement est très prisé des expatriés résidant à Hanoi. Seul hôtel en ville de sa catégorie, il est idéal pour se réchauffer au coin du feu.

Vous trouverez pléthore de restaurants dans les hôtels ainsi que nombre d'adresses de *com Pho*.

Depuis/vers Tam Dao

À 85 km au nord-ouest de Hanoi, Tam Dao relève de la province de Vinh Phuc. Au départ de Hanoi, on prend le bus à la gare routière de Kim Ma (p. 113), en direction de Vinh Yen (environ 15 000 d, 1 heure) ; de là, on peut louer une moto (environ 40 000 d l'aller) pour suivre la route étroite, longue de 24 km, menant au parc national.

Louer une voiture avec chauffeur à la journée vous coûtera environ 40 $US au départ de Hanoi. Si vous vous y rendez en moto, comptez 2 heures de trajet ; la dernière partie de la route est splendide.

Nord-est
du Vietnam

NORD-EST DU VIETNAM

Lieu phare du Nord-Est, la baie d'Along est l'un des sites les plus magiques du Vietnam. Cette formation géologique originale et splendide se caractérise par des milliers d'îlots, des pics granitiques en réalité, surplombant les flots. Plus au nord, à la frontière chinoise, la baie de Bai Tu Long, moins visitée, offre également le spectacle d'une nature magnifique. Au sud, l'île Cat Ba évoque un "monde perdu" et se prête tout particulièrement à une découverte à pied ou à vélo. Peu éloigné de Cat Ba, Haiphong, le principal port du Nord, ravira les amateurs d'architecture élégante, qui se plairont à flâner le long de ses grands boulevards.

Loin de la côte, l'intérieur semble moins hospitalier. Faites cependant un détour pour découvrir le parc national de Ba Be et ses lacs magnifiques, ainsi que les montagnes des alentours de Cao Bang, foyer de certaines minorités ethniques.

La région du Nord-Est, voie de passage importante vers la Chine, compte deux postes-frontières : le poste côtier de Mong Cai est plus rarement emprunté que celui de Lang Son, une localité en pleine expansion. Le niveau de vie des habitants profite de ce trafic frontalier : passage obligé vers Hanoi (par voie terrestre ou maritime), le Nord-Est connaît actuellement un véritable boom économique.

À NE PAS MANQUER

- Une croisière sur les eaux de la **baie d'Along** (p. 130), site de plus de 3 000 îles inscrit au patrimoine mondial de l'Unesco

- La détente sur une plage de l'île **Cat Ba** (p. 130) et une randonnée dans le parc national

- Le retour dans le passé à **Haiphong** (p. 124), ville assoupie évoquant l'architecture de Hanoi telle qu'elle était naguère encore

- Les lacs, rivières et cascades du parc national de **Ba Be** (p. 147)

- Les cascades, les grottes et les sites historiques des alentours de **Cao Bang** (p. 144), une région plus montagneuse

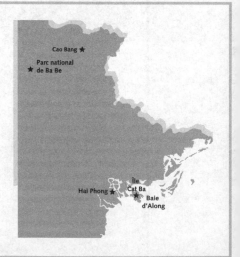

NORD-EST DU VIETNAM

Histoire

Baignée par le fleuve Rouge et la mer, la région fertile du Nord-Est est le berceau de la civilisation nationale. La relation historique houleuse entre le Vietnam et la Chine est née en ces lieux. Les Chinois envahirent la région au IIe siècle av. J.-C. et s'implantèrent au Vietnam pendant près de mille ans avant d'être repoussés, pour un temps, au Xe siècle (voir l'encadré p. 133). Chaque intervention chinoise se fit par le Nord-Est. La dernière remonte à 1979, en réponse à l'invasion du Cambodge par le Vietnam (voir l'encadré p. 143).

À la fin des années 1970 et au début des années 1980, cette région vit l'exode de milliers de Vietnamiens d'origine chinoise.

Quelques années plus tard, des milliers de Vietnamiens traversèrent ses montagnes ou y prirent la mer, à la recherche d'une vie meilleure.

CON SON ET DEN KIEP BAC

Ces sites offrent sans doute plus d'intérêt pour les Vietnamiens que pour les touristes, mais il est agréable de s'y arrêter quelques heures en se rendant à Haiphong ou à Along.

Con Son fut la résidence de Nguyen Trai (1380-1442), célèbre poète, écrivain et général qui aida l'empereur Le Loi à vaincre la dynastie chinoise des Ming au XIIIe siècle. Le site de **Con Son** (3 000 d/pers, 5 000 d/véhicule) comprend un temple érigé au sommet d'une montagne en l'honneur de Nguyen Trai. Pour y accéder, il faut emprunter un escalier de 600 marches – si vous n'avez pas envie de vous dégourdir les jambes, faites le tour par un chemin passant près d'une source et traversant une forêt de conifères.

À quelques kilomètres, le **Den Kiep Bac** (temple de Kiep Bac ; 2 000 d/pers, 5 000 d/véhicule) est dédié à Tran Hung Dao (1228-1300), général de grand courage qui triompha de 300 000 envahisseurs mongols dans les années 1280. Tran Hung Dao est sans doute le héros le plus vénéré du pays après Ho Chi Minh. Érigé en 1300 à l'emplacement supposé de la mort du général, ce temple superbe honore également d'autres membres de sa famille : c'est là que repose sa fille, Quyen Thanh, qui avait épousé Tran Nhat Ton, fondateur présumé de la secte bouddhiste vietnamienne, Truc Lam.

À l'intérieur du site, une petite exposition retrace les exploits de Tran Hung Dao (faites-vous traduire ces informations des cartouches au besoin). Un festival consacré à **Tran Hung Dao** a lieu chaque année dans le temple, du 18e au 20e jour du 8e mois lunaire.

Ces sites de la province de Hai Duong sont à 80 km de Hanoi. Si vous possédez un moyen de transport, vous pourrez facilement y faire une halte en vous rendant à Haiphong ou à la baie d'Along. Plusieurs hôtels et pensions existent à proximité.

HAIPHONG

☎ 031 / 1 667 600 hab.
Haiphong est une ville charmante, semblable à ce qu'était Hanoi il y a encore une dizaine d'années. Si d'innombrables motos envahissent les boulevards verdoyants, bordés de bâtiments de l'époque coloniale, le centre-ville dégage encore une atmosphère surannée agréable.

Principal centre industriel et port maritime du Nord, troisième ville du pays, Haiphong n'en demeure pas moins un peu assoupie. Un sentiment de prospérité se dégage de ses rues à la propreté impeccable. Comparativement à d'autres cités, les vendeurs en tous genres vous laisseront ici une paix relative – restez cependant vigilant aux alentours de la gare ferroviaire et de l'embarcadère.

Haiphong forme une halte plaisante sur la route menant à Cat Ba ou à la baie d'Along.

Les sites principaux du Nord-Est sont suffisamment bien desservis en car, bateau et train pour ne pas casser sa tirelire.

Histoire

Haiphong n'était qu'une petite bourgade commerçante lorsque les Français s'en emparèrent en 1874. Elle devint rapidement un port actif, et la proximité des mines de charbon assura son développement industriel.

En 1946, le terrible bombardement des "quartiers indigènes", où périrent des milliers de civils vietnamiens, fut l'une des causes immédiates de la guerre d'Indochine. La France dénombra à l'époque 6 000 victimes civiles.

Entre 1965 et 1972, Haiphong subit les attaques aériennes et navales des Américains. Le port fut miné en mai 1972 sur ordre du président Nixon, afin d'empêcher les Soviétiques de ravitailler le Nord-Vietnam. Conformément aux accords de Paris de 1973, les États-Unis participèrent par la suite au déminage – en envoyant 10 démineurs.

Depuis la fin des années 1970, la ville a connu un exode massif. La communauté chinoise notamment prit la route de l'exil, emportant avec elle une grande partie de la flotte de pêche.

Renseignements

ACCÈS INTERNET
Des **cybercafés** (Pho Dien Bien Phu ; env. 6 000 d/heure) sont disséminés pratiquement partout en ville.

ARGENT
Le magnifique bâtiment de la **Vietcombank** (11 Pho Hoang Dieu), près de la poste, est équipé d'un DAB ; chèques et devises sont acceptés pour le change.

OFFICE DU TOURISME
Vietnam Tourism (☎ 747 216 ; vntourism.hp@bdvn. vnmail.vnd.net ; 55 Pho Dien Bien Phu) est installé dans l'hôtel Khach San Thang Nam.

POSTE
La **poste principale** (3 Pho Nguyen Tri Phuong) est une grande et belle bâtisse ancienne, de couleur jaune, à l'angle de Pho Hoang Van Thu.

URGENCES
Si vous avez besoin de soins médicaux, mieux vaut aller à Hanoi. Toutefois, en cas

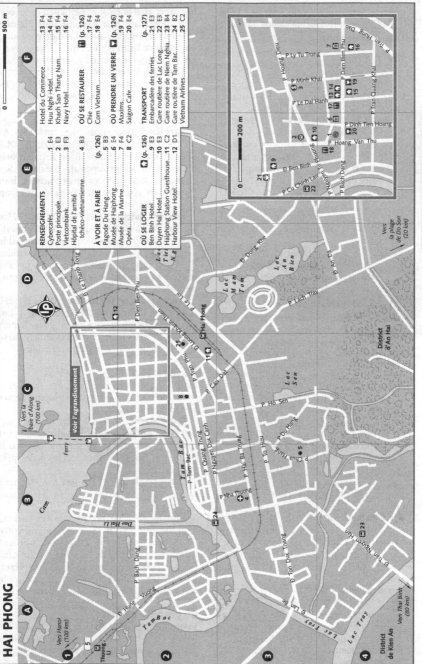

HAI PHONG

RENSEIGNEMENTS
Cybercafés.....................................1 E4
Poste principale.............................2 E3
Vietcombank..................................3 F3
Hôpital de l'amitié
tchéco-vietnamienne.....................4 B3

À VOIR ET À FAIRE (p. 126)
Pagode Du Hang............................5 B3
Musée de Haiphong.......................6 E4
Musée de la Marine........................7 F4
Opéra...8 C2

OÙ SE LOGER (p. 126)
Ben Binh Hotel...............................9 E3
Duyen Hai Hotel...........................10 E3
Haiphong Station Guesthouse........11 C2
Harbour View Hotel......................12 D1

Hotel du Commerce.....................13 F4
Huu Nghi Hotel............................14 F4
Khach San Thang Nam..................15 F4
Navy Hotel...................................16 F4

OÙ SE RESTAURER (p. 126)
Chie..17 F4
Com Vietnam..............................18 E4

OÙ PRENDRE UN VERRE (p. 126)
Maxim's......................................19 F4
Saigon Cafe.................................20 E4

TRANSPORT (p. 127)
Embarcadère des ferries...............21 E3
Gare routière de Lac Long.............22 E3
Gare routière de Niem Nghia.........23 B4
Gare routière de Tam Bac.............24 B2
Vietnam Airlines..........................25 C2

d'urgence, vous pouvez vous adresser à l'**hôpital de l'Amitié tchéco-vietnamienne** (Benh Vien Viet-Tiep ; Pho Nha Thuong).

À voir et à faire

Si vous avez quelques heures devant vous, vous trouverez ici quantité de choses à visiter. Sachez cependant que les horaires d'ouverture des musées sont limités.

Le **musée de Haiphong** (Pho Dien Bien Phu ; entrée libre ; ⊙ 8h-10h30 mar, jeu, 8h-21h30 mer, dim), qui occupe un magnifique bâtiment colonial, possède une collection très réduite. Les navigateurs et les vétérans ne manqueront pas le **musée de la Marine** (Bao Tang Hai Quan ; Pho Dien Bien Phu ; ⊙ 8h-11h mar, jeu et sam), situé en face du Navy Hotel.

Si sa restauration est terminée, allez admirer l'**opéra** (Pho Quang Trung), dont l'intérieur est somptueux.

Édifiée il y a trois siècles et restaurée à plusieurs reprises, la **pagode Du Hang** (Chua Du Hang ; 121 Pho Chua Hang) reste un bel exemple d'architecture et de sculpture traditionnelles. La rue dans laquelle elle se dresse est très animée.

Où se loger

Haiphong reçoit à l'heure actuelle un millier de touristes chinois chaque jour. Si vous avez l'intention de passer la nuit dans un établissement chic, mieux vaut donc réserver à l'avance ; il n'existe pas d'hôtel bon marché.

Harbour View Hotel (☎ 827 827 ; www.harbourviewvietnam.com ; 4 Pho Tran Phu ; s/d 75/85 $US ; ✕ ▣ ⊜). Cet hôtel de style colonial, le principal hébergement de la ville, propose des chambres agréables et stylées, une piscine, un gymnase et un spa. Il accueille de nombreux groupes européens en voyage organisé. Les prix sont parfois réduits de moitié.

Ben Binh Hotel (☎ 842 260 ; fax 842 524 ; 6 Đ Ben Binh ; ch 15-25 $US ; ✕). Face à l'embarcadère, un hôtel plutôt sombre au cœur de vastes jardins. Ses chambres bon marché sont vétustes ; préférez celles à 25 $US, plus agréables.

Duyen Hai Hotel (☎ 842 157 ; fax 841 140 ; 5 Pho Nguyen Tri Phuong ; ch 100 000-200 000 d ; ✕). C'est l'endroit le moins cher de la ville. Petites, ses chambres sont néanmoins bien entretenues et équipées d'une TV et d'une baignoire.

Hôtel du Commerce (☎ 842 706 ; fax 842 560 ; 62 Pho Dien Bien Phu ; ch 10-20 $US ; ✕). Les chambres de ce vieil hôtel sont peu à peu rénovées, tout en gardant leur hauteur sous plafond et leurs sdb gigantesques. Laissez-vous aller au plaisir de l'atmosphère qu'il dégage, malgré la faiblesse de ses équipements.

Khach San Thang Nam (☎ 747 216 ; vntourism.hp@bdvn.vnmail.vnd.net ; 55 Pho Dien Bien Phu ; ch 15-18 $US ; ✕). Hôtel très agréable abritant des chambres lumineuses, bien entretenues et tout confort, y compris la TV sat.

Navy Hotel (Khach San Hai Quan ; ☎ 842 856 ; fax 842 278 ; 27C Pho Dien Bien Phu ; ch 20-25 $US ; ✕). Très spacieux et central, il est souvent pris d'assaut par les groupes de touristes. Ses chambres sont propres et ordonnées, loin du confort spartiate des frégates que son nom évoque.

Huu Nghi Hotel (☎ 823 244 ; fax 823 245 ; 62 Pho Dien Bien Phu ; ch 20-60 $US ; ✕ ▣ ⊜). Cette affreuse bâtisse – probablement la plus laide de Haiphong – est en fait un quatre-étoiles d'un bon rapport qualité/prix, avec piscine et courts de tennis. Ses chambres comprennent douche ou baignoire.

Haiphong Station Guesthouse (☎ 855 391 ; 75 Đ Luong Khanh Thien ; ch 150 000-180 000 d ; ✕). Les chambres défraîchies ne valent guère le prix demandé, mais le lieu offre l'avantage de se situer à deux pas de la gare ferroviaire.

Où se restaurer

Haiphong est réputée pour les excellents fruits de mer que servent la plupart de ses restaurants d'hôtels.

Com Vietnam (☎ 841 698 ; 4 Pho Hoang Van Thu ; plats 20 000-60 000 d). Agréable petit restaurant installé dans une cour, servant des fruits de mer et des spécialités locales à des prix raisonnables.

Chie (☎ 821 018 ; 64 Pho Dien Bien Phu ; repas environ 10 $US). Pour les adeptes de cuisine japonaise.

Pho Minh Khai regorge de restaurants à petits prix. Vous trouverez aussi votre bonheur à Pho Quang Trung, que bordent nombre de cafés et de bars *bia hoi* (microbrasseries où se déguste cette célèbre bière). Concernant la *bia hoi*, justement : goûtez la renommée Bia Hai Phong, le nectar local.

Où prendre un verre

Saigon Cafe (angle Pho Dien Bien Phu et Pho Dinh Tien Hoang). Café-bar animé par des musiciens presque chaque soir. On peut aussi y déguster un grand choix de plats et de boissons.

Maxims (☎ 822 934 ; 51B Pho Dien Bien Phu). Avec le célèbre Maxims de Saigon, il n'a de commun que le nom, mais il organise presque tous les soirs des concerts de jazz ou de musique classique.

Depuis/vers Haiphong
AVION
Vietnam Airlines (☎ 921 137 ; www.vietnamair. com.vn ; 30 Pho Tran Phu) assure la liaison entre Haiphong et HCMV ou Danang.

BATEAU
Tous les bateaux lèvent l'ancre du **port** (Đ Ben Binh) situé à 10 minutes à pied du centre-ville.

Les hydroglisseurs desservant Cat Ba (90 000 d, 45 minutes) partent à 8h20, 8h50 et 9h. D'après les habitués, la société **Tahaco** (☎ 822 141) possède les bateaux les plus rapides. La ville d'Along n'est plus accessible en hydroglisseur, le trajet en voiture étant devenu plus rapide. **Greenlines** (☎ 747 370) propose à 7h30 un hydroglisseur pour Mong Cai (15 $US, 4 heures 30).

Il existe des bateaux ralliant Mong Cai *via* Cat Ba (70 000 d), mais la traversée s'avère beaucoup plus longue que le trajet en bus (en direction d'Along) ou en hydroglisseur.

BUS
Haiphong compte trois gares routières longue distance : les bus pour Hanoi (25 000 d, 2 heures) partent toutes les 10 minutes environ de la **gare routière de Tam Bac** (Pho Tam Bac) ; ceux en direction du Sud, Ninh Binh par exemple, partent de la **gare routière de Niem Nghia** (Đ Tran Nguyen Han).

La nouvelle **gare routière de Lac Long** (Pho Cu Chinh Lan) affrète des bus pour Bai Chay (Along ; 25 000 d, 1 heure 30), d'où l'on peut prendre un bateau ou un car pour Mong Cai, à la frontière chinoise. Si l'on arrive de Cat Ba en hydroglisseur, Lac Long dispose de bus desservant Hanoi.

TRAIN
La ligne principale Hanoi-HCMV ne passe pas par Haiphong, une voie parallèle reliant cette dernière à Hanoi : l'express quotidien part à 18h10 pour la gare de Tran Quy Cap, à Hanoi (22 000 d, 2 heures), et plusieurs trains pour celle de Long Bien (22 000 d, 2 heures 30), sur la rive est du fleuve Rouge.

L'agglomération de Haiphong compte deux gares ferroviaires ; celle de Thuong Li est implantée à l'ouest de la ville, alors que celle de Haiphong se dresse en plein centre.

VOITURE ET MOTO
Haiphong se trouve à 103 km de Hanoi par la RN 5. Cette voie express entre les deux villes (la première au Vietnam) a été achevée en 1999. C'est l'une des routes les plus fréquentées et les plus grandes du pays.

Comment circuler
Haiphong compte plusieurs sociétés de taxis climatisés avec compteur : essayez **Haiphong Taxi** (☎ 838 383) ou **Taxi Mai Linh** (☎ 833 833). De nombreux cyclos et *xe om* (moto-taxi) sillonnent également la ville (entre 5 000 et 10 000 d selon la distance).

ENVIRONS DE HAIPHONG
Plage de Do Son
Cette plage située à 21 km au sud-est de Haiphong est une station balnéaire très prisée des Vietnamiens. Karaokés et prostituées y sont légion. S'étendant sur 4 km, la péninsule compte neuf collines baptisées Cuu Long Son (monts des Neuf Dragons) et se prolonge d'un chapelet d'îlots. Vous y découvrirez une myriade de barques de pêche colorées, une promenade bordée de lauriers-roses et des plages (de dimensions quelque peu décevantes), qui disparaissent à marée haute. La réputation de la station est légèrement surfaite. Beaucoup d'hôtels ont un air défraîchi.

En 1994, un **casino** y a ouvert ses portes, le premier au Vietnam depuis 1975, en joint-venture avec Hong Kong. Les étrangers ont le droit d'y perdre ou d'y gagner autant d'argent qu'ils le souhaitent – ce qui n'est pas le cas des Vietnamiens, interdits d'entrée.

La ville de Do Son est célèbre pour ses **combats de buffles**. L'ultime combat a lieu chaque année le 10e jour du 8e mois lunaire, date de l'anniversaire de la mort du chef d'une révolte paysanne remontant au XVIIIe siècle.

ALONG
☎ 033 / 149 900 hab.
La plupart des infrastructures touristiques (hôtels, restaurants et autres services) se concentrent dans la ville d'Along, capitale

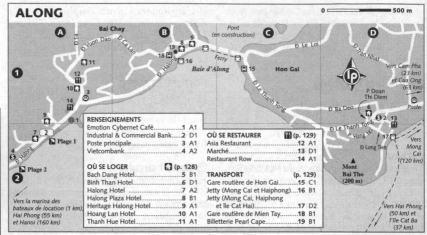

ALONG

RENSEIGNEMENTS	
Emotion Cybernet Café..............1	A1
Industrial & Commercial Bank.....2	D1
Poste principale........................3	A1
Vietcombank.............................4	A2

OÙ SE LOGER	☐ (p. 128)
Bach Dang Hotel........................5	B1
Binh Than Hotel.........................6	D1
Halong Hotel 7	A2
Halong Plaza Hotel.....................8	B1
Heritage Halong Hotel................9	A1
Hoang Lan Hotel......................10	A1
Thanh Hue Hotel......................11	A1

OÙ SE RESTAURER	☐ (p. 129)
Asia Restaurant 12	A1
Marché...................................13	D1
Restaurant Row 14	A1

TRANSPORT	(p. 129)
Gare routière de Hon Gai...........15	C1
Jetty (Mong Cai et Haiphong)....16	B1
Jetty (Mong Cai, Haiphong	
et île Cat Hai)........................17	D2
Gare routière de Mien Tay.........18	B1
Billetterie Pearl Cape...............19	B1

de la province de Quang Ninh. Ces derniè-res années, cette bourgade autrefois paisible est devenu le "lieu de perdition" des tou-ristes en voyage organisé (vietnamiens et étrangers, avec une majorité de Chinois) ; le grand nombre d'enseignes affichant "Thai massage" révèle l'importance de la prosti-tution qui y a cours.

Séjourner à Along offre peu d'intérêt en soi, mais vous y passerez probablement si vous vous rendez dans la baie d'Along. De nombreux touristes préféraient auparavant se joindre à un circuit organisé au départ de Hanoi, pensant qu'il leur serait difficile de visiter la baie par leurs propres moyens : ce n'est plus le cas depuis qu'il existe des bus au départ de Hanoi rapides et régu-liers (35 000 d, 3 heure 30) et que le port de Bai Chay propose des croisières à prix fixe vers la baie d'Along, incluant en outre la visite de Cat Ba l'après-midi (70 000 d, 5 heures), d'où l'on passe par Haiphong avant de rentrer à Hanoi. Cela signifie que les touristes ne sont plus la proie des ra-batteurs qui rôdent sur les quais. Si vous préférez malgré tout un circuit organisé, choisissez un forfait comprenant une nuit dans la baie, à bord d'un bateau.

Orientation

Along est scindée en deux par la baie ; le coin le plus intéressant pour les voyageurs est celui de Bai Chay, plus proche de la baie et plus attrayant, et qui possède en outre une meilleure infrastructure hôtelière.

Un court trajet en ferry (500 d) mène au district de Hon Gai, grand port charbon-nier.

Le pont actuellement en construction permettra de relier Bai Chay à Hong Gai – une bonne nouvelle pour tout le monde, sauf pour les propriétaires de ferries.

Retenez bien les noms des districts : la plupart des bus longue distance indiquent "Bai Chay" ou "Hon Gai" plutôt qu'Along.

Renseignements

Emotion Cybernet Café (Đ Along). Connexions Internet dans ce petit café face à la mer.

Industrial & Commercial Bank (Đ Le Thanh Tong). Un DAB bien pratique pour ceux qui séjournent à Hon Gai.

Poste (Đ Along). Outre les services classiques, vous pourrez vous connecter à Internet et utiliser les webcams.

Vietcombank (Đ Along). Change possible et retraits d'argent au DAB dans sa nouvelle agence à Bai Chay.

Plages

Les "plages" d'Along se composent essen-tiellement de vase et de rochers, un in-convénient auquel les autorités tentent de "remédier". Une société taiwanaise a cons-truit deux plages à Bai Chay avec du sable importé, mais la qualité de l'eau n'incite guère à la baignade.

Où se loger

La plupart des voyageurs résident à Bai Chay, où plus d'une centaine d'hôtels se font concurrence, garantissant des prix aborda-bles à condition d'éviter les rabatteurs. Les tarifs augmentent cependant en pleine saison (en été) et pendant le Têt. Hong Gai offre également des formules d'hébergement, mais l'activité portuaire liée au charbon y est source de bruit et de poussière.

L'île Dao Tuan Chau (p. 132), très proche, connaît actuellement d'énormes transformations : elle va devenir une station balnéaire de luxe, en essayant d'éviter les erreurs commises par la ville d'Along.

BAI CHAY
La plupart des établissements (d'innombrables mini-hôtels très semblables) se concentrent le long de "l'allée des hôtels", dans le centre-ville. Ils louent leurs doubles, avec sdb et clim, de 8 à 12 $US.

Hoang Lan Hotel (☎ 846 504 ; 17 Ð Vuon Dao ; ch 10-12 $US, avec petit déj ; ✗). Un hôtel accueillant proposant des chambres avec eau chaude, TV sat. et réfrig.

Thanh Hue Hotel (☎ 847 612 ; 17 Ð Vuon Dao ; ch 10-12 $US ; ✗). Sur la même colline que le Hoang Lan, il offre une vue sublime sur la baie en récompense de la grimpette. Chambres également très correctes, avec eau chaude, TV et balcon.

Bach Dang Hotel (☎ 846 330 ; bachdanghotelqn@hn. vnn.vn ; 2 Ð Along ; ch 239 000-299 000 d ; ✗). Proche des ferries et de la gare routière de Mien Tay, il possède des chambres propres et confortables sur 7 étages, desservis par un ascenseur.

Halong Plaza Hotel (☎ 845 810 ; www.halong plaza.com ; 8 Ð Along ; ch à partir de 140 $US ; ✗ 🖳 🖳). Face au quai d'appontage des ferries, cet hôtel propose le standing habituellement associé aux quatre-étoiles. Remise fréquente d'environ 50% sur le prix affiché.

Halong Hotel (☎ 846 320 ; fax 846 318 ; Ð Along ; ch 20-100 $US ; ✗ 🖳). Ce gigantesque complexe hôtelier se divise en trois bâtiments, chacun d'entre eux proposant des services différents : le premier possède des chambres extrêmement chères de style vaguement colonial ; le deuxième, très moderne, des chambres somptueuses ; celles du troisième, plus basiques, n'en disposent pas moins de tout le confort (TV, réfrig., tél. international, etc.).

Heritage Halong Hotel (☎ 846 888 ; Ð Along ; ch 80-90 $US ; ✗ 🖳 🖳). Autre hôtel gigantesque, estampillé quatre-étoiles, né d'une joint-venture avec un promoteur de luxe de Singapour. Les chambres sophistiquées,

avec vue, sont très prisées par les groupes de touristes étrangers.

HON GAI
Moins nombreux et moins recherchés, les hôtels maintiennent ici des prix bas. La plupart des établissements se regroupent le long de la bruyante Ð Le Thanh Tong, qui court d'est en ouest.

Binh Than Hotel (☎ 621 668 ; 4 Pho Doan Thi Diem ; ch 180 000 d ; ✗). L'un des hôtels les mieux tenus de Hon Gai, en plein centre-ville.

Où se restaurer
À part les mini-hôtels, la plupart des hôtels indiqués possèdent des restaurants. Si vous voyagez en circuit organisé, les repas seront probablement compris dans votre forfait.

Les voyageurs indépendants exploreront le quartier situé à l'ouest du centre de Bai Chay, du côté de Ð Along, où nombre de restaurants bon marché proposent une cuisine correcte (des fruits de mer, notamment) et, le soir venu, sortent des tables en terrasse.

Asia Restaurant (☎ 846 927 ; Ð Vuon Dao ; plats 20 000-40 000 d). Installé dans "l'allée des hôtels", cet établissement populaire est tenu par un ancien restaurateur berlinois. Vous y dégusterez d'excellentes spécialités vietnamiennes à des prix raisonnables.

À Hon Gai, dirigez-vous vers les petits restaurants qui bordent Pho Ben Doan ou vers les échoppes du marché et de ses alentours.

Depuis/vers Along
BATEAU
Des bateaux très lents se rendent quotidiennement de Hon Gai à Haiphong (30 000 d, 3 heures) à 6h30, 11h et 16h. Il n'existe plus de liaison en hydroglisseur entre Along et Haiphong, le trajet par la route étant devenu moins cher et tout aussi rapide.

Pour l'île Cat Ba, des bateaux touristiques réguliers quittent le quai qui leur est réservé à Bai Chay. L'aller simple (70 000 d) inclut une petite croisière dans la plus belle partie de la baie ; en ajoutant 30 000 d, vous visiterez les grottes les plus réputées. Comptez environ 5 heures, mais les horaires de départ dépendent du nombre de touristes prêts à embarquer.

À Bai Chay, **Pearl Cape** (☎ 847 888 ; Ð Along) dessert Mong Cai en hydroglisseur (12 $US,

3 heures, départs à 8h et 13h), ce qui est nettement plus agréable que le long trajet par la route. La billetterie jouxte la gare routière de Mien Tay.

Attendez-vous à des changements d'horaires.

BUS

Les bus pour Hanoi (35 000 d, 3 heures 30) quittent Bai Chay toutes les 15 minutes de la **gare routière de Mien Tay** (Ð Ca Lan). D'autres démarrent toutes les 20 minutes à destination de Haiphong (22 000 d, 1 heure 30).

Les bus vers le Nord-Est quittent la gare routière de Mien Tay, puis font halte à la **gare routière de Hon Gai** (Ð Le Loi). Il existe des dessertes régulières de Mong Cai (35 000 d, 6 heures) et Cua Ong (9 000 d, 1 heure 30), d'où l'on rejoint l'île Van Don (Dao Cai Bau).

VOITURE ET MOTO

Along se situe à 160 km de Hanoi et à 55 km de Haiphong. Le trajet Hanoi-Along en voiture prend environ 3 heures.

BAIE D'ALONG

☎ 033

Avec ses 3 000 îles sortant des eaux vert émeraude du golfe du Tonkin, la baie d'Along constitue *la* merveille du Vietnam. En 1994, elle est devenue le second site vietnamien inscrit au patrimoine mondial de l'Unesco. On l'a comparée aux paysages féeriques des îlots karstiques de Guilin, en Chine, et de Krabi, dans le sud de la Thaïlande. Ces innombrables îlots recèlent des plages et des grottes nées de l'action conjuguée du vent et des vagues ; leurs versants peu élevés vibrent de chants d'oiseaux qui ajoutent encore à l'atmosphère. Le panorama est en effet à couper le souffle.

Le site recèle par ailleurs d'innombrables grottes (dont certaines superbement illuminécs la nuit) et le parc national de Cat Ba, proche, se prête aux randonnées. La baie d'Along elle-même ne compte que quelques plages dignes de ce nom, exceptées celles de l'île Cat Ba. La baie de Lan Ha (au large de l'île Cat Ba), en revanche, en possède plus d'une centaine.

Premier site touristique du Nord-Est, la baie d'Along attire un flot régulier de visiteurs tout au long de l'année. En février, mars et avril, le temps souvent froid, brumineux et brumeux diminue la visibilité, même si les températures descendent rarement au-dessous de 10°C. Pendant les mois d'été, en revanche, les orages tropicaux sont fréquents, ce qui oblige parfois les bateaux à modifier leur itinéraire.

Along (Ha Long) signifie "là où le dragon descend dans la mer". Selon la légende, la montagne aurait abrité un énorme dragon qui, courant un jour vers la mer, créa avec les battements de sa queue les vallées et les crevasses ; lorsqu'il plongea dans l'eau, les trous qu'il avait creusés s'emplirent d'eau, ne laissant que quelques terres émergées.

Une menace, bien réelle celle-là, pèse cependant sur la baie : la chasse aux souvenirs touristiques. Les fonds marins se vident rapidement de leurs coraux et de leurs coquillages rares ; dans les grottes, stalactites et stalagmites sont peu à peu brisées pour servir de matière première aux porte-clés, presse-papiers ou cendriers en vente dans les magasins de la ville. L'offre répond visiblement à la demande : à vous de voir si vous souhaitez contribuer à ces dommages.

Une carte détaillée de la baie d'Along et de la baie voisine de Bai Tu Long a été publiée en 1998 par la direction départementale de la baie d'Along. Vous la trouverez chez les marchands de souvenirs sur les sites des grottes (8 000 d) ; à défaut, demandez à votre guide où vous en procurer un exemplaire.

À voir et à faire

GROTTES

Les îles calcaires de la baie d'Along sont parsemées de milliers de grottes, de toutes tailles et de toutes formes. Vous n'accéderez à la plupart d'entre elles que si vous avez loué un bateau, mais les circuits organisés prévoient quelques visites.

Hang Dau Go (grotte des Pieux), que les Français appelaient aussi grotte des Merveilles, comprend trois salles auxquelles on accède par un escalier dc 90 marches. Dans la première, une assemblée de gnomes semble tenir conseil parmi les stalactites. Les parois de la deuxième salle scintillent lorsqu'on les éclaire. Mais c'est de la troisième pièce que la grotte tire son nom vietnamien : au XIIIᵉ siècle, elle aurait servi à entreposer les pieux de bambou que Tran Hung Dao, général et héros populaire, planta dans le

BAIE D'ALONG ET BAIE DE BAI TU LONG

LE MONSTRE DE LA BAIE D'ALONG

Le dragon qui donna naissance à la baie d'Along relève peut-être d'une légende, mais des marins prétendent néanmoins y avoir aperçu une créature marine mystérieuse, aux proportions gigantesques, connue sous le nom de tarasque. Les militaires les plus paranoïaques affirment qu'il s'agirait d'un sous-marin espionnant pour le compte des impérialistes, alors que des voyageurs excentriques croient y avoir découvert la version vietnamienne du monstre du Loch Ness. Pendant ce temps, le "monstre" continue de hanter la baie, échappant pour l'instant avec succès à la police maritime, à Vietnam Tourism et aux douaniers. Des propriétaires de bateaux exploitent à merveille l'histoire, louant leur jonque à des touristes pour qu'ils aillent poursuivre la tarasque avant que celle-ci ne s'ennuie et déménage.

---

lit du fleuve Bach Dang pour empaler les navires de la flotte du conquérant mongol Kubilai Khan, qui tentait d'envahir le pays. Cette grotte est la plus proche du continent. Sa voisine, **Hang Thien Cung**, fait partie du même système souterrain et présente des formations calcaires en forme de choux-fleurs, ainsi que des stalactites et des stalagmites.

Hang Sung Sot est très courue. Elle compte également trois belles salles gigantesques ; dans la deuxième, l'étonnante roche phallique éclairée en rose est considérée comme un symbole de fertilité. Vous devrez là encore gravir de nombreuses marches pour y accéder ; en suivant le parcours dans les entrailles de la grotte, vous ressortirez devant la baie. Non loin de là, l'impressionnante grotte de **Hang Bo Nau** se visite également.

Hang Trong (grotte du Tambour) tire son nom du phénomène acoustique créé par le vent qui s'y engouffre.

Il se décidera probablement le jour même quelles grottes seront explorées lors de l'excursion : plusieurs facteurs entrent en effet en ligne de compte, notamment la météo, le nombre de bateaux déjà présents sur le site et le nombre de visiteurs, lesquels font peser une menace écologique sur les grottes.

Que vous n'en visitiez qu'une ou plusieurs, le tarif s'élève à 30 000 d. La billetterie se trouve sur le quai des bateaux touristiques, à Bai Chay.

ÎLES

Dao Tuan Chau (île Tuan Chau), à 5 km à l'ouest de Bai Chay, compte parmi les rares îles développées de la baie. Pendant des années, elle n'a abrité que l'ancienne résidence d'été de Ho Chi Minh, un vieux bâtiment élégant mais décrépi. Tout cela

va changer avec l'installation du **complexe international Tuan Chau** (☎ 842 159 ; aulaco@hn. vnn.vn ; ch 80-110 $US ; ⊠ ▯ ▤), qui possède un aquarium, un cirque, un terrain de golf et des villas privées. Les chambres donnant sur la plage sont charmantes et, si vous y mettez le prix, vous aurez un hammam et un sauna privatifs dans votre chambre !

Dao Titop (île Titop) possède une petite plage propice à la baignade, d'où on peut grimper jusqu'au sommet de l'îlot. L'**île Cat Ba** (p. 134) est la plus réputée et la plus développée de toutes les îles de la baie.

Pour plus d'information sur les organismes de Hanoi proposant des visites de la baie d'Along, voir p. 81.

KAYAK

Depuis quelques années, les balades en canoë connaissent un véritable engouement et la baie d'Along concurrence sérieusement Krabi, en Thaïlande, pour le titre de capitale du kayak d'Asie du Sud-Est. Plusieurs agences de voyages (p. 81) organisent depuis Hanoi des traversées de la baie incluant une nuit de camping sur l'une des nombreuses îles.

Depuis/vers la baie d'Along
AVION

La **société Northern Airport Flight Service** (☎ 04-827 4409 ; fax 827 2780 ; 173 Pho Truong Chinh, Hanoi) propose chaque samedi à 7h15 un départ en hélicoptère pour la baie d'Along : il vous en coûtera 195 $US/personne (6 passagers requis). Cet hélicoptère s'affrète à titre privé moyennant 2 000 $US/heure.

BUS ET BATEAU

La plupart des touristes prennent un circuit dans un café ou un hôtel de Hanoi : pour une ou deux nuits dans la baie d'Along, les prix restent très raisonnables, allant de 12 à 16 $US/personne (en bus de 45 places) à 40 ou 55 $US, cette dernière formule comprenant un circuit par petit groupe et une nuit à bord d'un bateau dans la baie, ce que nous vous recommandons vivement.

La plupart des forfaits comprennent le transport, les repas, le logement et des activités telles des croisières sur la baie et des promenades dans les îlots. Les boissons ne sont généralement pas incluses. Un nombre croissant de circuits comprennent une excursion en kayak de mer.

Vous n'obtiendrez sans doute pas un meilleur prix si vous vous rendez dans la baie par vos propres moyens. Toutefois, si vous préférez voyager seul, sachez que vous ne rencontrerez plus aucune complication et que vous aurez, naturellement, le loisir d'y passer le temps que vous souhaitez. Des bus relient directement Hanoi à Along (35 000 d, 3 heures 30). À Cat Ba, il est possible d'acheter des billets pour une croisière de 5 heures dans les principaux sites de la baie (100 000 d, 5 heures) marquant également un arrêt au port de Ben Beo. Avant de repartir pour Haiphong en hydroglisseur, ou pour Hanoi en bus, allez vous détendre à Cat Ba.

Si vous réservez un circuit, il se peut que la sortie en bateau soit annulée à cause du mauvais temps. Vous pourrez, en ce cas, vous faire partiellement rembourser, mais sachez que la croisière ne représente qu'une petite partie de la prestation (le logement, les repas et le transport étant les postes les plus importants) : selon le nombre de participants, vous ne récupérerez donc sans doute pas plus de 5 ou 10 $US.

Comment circuler
BATEAU

Vous ne verrez pas grand-chose si vous n'explorez pas les îles et les grottes en bateau. Les voyageurs indépendants ont vu leur vie grandement facilitée par le **service administratif de la baie d'Along** (☎ 824 467 ; http://halong.org.vn/ ; 166 Đ Le Thanh Tong) : il a le mérite de contrôler le prix des croisières. Vous en trouverez une sélection dans ses locaux, situés sur le quai de Bai Chay.

Inutile de louer un bateau entier, d'autres touristes, vietnamiens ou étrangers, se feront un plaisir de le partager avec vous. Les prix pratiqués sont très bas : 20 000/25 000/30 000 d pour une traversée de 4, 6 ou 8 heures. Si vous souhaitez malgré tout en avoir un pour vous seul, ce qui présente l'avantage d'offrir un peu d'intimité, sachez que les bateaux de taille intermédiaire (à partir de 25 personnes) se louent 280 000, 400 000 ou 500 000 d. Pour Cat Ba, ils coûtent 70 000 d/personne ou se louent 700 000 d.

Nous vous conseillons de garder un œil sur vos objets de valeur. Les cabines sont équipées d'un verrou. En cas d'excursion à la journée, en revanche, mieux vaut demander à quelqu'un de surveiller vos affaires si vous allez nager.

TRAN HUNG DAO, UN STRATÈGE INFAILLIBLE

Véritable héros national, le général Tran Hung Dao (1226-1300) repoussa à trois reprises les guerriers mongols de l'armée chinoise qui tentait d'envahir le pays.

Sa plus célèbre victoire eut lieu en 1288 sur le fleuve Bach Dang, au Nord-Est. Adoptant la stratégie militaire de Ngo Quyen (qui avait, en 939, reconquis l'indépendance du Vietnam après mille ans de tutelle chinoise), il réussit à réaffirmer l'indépendance de son pays.

À la nuit tombée, il fit planter, près des berges, où l'eau était peu profonde, des pieux en bambou dont la longueur était calculée de manière à ce qu'ils restent immergés à marée haute. Quand la marée fut montée, Tran Hung Dao fit mettre à l'eau de petites embarcations qui passèrent aisément au-dessus des piquets, dans le but de provoquer et d'inciter les vaisseaux de guerre chinois à approcher – ce qu'ils firent, bien entendu. Lorsque la marée se retira, la flotte chinoise se retrouva empalée sur les bambous, à portée des flèches enflammées de l'ennemi.

Dans la baie d'Along, vous pourrez visiter la grotte des Pieux (Hang Dau Go), où les soldats de Tran Hung Dao auraient taillé et entreposé les pieux.

Aujourd'hui, chaque ville vietnamienne possède une rue au nom de ce héros national, et toutes les rues longeant un fleuve s'appellent Bach Dang en souvenir de cette victoire.

ÎLE CAT BA
☎ 031 / 7 000 hab.

Cat Ba, réputée pour ses reliefs escarpés et sa forêt touffue, est la plus grande île des alentours de la baie d'Along. À l'est de l'île, la **baie de Lan Ha**, particulièrement belle, compte de nombreuses plages. Alors que la majorité des îles de la baie d'Along ne sont que des rochers abrupts inhabités, Cat Ba abrite quelques minuscules **villages de pêcheurs et d'agriculteurs**, ainsi qu'une bourgade en plein essor.

Mis à part quelques poches fertiles, la terre s'avère trop rocailleuse pour l'agriculture : la plupart des résidents vivent de la mer, d'autres du tourisme. Cette existence difficile a poussé beaucoup d'habitants, dans les années 1970 et 1980, à se joindre à l'exode des *boat people*. Si l'île a ainsi perdu une grande partie de sa flotte de pêche, la manne financière fournie par les Vietnamiens d'outre-mer a permis à ses habitants de construire de nouveaux hôtels et restaurants. Cat Ba reste relativement calme, même si le nombre de chambres d'hôtel (et de karaokés !) a été multiplié par 20 depuis 1996.

En 1986, la moitié de l'île (354 km² dans sa totalité) et 90 km² de ses eaux côtières ont été déclarés parc national, ce afin de protéger les écosystèmes de ce petit paradis : le parc englobe des forêts subtropicales d'arbres à feuillage persistant sur ses hauteurs, des formations marécageuses au pied des collines, des mangroves côtières, de nombreux lacs d'eau douce et des récifs de corail au large. Le littoral se compose essentiellement de falaises rocheuses, ponctuées de petites criques où se nichent quelques plages sableuses.

D'innombrables lacs, cascades et grottes se sont formés dans les collines calcaires, qui culminent à 331 m. Le **lac Ech** qui s'étend sur 3 ha ne s'assèche jamais, contrairement aux autres plans d'eau : l'eau de pluie a en effet tendance à s'infiltrer dans les grottes avant de rejoindre la mer, d'où le manque d'eau en saison sèche. Bien que la plus grande partie de l'île se trouve à une altitude de 50 à 200 m, certains endroits, en revanche, se trouvent au-dessous du niveau de la mer.

Les eaux du littoral abritent des phoques et des dauphins ainsi que quelque 200 espèces de poissons, 500 espèces de mollusques et 400 espèces d'arthropodes.

Ho Chi Minh se rendit à Cat Ba le 1er avril 1951 : depuis lors, une grande fête commémore chaque année l'événement. Un **monument** dédié à Oncle Ho se dresse sur le mont n°1, la petite colline qui fait face à la jetée de Cat Ba.

La période la plus agréable va de fin septembre à novembre (le meilleur mois) : la température de l'air et de l'eau est alors très douce et le ciel souvent dégagé. De décembre à février, le temps, plus frais, demeure plaisant. Entre février et avril, les pluies sont fréquentes ; quant aux mois d'été, de juin à août, ils sont chauds et humides.

Parc national de Cat Ba
Ce **parc national** (15 000 d, prestations d'un guide 5 $US/jour ; ☽ aube-crépuscule) abrite 32 espèces de mammifères, parmi lesquels le semnopithèque de François, le sanglier, le cerf, l'écureuil et le hérisson. On dénombre plus de 70 espèces d'oiseaux, dont le faucon, le calao et le coucou. L'île est située sur un axe migratoire important d'oiseaux aquatiques, qui nichent sur les plages et dans les mangroves. Parmi les 745 espèces de plantes répertoriées, on compte 118 espèces d'arbres à bois de charpente et 160 plantes médicinales. Le parc abrite une essence unique, le *cay Kim Gao*. Autrefois, les rois et les seigneurs ne mangeaient qu'avec des baguettes fabriquées dans le bois de cet arbre, qui était censé noircir au contact d'une substance empoisonnée !

Nous vous recommandons de vous faire accompagner par un guide lors de vos randonnées, faute de quoi vous risquez de ne voir que la canopée ! Le camping est autorisé dans le parc, mais pensez à vous munir de tout le nécessaire, qui se loue d'ailleurs en ville.

Deux grottes du parc sont ouvertes au public. L'une, la **grotte-hôpital**, présente un grand intérêt historique car elle servit d'hôpital clandestin pendant la guerre du Vietnam ; l'autre, la grotte **Trung Trang** (Hang Trung Trang) est facile d'accès (moyennant un petit droit d'entrée), mais munissez-vous d'une torche si vous voulez distinguer quelque chose – elle se trouve au sud de l'entrée du parc, le long de la route principale.

Les voyageurs apprécient généralement la randonnée *très* sportive menant, à travers le parc, jusqu'aux sommets (18 km,

5-6 heures). Prévoyez les services d'un guide, le transport en bus jusqu'à l'entrée de la piste et un bateau pour le retour : si vous voyagez de façon indépendante, cela peut s'organiser facilement dans les hôtels de Cat Ba ; si vous voyagez en groupe, ces prestations sont normalement comprises dans votre circuit. Nombre de randonnées se terminent à Viet Hai, un village reculé où réside une minorité ethnique et d'où vous emprunterez un bateau pour rejoindre le village de Cat Ba. Si vous décidez de faire cette randonnée, chaussez-vous de manière adéquate, emportez un vêtement de pluie et une bonne réserve d'eau. Les marcheurs indépendants pourront s'acheter un en-cas frugal dans les kiosques de Viet Hai, où les groupes s'arrêtent généralement pour déjeuner. N'oubliez pas, enfin, que cette randonnée est très difficile et que le sentier devient encore plus difficile et glissant après la pluie. Il existe des circuits plus courts et moins éprouvants.

Pour parvenir aux bureaux du parc à Trung Trang, prenez un minibus depuis l'un des hôtels de Cat Ba (8 000 d, 30 minu-

tes). Tous les restaurants et hôtels vendent des tickets de minibus. La location d'une moto revient à 20 000 d l'aller simple.

Plages

Les plages de sable blanc de Cat Co (appelées simplement **Cat Co 1**, **Cat Co 2** et **Cat Co 3**) sont l'endroit idéal pour se reposer. Cat Co 1 s'est cependant métamorphosée en un gigantesque complexe touristique, suivie de près par Cat Co 3. Cat Co 2, moins fréquentée et plus agréable, demeure un havre de paix doté uniquement d'un hébergement sommaire et d'un camping ; de Cat Co 1, on y accède par une petite marche le long d'une colline escarpée.

Le week-end, les plages attirent nombre de touristes vietnamiens (et les détritus s'empilent) ; le calme revient en semaine.

Pour atteindre les plages, qui ne sont qu'à 1 km au sud-est de Cat Ba, vous devrez gravir un promontoire abrupt, à pied ou à moto (environ 5 000 d).

Mis à part celles du village de Cat Ba, les principales plages sont Cai Vieng, Hong Xoai Be et Hong Xoai Lon.

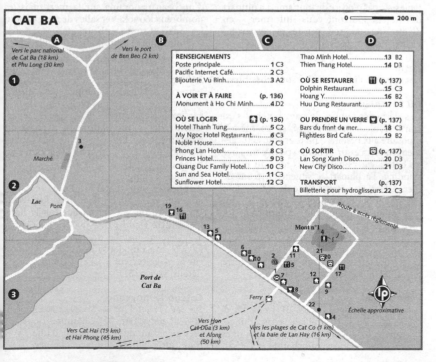

CAT BA

0 ▭▭▭▭ 200 m

Vers le parc national de Cat Ba (18 km) et Phu Long (30 km)

Vers le port de Ben Beo (2 km)

RENSEIGNEMENTS	
Poste principale	1 C3
Pacific Internet Café	2 C3
Bijouterie Vu Binh	3 A2

À VOIR ET À FAIRE	(p. 136)
Monument à Ho Chi Minh	4 D2

OÙ SE LOGER	(p. 136)
Hotel Thanh Tung	5 C2
My Ngoc Hotel Restaurant	6 C3
Nuble House	7 C3
Phong Lan Hotel	8 C3
Princes Hotel	9 D3
Quang Duc Family Hotel	10 C3
Sun and Sea Hotel	11 C3
Sunflower Hotel	12 C3

Thao Minh Hotel	13 B2
Thien Thang Hotel	14 D3

OÙ SE RESTAURER	(p. 137)
Dolphin Restaurant	15 C3
Hoang Y	16 B2
Huu Dung Restaurant	17 D3

OU PRENDRE UN VERRE	(p. 137)
Bars du front de mer	18 C3
Flightless Bird Café	19 B2

OÙ SORTIR	(p. 137)
Lan Song Xanh Disco	20 D3
New City Disco	21 D3

TRANSPORT	(p. 137)
Billetterie pour hydroglisseurs	22 C3

Marché

Lac

Pont

Port de Cat Ba

Route à accès réglementé

Mont n°1

Ferry

Échelle approximative

Vers Cat Hai (19 km) et Hai Phong (45 km)

Vers Hon Cat Dua (3 km) et Along (50 km)

Vers les plages de Cat Co (1 km) et la baie de Lan Hay (16 km)

Cat Ba

Il y a dix ans encore, la localité de Cat Ba n'était qu'un village de pêcheurs assoupi ; aujourd'hui, elle s'apparente à la Costa del Sol ! Depuis que les habitants de Hanoi l'ont "découverte", elle s'emplit de touristes l'été, le week-end et les jours fériés. Les hôtels et les restaurants se sont multipliés, tout comme les karaokés. En été, les voitures des Hanoïens s'empilent sur les ferries en provenance de Cat Hai, puis envahissent les rues.

RENSEIGNEMENTS
Accès Internet
Situé dans "l'allée des hôtels", le **Pacific Internet Café** (200 d/min) possède un grand nombre d'ordinateurs.

Argent
L'île ne compte aucune banque sur l'île, mais vous pouvez échanger vos chèques (3% de commission) à la **bijouterie Vu Binh** (☎ 888 641) ou y retirer de l'argent avec votre carte de crédit (5%).

Office du tourisme
Il n'existe pas d'office du tourisme. La plupart des hôtels pourront vous "informer" – en d'autres termes : réserver des places sur les visites qu'ils organisent.

Poste
Les appels à l'international sont possibles.

OÙ SE LOGER
Ces dernières années, le parc hôtelier s'est considérablement développé, de manière à répondre aux besoins d'un tourisme actuellement en plein essor. N'hésitez pas à comparer les hôtels, car ils ne sont pas tous du même standing. La plupart se situent en front de mer. À l'est, les hôtels à flanc de colline, loin des karaokés où gravitent les call-girls, sont plus calmes. Presque tous comportent un membre de leur personnel parlant anglais.

Le prix des chambres varie énormément : en haute saison (mai-septembre), attendez-vous à débourser au moins 15 \$US et entre 5 et 10 \$US hors saison (octobre-avril).

Petit budget
Quang Duc Family Hotel (☎ 888 231 ; fax 888 423 ; ch 10 \$US ; ✕). Pension familiale sympathique, très prisée, organisant par ailleurs de bonnes visites. Chambres avec eau chaude et TV sat.

Thien Thang Hotel (☎ /fax 888 568 ; ch 10 \$US ; ✕). Un hôtel flambant neuf, clinquant, abritant des chambres standard bon marché avec TV sat., grande sdb et balcon donnant sur la mer.

My Ngoc Hotel Restaurant (☎ 888 199 ; fax 888 422 ; ch 5-7 \$US ; ✕). D'un bon rapport qualité/ prix, les chambres sont ici simples et propres. Petit restaurant donnant sur le front de mer ; kayaks à louer 6 \$US/jour .

Phong Lan Hotel (☎ 888 605 ; ch 6-10 \$US ; ✕). Admirablement situé, cet hôtel a un atout de taille : les chambres possèdent des balcons surplombant le port. En prime : le carrelage original des sdb.

Thao Minh Hotel (☎ /fax 888 630 ; ch 5-10 \$US ; ✕). Pour profiter au maximum de la vue sur la mer, choisissez les chambres des étages supérieurs.

Hotel Thanh Tung (☎ 888 364 ; ch US\$6-10 ; ✕). Mitoyen du Thao Minh, cet établissement propose des chambres donnant sur la mer. Il est semblable aux précédents hôtels, notamment en ce qui concerne la propreté, impeccable.

Plus à l'ouest, plusieurs hôtels jouissent d'un beau panorama sur la mer, mais les nombreux karaokés et salles de massage qui les jouxtent sont très bruyants.

Pour éviter le tohu-bohu de la ville, optez pour la **pension** de Cat Co 2 (ch 50 000 d), rustique voire basique, qui ne compte que 2 chambres. Le propriétaire loue aussi des tentes et vous pouvez camper sur la plage.

Pour une retraite plus réelle, choisissez la **pension de plage** (chambres 10 \$US) que le Département des parcs nationaux a construit récemment sur l'île voisine de **Hon Cat Dua** (île aux Ananas), à environ 30 minutes en bateau de Cat Ba (6 \$US l'aller) ; on peut également camper sur la plage à condition d'apporter son matériel. Pour réserver, adressez-vous au **My Ngoc Hotel Restaurant** (☎ 888 199) ou au **Quang Duc Family Hotel** (☎ 888 231). Handspan Adventure Travel y a également installé un **camp de base** pour kayaks : une nuit dans une hutte en bambou sur la plage revient à 10 \$US (pour plus de détails, voir p. 81).

Catégorie moyenne
Sun and Sea Hotel (☎ 888 315 ; sunseahotel@mail.ru ; ch 15 \$US, avec petit déj ; ✕). Chambres impeccables disposant de l'eau chaude, d'une TV et d'un réfrig. L'hôtel fait face à la mer.

LES RESTAURANTS FLOTTANTS DE CAT BA

De nombreux restaurants "flottants", spécialisés dans les fruits de mer, sont ancrés dans le port de Cat Ba. Renseignez-vous sur leurs prix (souvent excessifs) et sur le coût du bateau qui vous y mènera et reviendra vous chercher (comptez quelque 15 000 d aller-retour ; le bateau vous attendra le temps de votre repas).

Les îliens vous conseilleront de vous rendre de l'autre côté de la baie dans l'un des restaurants flottants du port de Ben Beo : l'eau y est plus claire et le lieu moins touristique. Parmi ceux-ci, citons **Xuan Hong** (☎ 888 485), restaurant d'une ferme piscicole : vous pourrez vous promener le long des grands bassins pour observer le fonctionnement de l'élevage. Vous ne douterez pas de la fraîcheur du poisson en constatant qu'il est pêché *après* votre commande. Les prix sont calculés en fonction du poids et de l'espèce : comptez 100 000 d pour un copieux assortiment.

Princes Hotel (☎ 888 899 ; princeshotel@yahoo. com ; ch 16-25 $US ; ⊠). Cet établissement flambant neuf est le meilleur de la ville. Ses chambres climatisées sont agréables, même si elles manquent de caractère.

Noble House (☎ 888 363 ; thenoblehousevn@yahoo. com ; ch 10 $US ; ⊠). Une petite pension à la décoration sophistiquée (y compris dans les sdb). Les prix grimpent jusqu'à 30 $US en haute saison.

Sunflower Hotel (☎ 888 215 ; sunflowerhotel@hn.vnn. vn ; ch 18-25 $US, avec petit déj ; ⊠). Ses 104 chambres sont les plus élégantes de Cat Ba.

OÙ SE RESTAURER

Les restaurants en bord de mer proposent des fruits de mer délicieux, de toute première fraîcheur bien évidemment.

Hoang Y (plats 10 000-50 000 d). À l'extrémité ouest du front de mer, ce restaurant sans prétention attire une clientèle nombreuse et sert une excellente sélection de fruits de mer (comptez environ 50 000 d l'assiette copieuse de crevettes grillées) et des plats végétariens.

Huu Dung Restaurant (plats 10 000-40 000 d). Ce lieu très couru a pour spécialité le poisson à la vapeur. Il mérite une visite à condition de s'y rendre tôt car, dès leur ouverture, les deux boîtes de nuit voisines empêchent toute conversation.

Dolphin Restaurant (☎ 888 804 ; plats 20 000-50 000 d). Non loin du front de mer, ce restaurant agréable sert des plats de tous les pays du globe. N'ayez crainte : on n'y consomme pas de dauphins !

OÙ PRENDRE UN VERRE

Vous passerez une soirée très agréable en vous installant confortablement dans un bar, à l'extrémité ouest du front de mer.

Noble House (☎ 888 363) possède à l'étage un bar-restaurant animé. Vous pourrez y boire un verre, jouer au billard ou à un jeu de société. C'est l'endroit idéal pour bien commencer la soirée !

Lorsque la nuit tombe, le sympathique **Flightless Bird Café** (☎ 888 517 ; ⊗ à partir de 18h30), tenu par un expatrié néo-zélandais, regorge généralement de touristes étrangers. On vient y prendre un verre, jouer aux fléchettes, écouter de la musique, échanger des livres ou regarder un film. Le balcon à l'étage surplombe le port.

OÙ SORTIR

Deux discothèques très bruyantes se sont installées sur la colline derrière la ville. Dans son énorme bâtiment violet, **New City Disco** pratique une tactique commerciale assez originale : quand la discothèque est peu fréquentée, on ne mettra de la musique qu'une fois que vous aurez consommé. À côté se dresse **Lan Song Xanh Disco**.

Depuis/vers l'île Cat Ba

L'île se trouve à 45 km à l'est de Haiphong et à 20 km au sud d'Along. Attention, elle compte plusieurs embarcadères : le plus pratique se situe dans la ville de Cat Ba, où s'arrêtent la plupart des hydroglisseurs. Ben Beo, également très fréquenté, est à 2 km de Cat Ba. Le troisième, à Phu Long, 30 km plus loin, accueille les bateaux en provenance de Cat Hai : de là, il vous sera facile, moyennant 50 000 d, de prendre une moto-taxi jusqu'au centre-ville (ou au parc national de Cat Ba, à 15 km). En bus, le trajet sera beaucoup plus long.

Bonne nouvelle pour les voyageurs indépendants : deux hydroglisseurs de fabrication russe, véritables fusées climatisées, relient dorénavant Cat Ba à Haiphong en 45 minutes. Trois hydroglisseurs partent à 15h15 pour Haiphong (90 000 d) ; dans l'autre sens, ils partent pour Cat Ba à 8h20, 8h50 et 9h. En général, mais surtout les week-ends d'été, il faut réserver à l'avance et arriver tôt sur le quai, car les bateaux larguent les amarres dès qu'ils sont pleins.

Aucun hydroglisseur ne dessert pour l'instant Along, mais cela est susceptible de changer. Depuis Along, la manière la plus simple de se rendre à Cat Ba est de prendre un bateau de tourisme (70 000 d, 5 heures) ; le trajet de retour est moins bien organisé, mais votre hôtel vous trouvera probablement un moyen de transport.

De nombreux bateaux de tourisme, très lents, effectuent la liaison entre la ville d'Along et Cat Ba ; renseignez-vous auprès des cafés et des agences de voyages de Hanoi sur les voyages organisés menant à Cat Ba, lesquels comprennent généralement le transport, l'hébergement, les repas et les services d'un guide.

On peut également se rendre à Cat Ba par l'île Cat Hai, plus proche de Haiphong : de Haiphong, le bateau fait une brève halte à Cat Hai avant de continuer vers le port de Phu Long, sur l'île Cat Ba. Autre possibilité : se rendre à moto ou en voiture jusqu'à Haiphong, embarquer sur le ferry jusqu'à Cat Hai, traverser l'île (15 minutes environ) puis, à l'embarcadère, prendre un autre ferry pour Phu Long, sur Cat Ba. Soyez patient cependant : la circulation estivale est extrêmement intense.

Comment circuler

La bicyclette est un merveilleux moyen d'explorer l'île et les hôtels vous dénicheront sans problème un vieux vélo chinois.

On affrète facilement des minibus avec chauffeur. La plupart des hôtels proposent des locations de moto (avec ou sans chauffeur ; comptez 5 $US sans chauffeur). Si vous allez à la plage ou au parc national, garez bien votre véhicule sur le parking payant (2 000 d) afin d'être certain de le retrouver au retour – des vols et des actes de vandalisme ont en effet été signalés.

On vous proposera des promenades en canot autour du port de pêche de Cat Ba (environ 20 000 d) ou encore une location de kayak.

La plupart des hôtels et restaurants du bourg de Cat Ba organisent des circuits en bateau dans la baie d'Along, des promenades dans le parc national ou dans l'île, ainsi que des parties de pêche. Les tarifs dépendent du nombre de participants : comptez généralement 8 $US/jour ou 20 $US pour un circuit de 2 jours et une nuit.

Parmi les tours-opérateurs les plus fiables, citons le **My Ngoc Hotel Restaurant** (☎ 888199) et le **Quan Duc Family Hotel** (☎ 888231).

BAIE DE BAI TU LONG
☎ 033
Le plateau calcaire immergé qui a donné naissance aux îles spectaculaires de la baie d'Along s'étend vers le nord-est, sur près de 100 km, jusqu'à la frontière chinoise. La région contiguë à la baie d'Along s'appelle la baie de Bai Tu Long.

Cette baie est tout aussi belle que sa célèbre voisine, voire plus, car elle reste pour l'instant largement épargnée par le tourisme – et ses corollaires : moins de pollution et peu d'infrastructures touristiques. Circuler dans la baie, s'y loger et obtenir des renseignements n'a rien d'évident, surtout lorsqu'on ne parle pas vietnamien.

De la baie d'Along, vous pouvez louer un bateau de 20 places à 10 $US/heure ; la traversée dure environ 5 heures. Il vous reviendra beaucoup moins cher de vous rendre par voie terrestre jusqu'à la jetée de Cua Ong, où un ferry public dessert l'île Van Don et des îles plus reculées, ou de louer un bateau de la jetée de l'île Cai Rong.

Île Van Don (Dao Cai Bau)
Van Don est l'île la plus grande, la plus peuplée et la plus développée de l'archipel. Elle ne compte cependant pour l'instant aucune infrastructure touristique.

Cai Rong est la principale bourgade de l'île, laquelle mesure quelque 30 km de long et 15 km en son point le plus large. La plage, constituée de sable compact et de mangroves, de **Bai Dai** ("longue plage") s'étend sur la majeure partie de la côte sud. À quelques encâblures de là apparaissent d'étonnantes **formations rocheuses**, similaires à celles de la baie d'Along.

OÙ SE LOGER ET SE RESTAURER
Les rares hôtels se situent tous sur la jetée de Cai Rong, à quelque 8 km de Tai Xa Pha,

où sont amarrés les ferries. Cai Rong est un lieu bigarré et animé où de nombreuses barques de pêcheurs et de bateaux de touristes viennent jeter l'ancre face aux pics rocheux. Karaokés et motos abondent : mieux vaut opter pour une chambre avec clim. pour s'isoler du bruit ! Ne comptez pas profiter de la plage, il n'y en a aucune.

Hung Toan Hotel (☎ 874 220 ; ch 120 000 d ; ✕). Les 3 chambres du dernier étage se partagent une très vaste terrasse. Depuis que sa décoration a été rafraîchie, cet hôtel, à 100 m de la jetée, est d'un bon rapport qualité/prix.

Duyen Huong Guesthouse (☎ 874 113 ; ch 80 000-120 000 d ; ✕). Petit établissement impeccable aux chambres de bonnes dimensions, avec sdb, eau chaude et, pour certaines, balcon.

Nha Nghi Nhu Hoa (ch 80 000-120 000 d ; ✕). Mitoyen du précédent, auquel il ressemble beaucoup, cet hôtel est sympathique malgré le bruit du karaoké, au 2e étage.

Bai Tu Long Ecotourism Resort (☎ 793 156 ; www.ati-tourism.com ; ch 180 000-250 000 d ; ✕). Face à la plage, ce complexe tout neuf change agréablement des hôtels de Cai Rong : il propose de jolis bungalows sur la plage ou des chambres sur pilotis plus basiques. Le coucher de soleil y est magnifique.

DEPUIS/VERS L'ÎLE VAN DON

Pour l'instant, l'île est desservie par des ferries effectuant la navette entre Cua Ong Pha (jetée de Cua Ong, sur le continent) et Tai Xa Pha (jetée de Tai Xa, sur l'île Van Don). Le ferry pour piétons, bicyclettes, motos… et volailles (1 000 d, 20 minutes) fait la navette toutes les demi-heures entre 6h et 17h. Le ferry réservé aux véhicules (15 000 d/voiture ; 15 minutes) part de Cua Ong toutes les 2 heures de 6h30 à 16h30 (1er octobre-31 mars) et de 5h à 17h (1er avril-30 septembre).

L'île Van Don est reliée quotidiennement par hydroglisseur à Along (6 $US, 1 heure). Dans ce sens, le départ s'effectue à 8h ; à 15h pour le retour. Ces horaires dépendent de la météo et sont sujets à modifications ; il se peut que vous deviez patienter une journée, ou davantage, sur place.

Des bus fréquents relient Hon Gai (Along) à la gare routière de Cua Ong, sur le continent, à 1 km de la jetée. En chemin, vous passerez devant de nombreuses mines de charbon. Avant même que vous ne soyez

arrivé à destination, une fine pellicule de poussière noire se sera déposée sur votre visage (et vos poumons) : ayez une pensée pour les personnes qui vivent là et respirent cet air vicié tous les jours.

Pour parcourir les 8 km entre Tai Xa et Cai Rong, prenez une moto-taxi (15 000 d, 15 minutes).

Autres îles

La jetée de Cai Rong (Cai Rong Pha), à la lisière de la ville de Cai Rong, sert de point de départ aux bateaux qui explorent les îles reculées de la baie. Vous pourrez louer un bateau pour rejoindre Hon Gai ou Bai Chay (environ 10 $US/heure, 5 heures pour un aller simple).

Il est également possible de louer un bateau de tourisme à Cat Rong (70 000-80 000 d/heure) pour explorer les îles des alentours pendant quelques heures. Renseignez-vous à la jetée.

Île Quan Lan (Dao Canh Cuoc)

L'atout principal de cette île est sa magnifique **plage de sable blanc** en forme de croissant, longue de 1 km, son eau d'un bleu pur, agitée de vagues parfaites pour le surf. La meilleure saison va de mai à octobre : en hiver, il y fait trop froid.

Dans le nord-est de l'île se dressent les **ruines** de l'ancien port commercial de Van Don. Il reste peu de chose de ce port, qui jouait autrefois un rôle primordial dans le négoce entre la Chine et le Vietnam, car les ports en eau profonde comme Haiphong et Hon Gai ont depuis longtemps supplanté ces îles.

Du 16e au 18e jour du 6e mois lunaire se déroule la plus grande manifestation de la baie : le **Hoi Cheo Boi** (fête des Barques) attire des milliers de spectateurs.

Quan Lan Ecotourism Resort (☎ 033-877 417 ; www.ati-tourism.com ; bungalows 150 000 d), sur la plage, est très bien situé : il vous offre le choix entre 4 bungalows assez sommaires et de nombreuses maisons sur pilotis.

Phuong Hoang Guesthouse (☎ 877 345) et **Ngan Ha Guesthouse** (☎ 877 296) sont meilleur marché que les autres formules d'hébergement de l'île : leurs chambres (avec eau chauffée à l'énergie solaire) coûtent environ 100 000 d.

Un ferry circule chaque jour entre les îles Quan Lan et Van Don (17 000 d, 2 heures) :

il part à 14h de Van Don et à 7h de Quan Lan. Cela signifie qu'il faut camper sur l'île.

Île Van Hai (Cu Lao Mang)
Il a été découvert ici d'antiques tombes chinoises, ce qui indique un riche passé de commerce maritime. L'île compte de belles plages, mais l'exploitation minière du sable (destiné à la fabrication du verre) est en passe de les détruire. Un bateau part pour l'île Van Don à 7h et 14h (17 000 d, 80 minutes).

Île Ban Sen (Dao Tra Ban)
Également appelée Tra Ban, cette île, la plus proche de Van Don, est d'accès facile. Dépourvue d'infrastructures touristiques, sa visite implique de passer la nuit sur place : mieux vaut donc être bien équipé.

Le bateau quitte Van Don à 14h et accoste sur la côte nord de Ban Sen entre 15h et 15h30 (10 000 d). En sens inverse, le bateau quitte tlj Ban Sen à 7h, pour accoster à Van Don entre 8h et 8h30.

Île Co To (Dao Co To)
Située au nord-est, Co To est l'île habitée la plus éloignée du continent. Elle comprend plusieurs collines dont la plus haute s'élève à 170 m et dont l'une est surmontée d'un grand phare. Le littoral se compose essentiellement de falaises et de gros rochers, mais compte au moins une jolie **plage** de sable. Les bateaux de pêche jettent l'ancre à côté de cette plage : à marée basse, vous pourrez les rejoindre à pied. On peut passer la nuit dans une petite pension très sommaire.

Le ferry dessert Co To depuis Van Don les lundi, mercredi et vendredi (vérifiez les horaires à Cai Rong) ; en sens inverse, les mardi, jeudi et vendredi. Comptez 30 000 d l'aller simple et 5 heures de traversée (selon la direction du vent).

MONG CAI ET LA FRONTIÈRE CHINOISE
☎ 033 / 48 100 hab.
Mong Cai se situe sur la frontière chinoise, à l'extrémité nord-est du Vietnam. Auparavant, le poste-frontière (Cua Khau Quoc Te Mong Cai) n'était ouvert qu'aux Vietnamiens et aux Chinois ; aujourd'hui, il est devenu l'un des postes-frontières terrestres officiels du pays et ouvre tlj de 7h30 à 16h30.

Votre visa pour la Chine doit impérativement vous avoir été délivré à Hanoi (en sens inverse, votre visa vietnamien doit vous avoir été délivré par l'ambassade à Beijing).

Mong Cai, ville poussiéreuse aux bâtiments branlants et aux constructions chaotiques, ne revêt aucun intérêt pour un Occidental. Pour les Vietnamiens, en revanche, c'est le lieu où se procurer des marchandises chinoises à bas prix (et de mauvaise qualité) ; quant aux visiteurs chinois, ils y trouvent tripots et prostituées.

Si vous parlez chinois, vous pourrez le pratiquer à Mong Cai : la plupart des échoppes appartiennent à des Chinois qui traversent la frontière tous les jours pour vendre ici leurs marchandises, ce qui explique que le marché ferme si tôt – les commerçants chinois doivent retraverser la frontière avant sa fermeture. Si vous possédez quelques yuans chinois, vous n'aurez donc aucun mal à les écouler ici.

Hormis le passage de la frontière, Mong Cai ne possède rien pour retenir le touriste. De l'autre côté de la frontière (côté chinois), Dongxing n'a rien à lui envier.

Renseignements
La Vietcombank possède une succursale dans le centre-ville, où changer les chèques de voyage et retirer de l'argent.

Plusieurs établissements de Pho Hung Vuong proposent un **accès Internet**.

Où se loger et se restaurer
De nombreux touristes préfèrent passer la nuit sur la plage de Tra Co, toute proche. Parmi les innombrables hôtels de Mong Cai, citons :

Nha Nghi Thanh Tam (☎ 881 373 ; Ð Trieu Duong ; ch 120 000 d ; 🏠). Prix raisonnables pour un petit établissement impeccable.

Truong Minh Hotel (☎ 883 368 ; 202 Ð Trieu Duong ; ch 120 000 d ; 🏠). À l'ouest du marché, cet hôtel proposant TV, réfrig. et eau chaude est nettement plus calme que ceux de la rue principale.

Nam Phong Hotel (☎ 887 775 ; fax 887 779 ; Pho Hung Vuong ; ch à partir de 240 000 d ; 🏠). Hôtel moderne (le plus chic de la ville), aux chambres bien tenues. Le personnel est très attentionné.

Nha Hang Long Tu (☎ 770 489 ; Pho Hung Vuong ; plats à partir de 20 000 d). C'est l'un des meilleurs restaurants du lieu. On y déguste d'excellents

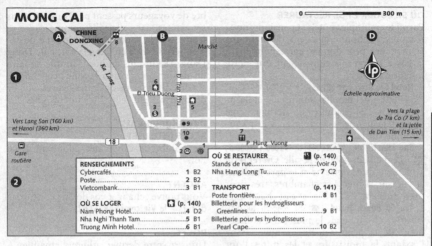

MONG CAI

0 ⸻ 300 m

CHINE DONGXING

Marché

Ka Long

Vers Lang Son (160 km) et Hanoi (360 km)

18

Gare routière

Échelle approximative

Vers la plage de Tra Co (7 km) et la jetée de Dan Tien (15 km)

Đ Trieu Duong
Đ Tran Phu
P Hung Vuong

RENSEIGNEMENTS	
Cybercafés	1 B2
Poste	2 B2
Vietcombank	3 B1

OÙ SE LOGER	(p. 140)
Nam Phong Hotel	4 D2
Nha Nghi Thanh Tam	5 B1
Truong Minh Hotel	6 B1

OÙ SE RESTAURER	(p. 140)
Stands de rue	(voir 4)
Nha Hang Long Tu	7 C2

TRANSPORT	(p. 141)
Poste frontière	8 B1
Billetterie pour les hydroglisseurs Greenlines	9 B1
Billetterie pour les hydroglisseurs Pearl Cape	10 B2

NORD-EST DU VIETNAM

barbecues et plats à la vapeur, ainsi qu'un grand choix de fruits de mer. La décoration du rez-de-chaussée est basique, celle de la salle du 1er étage plus sophistiquée.

Deux casinos cinq-étoiles, destinés à une clientèle chinoise, folle des jeux, sont actuellement en construction.

Il existe de nombreuses **échoppes** (Pho Hung Vuong), dont certaines servent des petits plats succulents, près du Nam Phong Hotel.

Depuis/vers Mong Cai
BATEAU
Un hydroglisseur Mong Cai-Bai Chay (12 $US, 3 heures) part tlj à 9h et 14h, quittant Along à 8h et 13h. Le départ pour Haiphong a lieu à 12h30 (15 $US, 4 heures 30). En direction de Mong Cai, un service de navette part de la billetterie pour vous mener à la jetée de Dan Tien (à 15 km). Lorsque vous arrivez à Mong Cai, l'hydroglisseur s'arrête souvent en pleine mer. Pas de panique : le niveau de l'eau impose simplement un transfert sur des bateaux plus petits.

Vous pourrez acheter vos billets à plusieurs endroits de la ville, comme **Pearl Cape** (☎ 883 988 ; Pho Hung Vuong) ou **Greenlines** (☎ 881 214 ; 43 Pho Tran Phu).

Pour les fanas de la lenteur, il existe également un ferry quotidien reliant Hon Gai à Mong Cai en 12 heures environ. Vérifiez les horaires sur place.

À l'heure où nous rédigions cet ouvrage, aucun hydroglisseur ne desservait l'île Van Don, mais cela est susceptible de changer.

BUS
Mong Cai se trouve à 360 km de Hanoi. Les cinq bus quotidiens pour Hanoi (62 000 d, 10 heures) partent tous entre 5h30 et 7h30. Les nombreux bus et minibus à destination de Hong Gai, à Along (35 000 d, 6 heures), quittent Mong Cai entre 5h30 et 16h30.

Le trajet Mong Cai-Lang Son dure 5 heures, mais cette route n'est desservie que par un ou deux bus quotidiens qui partent tôt le matin ; de plus, vous devez changer de bus à Tien Yen. La majeure partie de la route n'est pas goudronnée : attendez-vous à de la poussière et de la boue.

ENVIRONS DE MONG CAI
Plage de Tra Co
☎ 033
À 7 km au sud-est de Mong Cai s'étend Tra Co, péninsule de forme bizarre présentée comme la station balnéaire la plus septentrionale du pays. Cette plage longue de 17 km, aux eaux peu profondes et au sable très compact, compte parmi les plus grandes du pays. Des barques de pêche en bois peint viennent s'y échouer, quand elles n'illuminent pas la baie lors de leurs sorties nocturnes.

La station balnéaire reste de taille modeste ; en pleine saison toutefois (mai-août), des foules de touristes vietnamiens et chinois viennent envahir les karaokés et les salons de massage. Hors saison, l'endroit redevient paradisiaque : accueillant, serein et superbe. Il est bien plus agréable de passer la nuit à Tra Co qu'à Mong Cai.

OÙ SE LOGER ET SE RESTAURER

Parmi les multiples hôtels et pensions, nous n'avons sélectionné que ceux donnant sur la mer. Les prix donnés correspondent à la basse saison : ils connaissent une nette inflation en été.

Hotel Gio Bien (☎ 881 635 ; ch 120 000-150 000 d ; 🍴). Petit hôtel familial, minuscule et flambant neuf. Les chambres du dernier étage se partagent une terrasse avec vue panoramique sur la plage.

Sao Bien Hotel (☎ 881 243 ; ch 140 000-180 000 d ; 🍴). Le meilleur hôtel de la ville. On regrette seulement que la piscine et le parc gâchent la vue sur la mer. Les chambres, très propres, incluent TV, réfrig. et eau chaude.

Tra Co Beach Hotel (☎ 881 264 ; ch 100 000-150 000 d ; 🍴). Il serait le plus bel établissement de la plage s'il était rénové. Pour l'instant, la moisissure et les mites l'ont envahi.

Face au Tra Co Beach Hotel et à la plage, de sympathiques petits **restaurants** (plats 15 000-50 000 d) servent de succulents plats de fruits de mer.

DEPUIS/VERS TRA CO

De Mong Cai, l'aller simple en taxi avec compteur revient à environ 75 000 d, le trajet en moto-taxi à 20 000 d.

LANG SON

☎ 025 / 62 300 hab. / alt. 270 m

Capitale de la province qui porte son nom, émaillée de sommets, Lang Son se situe dans une région peuplée essentiellement de minorités montagnardes (Tho, Nung, Man et Dao) dont la plupart ont conservé leur mode de vie traditionnel.

La ville a été partiellement détruite par les troupes chinoises lors de l'invasion de février 1979 (voir l'encadré p. 143) : ses ruines, ainsi que celles de Dong Dang, village frontalier dévasté, ont souvent été montrées aux journalistes étrangers comme preuves de l'agression chinoise. La frontière reste très protégée, mais les deux bourgades ont été reconstruites et les relations commerciales entre les deux pays semblent de nouveau en plein essor.

Non loin de Lang Son se trouvent plusieurs grottes d'une taille impressionnante dissimulées dans les collines calcaires, de même que les ruines d'une citadelle de la dynastie Mac datant du XVIe siècle. Nom-

bre de voyageurs passent par Lang Son sans s'y arrêter, car cette ville commerçante se trouve sur la route de la Chine. Le poste-frontière se situe en fait à la sortie de Dong Dang, 18 km plus au nord. Inutile de faire un détour pour visiter la ville ; cependant, si vous disposez de quelques heures, vous y découvrirez plusieurs sites intéressants.

Renseignements

ACCÈS INTERNET

De nombreux cybercafés jalonnent Ð Le Loi.

ARGENT

Vous pouvez changer vos dollars contre des dongs à la **Vietcombank** (51 Ð Le Loi).

POSTE

Utilisez votre dernier timbre vietnamien à la **poste principale** (Ð Le Loi).

À voir et à faire

À 2,5 km du centre de Lang Son se cachent deux grandes et superbes **grottes** (5 000 d ; tlj 6h-18h) ; toutes deux, bien éclairées, abritent

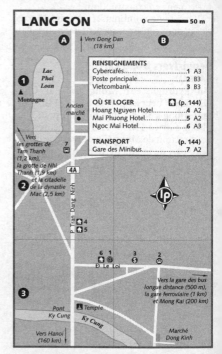

LANG SON

0 —————— 50 m

RENSEIGNEMENTS
Cybercafés.............................1 A3
Poste principale......................2 B3
Vietcombank..........................3 B3

OÙ SE LOGER (p. 144)
Hoang Nguyen Hotel..............4 A2
Mai Phuong Hotel..................5 A2
Ngoc Mai Hotel......................6 A3

TRANSPORT (p. 144)
Gare des Minibus....................7 A2

Vers Dong Dan (18 km)

Lac Phai Loan

Montagne

Ancien marché

Vers les grottes de Tam Thanh (1,2 km), la grotte de Nhi Thanh (1,9 km) et la citadelle de la dynastie Mac (2,5 km)

4A

P. Tran Dang Ninh

Ð Le Loi

Vers la gare des bus longue distance (500 m), la gare ferroviaire (1 km) et Mong Kai (200 km)

Pont Ky Cung

Temple Ky Cung

Vers Hanoi (160 km)

Marché Dong Kinh

TENSIONS DE VOISINAGE ENTRE LA CHINE ET LE VIETNAM

Mong Cai est une zone de libre-échange dont les marchés, en plein essor, connaissent une activité frénétique. Il n'en a pas toujours été ainsi : entre 1978 et 1990, la frontière était pratiquement impénétrable. Comment ces anciens amis devinrent des ennemis jurés, avant de redevenir des "amis", est une histoire intéressante.

La Chine entretint des relations amicales avec le Nord-Vietnam entre 1954, date du départ des Français, et la fin des années 1970. Les relations se dégradèrent rapidement après la réunification, lorsque le Vietnam se rapprocha de l'Union soviétique, grande rivale de la Chine. Le gouvernement vietnamien essaya sans doute à cette période de jouer sur les deux tableaux et d'obtenir ainsi une aide accrue des deux puissances.

En mars 1978, le Vietnam lança dans le Sud une campagne contre les "commerçants opportunistes" et saisit les propriétés privées, ce afin d'achever la "transformation socialiste" du pays.

Cette campagne toucha tout particulièrement la communauté chinoise, car les discours marxistes-léninistes masquaient en fait la résurgence de l'antipathie ancestrale qui l'oppose aux Vietnamiens.

Cette politique anticapitaliste et antichinoise poussa près de 500 000 des 1 800 000 résidents chinois à fuir le pays : ceux du Nord rejoignirent la Chine par voie de terre, ceux du Sud s'exilèrent par la mer. Cette opération s'avéra lucrative dans le Sud, où chaque réfugié, pour être autorisé à partir, devait payer au gouvernement jusqu'à 5 000 $US de "droit de sortie". Les entrepreneurs de Ho Chi Minh-Ville pouvaient se le permettre, mais non les Chinois du Nord, souvent très pauvres.

En représailles, la Chine coupa son aide au Vietnam, annula des dizaines de projets de développement et rappela 800 techniciens. L'invasion du Cambodge par le Vietnam, fin 1978, mit le feu aux poudres : les Khmers rouges étaient les alliés de la Chine, et les dirigeants chinois, déjà préoccupés par la forte concentration des troupes soviétiques sur leur frontière avec l'URSS, se persuadèrent que le Vietnam avait basculé dans le camp soviétique.

En février 1979, la Chine envahit le nord du Vietnam par Lang Son pour lui "donner une leçon". On ne sait trop quelle leçon les Vietnamiens en tirèrent : en tout cas, les Chinois apprirent à leurs dépens que les troupes vietnamiennes, endurcies par des années de guerre contre les Américains, ne s'en laissaient pas conter. Les troupes chinoises se retirèrent après 17 jours ; leurs dirigeants déclarèrent que l'opération avait été un "franc succès" malgré des pertes estimées à 20 000 combattants. Des observateurs constatèrent que l'Armée de libération du peuple chinois avait été sévèrement maltraitée par les Vietnamiens. Paradoxalement, l'aide chinoise avait partiellement participé à cette victoire du Vietnam.

Officiellement, les deux pays considèrent désormais ces "malentendus" comme de l'histoire ancienne et se déclarent mutuellement "bons voisins", comme l'atteste le commerce florissant autour de la frontière. En pratique, toutefois, la Chine et le Vietnam continuent de se méfier l'un de l'autre et de se disputer les droits de forage pétrolier en mer de Chine du Sud. La frontière reste une zone sensible, quoique le prochain affrontement risque plutôt de se dérouler en mer.

Si vous évoquez en Chine l'invasion de 1979, on vous dira probablement que l'armée chinoise n'a fait que répondre, en légitime défense, à des raids vietnamiens, au cours desquels auraient été massacrés d'innocents villageois. Les Chinois sont les seuls à croire en cette version des faits – et en leur victoire.

---

des autels bouddhiques. Vaste et magnifique, la **grotte de Tam Thanh** renferme une piscine naturelle et comporte également une ouverture panoramique sur les rizières environnantes. Une centaine de mètres plus loin, en haut d'un escalier de pierre, se dressent les ruines de la **citadelle de la dynastie Mac**, un endroit désert offrant une vue splendide sur la campagne.

La rivière Ngoc Tuyen s'écoule à travers la **grotte de Nhi Thanh**, située à 700 m de celle de Tam Thanh. Ngo Thi San, la femme-soldat qui la découvrit au XVIIIe siècle, est l'auteur des poèmes gravés dans la paroi à l'entrée. La stèle commémorative représente l'un des premiers résidents français de Lang Son, revêtu de ses vêtements occidentaux.

NORD-EST DU VIETNAM

Où se loger et se restaurer
Hoang Nguyen Hotel (☎ 870 349 ; 84 Pho Tran Dang Ninh ; s/d 10/15 $US ; ✕). Cet hôtel sympathique est l'un des plus propres. Choisissez une chambre donnant sur les rizières. Un cyber-café a ouvert ses portes à quelques pas.

Mai Phuong Hotel (☎ 870 458 ; 82 Pho Tran Dang Ninh ; ch 120 000-150 000 d ; ✕). Cet hôtel, voisin du précédent, loue des chambres agréables.

Ngoc Mai Hotel (☎ 871 837 ; 25 Pho Le Loi ; ch 180 000 d ; ✕). De vastes chambres lumineuses mais mal aérées. Un cybercafé jouxte l'hôtel.

La ville compte de nombreux hôtels et pensions offrant un niveau de confort équivalent. Peu disposent d'un restaurant, mais rien n'interdit de déguster un *com pho* en ville ou de s'attabler dans l'un des restaurants bon marché proches de la gare routière.

Depuis/vers Lang Son
De la **gare routière longue distance** (Đ Le Loi) partent régulièrement des bus pour la gare de Long Bien, à Hanoi (30 000 d, 3 heures). Le départ quotidien pour Cao Bang (47 000 d, 5 heures) est programmé à 5h. Depuis l'arrêt de Pho Tran Dang Ninh, des minibus partent régulièrement à destination de Cao Bang *via* That Khe et Dong Khe.

Plusieurs trains circulent chaque jour entre Lang Son et Hanoi (56 000 d, 5 heures) : départs à 2h20, 6h40 et 14h10.

Comment circuler
Les habituels *xe om* (motos-taxis) se rassemblent autour de la poste et du marché.

Sur Pho Tran Dang Ninh, des minibus maraudent à la recherche de passagers se rendant au poste-frontière de Dong Dang.

DONG DANG ET COL DE L'AMITIÉ (FRONTIÈRE CHINOISE)
Mis à part sa situation à la frontière chinoise, Dong Dang n'offre aucun intérêt pour les voyageurs. Le poste-frontière en lui-même se trouve à Huu Nghi Quan (la porte de l'Amitié), 3 km plus au nord. Un *xe om* vous y mènera moyennant 10 000 d. La frontière est ouverte tous les jours de 7h à 17h ; vous devrez parcourir à pied les 500 m séparant le Vietnam de la Chine. Trois trains (61 000 d) venant de Hanoi

desservent chaque jour la gare de Dong Dang *via* Lang Son.

Un train quitte Hanoi pour Beijing (*via* la porte de l'Amitié) le mardi et le vendredi à 18h30. Les 48 heures que prend ce trajet comprennent un arrêt de 3 heures pour les formalités de douane. Attention ! Malgré cet arrêt, il est impossible de monter à bord à Lang Son ou à Dong Dang. Vérifiez les horaires à Hanoi, car ils sont susceptibles de changer.

CAO BANG
☎ 026 / 45 500 hab.
Capitale de la province du même nom, cette ville poussiéreuse, perchée bien au-dessus du niveau de la mer, bénéficie d'un climat agréable. Son principal attrait réside dans la campagne qui l'entoure, la plus belle région montagneuse du Nord-Est.

Profitez de votre séjour à Cao Bang pour visiter le **mémorial** dressé en haut de la colline : prenez la seconde route partant de Đ Pac Bo, passez sous le porche d'une école primaire, et vous tomberez sur l'escalier qui y mène. Au sommet, une vue panoramique superbe s'offre à vous. La sérénité du lieu permet de récupérer aisément.

Renseignements
Il est désormais possible d'avoir **accès à Internet**, en particulier sur Pho Vuon Cam.

Si vous désirez changer des dollars, allez à la Bank for Foreign Investment and Development, et armez-vous de patience face à un personnel peu avenant. Pour éviter ce désagrément, prévoyez assez d'argent liquide pour le temps de votre séjour.

Où se loger et se restaurer
Thanh Loan Hotel (☎ 857 026 ; fax 857 028 ; 159 Pho Vuon Cam ; ch 15 $US, avec petit déj ; ✕). Propre et lumineux, cet établissement est géré par des employés charmants. Les chambres sont toutes au même prix, quelles que soient leurs dimensions : évitez celles du milieu, plus petites et plus sombres.

Huong Thom Hotel (☎ 855 888 ; Đ Kim Dong ; ch 180 000 d, avec petit déj ; ✕). Établissement proche du marché. Les chambres offrent un bon niveau de confort (avec eau chaude et TV) et certaines donnent sur le fleuve.

Bang Giang Hotel (☎ 853 431 ; ch 150 000-200 000 d ; ✕). Près du pont, au nord de la ville, cet énorme établissement géré par le gouvernement est bien tenu.

Nguyet Nga Hotel (☎ 856 445 ; ch 100 000-140 000 d ; ✖). Situé de l'autre côté du pont, à la diagonale du Bang Giang Hotel, cet hôtel présente le meilleur rapport qualité/prix.

Outre les restaurants d'hôtels, vous pourrez vous restaurer à l'une des nombreuses **échoppes du marché** (repas 5 000-10 000 d). **Huong Sen Restaurant** (repas 10 000-30 000 d) est un sympathique *com binh dan* installé près de la rivière.

Nha Hang Thanh Truc Restaurant (repas 8 000-20 000 d) sert des plats locaux savoureux à petits prix. Si vous ne parlez pas vietnamien, un serveur vous conduira dans la cuisine pour vous permettre de faire votre choix.

La plupart des restaurants fermant à 20h, mieux vaut se mettre à table tôt !

Depuis/vers Cao Bang

Cao Bang se trouve à 272 km au nord de Hanoi, sur la RN 3 : la route, goudronnée, est très sinueuse en raison du terrain accidenté, et il faut compter une journée de trajet. La localité est desservie tlj par des bus directs depuis Hanoi (70 000 d, 10 heures) et Thai Nguyen. Un bus assure une liaison quotidienne avec Lang Son (47 000 d, 5 heures) depuis la **gare routière** (Đ Kim Dong).

ENVIRONS DE CAO BANG
Lac Thang Hen

Ce grand lac se visite tout au long de l'année ; toutefois, le paysage environnant change en fonction de la saison. En période de pluies (mai à septembre), 36 lacs se forment entre les roches sinueuses, alors qu'en saison sèche, tous ces lacs sont asséchés à l'exception du Thang Hen : apparaît alors une vaste **grotte**, qui s'explore en radeau de bambou – si quelqu'un accepte de vous y mener. La région offre par ailleurs d'agréables **randonnées** d'une journée, à effectuer en compagnie d'un guide local : votre hôtel à Cao Bang devrait pouvoir vous aider à en trouver un.

Thang Hen, dépourvu d'hôtel et de restaurant, n'est pas desservi par les transports publics. De Cao Bang, il faut parcourir 20 km en voiture jusqu'au col de Ma Phuc puis, 1 km plus loin, tourner à gauche au croisement et poursuivre encore sur 4 km.

Hang Pac Bo

À 3 km de la frontière chinoise, Hang Pac Bo (grotte de la Roue à eau) et ses environs revêtent un caractère sacré pour les révolutionnaires vietnamiens : le 28 janvier 1941, c'est par ce lieu que Ho Chi Minh revint au Vietnam pour lancer la révolution qu'il avait planifiée au cours de ses trente années d'exil.

Ho Chi Minh vécut dans cette grotte, proche de la frontière chinoise, durant la Seconde Guerre mondiale et y écrivit des poèmes. Cette cachette lui aurait permis une fuite rapide hors du pays au cas où les soldats français auraient tenté de l'arrêter. Il baptisa le ruisseau qui coulait devant sa

CAO BANG — 0 ▬▬ 100 m

RENSEIGNEMENTS
Bank for Foreign Investment &
  Development.........................1 A3
Police....................................2 A4
Poste.....................................3 A3

À VOIR ET À FAIRE (p. 144)
Monument aux morts.............4 B3

OÙ SE LOGER (p. 144)
Bang Giang Hotel....................5 A3
Huong Thom Hotel.................6 A3
Nguyet Nga Hotel...................7 B3
Thanh Loan Hotel...................8 B3

OÙ SE RESTAURER (p. 144)
Huong Sen Restaurant............9 B4
Nha Hang Thanh Truc
  Restaurant.........................10 A3

TRANSPORT (p. 145)
Gare routière.......................11 A4

Vers le lac Thang Hen (21 km)
Hang Pac Bo (60 km),
les chutes Ban Gioc (85 km)
et Hanoi (272 km)

Siège du comité du peuple
Đ Hoang Dinh Giang
Parc
Đ Be Van Dan
Đ Hoang Nhu
Đ Kim Dong
Marché
Pont Bang Giang
Bang Giang
Đ Pac Bo
Escaliers
Đ Nguyen Du
Vers Lang Son (117 km)
4A

LA LÉGENDE DES LACS

Le décor enchanteur de Thang Hen s'accompagne naturellement d'une légende déprimante. Il était une fois un jeune homme très beau et très intelligent du nom de Chang Sung ; sa mère, qui l'adorait, avait décidé que son fils deviendrait mandarin, puis épouserait une belle jeune fille.

Selon la tradition confucéenne, on ne devenait mandarin qu'après avoir réussi un concours très difficile, que Chang Sung réussit brillamment. Une lettre officielle lui notifia la bonne nouvelle, lui ordonnant de se rendre au palais royal une semaine plus tard.

Apprenant le succès de son fils, la mère de Chang Sung mit en œuvre la seconde partie de son plan : elle s'en alla choisir une jolie fille du nom de Bioc Luong (Fleur jaune) et arrangea rapidement un grand mariage.

Chang Sung ne pouvait être plus heureux. En fait, Bioc et lui passèrent une lune de miel si délicieuse qu'il ne se souvint de son rendez-vous au palais royal que la veille de la date fatidique.

Sachant quelle serait la déception de sa mère s'il laissait passer cette chance, il décida d'en appeler aux forces magiques des ténèbres pour qu'elles l'aident à rejoindre le palais royal en quelques bonds de géant. Malheureusement, il ne put contrôler la direction ni la vitesse de ses sauts et se blessa à chaque bond, créant 36 cratères. Le dernier bond le mena au sommet du col Ma Phuc, où il mourut d'épuisement avant de se transformer en pierre. Les cratères se remplirent d'eau pendant la saison des pluies et devinrent les 36 lacs de Thang Hen.

grotte "rivière Lénine" et un mont voisin "pic Karl-Marx".

Un **musée** (entrée libre ; tlj 7h30-11h30 et 13h30-16h30) lui est dédié à l'entrée du site (le parking est 2 km plus loin). Une marche de 10 minutes permet d'atteindre la grotte. Dans la direction opposée, à 15 minutes à pied en traversant une rizière et une forêt, se dresse une **cabane**, autre cachette d'Oncle Ho. En chemin, vous remarquerez un rocher saillant qui lui servait de "boîte aux lettres dormante". Cet endroit à l'atmosphère sereine reste, à cette date, exempt de toute infrastructure touristique.

Hang Pac Bo est à près de 60 km au nord-ouest de Cao Bang. Prévoyez 1 heure 30 pour explorer les alentours et 3 heures pour le trajet du retour. Une escapade d'une demi-journée en *xe om* coûte 10 \$US environ. Vous n'avez pas besoin d'un permis de circuler, malgré la proximité de la frontière chinoise.

Chutes de Ban Gioc

Ce lieu pittoresque situé à la lisière de la Chine est peu visité. Son nom, Ban Gioc, dérive des dialectes montagnards parlés dans la région – il est parfois transformé en Ban Doc.

Ces chutes sont les plus larges du Vietnam, mais non les plus hautes. Sur un dénivelé de 53 m, elles courent sur 300 m de large ; elles sont à cheval sur la frontière. Leur débit varie considérablement entre la saison sèche et la saison des pluies. Le spectacle est très impressionnant de mai à septembre, mais les remous rendent alors la baignade difficile au pied des chutes. Les trois niveaux de la cascade forment une sorte d'escalier géant, et le niveau des eaux reste toujours assez élevé pour que ce décor magnifique mérite le détour. Pour y parvenir, la marche à travers les rizières constitue déjà un plaisir en soi.

Les chutes sont alimentées par la Quay Son, au milieu de laquelle une démarcation invisible marque la frontière. Vous pourrez atteindre cette ligne imaginaire – mais sans jamais la franchir – à bord d'un **radeau de bambou** (30 000 d). Ces dernières années, les infrastructures touristiques se sont développées du côté chinois, alors que la rive vietnamienne ne dispose encore que d'une passerelle en bambou et de quelques radeaux.

Cette zone ne comporte aucun poste-frontière officiel, mais vous devrez néanmoins obtenir un permis pour la visiter. Il en coûte officiellement 10 \$US, mais nombre d'hôtels à Cao Bang se chargeront des formalités moyennant 100 000 à 200 000 d. Laissez-les s'en occuper : ce sera beaucoup moins contraignant que d'en faire la demande vous-même au poste de police.

À quelque 10 km en aval du site, vous devrez montrer votre permis et laisser votre passeport à un point de contrôle situé au bord de la route. Une fois arrivé au parking, vous remettrez le permis à un garde ; vous récupérerez tous vos papiers au retour. Ce système fonctionnait parfaitement lors de notre passage, mais le règlement est sujet à changements.

GROTTES DE NGUOM NGAO

L'entrée principale des **grottes** (droit d'entrée et guide 50 000 d) se situe à 2 km des chutes, tout près de la route de Cao Bang. Ces grottes, gigantesques, s'étendent sur 3 km, et l'une des galeries débouche non loin des chutes, par une entrée secrète. La visite guidée dure généralement 1 heure et ne vous fait pénétrer que de 400 m à l'intérieur de la grotte, mais vous pouvez demander à en voir davantage : comptez 2 heures pour une visite complète, sans supplément de prix. Une installation électrique semble en projet, mais mieux vaut se munir d'une torche.

OÙ SE LOGER ET SE RESTAURER

Lors de notre passage, aucun hôtel n'était encore installé du côté vietnamien de la frontière. Cao Bang reste donc le lieu d'hébergement le plus proche.

Les possibilités de restauration sont limitées à Trung Khanh, inexistantes à Ban Gioc ; en conséquence, prévoyez un panier-repas pour votre excursion aux chutes et aux grottes.

COMMENT S'Y RENDRE

L'état satisfaisant de la route de montagne reliant Cao Bang à Ban Gioc *via* Quang Yen permet de parcourir ces 87 km en voiture de tourisme ; comptez cependant 2 heures 30 de trajet sur cette route aussi pittoresque que sinueuse. Si vous empruntez la route menant aux chutes, vous constaterez que la section entre Tra Linh et Trung Khanh n'a pas été rénovée. Nous vous recommandons d'y aller en 4x4, surtout s'il a plu. Un service de transport public fonctionne entre Cao Bang et Trung Khanh, mais pas plus loin. Négociez avec un conducteur de *xe om* à Trung Khanh pour vous rendre aux chutes.

Marchés montagnards

Dans la province de Cao Bang, les Kinh (Vietnamiens de souche) sont largement minoritaires ; le groupe ethnique le plus important est celui des Thay (46%), suivi des Nung (32%), des Hmong (8%), des Dao (ou Zao, 7%) et des Lolo (1%). Toutefois, les mariages mixtes, l'éducation généralisée et les vêtements modernes effacent peu à peu les distinctions culturelles.

Le livre de Tim Doling *Mountains and Ethnic Minorities: North East Vietnam* vous apportera de nombreuses informations sur les ethnies de cette région. Il est disponible au musée d'Ethnologie du Vietnam (p. 92) et dans les librairies de Hanoi.

Reportez-vous également à la section *Les ethnies montagnardes* (p. 54), au début de cet ouvrage, et à l'encadré *Un tourisme responsable à l'égard des minorités ethniques* p. 165.

La majorité des Montagnards de Cao Bang ignorent tout des travers du monde extérieur. Au marché, par exemple, nul besoin de marchander : les vendeurs demandent les mêmes prix aux étrangers qu'aux habitants du coin. Reste à savoir si cette pratique résistera au tourisme, même limité.

Les grands marchés de la province de Cao Bang, dont nous donnons la liste ci-après, se tiennent tous les 5 jours, selon le calendrier lunaire :

Trung Khanh – les 5e, 10e, 15e, 20e, 25e et 30e jours du mois lunaire

Tra Linh – les 4e, 9e, 14e, 19e, 24e et 29e jours du mois lunaire

Nuoc Hai – les 1er, 6e, 11e, 16e, 21e et 26e jours du mois lunaire

Na Giang – les 1er, 6e, 11e, 16e, 21e et 26e jours du mois lunaire. Ce dernier, le plus grand marché de la région, est très fréquenté par les Thay, les Nung et les Hmong.

PARC NATIONAL DE BA BE

☎ 0281 / alt. 145 m

Le **parc national de Ba Be** (Vuong Quoc Gia Ba Be ; ☎ 894014, fax 894026 ; 10 000 d/pers, 10 000 d/véhicule, assurance 1 000 d), dans la province de Bac Kan, a été créé en 1992 ; c'est le huitième parc national du Vietnam. Cette magnifique région de plus de 7 000 ha regorge de cascades, de rivières, de vallées profondes, de lacs et de grottes encadrés de pics montagneux. Elle est peuplée par la minorité thay, qui vit dans des maisons sur pilotis.

Sa forêt tropicale abrite plus de 550 espèces de plantes, et le gouvernement alloue des subventions aux villageois pour qu'ils n'abattent pas les arbres. Parmi les quelque 300 espèces d'animaux figurent 65 espèces de mammifères (que l'on aperçoit rarement),

LA LÉGENDE DE L'ÎLE DE LA VEUVE

L'îlot minuscule au cœur des lacs Ba Be est à l'origine d'une légende locale : les Tay croient que les lacs recouvrent d'anciennes terres cultivées, au milieu desquelles se trouvait le village de Nam Mau. Un jour, les habitants de Nam Mau trouvèrent un buffle qui errait dans la forêt voisine. Ils le capturèrent, l'abattirent et s'en partagèrent la viande, mais sans rien offrir à une vieille veuve solitaire.

Malheureusement pour les villageois, ce buffle n'était pas une créature ordinaire : il appartenait au fantôme de la rivière. Ne voyant pas revenir son buffle, le fantôme se rendit au village, déguisé en mendiant. Il quémanda de la nourriture aux villageois, qui refusèrent de partager leur festin et le chassèrent. La veuve, seule à faire preuve de générosité, lui donna un peu de nourriture et lui offrit le gîte pour la nuit.

Cette nuit-là, le mendiant conseilla à la veuve de prendre une poignée de riz et d'aller semer les grains à la volée autour de sa maison. Quelques heures plus tard, un orage éclata, entraînant une inondation. Les villageois périrent noyés, les flots emportèrent leurs maisons et leurs fermes, laissant place aux lacs Ba Be. Seule la maison de la veuve fut épargnée : c'est l'actuelle Po Gia Mai (l'île de la Veuve).

214 espèces d'oiseaux, des papillons et des insectes. Si la chasse est interdite, les villageois sont en revanche autorisés à pêcher.

Le parc est cerné de montagnes abruptes culminant à 1 554 m. L'édition 1939 du *Guide Madrolle sur l'Indochine* recommandait de visiter les environs "en voiture, à cheval ou, pour les dames, en chaise à porteurs".

Ba Be (les Trois Baies) se compose en fait de trois lacs reliés entre eux, mesurant au total plus de 8 km de long, 400 m de large et jusqu'à 35 m de profondeur. Ils contiennent près de 50 espèces de poissons d'eau douce.

Deux des lacs sont séparés par une étendue d'eau large de 100 m, appelée Be Kam, elle-même délimitée par deux parois de roche crayeuse. Les **Thac Dau Dang** (Dau Dang, ou chutes de Ta Ken) consistent en une série d'impressionnantes cascades coincées entre des murailles rocheuses. On y accède en bateau ou à pied à condition d'y consacrer une journée. À 200 m des rapides, vous apercevrez le petit village thay de Hua Tang.

Ne manquez pas de visiter **Hang Puong** (grotte de Puong), qui mesure 30 m de haut et traverse toute une montagne sur 300 m de long, puis de remonter sa rivière souterraine en bateau – une superbe promenade !

Vous pourrez louer un bateau 40 000 d/ heure. Les embarcations, amarrées à 2 km des bureaux du parc, peuvent accueillir jusqu'à 8 personnes, mais le prix reste identique même si vous n'êtes que deux. Donnez-vous au moins 7 heures pour visiter la plupart des sites. Cette croisière est un enchantement, malgré le bruit du moteur. Un guide (vivement recommandé) vous coûtera 10 $US la journée.

Le personnel du parc propose différents **circuits**. Les prix en sont dégressifs et varient en fonction du nombre de personnes, mais attendez-vous à débourser au moins 25 $US par jour si vous êtes seul. Parmi les options à la jour née, vous aurez le choix entre une excursion en bateau, un circuit combinant une sortie en bateau à moteur, une randonnée de 3 ou 4 km et un tour en pirogue, ou encore plusieurs circuits à bicyclette, en bateau et à pied. Si vous le désirez, les employés se chargeront de vous trouver un logement chez l'habitant à l'intérieur du parc ou d'organiser des treks plus longs.

L'entrée s'acquitte à un poste de contrôle sur la route menant au parc, environ 15 km avant les bureaux, juste après Cho Ra.

Où se loger et se restaurer

Il existe deux possibilités d'hébergement à proximité de l'entrée du parc : les **guesthouses** (ch 20 $US), de facture récente , louent des chambres agréables quoique un peu chères ; les **cottages** (ch 25 $US), composés de 2 pièces, disposent de chambres climatisées. Il est possible de dîner au **restaurant** (plats 10 000-30 000 d) en passant commande au moins une heure avant de passer à table. L'établissement propose un accès Internet, facturé 10 000 d/heure.

Autre option, passer la nuit dans l'une des **maisons sur pilotis** (3 $US/pers) des deux hameaux du parc. Le personnel du parc peut se charger de la réservation. Vous pourrez vous restaurer dans ces villages, notamment de poisson tout frais, à des prix raisonnables.

Prévoyez suffisamment d'argent liquide, car vous ne trouverez sur place aucun bureau de change. Les banques les plus proches sont à Bac Kan, sur la route de Hanoi.

Depuis/vers le parc national de Ba Be

Le parc national de Ba Be se situe dans la province de Bac Kan, non loin de la limite des provinces de Cao Bang et de Tuyen Quang. Les lacs sont à 240 km de la capitale, à 61 km de Bac Kan (également appelée Bach Thong) et à 18 km de Cho Ra.

La plupart des visiteurs louent à Hanoi un véhicule à plusieurs pour, le plus souvent, une excursion de 3 jours et 2 nuits ; en effet, il faut compter 6 heures de trajet depuis la capitale. Depuis l'ouverture de la nouvelle route, en 2000, il n'est plus nécessaire de prendre un 4x4.

Atteindre le parc en transports publics relève du parcours du combattant : de la capitale, il faut emprunter un bus pour Phu Thong (30 000 d, 6 heures) *via* Thai Nguyen et/ou Bac Kan, puis un bus desservant Cho Ra (10 000 d, 1 heure). À Cho Ra, il faut louer une moto (environ 30 000 d) pour effectuer les 18 km restants.

THAI NGUYEN

☎ 028 / 171 400 hab.

L'unique intérêt de cette ville réside dans le **musée des Cultures des ethnies du Vietnam** (Bao Tang Van Hoa Cac Dan Toc ; 10 000 d ; ☯ 7h-11h et 14h-17h30 mar-dim), qui mérite réellement une visite sur la route vers les lacs Ba Be. Cet énorme bâtiment rose pastel est le plus grand musée du pays en la matière ; il accueille des expositions hautes en couleur sur la cinquantaine de tribus montagnardes que compte le Vietnam. Un intéressant petit fascicule vous guidera dans votre visite (2 $US).

Thai Nguyen est à 76 km au nord de Hanoi ; la route est en bon état. Depuis la gare de Gia Lam, à Hanoi, des bus et des minibus réguliers desservent Thai Nguyen de façon régulière de 5h à 17h (15 000 d, 2 heures).

ENVIRONS DE THAI NGUYEN
Grotte de Phuong Hoang

Cette grotte, à 40 km de Thai Nguyen, est l'une des plus vastes et des plus accessibles du Nord-Est. Elle comporte quatre salles principales, dont deux sont éclairées par le soleil à certaines heures. Si quelques stalactites et stalagmites ont été cassées par des chasseurs de souvenirs, la plupart demeurent intactes. Comme bien d'autres au Vietnam, cette grotte a servi d'hôpital et de dépôt de munitions pendant la guerre. N'oubliez pas d'apporter une lampe-torche.

On y accède à moto par une route défoncée.

Réservoir de Nui Coc

Situé à 25 km à l'ouest de Thai Nguyen, le **réservoir de Nui Coc** (6 000 d, chambres d'hôtel 80 000-250 000 d) est un beau plan d'eau très prisé des Hanoïens, nombreux à s'y presser les weekends d'été. Le tour du lac en bateau, très plaisant, dure 1 heure (environ 200 000 d). Vous pouvez profiter de la piscine du parc (20 000 d) ou louer une barque à rames. L'endroit est une halte agréable sur la route des lacs Ba Be.

Nord-ouest du Vietnam

Les paysages du Nord-Ouest comptent parmi les plus extraordinaires du Vietnam. Ces contrées montagneuses abritent également des minorités ethniques, dont le mode de vie, pour certaines, est resté inchangé depuis des générations, malgré les influences extérieures.

Sapa en est la porte d'entrée : cette station d'altitude s'inscrit dans un cadre inouï de pics et de rizières en terrasses quasi verticales. Passé Sapa, le ravissement se poursuit avec la palette de couleurs des paysages. Les merveilles qui vous y attendent répondent aux noms de Bac Ha, Dien Bien Phu et Mai Chau. L'aventure ultime vous mènera à Ha Giang, la dernière frontière septentrionale : cependant, soyez prêt à y affronter des routes parfois en piteux état, la bureaucratie et le manque d'infrastructures ! La route nationale 6 (RN 6) serpente à travers de superbes montagnes et dans les hautes terres, des régions peuplées notamment de Thaï noirs, de Thaï blancs, de Dao et de Hmong. Les Thaï occupent essentiellement les plaines, où ils habitent de belles maisons sur pilotis et cultivent du thé et des fruits, les Dao et les Hmong résidant sur des terres plus arides au delà de 1 000 m d'altitude.

Si les routes sont ici bitumées pour l'essentiel, beaucoup sont bordées de falaises abruptes, sujettes à la saison des pluies à de fréquents glissements de terrain. Le trajet Lai Chau-Sapa, sur des routes grimpant à plus de 1 000 m au-delà du col du Tram Ton, ne laisse guère de répit. En contrepartie, cependant, vous aurez sous les yeux un paysage à couper le souffle, l'un des plus beaux du Sud-Est asiatique. Les routes s'améliorent d'année en année ; cependant, si vous souffrez du dos ou êtes sujet au vertige, mieux vaut prévoir des étapes courtes. Nombre de voyageurs vont jusqu'à Mai Chau ou Sapa, puis rebroussent chemin.

Le trajet le plus intéressant est le "circuit du Nord-Ouest", lequel consiste à rejoindre Mai Chau, Son La, puis Dien Bien Phu avant de continuer vers Lai Chau et Sapa. Mieux vaut effectuer ce circuit en 4x4 ou à moto : les routes sont parfois coupées, obligeant alors à emprunter des chemins de traverse. Accordez-vous une semaine entière, voire beaucoup plus si vous optez pour les transports publics. Et un grand bravo aux courageux cyclistes...

NORD-OUEST DU VIETNAM

À NE PAS MANQUER

- Le circuit du Nord-Ouest (ci-dessus) et son environnement montagneux grandiose
- La région de **Sapa** (p. 163), où rencontrer les Montagnards, partir en randonnée ou, tout simplement, admirer le paysage
- Revivre l'Histoire à **Dien Bien Phu** (p. 159), où s'acheva la domination coloniale française
- Les marchés des minorités de la région de **Bac Ha** (p. 171), pays bariolé des Hmong Fleur
- L'ascension de 3 jours sur les pentes du **Fansipan** (p. 166), le plus haut sommet vietnamien

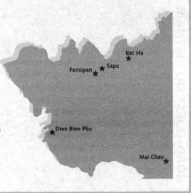

NORD-OUEST DU VIETNAM

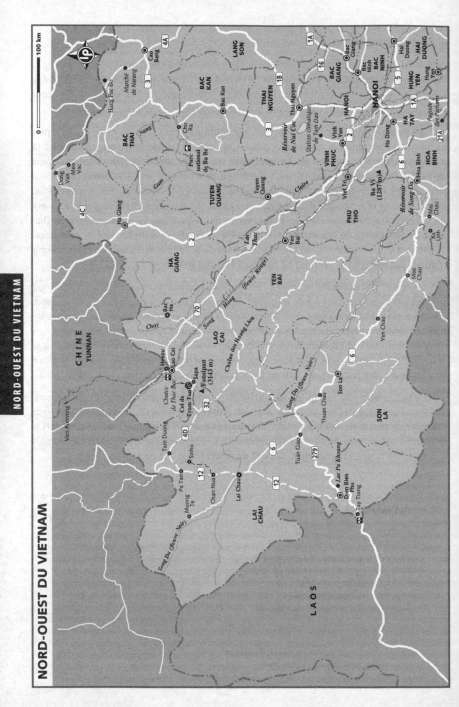

Histoire

L'histoire du Nord-Ouest est distincte de celle du reste du pays : les Vietnamiens s'étant en effet détournés des montagnes, où le sol ne se prêtait pas à la culture extensive du riz, cette région resta pendant de longs siècles aux mains de petits groupes de minorités, qui seront rejoints au XIXᵉ siècle par des migrants venus du Yunnan, de Chine et du Tibet.

Lorsque Ho Chi Minh dirigea le Nord-Vietnam, il fit l'essai d'une autonomie limitée dans des "zones spéciales", qui furent cependant supprimées après la réunification.

Pour les minorités, la vie a toujours été difficile dans ces régions ; leur récolte la plus fructueuse est l'opium, denrée qui n'a jamais fait bon ménage avec les autorités vietnamiennes. Les possibilités en matière d'économie et d'éducation limitées, comme la vietnamisation des villes et des villages ne font qu'envenimer les choses. Paradoxalement, dans des villes comme Sapa et Bac Ha, c'est le tourisme qui fournit dorénavant un moyen de subsistance aux minorités.

Depuis/vers le Nord-Ouest

Prenez le temps, avant votre départ vers cette région isolée et montagneuse, d'une réflexion minutieuse. Le meilleur moyen de s'y rendre est le train Hanoi-Lao Cai, point de passage vers Sapa et les Alpes tonkinoises : en train de jour, il permet d'admirer le paysage, en train de nuit, il fait gagner du temps. En bus, sachez que les routes de montagne peuvent s'avérer vraiment très difficiles à parcourir, voire être réellement dangereuses en saison des pluies ; pour vous en convaincre, essayez le trajet de 16 heures jusqu'à Dien Bien Phu... Si vous êtes en fonds (ou en groupe), optez plutôt pour un 4x4. Dernière solution pour les plus aventureux, mais aussi pour les plus expérimentés : la Minsk, la moto des montagnes qui passe quasiment partout.

HOA BINH

☎ 018 / 75 000 hab.

La cité de Hoa Binh ("paix"), capitale de la province du même nom, abrite de nombreuses tribus montagnardes, notamment thaï et hmong. La ville forme une étape sur la longue route menant à Dien Bien Phu *via* Mai Chau.

ATTENTION !

Le Nord-Ouest offre de rares possibilités de changer des chèques de voyage et les cartes bancaires ne sont généralement pas d'un grand secours. À Sapa, les chèques de voyage sont acceptés moyennant une commission élevée ; mieux vaut dans ce cas changer des dollars, même si le taux est bas. En résumé, faites vos réserves de dongs avant de quitter Hanoi.

Renseignements

POSTE

Communications internationales et accès Internet possibles au **bureau de poste**.

INFORMATION TOURISTIQUE

Il existe un bureau de **Hoa Binh Tourism** (☎ 854 374 ; fax 854 372), mais il est fermé au public ; renseignez-vous auprès du personnel des hôtels Hoa Binh.

À voir

Un petit **musée** (entrée libre ; lun-ven 8h-10h30 et 14h 16h30) expose des reliques des guerres d'Indochine et du Vietnam, parmi lesquelles un véhicule amphibie rouillé, ayant appartenu à l'armée française.

À 200 m à droite du musée se profile la gigantesque paroi d'un non moins gigantesque **barrage hydroélectrique**. De l'autre côté du fleuve se dresse un imposant monument en hommage aux 161 ouvriers tués pendant sa construction.

Où se loger et se restaurer

Hoa Binh Hotels I et II (☎ 852537, fax 854372 ; s/d 28/33 $US). Ces maisons montagnardes sur pilotis, situées sur la route de Mai Chau, sont équipées de tout le confort, eau chaude et TV incluses.

Thap Vang Hotel (☎ 852 864 ; 213 Đ Cu Chinh Lan ; ch 150 000 d ; ✕). En centre-ville, cet hôtel plus récent est également confortable (eau chaude et TV sat.).

La cuisine n'est pas le point fort de Hoa Binh, mais vous trouverez de nombreux restaurants *com pho* dans le centre ville, le long de la RN 6. Les habitants traversent le nouveau pont pour aller se restaurer dans les petites cabanes des *bia hoi* (microbrasseries), en bordure du fleuve.

CONVERSATION AVEC UN CONDUCTEUR DE 4X4

Je n'avais pas envisagé de conduire des touristes. Au début des années 1980, j'ai obtenu une bourse pour aller à Moscou passer un diplôme d'ingénieur en travaux publics, et j'espérais bien en faire mon métier. Beaucoup d'entre nous sont partis étudier en Russie à cette époque. J'ai appris le russe, bien entendu. Cela a duré trois ans, mais à mon retour le climat politique avait changé : avoir fait ses études en Russie n'avait plus la même valeur, et mon diplôme ne me servait plus à grand-chose.

Ma famille a investi dans ce 4x4, un modèle de 1993 acheté d'occasion dans un lot provenant des États-Unis. Le compteur est en miles ; au début, j'ai eu du mal à m'y habituer.

Je parcours tout le pays, mais les touristes ont une préférence pour le Nord-Ouest – c'est donc là que je me rends le plus souvent, soit plus de 30 fois par an. Les journées sont longues, mais, du moment que je peux prendre une heure pour déjeuner et me reposer, ça va. Et puis, les touristes apportent souvent des choses à grignoter pendant le voyage. J'adore les M&M !

La plupart du temps, un guide-interprète nous accompagne ; je n'ai donc pas besoin de parler une autre langue (et puis, on peut faire comprendre beaucoup de choses par gestes, avec l'intonation et les expressions), mais je pense quand même qu'il vaudrait mieux que j'apprenne l'anglais. Je le comprends un peu, mais je ne le parle pas. Avec la dernière touriste que j'ai emmenée, on a bien ri en apprenant des phrases dans le guide de conversation. Je lui apprenais à prononcer le vietnamien et elle m'apprenait la même chose pour l'anglais, ensuite on s'interrogeait pendant le voyage. Les étrangers trouvent toujours la prononciation vietnamienne difficile, à cause des tons.

Avec un peu de chance, je passe un jour et une nuit par semaine chez moi, à Hanoi. Ma femme travaille à plein temps dans un bureau, mais nos enfants sont presque adolescents et se débrouillent bien tout seuls quand nous sommes absents. Nous dépensons toutefois beaucoup d'argent pour nos notes de téléphone portable !

Depuis/vers Hoa Binh

Hoa Binh, accessible en bus, est à 74 km au sud-ouest de Hanoi. Si vous êtes motorisé, visitez le parc national de Ba Vi (p. 118), et prenez la route longeant le fleuve jusqu'à Hoa Binh.

RÉSERVOIR DE SONG DA

À l'ouest de Hoa Binh s'étend le réservoir de Song Da (Ho Song Da), le plus grand du Vietnam. L'inondation de la région a forcé les fermiers à se déplacer massivement de 200 km en amont. Le barrage fait partie d'un important système hydroélectrique qui approvisionne tout le nord du pays. Depuis 1994, une ligne électrique de 500 000 volts alimente le Sud, épargnant à Ho Chi Minh-Ville (HCMV) les pannes de courant saisonnières qui la frappaient régulièrement.

Le meilleur moyen d'y accéder consiste à prendre une petite route qui coupe la RN 6 au carrefour de Dong Bang, 60 km à l'ouest de Hoa Binh, juste à la sortie de Mai Chau. À partir du carrefour de Dong Bang, faites près de 5 km le long de cette route pour atteindre la jetée de Bai San. Faites-vous accompagner d'une personne parlant vietnamien pour prendre les dispositions nécessaires.

Parmi les excursions possibles figurent les **îles Ba Khan** : ces îles sont en fait les cimes de montagnes aujourd'hui immergées, semblables à la baie d'Along. La traversée dure 3 heures aller-retour et revient à 150 000 d par bateau (embarquant 10 passagers).

Une autre excursion en bateau vous conduira au **village de Than Nhan**, peuplé par la tribu des Dao (2 heures aller-retour, 100 000 d). De la jetée, vous devrez parcourir un chemin abrupt de 4 km avant d'atteindre le village. Si vous souhaitez y passer la nuit, comptez 50 000 d pour la traversée. Un autre bateau vous déposera le lendemain à la jetée de Bai San.

Enfin, le bateau pour vous rendre de Bai San à Hoa Binh vous reviendra à 400 000 d (6 heures).

MAI CHAU

☎ 018 / 47 500 hab. / alt. 300 m

Cette bourgade rurale dépourvue de véritable centre se compose de plusieurs villages, de fermes et de huttes dispersés dans une large vallée. La région, superbe, est majoritairement peuplée de Thaï blancs, lointains cousins de tribus thaïlandaises, laotiennes et chinoises.

Bien que la plupart des habitants ne les portent plus, les femmes thaï, expertes en tissage, confectionnent toujours des costumes de style traditionnel que vous pourrez acheter au village. Vous les verrez sans doute à l'œuvre derrière leur métier à tisser, installé sous ou dans leur maison. Les Thaï de Mai Chau ne font pas de vente forcée, contrairement aux Hmong de Sapa, mais le marchandage poli reste de rigueur.

À voir et à faire

Mai Chau est un authentique **village montagnard** à peu de distance de Hanoi. Vous pourrez, entre autres, y passer la nuit dans une maison thaï sur pilotis, découvrir une splendide **vallée** ponctuée de rizières, ou encore partir en **randonnée** jusqu'aux villages des communautés ethniques. Comptez de 7 à 8 km pour une marche exploratoire, et aux alentours de 5 $US pour les services d'un guide.

Si l'aventure vous tente, tentez le célèbre trek (18 km) qui va du **village de Lac** (Ban Lac), à Mai Chau, au **village de Xa Linh**, situé près d'un col à 1 000 m d'altitude, le long de la RN 6. Le village de Lac est peuplé de Thaï blancs, Xa Linh de Hmong. Cette randonnée, trop fatigante à effectuer en un seul jour, implique de passer la nuit dans un hameau et exige les services d'un guide. Une voiture vous ramènera du col à Mai Chau. Sachez que la piste connaît une déclivité de 600 m et que la pluie la rend dangereusement glissante.

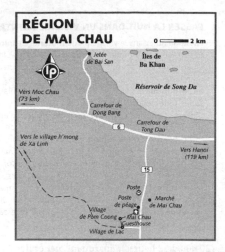

Vous pouvez aussi opter pour une randonnée plus longue (sept jours) ; renseignez-vous à ce sujet dans les villages de Lac ou Pom Coong. Plusieurs cafés et agences de voyages de Hanoi proposent des excursions à bon prix vers Mai Chau (p. 81) incluant transport, nourriture et hébergement.

Où se loger et se restaurer

Mai Chau Guesthouse (☎ 851 812 ; ch à partir de 120 000 d). Cette pension au confort rudimentaire, gérée par le gouvernement, borde la route serpentant dans la vallée. Les chambres à l'arrière disposent d'un balcon donnant sur les rizières et les montagnes.

La plupart des voyageurs préfèrent cependant s'écarter un peu de la route principale et passer la nuit dans l'une des **maisons thaï sur pilotis** de Lac ou de Pom Coong (50 000 d/pers) – une solution beaucoup plus séduisante et moins chère. Lac est le plus animé des deux villages ; parfois, le soir, les habitants organisent des spectacles de danse et de chants traditionnels. Pour en savoir plus, voir l'encadré page suivante.

Depuis/vers Mai Chau

Mai Chau se trouve à 135 km de Hanoi et à 5 km au sud du carrefour de Tong Dau, sur la RN 6 (route Hanoi-Dien Bien Phu).

De Hanoi, il n'existe aucun transport public direct pour Mai Chau ; toutefois, de nombreux bus desservent Hoa Binh (12 000 d, 2 heures), qui possède de nombreuses liaisons en bus avec Mai Chau

---

PASSER LA NUIT DANS UN VILLAGE MONTAGNARD

Passer la nuit dans le village d'une minorité ethnique de Mai Chau est une expérience qui répond désormais aux "normes touristiques" de base – les autorités vietnamiennes y veillent. Ainsi, les villages doivent fournir une alimentation électrique en continu, un confort dit moderne, des matelas et des moustiquaires, voire des toilettes à l'occidentale. Ce n'est pas une mauvaise chose en soi puisque ces facilités profitent aussi aux villageois, et si vous rêviez d'aventures façon *Indiana Jones*, redescendez immédiatement sur terre. Par ailleurs, les tour-opérateurs installent de grands placards publicitaires partout où leurs groupes s'arrêtent pour se restaurer, y compris sur les belles maisons en bois sur pilotis, une opération qui dénature réellement le site !

En dépit de cette exploitation commerciale, la majorité des visiteurs repartent enchantés, certainement en raison de la gentillesse des Thaï, de l'atmosphère paisible et du dépaysement, puisque l'on dort tout de même dans une maison sur pilotis et sous un toit de chaume !

Nul besoin de réserver – il suffit en effet de se présenter au village –, mais mieux vaut arriver avant la tombée de la nuit (de préférence en milieu d'après-midi). Vous pouvez commander vos repas dans la maison où vous logez, moyennant 20 000 d environ. Ne vous privez pas de goûter à la cuisine locale, naturellement bien plus intéressante.

(20 000 d, 2 heures), marquant généralement un arrêt au carrefour de Tong Dau. Comptez ensuite 5 000 d pour le *xe om* (moto-taxi) qui vous conduira au centre de Mai Chau.

En théorie, les étrangers doivent acquitter un droit d'entrée de 5 000 d pour y pénétrer, mais le poste de péage installé devant la pension gérée par le gouvernement, sur la route principale, n'est pas toujours gardé.

MOC CHAU
☎ 022 / 113 100 hab. / alt. 1 500 m

Cette bourgade de montagne produit l'un des meilleurs thés du pays et vous pourrez en faire provision. Plusieurs minorités ethniques, en particulier des Hmong verts, des Dao, des Thaï et des Muong, peuplent les alentours de Moc Chau.

Une industrie laitière de pointe a vu ici le jour à la fin des années 1970, grâce à l'aide de l'Australie et, par la suite, des Nations unies. La laiterie approvisionne la capitale en produits "de luxe" tels que du lait frais, du lait condensé sucré et des petites confiseries (les *banh sua*). Les nombreuses crémeries longeant la RN 6 (lorsqu'elle traverse Moc Chau) sont donc le lieu idéal pour se régaler de lait et de yaourts.

Élisez domicile pour la nuit à la **Duc Dung Guesthouse** (☎ 866 181 ; ch 120 000 d), à une centaine de mètres de la RN 6 en prenant à gauche devant la poste.

Comptez environ 6 heures de voiture pour parcourir les 200 km entre Hanoi

et Moc Chau, desservie par une route en bon état ; 120 km séparent Moc Chau de Son La.

YEN CHAU
☎ 022 / 50 800 hab.

Dans ce petit district rural renommé pour sa production de fruits, les bananes sont récoltées toute l'année, les mangues en mai-juin, les longanes en juillet-août et les anones en août-septembre.

Si les étrangers leur préfèrent souvent les gros fruits jaunes et juteux du Sud, les petites mangues vertes sont considérées comme les meilleures par les Vietnamiens eux-mêmes, qui les consomment avec du nuoc mam et du sucre.

Prévoyez 8 heures pour parcourir les 260 km de route reliant Hanoi à Yen Chau.

SON LA
☎ 022 / 61 600 hab.

Chef-lieu de la province du même nom, Son La vous offre une bonne étape sur la route de Dien Bien Phu. S'il ne compte pas parmi les merveilles du Vietnam, le paysage est néanmoins plaisant, et explorer Son La remplira amplement votre demi-journée.

Majoritairement peuplée de Montagnards, parmi lesquels des Thaï noirs, des Meo, des Muong et des Thaï blancs, cette province subit fort peu l'influence vietnamienne jusqu'au XXᵉ siècle. De 1959 à 1980, elle a fait partie de la région autonome de Tay Bac.

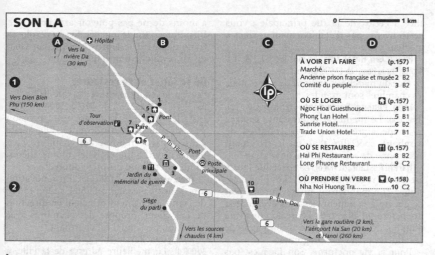

À VOIR ET À FAIRE (p.157)
Marché...1 B1
Ancienne prison française et musée 2 B2
Comité du peuple.............................3 B2

OÙ SE LOGER (p.157)
Ngoc Hoa Guesthouse.....................4 B1
Phong Lan Hotel..............................5 B1
Sunrise Hotel....................................6 B2
Trade Union Hotel...........................7 B1

OÙ SE RESTAURER (p.157)
Hai Phi Restaurant...........................8 B2
Long Phuong Restaurant................9 C2

OÙ PRENDRE UN VERRE (p.158)
Nha Noi Huong Tra.......................10 C2

À voir et à faire

L'**ancienne prison française** (Nha Tu Cu Cua Phap ; 5 000 d ; tlj 7h30-11h et 13h30-17h), lieu chargé d'histoire, était autrefois une colonie pénitentiaire où étaient incarcérés les Vietnamiens anticolonialistes. Détruite par les avions américains lors des "délestages" de bombes non utilisées pendant les raids sur Hanoi et Haiphong, sur leur chemin de retour vers leurs bases du Laos, elle est aujourd'hui partiellement restaurée. Tourelles et miradors, reconstruits, surplombent à nouveau les vestiges des cellules, chaînes et murs intérieurs. Seul rescapé des bombardements : un pêcher planté par To Hieu, détenu des années 1940 aujourd'hui immortalisé par une rue, un lycée et quelques édifices de Son La.

De l'artère principale, une petite route grimpe vers la prison. À son extrémité, les bureaux du Comité populaire abritent, au dernier étage, un petit **musée** exposant des objets ethniques intéressants, et d'où l'on peut admirer une vue panoramique sur les ruines de la prison. On entre dans celle-ci par l'arrière, en passant sous un vieux panneau sur lequel se devine encore le mot "Pénitencier".

Perchée au-dessus de la ville, une **tour d'observation** offre une vue superbe sur Son La et ses environs ; pour y parvenir, il faut cependant grimper pendant une vingtaine de minutes un escalier assez raide. L'escalier de pierre qui mène à l'observatoire part sur la gauche du Trade Union Hotel.

Au **marché** de Son La, vous découvrirez un petit choix de sacs tissés colorés à porter en bandoulière, ainsi que des écharpes, des boutons et des colliers en argent, des vêtements et autres objets d'artisanat montagnard.

Les **sources chaudes** (Suoi Nuoc Nong) se situent à quelques kilomètres au sud de la ville. Il existe également un petit **bassin** communal (entrée libre), assez trouble, et des **cabines** en béton (5 000 d) où l'eau est pompée dans des baignoires privatives. Pour y parvenir, empruntez la route en face du musée et passez devant le siège du Parti. La route est en mauvais état sur 1 km, les 5 km suivants sont goudronnés.

Où se loger et se restaurer

La plupart des voyageurs se rendant de Hanoi à Dien Bien Phu (ou inversement) passent une nuit à Son La. Les hôtels sont légion, mais un certain nombre d'entre eux servent de maison close. Les établissements suivants sont nettement plus corrects.

Trade Union Hotel (Khach San Cong Doan ; ☎ 852 804 ; fax 855 312 ; s/d/tr 10/15/20 $US, avec petit déj ; ✗). Un vrai bijou, pourtant géré par l'État ! Personnel très chaleureux, prix raisonnables et grandes chambres avec eau chaude.

Sunrise Hotel (☎ 858 798 ; fax 859 799 ; 53 Đ 26/8 ; ch 10-15 $US ; ✗). Une bonne adresse juste en face du Trade Union Hotel : chambres étincelantes avec eau chaude et TV.

Ngoc Hoa Guesthouse (☎ 853 993 ; 3 Đ Cho Moi ; dort 3 $US ; s/d 10/15 $US ; ✗). Dans une petite allée à l'écart de la rue principale ; vous ne trouverez pas d'établissement correct à meilleur prix.

Phong Lan Hotel (☎ 853 516 ; fax 852 318 ; 1 Ð Nguyen Luong Bong ; ch 17 $US, avec petit déj ; 😠). Juste en face du marché et en bord de route, mais les chambres sont grandes.

Long Phuong Restaurant (☎ 852 339 ; Pho Thinh Doi). Le menu est intéressant : essayez la soupe aigre *mang dang* (pousses de bambou), spécialité thaï, ou le riz gluant assaisonné de sel aux grains de sésame.

Hai Phi Restaurant (RN 6). La spécialité locale est le *lau* (ragoût de chèvre). Les plus classiques commanderont un savoureux plat de chèvre à la vapeur, les plus aventureux un *tiet canh*, plat très apprécié constitué d'un bol de sang de chèvre accompagné de cacahuètes pilées et de légumes.

Pour la vie nocturne, Son La n'est pas la meilleure destination ; les habitants fréquentent **Nha Noi Huong Tra** (Ð Nguyen Luong Bong), un café Trung Nguyen installé au bord d'un bassin ornemental.

Depuis/vers Son La

Na San, l'aéroport de Son La, se trouve à 20 km de la ville sur la route de Hanoi.

À supposer qu'ils ne tombent pas en panne, les bus mettent de 12 à 14 heures pour faire le trajet Son La-Hanoi (63 000 d). Ceux pour Dien Bien Phu partent le matin (38 000 d, 8 heures).

Son La est à 320 km de Hanoi et à 150 km de Dien Bien Phu. En 4x4 ou à moto, comptez 10 heures pour la première partie du parcours, 6 heures pour la seconde.

THUAN CHAU
☎ 022

Passez dans cette bourgade, située à environ 35 km au nord-ouest de Son La, tôt le matin. Vous y verrez les femmes, magnifiquement revêtues de leurs costumes traditionnels, se rendant au marché. De 9h à 10h, vous les croiserez sur la route, regagnant leur village à pied, à vélo ou à moto.

TUAN GIAO
☎ 023 / 94 900 hab. / alt. 600 m

Cette bourgade isolée s'étend au croisement de la RN 42, en direction de Dien Bien Phu (80 km, 3 heures), et de la RN 6A en direction de Lai Chau (98 km, 4 heures). Peu de visiteurs passent la nuit à Tuan Giao,

à moins de ne pas pouvoir arriver à Dien Bien Phu en fin de journée. Si vous explorez tranquillement le Nord-Ouest, Tuan Giao est en revanche une étape logique.

Où se loger et se restaurer

Pension du Comité populaire (Nha Khach Uy Ban Nhan Dan Huyen ; ☎ 862 391 ; ch 100 000-150 000 d ; 😠). Installée derrière la poste, cette pension possède une cour verdoyante. Elle abrite dans sa partie rénovée des chambres bien tenues ; évitez toutefois les moins chères, sombres et d'une propreté douteuse.

Tuan Giao Hotel (☎ 862 613). En rénovation lors de notre passage, cet hôtel, situé à 150 m de l'embranchement principal en direction de Lai Chau, propose des chambres avec ventil. Le personnel est charmant.

Hoang Quat Restaurant (☎ 862 582 ; plats 10 000-30 000 d). La meilleure adresse de la ville, à quelque 300 m de l'embranchement pour Dien Bien Phu.

Depuis/vers Tuan Giao

La plupart des voyageurs arrivent ici de Son La (3 heures, 75 km) ; ils sont beaucoup moins nombreux à emprunter la route directe Tuan Giao-Lai Chau : le trajet, très difficile, est réservé aux motards expérimentés.

LAC PA KHOANG

À 17 km à l'est de Dien Bien Phu en venant de Son La, à 4 km après la bifurcation sur la route nationale, s'étale un superbe plan d'eau artificiel baptisé lac Pa Khoang (Ho Pa Koang). À 15 km par la route, en contournant le lac, vous pourrez également découvrir le **bunker du général Giap**, qui fut le commandant vietnamien de la campagne de Dien Bien Phu ; on peut aussi s'y rendre en bateau, une promenade d'une heure suivie d'une marche de 3 km en forêt. Vous pouvez également vous arrêter à l'autre bout du lac, dans un petit village où vit une **communauté thaï**.

On peut passer la nuit au **Pa Khoang Hotel** (☎ 926 552 ; ch avec ventil 10-12 $US) : construit en 1997 sur un site superbe, ce lieu se prête bien à une halte de quelques heures en allant à Dien Bien Phu, mais il se dégrade déjà rapidement, et ses chambres sont humides et poussiéreuses. Louez un bateau à moteur (10 $US l'aller-retour) pour visiter le bunker ou les villages ; vous pourrez déjeuner sur place.

DIEN BIEN PHU

☎ 023 / 25 000 hab.

Dien Bien Phu fut le théâtre d'une bataille à l'enjeu décisif : le 7 mai 1954, la veille du début de la conférence de Genève sur l'Indochine, le Viet Minh vint à bout de la garnison française après 57 jours de siège. Le gouvernement français renonça alors à ses possessions en Indochine.

Située dans l'une des régions les plus reculées du Vietnam, à 34 km du Laos, la ville a récemment obtenu le statut de capitale provinciale, à l'instar de Hanoi et Ho Chi Minh-Ville (HCMV). Encadrée de montagnes escarpées, très boisées, Dien Bien Phu s'étend dans la vallée de Muong Thanh, longue de 20 km sur 5 km de large. Compte tenu de son isolement, les dimensions de cette ville et son apparence surprennent, surtout si l'on arrive par la route.

Son passé et son histoire justifient amplement le détour, et les lieux impressionnent davantage encore de la route qu'aux abords mêmes de la ville. La majorité des visiteurs sont ici français : leur fascination pour Dien Bien Phu égale celle des Américains pour la zone démilitarisée (DMZ).

Durant des siècles, les caravanes birmanes et chinoises commerçant avec le nord du Vietnam y firent étape. La cité elle-même fut fondée en 1841 par la dynastie Nguyen, dans le but de mettre un terme aux exactions des bandits du delta du fleuve Rouge.

La région est peuplée d'ethnies de Montagnards, majoritairement des Thaï et des Hmong. Le gouvernement ayant encouragé les Vietnamiens de souche à venir s'y installer, ceux-ci composent aujourd'hui près d'un tiers de la population de la vallée de Muong Thanh.

Le tourisme a des répercussions importantes sur Dien Bien Phu, et la plupart des bâtiments y sont très récents. Le tourisme intérieur a connu un immense essor dans la première moitié de l'année 2004, le pays tout entier célébrant alors le 50ᵉ anniversaire de sa victoire sur les Français.

Orientation et renseignements

Malgré son statut de capitale provinciale, Dien Bien Phu n'est qu'un village un peu étendu, scindé en deux par la rivière Ron. La plupart des hébergements se trouvent sur la rive est, tandis qu'à l'ouest s'étendent l'aéroport et les "banlieues".

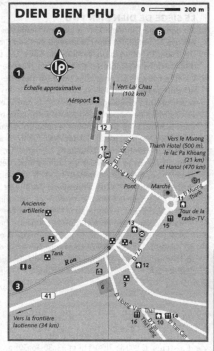

DIEN BIEN PHU

Plusieurs petits cafés dans Đ Muong Thanh proposent un accès Internet.

À voir et à faire

Le site de la célèbre bataille est aujourd'hui signalé par le **musée de Dien Bien Phu** (☎ 824 971 ; 5 000 đ ; 7h30-11h et 13h30-16h30), panorama

NORD-OUEST DU VIETNAM

LE SIÈGE DE DIEN BIEN PHU

Au début de l'année 1954, le général Henri Navarre, commandant en chef des forces françaises, envoya 12 bataillons dans la cuvette de Dien Bien Phu pour empêcher le Viet Minh de s'emparer de Luang Prabang, alors capitale du Laos. Les troupes du général Vo Nguyen Giap, regroupant 33 bataillons d'infanterie, 6 régiments d'artillerie et un régiment du génie, encerclèrent alors l'armée française, composée pour un tiers de Vietnamiens de souche. Le Viet Minh, dont les effectifs étaient cinq fois supérieurs à ceux des Français, accomplit un véritable défi logistique, transportant à dos d'homme, à travers la jungle et les cours d'eau, des pièces d'artillerie de 105 mm et des mitrailleuses anti-aériennes, soigneusement disposées ensuite dans des caches creusées dans la montagne surplombant les positions françaises.

Le Viet Minh partit à l'assaut. S'ensuivirent alors des semaines de bombardements intensifs. La situation empirant, 6 bataillons de parachutistes français furent dépêchés à Dien Bien Phu. Le mauvais temps et l'artillerie vietminh empêchèrent le ravitaillement et l'arrivée des renforts. Un système sophistiqué de tranchées et de tunnels permettait aux soldats vietminh d'atteindre les positions françaises sans se trouver à découvert. Tranchées et bunkers tombèrent alors entre leurs mains, après que la France eut refusé de recourir aux bombardiers américains ou d'utiliser la force nucléaire, comme le suggérait le Pentagone. Les 13 000 soldats de la garnison française furent tués ou faits prisonniers ; côté vietminh, les pertes humaines furent estimées à 25 000.

À la veille, précisément, de l'ouverture de la conférence de Genève sur l'Indochine, les troupes du général Navarre durent se rendre au terme de 57 jours de siège. Le moral des Français en fut fortement ébranlé, et le gouvernement renonça à prétendre établir à nouveau son contrôle sur l'Indochine.

complet mais un peu sec de l'une des périodes les plus fastes de l'histoire militaire du Vietnam. Le **bunker/PC** du colonel de Castries (5 000 d ; 7h30-11h et 13h30-16h30) a récemment été reconstitué. De vieux chars français et des pièces d'artillerie parsèment les environs. Un monument aux morts du Viet Minh s'élève sur la colline que les Français appelaient position Éliane et les Vietnamiens **colline A1** (5 000 d ; 7h30-11h et 13h30-16h30), et qui fut le théâtre de très durs affrontements. Les tranchées complexes au cœur de la défense française ont également été reconstituées.

L'ancien **pont Muong Thanh**, conservé en l'état, reste fermé au trafic motorisé. Près de l'extrémité sud du pont (où l'on ne voit qu'un cratère couvert d'algues) se trouve le **bunker** dans lequel se suicida le commandant d'artillerie Pirot.

En 1984, pour le 30ᵉ anniversaire de la bataille, un **mémorial** a été inauguré à la mémoire des 3 000 soldats français reposant dans les rizières.

De son côté, le **cimetière de Dien Bien Phu**, remarquablement agencé, rend hommage aux morts vietnamiens. Vous en aurez une vue d'ensemble en montant les marches après l'entrée principale. Existe-t-il réellement un vainqueur dans une telle guerre ?

C'est la question qui vient à l'esprit face à un tel spectacle.

Où se loger

Beer Factory Guesthouse (Khach San Cong Ty Bia ; ☎ 824 635 ; ch 150 000-180 000 d ; 🔀). Cette pension au nom illustre a rénové ses chambres, dorénavant équipées de l'eau chaude et de la TV. Une adresse incontournable pour les amateurs de bière car elle est située dans un secteur de bars *bia hoi*.

Binh Long Hotel (☎ 824 345 ; 429 Đ Muong Thanh ; d 12 $US, avec petit déj ; 🔀). Une famille accueillante gère des chambres doubles avec sdb, un peu exiguës mais bien entretenues.

Muong Thanh Hotel (☎ 810 043 ; fax 810 713 ; Đ Muong Thanh ; ch 15-20 $US, avec petit déj ; 🔀 🏊). La meilleure adresse de la ville, comprenant une grande piscine, un vaste restaurant, un karaoké et un salon de "massage thai". Les groupes ayant l'habitude d'y descendre, nous vous conseillons de réserver ; pour le même prix, préférez une chambre dans la nouvelle aile, bien plus confortable.

Dien Bien Phu–Hanoi Hotel (☎ 825 103 ; fax 826 290 ; 279 Đ 7.5 ; ch 13-28 $US ; 🔀). Actuellement en rénovation, les chambres de catégories moyenne et bon marché sont simplement équipées d'un ventil. ; celles de la catégorie (nettement) supérieure sont de véritables suites de luxe, équipées de charmantes sdb.

Le Lottery Hotel, à côté de la poste, était lui aussi en rénovation lors de notre passage, mais vous pouvez tenter votre chance.

Où se restaurer

Vous ne trouverez ici rien de mieux que **Lien Tuoi Restaurant** (☎ 824 919 ; Đ Hoang Van Thai ; plats env 30 000 d), à 400 m du cimetière. Au menu, traduit de façon fantaisiste en français et en anglais, figurent de bons plats vietnamiens et chinois.

Le superbe petit café en face du Beer Factory Hotel, toujours plein, sert des *pho* succulents. Vous trouverez aussi quelques bons *com pho* dans Đ 7.5.

Depuis/vers Dien Bien Phu

La route menant à Dien Bien Phu est en fait plus intéressante que le champ de bataille qui vaut à la ville sa célébrité.

AVION

Vietnam Airlines (☎ 824 948 ; fax 825 536 ; 7h30-11h30 et 13h30-16h30) assure des vols quotidiens entre Dien Bien Phu et Hanoi (465 000 d l'aller simple). La nouvelle agence est à 1,5 km du centre, sur la route de Lai Chau.

BUS

Un service direct relie Hanoi à Dien Bien Phu (100 000 d, 16 heures) ; départs à 4h30, 8h30 et 10h30.

Les bus pour Lai Chau (25 000 d, 3 heures) partent tlj à 6h et 7h. Il faut se lever aux aurores pour attraper le premier bus pour Son La (38 000 d, 5 heures) – il part tlj à 4h30 ! – mais soyez sans inquiétude, il existe d'autres départs quotidiens assurés jusqu'à 12h.

Les bus sont bien sûr très bon marché, mais le trajet est fastidieux : ils sont tellement bondés que votre voisin fera probablement écran au paysage. Si vous reculez devant la perspective d'un véhicule surchargé aux freins déficients, sur une route défoncée, optez pour l'avion, le 4x4 ou la moto.

VOITURE ET MOTO

Le parcours Hanoi-Dien Bien Phu (470 km sur la RN 6 et la RN 42) s'effectue en 16 heures (avec de la chance). La plupart des voyageurs préfèrent éviter la conduite de nuit et font étape à Son La.

PASSAGE DE LA FRONTIÈRE À TAY TRANG

La frontière laotienne ne se trouve qu'à 34 km de Dien Bien Phu, et on se demande depuis un certain temps déjà si elle va s'ouvrir aux touristes étrangers. Pour l'"année Dien Bien Phu" et les grandes pompes du 50e anniversaire de la défaite française, Il ne s'est rien passé – mais cela ne saurait tarder.

LAI CHAU
☎ 023 / 19,600 hab. / alt. 600 m

Cette petite ville nichée au fond d'une superbe vallée creusée par le fleuve (Song Da) est entourée de montagnes vertigineuses. Tout comme Tam Duong, Lai Chau est une étape idéale pour un repas et/ou une nuit entre Dien Bien Phu et Sapa.

La beauté des lieux fait écran à la misère des habitants : malgré l'essor du tourisme, l'existence est ici difficile. À l'écart des grands axes commerciaux, l'activité économique est limitée, et l'endroit tire ses seuls revenus de cultures et de productions comme l'opium et le bois. Inutile de préciser que le gouvernement vietnamien n'apprécie guère la culture du pavot, et qu'il a pris des mesures pour la décourager.

Le trafic d'opium est aujourd'hui en crise, et il en va de même de l'industrie du bois : ces dernières années, la couverture forestière s'est considérablement réduite et les inondations ont augmenté dans des proportions inquiétantes. En 1990, 140 personnes ont trouvé la mort dans une violente crue du fleuve Da, qui a noyé l'étroite vallée. En 1996, une crue plus dévastatrice encore a fait 100 victimes et coupé la ville du reste du pays pendant deux mois. On distingue encore les ruines de l'ancien centre culturel.

Ces inondations étant en passe de devenir une caractéristique de Lai Chau, le gouvernement a prévu de construire un barrage juste au-dessus du réservoir de Song Da, ce qui entraînera la submersion définitive de la vallée. Ces travaux devraient aboutir (vers 2010 au plus tôt) à la réalisation de la plus grande centrale hydroélectrique d'Asie du Sud-Est. À l'avenir, il se peut que le seul moyen de transport pour visiter Lai Chau soit... le sous-marin.

Étrangement, Lai Chau subit en été les températures les plus élevées du pays, soit jusqu'à 40°C en juin-juillet.

Où se loger et se restaurer

Lan Anh Hotel (☎ 852 682 ; fax 852 370 ; ch 10-20 $US ; 🍴). Juste après le marché, à droite avant le pont, se dresse l'un des meilleurs hôtels de province ; il abrite également un bon restaurant où la bière coule à flots. Ses jolies maisons thaï en bois sur pilotis disposent d'une véranda avec ventil. ; les chambres les plus chères possèdent eau chaude et clim. L'établissement, dont les propriétaires fournissent à leurs clients de nombreux renseignements et peuvent les aider à organiser une excursion en bateau ou un circuit touristique, s'étend progressivement à d'autres bâtiments dans la rue voisine.

Song Da Hotel (☎ 852 527 ; ch 120 000 d ; 🍴). Un établissement convenable au bord de la route de Dien Bien Phu. Il loue des chambres sommaires, avec eau chaude et clim., tout en ayant du mal à concurrencer son voisin.

Depuis/vers Lai Chau

La plupart des voyageurs arrivent de Dien Bien Phu (103 km, 3 heures), mais Lai Chau est également desservie de Tuan Gio par la RN 6 (96 km, 4 heures). La route qui mène de Lai Chau à Sapa et Lao Cai (180 km, 7 heures), bien que cahoteuse, est peut-être la plus belle du pays, tout particulièrement au passage du col Tram Ton. Rappelez-vous que les durées indiquées, toutes théoriques, ne tiennent pas compte des pannes, incidents ou éventuels glissements de terrain.

Des bus publics assurent la liaison depuis/vers Hanoi, desservant également d'autres villes du Nord-Ouest, telles Dien Bien Phu, Son La et Sapa.

MUONG TE

☎ 023 / 43 900 hab./ alt. 900 m

Muong Te, l'une des dernières localités vietnamiennes avant la Chine et le Laos, s'étend à 98 km au nord-ouest de Lai Chau, sur les belles rives du fleuve Da. La majeure partie de sa population appartient à l'ethnie thaï, mais les habitants se sont tellement intégrés qu'il devient difficile de les distinguer des Vietnamiens de souche. Les Lahu (Khau Xung), les Si La et les Ha Nhi figurent parmi les autres minorités présentes.

Mis à part le petit **marché** du dimanche et quelques **villages** aux alentours, il n'y a pas grand-chose à voir ou à faire à Muong Te. L'hébergement n'est possible qu'à la pension du Comité populaire, plutôt vétuste, qui abrite également un petit restaurant.

SINHO

☎ 023 / 8 500 hab./ alt. 1 054 m

Si ce joli village de montagne, peuplé dans une large mesure d'ethnies minoritaires, n'attire pas plus de touristes, il le doit à deux facteurs : le premier est que la police y a très mauvaise réputation, le second que les habitants ne s'y montrent pas accueillants. Il s'y tient un **marché** pittoresque le dimanche. Le seul hôtel, la pension du Comité

UN PAYS LIBRE !

Du panneau indiquant la bifurcation, suivez la RN 12 sur environ 8 km en direction de Muong Te. Vous apercevrez alors un vestige très particulier : un poème gravé dans la pierre au XVe siècle par l'empereur Le Loi après qu'il eut réussi à chasser les Chinois de la région. Le poème avertissait les envahisseurs potentiels de ce qui les attendait. Traduit du chinois, en voici le texte :

Hélas ! Rebelles lâches et fanatiques, je suis venu ici défendre les habitants de la frontière, abandonnés depuis les débuts de l'humanité. Ce territoire n'a plus rien à craindre. Désormais, l'apparence des plantes, le murmure du vent et jusqu'au chant des oiseaux effraient le misérable ennemi. La nation est désormais unifiée, et ce poème est un gage de paix pour l'Est de ce pays.

En ce jour mémorable de décembre, année du Cochon (1432)

Pour trouver ce monument, repérez, au bord de la route surplombant la rivière, une volée de marches étroites près d'une petite plaque de pierre portant l'inscription "Di Tich Lich Su – Bia Le Loi".

populaire, est malheureusement sinistre et, en tant que touriste étranger, il faut insister pour pouvoir y passer la nuit.

On atteint la localité au bout de 38 km d'une épouvantable piste escarpée (au cœur d'un paysage magnifique), qui part de la RN 12 – comptez à peu près 1 heure 30 dans chaque sens. La bifurcation se trouve à 1 km au nord du village de Chan Nua lorsqu'on vient de Lao Cai. La route qui reliera le village à la RN 4D est en passe d'être achevée ; elle devrait permettre de mieux le faire exister et de favoriser les contacts.

TAM DUONG
☎ 023 / 94 400 hab.

Cette bourgade reculée, nichée dans une vallée de conifères verdoyante entre Lai Chau et Sapa, ne présente guère d'intérêt, mais les voyageurs y font habituellement étape pour déjeuner ou passer la nuit entre Dien Bien Phu et Sapa.

Le **marché**, installé au centre de la bourgade sur la RN 12, mérite le coup d'œil, car s'y pressent nombre de Montagnards des villages voisins (et de Vietnamiens de souche). Si vous en avez le temps, passez quelques jours à Tam Duong pour explorer la région environnante.

La portion de la RN 4D reliant Tam Duong à Sapa, le long du massif du Fansipan et de la frontière chinoise, est particulièrement belle.

Où se loger et se restaurer
Tay Bac Hotel (☎ 875 879 ; ch 10 $US ; 🛇). Cette jolie maison thaï en bois abrite les chambres les plus typiques (à l'arrière), équipées d'eau chaude et de la clim. La présence d'un grand parking, sûr de surcroît, est un avantage.

Tuan Anh Restaurant propose des pauses-déjeuner de qualité ; à proximité se trouvent d'autres restaurants *com pho* comme Phuong Thanh, sympathiques et bon marché. Kieu Trinh est connu pour servir de la viande de chien.

SAPA
☎ 020 / 36 200 hab. / alt. 1 650 m

Principale destination du Nord-Ouest, Sapa, ancienne station climatique créée en 1922, se niche dans une vallée superbe proche de la frontière chinoise. Cette région magnifique, où des sommets souvent nappés de brume

coiffent les rizières en terrasses, est peuplée de plusieurs minorités.

L'histoire n'a pas épargné Sapa : la Seconde Guerre mondiale, la guerre d'Indochine, la guerre du Vietnam, les affrontements dus au différend frontalier sino-vietnamien de 1979... Les vieux hôtels édifiés par les Français furent laissés à l'abandon, et Sapa tomba peu à peu dans l'oubli.

Récemment revenue au premier plan, elle voit actuellement son sort radicalement transformé par le boom touristique : les mauvaises routes sont en cours de rénovation, d'innombrables hôtels ont surgi, l'alimentation en électricité est devenue plus régulière et la nourriture s'est considérablement améliorée. L'inconvénient inhérent à cette prospérité est la mutation culturelle en cours des Montagnards, désormais nombreux à profiter de l'économie de marché et de la manne touristique.

Ici, seul le climat reste inchangé – tout comme l'extrême beauté des paysages, qui peut-être, poussa les Français à s'installer dans cette région lorsqu'ils la découvrirent, en admettant qu'ils aient bénéficié ce jour-là d'un jour sans brume. Si vous la visitez en hiver, couvrez-vous chaudement : le froid (0°C) et l'humidité sont au rendez-vous. Cette fraîcheur favorise en tout cas la culture des arbres fruitiers des zones tempérées – pêchers, pruniers, etc. – et des herbes médicinales.

La saison sèche dure de janvier à juin. Janvier et février sont les mois les plus froids et les plus brumeux. De mars à mai, le climat est souvent excellent, et l'été est chaud malgré les pluies de juin à août. La période qui va de septembre à mi-décembre est agréable, malgré quelques pluies tardives et la chute rapide des températures vers la fin de l'année.

Mieux vaut, si possible, découvrir Sapa en semaine : la ville est alors moins fréquentée, donc plus agréable, et les prix baissent. Il y a beaucoup à voir, notamment les villages environnants, accessibles à pied. Le marché du samedi matin attire les foules, mais le petit marché quotidien vaut lui aussi le détour.

Le charme de Sapa réside essentiellement dans la rencontre avec les minorités hmong et dao, les mieux représentées dans la région. Très pauvres pour la plupart, ces Montagnards s'initient cependant assez vite à la libre entreprise. La majorité d'entre eux, n'ayant pas été scolarisés, ne savent ni lire ni écrire, mais vous serez surpris par la façon

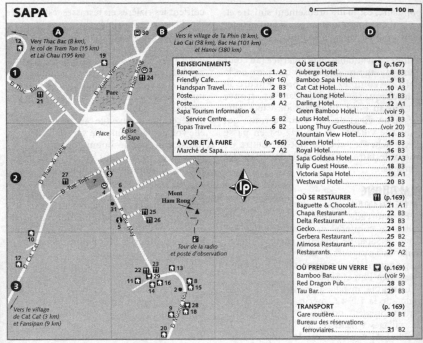

SAPA

0   100 m

Vers Thac Bac (8 km),
le col de Tram Ton (15 km)
et Lai Chau (195 km)

D Thac Bac

D Xuan Vien

D Ham Rong

Parc

Place

Église
de Sapa

D Phan Xi Pang

B Tue Tint

D Cau Cat

Vers le village de Ta Phin (8 km),
Lao Cai (38 km), Bac Ha (101 km)
et Hanoi (380 km)

Mont
Ham Rong

Tour de la radio
et poste d'observation

D Thac May

D Muong Hoa

Vers le village
de Cat Cat (3 km)
et Fansipan (9 km)

RENSEIGNEMENTS	
Banque	1 A2
Friendly Cafe	(voir 16)
Handspan Travel	2 B3
Poste	3 B1
Poste	4 A2
Sapa Tourism Information &	
Service Centre	5 B2
Topas Travel	6 B2

À VOIR ET À FAIRE	(p. 166)
Marché de Sapa	7 A2

OÙ SE LOGER	(p.167)
Auberge Hotel	8 B3
Bamboo Sapa Hotel	9 B3
Cat Cat Hotel	10 A3
Chau Long Hotel	11 B3
Darling Hotel	12 A1
Green Bamboo Hotel	(voir 9)
Lotus Hotel	13 B3
Luong Thuy Guesthouse	(voir 20)
Mountain View Hotel	14 B3
Queen Hotel	15 B3
Royal Hotel	16 B3
Sapa Goldsea Hotel	17 A3
Tulip Guest House	18 B3
Victoria Sapa Hotel	19 A1
Westward Hotel	20 B3

OÙ SE RESTAURER	(p.169)
Baguette & Chocolat	21 A1
Chapa Restaurant	22 B3
Delta Restaurant	23 B3
Gecko	24 B1
Gerbera Restaurant	25 B2
Mimosa Restaurant	26 B2
Restaurants	27 A2

OÙ PRENDRE UN VERRE	(p.169)
Bamboo Bar	(voir 9)
Red Dragon Pub	28 B3
Tau Bar	29 B3

TRANSPORT	(p. 169)
Gare routière	30 B1
Bureau des réservations	
ferroviaires	31 B2

dont les plus jeunes maîtrisent le français et l'anglais !

Un grand nombre de femmes et de jeunes filles se lancent dans le commerce de souvenirs. Les plus âgées surtout, réputées pour leurs techniques de vente intrépides, vous proposeront tout l'éventail des objets artisanaux, allant des vêtements traditionnels aux petites blagues à opium dissimulées dans des boîtes d'allumettes. On voit fréquemment de vieilles femmes hmong interpellant les voyageurs pour les pousser à l'achat. En négociant, soyez ferme, mais ne marchandez pas trop dur.

Les vêtements traditionnels, beaux et bon marché, sont teints à l'aide de produits naturels qui ne sont pas fixés. La plupart de ces tissus sont donc susceptibles de déteindre sur tout ce qu'ils touchent (y compris votre peau) d'une étrange couleur bleu-vert : pour vous en convaincre, jetez un œil sur les bras et les mains des Hmong. Pour en fixer les teintures, vous devrez donc tremper ces vêtements dans de l'eau froide salée ou vinaigrée. Dans l'attente de ce traitement, cependant, il vous faudra impérativement

envelopper vos emplettes dans des sacs en plastique avant de les ranger dans vos bagages.

Orientation
CARTES
Vous obtiendrez les cartes suivantes au Sapa Tourism & Information Centre (p. 166).
Carte touristique de Sapa (20 000 d). Une excellente carte au 1/60 000 des sentiers de randonnée et lieux à visiter dans la région, plus un encadré de la ville.
Carte de randonnée autour de Sapa (20 000 d). Une jolie petite carte dessinée à la main, avec des itinéraires de randonnée.

Renseignements
ACCÈS INTERNET
De nombreux hôtels et agences de voyages proposent un accès Internet, généralement facturé 500 d la minute.

AGENCES DE VOYAGES
Outre celles citées aux rubriques *Randonnées vers les villages voisins* et *Fansipan* (voir plus loin), vous trouverez à Sapa nombre d'agences de voyages tout à fait fiables, aptes

UN TOURISME RESPONSABLE À L'ÉGARD DES MINORITÉS ETHNIQUES

Pour les minorités ethniques du Vietnam, le tourisme présente des avantages mitigés. Les voyageurs sont très attirés par les populations de Montagnards, auxquelles ils apportent des revenus substantiels : cependant, seule une faible proportion de cet argent profite réellement à ces minorités, qui figurent parmi les groupes de population les plus pauvres et les plus défavorisées.

Ces ethnies ne sont généralement pas à l'origine de l'installation des activités touristiques, n'en sont pas les premières bénéficiaires, sont impuissantes à y mettre un frein et interviennent rarement dans leur gestion. Or le tourisme, bien pensé et responsable, peut apporter beaucoup à ces communautés des hautes terres : une meilleure compréhension interculturelle ; l'amélioration des infrastructures, en particulier les routes ; un approvisionnement moins coûteux ; des revenus supplémentaires liés au maintien de l'artisanat et la création d'emplois dans le secteur touristique. Les effets négatifs, quant à eux, sont déjà là : surexploitation des ressources naturelles, augmentation de la quantité de déchets et de polluants, dépendance vis-à-vis du dollar, drogue et prostitution en recrudescence, disparition progressive des valeurs et des pratiques communautaires.

Si vous partez découvrir les villages de Montagnards, gardez en tête ces quelques principes :

Comportement

- Soyez poli et respectueux.
- Habillez-vous de manière décente.
- Remportez vos déchets avec vous.
- Ne vous soulagez pas à proximité des maisons ; enterrez vos déjections.
- Ne consommez pas de drogue, les enfants sont enclins à imiter les touristes.
- Ne vous livrez pas à des relations sexuelles avec les habitants, ni avec des prostituées.
- Échangez sur vos cultures respectives.

Cadeaux

- Ne donnez ni argent ni bonbons aux enfants, pour ne pas encourager la mendicité ou la prostitution. Pensez aussi que le sucre abîme leurs dents.
- Ne donnez pas de vêtements – les habitants ont de quoi se vêtir.
- Ne donnez pas de médicaments : ceux-ci prennent le pas sur les pratiques traditionnelles et peuvent être mal administrés.
- Évitez les cadeaux individuels, qui créent des jalousies et des besoins ; optez plutôt pour des dons aux écoles ou aux centres médicaux.
- Malgré leur pauvreté, les villageois sont très hospitaliers. Offrir un repas peut toutefois leur coûter d'énormes sacrifices ; si vous acceptez une invitation, contribuez généreusement au repas.

Achats

- Marchandez poliment. Réglez toujours la somme convenue.
- Ne proposez pas à un villageois de lui acheter des objets venant de chez lui, ou l'un de ses vêtements ou bijoux personnels.
- N'achetez pas ce qui appartient au patrimoine d'un village, par exemple des pièces appartenant à l'autel d'une église.

Photos

- Ne prenez pas de photo sans en avoir demandé la permission au préalable, y compris aux enfants. Dans certaines communautés (chez les Dao, en particulier), l'appareil photo est perçu comme un voleur d'âme. Ne photographiez pas les autels.
- Si vous prenez une photo, faites-le vite et sans flash. La politesse veut (si possible) que vous en envoyiez un tirage. Si vous vous engagez à le faire, tenez votre promesse.

Déplacements

- Voyagez en petits groupes, plus discrets et moins intrusifs.
- Pour vous loger, vous restaurer et vous déplacer, traitez directement avec les habitants.
- Essayez de réserver des circuits auprès d'organismes de tourisme responsable, employant des membres des minorités et contribuant à leur développement.

Réalisé avec l'aide d'Oxfam

à organiser entre autres des randonnées à pied ou à vélo.

Handspan Travel (8 Pho Cau May ; ☎ /fax 872 110 ; www.handspan.com). Tout l'équipement pour le trekking et le VTT.

Topas Travel (28 Pho Cau May ; ☎ 871 331 ; www. topas-adventure-vietnam.com). Spécialisé dans le trekking, le vélo et l'équitation. Bureau de réservation au Victoria Sapa Hotel.

ARGENT

Sapa compte une petite banque, mais sans guichet de change. Le DAB le plus proche est celui de Lao Cai. Vous pourrez utiliser ou changer des dollars dans la plupart des hôtels, à un taux moins favorable qu'à Hanoi toutefois, et vos chèques de voyage au Royal Hotel et au Victoria Hotel, en prévoyant une commission d'environ 5%.

INFORMATIONS TOURISTIQUES

Sapa Tourism Information & Service Centre (TISC ; ☎ 871 975 ; www.sapatourism.info, en vietnamien ; Pho Cau May) est l'organisme de promotion du tourisme à Sapa et dans la région ; par son intermédiaire, vous pouvez louer les services d'un guide et organiser des randonnées en groupe. Une succursale de Craft Link vend des objets d'artisanat au profit du commerce équitable.

POSTE

Pour téléphoner, adressez-vous à l'un des deux bureaux de poste à Sapa ; pour les services postaux, en revanche, mieux vaut attendre d'être à Hanoi, où tout est plus rapide.

À voir et à faire

Si vous avez une heure devant vous, la visite de la **tour radio de Sapa** (15 000 d) en vaut la peine ; de là-haut, la vue sur la vallée est à couper le souffle.

MARCHÉ DE SAPA

Presque quotidiennement, les Montagnards des environs endossent leurs costumes les plus chatoyants et font route vers le **marché**. L'animation atteint son comble le samedi, mais la ville devient alors si touristique qu'il est bien plus agréable de s'y rendre en semaine. Le marché attire des groupes en voyages organisés venant de Hanoi. Si vous souhaitez visiter Sapa paisiblement, évitez le samedi.

RANDONNÉES
VERS LES VILLAGES VOISINS

Le village le plus proche, situé à 3 km au sud de Sapa, s'appelle **Cat Cat** (5 000 d) : la descente est raide mais particulièrement belle. Si vous êtes trop épuisé pour la montée du retour, de nombreux *xe om* se proposeront de vous ramener à Sapa.

La marche vers le village de **Ta Phin** (5 000 d), à 10 km de Sapa, est particulièrement prisée. Les randonneurs prennent généralement un *xe om* pour parcourir les huit premiers kilomètres, avant de parcourir à pied la boucle de 14 km. La plupart des hôtels y organisent des randonnées guidées d'une journée ou d'une demi-journée : comptez entre 4 et 10 $US selon le nombre de participants et, le cas échéant, le moyen de transport utilisé.

Le TISC de Sapa organise des circuits en groupes vers le village hmong tout proche de **Sin Chai**, une nuit sur place permettant de découvrir la musique, la danse et les tissus hmong.

Pour les randonnées avec un guide, adressez-vous à l'**Auberge Hotel** (☎ 871 243), au **Mountain View Hotel** (☎ 871 334) ou au **Friendly Cafe** (Royal Hotel ; ☎ 871 313) ; vous pouvez aussi réserver un circuit auprès des agences de la rue principale de Sapa.

FANSIPAN

Sapa est cernée par la chaîne des montagnes Hoang Lien, que les Français appelaient les "Alpes tonkinoises", et dominée par la cime, parfois enneigée et fréquemment noyée de brouillard, du mont Fansipan (3 143 m), point culminant du Vietnam. Il est accessible toute l'année, mais son ascension requiert une bonne forme physique et l'équipement adéquat ; ne sous-estimez pas la difficulté, préparez-vous bien à l'humidité et au froid, et ne tentez rien si le temps est mauvais à Sapa car le manque de visibilité peut jouer de très mauvais tours.

Accessible seulement à pied, le sommet du Fansipan est à 19 km de Sapa. En dépit de cette courte distance, le circuit aller-retour prend habituellement de 3 à 4 jours du fait du terrain accidenté et du mauvais temps, très fréquent. Après la première matinée, vous ne verrez plus de villages, mais uniquement des forêts, de magnifiques panoramas de montagne et, peut-être, quelques singes, bouquetins et oiseaux.

L'ART DE LA BRODERIE

À l'image de nombreuses femmes montagnardes, les Dao de Ta Phin – une communauté vivant à une dizaine de kilomètres de Sapa – sont des expertes en broderie, un art qui se transmet de génération en génération. Traditionnellement, seuls sont utilisés des fils de soie : les brodeuses se fournissent au marché en soie sauvage, qu'elles font bouillir pour la rendre plus douce puis obtiennent les couleurs à l'aide de pigments naturels extraits de plantes, comme le curcuma et les feuilles de thé.

Les vêtements ordinaires comportent plusieurs pièces brodées. *Luy khia* désigne le pan inférieur, richement brodé, du dos de la veste. Le pantalon, *la peng*, est décoré de bandes de couleurs distinctes, en lieu et place de motifs. *La peng pe* désigne l'étoffe qui resserre le bas du pantalon. La ceinture, appelée *la sin*, sert à relever le pan arrière de la veste pendant les travaux des champs. *Chap hoong* désigne le collet en coton rouge que les femmes portent sous leur veste et qui peut se parer d'ornements en argent. Quant au *hong* que les femmes dao portent sur la tête, il consiste généralement en une superposition d'au moins sept foulards de coton.

De nombreux motifs de broderie, récurrents, s'inspirent de la nature : on voit ainsi des mains de gibbons, des légumes ou encore les divinités du tonnerre. À l'instar des autres cultures, celle des Dao est dynamique et en constante mutation. Les femmes "empruntent" ou copient des motifs d'autres ethnies et les intègrent à leurs propres créations ; nombreux sont ainsi les motifs floraux hmong. Combien de temps encore avant de voir apparaître des dessins occidentaux sur les costumes traditionnels ?

Source : *A Yao Community in Sapa, Vietnam*, de Vo Mai Phuong et Claire Burkert, 2001.

Nul besoin de cordes ou de talents particuliers de grimpeur pour s'attaquer au Fansipan : une bonne endurance suffit. On ne trouve actuellement aucun refuge sur le parcours. Vous devrez donc vous munir de tout le nécessaire : sac de couchage, tente imperméabilisée, provisions, réchaud, imperméable ou poncho, boussole et autres objets de première nécessité. Mieux vaut emporter votre propre matériel. Il est essentiel de se faire accompagner d'un guide réputé, et recommandé, à moins d'être un alpiniste chevronné, d'engager des porteurs pour l'équipement.

Pour des informations sur les guides de randonnée, adressez-vous aux établissements cités dans la rubrique précédente, ou encore auprès du **Chapa Restaurant** (☎ 871 245). Si vous réservez une randonnée auprès d'un tour-opérateur local, le forfait tout compris coûte généralement 60 \$US/personne pour 2 randonneurs, 50 \$US/personne sur la base de 4 participants et 45 \$US/personne pour un groupe de 6 (au maximum).

En ce qui concerne le temps, la meilleure époque pour effectuer cette ascension courent entre mi-octobre et mi-décembre. Mars est aussi un bon mois, car c'est l'époque de l'éclosion des fleurs sauvages.

COL DE TRAM TON

Si vous empruntez la route menant de Sapa à Lai Chau, vous passerez par le col de Tram Ton, situé sur le versant nord du Fansipan à 15 km de Sapa ; ses 1 900 m en font le plus élevé du Vietnam. Les changements de climat sont ici spectaculaires : sur le versant de Sapa, le temps est le plus souvent froid, brumeux et désagréable – redescendez quelques centaines de mètres sur l'autre versant, dominant Lai Chau, et vous vous réchaufferez sous un beau soleil ! Des vents violents balaient le col, ce qui n'a rien de surprenant compte tenu des différences de température : Sapa est le point le plus glacial du Vietnam alors qu'à Lai Chau, la chaleur est extrême.

À 5 km, sur la route en direction de Sapa, découvrez l'impressionnante **Thac Bac**, ou cascade d'Argent, haute de 100 m, par un **chemin en boucle** raide et très spectaculaire (3 000 d).

Où se loger

Si vous faites partie d'un circuit organisé depuis Hanoi par un café ou une agence de voyages, votre hébergement sera prévu. En revanche, les voyageurs indépendants doivent savoir que les tarifs varient sensiblement selon le volume de touristes présent. Le week-end, les chambres manquent et les prix peuvent facilement doubler, voire davantage. Négociez les tarifs après avoir comparé les prix ; si vous n'avez rien réservé, mieux vaut bien sûr éviter les vendredi et samedi.

Méfiez-vous des établissements chauffés au charbon : dans une pièce mal aérée, les fumées qui se dégagent de ces vieux poêles peuvent causer des problèmes respiratoires. La plupart des hôtels proposent maintenant des chauffages électriques ou des feux de cheminée pendant l'hiver.

Les établissements couvrent désormais une vaste gamme allant des pensions bon marché aux hôtels de luxe. Les hôtels cités dans ce guide proposent souvent des chambres avec vue. Attention, toutefois : le boom de la construction est tel qu'il arrive qu'une vue magnifique disparaisse du jour au lendemain. Il est regrettable que les autorités locales n'aient pas imposé des restrictions plus sévères.

La liste suivante n'est pas exhaustive : il existe de nombreux hôtels tout aussi bons dans la rue principale – mais sans vue.

PETIT BUDGET

Auberge Hotel (☎ 871 243 ; auberge@sapadiscovery. com ; Pho Cau May ; ch 6-28 $US ; ▢). Hôtel réputé pour sa vue sur la ville et la vallée, ainsi que pour ses bonsaïs. Certaines chambres de l'étage supérieur sont joliment meublées et disposent d'une cheminée ; les moins coûteuses, dans l'aile plus ancienne, ne s'ouvrent plus sur la montagne à cause des nouvelles constructions. Information possible sur les excursions et les randonnées. Cartes de crédit acceptées.

Queen Hotel (☎ 871 301 ; fax 871 783 ; Pho Cau May ; ch 4-12 $US). Un établissement accueillant, voisin de l'Auberge Hotel, où les chambres avec vue offrent un bon rapport qualité/prix ; si certaines possèdent une cheminée, toutes en revanche offrent eau chaude et TV. Préférez celles à l'étage, pour la vue.

Westward Hotel (☎ 871 481 ; Đ Muong Hoa ; ch 6 $US). Ceux qui s'aventurent aux confins de Sapa trouveront ici des chambres impeccables (eau chaude), s'ouvrant sur un panorama à perte de vue.

Luong Thuy Guesthouse (☎ 871 446 ; Đ Muong Hoa ; ch 70 000 d). Autre adresse précieuse. Les chambres de dimensions modestes disposent de balcons avec vues grandioses.

Mountain View Hotel (☎ 871 334 ; fax 871 690 ; ch 6-15 $US). Petit établissement chaleureux remarquablement bien situé. Sa propriétaire, Mme Hong, fut l'une des premières femmes guides de Sapa. Comptez 15 $US pour une chambre sur le pignon, offrant une vue à couper le souffle, 12 $US pour une chambre plus simple avec balcon, eau chaude et TV.

Autres options :

Lotus Hotel (☎ 871 308 ; 5 Đ Muong Hoa ; ch 4-8 $US). Des prix imbattables : les chambres sont ici équipées d'eau chaude, de la TV et d'une cheminée.

Tulip Guest House (☎ 871 914 ; Pho Cau May ; ch 90 000-180,000 d). Une agréable petite pension bien tenue, louant des chambres simples, avec un magnifique panorama.

CATÉGORIE MOYENNE

Cat Cat Hotel (☎ 871387 ; catcatht@hn.vnn.vn ; Pho Cat Cat ; ch 7-30 $US). Labyrinthe à plusieurs niveaux, surplombant des paysanges splendides depuis les terrasses et les chambres en étage. Celles de la nouvelle aile sont moins chères, tandis que celles situées au-dessus de la réception sont tout confort.

Royal Hotel (☎ 871 313 ; royalhotel_sapa@yahoo. com ; Pho Cau May ; ch 12-20 $US). Bien situé, cet hôtel loue des chambres de bon standing, d'où seuls quelques toits empiètent sur la vue. Il abrite désormais le fameux Friendly Cafe, réputé pour fournir des informations fiables sur les randonnées.

Chau Long Hotel (☎ 871 245 ; www.chaulonghotel. com ; 24 Dong Loi ; ch 32-65 $US). Avec ses allures de château, cet établissement, à l'origine merveilleusement situé, offre la qualité correspondant à ses prix, notamment un très joli mobilier. Il faut maintenant atteindre les étages supérieurs pour apprécier la vue.

Bamboo Sapa Hotel (☎ 871 076 ; bamboosapa@hn. vnn.vn ; Pho Cau May ; ch 30-55 $US). Un joli trois-étoiles : les chambres sont belles, spacieuses et leurs balcons ouvrent sur une large vue.

Green Bamboo Hotel (ch 15-20 $US). C'est l'aile ancienne du Bamboo Sapa. Installé dans l'une des plus jolies villas françaises de la ville, il aurait besoin d'une bonne rénovation : pour le prix, les chambres sont rudimentaires.

Baguette & Chocolat (☎ 871 766 ; hoasuaschoolsp@ hn.vnn.vn ; Đ Thac Bac ; ch 14 $US, avec petit déj). La célèbre boulangerie qui s'occupe de jeunes défavorisés a ouvert cette annexe, comportant 4 chambres élégantes. Excellent petit déj. en prime. Réservez à l'avance.

Autres adresses recommandées :
Sapa Goldsea Hotel (☎ 871 869 ; sapagoldsea@hn. vnn.vn ; Pho Cat Cat ; ch 15-65 $US). Nouvel établissement sur la route de Cat Cat, abritant des chambres confortables plutôt fonctionnelles.

Darling Hotel (☎ 871 349 ; fax 871 963 ; Ð Thac Bac ; ch 10-70 $US). Une adresse qui tient l'affiche avec un certain style dans la décoration.

CATÉGORIE SUPÉRIEURE

Victoria Sapa Hotel (☎ 871 522 ; www.victoriahotels-asia.com ; ch à partir de 115 $US ; ✕ 🖵 🖭). On vous promet ici un séjour d'exception, et la promesse est tenue : chambre décorée avec goût, vue à couper le souffle, deux bars, piscine intérieure chauffée, centre de remise en forme, court de tennis. Les formules de 2 ou 3 jours incluent le trajet Hanoi-Lao Cai à bord du *Victoria Express* : ces wagons de luxe du style *Orient Express* sont attachés au train de passagers desservant la ligne. Le premier tarif pour l'aller-retour en couchette s'élève à 90 $US ; comptez 145 $US pour le wagon-lit (2 personnes).

Où se restaurer

La plupart des hôtels touristiques abritent des cafés pratiquant des prix raisonnables. Des restaurants très fréquentés bordent le sud du marché, en direction de Cat Cat.

Auberge Hotel (Pho Cau May ; menus 10 000-30 000 d). Restaurant en terrasse de l'hôtel bien connu : prix corrects, quelques plats végétariens.

Mimosa Restaurant (☎ 871 377 ; Pho Cau May ; plats 15 000-30 000 d). Installez-vous en terrasse pour déguster du bœuf, du sanglier et du chevreuil grillé au barbecue, ou bien des pâtes, une salade ou encore des plats vietnamiens traditionnels. Prix raisonnables.

Gerbera Restaurant (☎ 871 064 ; Pho Cau May ; plats à partir de 20 000 d). Voisin du Mimosa, il sert les mêmes plats. Salle panoramique à l'étage.

Chapa Restaurant (☎ 871 045 ; 40 Pho Cau May ; plats environ 20 000 d). Ce café de voyageurs sert les traditionnels crêpes à la banane et rouleaux de printemps.

Gecko (☎ 871 504 ; Ð Ham Rong ; plats environ 5 $US). Dans ce lieu sympathique tenu par des Français, vous pourrez boire un expresso, acheter un panier-repas ou déjeuner frugalement.

Delta Restaurant (☎ 871 799 ; Pho Cau May ; plats 5 $US). Premier (et pour l'instant unique)

restaurant italien de Sapa. De bonnes pizzas et pâtes, mais à des prix comparables à ceux de Hanoi.

Baguette & Chocolat (Ð Thac Bac ; cakes 6 000-15 000 d). Le lieu idéal par temps frais, où déguster un chocolat chaud avec les meilleures pâtisseries de la ville. Des paniers-repas et des en-cas sont également disponibles.

Où prendre un verre

Malgré le flot continu de touristes, les activités nocturnes à Sapa restent rares : elles se limiteront le plus souvent à un verre sur le balcon de votre chambre d'hôtel, surtout si le brouillard est de la partie.

Bamboo Bar (Green Bamboo Hotel ; Pho Cau May). Installé dans le sous-sol d'un beau bâtiment, c'est le premier bar de type occidental à avoir ouvert ses portes à Sapa.

Bamboo Sapa (Pho Cau May). Voisin du Bamboo Bar, il propose un spectacle gratuit de musiques et de danses traditionnelles, les vendredi et samedi à partir de 20h30.

Red Dragon Pub (☎ 872 085 ; 23 Pho Muong Hoa). En bas, un salon de thé ; en haut, un pub anglais où est servie une belle variété de bières, notamment une spécialité au ginseng.

Tau Bar (☎ 871 322 ; 42 Pho Cau May). Ce *lounge bar* possède un grand zinc et un billard, et passe de la bonne musique.

Victoria Sapa Hotel (☎ 871 522). L'hôtel possède deux bars et une terrasse. Les consommations sont plus chères qu'ailleurs, mais l'ambiance est chaleureuse.

Depuis/vers Sapa
BUS, MINIBUS ET MOTO

Sa proximité de la région frontalière fait de Sapa l'étape idéale pour les voyageurs entrant au Vietnam ou se rendant en Chine.

Le poste-frontière, à Lao Cai, n'est en effet distant que de 38 km. De Lao Cai, la gare principale, partent une à deux fois par semaine des bus passant par Sapa et se dirigeant vers l'ouest – Lai Chau et Dien Bien Phu. Sapa est également desservie par des minibus partant de Lao Cai à intervalles réguliers de 5h à 17h (10 000 d, 1 ou 2 heures selon l'état de la route). À Sapa, les minibus attendent devant l'église ; ils n'ont pas d'horaire précis. À Lao Cai, ils attendent l'arrivée du train en provenance de Hanoi ; pour les touristes, le tarif est de 25 000 d.

Le trajet en minibus d'hôtel entre Sapa et Bac Ha (110 km) revient à environ 10 \$US. Le minibus quitte Sapa à 6h et repart de Bac Ha à 13h. Vous paierez moins cher en vous rendant à Bac Ha en minibus et en changeant de véhicule à Lao Cai.

Faire à moto les 380 km entre Hanoi et Sapa est envisageable, mais le trajet est long – mieux vaut partir tôt. À vélo, sachez que vous devrez affronter à la fin une côte de 38 km : un véritable enfer !

Ceux qui préfèrent la tranquillité d'esprit à leur indépendance pourront s'inscrire aux circuits week-end à Sapa organisés par certains cafés de Hanoi (40 \$US), combinant en général train et minibus (voir p. 81).

TRAIN

Le trajet en train entre Hanoi et Lao Cai (gare d'étape vers Sapa) est devenu nettement plus agréable depuis l'apparition de confortables voitures-couchettes. À l'heure actuelle, vous ne pouvez réserver votre billet que dans les hôtels et les agences de voyages de Sapa mais, à Hanoi, il vous est possible de le faire directement à la gare. Dans Pho Cau May existe un **bureau des réservations ferroviaires** (☎ 871 480 ; 7h30-11h et 13h30-16h) dont le tarif est de 7 000 d.

Les prix vont de 65 000 d la place assise (sièges durs, à éviter !) à 169 000 d la couchette en compartiment climatisé, tarif à rallonger de 10% le week-end. Deux nouvelles compagnies privées, Tulico and Ratraco, louent des wagons-couchettes tout confort. Le train de jour (LC4) quitte Lao Cai à 10h20, les trains de nuit à 19h (LC2) et 20h50 (SP2). Le trajet dure environ 10 heures. De Hanoi, les omnibus de jour (LC3) partent à 6h15, les trains de nuit à 21h30 (SP1) et 22h10 (LC1).

Comment circuler

Pour découvrir les environs de Sapa, l'idéal est encore la marche, bien que pratiquement tous les chemins soient assez pentus ! Pour des excursions plus longues, vous pouvez louer une moto, moyennant quelque 6 \$US/ jour ou 10 \$US avec chauffeur.

LAO CAI

☎ 020 / 35 100 hab. / alt. 650 m

À l'extrémité de la ligne de chemin de fer, Lao Cai marque la frontière avec la Chine. Rasée durant l'invasion chinoise de 1979,

elle arbore des bâtiments pour la plupart flambant neufs. Le poste-frontière, fermé pendant la guerre de 1979, n'a été rouvert qu'en 1993.

Aujourd'hui, cette destination est très courue des voyageurs allant de Hanoi/Sapa à Kunming, en Chine. Pourtant, elle est assez inhospitalière ; n'y passez pas la nuit si vous pouvez faire autrement.

Orientation et renseignements

De l'autre côté de la frontière s'étend la cité de Hekou – à moins d'être un passionné des villes frontalières chinoises, vous n'aurez guère envie de vous attarder.

ARGENT

Ne vous fiez pas aux changeurs au marché noir, en particulier en Chine ; ils vous offriront un taux minable. Si vous n'avez pas le choix, ne réalisez que de petites transactions.

De l'autre côté du pont, sur la rive ouest, la **BIDV Bank** (Đ Thuy Hoa) change les devises étrangères, y compris les chèques de voyage, et, contrairement à Sapa, possède un DAB.

Où se loger et se restaurer

Gia Nga Guest House (☎ 830 459 ; Pho Moi ; ch 80 000-120 000d ; 🅿). Des chambres très bien tenues. L'aimable propriétaire a fort judicieusement installé derrière la réception une consigne à bagages, ainsi qu'une douche (15 000 d avec serviette et savon) pour les voyageurs souhaitant se rafraîchir après une nuit de train.

Thuy Hoa Guesthouse (☎ 826 805 ; fax 824 689 ; 118 Đ Thuy Hoa ; ch 170 000 ; 🅿). Donnant sur le fleuve Rouge et la Chine, ce petit établissement élégant propose des chambres avec eau chaude, TV et tél.

Lao Cai International Resort (☎ 826 668 ; 88 Đ Thuy Hoa ; laocaihotel@hn.vnn.vn ; ch 70-85 \$US ; 🅿 🖥). Grand standing, avec casino. Yuans acceptés.

Nhat Linh Restaurant (☎ 835 346 ; Pho Nguyen Hué). Petit café devant la gare de Lao Cai, bien connu des voyageurs pour son personnel jovial et son menu varié à prix modique. Une étape sympathique avant ou après un long trajet en train.

Viet Hoa Restaurant (☎ 830 082 ; Đ Phan Dinh Phung ; plats à partir de 25 000 d). Détruit lors du réaménagement de la frontière, ce grand restaurant bruyant et convivial a rouvert ses portes. Bonne cuisine vietnamienne.

Depuis/vers Lao Cai

Les minibus vers Sapa (10 000 d) partent à intervalles réguliers jusqu'en milieu d'après-midi. Si vous prenez le bus touristique au départ de la gare, il vous en coûtera 25 000 d. Deux minibus par jour desservent Bac Ha (20 000 d, 2 heures), le dernier à 13h.

Lao Cai se trouve à 340 km de Hanoi (53 000 d, 10 heures). Les bus partent de la **gare routière longue distance** à 4h et 5h, mais les touristes préfèrent généralement prendre le train. Pour plus d'informations sur les trains entre Hanoi et Lao Cai, voir p. 170.

> **PASSAGE DE FRONTIÈRE**
>
> Le passage de Lao Cai à Hekou est fréquenté par les voyageurs transitant entre la province chinoise du Yunnan et le nord du Vietnam. Le poste-frontière ouvre tlj de 7h à 17h. La Chine est séparée du Vietnam par un pont routier et par un pont de chemin de fer enjambant le fleuve Rouge. Pour les piétons, le droit de passage est de 3 000 d.
>
> La frontière se situe à environ 3 km de la gare de Lao Cai, un trajet facile à moto (5 000 d).

BAC HA

☎ 020 / 70 200 hab. / alt. 700 m

Depuis quelques années, cette petite bourgade des hautes terres commence à concurrencer Sapa. Comparé à cette dernière, le tourisme n'en est cependant ici qu'à ses balbutiements et, en milieu de semaine, la ville vous paraîtra merveilleusement calme. Cependant, la situation évolue rapidement : de nouveaux hôtels sont en construction et les restaurants apprennent d'ores et déjà à cuisiner les plats chéris des touristes.

L'un des obstacles à l'essor du tourisme était peut-être, jusque récemment, la présence de ces haut-parleurs diffusant deux fois par jour la Voix du Vietnam, crachotante mais énergique – de 5h à 6h puis de 18h à 19h. La situation semble avoir évolué et la Voix semble remarquablement discrète.

Les reliefs s'élèvent ici à près de 900 m, apportant à Bac Ha un climat plus doux qu'à Sapa. Dix ethnies montagnardes habitent la région : principalement des Hmong Fleur – dont le nom provient des fleurs que les femmes brodent sur leurs jupes –, mais aussi des Dao, Giay (Nhang), Han (Hoa), Xa Fang, Lachi, Nung, Phula, Thaï et Thulao.

L'une des principales industries locales est la production de boissons distillées (alcool de riz, vin de manioc et liqueur de maïs). La liqueur de maïs que produisent les Hmong Fleur est si forte qu'elle peut littéralement s'enflammer ! Bac Ha est le seul endroit du Vietnam où en trouver ; un emplacement particulier lui est réservé au marché du samedi.

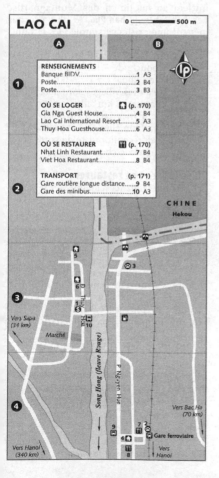

LAO CAI   0 ——————— 500 m

RENSEIGNEMENTS
Banque BIDV.............................1 A3
Poste...2 B4
Poste...3 B3

OÙ SE LOGER   (p. 170)
Gia Nga Guest House.................4 B4
Lao Cai International Resort.......5 A3
Thuy Hoa Guesthouse...............6 A3

OÙ SE RESTAURER   (p. 170)
Nhat Linh Restaurant.................7 B4
Viet Hoa Restaurant..................8 B4

TRANSPORT   (p. 171)
Gare routière longue distance....9 B4
Gare des minibus......................10 A3

BAC HA

0 ———— 200 m

Ⓐ   Ⓑ

RENSEIGNEMENTS
Poste...1 A3

Ⓐ **À VOIR ET À FAIRE** (p. 172)
Marché de Bac Ha......................2 B3

OÙ SE LOGER (p. 172)
Anh Duong Hotel.......................3 B3
Dai Thanh Hotel.........................4 A3
Hoang Vu Hotel..........................5 A3
Minh Quan Hotel........................6 B3
Sao Mai Hotel.............................7 A2
Toan Thang Hotel.......................8 A3
Tran Sin Hotel.............................9 B3
Tuan Anh Guesthouse..............10 A3

OÙ SE RESTAURER (p. 172)
Cong Phu Restaurant................11 A3

TRANSPORT (p. 173)
Gare routière.............................12 B3

Vers les marchés de Lung Phin (12 km) et de Can Cau (20 km)

Comité du peuple

Vers Ban Pho (3,5 km)

Ancien bunker français

Vers le marché de Coc Ly (35 km), Lao Cai (63 km), Sapa (110 km) et Hanoi (330 km)

À voir et à faire
MARCHÉS MONTAGNARDS
Les alentours de Bac Ha accueillent plusieurs marchés intéressants, tous à moins de 20 km les uns des autres.

Marché de Bac Ha
Ce bazar du dimanche, vivant et très fréquenté, est le principal marché de Bac Ha. Vous y verrez beaucoup de Hmong Fleur. Il s'y vend, outre l'artisanat et le vin local, des buffles, des porcs, des chevaux et des poulets. Soyez sur place assez tôt pour éviter le flot des visiteurs venant de Sapa.

Marché de Can Cau
Ce marché en plein air, qui a lieu le samedi, compte parmi les plus extraordinaires du pays. Spécialisé dans le bétail et les animaux, il se tient à 20 km au nord de Bac Ha et à 9 km au sud de la frontière chinoise, ce qui explique le grand nombre de marchands chinois et l'essor du commerce des chiens.

Marché de Lung Phin
Ce petit marché est situé entre celui de Can Cau et Bac Ha, à 12 km de cette dernière localité. Moins fréquenté que les autres, il a lieu le dimanche et possède une réelle authenticité.

Marché de Coc Ly
Dans ce bourg à 35 km de Bac Ha se tient un marché du jeudi. On y accède par une route en assez bon état, ou encore par voie fluviale. Les hôtels de Sapa et de Bac Ha pourront organiser votre excursion.

RANDONNÉES
VERS LES VILLAGES TRADITIONNELS
La visite des villages autour de Bac Ha vous initiera au quotidien des Montagnards. Les habitants de **Ban Pho**, le plus proche, mènent une existence simple ; les Hmong Fleur, très hospitaliers, forment l'une des populations les plus affables du pays. Le circuit en boucle de 7 km depuis Bac Ha passe par Ban Pho.

Plusieurs autres villages sont accessibles à pied : comptez 8 km aller-retour pour vous rendre à **Trieu Cai** ; 6 km aller-retour pour **Na Ang** ; 4 km aller-retour pour **Na Hoi**. Demandez au réceptionniste de votre hôtel de vous indiquer le chemin.

Où se loger et se restaurer
Les prix ont tendance à augmenter le weekend, avec l'arrivée des touristes se rendant au marché dominical, et les hôtels affichent souvent complet.

Sao Mai Hotel (☎ /fax 880 288 ; ch 10-25 $US). Établissement très apprécié des groupes pour ses chambres bien tenues. Il comprend un ancien bâtiment en béton, où les chambres sont d'un rapport qualité/prix médiocre, et deux maisons en bois, plus récentes et plus agréables. Le bar-restaurant, fréquenté, accueille parfois des spectacles de danse.

Toan Thang Hotel (☎ 880 444 ; ch 80 000 d) Chambres bon marché, dans une maison en bois face au Sao Mai, d'un meilleur rapport qualité/prix.

Dai Thanh Hotel (☎ 880 448 ; ch 60 000 d). Prix très raisonnables et tout le confort : eau chaude, TV, moustiquaire et ventil.

Hoang Vu Hotel (☎ 880 264 ; ch 120 000 d). De grandes chambres avec balcon, eau chaude, TV. Vue médiocre sur la ville.

Minh Quan Hotel (☎ 880 222 ; ch 120 000-150 000 d). Chambres confortables, avec vue sur le marché de Bac Ha et les montagnes.

Autres options :

Anh Duong Hotel (☎ 880 329 ; ch 80 000 d). Propre, calme, bien situé, cet hôtel pratique des tarifs intéressants.

Tran Sin Hotel (☎ 880 240 ; ch 100 000 d). Prenez une chambre avec vue sur le marché, pour l'ambiance.

Tuan Anh Guesthouse (☎ 880 377 ; ch 120 000 d). Confort simple, d'un bon rapport qualité/prix.

En dehors des restaurants d'hôtels, le meilleur choix reste le **Cong Phu Restaurant** (☎ 880 254 ; plats 15 000-25 000 d), pour ses savoureux menus à prix modérés (cochez vos choix sur les photocopies en anglais).

Depuis/vers Bac Ha

Tous les jours vers 6h30 et 13h, des minibus quittent Lao Cai pour Bac Ha (20 000 d, 2 heures) ; pour le trajet inverse, les départs s'effectuent vers 5h30, 11h30 et 13h. La route, bien entretenue, traverse une campagne ravissante.

Pour 5 $US, les habitants vous conduiront à moto de Lao Cai à Bac Ha, voire de Sapa à Bac Ha (110 km) moyennant 12 $US. Comptez 10 $US environ pour les excursions en minibus du dimanche entre Sapa et Bac Ha : ce prix comprend le transport, les services d'un guide et une randonnée jusqu'à un village de minorités. Sur le chemin du retour, il vous est possible de descendre du bus à Lao Cai pour prendre le train de nuit à destination de Hanoi.

Bac Ha se trouve à 330 km (10 heures) de Hanoi, où des cafés proposent des circuits en bus de 4 jours jusqu'à Bac Ha pour environ 60 $US, incluant généralement la visite de Sapa.

PROVINCE DE HA GIANG

Dernière frontière du nord du Vietnam, Ha Giang présente un paysage lunaire de formations calcaires et de saillies granitiques. Cette région abrite certains des plus beaux paysages du pays et le trajet par la route entre Dong Van et Meo Vac est époustouflant pour les motards, même si le trajet en bus est beaucoup moins amusant. Cette destination serait la plus touristique de la région si des permis n'étaient encore indispensables pour circuler ; la paperasserie en décourage plus d'un.

Ha Giang

☎ 019

Faites étape à Ha Giang pour recharger vos batteries sur la longue route vers le nord. Le paysage, avec les roches calcaires surplombant la ville, n'est qu'un aperçu de ce qui vous attend plus loin. Si vous voulez grimper plus au nord pour aller explorer Yen Minh, Dong Van, Meo Van et Bac Me, il vous faut faire une demande de permis auprès de la police locale (10 $US).

OÙ SE LOGER ET SE RESTAURER

Les hôtels de Ha Giang sont d'un bon rapport qualité/prix.

Sao Mai Hotel (☎ 863 019 ; Pho Nguyen Trai ; ch 10 $US). Le meilleur établissement, avec eau chaude, TV et lits confortables. Seule ombre au tableau : le karaoké en continu.

Hai Dang Hotel (☎ 866 863 ; 15 Pho Nguyen Trai ; ch 100 000 d). Un hôtel correct et pas cher, situé juste en face de la gare des bus : un avantage pour ceux qui font la route vers le nord, car les départs ont lieu très tôt.

Huy Hoan Hotel (☎ 861 288 ; 14 Pho Nguyen Trai ; ch 100 000-250 000 d). Cet établissement, le plus élégant de la ville, abrite de belles chambres avec de grands lits, et il possède même un ascenseur !

Thanh Thu Restaurant (Pho Tran Hung Dao). L'un des meilleurs restaurants du lieu, tenu par une famille sympathique.

DEPUIS/VERS HA GIANG

Ha Giang se situe à 290 km au nord de Hanoi sur la RN 2, un trajet que les bus parcourent en 6 heures environ. La route de Bac Ha, en revanche, est très difficile et réservée aux 4x4 les plus endurants et aux motards affranchis.

Environs de Ha Giang

Partez à moto vers les districts de **Dong Van** et **Meo Vac**, à proximité de la frontière chinoise : après Ha Giang, la route grimpe jusqu'au col de Quan Ba ("porte du paradis") au cœur de paysages de plus en plus sublimes. En arrivant à Yen Minh par des forêts de pins, on peut s'arrêter pour boire un verre avant la dernière étape, qui se déroulera dans un décor surréaliste aux confins de la Chine. À Dong Van, petit arrière-poste assoupi, vous abordez votre plus belle balade vietnamienne : 22 km sur une route serpentant entre les montagnes jusqu'à Meo

Vac, taillée à flanc de roche, avec, au loin, la rivière Nho Que, que surplombe une gorge impressionnante. Prenez le temps de savourer ce spectacle.

Meo Vac, une capitale de district entourée de montagnes, est, comme nombre de villes de la région, investie par des colons venus d'autres parties du pays. Elle abrite plusieurs pensions impersonnelles, louant des chambres sommaires avec sdb commune. Le meilleur choix est la **Viet Hung Guesthouse** (ch 60 000 d), sur la route du district de Khau Vai (chambres pourvues de lits confortables et d'une TV). Il faudra présenter votre permis de circuler à chaque arrivée dans une pension. Il existe quelques restaurants *com pho* en ville, sans compter les quelques étals de nourriture au marché.

Centre-nord du Vietnam

Centre-nord
du Vietnam

Souvent négligé par les voyageurs, le Centre-Nord comporte plusieurs sites intéressants situés à 2 heures de route seulement de Hanoi. On peut effectuer cette étape en une journée depuis la capitale mais, pour mieux en profiter, il est préférable de prévoir une nuit en cours de route. Tam Coc offre un paysage d'exception où les pics calcaires pointent au milieu des rizières. Non loin de là, l'ancienne capitale royale de Hoa Lu ne manque pas de caractère. Le village flottant de Kenh Ga, quant à lui, permet un aperçu de la vie lacustre, tandis que la cathédrale de Phat Diem est l'exemple d'un mariage réussi entre les architectures religieuses vietnamienne et européenne. Enfin, dans le parc national de Cuc Phuong, le voyageur pourra approcher ce que la nature offre de plus beau. Tout cela à peu de distance de Ninh Binh, elle-même située à moins de 100 km au sud de Hanoi.

Le Centre-Nord est l'une des régions des plus pauvres du pays et attire encore peu de visiteurs étrangers : la plupart font d'une traite le trajet Hanoi-Hué, préférant s'attarder à Hoi An, à Hué ou dans les localités situées plus au sud ou tout au nord. Si vous avez du temps, l'envie de sortir des sentiers battus et si vous n'êtes pas trop avide de confort, cette région vous tend les bras.

Tout le long de la route côtière, le trafic est intense, même si les plages, certes prisées par les Vietnamiens, ne peuvent rivaliser avec celles se trouvant plus au sud. Alors, pourquoi ne pas se lancer à l'aventure sur la RN 14 (la nouvelle route Ho Chi Minh), laquelle parcourt le pays au travers de magnifiques paysages, notamment les monts Truong Son du Centre-Nord ? Motards et cyclistes apprécieront tout particulièrement l'incroyable tronçon au nord de la grotte de Phong Nha – sans oublier toutefois que cette région reculée possède peu d'infrastructures et de possibilités d'hébergement.

CENTRE-NORD DU VIETNAM

À NE PAS MANQUER

- **Tam Coc**, surnommée la "baie d'Along des rizières", et son environnement exceptionnel (p. 179)

- La visite du Centre d'aide aux primates en péril, dans le **parc national de Cuc Phuong** (p. 181)

- Les temples de **Hoa Lu** (p. 180), ville d'un grand intérêt historique et entourée de paysages superbes

- La **cathédrale de Phat Diem** (p. 181), lieu de culte sino-vietnamien

- La **grotte de Phong Nha** (p. 188), classée au patrimoine mondial

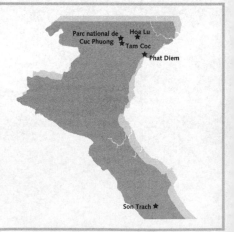

Parc national de Cuc Phuong
Hoa Lu
Tam Coc
Phat Diem
Son Trach

Histoire

L'importance historique de cette région remonte au Xe siècle : Hoa Lu était alors la capitale du pays, et ses temples somptueux se dressaient dans un superbe paysage de falaises calcaires et de rizières. Aux XIIIe et XIVe siècles, la dynastie Tran fit de Thang Long (l'actuelle Hanoi) sa capitale. Ce fut l'une des périodes les plus stables et les plus prospères de l'histoire vietnamienne. Pour mettre fin aux guerres fratricides qui opposaient les prétendants au trône, les Tran avaient instauré un système ingénieux. Le prince héritier partageait le pouvoir avec son père ; il devenait officiellement roi, tandis que l'ancien souverain continuait de régner dans une autre capitale, Tuc Mac, à quelque 5 km de Nam Dinh.

Pendant la guerre du Vietnam, le Centre-Nord, en particulier Thanh Hoa, subit d'incessants bombardements américains. Plus au sud, Vinh marquait en effet le début de la piste Ho Chi Minh, par laquelle transitait l'approvisionnement en direction des monts Truong Son.

THAI BINH

☎ 036 / 135 000 hab.

Peu de voyageurs visitent cette ville, qui n'est pas traversée par la RN1, à moins de prendre la route secondaire reliant Ninh Binh à Haiphong. Son seul site intéressant est la **pagode Keo**.

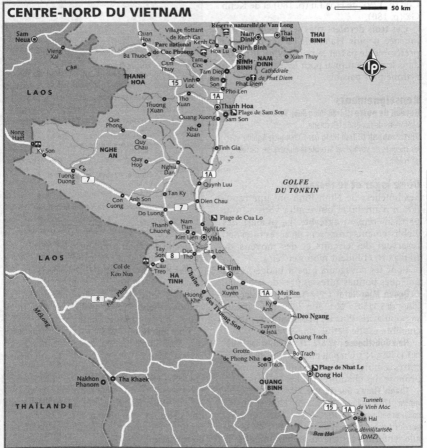

Cette pagode (Chua Keo) fut fondée au XIIe siècle pour honorer Bouddha et le moine Khong Minh Khong, qui avait miraculeusement guéri de la lèpre l'empereur Ly Than Ton (qui régna de 1128 à 1138). Son clocher en bois, finement sculpté, compte parmi les chefs-d'œuvre de l'architecture vietnamienne traditionnelle. Elle se dresse à 9,5 km de Thai Binh, où vous trouverez sans problème une moto-taxi pour vous y conduire (10 000 d).

NINH BINH

☎ 030 / 53 000 hab.

Ces dernières années, cette bourgade quelque peu assoupie s'est transformée en haut lieu touristique grâce à la proximité du parc national de Cuc Phuong (p. 181), de Tam Coc (p. 179), de Hoa Lu (p. 180) et de Kenh Ga (p. 180).

Ces trois derniers sites se visitent en une journée depuis Hanoi. Il est en revanche préférable de passer la nuit à Ninh Binh ou dans le parc national pour les explorer à un rythme plus paisible.

Renseignements

Bureau de poste (Đ Tran Hung Dao). Pour vos opérations de fax et de téléphone.

Vietcombank (Đ Tran Hung Dao). Change le liquide et les chèques de voyage, et accepte la plupart des cartes de crédit.

Où se loger et se restaurer

Les hôteliers de Ninh Binh ont une réputation d'amabilité qui rendra votre séjour particulièrement agréable. La plupart des établissements proposent un accès Internet, réservent des circuits et des moyens de transport, et louent motos et vélos.

Pour les voyageurs à petit budget, voici quelques bonnes adresses près de la gare :

Queen Mini-Hotel (☎ 871 874 ; 3 Đ Hoang Hoa Tham ; ch 3-15 $US ; ✗). Son livre d'or atteste sa popularité. Plus les prix sont bas, plus la chambre est de petites dimensions.

New Guesthouse (☎ 872 137 ; 3 Đ Hoang Hoa Tham ; ch 3-15 $US ; ✗). Un peu plus proche de la gare et très semblable au précédent, cette pension propose des chambres à 4 lits ou plus.

Thanh Thuy's Guesthouse (☎ 871 811 ; tuc@hn. vnn.vn ; 128 Đ Le Hong Phong ; ancien bâtiment 3-6 $US ; nouveau bâtiment 8-15 $US ; ✗ 💻). Autre établissement très couru et bien rénové : l'ancienne aile renferme des chambres bon marché, la

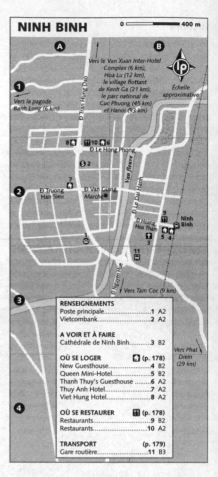

NINH BINH

0 —————— 400 m

RENSEIGNEMENTS
Poste principale......................1 A2
Vietcombank..........................2 A2

A VOIR ET À FAIRE
Cathédrale de Ninh Binh............3 B2

OÙ SE LOGER 🏠 (p. 178)
New Guesthouse.....................4 B2
Queen Mini-Hotel...................5 B2
Thanh Thuy's Guesthouse...........6 A2
Thuy Anh Hotel......................7 A2
Viet Hung Hotel.....................8 A2

OÙ SE RESTAURER 🍴 (p. 178)
Restaurants..........................9 B2
Restaurants.........................10 A2

TRANSPORT (p. 179)
Gare routière.......................11 B3

nouvelle des chambres plus confortables. Le rez-de-chaussée abrite un restaurant.

Viet Hung Hotel (☎ 872 002 ; viethunghotel.nb@ hn.vnn.vn ; 2 Đ Tran Hung Dao ; ch 10-35 $US, avec petit déj ; ✗). Situé dans la rue principale, cet établissement récent, propre et lumineux offre un bon rapport qualité/prix.

Thuy Anh Hotel (☎ 871 602 ; www.thuyanhhotel. com ; 55A Đ Truong Han Sieu ; ancien bâtiment 7-25 $US ; nouveau bâtiment 35-40 $US ; ✗ 💻). La meilleure adresse de la ville : l'ancienne aile abrite des chambres impeccables et toutes différentes, tandis que la nouvelle, clinquante, s'agrémente d'un ascenseur et accueille plutôt des groupes. Le niveau inférieur compte un bon restaurant et le toit accueille un bar en terrasse.

En dehors de la ville, non loin de la citadelle de Hoa, se dresse le **Van Xuan Inter-Hotel Complex** (☎ 622 615 ; fax 622 616 ; ch 25-35 $US ; ☒), recommandé aux voyageurs motorisés. Cet hôtel calme abrite de vastes chambres.

Ninh Binh n'étant pas le siège de la gastronomie vietnamienne, la plupart des voyageurs prennent leurs repas à l'hôtel. Il existe néanmoins deux restaurants *com pho*, l'un au coin de Đ Le Hong Phong et de Đ Tran Hung Dao, l'autre près de la gare.

Depuis/vers Ninh Binh
BUS
Ninh Binh se situe à 93 km au sud de Hanoi. La gare routière se trouve de l'autre côté de la rivière par rapport à la poste. De la gare routière de Giap Bat, à Hanoi, partent des bus publics à intervalles réguliers (25 000 d, 2 heures).

Les bus "circuit découverte" sillonnant le pays du nord au sud font étape à Ninh Binh (p. 488), prenant et déposant leurs passagers devant les hôtels Thuy Anh et Thanh Thuy. Comptez 3 $US aller-retour pour une place à bord d'un bus climatisé confortable au départ de la vieille ville de Hanoi.

TRAIN
Si les *Express de la Réunification* reliant Ho Chi Minh-Ville à Hanoi passent par Ninh Binh, seuls les omnibus s'y arrêtent (p. 493).

ENVIRONS DE NINH BINH
Tam Coc
Les touristes appellent ce site d'une rare beauté la "baie d'Along des rizières" : tandis que les rochers de la baie d'Along (p. 130) se dressent au-dessus de la mer, ceux de Tam Coc dominent un paysage de rizières, évoquant immanquablement les sites chinois de Guilin et de Yangshou.

Tam Coc signifie "Trois Grottes". La première, Hang Ca, mesure 127 m de long ; la deuxième, Hang Giua, 70 m ; la troisième, Hang Cuoi, 40 m seulement. Le meilleur moyen de visiter le site est d'emprunter un **canot à rames** (55 000 d/pers, entrée comprise) sur la rivière Ngo Dong : une excursion superbe, durant laquelle les embarcations glissent paisiblement à travers les trois grottes pendant environ 2 heures, arrêts compris. Les billets sont en vente au petit bureau près du nouveau parking. Même par temps couvert,

prenez de la crème solaire et un chapeau (ou une ombrelle, que vous trouverez à louer sur le quai), car les canots n'offrent aucune ombre.

Préparez-vous à affronter les nombreux vendeurs de Tam Coc, avec pour mots d'ordre patience et bonne humeur ! Les bateliers insisteront pour vous vendre des broderies ; en outre, au cours de l'excursion, des vendeurs en barque pagaient jusqu'à votre hauteur pour vous proposer des boissons fraîches. Si vous refusez, ils suggèrent que vous en achetiez une pour votre rameur. Beaucoup de touristes acceptent, pour découvrir par la suite que le rameur a rétrocédé la boisson au vendeur pour moitié prix !

Derrière les restaurants, le **village de Van Lan** est connu pour ses broderies : vous y verrez les artisans confectionner des serviettes, nappes, housses de coussins ou T-shirts. Ces articles sont généralement vendus à Hanoi, dans les magasins de Pho Hang Gai (p. 111), mais vous obtiendrez un meilleur prix en les achetant directement aux artisans : au village, vous bénéficierez d'un choix plus vaste et de prix moins élevés que ceux que proposent les bateliers.

PAGODE DE BICH DONG
Cette ravissante pagode installée dans une grotte, lieu de pèlerinage pour les Vietnamiens, se trouve à quelques kilomètres au nord de Tam Coc, et vaut le détour si vous êtes motorisé. La route traverse un paysage superbe, constitué de rizières bordées de formations karstiques, avant de parvenir à un petit village isolé. Bich Dong, ou la "grotte de jade", s'est formée dans des grottes karstiques auxquelles l'odeur de l'encens et l'obscurité confèrent une atmosphère très particulière.

DEPUIS/VERS TAM COC
Tam Coc se trouve à 9 km au sud-ouest de Ninh Binh. Prenez la RN 1 vers le sud, puis tournez vers l'ouest à l'embranchement de Tam Coc (notez que, dans un avenir proche, la RN 1 va devenir la RN 1A). Les hôtels de Ninh Binh organisent des circuits - que vous trouverez toutefois plus amusant d'effectuer à moto ou à vélo - et peuvent aussi vous indiquer de superbes routes secondaires entre Tam Coc et Hoa Lu. À Hanoi, les cafés pour petits budgets

organisent des excursions d'une journée vers Tam Coc et Hoa Lu. Prévoyez environ 12 $US pour la version bon marché, 20 $US pour un circuit en petit groupe dans un véhicule confortable et sous l'égide d'un guide professionnel.

Hoa Lu

Si son environnement ressemble à celui de Tam Coc, Hoa Lu présente en prime un intérêt historique. La protection naturelle de son relief lui conférait un avantage certain lorsqu'elle était capitale du Vietnam sous la dynastie Dinh (968-980), puis sous celle des Le antérieurs (980-1009).

L'**ancienne citadelle de Hoa Lu** (10 000 d), en grande partie détruite, couvrait une surface de 3 km². Des remparts protégeaient les temples, les sanctuaires et le palais royal. La famille royale résidait dans la citadelle intérieure.

Le mont Yen Ngua constitue un superbe arrière-plan aux deux temples restés debout. Le temple de **Dinh Tien Hoang**, restauré au XVIIᵉ siècle, est dédié à la dynastie des Dinh. Le socle en pierre d'un trône royal se dresse devant l'entrée ; à l'intérieur, vous verrez des cloches de bronze et une statue de l'empereur Dinh Tien Hoang en compagnie de ses trois fils. Le second temple, **Le Dai Hanh** (ou Duong Van Nga), honore la mémoire des souverains de la dynastie des Le antérieurs. La salle principale contient un assortiment de tambours, de gongs, d'encensoirs, de chandeliers et d'armes. Sur la colline qui surplombe les temples se dresse la tombe de Dinh Tien Hoang : 207 marches mènent au sommet, d'où la vue magnifique récompensera vos efforts.

En 1998, les archéologues ont mis au jour une "nouvelle" section de l'ancienne citadelle, laquelle remonterait au Xᵉ siècle. Ces vestiges, ainsi que certains objets trouvés lors des fouilles, ont été maintenus sur le site et sont aujourd'hui exposés dans une salle érigée autour des excavations.

Des guides proposent des visites gratuites (laissez-leur un pourboire), mais vous pouvez également explorer les sanctuaires par vos propres moyens. Une fois passé les vendeurs à l'entrée, très insistants, le site dégage une atmosphère paisible, notamment en fin d'après-midi lorsque les visiteurs sont moins nombreux.

DEPUIS/VERS HOA LU

Hoa Lu se situe à 12 km au nord-ouest de Ninh Binh. À 6 km au nord, tournez à gauche sur la RN 1A. Aucun transport public ne la dessert, les voyageurs font généralement le trajet à vélo (1 $US/jour depuis Ninh Binh), à moto ou en voiture.

Village flottant de Kenh Ga

Kenh Ga ("canal aux poulets") doit son nom au grand nombre de poulets sauvages qui peuplaient autrefois les environs. Sur la rivière Hoang Long, vous découvrirez le village flottant ainsi que quelques bâtiments construits sur ses rives. Le seul autre endroit au Vietnam où vous pourrez admirer un spectacle comparable est le delta du Mékong, mais le cadre montagneux de Kenh Ga reste cependant inégalé. Autre différence : les habitants de Kenh Ga rament avec leurs pieds, allongés dans leurs bateaux en regardant le paysage.

Kenh Ga est un endroit idyllique qui illustre, mieux que tout autre dans le nord du Vietnam, la vie lacustre. Les habitants semblent passer la majeure partie de leur vie sur l'eau : ils s'occupent de leurs élevages piscicoles flottants, récoltent des algues pour nourrir les poissons, écument les eaux troubles et peu profondes de la rivière à la recherche de coquillages, vendent des légumes de bateau à bateau. Même les enfants vont à l'école par ce moyen.

Sur la jetée, vous pouvez louer un canot à moteur moyennant 40 000 d la promenade d'une heure autour du village. L'agence touristique locale, qui organise les circuits, a réussi jusqu'à présent à y préserver une certaine tranquillité et à éloigner les perturbateurs. Espérons que cela va durer.

Les villageois sont très chaleureux. Les enfants crient joyeusement *Tay oi* (Occidental) à tous les touristes qu'ils voient – même aux Vietnamiens !

DEPUIS/VERS KENH GA

Kenh Ga se trouve à 21 km de Ninh Binh, sur la route du parc national de Cuc Phuong. Suivez la RN 1 vers le nord sur 11 km ; puis prenez vers l'ouest et faites encore 10 km, jusqu'à la jetée à laquelle mènent des petites routes extraordinaires, apparemment non cartographiées, au milieu de magnifiques paysages. Les hôtels et pensions de Ninh Binh peuvent organiser des circuits. De jolies routes secondaires traversent de sublimes paysages, aboutissant elles aussi à la jetée, mais mieux vaut solliciter les services d'un guide de Ninh Binh pour les trouver.

Réserve naturelle de Van Long

Au milieu des pics calcaires, typiques de cette région, s'étend **Van Long** (20 000 d), un marécage herbeux où convergent les oiseaux. L'entrée de cette réserve inclut une promenade en bateau pendant laquelle, en ouvrant l'œil, vous apercevrez peut-être un entelle sur les rochers. Il est facile de combiner la visite de Van Long et celle de Kenh Ga, et même de les faire sur la route du parc national de Cuc Phuong.

Van Long est à 2 km à l'est de Tran Me, bourgade elle-même située à 23 km de Ninh Binh sur la route de Cuc Phuong.

PHAT DIEM

Phat Diem abrite une **cathédrale**, remarquable par ses dimensions et son architecture sino-vietnamienne d'inspiration européenne. À l'époque de la colonisation française, la cathédrale était un haut lieu du catholicisme dans le Nord ; Phat Diem possédait même un séminaire. En 1954, la division du pays entraîna le départ en masse vers le Sud des catholiques et la fermeture du sanctuaire. Celui-ci est aujourd'hui rouvert, tout comme des dizaines d'églises du district. Selon les derniers chiffres, il existe dans cette région quelque 120 000 catholiques.

La voûte est soutenue par des colonnes massives en bois de 1 m de diamètre et de 10 m de haut. Dans les nefs latérales, vous apercevrez de curieuses statues de bois et de pierre. L'autel est taillé dans un seul bloc de granit.

Le complexe regroupe de nombreux édifices, dont le plus vaste fut achevé en 1891. L'ensemble fut fondé par un prêtre vietnamien du nom de Six, qui est enterré sous le parvis de la cathédrale. Derrière le bâtiment principal, un amoncellement de roches calcaires attirera votre attention : le père Six les avait empilées pour vérifier si le terrain était adapté à la réalisation de son œuvre ; apparemment, le test avait réussi.

Le clocher s'élève à l'arrière de la cathédrale. À sa base, vous remarquerez deux énormes dalles de pierre posées l'une sur l'autre : elles servaient d'estrades pour les mandarins qui venaient là observer (avec un certain amusement, n'en doutons pas) les rites catholiques. Toutes les grandes dalles sculptées furent acheminées par des moyens de fortune sur environ 200 km.

La tour la plus élevée abrite une cloche si grosse qu'elle ferait pâlir d'envie celle de Notre-Dame ; avec d'autres lourdes pièces de métal, elle fut hissée au sommet de la tour au moyen d'une gigantesque rampe de terre. Une fois la construction achevée, les déblais furent répandus autour du lieu saint, surélevant le site d'environ 1 m et le protégeant d'éventuelles inondations.

Non loin de là se dressent une petite chapelle en grosses pierres de taille – dont l'intérieur est aussi frais que celui d'une grotte – et un pont couvert datant de la fin du XIXe siècle.

La cathédrale est visitée par des nuées de touristes vietnamiens : peu sont catholiques, mais tous font preuve d'une très grande curiosité envers les églises et le christianisme en général. L'entrée est libre, mais vendeurs et mendiants se pressent sur le site aux heures d'affluence. La messe est célébrée tlj à 5h et 17h.

Depuis/vers Phat Diem

Phat Diem, parfois aussi appelée Kim Son, son ancien nom, se trouve à 121 km au sud de Hanoi et à 29 km au sud-est de Ninh Binh. Des bus directs la relient à Ninh Binh, et l'on peut aussi faire le trajet en moto.

Il n'existe pas de circuits organisés à destination de Phat Diem, mais les agences de voyages de Hanoi proposent des excursions sur mesure d'une journée en voiture privée, avec ou sans guide.

PARC NATIONAL DE CUC PHUONG

☎ 030 / alt. 648 m

Le **parc national de Cuc Phuong** (☎ 846 006 ; adulte/enfant 10 000/20 000 d), aménagé en 1962, est l'une des plus importantes réserves naturelles du Vietnam. Ho Chi Minh l'inaugura en 1963 et prononça à l'occasion une courte allocution : "La forêt est comme de l'or. Si nous savons bien la conserver, elle restera un bien précieux. Si elle est détruite, en revanche, les conséquences en seront désastreuses pour la vie et la productivité."

Ce parc, qui se trouve à 70 km de la mer, occupe une surface de 25 km de long sur 11 km de large, à cheval sur les provinces

CENTRE D'AIDE AUX PRIMATES EN PÉRIL

Si vous allez à Cuc Phuong, la visite au **centre d'aide aux primates en péril** s'impose (www.primatecenter. org). Géré par des Vietnamiens et par des biologistes allemands, ce centre s'attache à améliorer le sort des singes du Vietnam.

En 1995, le projet, encore embryonnaire, ne concernait que quelques singes. Aujourd'hui, l'endroit connaît une grande activité : l'on y soigne, étudie et élève 85 animaux représentant 14 espèces différentes de gibbons et d'entelles (l'entelle est un singe arboricole à longue queue, tandis que le gibbon possède de longs bras et se nourrit de fruits). Il compte également quelques loris (primates nocturnes plus petits).

On estime qu'il ne reste aujourd'hui au Vietnam que 20 espèces de primates en liberté, dont la plupart sont menacées par les chasseurs et/ou la destruction de leur habitat. Certains de leurs propriétaires essaient d'en faire des animaux domestiques, ce qui est quasiment impossible : les entelles ne mangent que des feuilles fraîchement coupées, leur système digestif ne tolérant rien d'autre ; en ne nourrissant pas correctement leur singe, les acheteurs ignorants tuent souvent leur "animal de compagnie" avant même d'avoir pu se glorifier de leur nouvelle acquisition. Tous les animaux du centre ont ainsi échappé à la vie en cage ou au commerce illégal, qui les conduit essentiellement en Chine où ils font office de médicament. Des amateurs sont prêts à payer très cher ces animaux rares (entre 200 et 1 000 $US) pour leur valeur "médicale" – qu'il s'agisse de soulager les calculs biliaires ou d'en faire des aphrodisiaques.

La coopération entre les autorités vietnamiennes et le personnel du centre a donné de très bons résultats en matière de reproduction et de rétablissement des primates. Lors de notre passage, nous avons eu la chance de découvrir un douc (rhinopithèque à pieds gris) âgé d'une semaine, le premier au monde né en captivité : le jeune père jouait fièrement son rôle de protecteur, le cou tendu et le regard noir, exhibant un long pénis rose en érection ! Les doucs, qui se reproduisent à merveille, sont des primates fascinants, remarquables et très attachants. Ils semblent porter un "caleçon" rouge – la traduction littérale de leur nom en vietnamien est d'ailleurs "singe en short". Certaines espèces originaires du Sud disposent même de dortoirs chauffés en hiver, ce qui n'est pas le cas des employés du centre.

L'un des principaux objectifs est de réintroduire ces primates dans leur habitat naturel. La chasse constituant encore une menace trop importante, il a été procédé à une étape préliminaire : quelques gibbons et un groupe d'entelles de Hatinh ont été relâchés en semi-liberté, dans une zone de 2 ha adjacente au centre, et un groupe de doucs a été libéré dans un autre enclos de 4 ha à demi sauvage. Si vous préférez découvrir les entelles dans leur milieu naturel, demandez au centre où se trouvent les meilleurs postes d'observation – nous ne pouvons, pour des raisons évidentes, les divulguer dans ce guide.

de Ninh Binh, Hoa Binh et Thanh Hoa. Le point culminant du parc (648 m) est le Dinh May Bac (pic du Nuage argenté). Des outils préhistoriques ont été mis au jour à Con Moong, l'une des nombreuses grottes du parc.

Celui-ci abrite également l'excellent **Centre d'aide aux primates en péril** (www.primatecenter.org ; entrée libre ; 9h-11h et 13h-16h), situé 500 m avant l'accueil. On ne peut pas se promener seul dans le centre : si l'on voyage de façon indépendante, il faut d'abord se rendre à l'accueil pour réserver un guide. L'entrée est gratuite, mais il est bienvenu d'acheter quelques cartes ou une affiche, ou de faire un don.

Depuis quelques dizaines d'années, la faune et la flore vietnamiennes se sont énormément dégradées ; néanmoins, les 222 km² de forêt tropicale primaire qui composent ce parc abritent une variété fantastique d'espèces animales et végétales – 320 espèces d'oiseaux, 97 espèces de mammifères, dont des chauves-souris, et 36 espèces de reptiles. Parmi les plantes qui y ont été répertoriées en 1983, 433 possèdent des propriétés médicinales et 299 sont comestibles. La réserve abrite une essence particulière appelée Cay Kim Gao (*Podocarpus fleuryi hickel*), qui pousse également dans le parc national de Cat Ba ; jadis, les rois et les nobles ne mangeaient qu'avec des baguettes taillées dans ce bois clair, qui avait la propriété de noircir au contact d'une substance empoisonnée.

Le braconnage et la destruction de l'habitat naturel sont les préoccupations constantes des gardes forestiers. De nombreuses espèces endémiques, telles l'ours brun, le chat sauvage et certains oiseaux et reptiles, ont disparu du parc par la faute de l'homme. Les Muong se sont à plusieurs reprises violemment heurtés aux gardes, qui tentaient de les empêcher d'abattre des arbres ; le gouvernement, par la suite, a déplacé leur village hors de l'enceinte du parc. Espérons que les habitants auront la possibilité de participer à des programmes d'écotourisme, qui permettraient de donner à la politique de conservation une valeur économique positive. Renseignez-vous auprès de la direction sur les séjours chez les minorités du parc.

La RN 14 (la nouvelle route Ho Chi Minh), qui traverse l'ouest de la réserve, a donné lieu à une exploitation forestière illégale de plus en plus importante, laquelle se répercute à présent sur la croissance et la conservation des végétaux et des animaux.

La meilleure époque pour la visite s'étend d'octobre à mars, pendant la saison sèche. En avril-mai, vous y verrez des millions de papillons. D'avril à juin, la température et l'humidité augmentent progressivement, tandis que de juillet à septembre, les pluies apportent avec elles une multitude de sangsues.

Les visiteurs sont accueillis dans un petit **centre d'information**, situé quelques centaines de mètres avant l'entrée.

Randonnées à Cuc Phuong

Le parc regorge de magnifiques sentiers. Les promenades courtes comprennent la visite d'un grand **jardin botanique** clos où vous découvrirez plusieurs espèces endémiques telles que cerfs, civettes, gibbons et entelles. Un autre petit sentier mène à un escalier abrupt en haut duquel se trouve un site archéologique important, la **grotte de l'Homme préhistorique**, où ont été mis au jour des outils (actuellement exposés à Hanoi).

Parmi les randonnées d'une journée les plus appréciées (8 km aller-retour) figurent celle qui mène à un **grand arbre** millénaire (*Tetrameles nudiflora*), ainsi qu'une autre, plus longue, menant à la **montagne du Nuage argenté**. Une marche éprouvante de cinq heures conduit à **Kanh**, un village muong,

où il est loisible de passer la nuit avant de descendre la rivière Buoi en radeau.

Le personnel du parc vous remettra des cartes lapidaires pour vous repérer dans les sentiers ; pour les marches plus longues, en revanche, il est recommandé de faire appel à un guide. Comptez au minimum 5 $US par jour pour un groupe de 5 personnes, 1 $US pour chaque participant supplémentaire.

Où se loger et se restaurer

Deux possibilités d'hébergement s'offrent aux visiteurs, au confort et prix très variables.

Au centre de la réserve, à 18 km de l'entrée, le parc loue des chambres rudimentaires dans une **maison sur pilotis** (6 $US/pers) et deux **bungalows équipés** (s/d 15/25 $US) – endroit idéal pour commencer une randonnée ou partir observer les oiseaux à l'aube. L'immense piscine est alimentée par la rivière.

Aux bureaux du parc se trouvent des **bungalows et une pension** (s/d 15/20 $US), de même que des chambres aménagées dans une **maison sur pilotis** (5 $US/pers). Les meilleures chambres, à l'accueil du parc, viennent d'être construites au bord d'un lac artificiel. On peut aussi **camper** (2 $US/pers) si l'on dispose de son propre équipement. L'accueil prend également commande de **repas** (10 000-25 000 d), notamment végétariens.

Évitez les week-ends et les vacances scolaires vietnamiennes, périodes durant lesquelles les lieux sont souvent très fréquentés. On peut réserver directement auprès du bureau du parc.

Depuis/vers Cuc Phuong

Ce parc national se situe à 45 km de Ninh Binh. Sur la RN 1, l'embranchement qui y mène conduit au village flottant de Kenh Ga. Aucun transport public ne dessert cette route.

THANH HOA
☎ 037

Thanh Hoa, capitale de la province du même nom, présente peu d'intérêt touristique, si l'on excepte la grande et belle **église** à sa périphérie nord.

C'est dans cette province qu'eut lieu l'insurrection de Lam Son (1418-1428), au terme de laquelle Le Loi (futur empereur Le Thai To) et ses troupes chassèrent les

---

**PASSAGE DE LA FRONTIÈRE :
NAM CAN/NA MEO**

Prenez votre courage à deux mains et commencez par attraper le bus du matin en provenance de Vinh, jusqu'à Muang Xen (29 000 d, 7 heures) : il part dès qu'il est plein. Il reste 25 km (à parcourir à moto ; 50 000 d) jusqu'à la frontière ; préparez-vous à attendre côté laotien. Les transports locaux jusqu'à Nong Haet – si vous en trouvez – vous reviendront à 5 000 k ; de Nong Haet, plusieurs bus partent tlj, dès 7h précises, à destination de Phonsavan (20 000 k, 4 heures). Louer une voiture (avec chauffeur) revient à partir de 30 $US. De Phonsavan, il est facile de gagner Luang Prabang ou Vientiane.

Chinois et restaurèrent l'indépendance du pays. Des ethnies montagnardes muong et thaï rouge peuplent l'ouest de la province.

Où se loger et se restaurer

Thanh Cong Hotel (☎ 710 224 ; fax 710 656 ; 29 Đ Trieu Quoc Dat ; ch 17-27 $US ; ✗). Un établissement chic dont l'enseigne est visible depuis la RN 1 lorsqu'on traverse la ville. Chambres bien équipées, sdb avec baignoire.

Loi Linh Hotel (☎ 851 667 ; 22 Đ Tran Phu ; ch 10 $US ; ✗). Des chambres petites et sombres, mais propres.

Des échoppes à soupes, des cafés et quelques restaurants bordent la RN 1, notamment à l'entrée sud de la ville.

Depuis/vers Thanh Hoa

L'*Express de la Réunification* (p. 493) fait halte à Thanh Hoa, qui se situe à 502 km de Hué, 139 km de Vinh et 153 km de Hanoi par la route.

PLAGE DE SAM SON

☎ 037

Sam Son offre de somptueux panoramas, des forêts de pins, d'impressionnants rochers de granit et d'immenses étendues de sable fin, mais ses hôtels en béton, karaokés et salons de massage ne plairont pas à tout le monde. Si l'on dispose d'un moyen de transport indépendant, on peut toutefois y faire une halte intéressante sur le trajet menant de Ninh Binh à Vinh.

Sam Son est longtemps restée la station balnéaire la plus populaire du Nord, mais, à l'instar de Do Son et Cua Lo, est actuellement en perte de vitesse par rapport aux plages du Sud. Elle se trouve trop loin de Hanoi pour une excursion d'une journée mais, les week-ends d'été (mai à septembre), les citadins s'y précipitent pour échapper à la moiteur de la capitale. En hiver, les touristes se font rares et peu d'hôtels restent ouverts.

Sam Son compte en fait deux **plages**, que sépare un cap rocheux. Au nord, la plage principale est magnifique hors saison ; la plage sud, peu construite, attire toutefois beaucoup de pique-niqueurs.

Où se loger

La plupart des hôtels appartiennent à l'État et pratiquent des prix bien trop élevés pour les prestations qu'ils offrent. Les tarifs augmentent en haute saison (juin-août). En hiver, en revanche, vous pourrez négocier les prix, bien que l'endroit ne présente alors que peu d'intérêt.

Seul le **Hoa Dang Hotel** (☎ 821 288 ; ch basse/haute saison 100 000/350 000 d ; ✗) est un établissement privé, petit et sans prétention.

De nombreux **hôtels** (ch basse/haute saison 10/50 $US) bordent la plage.

Depuis/vers Sam Son

Thanh Hoa est le plus proche carrefour routier et ferroviaire. Sam Son n'en est distante que de 16 km et le trajet s'effectue facilement en moto.

VINH

☎ 038 / 205 000 hab.

Capitale de la province de Nghe An, cette ville portuaire n'offre que peu d'intérêt hormis ses sinistres bâtiments de style soviétique ; cependant, ses alentours présentent quelques curiosités, notamment Kim Lien, le village de naissance de Ho Chi Minh, et la plage de Cua Lo.

Grâce à l'augmentation du trafic sur la RN 1A, la situation économique de Vinh s'améliore depuis peu : c'est en effet une étape pratique pour les voyageurs circulant entre Hanoi et Hué, de même qu'un point de transit depuis/vers Tha Khaek, au Laos, *via* le poste frontière de Cau Treo (p. 187), à condition d'être assez fou pour choisir d'effectuer en bus le trajet Hanoi-Vientiane (24 heures).

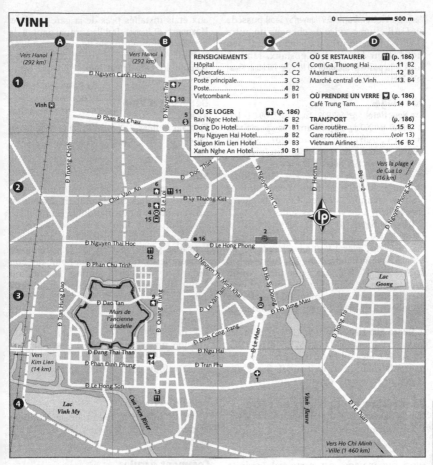

VINH

0 — 500 m

RENSEIGNEMENTS
Hôpital....................................1 C4
Cybercafés.............................2 C2
Poste principale.....................3 C3
Poste.......................................4 B2
Vietcombank..........................5 B1

OÙ SE LOGER (p. 186)
Bao Ngoc Hotel.....................6 B2
Dong Do Hotel.......................7 B1
Phu Nguyen Hai Hotel..........8 B2
Saigon Kim Lien Hotel..........9 B3
Xanh Nghe An Hotel...........10 B1

OÙ SE RESTAURER (p. 186)
Com Ga Thuong Hai.............11 B2
Maximart...............................12 B3
Marché central de Vinh........13 B4

OÙ PRENDRE UN VERRE (p. 186)
Café Trung Tam....................14 B4

TRANSPORT (p. 186)
Gare routière.........................15 B2
Gare routière.................(voir 13)
Vietnam Airlines...................16 B2

Histoire

L'histoire récente de Vinh est tragique. Ville-citadelle agréable sous l'ère coloniale, elle subit les bombardements français des années 1950 et la politique de terre brûlée du Viet Minh. Elle fut ensuite ravagée par un incendie.

La piste Ho Chi Minh partait de la province du Nghe An et une grande partie des équipements militaires du Nord passait par le port de Vinh. Il est donc logique que les Américains, par la force combinée de leur aviation et de leur artillerie navale, aient détruit Vinh entre 1964 et 1972, ne laissant que deux bâtiments debout. Les Américains payèrent très cher ces bombardements :

c'est dans les provinces du Nghe An et de Ha Tinh qu'ils perdirent le plus de pilotes et d'appareils. Par la suite, les États-Unis choisirent les côtes proches de Vinh pour stationner leurs navires de guerre et pilonner le Nord-Vietnam.

Orientation et renseignements

En venant du sud, la RN 1 entre dans Vinh et traverse l'embouchure de la Lam (Ca), appelée aussi estuaire de Cua Hoi. Les adresses comportent rarement un numéro de rue.

Vous trouverez plusieurs cybercafés sur Le Phong Hong. En cas d'urgence médicale, adressez-vous à l'**hôpital** (angle Đ Tran Phu et Đ Le

Mao). La **Vietcombank** (Đ 9 Nguyen Sy Sach) possède un DAB et un service de change ; un autre DAB est installé près du Saigon Kim Lien Hotel. Pour les services postaux, rendez-vous à la **poste principale** (Đ Nguyen Thi Minh Khai ; 6h30-21h).

Où se loger

Bao Ngoc Hotel (☎ 569 999 ; fax 585 097 ; 99 Đ Le Loi ; ch 120 000-160 000 d ; ☒). Chambres spacieuses avec TV, réfrig. et eau chaude. Service soigné et excellent rapport qualité/prix.

Phu Nguyen Hai Hotel (☎ 848 429 ; ctpnh@hn. vnn.vn ; 81 Đ Le Loi ; ch 15-20 $US ; ☒). Un établissement neuf et bien tenu, proposant de grandes chambres claires. Les plus chères ressemblent à de véritables suites.

Dong Do Hotel (☎ 846 989 ; 9 Đ Nguyen Trai ; ch 100 000-140 000 d ; ☒). Chambres ordinaires à prix moyens, avec TV et eau chaude.

Xanh Nghe An Hotel (☎ 844 788 ; 2 Đ Nguyen Trai ; ch 17-26 $US ; ☒ ☒). Anciennement connu sous le nom de Nang Luong Hotel, ce lieu, d'extérieur particulièrement laid, renferme de jolies chambres, ornées de mobilier en pin, et une piscine.

Saigon Kim Lien Hotel (☎ 838 899 ; sgklna@hn. vnn.vn ; 25 Đ Quang Trung ; s 20-55 $US , d 24-55 $US ; ☒ ☐ ☒). Élégant hôtel d'affaires appartenant à la chaîne Saigon Tourist. Signalons la piscine et le petit déjeuner-buffet.

Où se restaurer et prendre un verre

Com Ga Thuong Hai (99 Đ Le Loi ; plats 10 000-40 000 d). Ce restaurant propose une bonne cuisine chinoise et vietnamienne. Son nom signifie "poulet au riz de Shanghai", la savoureuse spécialité maison. La carte est traduite en anglais, avec une touche de fantaisie (notamment pour les plats à base de grenouille et de serpent).

Au **marché de Vinh** (extrémité de Đ Cao Thang, en continuant Đ Quang Trung vers le sud), arrêtez-vous aux étals installés près de la gare routière. **Maximart** (Đ Nguyen Thai Hoc) appartient à la grande chaîne nationale de supermarchés.

Pour boire un verre, aucun endroit n'égale le **Café Trung Tam** (1 Đ Quang Trung), toujours bondé.

Depuis/vers Vinh

AVION

Vietnam Airlines (☎ 595 777 ; 2 Đ Le Hong Phong) relie Vinh à Danang (32 $US) et HCMV (70 $US).

BUS

Vinh compte deux gares routières : celle de Đ Le Loi accueille la plupart des bus en provenance et à destination de Hanoi et Ho Chi Minh-Ville, tandis que les dessertes de Tay Son et de la frontière laotienne (voir l'encadré p.187) partent de la gare située derrière le marché. Les bus pour Tay Son indiquent souvent comme destination Trung Tam, qui est l'ancien nom de cette ville.

TRAIN

L'*Express de la Réunification* (p. 493) marque un arrêt à Vinh. La **gare de Vinh** (Ga Vinh ; ☎ 824 924) se situe à 1 km à l'ouest du carrefour de Đ Le Loi et Đ Phan Boi Chau.

VOITURE ET MOTO

Vinh se trouve à 96 km de la frontière laotienne, 96 km de Dong Hoi et 319 km de Hanoi.

Comment circuler

Vinh compte trois compagnies de taxis : **Mai Linh Taxi** (☎ 522 666), **Phu Nguyen Taxi** (☎ 833 333) et **Viet Anh Taxi** (☎ 843 999).

Comptez environ 5 000 d pour une course en moto-taxi.

DEUX PROVINCES DANS LA TEMPÊTE

Les provinces de Nghe An et de Ha Tinh ont hérité d'une terre médiocre et des pires conditions climatiques qui soient, marquées par de graves inondations et des typhons dévastateurs. Selon les habitants de ces régions, "le typhon est né ici et revient souvent en visite". Les étés sont chauds et secs, tandis que les hivers, froids et pluvieux, connaissent en outre des vents mordants venus du nord. Conséquence du climat et d'années de mauvaise gestion collectiviste des terres, ces deux provinces figurent parmi les plus démunies du pays. À défaut de pouvoir résoudre le problème des intempéries, les réformes économiques récentes, en revanche, ont apporté une amélioration notable.

LA FRONTIÈRE NAM PHAO/CAU TREO (LAOS/VIETNAM)

La frontière entre Nam Phao (Laos) et Cau Treo (Vietnam) est située à 96 km à l'ouest de Vinh et à 30 km à l'est de Lak Sao, au Laos. Les visas laotiens, valables 15 jours (30 $US), peuvent s'obtenir à l'arrivée à Nam Phao, mais les visas vietnamiens, quant à eux, doivent se demander à l'avance ; adressez-vous à l'ambassade vietnamienne à Vientiane. Le poste-frontière est ouvert de 7h à 17h.

Vinh est le carrefour pour les transports frontaliers. Dix bus quittent tous les jours la gare routière du marché entre 6h et 14h pour Tay Son (anciennement Trung Tam ; 10 000 d). De nombreux voyageurs ont eu de mauvaises expériences sur ce parcours (certains affirment être montés à bord de véhicules surchargés ou avoir été contraints de descendre du bus au milieu de nulle part). De Tay Son, la frontière n'est qu'à 26 km : en minibus ou à moto, il vous en coûtera 50 000 d. Sur le dernier tronçon de 25 km, vous traverserez des paysages escarpés et boisés, très spectaculaires. Il n'existe aucun commerce ni bâtiment, excepté le poste-frontière – faites provision d'eau et de nourriture à Tay Son. Du poste, une courte marche conduit à la frontière laotienne.

Une fois au Laos, les *jumbo* (taxis à trois roues) et les *sawngthaew* (camions) quittent la frontière à destination de Lak Sao dès qu'ils sont pleins, ou se louent 10 $US. Si vous voulez aller de Lak Sao à Tha Kaek, essayez de passer la frontière le plus tôt possible.

Du Laos au Vietnam, les *sawngthaew* (1 $US, 45 minutes) partent régulièrement du marché. Une fois côté vietnamien, vous serez assailli de rabatteurs proposant un transport jusqu'à Vinh au prix de 20 $US/personne : le prix correct est plutôt de 5 $US. Essayez de vous lier à plusieurs autres personnes au moment de passer la frontière, afin de pouvoir marchander en position de force.

ENVIRONS DE VINH
Plage de Cua Lo

Cua Lo fait partie des trois principales stations balnéaires de la moitié nord du pays. Aménagée à l'ancienne, à l'intention des Vietnamiens, elle risque en revanche de décevoir de nombreux voyageurs étrangers.

La plage, recouverte de sable blanc et bordée d'une eau claire et d'un bosquet de pins offrant un peu d'ombre, est séduisante. En haute saison (mai-septembre), l'endroit est malheureusement envahi de détritus. Toutefois, si vous êtes dans la région et que le temps le permet, vous passerez ici un bon moment : cette excursion d'une demi-journée au départ de Vinh vous permettra en effet de déguster un bon repas de fruits de mer à l'un des restaurants de la plage.

De nombreuses **pensions** (ch 5 $US) sont installées sur le front de mer, aux côtés des **grands hôtels d'État** (ch 30 $US). La plupart abritent des salons de "massages" et des karaokés ; les prostituées arpentent les parages même hors saison touristique. Les tarifs des hôtels diminuent considérablement pendant les mois d'hiver et il ne faut pas hésiter à négocier – dans la mesure où vous avez véritablement envie de séjourner ici.

Cua Lo, à 16 km au nord-est de Vinh, est facilement accessible à moto ou en taxi.

Kim Lien

À 14 km au nord-ouest de Vinh, le village de Hoang Tru abrite la **maison natale de Ho Chi Minh**, une simple ferme de bambous et de feuilles de palmier, qui reflète ses origines modestes ; né en 1890, Ho Chi Minh y passa ses premières années, jusqu'à ce que sa famille la vende en 1895 et déménage à Hué. Recréée en 1959, la maison est devenue un lieu de culte et de pèlerinage pour les touristes vietnamiens. En 1901, la famille revint s'installer dans une autre **demeure** de Kim Lien, à 2 km de Hoang Tru. Un **musée**, où sont exposées des photos en noir et blanc retraçant le parcours politique d'Oncle Ho, a été créé à proximité.

L'accès aux **trois sites** (tlj 7h30-11h et 13h30-17h) est gratuit, mais vous devrez acheter à l'accueil trois bouquets de fleurs (10 000 d chaque), à déposer sur chacun des trois autels. Il n'existe pas de brochure d'information en anglais.

Aucun transport public ne dessert Kim Lien, mais il est facile de louer une moto ou un taxi à Vinh.

DONG HOI
☎ 052 / 95 000 hab.

Le joli port de pêche de Dong Hoi, capitale de la province de Quang Binh, est devenu une ville importante desservie par la RN 1A.

S'il a, par la même occasion, perdu de son charme d'antan, les magnifiques étendues sableuses qui le bordent au nord et au sud sont en passe d'en faire la plus grande station balnéaire du Nord.

Pendant la guerre du Vietnam, le port fut la cible de nombreux bombardements. Vous remarquerez sur la RN 1, au nord de la DMZ, de vieux **bunkers** français et d'innombrables **cratères de bombes** américaines, plus particulièrement à proximité des ponts de chemin de fer.

La rivière Nhat Le borde la ville à l'est. Si vous passez la nuit sur place, faites 200 m vers l'est de la RN 1 en direction du port de pêche – de nombreux hôtels et pensions y sont installés dans un cadre charmant.

D'ordinaire, les voyageurs ne dorment à Dong Hoi que s'ils veulent voir, à 55 km de là, la **grotte de Phong Nha** (voir plus bas). La visite et le trajet prennent une journée. Certains hôtels de Dong Hoi organisent cette excursion.

Plages

La majeure partie de la province de Quang Binh est bordée de dunes et de plages, lesquelles s'étendent à perte de vue au nord de Dong Hoi, ainsi que sur une longue langue de terre côté sud. La **plage de Nhat Le** s'étend à l'embouchure de la rivière du même nom, à environ 2,5 km du centre-ville.

Longer la RN 1 vers le nord vous permettra de suivre la belle route côtière sur quelques kilomètres ; pour rejoindre la nationale, bifurquez ensuite à gauche.

Où se loger et se restaurer

Les meilleurs établissements se regroupent sur la rive ouest de la Nhat Le, à l'est de la RN 1.

Khach San Mau Hong (☎ 821 804 ; Đ Truong Phap ; ch 100 000-140 000 d ; 🅿). Petite pension tenue par une famille adorable (qui ne parle pas du tout anglais), aux chambres claires et propres, avec eau chaude.

Khach San Tu Quy (☎ 829 909 ; Đ Truong Phap ; ch 150 000-200 000 d ; 🅿). Un joli petit hôtel en bordure de rivière, abritant des chambres bien équipées. En rajoutant quelques dongs, vous obtiendrez l'équivalent d'une suite.

Nhat Le Trade Union Hotel (☎ 822 369 ; Đ Truong Phap ; ch 160 000-300 000d ; 🅿). Un hôtel gouvernemental "nouvelle manière" sur la plage de Nhat Le : de grandes et jolies chambres, tout

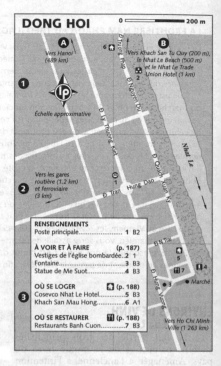

confort, à des prix très abordables, le tout les pieds dans l'eau.

Cosevco Nhat Le Hotel (☎ 840 088 ; 16 Đ Quach Xuan Ky ; ch 35-60 $US ; 🅿 🖪 🅿). Cet établissement, le plus grand de la ville, n'offre qu'un rapport qualité/prix moyen. Piscine et court de tennis.

De nombreux hôtels et pensions jalonnent les rives de la Nhat Le et la RN 1.

Le choix de restaurants, en revanche, est limité : vous trouverez près du marché quelques bons petits **restaurants** (menus env. 15 000 d), proposant de délicieuses spécialités de *banh cuon* (crêpes de riz fourrées).

Depuis/vers Dong Hoi

Par la RN 1, Dong Hoi est à 166 km au nord de Hué et à 197 km au sud de Vinh ; elle est desservie très régulièrement par les bus. L'*Express de la Réunification* y marque également un arrêt (p. 493).

GROTTE DE PHONG NHA

Formée il y a environ 250 millions d'années, la **grotte de Phong Nha** (☎ 823424 ; 20 000 d, bateau privé 60 000 d ; tlj 6h-16h) est la plus grande et la

---

LE BÉTEL

S'il est une chose qui se vend partout au Vietnam, sur n'importe quel trottoir, c'est le bétel. Les feuilles de ce poivrier se mastiquent et, associées aux noix d'arec, procurent un effet tonique et une légère sensation d'ivresse. La noix d'arec, quant à elle, est le fruit du chou palmiste (un très beau palmier) ; elle ne s'avale pas – vous le regretteriez ! La noix, généralement fendue, est mélangée à de la chaux puis enveloppée dans une feuille de bétel. Tout comme le tabac, la première prise est difficile à supporter. Ensuite, on ne peut plus s'en passer !

Ses propriétés astringentes font terriblement saliver – et donc cracher. Les taches rouge foncé que vous voyez sur les trottoirs ne sont pas du sang, mais du jus de bétel mélangé à de la salive. Le fait de chiquer du bétel pendant plusieurs années teinte progressivement les dents, qui finissent par devenir presque noires.

---

plus belle grotte connue au Vietnam. Située dans le village de Son Trach, à 55 km au nord-ouest de Dong Hoi, inscrite en 2000 au patrimoine mondial de l'Unesco, elle se distingue par ses kilomètres de **galeries** et de **rivières souterraines**, agrémentées de nombreuses stalagmites et stalactites. Aux mois de novembre et de décembre, la rivière a tendance à sortir de son lit ; la partie souterraine de la grotte est alors généralement fermée.

Il fallut attendre 1990 pour que des spéléologues britanniques explorent 35 km de galeries et dressent un plan précis des passages souterrains (et subaquatiques). On a alors découvert que la caverne principale, que jouxtent quatorze autres grottes, mesurait presque 8 km de long.

Phong Nha signifie "grotte des dents" ; malheureusement, les "dents" (les stalagmites de l'entrée) ont disparu ; plus loin, les déprédations sont moins importantes. On accède à une **grotte sèche** au-dessus de la montagne par une marche d'une dizaine de minutes depuis l'entrée de Phong Nha (10 minutes) – suivez le panneau mentionnant Tien Son, au bas de l'escalier.

Aux IXe et Xe siècles, les Cham placèrent des sanctuaires bouddhiques dans les recoins de la grotte, dont on peut voir quelques vestiges. Les bouddhistes vietnamiens vénèrent ces sanctuaires, tout comme les autres sites cham.

Pendant la guerre du Vietnam, la grotte servit d'hôpital et d'arsenal. L'entrée porte les marques des attaques des avions de chasse : les Américains, en effet, s'acharnèrent sur cette région qui était l'un des principaux accès à la piste Ho Chi Minh. Les mauvaises herbes n'ont pas encore

complètement recouvert la piste, mais vous ne saurez en distinguer les traces sans l'aide d'un guide.

Phong Nha attire un grand nombre de groupes vietnamiens. La grotte est magnifique, mais il vous faudra hélas supporter les détritus, le bruit, la fumée de cigarette et l'indiscipline des visiteurs, qui escaladent les stalagmites. Tout cela est bien entendu interdit, mais l'application du règlement laisse à désirer. Venez de préférence tôt le matin pour être plus au calme.

Le bureau d'accueil, énorme complexe installé dans le **village de Son Trach**, chapeaute l'accès touristique à la grotte. C'est là que vous achèterez votre ticket et pourrez louer un bateau pour vous rendre sur place. Chaque embarcation peut transporter jusqu'à 10 personnes. La grotte est équipée d'un système d'éclairage électrique, mais il est préférable d'apporter une lampe de poche, d'autant que certains sentiers sont assez peu éclairés.

Où se loger et se restaurer

Son Trach abrite une **pension d'État** (☎ 052-675 004 ; ch 100 000-180 000d ; ❄), qui accueille de nombreuses fêtes d'école et affiche donc rapidement complet. La grotte étant facile d'accès par la RN 1, nous vous conseillons de chercher plutôt un hébergement à Dong Hoi.

Son Trach comporte de très nombreux restaurants de *com pho* à petits prix, où la cuisine n'a rien d'exceptionnel.

Depuis/vers Phong Nha et Son Trach

Certains hôtels de Dong Hoi (à 20 km au sud de Bo Trach) proposent des excursions (assez onéreuses) vers Phong Nha.

Les transports publics sont peu fréquents vers Son Trach et les départs s'effectuent tôt le matin.

L'entrée de la grotte se trouve à 3 km de Son Trach par la rivière. Le trajet dure environ 30 minutes et permet de découvrir la vie lacustre. Comptez près de 2 heures pour parcourir la rivière souterraine, et environ 4 heures si vous souhaitez inclure la grotte sèche dans votre visite.

Centre du Vietnam

Centre
du Vietnam

La région du Centre abrite des sites remarquables, au rang desquels figurent des villes historiques, des sites témoignant de l'ancien royaume du Champa, de sublimes plages et des paysages sauvages. Le seul mot d'ordre pour profiter de ces merveilles est de prendre son temps.

Les villes de Hué et de Hoi An, toutes deux inscrites au patrimoine mondial de l'Unesco, se prêtent à merveille à une découverte culturelle et gastronomique. Capitale du Vietnam de 1802 à 1945, sous les treize empereurs de la dynastie des Nguyen, Hué est chargée d'histoire et regorge de monuments témoignant de cette époque. Hoi An, un ancien port, présente une architecture plus hétérogène, créant un cadre enchanteur qui invite à la flânerie – à ce charme, s'ajoute la réputation, non usurpée, de sa cuisine raffinée.

Les échos de la guerre du Vietnam se répercutent encore avec force dans les montagnes s'élevant le long de la frontière laotienne, et de nombreux voyageurs viennent effectuer un pèlerinage dans la zone démilitarisée (DMZ). La région conserve également des vestiges d'un passé encore plus lointain, comme l'attestent les importants sites cham, notamment My Son, érigé dans un environnement grandiose, sous la montagne dite de la Dent de chat. La culture de ce peuple est mise à l'honneur au superbe musée de la Sculpture cham, à Danang. Troisième ville du Vietnam, Danang est un lieu reposant, et China Beach, non loin, convient à ceux qui aiment s'adonner aux joies de la mer.

Les merveilles naturelles, enfin, sont ici légion : les magnifiques montagnes de Marbre, qui couperont tout naturellement votre trajet entre Danang et Hoi An ; le parc national de Bach Ma, qui permet de découvrir la nature dans toute sa splendeur ; et la route Danang-Hué, l'une des plus spectaculaires du pays, qui passe par le col de Hai Van.

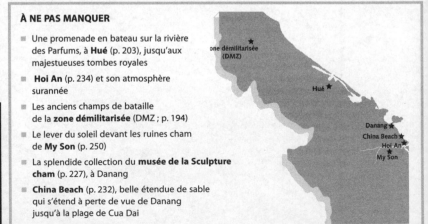

À NE PAS MANQUER

- Une promenade en bateau sur la rivière des Parfums, à **Hué** (p. 203), jusqu'aux majestueuses tombes royales
- **Hoi An** (p. 234) et son atmosphère surannée
- Les anciens champs de bataille de la **zone démilitarisée** (DMZ ; p. 194)
- Le lever du soleil devant les ruines cham de **My Son** (p. 250)
- La splendide collection du **musée de la Sculpture cham** (p. 227), à Danang
- **China Beach** (p. 232), belle étendue de sable qui s'étend à perte de vue de Danang jusqu'à la plage de Cua Dai

CENTRE DU VIETNAM

Histoire

Foyer de l'ancien royaume du Champa (voir l'encadré p. 249), la région est jalonnée de nombreuses tours dont les plus renommées se trouvent à My Son, à une journée de route de Hoi An. Tandis que les Vietnamiens étendaient leur pouvoir dans le sud du pays et pacifiaient les Cham, les premiers Européens, des marchands portugais, s'implantaient à Danang, au XVIᵉ siècle.

La France colonise l'Indochine au moment où le pouvoir s'installe dans le centre du Vietnam, passant aux mains de la dernière dynastie, les Nguyen qui vont régner de 1802 à 1945. Les empereurs successifs ont fondé une cour impériale luxueuse à Hué, qui devint le centre politique, intellectuel et spirituel du pays. Après l'indépendance, le pouvoir retourna à Hanoi.

Cette région connut par la suite une histoire tragique : tandis que le pays s'enlise dans la guerre contre les Américains, la DMZ connaît les combats les plus violents. Les Nord-Vietnamiens cherchent à pénétrer dans le sud du pays par la piste Ho Chi Minh, tandis que les forces américaines et leurs alliés sud-vietnamiens tentent d'interrompre les réapprovisionnements. Des milliers de personnes perdirent la vie lors de combats sanglants pour récupérer des collines et des vallées stratégiques, gravant à jamais dans les mémoires occidentales des noms comme Khe Sanh et Hamburger Hill.

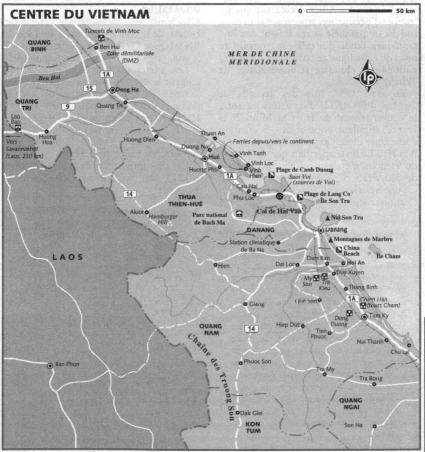

CENTRE DU VIETNAM

ZONE DÉMILITARISÉE (DMZ)

De 1954 à 1975, le fleuve Ben Hai fit office de ligne de démarcation entre la République du Vietnam (Sud-Vietnam) et la République démocratique du Vietnam (Nord-Vietnam). De chaque côté du fleuve s'étirait alors une zone de 5 km de large, baptisée zone démilitarisée (DMZ) : ironiquement, au fur et à mesure que le conflit s'intensifiait, cette zone allait devenir l'une des plus militarisées au monde.

Histoire

Le partage du Vietnam est le résultat d'une série d'accords intervenus entre les États-Unis, le Royaume-Uni et l'Union soviétique lors de la conférence de Potsdam de juillet 1945. Pour des raisons logistiques et politiques, les Alliés décidèrent que les troupes d'occupation japonaises situées au sud du 16e parallèle se rendraient aux Britanniques, tandis que celles se trouvant au nord de cette ligne se rendraient à l'armée nationaliste chinoise (Guomindang) de Tchang Kaï-Chek.

En avril 1954, lors des accords de Genève, il fut décidé d'un armistice entre le gouvernement de Ho Chi Minh et la France, stipulant, entre autres, la création d'une zone démilitarisée le long du fleuve Ben Hai. Le texte spécifiait que ce partage du Vietnam n'était que provisoire, que la ligne de démarcation ne constituant en aucun cas une frontière politique. Néanmoins, les élections nationales prévues en juillet 1956

ATTENTION AUX MINES

Si la guerre est finie depuis longtemps, la mort et les risques de blessure, eux, sont toujours d'actualité dans l'ancienne zone démilitarisée (DMZ), où traînent encore de nombreuses mines et des obus non désamorcés. Aussi, ne touchez à *rien* et regardez où vous mettez les pieds. Si les gens des environs ont laissé sur place certains débris, c'est qu'eux-mêmes jugent trop dangereux de les ramasser. Les obus au phosphore, matière hautement inflammable au contact de l'air, ne s'altèrent pas, même s'ils sont exposés de manière prolongée aux intempéries ; par conséquent, ils restent extrêmement dangereux de très longues années.

---

n'eurent pas lieu et le Vietnam se retrouva bel et bien divisé en deux États séparés par le Ben Hai, lequel coïncide à peu près exactement avec le 17e parallèle.

Au cours de la guerre contre les Américains, la région située au sud du Ben Hai fut le théâtre de sanglantes batailles : Quang Tri, la base Rockpile, Khe Sanh, Lang Vay et Hamburger Hill (butte Apbia) sont autant de noms qui rythmèrent alors le quotidien des foyers américains.

Depuis 1975, les mines et autres engins non explosés ont tué ou mutilé plus de 5 000 personnes dans la DMZ et ses environs. Nécessité faisant loi, les paysans les plus démunis ramassent encore les débris pour les revendre – à un très faible prix.

Orientation

L'ancienne zone démilitarisée s'étend vers l'ouest, de la côte à la frontière du Laos. La RN 9 (Quoc Lo 9) suit, quelque 10 km vers le sud, une ligne plus ou moins parallèle.

Les anciennes bases américaines qui longent la RN 9 se visitent en une (longue) journée au départ de Hué, ou en une (longue) demi-journée au départ de Dong Ha. La route partant du pont Dakrong, sur la RN 9, mène vers le sud-est à Aluoi et à la vallée Ashau (site de la funeste butte surnommée Hamburger Hill).

Les sites importants de la DMZ bordant la RN 1 sont plus accessibles et plus faciles à trouver.

Renseignements

Si vous voulez visiter la DMZ de manière exhaustive, un bon guide s'impose – non seulement pour appréhender pleinement l'histoire de cette région, mais aussi, plus prosaïquement, pour trouver certains sites : nombre d'entre eux ne sont pas indiqués, et il est facile de se perdre dans le dédale des pistes.

À Hué, vous pourrez facilement réserver des circuits d'une journée auprès de la plupart des hôtels et des cafés – ces circuits passent à Dong Ha, où d'autres passagers se rajoutent au groupe. Seules quelques agences les organisent ; elles vous proposeront donc toutes de vous joindre à un groupe. Dong Ha compte deux très bonnes adresses où vous pourrez vous inscrire (voir p. 200).

Comptez entre 8 $US et 15 $US pour une journée dans la DMZ. La plupart des guides parlent l'anglais, quelques-uns le français. Ne réservez pas de circuit d'une demi-journée au départ de Hué, il ne vous permettra pas de voir grand-chose.

SITES MILITAIRES SUR LA RN 1
Tunnels de Vinh Moc

Le remarquable réseau souterrain de **Vinh Moc** (entrée et visite guidée 25 000 d ; 7h-16h30) témoigne de la détermination des Nord-Vietnamiens à triompher des Américains, au prix d'incroyables sacrifices. Après les tunnels, vous aurez le loisir d'aller vous baigner à l'une des superbes plages bordant Vinh Moc sur plusieurs kilomètres, au nord et au sud.

Visibles dans leur intégralité, les tunnels (2,8 km de long) sont restés en l'état,

contrairement à ceux de Cu Chi (p. 376), proches de Ho Chi Minh-Ville (HCMV). Plus hauts et plus larges que ceux de Cu Chi, ils permettent aux visiteurs de bouger plus facilement et de ne pas trop souffrir de claustrophobie.

Les tunnels sont éclairés, mais n'hésitez pas à prendre une lampe de poche. Les services d'un guide sont compris dans le tarif, mais les lieux s'avéreront bien plus parlants si vous les explorez seul.

Au large se dresse l'île Con Co, qui servit, pendant la guerre, d'entrepôt de munitions. Entourée de plages rocheuses, elle abrite aujourd'hui une petite base militaire.

Quittez la RN 1 à la hauteur du village de Ho Xa, à 6,5 km au nord du fleuve Ben Hai. Vinh Moc se trouve à 13 km de là.

LES SOLDATS PORTÉS DISPARUS

Le problème relatif à la liste officielle des soldats américains portés disparus (*Missing in Action*, ou MIA) continue d'empoisonner les relations américano-vietnamiennes. On dénombre officiellement encore plus de 2 000 soldats MIA, et de nombreuses familles américaines restent persuadées que leurs proches sont toujours prisonniers de guerre (*Prisoners of War*, ou POW) et enfermés dans des camps secrets au cœur de la jungle vietnamienne. Le sujet reste très sensible : des organisations de défense des prisonniers de guerre continuent à faire pression sur le Congrès pour qu'il "fasse quelque chose". D'autres, convaincus que le nombre de 2 265 MIA est exagéré, considèrent que ce combat est inutile.

Environ 400 pilotes furent abattus au large de la côte vietnamienne, tandis que d'autres s'écrasèrent au sol ou moururent au combat. Il faut savoir que la jungle engloutit vite les corps. Néanmoins, lorsque le Vietnam libéra les 590 derniers prisonniers de guerre américains, 37 manquaient à l'appel. Le gouvernement vietnamien nie catégoriquement retenir des soldats américains ; il n'aurait d'ailleurs aucun intérêt à ces détentions.

On ne parle pas autant des 300 000 disparus vietnamiens, difficiles à reconnaître car dépourvus de plaques d'identification. Le peuple vietnamien se sent aussi touché que le peuple américain à cet égard, d'autant que l'absence de dépouille empêche le culte des ancêtres.

Dans l'intervalle, les équipes spécialisées dans la recherche des MIA passent les campagnes vietnamiennes au peigne fin, aux frais du contribuable américain. Dès qu'ils considèrent avoir recueilli assez d'éléments dans les annales, ou auprès des villageois, ils lancent une recherche et procèdent à des fouilles. Tous les fragments découverts sont envoyés aux États-Unis au laboratoire central d'identification pour des examens médico-légaux basés sur l'analyse dentaire et l'ADN.

De nombreux Vietnamiens participent également à ces recherches. Leur gouvernement retenant 75% de leurs salaires, nul ne s'étonnera que ce dernier n'ait pas spécialement hâte de voir partir les équipes. Quoi qu'il en soit, les Américains ont commencé à susciter un débat à ce sujet ; par ailleurs, le fait que les équipes de recherche fouillent leurs cimetières irrite les Vietnamiens, qui aimeraient voir leurs morts reposer en paix.

Cette sombre affaire n'a pas fini de faire couler de l'encre. Dans les années 1980, des groupes de pression américains faisaient circuler des photos montrant des soldats américains retenus prisonniers dans un camp vietnamien ; les enquêtes officielles ont démontré que les photos étaient truquées, mais ces groupes ont réussi à saper les efforts du gouvernement américain visant à renouer des relations diplomatiques avec le Vietnam. En dépit de leurs protestations, les relations ont repris entre les deux pays en 1995, et le président Clinton a rendu une visite officielle au Vietnam en 2000.

LES ABRIS SOUTERRAINS DE VINH MOC

En 1966, les Américains lancèrent une attaque massive contre le Nord-Vietnam, par le biais de bombardements aériens et de tirs d'artillerie continus. Situé juste au nord de la DMZ, le village de Vinh Moc devint alors l'un des secteurs les plus bombardés de la planète. Les abris de fortune ne résistèrent pas à ces assauts : certains villageois prirent la fuite, d'autres entreprirent de creuser des tunnels dans la terre rouge argileuse.

Les forces vietcong (VC) jugèrent très utile d'installer une base à cet endroit et encouragèrent les villageois à rester sur place. Après 18 mois de travail (durant lesquels la terre déblayée fut camouflée, pour éviter que la détection aérienne ne la repère), une immense base souterraine fut ainsi établie. Les civils aidèrent à creuser les tunnels et des familles entières s'installèrent dans ces abris, qui virent même la naissance de 17 enfants. Les civils et les forces vietcong furent ensuite rejoints par des soldats nord-vietnamiens, dont la mission consistait à garder le contact avec l'île Con Co et à lui livrer du matériel militaire. Grâce aux tunnels de Vinh Moc, le Nord-Vietnam put acheminer au total 11 500 tonnes de matériel vers l'île et 300 tonnes vers le Sud.

D'autres villages au nord de la DMZ construisirent leurs propres tunnels, mais aucun réseau n'était aussi élaboré que celui de Vinh Moc. Un bombardement eut d'ailleurs raison de ceux de Vinh Quang (à l'embouchure du Ben Hai) et de la population qui y avait trouvé refuge.

Pour l'essentiel, les tunnels de Vinh Moc n'ont guère changé depuis 1966, même si certaines des douze entrées (dont sept donnent sur la plage, bordée de palmiers) ont été consolidées et que d'autres ont été envahies par la végétation. Construits sur trois niveaux, les tunnels se trouvaient entre 15 et 26 m sous le sommet de la falaise. Les tunnels étaient sans cesse bombardés par les Américains, mais les villageois ne craignaient que les bombes perforantes. Une seule de ces bombes atteignit le tunnel : elle n'explosa pas et personne ne fut blessé. Les habitants transformèrent le trou percé par la bombe en bouche d'aération. Les entrées donnant sur la mer étaient parfois mitraillées par l'artillerie navale.

Plage de Cua Tung

Cette grande plage de sable, où Bao Dai, dernier empereur du Vietnam, passait ses vacances, se déploie au nord de l'embouchure du Ben Hai, d'autres plages occupant sa rive sud. Toutes les parcelles de terre non cultivées sont criblées de cratères de bombes.

Aucun bus ne dessert cette plage. Pour y parvenir, quittez la RN 1 à 1,2 km au nord du Ben Hai et bifurquez sur la droite (vers l'est) : Cua Tung se trouve à 7 km au sud de Vinh Moc, par la piste qui longe la côte.

Base de Doc Mieu

Construite au bord de la RN 1, sur une hauteur à 8 km au sud du Ben Hai, cette base faisait partie d'une ligne de défense électronique très sophistiquée (baptisée "mur McNamara", du nom du secrétaire d'État à la Défense en exercice de 1961 à 1968), visant à empêcher les incursions nordistes dans la DMZ. Elle ressemble aujourd'hui à un paysage lunaire de bunkers, de cratères, d'obus et de mortiers, où la terre rouge est parsemée de débris de tissu et de godillots. Ce "chantier" est du reste l'œuvre non de la

guerre mais des ferrailleurs, qui ont trouvé là un grand nombre de pièces à revendre.

Fleuve Ben Hai

À 22 km au nord de Dong Ha, la RN 1 traverse le Ben Hai, jadis ligne de démarcation entre le Sud et le Nord-Vietnam. L'ancien pont, bombardé par les troupes américaines en 1967, était peint de deux couleurs : le côté nord était rouge, le côté sud était jaune. Le pont actuel et ses deux tours à drapeau ont été érigés après le cessez-le-feu, signé à Paris en 1973.

Cimetière national de Truong Son

Le cimetière national de Truong Son honore la mémoire des dizaines de milliers de soldats nord-vietnamiens (appartenant à des unités du transport, du génie civil et de la défense antiaérienne) tués dans la cordillère Annamitique, le long de la piste Ho Chi Minh. Les rangées de pierres tombales blanches, entretenues par des invalides de guerre, s'étendent à perte de vue.

Le cimetière se divise en cinq zones, réparties selon les lieux d'origine des soldats, chaque zone étant elle-même

ENVIRONS DE LA DMZ

subdivisée selon la province d'origine. Les tombes de cinq colonels et de sept héros décorés, dont une femme, se trouvent un peu à l'écart. L'épitaphe "Liet Si" gravée sur chaque tombe signifie "martyr". À l'origine, ces soldats avaient été enterrés là où la mort les avait fauchés ; ils furent transférés en ces lieux après la réunification. De nombreuses tombes sont vides, portant seulement les noms de quelques-uns des 300 000 combattants vietnamiens portés disparus.

Une stèle triangulaire érigée au sommet de la colline domine le cimetière. On y lit, sur une face, les hommages des dignitaires vietnamiens à tous ceux qui œuvrèrent sur la piste Ho Chi Minh, ainsi qu'un poème de To Huu ; une autre face de la stèle rapporte les péripéties du contingent de mai 1959 (Doang 5.59), qui, dit-on, avait été levé le jour de l'anniversaire de Ho Chi Minh avec pour mission de maintenir l'approvisionnement du Sud ; quant à la troisième face, elle détaille les unités de ce contingent, qui comprenait cinq divisions. De 1972 à 1975, le site lui servit de base.

La nouvelle route Ho Chi Minh, qui mène au cimetière national de Truong Son, coupe la RN 1 à 13 km au nord de Dong Ha et à 9 km au sud du Ben Hai. La distance qui sépare le cimetière de la RN 1 est de 17 km.

Une piste de 18 km, praticable à moto, le relie à Cam Lo, sur la RN 9. Elle longe des plantations d'hévéas ainsi que des habitations de la tribu Bru (Van Kieu), qui cultive notamment le poivre noir.

Base de Con Thien

En septembre 1967, les troupes nord-vietnamiennes, protégées par de l'artillerie à longue portée et des fusées, traversèrent la zone démilitarisée et assiégèrent la base des marines de Con Thien, qui faisait partie des dispositifs du mur McNamara et avait été installée là justement pour empêcher de telles incursions.

La riposte des Américains ne se fit pas attendre : leurs avions effectuèrent 4 000 sorties (dont 800 par des B52), déversant près de 40 000 tonnes de bombes sur les forces nord-vietnamiennes massées aux alentours de Con Thien. Les douces collines recouvertes de broussailles furent alors transformées en un paysage lunaire de cendres et de cratères fumants. Le siège fut levé, mais l'objectif était atteint : détourner l'attention des Américains des villes du Sud afin de préparer l'offensive du Têt. Aujourd'hui encore, les alentours de la base sont très dangereux.

La base de Con Thien se situe à 10 km à l'ouest de la RN 1 et à 7 km au sud du cimetière de Truong Son. De la base elle-même, il ne reste que des bunkers au sud de la route.

SITES MILITAIRES SUR LA RN 9

La piste Ho Chi Minh (Duong Truong Son, perpendiculaire à la RN 9) était en fait un réseau de voies, de pistes et de chemins reliant le Nord au Sud du pays à travers les monts Truong Son et l'est du Laos. Elle permettait au Viet-Cong de faire passer des troupes et du matériel.

Pour éviter la pénétration des troupes et les approvisionnements dans la région, les Américains établirent une série de bases le long de la RN 9, parmi lesquelles (d'est en ouest) Cua Viet, Gio Linh, Dong Ha, Con Thien, Cam Lo, Camp Carroll, la base Rockpile, Ca Lu (aujourd'hui appelée Dakrong), Khe Sanh et Lang Vay.

Huong Hoa (Khe Sanh)

Installée dans une superbe région de collines, de vallées et de champs à 600 m d'altitude, cette agréable capitale de district doit sa renommée à ses plantations de café, autrefois administrées par les Français.

La plupart des habitants font partie de l'ethnie des Bru, originaire des montagnes avoisinantes. Les femmes sont revêtues de sarong et portent des cabas tissés.

Officiellement rebaptisée Huong Hoa, cette ville restera à jamais gravée dans les mémoires occidentales sous le nom de Khe Sanh.

OÙ SE LOGER

À moins que vous ne preniez la route pour le Laos le lendemain, vous ne trouverez aucun intérêt à passer la nuit à Huong Hoa. Lors de notre passage, il ne s'y trouvait qu'un seul établissement, la **pension du Comité du peuple** (☎ 053-880 563 ; ch 100 000-150 000 d ; 🏠).

DEPUIS/VERS HUONG HOA

La gare routière de Khe Sanh se trouve sur la RN 9, à environ 600 m au sud-ouest (en direction du Laos) de l'intersection en forme de triangle d'où part la route de la base. Des bus partent régulièrement en direction de Dong Ha (15 000 d, 1 heure 30) et Lao Bao (10 000 d, 1 heure). Pour toutes les autres destinations, vous devrez changer de bus à Dong Ha.

Base militaire de Khe Sanh

Théâtre du siège le plus célèbre de la guerre du Vietnam et de sa bataille la plus controversée, la **base militaire de Khe Sanh** (25 000 d ; 🕑 7h-16h30) se tient sur un plateau aride, entouré de collines verdoyantes souvent plongées dans le brouillard. À voir cette campagne paisible, les petites maisons des paysans et leurs jardins potagers, on imagine mal l'enfer qui y régna au début de 1968. Comment oublier pourtant que près de 10 000 soldats nord-vietnamiens, quelque 500 soldats américains (le chiffre officiel réussit à n'en comptabiliser que 205), ainsi qu'un nombre inconnu de civils perdirent ici la vie, sous une avalanche de bombes, d'obus au phosphore, de napalm et de tirs d'artillerie ?

Le site abrite depuis peu un petit musée commémoratif ; en outre, les deux bunkers reconstruits exposent quelques photos et souvenirs. Derrière le site principal, le tracé des pistes d'atterrissage reste visible ; aucune végétation n'y a repoussé. Certains des commentaires publiés dans le livre d'or, notamment ceux des vétérans américains, sont très émouvants.

L'équipe chargée de retrouver les dépouilles des soldats américains portés disparus lors de ces violentes batailles continue de sonder régulièrement la région : à ce jour, la plupart des restes découverts sont ceux de Vietnamiens.

DEPUIS/VERS LA BASE MILITAIRE DE KHE SANH

Pour parvenir à la base, prenez la direction nord-ouest à l'intersection en forme de triangle (vous verrez un petit panneau), 600 m après la gare routière de Khe Sanh, sur la route de Dong Ha : la base se situe à 500 m à droite de la route, 2,5 km après ce croisement.

Camp des forces spéciales de Lang Vay

En février 1968, l'infanterie nord-vietnamienne, épaulée par neuf chars, s'empara

LES BATAILLES DE KHE SANH

À la fin de l'année 1966, malgré l'opposition de l'état-major du corps des marines à la stratégie d'usure du général Westmoreland (commandant en chef des forces américaines au Vietnam), les forces spéciales (Bérets verts), chargées de recruter et d'entraîner les membres des ethnies locales, firent de la petite base de Khe Sanh un véritable bastion. En avril 1967, ils lancèrent les "batailles des collines" afin de déloger l'armée nord-vietnamienne des environs. En l'espace de quelques semaines, 155 marines et des milliers de Nord-Vietnamiens y trouvèrent la mort. Les combats se focalisèrent sur les collines 881 Sud et 881 Nord, à environ 8 km au nord-ouest de la base de Khe Sanh.

Fin 1967, les services secrets américains détectèrent la présence de dizaines de milliers d'artilleurs nord-vietnamiens dans les collines avoisinantes. Le général Westmoreland en conclut que Hanoi préparait un autre Dien Bien Phu ; la comparaison était absurde, vu la puissance de feu américaine et la proximité des autres bases. Même le président Johnson était alors obsédé par le spectre de Dien Bien Phu : afin de suivre le déroulement de la bataille, il se fit construire une maquette en relief du plateau de Khe Sanh et exigea – fait sans précédent – une garantie écrite du chef de l'état-major interarmées selon laquelle la base tiendrait bon. Westmoreland fit venir à Khe Sanh 5 000 avions et hélicoptères et porta à 6 000 le nombre de ses soldats. Il envisagea même le recours à l'arme nucléaire.

Le siège de Khe Sanh, qui dura 75 jours, commença le 21 janvier 1968 par un assaut limité au périmètre de la base. Tandis que les marines et leurs alliés, les rangers sud-vietnamiens, se préparaient pour une grande offensive au sol, Khe Sanh devint le centre d'attraction des médias du monde entier, faisant notamment la couverture des magazines américains *Newsweek* et *Life*. Durant les deux mois qui suivirent, les Nord-Vietnamiens pilonnèrent la base jour et nuit, tandis que les bombardiers américains déversaient 100 000 tonnes d'explosifs dans ses environs immédiats ; toutefois, à aucun moment les Nord-Vietnamiens ne tentèrent de prendre la base d'assaut. Le 7 avril 1968, après de violents combats, les troupes américaines finirent par rouvrir la RN 9 pour rejoindre les marines et mettre fin aux combats.

On sait aujourd'hui que le siège de Khe Sanh, qui coûta la vie à 10 000 Nord-Vietnamiens, n'était qu'une gigantesque diversion destinée à détourner l'attention des villes du Sud, où se préparait l'offensive du Têt : celle-ci commença une semaine après le début du siège. Sur le moment, cela n'empêcha pas le général Westmoreland de clamer le contraire : selon lui, l'offensive du Têt n'était qu'une vulgaire manœuvre pour faire oublier l'offensive nord-vietnamienne à Khe Sanh !

La fin du commandement de Westmoreland au Vietnam, en juillet 1968, coïncida avec le redéploiement des troupes américaines : les nouveaux stratèges estimèrent que la base de Khe Sanh, pour laquelle tant d'hommes avaient donné leur vie, ne revêtait pas une réelle importance stratégique. Après avoir détruit, enterré ou fait sauter tout ce qui pourrait, le cas échéant, servir à la propagande ennemie, les forces américaines évacuèrent la base dans le plus grand secret. Les généraux donnaient ainsi raison, sans le savoir, à un officier des marines, qui avait déclaré longtemps auparavant : "Quand on est à Khe Sanh, on ne se trouve nulle part. Alors, si on la perdait, on ne perdrait rien."

du camp des forces spéciales de Lang Vay, installé là depuis 1962. Sur les 500 défenseurs de la base (Sud-Vietnamiens, Bru et Montagnards), 316 furent tués lors des combats ainsi que 10 des 24 Américains présents, et on dénombra 11 blessés.

De la base ne subsistent que les carcasses des bunkers, envahis par la végétation, ainsi qu'un monument où trône un vieux tank.

La base est située sur une crête au sud-ouest de la RN 9, entre la gare routière de Khe Sanh (9,2 km) et Lao Bao (7,3 km).

Camp Carroll

Fondé en 1966, Camp Carroll porte le nom d'un capitaine des marines fauché en essayant de prendre une crête. Les énormes canons de 175 mm pouvaient atteindre des cibles aussi éloignées que Khe Sanh. Le lieutenant-colonel Ton That Dinh, commandant sud-vietnamien du camp, se rendit en 1972 et rejoignit les troupes nord-vietnamiennes.

Il ne reste pas grand-chose de Camp Carroll, hormis une borne commémorative vietnamienne, quelques tranchées envahies par les mauvaises herbes et le bois de construction, ainsi que des restes de matériel militaire et des douilles d'obus. Les bunkers en béton ont été détruits par la population, qui cherchait à récupérer les armatures d'acier ; le béton dégagé a servi à des travaux de construction.

Les champs environnant Camp Carroll appartiennent désormais aux State Pepper Enterprises. En chemin, vous remarquerez les poivriers, que l'on laisse pousser jusqu'à ce qu'ils grimpent sur le tronc des jaquiers. On trouve également aux alentours des plantations d'hévéas.

La bifurcation pour Camp Carroll se trouve à 10 km à l'ouest de Cam Lo et à 23 km au nord-est du pont sur le Dakrong. La base s'étend à 3 km de la RN 9.

Rockpile

Le sommet de ce monticule de rochers haut de 230 m accueillit un poste d'observation des marines américains, à proximité duquel était installée une base pour l'artillerie longue portée.

Ce piton rocheux, situé à 26 km à l'ouest de Dong Ha, sur la RN 9 ne présente aujourd'hui que peu d'intérêt, et vous devrez en outre certainement faire appel à un guide pour l'explorer.

Pont sur le Dakrong

Enjambant le Dakrong, ce pont, situé à 13 km à l'est de la gare routière de Khe Sanh, a été reconstruit en 2001. La route qui mène à Aluoi, partant du pont vers le sud-est, passe par les maisons sur pilotis des Bru. C'était autrefois un tronçon de la piste Ho Chi Minh.

Aluoi

Aluoi, située à 65 km au sud-est du pont sur le Dakrong et à 60 km au sud-ouest de Hué, se trouve au cœur d'une contrée de cascades et de chutes d'eau. Les habitants de cette zone montagneuse appartiennent aux groupes ethniques Ba Co, Ba Hy, Ca Tu et Taoi. Lorsque, en 1966, les forces spéciales de l'armée américaine abandonnèrent leurs bases d'Aluoi et d'Ashau, la région vit transiter une partie très importante du ravitaillement acheminé sur la piste Ho Chi Minh.

Parmi les sites militaires les plus connus des environs d'Aluoi figurent les zones d'atterrissage de **Cunningham**, **Erskine** et **Razor**, ainsi que la **Colline 1175** (à l'ouest de la vallée) et la **Colline 521** (au Laos). Plus au sud, dans la vallée d'Ashau, se dresse **Hamburger Hill** (butte Apbia) : en mai 1969, lors d'une opération de ratissage près de la frontière laotienne, les forces américaines subirent là l'une des batailles les plus meurtrières de toute la guerre : en moins d'une semaine périrent 241 soldats, événement qui fit couler beaucoup d'encre aux États-Unis. Un mois plus tard, les forces américaines reçurent l'ordre de poursuivre leurs opérations ailleurs et les Nord-Vietnamiens réoccupèrent la colline.

DONG HA

☎ 053 / 65 200 hab.

Capitale de la nouvelle province de Quang Tri, Dong Ha s'étend à l'intersection des RN 1 et 9. En 1968 et 1969, la ville servit de QG aux marines américains. Au printemps 1968, une division nord-vietnamienne traversa la zone démilitarisée et attaqua Dong Ha ; l'armée sud-vietnamienne y installa par la suite l'une de ses bases. Aujourd'hui, envahie par la poussière et le grondement de la RN 1, sur laquelle donnent la plupart des hôtels, Dong Ha n'est guère plus qu'une étape sur la route de la DMZ et de la frontière laotienne. Les haut-parleurs publics débutent leurs programmes radiophoniques dès 5h.

Orientation

En ville, la RN 1 s'appelle Ð Le Duan. La RN 9, qui va vers Lao Bao, coupe la RN 1 à proximité de la gare routière. Ð Tran Phu (l'ancienne RN 9) croise Ð Le Duan 600 m au nord de la gare routière (en allant vers le fleuve). Ð Tran Phu se poursuit ensuite sur 400 m vers le sud avant de bifurquer vers l'ouest.

Un marché longe la RN 1, entre Ð Tran Phu et le fleuve.

Renseignements

Il existe ici deux très bonnes adresses dont les circuits sont beaucoup plus personnalisés que ceux proposés à Hué. **DMZ Café** (☎ 857 026 ; dmzcafedongha@yahoo.com ; 88 Ð Le Duan ; 🖳) est géré par un vétéran sud-vietnamien qui a vécu la plupart des événements tragiques associés à la DMZ, et ses guides mènent leurs clients dans des endroits que les autres agences ne font pas visiter ; comptez 7 $US pour le guide et 8 $US pour la moto. Le DMZ Café organisera également vos déplacements jusqu'à Lao Bao et dispose d'un accès Internet (300 d/minute).

À environ 1 km au nord du pont conduisant hors de la ville, **Dong Que Restaurant** (☎ 852 303 ; dongqueqt@dng.vnn.vn ; 159 Ð Le Duan) est tenu par une famille très serviable qui peut réserver vos excursions dans la DMZ, vos tickets de bus ou de train.

Les circuits en bus reviennent à environ 10 $US/personne ; vous serez intégré à un groupe de touristes en provenance de Hué. Si vous partez vers le sud, vous pouvez faire du stop jusqu'à Hué.

Où se loger

DMZ Café (☎ 857 026 ; dmzcafedongha@yahoo. com ; 88 Ð Le Duan ; ch 4-5 $US ; 🖳). Adresse bon marché et sans prétention, mais à l'atmosphère très détendue grâce à l'énergique M. Tinh. Lits propres, eau froide et bruit de la grand-route.

Nha Nghi Mai Yen (☎ 551 750 ; 24 Ð Nguyen Trai ; ch 60 000-130 000 d ; 🔀). Modeste pension flambant neuve, d'un excellent rapport qualité/prix. Les tarifs des chambres avec sdb, impeccables, commencent à 70 000 d (60 000 d avec sdb commune).

Khach San Duong 9 Xanh (Hôtel de la RN 9 ; ☎ 550 991 ; 4 Ð Nguyen Trai ; ch 9-15 $US ; 🔀). Dans la même rue tranquille que le précédent. Également, les chambres possèdent TV, réfrig. et eau chaude. Le personnel est très aimable.

Phung Hoang Hotel (☎ 854 567 ; victoryqt@dng. vnn.vn ; 146 Ð Le Duan ; ch 10-25 $US ; 🔀). Très bon hôtel aux chambres entièrement meublées dont les plus chères ressemblent à des suites, équipées de grandes baignoires. Un nouveau bar-restaurant vient d'ouvrir au rez-de-chaussée.

Hieu Giang Hotel (☎ 855 856 ; highotel@dng. vnn.vn ; 183 Ð Le Duan ; s 19-35 $US, d 22-40 $US ; 🔀). Censé être l'hôtel le plus chic de la ville, il ne vaut pourtant pas le Phung Hoang : ses chambres sont agréables, mais banales. Il se trouve à l'intersection des RN 9 et 1.

Où se restaurer

Trung Tan Quan Restaurant (Ð Le Loi ; repas environ 20 000 d). Installé en plein centre-ville. La carte, correcte, affiche une "cuisine viet-namienne" se composant d'un bon plat de viande ou de poisson, de légumes, de riz et d'épices.

Dong Que Restaurant (☎ 852 303 ; 159 Ð Le Duan ; repas 10 000-40 000 d). Mets vietnamiens et chinois, également frais et savoureux.

Outre les restaurants d'hôtels, la ville compte de nombreux **restaurants de com pho** (RN 1 ; repas environ 10 000 d), notamment aux alentours de la gare routière et au croisement avec la RN 9.

Depuis/vers Dong Ha

BUS

La **gare routière de Dong Ha** (Ben Xe Khach Dong Ha ; 122 Ð Le Duan) se trouve près de l'intersection des RN 1 et 9. Elle propose des lignes régulières vers Hué (14 000 d, 1 heure 30), Khe Sanh (15 000 d, 1 heure 30) et Lao Bao (20 000 d, 2 heures). Sachez que ces prix s'appliquent aux Vietnamiens et que les étrangers paient invariablement plus cher.

Pour Lao Bao, il faut parfois prendre une correspondance à Khe Sanh. Des bus font également la navette entre Dong Ha et Ho Xa, à 13 km à l'ouest de Vinh Moc, sur la RN 1.

TRAIN

L'*Express de la Réunification* marque un arrêt à Dong Ha (voir p. 492).

Pour aller de la gare routière à la gare ferroviaire de Dong Ha, faites 1 km sur la RN 1 en direction du sud-est et tournez à droite à la grande pension appelée Nha Khach 261. L'arrière de la gare se trouve à 150 m environ.

VOITURE ET MOTO

Dong Ha se trouve à 190 km de Danang, 94 km de Dong Hoi, 72 km de Hué, 65 km de Khe Sanh, 80 km de Lao Bao et 41 km de Vinh Moc.

Pour vous rendre à moto pour la DMZ (avec conducteur), comptez 10 $US minimum ; pour gagner en voiture Lao Bao, à la frontière, environ 25 $US.

LAO BAO (FRONTIÈRE AVEC LE LAOS)
☎ 053

Situé sur la rivière Tchepone (Song Xe Pon), qui marque la frontière avec le Laos, Lao Bao est en passe de devenir un important point de transit de marchandises et de voyageurs entre le Laos, la Thaïlande et le centre du Vietnam. Côté laotien, la zone est dominée par le mont Co Roc, autrefois bastion de l'artillerie nord-vietnamienne.

Non loin de la frontière se tient un immense marché proposant des produits thaïlandais de contrebande ayant transité par le Laos. Les commerçants acceptent indifféremment les monnaies vietnamienne et laotienne. À moins d'y être absolument obligé, ne changez pas de dollars US à la frontière, où le taux peut être de moitié inférieur à celui que pratique la banque.

Rien ne vous retiendra à Lao Bao, à moins d'avoir manqué l'ouverture du poste-frontière (voir l'encadré). Si vous y passez la nuit, vous trouverez néanmoins un hôtel élégant et d'un bon rapport qualité/prix appelé **Bao Son Hotel** (☎ 877 848 ; ch 12-18 $US ; 🗷), ainsi que les inévitables alignements de restaurants *com pho* en centre-ville.

Lao Bao se trouve à 18 km à l'ouest de Khe Sanh, à 80 km de Dong Ha, à 152 km de Hué, à 45 km à l'est de Tchepone (Laos) et à 255 km à l'est de Savannakhet (Laos).

QUANG TRI
☎ 053 / 15 400 hab.

Quang Tri était autrefois une importante cité fortifiée. Au printemps 1972, quatre divisions de l'armée nord-vietnamienne franchirent la DMZ, épaulées par les blindés et l'artillerie, envahissant la province de Quang Tri au cours d'une attaque connue sous le nom américain d'*Offensive Easterside* : elles assiégèrent la ville et la pilonnèrent jusqu'à ce qu'elle tombe entre leurs mains, comme le reste de la province.

Pendant les quatre mois qui suivirent, la ville fut pratiquement réduite à néant par l'artillerie sud-vietnamienne et les bombardements continus des chasseurs bombardiers et des B52 américains. L'armée sud-vietnamienne perdit 5 000 hommes durant les combats de rue menés pour reprendre la ville.

Il ne reste donc plus grand-chose à y voir, mis à part quelques vestiges des douves, des remparts et des portes de la citadelle, ancien QG de l'armée sud-vietnamienne. Les ruines de la citadelle se trouvent à 1,6 km de la

---

POSTE-FRONTIÈRE DE LAO BAO/DANSAVANH

Le **poste-frontière de Lao Bao** (🕑 7h-17h) est le point de passage le plus couramment emprunté entre le Laos et le Vietnam. Il est possible de se procurer un visa laotien valable 15 jours (30 $US) en arrivant à Dansavanh, mais le visa vietnamien doit s'obtenir à l'avance, par exemple auprès du consulat de Savannakhet.

Pour aller à Lao Bao, il vous faudra inévitablement traverser Dong Ha : de là, les bus publics desservent régulièrement Khe Sanh (15 000 d, 1 heure 30) et Lao Bao (20 000 d, 2 heures), mais il faut généralement changer de véhicule à Khe Sanh – et s'attendre à débourser plus que les prix indiqués. Les voyageurs arrivant du Laos doivent savoir que, contrairement à ce que disent les chauffeurs, aucun bus public ne dessert Hué directement ; tous s'arrêtent à Dong Ha.

Le poste-frontière se trouvait à 2 km de Lao Bao, mais la ville a pris un tel essor qu'elle a désormais pratiquement rejoint la frontière. De la gare routière à la frontière en *xe om*, les Vietnamiens paient 5 000 d (les étrangers 10 000 d) ; à pied, le trajet prend 20 minutes. Il vous restera encore quelques centaines de mètres à franchir entre les deux postes-frontière.

Une fois au Laos, vous ne trouverez qu'un seul bus quotidien qui rallie directement Savannakhet, ne partant que quand il est plein. Des *sawngthaew* (camionnettes) partent assez régulièrement en direction de Sepon, où vous attendent des bus ou d'autres *sawngthaew* pour Savannakhet.

En sens inverse, la Route 9 allant de Savannakhet à la frontière est devenue l'une des meilleures routes du Laos. Au départ de Savannakhet, les bus pour la frontière partent à 7h et 12h (3 $US, 255 km, 5 heures) ; il est aussi possible d'emprunter un *sawngthaew* pour Sepon (3 $US, 210 km, 4 heures), puis un autre jusqu'au poste-frontière (1,20 $US, 45 km, 1 heure). Si vous venez du Laos, vous pouvez faire un arrêt et passer une nuit à Sepon, d'où vous pourrez aller visiter la piste Ho Chi Minh. Si vous voyagez à bord d'un bus touristique entre Savannakhet et Hué ou Danang, prévoyez un temps d'attente à la frontière pour le contrôle des papiers. Certains de ces bus entrent à Lao Bao en pleine nuit, ce qui signifie que vous devrez patienter plusieurs heures jusqu'à l'ouverture de la frontière, à 7h.

RN 1. Sur la RN 1, au sud de Quang Tri, se dressent les vestiges d'une église portant encore les stigmates des violents combats qui s'y déroulèrent.

La **gare routière** (Đ Tran Hung Dao) se trouve à environ 1 km de la RN 1. Les habitants vous suggéreront toutefois d'intercepter les bus (pour le Nord comme pour le Sud) sur la nationale, plutôt que d'attendre à la gare.

HUÉ

☎ 054 / 286 400 hab.

Par tradition, Hué représente l'un des principaux centres culturels, religieux et d'enseignement du pays. De nos jours, ses principales attractions touristiques sont les superbes tombeaux des empereurs Nguyen, plusieurs somptueuses pagodes et les magnifiques vestiges de la citadelle. En mai 2001, Hué a accueilli son premier festival, auquel ont participé des artistes locaux et internationaux répartis dans les divers quartiers de la ville. Cette manifestation est d'ailleurs devenue depuis un événement biennal – le prochain se tiendra en 2006. Les chambres d'hôtel valent de l'or à cette occasion, d'où la nécessité de les réserver le plus tôt possible.

Sans le tourisme, les sites culturels de Hué seraient peut-être tombés dans l'oubli : de 1975 à 1990, on a laissé à l'abandon ces rappels historiques, "politiquement incorrects", de la dynastie des Nguyen. Il a fallu attendre 1990 pour que les autorités locales prennent conscience du potentiel touristique de la cité et déclarent ces sites trésors nationaux. Classés au patrimoine mondial par l'Unesco en 1993, les monuments de Hué sont aujourd'hui en rénovation.

La plupart des sites historiques pratiquent un tarif d'entrée de 55 000 d, et l'utilisation d'un caméscope donne souvent lieu à un droit supplémentaire.

Histoire

Construite en 1687 dans le village de Bao Vinh, à 5 km au nord-est de l'actuelle ville de Hué, la cité-citadelle de Phu Xuan devint en 1744 la capitale de la région sud-vietnamienne, alors dominée par les seigneurs Nguyen. De 1786 à 1802, la ville fut occupée par les rebelles Tay Son, puis tomba aux mains de Nguyen Anh, qui se fit couronner empereur sous le nom de Gia Long. Ainsi naquit la dynastie des Nguyen, qui régna jusqu'en 1945.

En 1885, lorsque les conseillers de l'empereur Ham Nghi, alors âgé de 13 ans, contestèrent la légitimité du protectorat français sur le Tonkin, l'armée coloniale répondit en assiégeant la ville. Malgré la supériorité des troupes ennemies, les Vietnamiens lancèrent une attaque. La riposte des Français fut implacable : pendant trois jours, ils brûlèrent la bibliothèque impériale et dépouillèrent la cité de tous ses objets de valeur – non seulement l'or et l'argent, mais jusqu'aux moustiquaires et cure-dents. L'empereur Ham Nghi s'enfuit au Laos, mais fut par la suite capturé et exilé en Algérie. Les Français placèrent alors sur le trône impérial Dong Khanh, plus malléable, coupant ainsi court à toute velléité d'indépendance vietnamienne.

Le nom actuel de la ville, qui date de plus de deux siècles, provient vraisemblablement d'une déformation de son nom d'origine, Thanh Hoa, le terme *hoa* signifiant "paix" ou "harmonie".

Hué fut le théâtre de batailles sanglantes en 1968, lors de l'offensive du Têt, et fut la seule ville du Sud à rester plusieurs semaines aux mains des communistes : tandis que l'état-major américain s'efforçait de mettre fin au siège de Khe Sanh, les troupes nord-vietnamiennes et vietcong contournèrent les forces ennemies et pénétrèrent directement dans Hué, troisième agglomération du Sud-Vietnam. À leur arrivée, les communistes hissèrent leur drapeau au sommet de la citadelle, où il flotta 25 jours durant ; le gouvernement local s'effondra.

Les cadres du Parti communiste entreprirent alors d'éliminer les éléments "réfractaires" de Hué : des milliers de citoyens, figurant sur des listes méticuleusement établies des mois à l'avance, se retrouvèrent alors victimes de gigantesques rafles.

Pendant ces 25 jours, quelque 3 000 civils – marchands, bonzes, prêtres, intellectuels, ainsi que bon nombre d'étrangers et de notables liés au gouvernement sud-vietnamien – furent ainsi sommairement fusillés, tués à coups de gourdin ou enterrés vivants. Au cours des années qui suivirent, on découvrit leurs cadavres, qui avaient été jetés dans des fosses communes en divers lieux aux alentours.

Les troupes du Sud s'avérant incapables de déloger les armées nord-vietnamiennes et

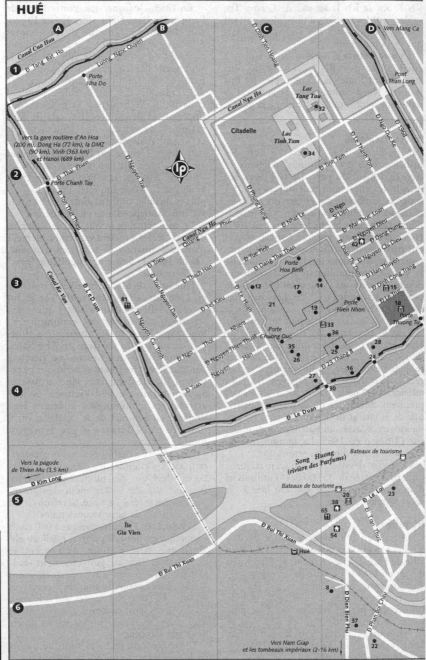

HUÉ

Canal Cua Hau

Đ Tang Bat Ho

Lương Ngoc Quyen

Porte
Nha Do

Canal Ngu Ha

Citadelle

Lac
Tang Tau

Lac
Tinh Tam

32

34

Pont
Than Long

Đ Đinh Tien Hoang

Đ Ngo Duc Ke

Đ 1968

Đ Le Thanh Ton

Đ Tinh Tam

Vers Mang Ca

Vers la gare routière d'An Hoa
(200 m), Dong Ha (72 km), la DMZ
(90 km), Vinh (363 km)
et Hanoi (689 km)

Đ Thai Phien

Porte Chanh Tay

Đ Ton That Thiep

Đ Nguyen Trai

Đ Phung Hung

Canal Ngu Ha
Quang

Phuc

Đ Nhat Le

Đ Ngo
Si Lien

Đ Mai Thuc Loan

Đ Nguyen Dieu
62

Đ Dang Dung

Đ Nguyen Chi Dieu

Đ Doan Thi Diem

Đ Han Thuyen

Đ Dinh Cong Trang

15

18

Đ Le Truc

Porte
Thuong Tu

Vers la pagode
de Thien Mu (3,5 km)

Đ Kim Long

Canal Ke Van

Đ Le D uan

Đ Nguyen Chi Tinh

Đ Tran Nguyen Dan

Đ Trieu

Đ Thach Han

Đ Yet Kieu

Đ Le Xuan

81

Đ Tuc Tinh

Đ Dang Thai Than

12

21

Porte
Hoa Binh

17

19

14

Porte
Hien Nhon

33

Nhiem

Porte
Chuong Duc

36

35

26

25

23 Thang 8

28

24

16

Đ Ngo
Thoi

Đ Nguyen Thien Thuat

Nguyen
Han

27

30

Đ Tran

Nguyen

Île
Gia Vien

Đ Bui Thi Xuan

Đ Bui Thi Xuan

Song Huong
(rivière des Parfums)

Bateaux de tourisme

Bateaux de tourisme

20

38

65

54

Hué

Đ Le Loi

Đ Tran Thuc

Đ Dien Bien Phu

Đ Phan Boi Chau

23

8

37

22

Vers Nam Giap
et les tombeaux impériaux (2-16 km)

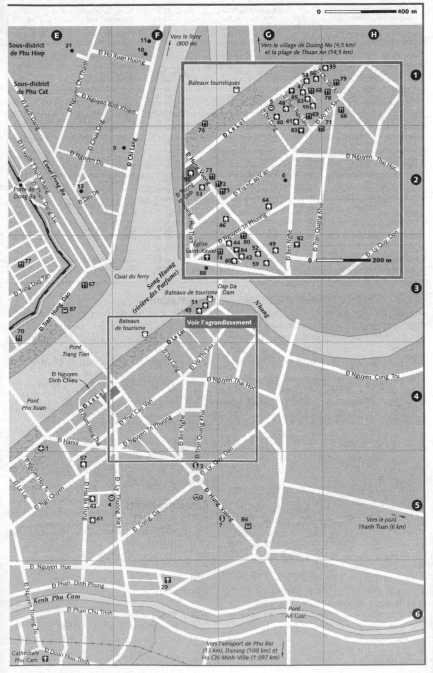

0 ———— 400 m

E   F   G   H

Sous-district
de Phu Hiep   31   11   Vers le ferry   Vers le village de Duong No (4,5 km)
                    10   (800 m)   et la plage de Thuan An (14,5 km)

Sous-district
de Phu Cat

Đ Ho Xuan Huong

Bateaux touristiques

Đ Nguyen Chi Thanh

Đ Nguyen Binh Khiem

Đ Bach Dang

Đ Chua Ong

9   Cit Lang

Đ Nguyen Du

Đ H Uyen Thuc Khang

Canal Dong Ba

Porte de
Dong Ba   13   Đ Phan Dang Lu
Đ Dieu De

Đ Le Loi

Đ Nguyen Thai Hoc

Đ Tran Cao Van

6

Đ Hung Vuong   73
50   72
53   5

Đ Phung Hung

Đ Dinh

Đ Tran Quang Khai

Đ Ly Quy Don

0   200 m

Đ Tong Duy Tan   77
67

Đ Tran Hung Dao   87

70

Quai du ferry

Song Huong
(rivière des Parfums)

Bateaux de tourisme

46

64

Đ Nguyen Tri Phuong   80
44   84   52
74   60   42   59
88

82   Đ Ben Nghe

49

Église
Saint-Xavier

Dap Da
Dam

Bateaux de tourisme   51
45

Nhung

Bateaux
de tourisme   Voir l'agrandissement

Pont
Trang Tien

Đ Nguyen
Dinh Chieu

Pont
Phu Xuan

Đ Le Loi

Đ Tran Cao Van

Đ Nguyen Tri Phuong

Đ Ben Nghe

Đ Tran Quang Khai

Đ Nguyen Thai Hoc

Đ Doc Cung

Đ Vo Thi Sau

Đ Nguyen Cong Tru

Đ Hanoi   1

Đ Pham Ngu Lao

57

Đ Nguyen Hue Tu Quyen

Đ Le Lai

Đ Ngo Quyen

Đ Ha Ba Trung   43
4
61

Đ Ly Thuong Kiet

Đ Dong Da

Đ Ly Quy Don

3

Đ Hung Vuong

2

86
7

Vers le pont
Thanh Toan (6 km)

Đ Nguyen Hue

Đ Phan Dinh Phung   29

Kenh Phu Cam

Đ Phan Chu Trinh

Pont
An Cuu

Đ Nguyen Hoang Tu

Cathédrale
Phu Cam   Đ Doan Huu Trinh

Vers l'aéroport de Phu Bai
(13 km), Danang (108 km) et
Ho Chi Minh-Ville (1 097 km)

1   2   3   4   5   6

RENSEIGNEMENTS		Pagode Tang Quang...................31 E1		Thanh Thuy's Guesthouse..............63 G1	
Hôpital central de Hué....................1 E4		Île du lac Tang Tau......................32 C1		Thanh Hoa Hotel..........................64 G2	
Police de l'immigration..................2 F5		Palais Thai Hoa...........................33 D3			
Industrial & Development Bank........3 F5		Île du lac Tinh Tam.....................34 C2		OÙ SE RESTAURER 🍴 (p. 212)	
Poste principale............................4 E5		Temple To Mieu..........................35 C4		Café 3 Le Loi.................................65 D5	
Poste...5 G1		Pont Trung Dao...........................36 D3		Club Garden.................................66 H1	
Stop and Go Café.........................6 G2		Pagode Tu Dam...........................37 D6		Marché Dong Ba...........................67 E3	
Vietcombank...............................7 G5				Dong Tam...................................68 G1	
Vietcombank..........................(voir 50)		OÙ SE LOGER 🏠 (p. 211)		La Carambole...............................69 G1	
		5 Le Loi Hotel..............................38 D5		Lac Thanh Restaurant................(voir 70)	
À VOIR ET À FAIRE (p. 207)		A Dong Hotel I.............................39 H1		Lac Thien Restaurant.................(voir 70)	
Pagode Bao Quoc..........................8 D6		A Dong II Hotel...........................40 G1		Lac Thuan..................................70 E3	
Pagode Chieu Ung.........................9 F2		An Phuoc Hotel...........................41 G1		Little Italy...................................71 G2	
Chua Ba...................................10 F1		Binh Duong Hotel I......................42 G3		Mandarin Café.............................72 G2	
Pagode Chua Ong........................11 F1		Binh Duong Hotel II.....................43 G3		Minh & Coco Mini Restaurant........73 F2	
Résidence Tinh Tho.......................12 C3		Binh Minh Hotel..........................44 G3		Omar Khayyam's	
Pagode nationale Dieu De...............13 E2		Century Riverside Hotel.................45 F3		Indian Restaurant......................74 G3	
Bibliothèque impériale...................14 D3		Duy Tan Hotel..............................46 G2		Phuong Nam Café.........................75 G2	
Musée des Beaux-Arts...................15 D3		Guesthouse Hoang Huong...............47 G1		Restaurant flottant Song Huong......76 F1	
Tour du Drapeau..........................16 D4		Guesthouse Van Xuan....................48 G1		Tinh Gia Vien...............................77 E3	
Cité pourpre interdite....................17 C3		Hai Dang Hotel.............................49 G3		Tinh Tam...................................78 H1	
Complexe du musée général...........18 D3		Hotel Saigon Morin.......................50 F4		Tropical Garden Restaurant............79 H1	
Salle des mandarins......................19 C3		Huong Giang Hotel.......................51 F3		Xuan Trang Cafeteria....................80 G3	
Musée Ho Chi Minh.......................20 D5		Huong Vuong Inn.........................52 G3		Y Thao Garden.............................81 B3	
Enceinte impériale........................21 C3		L'Indochine Hotel.........................53 F2			
Pagode Linh Quang.......................22 D6		Le Loi Hué Hotel..........................54 D5		OÙ PRENDRE UN VERRE 🍷 (p. 214)	
École nationale............................23 D5		Mimosa Guesthouse......................55 G1		B4 Bar-Café.................................82 G3	
Porte Ngan.................................24 D4		Minh Hien Hotel.....................(voir 39)		Bar Why Not?...............................83 G2	
Porte Ngo Mon............................25 D4		Ngoc Huong Hotel........................56 G1		Café on Thu Wheels......................84 G3	
Neuf urnes dynastiques.................26 C4		Phu Xuan Hotel............................57 E5		DMZ Bar & Cafe............................85 G3	
Neuf canons sacrés (cinq éléments)...27 C4		Phuong Hoang Hotel.....................58 G1			
Neuf canons sacrés (quatre saisons)...28 D4		Saigon Hotel................................59 G3		TRANSPORT (p. 214)	
Cathédrale Notre-Dame...................29 F6		Thai Binh Hotel............................60 G3		Gare routière d'An Cuu..................86 G5	
Tombeau de Phan Boi Chau.........(voir 22)		Thanh Lich Hotel..........................61 E5		Gare routière de Dong Ba...............87 E3	
Porte Quang Duc..........................30 D4		Thanh Noi Hotel...........................62 D3		Vietnam Airlines...........................88 F3	

vietcong, le général Westmoreland ordonna aux GI de reprendre la cité, laquelle fut donc, pendant plusieurs semaines, la cible des roquettes vietcong et des bombes américaines. Au terme de 10 jours de combats, les Vietcong durent se retirer de la "nouvelle ville".

Les quinze jours suivants, l'intérieur de la citadelle fut en grande partie dévasté par l'aviation nord-vietnamienne, l'artillerie américaine et les combats de rue. On estime à environ 10 000 le nombre d'habitants tués au cours de l'offensive du Têt – plusieurs milliers de Vietcong, 400 soldats sud-vietnamiens, 150 marines et une grande majorité de civils.

Bien après la fin de la guerre, un vétéran américain de retour à Hué aurait affirmé à un ancien officier vietcong que les États-Unis n'avaient jamais perdu au Vietnam aucune grande bataille, ce à quoi ce dernier aurait répondu : "C'est tout à fait exact, mais est-ce bien l'important ?"

Les mémoires du journaliste Gavin Young *A Wavering Grace,* parues en 1997, sont le récit émouvant de son amitié de 30 ans avec une famille de Hué, et avec la ville elle-même, pendant et après la guerre du Vietnam. Si vous lisez l'anglais, il fera un compagnon littéraire parfait pour votre séjour en ces lieux.

Orientation

La ville s'étend de part et d'autre de la rivière des Parfums. Sur la rive nord du fleuve se trouve la citadelle, ainsi que quelques hôtels tranquilles. Toutefois, c'est la rive sud qui abrite la plupart des infrastructures touristiques.

Pour vous rendre sur l'île où se trouvent les quartiers de Phu Cat et de Phu Hiep, traversez le canal Dong Ba au niveau du marché du même nom.

CARTES

Pliante et bien pratique, quoique peu détaillée, la *carte touristique de Hué* (5 000 d) est en vente partout en ville.

Renseignements
ACCÈS INTERNET

De nombreux cybercafés bordent les rues touristiques de Đ Hung Vuong et de Đ Le Loi. Comptez environ 100 d/minute. La plupart des hôtels disposent également d'un accès Internet facturé 300 d/minute.

AGENCES DE VOYAGES

Si les informations touristiques officielles sont assez restreintes, les pensions, les hôtels et les cafés de voyageurs comblent cette lacune.

Café on Thu Wheels (☎ 832 241 ; 1/2 Đ Nguyen Tri Phuong). Circuits très populaires à vélo ou à moto.

Le Loi Hué Hotel (☎ 824 668 ; 2 Đ Le Loi). Bureau bien organisé, situé à l'intérieur de l'hôtel.

Mandarin Café (☎ 821 281 ; mandarin@dng.vnn.vn ; 3 Đ Hung Vuong). Tenu par M. Cu, photographe, qui fournit d'excellents renseignements et organise des circuits.

Stop and Go Café (☎ 827 051 ; 10 Đ Ben Nghe). M. Do organise de manière dynamique vos déplacements dans la région.

ARGENT

La **Vietcombank** (54 Đ Hung Vuong) change les chèques de voyage et dispose d'un DAB. Son **annexe** (Hotel Saigon Morin, 30 Đ Le Loi ; ☯ 7h-22h lun-sam) possède également un DAB. À proximité de la Vietcombank se trouve l'**Industrial & Development Bank** (41 Đ Hung Vuong), qui offre les mêmes services.

POSTE

La **poste principale** (Đ Ly Thuong Kiet) offre tous les services postaux et téléphoniques. Il existe une **annexe** (Đ Le Loi), près du fleuve .

SERVICES MÉDICAUX

Hôpital central de Hué (Benh Vien Trung Uong Hué ; ☎ 822 325 ; 16 Đ Le Loi). Tout près du pont Phu Xuan.

À voir

CITADELLE

La construction de la **citadelle** (Kinh Thanh), entourée de douves sur un périmètre de 10 km, fut entamée en 1804, sur un site choisi par les géomanciens de l'empereur Gia Long. À l'origine réalisés en terre, puis consolidés par une couche de briques de 2 m d'épaisseur (travail qui nécessita des dizaines de milliers d'ouvriers), ses remparts s'inspirent des fortifications de Vauban.

Les façades de la citadelle sont rectilignes à l'exception de l'une d'entre elles, légèrement arrondie pour suivre la courbe du fleuve. Les remparts sont entourés de douves dessinées en zigzag, d'une largeur de 30 m et d'une profondeur de 4 m. À l'angle nord se dresse la forteresse de Mang Ca, ancienne concession française qui sert, aujourd'hui encore, de base militaire. La citadelle compte dix portes fortifiées, chacune accessible par un pont.

À l'intérieur de la citadelle, une grande partie du terrain, rasé au cours de l'offensive du Têt (1968), est aujourd'hui vouée à l'agriculture.

Tour du Drapeau

Également appelée "le chevalier du roi", la **tour du Drapeau** (Cot Co) est surmontée d'un mât de drapeau haut de 37 m, le plus haut du Vietnam. Installé en 1809 puis prolongé en 1831, le mât fut abattu par le terrible typhon qui ravagea la ville en 1904. Reconstruite en 1915, la tour fut à nouveau détruite en 1947 ; celle que nous voyons aujourd'hui date de 1949. En 1968, le Vietcong y fit flotter le drapeau du Front national de libération pendant 25 jours pour défier les forces ennemies.

Neuf canons sacrés

Situés à l'intérieur de la citadelle, près des portes encadrant la tour du Drapeau, les neuf canons sacrés sont les défenseurs symboliques du palais et du royaume. Fondus en 1804 sur l'ordre de l'empereur Gia Long, à partir d'objets de cuivre dérobés aux rebelles Tay Son, ils n'ont jamais eu pour vocation de servir. D'une longueur de 5 m et d'un calibre de 23 cm, chacun pèse approximativement 10 tonnes. Les quatre canons situés près de la porte Ngan symbolisent les saisons, tandis que les cinq canons proches de la porte Quang Duc représentent les éléments (métal, bois, eau, terre et feu).

ENCEINTE IMPÉRIALE

L'empereur s'acquittait de ses fonctions dans l'**enceinte impériale** (55 000 d ; ☯ 6h30-17h30), véritable citadelle à l'intérieur de la citadelle, dont les murs atteignent 6 m de hauteur et 2,5 km de longueur. L'enceinte impériale compte quatre portes, dont la plus renommée est la porte Ngo Mon.

Porte Ngo Mon

Face à la tour du Drapeau, la **porte Ngo Mon** (porte du Midi) sert d'accès principal à l'enceinte impériale.

Parée de battants jaunes, la porte principale était jadis exclusivement réservée à l'usage de l'empereur, tout comme le pont de l'étang aux Lotus. Toute autre personne empruntait les portes latérales et les sentiers contournant l'étang.

La porte est surmontée du **Ngu Phung** (belvédère des Cinq Phénix) sur lequel l'empereur apparaissait lors des grandes occasions, comme la publication du calendrier lunaire. C'est sur ce même belvédère que Bao Dai, dernier souverain de la dynastie des Nguyen, abdiqua le 30 août 1945, devant une délégation du gouvernement révolutionnaire provisoire de Ho Chi Minh.

Palais Thai Hoa

Construit en 1803 puis transféré sur son site actuel en 1833, le **palais Thai Hoa** (palais de l'Harmonie suprême) est un grand hall surmonté d'un superbe toit, composé de madriers et soutenu par 80 colonnes sculptées et laquées. Le palais, auquel on accède par le pont Trung Dao et la porte du Midi, accueillait les réceptions officielles et les cérémonies impériales – anniversaires et couronnements. Le souverain, assis sur son trône surélevé, recevait alors les hommages de ses hauts fonctionnaires : sur l'esplanade à deux niveaux, divisée par neuf stèles, mandarins administratifs et militaires se tenaient alignés, chacun d'un côté du hall, conformément aux neuf rangs mandarinaux.

Salles des mandarins

Dans ces bâtiments, restaurés en 1977, les mandarins se préparaient pour les cérémonies impériales tenues dans la salle de réception Can Chanh. Les salles se trouvent derrière le palais de l'Harmonie suprême, de part et d'autre d'une cour où se tiennent deux gigantesques *vac dong* (chaudrons en bronze) du XVIIᵉ siècle.

Neuf urnes dynastiques

Chacune de ces *dinh* (urnes), coulées entre 1835 et 1836, retrace, à travers ses ornements traditionnels, la vie d'un souverain de la dynastie des Nguyen : sur leurs flancs, les motifs ciselés, dont certains sont d'origine chinoise et datent de 4 000 ans, représentent les éléments : Soleil, Lune, météores, nuages, montagnes, fleuves et autres paysages. Mesurant environ 2 m de hauteur et pesant de 1 900 à 2 600 kg, ces urnes symbolisent la puissance et la stabilité du règne des Nguyen. L'urne centrale, la plus grande et la plus finement ornementée, est dédiée à Gia Long.

Cité pourpre interdite

Réservée uniquement à l'usage personnel de l'empereur, cette cité ne pouvait accueillir que les eunuques, lesquels, en effet, ne menaçaient en rien la vertu des concubines royales.

La **Cité pourpre interdite** (Tu Cam Thanh) fut presque entièrement détruite lors de l'offensive du Têt. On y cultive aujourd'hui toutes sortes de plantes, dont la sensitive, variété de mimosa qui se rétracte au toucher. La **Bibliothèque impériale** (Thai Binh Lau), installée sur deux étages, abrite désormais une petite exposition de photos ; ses jardins paysagers ont été reproduits à l'identique. Non loin de là se trouvent les fondations du **Théâtre royal** (Duyen Thi Duong), dont la construction fut entamée en 1826, et qui abrita par la suite le Conservatoire national de musique.

Résidence Dien Tho

Dans l'angle ouest de l'enceinte royale se dresse l'étonnante résidence Dien Tho, qui abritait autrefois les appartements et la salle d'audience des reines-mères de la dynastie des Nguyen. Des photos évoquent l'ancienne fonction de cette salle, qui expose également des vêtements royaux brodés. À l'extérieur se trouve le pavillon des plaisirs de leurs Altesses, un édifice en bois sculpté et construit au-dessus d'un bassin de nénuphars.

Temple To Mieu

Situé près de la porte Chuong Duc, le temple To Mieu rend hommage aux empereurs Nguyen. Le sanctuaire et ses annexes furent érigés en 1821 ; les structures en bois ont été restaurées en 1998.

LAC TINH TAM

Au cœur de cette étendue d'eau située à 500 m au nord de l'enceinte impériale se trouvent deux petites îles reliées à la rive par un pont où, accompagnés de leur suite, les empereurs venaient se détendre.

LAC TANG TAU

Sur une île au centre du lac Tang Tau (situé au nord du lac Tinh Tam) s'élevait une bibliothèque royale. Le site est aujourd'hui occupé par une petite pagode bouddhique theravada, appelée pagode Ngoc Huong.

MUSÉES
Musée des Beaux-Arts

Construit en 1845, le superbe bâtiment abritant le **musée des Beaux-Arts** (3 Đ Le Truc ; 22 000 d ; ⊗ 7h-17h) fut restauré en 1923, à la fondation du musée. Sur les murs sont inscrits des poèmes en *nôm* (caractères sinovietnamiens). Malheureusement, les plus belles pièces de la collection furent égarées ou détruites pendant la guerre ; restent des céramiques, des meubles et des costumes royaux qui valent bien la visite.

Notez, à gauche de la salle, une chaise royale à porteurs, un gong et un instrument de musique constitué de pierres suspendues sur deux niveaux. De l'autre côté de la salle est exposé le jeu favori des empereurs : il consistait à faire tomber dans un pot long et étroit un bâton tenu en équilibre sur un socle de bois.

Complexe du musée

Le beau bâtiment situé en face du musée est une ancienne école qui accueillait jadis les princes et les fils des grands mandarins. De nos jours, il abrite une galerie et fait partie du **complexe du musée** (entrée par Đ Le Truc ou Đ 23 Thang 8 ; entrée libre ; ⏱ 7h30-17h ven-mer). Celui-ci rassemble, par le biais d'une association étrange, le **musée de l'Armée**, où figurent les habituelles collections d'armes américaines et soviétiques, et un petit **musée d'Histoire naturelle**.

Musée Ho Chi Minh

Ce **musée** (9 Đ Le Loi) expose une collection de photographies, quelques effets personnels de Ho Chi Minh et des documents relatifs à sa vie politique.

PAGODES ET ÉGLISES
Pagode Bao Quoc

La **pagode Bao Quoc** ("Pagode vouée au pays" ; colline Ham Long), édifiée en 1670 par Giac Phong, un bonze originaire de Chine, fut rénovée pour la dernière fois en 1957. Elle doit son nom actuel à l'empereur Minh Mang, qui l'inaugura en 1824 et y célébra son quarantième anniversaire en 1830. Depuis 1940, elle abrite un séminaire pour moines bouddhistes.

L'autel central du grand sanctuaire renferme trois bouddhas identiques représentant, de gauche à droite, Di Lac, Thich Ca et A Di Da. Derrière ces statues se cache une salle dédiée à la mémoire des moines décédés, dont les tombes sont éparpillées autour du bâtiment. Dans le stupa rouge et gris à trois étages repose le fondateur de la pagode.

Cette pagode trône sur la colline Ham Long, dans le quartier de Phuong Duc. Pour y accéder depuis Đ Le Loi, dirigez-vous vers le sud jusqu'à Đ Dien Bien Phu, puis tournez à droite immédiatement après la voie ferrée.

Pagode Tu Dam

Située 400 m au sud de la précédente, la **pagode Tu Dam** (angle Đ Dien Bien Phu et Đ Tu Dam) se classe parmi les plus célèbres du Vietnam. Reconstruite en 1936, elle ne présente en revanche aucun intérêt architectural.

Fondée en 1695 par Minh Hoang Tu Dung, un bonze chinois, cette pagode reçut son nom actuel de l'empereur Thieu Tri, en 1841. C'est en ce lieu également que, en 1951, l'Association du bouddhisme unifié du Vietnam vit le jour lors d'un grand rassemblement. Haut lieu de la lutte des bouddhistes, au début des années 1960, contre la guerre et le régime de Diem, elle fut en 1968 le théâtre de violents combats dont elle porte encore les stigmates.

À l'heure actuelle, la pagode est le siège de l'Association bouddhiste de la province ; seul un petit groupe de moines y réside encore. Dans le sanctuaire trône un étrange bouddha en bronze, représentant Thich Ca, fondu à Hué en 1966.

À l'est de ce temple se dressent la **pagode Linh Quang** (Đ Tu Dam) et le **tombeau** du savant et révolutionnaire anticolonialiste Phan Boi Chau (1867-1940).

Pagode nationale Dieu De

La **pagode nationale Dieu De** (Quoc Tu Dieu De ; 102 Đ Bach Dang), édifiée sous le règne de l'empereur Thieu Tri (1841-1847), a son entrée le long du canal Dong Ba. Il s'agit de l'une des trois "pagodes nationales" de Hué, jadis parrainées par l'empereur. Dieu De est célèbre pour ses quatre tours basses – une de part et d'autre de la porte, deux flanquant le sanctuaire. Deux de ces tours possèdent une cloche, une troisième abrite un tambour, la quatrième une stèle dédiée au fondateur de la pagode.

Sous le gouvernement Diem (1955-1963) et jusqu'au milieu des années 1960, la pagode nationale Dieu De constitua le bastion de la révolte bouddhiste et estudiantine contre la guerre et le régime en place. En 1966, elle fut prise d'assaut par la police, qui confisqua le matériel radio du mouvement et arrêta un bon nombre de bonzes, de fidèles et d'étudiants.

Les pavillons qui encadrent l'entrée principale abritent les dix-huit La Ha – situés juste en dessous des bodhisattvas dans la hiérarchie bouddhiste – et les huit Kim Cang, protecteurs de Bouddha. Derrière les estrades se tient le bouddha Thich Ca entouré de ses deux assistants, Pho Hien Bo Tat (à sa droite) et Van Thu Bo Tat (à sa gauche).

Autres pagodes

La **pagode Chieu Ung** (Chieu Ung Tu ; face au 138 Ð Chi Lang), qui date du milieu du XIXᵉ siècle, fut élevée par la congrégation chinoise de Hainan à la mémoire des 108 marchands de sa communauté, accusés à tort de piraterie en 1851 et exécutés par les autorités vietnamiennes. Elle fut reconstruite en 1908, mais son sanctuaire a conservé sa décoration d'origine et, malgré les détériorations dont elle fut victime, a fort heureusement été épargnée par les rénovations modernistes qui ont affecté tant de pagodes.

Située dans une allée en face du 80 Ð Nguyen Chi Thanh, la **pagode Tang Quang** (Tang Quang Tu) est la plus grande des trois pagodes theravada de Hué. Fondée en 1957, elle doit la particularité de son architecture au lien historique du bouddhisme theravada avec le Sri Lanka et l'Inde.

Édifiée par la congrégation chinoise de Hainan il y a près d'un siècle, la pagode **Chua Ba** (face au 216 Ð Chi Lang) fut gravement endommagée lors de l'offensive du Têt, puis reconstruite. Sur l'autel central trône Thien Hau Thanh Mau, déesse de la Mer, protectrice des pêcheurs et des marins.

La **pagode Chua Ong** (face au 224 Ð Chi Lang), érigée sous le règne de l'empereur Tu Duc (1848-1883) par la congrégation chinoise locale originaire du Fujian, fut elle aussi sérieusement détériorée, lors de l'offensive du Têt, par l'explosion d'un bateau de munitions dans ses environs. Devant les entrées principales trône un bouddha en or, protégé par une vitrine. L'autel de gauche est dédié à Thien Hau Thanh Mau, représentée avec ses deux auxiliaires – Thien Ly Nhan aux mille yeux et Thuan Phong Nhi à la face rouge, qui entend tout à 1 500 km à la ronde –, tandis que, sur l'autel de droite, se tient une statue de Quan Cong.

Cathédrale Notre-Dame

Cette **cathédrale** (Dong Chua Cuu The ; 80 Ð Nguyen Hue), imposant édifice moderne construit entre 1959 et 1962, allie l'aspect fonctionnel d'une cathédrale européenne à la tradition architecturale vietnamienne, que souligne l'aiguille de forme très asiatique. Elle rassemble aujourd'hui 1 600 fidèles. La messe y est célébrée tlj à 5h et 17h par deux prêtres francophones ; un office supplémentaire se tient le dimanche à 7h. Si la porte principale est fermée, sonnez à la celle du bâtiment jaune voisin.

Cathédrale Phu Cam

Entamée en 1963, la construction de cette **cathédrale** (20 Ð Doan Huu Trinh) fut interrompue en 1975, avant l'achèvement du clocher. Il s'agissait de la huitième église construite sur ce site depuis 1682. Le diocèse de Hué, qui y siège, espère un jour réunir les fonds nécessaires à son achèvement. La messe y est célébrée du lundi au samedi à 5h et 18h45 ainsi que le dimanche à 5h, 7h, 14h et 19h.

COLLÈGE NATIONAL

Le **collège national** (Quoc Hoc ; 10 Ð Le Loi ; ☾ après 15h) est l'un des établissements secondaires les plus prestigieux du Vietnam. C'est Ngo Dinh Kha, père du président sud-vietnamien Ngo Dinh Diem, qui le fonda en 1896 et en fut longtemps le directeur. De nombreuses personnalités, du Nord comme du Sud, le fréquentèrent avant de faire carrière : citons notamment le général Vo Nguyen Giap, stratège émérite de la victoire de Dien Bien Phu, qui servit le Nord-Vietnam de très longues années en qualité de vice-Premier ministre, ministre de la Défense et commandant en chef ; Pham Van Dong, Premier ministre nord-vietnamien pendant plus d'un quart de siècle ; Do Muoi, secrétaire général et ancien Premier ministre ; Ho Chi Minh, qui y fit de brèves études en 1908.

Des travaux de rénovation de très grande ampleur ont été entrepris en 1996 à l'occasion du centenaire de l'établissement. Une statue y a été érigée à la mémoire de Ho Chi Minh. On ne peut visiter le collège national qu'une fois les cours terminés, à partir de 15h environ.

PONT THANH TOAN

Si vous ne connaissez pas le célèbre pont japonais de Hoi An ou si vous aimez sortir des sentiers battus, allez admirer le pont Thanh Toan, une passerelle couverte située à quelque 7 km à l'est du centre de Hué, d'un style architectural très proche de celle de Hoi An.

Le mieux est de s'y rendre à moto ou à vélo, en suivant Đ Ba Trieu sur quelques centaines de mètres vers le nord jusqu'à un panneau indiquant le Citadel Hotel, puis en tournant à droite : sur 6 km, le long d'un sentier cahoteux, vous traverserez plusieurs villages, rizières et pagodes avant d'atteindre le pont.

Où se loger
PETIT BUDGET
Partie est de Đ Le Loi

Vous trouverez sans problèmes une chambre sommaire et bon marché près de la rivière des Parfums, dans la petite ruelle donnant dans Đ Le Loi entre Đ Pham Ngu Lao et Đ Chu Van An. Nombre de ces hôtels enverront une voiture vous chercher à l'aéroport si vous réservez à l'avance.

Guesthouse Hoang Huong (☎ 828 509 ; 46/2 Đ Le Loi ; dort $US2,50 $US, ch 3,50-6 $US ; ✉). Logée dans un minuscule bâtiment, cette pension propose les seuls dortoirs existants en ville ; elle affiche d'ailleurs généralement complet.

Mimosa Guesthouse (☎ 828 068 ; fax 823 858 ; 46/6 Đ Le Loi ; ch 3-8 $US ; ✉). Une bonne adresse, tenue par par M. Tran Van Hoang, ancien professeur de français et auteur de plusieurs ouvrages dans cette langue. L'endroit est à la fois calme et convivial. Réservation recommandée.

Thanh Thuy's Guesthouse (☎ 824 585 ; thanhthuy66@dng.vnn.vn ; 46/4 Đ Le Loi ; ch 4-7 $US ; ✉). Petit établissement familial de 6 chambres, dont les plus chères possèdent un balcon.

Phuong Hoang Hotel (Phoenix Hotel ; ☎ 826 736 ; phoenixhotel@dng.vnn.vn ; 48/3 Đ Le Loi ; ch 10-20 $US ; ✉). Plus confortable que ses voisins, il loue de grandes chambres avec TV sat. et baignoire. Le petit restaurant est très fréquenté.

A Dong Hotel (☎ 824 148 ; adongcoltd@dng.vnn. vn ; 18 Đ Chu Van An ; s 6-8 $US, d 8-15 $US ; ✉). Hôtel fiable abritant des chambres plus confortables que celles des pensions. Le tarif des doubles comprend le petit déj.

A Dong II Hotel (☎ 822 765 ; 7 Đ Doi Cung ; ch 8-20 $US ; ✉). Un peu plus confortable encore que le précédent.

Guesthouse Van Xuan (☎ 826 567 ; 10 Đ Pham Ngu Lao ; s/d 5/7 $US ; ✉). Excellente adresse familiale pour petits budgets, dans un bâtiment

discret doté de grandes vérandas aérées. Eau chaude et TV sat.

Également recommandés :

An Phuoc Hotel (☎ 824 925 ; fax 826 090 ; 26 Đ Pham Ngu Lao ; s/d/t 10/12/15 $US ; ✉). Ambiance sympathique et détendue ; chambres équipées de TV, réfrig. et eau chaude.

Minh Hien Hotel (☎ 828 725 ; 3 Đ Chu Van An ; ch 10-15 $US, avec petit déj ; ✉). Nouvelle adresse coquette.

Quartier de Đ Hung Vuong

D'autres hôtels bon marché sont regroupés autour de l'intersection de Đ Nguyen Tri Phuong et Đ Hung Vuong.

Binh Duong Hotel II (☎ 833 298 ; 8 Ngo Gia Tu ; ch 7-15 $US ; ✉ 🖵). À proximité de la poste, cet hôtel est un choix possible au cas où le premier Binh Duong (de catégorie moyenne) afficherait complet.

Hai Dang Hotel (☎ 824 755 ; 43 Đ Hung Vuong ; s/d 8/10 $US ; ✉). Excellent rapport qualité/prix : dans ce lieu convivial, toutes les chambres comportent TV, tél., réfrig. et baignoire avec eau chaude.

Citons aussi :

Huong Vuong Inn (☎ 821 068 ; fax 827 899 ; 20 Đ Hung Vuong ; ch 7-9 $US ; ✉). Nouvelle pension de bonne qualité. Une petite boulangerie occupe le rez-de-chaussée.

Saigon Hotel (☎ 821 007 ; fax 821 009 ; 32b Đ Hung Vuong ; ch 10-15 $US, avec petit déj ; ✉). Grandes chambres bien tenues.

Autres quartiers

Le Loi Hué Hotel (Khach San Le Loi ; ☎ 822 153 ; fax 824 527 ; 2 Đ Le Loi ; ch 5-20 $US ; ✉ 🖵). Cette énorme bâtisse de 172 chambres connaît un succès fou auprès des voyageurs au budget limité : chambres convenables – même les moins chères, quoique minuscules et décrépites, font l'affaire –, emplacement à 100 m de la gare ferroviaire, et prestations correctes (TV sat., accès Internet, service efficace de réservation de voitures, taxis et circuits).

CATÉGORIE MOYENNE
Rive nord

Thanh Noi Hotel (☎ 522 478 ; thanhnoi@dng.vnn. vn ; 57 Đ Dang Dung ; ch 20-30 $US ; ✉ 🖵 📺). Cet établissement très couru (en passe de se rebaptiser Imperial Hué), qui domine la Citadelle, jouit d'un cadre idéal, calme et ombragé. Il possède son propre restaurant, un grand parking et une bonne piscine. Les chambres possèdent TV sat., réfrig. et eau chaude. Entrez par Đ Doan Thi Diem.

Rive sud
Binh Minh Hotel (☎ 825 526 ; binhminhhue@dng.vnn. vn ; 12 Đ Nguyen Tri Phuong ; ch 12-25 $US ; 🅇 🖵). Un agréable hôtel familial, très bien noté par les voyageurs. Vous y trouverez un vaste choix de chambres, équipées de baignoires et de grands balcons. Il possède un ascenseur.

Binh Minh 2 (☎ 849 007 ; 45 Đ Ben Nghe ; ch 12-25 $US). Annexe de l'établissement précédent.

Ngoc Huong Hotel (☎ 830 111 ; www.ngochuonghotels.com ; 32b Đ Hung Vuong ; ch 25-80 $US ; 🅇). Très bien situé, ce charmant hôtel loue de vastes chambres, avec tout le confort imaginable et met également à disposition un Jacuzzi et un sauna.

Duy Tan Hotel (☎ 825 001 ; nkduytan@dng.vnn. vn ; 12 Đ Hung Vuong ; ch 10-25 $US ; 🅇 🖵). Hôtel très central aux tarifs raisonnables. Les chambres les plus chères sont spacieuses, claires et agrémentées d'un balcon. Grand parking en prime.

Thai Binh Hotel (☎ 828 058 ; ksthaibinh@dng.vnn. vn ; 10/9 Đ Nguyen Tri Phuong ; ch 6-30 $US ; 🅇 🖵). En face de Binh Duong Hotel, cette adresse très recherchée se divise en deux parties : la plus ancienne, à l'arrière, dispose de chambres plus calmes et moins chères. Accès par ascenseur. Connexions Internet possibles dans le hall.

L'Indochine Hotel (Dong Duong Hotel ; ☎ 823 866 ; indochine-hotel@dng.vnn.vn ; 2 Đ Hung Vuong ; ch 10-30 $US ; 🅇 🖵). Tous les voyageurs trouveront leur bonheur dans cet hôtel, pourvu d'un ascenseur : ses chambres standard, supérieures et de luxe sont entièrement équipées. Même les chambres pour petits budgets ont la clim. et l'eau chaude.

Binh Duong Hotel (☎ /fax 833 298 ; binhduong1@dng.vnn.vn ; 10/4 Đ Nguyen Tri Phuong ; ch 5-30 $US ; 🅇). Derrière une façade étroite se cache un dédale de 24 chambres, généralement prises d'assaut par les routards japonais. Propres et d'un bon rapport qualité/prix, elles comportent toutes TV sat. et eau chaude.

Thuan Hoa Hotel (☎ 822 553 ; t_hoahtl@dng.vnn. vn ; 7 Đ Nguyen Tri Phuong ; ch 25-50 $US ; 🅇). Dans cet hôtel à l'allure de grande banque, les chambres à 25 $US sont une bonne option, avec leur équipement moderne et leur mobilier tout neuf.

5 Le Loi Hotel (☎ 822 155 ; 5leloihotel@dng.vnn.vn ; 5 Đ Le Loi ; ch 30-60 $US ; 🅇). Un établissement installé dans une imposante villa ancienne, au cœur de jardins verdoyants, offrant un beau panorama sur le fleuve. Lors de notre visite, il s'apprêtait à fermer pour rénovation ; il sera peut-être plus cher et plus luxueux à sa réouverture.

Tentez également les adresses suivantes :
Phu Xuan Hotel (☎ 823 278 ; pxhotel@dng.vnn.vn ; 9 Đ Ngo Quyen ; ch 12-30 $US ; 🅇). Ayant récemment déménagé sur la rive sud, il possède dorénavant un emplacement central et agréable.

Thanh Lich Hotel (☎ 825 973 ; thanhlichks@dng.vnn. vn ; 33 Đ Hai Ba Trung ; ch 20-30 $US ; 🅇). Établissement élégant, assez excentré.

CATÉGORIE SUPÉRIEURE
Hotel Saigon Morin (☎ 823 526 ; sgmorin@dng. vnn.vn ; 30 Đ Le Loi ; ch 50-100 $US ; 🅇 🖵 🅡). Ce luxueux hôtel historique occupe tout un pâté de maisons sur la rive sud du fleuve. Il offre tout le confort d'un quatre-étoiles, ainsi que trois restaurants, un ravissant café avec terrasse (aux tarifs raisonnables) et une piscine en forme de calebasse. Un 4e étage a été ajouté pour faire face à la demande.

Century Riverside Hotel (☎ 823 390 ; cenhotvn@dng.vnn.vn ; 49 Đ Le Loi ; ch 50-170 $US ; 🅇 🖵 🅡). Cet immense hôtel se dresse sur la berge de la rivière des Parfums. Le luxe se paie mais les réductions de 30% n'y sont pas rares, surtout hors saison. L'accès à la piscine revient à 5 $US par jour.

Huong Giang Hotel (☎ 822 122 ; hghotel@dng. vnn.vn ; 51 Đ Le Loi ; ch 50-180 $US ; 🅇 🖵 🅡). Ce clone du Century Riverside renferme des chambres luxueuses ornées de boiseries. La terrasse donnant sur le fleuve est charmante ; la piscine panoramique est accessible aux non-résidents (3 $US).

Où se restaurer
Réputée pour sa gastronomie, Hué a lancé nombre de tendances au chapitre des saveurs nationales. Les cuisiniers de cette ancienne capitale impériale entretiennent en effet la réputation de la table de la dynastie Nguyen. Voir aussi le chapitre *Saveurs du Vietnam* (p. 64).

RIVE NORD
Lac Thanh Restaurant (☎ 524 674 ; 6A Đ Dinh Tien Hoang ; plats 7 000-20 000 đ). Les touristes qui s'aventurent de ce côté du fleuve apprécient

cet établissement légèrement délabré tenu par le sympathique M. Lac, qui communique par le langage des signes. Le Lac Thanh occupe 4 étages et permet de dîner en terrasse.

Lac Thien Restaurant (☎ 527 348 ; 6B Đ Dinh Tien Hoang). Copie conforme du précédent et même atmosphère enjouée. Les employés, tous sourds, préparent une cuisine savoureuse.

Lac Thuan (☎ 531 362 ; 6 Đ Dinh Tien Hoang). Dans la plus pure tradition vietnamienne, voici un troisième jumeau, situé juste de l'autre côté du Lac Thanh.

Tinh Gia Vien (☎ 522 243 ; 20/3 Đ Le Thanh Ton ; menus 10-15 $US). Dans son agréable jardin, ce restaurant a adopté le style traditionnel de la cour impériale de Hué. La présentation artistique surpasse les saveurs. L'établissement est souvent pris d'assaut par les groupes.

Y Thao Garden (☎ 523 018 ; hoacuchue@dng.vnn. vn ; 3 Đ Thach Han ; menus 7-10 $US). Une enseigne plus plaisante à l'intérieur de la citadelle, occupant une maison privée meublée d'antiquités. Menus superbement présentés, reproduisant ceux de la cour royale. Réservation indispensable.

Les plus téméraires se rendront au **marché Dong Ba** (Đ Tran Hung Dao ; ☾ 6h-18h) où les plats, frais et savoureux, sont presque donnés. Seul désagrément : les chaises sont parfois peu confortables – lorsque chaise il y a !

RIVE SUD

Les cafés bordant Đ Hung Vuong se prêtent parfaitement aux rencontres.

Mandarin Café (☎ 821 281 ; mandarin@dnq.vnn.vn ; 12 Đ Hung Vuong ; plats 5 000-50 000 d ; ☾ 6h30-22h30). Très prisé des voyageurs, le Mandarin a récemment déménagé un peu plus bas dans la même rue pour céder la place à un hôtel cinq-étoiles. Le propriétaire, l'affable M. Cu, parle français et donne de fort judicieux conseils. Autre point fort, il ne cesse d'améliorer ses prestations.

Minh & Coco Mini Restaurant (☎ 821 822 ; 1 Đ Hung Vuong ; plats 10 000-30 000 d ; ☾ 6h30-tard). Tenu par deux sœurs dynamiques, ce minuscule restaurant jouit d'une réputation de plus en plus élogieuse pour sa cuisine bon marché et son ambiance joyeuse.

Xuan Trang Cafeteria (☎ 832 480 ; 14A Đ Hung Vuong ; plats 10 000-30 000 d). Cuisine copieuse et bon marché, avec un grand choix de plats végétariens.

Phuong Nam Café (☎ 827 037 ; 5 Đ Hung Vuong ; plats 10 000-30 000 d). Cette enseigne proclame avoir été "élue meilleur restaurant de Hué par les voyageurs étrangers". Un tantinet présomptueux, peut-être ? Dans tous les cas, elle est toujours prise d'assaut et propose une cuisine peu coûteuse et savoureuse.

Stop & Go Café (☎ 889 106 ; 4 Đ Ben Nghe ; plats 10 000-70 000 d). M. Do, peintre aux cheveux argentés, a su apporter une atmosphère bohème à ce café, qui dispose d'une salle en terrasse. Les spécialités maison sont le *banh khoai* (délicieuse galette de riz salée) et le *nem lui* (brochette grillée à rouler soi-même, puis à tremper dans une sauce aux cacahuètes). Les plats de viande et de poisson sont peu chers. Le lieu est également parfait pour siroter une bière.

Tropical Garden Restaurant (☎ 847 143 ; 27 Đ Chu Van An ; plats 30 000-80 000 d ; ☾ à partir de 18h30). Cette table très prisée propose un service à l'intérieur, dans un joli bâtiment, et en extérieur dans un charmant jardin. Vous sont proposées ici des spécialités du Centre et de bons spectacles de musique traditionnelle (tous les soirs à partir de 19h).

Club Garden (☎ 826 327 ; 8 Đ Vo Thi Sau ; plats 30 000-80 000 d ; ☾ à partir de 18h30). Le succès du Tropical Garden était tel que les propriétaires ont ouvert ce second établissement, qui sert les mêmes mets.

Song Huong Floating Restaurant (☎ 823 738 ; plats 20 000-50 000 d ; ☾ 8h-21h). Bien situé au bord de la rivière des Parfums, au nord du pont Trang Tien, ce restaurant sert des plats corrects et offre un cadre agréable.

Tinh Tam (☎ 823 572 ; 12 Đ Chu Van An ; plats 10 000-25 000 d). À la carte, des plats d'ersatz de viande, tels la "biche" au poivre noir et à la citronnelle et le "thon" à la tomate. Même les carnivores endurcis se régaleront.

Dong Tam (☎ 828 403 ; 48/7 Đ Le Loi ; menu déjeuner ou dîner 25 000 d). Ce restaurant situé dans un jardin, au fond d'une étroite ruelle, prépare à prix modiques la meilleure cuisine végétarienne de la ville.

Si vous vous lassez de la cuisine locale, testez l'un des restaurants français, italiens ou indiens qui se trouvent sur cette rive.

La Carambole (☎ 810 491 ; 19 Đ Pham Ngu Lao ; repas 25 000-75 000 d). Un décor extravagant et un grand choix de plats à la française, notamment des steaks et des grillades. À la carte figurent également des mets vietnamiens, du poisson et des fruits de mer, ainsi qu'un bon choix de vins.

Little Italy (☎ 826 928 ; 2A Ð Vo Thi Sau ; pâtes 35 000 d, pizzas 45 000 d). Dans ce bâtiment peu attrayant, datant de l'époque soviétique, sont préparées les meilleures pizzas et pâtes de Hué.

Omar Khayyam's Indian Restaurant (☎ 821 616 ; 10 Ð Nguyen Tri Phuong ; curries 30 000-60 000 d). Omar Khayyam est en passe de devenir la chaîne nationale de restaurants indiens. L'ambiance laisse un peu à désirer, mais les saveurs sont incomparables ; les amateurs ne seront pas déçus.

Vous trouverez un **café** (2 Ð Le Loi ; plats 10 000-30 000 d) au Le Loi Hué Hotel. Son vis-à-vis, le **Café 3 Le Loi** (☎ 824 514 ; plats 7000-20 000 d), sert également de bons plats. Ils sont tous deux proches de la gare, ce qui en fait l'endroit idéal pour une collation avant de prendre le train.

La cuisine végétarienne est ici une vieille tradition. Les étals des **marchés** (plats 5000-10 000 d) en proposent les 1ᵉʳ et 15ᵉ jours du mois lunaire. Des plats végétariens figurent sur la plupart des cartes, généralement à base de "viande de soja".

Où prendre un verre

DMZ Bar & Cafe (44 Ð Le Loi). Grand favori des sorties nocturnes : bonne ambiance, musique, bière et billard.

Café on Thu Wheels (☎ 832 241 ; 1/2 Ð Nguyen Tri Phuong). Bar minuscule marqué par la forte personnalité de Thu, son propriétaire.

B4 Bar-Café (75 Ð Ben Nghe). Tenu par des Belges, ce bar fait forcément la part belle aux bières ; goûtez la délicieuse pression Huda. Quantité de jeux, un billard (gratuit), grand choix de musiques.

Bar Why Not? (☎ 824 793 ; 21 Ð Vo Thi Sau). Les voyageurs fatigués trouveront ici des cocktails classiques et une grande sélection de bières – sans oublier le billard.

Achats

Hué est réputée pour ses chapeaux coniques, sans doute les mieux réalisés du Vietnam. Sa spécialité est le "chapeau poétique" qui, placé à contre-jour, laisse apparaître en ombres chinoises des scènes de la vie quotidienne.

Parmi les autres objets artisanaux locaux, citons les magnifiques papiers de riz et les peintures sur soie.

Sachez que les commerçants gonflent généralement les prix jusqu'à quatre fois leur valeur réelle.

Marché Dong Ba (Ð Tran Hung Dao ; ⊙ 6h-18h). Ce marché installé sur la rive nord de la rivière des Parfums, un peu au nord du pont Trang Tien, est le plus important de Hué. On y trouve absolument tout. Il a été reconstruit en 1986, après le passage d'un typhon.

Depuis/vers Hué

AVION

L'agence de **Vietnam Airlines** (☎ 823 249 ; 12 Ð Hanoi ; ⊙ 7h-11h et 13h30-17h lun-sam) s'occupe des réservations. Plusieurs vols quotidiens relient Hué à Hanoi et à HCMV. Consultez les horaires sur le site www.vietnamairlines. com.vn.

BUS

Hué possède trois gares routières principales. La **gare routière d'An Cuu** (Ð Hung Vuong), derrière le garage Mobil, dessert les localités situées plus au sud. Pour Danang, des bus publics (22 000 d, 3 heures) en partent toutes les demi-heures entre 6h et 16h30.

Pour Savannakhet, le service de bus international (15 $US, 13 heures, départ tlj à 6h ou 18h) passe la frontière à Lao Bao.

La **gare routière d'An Hoa** (RN 1) se situe au nord-ouest de la citadelle. Ses bus desservent les villes du Nord, notamment Dong Ha (14 000 d, 1 heure 30) et Hanoi (75 000 d, environ 14 heures).

La **gare routière de Dong Ba** (Ð Tran Hung Dao), à côté du marché Dong Ba, est réservée aux destinations locales.

VOITURE ET MOTO

Une voiture avec chauffeur vous reviendra au minimum à 25 $US/jour. Sans chauffeur, comptez environ 5 $US.

Danang est à 108 km de Hué, Dong Ha à 72 km, Hanoi à 689 km, HCMV à 1 097 km et Lao Bao à 152 km.

MINIBUS

Les compagnies de minibus ont fait de Hué l'une de leurs principales destinations touristiques. De nombreux voyageurs effectuent le trajet Hué-Hoi An (2 $US), qui marque un arrêt à Danang.

Les billets s'achètent dans certains hôtels et pensions ainsi qu'au bureau de réservation – le personnel vous indiquera votre point de

LA PAGODE THIEN MU

Au début des années 1960, la pagode Thien Mu se transforma en foyer d'émeutes antigouvernementales. Curieusement, elle fut également le théâtre de protestations anticommunistes dans les années 1980, lorsqu'un meurtre fut commis à ses abords : des manifestants fermèrent alors le pont Phu Xuan à la circulation, des bonzes furent arrêtés et accusés de perturber la circulation et l'ordre public. Aujourd'hui, la pagode coule des jours plus paisibles, hébergeant un petit groupe de moines, de religieuses et de novices.

Derrière le grand sanctuaire se tient l'Austin dans laquelle le bonze Thich Quang Duc se rendit à Saigon, en 1963, dans le but de s'y immoler publiquement en signe de protestation contre la politique du président Ngo Dinh Diem. Les journaux du monde entier publièrent la photo de son sacrifice, qui donna ensuite lieu à une vague d'immolations volontaires. Un grand nombre d'Occidentaux furent moins choqués par ces actions que par la réaction de la belle-sœur du président Diem (Tran Le Xuan, ou Mme Nhu), qui qualifia gaiement ces immolations de "barbecue party", ajoutant : "Laissons-les brûler, et applaudissons". Ces déclarations ne firent qu'amplifier le ressentiment populaire à l'égard du régime Diem. Mme Nhu reçut le surnom de "papillon de fer" et de "femme-dragon" dans la presse américaine. Au mois de novembre, le président Diem fut assassiné par ses forces armées, de même que son frère Ngo Dinh Nhu, l'époux de Mme Nhu, laquelle se trouvait alors à l'étranger.

La mémoire de Thich Quang Duc (Dai Ky Niem Thuong Toa Thich Quang Duc) est honorée par un monument proche de la pagode Xa Loi, à Ho Chi Minh-Ville, à l'intersection de Đ Nguyen Dinh Chieu et de Đ Cach Mang Thang Tam.

rendez-vous. Il existe deux départs quotidiens (8h et 13h), que ce soit de Hué ou de Hoi An. Le minibus fait généralement une halte à la plage de Lang Co et au col de Hai Van.

TRAIN

Hué est desservie par l'*Express de la Réunification*. Pour plus de détails sur les tarifs et les horaires, voir p. 493.

La **gare** (☎ 822 175 ; guichet ⏱ 7h30-17h) se dresse sur la rive sud, à l'extrémité sud-ouest de Đ Le Loi.

Comment circuler

DEPUIS/VERS L'AÉROPORT

L'aéroport de Phu Bai, à 14 km du sud du centre-ville, était autrefois une base aérienne américaine. Le tarif de la course en taxi revient généralement à 8 $US. Les taxis collectifs ne coûtent que 2 $US ; renseignez-vous auprès des hôtels. Les minibus de **Vietnam Airlines** (☎ 823 249 ; 12 Đ Hanoi ; ⏱ /h-11h et 13h30-17h lun-sam) desservent l'aéroport depuis l'agence, avec des départs 2 heures environ avant chaque vol (billet 20 000 d).

BATEAU

Les promenades en bateau sur la rivière des Parfums, incontournables, permettent d'aller admirer la pagode Thien Mu et les tombeaux de Tu Duc, Thieu Tri, Minh Mang (voir l'encadré *Tombeaux impériaux* p. 218). Les hôtels et les cafés pour voyageurs peuvent se charger des réservations. Les tarifs sont très bas (1-2 $US/personne) et comprennent le déjeuner (mais pas les frais d'entrée). La promenade dure environ 6 heures (généralement de 8h à 14h).

Un grand nombre de sites touristiques des alentours de Hué, comme la plage de Thuan An, la pagode Thien Mu et plusieurs tombeaux royaux, sont accessibles par le fleuve. La location d'un bateau revient à 60 000 d/heure ou à 150 000 d/demi-journée, avec la visite d'un ou de plusieurs sites. Renseignez-vous directement aux quatre grands pontons d'amarrage : vous paierez ainsi sûrement moins cher et pourrez choisir votre itinéraire.

BICYCLETTE

Si la circulation ne vous fait pas peur, le vélo permet de visiter Hué et les tombeaux les plus proches de manière agréable. De nombreux hôtels louent des bicyclettes environ 1 $US/jour.

CYCLO ET MOTO

Il est fréquent, à Hué, de voir plusieurs chauffeurs de moto et de cyclo criant "bonjour, cyclo" ou "bonjour, moto" – et un étranger obligé de répéter indéfiniment son refus. Le tarif usuel pour ces deux types de transport est de 10 000 d/km.

Les motos, sans chauffeur, se louent dans certains hôtels, pensions et restaurants. Prévoyez 50 000 d à 70 000 d/jour.

Pour des excursions à moto dans les environs de Hué, rendez-vous au **Cafe On Thu Wheels** (☎ 832 241 ; 1/2 Đ Nguyen Tri Phuong).

TAXIS

Hué compte plusieurs compagnies, parmi lesquelles :

Co Do Taxi (☎ 830 830)
Gili (☎ 828 282)
Mai Linh (☎ 898 989)
Thanh Do (☎ 858 585)

ENVIRONS DE HUÉ
Pagode Thien Mu

Édifiée sur une colline dominant la rivière des Parfums, à 4 km au sud-ouest de la citadelle, cette **pagode** (entrée libre) est l'un des emblèmes du Vietnam. Construite en 1844 sous le règne de l'empereur Thieu Tri, Thap Phuoc Duyen, la tour octogonale de 21 m de hauteur est devenue aussi le symbole officieux de Hué. Chacun des sept étages qui la composent est dédié à un *manushi-buddha*, un bouddha qui apparaissait sous une forme humaine.

La pagode Thien Mu fut fondée en 1601 par le seigneur Nguyen Hoang, gouverneur de la province de Thuan Hoa. Selon la légende, une fée (Thien Mu) vint annoncer à la population locale l'arrivée d'un seigneur dans le but de construire une pagode pour la prospérité du pays. Entendant ces mots, Nguyen Hoang fit alors édifier un temple à cet emplacement. Au fil des siècles, la pagode Thien Mu fut plusieurs fois détruite et reconstruite. Dans les années 1960 et 1980, elle est devenue un foyer de manifestations antigouvernementales – lire l'encadré p. 215.

Dans le pavillon qui se trouve à droite de la tour, vous pourrez admirer une stèle de 1715 surmontant une tortue en marbre, symbole de longévité. À gauche de la tour se dresse un second pavillon hexagonal abritant une gigantesque cloche de 2 052 tonnes coulée en 1710, nommée Dai Hong Chung : on dit qu'elle s'entend à 10 km à la ronde. Dans la vitrine du sanctuaire principal, derrière le Bouddha rieur, trois statues représentent A Di Da, le Bouddha du passé, Thich Ca

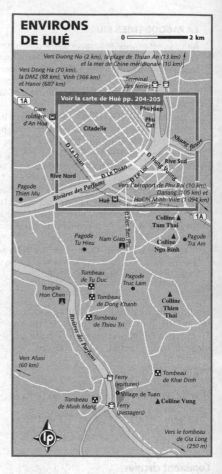

(Sakyamuni), le Bouddha historique, et Di Lac, le Bouddha de l'avenir.

S'y rendre à bicyclette représente une belle promenade. Longez Đ Tran Hung Dao (qui borde la rivière des Parfums) en direction du sud-ouest, puis Đ Le Duan après le pont Phu Xuan ; traversez ensuite la voie ferrée et suivez Đ Kim Long. On peut également venir à Thien Mu en barque. La visite de la pagode est incluse dans la plupart des circuits.

Village de Duong No

La visite de ce village paisible, agréable excursion au départ de Hué, permet de découvrir la jolie petite **maison de Ho Chi Minh** (Nha Bac Ho ; entrée libre), très bien conservée, où

Oncle Ho vécut de 1898 à 1900. Continuez le long de la rivière sur quelques mètres jusqu'à **Ben Da** ; les marches conduisent à l'endroit où se baignait l'ancien dirigeant. Après un joli pont, situé 300 m plus loin, se dresse un **Am Ba** (temple de l'Esprit féminin). Le sanctuaire, orné de mosaïques murales, est assez délabré, mais le lieu est calme et propice à la contemplation.

Situé 6 km au nord-est de Hué, Duong No est aisément accessible à vélo ou à moto. Repérez une petite pancarte en bois sur la gauche, au niveau d'un pont proche de la route principale ; traversez ce pont et tournez tout de suite à droite. La maison de Ho Chi Minh se trouve à quelques centaines de mètres de là, au bord de la rivière. Vous pouvez faire une belle boucle en suivant le sentier derrière la demeure. Au bout du chemin, vous parviendrez à une route ; prenez à gauche et poursuivez sur environ 2 km, en passant par un charmant village campagnard. Puis bifurquez de nouveau à gauche pour revenir vers le pont, sur la route principale.

De Thuan An à Vinh Hien

Proche de l'embouchure de la rivière des Parfums, à 15 km au nord-est de Hué, la plage de Thuan An s'ouvre sur un splendide lagon, à la pointe d'une île longue et étroite. La plage se prête à de belles promenades, dans un cadre assez préservé, malgré la présence de quelques kiosques. De septembre à avril, la mer est généralement trop agitée pour s'y baigner.

Le site est relié au continent par un petit pont. Derrière la plage, une route pittoresque de 50 km (la RN 49, mais le numéro n'est pas indiqué) s'étire sur toute la longueur de l'île (dont le nom ne figure sur aucune carte), de Thuan An à Vinh Hien. Cette belle excursion d'une journée au départ de Hué, à moto ou en voiture, constitue aussi une autre possibilité d'itinéraire vers/depuis Hué pour ceux qui longent la côte à moto ou à vélo.

En venant de Thuan An, l'île est étroite et la route longe le lagon avec, d'un côté, l'océan, de l'autre, les pêcheurs. On croise ici plusieurs villages où les habitations côtoient d'énormes jarres de nuoc mam. De vastes jardins potagers surélevés s'étendent à perte de vue. Mais le paysage le plus extraordinaire est celui des milliers de

tombeaux et de temples familiaux, à la fois spacieux, opulents et colorés, qui bordent le rivage. Les Vietnamiens appellent cet endroit la "cité des tombeaux" ; les familles rivalisent d'ingéniosité pour offrir le plus beau monument à leurs ancêtres. Cette île a vu l'exode de nombreux *boat people*, et ce sont aujourd'hui les Vietnamiens d'outre-mer qui financent la construction de ces étonnants édifices.

DEPUIS/VERS L'ÎLE

Trois possibilités s'offrent aux visiteurs désirant emprunter cette route : deux pour les excursionnistes de Hué et une pour les voyageurs de passage.

En une journée, vous pouvez, bien entendu, aller le plus loin possible, avant de revenir jusqu'à Thuan An, ou encore vous rendre à Vinh Tanh, à mi-parcours, puis tourner à droite jusqu'à un embarcadère. Un ferry fait la navette jusqu'à 16h environ avec le continent, où il s'amarre à 13 km de la RN 1, au sud de l'aéroport de Phu Bai ; la traversée (20 min) coûte 5 000 d pour les motos et 30 000 d pour les voitures.

Les voyageurs de passage – uniquement ceux qui circulent à moto ou à vélo – peuvent continuer jusqu'à Vinh Hien et, de là, prendre un bateau public jusqu'à Cau Hai, sur le continent, près de la route d'accès du parc national de Bach Ma. La traversée dure environ 1 heure et revient à 5 000 d pour une moto et deux passagers.

La circulation des bateaux dépend des conditions météorologiques : par mauvais temps, vous pouvez être contraint de rebrousser chemin.

Tombeaux impériaux

Les **tombeaux** (🕐 6h30-17h30, en hiver 7h-17h) de la dynastie des Nguyen (1802-1945) sont de somptueux mausolées : ils sont disséminés sur plusieurs kilomètres au sud de Hué, le long de la rivière des Parfums.

TEMPLE DE NAM GIAO

Le **temple de Nam Giao** (temple du Ciel ; entrée libre) constituait autrefois le principal lieu de culte du Vietnam. C'est là que, tous les trois ans, l'empereur procédait à des sacrifices hautement élaborés en hommage au tout-puissant empereur du Ciel (Thuong De). L'esplanade supérieure, qui symbolise le

LES TOMBEAUX IMPÉRIAUX DE HUÉ

Si chacun des mausolées se caractérise par une structure et une architecture propres, la plupart d'entre eux se composent de cinq parties :

■ un pavillon abritant une stèle de marbre, sur laquelle sont gravés les accomplissements, les exploits et les vertus de feu l'empereur. Ces épitaphes étaient généralement rédigées par le successeur du défunt (excepté celle de Tu Duc, qui choisit de l'écrire lui-même) ;

■ un temple dédié à l'empereur et à l'impératrice. Sur chacun des autels reposaient les tablettes mortuaires du défunt. En face, sur une estrade, étaient disposés les objets de la vie quotidienne du souverain (plateau à thé, nécessaire à bétel et étui à cigarettes, notamment) ;

■ le tombeau de l'empereur, généralement installé dans une enceinte carrée ou circulaire ;

■ une cour d'honneur, pavée de briques marron *bat trang*, et flanquée de statues de pierre représentant des éléphants, des chevaux, des mandarins civils et militaires. Les mandarins civils portent un chapeau carré et tiennent dans la main un sceptre d'ivoire, symbole de leur autorité ; les mandarins militaires arborent quant à eux un couvre-chef rond et un sabre ;

■ un étang recouvert de fleurs de lotus, entouré de frangipaniers et de pins.

Presque tous les empereurs Nguyen firent édifier leur tombeau de leur vivant, généralement en le protégeant par un mur. Un grand nombre des trésors déposés dans ces sépultures ont disparu au cours des guerres successives.

Ciel, est ronde ; la terrasse intermédiaire, qui représente la Terre, est carrée, de même que l'esplanade inférieure.

Après la réunification du pays, les autorités régionales érigèrent, à l'endroit même où se tenait autrefois l'autel des sacrifices, un obélisque à la mémoire des soldats tués pendant la guerre menée contre le gouvernement du Sud-Vietnam et les Américains ; cependant, le monument se heurta à une telle opposition publique qu'il fut démoli en 1993. Nam Giao n'a pas été restauré et tombe actuellement en ruine.

TOMBEAU DE TU DUC

Le majestueux et paisible **tombeau de l'empereur Tu Duc** (55 000 d), édifié entre 1864 et 1867, trône au milieu des frangipaniers et des pins. Tu Duc vécut et fut enterré dans ce monument harmonieux qu'il avait dessiné lui-même : la dépense fut énorme et des ouvriers enrôlés de force. S'ensuivit un complot contre l'empereur, qui fut découvert et réprimé en 1866.

Tu Duc, dont le règne fut le plus long de toute la dynastie des Nguyen (1848-1883), vivait dans un luxe démesuré. Malgré ses 104 épouses et ses innombrables concubines, il ne laissa aucune descendance, probablement parce qu'il était devenu stérile après avoir contracté la petite vérole.

Protégé par un mur octogonal épais, le tombeau est accessible au sud-est *via* la porte Vu Khiem. Une allée pavée de briques *bat trang* mène à l'embarcadère Du Khiem, situé sur la rive du lac Luu Khiem ; Tu Duc venait chasser le petit gibier sur l'île Tinh Khiem, sur la droite du lac. À l'opposé se dressent les colonnes du pavillon Xung Khiem, où l'empereur venait composer et réciter des poèmes, accompagné de ses concubines. Construit sur pilotis, le pavillon fut rénové en 1986.

De l'embarcadère Du Khiem, traversez la cour Khiem Cung, puis gravissez quelques marches pour passer la porte Khiem Cung, avant de pénétrer dans le temple Hoa Khiem, dédié au culte de l'empereur et de l'impératrice Hoang Le Thien Anh. De son vivant, le souverain séjournait dans le temple lors de ses longues visites sur le chantier.

Ce temple abrite un grand nombre d'objets intéressants : parmi ceux-ci figurent un miroir ayant appartenu aux concubines, une pendule et des présents offerts à l'empereur par les Français, les tablettes funéraires des époux impériaux et deux trônes – celui de la souveraine était le plus grand, car Tu Duc ne mesurait que 1,53 m.

La salle Minh Khiem, à droite du temple Hoa Khiem, devait initialement servir de théâtre. Derrière le temple Hoa Khiem, le temple Luong Khiem est consacré à l'impératrice Tu Du, mère de Tu Duc.

Au pied de l'escalier, l'allée pavée longe l'étang jusqu'à la Cour d'honneur. De l'autre côté du lac se trouvent les tombeaux de son épouse, l'impératrice Hoang Le Thien Anh, et de son fils adoptif, l'empereur Kien Phuc (dont le règne ne dura que sept mois, en 1883-1884). Encadrée d'éléphants, de chevaux et de minuscules mandarins civils et militaires (plus petits encore que l'empereur), l'allée mène ensuite au pavillon de la Stèle. Il fallut quatre ans pour acheminer cette pierre de près de 20 tonnes – la plus grande au Vietnam – provenant de la région de Thanh Hoa, 500 km plus au nord.

Tu Duc écrivit lui-même son épitaphe afin de clarifier certains aspects de son règne. Admettant pleinement ses erreurs, il choisit de baptiser sa tombe Khiem, ce qui signifie "modeste". Les deux tours proches témoignent de la puissance impériale.

Protégée par un mur, la sépulture s'étend de l'autre côté d'un lac en forme de demi-lune. En fait, l'empereur n'y fut jamais réellement enterré et l'on ignore où il repose (entouré de nombreux objets précieux). Le secret fut en effet bien gardé : pour éviter que sa tombe ne soit pillée, les 200 serviteurs chargés de ses funérailles furent décapités.

Le tombeau de l'empereur se trouve à quelque 5 km au sud de Hué, dans le village de Duong Xuan Thuong, perché sur la colline de Van Nien.

TOMBEAU DE DONG KHANH

Le **mausolée de Dong Khanh** (entrée 22 000 d), le plus petit des tombeaux impériaux, fut construit en 1889. Neveu et fils adoptif de Tu Duc, Dong Khanh fut placé sur le trône impérial par les Français après qu'ils eurent capturé Ham Nghi, son prédécesseur. Cet empereur, qui se montra docile, régna trois ans, de 1885 jusqu'à sa mort.

Peu visité, ce mausolée est empreint d'une certaine sérénité. Il se trouve à 5 km de la cité, 500 m après le tombeau de Tu Duc.

TOMBEAU DE THIEU TRI

La construction du **tombeau de Thieu Tri** (entrée libre), qui régna de 1841 à 1847, fut achevée en 1848. Contrairement aux autres, cette sépulture n'est pas protégée par un mur

d'enceinte ; en revanche, sa configuration est similaire à celle de Minh Mang, quoique les dimensions en soient plus petites (voir p. 219). Il se trouve à quelque 7 km de Hué, dans un paisible cadre champêtre. Sa visite ne figure pas au programme des circuits organisés. Si vous circulez à pied, à vélo ou à moto, vous devrez suivre sur 2 km environ un chemin à travers champs depuis le tombeau de Dong Khanh.

TOMBEAU DE KHAI DINH

Installé à flanc de colline, le **tombeau de l'empereur Khai Dinh** (55 000 d), qui régna de 1916 à 1925, témoigne sans nul doute du déclin culturel vietnamien entamé au cours de la période coloniale. Entamé en 1920 et achevé en 1931, cet ensemble de ciment très impressionnant se distingue des autres tombeaux de Hué en ce qu'il marie éléments vietnamiens et européens. Ce mélange culturel est même visible sur les visages "eurasiens" des mandarins en pierre représentant les gardes d'honneur.

Un petit escalier de 36 marches, bordé par quatre rangées de dragons, mène à une première cour flanquée de deux pavillons. Les 26 marches suivantes conduisent à la cour d'honneur, avec ses haies d'éléphants, de chevaux, de mandarins civils et militaires. Au centre se dresse le pavillon octogonal de la Stèle.

Les murs et le plafond sont recouverts de décors muraux représentant les Quatre Saisons, les Huit Objets précieux et les Huit Fées. Sous un dais de béton disgracieux, et devant le symbole du soleil, est disposée une statue de bronze doré représentant Khai Dinh en tenue d'apparat. À 18 m sous terre, enfin, reposent les reliques de l'empereur. La dernière salle est vouée au culte de l'empereur.

Le tombeau de Khai Dinh se trouve à 10 km de Hué, dans le village de Chau Chu.

TOMBEAU DE MINH MANG

Renommé pour son architecture, qui se fond harmonieusement dans le paysage, le **tombeau de Minh Mang** (55 000 d), qui régna de 1820 à 1840, est probablement le plus majestueux de tous. Conçu du vivant de l'empereur, il ne fut en revanche édifié qu'entre 1841 et 1843, par son successeur.

Trois portes à l'est de l'enceinte mènent à la cour d'honneur : Dai Hong Mon (la

Grande Porte rouge, au centre), Ta Hong Mon (la Porte rouge de gauche) et Huu Hong Mon (la Porte rouge de droite). Trois escaliers en granit relient la cour au pavillon carré de la Stèle (Dinh Vuong). Non loin se dressait autrefois un autel destiné au sacrifice des buffles, des chevaux et des cochons.

Pour parvenir au temple Sung An, dédié à Minh Mang et à l'impératrice, il faut franchir trois esplanades et la porte Hien Duc. De l'autre côté du temple, trois ponts en pierre traversent le lac Trung Minh Ho (le lac de la Clarté pure). Tout en marbre, le pont central, Cau Trung Dao, était réservé à l'usage exclusif de l'empereur. Le pavillon Minh Lau est juché sur trois terrasses, symbolisant les "trois pouvoirs" : le ciel, la terre et l'eau. Sur la gauche se dressent le pavillon de l'Air frais et, sur la droite, le pavillon de la Pêche.

Du pont de pierre qui enjambe le lac Tan Nguyet (lac de la Nouvelle Lune), en forme de croissant, un imposant escalier bordé d'une haie de dragons mène au tombeau, qu'entoure un mur d'enceinte circulaire symbolisant le soleil. Au centre, une porte de bronze mène à la sépulture elle-même,

un tumulus recouvert de vieux pins et d'arbustes verdoyants.

Perchée sur la colline de Cam Ke, à environ 12 km du centre de Hué, la tombe de Minh Mang se situe dans le village de An Bang, sur la rive occidentale de la rivière des Parfums. Un pont permettant désormais de traverser la rivière, il n'est plus nécessaire de prendre le bateau.

TOMBEAU DE GIA LONG

Fondateur de la dynastie des Nguyen en 1802, l'empereur Gia Long, qui régna jusqu'en 1819, ordonna la construction de son tombeau en 1814. Si l'on en croit les archives royales, le souverain sillonna la région à dos d'éléphant pour choisir l'emplacement de sa sépulture. Rarement visité, le **tombeau** (entrée libre), dont il ne reste que des ruines, se trouve à quelque 14 km au sud de Hué et à 3 km de la rive ouest de la rivière des Parfums. Il est possible d'embarquer sur le bateau avec une moto (1 $US).

PARC NATIONAL DE BACH MA

☎ 054 / alt. 1 200 m

La station de montagne du **parc national de Bach Ma** (Vuon Quoc Gia Bach Ma ; ☎ 871 330 ; www.

SENTIERS DE RANDONNÉE DANS LE PARC NATIONAL DE BACH MA

Les itinéraires de randonnée ne manquent pas dans cette belle forêt. Plusieurs sentiers sont indiqués sur le plan du parc national – demandez aux gardes de vous confirmer qu'ils sont praticables.

■ **Sentier du Faisan** – Il doit son nom au bel argus ocellé, une espèce rare proche du faisan. À moins d'avoir beaucoup de temps et de patience, vous aurez plus de chance d'entendre les oiseaux que de les apercevoir. Ce sentier, long de 2,5 km, traverse la forêt jusqu'à une série de chutes d'eau et de bassins, où vous pouvez vous rafraîchir avant de rebrousser chemin.

■ **Sentier de la Cascade des cinq lacs** – Ce parcours de 2 km, qui débute 1 km après la pension du parc national, sillonne la forêt et longe plusieurs cascades. L'eau est si froide que peu d'animaux y vivent, hormis une espèce de grenouille récemment découverte.

■ **Sentier des Rhododendrons** – Prolongation de l'itinéraire précédent, on peut également l'atteindre par un chemin partant du km 16 sur la route d'accès au sommet. Choisissez de venir au printemps, à la floraison des rhododendrons. En fin de parcours, vous découvrirez une chute d'eau spectaculaire. Si vous en avez le courage, vous pouvez descendre les 650 marches menant au pied de la cascade ; de là, le courant rejoint la rivière des Parfums.

■ **Sentier du Sommet** – Une ascension abrupte mais courte (500 m) jusqu'au Hai Vong Dai, le plus haut sommet de Bach Ma (1 450 m). Aujourd'hui, les visiteurs se contentent d'admirer la vue époustouflante ; en 1968, toutefois, une base d'hélicoptères occupait ce lieu stratégique. Les traînées de nuages blancs *(bach ma)* qui enveloppent souvent le sommet sont comparées à la crinière d'un cheval blanc : elles ont inspiré le nom du parc.

Ces sentiers (et beaucoup d'autres) sont détaillés dans le plan distribué avec le billet d'entrée. D'autres renseignements figurent dans le fascicule *Bach Ma National Park* (12 000 d), vendu à l'entrée du parc.

bachma.vnn.vn ; 10 500 d), à 20 km seulement de la plage de Canh Duong, bénéficie d'un climat très doux. L'endroit est tout simplement splendide. Les Français, qui fondèrent la station, commencèrent à y construire des lieux de villégiature en 1930. En 1937, époque à laquelle on commença à l'appeler la "Dalat du centre du Vietnam", on en comptait déjà 139. Une majorité des résidents étant des personnalités françaises de haut rang, le Viet-Minh y conduisit des combats sanglants au début des années 1950. Après l'indépendance, Bach Ma fut rapidement oubliée, et ses villas laissées à l'abandon ; de nos jours, il n'en reste plus que des ruines et quelques murs en pierre.

Près du col de Hai Van, la vue sur le littoral est époustouflante. Pendant la guerre, les Américains exploitèrent la position stratégique du lieu et y édifièrent des fortifications. En dépit de leurs nombreuses tentatives, le Viet-Cong ne parvint pas à les en déloger. Les souvenirs lugubres de cette guerre sont ici encore légion ; les habitants racontent que, de temps à autre, des fantômes viennent hanter le parc.

En 1991, 22 000 ha, devenus alors le parc national, ont été classés zone protégée. Aujourd'hui, les autorités locales s'efforcent de réparer les dommages de la déforestation et de la défoliation causés par la guerre.

Dans le parc, 93 espèces de mammifères ont été recensées, incluant des tigres, des ours et différents singes. Au grand bonheur des défenseurs de la nature, il a été découvert ici, en 1992, des empreintes et des cornes appartenant à une espèce d'antilope jusqu'alors inconnue, le sao la. Deux autres espèces ont été découvertes à la fin des années 1990 : le muntjac de Truong Son, qui ressemble à un cerf, et le muntjac géant. Grâce au renforcement de la lutte contre le braconnage, les écologistes espèrent faire revenir à Bach Ma les éléphants sauvages réfugiés de l'autre côté de la frontière laotienne.

La faune du parc étant majoritairement nocturne, l'observer réclame des trésors de patience et de persévérance. Le parc national est un véritable jardin d'Eden pour les amateurs d'ornithologie, à condition de se lever à l'aube. Parmi les quelque 800 recensées au Vietnam, Bach Ma abrite 330 espèces d'oiseaux, dont le merveilleux argus ocellé et le faisan d'Edwards – on pensait ce dernier disparu car il n'avait pas été aperçu depuis 70 ans, avant d'être redécouvert récemment dans la zone-tampon du parc.

Par ailleurs, les botanistes, qui y ont déjà dénombré plus de 1 150 variétés de plantes, estiment qu'il en reste tout autant à découvrir. Parmi ces végétaux se trouvent au moins 338 espèces de plantes médicinales, 33 variétés servant à fabriquer des huiles essentielles, 26 utilisées pour le tissage et 22 plantes comestibles pour les ours.

Bach Ma ne reçoit des visiteurs que depuis mars 1998. Bien qu'il soit encore trop tôt pour évaluer son efficacité, son personnel accomplit des efforts remarquables pour protéger le site, encourageant le développement en coopération avec les minorités ethniques ainsi que l'écotourisme. Les jeunes gardes forestiers parlent parfois bien anglais. Le centre d'accueil abrite une exposition intéressante comprenant de très nombreuses informations sur l'histoire naturelle, ainsi qu'une grande quantité de matériel de chasse et d'armes et les restes d'un hélicoptère.

Si Bach Ma est humide et brumeux de juillet à février et que les sangsues se multiplient pendant la saison des pluies (octobre à novembre), une visite à cette époque reste envisageable ; toutefois, préférez la période allant de mars à juin (éventuellement jusqu'à septembre), où le temps est plus agréable.

Où se loger et se restaurer

National Park Guesthouse (☎ /fax 871 330 ; emplacement camping 3000 d/pers, tente 6 pers 80 000 d, ch 100 000-150 000 d). Cette magnifique pension, reconstruite sur les fondations d'un bâtiment français, faisait partie de la résidence d'été de l'empereur Bao Dai. Les chambres les plus chères (à lits jumeaux), avec vue, occupent un bâtiment séparé offrant un meilleur confort. Les repas doivent être commandés au moins 4 heures à l'avance, le parc faisant venir les produits frais du marché.

Plusieurs sociétés privées construisent actuellement dans le parc de petits hébergements discrets. Près du sentier du sommet, le **Morin-Bach Ma Hotel** (☎ 871 199 ; ch 15-20 $US), qui accueille déjà les visiteurs, offre un bon rapport qualité/prix. Tous ces projets restent sous la haute surveillance des autorités du parc qui, nous l'espérons, veilleront au respect de normes respectueuses de l'environnement.

Depuis/vers le parc national de Bach Ma

Le parc national s'étend à 28 km à l'ouest de Lang Co et à 45 km au sud-est de Hué. La route étroite que les Français avaient aménagée en 1932 a été reconstruite en 1993 et bitumée jusqu'au sommet.

L'entrée et le centre d'accueil touristique se trouvent à 3 km, au bord de la route. La bifurcation pour Bach Ma est indiquée dès la ville de Phu Loc, sur la RN 1 ; ensuite, il reste 16 km de lacets jusqu'au sommet. À moins de vouloir à tout prix marcher, il vous faudra louer un véhicule auprès du personnel du parc : comptez 250 000 d/jour pour la location d'un 4x4 pour 4 passagers (avec un retour le même jour), 300 000 d avec un retour le lendemain ou 150 000 d l'aller simple. Les motos et les vélos ne sont plus autorisées à circuler sur cette route.

Si vous décidez de redescendre à pied, comptez entre trois et quatre heures de marche. Pensez à emporter beaucoup d'eau, ainsi qu'un chapeau : la partie inférieure de la route n'est pas très ombragée.

Comment circuler

Vous simplifierez beaucoup votre visite en louant un véhicule que vous garderez le temps de votre séjour dans le parc, notamment si vous voulez faire de la randonnée sur certains sentiers, dispersés autour des 16 km de route menant au sommet.

SUOI VOI (SOURCES CHAUDES)

À 15 km au nord de la plage de Lang Co se trouve la bifurcation pour les **Suoi Voi** (sources de l'Éléphant ; 10 000 d/pers, supp voiture/moto 10 000/5 000 d). À l'écart des lieux touristiques, ces sources constituent un havre de paix, parfait pour une balade en forêt ou une baignade dans l'eau claire et fraîche des cours d'eau. Les motards et les cyclistes qui affrontent les pentes abruptes de la RN 1 (quelle que soit leur direction) apprécieront d'y faire une pause.

Les sources principales sont accessibles à pied depuis le parking, sur une route cahoteuse. Comptez 1,5 km depuis l'entrée elle-même, distante de 2,3 km de la route principale. Leurs gigantesques rochers, dont l'un évoque vaguement la tête d'un éléphant

(maquillé pour accentuer la ressemblance), semblent faire corps avec l'imposante chaîne de Bach Ma qui se profile en toile de fond. Si vous prenez le temps d'explorer les lieux, vous trouverez des bassins moins fréquentés, tel le celui de **Vung Do**, à 200 m du site principal.

L'endroit n'est guère touristique (la plupart des étrangers se massent sur la côte) et il vous arrivera même, en semaine, de jouir d'une solitude totale. En revanche, évitez les week-ends, des centaines de jeunes couples venant alors y roucouler.

Depuis la RN 1, un vieux panneau indique "Suoi Voi" ; juste après la bifurcation à l'ouest, vous apercevrez l'église de Thua Lau (XIXe siècle) – de là, suivez la piste sur 2,3 km jusqu'à l'entrée du site.

Vous devrez acquitter un droit d'entrée ; gardez votre ticket, car on pourrait vous le réclamer à l'intérieur du site. Près des sources, vous trouverez des étals de nourriture, mais autant emporter votre propre pique-nique.

À 15 km au nord de cette bifurcation se trouvent le village de Phu Loc et l'embranchement menant au parc national.

PLAGE DE LANG CO
☎ 054

Bordée de palmiers, Lang Co est une agréable plage de sable fin semblable à une île. Elle fait face, d'un côté, à un lagon d'eau bleu turquoise et, de l'autre, à la mer de Chine méridionale. Si vous participez à un circuit "open" le long de la côte, ce lieu paisible est propice à une halte d'un ou deux jours, si le temps s'y prête.

La meilleure période pour se rendre à Lang Co va d'avril à juillet. De fin août à novembre, les averses sont fréquentes, tandis que de décembre à mars, il fait très froid et vous n'aurez probablement guère envie de vous attarder.

Les splendides paysages de Lang Co sont visibles au nord du col de Hai Van, depuis la RN 1 et la ligne de chemin de fer reliant Danang à Hué.

Où se loger et se restaurer

Lang Co Hotel (☎ 874 426 ; codolangco@dng.vnn.vn ; ch 15 $US ; 🛇). Installé dans un jardin ombragé, cet établissement en bord de plage, qui vient de subir une rénovation bien méritée, est d'un excellent rapport qualité/prix. Les grandes chambres donnant sur la plage disposent d'une TV, d'un réfrig. et d'une baignoire (eau chaude). Le personnel est toujours prêt à rendre service. Les vélos à louer coûtent 10 000 d/jour. Le restaurant, en travaux à notre passage, est réputé pour ses bons fruits de mer.

Thanh Tam Seaside Resort (☎ 874 456 ; fax 873 762 ; ch 10-20 $US ; 🍴). À 1 km au nord du Lang Co Hotel, cet établissement loue des bungalows sur la plage, sommaires et sans eau chaude, pour 10 $US. Étrangement, les chambres les plus chères donnent... sur un bâtiment en béton qui fait office de garage. Le restaurant en terrasse, doté en revanche d'un beau panorama, est très fréquenté par les touristes voyageant entre Hué et Danang.

Lang Co Beach Resort (☎ 873 555 ; langco@ dng.vnn.vn ; ch 50-60 $US ; 🍴 💻 📶). Dans ce magnifique jardin paysager, cet hôtel de plage élégant, dispose de belles chambres, d'une piscine et d'un centre de fitness.

De nouvelles pensions apparaissent du côté du lagon, à quelques pas de la plage. La **Chi Na Guesthouse** (☎ 874 597 ; ch 5-10 $US ; 🍴), la meilleure d'entre elles, abrite des chambres bon marché avec TV et ventil. ou clim.

Depuis/vers la plage de Lang Co

Lang Co se trouve à 35 km au nord de Danang, de l'autre côté du col de Hai Van (la construction d'un tunnel était en cours lors de notre visite, voir plus bas). Les bus de voyageurs allant à Hué, Danang et Hoi An (2 $US), passent ici tous les jours. Les amateurs de sensations fortes loueront une moto et s'offriront ainsi un trajet offrant des vues époustouflantes.

À 3 km de la plage, la gare ferroviaire n'est pas desservie par des trains express.

COL DE HAI VAN

Le col de Hai Van (mer de nuages) traverse la chaîne des monts Truong Son, qui avance dans la mer de Chine méridionale. À quelque 30 km au nord de Danang, la RN 1 atteint 496 m d'altitude et passe en contrebas du pic Ai Van Son (1 172 m d'altitude), plus au nord. Ce tronçon de route offre une vue spectaculaire sur les montagnes. La ligne de chemin de fer, semée de nombreux tunnels, contourne la péninsule et longe la côte pour éviter la montagne.

Au XVᵉ siècle, ce col servait de frontière naturelle entre le Vietnam et le royaume du Champa (voir l'encadré p. 249). Les défoliants utilisés au cours de la guerre du Vietnam contre les Américains eurent malheureusement raison de sa végétation luxuriante. Au sommet se dresse un ancien fort français, reconverti en bunker par les armées sud-vietnamiennes et américaines.

En hiver, le col marque une rupture abrupte entre les climats septentrional et méridional. Tel un mur de séparation, il protège le sud des "vents chinois" violents du nord-est : ainsi, de novembre à mars, le versant exposé au nord de la montagne (y compris la plage de Lang Co) connaît un temps froid et humide ; l'autre côté, au sud (sur les plages avoisinant Danang et Hoi An) bénéficie d'un climat chaud et sec. En règle générale, lorsqu'en hiver le temps est mauvais à Hué, il fait beau à Danang.

La plupart des bus font une pause de 10 minutes au sommet du col. Vous devrez alors vous frayer un chemin parmi les vendeurs de souvenirs, particulièrement nombreux. Évitez les changeurs : vous n'avez aucune chance d'obtenir ici un taux intéressant.

En juin 2000 a débuté la construction d'un tunnel sous le col de Hai Van destiné à soulager le trafic sur la RN 1, et dont le coût est estimé à 150 millions de dollars. Ce tunnel, qui devrait s'ouvrir à la circulation en 2005 ou 2006, fera gagner 1 heure sur le trajet Danang-Hué.

STATION CLIMATIQUE DE BA NA

☎ 0511 / alt. 1 485 m

Ba Na (10 000 d, moto/voiture 5 000/10 000 d), que le gouvernement provincial qualifie avec optimisme de "Dalat de la province de Danang", est une ancienne station climatique fondée en 1919 par les Français sur la crête du mont Ba Na (Nui Chua). Elle offre un panorama exceptionnel et un air agréablement frais : lorsque la température est de 36°C sur la côte, il fait entre 15°C et 26°C à Ba Na. Si les précipitations sont importantes entre 700 et 1 200 m d'altitude, le ciel reste généralement dégagé autour de la station elle-même. Les petits sentiers de montagne qui partent de Ba Na mènent à plusieurs chutes d'eau et panoramas.

Vous pouvez également suivre le sentier balisé, juste derrière la partie la plus huppée de l'hôtel, menant aux belles ruines d'une ancienne villa française. Un immense bouddha, visible à des kilomètres à la ronde, a également été érigé sur le site.

Jusqu'à la Seconde Guerre mondiale, les Français parcouraient les vingt derniers kilomètres en chaise à porteurs ! Des quelque 200 résidences de villégiature construites à l'origine, il ne reste que des ruines éparses (très photogéniques). Les autorités provinciales, souhaitant refaire de Ba Na un haut lieu du tourisme, développent le site afin de satisfaire aux exigences des visiteurs vietnamiens : ainsi ont-t-elles entamé la construction de divers hébergements et restaurants, mais aussi d'un grand nombre de karaokés (synonyme de décibels intempestifs et de nombreux déchets).

Où se loger et se restaurer

Chaque établissement a développé un système extrêmement complexe d'options et de tarifs, variables selon la saison, le jour de la semaine, le nombre de personnes, la durée du séjour, etc. Les prix indiqués ci-dessous ne sont donc qu'indicatifs.

Le Nim (☎ 670 026 ; ch 200 000-350 000 d). Pour une vue panoramique sur Ba Na, ne cherchez pas : cet établissement situé au bas d'une côte, près de la poste, a organisé toutes ses chambres autour d'une cour, qui accueille le week-end des feux de camp (avec karaoké). Le restaurant propose d'excellents fruits de mer frais, à déguster en admirant une vue inégalée.

Ba Na By Night Resort (☎ 671016 ; bananight@dng. vnn.vn ; ch 200 000-500 000 d). Voici probablement les meilleures chambres de Ba Na. Elles sont aménagées dans des *rong* (maisons sur pilotis au toit de chaume) ou dans des villas ; seule la vue n'est pas au rendez-vous. Vous aurez plaisir à visiter sur place les vestiges d'une cave à vins de l'époque coloniale et ceux d'une villa française. Parmi les équipements figurent un bar, très fréquenté, et un court de tennis.

Ba Na Resort (☎ 818 054 ; banatourist@dng.vnn.vn ; ch 200 000-300 000 d, bungalows 50 000-100 000 d). Ce complexe hôtelier, géré par Ba Na Tourist, se compose d'un hôtel de 30 chambres et de 40 bungalows triangulaires, minuscules, pouvant tout juste accueillir 2 personnes. Un grand restaurant complète l'ensemble.

Ba Na Tourist s'occupe également du **Hoa Rung Hotel** (banatourist@dng.vnn.vn ; ch 200 000-300 000 d, bungalows 50 000-100 000 d), qui se dresse sur la route partant du Ba Na Resort.

Depuis/vers la station climatique de Ba Na

On accède à Ba Na, qui se trouve à 42 km à l'ouest de Danang, par une belle route sinueuse, dangereuse les jours de brouillard. Le droit d'entrée est perçu au début de la route d'accès au site. Si vous venez de Danang en transport public, une navette vous conduira au sommet moyennant 15 000 d supplémentaires.

Si vous ne voulez pas faire tout le trajet en voiture – ou si vous recherchez le grand frisson –, prenez le **téléphérique** (aller-retour 35 000 d), qui transporte les visiteurs du parking gratuit situé quelques kilomètres en contrebas de la station : la vue est vertigineuse.

SUOI MO

Les chutes de **Suoi Mo** (sources du Rêve ; 3 000 d) et leurs bassins naturels d'eau claire constituent un agréable détour de 1 heure sur la route de Ba Na. Le site est préservé et agréable, à condition de faire abstraction des détritus. Allez-y en semaine pour éviter l'affluence.

Pour y accéder, tournez à droite juste avant la route de Ba Na ; vous parviendrez alors à une seconde entrée, où vous paierez le droit d'admission. Continuez à monter le chemin accidenté sur près de 2 km et cherchez la petite flèche indiquant Suoi Mo, sur la gauche. Garez-vous à cet endroit et montez le sentier qui part sur la droite quelques maisons plus loin. Après 20 minutes de marche (attention, le sol est glissant par temps humide), vous atteindrez les cascades.

DANANG

☎ 0511 / 1 100 000 hab.

Quatrième ville du pays, Danang est la puissance économique du Centre. Après une longue stagnation, elle connaît aujourd'hui une période de prospérité et a entrepris, ces dernières années, un vaste programme de rénovation. Dotée d'une infrastructure récente, elle se développera sans nul doute en une ville importante. Cependant, la présence de Hué au nord et de Hoi An au sud, freinera sans doute son devenir touristique. Les visiteurs s'y arrêtent pour visiter le musée de la Sculpture cham ou prendre une correspondance. La plupart d'entre eux préfèrent séjourner à Hoi An ou près

LUTTE POUR LE DÉPART LORS DE LA CHUTE DE DANANG

Lorsqu'elle tomba aux mains des communistes, Danang ne connut qu'un combat de taille : celui qui opposa les soldats aux civils sud-vietnamiens pour prendre place à bord des avions ou des bateaux. Le 27 mars, Ed Daly, président de la compagnie World Airways, ignora les ordres explicites du gouvernement américain et envoya deux Boeing 727 de Saigon à Danang pour évacuer les réfugiés. À l'atterrissage du premier avion, près d'un millier de personnes désespérées et affolées envahit le tarmac. Munis de fusils d'assaut, les soldats commencèrent à tirer en tous sens, tentant de se frayer un chemin à l'intérieur de l'avion. Quand l'avion se mit à rouler, des personnes agrippèrent le train d'atterrissage, et une grenade endommagea l'aile droite de l'appareil.

Parmi ceux qui parvinrent à prendre place dans l'avion après avoir poussé et frappé quiconque se mettait sur leur chemin, figuraient plus de 200 soldats, dont la plupart faisaient partie des Black Panthers, compagnie d'élite vietnamienne. Les seuls civils à bord étaient deux femmes et un bébé, que sa mère désespérée, restée sur la piste d'atterrissage, avait jeté à l'intérieur. Plusieurs des passagers accrochés au train d'atterrissage durent lâcher prise ; les caméras du second Boeing filmèrent leur chute dans la mer de Chine.

de China Beach. Ceux qui aiment les cités animées trouveront en revanche Danang agréable le temps d'une soirée ou deux.

Avant la guerre du Vietnam, Danang était souvent dénommée la "Saigon du Nord", une appellation à la fois flatteuse et péjorative : à l'instar de Saigon, elle se distinguait par une économie florissante, de grands restaurants, une circulation intense et des magasins clinquants. Bars et prostitution étaient également des activités lucratives du fait de la présence de nombreux militaires – cet héritage subsiste encore. Comme à Saigon, la corruption touchait tous les secteurs. La "libération" de 1975 a grandement nui à son économie.

Située à la limite nord du climat tropical, Danang connaît toute l'année des températures clémentes.

Histoire

Connue sous le nom de Tourane sous la domination française, Danang devint au XIXe siècle le principal port de la région. Elle l'est encore de nos jours.

À la fin de mars 1975, cette ville, la deuxième du Sud-Vietnam, sombra dans un chaos total. Le gouvernement de Saigon retira ses troupes de Hué et laissa Quang Ngai aux mains des communistes, coupant ainsi le Sud-Vietnam en deux. Pris de panique, les habitants tentèrent de fuir la ville, mise à feu et à sang par les soldats de l'armée du Sud en déroute. Le 29 mars 1975, deux camions de combattants vietcong, composés pour plus de moitié de femmes, pénétrèrent dans ce qui avait été la ville la mieux défendue du

Sud et, sans tirer le moindre coup de feu, décrétèrent la "libération" de Danang.

Orientation

Danang s'étend sur la rive ouest du fleuve Han. La rive orientale est accessible *via* le nouveau pont Song Han ou le pont Nguyen Van Troi, plus au sud. La ville se dresse sur une péninsule longue et étroite, à la pointe nord de laquelle s'élève Nui Son Tra (que les Américains appelaient "montagne aux Singes"). Une nouvelle route entoure Nui Son Tra, qui s'ouvre lentement au tourisme. China Beach et les montagnes de Marbre bordent la cité au sud, tandis que le col de Hai Van domine Danang au nord.

CARTES

La *carte touristique de Danang*, carte pliable de petites dimensions, se vend 8 000 d dans les librairies de Danang et de Hoi An.

Renseignements

ACCÈS INTERNET

De nombreux endroits proposent un accès Internet, notamment les **cybercafés** (Đ Tran Quoc Toan ; environ 6 000 d/heure) situés entre Đ Yen Bai et Đ Nguyen Chi Thanh.

AGENCES DE VOYAGES

An Phu Tourist (☎ 818 366 ; 5 Đ Dong Da). Des billets "open" pour des trajets en bus vers Hué ou Hoi An.
Dana Tours (☎ 825 653 ; danamarle@dng.vnn.vn ; 76 Đ Hung Vuong). Principale agence de Danang, très informée par rapport aux autres agences d'État. Réservations de voitures et de croisières, prorogations de visas, organisation de randonnées dans les parcs de Ba Na ou de Bach Ma.

DANANG

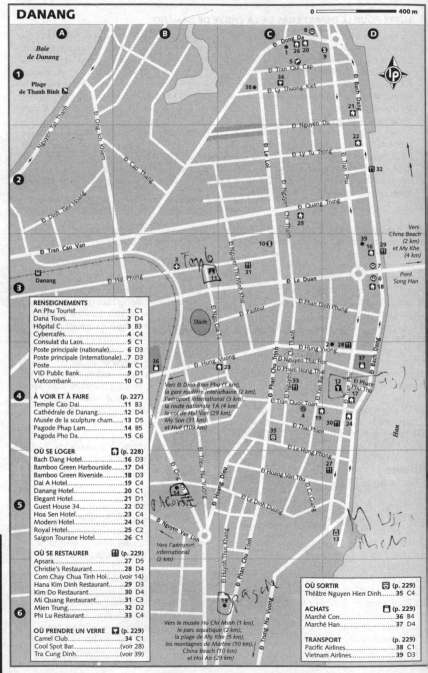

0   400 m

Baie de Danang

Plage de Thanh Binh

RENSEIGNEMENTS
An Phu Tourist.............................1 C1
Dana Tours..................................2 D4
Hôpital C.....................................3 B3
Cybercafés..................................4 C4
Consulat du Laos.........................5 C1
Poste principale (nationale).........6 D3
Poste principale (internationale)...7 D3
Poste...8 C1
VID Public Bank...........................9 D1
Vietcombank..............................10 C3

À VOIR ET À FAIRE   (p. 227)
Temple Cao Dai..........................11 B3
Cathédrale de Danang................12 D4
Musée de la sculpture cham.......13 D5
Pagode Phap Lam.......................14 B5
Pagoda Pho Da...........................15 C6

OÙ SE LOGER   (p. 228)
Bach Dang Hotel.........................16 D3
Bamboo Green Harbourside........17 D4
Bamboo Green Riverside.............18 D3
Dai A Hotel.................................19 C4
Danang Hotel..............................20 C1
Elegant Hotel..............................21 D1
Guest House 34..........................22 D2
Hoa Sen Hotel............................23 C4
Modern Hotel.............................24 D4
Royal Hotel.................................25 C2
Saigon Tourane Hotel.................26 C1

OÙ SE RESTAURER   (p. 229)
Apsara..27 D5
Christie's Restaurant...................28 D4
Com Chay Chua Tinh Hoi.....(voir 14)
Hana Kim Dinh Restaurant.........29 D3
Kim Do Restaurant......................30 D4
Mi Quang Restaurant..................31 C3
Mien Trung.................................32 D2
Phi Lu Restaurant.......................33 C4

OÙ PRENDRE UN VERRE   (p. 229)
Camel Club.................................34 C1
Cool Spot Bar.......................(voir 28)
Tra Cung Dinh......................(voir 39)

OÙ SORTIR   (p. 229)
Théâtre Nguyen Hien Dinh........35 C4

ACHATS   (p. 229)
Marché Con.................................36 B4
Marché Han.................................37 D4

TRANSPORT   (p. 229)
Pacific Airlines............................38 C1
Vietnam Airlines.........................39 D3

Vers Đ Dien Bien Phu (1 km),
la gare routière interurbaine (2 km),
l'aéroport international (3 km),
la route nationale 1A (4 km),
le col de Hai Van (29 km),
My Son (31 km)
et Hué (109 km)

Vers l'aéroport international (2 km)

Vers le musée Ho Chi Minh (1 km),
le parc aquatique (2 km),
la plage de My Khe (5 km),
les montagnes de Marbre (10 km),
China Beach (10 km)
et Hoi An (29 km)

Vers China Beach (2 km) et My Khe (4 km)

Pont Song Han

Han

Stade

Truong Van Trong's Tour (☎ 0903-597 971 ; trongn59@yahoo.com). M. Trong propose des formules originales : il accompagne ses clients pour un circuit à moto dans les montagnes du Centre ou des visites d'une journée aux environs de Danang. Très appréciés des voyageurs, M. Trong et ses associés sont par ailleurs polyglottes.

ARGENT
VID Public Bank (2 Đ Tran Phu). Change les espèces et fait des avances sur carte bancaire.

Vietcombank (140 Đ Le Loi). À l'angle de Đ Hai Phong, c'est le meilleur endroit pour changer les chèques de voyage. Dispose d'un DAB.

SERVICES MÉDICAUX
Danang Family Medical Practice (☎ 582 700 ; 50 Đ Nguyen Van Linh). La toute dernière d'une série de cliniques familiales créées par des étrangers.

Hospital C (Benh Vien C ; ☎ 822 480 ; 35 Đ Hai Phong). Réunit les équipements médicaux les plus modernes de la ville.

POSTE
Postes principales 1 & 2 (Đ Bach Dang). Les deux bureaux flanquent le pont Song Han. Le premier bureau met à disposition les services internationaux, le second s'occupe des services nationaux.

À voir
MUSÉE DE LA SCULPTURE CHAM
Le site le plus intéressant de Danang est le **musée de la Sculpture cham** (Bao Tang Cham ; angle Đ Trung Nu Vuong et Đ Bach Dang ; 20 000 d ; ☺ 7h-17h), de réputation internationale. Fondé en 1915 par l'École française d'Extrême-Orient, il abrite une collection de sculptures cham comptant parmi les plus belles au monde. Prenez le temps d'admirer les détails des sculptures en grès (autels, lingam, garudas, ganeshas, représentations de Shiva, Brahma et Vishnu), souvent d'une extrême finesse.

Les pièces du musée, couvrant la période du VIIᵉ au XVᵉ siècles, furent découvertes à Dong Duong (Indrapura), Khuong My, My Son, Tra Kieu (Simhapura) et d'autres sites, pour la plupart localisés dans les provinces de Quang Nam et Danang. Les salles du musée portent le nom du lieu de leur mise au jour.

Les quatre bas-reliefs qui entourent la base de l'autel de Tra Kieu (VIIᵉ siècle) relatent plusieurs épisodes de l'épopée du Ramayana, dans un style typique de l'art amaravati du sud de l'Inde. La scène A figure le prince Rama rompant l'arc sacré (Rudra) de la citadelle de Videha et gagnant ainsi la main de la princesse Sita, fille du roi Janak.

Dans la scène B, les ambassadeurs dépêchés par Janak auprès de Dasaratha, roi d'Ayodhya et père de Rama, vantent les exploits du héros, couvrent le souverain de présents et l'invitent à Videha pour assister au mariage.

La scène C retrace les noces du jeune prince et de trois de ses frères épousant les cousines de la princesse Sita.

La scène D représente 11 *apsaras* (vierges célestes), dansant et offrant des fleurs aux jeunes mariés, sous les auspices des deux musiciens *gandhara* qui apparaissent au début de la scène A.

Musée de la Sculpture cham – Danang est un guide trilingue sur le musée, rédigé par son conservateur, Tran Ky Phuong, le spécialiste le plus éminent du Vietnam sur la civilisation cham. Ce livret fournit une excellente documentation sur l'art cham et donne des informations sur les expositions du musée. Il est généralement en vente à l'entrée.

Des guides attendent près de l'entrée ; convenez d'un tarif avant la visite.

CATHÉDRALE DE DANANG
Connue par la population locale sous le nom de Con Ga (église du Coq) en raison de la girouette perchée sur son clocher, la **cathédrale** (Đ Tran Phu) fut édifiée en 1923 pour les ressortissants français. Elle accueille aujourd'hui une paroisse de 4 000 fidèles. Ses éléments les plus intéressants sont son architecture rose bonbon et ses vitraux représentant des saints.

À côté de la cathédrale se trouvent les bureaux du diocèse de Danang et le couvent de Saint-Paul. Une centaine de religieuses, vêtues tout de blanc l'été et de noir l'hiver, résident aussi dans un autre couvent situé sur l'autre rive du fleuve Han.

La messe est généralement célébrée du lundi au samedi à 5h et 17h, le dimanche à 5h, 6h30 et 16h30.

TEMPLE CAODAI
Construit en 1956, ce **temple** (Đ Hai Phong), situé en face de l'hôpital C, est le plus grand édifice de la secte en dehors de celui de Tay Ninh (p. 379). Le caodaïsme compte 50 000 fidèles dans les provinces de Quang Nam et de Danang, dont 20 000 à Danang

CENTRE DU VIETNAM

même. Comme dans tous les édifices caodai, la prière a lieu chaque jour à 6h, 12h, 18h et 24h.

Le temple possède deux accès : celui de gauche (appelé *nu phai*) est réservé aux femmes, celui de droite (*nam phai*) aux hommes. Les entrées du sanctuaire obéissent à la même règle : les femmes à gauche, les hommes à droite. Le prêtre et la prêtresse, quant à eux, pénètrent par la porte centrale. Derrière l'autel siège un gigantesque globe orné de l'œil divin, emblème du caodaïsme.

Devant l'autel, descendant du plafond, un écriteau porte l'inscription *van giao nhat ly*, signifiant "Toutes les religions ont la même raison". Derrière ces lettres d'or sont représentés les fondateurs de cinq des grandes religions mondiales : de gauche à droite, Mahomet, Lao-Tseu (tout de bleu vêtu), Jésus (qui semble tout droit sorti d'un tableau de l'École française), Bouddha et Confucius.

La salle située après le sanctuaire principal abritent les portraits des premiers meneurs du mouvement caodai, enturbannés et revêtus d'une tunique blanche. Ngo Van Chieu, père du caodaïsme, se tient debout, arborant un turban pointu et une longue robe blanche imprimée de motifs bleus.

PAGODES

La **pagode Phap Lam** (Chua Tinh Hoi ; 500 Đ Ong Ich Khiem) date de 1936. Une statue de bronze de Dia Tang, roi des Enfers, en garde l'entrée.

La **pagode Pho Da** (face au 293 Đ Phan Chu Trinh), d'une architecture plutôt classique (1923) abrite aujourd'hui une quarantaine de moines (souvent jeunes), qui y logent et y étudient. Les fidèles et leurs familles participent activement à la vie religieuse.

Où se loger

Danang ne compte quasiment aucun établissement pour petits budgets et, comparé aux tarifs proposés à Hoi An, pratique des tarifs plutôt élevés. Pour les hébergements sur les plages de My Khe et de China Beach, voir p. 232.

Les travaux de rénovation ont fait du quai le quartier le plus agréable de la ville. N'hésitez pas à vous adresser aux hôtels longeant Đ Bach Dang.

Modern Hotel (☎ 820 113 ; fax 821 842 ; 186 Đ Bach Dang ; ch 15-30 $US ; ✗). Emplacement très central, grand confort et tous les équipements possibles.

Bamboo Green Riverside (☎ 832 592 ; riversidets@ dng.vnn.vn ; 68 Đ Bach Dang ; ch 30-50 $US ; ✗ 💻). La meilleure adresse de l'entreprise familiale Bamboo Green. Donnant sur le pont Song Han, les chambres sont dignes d'un trois-étoiles. N'hésitez pas à payer un peu plus cher pour profiter de la vue.

Bamboo Green Harbourside (☎ 822 722 ; bamboogreen2@dng.vnn.vn ; 177 Đ Tran Phu ; s/d 35/40 $US ; ✗ 💻). Autre établissement Bamboo Green, superbement situé face à la cathédrale.

Bach Dang Hotel (☎ 823 649 ; bdhotel@dng.vnn.vn ; 50 Đ Bach Dang ; s 18-40 $US, d 25-50 $US ; ✗ 💻 🖭). Vaste hôtel avec vue sur le fleuve. Les chambres les moins chères sont immenses et donnent sur l'arrière, plus tranquille. Piscine et court de tennis.

Elegant Hotel (☎ 892 893 ; elegant@dng.vnn.vn ; 22A Đ Bach Dang ; s 25-50 $US, d 35-60 $US ; ✗ 💻). L'Élégant, qui porte bien son nom, est le meilleur hôtel-boutique de Danang. Les chambres sont lumineuses, élégantes et bien équipées

Guest House 34 (☎ 822 732 ; 34 Đ Bach Dang ; 8 $US ; ✗). Un cran au-dessous, cet établissement possède toutefois le meilleur rapport qualité/prix de la ville : les chambres, basiques, se répartissent autour d'un jardin tranquille, au bord du fleuve, et comportent toutes TV, réfrig. et eau chaude.

Danang Hotel (☎ 834 662 ; dananghotel@dng. vnn.vn ; 3 Đ Dong Da ; ch 15-28 $US ; ✗). Cet hôtel excentré était auparavant le moins cher de Danang, mais ses rénovations successives ont poussé les tarifs à la hausse. Toutes les chambres possèdent TV, tél. automatique international et eau chaude.

Saigon Tourane Hotel (☎ 821 021 ; sgtouran@dng. vnn.vn ; 5 Đ Dong Da ; ch 60-150 $US, avec petit déj ; ✗ 💻). L'un des établissements les plus hauts de gamme : le restaurant en terrasse surplombe le fleuve, les chambres sont parfaitement équipées. Le prix pour une chambre non réservée peut descendre à 30 $US – une affaire.

Royal Hotel (☎ 823 295 ; royalhotel@dng.vnn.vn ; 17 Đ Quang Trung ; ch 25-45 $US, avec petit déj ; ✗ 💻). Proche du fleuve, cet hôtel élégant, qui abrite un restaurant japonais, est notre favori. L'accès Internet est gratuit dans les meilleures chambres.

Autres établissements recommandés :

Dai A Hotel (☎ 827 532 ; daiahotel@dng.vnn.vn ; 27 Đ Yen Bai ; ch 15-30 $US ; ✗). Petit, sympathique et central, bref un bon choix.

Hoa Sen Hotel (☎ 829 000 ; fax 829 001 ; 101-105 Đ Hung Vuong ; ch 15-25 $US ; ✹). Proche de la gare ferroviaire.

Où se restaurer

Christie's Restaurant (☎ 824 040 ; 112 Đ Tran Phu ; repas 20 000-80 000 d ; ☺ 10h-22h). Ce café-restaurant (au 2ᵉ étage) sert une cuisine internationale : plats japonais et vietnamiens authentiques, gros hamburgers, steaks, pizzas et pâtes.

Apsara Restaurant (☎ 561 409 ; www. apsara-danang.com ; 222 Đ Tran Phu ; plats 25 000-75 000 d). Dernier-né sur la scène culinaire locale, il occupe une somptueuse villa dont le jardin s'agrémente d'une reproduction d'un temple cham. Le menu, très prisé le midi pour ses plats roboratifs, offre par ailleurs un grand choix de fruits de mer.

Hana Kim Dinh Restaurant (☎ 830 024 ; 15 Đ Bach Dang ; plats 25 000-100 000 d). Joint-venture japonaise au bord du fleuve, ce bar-restaurant doté d'une agréable terrasse propose un grand choix de cocktails, ainsi que des plats asiatiques et occidentaux.

Kim Do Restaurant (☎ 821 846 ; 174 Đ Tran Phu ; plats 20 000-80 000 d). Cet immense restaurant chinois attire une clientèle fidèle de ressortissants chinois installés à Danang.

Mi Quang Restaurant (1A Đ Hai Phong ; plats 5000-15 000 d). À proximité du temple caodai, ce restaurant connaît un grand succès le midi avec ses bols (grands et savoureux) de *mi quang* (soupe de nouilles de blé et légumes verts).

Com Chay Chua Tinh Hoi (500 Đ Ong Ich Khiem ; plats à partir de 3 000 d). Selon les habitants, ce restaurant végétarien, situé juste derrière l'entrée de la pagode Phap Lam, est le meilleur du lieu. D'autres adresses végétariennes longent les rues bordant la pagode.

Autres choix possibles :

Mien Trung (9 Đ Bach Dang ; plats 10 000-50 000 d). Au menu : plats vietnamiens, chinois et occidentaux, servis dans un cadre magnifique au bord du fleuve.

Phi Lu Restaurant (☎ 823 772 ; 225 Đ Nguyen Chi Thanh ; repas 15 000-150 000 d). Si l'ambiance n'a rien d'exceptionnel, la cuisine chinoise est excellente.

Où prendre un verre

Cool Spot Bar (rdc du Christie's Restaurant, 112 Đ Tran Phu). Adresse favorite de la petite communauté d'expatriés de Danang. Ce lieu étroit et sombre est convivial, mais l'ambiance reste assez calme.

Tra Cung Dinh (35 Đ Tran Phu). Pour une soirée plus recherchée, essayez cette boîte de jazz ; on n'y ne sert pas d'alcool, mais les cocktails de fruits, le thé et le café sont délicieux.

Camel Club (Đ Ly Thuong Kiet ; entrée 20 000 d ; ☺ 19h-1h). Tous les VIP s'y retrouvent. Les boissons sont chères (à partir de 30 000 d) et la musique très forte.

Où sortir

Le tout nouveau **théâtre Nguyen Hien Dinh** (angle Đ Le Hong Phong et Đ Phan Chu Trinh ; 20 000 d ; ☺ 19h30 ven, sam et dim) propose des spectacles de musiques et de danses traditionnelles. Inutile de réserver.

Achats

Le **marché Han** (Cho Han ; angle Đ Hung Vuong et Đ Tran Phu ; ☺ 6h-21h) est un lieu agréable où flâner ou faire des courses en soirée.

Le **marché Con** (Cho Con ; Đ Ong Ich Khiem), le plus vaste, n'ouvre qu'en journée. Ses stands immenses et colorés proposent un large choix de produits.

Depuis/vers Danang

AVION

Pendant la guerre du Vietnam, l'aéroport de Danang, l'un des trois aéroports internationaux du pays, était l'un des plus fréquentés au monde.

Parmi les compagnies aériennes ayant un bureau ici figurent :

Pacific Airlines (☎ 886 799 ; 6 Đ Le Loi). Relie Danang à Hong Kong.

Vietnam Airlines (☎ 821 130 ; 35 Đ Tran Phu). De nombreux vols entre Danang et d'autres villes du Vietnam (voir p. 486).

BUS

La **gare routière interurbaine** (carte p. 231 ; Đ Dien Bien Phu ; ☺ guichet 7h-11h et 13h-17h) se trouve à quelque 3 km du centre-ville, dans la direction de Hué. Le guichet est très efficace et le personnel extrêmement serviable. Les tarifs sont clairement affichés.

Il existe des départs réguliers pour Hué (22 000 d, 3 heures), Hanoi (87 000 d, 16 heures) et HCMV (102 000 d, 24 heures).

Pour Vientiane (25 $US, 24 heures), le bus part chaque jour à 15h : le tarif est excessif si l'on considère la vétusté et l'inconfort du véhicule.

Les bus réguliers à destination de Hoi An (5 000 d, 1 heure) partent d'une gare routière locale, à 200 m de la gare interurbaine. Tarif généralement plus élevé pour les étrangers.

MINIBUS
La plupart des voyageurs préfèrent séjourner à Hoi An plutôt qu'à Danang ; par ailleurs, Hoi An possède un meilleur service de minibus. Pour un bus avec billet "open" pour Hoi An ou Hué, contactez An Phu Tourist (p. 225) ; l'aller vous reviendra à 2 $US, quelle que soit la direction.

TRAIN
Danang est desservie par l'*Express de la Réunification* (voir p. 493) et de nombreux trains gagnent chaque jour HCMV, Hanoi et les villes intermédiaires.

La **gare** (Đ Hai Phong) se trouve à près de 1,5 km du centre-ville, à l'extrémité nord de Đ Hoang Hoa Tham. Le court trajet jusqu'à Hué (20 000 d) traverse des paysages parmi les plus beaux du pays. Surveillez vos effets personnels lors des longs passages de tunnels.

VOITURE ET MOTO
Pour Hoi An (30 km), le plus simple est de louer une voiture (environ 10 $US) auprès d'une agence de voyages (voir p. 225), ou une moto dans la rue (environ 6 $US). Moyennant un petit supplément, le chauffeur fera une halte aux montagnes de Marbre et à China Beach et vous y attendra.

Il est aussi possible de gagner My Son à moto (12 $US) ou en voiture (35 $US), et de se faire déposer à Hoi An au retour.

Hanoi se trouve à 764 km, Hué à 108 km et HCMV à 972 km de Danang.

Comment circuler
DEPUIS/VERS L'AÉROPORT
L'aéroport se trouve à 2 km à l'ouest du centre-ville : le trajet ne vous prendra donc que 10 minutes en *xe om* (moto-taxi) – comptez environ 10 000 d. La course en taxi (avec compteur) revient à 20 000 d.

CYCLO ET MOTO
Trouver une moto-taxi ou un cyclo ne présente aucune difficulté ; suivez les précautions habituelles et préparez-vous à marchander. Le **Tourism Pedicab Team** (☎ 887 722 ; 118 Đ Le Loi) est une compagnie

organisée qui prend 2 $US/heure pour un cyclo confortable.

TAXI
Airport Taxi (☎ 825 555) et **Dana Taxi** (☎ 815 815) possèdent des véhicules modernes avec clim. et compteur.

ENVIRONS DE DANANG
Musée Ho Chi Minh
Le **musée Ho Chi Minh** (Đ Nguyen Van Troi ; ☻ 7h-11h et 13h30-16h30), installé à 250 m à l'ouest de Đ Nui Thanh, se divise en trois parties : un ensemble de salles consacrées à l'histoire militaire, exposant des armes américaines, soviétiques et chinoises ; la copie conforme de la maison de Ho Chi Minh, à Hanoi (petit étang compris) ; et un musée dédié à Oncle Ho, situé de l'autre côté de l'étang.

Si vous n'avez pas le temps de visiter la véritable résidence du fondateur du Viet-Minh (ou l'une de ses multiples reproductions), cette réplique est incontournable.

Parc aquatique de Danang
Un immense **parc aquatique** (5 000 d, toboggan 30 000 d ; ☻ 9h-21h mer-lun) a ouvert ses portes début 2002 en bordure du fleuve, 2 km après le musée Ho Chi Minh.

Nui Son Tra (montagne aux Singes)
La péninsule de Son Tra, en grande partie occupée par une base militaire et navale, est interdite d'accès. Une belle route de campagne longe une partie de la côte, laquelle abrite une plage isolée et un mémorial en souvenir d'un épisode de l'époque coloniale.

En août 1858, des troupes françaises et philippines, menées par les Espagnols, attaquèrent Danang pour mettre un terme aux persécutions dont se rendait coupable le gouvernement de l'empereur Tu Duc à l'encontre des missionnaires et des catholiques vietnamiens. Si les assaillants n'eurent guère de mal à prendre la cité, ils durent par la suite affronter le choléra, la dysenterie, le scorbut, le typhus, ainsi que de mystérieuses fièvres : dès l'été suivant, les pertes humaines causées par la maladie surpassaient de vingt fois celles dues aux combats.

De nombreuses **tombes** des soldats espagnols et français se trouvent sous une chapelle à 15 km au nord de la ville. Les noms des victimes figurent sur les murs. Pour accéder au cimetière, traversez le

ENVIRONS DE DANANG

Vers le col de Hai Van
(3,5 km), Hué (81,5 km)
et Hanoi (748 km)

Kim Lien

Nam O

Baie
de Danang

Plage de Nam O

Plage
de Tien Sa

Cimetière
militaire
français
et espagnol

Péninsule
de Son Tra

Nui Son Tra
(montagne des Singes)

Port de Tien Sa

Bai But

MER
DE CHINE
MÉRIDIONALE

Vers la station
climatique
de Ba Na (42 km)

Voir la carte Danang p. 226

Vers la station climatique
de Ba Na (42 km)

Danang

Restaurants
de fruits de mer

Tourane
Hotel

Phuoc My

My Khe
Beach Hotel

Plage de My Khe

Gare routière
interurbaine et locale
de Danang

Restaurants
de fruits de mer

Hoa's Place

Aéroport
international
de Danang

Han

Pont Nguyen
Van Troi

China Beach

Musée
Ho Chi Minh

Parc aquatique
de Danang

Furama Resort
Danang

Plage de May An

Montagnes
de Marbre

Vinh Dien

Vers My Son (50 km)
et Ho Chi Minh-Ville (962 km)

Cam Le

Non Nuoc

Vers Hoi An (19 km)

Non Nuoc
Seaside Resort

Plage de
Non Nuoc

0   4 km

pont Song Han et tournez à gauche dans
Đ Ngo Quyen. Poursuivez vers le nord en
direction du port de Tien Sa (Cang Tien
Sa) : à votre droite, sur une petite colline,
vous apercevrez l'ossuaire, petit bâtiment
blanc, à peu près 500 m avant la porte du
port et en contrebas de la chapelle.

Nichée derrière le port et la chapelle, la
plage de Tien Sa offre un cadre tranquille, des
eaux claires propices à la baignade (malgré
les déchets) et un magnifique panorama sur
le col Hai Van.

En longeant la côte vers l'est, vous sen-
tirez la présence des usines de nuoc mam
bien avant de les apercevoir. Après quelques
kilomètres sur une route accidentée, vous
parviendrez au village balnéaire de **Bai But**,

étrange agrégat de minuscules **bungalows**
(50 000-100 000 d) éparpillés sur la colline en
surplomb de la plage. Très attrayants vus
de la plage, ils n'offrent toutefois qu'un
intérieur sommaire. La baie calme et somptueuse de Bai But compte aussi une poignée
de restaurants.

Plage de Nam O

La plage de Nam O s'étend dans la baie de
Danang, à 15 km au nord-ouest de la ville.
La petite communauté locale a longtemps
vécu de la fabrication des pétards, activité
interdite depuis 1995 par le gouvernement.
Pour survivre, la population locale s'est
tournée vers la production de nuoc mam,
malheureusement moins avantageuse.

La seconde spécialité de Nam O est le *goi ca*, filets de poisson cru marinés dans une sauce et recouverts d'une poudre épicée.

China Beach

Cette gigantesque plage, qui doit son nom à une série TV américaine, s'étire sur plusieurs kilomètres au nord et au sud des montagnes de Marbre. Pendant la guerre, les soldats américains étaient parachutés ici pour quelques heures ou jours de repos. Pour certains, le pique-nique de China Beach était le dernier repas avant leur retour au combat en hélicoptère.

China Beach part à peu près 30 km au sud de Nui Son Tra et s'étend presque jusqu'à Hoi An. Très fréquentée par les touristes vietnamiens et étrangers, elle accueille maintenant l'un des complexes hôteliers les plus chics du pays. De nombreux autres sont en construction, se déployant jusqu'à la plage de Cua Dai, près de Hoi An.

China Beach regroupe en fait deux plages, dont chacune porte un nom local.

La **plage de My Khe**, où les soldats américains venaient se reposer, et le rivage de la station balnéaire de Non Nuoc (p. 234) sont les plus fréquentés. Préparez-vous à y affronter une nuée de vendeurs brandissant casquettes "China Beach" et autres attrape-touristes. Toutefois, vous trouverez encore le long de ce littoral quelques coins tranquilles et isolés.

D'aucuns affirment que la China Beach des GI n'est pas le rivage actuellement mis en valeur mais se limiterait en réalité à My Khe, à 3 km du centre de Danang. Un courant sous-marin la rend extrêmement dangereuse, particulièrement en hiver. Toutefois, protégée des vents par la montagne Son Tra, My Khe reste la moins exposée de toutes.

La meilleure période pour se baigner aux alentours de Danang va de mai à juillet, quand la mer, habituellement agitée, se montre plus calme. Seules les plages de Non Nuoc, de My An et, parfois, celle de My Khe sont surveillées. C'est toutefois en hiver que l'on voit les plus belles déferlantes, idéales pour le **surf** – débutants s'abstenir. De mi-septembre à décembre, China Beach devient le paradis des surfers, surtout le matin lorsque le vent se lève. En décembre 1992, la première compétition internationale de surf au Vietnam s'est déroulée le long de China Beach.

OÙ SE LOGER ET SE RESTAURER

Hoa's Place (☎ 969 216 ; hoasplace@hotmail.com ; ch 4-6 $US). Retraite de légende pour les voyageurs ayant séjourné dans cette région, cette maison de taille moyenne, discrète et décontractée est tenue par un couple extrêmement accueillant. Sur la carte figurent des rouleaux de printemps aux crevettes et de la bière bon marché (6 000 d). Planches de surf à louer.

My Khe Beach Hotel (☎ 836 125 ; fax 836 123 ; s/d/d à partir de 12/16/20 $US ; ☒). Depuis que cette adresse bon marché, donnant directement sur la plage, a été rénovée, elle offre un bon rapport qualité/prix. Les chambres, dont les tarifs augmentent en fonction des dimensions et de la vue, possèdent toutes TV, réfrig. et eau chaude. L'hôtel abrite un bon restaurant, qui verse 10% de ses recettes à un organisme caritatif local.

Tourane Hotel (☎ 932 666 ; touranehotel@dng.vnn. vn ; ch 25-30 $US ; ☒). Installé face à la plage, cet hôtel n'a rien en commun avec le somptueux Saigon Tourane de Danang. Il montre au contraire quelques signes de fatigue. N'hésitez pas à payer 5 $US supplémentaires pour obtenir la suite de 2 chambres.

Furama Resort Danang (☎ 847 333 ; furamadn@hn.vnn.vn ; ch 160-500 $US ; ☒ ▯ ▣). Surplombant une portion privée de China Beach, cet élégant hôtel, le plus huppé de Danang (et, pendant longtemps, de tout le pays), dispose d'un centre de plongée, d'un practice de golf et de deux piscines panoramiques. Les chambres renferment une somptueuse sdb et tout le luxe digne d'un cinq-étoiles. Si vous avez envie de goûter au luxe, offrez-vous, moyennant 10 $US, l'accès à la superbe propriété, aux piscines et au centre de remise en forme pour une journée.

Non Nuoc Seaside Resort (☎ 836 214 ; fax 836 335). D'importants (et nécessaires) travaux de restauration étaient en cours lors de notre passage. Seuls les amoureux de l'architecture soviétique se désoleront de cette rénovation.

La plage de My Khe est l'endroit idéal pour les fruits de mer. À quelques mètres au nord du Tourane Hotel et au sud du My Khe Beach Hotel, deux rues de **restaurants de fruits de mer** (repas 25 000-100 000 d) alignent leur terrasse donnant sur l'océan. **Phuoc My** (☎ 831 962) concocte une cuisine succulente.

DEPUIS/VERS CHINA BEACH
Pour gagner China Beach depuis le centre de Danang, il suffit de franchir le pont Song Han, puis de suivre la direction de la mer. Un xe om peut vous y emmener et vous attendre 2 heures sur place moyennant quelque 3 $US. La plage s'étire jusqu'à Hoi An.

Montagnes de Marbre
Ces **montagnes** (10 000 d ; ⊙ 7h-17h) sont constituées de cinq gros affleurements en marbre. Aujourd'hui, toutefois, la majorité du marbre utilisé au Vietnam est importé de Chine : les Vietnamiens se sont en effet rendu compte qu'ils n'auraient rapidement plus ici ni marbre ni montagne pour attirer les touristes s'ils continuaient à en poursuivre l'extraction intensive.

Chaque montagne représenterait un élément naturel, dont il porte d'ailleurs le nom : Thuy Son (eau), Moc Son (bois), Hoa Son (feu), Kim Son (métal ou or) et Tho Son (terre). La plus haute et la plus réputée, Thuy Son, renferme de nombreuses grottes naturelles où, au fil des siècles, furent édifiés des sanctuaires hindous, puis bouddhiques. Thuy Son est un lieu de pèlerinage très fréquenté, plus particulièrement les nuits de pleine et de nouvelle lunes ainsi que durant le Têt.

Des deux chemins menant à Thuy Son, le plus proche de la plage (à l'extrémité du village) permet de faire un meilleur circuit une fois parvenu en haut ; à moins de vouloir faire le parcours dans l'autre sens, évitez donc l'escalier où se trouvent les kiosques en béton. Un droit d'entrée vous sera demandé, d'un côté comme de l'autre.

Au sommet de l'escalier se dresse le portique Ong Chon, criblé d'impacts de balles. Derrière ce portique se cache la **pagode Linh Ong**. En entrant dans le sanctuaire, à votre gauche, vous pourrez admirer un personnage fantastique tirant une langue énorme. Les bonzes vivent à droite de l'édifice, près d'un petit jardin d'orchidées.

Derrière la pagode, un chemin part vers la gauche et traverse deux tunnels pour mener à un ensemble de grottes, appelées **Tang Chon Dong**, où on peut admirer des bouddhas en béton et des blocs de pierre sculptés par les Cham. À côté d'un des autels, un escalier monte vers une autre grotte, partiellement ouverte et abritant deux bouddhas assis.

Pour poursuivre la visite, prenez le chemin qui ouvre immédiatement à gauche après le portique. Un escalier mène à Vong Hai Da, une petite terrasse panoramique offrant une vue magnifique sur China Beach et la mer de Chine. Le chemin pavé se poursuit vers la droite et débouche sur un canyon où se cache, à gauche, la **grotte de Van Thong**.

À la sortie du canyon, après avoir passé un portique endommagé par la guerre, un sentier rocailleux part sur la droite et aboutit à **Linh Nham**, une grande grotte en forme de cheminée qui abrite un petit autel. À côté, un autre chemin mène à **Hoa Nghiem**, cavité peu profonde renfermant une statue de Bouddha. En prenant le chemin à gauche du bouddha, on parvient à l'immense grotte de **Huyen Khong**, qui, éclairée par une ouverture sur le ciel, ressemble à une cathédrale. Son accès est gardé par des statues représentant deux mandarins administratifs (à gauche) et deux mandarins militaires (à droite).

La grotte abrite plusieurs **autels bouddhistes et confucéens** ; notez les inscriptions sur les murs en pierre. À droite, une porte donne sur deux stalactites qui, selon la légende, répandent des gouttes provenant du Ciel. En réalité, seule une d'entre elles suinte ; l'autre se serait asséchée au contact de la main de l'empereur Tu Duc. Durant la guerre du Vietnam, les combattants vietcong transformèrent la grotte en hôpital. À l'intérieur se trouve une plaque commémorative dédiée au groupe d'artilleuses qui, en 1972, détruisit 19 avions américains stationnés au pied des montagnes.

À gauche de la porte, endommagée par la guerre, s'élève la **pagode Tam Thai Tu**, restaurée par l'empereur Minh Mang en 1826. Un sentier obliquant à droite mène aux habitations des bonzes, puis à deux sanctuaires. De là, un chemin de terre rouge débouche sur cinq petites pagodes. Avant les résidences des moines, se trouve sur la gauche un escalier menant à la terrasse panoramique de Vong Giang Dai (vue imprenable sur les montagnes de Marbre et la campagne environnante). Pour redescendre, prenez le chemin donnant sur le portique de la pagode Tham Thai Tu.

Pensez à emporter une lampe de poche pour explorer ces grottes. Les enfants ont compris que les touristes raffolaient des souvenirs et qu'ils laissaient des pourboires aux guides improvisés : ne vous attendez donc pas à faire la visite seul. Une nouvelle réglementation, strictement appliquée, interdit aux enfants d'accepter les pourboires, tout en leur permettant de vendre des souvenirs. Cette loi semble saugrenue, car nombre de voyageurs préféreraient donner un pourboire aux enfants qu'acheter un souvenir médiocre. Ces enfants, insistants mais gentils, vous aideront à trouver les grottes les plus isolées.

Hameau de Non Nuoc

Ce hameau se trouve sur le versant sud de Thuy Son, à quelques centaines de mètres à l'ouest de la plage de Non Nuoc. Les artisans y réalisent de magnifiques sculptures sur marbre.

Le village a été entièrement restauré pour attirer les touristes. Pendant la guerre, les Américains avaient baptisé le bidonville voisin "Dogpatch", nom d'une ville fantôme de la bande dessinée *L'il Abner*. À l'époque,

la plupart des habitants étaient des réfugiés fuyant les combats.

DEPUIS/VERS LES MONTAGNES DE MARBRE

Les bus reliant Danang à Hoi An (billets 5 000 d) peuvent déposer les voyageurs aux montagnes de Marbre, à 19 km au nord de Hoi An. La route est en passe de devenir une voie rapide. On y accède aussi par bateau au départ de Danang : ce trajet de 8,5 km sur les fleuves Han et Vinh Diem prend environ 1 heure 15.

HOI AN

☎ 0510 / 75 800 hab.

Véritable musée vivant, cette ville portuaire déborde de charme et son cadre enchanteur invite à la flânerie. Connue sous le nom de Faifo au temps des premiers marchands occidentaux, elle fut, du XVIIᵉ au XIXᵉ siècle, l'un des principaux ports internationaux d'Asie du Sud-Est. À son apogée, Hoi An, cité contemporaine de Macao et de Malacca (Malaisie), était une étape incontournable

---

L'ARCHITECTURE DE HOI AN

Nombre des bâtiments en bois de Hoi An sont antérieurs au XIXᵉ siècle. Ainsi, les plus imaginatifs se retrouveront aisément transportés quelques siècles en arrière, lorsque les navires se pressaient à quai, que les porteurs surchargés se bousculaient entre les entrepôts et que les marchands négociaient dans un enchevêtrement de langues.

Peu touchée par la guerre du Vietnam, Hoi An fait aujourd'hui figure de vitrine de l'histoire vietnamienne. À ce jour, on y recense plus de 800 édifices historiques : maisons et boutiques, puits, chapelles privées dédiées au culte d'un ancêtre, pagodes, temples vietnamiens et chinois, ponts, bâtiments publics, maisons communes des congrégations chinoises, tombeaux (vietnamiens, chinois et japonais ; il ne reste aucune tombe européenne originelle). Bon nombre de bâtiments anciens ont conservé des particularités architecturales, devenues rares de nos jours : ainsi les devantures de certains magasins se ferment-elles toujours à l'aide de planches glissées horizontalement dans des fentes, elles-mêmes creusées dans les colonnes soutenant la toiture. De même, certains toits sont constitués de tuiles *am-duong* (yin-yang) de couleur brique, ainsi nommées en raison de leur forme concave et convexe permettant un assemblage parfait. Au cours de la saison des pluies, le lichen et la mousse qui y poussent recouvrent les toitures d'un vert éclatant. De nombreuses portes sont surmontées d'un morceau de bois circulaire portant le symbole du *am* et du *duong*, qu'entoure une spirale. Ces *mat cua* (yeux attentifs) ont pour rôle de protéger les habitants de ces demeures.

Peu à peu, les autorités de la ville rénovent les édifices historiques, accomplissant de réels efforts pour préserver son caractère unique. Elles y apportent beaucoup de soin : il faut obtenir un permis avant d'entreprendre la rénovation d'une maison ancienne et les travaux doivent faire preuve de goût. De nombreux propriétaires font payer jusqu'à 3 $US la visite guidée de leur maison, mais vous pouvez négocier. Le gouvernement autorise cette pratique à condition que l'argent soit affecté à la rénovation des habitations.

La conservation des monuments historiques bénéficie de l'appui de l'Institut archéologique de Hanoi, de l'Amitié Japon-Vietnam, ainsi que d'experts européens et japonais.

pour les marchands hollandais, portugais, chinois, japonais et autres : de là, les bateaux vietnamiens partaient commercer avec toutes les villes du Vietnam, de Thaïlande et d'Indonésie. Plus que toute autre cité vietnamienne, Hoi An exhale un parfum d'histoire et de culture qui vous envahit au fur et à mesure de votre visite.

Chaque année, la saison des pluies, en particulier les mois d'octobre et de novembre, apporte son lot de crues, notamment dans les quartiers proches du front de mer. La plus sévère, celle de 1964, fit grimper l'eau jusqu'aux toits.

La "nuit légendaire de Hoi An" se déroule le 14e jour de chaque mois lunaire (nuit de la pleine lune) de 17h30 à 22h. À l'occasion de cette fête, très pittoresque, la ville organise des dégustations de cuisine traditionnelle, des spectacles de musique et de danse, ainsi que des jeux, qui se déroulent dans les rues du centre-ville éclairées à la lueur des lanternes – la circulation est alors interdite, y compris aux motos.

Hoi An est un lieu très agréable pour les piétons : la vieille ville est fermée aux voitures et tous les hôtels sont à une distance raisonnable du centre. Elle offre également une multitude d'activités. Pour une promenade d'une demi-journée, suivez l'itinéraire indiqué dans l'encadré (p. 238) et profitez-en pour admirer les sites d'intérêt.

Parmi les autres activités figurent les cours de cuisine vietnamienne, la découverte du travail des artisans locaux (sculpture sur bois, peintures, céramiques et tissage), la croisière sur le fleuve, la promenade à bicyclette jusqu'à la plage ou la tournée des tailleurs pour renouveler votre garde-robe. Il vous faudra bien rester au moins quelques jours !

Histoire

On a récemment découvert à Hoi An des fragments de céramique vieux de 2 200 ans : ce sont les plus anciens vestiges d'occupation humaine, que l'on attribue à la civilisation Sa Huynh du nord du Vietnam et datant de la fin de l'âge du fer.

Du IIe au Xe siècle, cette région se situait au cœur du royaume du Champa. Durant cette période furent fondés la capitale cham de Simhapura (Tra Kieu) et les temples d'Indrapura (Dong Duong) et My Son

(voir l'encadré p. 249). Comme l'attestent les documents perses et arabes datant de la fin de cette époque, Hoi An était une cité active qui servait de port d'approvisionnement. Les archéologues ont découvert aux alentours les fondations de nombreuses tours cham, démantelées par les colons vietnamiens pour leur propre usage.

En 1307, le roi cham épousa la fille d'un monarque de la dynastie des Tran et fit don aux Vietnamiens de la province de Quang Nam. À sa mort, son successeur contesta la légitimité de ce présent et entreprit de récupérer la province ; pendant plus d'un siècle, la région fut donc en proie au chaos le plus total. Au XVe siècle, la paix revenue, le commerce put reprendre normalement son cours. Au cours des quatre siècles suivants, Chinois, Japonais, Hollandais, Portugais, Espagnols, Indiens, Philippins, Indonésiens, Thaïlandais, Français, Britanniques et Américains vinrent tous s'y approvisionner en soie (particulièrement réputée), étoffes, papier, porcelaine, thé, sucre, mélasse, noix d'arec, poivre, plantes médicinales chinoises, ivoire, cire d'abeille, nacre, laque, soufre et plomb.

Au printemps, poussés par les vents du nord-est, les navires chinois et japonais appareillaient vers le sud. Ils séjournaient à Hoi An jusqu'à l'été, reprenant la mer avec les vents du sud. Au cours de leurs quatre mois en ville, les marchands louaient sur le front de mer des maisons qui servaient à la fois d'entrepôt et de résidence. Certains d'entre eux y installèrent par la suite des représentants habilités à gérer leurs affaires sur place le reste de l'année : c'est ainsi que s'implantèrent les premières colonies étrangères – à l'exception toutefois des Japonais, auxquels leur gouvernement interdit dès 1637 tout contact avec le monde extérieur.

C'est par Hoi An que le christianisme pénétra au Vietnam. De tous les missionnaires du XVIIe siècle, le plus célèbre est le père Alexandre de Rhodes, inventeur de l'écriture *quoc ngu* qui a romanisé la calligraphie de la langue vietnamienne.

Presque entièrement détruite par la révolte des Tay Son entre les années 1770 et 1790, Hoi An fut reconstruite et garda son statut de plaque tournante commerciale jusqu'à la fin du XIXe siècle. Toutefois, l'ensablement du fleuve Thu Bon (Cai), qui relie Hoi An

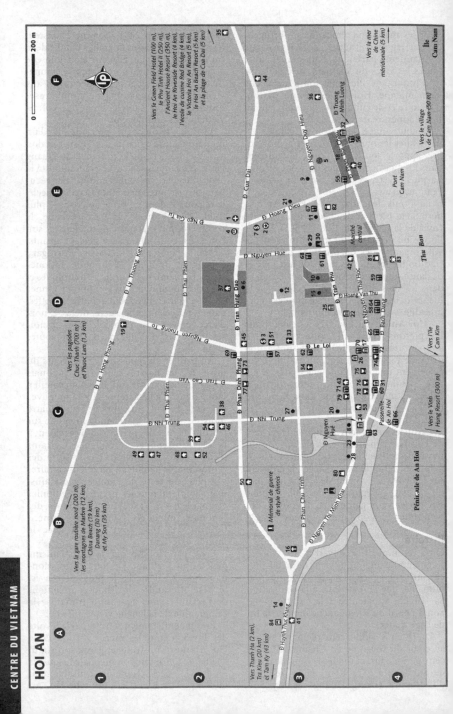

HOI AN

0 — 200 m

Vers la gare routière nord (200 m),
les montagnes de Marbre (12 km),
China Beach (19 km),
Danang (30 km)
et My Son (35 km)

Vers les pagodes
Chuc Thanh (700 m)
et Phuoc Lam (1,3 km)

Vers le Green Field Hotel (100 m),
le Phu Tinh Hotel II (250 m),
l'Ancient House Resort (350 m),
le Hoi An Riverside Resort (4 km),
l'école de cuisine Red Bridge (4 km),
le Victoria Hoi An Resort (5 km),
le Hoi An Beach Resort (5 km)
et la plage de Cua Dai (5 km)

Vers la mer
de Chine
méridionale (5 km)

Île
Cam Nam

Vers le village
de Cam Nam (50 m)

D Ly Thuong Kiet

D Le Hong Phong

D Nguyen Truong To

D Thai Phien

D Tran Hung Dao

D Ngo Gia Tu

D Cua Dai

D Nguyen Duy Hieu

D Truong Minh Luong

D Hoang Dieu

D Nguyen Hue

D Phan Boi Chau

D Tran Phu

D Thai Hoc

D Hoang Van Thu

D Bach Dang

D Le Loi

D Phan Dinh Phung

D Tran Cao Van

D Thai Phien

D Nhi Trung

D Nhi Trung

D Nguyen Hue

D Nguyen Tri Minh Khai

D Phan Chu Trinh

D Huynh Thuc Khang

Marché
central

Thu Bon

Pont
Cam Nam

Passerelle
de An Hoi

Péninsule de An Hoi

Vers l'île
Cam Kim

Vers le Vinh
Hung Resort (300 m)

Mémorial de guerre
de style chinois

Vers Thanh Ha (2 km),
Tra Kieu (20 km)
et Tam Ky (43 km)

à la mer, commença à gêner la navigation ; Danang (Tourane) éclipsa donc peu à peu Hoi An en tant que port et centre du commerce. En 1916, un terrible orage détruisit la ligne ferroviaire qui reliait Danang à Hoi An ; elle ne fut jamais reconstruite.

Sous la domination française, Hoi An était un centre administratif. Pendant la guerre du Vietnam, la ville demeura quasiment intacte grâce à un accord passé entre les deux parties.

C'est à Hoi An que vint s'implanter la première colonie chinoise du Sud. Les *hoi quan* chinoises (maisons communes des congrégations) jouent encore, à l'heure actuelle, un rôle essentiel auprès de la population chinoise du Sud, dont une partie fait parfois de longs voyages pour venir assister aux célébrations de Hoi An. Actuellement, on estime à 1 300 le nombre d'habitants d'origine chinoise. Vietnamiens et Chinois cohabitent en parfaite harmonie, probablement parce que ces derniers ont réussi leur assimilation au point de parler vietnamien entre eux.

Renseignements
ACCÈS INTERNET
Vous trouverez des cybercafés dans toutes les rues de Hoi An. La plupart facturent de 100 d à 200 d/minute (connexion minimale de 10 minutes).

Min's Computer (☎ 914 323 ; 131 Ð Nguyen Duy Hieu). L'un des rares établissements possédant une connexion haut débit.

AGENCES DE VOYAGES
Hoi An compte une pléthore d'agences de voyages. Consultez les agences rassemblées en face du Hoi An Hotel, dans Ð Tran Hung Dao. Elles offrent presque toutes les mêmes services (excursions à My Son, réservations des billets de bus et d'avion, prorogations de visa). La concurrence restant assez rude, vous pouvez, en cas de prestation coûteuse ou spécifique, en faire le tour avant de vous décider.

ARGENT
Incombank (9 Ð Le Loi). Banque centrale, pratique pour changer des espèces.
Vietcombank (Ð Tran Hung Dao). Change et DAB.
Vietincombank (4 Ð Hoang Dieu). Offre les meilleures prestations : DAB, change des espèces et des chèques de voyage, avances sur carte de crédit.

LIBRAIRIES
Des livres d'occasion sont en vente dans plusieurs boutiques et agences de voyages de Ð Le Loi.

PROMENADE DANS HOI AN

Cet itinéraire permet de découvrir les principaux sites de Hoi An en une demi-journée. Le circuit part de la **pagode Phac Hat (1)**. Longez Ð Phan Chu Trinh vers l'est, puis bifurquez à droite dans l'allée à côté du n° 69, où se trouve la **chapelle de la famille Truong (2)**. De retour dans la rue principale, repérez, à l'angle nord-est de Ð Phan Chu Trinh, la **chapelle de la famille Tran (3)**. Dirigez-vous vers le sud dans Ð Le Loi et tournez à gauche dans Ð Tran Phu, à l'intersection suivante ; visitez le **musée de la Céramique de commerce (4)**. Face au musée se dresse la **maison historique du 77 Ð Tran Phu (5)**. Continuez dans Ð Tran Phu jusqu'à ce que vous aperceviez un groupe de bâtiments intéressants sur le côté gauche, dont fait partie la **maison commune des congrégations chinoises (6)** et celle de la **congrégation chinoise du Fujian (7)**. Revenez sur la route et poursuivez vers l'est jusqu'au croisement suivant, où se dresse le **temple Quan Cong (8)**. Faites un court détour vers le nord par Ð Nguyen Hue jusqu'à la **pagode Quan Am** et le **musée d'Histoire (9)** ; de retour dans Ð Tran Phu, toujours vers l'est, vous apercevrez à votre gauche la **maison commune de la congrégation chinoise de Hainan (10)**. Traversez l'intersection suivante, après laquelle la rue prend le nom de Ð Nguyen Duy Hieu ; sur votre gauche se dresse celle de la **congrégation chinoise de Chaozhou (11)**.

Prenez la deuxième rue à droite, puis bifurquez une nouvelle fois à droite dans Ð Phan Boi Chau. Entre les n°22 et 73 s'étend un ensemble de demeures françaises à colonnades, dont la **maison Tran Duong (12)**, qui date du XIXe siècle. Promenez-vous dans Ð Phan Boi Chau, prenez la quatrième rue sur votre droite, puis tournez à gauche dans Ð Nguyen Thai Hoc et appréciez son atmosphère si particulière. Prenez à droite dans Ð Le Loi, puis à gauche dans Ð Tran Phu : vous apercevrez, immédiatement à votre gauche, la **maison ancienne du 103 Tran Phu (13)**. Continuez vers l'ouest, en observant au passage la **maison commune de la congrégation chinoise de Canton (14)**. Un peu plus loin sur la gauche se trouve le **musée de la Culture de Sa Huynh (15)**. Après le musée, ne manquez pas le célèbre **pont couvert japonais (16)**, qui relie Ð Tran Phu à Ð Nguyen Thi Minh Khai. En poursuivant vers l'est, admirez la **maison ancienne Phung Hung (17)**. Faites une pause au **temple Cam Pho (18)**.

De là, vous pouvez revenir sur vos pas ou continuer jusqu'à la **pagode caodai (19)**. Revenez ensuite par le pont japonais, bifurquez à droite et suivez la route jusqu'à Ð Nguyen Thai Hoc, où vous verrez, au n°101, la **maison Tan Ky (20)**. Sur la gauche, avant le carrefour suivant, se dresse la **maison Diep Dong Nguyen (21)**. Ensuite, installez-vous au calme pour savourer une boisson fraîche : vous l'avez bien mérité !

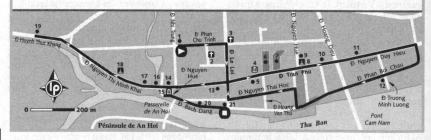

Hoi An Bookstore (☎ 916 272 ; 6 Ð Nguyen Thi Minh Khai). Librairie la plus importante pour les ouvrages historiques et culturels sur Hoi An et le Vietnam en général.

POSTE
Poste principale (48 Ð Tran Hung Dao). Services postaux et de télécommunication à l'international. À l'angle de Ð Ngo Gia Tu.

URGENCES
Hoi An Hospital (☎ 861 364 ; 10 Ð Tran Hung Dao). En cas de problème grave, allez plutôt à Danang.
Commissariat (☎ 861 204 ; 84 Ð Hoang Dieu)

Désagréments et dangers
En général, Hoi An est très sûre ; des voyageurs nous ont cependant rapporté des vols à l'arraché dans le quartier peu éclairé du

marché. Évitez de vous promener dans ce secteur la nuit.

Nous avons également eu vent de femmes suivies jusqu'à leur hôtel et agressées. Ces faits sont rares, cependant. Si vous êtes seule, faites-vous raccompagner jusqu'à votre lieu d'hébergement. Si, par extraordinaire, vous vous retrouviez dans une situation dangereuse, criez très fort : Hoi An étant très calme la nuit, le bruit se répercute très loin.

Les rabatteurs avaient coutume de ne pas lâcher les voyageurs d'une semelle ; lors de notre dernière visite, ils avaient mystérieusement disparu. Hoi An est devenue très tranquille depuis qu'il est interdit de racoler dans la rue.

À voir

Classée au patrimoine mondial de l'Unesco, la **vieille ville de Hoi An** (www.hoianworldheritage.org ; 50 000 d) bénéficie d'une réglementation très efficace : celle-ci s'efforce de préserver son patrimoine en ouvrant au public les monuments historiques et culturels d'importance, interdisant les rues aux véhicules motorisés, protégeant les façades et limitant la hauteur des bâtiments. Si seulement Hanoi suivait cet exemple pour sa vieille ville !

Les droits d'entrée sont destinés au financement de ces travaux de conservation. Le billet donne droit à la visite de plusieurs sites, classés selon un système complexe. Vous pouvez arpenter toutes les rues anciennes et visiter un site dans chacune des cinq catégories suivantes : musées, maisons communes, anciennes demeures, "culture immatérielle" concerts de musique traditionnelle ou ateliers d'artisanat – et "autres" (comme le temple de Quan Cong ou celui du pont couvert japonais). Pour voir d'autres monuments, vous devrez acheter un billet supplémentaire à l'un des nombreux guichets.

Il est difficile de faire un choix lorsqu'on ne veut acheter qu'un seul billet. Le musée le plus intéressant est celui de la céramique commerciale en raison de sa collection de superbes porcelaines mais aussi pour la beauté de l'édifice qui l'abrite. De toutes les maisons communes, celle de la congrégation de Fujian reçoit sans doute notre préférence. En ce qui concerne les vieilles demeures, la maison Tan Ky fait voyager le visiteur au début du XIXᵉ siècle. Le choix d'un élément

de la catégorie "culture immatérielle", que ce soit un spectacle de musique ou la visite d'un atelier, est d'ordre purement personnel. Le choix pour la catégorie "autres" se révèle plus simple : optez pour la visite du temple Quan Cong, puisqu'il est possible de se rendre sur le pont japonais sans payer. Le ticket, en fait, donne accès à un petit tombeau qui se révèle nettement moins intéressant que le pont lui-même.

Le système semble assez mal contrôlé, mais espérons que les fonds récoltés sont bel et bien attribués aux projets de restauration et de préservation. Malgré l'afflux des touristes, Hoi An reste une cité conservatrice et il est conseillé de porter sur les sites une tenue convenable.

PAGODE PHAC HAT
Cette **pagode** moderne, à la façade recouverte de céramiques et de peintures colorées, est un lieu de culte actif.

CHAPELLE DE LA FAMILLE TRUONG
Fondée il y a deux siècles, la **chapelle de la famille Truong** est dédiée aux ancêtres de la famille Truong, d'origine chinoise. Nombre de plaques commémoratives furent offertes par différents empereurs vietnamiens, pour récompenser cette famille de fonctionnaires et de mandarins pour ses loyaux services à la cour impériale. On y accède par une petite allée jouxtant le 69 Đ Phan Chu Trinh.

CHAPELLE DE LA FAMILLE TRAN
À l'angle nord-est de Đ Phan Chu Trinh, la **chapelle de la famille Tran** (21 Đ Le Loi), dédiée aux ancêtres, fut érigée il y a quelque 200 ans. Sa construction fut financée par des membres de cette famille chinoise venue s'installer au Vietnam vers 1700. L'architecture de l'édifice porte des influences chinoise et japonaise. Sur l'autel, des coffrets en bois renferment les tablettes en pierre des ancêtres, sur lesquelles figurent des idéogrammes chinois.

MUSÉE DE LA CÉRAMIQUE DE COMMERCE
Installé dans une maison joliment restaurée, le charmant **musée de la Céramique de commerce** expose une collection de céramiques bleues et blanches de la période Dai Viet. Ne manquez pas d'admirer la superbe mosaïque en céramique au-dessus du bassin de la cour intérieure.

MAISON DU 77 Đ TRAN PHU

Cette **maison privée** (77 Tran Phu; ☺ 7h-17h), au droit d'entrée minime, date d'environ trois siècles. Les boiseries des salles entourant la cour sont très finement sculptées, tout comme les poutres et le toit en forme de crabe (dans le salon jouxtant la cour). Observez les carreaux de céramique verte sur la balustrade du balcon de la cour intérieure.

MAISON COMMUNE
DES CONGRÉGATIONS CHINOISES

Fondée en 1773, la **maison commune des congrégations chinoises** (Chua Ba) accueillait les cinq congrégations chinoises de Hoi An : Fujian, Canton, Hainan, Chaozhou et Hakka. Les pavillons de la cour principale présentent des éléments typiques de l'architecture française du XIXᵉ siècle.

L'entrée principale du bâtiment se trouve Đ Tran Phu ; toutefois, on ne peut actuellement y accéder que par l'arrière, par le 31 Đ Phan Chu Trinh.

MAISON COMMUNE
DE LA CONGRÉGATION CHINOISE DE FUJIAN

Initialement vouée à l'accueil des réunions de la communauté, cette **maison commune** (face au 35 Đ Tran Phu) fut plus tard transformée en temple dédié au culte de Thien Hau, divinité née dans la province de Fujian. La porte triple fut rajoutée à l'édifice en 1975.

Près de l'entrée du hall principal, le mur de droite présente une peinture de Thien Hau : éclairée par une lanterne, celle-ci traverse une mer déchaînée pour sauver un bateau en détresse. En face sont représentés les chefs des six familles qui quittèrent le Fujian au XVIIᵉ siècle pour s'installer à Hoi An après la chute de la dynastie Ming.

L'avant-dernière salle accueille la statue de la déesse. De part et d'autre de l'entrée se tiennent Thuan Phong Nhi, à la peau rouge, et Thien Ly Nhan, à la peau verte. Ils sont chargés, grâce à leur vue perçante et leur ouïe fine, de repérer les navires en détresse et d'en avertir Thien Hau pour qu'elle parte à leur secours. Contre le mur de droite est exposée la maquette d'un vaisseau chinois reproduit à l'échelle 1/20ᵉ.

Dans la dernière salle, l'autel central abrite les statuettes assises des six chefs de famille. Au-dessous, de plus petites statues représentent leurs successeurs à la tête du clan. Sous une petite cloche en verre de 30 cm de haut se trouve une statuette de Le Huu Trac, un médecin vietnamien aussi célèbre au Vietnam qu'en Chine.

Derrière l'autel, à gauche, se tient le dieu de la Prospérité ; à droite, trois fées et 12 *ba mu* (sages-femmes), plus petites, transmettent au nouveau-né une compétence qui lui sera nécessaire au cours de sa première année de vie – sourire, téter, se coucher sur le ventre, etc. Les couples sans enfant ont coutume de venir prier ici. Les trois groupes de statues symbolisent les éléments centraux de la vie des Chinois : l'ascendance, la descendance et le bien-être matériel.

Dans la pièce située à droite de la cour, l'autel central rend hommage aux anciens chefs de la congrégation. De chaque côté sont énumérés les bienfaiteurs de la communauté, les femmes à gauche et les hommes à droite. Les panneaux muraux figurent les quatre saisons.

La maison commune de la congrégation chinoise de Fujian, relativement bien éclairée, peut donc se visiter après la tombée de la nuit. Déchaussez-vous avant de monter sur l'estrade, juste après les nefs.

TEMPLE QUAN CONG

Fondé en 1653, le **temple Quan Cong** (Chua Ong ; 24 Đ Tran Phu) est un temple chinois dédié à Quan Cong, dont la statue de papier mâché sur une âme de bois, partiellement dorée, trône sur l'autel central à l'arrière du sanctuaire. À gauche, une statue représente le général Chau Xuong, l'un des gardes de Quan Cong, dans une pose avantageuse. À droite apparaît Quan Bing, mandarin administratif plutôt replet. Le cheval blanc grandeur nature rappelle celui que montait Quan Cong avant qu'on ne lui offre un cheval rouge d'une extraordinaire endurance, souvent représenté dans les pagodes chinoises.

Sur les murs, des plaques de pierre dressent la liste des généreux donateurs qui financèrent la construction et la rénovation du temple. En passant dans la cour, jetez un coup d'œil sur les toits, décorés de carpes. Symbole de patience dans la mythologie chinoise, ce poisson est couramment représenté à Hoi An.

Ôtez vos chaussures avant de monter sur l'estrade, devant la statue de Quan Cong. Notez que, selon l'ancien système de numérotation, l'adresse est 168 Đ Tran Phu.

PAGODE QUAN AM ET MUSÉE D'HISTOIRE
D'allure assez austère, la **pagode Quan Am** et le **musée d'Histoire** (7 Đ Nguyen Hue ; ☾ 8h-17h) abritent une petite collection de carillons de temple, de gongs et de canons en bronze. Quelques objets cham sont aussi exposés.

MAISON COMMUNE DE LA CONGRÉGATION CHINOISE DE HAINAN
Datant de 1883, cette **maison commune** (Đ Tran Phu ; ☾ 8h-17h) est dédiée à la mémoire des 108 marchands de Hainan accusés à tort de piraterie et exécutés dans la province de Quang Nam, sous le règne de l'empereur Tu Duc. Sur les estrades richement ornées se trouvent des plaques commémoratives. Devant l'autel central, vous pourrez admirer une sculpture de bois finement dorée, représentant une scène de la cour chinoise.

MAISON COMMUNE DE LA CONGRÉGATION CHINOISE DE CHAOZHOU
C'est en 1776 que les Chinois originaires de Chaozhou construisirent leur **maison commune** (face au 157 Đ Nguyen Duy Hieu ; ☾ 8h-17h). Les poutres en bois, les murs et les autels sont magnifiquement sculptés. Face à l'autel, sur les portes, vous pourrez contempler deux jeunes Chinoises coiffées à la japonaise.

MAISON TRAN DUONG
Entre les 22 et 73 Đ Phan Boi Chau, vous pourrez admirer un ensemble de bâtisses à colonnades de style français, parmi lesquelles la **maison Tran Duong** (25 Đ Phan Boi Chau ; entrée libre, donation bienvenue ; ☾ 9h-18h), qui remonte au XIXᵉ siècle. M. Duong, sympathique professeur de mathématiques à la retraite, fait volontiers visiter sa demeure et en raconte l'histoire en français.

MAISON ANCIENNE DU 103 TRAN PHU
La devanture et les stores en bois de ce **magasin** éclectique (103 Đ Tran Phu) forment une belle toile de fond photographique. Des ouvrières y fabriquent des lanternes en soie. Vous y trouverez de tout, des poissons d'aquarium jusqu'au shampooing.

MAISON COMMUNE DE LA CONGRÉGATION CHINOISE DE CANTON
Érigée en 1786, cette **maison commune** (176 Đ Tran Phu ; ☾ 8h-17h) possède un autel principal dédié à Quan Cong avec, de chaque côté, des éventails de cuivre à long manche. Le linteau, les montants de la porte principale et nombre de colonnes porteuses furent réalisés dans un seul bloc de granit. Les autres colonnes furent confectionnées en bois de jaquier, réputé pour sa solidité. Face à l'entrée principale, des sculptures intéressantes ornent les poutres du toit.

MUSÉE DE LA CULTURE DE SA HUYNH
Ce **musée** (149 Đ Tran Phu ; ☾ 8h-17h) expose des objets antiques du début de la civilisation Dong Son de Sa Huynh. Le bâtiment en lui-même n'offre rien d'exceptionnel, mais ses collections méritent une visite.

PONT COUVERT JAPONAIS
Ce célèbre **pont** (Cau Nhat Ban ou Lai Vien Kieu) relie le 155 Đ Tran Phu au 1 Đ Nguyen Thi Minh Khai. C'est la communauté japonaise de Hoi An qui, en 1593, construisit un premier pont à cet emplacement, afin d'établir une voie de communication avec le quartier chinois situé sur l'autre rive. Le pont fut doté d'un toit pour que les citadins puissent venir s'y abriter de la pluie ou du soleil.

D'une solidité à toute épreuve, il fut apparemment conçu, à l'origine, pour résister aux tremblements de terre. Au fil des siècles, son ornementation est restée relativement fidèle au style japonais. Sa sobriété contraste de manière frappante avec la richesse des décorations vietnamiennes et chinoises. Les Français avaient aplani la chaussée pour faciliter le passage des véhicules, mais les grands travaux de rénovation entrepris en 1986 lui ont rendu sa forme convexe originelle.

Sa partie nord abrite un petit **temple** (Chua Cau). Au-dessus de la porte est inscrit le nom qui lui fut attribué en 1719 : Lai Vien Kieu (pont des Passants du lointain) n'a jamais réellement réussi à détrôner l'appellation d'origine.

Selon la légende, il existait jadis un monstre géant du nom de Cu, dont la tête se trouvait en Inde, la queue au Japon et le corps au Vietnam. Chacun de ses mouvements provoquait au Vietnam une série de catastrophes naturelles (inondations ou tremblements de terre). Les habitants auraient alors érigé un pont sur le "talon d'Achille" de la bête, afin de la tuer. Après sa mort, la population, prise de pitié, aurait construit ce temple pour rendre hommage à son âme.

Les accès du pont sont gardés, d'un côté, par deux singes et, de l'autre, par deux chiens. Deux légendes justifient la présence de ces sentinelles : selon la première, ces animaux faisaient l'objet d'un culte particulier car nombre d'empereurs japonais étaient nés sous le signe du Chien ou du Singe ; quant à la seconde, elle affirme que la construction du pont commença une année du Singe pour s'achever une année du Chien.

Une stèle énumère les noms des Vietnamiens et des Chinois ayant contribué à financer sa rénovation. Ces inscriptions sont rédigées en *chu nho* (caractères chinois), l'écriture *nôm* étant alors encore peu usitée dans cette région.

MAISON ANCIENNE PHUNG HUNG

Dans cette rue bordée de nombreux bâtiments de toute beauté, cette **maison ancienne** (4 Đ Nguyen Thi Minh Khai ; ☽ 8h-19h) se détache du lot ; elle abrite désormais une librairie et expose les créations originales de céramistes. Promenez-vous dans la boutique pour en apprécier l'atmosphère.

TEMPLE CAM PHO

Plus récent et moins décoré, ce **temple** (52 Đ Nguyen Thi Minh Khai ; ☽ 8h-17h) est remarquable, notamment, pour son toit bordé de dragons en céramique.

PAGODE CAODAI

Cette petite **pagode caodai** (entre le 64 et le 70 Đ Huynh Thuc Khang), à proximité de la gare routière, date de 1952. Le lieu n'héberge désormais qu'un seul prêtre.

MAISON TAN KY

Construite il y a deux siècles pour un riche marchand vietnamien, la **maison Tan Ky** (☎ 861 474 ; 101 Đ Nguyen Thai Hoc ; ☽ 8h-12h et 14h-16h30) est remarquablement bien conservée : son aspect est presque identique à celui du début du XIXe siècle.

Son agencement est révélateur des influences japonaise et chinoise sur l'architecture locale : au titre des éléments nippons figure le plafond (juste avant la cour), soutenu par trois poutres de tailles différentes superposées en ordre décroissant. On retrouve des madriers similaires dans le salon. Sous le plafond en forme de crabe furent sculptés des sabres, symboles de la force, ornés d'un ruban de soie, qui représente la flexibilité.

De certaines colonnes pendent des poèmes chinois inscrits en nacre incrustée. Les caractères ornant ces panneaux, réalisés il y a un siècle et demi, se composent exclusivement d'oiseaux représentés avec grâce dans plusieurs positions de vol.

La cour remplit ici quatre fonctions : elle laisse entrer la lumière, permet à l'air de circuler, apporte un peu de végétation au sein de la maison, recueille et évacue l'eau de pluie. Les dalles de pierre qui recouvrent le sol du patio proviennent de la province de Thanh Hoa (Centre-Nord). Les balustrades de bois, ornées de feuilles de vigne gravées rappelant l'influence européenne, témoignent de la fusion culturelle unique de Hoi An.

L'arrière de la maison donne sur le fleuve ; cette partie était autrefois louée aux marchands étrangers. Comme l'attestent les deux poulies qui se balancent au-dessus de la porte d'entrée, la maison servait à la fois de résidence et de lieu de négoce.

Le toit recouvert de tuiles et le plafond en bois permettaient de garder la chaleur en hiver et la fraîcheur en été. Les dalles du sol proviennent des environs de Hanoi.

Bien que privée, la maison Tan Ky fait partie des monuments auxquels donne accès le billet d'entrée dans la vieille ville (voir p. 239). Le propriétaire, dont la famille habite ici depuis sept générations, parle couramment français.

MAISON DIEP DONG NGUYEN

La **maison Diep Dong Nguyen** (58 Đ Nguyen Thai Hoc ; entrée libre ; ☽ 8h-12h et 14h-16h30) était au XIXe siècle celle d'un marchand chinois, ancêtre des actuels propriétaires. La première pièce du rez-de-chaussée, servait à pratiquer la médecine chinoise (*thuoc bac*) : les plantes médicinales étaient conservées dans les vitrines qui tapissent les murs. À l'étage, vous pourrez admirer une collection d'objets anciens ayant appartenu à la famille, comprenant des photographies, des porcelaines et des meubles. Attention, ces objets ne sont pas à vendre ! Deux de ces chaises furent autrefois prêtées par la famille à l'empereur Bao Dai.

ÉGLISE DE HOI AN

Les seules tombes d'Européens à Hoi An se trouvent dans la cour de cette **église** (angle Đ Nguyen Truong To et Đ Le Hong Phong) : ce bâtiment moderne prit la place d'un édifice plus ancien, construit sur un autre site. Les dépouilles de plusieurs missionnaires du XVIIIe siècle y furent alors transférées.

PAGODE CHUC THANH

Érigée en 1454 par Minh Hai, un bonze originaire de Chine, la **pagode Chuc Thanh** (Khu vuc 7, Tan An ; ☺ 8h-18h) est la plus ancienne de Hoi An. On peut y admirer des objets rituels utilisés depuis des siècles : plusieurs cloches, un gong de pierre vieux de 200 ans et un gong de bois en forme de carpe, que l'on dit encore plus ancien. Aujourd'hui, plusieurs bonzes âgés y résident.

Dans le sanctuaire principal, des caractères chinois dorés, gravés sur une poutre rouge, relatent la construction de la pagode. Un bouddha A Di Da, accompagné de deux Thich Ca, trône sur l'estrade centrale, sous un plafond en bois. En vis-à-vis se tient la statue d'un jeune bouddha Thich Ca, entouré de ses serviteurs.

Prenez Đ Nguyen Truong To jusqu'au bout, puis tournez à gauche ; suivez le chemin sablonneux sur 500 m.

PAGODE PHUOC LAM

Construite au milieu du XVIIe siècle, la **pagode Phuoc Lam** (Thon 2A, Cam Ha ; ☺ 8h-17h) fut dirigée à la fin du siècle dernier par An Thiem, petit prodige vietnamien qui avait embrassé la vie monastique à l'âge de huit ans. Une décennie plus tard, ses frères se virent enrôler par l'empereur, alors menacé de rébellion. An Thiem prit leur place, obtint ses galons de général puis, à la fin de la guerre, retourna à la vie religieuse. Pour expier ses crimes de guerre, cependant, il s'engagea à nettoyer le marché de Hoi An pendant vingt ans. Une fois sa période de pénitence terminée, il fut nommé à la tête de la pagode Phuoc Lam.

Faites 400 m après la pagode Chuc Thanh. Avant de parvenir à la pagode, vous passerez devant un obélisque érigé sur les tombes de treize résistants chinois décapités par les Japonais au cours de la Seconde Guerre mondiale.

Cours de cuisine

La plupart des cafés les plus populaires proposent des cours de cuisine permettant d'apprendre à préparer deux ou trois plats. Les cours du dîner sont plus prisés, mais ceux du déjeuner incluent le marché du matin. Pour un petit groupe, le prix du cours est d'environ 5 $US/personne ; vous pouvez également choisir une formule de plus longue durée si vous trouvez un établissement qui vous plaît.

Pour un cours un peu original, essayez **Red Bridge** (☎ 933 222 ; www.visithoian.com). Après une visite au marché local et une mini-croisière sur le fleuve, vous rejoindrez cette paisible retraite, à 4 km environ de Hoi An, et apprendrez à réaliser quelques plats et éléments de décoration. Le prix est de 12 US ; les cours commencent à 8h45 et finissent à 13h.

Où se loger

Si Hoi An a longtemps manqué de lits en haute saison (août-octobre et décembre-février), la situation a changé du tout au tout : 2003 a vu un boom de l'immobilier et la création de quelque 1 000 places supplémentaires en l'espace d'à peine six mois ! Désormais, les bonnes affaires abondent. Il devrait suffire de quelques années pour que la demande dépasse à nouveau l'offre, mais, pour l'instant, Hoi An offre les meilleures chambres aux meilleurs prix d'Asie. Toutefois, si votre cœur penche pour un établissement précis, mieux vaut réserver.

Nombre des hôtels nouvellement construits ne sont que la deuxième ou troisième émanation d'un hôtel déjà existant et, à ce titre, portent des noms bien peu imaginatifs. Ils semblent tous suivre la même disposition architecturale, rendue célèbre par le Vinh Hung 2, et possèdent pour la plupart une piscine. La plupart des établissements pratiquent un double tarif : avec ou sans clim. Ainsi, Hoi An vous permet d'obtenir une chambre avec TV sat., réfrig., eau chaude, baignoire et accès à la piscine pour seulement 6 $US !

La plupart des voyageurs souhaitant résider en centre-ville, nous vous recommandons fortement, si tel est aussi votre désir, de vous y prendre à l'avance. Pourtant, c'est en périphérie que se trouvent les hôtels les plus calmes et les plus spacieux. En outre, il est facile de se déplacer à pied à Hoi An et rien n'oblige donc à loger en plein centre. Enfin, les vieux hôtels du centre pratiquent des tarifs similaires à ceux de leurs nouveaux confrères de la périphérie, mais sont généralement moins agréables et disposent rarement d'une piscine.

Đ Nhi Trung regorge d'adresses qui, pour l'instant du moins, offrent une vue superbe sur les rizières. Vous trouverez également nombre d'hôtels du côté de la plage de Cua Dai : restaurants, cybercafés et agences de voyages sont apparus à proximité, mais il vous faudra bien 10 minutes de marche pour rejoindre le centre-ville.

Les prix indiqués dans cette rubrique sont les tarifs "standard". Il était jadis fréquent que les prix grimpent entre décembre et janvier mais, l'offre ayant considérablement augmenté, ce n'est plus le cas aujourd'hui. En fait, c'est même l'inverse qui se produit : la compétition féroce entraîne dorénavant une véritable guerre des prix dont profitent les voyageurs.

PETIT BUDGET ET CATÉGORIE MOYENNE

Vinh Hung 1 Hotel (☎ 861 621 ; vinhhung.ha@dng. vnn.vn ; 143 Đ Tran Phu ; ch 15-45 $US ; ✂). Un hôtel plein de charme, dans une ancienne maison de commerce chinoise. Contre un petit supplément, vous obtiendrez l'une des deux chambres utilisées par Michael Caine lors du tournage du film *Un Américain bien tranquille*, décorées de meubles anciens et d'un beau lit à baldaquin. Un décor parfait au cœur de la vieille ville.

Vinh Hung 2 Hotel (☎ 863 717 ; quanghuy. ha@dng.vnn.vn ; Đ Nhi Trung ; ch 15-35 $US ; ✂ 💻 🍽). Pionnier des nouvelles "annexes", cet établissement loue de confortables chambres décorées dans le style chinois et dispose d'une piscine.

Phu Tinh Hotel (☎ 861 297 ; fax 861 757 ; 144 Đ Tran Phu ; ch 8-12 $US ; ✂). Tarifs attrayants, emplacement très central ; toutes les chambres possèdent TV, réfrig. et eau chaude.

Phu Tinh Hotel II (☎ 923 923 ; minhthaoha@dng. vnn.vn ; 144 Đ Cua Dai ; ch 12-30 $US ; ✂ 🍽). Sur la route de la plage, ce nouvel établissement, en plus de sa piscine, abrite des chambres plus agréables que le précédent.

Minh A Ancient Lodging House (☎ 861 368 ; 2 Đ Nguyen Thai Hoc ; ch 7-12 $US ; ✂). Cette petite maison historique, tenue en famille, pourrait bien lancer une nouvelle tendance. Trois chambres seulement, dont une suite à l'étage.

Ha An Hotel (☎ 863 126 ; tohuong@fpt.vn ; 6 Đ Phan Boi Chau ; ch 20-30 $US, avec petit déj ; ✂). Résolu-

ment différent des autres, cet hôtel, planté dans un jardin verdoyant et décoré avec goût, est constitué de plusieurs bâtiments reflétant différents styles de Hoi An (un français, un chinois, etc.).

Thanh Binh 1 Hotel (☎ 861 740 ; vothihong@dng. vnn.vn ; 1 Đ Le Loi ; ch 10-25 $US ; ✂). Hôtel familial proche du centre-ville. Chambres spacieuses et équipements corrects.

Thanh Binh 2 Hotel (☎ 863 715 ; vothihong@dng. vnn.vn ; Đ Nhi Trung ; ch 7-20 $US ; ✂ 💻 🍽). Adresse excentrée, meilleur marché, équipée de chambres élégantes et d'une piscine.

Huy Hoang 1 Hotel (☎ 861 453 ; kshuyhoang1@dng. vnn.vn ; 73 Đ Phan Boi Chau ; ch 7-25 $US, avec petit déj ; ✂ 💻). Un hôtel populaire, proche du pont Cam Nam. Un balcon donne sur le fleuve.

Huy Hoang 2 Hotel (☎ 916 234 ; kshuyhoang2@dng. vnn.vn ; 87 Đ Huynh Thuc Khang ; ch 6-15 $US ; ✂ 💻). Un meilleur rapport qualité/prix, avec des chambres propres et spacieuses (TV sat.) et un restaurant dans le jardin.

Thien Trung Hotel (☎ 861 720 ; thientrungha@dng. vnn.vn ; 63 Đ Phan Dinh Phung ; ch 7-15 $US ; ✂ 💻). Malgré les travaux, les prix sont restés les mêmes. Propreté impeccable et rapport qualité/prix très correct.

Thuy Duong Hotel I (☎ 861574 ; thuyduongco@dng. vnn.vn ; 11 Đ Le Loi ; ch 7-10 $US ; ✂ 💻). Un hôtel légèrement défraîchi, à l'emplacement très central. Bonne connexion Internet.

Thuy Duong Hotel III (☎ 916 565 ; Đ Nhi Trung ; ch 20-40 $US ; ✂ 💻 🍽). Une nouvelle adresse élégante de Đ Nhi Trung, mais d'un rapport qualité/prix médiocre.

Thanh Xuan Hotel (☎ 916 696 ; www. thanhxuanhotel.com ; 22 Đ Nhi Trung ; ch 10-20 $US ; ✂ 💻). Établissement coquet et flambant neuf, doté de jolies chambres à petit prix.

Thien Thanh Hotel (☎ 916 545 ; www. hoianthienthanhhotel.com ; 6 Đ Nhi Trung ; ch 8-15 $US ; ✂ 💻). Balcons agréables donnant sur l'arrière, TV, réfrig. et eau chaude.

Nhi Trung Hotel (☎ 863 436 ; 13 Đ Nhi Trung ; ch 7-10 $US ; ✂ 💻). Une sympathique maison familiale proposant des chambres bon marché. Clim. en supplément (2 $US).

Hop Yen Hotel (☎ 863 153 ; 16 Đ Nhi Trung ; ch 6-10 $US ; ✂ 💻). Ce mini-hôtel emploie un personnel très serviable. Connexion Internet rapide.

Sao Bien Hotel (Sea Star Hotel ; ☎ 861 589 ; fax 861 382 ; 15 Đ Cua Dai ; ch 8-12 $US ; ✂). Cet hôtel compte parmi les plus anciens de Hoi An. Les chambres les moins chères offrent une belle vue sur les toits. Les propriétaires, sympathiques, parlent français.

Green Field Hotel (Dong Xanh Hotel ; ☎ 863 484 ; www.greenfieldhotel.com ; dort 3 $US, ch 15-24 $US ; ✗ 💻 🐾). Ces dortoirs offrent la nuitée la moins onéreuse de la ville ; l'accès à la piscine étant inclus dans le prix, on comprend qu'ils soient très prisés. Les chambres sont confortables, le personnel aimable. DAB à l'extérieur.

Cua Dai Hotel (☎ 862 231 ; cuadaihotel@dng.vnn. vn ; 18 Đ Cua Dai ; s/d/tr 20/25/30 $US ; ✗ 💻). Une adresse très courue aux tarifs surévalués par rapport à la concurrence. Relaxez-vous dans un bon fauteuil en rotin ou sur le balcon.

Ancient House Resort (☎ 923 377 ; www. ancienthouseresort.com ; 61 Đ Cua Dai ; ch 40-55 $US ; ✗ 💻 🐾). Respectant le style typique des vieilles demeures, cet établissement se démarque franchement des autres hébergements. Les chambres sont élégantes et l'hôtel dispose d'une vaste piscine.

Parmi les nombreux mini-hôtels qui poussent comme des champignons le long de Đ Nhi Trung, citons :

Hoi Pho Hotel (☎ 916 382 ; 4 Đ Nhi Trung ; ch 7-10 $US ; ✗). Une adresse basique et bon marché ; chambres propres et service attentif.

Thien Nga Hotel (☎ 916 330 ; thiennga_hotel@pmail. vnn.vn ; Đ Nhi Trung ; s/d 12/15 $US ; ✗ 💻). L'un des établissements les plus anciens et les plus populaires de la rue.

CATÉGORIE SUPÉRIEURE

Hoi An Hotel (☎ 861 373 ; hoianhotel@dng.vnn.vn ; 6 Đ Tran Hung Dao ; ch 40-100 $US ; ✗ 💻 🐾). Si l'on souhaitait autrefois passer la nuit à Hoi An, il n'existait que cette adresse, un somptueux bâtiment de style colonial, qui se classe aujourd'hui parmi les plus grands hôtels du Vietnam. Il affiche une large gamme de prix et possède une belle piscine. De nombreux groupes y descendent.

Vinh Hung Resort (☎ 910 577 ; www. vinhhunghotels.com ; An Hoi Islet ; ch 70-110 $US ; ✗ 💻 🐾). Quatrième et dernière création en date de la famille des Vinh Hung, cet établissement possède un emplacement idyllique, doté d'un jardin luxuriant. Les chambres, très spacieuses, sont disposées autour d'une piscine. Hors saison, les réductions peuvent aller jusqu'à 40%.

Hoi An Riverside Resort (☎ 864 800 ; hoianriver@dng.vnn.vn ; Đ Cua Dai ; ch à partir de 129 $US ; ✗ 💻 🐾). Cet élégant ensemble de villas s'inscrit dans un superbe cadre rustique en

surplomb du fleuve et des rizières. Pour se baigner, les clients ont le choix entre la plage, plus à l'est, et l'immense piscine. Hors saison, les prix peuvent baisser de 50% environ.

Victoria Hoi An Resort (☎ 927 040 ; hoian@ victoriahotels-asia.com ; ch à partir de 115 $US ; ✗ 💻 🐾). Installé à même la plage de Cua Dai, à quelque 5 km à l'est de Hoi An, cet établissement offre les prestations attendues pour sa catégorie, et notamment une superbe piscine. Les moyens de transport mis à la disposition des clients comprennent de vieux bus Renault, des motos et des sidecars. Remises généralement proposées en basse saison.

Hoi An Beach Resort (☎ 927 011 ; hoianbeachresort@dng.vnn.vn ; Cua Dai Beach ; ch à partir de 100 $US ; ✗ 💻 🐾). De belles chambres, ornées de grands balcons (attention au bruit sur le front de mer), deux piscines, un Jacuzzi, un sauna, etc.

De nombreux autres hôtels huppés sont actuellement en chantier. Le **Hoi An Life Resort** (www.life-resorts.com) devrait valoir le détour.

Où se restaurer

La spécialité culinaire locale est le *cao lau*, composé de nouilles plates, de croûtons, de pousses de bambou et de légumes verts, le tout agrémenté de porc émincé ; juste avant de le servir, on y incorpore une crêpe de riz émiettée. Hoi An est le seul endroit où vous pourrez déguster un authentique *cao lau*, car l'eau utilisée pour la préparation doit obligatoirement provenir du **puits Ba Le** : ce dernier, de forme carrée, aurait été construit à l'époque cham (pour aller le voir, prenez l'allée située en face du 35 Đ Phan Chu Trinh et tournez à droite juste avant le n°45/17).

Autres spécialités locales : le *won ton* frit et la délicieuse "rose blanche" (une crevette cuite à la vapeur, enveloppée dans une galette de riz), que préparent la plupart des restaurants. Les cuisines vietnamienne, chinoise, occidentale et végétarienne ont par ailleurs toutes droit de cité à Hoi An.

À moins d'une mention contraire, les restaurants ci-dessous vous serviront une copieuse assiette pour 25 000 d environ. Comptez 50 000 d environ pour un bon repas complet composé de trois plats.

Dans Đ Nguyen Hue, Đ Tran Phu ou, sur le front de mer, Đ Bach Dang, vous pourrez vous détendre le temps d'un repas ou d'un rafraîchissement.

Hong Phuc Restaurant (☎ 862 567 ; 86 Đ Bach Dang ; plats 15 000-40 000 d). Comptant parmi les meilleurs, cet établissement est célèbre pour son poisson cuit dans une feuille de bananier : souvent copié mais jamais égalé, il est relevé avec de l'ail, de la citronnelle, du poivre et un filet de citron vert.

Café des Amis (☎ 861 616 ; 52 Đ Bach Dang ; menus végétariens 4 plats 50 000 d, menu fruits de mer 60 000 d ; à partir de 17h). Ce repère de gourmets a gagné une clientèle fidèle en dix ans à peine. Il n'y a pas de carte : le menu change au gré des envies du chef, M. Kim.

Café Can (☎ 861 525 ; 74 Đ Bach Dang ; plats 15 000-60 000 d). Occupant une ancienne demeure française, ce café possède une grande terrasse, idéale pour boire un verre ou déguster des plats vietnamiens ou internationaux dans la brise.

Hoi An Hai San (☎ 861 652 ; 64 Đ Bach Dang ; plats 50 000 d environ). Restaurant de fruits de mer servant une cuisine vietnamienne inventive, ainsi que quelques plats suédois qui permet au chef cuisinier de rester proche de ses racines.

Han Huyen Restaurant (restaurant flottant ; ☎ 861 462 ; repas à partir de 20 000 d). Amarré sur la rive du fleuve, ce qui en fait l'endroit idéal d'où observer la vie de Hoi An, cet établissement prépare des plats savoureux.

Hyn Na Restaurant (☎ 863 736 ; 1 Đ Cong Dong ; plats 10 000-40 000 d). Petit restaurant local, idéal pour découvrir un autre Hoi An de l'autre côté du fleuve.

Miss Ly Cafeteria 22 (☎ 861 603 ; 22 Đ Nguyen Hue ; plats 15 000-40 000 d). Véritable institution où sont concoctées les meilleures spécialités locales. Elle ferme lorsque les derniers clients partent (généralement tard) et affiche presque toujours complet.

Mermaid Restaurant (☎ 861 527 ; 2 Đ Tran Phu ; plats 10 000-35 000 d). Cette adresse, qui compte parmi les plus originales de Hoi An, est particulièrement appréciée pour ses sensationnels menus du soir à trois plats.

Ba Le Well Restaurant (☎ 864 443 ; 51 Đ Tran Hung Dao ; plats 5000-20 000 d). Quel meilleur endroit pour déguster le *cao lau* que ce petit restaurant familial ? Il porte le nom du puits, tout proche, dont l'eau sert à fabriquer ladite spécialité.

Café Bobo (☎ 861 939 ; 18 Đ Le Loi ; plats 7000-25 000 d). Un café de routards, où l'on papote avec les autres voyageurs en mangeant des crêpes à la banane.

Banana Split Cafe (☎ 861 136 ; 53 Đ Hoang Dieu ;). Copie parfaite de celle de Nha Trang,

---

UNE GARDE-ROBE SUR MESURE *Juliet Coombe*

Du matin au soir, Hoi An est bercée par le ronronnement des machines à coudre. Véritables cavernes d'Ali Baba, ses magasins de confection regorgent de tissus de toutes dimensions et de toutes formes. Passer une matinée chez un tailleur du marché est une agréable expérience, qui permet en outre de se constituer une nouvelle garde-robe sur mesure.

Une garde-robe complète revient à 100 $US environ ; comptez 15 $US minimum pour une robe du soir, 8 $US pour une robe d'été et 20 $US pour un tailleur. Les maîtres-tailleurs vous confectionneront en quelques heures tout ce qui vous passe par la tête, du pyjama ample en soie au kimono japonais traditionnel en passant par les modèles présentés sur des coupures de magazines, qu'il s'agisse de costumes formels ou de robes de couturiers. En soie, en coton, en lin ou en fibre synthétique, les vêtements fabriqués à Hoi An feront votre bonheur.

Lorsque vous achetez de la soie, assurez-vous que l'on ne vous vend pas de la "soie vietnamienne", terme désignant souvent le polyester et d'autres étoffes synthétiques semblables à la soie. Un test infaillible (mais dangereux à réaliser) consiste à appliquer une allumette ou une cigarette sur le tissu : le synthétique fondra, tandis que la soie brûlera : demandez une chute du tissu que vous souhaitez acheter et sortez réaliser le test à l'extérieur.

Une fois le vêtement fini, il est également important d'en vérifier les coutures. Les vêtements non surfilés risquent de s'effilocher très vite, voire de se trouer. Tout vêtement de qualité comporte une seconde couture, qui recouvre la première afin d'en empêcher l'effilochage : exigez un fil de coton de la même couleur que le tissu choisi – sans quoi, c'est un fil blanc qui sera utilisé. Demandez également que le vêtement soit doublé, il tombera mieux. Quelques heures après avoir passé commande (et subi une séance de mesures dans les règles), vous retournerez au magasin pour les derniers essayages.

cette enseigne permettra aux becs sucrés de se repaître de glaces, de jus de fruits frais et, bien entendu, de banana splits.

Cargo Club (☎ 910 489 ; 107 Đ Nguyen Thai Hoc ; gâteaux 5 000-15 000 d). Voici la dernière adresse à la mode de Đ Nguyen Thai Hoc, l'une des rues les plus animées de Hoi An. Elle vend des pâtisseries alléchantes au rez-de-chaussée et sert des dîners chics à l'étage. La terrasse donne sur le fleuve.

Yellow Star Café (☎ 910 430 ; 73 Đ Nguyen Thai Hoc ; plats 20 000-60 000 d). Carte éclectique composée de plats délicieux originaires du monde entier. Nous recommandons tout particulièrement les steaks, les fruits de mer et les crumbles aux fruits. Très central, c'est l'endroit idéal où boire un verre en début de soirée.

Brothers Café (☎ 914 150 ; 27 Đ Phan Boi Chau ; menu 12 $US ; ☯ 10h-22h). Installé dans l'un des plus beaux bâtiments coloniaux français du lieu, ce restaurant dispose en outre d'un superbe jardin descendant jusqu'au fleuve. Le cadre est somptueux et une grande attention a été portée aux détails. Toutefois, les prix sont élevés et la plupart des clients préfèrent juste y boire un verre.

Omar Khayyam's Indian Restaurant (☎ 864 538 ; 14 Đ Phan Dinh Phung ; thali végétarien/non végétarien 39 000/49 000 d ; ☯ 9h-22h). Pour les amateurs de curries, ce restaurant indien est un petit morceau d'Inde à lui tout seul.

Good Morning Vietnam (☎ 910 227 ; 34 Đ Le Loi ; pizzas à partir de 35 000 d). Cette annexe du célèbre établissement de Saigon sert les meilleures pâtes et pizzas de la ville.

Autres bonnes adresses :
Fukien Restaurant (☎ 861 326 ; 28 Đ Tran Phu). Vue aérienne sur le marché depuis son balcon.

Thanh Binh Restaurant (☎ 862 920 ; 94 Đ Le Loi). Petit restaurant d'influence chinoise, en plein centre et très fréquenté.

Thanh Thanh Restaurant (☎ 861 308 ; 152 Đ Tran Phu). Un cadre traditionnel pour une cuisine qui ne l'est pas moins.

Où prendre un verre

Tam Tam Cafe & Bar (☎ 862 212 ; tamtam.ha@dng. vnn.vn ; 110 Đ Nguyen Thai Hoc). Situé dans un charmant salon de thé restauré, le Tam Tam s'est agrandi en ouvrant une autre salle au rez-de-chaussée. Son âme demeure cependant à l'étage, où se trouve un vaste *lounge*/salle à manger doté d'un billard.

Ses mets européens et vietnamiens sont succulents ; la belle carte des vins et les encas conviendront à ceux qui veulent juste grignoter. À ne pas manquer.

Lounge Bar (☎ 910 480 ; 102 Đ Nguyen Thai Hoc). Un peu plus loin dans la même rue, cette adresse n'attire pas encore la clientèle qu'elle mérite. Aménagée avec style dans une maison ancienne, elle offre une énorme sélection de boissons et plusieurs jeux.

Hai's Scout Café (☎ 863 210 ; 98 Đ Nguyen Thai Hoc ; sandwichs environ 30 000 d ; ▣). Ce café aux lumières tamisées dispose de tables en terrasse. Il sert des sandwichs, des repas légers, d'authentiques cappuccinos et des cafés.

Champa Bar (☎ 862 974 ; 75 Đ Nguyen Thai Hoc). Un bar confortable installé dans la même jolie rue. Billard, cocktails bon marché et spectacle traditionnel tous les soirs.

Treat's Café (☎ 861 125 ; 158 Đ Tran Phu). Les jeunes voyageurs apprécient ce lieu spacieux de la vieille ville : il est régulièrement plein à craquer. Il comporte un café-restaurant à l'étage. Pendant les "très" *happy hours* (17h-21h), vous seront servis deux verres d'alcool pour le prix d'un et une bière bon marché.

Re-Treat Café (☎ 910 527 ; 23 Đ Phan Dinh Phung). Il a repris, dans le quartier moderne, la recette du Treat's.

Autres lieux dans Đ Phan Dinh Phung :
Bamboo Bar (15b Đ Phan Dinh Phung). Bar très central et très fréquenté.

Camel Bar (☎ 861 203 ; 9 Đ Phan Dinh Phung). Intérieur sombre, jardin lumineux et un net penchant pour le rock.

Achats

Hoi An est le paradis des amateurs de shopping. Les rues, désormais soumises aux règles mercantiles, ont toutefois perdu de leur charme,. Faire ses achats ici reste pourtant moins accablant que dans les autres villes touristiques du pays.

Reaching Out (☎ 910 168 ; 103 Đ Nguyen Thai Hoc ; ☯ 8h-21h). Bonne boutique de commerce équitable regroupant tous les produits de Hoi An. Les profits sont reversés à une association qui aide les artisans handicapés.

Réputée pour ses vêtements en coton, Hoi An fourmille de filatures et de métiers à tisser en bois. Tandis que, sous l'œil attentif des couturières, les roues des machines actionnent inlassablement les navettes, la cité s'emplit d'un cliquetis incessant. Ces machines, fabriquées localement suivant une technique datant de la Révolution industrielle, ressemblent sans doute beaucoup aux métiers à tisser de l'Angleterre victorienne.

La confection sur mesure figure parmi les spécialités de Hoi An (voir l'encadré ci-contre) et le nombre de boutiques de tailleurs est passé en quelques années de quelques dizaines à… quelques centaines ! Toutefois, il nous est difficile de vous conseiller un tailleur en particulier, car la plupart des ateliers sous-traitent leur production. La concurrence acharnée avait entraîné l'apparition d'une multitude de rabatteurs (pour la plupart de jolies jeunes filles qui vous invitaient à "venir voir l'atelier de leur tante") mais cette pratique est désormais interdite. La plupart des tailleurs ont les mêmes catalogues et réalisent les mêmes modèles. La plupart travaillent très bien, tant pour la création d'une garde-robe complète que pour de simples retouches. Ils sont également très doués pour les copies ; n'hésitez pas à emporter des vêtements dont vous aimeriez posséder des doublons. Prévoyez un peu de temps pour les retouches et l'essayage final. Si vous avez le temps, essayez plusieurs ateliers avant de vous lancer.

Pour avoir un aperçu des différentes étoffes disponibles, allez jeter un coup d'œil au **marché aux tissus de Hoi An** (Đ Tran Phu).

Désormais, les chaussures sont également très prisées. Les cordonniers sont eux aussi très doués pour faire des copies de tous styles. Les prix étant très bas, vous pourrez vous acheter toutes les paires qui vous tentent, des sandales jusqu'aux contrefaçons de Campers.

L'afflux des touristes a fait du commerce de fausses antiquités une industrie locale extrêmement florissante. Théoriquement, vous pouvez y dénicher d'authentiques objets anciens : méfiez-vous toutefois, car ceux-ci partent généralement très vite.

Par ailleurs, l'artisanat local produit des objets tout aussi élégants, même s'ils ont été fabriqués la veille… Certes, les peintures sont généralement réalisées en nombre, mais à la main, et sont vendues à des prix modiques. Vous aurez plaisir à aller vous promener du côté des nombreuses **galeries d'art** (Đ Nguyen Thi Minh Khai) qui occupent les magnifiques bâtiments en face du pont couvert japonais.

Pour éclairer vos nouvelles œuvres d'art, il vous faut vous rendre dans un magasin de luminaires, autre industrie locale en plein essor. Les plus recherchés sont les lanternes chinoises, fabriquées sous toutes les formes et dans toutes les tailles ; certaines boutiques créent maintenant des modèles modernes et élégants qui se plient facilement.

La sculpture sur bois est une autre spécialité régionale : traversez le pont Cam Nam pour gagner le ravissant **village de Cam Nam**, réputé pour ses sculpteurs, ou encore l'île Cam Kim (en face). De l'autre côté de la passerelle du même nom, la **péninsule de An Hoi** a pour spécialité la construction de bateaux et le tissage des nattes.

Le Vietnam est très réputé pour ses céramiques. Bien que la majorité des articles que vous verrez à Hoi An proviennne de la région de Hanoi, n'hésitez pas à en acheter si vous ne visitez que le Centre ; les poteries noires vernies sont particulièrement étonnantes. Les petites **boutiques de céramiques** qui longent le quai (Đ Bach Dang) sont les plus intéressantes.

Depuis/vers Hoi An
BATEAU
Depuis l'embarcadère situé à l'extrémité de Đ Hoang Van Thu, de petits ferries à moteur relient Hoi An aux districts avoisinants et à l'île Cham. L'île Cham est desservie tous les jours, généralement entre 7h et 8h, en fonction des conditions météorologiques ; les étrangers doivent se munir d'un permis pour effectuer ce voyage à bord d'un bateau public (voir plus loin). Il existe également des liaisons fréquentes avec l'île Cam Kim.

BUS
La **gare routière principale** (74 Đ Huynh Thuc Khang) se trouve à 1 km à l'ouest du centre-ville. Les bus desservent notamment Danang (5000 d, 1 heure) et Quang Ngai. Danang est desservie à intervalles plus fréquents au départ de la **gare routière nord** (Đ Le Hong Phong). Le prix est d'environ 5000 d ; le premier bus part à 5h, le dernier en fin d'après-midi.

MINIBUS
Presque tous les hôtels vendent des billets de minibus à destination de Nha Trang ou de Hué. Le minibus pour Hué passe par Danang (2 $US), vous y déposant si vous le souhaitez. En partant vers le sud, vous

pourrez également descendre à Nha Trang (à partir de 5 $US) ou à My Lai (4 $US). La plupart des minibus partent vers 8h des cafés situés à l'angle de Đ Phan Dinh Phung et de Đ Nhi Trung ; un autre départ est généralement prévu en milieu d'après-midi.

VOITURE ET MOTO

L'itinéraire le plus rapide entre Danang et Hoi An passe par les montagnes de Marbre (45 minutes). La course en moto-taxi s'élève à 6 $US ; en taxi, elle revient entre 8 et 10 $US.

Comment circuler

Il est très facile de se déplacer à pied dans Hoi An. Pour visiter les alentours, louer une bicyclette vous reviendra à 10 000 d/jour, louer une moto à 5/10 $US par jour sans/avec chauffeur. Vous trouverez des boutiques de location partout en ville.

BATEAU

Une promenade en barque sur le fleuve Thu Bon, le plus long de la province de Quang Nam, est un plaisir à ne pas manquer. La location d'une barque avec rameur revient à 2 $US/heure ; la plupart des voyageurs se contentent d'une heure. Certaines excursions à My Son comprennent un retour à Hoi An en bateau, une expérience très agréable.

Pour louer un bateau pouvant accueillir jusqu'à 5 personnes pour visiter les villages de pêcheurs et d'artisans des environs, comptez environ 4 $US/heure. Vous en trouverez amarrés au quai près du marché.

ENVIRONS DE HOI AN
Plage de Cua Dai

Bordée de palmiers, cette plage de sable fin (Bai Tam Cua Dai) est fréquentée le week-end mais généralement déserte le reste du temps. La baignade est dangereuse, excepté entre avril et octobre, mais la promenade sur cette plage d'une longueur incroyable de 30 km (ses sables blancs s'étirent jusqu'à Danang) est très agréable. Les nuits de pleine lune, les habitants aiment à venir y flâner tard le soir. Les kiosques qui bordent la plage vendent des fruits de mer et des boissons fraîches.

Cua Dai se trouve 5 km à l'est de Hoi An, au bout de Đ Cua Dai, qui prolonge Đ Tran Hung Dao.

Pour connaître les possibilités d'hébergement sur la plage, reportez-vous à la rubrique *Où se loger* (p. 243).

Île Cam Kim

C'est du village de Kim Bong, sur l'île Cam Kim, que provenaient les remarquables sculptures sur bois qui ornent à présent les maisons marchandes et les bâtiments publics de Hoi An. Aujourd'hui encore, la plupart des sculptures sur bois vendues à Hoi An sont réalisées par des artistes

---

LE ROYAUME DU CHAMPA

Le royaume du Champa connut son apogée entre le IIe et le XVe siècles. Du site de l'actuelle Danang, son sanctuaire d'origine, il s'étendit vers le sud et gagna les villes aujourd'hui connues sous le nom de Nha Trang et Phan Rang. Ses relations commerciales avec l'Inde influencèrent peu à peu cette civilisation, qui adopta le sanskrit comme langue sacrée et s'inspira de l'art indien.

Les Cham manquaient cruellement de terres arables sur la côte vietnamienne, très montagneuse, et vivaient en partie de pillages organisés sur les navires marchands. De ces rapines résultait un état de guerre permanent avec les Vietnamiens, au nord, et les Khmers, au sud-ouest. Ils réussirent au XIIe siècle à renverser le pouvoir khmer, avant d'être entièrement absorbés par le Vietnam cinq siècles plus tard. Les Cham sont réputés pour les nombreux sanctuaires en brique (tours cham) qu'ils érigèrent dans le sud du pays. Les plus belles collections d'art cham sont conservées au musée de la Sculpture cham de Danang (p. 227). Le principal site cham se situe à My Son (p. 250) ; il en existe d'autres à Nha Trang (p. 266), Phan Rang (p. 281) et Thap Cham (p. 281).

L'héritage de cette civilisation reste présent dans le mode de vie des habitants des provinces de Quang Nam, de Danang et de Quang Ngai, dont les aïeux intégrèrent à leur quotidien nombre d'innovations apportées par les Cham. Ces éléments transparaissent notamment dans les techniques utilisées pour la poterie, la pêche, la production sucrière, la riziculture, l'irrigation, la fabrication de la soie et la construction.

de l'île. Certains villageois construisent également des bateaux en bois.

Cam Kim est aisément accessible en bateau de Hoi An, au départ du quai situé Đ Hoang Van Thu.

Île Cham

Baignant dans la mer de Chine méridionale, à 21 km de Hoi An, l'île Cham, également connue sous le nom de Culao Cham, est réputée pour ses nids d'hirondelle, utilisés notamment à Hong Kong et à Singapour dans la préparation de la fameuse soupe.

Un permis est nécessaire pour visiter l'île et la circulation des bateaux reste tributaire du temps. Les services publics partent de Đ Hoang Van Thu entre 7h et 8h pour une traversée de 3 heures. Vu la difficulté pour les étrangers d'obtenir l'autorisation d'emprunter ces bateaux, mieux vaut prévoir un circuit avec guide (20 $US environ : ce forfait comprend ladite autorisation, la location du bateau, les services d'un guide et le déjeuner).

Thanh Ha

À 3 km à l'ouest de Hoi An, Thanh Ha est parfois appelé "village des potiers". Ces dernières années ont vu péricliter cette industrie, autrefois florissante. Les quelques artisans qui poursuivent leur activité dans leurs ateliers étouffants ne s'offusqueront pas de votre présence ; ils seront même ravis si vous leur achetez un objet pour les remercier de la démonstration. Nombre d'excursions à My Son s'arrêtent dans ce village en revenant à Hoi An.

MY SON

Le site de **My Son** (50 000 d ; ☾ 6h30-16h30), classé au patrimoine mondial par l'Unesco, est l'un des plus impressionnants de la région de Hoi An, car il regroupe les plus importants vestiges vietnamiens de l'ancien royaume du Champa.

Durant les siècles où Tran Kieu (alors appelée Simhapura) fut la capitale politique du Champa, My Son émergea en tant que centre intellectuel et religieux. On pense même que le site faisait office de lieu de sépulture impériale.

Les historiens considèrent My Son comme l'équivalent cham des cités sud-asiatiques d'influence indienne que sont Angkor (Cambodge), Ayuthaya (Thaïlande), Bagan (Myanmar) et Borobudur (Java).

Les monuments se cachent au cœur d'une vallée verdoyante entourée de collines et que domine l'imposante montagne de la Dent de chat (Hon Quap). Des petits ruisseaux d'eau claire, propices à la baignade, serpentent entre les édifices et les caféiers.

Histoire

Au cours du IVe siècle, sous le règne du roi Bhadravarman, My Son devint un important centre religieux. Elle fut habitée jusqu'au XIIIe siècle, soit plus longtemps que toute autre cité historique du Sud-Est asiatique. La plupart des temples étaient dédiés aux rois cham ainsi qu'à la divinité qui leur était associée, le plus souvent Shiva, fondateur et gardien des dynasties du royaume.

Le Champa entretenait d'étroites relations avec Java – les érudits cham partaient y étudier et l'on a également retrouvé des traces d'échanges commerciaux, telles des poteries cham à Java. Au XIIe siècle, le lien entre ces deux royaumes fut scellé par l'union entre le roi du Champa et une jeune femme javanaise.

Comme l'attestent les ornementations inachevées des édifices de My Son, les Cham commençaient d'abord par construire les bâtiments, avant de sculpter les décorations dans la pierre ; toutefois, on ignore comment ils assemblaient les briques. Selon certains chercheurs, les ouvriers devaient utiliser une sorte de mortier à base d'huiles de plantes indigènes provenant du centre du pays. Il fut un temps où le sommet de certaines tours était recouvert d'or.

Durant la guerre du Vietnam, la région de My Son, zone stratégique et siège de violents combats, fut totalement dévastée, tant d'un point de vue géographique que démographique. Le Viet-Cong y établit une base, ce qui conduisit les Américains à bombarder les monuments. On a retrouvé sur place les fondements de 68 édifices, dont 25 avaient survécu aux pilonnages répétés des Chinois, des Khmers et des Vietnamiens au cours des siècles passés. Seule une vingtaine a été épargnée par les Américains, quoique sérieusement endommagée. Aujourd'hui, les pouvoirs publics s'efforcent de restaurer les sites encore debout.

Renseignements

L'accès aux sites comprend le transport du parking jusqu'aux monuments, à 2 km de là. En partant de Hoi An à 5h du matin, vous arriverez au lever du soleil pour le réveil des dieux (et des gardes) : cela vous permettra d'éviter le déferlement des cars touristiques, moins matinaux. Le site de My Son attirant de plus en plus de visiteurs, mieux vaut s'y rendre tôt le matin ou le soir afin de profiter en toute quiétude du paysage et de l'atmosphère.

Le site

Les archéologues ont réparti les monuments de My Son en dix groupes principaux : A, A', B, C, D, E, F, G, H et K. Chaque édifice est désigné par une lettre suivie d'un numéro. Le premier monument que vous croiserez en vous rendant aux monuments est le faux portique K, qui date du XIe siècle. Entre K et les autres groupes, vous apercevrez une plantation de café créée en 1986.

GROUPE B

B1, le *kalan* (sanctuaire) principal, fut dédié à Bhadresvara, forme contractée de "Bhadravarman", en référence au roi qui édifia le premier temple de My Son, et de "Esvera", signifiant Shiva. Le premier édifice fut érigé au IVe siècle, détruit au VIe siècle et reconstruit au siècle suivant. Les fondations visibles aujourd'hui (de gros blocs de grès) sont celles d'un second édifice élevé au XIe siècle ; les murs en brique, quant à eux, ont disparu. Les niches murales étaient destinées à accueillir des lampes (les sanctuaires cham n'avaient pas de fenêtres). Le linga a été découvert dans sa position actuelle en 1985, à un mètre sous terre.

Construit au Xe siècle, **B5** abritait autrefois les livres sacrés et les objets rituels (dont certains en or) que l'on utilisait lors des cérémonies tenues dans B1. Le toit en forme de bateau (la "proue" et la "poupe" ont disparu) témoigne d'influences architecturales malo-polynésiennes. À la différence des sanctuaires, B5 est doté de fenêtres. La maçonnerie intérieure est entièrement d'origine. Sur le mur faisant face à B4, un bas-relief en brique représente deux éléphants sous un arbre où sont perchés deux oiseaux.

Dans **B4**, les ornementations du mur extérieur constituent un exemple parfait du style décoratif cham du IXe siècle, unique parmi les cultures d'Asie du Sud-Est.

B3 est surmonté d'un toit à l'indienne, dont la forme pyramidale est caractéristique des tours cham. À l'intérieur de **B6** se trouve un bassin cham qui contenait l'eau sacrée destinée à être versée sur le lingam (B1). **B2** est un portique.

Tout autour du groupe B se dressent de petits temples (**B7** à **B13**) dédiés aux dieux des points cardinaux (*dikpalaka*).

GROUPE C

C1 (VIIIe siècle) était voué au culte de Shiva, représenté sous sa forme humaine (plutôt que sous forme de lingam, comme dans B1). À l'intérieur s'admire un autel sur lequel reposait autrefois une statue de la divinité, et aujourd'hui exposée au musée de la Sculpture cham de Danang. De part et d'autre de l'entrée de pierre, vous apercevrez les trous, percés dans le linteau, qui maintenaient jadis les gonds de deux portes en bois. Les murs extérieurs, tout en brique, arborent les motifs sculptés caractéristiques du VIIIe siècle.

GROUPE D

Anciennes salles de méditation, les bâtiments **D1** et **D2** abritent aujourd'hui de petites expositions de sculptures cham.

GROUPE A

Le chemin menant des groupes B, C et D au groupe A part de D4, en direction de l'est.

Les bombardements américains détruisirent presque entièrement le groupe A. Selon la population locale, **A1**, monument imposant considéré comme le plus important de My Son, aurait dans un premier temps résisté ; c'est une équipe du génie, héliportée, qui lui aurait porté le coup fatal. Il n'en reste plus aujourd'hui qu'un amas de briques provenant des murs effondrés. Indigné par la destruction de ce site, Philippe Stern, alors conservateur au musée Guimet de Paris et spécialiste de l'art cham, écrivit une lettre de protestation au président Nixon, qui donna l'ordre de poursuivre les combats contre le Viet-Cong mais d'épargner les monuments cham.

De tous les sanctuaires du site, A1 est le seul à posséder deux portes : l'une fait face à l'est, direction des divinités hindoues, et l'autre à l'ouest, où se trouvent les groupes B, C et D, ainsi que l'âme des anciens rois qui y auraient été enterrés. À l'intérieur se trouve un autel de pierre, reconstitué en 1988. Malgré le délabrement des lieux, on peut encore apercevoir de superbes sculptures sur brique caractéristiques du Xe siècle. En bas du mur donnant sur A10 (décoré dans le style du IXe siècle), une sculpture représente un personnage priant entre deux colonnes circulaires, surmontées d'un monstre marin sacré javanais (*kala-makara*) : ces motifs illustrent les liens entre le Champa et Java. Il est prévu de restaurer les sanctuaires A1 et A10 dès que possible.

AUTRES GROUPES

Envahi par la végétation, le **groupe A'** (VIIIe siècle) est à l'heure actuelle inaccessible. Le **groupe E** fut édifié entre les VIIIe et XIe siècles, tandis que le **groupe F** remonte au VIIIe siècle. Quant au **groupe G** (XIIe siècle), c'est le temps, plus que la guerre, qui a eu raison de lui. La restauration de ces monuments est prévue à long terme.

Depuis/vers My Son

MINIBUS

À Hoi An, nombre d'hôtels proposent des excursions d'une journée à My Son comprenant également la visite de Tra Kieu. À 2 ou 3 $US par personne, difficile de trouver meilleur marché. Les minibus partent de Hoi An à 8h pour un retour à 14h. Certaines agences proposent un retour à Hoi An en bateau.

MOTO

Il est possible de louer une moto pour accéder aux sites ; prenez bien garde, toutefois, à vous garer dans les zones officiellement prévues à cet effet. Si vous louez une moto avec chauffeur, demandez-lui de vous attendre sur le site.

VOITURE

La location d'une voiture avec chauffeur jusqu'à My Son vous coûtera environ 20 $US. Voyager par ses propres moyens permet d'éviter les heures d'affluence et de laisser My Son vous dévoiler toute sa beauté et son charme.

TRA KIEU (SIMHAPURA)

C'est initialement à Tra Kieu, jadis nommée Simhapura (citadelle du Lion), que les Cham établirent leur capitale du IVe au VIIIe siècles. Aujourd'hui, rien ne subsiste à l'exception des remparts, de forme rectangulaire. On y a mis au jour de très nombreuses sculptures cham dont certaines, particulièrement fines, font l'orgueil du musée de la Sculpture cham (p. 227).

Église de la Montagne

Juchée sur la colline de Buu Chau, l'**église de la Montagne** (Nha Tho Nui) offre une bonne vue d'ensemble sur la ville de Tra Kieu. Construit en 1970 pour remplacer l'ancien édifice religieux, usé par le temps et la guerre, ce monument moderne se tient sur le site d'une ancienne tour cham.

L'église de la Montagne se trouve à 6,5 km de la RN 1 et à 19,5 km du chemin menant à My Son. Siégeant au cœur de Tra Kieu, l'église est à 200 m du **marché** du matin, Cho Tra Kieu, et à 550 m de l'église de Tra Kieu.

Église de Tra Kieu

Cette **église** (Dia So Tra Kieu), au service de 3 000 âmes, fut érigée il y a un siècle. Une splendide mosaïque en céramique, figurant un dragon, orne l'escalier extérieur. Décédé en 1989, l'ancien prêtre de cette paroisse, féru d'art cham, avait rassemblé une collection d'objets recueillis auparavant par la population locale. Un **musée** occupe depuis 1990 le 2e étage du bâtiment qui s'élève à droite de l'église. Les objets ronds en céramique (datant des VIIIe-Xe siècles), représentant un visage, ornaient autrefois les bords des toits en tuile. Le visage est celui de Kala, dieu du Temps.

L'église de Tra Kieu se trouve à 7 km de la RN 1 et à 19 km du chemin menant à My Son ; elle se niche au fond d'une allée, face à la **clinique de médecine occidentale** (Quay Thuoc Tay Y).

Depuis/vers Tra Kieu

La plupart des excursions pour My Son, au départ de Hoi An, prévoient un arrêt à Tra Kieu. Dans le cas contraire, vous devrez louer une bicyclette ou une voiture (avec chauffeur) ; voir ci-contre.

TAM KY

Capitale de la province de Quang Nam, Tam Ky est une ville quelconque en bordure de la RN 1, entre Chu Lai et Danang. Les voyageurs n'y passent que pour aller visiter les tours cham de **Chien Dan** (Chien Dan Cham), situées 5 km plus au nord.

Les trois tours sont protégées par un mur d'enceinte. La stèle brisée date du règne d'Harivarman (XIIIe siècle). Ras-semblées après la guerre du Vietnam, la plupart des statues cham exposées ici proviennent de différentes régions du pays. Nombre d'entre elles ont été très endommagées par les combats. Le gardien du site insistera certainement pour que vous fassiez un don. Lors de notre passage, il n'existait ni billet ni prix affichés ; une participation de 5 000 d/personne semble convenable.

Littoral du Centre et du Sud

Ce littoral englobe certaines des plus belles plages du Vietnam, ainsi que de nombreux vestiges du royaume du Champa qui combleront ceux qu'intéressent les monuments historiques. La plupart des voyageurs séjournent à Nha Trang et Mui Ne pour goûter aux plaisirs balnéaires. Ceux qui cherchent à mieux connaître la vie locale se tourneront vers les charmantes villes côtières moins fréquentées. Enfin, autre site majeur mais plus douloureux, le mémorial de Son My rend hommage aux villageois qui périrent au cours du massacre de My Lai.

Un séjour sur le littoral ne serait pas complet sans goûter aux excellents fruits de mer, rapportés par les multiples bateaux de pêche colorés qui envahissent les ports, puis transportés dans les paniers des pêcheurs. Autre délice de la région, le fruit du dragon vert *(thanh long)*, un arbre aux branches sinueuses que l'on aperçoit le long des routes, se cultive tout autour de Phan Rang. La province de Binh Thuan, la plus méridionale, se révèle l'une des plus arides du Vietnam, plus particulièrement au nord de Phan Thiet. Les plaines environnantes, que dominent des montagnes rocheuses, abritent quelques rizières irriguées.

Ce chapitre inclut aussi les provinces du littoral de Binh Thuan, Ninh Thuan, Khanh Hoa, Phu Yen, Binh Dinh et Quang Ngai. Pour de nombreux touristes, les villes, les plages et les sites historiques longeant la RN 1 appartiennent à la piste Ho Chi Minh (celle-ci est en fait plus loin à l'intérieur des terres) : ils sont traités dans ce chapitre, du nord au sud. Par ailleurs, plusieurs villes côtières permettent un accès facile aux régions montagneuses de l'intérieur.

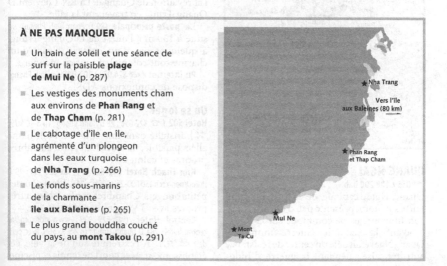

À NE PAS MANQUER

- Un bain de soleil et une séance de surf sur la paisible **plage de Mui Ne** (p. 287)
- Les vestiges des monuments cham aux environs de **Phan Rang** et de **Thap Cham** (p. 281)
- Le cabotage d'île en île, agrémenté d'un plongeon dans les eaux turquoise de **Nha Trang** (p. 266)
- Les fonds sous-marins de la charmante **île aux Baleines** (p. 265)
- Le plus grand bouddha couché du pays, au **mont Takou** (p. 291)

★ Nha Trang

Vers l'île aux Baleines (80 km)

★ Phan Rang et Thap Cham

Mui Ne

★ Mont Ta Cu

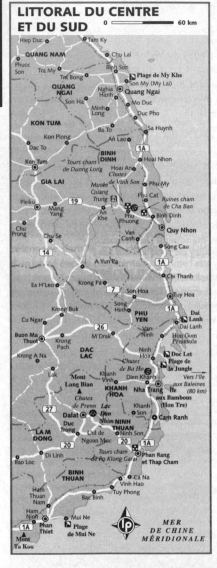

LITTORAL DU CENTRE ET DU SUD

QUANG NGAI

☎ 055 / 108 200 hab.

Quang Ngai, capitale de la province qui porte son nom, présente peu d'attraits, mais constitue une étape commode sur la RN 1.

Avant la Seconde Guerre mondiale, Quang Ngai était déjà un centre de résistance anti-française ; pendant la guerre d'Indo-chine, le Viet Minh y possédait un bastion imprenable. En 1962, le gouvernement sud-vietnamien imposa à la région son programme de "hameaux stratégiques", lequel força les paysans à quitter leurs maisons pour aller vivre, désœuvrés, dans des hameaux fortifiés. Cette mesure exacerba le sentiment de colère et d'aliénation de la population, qui se tourna vers le Viet-Cong (VC). La province fut le théâtre de certains des combats les plus acharnés de toute la guerre du Vietnam.

C'est dans le sous-district de Son My (p. 257), à 14 km au nord de Quang Ngai, qu'eut lieu en 1968 le massacre de My Lai, au cours duquel des centaines de civils furent tués par des soldats américains. Un mémorial a été érigé sur les lieux.

La violence des conflits explique qu'il ne subsiste dans la province que de très rares ponts anciens. Au bord de nombreux fleuves, les piliers rouillés des vieux ponts en béton armé construits sous les Français, probablement détruits par le Viet Minh, côtoient ceux des ponts qui les remplacèrent avant d'être dynamités par le Viet-Cong.

Orientation et renseignements

Édifiée sur la rive sud du fleuve Tra Khuc (réputé pour ses roues hydrauliques géantes), Quang Ngai n'est qu'à 15 km de la côte. La ville et sa province sont également connues sous le nom de Quang Nghia, voire sous l'abréviation de Quangai. La RN 1 devient Đ Quang Trung en traversant la ville.

La **poste principale** (80 Đ Phan Dinh Phung) se situe à 150 m à l'ouest de Đ Quang Trung, à quelques pas d'un château d'eau, d'un charme tout colonial et un peu incongru.

Pu Internet (☎ 824 959 ; 102 Đ Phan Dinh Phung) dispose de connexions ADSL.

Où se loger

Hotel 502 (☎ 822 656 ; 28 Đ Hung Vuong ; ch 6-10 $US ; ⊠). Installé dans une cour, au bout d'une allée paisible, le 502 loue des chambres propres et calmes.

Kim Thanh Hotel (☎ 823 471 ; fax 826 134 ; 19 Đ Hung Vuong ; ch 150 000-250 000 d ; ⊠). Idéal pour les petits budgets. Chambres confortables et très propres avec TV, mini-bar et baignoire.

Central Hotel (☎ 829 999 ; www.vidc.com.vn/central hotel ; 784 Đ Quang Trung ; ch 45-95 $US, avec petit déj ; ⊠ ⊠). À l'extrémité sud de la ville, cet établissement, avec court de tennis et piscine, compte parmi les plus élégants de Quang Ngai. Les chambres du fond donnent sur des toits de tuiles rouges. Paiement possible par carte de crédit.

Où se restaurer

Mimosa (☎ 822 438 ; 21 Đ Hung Vuong ; plats 15 000 d). Ce restaurant très fréquenté, tenu par une famille accueillante, mitonne d'excellents plats vietnamiens.

An Lac (☎ 822 566 ; 54 Đ Tran Hung Dao ; repas 7 000 d). Plats végétariens goûteux dans une auberge qui fait face à l'église rose.

La province de Quang Ngai est réputée pour son *com ga*, une spécialité en réalité originaire de Tam Ky, plus au nord : ce plat mêlant poulet bouilli, soupe à l'œuf et cornichons (7 000 d la portion) est servi sur du riz jaune (cuit dans du bouillon de poule) et garni de feuilles de menthe. Cherchez les établissements spécialisés (panneaux portant les mots *com ga*), tels le **Hue Restaurant** (☎ 821 037 ; 314 Đ Nguyen Nghiem).

Les **étals de nourriture** (Đ Quang Trung) dressés au sud du fleuve Tra Khuc restent généralement ouverts plus tard que les restaurants.

Depuis/vers Quang Ngai
BUS

Les bus express partent de la **gare routière** (Ben Xe Khach Quang Ngai ; face au 32 Đ Nguyen Nghiem), située à une centaine de mètres à l'est de Đ Quang Trung (RN 1). Voir p. 488 pour plus d'informations.

MINIBUS

De nombreuses navettes touristiques circulent entre Quang Ngai et Hoi An (5 $US environ ; 100 km ; 2 heures).

TRAIN

L'*Express de la Réunification* (p. 493) marque un arrêt à Quang Ngai. La **gare** (Ga Quang Nghia ou Ga Quang Ngai ; Đ Hung Vuong) est à 1,5 km à l'ouest du centre-ville.

VOITURE ET MOTO

Quang Ngai se trouve à 131 km de Danang, 860 km de HCMV, 412 km de Nha Trang et 174 km de Qui Nhon.

ENVIRONS DE QUANG NGAI
Son My (My Lai)

Le sous-district de Son My (My Lai) fut le théâtre des plus horribles crimes commis

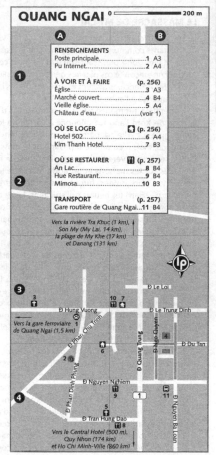

par les troupes américaines durant la guerre du Vietnam. Ces atrocités furent perpétrées dans les quatre hameaux du sous-district ; c'est dans le hameau de Xom Lang (Thuan Yen) qu'on dénombra le plus grand nombre de victimes, et c'est là que s'élève aujourd'hui le mémorial de Son My.

Le site du massacre est distant de 14 km du centre de Quang Ngai. Pour vous y rendre, prenez au nord Đ Quang Trung (RN 1) en direction de Danang, et traversez le grand pont qui enjambe le fleuve Tra Khuc. Quelques mètres après le pont se dresse une stèle triangulaire en béton indiquant le chemin du mémorial. Tournez à droite (vers l'est, parallèlement

LE MASSACRE DE MY LAI

Le sous-district de Son My passait pour un fief viet-cong, où les villageois auraient nourri et logé des militants communistes. Quelle que soit la réalité des faits, ces paysans n'avaient pas vraiment le choix, le Viet-Cong punissant souvent de mort ceux qui refusaient de collaborer. Qui eut l'idée de "donner une leçon" à ces pauvres gens, on ne le saura jamais. Ce que l'on sait à coup sûr, en revanche, est que les Américains avaient essuyé des pertes les jours précédant cette opération de destruction, qui commença à l'aube du 16 mars 1968.

L'opération fut menée par trois compagnies d'infanterie américaine (*Task Force Barker*). À 7h30, la zone de Xom Lang fut pilonnée à l'artillerie lourde et aux roquettes, puis trois sections de la compagnie "Charlie", débarquées en hélicoptère, entrèrent en action. Ils ne rencontrèrent aucune résistance, mais n'entamèrent pas moins le massacre. Dès que la 1re section du lieutenant William Calley se dirigea vers Xom Lang, elle ouvrit le feu sur les villageois qui s'enfuyaient, lança des grenades sur les maisons et les abris, massacra le bétail et incendia les cahutes. Une centaine de personnes, non armées, furent rassemblées et jetées dans un fossé, avant d'être fauchées à la mitrailleuse. Dans les heures qui suivirent, les 2e et 3e sections, ainsi que les membres du QG de la compagnie, encerclèrent la zone, survolée par des hélicoptères, et se livrèrent à d'autres crimes horribles. Plusieurs groupes de civils, comprenant des femmes et des enfants, furent rassemblés et exécutés ; les villageois qui fuyaient sur la route en direction de Quang Ngai furent abattus, et les civils blessés (y compris des enfants en bas âge) achevés d'une balle dans la tête. Des jeunes filles et des femmes furent victimes de viols, parfois collectifs.

Un soldat américain se tira une balle dans le pied pour ne pas participer au massacre : il fut le seul blessé américain de toute l'opération. Les soldats qui avaient perpétré ces massacres reçurent l'ordre de se taire mais plusieurs d'entre eux, une fois rentrés aux États-Unis, désobéirent : les journaux dévoilèrent l'affaire, ce qui affecta gravement le moral des troupes et provoqua de nouvelles manifestations pacifistes. Contrairement à ceux de la Seconde Guerre mondiale, qui connurent pour la suite honneurs et gloire, les soldats du Vietnam furent souvent rejetés par leurs compatriotes et traités de "tueurs de bébés".

L'armée américaine tenta, à tous les niveaux, de couvrir les atrocités commises, puis finit par ouvrir des enquêtes. Plusieurs officiers reçurent des sanctions disciplinaires, mais un seul, le lieutenant Calley, fut traduit en cour martiale et reconnu coupable du meurtre de 22 civils non armés. Condamné à l'emprisonnement à vie, il passa trois ans assigné à résidence et fit appel. Il fut libéré sur parole en 1974, la Cour suprême ayant refusé de se prononcer sur son cas. Le procès de Calley fait toujours couler beaucoup d'encre : d'aucuns affirment qu'il a servi de bouc émissaire, les ordres ayant été donnés de plus haut. De toute évidence, Calley n'a pas agi seul.

Le travail journalistique passionnant de Michael Bilton et de Kevin Sim, intitulé *Four Hours in My Lai*, retrace avec force détails ce drame et ses conséquences.

---

au fleuve) et empruntez sur 12 km une piste traversant de superbes paysages de rizières, de plantations de manioc et de jardins potagers, à l'ombre de casuarinas et d'eucalyptus.

Le mémorial est érigé dans un parc, à l'emplacement même de l'ancien petit hameau de Xom Lang (voir l'encadré ci-dessus). Les tombes de quelques victimes, regroupées par famille, furent disséminées au milieu des arbres et des rizières. Un **musée** (14 000 d ; 🕙 8h-11h30 et 13h-16h30 lun-ven) a été inauguré en 1992, non loin du mémorial.

Si vous ne disposez pas d'une voiture, vous pouvez, depuis Quang Ngai, rejoindre le district de Son My en louant un *xe om* (30 000 d aller-retour) près de la gare routière ou le long de Đ Quang Trung.

Plage de Bien Khe Ky

Cette longue plage de sable fin, frangée de casuarinas (Bai Bien Khe Ky), s'étend à 17 km de Quang Ngai et à quelques kilomètres à l'est du mémorial de Son My. Elle est séparée de la côte par un bras de mer, le Song Kinh Giang, d'une largeur de 150 m. Aucun transport public ne dessert cette plage ; le trajet en *xe om* depuis Quang Ngai coûte 15 000 d.

Lors de notre passage, un nouveau complexe hôtelier était en construction.

SA HUYNH

☎ 055

Cette petite station balnéaire, réputée pour ses marais salants, s'enorgueillit d'une très jolie plage bordée de cocotiers et de rizières. Des archéologues ont découvert dans ses environs des vestiges de la civilisation Dong Son, datant du Ier siècle de notre ère.

Où se loger et se restaurer

Sa Huynh Hotel (☎ 860 311 ; fax 860 661 ; ch 6-15 $US ; ✖). Vous n'aurez pas d'autre choix que cet hôtel de plage, en béton et délabré. Hormis son personnel aimable et le plaisant voisinage d'une plage charmante et peu fréquentée, l'endroit n'a rien d'extraordinaire.

Son **restaurant** (plats 10 000 d) est correct, même si le service laisse quelque peu à désirer. À une centaine de mètres, la route est bordée de quelques **cafés-restaurants** : essayez le Vinh.

Depuis/vers Sa Huynh

Sa Huynh se trouve sur la RN 1, à 114 km au nord de Qui Nhon et 60 km au sud de Quang Ngai. Certains trains non express, donc très lents, marquent un arrêt en gare (Ga Sa Huynh).

QUI NHON

☎ 056 / 260 000 hab.

Capitale de la province de Binh Dinh, Qui Nhon (ou Quy Nhon) est l'un des ports les plus actifs du Vietnam. L'endroit offre une halte agréable, agrémentée de repas de poisson et de fruits de mer, sur le long trajet Nha Trang-Danang.

Les plages les plus proches ne présentent guère d'intérêt ; celles qui s'étendent au sud de Qui Nhon, notamment sur la nouvelle route côtière de Song Cau, sont en revanche agréables.

Les faubourgs de la ville comptent de nombreuses tours cham : certaines, au bord de la RN 1, se dressent à 10 km au nord de l'embranchement de Qui Nhon.

Durant la guerre du Vietnam, cette région fut marquée par l'activité militaire extrêmement intense des Sud-Vietnamiens, des Américains, du Viet-Cong et des Sud-Coréens. Les villageois, qui avaient fui les campagnes, s'entassaient dans des baraques de fortune à travers la ville, dont le maire, espérant capitaliser sur la présence des troupes américaines, avait transformé

sa résidence officielle en vaste "salon de massage".

Depuis le début des années 1960, Qui Nhon reçoit une aide active de la Nouvelle-Zélande : ce pays a financé la construction de l'hôpital, avant de venir en aide aux réfugiés. Cette assistance se poursuit, à l'heure actuelle, par la participation des Néo-Zélandais à des projets de développements régionaux.

Orientation

Qui Nhon est implantée sur la côte, à 10 km à l'est de la RN 1. Vous verrez la sortie indiquée à un carrefour appelé Phu Tai.

La localité occupe une péninsule orientée est-ouest dont l'extrémité constitue la zone portuaire, non accessible au public. Au sud de la péninsule s'étend la plage municipale. De cette plage, on aperçoit au large l'île Cu Lao Xanh et, à proximité du rivage, un tank rouillé de l'armée américaine à moitié submergé. À l'est se dresse la statue géante de Tran Hung Dao, érigée sur un promontoire surplombant le port de pêche de Hai Minh.

Les rues situées aux alentours du marché Lon constituent le centre-ville.

Renseignements

Barbara's Backpackers (☎ 892 921 ; nzbarb@yahoo. com ; 18 Đ Nguyen Hue). Cette auberge pour voyageurs à petits budgets organise également des circuits et des promenades en bateau, uniques dans la région.

Binh Dinh Internet (☎ 823 055 ; vtnghi@dng.vnn.vn ; 245 Đ Le Hong Phong ; 100 d/minute).

Binh Dinh Tourist (☎ 892 329 ; fax 894 544 ; 25 Đ Nguyen Hue). Excursions vers les ruines cham de Thap Doi, de Cha Ban et de Duong Long.

Vietcombank (☎ 822 266 ; 148 Đ Le Loi). Au coin de Đ Tran Hung Dao, cette banque dispose d'un DAB 24h/24.

À voir

MUSÉE DE BINH DINH

Ce petit **musée** (angle Đ Nguyen Hue et Đ Le Loi ; entrée libre ; ⏱ 8-11h30 lun-ven) présente des expositions sur l'histoire régionale où figurent notamment des statues cham et des tambours en bronze.

PAGODE LONG KHANH

La **pagode de Long Khanh**, la plus grande de Qui Nhon, se profile au bout d'une allée, en face du 62 Đ Tran Cao Van. Visible de la rue, un bouddha de 17 m de haut, érigé en 1972, règne sur un étang de nénuphars (protégé par des barbelés...). À gauche du bâtiment principal, une tour basse abrite un tambour géant ; à droite, sa jumelle contient une énorme cloche coulée en 1970.

Le sanctuaire principal date de 1946. Endommagé durant la guerre d'Indochine, il fit l'objet d'une restauration en 1957. Devant le grand Bouddha Thich Ca en cuivre, à la tête nimbée d'un néon multicolore, notez le dessin de Chuan De, déesse de la Miséricorde (ses bras et ses yeux, nombreux, signifient qu'elle peut tout voir et tout toucher). Sur la plate-forme surélevée apparaît un bouddha peint. Dans le couloir passant derrière l'autel principal, vous remarquerez une cloche de bronze (1805) portant des inscriptions chinoises.

La pagode abrite également une photographie célèbre du bonze Thich Quang Duc, qui s'immola par le feu à Saigon en juin 1963 pour protester contre le régime du président Diem. L'étage du bâtiment est dédié aux plaques funéraires de bonzes (autel central) et de laïcs.

La pagode de Long Khanh fut fondée au début du XVIIIᵉ siècle par le marchand chinois Duc Son (1679-1741). Les bonzes qui l'habitent se chargent des activités religieuses de l'importante communauté bouddhiste locale. Le dimanche, ils enseignent la religion à des classes non mixtes d'enfants.

TOURS CHAM DE THAP DOI

Ces deux **tours cham** (entrée libre ; ☺ 8-11h et 13-18h) présentent des toits en forme de pyramide arrondie, différents des toits en terrasse, caractéristiques de l'architecture cham. La plus grande tour, dont les quatre portes de granit sont orientées vers les quatre points cardinaux, conserve en partie son décor de briques sculptées, ainsi que des vestiges du sanctuaire en granit qui coiffait jadis son sommet. Vous remarquerez, aux angles des toits des deux édifices, les torses démembrés des *garudas* (créatures célestes semblables au griffon qui se nourrissent de *naga*, ou serpents divins).

Les niveaux supérieurs de la petite tour abritent plusieurs arbres florissants dont les racines, qui se sont frayé un passage entre les briques, s'enchevêtrent peu à peu dans la structure du bâtiment comme on le voit dans les temples d'Angkor.

Pour y accéder, quittez la ville par Đ Tran Hung Dao et tournez à droite après le n°886 dans Đ Thap Doi. Les tours se dressent à une centaine de mètres de Đ Tran Hung Dao.

PAGODE TAM AN

Chua Tam An, la deuxième pagode la plus active de Qui Nhon, est un charmant endroit, où viennent surtout se recueillir les femmes.

MARCHÉ LON

Le **grand marché** de fruits et légumes (Cho Lon) occupe un vaste bâtiment moderne, au milieu d'une cour.

PLAGES

La **plage municipale**, bordée de cocotiers, longe sur plusieurs centaines de mètres la côte sud de la péninsule. Sa partie la plus agréable fait face au Quy Nhon Hotel. Plus loin vers l'ouest, vous apercevrez les bateaux et les huttes des pêcheurs.

La **plage de la Reine**, vaste et calme, s'étend à 2 km au sud-ouest de la plage municipale. On y accède par Đ Nguyen Hue, à l'ouest de l'extrémité de la péninsule. Plus au sud, de belles plages s'étirent le long de la route côtière qui rejoint Song Cau.

LÉPROSERIE ET PLAGE DE QUY HOA

Contrairement à beaucoup d'autres, cette léproserie ressemble à un village de bord de mer. Les patients, qui vivent dans d'accueillantes petites maisons, œuvrent selon leurs capacités : ils cultivent le riz, pêchent, effectuent diverses réparations, tiennent des petites boutiques d'artisanat ou travaillent en atelier – l'un de ces ateliers, soutenu par Handicap International, fabrique des prothèses orthopédiques.

Le parc de l'**hôpital** (☎ 646 343 ; 3000 d ; ☺ 8h-11h30 et 13h30-16h) est si bien entretenu qu'il évoque un complexe balnéaire. Dans le parc sont disséminés des bustes de nombreux médecins (vietnamiens et étrangers).

Devant la léproserie, la **plage de Quy Hoa**, l'une des plus belles étendues de sable des environs, accueille la communauté des expatriés, qui vient s'y détendre le week-end moyennant quelques dongs. Un peu plus haut, un sentier sablonneux vous

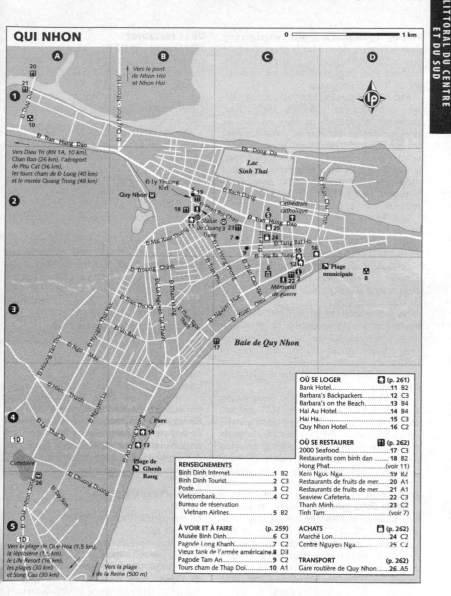

QUI NHON

0 ————— 1 km

OÙ SE LOGER (p. 261)
Bank Hotel	11 B2
Barbara's Backpackers	12 C3
Barbara's on the Beach	13 B4
Hai Au Hotel	14 B4
Hai Ha	15 C3
Quy Nhon Hotel	16 C2

OÙ SE RESTAURER (p. 262)
2000 Seafood	17 C3
Restaurants com binh dan	18 B2
Hong Phat	(voir 11)
Kem Ngoc Nga	19 B2
Restaurants de fruits de mer	20 A1
Restaurants de fruits de mer	21 A1
Seaview Cafeteria	22 C3
Thanh Minh	23 C2
Tinh Tam	(voir 7)

RENSEIGNEMENTS
Binh Dinh Internet	1 B2
Binh Dinh Tourist	2 C3
Poste	3 C2
Vietcombank	4 C2
Bureau de réservation Vietnam Airlines	5 B2

À VOIR ET À FAIRE (p. 259)
Musée Binh Dinh	6 C3
Pagode Long Khanh	7 C2
Vieux tank de l'armée américaine	8 D3
Pagode Tam An	9 C2
Tours cham de Thap Doi	10 A1

ACHATS (p. 262)
Marché Lon	24 C2
Centre Nguyen Nga	25 C2

TRANSPORT (p. 262)
Gare routière de Qui Nhon	26 A5

mènera sur la colline du **tombeau de Han Mac Tu**, poète mystique mort en 1940.

La léproserie et la plage sont situées à environ 1,5 km de la route principale. Si vous venez de Qui Nhon, tournez à gauche (au bout du village) au sommet de la première colline. Un panneau indique la bifurcation vers l'hôpital.

Où se loger

Barbara's on the Beach (☎ 846 992 ; 492 Đ An Duong Vuong ; dort 3 $US ; ch 10-12 $US ; ✪). Cette auberge est tenue par la spécialiste locale du voyage, la sympathique Néo-Zélandaise Barbara. Son établissement jaune et bleu, au sud du centre-ville, fait face à la plage. Vous y trouverez 4 dortoirs (sdb commune) et

4 chambres doubles avec sdb. Le restaurant, dont la terrasse donne sur la plage, prépare une cuisine vietnamienne et internationale. Barbara peut organiser tous les circuits, même les plus originaux.

Barbara's Backpackers (☎ 892 921 ; nzbarb@yahoo.com ; 18 Đ Nguyen Hue ; ch 6-7 $US). Plébiscitée, l'auberge "originelle", installée en face de la plage, dégage un charme suranné, avec ses murs arrondis et ses ventilateurs en bois au plafond. Le personnel est sympathique, le lieu propre et bien entretenu. On vous proposera plusieurs circuits et moyens de transport. Le Kiwi Cafe prépare une cuisine internationale et familiale bon marché.

Life Resort (☎ 840 132 ; www.life-resorts.com/quy-nhon/html/index.htm ; Ghenh Rang, Bai Dai ; ch 138-161 $US, ste 196-202 $US ; ✂ 🖥 🐾). À 16 km au sud de la ville, ce complexe, idéal pour se chouchouter un peu, possède un caractère certain : ses chambres lumineuses et spacieuses sont d'une grande élégance. Cartes de crédit acceptées.

Hai Ha Mini Hotel (☎ 891 295 ; fax 892 300 ; 5 Đ Tran Binh Trong ; ch 15-35 $US, avec petit déj ; ✂). Non loin de la plage municipale, un établissement sympathique aux chambres très correctes (celles du rez-de-chaussée sont moins chères). Il dispose d'une charmante terrasse commune.

Quy Nhon Hotel (☎ 892 401 ; hotelquynhon@dng.vnn.vn ; 8 Đ Nguyen Hue ; ch 16-35 $US, avec petit déj ; ✂ 🖥). Face à la plage municipale, cet établissement est l'un des plus grands et des plus luxueux de la ville. Il n'a rien d'exceptionnel, mais son calme (hormis pour les chambres donnant sur la rue) est appréciable. Vous pourrez utiliser son sauna et vous faire masser. Buffet au petit déj.

Hai Au Hotel (hôtel de la Mouette ; ☎ 846 473 ; ks.haiau@dng.vnn.vn ; 489 Đ An Duong Vuong ; ch 30-45 $US, avec petit déj ; ✂ 🖥). Face à la plage et très fréquenté par les groupes étrangers, le Hai Au est en pleine transformation (piscine en construction notamment). Le petit déj. est sommaire. Depuis le bar en forme d'arbre, vous aurez la mer sous les yeux.

Bank Hotel (☎ 823 591 ; fax 821 013 ; 257-259 Đ Le Hong Phong ; ch 10-15 $US ; ✂). Adresse vieillotte mais centrale, accueillant de nombreux étrangers. Les chambres de devant disposent de jolies terrasses donnant sur le parc. Leur décoration est néanmoins assez déprimante, et les sdb auraient bien besoin d'une rénovation.

Où se restaurer

2000 Seafood (☎ 812 787 ; 1 Đ Tran Doc). L'un des restaurants les plus fréquentés. Essayez sa fondue de fruits de mer (lau) à 45 000 d.

Hong Phat (☎ 811 550 ; 261 Đ Le Hong Phong ; plats 20 000 d). Ce restaurant voisin du Bank Hotel prépare de bons plats thaïlandais et vietnamiens.

Seaview Cafeteria (☎ 891 791 ; 25 Đ Nguyen Hue). Face à la mer, non loin de l'office du tourisme, cet endroit agréable sert une sélection de boissons fraîches et du café (5 000 d).

Thanh Minh (☎ 821 749 ; 151 Đ Phan Boi Chau ; plats 4 000-12 000 d) et **Tinh Tam** (141 Đ Tran Cao Van ; plats 4 000-12 000 d), qui avoisinent la pagode Long Khanh, proposent tous deux d'excellents plats végétariens.

Vous trouverez de petits restaurants *com binh dan* près du Bank Hotel. Non loin, **Kem Ngoc Nga** (☎ 821 562 ; 326 Đ Phan Boi Chau) prépare de délicieuses pâtisseries et crèmes glacées.

En descendant 100 m sur Đ Thap Doi, près des tours cham, plusieurs **restaurants de fruits de mer** (plats environ 20 000 d) se sont installés des deux côtés du fleuve.

Achats

Nguyen Nga Centre (☎ 825 115 ; nngacenter@dng.vnn.vn ; 100 Đ Phan Boi Chau). Cet atelier très intéressant offre à des enfants handicapés et orphelins un accès à des formations professionnelles et leur dispense des cours de musique et d'art. Le magasin vend de ravissants tissages, objets et vêtements artisanaux bahnar. Bref, vous y dénicherez des souvenirs de valeur et servirez une belle cause en vous y arrêtant.

Depuis/vers Qui Nhon
AVION

La compagnie Vietnam Airlines propose six vols par semaine pour HCMV (voir p. 486 pour plus d'informations).

L'aéroport de Phu Cat se situe à 36 km au nord de Qui Nhon. Le bureau de réservation de **Vietnam Airlines** (☎ 822 953, 823 125 ; 2 Đ Ly Thuong Kiet ; 🕐 8h-17h lun-ven) affrète une navette jusqu'à l'aéroport (25 000 d). Téléphonez pour plus d'informations.

BUS

Il existe des services express pour Buon Ma Thuot, Dalat, Danang, Dong Hoi, Hanoi, HCMV, Hué, Nha Trang, Ninh Binh, Quang Tri, Thanh Hoa et Vinh.

La **gare routière** (Ben Xe Khach Qui Nhon ; ☎ 822246 ; Đ Tay Son) fait face au cimetière, au sud de la ville.

TRAIN
L'*Express de la Réunification* fait halte à Dieu Tri, à 10 km de Qui Nhon. La **gare ferroviaire** (Ga Qui Nhon ; ☎ 822036) se trouve au bout d'une voie latérale de 10 km débouchant sur la ligne principale nord-sud ; elle n'est desservie que par des trains locaux, très lents – et donc à éviter. Vous rejoindrez plus rapidement Dieu Tri (ou en partirez) avec un taxi ou un *xe om* (50 000 d).

Les billets de train au départ de Dieu Tri se prennent sans problème en gare de Qui Nhon. En revanche, si vous arrivez à Dieu Tri par le train, mieux vaut vous procurer le billet de votre correspondance avant de quitter la gare.

VOITURE ET MOTO
Qui Nhon se trouve à 677 km de HCMV, 238 km de Nha Trang, 186 km de Pleiku, 198 km de Kon Tum, 174 km de Quang Ngai et 303 km de Danang.

ENVIRONS DE QUI NHON
La région recèle une demi-douzaine d'ensembles architecturaux cham. Pour plus d'informations sur le royaume du Champa, consultez l'encadré p. 249.

Cha Ban
Les ruines de l'ancienne capitale du royaume du Champa **Cha Ban** (également appelée, selon les époques, Vijaya ou Qui Nhon) s'étendent à 26 km de Qui Nhon et à 5 km de Binh Dinh. La cité tenait dans une enceinte de 1 400 m sur 1 100 m. La tour Canh Tien (tour de Cuivre) se dresse au centre, tout près du tombeau du général Vu Tinh.

Cha Ban fut de l'an 1000 (après la perte d'Indrapura, connue aussi sous le nom de Dong Duong) jusqu'en 1471 le siège du gouvernement cham. Elle subit les assauts répétés des Vietnamiens, des Khmers et des Chinois.

En 1044, le prince vietnamien Phat Ma occupa la ville et emporta avec lui un important butin – la razzia comprenait de l'argent, mais aussi les épouses, les danseuses, les musiciennes et les chanteuses du roi cham. De 1190 à 1220, Cha Ban vécut sous la férule d'un chef khmer.

En 1377, les Vietnamiens échouèrent dans leur tentative de prendre la capitale, et leur roi fut tué pendant la bataille. En 1471, l'empereur vietnamien Le Thanh Ton fit tomber la porte orientale de la ville, captura le roi cham et cinquante membres de sa famille. Au cours de ce dernier grand combat livré par les Cham, 60 000 des leurs furent tués, 30 000 autres faits prisonniers.

Pendant la rébellion des Tay Son, Cha Ban devint la capitale de la région Centre sous la houlette de Nguyen Nhac, l'aîné des trois frères Tay Son. En 1793, elle résista victorieusement aux troupes de Nguyen Anh (le futur empereur Gia Long), mais s'inclina quelque six ans plus tard. Les Tay Son récupérèrent bientôt le port de Thi Nai (actuelle Qui Nhon) et s'attaquèrent à Cha Ban. Le siège dura un an : en juin 1801, l'armée de Nguyen Anh, conduite par le général Vu Tinh, avait épuisé ses munitions, mangé tous les chevaux et les éléphants. Refusant l'ignominie d'une reddition, Vu Tinh fit construire une tour octogonale en bois que l'on remplit de poudre puis, paré de ses vêtements de cérémonie, entra dans la tour et la fit exploser. En apprenant la mort de son dévoué général, Nguyen Anh éclata en sanglots.

Tours cham de Duong Long
Ces **tours cham** (Thap Duong Long, ou tours d'Ivoire) se dressent à 15 km à l'ouest de Cha Ban. La plus grande des trois s'orne de *nagas* (serpents) et d'éléphants en granit. Notez, au-dessus des portes, les bas-reliefs de femmes, de danseuses, d'animaux ou de monstres. D'énormes têtes de dragons en décorent les angles.

Musée Quang Trung
Ce musée est dédié à Nguyen Hue, deuxième des trois frères responsables de la révolte des Tay Son, lequel s'autoproclama empereur en 1788 sous le nom de Quang Trung. L'année suivante, Quang Trung et ses troupes allaient battre à plate couture, près de Hanoi, une armée chinoise forte de 200 000 hommes : cette épopée est, aux yeux des Vietnamiens, le plus grand triomphe de leur histoire nationale. L'empereur Quang Trung mourut en 1792, à l'âge de 40 ans. Le **musée Quang Trung** (10 000 d ; ☽ 8-11h30 et 13h-16h30 lun-ven) lui est dédié.

Son court règne fut cependant marqué par des avancées : il encouragea la réforme agraire, révisa le système des impôts, renforça l'armée, développa l'éducation et stimula la poésie et la littérature. Les ouvrages communistes aiment voir en lui le chef d'une révolution paysanne dont les acquis furent piétinés par la dynastie réactionnaire des Nguyen (arrivée au pouvoir en 1802, elle fut renversée par Ho Chi Minh en 1945).

Le musée, à 48 km de Qui Nhon, abrite des statues, des costumes, des documents et des objets datant du XVIIIe siècle (la plupart des explications sont en anglais). Les tambours de guerre en peau d'éléphant et les gongs de la minorité bahnar, dans la province de Gia Lai, sont particulièrement remarquables. Le musée organise également des démonstrations, fort appréciées, de *vo binh dinh*, un art martial traditionnel qui se pratique à l'aide d'un bâton de bambou.

COMMENT S'Y RENDRE
Prenez la RN 19 vers l'ouest, en direction de Pleiku. L'embranchement pour le musée, à 5 km de la nationale, dans le district de Tay Son, est signalé.

Chutes de Vinh Son
Ces chutes sont à 18 km de la RN 19, qui relie Binh Dinh à Pleiku. Vous pouvez combiner leur visite avec celles du musée Quang Trung et des tours cham de Duong Long.

SONG CAU
☎ 057
Ce village figure rarement sur l'itinéraire des voyageurs. Pourtant, son immense baie mérite le détour. Les visiteurs étrangers qui se rendent de Nha Trang à Hoi An fs'arrêtent parfois à Song Cau le temps d'un repas ou d'une nuit. La bourgade se situe sur un tronçon bien connu de la RN 1, baptisé par les routiers "les 16 km du bonheur", en raison du grand nombre de prostituées qui y proposent leurs services.

La **visite de la baie en bateau** dans une embarcation pour 6 personnes revient à 30 000 d/ heure. La région abrite de magnifiques plages préservées, notamment **Bai Tro**, au sud de Song Cau : on y accède en bateau, ou en voiture par une route pittoresque traversant des rizières et des bassins de pisciculture et empruntant de vieux ponts en bois. Le restaurant du lieu vous indiquera l'itinéraire à suivre.

Depuis/vers Song Cau
Song Cau est à 170 km au nord de Nha Trang et à 43 km au sud de Qui Nhon. Les bus empruntant la nationale peuvent sans doute vous déposer ou vous prendre au passage, mais mieux vaut louer un minibus pour arriver à bon port.

Si vous êtes motorisé, empruntez la toute nouvelle route côtière reliant Song Cau à Qui Nhon : le panorama est splendide et plusieurs belles plages jalonnent la route.

TUY HOA
☎ 057 / 185 700 hab.
Capitale de la province de Phu Yen, cette ville côtière insignifiante se situe entre la plage de Dai Lanh et Qui Nhon. Elle doit son existence à la présence d'un large fleuve navigable, que la RN 1 enjambe au sud de la bourgade. Allez jeter un coup d'œil à la **tour cham Nhan**, perchée sur la colline, et à la statue du bouddha assis, sur le monticule au nord de la ville.

Où se loger et se restaurer
Les hébergements de Tuy Hoa sont les bienvenus pour les voyageurs souhaitant prendre une nuit de repos après un long trajet sur la RN 1.

Huong Sen Hotel (☎ 823 775 ; fax 823 460 ; 22B RN 1A ; ch 20-25 $US ; 🗙). Ce vaste établissement proche du centre-ville, qui se double d'un restaurant, est un bon choix : ses chambres ont la TV et l'eau chaude, et ses employés font montre d'une grande gentillesse.

Hung Phu Hotel (☎ 824 349 ; km2 RN 1A ; ch 50 000-100 000 d ; 🗙). Vieil hôtel géré par l'État, moins cher que le Huong Sen, situé à 500 m au nord de la gare routière.

Depuis/vers Tuy Hoa
Vietnam Airlines assure deux vols hebdomadaires entre Tuy Hoa et HCMV. Elle est également desservie par le bus et le train.

PLAGES AU NORD DE NHA TRANG
☎ 058
Le nord de Nha Trang comporte quatre belles plages, celle de Dai Lanh étant la plus fréquentée. Si vous n'appréciez pas la foule, ne venez pas le week-end.

Beaucoup plus intéressantes, la plage de la Jungle et l'île aux Baleines figurent parmi les plus isolées et tranquilles qui soient (jusqu'à présent).

Plage de Dai Lanh

Bordée de casuarinas, baignée d'une eau turquoise, cette sublime **plage** en arc de cercle, tranquille, au sable fin et doux, s'étend à 83 km au nord de Nha Trang et à 150 km au sud de Qui Nhon par la RN 1.

Environ 1 km plus au sud, une large digue de sable relie le continent à la péninsule montagneuse de Hon Gom, longue de 30 km. Le principal village de Hon Gom, **Dam Mon** (que les Français appelaient Port-Dayot), occupe une baie abritée face à l'île Hon Lon.

Au nord de Dai Lanh se dresse un promontoire (Mui Dai Lanh), autrefois connu sous le nom de cap Varella.

Si vous passez la nuit sur la plage, gardez un œil sur vos affaires : plusieurs vols nous ont été signalés en ce lieu.

OÙ SE LOGER ET SE RESTAURER

Thuy Ta Restaurant (☎ 842 117 ; tentes 15 000 d, ch 70 000-120 000 d ; plats environ 30 000 d). Les tentes et les bungalows, à toit de chaume, sont spartiates, avec sol en brique, ventil. et toilettes collectives. Les non-résidents paient 3 000 d pour avoir accès à la douche (eau froide). Le menu est essentiellement constitué de fruits de mer frais.

DEPUIS/VERS DAI LANH

Dai Lanh s'étend en bordure de la RN 1 et n'importe quel véhicule empruntant cette route entre Nha Trang et Tuy Hoa (ou Qui Nhon) peut vous y conduire. Le long de la côte, les paysages sont de toute beauté, particulièrement au nord de Dai Lanh.

Le train local s'arrête en face de la plage.

Plage de Doc Let

Sur la **plage de Doc Let**, longue et large, le sable est blanc comme la craie et l'eau peu profonde. Les touristes vietnamiens ont repris possession de cet endroit magnifique, qu'avaient envahi avant eux les jeunes voyageurs étrangers.

Les résidents du Paradise sont exemptés du droit d'accès de 3 000 d.

OÙ SE LOGER

Paradise Resort (☎ 670 480 ; paradise_doclech@ hotmail.com ; s/d bungalows 9/14 $US en pension complète). Ce complexe occupe une splendide étendue de sable que l'on peut admirer de la terrasse à l'étage ou des bungalows construits sous les palmiers. Les prix comprennent les trois repas, de l'eau minérale, du thé, du café et des fruits. De la route menant à Doc Let Beach, faites encore 2 km en direction du nord, après la sortie vers le Doc Let Resort, puis suivez les flèches bleues.

Doc Let Resort (☎ 849 663 ; fax 849 506 ; docletresort@dng.vnn.vn ; bungalows 150 000-320 000 d ; 🅿 🖳). Tout proches de la plage, ces 28 bungalows en dur disposent tous de toilettes, d'un réfrig., de la clim. et de l'eau chaude. Vous y trouverez également des courts de tennis (30 000 d l'heure), deux restaurants, un bar et, bien entendu, un karaoké et un salon de massage.

DEPUIS/VERS DOC LET

La plage (qui n'est pas desservie par aucun transport public) se trouve à 30 km au nord de Nha Trang, le long de la RN 1. Au nord des chantiers navals Hyundai, prenez la route sur votre droite et suivez-la sur 10 km jusqu'à la plage, à travers un beau paysage de marais salants. Un panneau en anglais indique la bifurcation. Il est possible de réserver une excursion au départ de Nha Trang (6 $US) – renseignez-vous auprès de Mr Vu's Tour Adventures (p. 266) – ou de louer un véhicule pour s'y rendre par ses propres moyens.

Île aux Baleines

Sur cette île isolée et pleine de charme, le ravissant complexe balnéaire **Whale Island Resort** (☎ /fax 840 501 ; www.whaleislandresort.com ; s/d 110/140 $US en pension complète) est géré par des Français. L'électricité est fournie par un générateur, judicieusement installé à l'écart des paillottes sur pilotis (avec sdb et ventil.) disséminées sur la plage. Les tarifs comprennent l'hébergement, les repas (sans les boissons) et les transferts en bateau depuis Nha Trang.

La saison de plongée sous-marine s'interrompt ici mi-octobre pour reprendre vers mi-février ; la meilleure période court d'avril à septembre. Malgré les dégâts provoqués par la pêche à la dynamite, les efforts accomplis en matière d'environnement (notamment la plantation de coraux) ont abouti à l'augmentation significative du nombre des espèces marines, passé de 40 à plus de 170.

Pour rejoindre l'île, suivez la RN 1 jusqu'à la localité de Van Ninh, à 60 km au nord de Nha Trang et à 64 km au sud de Tuy Hoa :

de là, comptez 2 heures pour la traversée en **bateau** (Nha Trang ☎ 811 607 ; fax 822 251 ; 11B Đ Nguyen Thien Thuat).

Plage de la Jungle

Ce site champêtre occupe 3 ha, où les montagnes recouvertes de jungle descendent à la rencontre d'une plage immaculée, longue de 550 m. Le **Jungle Beach Resort** (☎ 622 384, 0913-429 144 ; syl@dng.vnn.vn ; 15 $US/pers en pension complète) constitue une retraite tranquille, idéale pour explorer les montagnes ou se faire dorer sur la plage déserte.

Outre quelques chambres aménagées dans le bâtiment principal ou dans les bungalows, il est possible de louer des tentes igloo ou de dormir à la belle étoile sur un matelas enveloppé d'une moustiquaire (ce qui vous coûtera tout de même 15 $US !). Il est conseillé de réserver avant votre venue, car il n'existe aucune autre formule d'hébergement. Les trois repas sont servis de manière familiale dans la maison principale.

La plage de la Jungle se trouve à peu près à mi-chemin entre Doc Let et Nha Trang, dont elle distante de 59 km par la route *via* la RN 1 (et seulement 15 km à vol d'oiseau ou en bateau). Il n'existe aucun transport public, mais les jeunes motards connaissent bien l'endroit.

NHA TRANG

☎ 058 / 315 200 hab.

Capitale de la province de Khanh Hoa, Nha Trang exhibe un magnifique bord de mer, l'un des plus réputés du Vietnam. Encore épargnée par le béton et les casinos, cette station très prisée s'est imposée comme le paradis du soleil et du divertissement.

Elle convient parfaitement aux fêtards : sur la plage, la liste des prestations est longue – massage, manucure ou soin de beauté, sans oublier repas et boissons. Si vous cherchez le calme, optez plutôt pour la plage de Mui Ne (p. 287), plus au sud, ou pour celles situées au nord de Nha Trang (p. 264).

Les eaux turquoise, limpides, font de Nha Trang l'endroit rêvé pour la pêche et la plongée, excepté en novembre-décembre : à cette période, les fortes précipitations font monter le niveau des eaux dans les deux rivières qui l'entourent, et la marée entraîne l'eau douce dans la baie, qui prend alors une couleur marron trouble. Les croisières

en bateau sont un autre point fort de Nha Trang (p. 274)

À la différence de HCMV, la saison sèche s'étend ici de juin à octobre. Octobre et novembre sont les mois les plus pluvieux, mais la pluie ne tombe en général que la nuit ou le matin. Si vous voulez profiter de la plage, allez-y avant 13h ; l'après-midi, les vents marins (qui ne s'apaisent pas avant 20h) la rendent peu propice au farniente. En dépit du climat tropical, les soirées sont plutôt fraîches.

Les eaux environnantes regorgent de fruits de mer et de poissons – ormeaux, homards, crevettes, seiches, maquereaux, coquilles Saint-Jacques et thons. Les pêcheurs vont en mer la nuit essentiellement, la journée étant plutôt consacrée au repos et à la maintenance du matériel. La région exporte des produits agricoles tels que noix de cajou et de coco, café et graines de sésame ; la production de sel de table emploie 4 000 personnes. Notez la présence de marais salants sur la route de Doc Let (p. 265).

Renseignements

ACCÈS INTERNET

La plupart des hôtels et des cafés de voyageurs proposent un accès Internet.

La Fregate Internet (carte p. 268 ; ☎ 829 011 ; fregate@dng.vnn.vn ; 4 Đ Pasteur ; 100 d/minute). Connexions ADSL.

Thanh's Family Booking Office (carte p. 268 ; 2 Đ Hung Vuong ; environ 100 d/minute). En centre-ville.

AGENCES DE VOYAGES

Découvrir l'île aux Baleines (carte p. 268 ; ☎ 811 607 ; fax 822 251 ; 11B Đ Nguyen Thien Thuat). Pour savoir comment visiter la splendide île.

Khanh Hoa Tourist (carte p. 268 ; ☎ 823 709 ; fax 824 206 ; 1 Đ Tran Hung Dao). Cet office du tourisme local, situé derrière le Vien Dong Hotel, propose plusieurs programmes de visite, plus chers et moins intéressants toutefois que ceux proposés ailleurs.

Mr Vu's Tour Adventures (carte p. 268 ; ☎ 828 996 ; www.vutouradventure.com ; 2D Đ Biet Thu). Excursions vers les hauts plateaux du Centre en 4x4 ou en moto.

Voici quelques adresses de cafés-agences peu onéreux :

Hanh Cafe (☎ 827 814 ; hanhcafé@dng.vnn.vn ; 22 Đ Tran Hung Dao)

Sinh Cafe (carte p. 268 ; ☎ 811 981 ; sinhcafént@dng. vnn.vn ; 10 Đ Biet Thu)

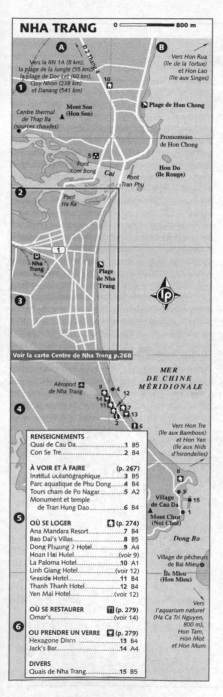

NHA TRANG 0 ⎯⎯⎯ 800 m

A
Vers la RN 1A (8 km),
la plage de la Jungle (55 km),
la plage de Doc Let (60 km),
Quy Nhon (238 km)
et Danang (541 km)

B
Vers Hon Rua
(Île de la Tortue)
et Hon Lao
(Île aux Singes)

Centre thermal
de Thap Ba
(sources chaudes)

Mont Son
(Hon Son)

Plage de Hon Chong

Promontoire
de Hon Chong

5
Pont
Xom Bong   Cai   Pont
Tran Phu

Hon Do
(Île Rouge)

Pont
Ha Ra

1

Nha
Trang

Plage
de Nha
Trang

2

3

Voir la carte Centre de Nha Trang p.268

MER
DE CHINE
MÉRIDIONALE

Aéroport
de Nha Trang

9 4
14 12
11 7
2 13
6

4

Vers Hon Tre
(Île aux Bambous)
et Hon Yen
(Île aux Nids
d'hirondelles)

8
3
Village
de Cau Da   15
1

Mont Chut
(Nui Chut)

Dong Bo

Village de pêcheurs
de Bai Mieu

Île Mieu
(Hon Mieu)

Vers
l'aquarium naturel
(Ha Ca Tri Nguyen,
800 m),
Hon Tam,
Hon Mot
et Hon Mum

RENSEIGNEMENTS
Quai de Cau Da..................1 B5
Con Se Tre.........................2 B4

À VOIR ET À FAIRE   (p. 267)
Institut océanographique.....3 B5
Parc aquatique de Phu Dong....4 B4
Tours cham de Po Nagar......5 A2
Monument et temple
de Tran Hung Dao................6 B4

OÙ SE LOGER   (p. 274)
Ana Mandara Resort.............7 B4
Bao Dai's Villas....................8 B5
Dong Phuong 2 Hotel...........9 A4
Hoan Hai Hotel................(voir 9)
La Paloma Hotel.................10 A1
Linh Giang Hotel..............(voir 12)
Seaside Hotel....................11 B4
Thanh Thanh Hotel............12 B4
Yen Mai Hotel.................(voir 12)

OÙ SE RESTAURER   (p. 279)
Omar's...........................(voir 14)

OÙ PRENDRE UN VERRE   (p. 279)
Hexagone Disco.................13 B4
Jack's Bar........................14 A4

DIVERS
Quais de Nha Trang............15 B5

TM Brothers Cafe (carte p. 268 ; ☎ 814 556 ; fax 815 366 ; hoanhaont@dng.vnn.vn ; 22 Đ Tran Hung Dao)

ARGENT
Vietcombank Đ Quang Trung (carte p. 268 ; ☎ 822 720 ; 17 Đ Quang Trung ; ☼ lun-ven). Change les chèques de voyage et permet de retirer des espèces ; Đ Hung Vuong (carte p. 268 ; ☎ 524 500 ; 5 Đ Hung Vuong). Possède un DAB et change le liquide comme les chèques de voyage.

LABO PHOTO
Hung Hara Photo Lab (carte p. 268 ; ☎ 828 030 ; 20 Đ Biet Thu) développe très correctement les travaux photo.

LIBRAIRIES
Mr. Lang's Book Exchange (carte p. 268). Installée en plein air près du monument aux morts, cette librairie offre un bon choix de livres en plusieurs langues.
Shorty's Bar (carte p. 268 ; ☎ 810 985 ; 45 Đ Biet Thu). Grand nombre d'ouvrages, essentiellement en anglais.

POSTE
Poste principale (carte p. 268 ; ☎ 821 271 ; 4 Đ Le Loi ; ☼ 6h30-22h). Proche de l'extrémité nord de la plage. Services EMS et DHL.
Annexe (carte p. 268 ; ☎ 823 866 ; 50 Đ Le Thanh Ton ; ☼ 7h-23h)

Désagréments et dangers
Bien que la sécurité à Nha Trang ne pose en général aucun problème, restez sur vos gardes la nuit, en particulier sur la plage et le long de Đ Tran Phu, où de nombreux vols ont été signalés.

À voir
PLAGES
Les cocotiers qui bordent les 6 km de plage apportent une ombre bienvenue. Vous pouvez louer un transat à la journée : installez-vous et sirotez un verre ou dégustez l'un des en-cas que les vendeurs de plage ne manqueront pas de venir vous proposer. Le farniente est de rigueur !

La **plage de Hon Chong** (Bai Tam Hon Chong) se compose en fait d'une série d'étendues de sable, qui partent au nord du promontoire homonyme. Des familles de pêcheurs vivent là au milieu des cocotiers. Signalons que les détritus font de ces plages un lieu peu propice à la baignade ou aux bains de soleil. Juste derrière la plage se dressent des montagnes escarpées, dont les contreforts inférieurs se prêtent à la

CENTRE DE NHA TRANG

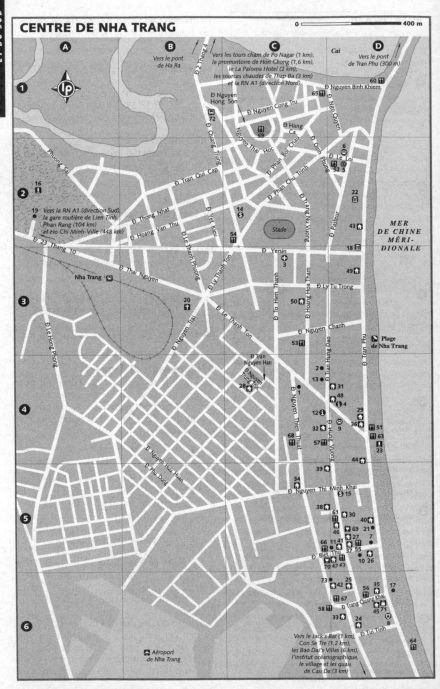

0 — 400 m

A **B** **C** Cai **D**

1 Vers le pont de Ha Ra

Vers les tours cham de Po Nagar (1 km), le promontoire de Hon Chong (1,6 km), le La Paloma Hotel (2 km), les sources chaudes de Thap Ba (3 km) et la RN A1 (direction Nord)

Vers le pont de Tran Phu (300 m)

60

Đ Nguyen Binh Khiem 65

Đ Nguyen Hong Son

Đ Nguyen Cong Tru

72

Nguyen Thai Hoc

Đ Hang Ca

59

6
Đ Le Loi
52 5

Đ 2 Thang 4

Đ Quang Trung

Đ Phan Boi Chau

Đ Ngo Quyen

Đ Dinh Phung

2 16

19 Vers la RN A1 (direction Sud), la gare routière de Lien Tinh, Phan Rang (104 km) et Ho Chi Minh-Ville (448 km)

Đ Tran Qui Cap

Đ Thong Nhat

Đ Hoang Van Thu

Đ Yet Kieu

Đ Le Thanh Phuong

14

54

22

43

18

Đ Pasteur

Đ Trang Nu Vuong

Stade

Đ 23 Thang 10

Đ Thai Nguyen

Nha Trang

Đ Yersin
3

49

3

Đ Le Hong Phong

20

Đ Nguyen Trai

Đ Le Thanh Ton

Đ To Hien Thanh

Đ Hoang Hoa Tham

Đ Ly Tu Trong

50

Đ Nguyen Chanh

53

Đ Tran Nguyen Han

Đ Nguyen Trung Truc

28

Đ Nguyen Thien Thuat

1

2
13

31

48
4

MER DE CHINE MÉRIDIONALE

Plage de Nha Trang

Đ Tran Hung Dao

Đ Tran Phu

4

12
32
68
57
9
36
29
51
63
23

Đ Hung Vuong

44

39

34
Đ Nguyen Thi Minh Khai
15

Đ Nguyen Huu Huan

Đ Phu Dong

5

38
61 30
46 40
69 21
27 7
66 11 45
70 47 62
37 55
10 26

Đ Biet Thu

73
58
33
42
67
25
56
24
35
45
17
71
8

Đ Trang Quang Khai

Đ Tui Tinh

64

6 Aéroport de Nha Trang

Vers le Jack's Bar (1 km), Con Se Tre (1,2 km), les Bao Dai's Villas (6 km), l'institut océanographique, le village et les quais de Cau Da (3 km) culture, notamment, de bananiers et de manguiers.

À environ 300 m au sud de Hon Chong, sur la route de Nha Trang, et à quelques dizaines de mètres de la plage, vous remarquerez la petite **Hon Do** (île Rouge), que surmonte un temple bouddhique.

ÎLES
Les 71 îles de la province de Khanh Hoa sont réputées pour leurs eaux limpides. Prévoyez au moins une journée de croisière. Si vous souhaitez passer une nuit sur l'une d'elles, choisissez de préférence l'île aux Baleines (p. 265) ou Hon Tre.

Hon Mieu
Les guides touristiques parlent de **Hon Mieu** (ou île Tri Nguyen) comme d'un "aquarium naturel" (Ho Ca Tri Nguyen). Il s'agit en fait d'un vivier abritant plus de 40 espèces de poissons, crustacés et autres créatures marines, dans trois bassins séparés. Un café sur pilotis a été construit sur l'île. Pour louer un canot, renseignez-vous alentour.

Le principal village de Hon Mieu se nomme Tri Nguyen. Bai Soai est une plage de cailloux, à l'extrémité la plus éloignée de l'île par rapport à Cau Da. Quelques **bungalows** permettent d'y passer la nuit,

dans des conditions assez sommaires (6 $US). Cette excursion en bateau s'organise généralement en passant par un hôtel, un café ou Khanh Hoa Tourist. Les plus désargentés – et les moins pressés – peuvent emprunter l'un des bacs qui partent régulièrement de la jetée de Cau Da.

Hon Tre (île aux Bambous)
À plusieurs kilomètres de l'extrémité sud de la plage de Nha Trang, **Hon Tre** est de loin la plus grande des îles proches de Nha Trang ; des bateaux disponibles à la location vous y mèneront. La **plage de Tru** occupe sa pointe nord. Nous recommandons les excursions d'une journée et d'une nuit organisées par l'agence Con Se Tre (voir p. 274).

Hon Mun
Un peu plus au sud, **Hon Mun** (également appelée l'île d'Ébène) ravira les amateurs de snorkeling. Pour la rejoindre, il vous faudra sans doute louer un bateau.

Hon Mot
Cet îlot, pris en sandwich entre Hon Mun et Hon Tam, est idéal pour le snorkeling.

Hon Lao (île aux Singes)
L'île aux Singes, Hon Lao en vietnamien, abrite nombre de primates habitués aux

visiteurs : vous n'aurez donc aucun mal à les approcher. N'oubliez pas cependant que ces animaux sont sauvages : ne les traitez pas comme des peluches et gardez en tête que les morsures de singe sont susceptibles de transmettre la rage. Hormis le fait qu'ils n'apprécient pas trop les câlins, les singes n'hésiteront pas à vous arracher vos lunettes ou à chiper un stylo de votre poche avant de décamper. Jusqu'ici, aucun touriste ne s'est plaint de s'être fait ouvrir son sac d'un coup de lame de rasoir, mais restez vigilant !

Attention : plusieurs touristes nous ont indiqué que, lors des spectacles d'ours et de singes, les animaux étaient souvent frappés par leurs maîtres. Âmes sensibles s'abstenir !

Hon Lao se situe à 12 km au nord de Hon Tre (île aux Bambous). Un circuit en bateau d'une journée est facile à organiser de Nha Trang. Un autre moyen, plus rapide, consiste à louer une moto ou une voiture pour parcourir les 15 km sur la RN 1, permettant de rejoindre le bac, lequel vous transportera sur l'île en 15 minutes (50 000 d). Autres destinations possibles : les sources de Hoa Lan sur Hon Heo (40 000 d, 45 minutes), et Hon Thi (20 000 d, 20 minutes).

Îles aux Nids d'hirondelles

Le nom d'"**île des Salanganes**" (Hon Yen ou Dao Yen) désigne les deux îles en forme de bosse que l'on aperçoit de la plage de Nha Trang. C'est dans ces îles, et quelques autres au large de la province de Khanh Hoa, que se trouvent les plus beaux nids d'hirondelle (*salangane*). Cuisinés en soupe et utilisés en médecine traditionnelle, ils passent pour être aphrodisiaques. On raconte que l'empereur Minh Mang, qui régna de 1820 à 1840, faisait preuve d'une virilité exceptionnelle grâce à cette consommation.

Ces nids, faits de sécrétions salivaires qui ont l'apparence de fils de soie, sont semi-ovales et mesurent entre 5 et 8 cm de diamètre. On les récolte deux fois par an ; les plus recherchés sont de couleur rouge. La production annuelle des provinces de Khanh Hoa et de Phu Yen s'élève à une tonne : actuellement, le kilo peut se vendre jusqu'à 2 000 $US sur le marché international !

L'île des Salanganes possède une petite plage isolée. Comptez 3 à 4 heures en bateau pour parcourir les 17 km qui séparent ces deux îles de Nha Trang.

TOURS CHAM DE PO NAGAR

Le site de **Po Nagar** (Thap Ba, Dame de la cité ; cartes p. 267 et p. 271 ; 4 500 d ; ☉ 6h-18h) fut édifié entre le VIIe et le XIIe siècle, sur un lieu de culte hindou remontant au IIe siècle de notre ère. Aujourd'hui, les bouddhistes chinois et vietnamiens viennent prier et faire des offrandes, selon leurs traditions respectives, dans ce sanctuaire. Par considération pour le caractère sacré du site, il est préférable de se déchausser à l'entrée.

Les tours constituent le Saint-Siège honorant Yang Ino Po Nagar, déesse du clan Dua (Liu), qui régna sur le sud du royaume cham, lequel recouvrait le Kauthara et le Pan Duranga (actuelles provinces de Khanh Hoa et de Thuan Hai). En 774, une violente attaque des Javanais eut raison de la structure primitive en bois, que l'on remplaça en 784 par un temple de brique et de pierre, le tout premier du genre. De nombreuses fondations en pierre jalonnent le site, témoins de la complexité de la vie spirituelle et des structures sociales des Cham.

À l'origine, il couvrait environ 500 m² et possédait sept ou huit tours (il n'en reste aujourd'hui que quatre). Tous les temples sont orientés vers l'est, de même que l'ancienne entrée (à droite, en remontant la petite colline). Les fidèles devaient jadis passer par la salle de méditation aux multiples piliers (10 seulement subsistent), avant de gravir les marches menant aux tours.

Avec son toit pyramidal en gradins, sa voûte intérieure et son vestibule, la **tour Nord** (Thap Chinh), haute de 28 m, offre un superbe exemple d'architecture cham. Elle fut édifiée en 817 par Pangro, ministre du roi Harivarman Ier, après que les temples eurent été saccagés et incendiés. Les pillards repartirent avec un *lingam* (symbole phallique de Shiva) en métal précieux. En 918, le roi Indravarman III installa dans la tour Nord un *mukha-linga* en or, qui fut dérobé par les Khmers. Les vols ou les destructions de statues se poursuivirent jusqu'en 965, date à laquelle le roi Jaya Indravarman Ier remplaça le *mukha-linga* en or par la sculpture en pierre d'Uma (*shakti*, ou forme féminine de Shiva), encore visible aujourd'hui.

Au-dessus de l'entrée de la tour Nord, deux musiciens entourent un Shiva dansant à quatre bras, un pied posé sur la tête du taureau Nandin. Les montants en grès de la porte et certaines parties des murs

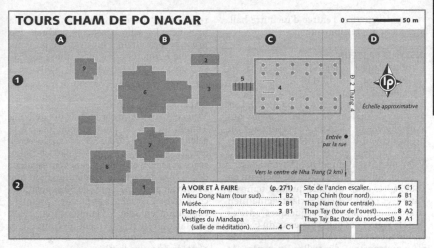

TOURS CHAM DE PO NAGAR

0 ▭▭ 50 m

Échelle approximative

Entrée ●
par la rue

Vers le centre de Nha Trang (2 km)

À VOIR ET À FAIRE	(p. 271)	
Mieu Dong Nam (tour sud)	1	B2
Musée	2	B1
Plate-forme	3	B1
Vestiges du Mandapa (salle de méditation)	4	C1
Site de l'ancien escalier	5	C1
Thap Chinh (tour nord)	6	B1
Thap Nam (tour centrale)	7	B2
Thap Tay (tour de l'ouest)	8	A2
Thap Tay Bac (tour du nord-ouest)	9	A1

du vestibule sont recouverts d'inscriptions. Un gong et un tambour trônent sous le plafond pyramidal de l'antichambre. Dans la grande salle en forme de pyramide (28 m de haut), une statue de pierre noire représente, sous la forme de Bhagavati, la déesse Uma aux dix bras (deux sont dissimulés sous son vêtement), assise sur un animal mythique.

La **tour centrale** (Thap Nam) fut en partie reconstruite avec des briques récupérées au XIIe siècle sur le site d'un édifice du VIIe siècle. Son architecture ne présente ni la finesse ni le raffinement des autres : le toit pyramidal est dénué de gradins ou de pilastres. Vous remarquerez les inscriptions sur le mur gauche du vestibule. Les autels étaient autrefois recouverts d'argent, et la salle principale abrite un *lingam*.

La **tour Sud** (Mieu Dong Nam) était jadis dédiée à Sandhaka (Shiva). On peut aussi y admirer un *lingam*. La **tour Nord-Ouest** (Thap Tay Bac), richement ornée, était consacrée à Ganesh. Le sommet pyramidal du toit a disparu. Quant à la **tour Ouest**, érigée par le roi Vikrantavarman pendant la première moitié du IXe siècle, il n'en reste quasiment rien. Près de la tour Nord, un petit **musée** expose quelques témoignages (insignifiants) sur l'art cham, commentés en vietnamien. Sur cet emplacement se dressait autrefois un petit temple.

Les tours de Po Nagar sont perchées sur un monticule de granit à 2 km au nord de Nha Trang, sur la rive gauche du fleuve Cai.

De Nha Trang, prenez la Đ Quang Trung (qui devient la Đ 2 Thang 4) en direction du nord, puis traversez les ponts Ha Ra et Xom Bong à l'embouchure du fleuve. Sinon, prenez le nouveau pont Tran Phu en suivant la route du front de mer.

PAGODE LONG SON
En dehors de la plage et des tours cham, le site le plus impressionnant de Nha Trang est sans conteste la **pagode Long Son** (carte p. 268 ; ⏱ 7h30-20h), également connue sous les noms de Tinh Hoi Khanh Hoa et An Nam Phat Hoc Hoi, qui s'élève à 500 m à l'ouest de la gare ferroviaire. Cette pagode fut édifiée à la fin du XIXe siècle et reconstruite à plusieurs reprises ; quelques bonzes y résident encore. Le portique et la toiture sont ornés de dragons en mosaïque de verre et de céramique ; le sanctuaire principal, splendide, est décoré d'interprétations modernes de motifs traditionnels. Notez l'apparence de férocité simplement dégagée par les naseaux des dragons multicolores, sur les colonnes de part et d'autre de l'autel.

Au sommet de la colline, derrière la pagode, un énorme **bouddha** blanc, haut de 14 m (Kim Than Phat To ; carte p. 268). Il est assis sur une fleur de lotus et domine la ville depuis 1963. De la plate-forme qui l'entoure, à laquelle on accède par un escalier de 152 marches à droite de la pagode, la vue sur Nha Trang et la campagne environnante est superbe. Prenez également le temps d'explorer les lieux en obliquant sur votre gauche :

vous y découvrirez l'entrée d'un autre hall, tout aussi impressionnant.

INSTITUT PASTEUR

L'**Institut Pasteur** (carte p. 268 ; ☎ 822 355 ; fax 824 058 ; 10 Đ Tran Phu ; ☽ 8h-11h et 14h-16h30 lun-ven, 14h-16h30 sam) fut fondé en 1895 par le biologiste français Alexandre Yersin (1863-1943). Des dizaines de milliers de colons français qui s'installèrent au Vietnam, ce personnage fut probablement le plus apprécié des Vietnamiens. Les deux autres instituts Pasteur du Vietnam se trouvent à HCMV et à Dalat.

Né en Suisse, Yersin arriva au Vietnam en 1889, après avoir travaillé quelque temps à Paris avec Louis Pasteur. Parlant vietnamien couramment, il voyagea quelques années dans la région des hauts plateaux du Centre en notant ses observations. Il recommanda au gouvernement d'installer un centre de cure sur le site de Dalat, particulièrement approprié. Il introduisit également en Indochine l'arbre à quinine et l'hévéa. En 1894, alors qu'il était à Hong Kong, il découvrit le microbe responsable de la peste bubonique, transmis par les rats.

L'Institut Pasteur de Nha Trang coordonne aujourd'hui des campagnes de vaccination et de prévention sur le littoral Sud. Il fabrique des vaccins (notamment contre la rage et l'encéphalite B japonaise) et procède à des recherches et des essais selon les normes européennes. Les médecins y reçoivent près de 70 patients par jour.

La bibliothèque et le bureau du professeur Yersin, au 2ᵉ étage d'un bâtiment adjacent, ont été reconvertis en un **musée** fort intéressant (carte p. 268 ; 26 000 d, visites en français notamment ; ☽ 7h-11h et 14h-16h30 lun-ven, 14h-16h30 sam) : y sont exposés du matériel de laboratoire (et son équipement d'astronomie), des livres de sa bibliothèque, une fascinante visionneuse de photos en 3-D et quelques-unes du millier de lettres écrites à sa mère ! La maquette de bateau lui fut offerte par des pêcheurs, avec lesquels il passait une bonne partie de son temps. Selon sa volonté, Alexandre Yersin repose non loin de Nha Trang.

MUSÉE DE KHANH HOA

Ce petit **musée** (carte p. 268 ; ☎ 882 227 ; 16 Đ Tran Phu ; entrée libre ; ☽ 8h-10h et 14-16h lun, mer, jeu et dim), plutôt somnolent, expose des statues et des costumes cham, ainsi que des objets

représentant les minorités ethniques de la province. La salle consacrée à Oncle Ho présente des affaires lui ayant appartenu, comme le microphone qu'il utilisa lors de sa fameuse déclaration d'indépendance à Hanoi, le 2 septembre 1945.

GALERIE LONG THANH

Vous pouvez découvrir les travaux de Long Thanh, un célèbre photographe local, à la **galerie Long Thanh** (☎ 824 875 ; lvntrang50@hotmail.com ; 126 Đ Hoang Van Thu ; ☽ 8h30-11h30 et 13h-18h lun-sam). Ses photos en noir et blanc représentent des scènes de la vie quotidienne. Bien que Thanh ait participé à près de 50 expositions collectives à l'étranger et fait une première exposition en solo à Hambourg en 1999, son talent reste relativement méconnu hors du Vietnam (voir l'encadré *Long Thanh, photographe* plus loin).

Ses photos saisissent pourtant le cœur et l'âme de ses compatriotes : ainsi, dans l'une de ses œuvres les plus touchantes, *Sous la pluie*, un mystérieux rayon de soleil vient illuminer deux fillettes surprises par une averse. *Un après-midi à la campagne*, tout aussi étonnant, montre un garçon chevauchant un troupeau de buffles qui traversent à la nage un lac englouti près de Nha Trang.

Vous pouvez également voir des photographies de Long Thanh sur les murs du **Nha Trang Sailing Club** (carte p. 268 ; ☎ 826 528 ; 72 Đ Tran Phu), qui expose ses œuvres en continu.

CATHÉDRALE DE NHA TRANG

Cette **cathédrale** de style français néogothique (carte p. 268), aux vitraux d'inspiration médiévale, s'élève sur un socle rocheux à proximité de la gare. Construite, entre 1928 et 1933, à l'aide de simples blocs de ciment, c'est aujourd'hui le siège de l'évêché de Nha Trang. En 1998, le cimetière catholique proche de l'église fut déterré pour laisser place à une gare ferroviaire. Les urnes contenant les cendres tapissent le mur de la rampe d'accès à la cathédrale.

Des messes sont données tous les jours.

PROMONTOIRE DE HON CHONG

À **Hon Chong** (carte p. 267), un étroit promontoire de granit surplombe les eaux turquoise de la mer de Chine méridionale. La vue sur les îles et les rivages montagneux de la côte nord est superbe, et cette plage dégage une

LONG THANH, PHOTOGRAPHE

Des 500 photographes regroupés au sein de l'Association nationale, la plupart vivent à Hanoi ou à HCMV et travaillent en couleur. Né à Nha Trang en 1951, Long Thanh fait exception à la règle. Malgré ses ressources limitées et le handicap de son éloignement géographique, il s'est imposé comme le photographe le plus réputé de Nha Trang. Il prit ses premiers clichés en 1964 : âgé de 13 ans, il travaillait alors pour un magasin de photo où il eut l'occasion de manipuler son premier appareil. Long Thanh ne jure que par le noir et blanc et regrette que de nombreux photographes de talent lui préfèrent la couleur. Il développe ses photos dans sa cuisine et mixe ses propres produits chimiques, en attendant le jour où le papier noir et blanc de qualité professionnelle sera vendu au Vietnam : à l'heure actuelle, ce sont des amis étrangers qui lui en procurent.

Vous pouvez lui rendre visite dans son atelier. Voyageur invétéré, Long Thanh accompagne volontiers ses nouvelles connaissances dans des excursions à travers la campagne. Si vous aimez la photo, que rêver de mieux qu'une telle compagnie ?

atmosphère bien plus authentique que celle du centre-ville.

Sur le gros rocher en équilibre au bout du promontoire de Hon Chong, cherchez l'empreinte d'une énorme main : la légende veut qu'elle ait appartenu à un gigantesque génie qui, quelque peu éméché, lorgnait si intensément une fée qui se baignait nue à Bai Tien (ou "plage de la Fée", la terre la plus proche de Hon Rua) qu'il en chuta. Le génie et la fée tombèrent amoureux, mais les dieux décidèrent de punir le génie en l'envoyant au loin. La fée attendit vainement le retour de son amant. Un jour, désespérée, elle s'allongea et le chagrin la transforma en Nui Co Tien (montagne de la Fée). Si, du promontoire de Hon Chong, vous regardez vers le nord-est, sachez que le pic au nord est censé représenter son visage dirigé vers le ciel, le sommet du milieu symbolisant ses seins et celui de gauche (le plus haut) ses jambes croisées.

Au nord-est se dresse l'île de **Hon Rua** (île de la Tortue) : vu sa forme, elle mérite bien son nom. Les deux îles de **Hon Yen** se trouvent plus au large, en direction de l'est.

INSTITUT OCÉANOGRAPHIQUE

Une somptueuse bâtisse coloniale construite en 1923 par les Français, à 6 km au sud de la poste de Nha Trang, dans le district portuaire de Cau Da (aussi appelé Cau Be), abrite l'**Institut océanographique** (Vien Nghiem Cuu Bien ; carte p. 267 ; ☎ 590 037 ; haiduong@dng.vnn.vn ; 1 Cau Da ; adulte/enfant 10 000/5 000 d, guide 30 000 d ; ⏲ 7h30-12h et 13h-16h30). Son aquarium, composé de 23 bassins, abrite une grande variété d'espèces marines, dont des hippocampes. L'institut comporte également une biblio-

thèque. Le grand hall, derrière le bâtiment principal, expose 60 000 spécimens de la vie marine locale : coraux, oiseaux de mer, poissons empaillés et créatures marines conservées dans des bocaux en verre.

Si l'Institut ne manque pas d'intérêt, l'aquarium de Hon Mieu, facilement accessible en bateau, vous impressionnera davantage (p. 269).

VILLAS DE BAO DAI

Jusqu'en 1945, date de l'abdication de Bao Dai, ces **villas** (Biet Thu Cau Da ; carte p. 267 ; visite 2 000 d, généralement gratuite pour les clients du restaurant) étaient la propriété du "dernier empereur" du Vietnam. Entre 1954 et 1975, elles servirent également de villégiature aux hauts fonctionnaires du gouvernement sud-vietnamien, dont le président Thieu. Après la réunification s'y installèrent les dignitaires communistes, notamment le Premier ministre Pham Van Dong. Aujourd'hui, en tout cas, les "touristes capitalistes", fortunés ou non, peuvent y louer une chambre (p. 276).

Construites sur trois collines au sud de la ville, dans les années 1920, les cinq villas surplombent magnifiquement la mer de Chine du Sud, la baie de Nha Trang (au nord) et le port de Cau Da (au sud). Le mobilier est d'origine, et les allées du parc sont bordées d'une luxuriante végétation tropicale.

De Nha Trang, tournez à gauche dans Đ Tran Phu dès que vous aurez dépassé les réservoirs de pétrole en ciment blanc – mais avant d'atteindre le village de Cau Da. Les villas sont à plusieurs centaines de mètres au nord de l'Institut océanographique.

Activités

EXCURSIONS EN BATEAU

Quasiment tous les hôtels de la ville se chargent de réserver des circuits autour des îles. Certaines excursions en mer, moins fréquentées et plus luxueuses, explorent un plus grand nombre d'îles : plus chères, elles permettent toutefois de se livrer au snorkeling. Les bateaux sont affrétés au quai de Cau Da, à l'extrémité sud de Nha Trang. Si vous ne faites pas partie d'un groupe organisé, mieux vaut réserver la veille ou arriver sur le quai tôt le matin : dès 10h, tous les bateaux sont partis. Autre solution : vous faire prendre à bord des embarcations des écoles de plongée, la plupart acceptant les non-plongeurs moyennant un prix assez bas.

Autour de certains villages de pêcheurs îliens, les eaux peu profondes empêchent les bateaux d'accoster. Le cas échéant, vous devrez parcourir plusieurs centaines de mètres sur des flotteurs instables ; conçus pour les Vietnamiens, ces flotteurs posent un problème aux Occidentaux, plus costauds.

Les excursions en bateau organisées par **Mama Linh** (carte p. 268 ; ☎ 826 693 ; fax 815 365 ; 2A Đ Hung Vuong ; ☾ 8h-18h), qui permettent de caboter d'île en île, sont les plus "animées" : le vin de fruit coule abondamment au "bar flottant" improvisé, et le pont se transforme en piste de danse. Les croisières (de 8h45 à 16h30) comprennent un arrêt à Hon Mun (île aux Salanganes), Hon Mot, Hon Tam et Hon Mieu (voir p. 269). Les billets (5 $US) sont en vente à l'agence, mais vous pouvez également réserver dans votre hôtel moyennant 1 ou 2 US supplémentaires.

La formule Mama Linh n'est peut-être pas idéale pour les familles, ni pour les buveurs repentis, mais il existe des croisières plus orthodoxes.

Con Se Tre (carte p. 267 ; ☎ /fax 811 163 ; 100/16 Đ Tran Phu ; ☾ 8h-18h). Excursions intéressantes vers la paisible Hon Tre (île aux Bambous) : comptez 5/10 $US à la journée (sans/avec repas). Les croisières en soirée, qui incluent le dîner, sont très agréables (8 $US).

Pour préserver l'environnement, demandez au capitaine s'il est possible de mouiller une bouée plutôt que de jeter l'ancre sur les coraux. Si vous réservez votre plongée dans un hôtel ou par une agence de voyages, il est évident que vous ne pourrez pas obtenir d'informations fiables à ce sujet.

PLONGÉE SOUS-MARINE

Haut lieu de la plongée sous-marine au Vietnam, la région de Nha Trang offre une visibilité moyenne de 15 m, qui peut atteindre 30 m selon la saison (évitez la période de fortes pluies, de fin octobre à début janvier).

On compte près de 25 sites de plongée, profonds ou non. Il n'existe pas d'épaves sous-marines, mais l'on peut explorer en revanche plusieurs petites grottes. Les eaux abritent une grande variété de coraux, tendres ou durs, et nombre de petits poissons de roche (voir l'encadré *Plongée responsable*, plus loin).

Une sortie d'une journée (comprenant le transport, deux plongées et le déjeuner) coûte en moyenne entre 40 et 60 $US. La plupart des clubs programment différents cours, dont une formule "plongée découverte" permettant aux débutants de s'initier à ce sport sous la houlette d'un moniteur qualifié.

Il est difficile de recommander une agence plutôt qu'une autre ; le mieux est d'en visiter plusieurs avant de vous décider.

Blue Diving Club (carte p. 268 ; ☎ 825 390 ; www.vietnamdivers.com ; 12B Đ Biet Thu ; ☾ 7h30-21h). Organisateurs français et britanniques.

Jeremy Stein's Rainbow Divers (carte p. 268 ; ☎ 829 946 ; www.divevietnam.com ; Nha Trang Sailing Club ; ☾ 7h-22h). Centre géré par le Britannique Jeremy Stein.

Octopus Diving (carte p.267 ; ☎ 810 629 ; octopusdivingclub@yahoo.com ; 62 Đ Tran Phu ; ☾ 7h30-21h). Club tenu par des Britanniques et des Japonais, où les guides parlent onze langues à eux tous et possèdent le certificat nécessaire à l'enseignement de formateurs de plongée.

SPORTS NAUTIQUES

Si l'eau salée n'est pas votre tasse de thé, vous trouverez en face de la plage le **parc aquatique de Phu Dong** (carte p. 267 ; 20 000 d ; ☾ 9h-17h), avec toboggans, bassins et jets d'eau.

Si, en revanche, vous *raffolez* de l'eau salée, rendez-vous au **Manamana Beach Club** (carte p. 268 ; ☎ 812 948 ; fax 821 977 ; La Louisiane Café, 29 Đ Tran Phu) pour y faire de la planche à voile, du kayak de mer ou prendre des cours de voile. Location d'équipements de pointe.

Où se loger

Prisée par les touristes vietnamiens comme par les étrangers, Nha Trang offre le choix entre une centaine d'hôtels. La qualité de certains établissements d'État, installés sur la plage, ayant beaucoup baissé, mieux vaut les éviter : pour le même tarif, préférez-leur l'un des nombreux mini-hôtels privés, situés à quelques minutes à pied du bord de mer.

Si vous aimez les endroits tranquilles, jetez votre dévolu sur l'île aux Baleines (p. 265) et la plage de la Jungle (p. 266).

PETIT BUDGET
Ha Huong Hotel (carte p. 268 ; ☎ 512 069 ; hahuongnt@dng.vnn.vn ; 26 Đ Nguyen Trung Truc ; dort 2 $US, ch 6-15 $US ; 🍴). Hôtel sympathique dans une rue calme, à 5 minutes de la plage. Les chambres sont propres et climatisées avec TV sat. et balcon. La cour est ornée d'un joli bassin entouré d'orchidées.

Yen My Hotel (☎ 829 064 ; yenmyhotel@hotmail.com ; 22 Đ Hoang Hoa Tham ; ch 4-8 $US ; 🍴). Petit, impeccable et peu coûteux, cet hôtel est tenu par le fort sympathique M. Duan.

Blue Star Hotel (carte p. 268 ; ☎ 826 447 ; quangc@dng.vnn.vn ; 1B Đ Biet Thu ; ch 8-15 $US, avec petit dej ; 🍴). Un bon rapport qualité/prix pour ce lieu bien équipé et propre, proche de la plage. Vue sur la mer depuis les étages supérieurs ; les chambres d'angle possèdent de vastes balcons.

Phong Lan Hotel (hôtel des Orchidées ; carte p. 268 ; ☎ 811 647 ; orchidhotel2000@yahoo.com ; 24/44 Đ Hung Vuong ; ch 5-10 $US ; 🍴). Petites chambres lumineuses, confortables et étincelantes de propreté. Un hôtel très calme tenu par une famille aimable.

Thien Tan Hotel (New Sky Hotel ; carte p. 268 ; ☎ 816 455 ; newskyhotel@dng.vnn.vn ; 78 Đ Hung Vuong ; ch 7-18 $US ; 🍴). Chambres confortables et claires. L'établissement, en retrait de la rue, dispose d'un parking dans la cour.

Phu Quy Mini-Hotel (carte p. 268 ; ☎ 810 609 ; phuquy hotel@dng.vnn.vn ; 54 Đ Hung Vuong ; ch 6-20 $US ; 🍴 💻). Du toit-terrasse, la vue est splendide ; on peut y manger et s'y faire

PLONGÉE RESPONSABLE
L'impact de la plongée sur le patrimoine sous-marin est loin d'être anodin. Pour limiter au maximum les dangers encourus par les splendides récifs coralliens, très fragiles, les visiteurs sous-marins s'en tiendront aux recommandations suivantes :

- Ne jetez pas l'ancre sur les récifs ; incitez les centres de plongée et les organismes officiels à installer des bouées d'amarrage sur chaque site.
- Évitez de toucher les organismes marins, avec le corps ou l'équipement : les polypes ne résistent pas au moindre effleurement. Ne prenez pas appui sur les coraux, même s'ils semblent robustes, et limitez-vous aux rochers ou aux coraux morts.
- Évitez les coups de palme intempestifs : même sans contact, les organismes les plus délicats peuvent en souffrir. Faites également attention à ne pas disperser trop de sable, car cela peut étouffer certains coraux.
- Maîtrisez votre progression : une descente trop rapide ou des mouvements brusques peuvent endommager le récif. Assurez-vous que votre ceinture est bien positionnée, de façon à rester à l'horizontale. Si vous n'avez pas plongé depuis longtemps, entraînez-vous auparavant dans une piscine. Rappelez-vous que votre souffle évolue quand vous plongez plusieurs jours : au début, vous respirez plus fort et avez besoin de plus de poids.
- Ne remontez pas de coraux ou de coquillages. Évitez également d'en acheter : au-delà des dégâts écologiques, cela nuit par ailleurs à la beauté du site. Il en va de même des sites archéologiques marins (des épaves, en général) : respectez leur intégrité, d'ailleurs parfois protégée par des lois.
- Emportez tous vos détritus et ramassez ceux que vous trouvez sous l'eau, notamment les sacs en plastique, particulièrement dangereux pour la faune – les tortues risquent de les confondre avec des méduses et de les avaler.
- Résistez à la tentation de nourrir les poissons : les aliments étrangers à leur régime habituel peuvent en effet perturber leur métabolisme et conduire à des comportements contre nature.
- Limitez vos contacts avec la faune marine à la stricte observation.

bronzer. Toutes les chambres sont assez confortables, les plus chères possédant baignoire et balcon. Les coffre-forts n'ayant pas l'air très sûr, laissez vos objets de valeur à la réception.

Bang Khuong Hotel (carte p. 268 ; ☎ 813 516 ; 1 Đ Quan Tran ; ch 6-10 $US ; ✗). Un hébergement tout confort, dans une ruelle tranquille non loin de la pagode Chanh Quan.

Sun Hotel (carte p. 268 ; ☎ 814 428 ; kshoangvan@dng. vnn.vn ; 1 Đ Tran Quang Khai ; ch 7-15 $US ; ✗). Un accueil charmant vous sera réservé dans cet établissement à deux pas de la plage. TV sat. et baignoire sont disponibles dans presque toutes les chambres.

Thuan An Hotel (carte p. 268 ; ☎ 815 577 ; thuanan hotel@dng.vnn.vn ; 1A Đ Tran Quang Khai ; ch 5-12 $US ; ✗ ▣). Un hôtel plaisant, proche de la plage. Accès Internet possible dans le hall. Suite à des travaux de rénovation, il est possible que les prix aient augmenté depuis notre passage.

Sao Mai Hotel (carte p. 268 ; ☎ 827 412 ; saomaiht@ dng.vnn.vn ; 99 Đ Nguyen Thien Thuat ; dort 2-3 $US, ch 5-10 $US ; ✗ ▨). Agrémentée d'un joli toit-terrasse décoré de plantes en pots, cette adresse bon marché propose des lits en dortoir ou des chambres avec eau chaude et TV.

Huu Nghi Hotel (carte p. 268 ; ☎ 826 703 ; huunghihotel@dng.vnn.vn ; 3 Đ Tran Hung Dao ; ch 140 000-270 000 d ; ✗). Un paradis pour voyageurs désargentés. Les chambres possèdent la TV sat. et les moins modernes restent confortables, même si les sdb laissent à désirer. Le petit déj. coûte 10 000 d.

Voici d'autres hôtels très corrects dans la même catégorie :

Hotel Canary (Kim Tuoc ; carte p. 268 ; ☎ 828 679 ; kimtuochotel@dng.vnn.vn ; 27C Đ Hung Vuong ; ch 100 000-180 000 d ; ✗). Une jolie bâtisse avec ascenseur.

Hotel O-Sin 2 (carte p. 268 ; ☎ 822 902 ; 15 Đ Hung Vuong ; dort 2 $US, ch 4-20 $US ; ✗ ▨). Très prisé des voyageurs à petit budget. Piscine et café dans les lieux.

My Long Hotel (carte p. 268 ; ☎ /fax 814 451 ; mylonghotel@yahoo.com ; 26A Đ Nguyen Thien Thuat ; ch 7-15 $US ; ✗). Très central, propre et sympathique.

Yen Mai Hotel (carte p. 267 ; ☎ 815 589 ; fax 825 746 ; 98A Đ Tran Phu ; ch 8-10 $US ; ✗).

CATÉGORIE MOYENNE

La Paloma Hotel (carte p. 267 ; ☎ 831 216 ; datle@dng. vnn.vn ; 1 Đ Hon Chong ; ch 10-25 $US ; ✗ ▣). Cette adresse familiale, installée dans les faubourgs nord de la ville, près du promontoire de Hon Chong, évoque une oasis : devant l'hôtel, un agréable restaurant en plein air est entouré d'une palmeraie. Le service est sans prétention. Le sympathique propriétaire, M. Buu, offre à ses clients des transferts gratuits en jeep depuis/vers l'aéroport et la gare ferroviaire, ou vers le centre-ville. La petite plage voisine est agréable.

Perfume Grass Inn (carte p. 268 ; ☎ 826 345 ; www.perfume-grass.com ; 4A Đ Biet Thu ; ch 10-25 $US ; ✗ ▣). Dans cette charmante auberge, les meilleures chambres possèdent du parquet, des boiseries et une baignoire. Même les chambres les moins onéreuses (avec ventil.) sont confortables, lumineuses et donnent sur la mer. Le personnel, sympathique, vous aidera à vous connecter à Internet dans le hall à ciel ouvert. Le petit déj. coûte 1 $US ; le bar-restaurant, très agréable, occupe le rez-de-chaussée.

La Suisse Hotel (carte p. 268 ; ☎ 524 353 ; lasuissehotelnt@dng.vnn.vn ; 34 Đ Tran Quang Khai ; ch 15-30 $US ; ✗ ▣). Situé en bas d'une rue calme et centrale, près de la mer, cet établissement flambant neuf est agréable et luisant de propreté. Toutes les chambres sont assez confortables ; celles dont le numéro finit par 01 possèdent de splendides terrasses arrondies en fer forgé.

Truc Linh Villa Resort (carte p. 268 ; ☎ 820 089 ; Internet_bt@yahoo.com ; 21 Đ Biet Thu ; bungalows 15-25 $US ; ✗). Un petit bâtiment en stuc, en centre-ville, avec des chambres impeccables et pleines de lumière, disposées autour d'une cour tranquille. Personnel attentionné.

Nha Trang Beach Hotel (carte p. 268 ; ☎ 524 468 ; nt_beachhotel@dng.vnn.vn ; 4 Đ Tran Quang Khai ; ch 12-20 $US, avec petit déj ; ✗). Autre hôtel relativement récent de Đ Tran Quang Khai, possédant ascenseur, vastes couloirs et hall en granit, où l'air reste bien frais. Toutes les chambres sont doubles.

Que Huong Hotel (carte p. 268 ; ☎ 825 047 ; quehuong60@dng.vnn.vn ; 60 Đ Tran Phu ; ch 50-100 $US, avec petit déj ; ✗ ▨). Avec sa piscine (pour 1 $US, vous pouvez y plonger sans résider sur place) et son court de tennis, cet établissement promet davantage de l'extérieur qu'il ne tient à l'intérieur. Les chambres, isolées du reste du complexe, sont petites et intimes. Belle vue sur la mer.

Hai Yen Hotel (carte p. 268 ; ☎ 822 828 ; haiyenhotel@dng.vnn.vn ; 40 Đ Tran Phu ; ch 10-52 $US, avec petit déj ; ✗ ▨). Remarquable par sa piscine et ses balcons donnant sur la mer, le Hai

Yen compte également un ascenseur et des courts de tennis. Toutes les chambres, spacieuses, ont l'eau chaude et la TV sat. Celles des villas, plus en retrait, possèdent des sols carrelés et de petites terrasses, dégageant un certain charme colonial.

Bao Dai's Villas (carte p. 267 ; ☎ 590 148 ; baodai@dng.vnn.vn ; Cau Da village ; ch 25-80 $US, avec petit déj ; ❄ 🖳). Plus éloignées du centre, à 6 km au sud de la gare ferroviaire, ces villas renferment des chambres de catégorie supérieure, spacieuses et hautes de plafond, abritant toutes d'immenses sdb et donnant sur la baie. Les tarifs n'en paraissent pas moins légèrement surévalués. L'élite vietnamienne en avait fait son lieu de villégiature privilégié depuis l'époque de la colonisation française. Au pied de l'hôtel, la plage privée compte deux bons restaurants, dont l'un domine la baie. Vous pourrez y louer un bateau privé pour visiter les îles (ces prestations ne sont pas réservées aux résidents). Paiement possible par carte bancaire.

Vien Dong Hotel (carte p. 268 ; ☎ 821 606 ; viendonghtl@dng.vnn.vn ; 1 Đ Tran Hung Dao ; ch 275 000-825 000 d, avec petit déj ; ❄ 🖳 🏊). Cet hôtel spacieux, apprécié depuis longtemps par les voyageurs, compte une piscine, un ascenseur, des courts de tennis, un labo photo et un bureau de change. Location de vélos (5 $US/jour). Toutes les chambres s'ornent d'une moquette rouge.

Sea View Hotel (carte p. 268 ; ☎ 524 333 ; seaviewhotel@dng.vnn.vn ; 4B Đ Biet Thu ; ch 12-15 $US ; ❄ 🏊). Toutes les chambres disposent d'un balcon, d'un réfrig., de la TV, de 2 lits et de meubles en bois sculpté ; les plus chères donnent sur la mer. Le lieu s'agrémente en outre d'un ascenseur et d'une piscine.

Rainbow Hotel (carte p. 268 ; ☎ 810 501 ; rainbowhotel@dng.vnn.vn ; 10A Đ Biet Thu ; ch 6-20 $US ; ❄). Impossible de manquer ce bâtiment vert pastel non loin de la plage. Ascenseur et TV sat. à disposition. Les chambres les moins chères sont des simples sans fenêtres ; les plus spacieuses, en revanche, possèdent un grand balcon.

T78 Hotel (carte p. 268 ; ☎ 822 445 ; fax 825 395 ; 44 Đ Tran Phu ; ch 60 000-800 000 d ; ❄). Ce vaste hôtel au nom de produit chimique occupe un bâtiment de style colonial français, récemment rénové, face à la plage. Les chambres les plus économiques sont lugubres, les plus chères ont une remarquable hauteur sous plafond.

Hoan Hai Hotel (carte p. 267 ; ☎ 821 262 ; hoanhai96tp@dng.vnn.vn ; 96 Đ Tran Phu ; ch 15-20 $US ; ❄). Un endroit immaculé, louant des chambres assez spacieuses, avec TV sat. et mini-bar ; les plus chères donnent sur la mer.

Dong Phuong 1 Hotel (carte p. 268 ; ☎ 825 986 ; dongphuongnt@dng.vnn.vn ; 103 Đ Nguyen Thien Thuat ; ch ancienne aile 6-10 $US, aile moderne 10-30 $US, petit déj compris ; ❄). L'épaisseur des matelas fait pendant aux grandes dimensions des chambres. La nouvelle bâtisse, voisine de la plus ancienne, est équipée d'un ascenseur et donne sur la mer. L'ensemble est propre et le personnel efficace. Les chambres avec clim. sont équipées de lits jumeaux, d'une baignoire et de la TV sat.

Au sud de Đ Tran Phu, une rangée d'hôtels minuscules et sympathiques fait face à la mer :

Seaside Hotel (carte p. 267 ; ☎ 821 178 ; fax 828 038 ; 96B Đ Tran Phu ; ch 12-16 $US ; ❄). Plus haut de gamme que les autres, avec son hall orné de tapis rouges, ses balcons et ses meubles de bois sculpté.

Thanh Thanh Hotel (carte p. 267 ; ☎ 824 657 ; thanhthanhhotel@dng.vnn.vn ; 98A Đ Tran Phu ; ch 10-20 $US ; ❄).

Linh Giang Hotel (carte p. 267 ; ☎ 816 454 ; linhgianghotelkh@dng.vnn.vn ; 98A Đ Tran Phu ; ch 15-20 $US ; ❄).

Autres adresses de catégorie moyenne :

Indochine Hotel (carte p. 268 ; ☎ 815 333 ; indochinehotel@yahoo.com ; 14 Đ Hung Vuong ; ch 12-25 $US ; ❄). Terrasse et ascenseur ; cartes de crédit acceptées.

Dong Phuong 2 Hotel (carte p. 267 ; ☎ 814 580 ; dongphuong2@dng.vnn.vn ; 96A Đ Tran Phu ; ch 7-15 $US ; ❄). Chambres bleues, vastes et simples, éloignées de la route principale et donc plus tranquilles.

Ban Me Hotel (carte p. 268 ; ☎ 829 500 ; fax 810 035 ; 3/3 Đ Tran Quang Khai ; ch 253 000-418 000 d ; ❄). À quelques centaines de mètres de la plage.

CATÉGORIE SUPÉRIEURE

Prenez la peine de téléphoner ou d'envoyer un e-mail à ces établissements pour vous informer des promotions existant au moment de votre séjour, ou pour négocier les tarifs.

Ana Mandara Resort (carte p. 267 ; ☎ 829 829 ; resvana@dng.vnn.vn ; Đ Tran Phu ; bungalows 236-468 $US ; ❄ 🖳 🏊). Somptueux complexe de villas aux toitures en bois, éparpillées sur la plage au sud de la ville, formant l'hébergement le plus huppé de Nha Trang. Les prestations incluent une décoration simple mais élégante, deux restaurants de luxe (l'un des deux reste ouvert 24h/24), deux piscines et un institut de beauté. Il vous faudra payer un supplément pour goûter au fastueux buffet-petit déj.

Nha Trang Lodge Hotel (carte p. 268 ; ☎ 810 500 ; www.nt-lodge.com ; 42 Đ Tran Phu ; ch 58-169 $US, avec petit déj ; 🅇 🖳 🅑). Lodge de luxe comptant parmi les bâtiments les plus élevés (13 étages) et les plus huppés de la ville. Les étages supérieurs offrent une vue splendide sur Đ Tran Phu et la plage de Nha Trang. Le petit déj est servi en self-service. Si vous n'y logez pas, vous devrez vous acquitter de 50 000 d pour accéder à la piscine. Le service n'est pas le point fort du lieu, et les chambres les plus chères ne valent pas leur prix.

Yasaka Saigon Nha Trang Hotel (carte p. 268 ; ☎ 820 090 ; www.yasanhatrang.com ; 18 Đ Tran Phu ; ch et ste 113-403 $US ; 🅇 🅑). Dans sa tour luxueuse, cet hôtel clinquant est le fruit d'une joint-venture entre Saigon Tourist et une société japonaise. Les prestations comprennent un club de remise en forme et une piscine. Les suites, élégantes, possèdent un salon, un bureau et une sdb avec toilettes séparées.

Sunrise Beach Resort (carte p. 268 ; ☎ 820 999 ; www.sunrisebeachresortnhatrang.com ; 12 Đ Tran Phu ; ch et ste 147-573 $US ; 🅇 🅑). Ce complexe, encore en construction lors de notre passage, comptera cinq-étoiles, une piscine et plusieurs restaurants internationaux ; les chambres donneront sur la plage.

Où se restaurer

Véritable paradis des fruits de mer, Nha Trang compte une multitude de restaurants qui tiendront les amateurs en éveil pendant des semaines. Si vous aimez la baguette fraîche *made in Vietnam*, vous allez vous régaler : Nha Trang en possède sa propre version, sous forme de miches très denses, dont les habitants affirment qu'elles rassasient des pêcheurs pendant leur dur labeur.

CUISINE VIETNAMIENNE

Dua Xanh Restaurant (carte p. 268 ; ☎ 823 687 ; fax 821 880 ; 189 Đ Nguyen Binh Khiem ; plats 35 000 d). Ce lieu sympathique (dont le nom signifie "noix de coco verte") sert de nombreux plats de fruits

de mer, en salle et dans le jardin. Gardez de l'appétit pour les succulents desserts. Le propriétaire parle français.

Truc Linh (carte p. 268 ; ☎ 820 089 ; 21 Đ Biet Thu ; plats 20 000-100 000 d). Cet hôtel populaire possède une salle en intérieur et des tables dans le jardin. Le soir, prenez une bière en attendant vos fruits de mer tout frais.

Lac Canh Restaurant (carte p. 268 ; ☎ 821 391 ; 44 Đ Nguyen Binh Khiem ; plats 35 000 d). Véritable institution, Lac Canh, installé sur 2 étages, propose viande de bœuf, calmars, crevettes géantes, langoustes et autres délices, que l'on grille à votre table.

Cyclo Café (carte p. 268 ; ☎ 524 208 ; khuongthuy@ hotmail.com ; 5A Đ Tran Quang Khai ; plats 30 000 d). Tenu par un couple de Vietnamiens expérimentés, ce lieu intime offre un service sans faille et un décor agréable ; les plats, vietnamiens et italiens, sont succulents.

Red Star (carte p. 268 ; ☎ 812 790 ; 14 Đ Biet Thu ; plats 25 000 d). Restaurant sans prétention servant d'excellents fruits de mer – crabes ou palourdes au gingembre, à la citronnelle et au piment – ou des ragoûts de poisson.

Café des Amis (carte p. 268 ; ☎ 813 009 ; 2D Đ Biet Thu ; plats 25 000 d). Réputé pour sa succulente cuisine végétarienne. Les murs exposent une collection intéressante de peintures vietnamiennes.

Vous trouverez au **marché Dam** (carte p. 268), dans l'aile couverte réservée à l'alimentation, une multitude d'échoppes colorées.

CUISINE INTERNATIONALE

Nha Trang Sailing Club (carte p. 268 ; plats 50 000-90 000 d). Restaurant très couru, dont la vaste terrasse donne sur la plage. Il sert une variété de plats vietnamiens, européens, indiens et japonais.

El Coyote (carte p. 268 ; ☎ 820 202 ; coyotent@caramail.com ; 76 Đ Hung Vuong ; plats 40 000-60 000 d). Un authentique Tex-Mex où se régaler, entre autres spécialités, de *chili con carne* et de *pato con coca* (cuisse de canard à la sauce de coca). Le propriétaire a des origines étonnantes : française, vietnamienne, laotienne et cheyenne.

Good Morning Vietnam (carte p. 268 ; ☎ 815 071 ; 19B Đ Biet Thu ; plats 20 000-50 000 d). Les Italiens aux fourneaux vous régaleront de pizzas, pâtes, salades, ainsi que de quelques plats thaïlandais et vietnamiens. À l'étage, installé sur de confortables coussins, vous pourrez vous restaurer ou regarder un film (projections à 17h et 20h).

7C Biergarten (carte p. 268 ; ☎ 828 243 ; 7C Ð Le Loi ; plats 20 000-25 000 d). Voici l'adresse rêvée si vous avez envie d'une authentique saucisse allemande. Tenu par un expatrié, ce restaurant sert d'excellents *bratwurst* et *schnitzel*, ainsi que du pain complet fait maison. Les prix sont raisonnables et la bonne bière locale Viet Duc ne coûte que 12 000 d à la pression.

La Bella Napoli (carte p. 268 ; ☎ 829 621 ; labellanapoliviet@hotmail.com ; Ð Tran Phu ; plats 60 000 d). Marinella et Gigi préparent une cuisine familiale d'Italie du Sud et de succulentes pizzas cuites au feu de bois. Ils confectionnent eux-mêmes leur mozzarella et leur gnocchi. Renseignez-vous la veille sur les spécialités de poisson (le bar cuit en croûte de sel est divin !).

Thanh Thanh Cafe (carte p. 268 ; ☎ 824 413 ; 10 Ð Nguyen Thien Thuat ; plat 30 000 d). Ce café de voyageurs, au joli patio ombragé, propose des pizzas et des spécialités vietnamiennes bon marché. Livraison possible.

Same But Different Café (carte p. 268 ; ☎ 524 079 ; ssbdcafé@yahoo.com ; 111B Ð Nguyen Thien Thuat ; plats 30 000 d). Autre établissement agréable et plaisamment tenu. On y déguste, sans se ruiner, de bons plats vietnamiens et occidentaux, ainsi que des spécialités végétariennes et un savoureux muesli servi au petit déj.

Candle Light Cafe (carte p. 268 ; ☎ 813 133 ; candle lightcafé2001@yahoo.com ; 6 Ð Tran Quang Khai ; plats 30 000 d). Dernier-né (mais non le moindre) d'une longue liste de restaurants, le Candle Light cuisine des plats vietnamiens et internationaux tout à fait honorables.

CAFÉS

La Louisiane (carte p. 268 ; ☎ 812 948 ; fax 821 977 ; 29 Ð Tran Phu ; 🕑 7h30-24h ; 🍴). Ce charmant café/bar du front de mer s'orne de motifs bleus de style méditerranéen. On peut plonger dans la piscine et se détendre dans les chaises-longues installées sur la plage si l'on consomme au restaurant, à la boulangerie ou au bar. Les gâteaux et les pâtisseries (10 000 d) sont excellents.

4 Seasons Café (carte p. 268 ; ☎ 825 229 ; 40 Ð Tran Phu). Si vous êtes de ce côté de la plage, allez boire un café ou prendre un repas bon marché dans ce restaurant sommaire face au Hai Yen Hotel. Il dispose sur son coin de plage tranquille des chaises-longues protégées par des parasols en chaume.

Banana Split Cafés (carte p. 268 ; 58 et 60 Ð Ly Thanh Ton). Allez savourer une bonne glace dans ce remarquable café, situé au croisement de Ð Quang Trung et de Ð Ly Thanh Ton.

CUISINE INDIENNE

Omar's (carte p. 267 ; ☎ 814 489 ; omarnewdelhi@yahoo. com ; 96A/8 Ð Tran Phu ; repas 60 000 d). La meilleure cuisine indienne de Nha Trang.

Le **Bombay** (carte p. 268 ; ☎ 812 557 ; 15 Ð Biet Thu) et le **Chau Café** (carte p. 268 ; ☎ 826 336 ; chaucafé@hotmail.com ; 42 Ð Hung Vuong ; plats 30 000 d) concoctent aussi des plats goûteux.

VÉGÉTARIEN

Le **Au Lac** (carte p. 268 ; ☎ 813 946 ; 28C Ð Hoang Hoa Tham) et le **Bo De** (carte p. 268 ; ☎ 810 116 ; 28A Ð Hoang Hoa Tham), proches des restaurants à l'angle de Ð Nguyen Chanh, servent d'excellents plats végétariens.

Vous pourrez également trouver des étals de cuisine végétarienne (*com chay*) au **marché Dam**.

Où prendre un verre

Guava (carte p. 268 ; ☎ 524 140 ; www.clubnhatrang. com ; 17 Ð Biet Thu ; cocktails maison 15 000-25 000 d). Ce bar tranquille à l'ambiance agréable, tenu par un trio de Canadiens très cool, décline un patio peint en jaune et bien ombragé, des canapés recouverts de coussins à l'intérieur, un billard et plusieurs TV retransmettant les principales manifestations sportives. Petit déj copieux tlj.

Jack's Bar (carte p. 267 ; ☎ 813 862 ; 96A/8 Ð Tran Phu ; en-cas 10 000-30 000 d). Jack, un jeune Anglais, a mis sur pied ce lieu agréable où il fait bon venir à la nuit tombée : il comporte un toit-terrasse (belle vue sur la baie) et deux billards, la musique est bonne, la bière fraîche et bon marché (*happy hour* 18h-22h). On peut s'y restaurer de 8h à 22h.

Crazy Kim Bar (carte p. 268 ; ☎ 816 072 ; crazykim99@hotmail.com ; 19 Ð Biet Thu). Ce pub original a été ouvert par Kimmy, une Canadienne d'origine vietnamienne, dans le cadre de sa campagne "Ne touchez pas aux enfants !", qui tente de mettre un frein au problème croissant que connaît Nha Trang en matière de pédophilie. Une partie des bénéfices tirés de la vente de nourriture, d'alcool et de T-shirts sert à financer cette action. Renseignez-vous au bar si vous désirez faire du bénévolat auprès des enfants des rues.

Nha Trang Sailing Club (carte p. 268 ; ☎ 826 528 ; 72 Đ Tran Phu). Ce bar de plage en plein air, très couru, voit passer la majorité des noctambules pour sa musique trépidante, sa danse endiablée, ses tournées qui coulent à flot, sa piscine et son ambiance. Si vous souhaitez échapper à cette frénésie, installez-vous sur la vaste terrasse qui domine la plage.

Shorty's Cafe & Bar (☎ 810 985 ; 45 Đ Biet Thu). Pour jouer au billard, échanger des livres ou, tout simplement, profiter de la petite terrasse.

Cool Kangaroo (carte p. 268 ; ☎ 826 520 ; 17C Đ Hung Vuong). Au programme : de bons plats australiens, de la bière fraîche et des projections gratuites de films à la nuit tombée.

Où sortir

Hexagone Disco (carte p. 267 ; ☎ /fax 826 782 ; Huong Duong Centre, Đ Tran Phu ; ◷ 20h-24h). Une boîte de nuit située sur la plage, près de l'Ana Mandara Resort, depuis longtemps en activité.

Vien Dong Hotel (carte p. 268 ; ◷ spectacles 19h30). Spectacles gratuits de danses et de chants des minorités.

Achats

On peut désormais trouver des objets d'art à Nha Trang. Nombre d'artistes peintres ou de photographes exposent leurs œuvres sur les murs des complexes hôteliers, des restaurants ou des cafés.

Bambou Company (carte p. 268 ; ☎ 910 774 ; bambou-company@hotmail.com ; 15 Đ Biet Thu). Entreprise montée par un expatrié français, produisant des T-shirts de belle qualité aux motifs originaux (75 000-100 000 d).

XQ Nha Trang Arts & Crafts Centre (carte p. 268 ; ☎ 826 879 ; www.xqhandembroidery.com; 64 Đ Tran Phu; ◷ 8h-20h). Vous pourrez observer les artisans au travail dans cet atelier de broderies, toutes exécutées main.

Allez également jeter un coup d'œil aux T-shirts peints à la main du sympathique **Kim Quang** (☎ 0913-416 513) : dans son fauteuil roulant, il travaille tous les soirs au Nha Trang Sailing Club (p. 280).

Depuis/vers Nha Trang

AVION

Vietnam Airlines (carte p. 268 ; ☎ 826 768 ; fax 825 956 ; 91 Đ Nguyen Thien Thuat) assure des liaisons régulières avec HCMV, Hanoi et Danang. Voir p. 486 pour plus d'informations sur les vols.

Vous trouverez au 1 Đ Tran Hung Dao une autre **agence** (carte p. 268 ; ☎ 822 753 ; ◷ 7-11h30 et 13h30-17h), de Vietnam Airlines.

BUS

Au départ de HCMV, les bus express et réguliers à destination de Nha Trang (p. 488) partent de la gare routière de Mien Dong. Le trajet dure 11 à 12 heures en express (environ 7 $US).

Le principal terminus de bus est la **gare routière de Lien Tinh** (Ben Xe Lien Tinh ; ☎ 822 192 ; Đ 23 Thang 10), à 500 m à l'ouest de la gare ferroviaire. La gare routière courte distance n'accueille que les bus locaux.

MINIBUS

Les minibus constituent le moyen de transport idéal. Il est aisé d'en affréter un dans la plupart des endroits fréquentés par les étrangers.

TRAIN

Vous pouvez réserver des billets de train dans tous les hôtels et cafés fréquentés par les touristes. Même s'il faut régler une petite commission, ce service se révèle bien pratique.

La **gare ferroviaire** (Ga Nha Trang ; ☎ 822 113 ; face au 26 Đ Thai Nguyen ; ◷ guichets 7h-14h) donne sur la cathédrale.

Nha Trang est desservie par les express reliant Hanoi à HCMV et par un train local quotidien desservant HCMV. Pour plus d'informations, voir p. 493.

VOITURE ET MOTO

Nha Trang se situe à 205 km de Buon Ma Thuot, 541 km de Danang, 448 km de HCMV, 104 km de Phan Rang, 424 km de Pleiku, 412 km de Quang Ngai et 238 km de Qui Nhon.

Dans l'arrière-pays, un réseau de routes plus ou moins parallèles relie les deltas et les régions côtières aux hauts plateaux du Centre.

Comment circuler

DESSERTE DE L'AÉROPORT

Juste au sud de la ville, l'aéroport est si proche de certains hôtels que vous pouvez vous y rendre à pied.

Sinon, la course en *cyclo* vous coûtera 1 $US. Le *cyclo* est un bon moyen de transport pour visiter les environs, mais ne prolongez pas votre périple une fois la nuit tombée.

Nha Trang Taxi (☎ 824 000) et **Khanh Hoa Taxi** (☎ 810 810) proposent des voitures climatisées avec compteur.

BICYCLETTE
La plupart des grands hôtels louent des vélos environ 1 $US/jour.

ENVIRONS DE NHA TRANG
Citadelle de Dien Khanh

Cette **place forte**, dont il ne reste aujourd'hui que quelques pans de murs, date de la dynastie Trinh (XVIIᵉ siècle). Le prince Nguyen Anh (futur empereur Gia Long) l'avait fait reconstruire en 1793, après sa victoire sur les rebelles Tay Son. Elle se dresse à 11 km à l'ouest de Nha Trang, près des villages de Dien Toan et Dien Khanh.

Chutes de Ba Ho

Composées de trois cascades et de trois bassins, les **chutes de Ba Ho** (Suoi Ba Ho) s'étendent au cœur d'une forêt, à une vingtaine de kilomètres au nord de Nha Trang et à quelque 2 km à l'ouest du village de Phu Huu. Quittez la RN 1 juste au nord d'un restaurant baptisé Quyen.

Source aux Fées

Cette **source** (Suoi Tien) enchanteresse semble jaillir de nulle part. La végétation tropicale de son jardin naturel et ses rochers arrondis en font une véritable oasis de verdure.

On y accède à moto ou en voiture, en prenant la RN 1 vers le sud. À 17 km de Nha Trang, dès que vous apercevez un panneau sur votre gauche (le côté est de la route), quittez la RN 1 et traversez le village. La route grimpe à flanc de colline sur 8 km, jusqu'à une vallée. Dès que la piste se gâte, vous êtes arrivé. Vous verrez sans doute d'autres véhicules garés aux alentours, car l'endroit est très populaire.

PHAN RANG ET THAP CHAM
☎ 068 / 143 700 hab.

Ces villes jumelles, renommées pour leurs récoltes de raisin, font partie d'une région semi-aride. Le sol sablonneux ne porte en lui qu'une maigre végétation, principalement formée de cactus revêtus de méchantes épines et de poincianas. Aux alentours, de nombreuses maisons s'ornent de treilles, comme en Grèce.

Goûtez les succulents *thanh long* (fruits du dragon vert), réputés dans la région. Vous trouverez ce fruit juteux au goût de kiwi, particulièrement rafraîchissant quand il est maintenu au frais, au marché de Phan Rang ou dans les épiceries de Đ Thong Nhat.

Le site le plus connu de la région (et l'un des lieux les plus fréquentés sur la route Dalat-Nha Trang) est sans conteste Po Klong Garai et ses tours cham (Thap Cham), auxquelles la ville de Thap Cham doit son nom (p. 271). D'autres ruines cham parsèment la campagne à 20 km au nord de Phan Rang.

La province de Ninh Thuan abrite des dizaines de milliers de descendants du peuple cham, dont beaucoup résident dans ces deux villes. Elle compte également trois ou quatre mille Chinois, dont beaucoup viennent se recueillir au Chua Quang Cong, un temple chinois très coloré du centre-ville, édifié il y a 135 ans.

Phan Rang et Thap Cham sont de bons camps de base pour visiter les sites environnants – à moins que vous ne préfériez la plage de Ninh Chu (p. 284), plus tranquille.

Orientation

Dès qu'elle traverse Phan Rang, la RN 1 devient Đ Thong Nhat, principale artère commerciale. Thap Cham, à 7 km de Phan Rang, s'étend le long de la RN 20, laquelle mène à Ninh Son et à Dalat.

Renseignements

Agriculture Bank (☎ 824 619 ; fax 822 716 ; 540-544 Đ Thong Nhat ; ☯ lun-ven). Change de devises.
Internet (ttbttbth@ninhthuanpt.com.vn ; 6 Đ Nguyen Van Troi ; 500 d/min ; ☯ 7h-17h lun-ven). La poste propose elle aussi un accès Internet (voir ci-dessous).
Poste principale (☎ 824 430 ; 217A Đ Thong Nhat). Au nord de la ville, à l'angle de Đ Thong Nhat et de Đ Nguyen Van Troi.

À voir

TOURS CHAM DE PO KLONG GARAI

Le site de **Po Klong Garai** (carte ci-dessous ; 5000 d ; ☯ 7h30-18h), également nommé Po Klong Girai (*girai* signifiant dragon), constitue la grande curiosité de Phan Rang et de Thap Cham. Ces quatre tours de brique, érigées à la fin du XIIIe siècle sous le règne du roi cham Jaya Simhavarman III, sont des temples hindouistes ; elles reposent sur une plate-forme de brique au sommet de Cho'k Hala, une colline de granit semée de superbes cactus.

Au-dessus de l'entrée de la plus grande tour (le *kalan* ou sanctuaire) trône une sculpture de **Shiva dansant** (à six bras). Ce bas-relief, renommé pour sa beauté, est localement appelé Po Klaun Tri (Gardien du temple). Les remarquables inscriptions en ancienne langue cham que l'on aperçoit sur les montants de la porte témoignent des efforts accomplis pour restaurer le temple, ainsi que des offrandes et des sacrifices d'esclaves destinés à l'honorer.

Le vestibule abrite une statue du taureau blanc Nandin (également nommé bœuf Kapil), symbole de fertilité agricole. Les paysans avaient coutume de déposer des offrandes de légumes frais, d'herbes et de noix d'arec devant le mufle de l'animal pour s'assurer une bonne récolte.

Sous la tour principale se dresse un *mukha-linga*, un *lingam* (symbole phallique de Shiva) recouvert d'un visage peint, au-dessus duquel fut édifiée une pyramide en bois.

De la tour située face à l'entrée du *kalan*, on admirera l'ingéniosité dont firent preuve les maçons cham pour concevoir les colonnes de bois qui soutiennent le toit léger. La structure qui s'y rattache constituait autrefois l'entrée principale du site.

Sur une colline voisine, un rocher porte une inscription datant de 1050, commémorant l'édification d'un *lingam* par un prince cham.

En 1965, les Américains bâtirent un château d'eau en béton sur la colline juste au sud de Cho'k Hala. Il est entouré des blockhaus que les Français avaient construits durant la guerre d'Indochine pour protéger les voies de chemin de fer. Au nord de Cho'k Hala, on aperçoit les pistes de la base aérienne de Thanh Son, utilisée depuis 1975 par l'armée de l'air vietnamienne.

Po Klong Garai se trouve à quelques centaines de mètres au nord de la route RN20, à 6 km de Phan Rang en direction de Dalat. Les tours se situent de l'autre côté des voies de la gare de Thap Cham. Étant donné que vous passerez devant le site en vous rendant de Dalat à Nha Trang ou Mui Ne, profitez-en, si possible, pour le visiter.

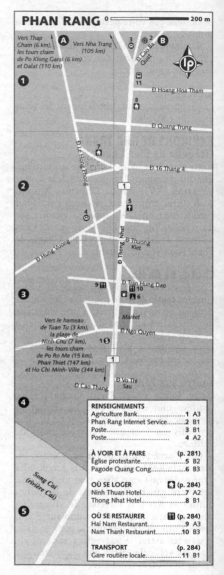

PHAN RANG

RENSEIGNEMENTS
Agriculture Bank..........................1 A3
Phan Rang Internet Service...........2 B1
Poste..3 B1
Poste..4 A2

À VOIR ET À FAIRE   (p. 281)
Église protestante.......................5 B2
Pagode Quang Cong...................6 B3

OÙ SE LOGER   (p. 284)
Ninh Thuan Hotel.......................7 A2
Thong Nhat Hotel.......................8 B1

OÙ SE RESTAURER   (p. 284)
Hai Nam Restaurant....................9 A3
Nam Thanh Restaurant..............10 B3

TRANSPORT   (p. 284)
Gare routière locale...................11 B1

La plupart des bus entre Dalat et la côte peuvent vous y déposer, à condition que vous en fassiez la demande au chauffeur.

TOUR CHAM DE PO RO ME

À une quinzaine de kilomètres au sud de Phan Rang se dresse la **tour cham de Po Ro Me** (Thap Po Ro Me), sur une colline rocheuse

LE NOUVEL AN CHAM

Le Nouvel An cham *(kate)* est célébré devant les tours pendant le 7e mois du calendrier cham (vers le mois d'octobre du calendrier grégorien) : il rend hommage aux ancêtres, aux héros nationaux et aux divinités cham, telle la déesse Po Ino Nagar qui prêtait secours aux Cham dans leurs travaux des champs.

La veille de la fête, le costume du roi Po Klong Garai est transporté en une procession gardée par les montagnards de Tay Nguyen, qui s'accompagne d'une musique traditionnelle et se prolonge jusqu'à minuit. Le lendemain matin, le costume est porté jusqu'à la tour ; le cortège est encore suivi de musiciens, et les habitants, portant bannières et drapeaux, chantent et dansent. Les notables et les aînés ferment la marche. Cette cérémonie colorée se poursuit jusque dans l'après-midi.

Les festivités durent tout le mois : les Cham font la fête, se rendent chez leurs proches et leurs amis et prient pour s'attirer la bonne fortune.

située à 5 km à l'ouest de la RN 1. C'est la plus récente des tours cham du Vietnam. Ces ruines ne manquent pas d'intérêt mais elles sont très difficiles d'accès, sauf à moto.

Sur les montants de la porte du sanctuaire, lui-même orné de nombreuses peintures, figurent des inscriptions. On aperçoit également deux statues en pierre du taureau blanc Nandin, un bas-relief représentant un roi déifié sous la forme de Shiva et deux statues de reines, dont l'une porte une inscription sur la poitrine. Les tours portent le nom du dernier souverain du Champa indépendant, le roi Po Ro Me, qui régna de 1629 à 1651 et mourut dans une prison vietnamienne.

Empruntez la RN 1 au sud de Phan Rang, faites 1 km dans Phuoc Dan : juste après la station-essence, à droite, une route

étroite mène à une intersection en T, où il faut tourner à gauche. Une fois que vous aurez dépassé un village poussiéreux, vous apercevrez les tours.

Si vous avez de la chance, vous rencontrerez le gardien cham des ruines, M. Truong Dai Tho : il pourra vous ouvrir les portes du temple, d'où vous aurez une vue magnifique sur la campagne alentour, imprégnée d'un calme majestueux.

HAMEAU DE TUAN TU

Dans ce hameau de 1 000 habitants se dresse une mosquée cham dénuée de minaret, fermée aux visiteurs. La communauté musulmane de Tuan Tu est dirigée par des responsables élus (Thay Mun), facilement identifiables à leur costume traditionnel – une longue tunique blanche surmontée

TOURS CHAM DE PO KLONG GARAI

0 — 4 m

Kalan (sanctuaire)

À VOIR ET À FAIRE	(p. 282)
Shiva dansant (au-dessus de l'entrée).....1	B1
Montants de portes gravés.....................2	B1
Montants de portes gravés.....................3	B1
Mukha-Linga..4	B1
Taureau Nandin....................................5	B1
Entrée d'origine...................................6	D2

LA BAIE DE CAM RANH

La baie de Cam Ranh, à 56 km au nord de Phan Rang et de Thap Cham, dans la province de Khanh Hoa, forme une magnifique rade naturelle. Elle abrite une base navale de grande importance stratégique, considérée comme l'un des plus grands ports en eau profonde d'Asie.

La flotte russe de l'amiral Rodjestvenski en fit son port d'attache en 1905, à la fin de la guerre russo-japonaise, imité en cela par la flotte japonaise pendant la Seconde Guerre mondiale. À l'époque, la région était encore très réputée pour la chasse au tigre. Au milieu des années 1960, les Américains y installèrent une vaste base comprenant un port, des chantiers de réparations navales et une piste d'atterrissage.

Après la réunification du Vietnam, les Soviétiques en firent leur plus grande base navale hors d'URSS. Après 1991, toutefois, l'effondrement de l'Union soviétique, la fin de la guerre froide et les nouveaux problèmes économiques ont contraint les Russes à réduire considérablement leur présence militaire à l'étranger : alors que leur contrat initial n'expirait qu'en 2004, ils ont accepté dès fin 2002 d'évacuer la base – dernier bastion de la marine russe en Asie.

Après avoir traîné pendant des années, la construction d'un aéroport international qui desservirait la station balnéaire de Nha Trang est en bonne voie. La baie de Cam Ranh, avec ses plages splendides et son port magnifique, va sans doute bientôt acquérir toute l'importance touristique qu'elle mérite.

---

d'un turban blanc à pompons rouges. Fidèles aux lois musulmanes imposant la pudeur, les femmes cham se couvrent souvent la tête et portent des jupes longues. À l'instar des autres minorités, les Cham subissent des brimades et sont encore plus pauvres que les Vietnamiens de souche majoritaire kinh.

Pour aller à Tuan Tu, qui se trouve à 3 km de la RN 1, prenez celle-ci vers le sud depuis Phan Rang ; 250 m après un grand pont, au sud, traversez le petit pont et tournez à gauche (vers le sud-est) sur Đ Tran Nhat Duat. Juste après la pagode bouddhique, tournez à droite et suivez sur 2 km une route en partie bordée de cactus, et que traverse une passerelle en béton.

Où se loger

Ninh Thuan Hotel (☎ 827 100 ; fax 822 142 ; 1 Đ Le Hong Phong ; ch 22-35 $US ; 🍽). Charmant hôtel au nord de la ville, en face du petit parc, avec TV sat.

Thong Nhat Hotel (☎ 827 201 ; thongnhathotel _pr @hcm.vnn.vn ; 343 Đ Thong Nhat ; ch 15-32 $US, avec petit déj ; 🍽). Toutes les chambres de cette adresse sympathique et confortable disposent d'une baignoire, de la TV sat. et de mini-bars.

Où se restaurer

L'une des grandes spécialités locales est le gecko (*ky nhong*), rôti ou grillé et accompagné de mangue verte.

Le centre compte quelques bonnes adresses, comme **Hai Nam** et **Nam Thanh**, où

déguster de bons mets vietnamiens (environ 20 000 d).

Phan Rang est également la capitale du raisin. Au marché, les échoppes en vendent sous toutes les formes : en grappes fraîches, en jus ou séché.

Depuis/vers Phan Rang et Thap Cham
BUS
De HCMV, les bus à destination de Phan Rang et Thap Cham partent de la gare routière de Mien Dong.

La **gare routière des bus interurbains de Phan Rang** (Ben Xe Phan Rang, face au 64 Đ Thong Nhat) est installée un peu au nord de la ville.

La **gare routière locale** (face au 426 Đ Thong Nhat) est au sud de la ville.

TRAIN
La gare de Thap Cham est à 6 km à l'ouest de la RN 1, non loin des tours cham de Po Klong Garai.

VOITURE ET MOTO
Quelque 344 km séparent Phan Rang de HCMV, 147 km de Phan Thiet, 105 km de Nha Trang et 110 km de Dalat.

PLAGE DE NINH CHU
☎ 068
Au sud de Phan Rang, Ninh Chu (Bai Tam Ninh Chu) possède une plage très correcte et quelques hébergements. Si vous ne

souhaitez pas séjourner à Phan Rang, c'est une alternative agréable pour aller visiter les ruines cham.

Où se loger et se restaurer

Den Gion Resort (☎ 874 223 ; dongthuantourist@hcm. vnn.vn ; ch 220 000-600 000 d, camping 30 000 d/pers ; ✷ 🖳). Les chambres de l'étage supérieur sont petites mais comportent des détails charmants (douches vitrées et ventil. en bois au plafond). Un camping a été aménagé près de la plage. Le **restaurant en terrasse** (plats 30 000 d) offre un cadre charmant, avec ses massifs de fleurs et les petites passerelles en bois.

Hoan Cau Resort (☎ 890 077 ; dlhoancaunt@hcm. vnn.vn ; ch 160 000-180 000 d ; ✷). Si vous aimez les parcs d'attraction, Hoan Cau vous comblera : ses bungalows ont été conçus comme des cabanes dans les arbres. Les chambres, confortables, comportent TV, tél. et eau chaude. Vous trouverez près de la réception un **restaurant** (plats environ 25 000 d), et, juste à côté, un **parc aquatique** (adulte/enfant 10 000/5 000 d).

Ninh Chu Hotel (☎ 873 900 ; ninhchuhotel@hcm. vnn.vn ; ch 20-45 $US ; ✷). Face à la mer, cet établissement géré par l'État, très correct, offre tous les équipements habituels, ainsi qu'un restaurant. Ses prix semblent néanmoins excessifs.

Depuis/vers Ninh Chu

Ninh Chu est à 7 km au sud de Phan Rang, sur la RN 1. Il est facile de s'y rendre en *xe om* (30 000 d).

CA NA

☎ 068

Au XVIᵉ siècle, les princes cham venaient ici pêcher et chasser le tigre, l'éléphant et le rhinocéros. De nos jours, Ca Na doit surtout sa réputation à ses eaux turquoise, bordées de superbes plages de sable blanque parsèment de gros rochers de granit. Ce petit paradis est cependant gâté par le grondement permanent des camions circulant sur la RN 1, en conséquence de quoi la plupart des visiteurs poursuivent leur chemin jusqu'à Mui Ne, plus au sud, ou Nha Trang, au nord (p. 264).

Ici encore, les cactus sont rois. Après une ascension sur les rochers, difficile mais amusante, se profile une petite pagode posée à flanc de coteau (voir ci-dessous l'encadré *La pêche aux lézards*).

Au large, on distingue l'**île Rau Cau**. Un centre de plongée sous-marine bien équipé est installé à Vinh Hao, à quelques kilomètres au sud de Ca Na (voir ci-dessous).

De nombreux Chinois de Cholon (HCMV) viennent se recueillir au **temple de Tra Cang**, édifié à mi-chemin entre Ca Na et Phan Rang. Malheureusement, la piste qui y mène est un vrai cauchemar.

Où se loger et se restaurer

Ca Na Hotel (☎ /fax 861 320 ; ch 150 000-180 000 d). Hôtel en béton armé proche de la route, aux chambres peu accueillantes. Les bungalows de la plage sont nettement plus calmes.

Haison Hotel (☎ 861 312 ; fax 861 339 ; ch 15 $US ; ✷). Un motel très correct face à la pagode Lac Son, tout proche de la route.

Ces deux hôtels possèdent des restaurants très fréquentés le midi par les usagers de la route HCMV-Nha Trang.

Depuis/vers Ca Na

Ca Na s'étend à 114 km au nord de Phan Thiet et à 32 km au sud de Phan Rang. De nombreux bus longue distance parcourant la RN 1 y font halte, mais aucun train n'y passe.

LA PÊCHE AUX LÉZARDS

Quand on parle de pêche en montagne, on pense truite de rivière ou perche de lac, mais dans les collines arides du littoral du Sud et du Centre (notamment autour de Ca Na, Phan Rang, Phan Tiet et Mui Ne), il en existe d'un tout autre genre : la pêche au lézard !

Ces lézards, appelés *than lan nui*, appartiennent à la famille des geckos et sont comestibles – certains disent qu'ils ont un goût de poulet. Traditionnellement, on les attrape en fixant un crochet au bout d'une longue canne en bambou et en laissant pendre un appât du haut d'un rocher, jusqu'à ce que ces petits reptiles audacieux montrent le bout de leur nez.

Dans les restaurants, ils sont servis grillés, rôtis ou frits, ou encore en pâté (le tout étant finement broyé, os compris) dans lequel on trempe des crackers de riz. Bon appétit !

VINH HAO

☎ 062

Cette ville assez morne en bordure de la RN 1, entre Phan Thiet et Phan Rang, est connue pour son eau minérale, vendue partout au Vietnam.

Plongée sous-marine

Vietnam Scuba (☎ 853 919, à HCMV ☎ 08-925 4301 ; fax 853 918 ; www.vietnamscuba.com). Ce centre de plongée à gérance coréenne, agréable et bien équipé, se trouve sur une plage privée à 3,5 km au sud de Ca Na, facile à repérer le long de la RN 1.

Les plongeurs expérimentés apprécieront ses installations ; de plus, les sites de plongée figurent ici parmi les meilleurs du pays. La faune marine compte des requins, de gros poissons, des raies manta et des barracudas.

Les forfaits de plongée à la journée (130 $US, non-plongeurs 50 $US) comprennent l'hébergement (dans de jolies villas sur la plage), le transport en bateau, un guide et les repas. Le gilet stabilisateur et le détendeur se louent en supplément (50 $US/jour). De la jetée privée, le bateau met entre 30 et 90 minutes pour rejoindre les sites de plongée.

PHAN THIET

☎ 062 / 168 400 hab.

Ce port vit traditionnellement de la pêche et produit un nuoc mam très réputé ; aujourd'hui, toutefois, le tourisme joue un rôle croissant dans l'économie locale. Sa population se compose en grande partie de descendants des Cham, lesquels contrôlèrent la région jusqu'en 1692. Pendant la période coloniale, les Européens vivaient repliés sur eux-mêmes sur la rive nord du fleuve Phan Thiet, tandis que Vietnamiens, Cham, Chinois, Malais et Indonésiens en occupaient la rive sud.

En dehors de son excellent terrain de golf et de sa jolie plage, Phan Thiet n'offre que peu d'attraits. La plupart des touristes lui préfèrent Mui Ne, 11 km plus loin.

Orientation et renseignements

Phan Thiet s'étend sur les deux rives du fleuve du même nom, également appelé Ca Ti et Muong Man. En traversant la ville, la RN 1 devient Đ Tran Hung Dao, au sud du fleuve, et Đ Le Hong Phong au nord.

Binh Thuan Tourist (☎ 816 821 ; www.binhthuantourist.com ; 82 Đ Trung Trac ; ☺ 7h-11h et 13h30-17h lun-ven, 8h-10h30 sam et dim) propose divers moyens de transport et des cartes touristiques.

À voir et à faire
PLAGE DE PHAN THIET

On y accède en se dirigeant vers l'est depuis le monument de la Victoire, une tour de béton en forme de flèche, ornée, à sa base, de statues en ciment.

PORT DE PÊCHE

Situé en pleine ville, ce petit **port**, où les bateaux sont à touche-touche, est très photogénique.

TERRAIN DE GOLF

L'**Ocean Dunes Golf Club** (☎ 823 366 ; odgc@hcm.vnn.vn ; 1 Đ Ton Duc Thang), un 18-trous de premier ordre, se trouve près de la plage à côté du Novotel (voir *Où se loger*).

Des forfaits attractifs sont proposés au départ de HCMV : 76/82 $US par jour en semaine/week-end pour un parcours et une nuit à l'élégant Novotel, petit déj. compris. Des minibus effectuent la navette entre ce practice et HCMV.

Pour toute information, contactez le **bureau des réservations** à HCMV (☎ 08-824 3460 ; www.vietnamgolfresorts.com ; New World Hotel, 76 Đ Le Lai).

Où se loger

À moins de privilégier absolument la proximité du golf et de vouloir éviter la plage de Mui Ne, mieux vaut ne pas descendre dans les hôtels de Phan Thiet : ceux de Mui Ne sont bien meilleurs.

Thanh Cong Hotel (☎ 825 016 ; fax 823 905 ; 49-51 Đ Tran Hung Dao ; ch 70 000-225 000 d ; ☒). Minuscule hôtel d'un bon rapport qualité/prix, près de la RN 1 et de la gare routière.

Binh Minh Hotel (☎ 823 344 ; fax 823 354 ; 405 Đ Vo Thi Sau ; ch 135 000-225 000 d ; ☒). Juste en face des cafés et des échoppes, le long du front de mer frangé de palmiers.

Novotel Coralia Ocean Dunes & Golf Resort (☎ 822 393 ; novpht@hcm.vnn.vn ; 1 Đ Ton Duc Thang ; ch 127-194 $US ; ☒ ☒). Le choix de luxe des golfeurs : il comporte un green, plusieurs restaurants, une piscine, une plage privée, des courts de tennis et un centre de fitness.

Il n'est pas rare d'obtenir d'importantes remises sur les prix affichés.

Où se restaurer

Hoang Yen Restaurant (☎ 821 614 ; 51 Đ Tran Hung Dao). Une table excellente, prisée des groupes en voyage organisé. Location de vélos possible – un choix tentant si vous comptez vous rendre à la plage de Mui Ne.

Depuis/vers Phan Thiet

BUS

À HCMV, les bus pour Phan Thiet partent de la gare routière de Mien Dong.

La **gare routière de Phan Thiet** (Ben Xe Binh Thuan ; Đ Tu Van Tu ; h5h30-15h30) est un peu au nord de la ville, juste après le 217 Đ Le Hong Phong (RN 1).

TRAIN

La gare la plus proche de Phan Thiet est celle de Muong Man, petite bourgade poussiéreuse 12 km plus à l'ouest ; l'*Express de la Réunification* entre HCMV et Hanoi y marque une halte.

VOITURE ET MOTO

Située sur la RN 1, Phan Thiet se trouve à 198 km à l'est de HCMV, à 250 km de Nha Trang et à 247 km de Dalat.

PLAGE DE MUI NE

☎ 062
Cette plage magnifique et paisible s'étend à 22 km de Phan Thiet, sur la route 706, non loin d'un village de pêcheurs qui occupe la pointe de la péninsule de Mui Ne. C'est un endroit ravissant où les palmiers se balancent doucement sous la brise. Mui Ne est surtout fréquentée par les citadins de HCMV et les touristes.

Côté climat, cette portion du littoral reçoit environ moitié moins de précipitations que Phan Thiet, pourtant toute proche : en effet, le microclimat de la station est protégé par les dunes de sable et, même durant la saison humide (juin-septembre), les pluies restent relativement faibles et sporadiques.

Le site ne se prête pas à la plongée, mais ses belles vagues font, d'août à décembre, la joie des surfeurs. Les amateurs de planche à voile et de houle viendront se mesurer aux vents, particulièrement décoiffants entre fin octobre et fin avril.

Orientation

La route étroite bordée de palmiers longe la mer sur environ 10 km. Les adresses sont signalées par une borne kilométrique indiquant la distance de la route 706 jusqu'à la RN 1, à Phan Thiet. La route 706 est aussi parfois appelée Đ Nguyen Dinh Chieu.

Renseignements

Vous pourrez vous connecter à Internet au **Happy Café** (☎ 847 561 ; km19) et au **Coco Café**, près de Hiep Hoa Tourism, sur la côte.

Au Tropico Resort, une succursale d'**Incombank** (68 Đ Nguyen Dinh Chieu ; ☾ dim-ven) change devises et chèques de voyage.

À voir

Mui Ne est célèbre pour ses immenses **dunes de sable** qui ont inspiré de nombreux photographes vietnamiens : certains restent assis là des heures, sous le soleil brûlant et aveuglant, attendant que le vent sculpte les dunes pour obtenir le cliché parfait.

Autre site, la **source de la Fée** (Suoi Tien) est en fait un ruisseau s'écoulant entre les dunes et les formations rocheuses. C'est l'occasion d'une promenade de la mer jusqu'à la source, à faire de préférence avec un guide local. Vous pourrez faire le chemin pieds nus, à moins de vouloir arpenter les dunes surchauffées par le soleil, où même des sandales risquent d'être insuffisantes – vous ne supporterez plus alors que des semelles de cuir !

Sur la route 706 menant à Phan Thiet, la petite **tour cham Po Shanu** (km 5 ; 2 000 d ; ☾ 7h30-11h30 et 13h30-16h30) se dresse sur une colline offrant un panorama splendide sur Phan Thiet, les bateaux qui envahissent l'embouchure du fleuve et un cimetière empli de tombes immaculées.

Activités

Jibes (☎ 847 405 ; www.windsurf-vietnam.com ; 90 Đ Nguyen Dinh Chieu ; ☾ 7h30-18h), proche du Full Moon Resort, est un paradis pour les amateurs de sports nautiques. Dirigé par un Français, il loue du matériel de pointe : des planches à voile (5/10/25/40 $US pour 30 minutes/1 heure/demi-journée/journée), des planches de surf (5 $US/heure) et de kite-surfing (10 $US/heure). Consultez son site Internet pour profitez de ces différentes offres.

Airwaves (☎ 847 440 ; airwaveskitesurfing.com), installé dans le club de voile de Mui Ne, propose également des leçons de kite-surf, de planche à voile, et la location de tous les équipements appropriés.

Où se loger

Le nombre de complexes balnéaires à Mui Ne a considérablement augmenté ; pratiquement tous les lieux d'hébergement longent le front de mer.

Les voyageurs à petit budget trouveront plusieurs établissements bon marché. En catégorie moyenne, d'agréables bungalows coûtent entre 20 et 70 $US. Dans les complexes plus luxueux (avec TV sat., tél. IDD et mini-bars), le petit déj. est inclus dans le prix affiché.

Les dates des saisons haute et basse varient d'un complexe hôtelier à l'autre ; les prix grimpent en flèche le week-end.

PETIT BUDGET

Thai Hoa Mui Ne Resort (☎ 847 320 ; dtp@hcm. vnn.vn ; km 18 ; ch 120 000-180 000 d). Une adresse économique et bien tenue où une jolie cour sablonneuse sépare deux rangées de chambres sommaires, de style paillotte. Les chambres les moins chères se partagent une sdb commune. Bon café ombragé sur place.

Canary Resort (☎ 847 258 ; www.canaryresort. com ; km 18 ; ch 5-20 $US ; ✺). L'endroit compte un café agréable, des bungalows, ainsi que des chambres moins chères avec sdb commune. L'ensemble est confortable, mais le personnel semble parfois maussade.

Hong Di Guesthouse (☎ 847 014 ; hdhongdi@yahoo. com ; 70 Đ Nguyen Dinh Chieu ; bungalows 10 $US ; ✺ ▣). Une pension sympathique, au cadre intimiste, gérant plusieurs bungalows en bambou et un petit café de plage. Connexions Internet (200 d/minute).

Hiep Hoa Tourism (☎ 847 262 ; hiephoatourism@ yahoo.com ; 80 Đ Nguyen Dinh Chieu ; ch 10-15 $US ; ✺). Calme et charmant, cet établissement familial, coincé entre deux grands complexes, est d'un bon rapport qualité/prix. Il occupe un segment de plage magnifique ; un petit café est installé juste en face.

Song Hai (☎ 847 015 ; songhairesort@yahoo.com ; 72 Đ Nguyen Dinh Chieu ; ch 10-15 $US, f 40 $US ; ✺). Toutes les chambres ont l'eau chaude et des stores en bambou ; en face se trouve un restaurant. Des poulets animent la terrasse.

Hoang Kim (☎ 847 689 ; 140 Đ Nguyen Dinh Chieu ; ch 4-15 $US ; ✺ ▣). Les chambres les moins chères sont très basiques (mais leur sdb commune respire la propreté), tandis que les plus chères offrent un bon rapport qualité/ prix. Le décor est en bambou et des plantes ornent la cour. Les sympathiques gérants tiennent également deux restaurants, dont l'un donne sur la plage.

Red Sun (☎ 847 387 ; cafeloumi@hcm.vnn.vn ; km 13 ; ch 8-15 $US, avec petit déj ; ✺). Cour et terrasse bien ombragées. Le petit déj., copieux, comprend une omelette et des viennoiseries.

Lucy Hotel (☎ 847 017 ; lucy_hotelvn@yahoo. com ; km 10 ; ch 400 000 d ; ✺). Cet hôtel ne compte que 4 chambres, exiguës mais confortables : vous serez au calme. Il jouxte deux bons restaurants, mais se tient à l'écart des pensions et restaurants de la route 706.

Vietnam-Austria House (☎ 847 047 ; ngothikimhong@hotmail.com ; km 13,5 ; ch 10 $US, bungalows 15-20 $US ; ✺ ▣). Cette villa moderne possède des bungalows en bois, des chambres étincelantes et une petite piscine.

Xuan Uyen (☎ 847 476 ; km 13.3 ; ch 8-12 $US). Des chambres en bungalow, simples et propres.

CATÉGORIE MOYENNE

Mui Ne Sailing Club (☎ 847 440 ; www.sailing clubvietnam.com ; 24 Đ Nguyen Dinh Chieu ; ch 30-90 $US, avec petit déj ; ✺ ▣). Très fréquenté pour son bar en plein air surplombant la mer, ce complexe nautique (voir p. 287), qui mêle des éléments asiatiques et européens, possède des chambres confortables, propres et spacieuses, décorées de bambou et de bois sombre. Il met à disposition un restaurant, un bar et une piscine. Cartes de crédit acceptées.

Full Moon Resort (Trang Tron ; ☎ 847 008 ; fullmoon@windsurf-vietnam.com ; km 13 ; bungalows 20-40 $US, ch 45 $US, avec petit déj ; ✺). Entourant le jardin, les bungalows très simples, pour certains équipés de larges baignoires d'angle, s'ornent de coquillages, de noix de coco, de tables basses carrées, de ventil. au plafond et de portes en bois coulissantes. Dans la maison proprement dite, les chambres comportent d'immenses baignoires et des canapés-lits.

Mai Khanh (☎ 847 177 ; cheznina@hcm.vnn.vn ; km 13 ; ch 20-25 $US ; ✺). Un établissement charmant, installé au cœur d'un superbe jardin, dans le centre. Les chambres s'ornent d'un parquet et d'un décor en bambou. Restaurant, café et massage sur la plage (60 000 d/50 minutes) ; vélos et motos à louer.

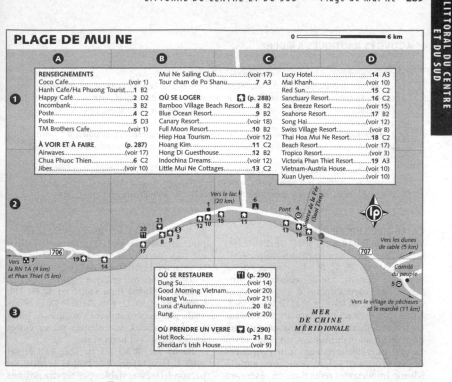

PLAGE DE MUI NE

0 — 6 km

Ⓐ **Ⓑ** **Ⓒ** **Ⓓ**

Ⓐ RENSEIGNEMENTS
Coco Cafe.................................(voir 1)
Hanh Cafe/Ha Phuong Tourist.....1 B2
Happy Café................................2 D2
Incombank..................................3 B2
Poste...4 C2
Poste...5 D3
TM Brothers Cafe...................(voir 1)

À VOIR ET À FAIRE (p. 287)
Airwaves...............................(voir 17)
Chua Phuoc Thien.....................6 C2
Jibes...................................(voir 10)

Ⓑ Mui Ne Sailing Club.............(voir 17)
Tour cham de Po Shanu.............7 A3

OÙ SE LOGER 🏠 (p. 288)
Bamboo Village Beach Resort......8 B2
Blue Ocean Resort......................9 B2
Canary Resort........................(voir 18)
Full Moon Resort.......................10 B2
Hiep Hoa Tourism....................(voir 12)
Hoang Kim................................11 C2
Hong Di Guesthouse................12 B2
Indochina Dreams...................(voir 12)
Little Mui Ne Cottages............13 C2

Ⓒ Lucy Hotel..............................14 A3
Mai Khanh...........................(voir 10)
Red Sun.................................15 C2
Sanctuary Resort......................16 C2
Sea Breeze Resort.................(voir 15)
Seahorse Resort....................17 B2
Song Hai..............................(voir 12)
Swiss Village Resort...............(voir 8)
Thai Hoa Mui Ne Resort..........18 B2
Beach Resort........................(voir 17)
Tropico Resort........................(voir 3)
Victoria Phan Thiet Resort........19 A3
Vietnam-Austria House...........(voir 10)
Xuan Uyen............................(voir 10)

Vers le lac
(20 km)

Pont

Source de la Fée
(Suoi Tien)

Vers les dunes
de sable (5 km)

706

Vers
la RN 1A (4 km)
et Phan Thiet (5 km)

Comité
du peuple

707

Vers le village de pêcheurs
et le marché (11 km)

OÙ SE RESTAURER 🍴 (p. 290)
Dung Su................................(voir 1)
Good Morning Vietnam..........(voir 20)
Hoang Vu............................(voir 21)
Luna d'Autunno......................20 B2
Rung....................................(voir 20)

OÙ PRENDRE UN VERRE 🍷 (p. 290)
Hot Rock.................................21 B2
Sheridan's Irish House.............(voir 9)

*MER
DE CHINE
MÉRIDIONALE*

Indochina Dreams (☎ 847 271 ; fax 832 174 ; 74 Đ Nguyen Dinh Chieu ; ch 20-25 $US ; 🍴). Un endroit de rêve, bien conçu et très confortable, comportant des chambres fraîches et bien équipées, ainsi qu'un restaurant.

Bamboo Village Beach Resort (☎ 847 007 ; www.bamboovillageresort.com ; km 11,8 ; bungalows 35-85 $US ; 🍴 💻 🏊). Dans un paysage splendide, ce complexe loue de superbes bungalows en bambou, agrémentés de petites terrasses. Profitez du calme de la plage, de la piscine et du bon restaurant (service 24h/24).

Little Mui Ne Cottages (☎ 847 550 ; www. littlemuine.com ; km 18 ; ch 50-80 $US, avec petit déj ; 🍴 🏊). Les prix ici sont élevés, mais pleinement justifiés : les cottages sont confortables et bien équipés, isolés les uns des autres ; la piscine est suffisamment grande pour y faire des longueurs ; il vous sera offert une boisson de bienvenue à votre arrivée et des fruits frais tous les jours. Le restaurant, au 1er étage, donne sur la mer.

Beach Resort (☎ 847 626 ; www.thebeachresort. com.vn ; 18 Đ Nguyen Dinh Chieu ; ch 60-75 $US, avec petit déj ; 🍴 🏊). Installé dans un cadre luxuriant,

ce nouveau complexe arbore un intérieur simple et impeccable. Les chambres sont décorées dans un style ethnique. Carte de crédit acceptée. Restaurant ouvert 24h/24.

Sea Breeze Resort (☎ 847 373 ; fax 847 430 ; seabreeze-lanno@hcm.vnn.vn ; km 13,7 ; ch 25-40 $US, avec petit déj ; 🍴). Des jardins joliment entretenus, des chambres confortables, des bungalows à structure en A et un restaurant. Seul inconvénient : la plage disparaît au moment de la marée haute.

Blue Ocean Resort (Bien Xanh ; ☎ 847 322 ; www.blueoceanresort.com ; km 12,2 ; bungalows 55 $US ; 🍴 🏊). Autre adresse réputée possédant un jardin intimiste, des bungalows à toit de chaume, une aire de jeux, un volley-ball sur la plage, un restaurant en front de mer, un bar au bord de la piscine et un pub irlandais. Le service est excellent et la plage splendide.

Swiss Village Resort (☎ 847 399 ; www.svr-vn. com ; km 12 ; ch et bungalows 50-120 $US ; 🍴 🅿 🏊). Les chambres et les bungalows, au décor vietnamien, sont spacieux et confortables. À disposition, une piscine, un court de tennis et un Jacuzzi.

ACTIVITÉS NAUTIQUES À MUI NE

Si le rivage serein de Mui Ne vous laisse indifférent et que vous recherchez une petite bouffée d'adrénaline, voici l'endroit rêvé : rien de tel qu'un peu de kite-surf !

Mui Ne est le principal site du Vietnam en la matière. Le vent atteint en moyenne les 12 nœuds ; au cours de la saison sèche (de mi-octobre à mai), il est idéal. Attention cependant : il est préférable de vous faire dorer au soleil le matin, car vous serez secoué par le vent dès le début de l'après-midi.

Les eaux turquoise de la baie de Mui Ne sont peu fréquentées. Vous pouvez également y pratiquer la planche à voile, ou simplement le surf. La meilleure saison s'étend d'août à décembre.

Ces conditions favorables ont bien évidemment attiré quelques fanatiques qui se feront un plaisir de vous inculquer leur passion. Pour louer les équipements, prendre des cours ou découvrir des sites méconnus, adressez-vous chez Jibes (p. 287) : ses animateurs sont craquants.

CATÉGORIE SUPÉRIEURE

Victoria Phan Thiet Resort (☎ 847 170 ; fax 847 174 ; victoriapt@hcm.vnn.vn ; www.victoriahotels-asia.com ; km 9 ; bungalows 138-196 $US; ☒ ☒). Les cottages de ce complexe élégant, que des eucalyptus protègent des ardeurs du soleil, s'agrémentent d'un carrelage en terre cuite et de bois foncé. Vous trouverez ici un charmant restaurant en terrasse, deux bars, une piscine, un club de gym, un salon de massage, un sauna et un Jacuzzi intérieur/extérieur. Sont proposées des excursions en 4x4, en side-car ou à moto Minsk. Importantes réductions en réservant par Internet.

Seahorse Resort (☎ 847 507 ; www.seahorse resortvn.com ; km 11 ; ch 80-150 $US ; ☒ ☒). Splendidement conçus, les allées en pierre et le bassin suivent les contours naturels du relief. Chaque bâtiment compte 4 chambres encerclant un patio, décorées avec élégance de meubles et d'œuvres d'art vietnamiens, avec une sdb ouverte sur l'extérieur. Restaurant et piscine.

Sanctuary Resort (☎ 847 232 ; sanctuaryvietnam@ yahoo.com ; km 19 ; ch 75-230 $US ; ☒ ☒). On accède à cet endroit bien nommé, qui donne à ses résidents l'impression d'être "hors du monde", par une longue allée où paissent des vaches. Il compte deux luxueuses villas et un bungalow, avec deux petites piscines donnant sur les terrasses.

Où se restaurer

En dehors des nombreux restaurants d'hôtels sur la plage (qui accueillent également les non-résidents), Mui Ne compte quelques enseignes intéressantes.

Rung (restaurant de la Forêt ; ☎ 847 589 ; 65B Đ Nguyen Dinh Chieu ; plats 50 000 d). Installez-vous en terrasse ou à l'extérieur, devant la route, pour déguster des plats traditionnels. Le lieu est tout particulièrement agréable le soir venu, quand est diffusée de la musique cham – atmosphère romantique assurée.

Luna d'Autunno (Lune d'automne ; ☎ 847 330 ; hagi@hn.vnn.vn ; km 12 ; plats 30 000-70 000 d). Plats authentiques italiens : antipasto, pâtes fraîches, salades, succulentes pizzas cuites au feu de bois et bons vins.

Hoang Vu (☎ 847 525 ; km 12,2 ; fruits de mer 30 000 d). Dans un décor de bois et de rotin, un personnel très serviable vous servira de bons plats vietnamiens à prix raisonnables.

Good Morning Vietnam (☎ 847 342 ; www. goodmorningviet.com ; km 11,8 ; plats environ 45 000 d). Une italienne réputée.

Dung Su (☎ 847 310 ; km 10 ; fruits de mer environ 40 000 d/pers). Près de l'extrémité ouest de la plage, ce lieu sur pilotis, très fréquenté, sert d'excellents fruits de mer vendus au kilo.

Où prendre un verre

Plusieurs bars restent animés tard le soir : **Mui Ne Sailing Club** (☎ 847 440 ; www. sailingclubvietnam.com ; 24 Đ Nguyen Dinh Chieu) et **Jibes** (☎ 847 405 ; www.windsurf-vietnam.com ; 90 Đ Nguyen Dinh Chieu) possèdent tous deux un billard, et servent aussi à manger. Commencez la soirée au **Hot Rock** (km 12,1), où souffle une petite brise tropicale. Si vous avez envie d'une Guinness, allez faire un tour à la **Sheridan's Irish House** (Blue Ocean Resort ; km 12,2).

Depuis/vers Mui Ne

Mui Ne se trouve à 200 km de HCMV (3 heures de route). Nombre des bus en "circuit découverte" sillonnant la RN 1 desservent la plage (6 $US depuis HCMV ou Nha Trang). Du mardi au dimanche, des minibus Mercedes confortables font la navette entre le Blue Ocean Resort et le Sheridan's Irish Pub, à HCMC (aller/aller-retour 9/16 $US).

Pour rejoindre la plage depuis la RN 1, à Phan Thiet, le mieux est de prendre un *xe om* (50 000 d) ou de louer une moto (environ 6 $US/jour) ; renseignez-vous au Hoang Yen Restaurant (voir p. 287). Un bus local, lent et irrégulier, circule entre la gare routière de Phan Thiet et Mui Ne.

Comment circuler

On se déplace facilement à pied à Mui Ne. La plupart des hôtels proposent des bicyclettes à louer.

MONT TAKOU

Ce **Bouddha blanc couché** (Tuong Phat Nam), long de 49 m, est le plus grand de ce style dans le pays. La pagode, édifiée en 1861 sous la dynastie des Nguyen, est devenue un lieu important de pèlerinage bouddhiste ; le bouddha, pour sa part, n'existe que depuis 1972. Les fidèles peuvent passer la nuit dans le dortoir. Les étrangers ne sont autorisés à faire de même qu'avec la permission de la police, mais le mont Takou compte désormais une **pension** (☎ 867 484 ; tacu@hcm. vnn.vn ; ch 200 000 d ; ✷).

Le mont Takou surplombe la RN 1, à 28 km de Phan Thiet : de là, une très belle randonnée mène au bouddha. Comptez 2 heures de marche ou 2 minutes en funiculaire (50 000 d aller-retour).

Hauts plateaux du Centre

Réputée pour son climat tempéré et ses montagnes parcourues de cours d'eau, de lacs et de cascades, la région des hauts plateaux du Centre couvre la partie méridionale de la chaîne montagneuse Truong Son (ou cordillère Annamitique). De nombreuses minorités ethniques (les "Montagnards") peuplent cette région et maintiennent vivantes des traditions culturelles très diverses.

La beauté naturelle des Hauts Plateaux a souffert du déboisement, effectué afin d'agrandir les surfaces cultivables, et de l'épandage d'Agent orange au cours de la guerre. Pourtant subsistent encore des parcelles de forêts entrecoupées de champs agricoles verdoyants. Les premiers mois de l'année, les rangées d'hévéas et les vignes vierges se mettent à fleurir, à l'instar des caféiers qui bordent les routes et se couvrent de grandes fleurs blanches. Les parcs nationaux de Cat Tien et de Yok Don demeurent cependant des zones naturelles préservées.

La partie occidentale de la région, le long de la frontière du Cambodge et du Laos, est un vaste plateau fertile dont la terre rouge est d'origine volcanique. La richesse de ces terres, associée à une population peu nombreuse, a incité le gouvernement à financer un programme de recolonisation. Or, l'afflux soudain de nouveaux habitants, en grande majorité des fermiers originaires de la région surpeuplée du delta du fleuve Rouge, a grandement déplu aux Montagnards. En février 2001, face aux soulèvements populaires contre la répartition des terres, le gouvernement avait interdit aux touristes de pénétrer dans les hauts plateaux du Centre. En juin de cette année-là, quelque 900 Montagnards qui avaient fui au Cambodge ont reçu le statut de réfugiés et se sont installés aux États-Unis, au grand dam des autorités vietnamiennes. En mars 2004, l'explosion d'un second conflit à Buon Ma Thuot a provoqué une nouvelle fermeture de la région. Aussi, avant de partir, renseignez-vous auprès de la population locale pour savoir si ces régions sont accessibles.

HAUTS PLATEAUX DU CENTRE

À NE PAS MANQUER

- **Dalat** (p. 294), ancienne station d'altitude, et son architecture coloniale
- Les **montagnes** et les **cascades** (p. 306) autour de Dalat lors d'un circuit escalade, VTT ou randonnée
- Les villages des minorités bahnar, jarai, m'nong et ede des alentours de **Buon Ma Thuot** (p. 311) et de **Kon Tum** (p. 321)
- Une balade à dos d'éléphant dans le **parc national de Yok Don** (p. 315)
- La **piste Ho Chi Minh** (p. 320), une route plutôt accidentée à sillonner à moto
- Une journée dans un **village montagnard** (p. 321) en parcourant à pied la région entourant Kon Tum

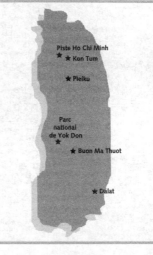

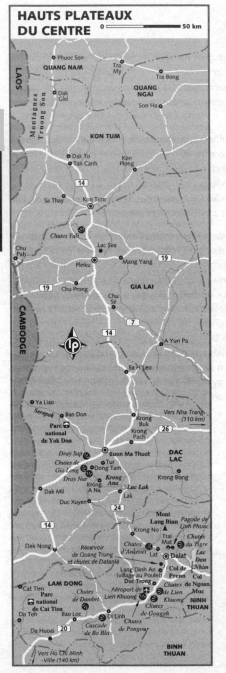

HAUTS PLATEAUX DU CENTRE

0 _____ 50 km

Depuis/vers
les hauts plateaux du Centre

Les hauts plateaux du Centre sont facilement accessibles par le sud ou par certains points de passage le long de la côte est. Depuis Ho Chi Minh-Ville (HCMV) et Nha Trang, les bus privés "open-tour" vers Dalat sont fréquents et bon marché. En revanche, pour atteindre des villes plus isolées comme Buon Ma Thuot, Pleiku et Kon Tum, vous dépendrez des transports publics (qui ne circulent parfois qu'une fois par jour) si vous ne louez pas un véhicule.

Dans cette région, avoir un bon guide et un bon véhicule peut faire toute la différence, notamment pour visiter les parcs nationaux et les villages de montagne. Spécialistes de la région, **Sinhbalo Adventures** (☎ 08-837 6766, 836 7682 ; www.sinhbalo.com ; 283/20 Đ Pham Ngu Lao), à HCMV, et **Mr Vu's Tour Adventures** (☎ 058-828 996 ; www.vutour adventure.com ; 2D Đ Biet Thu), à Nha Trang, sont deux agences que nous vous recommandons. Vous pouvez également louer les services d'un motard (voir l'encadré Les *"Easy Riders" de Dalat* page suivante).

DALAT

☎ 063 / 130 000 hab. / alt. 1 475 m

Joyau des Hauts Plateaux, Dalat occupe une région parsemée de lacs, de cascades, de jardins et de forêts. Son climat frais et la nature magnifique qui l'entoure en font une des villes les plus agréables du Vietnam.

Autrefois baptisée "le Petit Paris", Dalat abrite aujourd'hui encore une réplique en miniature de la tour Eiffel, derrière la poste principale. Bon nombre d'artistes, avant-gardistes en général, y ont élu domicile. Elle est, en outre, très prisée des jeunes mariés vietnamiens en voyage de noces et, même si les grandes "attractions touristiques" ne sont plus aussi nombreuses, Dalat demeure le summum du kitsch vietnamien.

Les cultures maraîchères et horticoles (en particulier celle des hortensias) tiennent une place prépondérante dans l'économie de la ville (ces productions sont vendues dans tout le sud du pays). Cependant, Dalat doit avant tout sa prospérité au tourisme : plus de 800 000 touristes vietnamiens et quelque 80 000 étrangers la visitent chaque année.

La région de Dalat était jadis la destination favorite pour la chasse au gros gibier, comme en témoigne une brochure des années 1950 : "À 2 heures de voiture de la ville, vous trouverez des zones riches en gibier tel que cervidés, paons, faisans, sangliers, ours bruns, panthères, tigres, gaurs (buffles sauvages) et éléphants". La chasse fut si bonne que le gros gibier a totalement disparu ! Toutefois, ce "glorieux" passé se reflète aujourd'hui encore dans les nombreux animaux empaillés qui ornent la ville.

Cinq mille Montagnards, représentant 33 communautés ethniques distinctes de la province de Lam Dong, vivent à Dalat. Les Montagnards (comme ils se nomment eux-mêmes d'après le nom donné par les colons français) se promènent parfois au marché vêtus de leur costume traditionnel. Les femmes de la région portent leur enfant sur le dos à l'aide d'une pièce de tissu passée sous un bras et nouée sur la poitrine (pour plus d'informations, voir aussi la section Minorités ethniques du Vietnam en début d'ouvrage).

On appelle souvent Dalat "la ville de l'éternel printemps". La température oscille en moyenne entre 15 et 24°C. La saison sèche s'étend de décembre à mars et le soleil brille la plupart du temps, même à la saison des pluies (avril-novembre).

Histoire

Depuis des siècles, la région est habitée par plusieurs minorités ethniques. En langue lat, "Da Lat" signifie d'ailleurs "rivière de la tribu Lat".

C'est le Dr Alexandre Yersin, collaborateur de Louis Pasteur et découvreur du bacille de la peste (ou bacille de Yersin), qui fut le premier Européen à s'approprier la découverte de Dalat, en 1893. La ville elle-même fut établie en 1912 et devint très vite appréciée par les Européens, heureux de trouver un havre de fraîcheur leur permettant de fuir la chaleur accablante des plaines du delta du Mékong. Au cours de la colonisation, les étrangers ont représenté jusqu'à 20% de la population de Dalat, une présence marquée par les 2 500 villas disséminées dans la ville.

Durant la guerre du Vietnam, Dalat fit l'objet d'un accord tacite qui lui épargna attaques et bombardements. Les officiers sud-vietnamiens s'entraînaient à l'académie militaire de la ville, tandis que les notables du régime de Saigon se reposaient dans leurs villas et que les dignitaires vietcong en faisaient autant dans leurs propres résidences, toutes proches. La ville se rendit aux troupes nord-vietnamiennes le 3 avril 1975. Il n'y a donc aucune mine non explosée dans cette zone.

Dalat fut la première ville du Vietnam à retraiter les eaux usées et à rendre l'eau courante potable – un projet financé à près de 80% par le gouvernement danois.

Orientation

Les sites d'intérêt de Dalat sont éloignés les uns des autres ; en outre, la ville et ses alentours s'étendent sur un terrain vallonné. Ces deux caractéristiques séduiront les amateurs de randonnées, très agréables dans ce climat tempéré.

Le centre-ville s'articule autour du cinéma Rap 3/4 (date de la libération de Dalat en

---

LES "EASY RIDERS" DE DALAT

Les fameux "Easy Riders" de Dalat forment un groupe d'une trentaine de guides à moto épris de liberté. La plupart de ces guides indépendants transportent leurs passagers sur des motos russes ou est-allemandes d'époque. Leur popularité atteint le niveau du culte auprès de voyageurs cherchant une alternative excitante au circuit touristique traditionnel du Sinh Café.

Les Easy Riders se proposent de vous emmener en excursion à la journée dans les environs de Dalat. Leurs prix sont très raisonnables (environ 8 $US la journée en ville et 10 $US en dehors de l'agglomération). Vous pouvez également leur demander de vous conduire plus loin dans les Hauts Plateaux (au lac Lak par exemple) ou même jusqu'à la côte. Certains touristes se sont même accrochés à leur chauffeur jusqu'à Hanoi ! Toujours est-il que les lettres ne tarissant pas d'éloges à leur égard affluent à nos bureaux.

Voyager avec les Easy Riders est une bonne façon d'explorer la région. Ces guides sympathiques et cultivés vous ouvriront de nouveaux horizons. Les motards guettent généralement les touristes aux abords des hôtels de Dalat. Ne vous inquiétez pas si vous ne les voyez pas, ils finiront bien par vous aborder. Tous parlent anglais et certains le français ou l'allemand. La plupart d'entre eux possèdent un livre d'or rempli de commentaires enthousiastes.

CENTRE DE DALAT

1975), en haut de la colline en partant de l'immeuble du grand marché.

Renseignements
ACCÈS INTERNET
Plusieurs cybercafés sont regroupés le long de Đ Nguyen Chi Thanh.

Viet Hung Internet Cafe (carte ci-dessus ; ☎ 835 737 ; 7 Đ Nguyen Chi Thanh). Idéal pour surfer tout en buvant un café glacé.

AGENCES DE VOYAGES
Dalat Travel Service (carte ci-dessus ; ☎ 822 125 ; ttdhhd@hcm.vnn.vn ; 7 Đ 3 Thang 2). L'agence de voyage étatique peut réserver des circuits et louer des véhicules.

Groovy Gecko Tour (carte ci-dessus ; ☎ 836 521 ; ggtour@yahoo.com ; 65 Đ Truong Cong Dinh ; ☺ 7h30-

20h30). Périples habituels et quelques bons itinéraires de randonnées.

TM Brothers (carte ci-dessus ; ☎ 828 383 ; dalat_tmbrother@yahoo.com ; 9 Đ Nguyen Chi Thanh). Agence plus modeste qui vend des billets de bus "open" et des circuits pré-établis.

Youth Action Tour (carte ci-dessus ; ☎ 510 357 ; youthactiontour@hcm.vnn.vn ; 49A Đ Truong Cong Dinh ; ☺ 7h30-20h30)

Pour les excursions à moto avec chauffeur, voir l'encadré Les "Easy Riders" de Dalat.

ARGENT
Les banques indiquées ci-dessous changent les devises et les chèques de voyages et proposent des avances sur cartes de crédit.

Il existe aussi plusieurs bureaux de change étrangers.

Banque de l'Agriculture du Vietnam (carte p. 296 ; Ngan Hang Nong Nghiep Vietnam ; ☎ 822 535 ; 9 Đ Nguyen Van Troi et 22 place Hoa Binh)

Incombank (carte p. 296 ; ☎ 822 496 ; fax 822 782 ; 46-48 place Hoa Binh ; ☷ fermé sam)

Vietcombank (carte p. 296 ; ☎ 510 478 ; fax 510 480 ; 6 Đ Nguyen Thi Minh Khai)

POSTE

Poste principale (carte p. 308-309 ; ☎ 836 638 ; fax 835 888 ; 14 Đ Tran Phu). Face au Novotel Dalat. Téléphone international, envoi de fax à l'étranger, accès Internet.

SERVICES MÉDICAUX

Hôpital Lam Dong (carte p. 308-309 ; ☎ 822 154 ; 4 Đ Pham Ngoc Thach)

À voir

LAC XUAN HUONG

Créé par la construction d'un barrage en 1919, le **lac Xuan Huong**, au cœur du Dalat, tient son nom d'une poétesse vietnamienne du XVIIᵉ siècle, réputée pour ses attaques virulentes contre l'hypocrisie des conventions sociales et les faiblesses des élites d'alors – érudits, bonzes, mandarins, seigneurs et empereurs.

Il est possible de louer des pédalos, en forme de cygnes géants, près du Thanh Thuy Restaurant. Le Club de voile et de pêche de Dalat loue de nombreuses embarcations allant des kayaks aux petits voiliers pour 2 personnes en passant par les barques à moteur. Le club a délimité une zone de pêche avec des filets et introduit de nombreux poissons. Tout l'équipement nécessaire peut être loué, les parasols étant gracieusement fournis. Les tarifs dépendent du poids des prises et le club autorise la remise à l'eau pour la pêche sportive.

Le Dalat Palace Golf Club couvre 50 hectares au nord du lac, près des jardins botaniques. Du haut de sa colline, au sud, le majestueux Hotel Sofitel Dalat Palace domine le lac.

La route de 7 km qui entoure du lac constitue une promenade très agréable pour les marcheurs (ou joggers), qui profiteront de la vue sur Dalat et son architecture française. Le parcours passe par les jardins botaniques, le golf et les somptueuses villas anciennes de Đ Tran Hung Dao. En montant l'escalier vers les jardins du Sofitel Dalat Palace, vous bénéficierez d'une vue superbe. Poursuivez en direction de la poste pour apercevoir les beaux immeubles anciens ou modernes de Đ Tran Phu.

PENSION ET GALERIE D'ART DE HANG NGA

À environ 1 km au sud-ouest du lac Xuan Huong, cette **"folle maison"** (carte p. 308-309 ; ☎ 822 070 ; fax 831 480 ; 3 Đ Huynh Thuc Khang ; 5 000 d), comme disent les habitants de Dalat, abrite une pension, un café et une galerie d'art. Directement inspirée des descriptions d'*Alice au pays des merveilles*, son architecture est difficile à décrire : faite de grottes, de toiles d'araignée géantes en fil de fer, de "troncs d'arbres" en béton, elle abrite une statue de femme nue (une rareté au Vietnam), une girafe de béton qui cache un salon de thé et des dindes en cage qui créent une musique de fond surréaliste. L'ensemble, d'un goût douteux, est commercialisé à outrance mais les visiteurs sont en général sidérés de découvrir ici cette "perle" de la contre-culture.

SUGGESTION D'ITINÉRAIRES À DALAT

Les forêts, les sites touristiques et la campagne des alentours de Dalat se découvrent aisément, et de manière inoubliable, à pied, à moto ou à bicyclette.

- Suivez Đ 3 Thang 4 (qui devient ensuite la RN 20) pour atteindre la forêt de conifères du col de Prenn et le réservoir de Quang Trung.

- Arrêtez-vous à la résidence du gouverneur général avant la montée de Đ Khe Sanh vers la pagode Thien Vuong.

- Empruntez Đ Phu Dong Thien Vuong de l'université de Dalat jusqu'à la vallée de l'Amour.

- Après un arrêt à la pagode Lam Ty Ni, visitez le palais d'été de Bao Dai avant d'emprunter Đ Thien My et Đ Huyen Tran Cong Chua pour vous rendre à l'église Du Sinh.

Originaire de Hanoi, la conceptrice de la galerie, Mme Dang Viet Nga, a vécu 14 ans à Moscou, où elle a obtenu un doctorat d'architecture. Elle s'habille dans le plus pur style hippie des années 1960, brûle de l'encens et cultive un certain mystère. Elle a conçu plusieurs bâtiments aux environs de Dalat, dont le Palais de la culture pour les enfants et l'église catholique Lien Khuong.

Ces innovations architecturales n'enchantent guère le comité du peuple de Dalat. Ainsi, ce que l'on appelait "la Maison aux 100 toits", et qui leur paraissait d'inspiration fort peu socialiste, a disparu dans un "incendie accidentel". À vrai dire, Hang Nga, comme on l'appelle ici, ne risque guère d'avoir de tels ennuis avec les autorités : son père, le président Truong Chinh, succéda en 1981 à Ho Chi Minh et fut le deuxième chef de l'État vietnamien réunifié, jusqu'à sa mort en 1988.

Réservez tôt si vous tenez à séjourner dans l'une des étranges chambres évoquant des cavernes (voir p. 303).

TRAIN À CRÉMAILLÈRE

Édifiée à quelque 500 m à l'est du lac, la **gare du train à crémaillère** (carte p. 308-309 ; ☎ 834 409 ; 5 $US aller-retour ; départs 8h, 9h30, 14h et 15h30) mérite la visite. Une vieille locomotive russe à vapeur est exposée à l'intérieur.

La crémaillère, qui reliait depuis 1928 Dalat à Thap Cham, dut être fermée en 1964 en raison des attaques du Viet-Cong. Partiellement réparée, la ligne a été rouverte à des fins touristiques, pour des destinations proches. Le trajet de 8 km (30 minutes) qui mène au village de **Trai Mat** est agréable.

Une fois à Trai Mat, la plupart des touristes partent à pied vers la magnifique **pagode Linh Phuoc**. Cette pagode colorée fut bâtie entre 1949 et 1952. Au cours de récents travaux de rénovation, une cloche de 8,5 tonnes a été installée (en 1999) dans la tour de 7 étages. Vous devrez retirer vos chaussures pour pénétrer dans le bâtiment principal, où un dragon digne d'un parc d'attractions garde l'entrée. À l'intérieur, les visiteurs sont accueillis par un bouddha de 5 m de haut, assis devant la peinture d'un arbre *bodhi* (banian sacré) et couronné de 5 tubes de néon ! Bouddha est flanqué de Pho Hien chevauchant un éléphant et de Van Thu juché sur un tigre. Au rez-de-chaussée, l'escalier de gauche mène au balcon du 2e étage, où une vue splendide vous attend. Une pièce plus petite abrite une autre statue d'un bouddha à plusieurs têtes et bras devant une fresque représentant 108 bodhisattvas.

MUSÉE DE LAM DONG

Ce **musée** (carte p. 308-309 ; ☎ 822 339 ; 4 Đ Hung Vuong ; 10 000 d ; ◷ 7h30-11h30 et 13h30-16h30 mar-sam), perché au sommet d'une colline, expose des objets en pierre et des poteries trouvés lors des fouilles d'un site archéologique Oc-Eo, des vêtements traditionnels et des instruments de musique des ethnies locales. Une exposition relate la lutte contre les Français et les Américains.

Ce musée s'est installé dans une jolie maison coloniale, ancienne demeure de Nguyen Huu Hao, le père de l'impératrice Nam Phuong qui épousa Bao Dai. Nguyen Huu Hao, mort en 1939, était l'homme le plus riche du district de Go Cong, dans le delta du Mékong. Sa **tombe** se trouve en haut d'une colline près de Dalat, 400 m à l'ouest des chutes de Cam Ly. Faites le tour de la villa pour découvrir un curieux ensemble de symboles de longévité chinois sur un côté du bâtiment.

RÉSIDENCE D'ÉTÉ DE BAO DAI

Cette **villa** (Biet Dien Quoc Truong ou Dinh 3 ; carte p. 308-309 ; Đ Le Hong Phong ; 5 000 d ; ◷ 7h-11h et 13h30-16h), qui comprend 25 chambres, date de 1933. Son décor est resté tel quel, si ce n'est l'ajout d'un portrait de Ho Chi Minh suspendu au-dessus de la cheminée. Le palais abrite une collection très intéressante d'objets liés aux événements des dernières décennies.

La carte du Vietnam gravée sur verre fut offerte à l'empereur Bao Dai en 1942 par de jeunes Vietnamiens étudiants en France. Dans le bureau, son buste grandeur nature trône au-dessus de la bibliothèque. Les bustes plus petits aux tons dorés représentent son père, l'empereur Khai Dinh. Notez le sceau impérial en cuivre massif (à droite) et le sceau militaire (à gauche). Les photographies sur la cheminée représentent, de gauche à droite, Bao Dai, son fils aîné Bao Long (en uniforme) et l'impératrice Nam Phuong, décédée en 1963.

Les appartements privés sont à l'étage. La chambre du prince Bao Long, qui vit à présent en France, est une symphonie de jaune, la couleur royale. L'immense canapé semi-circulaire était utilisé par le couple impérial lorsqu'il se retrouvait en famille ; les trois filles s'installaient sur les sièges jaunes, les deux fils, sur les roses.

Le palais se niche dans une pinède, à 500 m au sud-est de l'**Institut Pasteur** (Ð Le Hong Phong), à 2 km au sud-ouest du centre-ville. N'oubliez pas de vous déchausser avant d'entrer. Le droit de photographier et de filmer est payant.

PAGODE LAM TY NI

Cette **pagode** (Quan Am Tu ; carte p. 308-309 ; 2 Ð Thien My ; ☼ 8h30-18h30) fut bâtie en 1961. Le superbe portique est l'œuvre de son unique bonze, Vien Thuc, qui étudia le français, l'anglais, le khmer et le thaï à l'université de Dalat. Il mit son séjour à profit pour planter des massifs de fleurs et aménager des jardins de différents styles, dont un jardin japonais miniature avec un pont. Des allées ombragées et des tonnelles complètent l'ornementation. Des panneaux indiquent le nom chinois de chaque jardin. Vien Thuc a également fabriqué la plupart des meubles en bois de la pagode.

Outre la pagode et ses jardins, la véritable attraction est M. Thuc en soi. Cet artiste "prolifique" aurait réalisé, selon ses propres estimations, plus de 100 000 créations, dont des milliers sont accrochées dans la pagode ou à proximité. Depuis que ses peintures ont du succès, ce travailleur acharné et un peu excentrique passe, aux yeux de certains, pour l'homme le plus riche de la ville, ce qui n'est pas impossible à en juger par le nombre incroyable de "peintures instantanées" qu'il vend 1 à 2 $US, voire plus. Les guides à moto (qui jalousent un peu sa réussite) ont donné à cet ancien ermite le titre de "bonze homme d'affaires" ; d'autres l'ont surnommé le "moine fou", en raison de la décoration de la pagode.

Le rêve de Vien Thuc est d'entreprendre un tour du monde, occasion pour lui de rendre visite à certains voyageurs qui ont acheté ses peintures.

La pagode Lam Ty se situe à 500 m au nord de l'Institut Pasteur. Il est facile de combiner sa visite avec celle du palais d'été de Bao Dai.

JARDINS DE DALAT

Ces magnifiques **jardins** (Vuon Hoa Dalat ; carte p. 308-309 ; ☎ 822 151 ; 2 Ð Phu Dong Thien Vuong ; 8 000 d ; ☼ 7h30-16h), créés en 1966 à l'initiative du ministère de l'Agriculture du Sud-Vietnam, ont été rénovés en 1985 et grandement embellis ces dernières années.

Des hortensias et des fuchsias ornent les lieux, ainsi que des orchidées *(hoa lan)* cultivées, pour la plupart, dans des bâtiments ombragés situés à droite de l'entrée ; elles poussent dans des troncs de cocotier ou dans des pots de terre cuite percés de multiples trous d'aération.

Hasfarm, une pépinière locale gérée par des Néerlandais, a également fourni quelques spécimens. Ce lieu bien entretenu rassemble toutes les espèces végétales de Dalat. Les plantes ont encore beaucoup d'espace pour pousser et il se peut que ce jardin soit bientôt considéré comme un jardin botanique.

Quelques singes vivent en cage dans l'enceinte des jardins. Des touristes peu malins ont eu la mauvaise surprise de recevoir les objets qu'ils venaient eux-même de lancer aux singes.

Non loin de l'entrée, vous pourrez acheter des *cu ly* (racines de fougère rougeâtres, en forme d'animaux, dont les fibres sont utilisées par la médecine traditionnelle pour stopper les saignements), des plantes ou des fleurs. Les jardins font face au lac Xuan Huong, sur l'artère qui mène du lac à l'université.

UNIVERSITÉ DE DALAT

Dalat est un haut lieu de l'enseignement, pour la raison toute simple que la fraîcheur du climat favorisait l'étude à une époque où l'on ne connaissait pas l'air conditionné. On y trouve un grand nombre d'établissements, l'**université de Dalat** (carte p. 308-309 ; 1 Ð Phu Dong Thien Vuong) étant la plus célèbre.

Université catholique à l'origine, elle fut fondée en 1957 par l'archevêque de Hué, Mgr Ngo Dinh Thuc, frère aîné du président Ngo Dinh Diem (assassiné en 1963), avec l'aide du cardinal Spelman de New York. En 1975, l'université fut réquisitionnée et fermée pour rouvrir 2 ans plus tard, avec un statut public.

Elle accueille actuellement plus de 13 000 étudiants, qui logent dans des dortoirs en ville. Sa bibliothèque contient 10 000 ouvrages, certains en diverses langues européennes.

Ce campus de 38 hectares se repère facilement, grâce à sa tour triangulaire au sommet de laquelle une étoile rouge a été plantée sur la croix d'origine. La présence de la croix laisse espérer certains que l'Église récupèrera l'université. Les visiteurs étrangers y sont en général les bienvenus.

VALLÉE DE L'AMOUR
Baptisée vallée de la Paix par l'empereur Bao Dai, la **vallée de l'Amour** (Thung Lung Tinh Yeu ; carte p. 308-309 ; Đ Phu Dong Thien Vuong ; adulte/enfant 6 000/3 000 d ; ☺ 7h-17h) fut rebaptisée ainsi par les étudiants de l'université de Dalat en 1972 (année où fut créé le lac Da Thien).

Aujourd'hui, ce lieu très kitsch prend des allures de foire. Les tour-opérateurs locaux la désignent d'ailleurs comme la "vallée des boutiques" ! Les bus de touristes déversent constamment des foules de visiteurs, aussitôt happés par les bateliers se proposant de les emmener faire le tour du lac en pédalo, en canot pour 15 personnes ou en bateau à moteur extrêmement bruyant.

C'est le meilleur endroit pour apercevoir les "Dalat cowboys", des guides vietnamiens (déguisés en cow-boys, et parfois en ours) qui louent des chevaux et promènent les touristes autour du lac – les prendre en photo coûte environ 5 000 d.

Les stands situés près du point d'arrivée des bus proposent rafraîchissements et spécialités locales (telles que confitures et fruits confits). La vallée de l'Amour se trouve à 5 km au nord du lac Xuan Huong.

RÉSIDENCE DU GOUVERNEUR GÉNÉRAL
Construite en 1933, la **résidence du gouverneur général français** (Dinh Toan Quyen ou Dinh 2 ; carte p. 308-309 ; ☎ 822 092 ; Đ Tran Hung Dao) est un édifice imposant à l'architecture moderne. Aujourd'hui, elle fait office d'hôtel pour les membres du Comité du peuple et prête son cadre aux réceptions officielles Ses 25 pièces abritent encore la majeure partie du mobilier d'origine. À l'heure où nous rédigeons ce guide, elle est fermée au public pour rénovation – renseignez-vous sur place.

La résidence est à 2 km à l'est du centre : montez la côte depuis l'intersection de Đ Tran Hung Dao et Đ Khoi Nghia Bac Son.

ANCIEN PETIT LYCÉE YERSIN
Cette ancienne école est devenu l'**Institut de formation des enseignants** (carte p. 308-309 ; ☎ 822 511 ; 1 Đ Hoang Van Thu), dirigé par le gouvernement de la province. Il dispense notamment

des cours de musique électro-acoustique. Les rencontres avec des musiciens sont faciles. L'ancien **grand lycée Yersin**, plus ancien, est situé à l'est du lac Xuan Huong.

COUVENT DU DOMAINE DE MARIE
Ce **couvent** (Nha Tho Domaine ; carte p. 308-309 ; 6 Đ Ngo Quyen ; gratuit ; ☺ 7h-11h30 et 14h-17h), construit entre 1940 et 1942, se compose de bâtiments roses aux toits couverts de tuiles, qui abritaient naguère plus de 300 sœurs. À l'heure actuelle, la communauté vend les fruits de son verger et fabrique des confiseries au gingembre.

Bienfaitrice du couvent, Suzanne Humbert, l'épouse de l'amiral Jean Decoux (gouverneur général d'Indochine de 1940 à 1945) est décédée dans un accident de voiture en 1944. Elle est enterrée au pied du mur de la chapelle.

Les religieuses (francophones) sont ravies de faire visiter les lieux et d'expliquer leur action en faveur des petits orphelins, des enfants sans abri et handicapés. Leur boutique vend des objets d'artisanat réalisés par les enfants et par elles-mêmes.

Les offices ont lieu dans la grande chapelle du dimanche au vendredi.

PAGODE LINH SON
Construite en 1938, cette **pagode** (Chua Linh Son ; carte p. 308-309 ; 120 Đ Nguyen Van Troi) est un joli bâtiment de couleur ocre mélangeant architectures française et chinoise. Elle abrite une cloche géante faite, dit-on, d'un mélange d'or et de bronze, dont le poids décourage les éventuels voleurs. Derrière la pagode s'épanouissent des théiers et des caféiers, laissés aux bons soins de vingt bonzes âgés de 20 à 80 ans, ainsi que d'une demi-douzaine de novices.

La pagode Linh Son se trouve à près de 1 km du centre-ville, à l'angle de Đ Phan Dinh Phung. Le panneau du portail indique "Phat Giao Viet-Nam" (Association bouddhiste du Vietnam).

CATHÉDRALE DE DALAT
Voisine du Novotel Dalat, cette **cathédrale** (carte p. 308-309 ; Đ Tran Phu), à l'architecture tarabiscotée, fut érigée entre 1931 et 1942 pour les résidents et les vacanciers français. La croix au sommet de la flèche se dresse à 47 m de hauteur ; remarquez aussi ses vitraux, de style médiéval. À sa gauche, vous repérerez

la première église du site (des années 1920) à sa porte voûtée bleu ciel. Trois prêtres résident dans l'enceinte, et la messe est dite tous les jours.

ÉGLISE DU SINH

Cette **église** (carte p. 308-309) fut édifiée en 1955 par des réfugiés catholiques provenant du Nord-Vietnam. Son clocher à quatre colonnes de style sino-vietnamien fut bâti à l'initiative d'un prêtre de sang royal originaire de Hué. Sa situation au sommet d'une colline et le superbe panorama en font un joli lieu de pique-nique.

Pour y accéder, partez de l'ancien **couvent des Oiseaux** (aujourd'hui centre de formation des enseignants) et parcourez 500 m à pied vers le sud-ouest le long de Đ Huyen Tran Cong Chua.

PAGODE THIEN VUONG

Cette **pagode** (Chua Tau ; carte p. 308-309 ; Đ Khe Sanh) remporte un vif succès auprès des touristes vietnamiens, surtout ceux d'origine chinoise. La congrégation de Chaozhou l'a fait édifier en 1958 au sommet d'une colline boisée de pins. Le bonze fondateur de la pagode, Tho Da, a depuis émigré aux États-Unis. Des stands à l'entrée proposent d'excellents fruits confits et des confitures.

La pagode proprement dite est formée de trois bâtiments jaunes en bois. Dans le premier fut érigée une statue en bois doré de Ho Phap, l'un des protecteurs du Bouddha. De l'autre côté de la vitrine, une autre statue de bois doré représente Pho Hien, assistant du Bouddha A Di Da (bouddha du Passé). Déchaussez-vous avant de pénétrer dans le troisième bâtiment, où se dressent trois sculptures de 4 m de haut, offertes par un bouddhiste britannique qui les fit venir de Hong Kong en 1960. Pesant chacune 1 400 kg, elles seraient les statues en bois de santal les plus grandes du Vietnam. Elles représentent, au centre, le Bouddha Thich Ca (Sakyamuni, le Bouddha historique), à droite, Quan The Am Bo Tat (Avalokiteçvara, déesse de la Miséricorde) et, à gauche, Dai The Chi Bo Tat (assistant d'A Di Da).

La pagode se trouve à environ 5 km au sud-est du centre-ville.

PAGODE MINH NGUYET CU SY LAM

Minh Nguyet Cu Sy Lam (carte p. 308-309), une pagode bouddhique chinoise, apparaît au bout du chemin partant de la pagode Thien Vuong. Elle fut construite en 1962 par la congrégation chinoise de Canton. Son sanctuaire principal, en forme de cercle, repose sur une plate-forme représentant une fleur de lotus.

Vous découvrirez à l'intérieur une statue en ciment peint de Quan The Am Bo Tat flanquée de deux autres sculptures. Les motifs de fleurs de lotus se répètent partout, sur les piliers comme sur les montants des fenêtres et des portes. Notez, près du sanctuaire principal, l'énorme encensoir rouge en forme de calebasse. N'oubliez pas de retirer vos chaussures avant de pénétrer dans le sanctuaire.

ÉGLISE ÉVANGÉLIQUE VIETNAMIENNE

L'**église évangélique de Dalat** (carte p. 308-309 ; 72 Đ Nguyen Van Troi), toute rose, est le principal temple protestant de la ville. Elle date de 1940 et fit partie jusqu'en 1975 de l'Alliance des missions chrétiennes.

Depuis la réunification, le régime communiste a davantage persécuté les protestants que les catholiques, peut-être parce que les pasteurs étaient généralement formés par des missionnaires américains. Ce temple ne fonctionne véritablement que le dimanche, avec étude de la Bible, culte et école du dimanche.

La province de Lam Dong compte plus d'une centaine de temples pour quelque 25 000 protestants, des Montagnards pour la plupart. La communauté protestante purement vietnamienne ne possède que six temples, dont l'église évangélique de Dalat. Elle se dresse à 300 m au nord du Rap 3/4.

Activités

GOLF

Le **Dalat Palace Golf Club** (carte p. 308-309 ; ☎ 821 201 ; www.vietnamgolfresorts.com ; Đ Phu Dong Thien Vuong), fondé en 1922, accueillait dans le temps Bao Dai, le dernier empereur vietnamien. Les touristes peuvent jouer sur le parcours de 18 trous pour la somme de 65 $US. Le club propose l'option "twilight gold specials" qui met le golf à la portée des bourses les plus modestes : en effet, les tarifs chutent à 35 $US après 14h30 et à 25 $US après 15h30. On peut jouer jusqu'à la tombée de la nuit, et ces tarifs comprennent le caddie, la location des clubs et des chaussures, ainsi que 6 balles usagées.

Le bar du club pratique une *happy hour* entre 16h et 19h – une offre tentante, ne serait-ce que pour le guacamole et les tortillas maison.

Pour attirer des clients vers Dalat, des circuits "spécial golf" sont proposés dans certaines agences de HCMV. Les forfaits reviennent à 59 $US et comprennent un parcours de golf et une nuit au Novotel Dalat (petit déj. inclus). Pour un supplément d'environ 30 $US, vous logerez au Sofitel Dalat Palace. Pour plus de détails, adressez-vous au **bureau commercial du club de golf** (☎ 08-824 3640 ; www.vietnamgolfresorts.com) à HCMV.

ACTIVITÉS SPORTIVES ET CIRCUITS

Les passionnés de nature pourront se renseigner sur les activités en plein air auprès des agences suivantes :

Dalat Holidays/Phat Tire Ventures (carte p. 296 ; ☎ 829 422 ; www.phattireventures.com ; 73 Đ Truong Cong Dinh ; ☾ 7h30-20h30). Contrairement à de nombreux tour-opérateurs du pays, qui se prétendent soucieux de l'environnement pour s'attirer des clients, cette agence prend l'écotourisme très au sérieux. Elle emploie des guides compétents, tous assermentés et parlant notamment le français.

Parmi les activités proposées figurent le canyoning, la descente en rappel, la varappe et les randonnées vers les villages des minorités situés dans les montagnes autour de Dalat. Cette agence offre également un choix de magnifiques itinéraires dans la région de Dalat, ainsi qu'un parcours de 120 km jusqu'aux dunes de Mui Ne (voir p. 287). Les tarifs s'échelonnent entre 10 et 100 $US. Dalat Holidays dispose aussi de bicyclettes bien entretenues et d'un équipement pour les descentes en rappel répondant aux normes occidentales.

Hardy Dalat (carte p. 296 ; ☎ 836 840 ; hardydl@hcm. vnn.vn ; 66 Đ Phan Dinh Phung ; ☾ 7h30-20h30). Disposant d'une équipe de guides expérimentés parlant français, Hardy Dalat propose des itinéraires de randonnée et de descente en rappel dans les cascades des alentours, ainsi que des circuits "baignade" ou axés sur l'observation des oiseaux.

Où se loger

En raison de sa popularité auprès des touristes vietnamiens, Dalat possède un excellent parc hôtelier, pour tous les bud-gets. Peu d'hôtels, cependant, sont équipés de la climatisation, mais ils n'en ont guère besoin.

PETIT BUDGET

Dreams Hotel (carte p. 296 ; ☎ 833 748 ; dreams@hcm. vnn.vn ; 151 Đ Phan Dinh Phung ; s 8 $US, d 12-15 $US, avec petit déj ; ▣). Cet établissement charmant et bien entretenu offre un rapport qualité/prix imbattable. Certaines des chambres possèdent un balcon. Vous pourrez jouer des instruments mis à disposition dans l'entrée. Cartes de crédit acceptées.

Peace Hotel (carte p. 296 ; ☎ 822 787 ; peace12@hcm. vnn.vn ; 64 Đ Truong Cong Dinh ; ch 8-15 $US). Cet hôtel, qui a depuis longtemps la faveur des touristes au budget serré, et son café, en bas, constituent des lieux de rencontre prisés des voyageurs et des guides à moto. Vous trouverez le **Peace Hotel II** (carte p. 296 ; 67 Đ Truong Cong Dinh), annexe aménagée dans une villa, plus haut dans la rue.

Phuong Thanh Hotel (carte p. 296 ; ☎ 825 097 ; fax 836 521 ; 65 Đ Truong Cong Dinh ; ch 3-6 $US). Cette jolie maison aux parquets de bois très accueillante possède une terrasse commune. Les chambres les moins chères se situent au sous-sol.

Mimosa Hotel (carte p. 296 ; ☎ 822 656 ; fax 832 275 ; 170 Đ Phan Dinh Phung ; ch 4-12 $US). Les chambres du Mimosa sont propres et ensoleillées ; certaines sont dotées d'un balcon. C'est une bonne option pour les petits budgets bien qu'elle soit un peu excentrée et que le petit déj. ne soit pas inclus.

Lyla Hotel (carte p. 296 ; ☎ 834 540 ; lylahotel@hcm. vnn.vn ; 18 Đ Nguyen Chi Thanh ; s 10 $US d 15-20 $US). Cet élégant établissement central possède un restaurant qui sert des plats vietnamiens et européens. Ses chambres meublées, confortables, sont équipées de sdb surélevées. Comptez 1 $US pour le petit déj.

Hotel Chau Au Europa (carte p. 308-309 ; ☎ 822 870 ; europa@hcm.vnn.vn ; 76 Đ Nguyen Chi Thanh ; s/d 10/15 $US). Accueillant, cet hôtel familial dispose de la TV sat., d'une terrasse commune surplombant la ville et de grandes cabines de douches (surélevées). Les doubles spacieuses sont munies d'une bouilloire électrique. Cerise sur le gateau : son restaurant est excellent.

A Chau Hotel (carte p. 296 ; ☎ 823 974 ; 13 Đ Tang Bat Ho ; s/d 8/10 $US). Un hôtel au cœur de la ville mais très calme, grâce à sa localisation dans une rue isolée. Chambres vastes, propres et

confortables, avec eau chaude (sans moustiquaire en revanche).

CATÉGORIE MOYENNE

Empress Hotel (carte p. 296 ; ☎ 833 888 ; empresdl@hcm.
vnn.vn ; 5 Ð Nguyen Thai Hoc ; ch 70-230 $US, avec petit
déj). Un hôtel élégant au bord du lac Xuan
Huong. Ses chambres comptent parmi les
plus belles de Dalat, et certaines s'ouvrent
sur des vues sublimes. Vous pouvez essayer
de négocier les tarifs. La charmante décoration des chambres tient à de petits détails
– stores vénitiens en bois, carrelage en
brique ou meubles en osier. Autres atouts :
un bar au rez-de-chaussée et un restaurant
calme et intime près de la réception.

Pension et galerie d'art Hang Nga (carte p. 308-
309 ; ☎ 822 070 ; fax 831 480 ; 3 Ð Huynh Thuc Khang ;
ch 19-60 $US). Cette maison excentrique de
Dalat (voir la rubrique *À voir et à faire*) loue
10 chambres confortables, toutes différentes.
Baptisées selon leur cadre, elles ressemblent
à des grottes et sont dépourvues de tout
équipement moderne, comme le téléphone
ou la TV ; certaines ont des lucarnes, d'autres
de grandes baignoires ou de minuscules
salons. Nos préférées sont la Kangourou et
la Calebasse. Il est prudent de réserver tôt.

Golf 1 Hotel (carte p. 308-309 ; ☎ 824 082 ;
golf1@hcm.vnn.vn ; 11 Ð Dinh Tien Hoang ; ch 30-45 $US,
avec petit déj ; 🖥 🅿). À la limite du centre
de Dalat, dans un cadre plus calme que ses
copies du centre-ville, le Golf 1 est tenu
par des employés serviables. À l'arrière, les
chambres confortables jouissent de magnifiques vues sur les champs. À l'avant, les
chambres du 2e étage sont agrémentées de
jolis balcons arrondis en fer forgé. L'hôtel
possède un ascenseur.

Dai Loi Hotel (Fortune Hotel ; carte p. 292 ; ☎ 837
333 ; fax 837 474 ; 3A Ð Bui Thi Xuan ; ch 14-25 $US, avec
petit déj). Les chambres du Dalat Loi, vastes
et confortables, disposent d'un carrelage
frais et de hauts plafonds. Certaines ont un
balcon et une baignoire à remous. L'hôtel,
tenu par un couple sympathique, présente
un ascenseur et un restaurant.

Villa Hotel 28 Tran Hung Dao (carte p. 308-309 ;
☎ 822 764 ; fax 835 639 ; 28 Ð Tran Hung Dao ; ch 12-
20 $US). Cette charmante adresse, qui évoque
une auberge anglaise, occupe un ravissant
jardin sur lequel donnent la plupart des
chambres. Le bâtiment principal dispose
d'un immense salon ombragé, dont le sol
est recouvert d'une moquette, à l'instar

des chambres individuelles. L'annexe est
dotée d'un carrelage en brique. Des boiseries décorent les murs des chambres. La
"familiale", avec cheminée, accueille jusqu'à
6 personnes (5 $US/pers).

Minh Tam Villas (carte p. 308-309 ; ☎ 822 447 ;
fax 824 420 ; 20A Ð Khe Sanh ; ch/villas 18/15 $US). À
3 km du centre-ville, au beau milieu des
jardins botaniques (non-résidents 4 000 d), cet établissement offre une jolie vue sur les environs. La maison appartenait à un architecte
français, qui la céda en 1954 à une famille
vietnamienne aisée. Elle subit plusieurs
rénovations avant d'être "offerte" en 1975
au gouvernement communiste. Les villas
étaient en travaux lors de notre passage.

Golf 3 Hotel (carte p. 296 ; ☎ 826 042 ; golf3hot@hcm.
vnn.vn ; 4 Ð Nguyen Thi Minh Khai ; ch 42-80 $US). Un
établissement central, doté du meilleur
sauna de la ville et d'un café, installé sur le
toit, offrant une vue splendide sur Dalat. Les
chambres les plus chères, ornées de parquet
et de carrelage, donnent sur le lac.

CATÉGORIE SUPÉRIEURE

Il est possible de négocier des tarifs préfé-
rentiels pour ces établissements prestigieux.
Si vous jouez au golf, pensez aux formules,
souvent avantageuses (voir p. 301).

Hotel Sofitel Dalat Palace (carte p. 308-309 ; ☎ 825
444 ; sofitel@bdvn.vnd.net ; 12 Ð Tran Phu ; ch 149-414 $US ;
🖥). Cet hôtel grandiose fut construit entre
1916 et 1922. Après de gigantesques travaux
de rénovation, il est devenu l'adresse la plus
luxueuse de la ville, avec des chambres tout
confort dotées de cheminées. Depuis le rez-
de-chaussée s'étend une vue panoramique
sur le lac Xuan Huong : libre à vous de vous
installer confortablement dans un fauteuil
en rotin pour siroter un thé glacé devant les
baies vitrées. Courts de tennis à proximité.

Novotel Dalat (carte p. 308-309 ; ☎ 825 777 ;
novotel@bdvn.vnd.net ; 7 Ð Tran Phu ; ch 55-92 $US, avec
petit déj). Autre établissement d'époque, ce
vaste hôtel, qui fait face au Sofitel, fut construit en 1932 et baptisé Du Parc Hotel. En
dépit des nombreux travaux de réfection, il
a conservé son style colonial d'origine, avec
son ascenseur à l'ancienne et ses élégants
parquets. Les chambres de luxe offrent un
bon rapport qualité/prix.

Où se restaurer

Dès la fin de l'après-midi, l'escalier qui mène
à Ð Nguyen Thi Minh Khai se couvre d'étals

LES SPÉCIALITÉS DE DALAT

Dalat fait honneur aux primeurs, qu'elle produit en quantité et qui sont exportés dans tout le sud du pays. Petits pois, carottes, radis, tomates, concombres, avocats, poivrons verts, laitues, choux chinois, pousses de soja et de bambou, betteraves, haricots verts, pommes de terre, maïs, épinards, ail, courges et ignames sont fraîchement cueillis afin de composer des menus que l'on ne retrouve nulle part ailleurs.

La région de Dalat est, à juste titre, célèbre pour sa confiture de fraises, son cassis séché et ses prunes confites, ses kakis et ses pêches, qu'on achète aux étals qui entourent le marché, juste à l'ouest du lac. Parmi d'autres délices, citons le sorbet à l'avocat, les pois sucrés *(mut dao)* et les sirops de fraise, de mûre et d'artichaut. Le sirop de fraise est délicieux mélangé à... du thé ! Outre des vins classiques, la contrée produit également des vins de fraise et de mûre. Goûtez au Vang Dalat, produit localement, assez goûteux et peu cher (autour de 45 000 d la bouteille). Le thé à l'artichaut, autre produit régional, ferait baisser la pression artérielle et aurait des vertus bénéfiques pour les reins et le foie. La plupart de ces douceurs se vendent au marché central et dans les échoppes établies devant la pagode Thien Vuong.

Le *dau hu*, sorte de crème composée de lait de soja, de sucre et d'une tranche de gingembre, compte également parmi les spécialités locales, tout comme le lait de soja chaud *(sua dau nanh)*. Des vendeuses en proposent, palanche à l'épaule : à une extrémité de la palanche est suspendu un grand récipient contenant la préparation et, à l'autre, une petite table.

La majorité des vendeurs du marché central permettent aux clients de goûter les produits avant de les acheter.

proposant, à des prix dérisoires, d'innombrables plats faits maison ou cuits sur place sur un réchaud à charbon de bois. D'autres vendeurs, propriétaires d'emplacements permanents, pratiquent des prix plus élevés pour des denrées similaires.

RESTAURANTS

Plusieurs restaurants de Đ Phan Dinh Phung, au niveau de la rue du Hardy Dalat, servent des plats vietnamiens, chinois et occidentaux, végétariens ou non, à des prix raisonnables.

V Cafe (carte p. 296 ; ☎ 837 576 ; 1 Đ Bui Thi Xuan ; plats environ 40 000 d). Pour bien commencer votre circuit gastronomique à Dalat, autant dîner à cette table. La charmante propriétaire, Vy (secondée par son époux américain), concocte une cuisine vietnamienne savoureuse, ainsi que de bons hamburgers, soupes, salades, tacos et *quesadillas* servies avec des tortillas maison. La longe de porc rôtie, servie avec une purée de pommes de terre, est divine. Au dessert, goûtez les délicieuses meringues au citron maison. Cet endroit est par ailleurs tout indiqué pour obtenir des conseils de voyage.

Art Café (carte p. 296 ; ☎ 510 089 ; 70 Đ Truong Cong Dinh ; plats 30 000 d). Propriété d'un artiste dont les œuvres ornent les murs, ce petit café élégant, décoré de bambou, dispose de tables

bien espacées, avec nappe blanche et verres à pied. À la carte figurent principalement des mets vietnamiens agrémentés de quelques touches occidentales. La cuisine est excellente, au même titre que la présentation, les prix et le service. C'est l'endroit idéal pour un dîner décontracté.

Quan Diem Tam (carte p. 308-309 ; ☎ 820 104 ; 217 Đ Phan Dinh Phung ; soupe de nouilles 7 000 d). Ne manquez pas cet établissement chinois établi de longe date. La soupe de nouilles jaunes *won ton (mi hoanh thanh)* est délicieuse.

Trong Dong (carte p. 308-309 ; ☎ 821 889 ; 220 Đ Phan Dinh Phung ; plats 20 000-45 000 d). Autre excellente adresse de cuisine vietnamienne servie sur une nappe blanche. Parmi les spécialités de la maison figurent de la pâte de crevettes grillées sur de la canne à sucre, du poisson cuit dans un faitout en terre et un émincé de bœuf enveloppé dans des feuilles de lalot. Ce restaurant, légèrement excentré, mérite un détour.

Long Hoa (carte p. 296 ; ☎ 822 934 ; 6 Đ 3 Thang 2 ; plats 15 000-30 000 d). Les touristes apprécient depuis longtemps cette table, qui a conservé une belle réputation. Les sautés et les fondues sont excellents. Choisissez une table vers le fond, loin du bruit de la rue.

Minh Uyen (carte p. 296 ; repas 10 000 d). Pour un repas plus typique, choisissez ce petit restaurant, la meilleure adresse de la ville pour petits budgets. Son *com thap cam* (mélange de riz, poulet, bœuf, porc, œufs et légumes) constitue un merveilleux plat consistant.

Le Sofitel Dalat Palace (p. 303) propose plusieurs tables. Pour un dîner français raffiné, rien ne vaut **Le Rabelais** (carte p. 308-309 ; menu dîner 19-29 $US) mais pensez à apporter votre carte de crédit, ou une brouette de dongs ! À l'étage inférieur, le **Larry's Bar** (carte p. 308-309 ; plats environ 45 000 d) propose des plats de pub et les meilleures pizzas de tout Dalat. En face de la poste, le **Café de La Poste** (carte p. 308-309 ; menu déj avec/sans entrée 4,50/6,50 $US, menu dîner avec/sans entrée 12,50/15,50 $US), d'un jaune vif, est un bistro décontracté où trône un billard. Les serveuses, habillées comme de jeunes Provençales, servent des repas légers et d'excellentes pâtisseries.

CUISINE VÉGÉTARIENNE
Sur le marché au nord-ouest du barrage Xuan Huong, des étals proposent de délicieux plats totalement végétariens (*com chay*) qui ont, parfois, l'aspect et le goût des traditionnels mets à la viande.

An Lac (carte p. 296 ; ☎ 822 025 ; 71 Đ Phan Dinh Phung ; repas 10 000 d). Restaurant végétarien bon marché qui mérite une visite. La carte (transcrite en anglais) affiche des plats allant des soupes de nouilles aux assiettes de riz en passant par les *banh bao* (beignets de farine de riz cuits à la vapeur et farcis d'une succulente préparation végétarienne).

CAFÉS
Le café et les pâtisseries de Dalat figurent parmi les plus délicieux du pays. Une visite à l'un des meilleurs établissements de la ville suffira pour vous séduire.

Stop & Go Cafe (carte p. 296 ; ☎ 828 458 ; 2A Đ Ly Tu Trong ; café 5 000 d). Cette petite oasis bohème est gérée par Duy Viet, charmant ex-journaliste, qui parle couramment français et arbore en permanence sourire et... béret. Ce poète reconnu a aussi la main verte, comme en témoignent les magnifiques bonsaïs et les orchidées ornant les jardins de la villa. Jetez un coup d'œil sur les recueils de poèmes et les tableaux à vendre, sans oublier les commentaires sur le livre d'or, qui remontent à 1989.

Café 100 Roofs (Chemin de la Lune ; carte p. 296 ; ☎ 822 880 ; puppy@hcm.vnn.vn ; 57 Đ Phan Boi Chau ; glaces 5 000 d). Savourez une coupe glacée dans ce café labyrinthique érigé par un ami et collègue de l'architecte de la "maison folle". Adresse en évolution constante, son intérieur en béton humide dégage une odeur de grotte calcaire. C'est un joyau à découvrir et à explorer.

Cafe Tung (carte p. 296 ; 6 place Khu Hoa Binh ; café 5 000 d). C'est ici que le Tout-Saigon intellectuel se retrouvait dans les années 1950. Les habitués affirment que les lieux n'ont pas changé. Comme jadis, le Cafe Tung ne sert que du thé, du café, du chocolat chaud, de la limonade et de l'orangeade sur fond de musique douce française. C'est l'endroit idéal pour se détendre et se réchauffer par une soirée fraîche.

Où prendre un verre
Dalat possède plusieurs endroits où boire un verre, qui pratiquent immodérément les *happy hours* !

Saigon Nite Bar (carte p. 296 ; ☎ 820 007 ; 11A Đ Hai Ba Trung ; *happy hour* ⏰ 17h-20h). Géré par l'excentrique M. Dung et son aimable fille, ce petit établissement animé et très agréable dispose de billards.

Larry's Bar (carte p. 308-309 ; *happy hour* ⏰ 17h-19h). Petite taverne tranquille aux poutres apparentes et aux murs en pierre. Les tarifs *happy hour* s'appliquent également aux plats servis au bar.

L'animation du marché, au nord-ouest du barrage Xuan Huong, n'est pas dénuée d'intérêt. On peut y flâner et converser avec la population locale ; de nombreux cafés jouxtent le cybercafé Viet Hung.

Achats
Ces dernières années, l'industrie du souvenir kitsch s'est fortement développée à Dalat et vous n'aurez aucun mal à dénicher des cadeaux hétéroclites.

Vous pouvez également vous procurer la spécialité de la ville, le *kim mao cau tich*, racine d'une variété de fougère dont les vertus hémostatiques sont utilisées en médecine traditionnelle. Appelée aussi *cu ly*, cette racine rougeâtre et fibreuse est vendue attachée à des rameaux assemblés en forme d'animaux hirsutes.

Dans l'artisanat local figure en bonne place les articles fabriqués par les ethnies des collines de la province de Lam Dong. Les Lat fabriquent des nattes de fibres teintes et des paniers à riz qui se roulent une fois vides, tandis que les Koho et les Chill produisent des paniers de bambou tressé, que tous les Montagnards de la région utilisent pour transporter leurs marchandises dans le dos. En outre, les Chill tissent leurs propres vêtements, notamment des châles de coton bleu marine portés par bon nombre de femmes. Les ethnies des collines transportent l'eau dans une calebasse creuse munie d'un bouchon de maïs, parfois entouré d'une feuille pour plus d'étanchéité. Si cet artisanat vous intéresse, renseignez-vous dans le village au Poulet (p. 309) ou dans le village Lat (p. 307).

La **place Hoa Binh** (carte p. 296) et l'édifice qui abrite le marché central adjacent fourmillent de boutiques. C'est un très bon endroit si vous cherchez des vêtements à prix raisonnables.

Depuis/vers Dalat
AVION
À une courte distance du Sofitel Dalat Palace, **Vietnam Airlines** (carte p. 308-309 ; ☎ 822 895 ; 40 Ð Ho Tung Mau) propose une liaison quotidienne entre Dalat et HCMV (voir p. 486). L'aéroport Lien Khuong se trouve à 30 km au sud de la ville.

BUS ET MINIBUS
Malgré la fréquence des bus publics desservant Dalat, il revient à peine plus cher de prendre un bus ou un minibus privé touristique, nettement plus confortable et pratique. En outre, la gare routière des bus publics longue distance se situe à 1 km du lac Xuan Huong, alors que la plupart des bus privés vous déposeront ou iront vous chercher à votre hôtel, si vous le demandez.

Les tarifs sur les lignes HCMV-Dalat et Nha Trang-Dalat s'élèvent à 5 $US. La plupart des bus ou des minibus privés qui relient Dalat à Nha Trang/Mui Ne s'arrêtent aux impressionnantes tours cham de Po Klong Garai, à Thap Cham, à quelques kilomètres du carrefour entre la RN 1 et la RN 20 (voir p. 281).

VOITURE ET MOTO
En venant de HCMV, il est plus rapide d'emprunter la route intérieure, qui passe par Bao Loc et Di Linh, que de longer la côte *via* le col de Ngoan Muc.

Voici quelques distances routières au départ de Dalat : Di Linh (82 km), Nha Trang (205 km), Phan Rang (101 km), Phan Thiet (247 km) et HCMV (308 km). Des routes relient Dalat à Buon Ma Thuot, ainsi qu'à d'autres régions des hauts plateaux du Centre.

Comment circuler
DEPUIS/VERS L'AÉROPORT
La navette de Vietnam Airlines qui relie l'aéroport de Lien Khuong à Dalat peut vous déposer à votre hôtel (3 $US/pers). En taxi privé, la course revient à environ 10 $US, alors qu'une moto-taxi coûte généralement entre 3 et 5 $US.

BICYCLETTE
Le vélo est un excellent moyen de faire le tour de Dalat. Néanmoins, pédaler pour explorer les collines de la ville ou couvrir de longues distances est une entreprise harassante. Si vous en avez l'énergie et que vous avez du temps devant vous, louer un vélo vaut la peine – adressez-vous à certains hôtels de la ville et examinez les circuits proposés par Phat Tire Ventures (voir p. 302).

MOTO
La région de Dalat est bien trop montagneuse pour les cyclo-pousse, mais la moto est un moyen de transport populaire pour explorer les alentours. Pour de courts trajets en ville, prenez un *xe om* ; ils se rassemblent vers le marché central et la course vous coûtera généralement 5 000 d.

Vous pouvez louer une moto pour 6 à 8 $US/jour mais nous vous conseillons une mise supplémentaire de 1 à 2 $US, afin de laisser conduire un chauffeur compétent. De nombreux chauffeurs sont à votre disposition ; recherchez de préférence un *Easy Rider* (voir p. 295).

TAXI ET VOITURE
Dalat Tourist possède maintenant des taxis fiables. Un trajet dans Dalat vous sera facturé 2 $US, ou moins. Louer une voiture (avec chauffeur) revient à près de 25 $US/jour.

ENVIRONS DE DALAT
Lac des Soupirs
Ce **lac** (Ho Than Tho ; carte p. 308-309 ; 5 000 d) est, à l'origine, un lac naturel que les Français ont agrandi en construisant un barrage. La forêt environnante n'a rien d'exceptionnel.

Selon la légende, Mai Nuong et Hoang Tung s'y rencontrèrent en 1788, alors qu'il chassait et qu'elle ramassait des champignons. Ils tombèrent amoureux et demandèrent à leurs parents la permission de se marier. Hélas, comme le Vietnam faisait face à une menace d'invasion des Chinois, Hoang Tung dut partir se battre sans pouvoir prévenir sa promise. Mai Nuong lui fit porter un petit mot lui proposant un rendez-vous. Comme il ne vint pas, elle se jeta dans les eaux du lac, auquel cet acte désespéré valut son nom.

Plusieurs petits restaurants sont installés sur la colline, au-dessus du barrage. Monter à cheval coûte 80 000 d l'heure, une promenade d'une heure en voiture à cheval revient à 140 000 d.

Ce lac s'étend à 6 km au nord-est du centre de Dalat via Đ Phan Chu Trinh.

Chutes du Tigre

Ces **chutes** (Thac Hang Cop ; carte p. 308-309 ; 4 000 d) évoquent un tigre féroce qui, selon une légende locale, vivait dans une grotte voisine – d'où la présence de l'immense statue de tigre en céramique ainsi que celle d'un chasseur montagnard. Les chutes (photogéniques !) se trouvent au milieu d'une pinède tranquille. Il existe de nombreuses possibilités de randonnée dans les environs.

La cascade, à 14 km à l'est de Dalat, est facilement accessible à bicyclette ou à moto : suivez Đ Hung Vuong jusqu'au village de Trai Mat ; à la gare ferroviaire, continuez encore sur 3,5 km jusqu'à la bifurcation sur la gauche (suivez le panneau) ; de là, un sentier en terre de 3 km mène aux chutes. Il est aussi possible de les rejoindre à pied depuis Dalat : comptez alors une journée entière de marche.

Réservoir de Quang Trung

Créé par un barrage en 1980, le **réservoir de Quang Trung** (lac Tuyen Lam ; carte p. 308-309) est un lac artificiel qui porte le nom de l'empereur Quang Trung (Nguyen Hue), l'un des trois chefs de la rébellion des Tay Son. Il est possible d'y louer des pédalos, des barques et des canots. Les collines qui entourent le lac sont couvertes de pinèdes. Un sentier sinueux grimpe dans la montagne au sud-ouest du château d'eau. Des Montagnards vivent et cultivent leurs terres à proximité.

Pour vous y rendre, prenez la RN 20 à Dalat. Tournez à droite 5 km plus loin et parcourez encore 2 km.

Chutes de Datanla

Le chemin qui mène aux **chutes de Datanla** (5 000 d) est aussi court qu'agréable. Elles se trouvent à 350 m de la RN 20, sur un sentier qui traverse une pinède avant de descendre dans la forêt tropicale. La faune compte nombre d'écureuils, d'oiseaux et de papillons. La chasse est en effet interdite dans la région et les animaux redoutent moins la présence humaine.

Pour y accéder depuis Dalat, quittez la RN 20 quelque 200 m après la bifurcation pour le réservoir de Quang Trung. Vous découvrirez un autre accès quelques centaines de mètres plus bas.

Village Lat
6 000 hab.

Les neuf hameaux qui constituent le **village Lat** (dont le nom se prononce en réalité "lak") s'étendent au pied des monts Lang Bian, à 12 km au nord de Dalat. Cinq d'entre eux abritent des membres de l'ethnie lat. Les autres sont habités par des Chill, des Ma et des Koho, parlant tous des dialectes différents.

Les maisons lat sont bâties sur pilotis avec des murs en planches et sont coiffées de toits de chaume. Les habitants vivent très chichement de la culture du riz, du café, du haricot noir et de la patate douce ; ils disposent de 300 hectares de terre qui ne fournissent qu'une seule récolte de riz par an. Nombre d'entre eux, poussés par la misère, en sont réduits à produire du charbon de bois, tâche pénible souvent réservée aux Montagnards. Avant 1975, la plupart des hommes lat collaboraient avec les Américains, à l'instar des Montagnards du reste des hauts plateaux du Centre.

L'enseignement est assuré en vietnamien plutôt qu'en dialecte dans les écoles primaires et secondaires du village, qui ont pris la succession de l'école franco-koho fondée en 1948. Lat possède une église catholique et un temple protestant. En 1971, les protestants publièrent une version de la Bible en langue koho (Sra Goh). Les catholiques présentèrent leur propre version en langue lat l'année suivante. Ces deux dialectes, assez proches, sont transcrits en caractères latins.

Pour visiter ce village, vous devrez peut-être obtenir un permis (5 $US). Renseignez-vous auprès de **Dalat Travel Service** (carte p. 296 ; ☎ 822 125 ; ttdhhd@hcm.vnn.vn ; 7 Đ 3 Thang 2), à Dalat. Si vous réservez un circuit d'une journée, le tour-opérateur peut se charger de l'obtenir à votre place. Vous ne trouverez aucun restaurant à Lat, seulement quelques échoppes.

De Dalat, prenez Đ Xo Viet Nghe Tinh vers le nord. À l'embranchement du hameau Trung Lam, indiqué par un panneau, continuez tout droit (vers le nord-ouest) plutôt que d'emprunter la route de gauche (qui mène à Suoi Vang, le cours doré, 14 km plus loin). Comptez 40 minutes à bicyclette ou 2 heures à pied pour parcourir les 12 km qui vous séparent de Lat.

Monts Lang Bian

La **chaîne Lang Bian** (également appelée Lam Vien) se compose de cinq monts volcaniques d'une altitude de 2 100 à 2 400 m. Deux sommets la dominent : à l'est, le mont K'Lang (un prénom de femme), à l'ouest le mont K'Biang (prénom masculin). Seuls les versants supérieurs des montagnes sont boisés. Il y a quelque 50 ans, ses contreforts verdoyants, aujourd'hui détruits par les défoliants, servaient d'habitat à de nombreux buffles, cervidés, sangliers, éléphants, rhinocéros et autres tigres.

La montée jusqu'au sommet, d'où la vue est spectaculaire, prend 3-4 heures. Le sentier part au nord du village Lat (il est

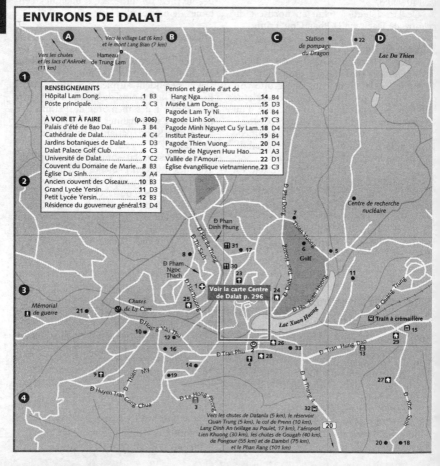

ENVIRONS DE DALAT

Vers le village Lat (6 km)
et le mont Lang Bian (7 km)

Vers les chutes
et les lacs d'Ankroët
(11 km)

Hameau
de Trung Lam

Station
de pompage
du Dragon

Lac Da Thien

RENSEIGNEMENTS
Hôpital Lam Dong...................1 B3
Poste principale........................2 C3

À VOIR ET À FAIRE (p. 306)
Palais d'été de Bao Dai................3 B4
Cathédrale de Dalat.....................4 C4
Jardins botaniques de Dalat......5 D3
Dalat Palace Golf Club...............6 C3
Université de Dalat.......................7 C2
Couvent du Domaine de Marie....8 B3
Église Du Sinh...............................9 A4
Ancien couvent des Oiseaux.....10 B3
Grand Lycée Yersin....................11 D3
Petit Lycée Yersin.......................12 B3
Résidence du gouverneur général.13 D4

Pension et galerie d'art de
Hang Nga................................14 B4
Musée Lam Dong......................15 D3
Pagode Lam Ty Ni.....................16 B4
Pagode Linh Son........................17 C3
Pagode Minh Nguyet Cu Sy Lam..18 D4
Institut Pasteur..........................19 B4
Pagode Thien Vuong................20 A3
Tombe de Nguyen Huu Hao....21 A3
Vallée de l'Amour......................22 D1
Église évangélique vietnamienne.23 C3

Centre de recherche
nucléaire

Đ Phan
Dinh Phung

Đ Phan Dong

Đ Thi Sach

Đ Pham
Ngoc
Thach

Đ Thien Vuong

Đ Hai Ba Trung

Golf

Voir la carte Centre
de Dalat p. 296

Đ Quang Trung

Mémorial
de guerre

Chutes
de Ly Cam

Đ Ho Xuan Huong

Đ Phu Dong Thien Vuong

Lac Xuan Huong

Train à crémaillère

Đ Hung Vuong Phu

Đ Tran Phu

Đ Tran Hung Dao

Đ Thien My

Đ Huyen Tran Cong Chua

Đ Le Hong Phong

Đ 3 Thang 4

Đ Khe Sanh

Vers les chutes de Datanla (5 km), le réservoir
Quan Trung (5 km), le col de Prenn (10 km),
Lang Dinh An (village au Poulet, 17 km), l'aéroport
Lien Khuong (30 km), les chutes de Gougah (40 km),
de Pongour (55 km) et de Dambri (75 km)
et le Phan Rang (101 km)

facilement reconnaissable grâce à sa couleur rougeâtre qui tranche dans la forêt).

Aucun permis n'est nécessaire pour parcourir les monts Lang Bian mais la présence d'un guide rendra certainement votre excursion plus intéressante. Contactez **Dalat Holidays** (carte p. 296 ; ☎ 829 422 ; www.phattireventures.com ; 73 Đ Truong Cong Dinh) pour connaître leurs activités (voir le paragraphe *Activités sportives et circuits* dans *Dalat*).

Village au Poulet (Lang Dinh An)
Célèbre pour son poulet géant, en béton, érigé au centre du village, **Lang Dinh An** (village au Poulet) est très connu des voyageurs, car il est commodément situé à 17 km de Dalat, sur la route de Nha Trang.

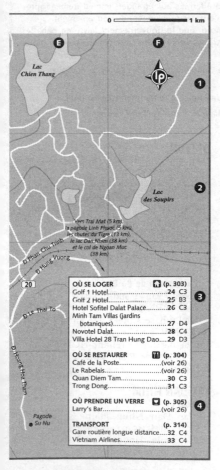

OÙ SE LOGER 🏠 (p. 303)
Golf 1 Hotel..........................24 C3
Golf 2 Hotel..........................25 B3
Hotel Sofitel Dalat Palace.........26 C3
Minh Tam Villas (jardins
    botaniques)........................27 D4
Novotel Dalat.......................28 C4
Villa Hotel 28 Tran Hung Dao....29 D3

OÙ SE RESTAURER 🍴 (p. 304)
Café de la Poste....................(voir 26)
Le Rabelais.........................(voir 26)
Quan Diem Tam.....................30 C3
Trong Dong.........................31 C3

OÙ PRENDRE UN VERRE 🍷 (p. 305)
Larry's Bar.........................(voir 26)

TRANSPORT (p. 314)
Gare routière longue distance....32 C4
Vietnam Airlines...................33 C4

Ses habitants appartiennent à la minorité koho, qui s'est partiellement assimilée à la société vietnamienne – ainsi, la plupart des Koho ne vivent plus dans des maisons sur pilotis et portent des vêtements de style vietnamien. Plusieurs légendes expliquent la présence du galinacée au centre du village – l'une d'elles est une énième histoire d'amour malheureuse dont l'héroïne désespérée mourut dans la forêt. En réalité, la statue serait un don du gouvernement.

Bien que les habitants de ce village soient extrêmement pauvres, nous vous suggérons de *ne pas* donner de bonbons ni d'argent aux enfants. Si vous souhaitez venir en aide aux villageois, achetez des boissons ou des aliments dans les deux boutiques du hameau ou de superbes tissages en vente non loin de la route nationale.

Cascades
CHUTES ET LACS D'ANKROËT
Les deux **lacs d'Ankroët**, créés lors de la mise en œuvre d'un ensemble hydroélectrique, se trouvent à 18 km au nord-ouest de Dalat, dans une région habitée par des Montagnards. La cascade, **Thac Ankroët**, fait environ 15 m de hauteur.

CHUTES DE DAMBRI
Ces **chutes** (10 000 d) figurent parmi les plus hautes (90 m), les plus belles et les plus faciles d'accès du Vietnam. Les vues vous couperont littéralement le souffle. Gardez néanmoins un peu de votre respiration pour gravir le sentier escarpé qui conduit au sommet du site... À moins que vous ne vouliez emprunter le funiculaire (5 000 d).

En remontant la rivière depuis le sommet des chutes, vous atteindrez "l'île aux Singes", un mini-zoo peuplé de singes et de cervidés vivant dans des conditions difficiles. Le Dambri Restaurant, qui jouxte le parking, est bon et peu coûteux.

Proche de la ville de **Bao Loc**, cette région est principalement peuplée par des Montagnards. Pour rejoindre les chutes de Dambri, quittez la nationale avant d'atteindre Bao Loc (en provenance de Dalat) et suivez la piste sur 18 km. Vous apercevrez nombre de plantations de thé et de mûriers et découvrirez, sur votre droite, le mont May Bay.

Le thé et la soie (les feuilles de mûrier servent à l'élevage des vers à soie) constituent les principales industries de Bao Loc. Vous

LE FRONT UNIFIÉ DE LUTTE DES RACES OPPRIMÉES (FULRO)

Le Front unifié de lutte des races opprimées (Fulro) fut, des décennies durant, une source d'ennuis permanents pour les différents gouvernements vietnamiens. Ces combattants fort bien organisés recrutaient surtout des Montagnards, qui n'appréciaient guère les Vietnamiens. Aujourd'hui encore, leurs revendications portent sur deux points principaux, sur lesquels le gouvernement vietnamien ne veut pas céder : la récupération de leurs terres ancestrales et la liberté de religion.

Pendant la guerre du Vietnam, le gouvernement sud-vietnamien les opprima fortement et les Américains exploitèrent leur capacité de survie dans la jungle. Lorsqu'ils prirent le contrôle du pouvoir en 1975, les communistes cherchèrent à se venger du Fulro, au lieu de faire la paix avec lui. L'insurrection se poursuivit pendant plusieurs années. Au milieu des années 1980, le Fulro s'était considérablement affaibli – la plupart de ses membres avaient été capturés, exécutés, s'étaient exilés ou encore avaient abandonné le combat. En 1992, la reddition d'une bande isolée, qui effectuait encore des raids depuis l'extrême nord-est du Cambodge, confirma la chute du Fulro.

Bien que l'insurrection semble totalement éteinte, le gouvernement reste hypersensible sur la question du Fulro, notamment depuis les violences commises lors des manifestations des Montagnards en 2001 et 2004. La région ayant été fermée aux étrangers immédiatement après ces deux conflits, les seules informations dont on dispose proviennent du gouvernement.

Contrairement aux minorités de l'extrême nord, que le gouvernement laisse en paix, les Montagnards des hauts plateaux du Centre sont très surveillés. Dans cette région, Hanoi pratique la politique suivante :

- établissement de Vietnamiens de pure souche, notamment dans les Zones de nouvelle économie
- incitation à la sédentarisation et à l'abandon de l'agriculture traditionnelle sur brûlis
- promotion (sous forme de rééducation) de la langue et de la culture vietnamiennes

---

pourrez goûter gratuitement au thé local dans plusieurs échoppes installées au bord de la route. Idéalement situé pour couper le trajet entre HCMV et Dalat, Bao Loc possède plusieurs hôtels.

CHUTES DE PONGOUR, DE GOUGAH ET DE LIEN KHUONG

Les **chutes de Pongour** (5 000 d), les plus importantes de la région, se trouvent à près de 55 km de Dalat, sur la route de HCMV et à 7 km de la route nationale. Si elles forment un demi-cercle spectaculaire pendant la saison des pluies, ces formations rocheuses en escalier demeurent superbes et saisissantes durant la saison sèche.

Les **chutes de Gougah** (4 000 d), à environ 40 km de Dalat en direction de HCMV et à 500 m de la nationale, sont faciles d'accès.

Aux **chutes de Lien Khuong**, la rivière Dan Nhim fait 100 m de large et un saut de 15 m sur un affleurement de roche volcanique. Le site est visible de la nationale et se trouve à 25 km de Dalat, en direction de HCMV, non loin de l'aéroport Lien Khuong.

DI LINH

La localité de Di Linh (prononcer zi-ling), aussi appelée Djiring, est perchée à 1 010 m d'altitude. La région produit principalement du thé, cultivé sur de vastes plantations créées par les Français. Le plateau de Di Linh, que l'on compare parfois aux Cameron Highlands en Malaisie, se prête tout particulièrement à des randonnées d'une journée. On y chassait encore le tigre il n'y a pas si longtemps.

La **cascade de Bo Bla**, haute de 32 m, se trouve à 7 km au sud-ouest de Di Linh, non loin de la RN 20.

Di Linh se situe à 226 km au nord-est de HCMV, à 82 km au sud-ouest de Dalat, sur la nationale reliant HCMV à Dalat, et à 96 km de Phan Thiet par une route secondaire.

LAC DAN NHIM
alt. 1 042 m

Le lac Dan Nhim, d'une superficie de 9,3 km², doit son existence à un barrage édifié par les Japonais entre 1962 et 1964, au titre des réparations de guerre. Sa vaste centrale hydroélectrique fournit de l'énergie à une bonne partie du sud du pays.

Les studios de cinéma de HCMV en ont fait leur lieu de prédilection pour le tournage de scènes romantiques.

La centrale électrique est installée à l'ouest, en bordure de la plaine côtière. L'eau du lac y arrive en force par deux énormes conduites de 1 km, presque verticales, depuis le col de Ngoan Muc.

Depuis/vers le lac Dan Nhim

Le lac Dan Nhim, du district de Don Duong, dans la province de Lam Dong, s'étend à près de 38 km de Dalat. Sur la route menant de Dalat à Phan Rang et Thap Cham, le barrage se trouve à 1 km sur la gauche. La centrale électrique est au pied du col de Ngoan Muc, près de la ville de Ninh Son.

COL DE NGOAN MUC

Dénommé "col de Bellevue" par les Français, le **col de Ngoan Muc** (980 m) se trouve à quelques 5 km du lac Dan Nhim, en direction de Phan Rang et Thap Cham, et à 64 km à l'ouest de Phan Rang. Il s'ouvre, par temps clair, sur un vaste panorama embrassant toute la plaine côtière jusqu'à la mer de Chine, 55 km plus loin à vol d'oiseau. La route nationale dévale la montagne en une série de virages en épingle à cheveux, passant sous deux gigantesques conduites (toujours gardées par des soldats) qui relient le lac à la centrale électrique.

Au sud de la route (à droite face à l'océan), vous pouvez voir les rails du train à crémaillère reliant Thap Cham à Dalat (voir p. 298).

Au col même, non loin de la route, vous découvrirez une cascade, des forêts de pins et l'ancienne gare de Bellevue.

BUON MA THUOT

☎ 050 / 186 600 hab. / alt. 451 m

Buon Ma Thuot (ou Ban Me Thuot), capitale de la province de Dak Lak, est la plus grande ville de la région ouest. Avant la Seconde Guerre mondiale, Buon Ma Thuot était renommée pour la chasse au gros gibier. Malheureusement, les animaux et la forêt tropicale ont aujourd'hui disparu.

L'industrie du café assure à la ville sa prospérité. Si l'on est accompagné d'un bon guide, la visite des plantations de café et de l'usine peut se révéler intéressante.

La population de la région est en majorité composée de Montagnards. La politique d'intégration du gouvernement a porté ses fruits, puisque ceux-ci parlent presque tous couramment vietnamien.

Dans la région, la saison des pluies s'étend de mai à octobre mais les averses sont généralement de courte durée. Plus basse d'altitude que Dalat, Buon Ma Thuot est plus chaude et plus humide, bien que très venteuse.

Buon Ma Thuot est essentiellement fréquentée par les voyageurs se rendant au parc national de Yok Don. Elle constitue pourtant une escale agréable au cours du trajet entre Dalat et Kon Tom ou Pleiku.

Renseignements

AGENCES DE VOYAGES

Dak Lak Tourist (☎ 852 108 ; daklaktour@dng.vnn.vn ; 3 Đ Phan Chu Trinh ; ⏲ 7h30-11h et 13h30-17h) L'agence officielle de la province se situe à côté du Thang Loi Hotel.

Dam San Tourist (☎ 851 234 ; damsantour@dng. vnn.vn ; 212-214 Đ Nguyen Cong Tru ; ⏲ 7h-18h) Cette agence indépendante installée dans le fameux Dam San Hotel s'est spécialisée dans les excursions aux cascades des environs. Elle organise également des circuits dans le parc national de Yok Don. Ses guides parlent français.

Nguyen Van Mui (☎ 856 085, 0914-010 411) L'un des nombreux guides (anglophones) dont on peut louer les services pour se rendre en dehors de la ville, notamment dans le parc national de Yok Don.

ARGENT

Banque de l'Agriculture et du Développement rural (☎ 853 930 ; 37 Đ Phan Boi Chau) Cette annexe change les devises.

Vietcombank (1 Nguyen Tat Thanh) Un DAB se trouve près du monument de la Victoire.

PERMIS

Il peut s'avérer nécessaire d'obtenir un permis pour visiter certains villages des minorités des environs de Buon Ma Thuot. Contactez Dak Lak Tourist pour obtenir ce précieux document.

POSTE

Poste principale (☎ 852 612 ; 6 Đ Le Duan) Ce bureau de poste permet également de vous connecter à Internet de 8h à 17h environ.

SERVICES MÉDICAUX

Hôpital général de Dak Lak (☎ 852 665 ; 2 Đ Mai Hac De)

BUON MA THUOT

0 — 400 m

OÙ SE LOGER (p. 313)
Cao Nguyen Hotel.................11 B1
Duy Hoang Hotel..................12 B2
Tay Nguyen Hotel..................13 B1
Thang Loi Hotel...................14 B2
Thanh Binh Hotel.................15 B2
Thanh Phat Hotel.................16 B2
White Horse Hotel...............17 B1

OÙ SE RESTAURER (p. 314)
Bon Trieu Restaurant............18 B2
Cafe 54..............................19 B2
Hanoi Bakery......................20 A3
Échoppes de soupes de nouilles.21 B2
Quan Ngon.........................22 C2
Échoppes de rouleaux
de printemps.....................23 B2

ACHATS (p. 314)
Boutiques de café au détail........24 B1

RENSEIGNEMENTS
Agriculture & Rural
Development Bank.................1 B2
Hôpital général de Dak Lak......2 A4
Dak Lak Tourist.......................3 B2
Dam San Hotel.........................4 D2
Dam San Tourist.................(voir 4)
Poste principale......................5 B3
Poste....................................6 B2
Vietcombank...........................7 B2

À VOIR ET À FAIRE (p. 312)
Musée ethnographique............8 A4
Musée de la Révolution............9 B3
Monument de la Victoire.........10 B2

À voir
MONUMENT DE LA VICTOIRE

Impossible à manquer, ce monument de la victoire, érigé sur la grand-place, commémore les événements du 10 mars 1975, jour de la "libération" de Buon Ma Thuot par les troupes du Viet-Cong et du Nord-Vietnam.

Cette bataille entraîna l'effondrement total du Sud-Vietnam.

Détail intéressant, un véritable tank pointant vers le sud s'y tenait autrefois. Plus tard, il fut remplacé par une copie en béton qui fut tournée vers le nord (en direction de Pleiku) afin d'indiquer la bonne direction de la campagne de Ho Chi Minh pour "libérer" Saigon.

VILLAGE AKO DHONG

Entre la périphérie nord de Buon Ma Thuot et les plantations de café éloignées, le village du groupe ethnique ede, **Ako Dhong**, est une jolie petite communauté composée de maisons sur pilotis. L'exploration du village constitue une agréable promenade loin du bruit de la ville. Vous aurez peut-être la chance de voir les habitants fabriquer des tissus traditionnels et, qui sait, d'en acheter.

À environ 1,5 km du centre-ville, Ako Dhong est facilement accessible à pied. Longez Đ Phan Chu Trinh en direction du nord et prenez à gauche dans Đ Tran Nhat Duat. Au retour, arrêtez-vous au Quan Café Po Lang (p. 314) pour déguster un café en profitant, peut-être, d'un concert.

MUSÉE DE LA PROVINCE DE DAK LAK

Ce musée (Bao Tang Tinh Dak Lak) abrite en fait deux musées distincts, le Musée ethnographique et le musée de la Révolution, ce dernier n'offrant qu'un intérêt limité pour les touristes.

Trente et un groupes ethniques différents vivaient dans la province de Dak Lak. Le **Musée ethnographique** (☎ 850 426 ; angle Đ Nguyen Du et Đ Le Duan ; 10 000 d ; ⊗ 7h30-11h et 13h30-17h) permet d'approfondir ses connaissances sur ces tribus de Montagnards. Il présente des costumes traditionnels, des outils agricoles, des équipements de pêche, des arcs et des flèches, des métiers à tisser et des instruments de musique. Une collection de photographies commentées retrace l'historique (souvent embelli) des contacts entre les Montagnards et la population vietnamienne.

Le Musée ethnographique occupe l'ancienne salle de réception de la villa de Bao Dai, un grand bâtiment colonial. Un guide vous accompagnera tout au long de l'exposition moyennant 5 000 d.

Le **musée de la Révolution de Buon Ma Thuot** (☎ 852 527 ; 1 Đ Le Duan ; 10 000 d ; ⊗ 7h30-11h et 14h-17h) s'intéresse au rôle de la ville pendant la guerre du Vietnam.

PARC AQUATIQUE DAK LAK

Si le café local ne suffit pas à faire battre la chamade à votre cœur, essayez les toboggans du **parc aquatique Dak Lak** (☎ 950 381 ; Đ Nguyen Tat Thanh ; 30 000 d ; ⊗ 9h-18h). Il se trouve à environ 1 km de la gare routière, au nord-est de la ville.

Où se loger
PETIT BUDGET

Ban Me Hotel (☎ 951 001 ; fax 954 741 ; 9 Đ Nguyen Chi Thanh ; ch 15-20 $US ; 🌀). À 3 km au nord du centre-ville (il est accessible à pied depuis la gare routière ; à défaut, un trajet en *xe om* coûte environ 5 000 d depuis le centre), ce vaste motel arbore un cadre semblable à un jardin. Les tarifs des chambres avec clim. incluent le petit déj. ; celles avec ventil. sont plus spacieuses, un peu plus confortables et possèdent une terrasse plus grande à l'étage.

Thanh Phat Hotel (☎ 854 857 ; fax 813 366 ; 41 Đ Ly Thuong Kiet ; ch 120 000-180 000 d ; 🌀). Cette adresse centrale et propre loue des chambres avec ventil. et sdb commune. Les chambres climatisées, bien plus agréables, sont équipées d'une sdb, d'un réfrig. et de la TV. Celles donnant sur la rue, avec balcon, sont très bruyantes.

Thanh Binh Hotel (☎ 853 812 ; fax 811 511 ; 24 Đ Ly Thuong Kiet ; ch 150 000-170 000 d ; 🌀). Les tarifs s'entendent sans petit déj. Les chambres sont impeccables, certaines avec la clim. Les plus onéreuses restent d'un bon rapport qualité/prix.

Duy Hoang Hotel (☎ /fax 858 020 ; 30 Đ Ly Thuong Kiet ; ch 170 000-200 000 d ; 🌀). Les chambres avec ventil. partagent une sdb sans eau chaude ; les climatisées possèdent une sdb avec eau chaude, la TV et un réfrig.

CATÉGORIE MOYENNE

Dam San Hotel (☎ 851 234 ; damsantour@dng.vnn.vn ; 212-214 Đ Nguyen Cong Tru ; ch vue hôtel/vallée 25/30 $US, avec petit déj ; 🌀 🌀). Cet hôtel tranquille et agréable, qui jouit de vues splendides, est la meilleure option de sa catégorie. Qui plus est, les employés sont serviables. Vous choisirez l'une des chambres bien tenues, avec parquet, baignoire et TV sat., et pourrez dîner dans le restaurant de qualité. Les chambres à l'arrière du bâtiment donnent sur la piscine, le court de tennis et les plantations de café.

White Horse Hotel (Khach San Bach Ma ; ☎ 851 656 ; www.bachma.com.vn ; 9-11 Đ Nguyen Duc Canh ; ch 20-40 $US, avec petit déj ; 🌀). Étincelant avec ses surfaces vernies et ses marbres, le White Horse abrite des chambres impeccables et confortables, avec TV sat. Il dispose d'un ascenseur, d'un restaurant, de billards, de l'incontournable karaoké et d'un salon de massage. Le personnel est extrêmement sympathique.

Thang Loi Hotel (☎ 857 615 ; thangloihotelbmt@dng. vnn.vn ; 1 Đ Phan Chu Trinh ; ch 30-40 $US, avec petit déj ; 🌀). Cet hôtel géré par l'État possède tout le confort moderne, dont la TV sat. et des baignoires. *Thang loi* signifie "victoire" (il est situé en face du monument de la Victoire). Certaines des chambres bénéficient de vues sur la ville.

Tay Nguyen Hotel (☎ 851 009 ; taynguyenhotel@dng. vnn.vn ; 110 Đ Ly Thuong Kiet ; ch 10-23 $US, avec petit déj ; 🌀). Vaste et correct, cet établissement propose des chambres avec TV sat., réfrig. et minibar. Les doubles, confortables et spacieuses, sont agrémentées d'une terrasse. Un grand restaurant occupe le rez-de-chaussée. Le personnel est amical et serviable.

Cao Nguyen Hotel (☎ 851 913 ; daklaktour@dng. vnn.vn ; 65 Đ Phan Chu Trinh ; ch 40-45 $US, avec petit déj ; ⊠). Géré par Dak Lak Tourist, cet établissement ouvert il y a déjà quelques années arbore une apparence luxueuse. Il est surtout réputé pour sa salle de danse, son karaoké et son salon de massage. Il abrite aussi un restaurant et un ascenseur.

Où se restaurer

Quan Ngon (☎ 851 909 ; 72-74 Đ Ba Trieu ; plats environ 35 000 d). Quan Ngon est le restaurant le plus fameux de Buon Ma Thuot. Les tables sont installées dans une maison en bois sur pilotis ainsi qu'à l'extérieur, dans la jolie cour. La carte présente un vaste choix de plats vietnamiens. Les grandes bouteilles d'alcool de riz maison forment un décor surprenant, car elles contiennent toutes sortes d'animaux : serpents, geckos, oiseaux, gros reptiles et même un petit chat sauvage... La plupart des cartes de crédit sont acceptées.

Si le Quan Ngon ne vous attire pas, rendez-vous au **Bon Trieu Restaurant** (33 Đ Hai Ba Trung ; plats environ 20 000 d), réputé pour ses délicieux plats de viande de bœuf.

Pour goûter à d'excellents *nem ninh hoa* – du porc grillé enveloppé dans des feuilles de riz séchées –, essayez les **échoppes de rouleaux de printemps** (20-22-26 Đ Ly Thuong Kiet ; rouleau de printemps 10 000 d), très animées, près du monument de la Victoire. De sympathiques **échoppes de soupe de nouilles** (soupe 7 000 d) se tiennent Đ Hai Ba Trung.

Les becs sucrés se rueront vers la **Hanoi Bakery** (☎ 853 609 ; 123-125 Đ Le Hong Phong ; pâtisserie 5 000 d), qui propose un grand nombre de pâtisseries fraîches et des en-cas, tels du fromage et du chocolat.

CAFÉS

Buon Ma Thuot est, à juste titre, renommée pour son café, le meilleur du Vietnam. Les Vietnamiens le servent toujours très fort, et les tasses sont si petites qu'il est impossible d'ajouter de l'eau ou du lait. La plupart des établissements de la ville mettent également à disposition un pot de thé.

Près du monument de la Victoire, le **Cafe 54** (54 Đ No Trang Long) prépare un café fort ; vous pourrez vous mêler aux habitants et écouter de la variété vietnamienne. Pour une atmosphère plus authentique, essayez le **Quan Café Po Lang** (☎ 953 322 ; cafepolang@pmail. vnn.vn ; G26 Đ Tran Khanh Du), à environ 1 km du

centre-ville. Il dispose d'une terrasse ouverte située au-dessus du jardin avec des fauteuils recouverts de tissus ethniques et des meubles en forme de branches et de troncs d'arbres. Des concerts ont lieu le mardi, jeudi, vendredi et dimanche. Suivez Đ Phan Chu Trinh, vers le nord, puis tournez à droite dans Đ Tran Khanh Du. Le café se trouve quelques rues plus bas, sur la gauche.

Achats

Si vous voulez rapporter du café, mieux vaut l'acheter dans une épicerie locale, car il sera de meilleure qualité et moins cher qu'à HCMV ou à Hanoi. Le café se vend partout en ville, en grains ou finement moulu. Les prix avoisinent 15 000 d les 500 g. Parmi les meilleures adresses, citons les boutiques à l'angle de Đ Hoang Dieu et Đ Phan Chu Trinh, ainsi que celles bordant Đ Ly Thuong Kiet, où se trouvent nombre d'hôtels.

Depuis/vers Buon Ma Thuot
AVION

Vietnam Airlines (☎ 955 055 ; fax 956 265 ; 65-67 Đ Nguyen Tat Thanh ; ⊗ 8h-17h) propose des vols entre Buon Ma Thuot et HCMV et Danang (voir p. 486).

BUS

La gare routière de Buon Ma Thuot se trouve 71 Đ Nguyen Tat Thanh, à 3 km du centre-ville. La ville est desservie par des bus au départ de HCMV, Danang, Nha Trang, Dalat, Pleiku et Kon Tum. La liaison Buon Ma Thuot-HCMV prend 20 heures.

VOITURE ET MOTO

La route relie la côte et la ville de Buon Ma Thuot croise la RN 1 à Ninh Hoa (à 160 km de Buon Ma Thuot), qui se trouve à 34 km au nord de Nha Trang. La route goudronnée est de bonne qualité, bien qu'un peu raide. Une excellente route nationale couvre les 197 km séparant Buon Ma Thuot de Pleiku.

La superbe route entre Buon Ma Thuot et Dalat (*via* le lac Lak) est en très bon état mais elle est très sinueuse.

ENVIRONS DE BUON MA THUOT
Dray Sap

Les spectaculaires **Dray Sap** (10 000 d), des chutes de 100 m de large, se situent à 27 km de Buon Ma Thuot, au cœur d'une forêt tropicale de feuillus. Leur nom signifie "cascades de brume". Malheureusement, la beauté du site est quelque peu gâchée par les détritus abandonnés par les promeneurs. Une nouvelle route est en construction, et on prévoit de bâtir un restaurant à flanc de falaise.

Chutes de Dray Nur et de Gia Long

Ces deux cascades impressionnantes, à 3 km l'une de l'autre sur la rivière Krong Ana, offrent un but de randonnée. Elles voisinent les ruines d'un rempart construit à l'époque coloniale.

Vous pouvez les visiter en une journée, ou bien camper à proximité. Le prix d'entrée aux **chutes de Gia Long** (2 $US) vous donne le droit de camper (comptez 5 $US pour louer une tente) ; des repas simples (soupe de nouilles, riz...) sont possibles.

Pour atteindre les cascades depuis Buon Ma Thuot, suivez la RN 14 vers le sud jusqu'à un embranchement situé à 8 km ; prenez à gauche et suivez la route sur 6,5 km pour rejoindre le petit village de Dong Tam, puis tournez à droite au centre du village et continuez pendant encore 10,5 km jusqu'à un chemin en terre. La grille d'entrée se trouve à 300 m sur votre gauche. La forêt a été largement défrichée et brûlée pour céder la place aux plantations de café que l'on voit aujourd'hui le long de la route.

Renseignez-vous auprès de **Dam San Tourist** (☎ 851 234 ; damsantour@dng.vnn.vn ; 212-214 Đ Nguyen Cong Tru), à Buon Ma Thuot, pour les excursions vers Gia Long et Dray Nur.

Village Tur

Le hameau de **Tur** se trouve à 13 km au sud de Buon Ma Thuot. Ses habitants, membres du groupe ethnique rhade (ou ede), vivent de l'élevage et de la culture du *cassava* (manioc), de la patate douce et du maïs. La vietnamisation y a été particulièrement intense et les habitants ont largement perdu leur identité culturelle. Cette acculturation s'est accompagnée d'un point positif : la hausse de leur niveau de vie.

Matrilinéaire, la société rhade est centrée sur l'habitat de la famille de la femme. La famille, au sens large du terme, vit dans une seule maison, très longue ; chaque famille nucléaire en occupe une section. C'est un homme qui dirige la maison, en général le mari de la femme la plus âgée. Celle-ci détient tous les biens du groupe.

Les Rhade sont traditionnellement animistes. Beaucoup se sont convertis au christianisme au cours du XXe siècle.

Parc national de Yok Don

☎ 050

Le **parc national de Yok Don** (Vuon Quoc Gia Yok Don ; ☎ 783 049 ; yokdon@dng.vnn.vn), la plus grande réserve naturelle du Vietnam, s'est progressivement étendu pour couvrir, aujourd'hui, 115 545 hectares. Les possibilités de randonnées en forêt sont excellentes. Traversant le parc, la magnifique rivière Serepok comprend plusieurs cascades et quelques bons endroits où pêcher.

Yok Don abrite 67 espèces de mammifères, dont 38 sont en voie de disparition dans la péninsule Indochinoise et 17 dans le monde. Outre de nombreux éléphants, tigres et léopards, ainsi que des cervidés, des singes et des serpents pour les espèces plus communes, le parc est l'habitat privilégié de 200 espèces d'oiseaux, dont des paons. On y a récemment découvert des animaux inconnus tels que le *canisauvus*, un chien sauvage. En 2003, un couple d'ibis géant (*Thaumatibis gigantea*) en voie critique d'extinction a été aperçu.

L'équilibre entre la sauvegarde écologique et la préservation des cultures locales est particulièrement précaire en raison de la pauvreté des populations de la région et de leur mode de vie traditionnel (comme la chasse). Toutefois, le gouvernement vietnamien travaille avec des organisations internationales, telles le Programme des Nations unies pour le développement (PNUD), afin de maintenir cet équilibre. Les projets se concentrent sur l'éducation et la participation des communautés dans les efforts de protection de l'environnement.

La région est peuplée par 17 groupes ethniques, dont un grand nombre a récemment migré depuis le nord du pays. Les habitants de la région sont majoritairement des Ede et des M'nong, ethnie matrilinéaire où le nom de famille se transmet par la mère et où les enfants appartiennent à la famille de la mère. Les M'nong passent pour être très agressifs auprès des autres minorités de la région et des Vietnamiens de souche.

Ils sont aussi réputés pour leur savoir-faire dans la capture des éléphants sauvages, dont plusieurs dizaines de spécimens

LE ROI DES CHASSEURS D'ÉLÉPHANTS

Durant des siècles, les rois de Thaïlande, du Vietnam, du Cambodge et du Laos sont venus dans la région de l'actuel parc national de Yok Don pour y capturer des éléphants. Cette pratique perdure depuis lors et personne ne la connaît mieux que Yprong Eban.

À 89 ans, Yprong Eban est le meilleur chasseur d'éléphants du Vietnam. Né d'un père m'nong et d'une mère lao, Yprong Eban a passé son enfance sur le dos des éléphants avec son oncle, feu Khun Su Nop. Également connu sous le nom de Y'thu, Khun Su Nop jouissait d'une très bonne réputation et était surnommé Kuru (roi des chasseurs d'éléphants). L'ancienne maison tribale de Khun Su Nop trône toujours dans le village de Ban Don, de même que sa tombe.

Yprong Eban a passé la majeure partie de sa vie à parcourir la forêt. En 1996, année où il a pris sa retraite, il avait capturé plus de 300 éléphants. Généralement, deux pachydermes domestiqués sont utilisés pour attraper un éléphant sauvage. Seuls les jeunes de moins de 3 ans sont capturés ; plus âgés, ils se montrent difficiles à apprivoiser, et risquent de s'échapper.

La coutume locale veut que les chasseur s'abstiennent d'avoir des rapports sexuels au moins une semaine avant de partir à la chasse. En effet, la capture d'un éléphant nécessite plusieurs attaques et retraites rapides, aussi les chasseurs doivent-ils économiser leurs forces au car où ils seraient poursuivis par un troupeau d'éléphants pris de panique. Contrairement aux braconniers d'Afrique, les chasseurs de Ban Don ne font aucun mal aux éléphants adultes en capturant leurs petits.

Malgré son désir de retourner dans la forêt à la recherche d'éléphants, Yprong Eban passe aujourd'hui son temps près des bureaux du parc, à discuter avec des touristes curieux et à leur raconter son amour des éléphants. Toujours vêtu du costume traditionnel m'nong, il aime souffler dans la vieille corne de buffle qu'il utilisait pour avertir les villageois d'une capture. Yprong Eban, qui parle français, vietnamien, lao et plusieurs autres dialectes, est toujours ravi de distraire les visiteurs en leurs racontant quelques anecdotes de chasse.

domestiqués vivent dans les environs (voir ci-dessus). Des courses traditionnelles sont organisées de temps à autre et les touristes peuvent parcourir la forêt à dos d'éléphant. Les pachydermes transportent 3 personnes – 2 lorsqu'il s'agit d'Occidentaux, généralement plus lourds. Ces promenades sont organisées par Dak Lak Tourist à Buon Ma Thuot ; vous pourrez également vous décider une fois sur place : comptez alors 100 000-200 000 d l'heure.

À VOIR ET À FAIRE

Les manifestations touristiques ont généralement lieu au village de **Ban Don**, dans le district de Ea Sup, à 45 km au nord-ouest de Buon Ma Thuot et à 5 km à l'intérieur du parc. Mentionnons cependant que ce village reçoit à lui seul la majorité des groupes de touristes et que sa population risque bientôt d'atteindre la saturation. Parmi les activités traditionnelles auxquelles les visiteurs assistent figurent notamment les concerts de gongs ou la "cruche commune" (tout le monde se regroupe autour d'une cruche et boit en même temps à l'aide de très longues pailles).

Les ruines en très mauvais état de la **tour cham de Yang Prong**, érigée au XIIIᵉ siècle, se dressent à 50 km au nord de Ban Don, dans le village de Ya Liao, près de la frontière du Cambodge. Un permis et un guide sont nécessaires pour visiter cet endroit.

OÙ SE LOGER ET SE RESTAURER

Yok Don Guesthouse (☎ 853 110 ; ch 150 000 d ; ☒). À l'intérieur du parc national, cette pension compte 4 chambres rustiques (sans eau chaude), dotées chacune de 2 lits.

Camper dans le parc est une autre possibilité à condition d'être accompagné par un guide (en raison de la proximité de la frontière cambodgienne). Les randonnées de 2 jours avec un guide reviennent à 350 000 d, repas non compris. De plus longues randonnées sont également organisées.

Il existe un bon restaurant à Ban Don et, avec de la chance, vous assisterez à un concert de gong et à un spectacle de danse organisés pour un groupe.

À Ban Don, contactez Banmeco Travel Agency ou **Ban Don Tourist** (☎ 798 119) si vous voulez passer la nuit dans une **maison sur**

pilotis (5 $US/pers). Autre option : réserver un **bungalow** (12 $US) sur l'île Aino, accessible par une série de ponts suspendus en bambou.

COMMENT CIRCULER

Si aucun moyen de transport public ne dessert le parc national de Yok Don, il est facile de s'y rendre en voiture ou en moto. Les guides à moto de Buon Ma Thuot vous emmèneront au parc pour 7 $US l'aller ou 10 $US l'aller-retour.

Comptez 600 000 d/jour pour une promenade de 2 jours à dos d'éléphant.

Lac Lak

L'empereur Bao Dai s'était fait construire un petit palais, aujourd'hui en ruine, sur la rive du **lac Lak** (Ho Lak). Le paysage est magnifique et l'ascension des collines alentour vaut bien l'effort. En outre, la visite du village m'nong voisin mérite largement le détour.

Le lac se situe à 50 km au sud de Buon Ma Thuot par une route goudronnée relativement plate. La portion plus vallonnée jusqu'à Dalat – 154 km par la Route 27 –

dévoile des panoramas à couper le souffle. Les forêts et la jungle que vous traverserez portent néanmoins des traces de coupes et de défrichage par brûlis. Les infrastructures touristiques ne sont pas nombreuses mais la petite ville de Krong No, à 41 km du lac en direction de Dalat, possède quelques restaurants *com pho*.

OÙ SE LOGER ET SE RESTAURER

Khu Dulich Ho Lak (☎ 586 184 ; ch 7-10 $US, maison longue commune 5 $US). Ces maisons m'nong, en rotin, ont été construites à l'ombre de jacquiers, dans un environnement calme. Le confort est spartiate. Toutes les chambres partagent des douches et des toilettes, impeccables question propreté. Le restaurant flottant, à proximité, sert une cuisine très agréable.

Si vous préférez un hébergement plus authentique, les **maisons sur pilotis** (☎ 586 268 ; fax 586 343 ; 5 $US/pers), dans le joli village de la minorité ede, en bordure du lac, sont faites pour vous.

Entouré de rizières verdoyantes, le **village de Jun** se compose de maisons typiques,

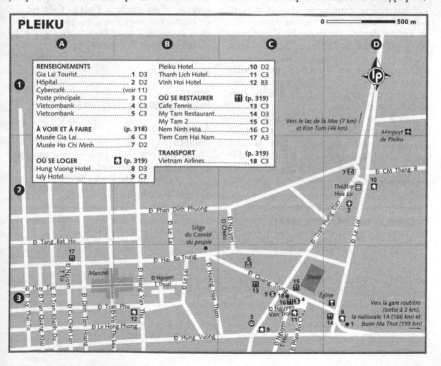

pleines de cachet. Quelques boutiques vendent de l'artisanat local. À Jun, comptez environ 30 $US pour une promenade de 2 heures à dos d'éléphant.

PLEIKU
☎ 059 / 141 700 hab. / alt. 785 m

Grand pôle commercial de la région occidentale des Hauts Plateaux, Pleiku (ou Playcu) est une ville peu attrayante (pour les touristes). Elle abrite quelques centres d'intérêts dignes d'être vus si vous faites escale. L'altitude rend son climat agréable.

En février 1965, les soldats vietcong tirèrent des obus sur la base américaine de Pleiku, tuant 8 soldats américains. Les États-Unis comptaient alors plus de 23 000 conseillers militaires au Vietnam, censés ne pas combattre. Le raid de Pleiku servit de prétexte au président Johnson pour lancer une campagne de bombardements intensifs sur le Nord-Vietnam et renforcer rapidement la présence américaine.

Au départ des troupes américaines, en 1973, Pleiku est restée la principale base de combat sud-vietnamienne dans la région. Lorsque l'armée sud-vietnamienne dut se retirer devant l'arrivée du Viet-Cong, les populations de Pleiku et de Kon Tum suivirent les militaires dans leur fuite. Le sauve-qui-peut en direction du littoral rassembla plus de 100 000 personnes ; plusieurs dizaines de milliers d'entre elles décédèrent en route.

Avant leur départ, les soldats détruisirent Pleiku au lance-flammes. La ville fut reconstruite dans les années 1980 grâce à l'aide soviétique. Vaste succession d'architectures "socialistes", Pleiku n'a ni couleur ni charme, à la différence de la plupart des villes du Vietnam.

Renseignements
ACCÈS INTERNET
Internet Café (☎ 875 986 ; Internet_pleiku@yahoo. com ; 80 Ð Nguyen Van Troi)

AGENCES DE VOYAGES
Gia Lai Tourist (☎ 874 571 ; gialaitourist@hotmail. com ; 215 Ð Hung Vuong). Installée près du Hung Vuong Hotel, Gia Lai propose une grande variété de circuits, notamment des randonnées, des promenades à dos d'éléphant et des programmes destinés aux anciens combattants.

ARGENT
Vietcombank (☎ 828 593 ; vcbgialai@vietcombank. com.vn ; 12 Ð Tran Hung Dao et 33 Ð Quang Trung). Les deux agences changent les devises et les chèques de voyages, et fournissent des avances sur carte de crédit.

PERMIS
Si vous n'avez nul besoin de permis pour passer la nuit à Pleiku ou circuler sur les axes principaux, vous devrez vraisemblablement en obtenir un pour visiter les villages de la province de Gia Lai. Ce permis n'est pas gratuit et vous devrez, en outre, louer les services d'un guide à Pleiku. Cela rebute de nombreux voyageurs, qui préfèrent aller plus au nord, à Kon Tum, où les autorités s'avèrent plus hospitalières. Dans tous les cas, Gia Lai Tourist vous obtiendra le permis requis.

POSTE
Poste principale (☎ 824 011 ; 69 Ð Hung Vuong)

À voir
MUSÉES
Pleiku possède deux musées peu passionnants et par ailleurs souvent fermés.

Le **musée Ho Chi Minh** (☎ 824 276 ; 1 Phan Dinh Phuong ; gratuit ; ☉ 8h-11h et 13h-16h30 lun-

---

LE CULTE DES DÉFUNTS JARAI

La minorité jarai établie dans la région de Pleiku pratique un rituel d'inhumation particulier : la tombe des défunts est surmontée d'un petit abri ou bordée de bambous, et parfois entourée de statuettes en bois sculpté. Bien qu'elles ne soient pas sculptées finement, ces statuettes sont très expressives, généralement représentées assises, la tête entre les mains dans une attitude de deuil. Les tombes sont organisées comme un village miniature ; plusieurs corps sont enterrés au même endroit.

Pendant plusieurs années, les parents du défunt déposent de la nourriture sur la tombe et y célèbrent son anniversaire de mort en buvant du vin de riz et en se lamentant. Au bout de sept ans, la tombe est abandonnée, l'esprit du défunt ayant quitté le village.

ven) expose des documents et des photos prouvant les affinités entre Oncle Ho et les Montagnards. Une exposition est consacrée à Nup, un héros bahnar décédé en 2001 qui encadra les populations montagnardes pendant les guerres d'Indochine et du Vietnam.

Le **musée Gia Lai** (☎ 824 520 ; 28 Đ Quang Trung ; 10 000 d ; ☺ 8h-11h et 13h-16h30 lun-ven) présente des objets ethniques et des photos témoignant du rôle joué par Pleiku pendant la guerre du Vietnam. Contactez d'abord Gia Lai Tourist pour vous procurer un billet et un horaire de visite.

LAC DE LA MER

Le **Bien Ho**, ou lac de la Mer, est un profond lac de montagne, à 7 km au nord de Pleiku. On pense qu'il s'est formé dans un cratère volcanique d'origine préhistorique. Le site et ses alentours offrent des paysages magnifiques, qu'aucune construction – hormis un belvédère de plusieurs niveaux – n'est venue gâcher. Il peut devenir un excellent motif pour une randonnée à vélo et un pique-nique.

Où se loger

Ialy Hotel (☎ 824 843 ; fax 827 619 ; 89 Đ Hung Vuong ; ch 220 000-400 000 d, avec petit déj ; ☒). Ses vastes chambres lumineuses, avec clim. et eau chaude, constituent une option de premier choix. Un DAB de la Vietcombank et un ascenseur se trouvent dans le hall. Les chambres les plus luxueuses ressemblent à des suites et sont très confortables. Les tarifs incluent le petit déj. vietnamien, les taxes et le service.

Hung Vuong Hotel (☎ 824 270 ; fax 827 170 ; 2 Đ Le Loi ; lits jum 10-24 $US ; ☒). Ce grand hôtel, à l'entrée chaleureuse, dispose de chambres confortables avec TV sat. et mini-bar. Demandez une chambre donnant sur l'arrière, car l'établissement se situe à un carrefour bruyant.

Thanh Lich Hotel (☎ 824 674 ; fax 828 319 ; 86 Đ Nguyen Van Troi ; ch 7-15 $US ; ☒). Le Thanh Lich plaît particulièrement aux voyageurs à petit budget. Les chambres les moins onéreuses sont petites mais certaines ont une terrasse dominant les toits d'une allée. Les plus chères possède la clim. et d'autres équipements, tels un réfrig. et une TV.

Pleiku Hotel (☎ 824 628 ; fax 822 151 ; 124 Đ Le Loi ; ch 22-30 $US, avec petit déj ; ☒). Ce grand hôtel géré par l'État est aménagé dans un bloc de béton du plus pur style stalinien. Toutes les chambres disposent de l'eau chaude. Parmi les accessoires disponibles, citons le tél. à liaison automatique, la TV sat. et le réfrig. Certaines des chambres qui bordent la cour jouissent de belles vues sur la ville.

Vinh Hoi Hotel (☎ 824 644 ; fax 871 637 ; 39 Đ Tran Phu ; ch 17-24 $US ; ☒). Si le Vinh Hoi offre l'un des hébergements les plus agréables, vous trouverez cependant un meilleur rapport qualité/prix en payant quelques dollars de plus. Les chambres avec ventil. disposent d'une sdb commune.

Où se restaurer

My Tam Restaurant (Đ Quang Trung ; plats 10 000-20 000 d). Tenu par une famille chinoise, My Tam, très prisé de la population locale, ne sert que des plats vietnamiens. Vous y dégusterez sans doute le meilleur poulet frit des environs. **My Tam 2** (☎ 824 730 ; 6 Đ Quang Trung), son annexe, est aussi une bonne adresse.

Cafe Tennis (☎ 874 532 ; 61 Đ Quang Trung ; café 5 000 d). Situé dans une fausse maison sur pilotis en bambou jouxtant un court de tennis et le musée Gia Lai, cet établissement sert du bon café local. Le ravissant jardin, agrémenté d'un petit étang et de plantes, et le bruit des rebonds des balles de tennis créent une ambiance particulière.

Nem Ninh Hoa (80 Đ Nguyen Van Troi) prépare des rouleaux de printemps savoureux, alors que **Tiem Com Hai Nam** (☎ 883 128 ; 140 Đ Hai Ba Trung ; plats 10 000-20 000 d) excelle dans les plats de poulet et de riz.

Depuis/vers Pleiku

AVION

Le bureau de **Vietnam Airlines** (☎ 823 058 ; fax 825 096 ; 55 Đ Quang Trung) se trouve à l'angle de Đ Tran Hung Dao. Des avions relient Pleiku à HCMV et à Danang.

BUS

Des bus desservent Pleiku au départ de HCMV et de la plupart des villes côtières entre Nha Trang et Danang. La gare routière se trouve à 2 km à l'est de la ville.

VOITURE ET MOTO

Une route relie Pleiku à Buon Ma Thuot (197 km), Quy Nhon (166 km) et Kon Tum (49 km). Sur la route de Buon Ma Thuot,

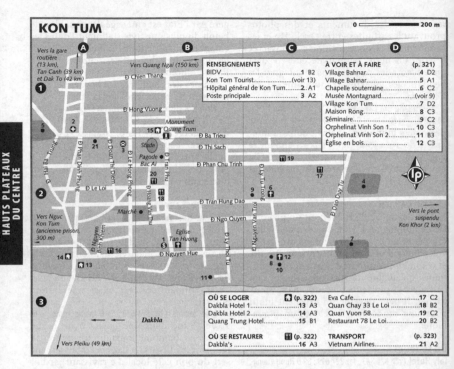

KON TUM

vous remarquerez une zone particulièrement aride, sans doute apparue à la suite de l'épandage d'Agent orange et d'une déforestation massive.

Depuis Pleiku, comptez 550 km pour HCMV et 424 km pour Nha Trang.

KON TUM

☎ 060 / 89 800 hab. / alt. 525 m

Cette ville de montagne est la capitale de la province de Kon Tum, la plus septentrionale des Hauts Plateaux. La région est habitée principalement par des Montagnards, au nombre desquels figurent les communautés bahnar, jarai, rengao et sedang. Certains des villages se distinguent notamment de ceux du nord du Vietnam par leurs impressionnantes maisons communes appelées *rong*, de hautes constructions sur pilotis surmontées d'un toit en chaume. Si vous avez de la chance, votre visite coïncidera avec une une fête locale animée par des joueurs de gong, pendant laquelle on boit de l'alcool de riz dans une jarre en terre cuite.

Les touristes sont plutôt rares à s'aventurer par ici. Kon Tum peut sembler, de fait, un peu endormie et ne souffre pas la comparaison avec Dalat, beaucoup plus fréquentée et plus distrayante (plus surfaite aussi). Par ailleurs, Kon Tum se situe sur un tronçon de la fameuse piste Ho Chi Minh.

Le gouvernement vietnamien a entrepris il y a peu la rénovation de cette piste, de la province de Hoa Binh, au nord, à Ca Mau, au sud. Lors de la rédaction de ce guide, ces importants travaux étaient toujours en cours de réalisation et ces régions, toujours ignorées des touristes. Il est pourtant possible d'organiser des circuits à moto et à VTT pour explorer cette route historique peu empruntée. Il est plus facile de préparer des excursions personnalisées en s'adressant aux agences spécialisées dans les "circuits aventure" de Dalat (voir p. 302) ou auprès de Sinhbalo, à HCMV (voir p. 330).

Comme partout sur les Hauts Plateaux, Kon Tum a connu son lot de combats pendant la guerre. Au printemps 1972, la ville et ses environs furent le théâtre d'une des plus grandes batailles opposant les forces du Nord à celles du Sud-Vietnam. La contrée fut dévastée par les bombardements de centaines de B-52 américains.

Renseignements

AGENCES DE VOYAGE

Kon Tum Tourist (☎ 861 626 ; www.kontumtourist. com.vn ; 2 Ð Phan Dinh Phung ; ☺ 8h-11h et 13h-16h30). Organisme officiel de la province dont les bureaux de réservation sont installés au Dakbla Hotel. Son personnel peut vous renseigner, organiser des randonnées, un séjour dans un village et une promenade en bateau sur le lac Yaly ou sur la rivière Dakbla. M. Huynh, qui parle le dialecte bahnar et un bon anglais, est le meilleur guide officiel.

ARGENT

Il est impossible de changer ses chèques de voyage à Kon Tum. L'endroit le plus proche pour le faire est Pleiku.

BIDV (☎ 862 340 ; 1 Ð Tran Phu ; ☺ fermé sam). Cette banque échange les dollars américains et les euros, et fait des avances sur carte de crédit.

POSTE

Poste principale (☎ 862 361 ; 250 Ð Le Hong Phong)

SERVICES MÉDICAUX

Hôpital général (☎ 862 573 ; 224 Ð Ba Trieu)

À voir

VILLAGES DE MONTAGNARDS

Aux abords de Kon Tum sont établis plusieurs villages habités par des Montagnards. En général, les villageois sont accueillants envers les visiteurs, pour autant que ceux-ci leur témoignent respect et discrétion.

Certains de ces villages se trouvent dans la périphérie immédiate de Kon Tum et sont facilement accessibles à pied depuis le centre. Deux **villages bahnar**, appelés Lang Bana en vietnamien, entourent la bourgade : l'un à l'est et l'autre à l'ouest.

Également à l'est de la ville, le **village Kon Tum** (Lang Kon Tum) est antérieur à la bourgade vietnamienne qui a repris le nom du village quand elle s'est agrandie.

Si vous désirez effectuer une randonnée de plusieurs jours dans la jungle, Kon Tum Tourist peut organiser un séjour chez l'habitant dans les villages des alentours. Les guides prenant soin de ne pas faire intrusion trop souvent dans les villages, les traditions demeurent intactes et les visiteurs sont les bienvenus. Prévenez l'agence suffisamment tôt (par e-mail) pour pouvoir organiser cette expérience hors du commun.

La police de Kon Tum continue à autoriser les touristes à visiter ces villages sans permis. Contactez Kon Tum Tourist pour vous renseignez sur les formalités nécessaires au moment de votre séjour.

RONG (MAISON COMMUNE)

Une **rong** est une maison communautaire, pourvue d'un toit de chaume et dressée sur des pilotis, ce qui permettait à l'origine à se protéger des éléphants, des tigres et autres animaux sauvages. Aujourd'hui, les *rong* accueillent les habitants lors des événements locaux importants – assemblées, fêtes, mariages, prières en commun… Si vous pouvez assister à l'un de ces rassemblements, ne le manquez sous aucun prétexte.

Une jolie **église en bois** ancienne se dresse près de la *rong*.

SÉMINAIRE ET MUSÉE MONTAGNARD

Kon Tum abrite un superbe **séminaire** catholique. Les séminaristes accueillent chaleureusement les voyageurs. Le **Musée montagnard**, installé au 2e étage, mérite une visite (s'il est ouvert). En bas de la route qui mène au portail du séminaire se trouve une curieuse petite **chapelle** installée dans une grotte.

ORPHELINATS

À une courte marche du centre-ville, deux orphelinats méritent qu'on s'y arrête quelques heures. Le personnel de **Vinh Son 1** et de **Vinh Son 2** accueille chaleureusement les touristes venus passer un peu de temps auprès de ces enfants, issus de diverses minorités ethniques. Ces institutions manquant cruellement de fonds, les dons sont appréciés. Vous pouvez offrir des aliments en conserve, des vêtements, des jouets et, évidemment, de l'argent. Vinh Son 1 se trouve derrière l'église en bois, dans Ð Nguyen Hue. En poursuivant le chemin vers l'est, vous rejoindrez d'autres villages de Montagnards. Les touristes sont moins nombreux à aller jusqu'à Vinh Son 2, plus au sud, après un petit village bahnar.

NGUC KON TUM

Cette **ancienne prison** (☺ 7h30-11h et 13h-17h), construite à l'ouest de Kon Tum, est aujourd'hui un parc, édifié sur les rives de la rivière Dakbla. Les membres du Viet-Cong qui y étaient prisonniers furent libérés en 1975. De tous les établissements pénitentiaires gérés par les Sud-Vietnamiens, celui-ci comptait parmi les plus célèbres ; les soldats vietcong qui survécurent à leur internement devinrent tous des héros à leur libération.

Le site, dont aucun des bâtiments originaux n'a subsisté, abrite un petit musée, où sont exposées des photos de prisonniers et des maquettes de cellules. Les explications ne sont qu'en vietnamien. À côté du musée se dresse une statue commémorative.

DAK TO ET LA COLLINE CHARLIE

Cet **avant-poste**, à 42 km au nord de Kon Tum, fut le théâtre de combats importants. En 1972 s'y déroulèrent des affrontements intenses, notamment l'une des dernières grandes batailles de la guerre du Vietnam, juste avant le départ des troupes américaines. Nombre de vétérans du Vietnam viennent en pèlerinage à Dak To. Cette visite vous intéressera si vous êtes un passionné de cette période. Plus étonnant, il arrive que des vétérans vietcong s'y rendent aussi.

À quelque 5 km au sud de Dak To se dresse la **colline Charlie**, place forte des Sud-Vietnamiens jusqu'à ce que le Viet-Cong cherche à en prendre le contrôle. Le colonel Ngoc Minh, l'officier en charge, décida de maintenir cette position, ce qui prolongea le conflit de façon inhabituelle pour une guérilla. Le siège dura un mois et demi avant que l'armée nord-vietnamienne ne parvienne à se rendre maîtresse de la colline, tuant le colonel Minh et 150 soldats de l'armée du Sud, restés jusqu'au bout à leur poste. Oubliée en Occident, cette bataille est encore aujourd'hui très connue au Vietnam, essentiellement grâce à une chanson populaire, *Nguoi O Lai Charlie* ("Les soldats restèrent à Charlie"). Bien évidemment, la colline a été truffée de mines pendant la guerre et représente toujours un danger.

Une **rong** à Dak To mérite une visite.

Où se loger

Les trois hôtels de Kon Tum sont gérés par Kon Tum Tourist.

Dakbla Hotel (☎ 863 333 ; fax 863 336 ; 2 Đ Phan Dinh Phung ; ch 23-30 $US, avec petit déj ; ✖). Agréablement situé au bord de la rivière, Dakbla, le plus luxueux et le plus onéreux des trois, est l'établissement préféré des touristes. Kon Tum Tourist est adjacent à l'entrée.

Dakbla Hotel 2 (☎ 863 335 ; fax 863 336 ; 163 Đ Nguyen Hue ; ch 6-10 $US ; ✖ **P**). En face du précédent, cet hôtel pour les petits budgets loue de grandes chambres spartiates. À partir de 8 $US, la chambre dispose de la clim., d'un balcon, de la TV et du tél. Les employés mettront tout en œuvre pour vous aider.

Quang Trung Hotel (☎ 862 249 ; fax 862 763 ; 168 Đ Ba Trieu ; d 122 000-263 000 d ; ✖). Les chambres-cellules à prix modique (5 $US) sont à réserver aux baroudeurs endurcis ; les chambres du bâtiment principal, un peu plus confortables (avec petit déj.), sont préférables. L'hôtel dispose d'un sauna, d'un hammam et d'un salon de massage. Réservez une chambre en façade, avec vue sur la statue de Quang Trung.

Où se restaurer

Dakbla's (☎ 862 584 ; 168 Đ Nguyen Hue ; plats 30 000 d). Avec ses bons petits plats proposés à des prix raisonnables, le Dakbla's attire les voyageurs. Le chef prépare une cuisine vietnamienne et des plats plus exotiques, à base de sanglier ou de grenouilles. Le propriétaire a décoré les lieux d'une impressionnante collection d'objets ethniques, dont certains sont à vendre.

Quan Vuon 58 (☎ 863 814 ; 58 Đ Phan Chu Trinh ; lau de 50 000 d). Ce restaurant, où l'on peut manger en salle ou dehors, s'est spécialisé dans la viande de chèvre (de) et l'accommode d'une dizaine de façons différentes : à l'étouffée (de hap), grillée (de nuong), sautée (de xao lan), en curry (de cari) ou, variante la plus prisée, en ragoût (lau de).

Restaurant 78 Le Loi (☎ 864 404 ; 78 Đ Le Loi ; lau 50 000 d). Une adresse appréciée par les habitants pour ses excellents ragoûts.

De l'autre côté de la rue se tient un établissement végétarien, le **Quan Chay 33 Le Loi** (33 Đ Le Loi ; plats 15 000 d).

CAFÉS

Eva Café (☎ 862 944 ; 1 Đ Phan Chu Trinh ; café 5 000 d). Une belle surprise ! Ce bâtiment de 3 étages, unique en son genre, ressemble à une maison traditionnelle installée dans un charmant jardin. Les murs et la cour en bois sont décorés de poèmes vietnamiens, de sculptures (réalisées par le propriétaire) et de vitraux. L'endroit semble un peu déplacé au milieu des édifices simples de Kon Tum, mais c'est une bonne adresse pour boire un café ou une bière en soirée.

Depuis/vers Kon Tum

AVION

Vietnam Airlines (☎ 862 282 ; fax 862 455 ; 129 Ð Ba Trieu ; ☼ 7h-11h et 13h-17h lun-sam) peut s'occuper de réserver vos places d'avion. Les vols relient Pleiku à Danang, HCMV et Hanoi.

BUS

Un service de bus relie Kon Tum à HCMV en passant par la spectaculaire RN 14 (12 heures). D'autres bus desservent Danang, Pleiku et Buon Ma Thuot depuis Kon Tum. Peu pratique, la gare routière est à 13 km au nord du centre-ville mais la plupart des bus longue distance traversent encore la ville ; demandez au chauffeur de vous y laisser.

Les conducteurs de bus vendent parfois plus cher les billets aux étrangers partant de Kon Tum. Ce supplément sert à couvrir l'assurance, plus onéreuse que pour les Vietnamiens.

VOITURE ET MOTO

L'itinéraire le plus rapide pour atteindre Kon Tum depuis la côte passe par la RN 19, entre Qui Nhon et Pleiku. La RN 14 est également en bon état entre Kon Tum et Buon Ma Thuot. Quant à la route reliant Quang Ngai à Kon Tum, la RN 24, elle est particulièrement belle et en très bon état.

D'après la carte, il semble simple de se rendre de Kon Tum à Danang par la RN 14, mais cette portion de la route, quoique magnifique, est encore en piteux état et seuls y circulent les 4x4 ou les motos. Si vous possédez le véhicule adéquat, vous apprécierez sûrement ce trajet aventureux sur la piste Ho Chi Minh. Il est cependant prudent de faire étape à Phuoc Son.

Ho Chi Minh-Ville

La première pensée qui vient quand on découvre Ho Chi Minh-Ville (HCMV) est celle d'un chaos généralisé mais organisé ! Cette ville attire des gens venus de tous les coins du pays dans l'espoir d'améliorer leur situation. Certains réussissent, d'autres non. Malgré les signes extérieurs de richesse, la ville n'a pas surmonté toutes ses difficultés économiques. C'est à Ho Chi Minh-Ville que les changements qui balaient le Vietnam – avec toutes leurs implications sociales difficiles – sont les plus évidents.

Officieusement, la ville s'appelle toujours Saigon. Officiellement, "Saigon" fait uniquement référence au District 1. Les Vietnamiens du Sud préfèrent certainement le nom de Saigon, mais si vous avez affaire à des fonctionnaires du gouvernement, mieux vaut dire Ho Chi Minh-Ville.

La cité elle-même, bouillonnante et agitée, fait cohabiter le *high tech*, l'affairisme, le vacarme et la pollution, tout en restant fidèle à son passé vieux de 300 ans, ses traditions séculaires et sa beauté ancienne. Dans les pagodes où brûle l'encens montent les prières des bonzes. Les artisans créent des chefs-d'œuvre sur toile ou sur bois sculpté. Les marionnettistes font la joie des enfants dans les parcs. Au fond des ruelles et dans les cours, les acupuncteurs soignent et guérissent, les étudiants apprennent le violon, une couturière confectionne un *ao dai*, le costume vietnamien qui ferait pâlir d'envie les grands créateurs parisiens. HCMV vibre et bourdonne, forte de cette volonté de survivre de tous les individus qui la composent. À la fois irritante et séduisante, elle bat nuit et jour au rythme d'une énergie palpable.

HO CHI MINH-VILLE

À NE PAS MANQUER

- Le **musée des Souvenirs de guerre** (p. 335) pour connaître le regard vietnamien sur le conflit
- L'atmosphère paisible, saturée d'encens, de la **pagode Quan Am** (p. 344) et de ses voisines à Cholon
- Un repas sur le pouce dans **Đ Dong Du** (p. 359), où le choix semble illimité
- Une baignade au **parc aquatique de Dam Sen** (p. 352)
- Les plaisirs de Bacchus au très chic **Q Bar** (p. 364) ou au **Lost in Saigon** (p. 365), plus animé
- Les trésors cachés du **marché Ben Thanh** (p. 366) – haute couture ou objets en papier recyclé

■ CODE TÉLÉPHONIQUE : 08 ■ POPULATION : 6 063 000 ■ SUPERFICIE : 2 029 KM²

HO CHI MINH-VILLE

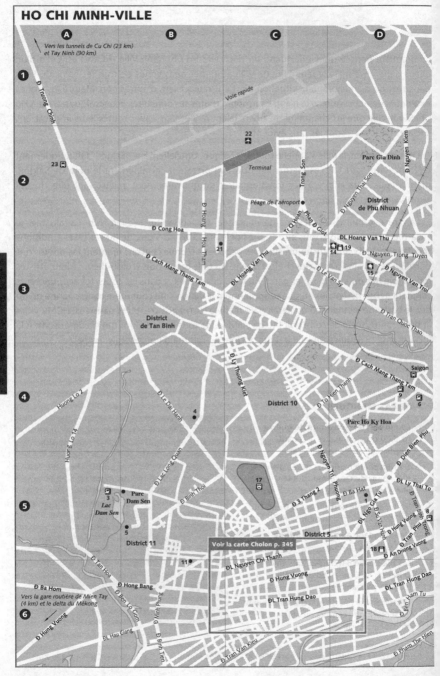

HO CHI MINH-VILLE

Vers les tunnels de Cu Chi (23 km)
et Tay Ninh (90 km)

Voie rapide

22

Terminal

23

Đ Trương Chinh

Đ Cong Hoa

Đ Cach Mang Thang Tam

Đ Hoang Hoa Tham

21

ĐL Hoang Van Thu

Péage de l'aéroport

Trong Son

Tr Q Hoan

Phan Đ Giot

Đ Nguyen Thai Son

Parc Gia Dinh

Đ Nguyen Kiem

District
de Phu Nhuan

ĐL Hoang Van Thu

14   19

15

Đ Nguyen Trong Tuyen

Đ Nguyen Van Troi

Đ Le Van Sy

District
de Tan Binh

ĐL Hoang Van Thu

Đ Tran Quoc Thao

Đ Cach Mang Thang Tam

Saigon

9

6

District 10

Đ To Hien Thanh

Parc Ho Ky Hoa

Đ Ly Thuong Kiet

Đ Le Dai Hanh

4

Huong Lo 2

Huong Lo 14

Đ Lac Long Quan

Đ Binh Thoi

17

Đ Nguyen Tri Phuong

Đ 3 Thang 2

Đ Ba Hat

1

Đ Dien Bien Phu

ĐL Ly Thai To

Đ Tran Binh Trong

8

3

Parc
Dam Sen

Lac
Dam Sen

5

District 11

11

District 5

Đ Nguyen Chi Thanh

Đ Hung Vuong

Đ Tran Phu

Đ An Duong Vuong

18

Voir la carte Cholon p. 345

ĐL Nguyen Chi Thanh

Đ Hung Vuong

ĐL Tran Hung Dao

ĐL Tran Hung Dao

Đ Ba Hom

Vers la gare routière de Mien Tay
(4 km) et le delta du Mékong

Đ Tan Hoa

Đ Hong Bang

Đ Ben Lo Gom

Đ Binh Tien

Đ Ben Ham Tu

Đ Hung Vuong

ĐL Hau Giang

Đ Tran Van Kieu

Đ Pham The Hien

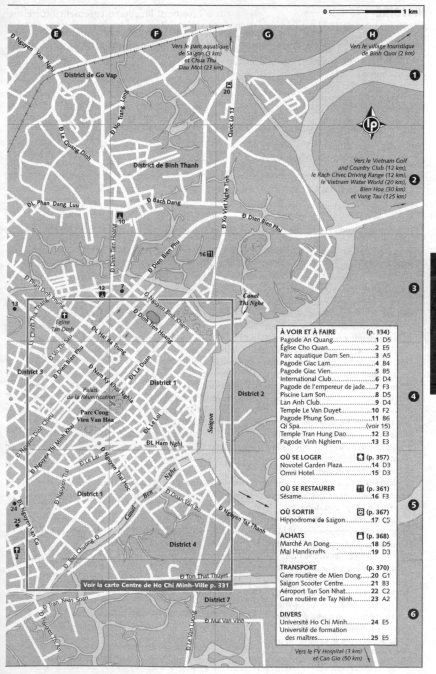

0 ━━━━━ 1 km

E · F · G · H

Vers le parc aquatique
de Saigon (3 km)
et Chua Thu
Dau Mot (23 km)

Vers le village touristique
de Binh Quoi (2 km)

Đ Nguyen Van Nghi

District de Go Vap

Đ Le Quang Dinh

Đ No Trang Long

Quoc Lo 13

District de Binh Thanh

Vers le Vietnam Golf
and Country Club (12 km),
le Rach Chiec Driving Range (12 km),
le Vietnam Water World (20 km),
Bien Hoa (30 km)
et Vung Tau (125 km)

Đ Phan Dang Luu

Đ Bach Dang

Đ Xo Viet Nghe Tinh

Đ Dien Bien Phu

Đ Phan Dinh Phung

Đ Dinh Tien Hoang

Đ Dien Bien Phu

Canal
Thi Nghe

District 2

Đ Nguyen Binh Khiem

Đ Hai Ba Trung

Ly Chinh Thang

Đ Vo Thi Sau

Église
Tan Dinh

District 3

Đ Dien Bien Phu

Đ Nam Ky Khoi Nghia

Đ Le Duan

District 1

Palais
de la Réunification

Parc Cong
Vien Van Hoa

Saigon

Đ Le Loi

ĐL Ham Nghi

Đ Nguyen Dinh Chieu

Đ Nguyen Thi Minh Khai

Đ Le Lai

Đ Nguyen Thai Hoc

District 1

Canal Ben Nghe

Đ Doan Van Bo

Đ Nguyen Tat Thanh

District 4

Đ Nguyen Trai

Đ Nguyen Van Cu

Đ Ben Chuong D

Voir la carte Centre de Ho Chi Minh-Ville p. 331

Đ Ton That Thuyet

District 7

Đ Tran Xuan Soan

Đ Nguyen Thi An

Đ Le Van Luong

Đ Mai Van Vinh

Vers le FV Hospital (3 km)
et Can Gio (50 km)

À VOIR ET À FAIRE	(p. 334)
Pagode An Quang	1 D5
Église Cho Quan	2 E5
Parc aquatique Dam Sen	3 A5
Pagode Giac Lam	4 B4
Pagode Giac Vien	5 B5
International Club	6 D4
Pagode de l'empereur de jade	7 F3
Piscine Lam Son	8 D5
Lan Anh Club	9 D4
Temple Le Van Duyet	10 F2
Pagode Phung Son	11 B6
Qi Spa	(voir 15)
Temple Tran Hung Dao	12 E3
Pagode Vinh Nghiem	13 E3

OÙ SE LOGER	(p. 357)
Novotel Garden Plaza	14 D3
Omni Hotel	15 D3

OÙ SE RESTAURER	(p. 361)
Sésame	16 F3

OÙ SORTIR	(p. 367)
Hippodrome de Saigon	17 C5

ACHATS	(p. 368)
Marché An Dong	18 D5
Mai Handicrafts	19 D3

TRANSPORT	(p. 370)
Gare routière de Mien Dong	20 G1
Saigon Scooter Centre	21 B3
Aéroport Tan Son Nhat	22 C2
Gare routière de Tay Ninh	23 A2

DIVERS	
Université Ho Chi Minh	24 E5
Université de formation des maîtres	25 E5

HISTOIRE

Saigon fut prise en 1859 par les Français, qui en firent peu après la capitale de la colonie de Cochinchine. La ville revint au Vietnam en 1949. En 1950, Norman Lewis décrivait Saigon ainsi : "De vocation purement commerciale, elle est dénuée de fantaisie, de ferveur et d'ostentation… C'est une ville française de province, plaisante, fade et sans caractère". Saigon, capitale de la République vietnamienne à partir de 1956, tomba aux mains des forces du Nord-Vietnam en 1975 et fut alors baptisée Ho Chi Minh-Ville.

Aujourd'hui, le recensement officiel ne comptabilise que les personnes en possession d'un permis de séjour ; sans doute un tiers des habitants vivent-ils à HCMV illégalement. La plupart y habitaient déjà avant 1975, mais ils ont été transférés dans des camps de rééducation après la Réunification. Ils sont simplement revenus subrepticement à HCMV, sans permis de séjour (ce qui les empêche d'acheter une maison ou de posséder une affaire).

La croissance économique explosive, dûe notamment aux *doi moi* (réformes

LA VALSE DES NOMS

L'histoire agitée du Vietnam pendant les quatre dernières décennies se reflète dans la valse des noms qu'ont dû subir provinces, districts, villes, rues et institutions. Certains endroits ont été baptisés à trois reprises depuis la Seconde Guerre mondiale et, le plus souvent, les anciens noms sont toujours utilisés.

Les villes ont d'abord porté des noms français (le plus souvent ceux de généraux ou d'administrateurs ayant marqué l'histoire coloniale) ; ensuite, des noms de héros selon les critères du gouvernement sud-vietnamien ; et, enfin, des noms de héros selon les critères du gouvernement de Hanoi. Les temples bouddhiques ont des noms officiels mais également un ou deux autres, plus populaires. Les pagodes chinoises portent plusieurs noms chinois – dont la plupart ont un équivalent vietnamien –, en fonction des titres et du rang des divinités auxquelles elles sont consacrées. Dans les Hauts Plateaux, on utilise simultanément les noms montagnards et vietnamiens pour désigner les mêmes montagnes, villages, etc. Les petites différences de vocabulaire et de prononciation entre le Nord, le Centre et le Sud se répercutent parfois sur l'utilisation de mots et d'orthographes différents (comme "Pleiku" et "Playcu").

La plupart des références françaises ont disparu de la carte du Vietnam en 1954, à la fin de l'ère coloniale. C'est ainsi que la rue Catinat à Saigon reçut le nom de Đ Tu Do ("liberté") et depuis la Réunification celui de Đ Dong Khoi ("soulèvement"). En 1956, on changea les noms de plusieurs provinces et villes du Sud, pour effacer de la mémoire populaire les exploits antifrançais du Viet Minh communiste qui, bien souvent, étaient connus par le nom de l'endroit où ils avaient eu lieu. Les soldats vietcong, infiltrés plus tard dans les villages, continuaient à se référer aux anciens noms lorsqu'ils s'adressaient aux populations locales. Les paysans s'adaptèrent vite à cette situation, utilisant une appellation avec les communistes et une autre avec les représentants du gouvernement sud-vietnamien.

Plus tard, les soldats américains ont donné des surnoms (comme China Beach, près de Danang) à des sites aux noms trop difficiles à prononcer ou à mémoriser. Cela les aida à se familiariser un peu avec un pays très différent du leur.

Après la Réunification, le Comité militaire provisoire de la municipalité de Saigon s'empressa de rebaptiser la métropole Ho Chi Minh-Ville (HCMV), initiative entérinée par Hanoi l'année suivante. Le nouveau gouvernement entreprit de changer les noms de rue "inopportuns" – le processus se poursuit encore – et vietnamisa ceux de presque tous les hôtels de la ville. Les seuls noms français trouvant encore grâce aux yeux de Hanoi sont ceux d'Albert Calmette (1893-1934), inventeur du vaccin contre la tuberculose, de Marie Curie (1867-1934), prix Nobel pour ses recherches sur la radioactivité, de Louis Pasteur (1822-1895), fondateur de l'institut du même nom, et d'Alexandre Yersin (1863-1943), qui découvrit le bacille de la peste.

La valse des noms a eu des effets divers. Les habitants citent les rues, les districts et les provinces sous leurs nouvelles appellations. Mieux vaut donc recourir à des cartes et des plans récents, d'autant plus que le Comité du peuple a changé en l'an 2000 le nom de 152 rues et en a baptisé 25 autres !

HO CHI MINH-VILLE EN...

2 jours

Pour un bon aperçu des agréments de HCMV, choisissez de suivre notre **circuit à pied** (p. 350). Rafraîchi par une petite brise, admirez ensuite les vues de la ville en prenant un cocktail au **bar en terrasse** du Rex Hotel (p. 357), avant d'aller dîner dans l'un des nombreux restaurants de Đ Le Thanh Ton et de ses alentours (carte p. 331).

Le lendemain, dénichez un *cyclo* dans **Cholon** (p. 344) pour aller admirer les pagodes de cet ancien quartier chinois. Passez la soirée à **Pham Ngu Lao** (carte p. 360), avec un dîner dans l'une des allées, suivi d'une découverte des bars. Parmi eux, **Lost in Saigon** (p. 365) est un bon endroit pour commencer... ou finir la soirée.

4 jours

Suivez l'itinéraire de 2 jours en lui ajoutant une journée au **temple caodai** (p. 385) et aux **tunnels de Cu Chi** (p. 376). Le quatrième jour, visitez les **marchés** (p. 366) ou faites du lèche-vitrine dans les boutiques de Dong Khoi (carte p. 340).

Vous pouvez aussi étirer ce circuit avec une visite au **temple hindou Mariamman** (p. 337), à la **mosquée du centre de Saigon** (p. 337) et une balade sur les **berges de la Saigon** (carte p. 340). Louez un vélo, fondez-vous dans la foule, arrêtez-vous dans les petits cafés et terminez devant un cocktail au **Saigon Saigon Bar** (p. 364), dans le Caravelle Hotel.

économiques) de 1986, se voit dans les gratte-ciel récents, les grands hôtels internationaux ou les boutiques colorées. En revanche, l'accroissement de la circulation, de la pollution et d'autres maux urbains sont là pour noircir le tableau. La génération suivante, plus ouverte, instillera peut-être dans cette croissance chaotique que connaît HCMV les premiers éléments d'une attitude plus responsable.

ORIENTATION

Plus qu'une ville, HCMV est à elle seule une petite province qui s'étend de la mer de Chine méridionale à la frontière cambodgienne, ou presque. Les régions rurales constituent environ 90% de la superficie de HCMV et accueillent 25% de sa population ; la grande majorité des habitants se regroupe dans le centre urbain, soit sur 10% de la superficie de l'agglomération.

HCMV est divisée en 16 districts urbains (*quan*, d'après le mot français "quartier") et en 5 districts ruraux (*huyen*). Le district 1 est appelé Saigon ; le district 5 est le quartier chinois, ou Cholon, qui signifie "Grand marché". Il est aujourd'hui bien moins chinois qu'autrefois, en raison de la campagne anti-chinoise qui a sévi en 1978-1979, causant le départ de nombreux Chinois et, avec eux, de leurs capitaux et de leurs compétences d'entrepreneurs.

Beaucoup de ces réfugiés reviennent actuellement (munis de passeports étrangers) afin d'explorer les possibilités d'investissements à Cholon, où les hôtels regorgent à nouveau d'une clientèle d'affaires anglophone.

Les immeubles de style néoclassique et international de la ville, les kiosques vendant des petits pains et des croissants, donnent au district 3 une atmosphère vaguement française très séduisante.

La majeure partie des lieux et sites cités dans ce chapitre se trouvent dans le district 1.

Le trajet de 7 km de l'aéroport jusqu'en ville ne devrait pas vous coûter plus de 60 000 d en taxi équipé d'un compteur ou environ 30 000 d en moto-taxi *(xe om)*. Une navette de l'aéroport (1 000 d) peut également vous déposer dans le centre de HCMV (voir p. 371). De la gare ferroviaire (Ga Sai Gon ; carte p. 326-327), un *xe om* jusqu'à Pham Ngu Lao ne doit pas revenir à plus de 10 000 d. La plupart des trajets en *xe om* depuis la gare routière de Saigon reviennent entre 10 000 et 20 000 d ; les bus publics passent aussi à côté du marché Ben Thanh, dans le centre-ville (3 000 d), mais le service s'interrompt généralement en milieu d'après-midi. Les bus qui effectuent un circuit vous déposeront directement à Pham Ngu Lao.

HO CHI MINH-VILLE

Cartes

De bonnes cartes, mises à jour, sont vendues dans les librairies des districts 1 et 3 ; Fahasa Bookshop (voir le paragraphe *Librairies*, plus loin), dans le centre, constitue une source de renseignements fiables.

RENSEIGNEMENTS
Accès Internet

Les possibilités sont nombreuses, notamment dans Pham Ngu Lao où se concentrent les cafés Internet, avec une trentaine d'établissements le long de Đ Pham Ngu Lao, Đ De Tham et Đ Bui Vien ; promenez-vous, vous n'aurez que l'embarras du choix. La plupart de ces cafés pratiquent des tarifs dérisoires, de 100 à 200 đ la minute.

Dans le centre même (carte p. 331), les cybercafés jalonnent Đ Le Thanh Ton et Đ Dong Du.

Agences de voyages

Saigon Tourist (carte p. 340 ; ☎ 829 8914 ; www. saigontourist.net ; 49 Đ Le Thanh Ton ; 8h-11h30 et 13h-17h30) est l'agence de voyages officielle et gouvernementale de HCMV. Elle possède, directement ou en participation, plus de 70 hôtels, des restaurants, une société de location de voitures, des clubs de golf et un certain nombre de "pièges à touristes".

Les innombrables autres agences de la ville sont presque toutes gérées conjointement par le gouvernement et des entreprises privées. Elles se chargeront de vous procurer voiture, billets d'avion ou de faire proroger votre visa. Elles se livrent une rude concurrence et en cherchant bien, vous trouverez souvent des tarifs inférieurs à 50% à ceux de Saigon Tourist. Elles emploient en général des guides multilingues (anglais, français, japonais etc.).

Quel que soit leur âge, la plupart des guides et des chauffeurs sont mal rémunérés : laissez-leur un pourboire si vous êtes satisfait de leurs services. Certains voyageurs qui effectuent un circuit (en minibus ou en bus) à Cu Chi ou dans le delta du Mékong font une collecte (1 ou 2 $US/personne) qu'ils remettent au guide ou au chauffeur à la fin du voyage.

Renseignez-vous auprès de plusieurs tour-opérateurs pour trouver une formule qui corresponde à vos souhaits et à votre budget. Ce ne sont pas les circuits bon marché qui manquent, en particulier dans le quartier de Pham Ngu Lao, où se concentrent les voyageurs à petit budget. Discutez avec des voyageurs de retour d'excursion avant d'arrêter votre choix. Vous pouvez également organiser votre circuit à la carte, en louant une voiture, ainsi que les services d'un chauffeur et d'un guide. Cette solution offre le maximum de flexibilité et le partage des frais entre plusieurs voyageurs peut rendre la formule très abordable.

TNK Travel (carte p. 360 ; ☎ 837 8276 ; www.tnktravel vietnam.com ; 230 Đ De Tham). Cet organisme a très bonne presse auprès des voyageurs à petit budget, en particulier pour ses circuits dans le delta du Mékong ou jusqu'à Phnom Penh.

Pour un circuit personnalisé, essayez **Sinhbalo Adventures** (carte p. 360 ; ☎ 837 6766, 836 7682 ; www.sinhbalo.com ; 283/20 Đ Pham Ngu Lao), l'une des meilleures agences du pays, créée par le grand gourou du voyage au Vietnam, Le Van Sinh. Outre les circuits à vélo, Sinhbalo propose des itinéraires à thème dans le delta du Mékong, les hauts plateaux du Centre et les régions éloignées : randonnées dans les villages ethniques, observation des oiseaux dans les parcs nationaux ou découverte de la piste Ho Chi Minh à moto. Lonely Planet leur est fidèle depuis 10 ans sans avoir jamais eu aucun reproche à formuler.

Les agences suivantes peuvent servir de point de départ ; voir p. 495 pour d'autres possibilités.

AGENCES PETIT BUDGET

Delta Adventure Tours (carte p. 356 ; ☎ 836 8542 ; www.deltaadventuretours.com ; 187A Đ Pham Ngu Lao)
Fiditourist (carte p. 356 ; ☎ 835 3018 ; www.fiditour.com ; 195 Đ Pham Ngu Lao). Une bonne adresse pour les vols intérieurs ou internationaux à tarif correct.
Kim Travel (carte p. 356 ; ☎ 836 9859 ; www.kimtravel. com ; 270 Đ De Tham)
Linh Cafe (carte p. 356 ; ☎ 836 0643 ; linhtravel@hcm. vnn.vn ; 291 Đ Pham Ngu Lao)
Mekong Tours (carte p. 356 ; ☎ 837 6429 ; mekongtours@hotmail.com ; 272 Đ De Tham)
Sinh Cafe (carte p. 356 ; ☎ 836 7338 ; www.sinhcafé. com ; 248 Đ De Tham)
TM Brothers (carte p. 356 ; ☎ 836 1791 ; huuhanhnguyen@yahoo.com ; 288 Đ De Tham)

CENTRE DE HO CHI MINH-VILLE

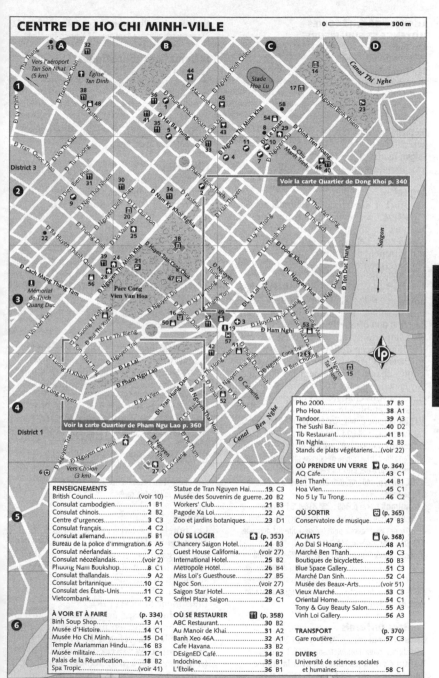

0 ⸻ 300 m

Voir la carte Quartier de Dong Khoi p. 340

Voir la carte Quartier de Pham Ngu Lao p. 360

HO CHI MINH-VILLE

AGENCES DE CATÉGORIES MOYENNE ET SUPÉRIEURE

Ann Tours (carte p. 356 ; ☎ 833 2564 ; www.anntours. com ; 58 Ð Ton That Tung)

Ben Thanh Tourist (carte p. 356 ; ☎ 886 0365 ; fax 836 1953 ; www.benthanhtour.com ; 45 Ð Bui Vien)

Buffalo Tours (carte p. 340 ; ☎ 827 9169 ; www.buffalotours.com ; Suite 502, Jardine House, 58 Ð Dong Khoi).

Diethelm Travel (carte p. 340 ; ☎ 829 4932 ; www.diethelm-travel.com ; 1A Me Linh Sq)

Saigon Tourist (carte p. 340 ; ☎ 829 8914 ; www.saigontourist.net ; 49 Ð Le Thanh Ton)

Argent

Le guichet de change **Vietindebank-Sasco** (☎ 844 0740), à la sortie de l'aéroport, pratique les taux de change officiels. Les horaires d'ouverture étant irréguliers, emportez suffisamment de petites coupures en dollars pour vous rendre en ville, si ce guichet était fermé à votre arrivée.

Dans les banques pourvues de DAB fonctionnant 24h/24, seuls des retraits en dongs sont possibles, avec un montant maximum de 2 000 000 d/jour. Pour obtenir une avance plus importante sur votre carte de crédit (en dongs ou en dollars), adressez-vous aux guichets aux heures d'ouverture des banques. Toutes changent également les chèques de voyage en exigeant une commission moins élevée si vous changez des dongs. Adressez-vous aux établissements suivants :

ANZ Bank (carte p. 340 ; ☎ 829 9319 ; 11 Me Linh Sq). DAB fonctionnant 24h/24.

Fiditourist (carte p. 360 ; ☎ 835 3018 ; 195 Ð Pham Ngu Lao ; 8h-22h). Change des devises jusqu'à une heure tardive quoiqu'à des taux moyennement intéressants.

HSBC (carte p. 340 ; ☎ 829 2288 ; 235 Ð Dong Khoi). DAB sécurisé.

Sacombank (carte p. 360 ; ☎ 836 4231 ; www. sacombank.com ; 211 Ð Nguyen Thai Hoc). Au cœur du quartier des voyageurs à petit budget, elle est pourvue d'un DAB fonctionnant 24h/24.

Vietcombank (carte p. 331 ; ☎ 829 7245 ; angle Ð Ben Chuong et Ð Pasteur ; fermé le dim et dernier jour du mois). Dans la partie est, les guichets sont réservés aux opérations de change. La Vietcombank accepte de nombreuses devises étrangères.

Centres culturels

British Council (carte p. 331 ; ☎ 823 2862 ; www.british council.org/vietnam ; 25 ÐL Le Duan)

Institut d'échanges culturels avec la France (Idecaf ; carte p. 340 ; ☎ 829 5451 ; 31 Ð Thai Van Lung)

Antenne culturelle du consulat de France (☎ 829 72 31 ; www.consulfrance-hcm.org ; 27 Nguyen Thy Minh)

Informations touristiques

Southern Airports Services Company (Sasco ; ☎ 848 6711 ; www.saigonairport.com ; 9h-23h). Juste après les carrousels à bagages, le guichet d'information de la Sasco distribue des cartes gratuites de la ville, de la documentation touristique et un tableau des vols ; elle se charge aussi de vos réservations en matière de transports, d'hébergements et de circuits.

Librairies

Le meilleur quartier pour dénicher des cartes géographiques, des livres et de la papeterie se situe au nord de ÐL Le Loi, entre le Rex Hotel et Ð Nam Ky Khoi Nghia, dans le quartier de Dong Khoi (carte p. 340). Outre les magasins d'État, il existe aussi de nombreuses boutiques privées

Dans Ð De Tham, vers Pham Ngu Lao (carte p. 360), une multitude de petites boutiques vendent des livres de poche d'occasion et des CD pirates. Vous y trouverez aussi une bourse aux livres. Voici quelques adresses :

Fahasa Bookshop Dong Khoi (carte p. 340 ; ☎ 822 4670 ; 185 Ð Dong Khoi) ; ÐL Nguyen Hue (carte p. 340 ; ☎ 822 5446 ; 40 ÐL Nguyen Hue). L'une des meilleures librairies d'État, avec de bons dictionnaires, des cartes et des livres en anglais et en français.

Phuong Nam Bookshop ÐL Le Duan (carte p. 331 ; ☎ 822 9650 ; 2A ÐL Le Duan ; 8h-21h30). Des livres et des magazines (d'information pour la plupart) anglais, français et chinois.

Tiem Sach Bookshop Ð Ho Huan Nghiep (carte p. 340 ; 20 Ð Ho Huan Nghiep ; 8h30-22h). Il s'agit davantage d'un dépôt de livres d'occasion (français et anglais) pour le compte du joli Bo Gio café.

Médias

Les hôtels, les bars et les restaurants des environs de HCMV mettent à disposition des magazines gratuits pour les sorties, tels le *Guide* et *Time Out*, ainsi que des suppléments hebdomadaires du *Vietnam Economic Times (VET)* et de la *Vietnam Investment Review (VIR)*.

Un choix assez éclectique de journaux et de magazines étrangers est également disponible à la vente – *Le Monde* du jour précédent ou *Newsweek* de la semaine passée (n'hésitez pas à marchander leur prix !). Adressez-vous aux vendeurs à l'angle de

Đ Dong Khoi et ĐL Le Loi (carte p. 340), en face du Continental Hotel.

Poste

La **poste principale** (carte p. 340 ; ☎ 829 6555 ; 2 Cong Xa Paris) se trouve juste à côté de la cathédrale Notre-Dame. Sa marquise de verre et sa charpente en fer évoquent l'architecture industrielle de la seconde moitié du XIXᵉ siècle : érigée entre 1886 et 1891, ce bâtiment abrite la plus grande poste du Vietnam.

Les clients envoient leur courrier et passent leurs appels téléphoniques sous le regard bienveillant de Ho Chi Minh. Le guichet de la poste restante se trouve à droite de l'entrée. Stylos, enveloppes, aérogrammes, cartes postales et timbres de collection sont vendus au comptoir immédiatement à droite de l'entrée, ainsi qu'à l'extérieur du bâtiment, Đ Nguyen Du.

De nombreux bureaux de poste jalonnent la ville (plusieurs figurent sur les cartes de ce chapitre). Tout comme la poste principale, ils restent souvent ouverts jusqu'à une heure avancée.

Plusieurs transporteurs privés sont installés près de la poste principale.

DHL (carte p. 340 ; ☎ 823 1525 ; 2 Cong Xa Paris ; 7h30-16h30 lun-sam)

Federal Express (carte p. 340 ; ☎ 829 0995 ; www.fedex.com ; angle Đ Pasteur et Đ Le Thanh Ton ; 7h-20h lun-ven, 7h-16h sam)

Saigon Logistics (carte p. 360 ; ☎ 837 3435 ; 293 Đ Pham Ngu Lao ; 8h-17h30 lun-sam). Peut envoyer vos achats chez vous si vous avez succombé aux attraits des boutiques.

UPS (carte p. 340 ; ☎ 824 3597 ; www.ups.com ; 80 Đ Nguyen Du ; 7h30-16h30 lun-sam)

Services médicaux

Cho Ray Hospital (carte p. 345 ; ☎ 855 4137 ; fax 855 7267 ; 201 ĐL Nguyen Chi Thanh, District 5 ; consultations à partir de 4 $US ; 24/24). L'un des plus grands établissements hospitaliers du Vietnam, avec 1 000 lits et une section pour les étrangers au 10ᵉ étage ; sur les 200 médecins qui exercent ici, un tiers parlent anglais.

Emergency Centre (carte p. 331 ; ☎ 829 2071 ; 125 ĐL Le Loi ; 24/24). Les médecins parlent français et anglais.

FV Hospital (Hôpital franco-vietnamien ; carte p. 326-327 ; ☎ 411 3333 ; www.fvhospital.com ; 6 Đ Nguyen Luong Bang, Tan Phu Ward, District 7 ; 24/24). Des praticiens polyglottes pratiquent ici des soins excellents.

Grand Dentistry (carte p. 340 ; ☎ 821 9446, urgences 24/24 ☎ 0903-647 156 ; Sun Wah Tower, 115 Đ Nguyen Hue). Soins dentaires, urgences et chirurgie.

HCMC Family Medical Practice (carte p. 340 ; ☎ 822 7848, urgences 24/24 ☎ 0913-234 911 ; www.doctorkot.com ; Diamond Plaza, 34 ĐL Le Duan ; consultations à partir de 50 $US ; 24/24). Dirigé par le très respecté Dr Rafi Kot.

International Medical Centre (carte p. 340 ; ☎ 827 2366, urgences 24/24 ☎ 865 4025 ; fac@hcm.vnn.vn ; 1 Đ Han Thuyen ; consultations 40-80 $US ; 24/24). Cette organisation à but non lucratif se veut le moins cher des centres de santé occidentaux du pays ; les médecins parlent anglais et français.

International SOS (carte p. 340 ; ☎ 829 8424, urgences 24/24 ☎ 829 8520 ; fax 829 8551 ; 65 Đ Nguyen Du ; consultations 55-65 $US ; 24/24). Possède une équipe de médecins internationaux, dont la plupart parlent anglais et français.

Starlight Dental Clinic (carte p. 340 ; ☎ 822 2433, urgences 24/24 ; ☎ 0903-834 901 ; 10C Đ Thai Van Lung)

Urgences

Urgences (☎ 115)
Incendie (☎ 114)
Renseignements (☎ 1080)
Police (☎ 113)

Téléphone

On peut appeler dans le pays ou à l'étranger depuis les bureaux de poste et les grands hôtels. À la poste, un appel local coûte 2 000 d. Dans les hôtels, les prix des communications locales sont variables ; renseignez-vous au préalable. Vous pouvez aussi passer vos appels internationaux par Internet dans la plupart des cybercafés, pour un minimum de 5 000 d la minute.

Toilettes

À HCMV, la plupart des établissements recevant des touristes possèdent des toilettes à l'occidentale. Dans les petits restaurants en revanche, il est possible de tomber sur des toilettes à la turque. Comme partout au Vietnam, jetez le papier hygiénique dans la poubelle destinée à cet usage sous peine de boucher les canalisations.

DÉSAGRÉMENTS ET DANGERS

HCMV est la ville qui comptabilise le plus grand nombre de vols au Vietnam – veillez à ne pas entrer dans les statistiques (voir aussi *Désagréments et dangers* du chapitre *Carnet pratique*). Soyez notamment très vigilant

HO CHI MINH-VILLE

> ## VOTRE AMI LE TAXI
>
> Concernant les chauffeurs de taxi qui vous emmènent de l'aéroport à votre hôtel, une petite mise en garde est nécessaire. Ils se livrent en effet parfois à un petit jeu étrange. Certains hôtels leur versant des commissions, ils vont tenter par toutes sortes de commentaires péjoratifs de vous persuader de renoncer à celui que vous avez choisi. Ne soyez donc pas surpris si votre chauffeur vous annonce d'emblée que votre hôtel est sale, cher, malfamé etc. C'est qu'il ne fait pas partie de ceux dont il peut espérer une commission. D'une façon générale, ne croyez pas tout ce que vous disent les chaufeurs de taxi, de *cyclo* et de moto.

dans le quartier de Dong Khoi, où opèrent des voleurs à moto.

Escroqueries

On nous rapporte de plus en plus d'anecdotes concernant les conducteurs de cyclos qui exigeraient des sommes exorbitantes au terme d'un circuit.

Avant de sauter sans réfléchir dans un cyclo pour lequel le conducteur vous laisse fixer le prix, négociez clairement avec lui (sur la base de 5/10 $US pour une demi-journée/une journée de circuit). Si vous voyagez à plusieurs, convenez d'un prix de groupe, et non d'un prix par personne. Il peut être utile de recourir aux chiffres écrits, voire au dessin, afin de bien se faire comprendre, car les malentendus sont fréquents. À moins que le conducteur du cyclo vous ait fait visiter les 21 districts de HCMV, 25 $US n'est pas le tarif normal.

Ne croyez pas pour autant que tous les cyclos vont essayer de vous escroquer. La vie est difficile pour eux, surtout depuis que les autorités municipales envisagent leur suppression progressive. Si vous avez bénéficié des services d'un bon guide et êtes satisfait du circuit, n'hésitez pas à laisser un pourboire généreux.

À VOIR

La plupart des lieux d'intérêt se situent dans le district 1. Si votre séjour excède une journée, vous pouvez concilier la visite du centre de HCMV (carte p. 331), celle des pagodes de Cholon (carte p. 345) et celle des districts périphériques.

Centre de HCMV
PALAIS DE LA RÉUNIFICATION

Le **palais de la Réunification** (Hoi Truong Thong Nhat ; carte p.331 ; ☎ 829 4117 ; 106 Ð Nguyen Du ; 15 000 d ; 7h30-11h et 13h-16h) est l'un des lieux les plus fascinants de la ville, pour son

architecture moderne spectaculaire, comme pour l'étrangeté qui se dégage de ses vastes halls déserts. Symbole du gouvernement sud-vietnamien, le palais est resté tel qu'il était le 30 avril 1975, jour où la République du Vietnam cessa d'exister, après que des centaines de milliers de Vietnamiens et 58 183 Américains eurent péri en tentant de la sauver. Parmi les nouveautés du musée, citons une statue de Ho Chi Minh et une salle vidéo, où est projeté un film sur l'histoire du Vietnam (commentaires en plusieurs langues) – à la fin de la cassette, résonne l'hymne national : levez-vous, il serait impoli de rester assis.

En 1868, la résidence du gouverneur-général de la Cochinchine française fut édifiée à cet emplacement. Après plusieurs agrandissements, ce bâtiment devint le palais Norodom. Au départ des Français, le président du Sud-Vietnam, Ngo Dinh Diem, s'y installa. Cet homme faisait l'objet d'une telle haine que sa propre force aérienne essaya vainement de le faire disparaître en bombardant le palais en 1962. Diem ordonna alors qu'un nouvel édifice soit construit sur l'emplacement de l'ancien, doté enfin d'un abri antiaérien au sous-sol. Les travaux furent achevés en 1966 – Diem, assassiné par ses troupes en 1963, ne profita jamais de la maison de ses rêves. Baptisé palais de l'Indépendance, le bâtiment héberga le nouveau président du Sud-Vietnam, Nguyen Van Thieu, jusqu'à sa fuite en 1975.

C'est vers ce bâtiment, alors appelé palais de l'Indépendance ou palais présidentiel, que se dirigèrent les premiers tanks communistes qui entrèrent dans Saigon à l'aube du 30 avril 1975. Ils en écrasèrent les grilles, puis un soldat courut planter un drapeau vietcong sur le balcon du 4e étage. Ce matin-là, le général Minh, promu chef de l'État 43 heures auparavant, attendait les vainqueurs dans un superbe salon du 2e étage, en compagnie de ses ministres. "Je vous attendais pour vous transférer les pouvoirs", dit Minh à l'officier vietcong qui entrait dans la pièce. "Il n'y a aucun pouvoir à passer, répondit l'officier, vous ne pouvez passer ce que vous n'avez pas".

Typique de l'architecture des années 1960, le palais, dû à Ngo Viet Thu, un architecte formé à Paris, respire l'harmonie, et ses spacieuses salles sont décorées, avec goût, des plus beaux objets de l'art et de l'artisanat modernes locaux. Il émane de ce palais une grandeur digne d'un chef d'État.

La salle du rez-de-chaussée, où trône une table oblongue, servait de salle de conférence. C'est au 1er étage que se trouve la **salle de réception** (Phu Dau Rong, ou salle de la Tête du Dragon), celle aux chaises rouges, où le président du Sud-Vietnam recevait les délégations étrangères. Il s'installait à son bureau, ses assistants prenaient place dans les fauteuils aux accoudoirs en forme de dragon. Le siège faisant face au bureau était réservé aux ambassadeurs étrangers. La pièce attenante servait de salle de réunion. Quant à la pièce aux chaises et rideaux dorés, elle était réservée au vice-président. Vous pouvez même vous asseoir dans l'ancien fauteuil du président et vous faire prendre en photo.

Les appartements privés sont aménagés à l'arrière du bâtiment, où vous découvrirez des maquettes de bateaux, des queues de cheval et des pattes d'éléphant. Le 3e étage comporte une salle de jeu, agrémentée d'un bar, d'une salle de projection et d'une terrasse aménagée en héliport. Le 4e étage comprend une salle de bal et un casino.

Le sous-sol renferme un dédale de tunnels, un centre de télécommunications et une salle d'état-major.

Le palais de la Réunification est fermé aux visiteurs lors des réceptions ou des réunions officielles. Des guides parlent français et anglais.

MUSÉE DES SOUVENIRS DE GUERRE

Auparavant appelé musée des Crimes de guerre chinois et américains, le **musée des Souvenirs de guerre** (Bao Tang Chung Tich Chien Tranh ; carte p. 331 ; ☎ 930 5587, 28 Đ Vo Van Tan ; 10 000 d ; tlj 7h30-11h45 et 13h30-17h15) est devenu l'un des musées les plus visités par les touristes occidentaux à HCMV. La plupart des atrocités

montrées ici ont été largement diffusées en Occident. Il n'empêche que le détail de ces exactions, présenté par les victimes elles-mêmes, reste très impressionnant.

Le nom de ce musée a changé il y a quelque temps, afin de ne pas heurter la sensibilité des touristes. La brochure distribuée à l'entrée ne s'intitule pas moins *Images des crimes perpétrés par les États-Unis durant leur guerre impérialiste contre le Vietnam*.

À l'extérieur sont exposés des véhicules blindés américains, des pièces d'artillerie, des bombes et des armes d'infanterie, sans oublier la guillotine qu'utilisaient les Français contre les "fauteurs de trouble" vietminh. La plupart des photos d'atrocités sont de source américaine, dont celles du fameux massacre de My Lai, de sinistre mémoire (voir l'encadré dans le chapitre *Littoral du Centre et du Sud*). On remarquera l'une des célèbres cages à tigre où les Sud Vietnamiens enfermaient leurs prisonniers vietcong, sur l'île Con Son. D'autres clichés montrent les malformations chez les nouveau-nés, provoquées par les herbicides chimiques largement répandus pendant la guerre par les Américains. Une salle adjacente est consacrée à la dénonciation des "crimes contre-révolutionnaires" commis au Vietnam après 1975. Les saboteurs y sont dépeints comme les alliés des impérialistes, tant nord-américains que chinois.

Malgré la relative partialité des expositions, peu de musées dans le monde expriment avec autant de force la brutalité de la guerre. Les partisans du conflit eux-mêmes ne peuvent rester indifférents devant les photographies d'enfants brûlés au napalm et déchiquetés par les bombes américaines. Les scènes de torture sont particulièrement éprouvantes. Vous aurez également le triste privilège de voir quelques armes expérimentales (classées, à l'époque, "secret défense") employées pendant la guerre du Vietnam, dont la fléchette, un obus rempli de milliers de minuscules traits acérés.

Le musée des Souvenirs de guerre est aménagé dans l'immeuble qui abritait à l'époque l'US Information Service. Les commentaires sont rédigés en vietnamien, en chinois et en anglais. Fait surprenant, le musée propose également des **spectacles de** marionnettes sur l'eau sous une tente installée dans la cour (voir p. 111).

SIÈGE DU COMITÉ DU PEUPLE

L'hôtel de ville, cet édifice tarabiscoté qui constitue l'un des principaux points de repère de la ville, est désormais le siège quelque peu incongru du Comité du peuple de HCMV. Il fut construit entre 1901 et 1908, après des années de controverse, typiquement française, au sujet de son architecture. L'ancien hôtel de ville, à l'extrémité nord-ouest de Ð L Nguyen Hué, face au fleuve, se caractérise par ses jardins, sa façade ornementée et son intérieur élégant, éclairé de lustres en cristal. C'est de loin le monument le plus photographié du Vietnam. La nuit, les murs extérieurs sont souvent couverts de lézards qui se régalent d'insectes.

Vous devrez malheureusement vous contenter de n'admirer que la façade de ce bâtiment car il est fermé au public et toute demande de visite est refusée.

THÉÂTRE MUNICIPAL

Difficile de manquer le théâtre municipal (Nha Hat Thanh Pho ; carte p. 340 ; ☎ 829 9976 ; place Lam Son), vaste bâtisse d'un rose improbable, dotée d'un large escalier, située à l'intersection de Ð Dong Khoi de de Ð L Le Loi. Pour tout renseignement sur les spectacles qui s'y déroulent, voir p. 367.

MUSÉE D'HISTOIRE

Cet étonnant bâtiment de style franco-chinois, qui abrite le musée d'Histoire (Bao Tang Lich Su ; carte p. 326-327 ; ☎ 829 8146 ; Ð Nguyen Binh Khiem ; 10 000 d ; 8h-11h et 13h30-16h), a été construit en 1929 par la Société des Études Indochinoises. Visitez-le, ne serait-ce que pour son architecture ou son excellente collection d'objets illustrant l'évolution des cultures du Vietnam – de la civilisation Dong Son (âge du bronze) et d'Oc-Eo (royaume de Funan, Ier-VIe siècles) aux Cham, aux Khmers et aux Vietnamiens ; de superbes reliques provenant d'Angkor Vat, au Cambodge.

À l'arrière du bâtiment, au 3e étage, une bibliothèque de documentation (☎ 829 0268 ; lun-sam) possède un fonds très riche de livres sur l'Indochine, datant de la période coloniale.

Face à l'entrée du musée se dresse le temple du roi Hung Vuong, à l'architecture très travaillée. Les souverains Hung sont considérés comme les premiers dirigeants de la nation vietnamienne ; ils auraient régné sur la région du Fleuve rouge avant l'invasion des Chinois.

Le musée se trouve juste après la principale porte d'accès au zoo et aux jardins botaniques (p. 352), à l'endroit où Ð Nguyen Binh Khiem croise l'extrémité est de Ð L Le Duan.

De l'autre côté de Ð Nguyen Binh Khiem, un petit musée militaire (carte p. 331 ; ☎ 822 9387 ; 2 Ð L Le Duan) est consacré à la campagne lancée par Ho Chi Minh pour libérer le sud du pays. Les expositions intérieures offrent peu d'intérêt, mais des engins de guerre américains, chinois et soviétiques sont présentés à l'extérieur. Vous y verrez notamment un Cessna A-37 de l'armée de l'air sud-vietnamienne et un Tiger F-5E de fabrication américaine encore prêt à tirer. Le tank exposé est l'un de ceux qui pénétra dans le palais de la Réunification le 30 avril 1975.

MUSÉE DES BEAUX-ARTS

Édifice classique jaune et blanc, de caractère vaguement chinois, ce musée (Bao Tang My Thuat ; carte p. 331 ; ☎ 822 2441 ; 97A Ð Pho Duc Chinh ; 10 000 d ; lun-sam 9h-16h30) abrite une exceptionnelle collection de laques et d'émaux, ainsi que des tableaux de peinture contemporaine d'artistes vietnamiens et étrangers. Si vous ne souhaitez pas la visiter, pénétrez quand même dans l'immense hall pour admirer ses fenêtres et ses planchers Art nouveau. Le 1er étage présente des œuvres d'art contemporain officiel, souvent kitsch ou tendant vers l'art abstrait, avec quelques pièces superbes. La plupart des œuvres récentes sont à vendre à des prix raisonnables.

Au 2e étage est exposée une partie de la production "ancienne" jugée politiquement correcte. Les représentations sont des plus réalistes : héros agitant des drapeaux rouges, enfants armés de fusils, pléthore de tanks et d'armes, Américains dans des situations grotesques, et Ho Chi Minh représenté presque comme un dieu. Cette partie vaut cependant le coup d'œil pour ces artistes vietnamiens parvenus à ne pas demeurer aussi ternes et conformistes que leurs contemporains d'Europe de l'Est. Une fois passées les statues de Ho Chi Minh, vous constaterez effectivement que les artistes qui avaient fait leurs études avant 1975 parvenaient à projeter leur esthétique dans un univers de sujets convenus. Certains dessins, illustrant les émeutes survenues dans les prisons en 1973, et quelques œuvres abstraites, s'avèrent tout à fait remarquables.

Au 3e étage, on peut admirer une belle collection d'œuvres anciennes, notamment des sculptures d'Oc-Eo (royaume du Funan). Leur style présente de fortes ressemblances avec ceux de la Grèce et de l'Égypte antiques. C'est là également que sont exposées les plus belles sculptures cham, après celles du musée de Danang. Vous ne manquerez pas les admirables œuvres indiennes, comme les statues de pierre de têtes d'éléphant. Certaines autres pièces trouvent à l'évidence leur origine dans la culture d'Angkor.

Le café aménagé dans le jardin devant le musée semble l'endroit de prédilection de vieux messieurs qui échangent leurs timbres de collection en buvant un thé glacé.

CATHÉDRALE NOTRE-DAME

Construite entre 1877 et 1883, la **cathédrale** (carte p. 340 ; Đ Han Thuyen) se trouve au centre du quartier ministériel de HCMV, face à la ĐDong Khoi. De style néoroman, elle possède deux clochers carrés de 40 m de hauteur, surmontés de flèches en fer. Sur le parvis se dresse une statue de la Vierge Marie. Si les grilles sont fermées, essayez d'entrer par la porte latérale, en face du palais de la Réunification.

Cette cathédrale ne possède plus de vitraux, car ils ont tous disparu pendant la Seconde Guerre mondiale. Comme de nombreux étrangers viennent dans le sanctuaire, les prêtres ont le droit d'alterner célébrations en vietnamien et bref sermon en français ou en anglais. Si vous souhaitez assister à une messe, préférez celle du dimanche matin à 9h30.

TEMPLE HINDOU DE MARIAMMAN

Petit îlot du sud de l'Inde au cœur de HCMV, ce **temple hindou** (Chua Ba Mariamman ; carte p. 331 ; 45 Đ Truong Dinh) est le seul à être encore en activité. Bien que la ville ne compte que 50 à 60 hindouistes (tous tamouls), ce temple est considéré comme un lieu sacré par de nombreux Chinois et Vietnamiens. Il est réputé pour ses pouvoirs miraculeux. Construit à la fin

du XIXe siècle, il est consacré à la déesse hindoue Mariamman.

Le lion, à gauche de l'entrée, était promené en procession dans la ville chaque automne. Dans le sanctuaire, au centre du temple, préside la déesse **Mariamman** flanquée de ses deux gardiens, Maduraiveeran (à gauche) et Pechiamman (à droite). Devant Mariamman se dressent deux *lingam* (symbole phallique de Shiva), entourés d'offrandes : bâtons d'encens, fleurs de jasmin, lys et glaïeuls. Les marches en bois, à gauche en entrant, mènent au toit, où vous découvrirez deux **tours** colorées et ornées d'innombrables statues de lions, de déesses et de gardiens.

Après la Réunification, le gouvernement prit possession du temple, mais la communauté hindoue devrait bientôt le récupérer le temple dans son intégralité.

Vous atteindrez le temple après trois pâtés de maisons à l'ouest du marché Ben Thanh. Déchaussez-vous avant de poser le pied sur la plate-forme légèrement surélevée.

MOSQUÉE DU CENTRE DE SAIGON

Bâtie en 1935, par des musulmans originaires du sud de l'Inde, sur l'emplacement d'une ancienne mosquée, cette **mosquée** (carte p. 340 ; 66 Đ Dong Du) constitue un havre de paix au cœur du quartier trépidant de Dong Khoi. Cet ensemble blanc et bleu étincelant comprend quatre minarets, qui n'appellent plus à la prière. Devant la mosquée, un bassin sert aux ablutions rituelles. Déchaussez-vous avant d'entrer.

La simplicité du lieu offre un contraste saisissant avec l'exubérance des temples chinois et les alignements de statues des pagodes bouddhiques.

Il ne reste plus qu'une poignée de musulmans indiens à HCMV, la communauté ayant fui le pays en 1975. Hormis le vendredi, peu de fidèles (principalement des musulmans non-indiens) se pressent aux cinq prières quotidiennes. La ville compte douze autres mosquées, pour une communauté d'environ 5 000 musulmans

PAGODE XA LOI

Construite en 1956, cette **pagode bouddhique** (carte p. 331 ; 89 Đ Ba Huyen Thanh Quan) abriterait une relique de Bouddha. En août 1963, un commando aux ordres de Ngo Dinh Nhu, frère du président Ngo Dinh Diem, attaqua la pagode, alors centre de l'opposition au gouvernement Diem. Elle fut saccagée et 400 bonzes et bonzesses, dont le patriarche bouddhiste du pays, âgé de 80 ans, furent arrêtés. Ce raid, tout comme d'autres, renforça l'opposition des bouddhistes au régime Diem. Ce fut un facteur déterminant dans la décision des États-Unis de soutenir un coup d'État contre Diem. La pagode fut également le théâtre de plusieurs immolations de bonzes, qui protestaient contre le régime et l'agression américaine.

Les femmes entrent dans la pagode Xa Loi par un escalier situé à droite de l'entrée. Les hommes utilisent celui de gauche. Les murs du sanctuaire sont ornés de peintures qui retracent la vie de Bouddha.

La pagode se situe dans le district 3 près de Đ Dien Bien Phu. Un bonze prêche le dimanche entre 8h et 10h. Les jours de pleine et de nouvelle lune, des prières spéciales ont lieu de 7h à 9h et de 19h à 20h.

PAGODE AN QUANG

Cette **pagode** (carte p. 326-327 ; Đ Su Van Hanh) , à l'angle de Đ Ba Hat, dans le district 10, devint célèbre pendant la guerre du Vietnam car elle était la demeure de Thich Tri Quang, un bonze influent qui organisa des manifestations contre le gouvernement sud-vietnamien en 1963 et 1966. Au lieu de lui en savoir gré à la fin de la guerre, les communistes l'assignèrent à résidence, avant de le jeter au cachot pendant 16 mois. Il semblerait qu'il vive toujours dans la pagode.

MUSÉE DE HO CHI MINH-VILLE

Situé dans un superbe bâtiment néoclassique gris construit en 1886, le **musée de Ho Chi Minh-Ville** (Bao Tang Thanh Pho Ho Chi Minh ; carte p. 340 ; ☎ 829 9741 ; 65 Đ Ly Tu Trong ; 1 $US ; 8h-16h) s'appelait autrefois le palais Gia Long (et plus récemment, le musée de la Révolution).

Les expositions retracent la lutte des communistes pour contrôler le Vietnam. Dans ces salons dorés figurent aussi des photographies des militants anticolonialistes exécutés par les Français, tandis que d'autres documents permettent de mesurer la formidable puissance et le faste de la France coloniale. Des photos montrent un défilé de pacifistes vietnamiens à Saigon réclamant le départ des troupes américaines, ainsi que le suicide de Thich Quang Duc, le bonze qui s'immola par le feu en 1963, en signe de protestation contre la politique du président Ngo Dinh Diem (voir l'encadré p. 215).

Les notes explicatives sont exclusivement en vietnamien ; certains documents sont cependant rédigés en français et en anglais, et la plupart suffisamment explicites pour qui connaît un peu l'histoire du pays. Les expositions couvrent les diverses périodes composant les 300 ans de la ville.

Parmi les objets exposés, remarquez une longue et étroite pirogue (ghe) dont le double fond servait à cacher des armes. Tout près, un petit diorama présente les tunnels de Cu Chi. La salle attenante est consacrée aux armes utilisées par le Viet-Cong ainsi qu'aux médailles, casques et plaques des Sud-Vietnamiens et des Américains. Une carte montre la progression des communistes pendant la chute du Sud-Vietnam, au début de 1975 ; vous découvrirez aussi des photos de la libération de Saigon.

Les sous-sols du bâtiment abritent un réseau de bunkers en béton et de couloirs fortifiés, reliés au palais de la Réunification et comprenant des zones d'habitation, une cuisine et une grande salle de réunion. C'est dans l'un de ces bunkers que le président Diem et son frère se cachèrent avant de s'enfuir vers l'église Cha Tam (p. 347). Ce réseau n'est actuellement pas ouvert au public, la plupart des tunnels étant inondés. Si vous apportez une lampe-torche, un gardien du musée vous en fera peut-être visiter une partie.

Dans le jardin situé derrière le musée sont exposés un tank soviétique, un hélicoptère américain Huey UH-1 et un canon antiaérien. Du matériel militaire est également disposé dans le jardin donnant sur la Đ Nam Ky Khoi Nghia, dont un F-5 américain utilisé par un soldat renégat sud-vietnamien pour bombarder le palais présidentiel (actuel palais de la Réunification), le 8 avril 1975. Le musée se trouve à quelques pas à l'est du palais.

MUSÉE TON DUC THANG

Peu visité, ce **musée** (Bao Tang Ton Duc Thang ; carte p. 340 ; ☎ 829 7542 ; 5 Đ Ton Duc Thang ; 1 $US ; mar-ven 7h30-11h30 et 13h30-17h) est dédié à Ton Duc Thang, qui naquit à Long Xuyen, dans la province d'An Giang, en 1888. Il succéda à Ho Chi Minh à la présidence du Vietnam et mourut dans l'exercice de ses fonctions en 1980, à l'âge de 92 ans. Des photos et des expositions illustrent son rôle dans la révolution vietnamienne – certaines sont consacrées à sa période de détention sur l'île Con Son (p. 391).

Le musée se trouve sur le quai, à quelques pas au nord de la statue de Tran Hung Dao.

MUSÉE HO CHI MINH

Ce **musée** (Khu Luu Niem Bac Ho ; carte p. 331 ; ☎ 840 0647 ; 1 Đ Nguyen Tat Thanh ; 5000 d ; tlj 7h30-11h30 et 13h30-17h) est aménagé dans l'ancien bâtiment des douanes, dans le district 4. Traversez le canal Ben Nghe en venant de l'extrémité de Đ L Ham Nghi qui donne sur le quai. Érigé en 1863, l'immeuble a conservé son ancien surnom : "la maison du Dragon" (Nha Rong). Les liens entre Ho Chi Minh (1890-1969) et ce lieu semblent plutôt ténus : il en serait parti en 1911, à l'âge de 21 ans, pour s'embarquer comme chauffeur et coq sur un cargo français. Il entamait là un exil de trente ans, qui allait notamment le mener en France, en Union soviétique et en Chine.

Le musée possède nombre de ses objets personnels, y compris des vêtements, des sandales (il affichait un style vestimentaire décontracté), sa précieuse radio Zenith fabriquée aux États-Unis et d'autres souvenirs. Les explications figurent en vietnamien. Cependant, si vous connaissez un peu l'histoire de Ho Chi Minh (voir p. 29), les photos et les expositions vous sembleront assez explicites.

PARC CONG VIEN VAN HOA

Près de l'ancien Cercle sportif, qui fut le club huppé de la période coloniale française, de gigantesques arbres tropicaux ombragent les allées du parc (carte p. 331).

Le matin, on voit souvent des Vietnamiens pratiquer le *thai cuc quyen*, mouvements de boxe très lents. Le parc abrite des répliques miniatures des tours cham les plus célèbres de Nha Trang.

Le club sportif fonctionne toujours et comprend onze courts de tennis, une piscine et un club-house qui évoquent encore une atmosphère suranné. Les tarifs de location des courts de tennis sont très raisonnables. L'accès à la piscine se paie à l'heure et l'on peut, au besoin, acheter un maillot de bain sur place. Les antiques vestiaires manquent de verrous, mais pas de charme.

Un café surplombe la piscine à colonnades et ses bains à la romaine. Parmi les autres activités, citons un gymnase, une table de ping-pong, des haltères, un tapis de lutte et des cours de danse de salon.

Le parc Cong Vien Van Hoa jouxte le palais de la Réunification et possède deux entrées : face au 115 Đ Nguyen Du et dans Đ Nguyen Thi Minh Khai.

Grand HCMV

Si vous avez le temps d'explorer davantage HCMV, il faut voir le Binh Soup Shop et quelques pagodes. Si vous n'avez pas prévu de visiter Cholon, visitez cependant les pagode Giac Lam Pagoda et de l'empereur de Jade pour leur architecture et leur ornementation étonnantes.

BINH SOUP SHOP

Ne soyez pas surpris de voir figurer une échoppe de nouilles dans cette rubrique : ce **restaurant** (carte p. 331 ; ☎ 848 3775 ; 7 Đ Ly Chinh Tha Thang, district 3 ; soupe de nouilles 15 000 d) abritait, pendant la guerre, le QG secret de l'armée vietcong de Saigon. C'est ici qu'a été planifiée, entre autres, l'attaque de l'ambassade américaine durant l'offensive du Têt en 1968. On se demande comment tant de soldats américains ont pu fréquenter l'endroit sans se douter que tout le personnel était aux ordres du Viet-Cong. Le Binh Soup Shop sert par ailleurs un *pho* délicieux.

PAGODE GIAC LAM

Construite en 1744, cette **pagode** (carte p. 326-327 ; 118 Đ Lac Long Quan), où vivent encore une dizaine de bonzes, est l'une des plus anciennes de l'agglomération de HCMV. Sa dernière reconstruction remonte à 1900. Son architecture et sa décoration typiquement vietnamiennes – où l'on relève pourtant des éléments taoïstes et confucianistes – ont échappé aux rénovations modernes.

À droite de l'entrée apparaissent les **tombeaux** de bonzes vénérés. L'arbre Bodhi, ou banian sacré (*bo de*), qui s'élève dans le jardin devant la pagode, a été offert par un bonze srilankais. Près de cet arbre, comme dans toutes les pagodes bouddhiques vietnamiennes, une éclatante statue de Quan The Am Bo Tat se dresse sur une fleur de lotus, symbole de la pureté.

Des carreaux de céramique bleu et blanc, inhabituels, recouvrent la toiture du

bâtiment principal, aussi bien à l'intérieur qu'à l'extérieur. De nombreuses épitaphes et photographies de défunts tapissent les murs du hall. Près du centre du sanctuaire, à côté d'un chandelier français ancien, une statue de Chuan De, à dix-huit bras, est une autre représentation de la déesse de la Miséricorde. Remarquez les colonnes de bois sculpté aux inscriptions dorées en caractères *nom*. Les Vietnamiens les utilisaient avant d'adopter l'alphabet aux caractères latins *quôc ngu*. Le mur de gauche montre des portraits de grands bonzes des générations précédentes. Leurs noms et les faits marquants de leur vie sont inscrits sur les plaques verticales rouges en caractères *nom* dorés. Vous devrez vous déchausser avant de passer des carreaux rouges, plus grossiers, à ceux, plus petits, aux tons gris.

Face aux épitaphes des bonzes s'élève le **sanctuaire** principal, qui compte d'innombrables statues dorées. Vous admirerez, sur l'estrade située au milieu du dernier rang, A Di Da, le bouddha du Passé (Amitabha), entouré de Kasyape, à sa droite, et d'Ananda, à sa gauche. Tous deux sont des disciples du bouddha Thich Ca (le fameux Bouddha Sakyamuni, dont le véritable nom était Siddhartha Gautama).

Devant A Di Da se dresse une statue du bouddha Thich Ca, flanqué de deux gardiens. La minuscule statuette, placée en avant, le représente enfant, vêtu de jaune, conformément à la coutume.

Le personnage rebondi, souriant et assailli par cinq enfants se nomme Ameda. À sa gauche, Ngoc Hoang, l'empereur de Jade taoïste, domine une foule de créatures surnaturelles. Au premier rang, deux *bodhisattvas* encadrent une statue du bouddha Thich Ca – dans le bouddhisme primitif, le *bodhisattva* désigne le Bouddha entre le moment où celui-ci décida d'atteindre l'Éveil et le moment où il y parvint ; dans le bouddhisme mahayana (ce dont il est question ici), c'est celui qui renonce au nirvana pour aider les autres à y parvenir.

Les autels situés le long des murs du sanctuaire portent divers bodhisattvas, ainsi que les juges des dix régions des Enfers. Chacun d'eux tient un rouleau ressemblant au manche d'une fourche.

QUARTIER DE DONG KHOI

L'objet rouge et or (en forme de sapin de Noël) est un autel en bois orné de 49 lampes et autant de miniatures de bodhisattvas. Les gens viennent y prier pour leurs proches malades ou pour accéder au bonheur. Ils offrent en obole du kérosène destiné à faire fonctionner les lampes et attachent à "l'arbre" de petits bouts de papier portant leur nom et ceux de leurs parents malades.

L'encadrement de la grosse cloche de bronze, nichée dans un angle, ressemble à un panneau d'affichage, où les fidèles ont épinglé des listes de noms de malades et de morts, ou de personnes à la recherche du bonheur. On dit que lorsque la cloche sonne, le son porte les prières jusqu'aux paradis célestes et souterrains.

La prière – des chants accompagnés de tambours, de cloches et de gongs – suit un rite désormais rarement pratiqué. Elle a lieu tous les jours à 4h, 11h, 16h et 19h.

La pagode Giac Lam se trouve à quelque 3 km de Cholon, dans le district de Tan Binh. Attention ! La numérotation de Đ Lac Long Quan, très fantaisiste, commence au numéro 1 à plusieurs reprises, puis saute à des numéros à 4 chiffres. En outre, les numéros pairs et impairs se succèdent souvent sur le même trottoir. Pour y accéder depuis Cholon, suivez Đ L Nguyen Chi Thanh ou Đ L 3 Thang 2 jusqu'à Đ Le Dai Hanh, que vous prenez en direction du nord-ouest, puis tournez à droite dans Đ Lac Long Quan. La pagode se trouve 100 m plus loin.

PAGODE GIAC VIEN

Fondée il y a environ 200 ans par Hai Tinh Giac Vien, cette **pagode** (carte p. 326-327 ; ĐLac Long Quan ; 7h-11h30 et 13h30-19h) ressemble, sur le plan architectural, à la pagode Giac Lam. Toutes deux sont empreintes de la même sérénité. Toutefois, Giac Vien se trouve dans un cadre plus rural, tout près du lac Dam Sen, dans le district 11. On dit que l'empereur Gia Long, qui mourut en 1819, était un fidèle de Giac Vien. Dix bonzes vivent sur place.

La pagode se situe dans un quartier assez pauvre de la ville. Pour éviter toute confusion due à la numérotation de la rue, en partant de Cholon, empruntez Ð L Nguyen Chi Thanh ou Ð L 3 Thang 2 jusqu'à Ð Le Dai Hanh. Tournez à gauche (vers le sud-ouest) dans Ð Binh Thoi, puis à droite (vers le nord) dans Ð Lac Long Quan. L'entrée se trouve au n°247.

Après l'entrée, parcourez plusieurs centaines de mètres sur un chemin truffé de nids-de-poule. Tournez à gauche au croisement en T, puis à droite à la fourche. Avant d'atteindre la pagode proprement dite, vous longerez plusieurs impressionnants **tombeaux** de bonzes, sur votre droite.

La première salle est tapissée d'épitaphes. Au fond de la deuxième salle se dresse une statue de Hai Tinh Giac Vien, tenant un chasse-mouches en crin de cheval. Les portraits proches représentent ses disciples et ses successeurs. Une représentation de Chuan De aux dix-huit bras, flanquée de deux gardiens, fait face à Hai Tinh Giac Vien.

Le **sanctuaire** principal se trouve de l'autre côté du mur, derrière la statue du fondateur. Le bouddha du Passé, A Di Da, médite au fond de l'estrade. Devant lui se tient le bouddha Thich Ca, entouré de ses disciples : Ananda à gauche et Kasyape à droite. Le bouddha Ti Lu est à droite de Kasyape, le bouddha Nhien Dang, à gauche d'Ananda. Aux pieds du bouddha Thich Ca, une petite figurine représentant Thich Ca enfant. Encadré de deux gardiens, Ameda, rebondi et rieur, est assis, tandis que des enfants lui grimpent dessus. Au premier plan, deux bodhisattvas assis entourent Thich Ca.

Un magnifique encensoir de cuivre, d'où émergent deux superbes têtes de dragon, fait face à l'estrade. Dai The Chi Bo Tat surmonte l'autel situé à gauche et Quan The Am Bo Tat, celui de droite. Le gardien de la pagode est adossé au mur qui fait face à l'estrade. Tout près, un "arbre de Noël" ressemble à celui de la pagode Giac Lam (p. 339). Les juges des dix régions des Enfers (tenant des rouleaux) et dix-huit bodhisattvas longent les murs latéraux.

Mieux vaut visiter la pagode avant la tombée de la nuit, car l'électricité est souvent coupée. Les prières ont lieu tous les jours de 4h à 5h, de 8h à 10h, de 14h à 15h, de 16h à 17h et de 19h à 21h.

PAGODE DE L'EMPEREUR DE JADE

Construite en 1909 par la congrégation de Canton (Quang Dong), la **pagode de l'empereur de Jade** (Phuoc Hai Tu ou Chua Ngoc Hoang ; carte p. 326-327 ; 73 Ð Mai Thi Luu), superbe exemple de temple chinois, est l'une des pagodes les plus spectaculaires et colorées de HCMV. Elle abonde en statues de divinités fantasmagoriques et de héros délirants. La fumée âcre de l'encens emplit l'atmosphère, masquant les magnifiques panneaux de bois sculptés de caractères chinois dorés. Une mosaïque sophistiquée couvre le toit. Les statues de papier mâché représentent les personnages des traditions bouddhique et taoïste.

À droite après l'entrée principale, saluez Mon Quan, le dieu de la Porte, dont la statue occupe une niche de bois finement sculptée. De l'autre côté, dans une niche similaire, le dieu de la Terre, Tho Than (Tho Dia), lui fait face. Au centre, un autel supporte de gauche à droite : Phat Mau Chuan De, la mère des cinq bouddhas des Points cardinaux ; Dia Tang Vuong Bo Tat (Ksitigartha), le roi des Enfers ; Di Lac (Maitreya), le bouddha du Futur ; Quan The Am Bo Tat, la déesse de la Miséricorde ; enfin, un bas-relief représentant le bouddha Thich Ca (Sakyamuni). Derrière l'autel, une vitrine abrite une statue (sans doute en bois de santal) du bouddha Duoc Su, également appelé Nhu Lai.

De part et d'autre de l'autel, deux statues de 4 m de haut, à l'air féroce, se dressent contre le mur. À droite, le général vainqueur du Dragon vert pose un pied sur sa victime terrassée. À gauche, le général vainqueur du Tigre blanc adopte une position similaire.

L'empereur de Jade taoïste, Ngoc Hoang, drapé d'étoffes luxueuses, domine le **sanctuaire principal**. Il est flanqué de ses gardiens, les quatre Grands Diamants (Tu Dai Kim Cuong), censés être aussi durs que la pierre du même nom. Au premier plan sont disposées six statues, trois de chaque côté : à gauche, Bac Dau, le dieu taoïste de l'Étoile polaire du Nord et de la Longévité, entouré de ses deux gardiens ; à droite, Nam Tao, le dieu taoïste de l'Étoile polaire du Sud et du Bonheur, accompagné lui aussi de ses deux gardiens.

Dans la niche à droite de l'empereur de Jade, Phat Mau Chuan De, la déesse aux dix-huit bras, possède, fixés derrière ses oreilles, deux visages qui regardent de chaque côté. Sur le mur à sa droite, à près de 4 m de hauteur, vous apercevez Dai Minh Vuong Quang, qui se réincarna en Sakyamuni, chevauchant un phénix. Plus bas se trouvent les Tien Nhan, littéralement les "êtres-dieux".

Dans la niche à gauche de l'empereur de Jade est assis Ong Bac De, une réincarnation de l'empereur, sabre à la main. Un de ses pieds repose sur une tortue, l'autre sur un serpent. Sur le mur à gauche, à 4 m du sol, vous voyez Thien Loi, le dieu de la foudre et pourfendeur des malfaisants. Au-dessous, les commandants militaires d'Ong Bac De sont installés sur la première marche et les gardiens de Thien Loi, sur la marche supérieure. Deux piliers sculptés séparent les trois alcôves ; la déesse de la Lune surmonte celui de gauche, le dieu du Soleil celui de droite.

Un passage à gauche de l'autel principal mène à une autre salle. L'espace situé à droite en entrant est dominé par Thanh Hoang, le maître des Enfers, son cheval rouge à sa gauche. Six statues s'alignent contre les murs : les deux premières représentent Am Quan, le dieu du Yin (à gauche) et Duong Quan, le dieu du Yang (à droite), puis viennent les quatre Thuong Thien Phat Ac, les dieux chargés de punir les mauvaises actions et de récompenser les bonnes. Thanh Hoang est tourné dans la direction de la **salle des dix régions des Enfers**, dont les bas-reliefs en bois ornant les murs représentent les tourments. Au-dessus de chaque panneau, l'un des juges de ces dix régions consulte un livre où sont consignés les faits et les méfaits des défunts.

Sur le mur faisant face à Thanh Hoang, un bas-relief de bois représente Quan Am Thi Kinh, sur une fleur de lotus, tenant son "fils" dans les bras. À sa gauche, Long Nu, un très jeune bouddha, la protège. À sa droite, Thien Tai, le gardien de son esprit, connaissait la vérité depuis le début (voir l'encadré *Quan Am Thi Kinh*). Au-dessus de son épaule gauche, un oiseau porte des grains de prière.

Un panneau, à droite du précédent, représente Dia Tang Vuong Bo Tat, le roi des Enfers.

Derrière la cloison, une superbe petite salle contient douze **statues de porcelaine**, disposées sur deux rangées, représentant

douze femmes vêtues de couleurs vives et entourées d'enfants. Chacune d'elles symbolise un trait du caractère humain, bon ou mauvais, ainsi que les douze années du calendrier chinois. Kim Hoa Thanh Mau, le chef des femmes, domine la salle.

Retournez dans le premier sanctuaire pour emprunter l'escalier qui vous mènera au 2e étage et à la terrasse.

La pagode de l'empereur de Jade se situe dans le quartier de Da Kao (ou Da Cao). Pour y parvenir, partez du 20 Đ Dien Bien Phu et parcourez un demi-pâté de maisons vers le nord-ouest.

TEMPLE LE VAN DUYET
Dédié au maréchal Le Van Duyet (1763-1831), ce **temple** (carte p. 326-327) abrite également son tombeau et celui de son épouse. Général et vice-roi originaire du Sud, il contribua à étouffer le soulèvement des Tay Son et à réunifier le Vietnam. Quand la dynastie Nguyen prit le pouvoir, en 1802, l'empereur Gia Long l'éleva au grade de maréchal. Sous l'empereur Minh Mang, le successeur de Gia Long, le maréchal tomba en disgrâce et son tombeau fut détruit après un procès posthume pour trahison. L'empereur Thieu Tri, qui succéda à Minh Mang, le fit reconstruire, accomplissant ainsi une prophétie qui annonçait la destruction et la reconstruction. Jusqu'en 1975, Le Van Duyet fut considéré comme un héros national dans le Sud. Les communistes n'ont en revanche pas apprécié l'aide qu'il avait apportée au développement de l'influence française.

Le temple, rénové en 1937, se dégrade peu à peu depuis 1975. Parmi les objets exposés, vous verrez un portrait de Le Van Duyet, quelques effets personnels (dont des verres en cristal de style européen), ainsi que des pièces d'antiquité. Deux superbes statues de chevaux grandeur nature encadrent l'entrée de la troisième salle, fermée aux visiteurs.

Pendant les fêtes du Têt et le 30e jour du 7e mois lunaire (anniversaire de la mort du maréchal), une foule de pèlerins vient se recueillir sur sa tombe. C'est ici que les Vietnamiens avaient coutume de prêter serment s'ils n'avaient pas les moyens d'engager une action en justice. Sur place, les visiteurs peuvent acheter des poissons tropicaux. Les pèlerins, eux, achètent des oiseaux en cage et les libèrent pour accroître leur mérite. Les oiseaux sont souvent capturés à nouveau, puis libérés une fois encore.

Pour accéder au temple, suivez Đ Dien Tien Hoang vers le nord depuis le centre-ville, jusqu'à Đ L Phan Dang Luu ; le bâtiment est visible à l'angle sud-est de la rue.

TEMPLE TRAN HUNG DAO

Ce petit **temple** (carte p. 326-327 ; 36 Đ Vo Thi Sau ; lun-ven 6h-11h et 14h-18h) est dédié à Tran Hung Dao, un héros national qui vainquit, en 1287, les quelque 300 000 soldats de l'empereur mongol Kubilai Khan, décidés à envahir le Vietnam. Il se dresse à un pâté de maisons au nord-est des antennes installées entre Đ Dien Bien Phu et Đ Vo Thi Sau.

Un parc public, coincé entre les paraboles de télécommunication et Đ L Hai Ba Trung, a été créé en 1983 sur l'emplacement du **cimetière Massiges**, où étaient enterrés les soldats et les colons français. Les cercueils ont été rapatriés. Autre victime de la Réunification : le tombeau du XVIIIᵉ siècle de Mgr Pigneau de Béhaine, missionnaire et diplomate français, évêque d'Adran.

PAGODE VINH NGHIEM

Inaugurée en 1971, la **pagode Vinh Nghiem** (carte p. 326-327) est remarquable pour son vaste sanctuaire et sa tour à huit niveaux, abritant chacun une statue de Bouddha. Elle a été bâtie avec l'aide de l'Association de l'amitié nippo-vietnamienne, ce qui explique la présence d'éléments japonais dans son architecture. Au pied de la tour, ouverte uniquement les jours de fête, une boutique vend des objets bouddhiques rituels. Derrière la pagode, une tour funéraire à trois niveaux abrite des urnes funéraires en céramique (contenant les cendres de personnes incinérées), soigneusement étiquetées. La pagode se trouve près de la Đ Nguyen Van Troi, dans le district 3.

ÉGLISE CHO QUAN

Construite par les Français il y a une centaine d'années, cette **église** (carte p. 326-327 ; 133 Đ Tran Binh Trong ; lun-sam 4h-7h et 15h-18h, dim 13h30-18h) est l'une des plus grandes de HCMV. C'est aussi la seule où nous ayons remarqué un Christ nimbé de néon. Une vue remarquable vous récompensera de la rude montée jusqu'en haut du beffroi. L'église se dresse entre Đ L Tran Hung Dao et Đ Nguyen Trai. Messes dominicales à 5h, 6h30, 8h30, 16h30 et 18h.

Cholon

Cholon, le district 5, abrite une myriade de temples de style chinois dignes d'intérêt. Consacrez au moins une demi-journée à la découverte du Chinatown de HCMV. Outre ses temples et ses pagodes, il compte d'excellents restaurants chinois et vietnamiens, ainsi que deux parcs aquatiques où il fait bon se rafraîchir.

Profitez de votre promenade pour flâner entre les étals des boutiques de **plantes médicinales** (carte p. 345 ; Đ Hai Thuong Lan Ong), entre Đ Luopong Nhu Hoc et Đ Trieu Quang Phuc. Le parfum entêtant des remèdes constitue une expérience olfactive inoubliable. Les rues de Cholon, avec leurs enseignes incroyables et leur brouhaha incessant, n'ont pas fini de vous surprendre.

PAGODE QUAN AM

Construite en 1816 par la congrégation chinoise du Fujian, la **pagode Quan Am** (carte p. 345 ; 12 Đ Lao Tu) est dédiée à Quan The Am Bo Tat, la déesse de la Miséricorde.

C'est la pagode la plus fréquentée de Cholon, et l'influence chinoise saute aux yeux. Le toit est orné de céramiques représentant des scènes fantastiques tirées de récits chinois traditionnels : navires, maisons, personnages, dragons à l'air féroce… De très anciens panneaux, ornés de laque et d'or, décorent les portes d'entrée. Les fresques en léger relief des murs du porche représentent des scènes de la Chine au temps de Quan Cong. Des sculptures sur bois très travaillées soutiennent le toit qui le surplombe.

Derrière l'autel principal, une statue dorée d'A Pho, l'impératrice céleste et mère sacrée, est pare de riches vêtements. Devant elle, une châsse de verre abrite les statues peintes du bouddha Thich Ca, de Quan The Am Bo Tat et d'Ameda, assis et rieur. À l'extrême gauche, on découvre une statue en or de Dia Tang Vuong Bo Tat (le roi des Enfers).

On retrouve A Pho sur l'autel carrelé de rose dans la cour située derrière le sanctuaire principal. Quan The Am Bo Tat se dresse tout près, drapée dans des vêtements blancs

HO CHI MINH-VILLE

CHOLON

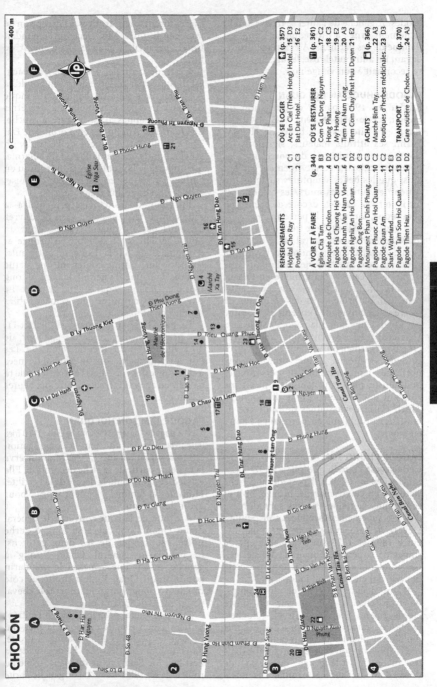

RENSEIGNEMENTS	
Hôpital Cho Ray	1 C1
Poste	2 C3

À VOIR ET À FAIRE	(p. 344)
Église Cha Tam	3 B3
Mosquée de Cholon	4 C2
Pagode Ha Chuong Hoi Quan	5 C2
Pagode Khanh Van Nam Vien	6 A1
Pagode Nghia An Hoi Quan	7 D2
Pagode Ong Bon	8 C3
Monument Phan Dinh Phung	9 C3
Pagode Phuoc An Hoi Quan	10 C2
Pagode Quan Am	11 C2
Shark Waterland	12 E3
Pagode Tam Son Hoi Quan	13 D2
Pagode Thien Hau	14 D2

OÙ SE LOGER	(p. 357)
Arc En Ciel (Thien Hong) Hôtel	15 D3
Bat Dat Hotel	16 E2

OÙ SE RESTAURER	(p. 361)
Com Ga Dong Nguyen	17 C2
Hong Phat	18 C3
My Huong	19 E2
Tiem An Nam Long	20 A3
Tiem Com Chay Phat Huu Duyen	21 E2

ACHATS	(p. 366)
Marché Binh Tay	22 A3
Boutiques d'herbes médicinales	23 D3

TRANSPORT	(p. 370)
Gare routière de Cholon	24 A3

brodés. À gauche de l'autel se trouve son lit richement orné ; à droite, Quan Cong, est flanqué de ses gardiens. À l'extrême droite, devant un autre autel rose, le juge Bao Cong se reconnaît à son visage noir.

PAGODE PHUOC AN HOI QUAN
Édifiée en 1902 par la congrégation du Fujian, cette **pagode** (carte p. 345 ; 184 Đ Hung Vuong) est l'une des plus belles de HCMV. Parmi ses attraits majeurs, signalons les nombreuses miniatures de porcelaine, les objets de culte en cuivre finement ciselés, ainsi que les belles sculptures sur bois qui ornent les autels, les murs, les colonnes et les lanternes. Le toit, décoré de scènes en céramique, fourmille de personnages.

À gauche de l'entrée se trouve une statue grandeur nature du cheval sacré de Quan Cong. Avant d'entreprendre un voyage, la coutume veut que l'on vienne lui faire une offrande et caresser sa crinière en faisant tinter la cloche qu'il porte à son cou. L'autel principal, où brûle, dans des récipients de pierre et de cuivre, de l'encens, est dominé par Quan Cong, à qui la pagode est dédiée. Derrière l'autel, à gauche, vous remarquerez Ong Bon (gardien du bonheur et de la vertu) et deux serviteurs. L'autel situé à droite porte des représentations de personnages bouddhistes plutôt que taoïstes. Une vitrine contient une statue en plâtre du bouddha Thich Ca et deux statues de la déesse de la Miséricorde, l'une en porcelaine, l'autre en cuivre.

PAGODE PHUNG SON
Cette **pagode** bouddhique (carte p. 326-327 ; Phung Son Tu et Chua Go ; 1408 ĐL 3/2) possède une riche statuaire en cuivre martelé, bronze, bois et céramique. Certaines statues sont dorées ; d'autres, superbement sculptées, sont peintes. De style vietnamien, la pagode a été construite entre 1802 et 1820 sur l'emplacement de ruines de la période Funan (Iᵉʳ-VIᵉ siècles). Les fondations d'édifices datant de cette période ont été mises au jour.

Il fut décidé, il y a fort longtemps, de transférer la pagode sur un autre emplacement. Les objets rituels (cloches, tambours, statues) furent alors chargés sur le dos d'un éléphant blanc, mais celui-ci croula sous le poids et son chargement tomba dans une mare. On vit là le signe que la pagode devait demeurer sur le site initial. Les objets

sacrés furent tous retrouvés, à l'exception de la cloche. Jusqu'au XIXᵉ siècle, on l'entendait tinter, paraît-il, à chaque changement de lune.

L'estrade centrale, à multiples niveaux, est dominée par la statue dorée du bouddha A Di Da, assis sous un baldaquin flanqué de deux mobiles ressemblant à des êtres humains décapités. Il est entouré, à gauche, de Quan The Am Bo Tat et, à droite, de Dai The Chi Bo Tat. À gauche de l'estrade, un autel supporte une statue de Boddhi Dharma, qui apporta le bouddhisme d'Inde jusqu'en Chine. La statue, en céramique chinoise, arbore un visage aux traits indiens.

En allant du sanctuaire principal à la salle comportant un patio, vous découvrez un autel portant quatre statues, dont un bouddha Thich Ca debout, en bronze et d'origine thaïe. Sur la droite, un autre autel supporte une vitrine contenant une statue en bois de santal. Il s'agirait de Long Vuong (roi des Dragons), qui amène la pluie. La pagode est entourée de remarquables tombes de bonzes.

La pagode se trouve dans le district 11. Les prières ont lieu trois fois par jour, de 4h à 5h, de 16h à 17h et de 18h à 19h. Les entrées principales sont en général fermées à clé à cause des vols, mais l'entrée latérale (à gauche en arrivant) reste ouverte aux heures habituelles.

PAGODE TAM SON HOI QUAN
Cette **pagode** (carte p. 345 ; Chua Ba Chua ; 118 Đ Trieu Quang Phuc), construite par la congrégation chinoise du Fujian au XIXᵉ siècle, a conservé la majeure partie de sa riche décoration. Elle est dédiée à Me Sanh, la déesse de la Fertilité. Hommes et femmes viennent y prier pour avoir des enfants.

À droite de la cour couverte, le général déifié Quan Cong, avec sa longue barbe noire, est flanqué de ses deux gardiens, le mandarin général Chau Xuong à gauche, tenant une arme, et le mandarin administratif Quan Binh à droite. À côté de Chau Xuong, vous remarquerez le cheval rouge sacré de Quan Cong.

Derrière l'autel principal (face à l'entrée) se tient Thien Hau, la déesse de la Mer, qui protège les pêcheurs et les marins. À droite, dans une niche décorée, la déesse de la Fertilité, Me Sanh, vêtue de blanc, trône au milieu de ses filles. La niche de gauche abrite

Ong Bon. Devant Thien Hau, Quan The Am Bo Tat est protégée par une châsse de verre.

À l'autre extrémité de la cour, une petite salle contient des urnes funéraires, ainsi que des plaques commémoratives de défunts, ornées de leur photo. À côté, dans une petite pièce, une tête de dragon en papier mâché ressemble à celles qu'utilise la congrégation du Fujian pour sa danse du dragon.

La pagode est proche du 370 Ð L Hung Dao.

ÉGLISE CHA TAM

C'est dans cette **église** (carte p. 345 ; 25 Ð Hoc Lac) que se sont réfugiés le président Ngo Dinh Diem et son frère Ngo Dinh Nhu lors du coup d'État du 2 novembre 1963. Après avoir vainement tenté de rallier les rares officiers fidèles, ils acceptèrent de se rendre sans condition. Les chefs de la mutinerie envoyèrent un petit véhicule blindé à l'église, afin de conduire les deux hommes en prison. Les soldats les exécutèrent à bout portant avant même d'atteindre Saigon et lardèrent les cadavres de coups de couteau.

L'annonce à la radio de la mort des deux frères plongea la ville dans la joie. Leurs portraits furent mis en pièces et les prisonniers politiques, dont beaucoup avaient été torturés, furent libérés. Les boîtes de nuit que les Ngo, fervents catholiques, avaient fait fermer, rouvrirent. Trois semaines plus tard, le président américain John Kennedy était assassiné. L'administration Kennedy ayant soutenu le coup d'État contre Diem, certains théoriciens de la conspiration ont laissé entendre que la famille Diem avait pu se venger en commanditant cet assassinat.

L'église Cha Tam, un bel édifice jaune pastel et blanc, fut bâtie vers la fin du XIXe siècle. La statue dans le clocher représente Mgr François-Xavier Tam Assou (1855-1934), un vicaire apostolique d'origine chinoise. La congrégation de l'église, très dynamique, compte quelque 3 000 Vietnamiens et 2 000 Chinois.

Des messes sont dites tous les jours. L'église se trouve à l'extrémité ouest de Ð L Tran Hung Dao.

PAGODE THIEN HAU

Construite par la congrégation de Canton au début du XIXe siècle, la **pagode Thien Hau** (Ba Mieu, Pho Mieu ou Chua Ba ; carte p. 345 ; 710 Ð Nguyen Trai) fut dédiée à Thien Hau (ou Tuc Goi La Ba). C'est l'une des pagodes les plus actives de Cholon. La croyance veut que la déesse de la Mer puisse traverser les océans sur un tapis et chevaucher les nuages pour sauver les bateaux en difficulté.

En dépit des gardiens postés de chaque côté de l'entrée, on dit que les vrais protecteurs de cette pagode sont les deux tortues qui y vivent. De superbes frises de céramique soulignent le toit de la cour. Près des fours où brûlent les requêtes des fidèles, deux petites structures de bois contiennent une petite statue de Thien Hau que l'on sort en procession tous les ans, le 23e jour du 3e mois lunaire.

Sur l'estrade principale, trois statues de Thien Hau, en file indienne, sont encadrées chacune de deux serviteurs ou gardiens. L'estrade est flanquée, à gauche, du lit de la déesse ; à droite, d'une maquette de bateau et, à l'extrême droite, de la déesse Long Mau, protectrice des mères et des nouveau-nés.

PAGODE NGHIA AN HOI QUAN

Érigée par la congrégation chinoise de Chaozhou, cette **pagode** (carte p. 345 ; 678 Ð Nguyen Trai) est réputée pour ses bas-reliefs de bois doré. Un bateau en bois surmonte l'entrée et, à l'intérieur, une énorme statue du cheval rouge de Quan Cong et de son palefrenier se dresse sur la gauche. À droite de l'entrée, sur l'autel richement orné, trône un Ong Bon barbu tenant un bâton. Derrière l'autel, trois vitrines de verre abritent Quan Cong flanqué de ses assistants, Chau Xuong, à gauche, et Quan Binh, à droite. Une niche particulièrement travaillée, à droite de Quan Binh, accueille Thien Hau.

Cette pagode est située près de la pagode Thien Hau.

MOSQUÉE DE CHOLON

Les lignes pures et l'absence de décoration de cette **mosquée** (carte p. 345 ; 641 Ð Nguyen Trai) offrent un contraste saisissant avec les pagodes bouddhiques, chinoises et vietnamiennes avoisinantes. La cour comporte un bassin pour les ablutions rituelles. Remarquez la niche carrelée (mihrab) dans le mur, indiquant la direction de La Mecque. La mosquée a été construite en 1932 par des musulmans tamouls. Depuis 1975, elle est fréquentée par les communautés malaise et indonésienne.

LA GARDIENNE DES MÈRES ET DES ENFANTS

Quan Am Thi Kinh fut injustement chassée de son foyer par son mari. Elle se déguisa en bonze et, se faisant passer pour un homme, s'en alla vivre dans une pagode, où une jeune femme l'accusa bientôt d'être le père de son enfant. Quan Am Thi Kinh accepta cette responsabilité et se retrouva de nouveau à la rue, cette fois avec son "fils". Bien plus tard, se sentant proche de la mort, elle retourna au monastère pour révéler la vérité.

L'empereur de Chine, ayant entendu parler de son histoire, la proclama alors Gardienne spirituelle de la Mère et de l'Enfant. La croyance veut qu'elle puisse donner une descendance mâle à ceux qui la vénèrent. Elle est donc particulièrement révérée par les couples sans enfant.

PAGODE ONG BON

La congrégation du Fujian est aussi à l'origine de la construction de cette **pagode** (Chua Ong Bon et Nhi Phu Hoi Quan ; carte p. 345 ; 264 ĐL Hai Thuong Lan Ong), dédiée à Ong Bon, le gardien du bonheur et de la vertu. L'autel en bois est délicatement sculpté et doré. Dans la cour de la pagode à droite, une statue de Quan The Am Bo Tat, abritée dans une châsse de verre, occupe une petite pièce. Elle est dominée par une tête du bouddha Thich Ca.

En face de l'entrée de la pagode, contre au mur, Ong Bon accueille les fidèles qui le prient pour atteindre le bonheur et se libérer des soucis d'argent. Il fait face à un bel autel de bois finement sculpté. Sur les murs, des fresques délavées représentent cinq tigres (à gauche) et deux dragons (à droite). De l'autre côté du mur orné de dragons, un brasier dévore les faux billets de banque, qui symbolisent les richesses que les fidèles envoient à leurs défunts. À la diagonale se tient Quan Cong, flanqué de ses deux gardiens, Chau Xuong et Quan Binh.

PAGODE HA CHUONG HOI QUAN

Typiquement fujianaise, cette **pagode** (carte p. 345 ; 802 Đ Nguyen Trai) est consacrée à Thien Hau, déesse de la Mer originaire du Fujian. Les quatre piliers de pierre sculptée, entourés de dragons peints, ont été fabriqués en Chine et acheminés par bateau. De belles fresques encadrent l'autel principal et des bas-reliefs de céramique ornent le toit.

Le sanctuaire s'anime tout particulièrement lors de la fête chinoise des Lanternes, le 15e jour du 1er mois lunaire (la première pleine lune de la nouvelle année lunaire).

PAGODE KHANH VAN NAM VIEN

Construite entre 1939 et 1942 par les Cantonnais, cette **pagode** (carte p. 345 ; 46/5 Đ Lo Sieu) serait l'unique pagode taoïste du Vietnam.

HCMV ne compterait que 4 000 taoïstes "authentiques", bien que la plupart des Chinois pratiquent un mélange de taoïsme et de bouddhisme.

À quelques mètres de l'entrée se dresse une statue de Hoang Linh Quan, le gardien en chef de la pagode. Le symbole du yin et du yang figure sur la plate-forme supportant les encensoirs. Derrière l'autel principal s'élèvent quatre statues : Quan Cong (à droite) et Lu Tung Pan (à gauche), divinités taoïstes ; entre les deux, Van Xuong symbolise le confucianisme ; à l'arrière, se tient Quan The Am Bo Tat, la déesse bouddhiste de la Miséricorde. Devant ces statues, une vitrine abrite sept dieux et une déesse, tous en porcelaine. Sur les autels, de part et d'autre des quatre statues, apparaissent Hoa De (à gauche), un célèbre médecin sous la dynastie Han, et Huynh Dai Tien (à droite), un disciple de Lao-Tseu (Thai Thuong Lao Quan en vietnamien). À l'étage, la grande statue de Lao-Tseu (ou Laozi) est auréolée d'un miroir rond entouré d'un éclairage fluorescent.

Deux stèles de pierre à sa gauche expliquent les techniques de l'inspiration et de l'expiration. Un dessin schématique représente les organes du corps humain sous la forme d'un paysage chinois. Le diaphragme, agent de l'inspiration, est situé en bas. Un paysan laboure avec son buffle incarne l'estomac. Quatre symboles du yin et du yang évoquent le rein ; le foie a la forme d'un bosquet et le cœur, celle d'un cercle où se tient un paysan, surmonté d'une constellation. La haute pagode symbolise la gorge et l'arc-en-ciel, la bouche. En haut, les montagnes et le personnage assis représentent respectivement le cerveau et l'imagination.

La pagode gère un foyer qui accueille 30 personnes âgées sans famille, pour la plupart des femmes. Chaque pensionnaire dispose d'un fourneau en brique pour sa cuisine. À côté, les bonzes ont également installé un dispensaire gratuit où l'on soigne par phytothérapie et par acupuncture. Si vous voulez soutenir cette action, vous pouvez faire un don aux bonzes.

Les prières sont dites chaque jour de 8h à 9h. Vous accéderez à la pagode en quittant Đ Nguyen Thi Nho (perpendiculaire à Đ Hung Vuong) au niveau des numéros 269B et 271B.

ACTIVITÉS
Arts martiaux
Si vous aimez les **arts martiaux**, le meilleur endroit pour découvrir (et essayer) le *thai cuc quyen* est le parc Cong Vien Van Hoa (p. 339), ou encore le quartier de Cholon, qui abrite une forte population d'origine chinoise. Renseignez-vous auprès du personnel de l'Arc en Ciel Hotel (p. 357).

Bowling
Diamond Superbowl (carte p. 340 ; ☎ 825 7778 ; Diamond Plaza, 34 ĐL Le Duan ; à partir de 120 000 d/h ; 10h-1h) offre, en plein centre-ville, 32 pistes ultramodernes, des boules fluorescentes et un marquage des points électroniques. Le Superbowl paraît très apprécié des Vietnamiens. Un grand centre de loisirs complète les lieux, avec une salle de billard, une galerie de jeux vidéo et des magasins.

Fitness et piscines
Outre les parcs aquatiques de Saigon (p. 351) ou le parc Cong Vien Van Hoa (p. 339), plusieurs hôtels de luxe possèdent de belles piscines, auxquelles vous aurez accès même si vous ne séjournez pas dans l'établissement. Le prix d'entrée s'échelonne de 8 à 16 $US/jour. Parmi ces hôtels, citons le Metropole, l'Omni, le Renaissance Riverside et le Rex.

Il existe quelques piscines moins chères et, parmi les plus récentes, certaines s'avèrent en excellent état. L'accès, très bon marché, se paie à l'heure.

International Club (carte p. 326-327 ; ☎ 865 7695 ; 285B Đ Cach Mang Thang Tam, district 10 ; 25 000 d ; 9h-24h). Dispose d'une piscine, d'un sauna, de hammams et d'une salle de gymnastique ; pour 120 000 d, vous avez droit à un massage de 50 minutes et pouvez utiliser tous les équipements pendant une journée.

Lam Son Pool (carte p. 326-327 ; ☎ 835 8028 ; 342 Đ Tran Binh Trong, district 5 ; 5000 d/h, 6000 d après 17h ; 8h-20h). Possède une piscine olympique.

Lan Anh Club (carte p. 326-327 ; ☎ 862 7144 ; 291 Cach Mang Thang Tam, district 10 ; salle de gym/piscine 40 000 d/25 000 d ; ⏰ piscine 6h-21h). Équipé d'une bonne salle de gymnastique.

Workers' Club (carte p. 331 ; ☎ 930 1819 ; 55B Đ Nguyen Thi Minh Khai, district 3 ; 10 000 d/h)

Golf
Si vous pratiquez le golf avec passion, vous apprécierez, en dehors de Ho Chi Minh-Ville, les beaux greens de Phan Thiet (voir le chapitre *Littoral du Centre et du Sud*) et de Dalat (voir le chapitre *Hauts plateaux du Centre*). Consultez le site www.vietnamgolfresorts.com pour des renseignements complémentaires sur les terrains de golf et les séjours à prix raisonnables.

Vietnam Golf and Country Club (Cau Lac Bo Golf Quoc Te Viet Nam ; ☎ 733 0124 ; www.vgccgolf.com ; Long Thanh My Village, district 9 ; practice/parcours complet 10/82 $US), fut le premier terrain du Vietnam à ouvrir, sous les feux des projecteurs. Ce club est installé à 15 km environ à l'est du centre de HCMV. Parmi les autres installations, vous trouverez des courts de tennis et une piscine.

Rach Chiec Driving Range (☎ 896 0756 ; RN 1, An Phu Village, district 9 ; 50 balles 40 000 d ; 6h-22h) est un excellent endroit pour améliorer votre swing. Vous pouvez également louer des clubs, des chaussures et faire appel à un professeur. Le club se situe à 20 minutes en voiture au nord de HCMV.

Massages, spas et salons de beauté
La plupart des grands hôtels proposent un service de massages… plus ou moins licites. Selon les étrangers vivant sur place, la meilleure adresse serait le **Duxton Saigon Hotel** (carte p. 340 ; ☎ 822 2999 ; enquiries@saigon.duxton.com.vn ; 63 ĐL Nguyen Hue), où une demi-heure de massage revient à 20 $US.

L'**Institut vietnamien de massage traditionnel** (carte p. 360 ; ☎ 839 6697 ; 185 Đ Cong Quynh ; 35 000-45 000 d/h, sauna 25 000 d ; 9h-21h ; ♿) propose l'un des meilleurs massages de la ville et également le moins cher, effectué par des masseurs aveugles appartenant à l'Association de Ho Chi Minh-Ville pour les aveugles. Il n'est pas nécessaire de réserver.

Pour s'offrir un excellent massage "bien comme il faut", rien ne vaut le **Spa Tropic** (carte p. 331 ; ☎ 822 8895 ; www.spatropic.com ; 187B ĐL Hai Ba Trung, District 3 ; 10h-20h). Ce centre de beauté propose, dans un cadre plutôt zen, un grand choix de soins du visage aux huiles essentielles (28 $US), de soins du corps (20-35 $US) et de massages thérapeutiques (à partir de 18 $US), qui vont des méthodes suédoises au massage shiatsu en profondeur. Spa Tropic occupe la même ruelle tranquille que le Tib Restaurant. Téléphonez pour réserver.

Qi Spa (carte p. 326-327 ; 10h-23h) est un nouvel établissement offrant des forfaits de massages (à partir de 45 $US), incluant notamment de l'aromathérapie, un sauna suédois sec et des traitements de beauté.

Si vous recherchez un excellent salon de beauté, prenez rendez-vous chez **Tony & Guy Beauty Salon** (carte p. 331 ; ☎ 925 0664 ; tonyguy68@yahoo.com ; 89C Đ Cach Mang Thang Tam). L'établissement est dirigé par Tony, un sympathique styliste d'origine américano-vietnamienne, qui s'est formé à Hollywood et à New York avant de rentrer au pays. Le salon de coiffure (qui n'appartient pas au groupe Tony & Guy) offre un service de qualité à des tarifs raisonnables : 7/10 $US la formule complète (lavage, massage du crâne, coupe, séchage et brushing) pour homme/femme. On y propose aussi des soins de beauté.

CIRCUIT À PIED

- **Distance :** 5 km
- **Durée :** environ 7 heures

L'étendue de HCMV est telle qu'il n'est pas envisageable de tout visiter à pied. Une journée de marche pour découvrir le centre-ville, le district 1 ("Saigon"), reste toutefois possible et même recommandé. Pour plus de renseignements sur les sites individuels, référez-vous à la rubrique *À voir*, plus haut.

Le départ s'effectue logiquement de **Pham Ngu Lao (1)** où les voyageurs à petit budget peuvent se ravitailler avant la balade mais vous pouvez commencer brillamment avec un bol de *pho* (soupe de nouilles). De Đ Pham Ngu Lao, suivez Đ Nguyen Thai Hoc au nord jusqu'au gigantesque New World Hotel, tournez à droite et suivez Đ Le Lai quelques minutes jusqu'à **Pho 2000 (2** ; p. 363), très indiqué pour déguster d'autres nouilles – l'ancien président Bill Clinton avait eu la même idée !

Ensuite, traversez la rue et pénétrez dans le vaste marché couvert **Ben Thanh (3** ; p. 366), où l'animation bat son plein le matin. Après cette exploration, traversez – prudemment – le grand rond-point, où se dresse la statue de **Tran Nguyen Hai (4)** à cheval. Une rue plus loin vers le sud, dans Đ Pho Duc Chinh, vous aboutirez au merveilleux **musée des Beaux-Arts (5** ; p. 336). Après avoir fait le tour des différentes expositions, prenez vers l'est en direction de Đ L Ham Nghi et tournez de nouveau au nord dans Đ Ton That Dam, pour aboutir au sublime **marché de rue (6** ; p. 366). Au terminus nord, bifurquez à l'ouest au niveau de l'intersection en T dans Đ Huynh Thuc Khang jusqu'à Đ Pasteur et vers ĐL Le Loi, grand boulevard menant au **théâtre municipal** magnifiquement restauré **(7** ; p. 336).

Peu avant le théâtre, tournez à gauche au niveau du **Rex Hotel (8** ; p. 357) et dirigez-vous vers Đ L Nguyen Hue. Juste devant vous, à l'extrémité nord du boulevard, se tient l'imposant **hôtel de ville** datant de l'époque coloniale française **(9** ; p. 336). Vous ne pourrez l'admirer que de l'extérieur car il abrite aujourd'hui le siège du comité du peuple et les autorisations de visite sont généralement refusées. En continuant une rue vers le sud dans Đ Le Thanh Ton, vous parviendrez au **musée de Ho Chi Minh-Ville (10** ; p. 338) qui, lui, accueille chaleureusement les visiteurs.

Très visité, le **musée des Souvenirs de guerre (11** ; p. 335) se trouve à quelques rues de là : prenez Đ Nam Ky Khoi Nghia puis à gauche dans Đ Vo Van Tan. A côté, se tient le **palais de la Réunification (12** ; p. 334). Ces deux sites sont incontournables mais attention, ils ferment à l'heure du déjeuner.

Après le déjeuner, vous pouvez justement vous promener dans Đ L Le Duan, et vous arrêter à la **cathédrale Notre-Dame (13** ; p. 337), puis devant l'impressionnante **poste** de style français **(14** ; p. 333). Au bout du boulevard se trouvent le zoo et le jardin botanique qui abrite également l'excellent **musée d'Histoire (15** ; p. 336).

Quelques rues plus loin en allant vers le nord-ouest par Đ Nguyen Binh Khiem, vous atteindrez la **pagode de l'empereur de Jade (16** ; p. 342), point final haut en couleurs de ce circuit. De là, vous pouvez aussi prendre en direction du sud et retourner vers Dong Khoi.

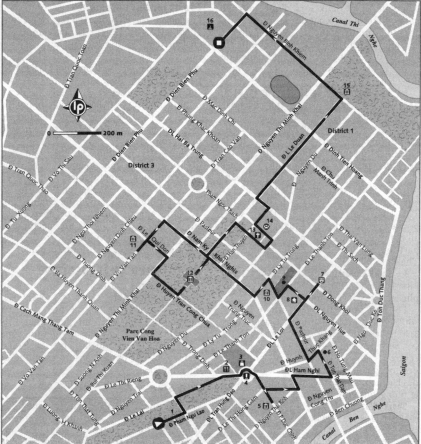

Après tout cela, vous serez mûr pour rentrer à l'hôtel, prendre une bonne douche et un petit verre avant un dîner en ville ou une virée dans le HCMV nocturne.

COURS
Cuisine
Expat Services (☎ 823 5872 ; vietnam cookery@hcm. vnn.vn) propose un grand choix de cours de cuisine vietnamienne.

Langues
La plupart des étudiants étrangers s'inscrivent à l'**université de formation des maîtres** (Dai Hoc Su Pham ; carte p. 331 ; ☎ 835 5100 ; ciecer@hcm.vnn.vn ; 280 An Duong Vuong, district 5 ; cours particulier/en groupe 4/2,50 $US), de l'université de Ho Chi Minh-Ville.

Vous pouvez également suivre des cours à l'**université des Sciences sociales et humaines** (Dai Hoc Khoa Hoc Xa Hoi Va Nhan Van ; carte p. 331 ; ☎ 822 5009 ; 12 Dinh Tien Hoang, district 1 ; cours en groupe 2,80 $US/h). Les inscriptions se font pour un trimestre.

SPÉCIAL ENFANTS
Pour plus de renseignements sur le village touristique Binh Quoi, très recommandé pour les enfants, voir p. 365.

Parcs aquatiques
Un grand nombre de parcs aquatiques ont récemment ouvert à HCMV et dans les environs. Les voyageurs avec des enfants apprécieront quelques heures de

baignade et de jeux lors d'une journée particulièrement chaude (apportez un appareil photo étanche). Vous éviterez la foule en semaine entre 11h et 14h (la plupart des Vietnamiens fuient le soleil de midi) mais, plus difficilement, les coups de soleil.

Le **Parc aquatique de Saigon** (☎ 897 0456 ; Ð Kha Van Can Thu Duc district ; tarif plein/réduit 60 000/35 000 d, billet natation 35 000 d ; lun-ven 9h-17h, sam 9h-20h, dim et jours fériés 8h-20h) est une oasis géante installée dans les faubourgs de la ville. Il comprend de multiples attractions, dont des piscines à toboggans, à vagues et un bassin pour les petits. Le restaurant offre de jolies vues sur le fleuve. Le parc aquatique se trouve dans le district de Thu Duc (près du pont Go Dua). Vous pouvez prendre un taxi (quelque 50 000 d au compteur) ou emprunter la navette qui part toutes les 30 minutes du marché Ben Thanh (5 000 d).

Le **Shark Waterland** (carte Cholon ; ☎ 853 7867, Ð Ham Tu, district 5 ; 20 000-45 000 d ; tlj 8h-21h) compte plusieurs piscines et toboggans.

Le **Dam Sen Water Park** (carte p. 326-327 ; ☎ 858 9991 ; www.damsenwaterpark.com.vn ; 3 Ð Hoa Binh ; tarif plein/réduit 50 000/35 000 d ; lun-ven 9h-18h, sam, dim et jours fériés 8h-19h) est plus proche du centre-ville que le précédent. Vous profiterez des toboggans aquatiques, des cascades et des balançoires à corde pour sauts périlleux et plongeons en tous genres.

Shark Waterland (carte p.345 ; ☎ 853 7867 ; 600 Ð Ham Tu, district 5 ; 20 000-45 000 d ; lun-ven 8h-9h, sam et dim 10h-21h), malgré son nom, est un endroit agréable pour une baignade si vous vous trouvez à Cholon. Plus petit que les autres parcs aquatiques de HCMV, il possède néanmoins des bassins et des toboggans.

Parc Ho Ky Hoa

Ce parc (carte p.326-327 ; entrée libre ; location de bateau 10 000-15 000 d/h ; tlj 7h-21h30 ; 🚣), dont le nom signifie "étangs et jardins", se situe dans le district 10, près de Ð L 3 Thang 2, derrière la pagode Quoc Tu. Dans ce parc d'attractions pour enfants, vous pourrez louer des pédalos, des barques et des bateaux à voiles. La pêche est autorisée dans les étangs et l'endroit comprend une petite piscine, ouverte au public en saison, ainsi que des cafés, ouverts à l'année. Le parc est très fréquenté le dimanche.

Zoo et jardins botaniques

Les **jardins** (carte p. 331 ; Thao Cam Vien ; ☎ 829 3901 ; 2 Ð Nguyen Binh Khiem ; 8 000 d ; 7h-20h), qui comptaient en leur temps parmi les plus beaux d'Asie, ont été aménagés en 1864, dès le début de la colonisation française. Ils incitent à la flânerie, parmi les immenses arbres tropicaux, les étangs, les pelouses et les massifs de fleurs minutieusement entretenus. Aujourd'hui, ils servent surtout de décor à une fête foraine avec toboggans, salles de jeux, petit train, salle des miroirs etc.

Nous déconseillons la visite du zoo où les animaux mal soignés vivent dans des conditions déplorables. Son entrée principale se trouve Ð Nguyen Binh Khiem, à l'extrémité est de la Ð L Le Duan. Tout de suite après l'entrée, vous apercevrez, sur les côtés, deux joyaux architecturaux : l'impressionnant temple du roi Hung Vuong et le musée d'Histoire (p. 336).

HO CHI MINH-VILLE INSOLITE

Les aquariums qui ocuupent les murs du **Sango Aquarium Café** (carte p. 340 ; ☎ 829 3189 ; 21 Ð Thai Van Lung ; 12h-24h) créent un décor étonnant. Demandez au personnel s'ils peuvent nourrir les poissons devant vous – le spectacle en vaut la peine. Le Sango sert aussi une bonne cuisine asiatique et occidentale.

CIRCUITS

Curieusement, il existe peu de visites à la journée de HCMV bien que, moyennant finances, une agence de voyages vous trouvera toujours quelque chose (voir le paragraphe *Agences de voyages* p. 330).

Louer un *cyclo* pour une demi-journée peut s'avérer intéressant, mais mettez-vous bien d'accord sur le prix (le tarif habituel est de 1 $US l'heure).

Il existe de nombreux circuits organisés vers les Tunnels de Cu Chi, Tay Ninh et le delta du Mékong, certains pour la journée seulement, d'autres avec une nuit en route. Les plus intéressants financièrement sont à réserver dans les cafés et les agences de Pham Ngu Lao (voir p. 330).

FÊTES ET FESTIVALS

Course de cyclos de Saigon (mi-mars). Conducteurs de cyclos professionnels et amateurs se lancent dans une course de vitesse. L'argent récolté est destiné à des œuvres de bienfaisance.

VIVRE DANS LES RUES : LA VIE DES CONDUCTEURS DE CYCLOS par *Juliet Coombe*

À travers la fumée et la pollution, on aperçoit des groupes d'hommes d'un certain âge appuyés contre leurs *cyclos* – ces rickshaws à trois roues, fonctionnant à pédales et munis d'un siège fixé à l'avant.

Avant la guerre du Vietnam, ces conducteurs de *cyclos étaient médecins, enseignants ou* journalistes. Comme beaucoup de leurs amis, ils ont été châtiés pour avoir choisi pendant le conflit le camp de l'ennemi, celui des États-Unis. Après le cessez-le-feu, des dizaines de milliers d'entre eux ont été déchus de leur citoyenneté et envoyés dans des camps de rééducation pour 7 ans au minimum. Plus de 20 ans après, il leur est toujours impossible de retrouver leur activité première, celle pour laquelle ils ont été formés – la plupart ne possèdent d'ailleurs même pas de permis de séjour ; ils n'ont donc aucun droit d'acheter un logement ou de gérer une entreprise. Leur présence dans la ville est théoriquement illégale, et nombreux sont ceux qui n'ont jamais pu fonder une famille, faute de pouvoir la nourrir et acheter une maison.

Difficile de ne pas remarquer ces hommes dans leurs vêtements usés et leurs sandales tachées de goudron, à force de se prendre les pieds dans les chaînes des *cyclos*. Ils se regroupent autour des restaurants, des hôtels, des discothèques et des bars karaoké du centre-ville, les allées et venues à proximité de ces lieux étant toujours source de distractions et de bonnes affaires. Rien n'échappe d'ailleurs à leur regard aiguisé. Ils s'adressent à vous avec courtoisie, dans le but de vous appeler par votre prénom, et vous considèrent ensuite comme leur "propriété" le temps de votre séjour à HCMV. Une fois votre nom connu, vous l'entendrez crié un peu partout dans les rues par votre conducteur de *cyclo* pour décourager les autres de s'approprier "l'affaire".

Les conducteurs de *cyclos* sont également d'excellents guides : connaissant la ville comme leur poche, ils vous feront un topo historique sur chaque site important. Le siège installé à l'avant du véhicule est à ce propos le meilleur moyen de découvrir HCMV, mais il faut un certain temps pour s'y habituer. Dans la circulation chaotique de HCMV, on a vite l'impression d'être sur les montagnes russes. Les véhicules foncent sur vous de toutes parts, au point que plus d'une fois vous pouvez croire votre dernière heure arrivée. Pourtant, à l'ultime instant, le conducteur trouve miraculeusement une brèche.

Les touristes aiment inverser les rôles et s'asseoir sur la selle, pensant à tort qu'il est facile de pédaler une journée sur les routes bosselées de HCMV. Ils changent généralement rapidement d'avis.

Les conducteurs de *cyclos* vivent le plus souvent dans la rue, qu'ils égayent avec leurs tables en bois, leurs petits tabourets en plastique multicolores et leur "bar", constitué d'un ou deux étals. Après une journée de visite avec vous, ils vous inviteront parfois à boire un whisky dans une bouteille de Coca ou une Ba Ba Ba (333), la bière locale, dont ils prononcent le nom lentement car en vietnamien cela peut aussi vouloir dire "trois vieilles femmes" ! Acceptez leur invitation sans hésiter, car une soirée en compagnie de ces hommes vaut son pesant d'or.

prières sont adressées dans le temple Ong (quartier Binh Thanh de HCMV) pour le bonheur et la prospérité du pays. Des pièces de théâtre et des prestations musicales sont également au programme.

OÙ SE LOGER

Chaque catégorie de visiteurs s'est attribuée un secteur de la ville. Les voyageurs à petit budget se regroupent plutôt dans le quartier de Pham Ngu Lao (carte p. 360), à l'extrémité ouest du district 1, où se situent la plupart des adresses bon marché. Les touristes dont la bourse est mieux garnie préfèrent les hôtels plus cossus de Ð Dong Khoi (carte p. 340), à la lisière est du district 1. Les

district 3 (carte p. 331), tandis que Cholon (carte p. 345) attire les Hongkongais et les Taiwanais.

Petit budget

Si vous ne savez pas où loger et que votre budget reste limité, prenez un taxi jusqu'au quartier de Pham Ngu Lao et faites vos recherches à pied. Pour ne pas vous encombrer de vos sacs, qui font de vous une cible idéale pour les cyclo-pousse et les rabatteurs, déposez-les dans un café de voyageurs – la plupart vous rendront volontiers ce service et seront ravis de vous montrer les circuits qu'ils proposent. Vous

---

LE CHOIX DE L' AUTEUR

Miss Loi's Guesthouse (carte p. 331 ; ☎ 837 9589 ; missloi@hcm.fpt.vn ; 178/20 Đ Co Giang ; ch 6-20 $US, avec petit déj ; 🏠). Première pension à avoir ouvert dans le quartier, elle reste aussi la meilleure, grâce à Miss Loi et à un personnel particulièrement serviable, qui créent un environnement chaleureux et familial, sans prétention. Le petit déjeuner, offert, est servi dans le hall en plein air, près du bassin aux poissons et du billard.

---

pouvez également réserver par e-mail ou par fax – l'hôtel enverra une voiture vous chercher à l'aéroport pour environ 5 $US.

PHAM NGU LAO
Pham Ngu Lao, Đ De Tham et Đ Bui Vien constituent un paradis pour les voyageurs à petit budget. Les rues et les ruelles adjacentes, collectivement appelées Pham Ngu Lao, regorgent d'hébergements, de restaurants, de bars, de cafés et d'agences de voyages à petits prix.

Au dernier recensement, on comptait plus d'une centaine d'adresses dans le quartier de Pham Ngu Lao. Vous n'aurez donc aucun problème pour dénicher une chambre, mais la trouver à votre goût reste une autre affaire. Quelques établissements proposent des lits en dortoirs (3 $US) et vous aurez le choix entre une multitude de "mini-hôtels" (6-10 $US). Pour 10 à 20 $US, vous pourrez séjourner dans des mini-hôtels plus récents et confortables.

À 100 m au sud de Đ Pham Ngu Lao, Đ Bui Vien, pensions et mini-hôtels se succèdent sans interruption. L'"allée des mini-hôtels" (ou Minihotel Alley), flanquée de part et d'autre (et prolongée) par Đ Bui Vien et Đ Pham Ngu Lao, concentre plus d'une douzaine d'établissements presque identiques. La plupart sont tenus en famille. Les prix s'échelonnent de 6 à 20 $US.

Hong Hoa Hotel (carte p. 360 ; ☎ 836 1915 ; www.hong hoavn.com ; 185/28 Đ Pham Ngu Lao ; ch 12-20 $US ; 🏠 💻). Les pensionnaires bénéficient ici de 2 heures d'accès gratuit à Internet au café situé au rez-de-chaussée. L'hôtel possède aussi un mini-marché dans Đ De Tham, où l'on vend des articles de toilette, de l'alcool et de l'alimentation occidentale. Le personnel est agréable et efficace.

Nga Hoang (carte p. 360 ; ☎ 920 3356 ; 269/19 Đ Pham Ngu Lao ; ch 6-20 $US, avec petit déj ; 🏠). Situé dans une petite allée donnant dans Đ De Tham, cette pension familiale impeccable et très sympathique est une véritable aubaine. TV sat. à disposition.

Hotel 211 (carte p. 360 ; ☎ 836 7353 ; hotelduy@hotmail.com ; 211 Đ Pham Ngu Lao ; ch 7-12 $US, avec petit déj ; 🏠). Ce vaste hôtel satisfera les petites bourses. Toutes les chambres comptent une sdb avec eau chaude.

Ha Vy Hotel (carte p. 360 ; ☎ 836 9123 ; havy@saigonnet.vn ; 16-18 Đ Do Quang Dau ; ch 7-12 $US, avec petit déj ; 🏠). Ce mini-hotel familial a toujours très bonne presse parmi nos lecteurs. Chambres confortables et propres.

Chau Long Minihotel (carte p. 360 ; ☎ 836 9667 ; chaulongminihotel@yahoo.com ; 185/8 Đ Pham Ngu Lao ; ch 6-10 $US ; 🏠). Une bonne adresse dans Minihotel Alley, avec des chambres avec eau chaude à des prix très raisonnables.

Lan Anh Hotel (carte p. 360 ; ☎ 836 5197 ; lan-anh-hotel@hcm.vnn.vn ; 252 Đ De Tham ; ch 8-15 $US, avec petit déj ; 🏠). Équipé d'un ascenseur et de chambres confortables, le Lan Anh est un choix excellent et central.

Quyen Thanh Hotel (carte p. 360 ; ☎ 836 8570 ; quyenthanhhotel@hcm.vnn.vn ; 212 Đ De Tham; ch 10-14 $US ; 🏠). D'incroyables baignoires en granit vert, une terrasse ronde et des plantes caractérisent ce vieil hôtel, situé malheureusement dans un coin bruyant. Le rez-de-chaussée abrite une excellente boutique de souvenirs, où trouver des laques de la région, du vin de serpent et autres cadeaux.

Tan Thanh Thanh Hotel (carte p. 360 ; ☎ 837 3595 ; tanthanhthanh@hcm.fpt.vn ; 205 Đ Pham Ngu Lao ; dort 3 $US ; ch 5-10 $US, avec petit déj ; 🏠). Voici le tout premier établissement à avoir installé des dortoirs dans le quartier. Vous pouvez donner des cours de langue pour payer votre séjour – pour plus de détails, demandez Mr Dong.

Autres établissements à proximité :
Hotel 265 (carte p. 360 ; ☎ 836 7512 ; hotelduy@hotmail.com ; 265 Đ De Tham ; dort 3 $US, ch 7-12 $US ; 🏠)

Vinh Guesthouse (carte p. 360 ; ☎ 836 8585 ; lelehotel@hcm.fpt.vn ; 269 Đ De Tham ; s/d/tr 10/12/15 $US ; 🏠)

Peace Hotel (carte p. 360 ; ☎ 837 2025 ; hasanvnn@hcm.vnn.vn ; 272 Đ De Tham ; ch 6-10 $US ; 🏠)

Giang Son Guesthouse (carte p. 360 ; ☎ 837 7547 ; giangson_guesthouse@hotmail.com ; 283/14 Đ Pham Ngu

OÙ SORTIR QUAND ON EST GAY À HCMV ?

Bien qu'il n'existe pas à proprement parler de scène homosexuelle à HCMV, l'ambiance des bars et des clubs les plus fréquentés de Saigon est généralement bienveillante à l'égard des gays, qui improvisent le cas échéant leur propres activités. Faites un tour le lundi soir au **Ben Thanh** (Orient Club ; carte p. 331 ; 6 Đ Mac Dinh Chi ; 45 000 d) si vous aimez danser. Les homosexuels sont également les bienvenus au **Kim Café** (p. 362).

À pied ou à vélo, promenez-vous aussi les samedis et dimanches soirs, au moment de l'effervescence, dans Đ Dong Khoi.

Lao ; ch 8-12 \$US ; ⊠). En retrait dans une allée à l'abri de l'agitation de la rue principale.

Mai Phai Hotel (carte p. 360 ; ☎ 836 5868 ; maiphai hotel@saigonnet.vn ; 209 Đ Pham Ngu Lao ; ch 10-15 \$US, avec petit déj). De bons commentaires de la part des voyageurs.

Coco Loco Guesthouse (carte p. 360 ; ☎ 837 2647 ; 373/2 Pham Ngu Lao ; ch 10 \$US ; ⊠). Établissement plus ancien, dans une petite allée près du marché Thai Binh.

QUARTIER DE CO GIANG

À 10 minutes de marche du quartier de Pham Ngu Lao, de jolies pensions bordent la rue tranquille reliant Đ Co Giang à Đ Co Bac (carte p. 331). Pour accéder aux pensions, prenez en direction du sud-ouest par Đ Co Bac et tournez à gauche après les boutiques de *nuoc mam* (sauce au poisson).

Guest House California (carte p. 331 ; ☎ 837 8885 ; guesthousecalifornia-saigon@yahoo.com ; 171A Đ Co Bac ; ch 190 000-250 000 d ; ⊠). Petite et intime, cette nouvelle pension tenue par un couple chaleureux offre un agréable salon TV au rez-de-chaussée et une cuisine commune où l'on peut préparer ses repas. Locations de vélos et de motos.

Ngoc Son (carte p. 331 ; ☎ 836 4717 ; ngocsonguest house@yahoo.com ; 178/32 Đ Co Giang ; ch 6-9 \$US ; ⊠). Une paisible pension à l'ambiance familiale, disposant de 8 chambres avec TV câblée et réfrig. Location possible de motos. Le petit déjeuner coûte 1 \$US.

Catégorie moyenne
PHAM NGU LAO

Canadian Hotel 281 (carte p. 360 ; ☎ 837 8666 ; www.281canadianhotel.com ; 281 Đ Pham Ngu Lao ;

ch 13-28 \$US, avec petit déj ; ⊠ 💻). Si le hall a des allures impersonnelles de comptoir d'aéroport, l'hôtel possède un ascenseur et certaines chambres avec balcon ; pour 20 \$US et plus, elles sont équipées d'un ordinateur avec connexion ADSL.

Bi/Bee Saigon (carte p. 360 ; ☎ 836 0678 ; www. bi saigon.com ; 185/26 et 185/16 Đ Pham Ngu Lao ; ch 10-30 \$US ; ⊠). Ces deux adresses dans Minihotel Alley proposent des chambres agréables et tout confort, ainsi qu'un bon restaurant.

Southern Hotel (carte p. 360 ; ☎ 837 0922 ; www. vn gold.com/hcm/southern ; 216 Đ De Tham ; ch 12-20 \$US ; ⊠). Dans cet établissement chaleureux, la "chambre spéciale" (30 \$US) possède sa terrasse privée avec jardin. D'autres chambres offrent des vues magnifiques sur les toits avoisinants.

Giant Dragon Hotel (carte p. 360 ; ☎ 836 1935 ; gd-hotel@hcm.vnn.vn ; 173 Đ Pham Ngu Lao ; ch/ste 20/25 \$US, avec petit déj ; ⊠). Cet hotel luxueux propose des chambres immaculées accessibles par ascenseur, équipées de la TV sat., de tél. (lignes directes), d'une baignoire et de séchoir à cheveux. Les chambres grand luxe, avec solarium, offrent de superbes vues sur la ville.

Duna Hotel (carte p. 360 ; ☎ 837 3699 ; dunahotelvn@hcm.vnn.vn ; 167 Đ Pham Ngu Lao ; ch 13-25 \$US, avec petit déj ; ⊠). Le Duna bénéficie d'un ascenseur. Cartes de crédit acceptées.

Spring House Hotel (carte p. 360 ; ☎ 837 8312, 836 8859 ; hanhhoahotel@hcm.vnn.vn ; 221 Đ Pham Ngu Lao ; ch 15-20 \$US ; ⊠). Un bel hôtel, avec ascenseur, dont le hall s'orne de motifs en bambou. Chambres petites et douillettes.

An An Hotel (carte p. 360 ; ☎ 837 8087 ; www. ananhotel.com ; 40 Đ Bui Vien ; ch 25-35 \$US ; ⊠ 💻). Un établissement tout récent où les habituels équipements de standing vous attendent, comme la TV et le mini-bar. Les chambres sont bien tenues. L'hôtel propose également des circuits et des services de transports.

Le Le Hotel (carte p. 360 ; ☎ 836 8686 ; lelehotel@hcm. fpt.vn ; 171 Đ Pham Ngu Lao ; ch 12-30 \$US, avec petit déj). Vous profiterez ici d'un ascenseur et de la TV sat. Les chambres les plus chères possèdent une sorte de petit solarium très original.

Si vous le pouvez, visitez les trois superbes hôtels, tenus en famille par la chaleureuse Madam Cuc, personnalité locale qui sait recevoir. Les chambres sont impeccables et bien équipées ; et le personnel, accueillant. Thé, café et fruits sont à disposition toute la journée. Les prix comprennent le petit déjeuner et un dîner frugal. Les trois établissements, assez semblables, partagent la même adresse e-mail. Voici leurs coordonnées :

Hotel 127 (carte p. 360 ; ☎ 836 8761 ; madamcuc@ hcm.vnn.vn ; 127 Đ Cong Quynh ; ch 12-20 $US ; 🛉)

Hotel MC 184 (carte p. 360 ; ☎ 836 1679 ; 184 Đ Cong Quynh ; 🛉)

Hotel 64 (carte p. 360 ; ☎ 836 5073 ; 64 Đ Bui Vien ; 🛉)

Autres possibilités en catégorie moyenne :

Hotel Que Huong (Liberty 3 Hotel ; carte p. 360 ; ☎ 836 9522 ; www.quehuonghotel.com ; 187 Đ Pham Ngu Lao ; ch 25-65 $US, avec petit déj ; 🛉). Le décor : meubles cirés et miroirs inspirés de l'Art déco. Au rez-de-chaussée est installé l'Allez Boo Bar (p. 365).

Metropole Hotel (carte p. 360 ; ☎ 832 2021 ; fax 832 2019 ; 148 ĐL Tran Hung Dao ; ch 35-70 $US ; 🛉 🖥). Luxueux hôtel, avec piscine, appartenant à Saigon Tourist.

Hanh Hoa Hotel (carte p. 360 ; ☎ 836 0245 ; hanhhoahotel@hcm.vnn.vn ; 237 Đ Pham Ngu Lao ; ch 12-25 $US ; 🛉). Il s'agit du grand frère du Spring House.

Vien Dong Hotel (Far East Hotel ; carte p. 360 ; ☎ 836 8941 ; viendonghotel@hcm.fpt.vn ; 275A Đ Pham Ngu Lao ; ch 25-60 $US ; 🛉). Ce vaste établissement d'État offre l'agrément d'un restaurant en terrasse sur le toit et d'une discothèque.

QUARTIER DE DONG KHOI

Si vous préférez loger dans le centre-ville, faites votre choix parmi les nombreux hôtels jalonnant Đ Dong Khoi ou les rives de la Saigon. Tous sont bien équipés (avec clim. et TV sat. notamment).

Spring Hotel (carte p. 340 ; ☎ 829 7362 ; spring hotel@hcm.vnn.vn ; 44-46 Đ Le Thanh Ton ; d 32-75 $US, avec petit déj ; 🛉). Un hôtel soigné, d'où se dégage une subtile ambiance japonaise. Les cartes de crédit sont acceptées avec une commission de 3%. Toutes les chambres sont moquettées ; attention aux marches à l'entrée.

Thang Long Hotel (carte p. 340 ; ☎ 822 2595 ; thanglonghotel@hcm.fpt.vn ; 48 Đ Mac Thi Buoi ; ch 16-25 $US, ste 35-40 $US, avec petit déj ; 🛉). Ce mini-hôtel offre une ambiance typiquement chinoise avec abondance de dragons et de décors rouges dans une atmosphère tamisée. Les chambres sont un peu petites, mais les plus luxueuses offrent de belles vues.

Bong Sen Annexe (carte p. 340 ; ☎ 823 5818 ; bongsen2@hcm.vnn.vn ; 61-63 ĐL Hai Ba Trung ; ch - ste 27-70 $US, avec petit déj ; 🛉). Un lieu à recom-

---

LE CHOIX DE L'AUTEUR

Majestic Hotel (carte p. 340 ; ☎ 829 5514 ; www.majesticsaigon.com.vn ; 1 Đ Dong Khoi ; ch et ste 130-575 $US, avec petit déj ; 🛉 🖥). Construit au bord de la Saigon, le Majestic date de 1925. Actuellement en rénovation, il peut à juste titre s'enorgueillir d'être l'un des hôtels les plus majestueux de HCMV. Une architecture coloniale, de superbes parquets et d'autres détails de charme lui confèrent une atmosphère unique, qui fait en général défaut à ses homologues contemporains. Par temps chaud, vous plongerez avec délice dans la piscine et, le soir, vous vous régalerez des vues sur le fleuve depuis le bar du dernier étage.

---

mander, en raison notamment de son personnel sympathique.

Asian Hotel (carte p. 340 ; ☎ 829 6979 ; asianhotel@hcn.fpt.vn ; 150 Đ Dong Khoi ; ch 35-55 $US ; 🛉). Ce bâtiment moderne situé en plein centre-ville est réputé pour son restaurant. Les meilleures chambres, moquettées, se situent tout en haut et possèdent de grandes terrasses orientées au nord.

Autres adresses dans le quartier :

Huong Sen Hotel (carte p. 340 ; ☎ 829 1415 ; www.vietnamtourism.com/huongsen ; 66-70 Đ Dong Khoi ; ch 25-95 $US, avec petit déj ; 🛉). Situation centrale. Faites une réservation pour bénéficier des tarifs promotionnels. Un médecin est disponible 24/24.

Kim Long Hotel (Golden Dragon Hotel ; carte p. 340 ; ☎ 822 8558 ; annamtour@hcm.fpt.vn ; 58 Đ Mac Thi Buoi ; s/d 20/25 $US). Le Thang Long (voir ci-contre) en plus petit et en plus gai ; les chambres en façade sont dotées de grands balcons.

Dong Do Hotel (carte p. 340 ; ☎ 827 3637 ; dongdohotel@hcm.vnn.vn ; 35 Đ Mac Thi Buoi ; ch 20-40 $US, avec petit déj ; 🛉). Un joli décor sombre et des chambres assez exiguës, mais au calme.

Bach Dang Hotel (carte p. 340 ; ☎ 825 1501 ; fax 823 0587 ; 33 Đ Mac Thi Buoi ; ch 39-45 $US). Clair et ensoleillé. Quelques chambres donnent sur la rivière.

DISTRICT 3

Chancery Saigon Hotel (carte p. 331 ; ☎ 930 4088 ; www.chancerysaigonhotel.com ; 196 Đ Nguyen Thi Minh Khai ; ch 52-87 $US ; 🛉 🖳). Ce palace luxueux et moderne appartient à la chaîne américaine Best Western ; il est équipé d'une salle de gym et d'un sauna. Autres atouts : un pub et un restaurant.

Saigon Star Hotel (carte p. 331 ; ☎ 930 6290 ; saigonstarhotel@hcm.vnn.vn ; 204 Đ Nguyen Thi Minh Khai ; ch 52-98 $US, avec petit déj ; 🅧 🅡). Voisin du précédent, ce bel établissement possède la TV sat., deux restaurants, un café, un karaoké et un centre d'affaires.

International Hotel (carte p. 331 ; ☎ 930 4009 ; international-ht@hcm.vnn.vn ; 19 Đ Vo Van Tan ; ch 35-58 $US). Cet hôtel offre d'excellentes prestations et des chambres bien équipées (TV sat., mini-bar, tél. international direct et coffre).

CHOLON

Bat Dat Hotel (carte p. 345 ; ☎ 855 1662 ; batdat@hcm. vnn.vn ; 238-244 Đ L Tran Hung Dao ; ch 35-85 $US, avec petit déj ; 🅧). Prestations de qualité, dont un *room service* 24/24. Toutes les chambres possèdent une baignoire.

Arc En Ciel Hotel (Thien Hong Hotel ; ☎ 855 2550 ; thienhong@hcm.vnn.vn ; 52-56 Đ Tan Da ; ch 25-45 $US, avec petit déj ; 🅧). Sorte de jumeau du Bat Dat, cet établissement, doublé du Rainbow Disco Karaoke, plaît beaucoup aux groupes touristiques de Hong Kong et de Taiwan. Les chambres les plus chères sont ornées de mobilier chinois en bois sculpté. Il se situe à l'angle de Đ L Tran Hung Dao.

Catégorie supérieure

La quasi-totalité des hôtels de luxe de HCMV sont rassemblés dans le district 1 (Saigon), en particulier dans le quartier de Dong Khoi. Ne vous laissez pas impressionner par les tarifs : ces établissemnents consentent souvent d'importantes remises. Envoyez un e-mail pour connaître les "promotions" du moment.

Continental Hotel (carte p. 340 ; ☎ 829 9252 ; www. continentalvietnam.com ; 132-134 Đ Dong Khoi ; ch 60-130 $US ; 🅧). Cet hôtel, l'un des plus anciens de HCMV, a servi de cadre au roman de Graham Greene *Un Américain bien tranquille*. Datant de la fin du XIXᵉ siècle, il a été rénové en 1989, malheureusement par son propriétaire actuel, Saigon Tourist, dont le sens de l'esthétique reste controversé. Des plafonds lambrissés et des ornements sculptés accentuent le côté caverneux des chambres moquettées.

Rex Hotel (carte p. 340 ; ☎ 829 2185 ; www. rex hotelvietnam.com ; 141 DL Nguyen Hue ; d et ste 70-270 $US ; 🅧 🅡). Cet immense bâtiment est une autre adresse classique et centrale. Son atmosphère un peu kitsch rappelle l'époque où il accueillait les officiers américains. Il

compte une grande boutique de cadeaux, un tailleur, un salon de beauté, un service de massage et d'acuponcture, ainsi qu'une petite piscine au 6ᵉ étage. La véranda sur le toit, agrémentée d'une volière et de bonsaïs taillés en forme d'animaux, surplombe un magnifique panorama.

Caravelle Hotel (carte p. 340 ; ☎ 823 4999 ; www. caravellehotel.com ; 19 Lam Son Sq ; ch 219-1 127 $US ; 🅧 🅡 🅡). Cet hôtel élégant et spacieux occupe un site exceptionnel sur l'ancien terrain du diocèse de Saigon. Il compte parmi les adresses les plus somptueuses de la ville. Le Saigon Saigon Bar (p. 364), sur le toit, offre l'occsion d'admirer une vue spectaculaire en prenant un verre en fin d'après-midi. Téléphonez (n'envoyez pas d'e-mail) pour connaître les "promotions" du moment.

Grand Hotel (carte p. 340 ; ☎ 823 0163 ; grand-hotel @fmail.vnn.vn ; 8-24 Đ Dong Khoi ; ch et ste 85-490 $US ; 🅧 🅡 🅡). À l'angle de Đ Dong Khoi, cet hôtel réputé de longue date porte bien son nom. Il a été rénové et comporte des suites spacieuses, hautes de plafond (4,5 m) et dotées de fenêtres à la française. Ne demandez pas les chambrs modernes dans l'aile plus récente ; les "anciennes" possèdent davantage de charme, avec leur parquet et leur sdb en granit.

Renaissance Riverside Hotel (carte p. 340 ; ☎ 822 0033 ; rsvn.rrhs@hcm.vnn.vn ; 8-15 Đ Ton Duc Thang ; ch 104-178 d, ste 334 $US ; 🅧 🅡 🅡). À ne pas confondre avec le Riverside Hotel tout près. Ce gratte-ciel tape-à-l'œil, en bordure de rivièrc, cultive une atmosphère luxueuse et emploie un personnel exceptionellement sympathique. Les chambres avec vue sur la Saigon valent largement le supplément demandé.

Sofitel Plaza Saigon (carte p. 331 ; ☎ 824 1555 ; www.sofitel.com ; 17 Đ L Le Duan ; 150-1 500 $US ; 🅧 🅡 🅡). Élégant et sophistiqué, le Sofitel figure parmi les hôtels de luxe les plus courus de HCMV. Outre deux excellents restaurants, il abrite L'Elysee Bar, agrémenté d'une belle terrasse, et programme des concerts de jazz. Les non-résidents ont accès à la piscine sur le toit moyennant 12 $US.

DISTRICT DE TAN BINH

Ces deux hôtels de luxe, près de l'aéroport, sont appréciés par les hommes d'affaires.

Omni Hotel (carte p. 326-327 ; ☎ 844 9222 ; www. omnisaigonhotel.com ; 253 Đ Nguyen Van Troi ; ch 138-

575 $US ; ⊠ ▯ ▨). Cet établissement, le plus luxueux du quartier, offre une gamme étendue de services, du fleuriste au tout nouveau Qi Spa (p. 350) et au club de remise en forme (accessible aux non-résidents pour 15 $US). Ses chambres ravissantes, ses quatre restaurants où l'on déguste de la cuisine asiatique et européenne constituent des atouts de choix. En outre, le personnel est particulièrement aimable.

Novotel Garden Plaza (carte p. 326-327 ; ☎ 842 1111 ; gpnovotel@saigonnet.vn ; 309B-311 Ð Nguyen Van Troi ; ch 127-288 $US ; ⊠ ▯ ▨). L'association design et art contemporain vietnamien contribue à créer une atmosphère élégante. Si vous réservez les chambres "Orchid Club", vous bénéficiez des transferts gratuits depuis/vers l'aéroport, du petit déj., d'une connexion Internet 24/24 et de l'accès à un espace de travail réservé. Concerts de musique traditionnelle tous les soirs, dans le hall, de 19h à 21h.

OÙ SE RESTAURER

Les restaurants disposant de cartes rédigées en anglais sont monnaie courante, notamment dans le centre-ville, où existent de nombreux établissements de spécialités vietnamiennes ou occidentales. À Cholon, vous vous régalerez plutôt de plats chinois, même si, ici aussi, plusieurs adresses servent une bonne cuisine internationale.

En général, et pour coller à vos heures de repas durant vos circuits ou vice versa, les petits restaurants sont ouverts de 6h à 21h et les établissements gastronomiques et internationaux de 11h à 14h et de 18h à 23h. Les étals de rue ne ferment pratiquement jamais. Sur les marchés, les vendeurs vous attendent à partir de 6h30 et jusqu'à 17h30.

Cuisine vietnamienne

Quan An Ngon (carte p. 340 ; ☎ 829 9449 ; 138 Ð Nam Ky Khoi Nghia ; plats 10 000-60 000 d). Si vous êtes deux, vous pouvez vous offrir ici un festin de cuisine vietnamienne traditionnelle pour 5 ou 6 $US/personne. Pour vous mettre en appétit, rendez d'abord une petite visite aux cuisiniers, qui œuvrent chacun séparément.

Tib Restaurant (carte p. 331 ; ☎ 829 7242 ; 187 Ð L Hai Ba Trung, district 3 ; plats 45 000-55 000 d). Installé dans une villa franco-chinoise, au fond d'une allée tranquille, le Tib prépare

---

LE CHOIX DE L'AUTEUR

Banh Xeo 46A (carte p. 331 ; ☎ 824 1110 ; 46A Ð Dinh Cong Trang). Le *banh xeo*, crêpe vietnamienne à la farine de riz fourrée au porc, aux crevettes et aux pousses de soja (il existe une variante végétarienne), a déjà conquis nombre d'auteurs Lonely Planet. Vous goûterez ici les plus savoureux de HCMV pour 17 000 d.

---

de savoureuses spécialités de Hué, ainsi qu'une délicieuse salade de jaques (fruits du jaquier), agrémentée de sésame grillé. De délicieux mets végétariens sont aussi proposés.

Tan Nam Restaurant (carte p. 340 ; ☎ 829 8634 ; 60-62 Ð Dong Du ; plats 30 000 d). Dans un décor traditionnel, le Tan Nam sert une agréable cuisine. Le service est efficace.

Nam Giao (carte p. 340 ; ☎ 825 0261 ; 136/15 Ð Le Thanh Ton ; plats 6 000-10 000 d). Au fond d'une ruelle jalonnée de magasins de cosmétiques, derrière le marché Ben Thanh, ce restaurant bon marché remporte un franc succès auprès des Saigonais. Il faut dire que les spécialités de Hué concoctées ici sont vraiment excellentes. Le Nam Giao propose une carte toute simple, avec photos.

Bo Tung Xeo (carte p. 340 ; ☎ 825 1330 ; 31 Ð Ly Tu Trong). Dans le centre-ville, ce restaurant très apprécié des habitants dispose d'une terrasse. Vous vous régalerez d'un délicieux barbecue vietnamien, à prix très raisonnable. La spécialité de la maison est le bœuf mariné (30 000 d la part, avec une salade), que vous faites griller à table sur des braises. De bons plats de poisson figurent également à la carte. Le personnel, très sympathique, parle anglais.

Autres adresses :

Nam An (carte p. 340 ; ☎ 822 0246 ; 22-36 Ð Nguyen Hue ; plats 30 000 d). Ce restaurant, qui évoque un temple bouddhique, accueille ses clients en salle ou en terrasse.

Restaurant 19 (carte p. 340 ; ☎ 829 8882 ; 19 Ð Ngo Duc Ke ; plats environ 25 000 d). À la carte figurent notamment une savoureuse variante du cake au poisson (cha ca) de Hanoi et de bon plats thaïs.

Restaurant 13 (carte p. 340 ; ☎ 823 9314 ; 13 Ð Ngo Duc Ke). Ce bon numéro attire autant les Vietnamiens que les expatriés.

Cool (carte p. 340 ; Kinh Bac ; ☎ 829 1364 ; 30 Ð Dong Khoi)

PHAM NGU LAO
Lac Thien (carte p. 360 ; ☎ 837 1621 ; 28/25 Đ Bui Vien ; plats 10 000-20 000 d). Il a pris modèle sur les trois restaurants de voyageurs de Hué (p. 203), tenus par des malentendants. Une excellente table, qui porte haut les couleurs de la cuisine impériale.

Pho Bo (carte p. 360 ; 96 Đ Bui Vien). Cette minuscule échoppe concocte de savoureux bols de soupe de nouilles au bœuf (5 000 d).

Cuisine vietnamienne gastronomique

Comparés aux prix pratiqués à l'étranger, les meilleurs restaurants vietnamiens de HCMV semblent très abordables aux voyageurs. Pour un repas royal dans un restaurant haut de gamme au décor soigné, vous ne paierez que 10 $US/personne pour déjeuner et 25 $US pour dîner. Les amateurs se régaleront aussi de la superbe décoration traditionnelle dans les meilleurs de ces établissements.

Lemon Grass (carte p. 340 ; ☎ 822 0496 ; 4 Đ Nguyen Thiep). Voici l'un des plus cotés des restaurants vietnamiens du centre-ville. Si vous ne savez pas quoi commander, choisissez un plat au hasard... en toute confiance : on ne mitonne ici que des petites merveilles ! Deux musiciennes en costume traditionnel accompagneront votre repas.

Mandarine (carte p. 340 ; ☎ 822 9783 ; 11A Đ Ngo Van Nam). Une table excellente, offrant une belle sélection de plats du sud, du centre et du nord du pays – essayez le *cha ca* à la façon de Hanoi. Aux plaisirs du palais s'ajoutent un cadre agréable et des concerts de musique traditionnelle.

Hoi An (carte p. 340 ; ☎ 823 7694 ; hoian@hcm. fp t.vn ; 11 Đ Le Thanh Ton). Ce charmant restaurant, au décor chinois classique, appartient aux propriétaires du Mandarine (plus haut dans la rue adjacente). À la carte : plats du centre du Vietnam et gastronomie impériale de Hué.

Indochine (carte p. 331 ; ☎ 823 9256 ; Indochine-sg@ hcm.fpt.vn ; 32 Đ Pham Ngoc Thach, district 3 ; menu 8-20 $US). Installé dans une villa à la française, l'Indochine vous accueille dans une atmosphère sereine et élégante. Goûtez les gâteaux aux crevettes ou les salades à la fleur de banane (*goi bap chuoi*) ; la carte des vins se révèle elle aussi excellente. Musique traditionnelle de 19h30 à 21h30 les lundi, mercredi et vendredi soirs.

Huong Lai (carte p. 340 ; ☎ 822 6814 ; jins@hcm.fpt.vn ; 38 Đ Ly Tu Trong ; menu fixe/ dîner 50 000/90 000 d). Plafond avec poutres apparentes dans la grande salle claire à l'étage et fenêtres donnant sur le parc et les arbres de Đ Ly Tu Trong : c'est dans ce joli havre de paix que vous dégusterez un menu vietnamien extrêmement varié. Ici, serveurs et cuisiniers sont d'anciens enfants des rues ou de milieux défavorisés, qui ont reçu une formation de qualité – et, au besoin, un toit. Jin, le propriétaire, répartit les dons des clients dans les orphelinats du quartier (jetez un coup d'œil au registre des dons).

Autres cuisines asiatiques
QUARTIER DU CENTRE

Ce sont les cuisines indienne et japonaise qui prédominent dans Dong Khoi.

Chao Thai (carte p. 340 ; ☎ 824 1457 ; 16 Đ Thai Van Lung ; menu déj 80 000 d). Cet établissement compte parmi les fleurons de la cuisine thaïe. Le menu du déjeuner présente un bon rapport qualité/prix. Ne manquez pas les croquettes de crevettes, les saucisses de Chiang Mai et la salade de haricots ailés.

Sushi Bar (carte p. 340 ; ☎ 823 8042 ; shige@hcm.vnn. vn ; 2 Đ Le Thanh Ton ; sushi 45 000 d). Très animé, ce bar à sushis accueille une nombreuse clientèle japonaise (un bon signe) et donne sur un carrefour fréquenté. Livraisons possibles dans HCMV et ses alentours jusqu'à 22h.

Urvashi (carte p. 340 ; ☎ 821 3102 ; 27 Đ Hai Trieu ; menu déj 3-4 $US). Grand spécialiste de la cuisine indienne de Saigon, l'Urvashi propose plusieurs styles de cuisine. Au déjeuner, le *thali* calmera vos plus grandes fringales.

Tandoor (carte p. 331 ; ☎ 930 4839 ; 103 Đ Vo Van Tan, district 3 ; menu déj 52 000 d). Une table recommandée pour ses plats du nord de l'Inde. Service de livraison possible.

Pour une cuisine indienne à des prix défiant toute concurrence, essayez la **cantine indienne** (carte p. 340 ; ☎ 823 2159 ; 66 Đ Dong Du ; plats 7 000 d), un lieu de culte plein de charme, installé derrière la mosquée du centre de Saigon. Le curry de poisson (21 000 d) est exquis. Thé glacé et bananes sont offerts par la maison.

Autres possibilités dans Dong Khoi :

Hakata (carte p. 340 ; ☎ 827 5177 ; 26 Đ Thi Sach ; menu 90 000 d). L'un des meilleurs japonais de la ville.

QUARTIER DE PHAM NGU LAO

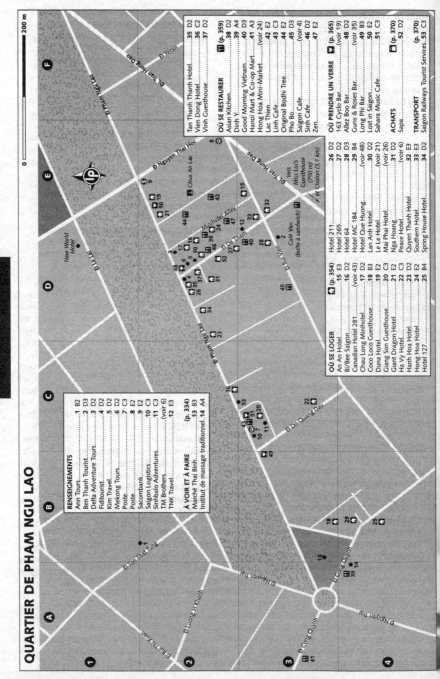

Akatonbo (carte p. 340 ; ☎ 824 4928 ; 36-38 Đ L Hai Ba Trung ; plats 60 000 d). Excellente cuisine japonaise présentée sur un menu avec photos.

Ashoka (carte p. 340 ; ☎ 823 1372 ; 17A/10 Đ Le Thanh Ton ; plats 25 000 d). Restaurant indien halal à prix modérés, avec déjeuner-buffet.

Encore Angkor Plus (☎ 829 8814 ; 28 Đ Ngo Van Nam ; plats 35 000 d). Succulents plats khmers, plébiscités.

CHOLON
Pour la cuisine chinoise, le district 5 reste le quartier de référence.

My Huong (carte p. 345 ; ☎ 856 3586 ; 131 Đ Nguyen Tri Phuong). Doté d'une terrasse, ce restaurant très populaire propose un grand choix de plats délicieux, dont une excellente soupe de nouilles au canard.

Tiem An Nam Long (carte p. 345 ; ☎ 969 4659 ; 47 Đ Pham Dinh Ho ; plats 2 $US). Installé non loin du marché Binh Tay, cet établissement est réputé pour ses préparations sautées au wok, à déguster en terrasse. La carte en anglais ne comporte aucun prix, mais aucun des plats ne vous ruinera.

Tiem Com Chay Phat Huu Duyen (carte p. 345 ; ☎ 857 7919 ; 527 Đ Nguyen Trai ; plats 18 000 d). Ce minuscule restaurant végétarien ne désemplit pas.

Hong Phat (carte p. 345 ; ☎ 856 7172 ; 206 Đ Hai Thuong Lan Ong). Pour une soupe de nouilles au porc, savoureuse et bon marché.

Com Ga Dong Nguyen (carte p. 345 ; ☎ 855 7662 ; 87-91 Đ Chau Van Liem). Le spécialiste du poulet grillé au riz *(com ga)*.

Cuisine française
HCMV offre un beau panel de restaurants français, des bistrots décontractés et bon marché aux tables de luxe servant une cuisine exquise.

Augustin (carte p. 340 ; ☎ 829 2941 ; 10 Đ Nguyen Thiep ; plats 50 000 d). Apprécié pour sa cuisine de style bistrot, Augustin est souvent considéré comme le meilleur des restaurants français bon marché de HCMV.

Bi Bi (carte p. 340 ; ☎ 829 5783 ; 8A/8D2 Đ Thai Van Lung ; plats 100 000 d). Pour un repas de brasserie classique, dans un lumineux décor d'inspiration méditerranéenne et une ambiance fort agréable.

La Fourchette (carte p. 340 ; ☎ 829 8143 ; 9 Đ Ngo Duc Ke ; plats 7 $US). Cet autre établissement excellent, en centre-ville, mitonne une cuisine authentique à prix modiques.

Le Jardin (carte p. 340 ; ☎ 825 8465 ; 31 Đ Thai Van Lung ; plats 35 000-55 000 d). Ce charmant

LE CHOIX DE L'AUTEUR

Sésame (carte p. 326-327 ; ☎ 899 3378 ; triangleghvn@hcmc.netnam.vn ; 153 Đ Xo Viet Nghe quartier Tinh, Binh Thanh ; menus fixes 90 000-120 000 d ; 11h30-14h et 18h30-21h30) Autre centre de formation destiné aux enfants défavorisés, Sésame a été créé par une ONG française, Génération humanitaire. Sur les dalles du patio, des tables en bambou ornées de bougies et de gerbera, vous attendent. La salle à manger aux jolis murs jaunes est tout aussi engageante. Les plats franco-vietnamiens, concoctés avec des produits régionaux, sont agréablement présentés et délicieux. Personnel très affable.

petit bistrot fait partie de Idecaf (p. 367). La terrasse ombragée, dans le jardin, est fréquentée par les expatriés français.

L'Etoile (carte p. 331 ; ☎ 829 7939 ; 180 Đ L Hai Ba Trung ; menus fixes 15 000 d). Ce restaurant propose une cuisine française très correcte. Le menu "rapide", servi toute la journée, présente un bon rapport qualité/prix. Poulet grillé accompagné d'une sauce au choix (5 parfums), petite salade et baguette composent le menu type.

Camargue (carte p. 340 ; ☎ 824 3148 ; 16 Đ Cao Ba Quat ; plats 15 $US). Installé dans une superbe villa restaurée, agrémentée d'une terrasse, le Camargue offre un grand choix de plats bien préparés et une belle carte des vins. L'établissement abrite également un bar branché, le *Vasco's Bar* (p. 364).

Le Caprice (carte p. 340 ; ☎ 822 8337 ; 5B Đ Ton Duc Thang ; menus fixes 40 $US). Si vous préférez une table haut de gamme, ce restaurant très élégant occupe le dernier étage du Landmark. La vue vous éblouira tout autant que les prix.

Au Manoir de Khai (carte p. 331 ; ☎ 930 3394 ; aumanoir@hcm.vnn.vn ; 251 Đ Dien Bien Phu ; déj/dîner 20-50 $US). Premier établissement du Vietnam à offrir une cuisine européenne cinq-étoiles, le Manoir a été ouvert par un gourou vietnamien de la mode, M. Khai, créateur de la marque Khai Silk et propriétaire de superbes hôtels et restaurants. Il a fait appel à un chef français. La somptueuse villa occupe une propriété entourée de murs imposants, dans le district 3.

Autres cuisines européennes
QUARTIER DU CENTRE
Cafe Latin (carte p. 340 ; ☎ 822 6363 ; 19-21 Đ Dong Du ; plats 60 000-150 000 d). Premier bar à tapas du Vietnam, le Cafe Latin affiche une belle sélection de vins et du pain frais chaque jour ! Choix éclectique au menu, allant des sandwiches de saumon fumé au couscous.

Cafe Havana (carte p. 331 ; ☎ 827 9682 ; www.café havana.biz ; 25B Đ Tran Cao Van ; plats 30 000 d). Ce nouveau café sur 3 étages, avec terrasse sur le toit, sert des pizzas cuites au feu de bois et, parmi les cocktails, un classique cubain, le *mojito*. Il est fréquenté par les expatriés comme par les habitants du quartier.

Santa Lucia (carte p. 340 ; ☎ 822 6562 ; 14 ĐL Nguyen Hue ; plats 60 000 d). Les meilleures spécialités italiennes de HCMV.

Gartenstadt (carte p. 340 ; ☎ 822 3623 ; 34 Đ Dong Khoi). Dans ce charmant petit établissement, pain et saucisses sont faits maison.

Mogambo (carte p. 340 ; ☎ 825 1311 ; 20B Đ Thi Sach ; plats 30 000 d). À la fois restaurant, pub et hôtel, le Mogambo est apprécié pour son décor polynésien et ses savoureux hamburgers.

Skewers (carte p. 340 ; ☎ 829 2216 ; 8A/1/ D2 Đ Thai Van Lung ; plats 35 000 d). Ce spécialiste de la cuisine méditerranéenne propose notamment de la viande grillée à la broche. L'ambiance est agréable et vous pouvez observer les cuisiniers à l'œuvre.

DEsignED Café (carte p. 331 ; ☎ 930 2600 ; 180A Đ Nam Ky Khoi Nghia ; plats 45 000-90 000 d). Ce café-musée sert une cuisine gastronomique européenne et vietnamienne. L'étage est en fait une galerie de décoration intérieure ; si vous aimez le pop art et l'élégance sobre d'un mobilier design, vous vous régalerez.

ABC Restaurant (carte p. 331 ; ☎ 823 0388 ; 172H Đ Nguyen Dinh Chieu, district 3 ; plats 25 000-50 000 d ; jusqu'à 3h). Cet endroit très à la mode, doté d'une terrasse, est incontournable si l'on souhaite faire un festin bon marché tard dans la nuit. La carte décline tous les plats, de la soupe de nouilles aux fruits de mer, en passant par les steaks.

Brodard Café (carte p. 340 ; ☎ 822 3966 ; 131 Đ Dong Khoi ; plats 25 000-100 000 d). Restauré dans le "style parisien", ce bistrot est réputé de longue date pour sa cuisine de brasserie à prix raisonnables.

Autres adresses en centre-ville :

Annie's Pizza (carte p. 340 ; ☎ 823 9044 ; 45 Đ Mac Thi Buoi ; pizzas 40 000-70 000 d). Des pizzas, délicieuses, livrées gratuitement si vous le désirez.

Givral (carte p. 340 ; ☎ 824 2750 ; 169 Đ Dong Khoi). Idéal pour déguster une pâtisserie (10 000 d) et un café, en face du théâtre municipal.

Why Not? (carte p. 340 ; ☎ 822 6138 ; 24 Đ Thai Van Lung ; plats environ 30 000 d ; fermé dim). On vous sert de la bonne cuisine européenne et vous pourrez par la même occasion faire une partie de fléchettes.

PHAM NGU LAO
Le quartier de Pham Ngu Lao et Đ De Tham rassemblent la plupart des adresses les plus intéressantes pécuniairement de HCMV. Ces rues attirent plus d'Occidentaux que de Vietnamiens, qui ont parfois du mal à déchiffrer les cartes (muesli à la banane ne se traduit pas aisément en vietnamien), voire à apprécier les plats proposés.

Asian Kitchen (carte p. 360 ; ☎ 836 7397 ; 185/22 Đ Pham Ngu Lao ; plats 18 000 d). Les petites bourses pourront se faire servir de la cuisine indienne ou japonaise, ainsi que des plats végétariens dans le restaurant tapissé de bambou ou dans le patio orné de mosaïques.

Good Morning Vietnam (carte p. 360 ; ☎ 837 1894 ; 197 Đ Pham Ngu Lao ; pâtes et pizzas 30 000-80 000 d). Cette succursale d'une grande chaîne italienne concocte des plats du nord de l'Italie.

Kim Cafe (☎ 836 8122 ; cafékim@hcm.vnn.vn ; 268 Đ De Tham ; plats 20 000 d). Ce repaire de voyageurs à petit budget est idéal pour rencontrer du monde.

Sinh Cafe (carte p. 360 ; ☎ 836 7338 ; sinhcafévietnam @hcm.vnn.vn ; 246-248 Đ De Tham ; plats 20 000 d). Tout proche et très semblable au précédent.

Saigon Cafe (carte p. 360 ; 195 Đ Pham Ngu Lao ; plats 15 000 d). Cet établissement à l'angle de Đ De Tham possède des tables ombragées où prendre de bons petits déjeuners à prix modérés.

Linh Cafe (carte p. 360 ; 291 Đ Pham Ngu Lao ; plats 20 000 d). Voici un autre café de voyageurs, tenu par des hôtes fort sympathiques. Il est par ailleurs possible de réserver un circuit touristique.

Fruits de mer
Miss Saigon (carte p. 340 ; ☎ 823 8174 ; 86 Đ Le Thanh Ton ; plats 35 000-50 000 d). Ce restaurant sert de bons fruits de mer et des plats vietnamiens. Quant au décor, vous choisirez entre la salle climatisée et la terrasse "avec vue" (un vieux char d'un côté et, de l'autre, des courts de tennis).

Cuisine végétarienne

Les restaurants végétariens se concentrent majoritairement dans le quartier de Pham Ngu Lao et aux alentours.

Original Bodhi Tree (carte p. 360 ; ☎ 837 1910 ; bodhitree@hcm.vnn.vn ; 175/4 Đ Pham Ngu Lao ; plats 12 000 d). Ce restaurant se trouve dans une ruelle, à deux rues à l'est de Đ De Thanh. L'excellente cuisine est très bon marché (un voisin malin a d'ailleurs ouvert un établissement qui porte exactement le même nom). L'Original accueille aussi des expositions et organise des ventes au profit des enfants défavorisés.

Tin Nghia (carte p. 331 ; ☎ 821 2538 ; 9 ĐL Tran Hung Dao ; 7h-20h30 ; plats 8 000 d). Les propriétaires bouddhistes de ce petit restaurant concoctent un assortiment de délicieuses spécialités vietnamiennes, à base de tofu, de champignons et de légumes.

Dinh Y (carte p. 360 ; ☎ 836 7715 ; 171B Đ Cong Quynh ; plats 7 000 d). En face du marché Thai Binh, ce restaurant tenu par une famille caodaïste sert des plats végétariens savoureux et très bon marché (carte en anglais). Les soupes de nouilles sont savoureuses.

Zen (carte p. 360 ; ☎ 837 3713 ; 185/30 Đ Pham Ngu Lao ; plats 12 000 d). Une atmosphère familiale pour ce petit restaurant bon marché, situé dans Minihotel Alley.

Les 1er et 15e jours du mois lunaire, les échoppes de nourriture de la ville, notamment celles des marchés, servent des variantes végétariennes des plats traditionnels vietnamiens. Bien que tout soit mis en œuvre pour accélérer le service, il vous faudra faire preuve de beaucoup de patience : mitonner un plat prend du temps, mais l'attente est largement récompensée.

Cafés et glaciers

Tous les établissements cités ci-dessous se situent dans le quartier de Dong Khoi.

Java Coffee Bar (carte p. 340 ; ☎ 823 0187 ; 38-42 Đ Dong Du ; 7h30-24h). Avec son expresso et autres excellents cafés ou ses *smoothies* (35 000 d) concoctés à partir de tofu doux, le Java séduit par son ambiance chic, et détendue et ses sièges ultra confortables.

Fanny (carte p. 340 ; ☎ 821 1633 ; 29-31 Đ Ton That Thiep ; glaces 6 000-15 000 d). Installé dans une belle villa française, cet excellent glacier franco-vietnamien offre un vaste choix de parfums exotiques.

Kem Bach Dang (carte p. 340 ; ☎ 829 2707 ; 26-28 Đ L Le Loi ; glace 15 000 d). C'est ici que vous trouverez les meilleures crèmes glacées *(kem)* du Vietnam. Les deux boutiques, situées de part et d'autre de Đ Pasteur, pratiquent des tarifs très raisonnables. La spécialité de la maison est une glace servie dans une petite noix de coco, garnie de fruits confits *(kem trai dua)*.

Chi Lang Cafe (carte p. 340 ; angle Đ Dong Khoi et Đ Le Thanh Ton ; café 6 000 d). Ce café est une institution du quartier de Dong Khoi. Installez-vous au choix dans la salle ou sur la terrasse environnée de verdure.

Paris Deli (carte p. 340 ; ☎ 829 7533 ; 31 Đ Dong Khoi). Pâtisseries et pain frais ont fait la réputation du Paris Deli où règne une ambiance charmante. Il existe un autre Paris Deli (☎ 821 6127 ; 65 Đ L Le Loi) au centre de Saigon.

Dong Du Cafe (carte p. 340 ; ☎ 823 2414 ; 31 Đ Dong Du ; plats 45 000 d). Venez ici déguster un café et des desserts ; pour la cuisine italienne, d'autres adresses sont préférables.

Cuisine de rue

Des échoppes en plein air préparent des *pho* à toute heure. Un grand bol de délicieuses nouilles au bœuf vous reviendra entre 7 000 et 15 000 d. Repérez les enseignes indiquant "pho".

Pho 2000 (carte p. 331 ; ☎ 822 2788 ; 1-3 Đ Phan Chu Trinh ; pho 14 000 d ; 6h-2h). Cette échoppe proche du marché Ben Thanh est l'endroit où aller pour déguster votre premier bol de pho – un plaisir que n'a pas boudé Bill Clinton !

Pho Hoa (carte p. 331 ; ☎ 829 7943 ; 260C Đ Pasteur ; pho 15 000 d). Un autre établissement apprécié par les étrangers, installé dans le district 3.

Les marchés abritent toujours des étals d'alimentation, généralement installés au rez-de-chaussée ou au sous-sol. Vous en trouverez en quantité aux marchés Thai Binh, Ben Thanh et Andong.

Des vendeurs de rue proposent des sandwiches à la française, version vietnamienne : un morceau de baguette tartiné d'une sorte de pâté, recouvert de concombre, le tout assaisonné de sauce au soja (5 000-15 000 d, selon la garniture). Les sandwiches au fromage reviennent un peu plus cher. Une baguette coûte de 500 d à 2 000 d.

Faire son marché

On peut facilement improviser un repas simple à base de fruits, de légumes, de pain, de croissants, de fromage et autres délices vendus sur les marchés ou les étals de rue. Évitez les barres chocolatées non réfrigérées, qui semblent dater du départ des Américains en 1975.

Chez Guido (☎ 898 3747, 840 4448 ; www.chezguido. com ; plats 15 000-100 000 d ; 9h-23h). Ce service de livraison à domicile extrêmement populaire fera votre bonheur si vous n'avez pas envie de sortir pour prendre un repas. Il propose une carte bien fournie de cuisine internationale (y compris vins et desserts), avec une spécialité de plats italiens. Vous pouvez télécharger la carte *via* Internet ou vous la faire faxer à l'hôtel.

Vous n'aurez que l'embarras du choix pour acheter nourriture et boissons : supermarchés, centres commerciaux et boutiques de produits d'importation abondent. Deux supermarchés sont installés près de Pham Ngu Lao : le **Hanoi Mart** et le **Co-op Mart** (carte p. 360 ; Đ Cong Quynh), dans la même rue.

Autres adresses :

Hong Hoa Mini-Market (carte p. 360 ; Hong Hoa Hotel, 185/28 Đ Pham Ngu Lao). Petit magasin bien achalandé en articles de toilette, alcools et produits alimentaires européens.

Veggy's (carte p. 340 ; ☎ 823 8526 ; golden-garden@hcm.vnn.vn ; 15 Đ Thai Van Lung). Importe toutes sortes de produits d'alimentation de qualité, vin, sauces, produits frais et surgelés.

OÙ PRENDRE UN VERRE

Célèbre pour sa vie nocturne pendant la guerre, Saigon a subi une sorte de couvre-feu idéologique à sa libération, en 1975. Ces derniers temps, les pubs et les boîtes de nuit sont réapparus. Cependant, des campagnes officielles, supposées lutter contre la drogue, la prostitution et le bruit, calment périodiquement toute velléité de débordement nocturne.

Pubs et bars
QUARTIER DU CENTRE

Le quartier central de Dong Khoi rassemble l'essentiel des lieux qui plairont aux noctambules. En 2001, les autorités locales ont imposé aux bars et aux clubs de fermer à minuit, dans le cadre de la lutte contre les "fléaux sociaux". L'application de ces mesures est plus ou moins sévère selon

les périodes. Dans tous les cas, les pubs du quartier de Pham Ngu Lao restent ouverts jusqu'à l'aube.

Vasco's (carte p. 340 ; ☎ 824 3148 ; 16 Đ Cao Ba Quat ; boissons 20 000-70 000 d). Très apprécié des expatriés, et toujours dans le coup, le Vasco attire les foules à l'occasion des concerts *live* du week-end. Profitez des billards, à l'intérieur comme à l'extérieur ; des tables vous attendent dans la cour de la villa.

Q Bar (carte p. 340 ; ☎ 823 3479 ; 7 Lam Son Sq ; boissons 20 000-70 000 d). Ce bar qui diffuse de la musique branchée attire la jeunesse tendance et anticonformiste de HCMV. Le décor est à la fois chic, décontracté et minimaliste. L'établissement se situe près du théâtre municipal, en face du Caravelle Hotel.

Temple Club (carte p. 340 ; ☎ 829 9244 ; 29 Đ Ton That Thiep ; boissons 25 000-70 000 d). Ce club aux murs de brique est une adresse huppée, dotée d'un restaurant à l'avant et d'un salon confortable à l'arrière. Si vous aimez son ameublement chinois, rien ne vous empêche d'acquérir l'un des meubles, car ils sont tous à vendre.

Hoa Vien (carte p. 331 ; ☎ 829 0585 ; www.hoavener. com ; 28 Đ Mac Dinh Chi ; bière 50cl 24 000 d). Connu pour être le seul restaurant tchèque de la ville, son grand atout reste avant tout sa bière pression. L'endroit est une vraie brasserie, comme l'indiquent les réservoirs en cuivre derrière le bar.

Blue Gecko Bar (carte p. 340 ; ☎ 824 3483 ; 31 Đ Ly Tu Trong). Lieu de rendez-vous favori des Australiens, le Blue Gecko sert la bière la plus fraîche de la ville, et passe de la bonne musique. Les clients peuvent jouer au billard ou regarder les chaînes sportives sur l'un des nombreux écrans.

Sheridan's Irish House (carte p. 340 ; ☎ 823 0973 ; 17/13 Đ Le Thanh Ton ; 11h-tard). Ce pub irlandais traditionnel semble tout droit sorti des ruelles de Dublin. Concerts *live* au programme et de la bonne cuisine de pub.

Saigon Saigon Bar (carte p. 340 ; ☎ 823 3479 ; 10e ét, Caravelle Hotel, 19 Lam Son Sq ; boissons 25 000-70 000 d ; 11h-tard). Pour connaître les plus jolis aspects du centre-ville, faites un tour au Saigon Saigon Bar à la tombée de la nuit. Ce bar luxueux situé dans le Caravelle Hotel offre les meilleures vues du centre-ville.

No 5 Ly Tu Trong (carte p. 331 ; ☎ 825 6300 ; 5 Đ Ly Tu Trong ; boissons 15 000-70 000 d). Le cadre (une ancienne villa coloniale restaurée), le décor élégant et raffiné, la bonne musique, la cuisine savoureuse, le billard et un accueil sympathique contribuent à créer une ambiance agréable.

Hard Rock Cafe (carte p. 340 ; 24 Đ Mac Thi Buoi). Cette imitation du célèbre café est implantée ici depuis fort longtemps. Le véritable Hard Rock voulait s'installer à HCMV il y a quelques années, mais il semble avoir été impressionné par son concurrent. Vous ne croiserez aucune vedette ici, mais c'est l'endroit où acheter le classique T-shirt de l'enseigne.

Autres adresses :

Chu (carte p. 340 ; ☎ 822 3907 ; 158 Đ Dong Khoi). Vin, nouilles et cigares ; des groupes se produisent le samedi.

AQ Cafe (carte p. 331 ; ☎ 829 8344 ; 39 Đ Mac Dinh Chi ; bière 15 000 d ; 7h-24h). Ce café aux lumières tamisées, installé dans une maison en bois centenaire, en face du Hoa Vien, possède une terrasse donnant sur un vaste jardin. On y écoute du cool jazz.

Tex-Mex Cantina (carte p. 340 ; ☎ 829 5950 ; 24 Đ Le Thanh Ton ; 11h-24h). Sombreros au plafond et billard.

Wild Horse Bar (carte p. 340 ; ☎ 825 1901 ; 8A/D1 Đ Thai Van Lung). Pour prendre un verre dans un décor "western".

PHAM NGU LAO

Outre les traditionnels repaires de voyageurs, toujours très animés, Pham Ngu Lao compte de bonnes adresses qui s'éveillent au crépuscule.

Lost in Saigon (carte p. 360 ; 169 Đ Pham Ngu Lao ; 8h30-tard). Favori de longue date des voyageurs à petit budget, l'endroit est toujours sombre et bondé ; en outre, ses hamburgers se font bien minces.

Long Phi Bar (carte p. 360 ; ☎ 920 3805 ; 325 Đ Pham Ngu Lao ; 10h-tard). Situé à présent de l'autre côté de Pham Ngu Lao, le Long Phi Bar arbore un comptoir en cuivre et connaît toujours la même ambiance, à la fois détendue et quelque peu décadente ! Les cocktails sont bons et un menu, limité mais corrrect, est proposé.

Sahara Music Cafe (carte p. 360 ; ☎ 837 8084 ; 277 Đ Pham Ngu Lao ; 9h-tard). Ce bar-billard qui n'a rien d'un restaurant sert cependant des plats internationaux corrects (soupes, salades, hamburgers et sandwiches). C'est certainement l'un des endroits les plus élégants du quartier.

163 Cyclo Bar (carte p. 360 ; ☎ 920 1567 ; 163 Đ Pham Ngu Lao) Ce bar sert des encas – tempura, sandwiches ou *pho* –, le tout accompagné de musique *live* tous les soirs sauf le dimanche.

Allez Boo Bar (carte p. 360 ; ☎ 837 2505 ; 187 Đ Pham Ngu Lao ; bière à partir de 12 000 d). Fenêtres ouvertes et décor de bambou, ce bar à l'angle de Đ De Tham ne désemplit jamais.

Guns & Roses Bar (carte p. 360 ; 207 Đ Pham Ngu Lao). Billard, horaires tardifs et ambiance festive.

OÙ SORTIR

Consultez le *Guide* ou *Time Out* (voir p. 332) pour connaître les spectacles, les concerts et les pièces de théâtre à l'affiche. Vous pouvez aussi vous renseigner auprès du Théâtre municipal (p. 336), où les pièces comme les spectacles musicaux et chorégraphiques changent régulièrement.

Village touristique de Binh Quoi (☎ 899 831, réservations dîner-croisière ☎ 829 8914 ; 1147 Đ Xo Viet Nghe Tinh, quartier de Binh Than ; promenades en bateau 20 000-840 000 d, dîner tarif plein/réduit 75 000/45 000 d ; dim et jours fériés 11h-2h et 17-20h dîner buffet 17-20h sam). Ce "village" est en fait un parc géré par Saigon Tourist. Parmi les activités et les distractions proposées figurent des promenades en barque, des spectacles de marionnettes sur l'eau, une piscine, des courts de tennis, des attractions pour enfants (dont un enclos où vivent des alligators). On y célèbre même des mariages traditionnels. Téléphonez pour obtenir le programme des festivités. Le parc abrite également un restaurant, un terrain de camping et une pension.

LA FIÈVRE DU DIMANCHE SOIR

Le dimanche et les jours fériés (et parfois le samedi) en fin de journée, Đ Dong Khoi appartient littéralement à des centaines de jeunes (*di troi*), qui circulent lentement dans les rues à bicyclette ou à moto, autant pour voir que pour être vus. La foule s'avère si compacte que l'on peut à peine traverser. Le chaos le plus total règne à chaque carrefour, où se croisent en tous sens une multitude de deux-roues. Près du théâtre municipal, des jeunes habillés à la dernière mode s'arrêtent pour observer l'interminable procession des badauds. Conversations animées et regards en biais électrisent l'ambiance. La ville est dans la rue et c'est un spectacle à ne pas manquer.

LES MARCHÉS DE HO CHI MINH-VILLE

Marché Huynh Thuc Khang

Ce **marché de rue** (carte p. 340 ; Đ Huynh Thuc Khang et Đ Ton That Dam), dans le quartier de Dong Khoi, s'appelait jusqu'à sa légalisation en 1989, "le marché noir de l'électronique".

Devenu très éclectique, il expose donc le matériel électronique le plus varié, mais aussi quantité de vêtements, de produits d'entretien, d'objets en laque, des préservatifs, des cassettes piratées, du whisky de contrebande, des couteaux suisses fabriqués en Chine et des posters de personnalités diverses, de Ho Chi Minh à Britney Spears !

Marché Ben Thanh

Parmi les nombreux marchés couverts de HCMV, le **Ben Thanh** (Cho Ben Thanh ; carte p. 331 ; angle Đ L Le Loi, Đ L Ham Nghi, Đ L Tran Hung Dao et Đ Le Lai), incroyablement vaste (il déborde sur les rues avoisinantes), vend de tout, des chapeaux coniques en paille de riz aux fameux *ao dai* (costumes traditionnels).

C'est aussi le marché le plus vivant et le plus coloré de la ville. Vous y découvrirez toutes sortes de produit d'alimentation (fruits et légumes, viande, épices, biscuits, confiserie), du tabac, des vêtements, des chapeaux, de la quincaillerie, des articles ménagers, sans oublier les articles souvenir.

Construit en 1914, le marché Ben Thanh était appelé "les Halles centrales" par les Français. Sa coupole centrale mesure 28 m de diamètre. L'entrée principale, surmontée d'un beffroi et d'une horloge, est devenue l'emblème de HCMV. Face au beffroi, se dresse une statue équestre de Tran Nguyen Hai, qui fut le premier Vietnamien à utiliser des pigeons voyageurs. À sa base, un petit buste blanc représente Quach Thi Trang, une femme bouddhiste tuée lors des manifestations antigouvernementales de 1963.

Dans les environs, des étals de rue proposent des repas à prix doux. Le marché Ben Thanh se situe à 700 m au sud-ouest du Rex Hotel.

Vieux Marché

Les étals du Vieux Marché (carte p. 331) proposent des produits importés (plus ou moins légalement) : alimentation, vin, mousse à raser, shampooing, etc.

Évitez d'employer le nom vietnamien de ce marché, Cho Cu, car mal prononcé il signifie "pénis", et votre chauffeur de cyclo n'a pas fini d'en rire. Indiquez-lui plutôt la direction. Le Vieux Marché s'étend au nord de Đ L Ham Nghi, entre Đ Ton That Dam et Đ Ho Tung Mau.

Marché Dan Sinh

Également appelé "marché des surplus militaires", le **Dan Sinh** (carte p. 331 ; 104 Đ Yersin) est le lieu idéal si vous souhaitez vous procurer une paire de bottes de combat ou des plaques d'identité rouillées. C'est aussi le meilleur endroit pour dénicher du matériel électronique et des produits importés, si nombreux et si variés qu'on peut, par exemple, trouver de quoi rénover une maison entière.

Le marché est installé à côté de la pagode Phung Son Tu. La première partie du marché est réservée aux vendeurs de voitures et de motos mais, derrière la pagode, vous découvrirez des surplus militaires plus ou moins authentiques : masques à gaz, moustiquaires, équipements imperméables, civières, gilets pare-balles, mais aussi cantines, sacs, ponchos et bottes à prix intéressants.

Marché Binh Tay

Le principal marché de Cholon (carte p. 345 ; ĐL Hau Giang) est un chef-d'œuvre d'architecture chinoise avec, en son centre, une belle tour de l'horloge. Les commerçants pratiquent essentiellement la vente en gros. Allez vous y promener simplement pour le plaisir des yeux.

Marché An Dong

Cet autre marché couvert de Cholon (carte p. 326-327) est proche de l'intersection entre Đ L Tran Phu et Đ An Duong Vuong.

Ses 4 étages regorgent d'étals. Au 1er étage, on trouve notamment des vêtements et des chaussures provenant aussi bien de Hong Kong que de Paris, ainsi que les gracieux *ao dai* vietnamiens. Le sous-sol abrite une multitude d'échoppes où l'on peut se restaurer délicieusement à prix doux.

Le dîner-buffet du week-end, comprend une grande variété de spécialités vietnamiennes régionales ; il est servi au cours d'une "croisière" sur un canal éclairé par des lanternes flottantes et accompagné de musique traditionnelle. En général, ces dîners-croisières, suivis de concerts ou de spectacles de marionnettes sur l'eau au village, peuvent être amusants et les promenades en bateau restent agréables (les plus petites embarcations accueillent 16 passagers, les plus grandes jusqu'à 100).

Le village touristique se trouve à 8 km au nord du centre de HCMV. Vous pouvez vous y rendre en cyclo, en moto ou en taxi (environ 60 000 d).

Maxim's Dinner Theatre (carte p. 340 ; ☎ 829 6676 ; 15 Đ Dong Khoi ; 11h-23h). Véritable institution de Saigon, ce club voisin du Majestic Hotel est théoriquement spécialisé dans les soupers (plats vietnamiens, chinois et européens). Son principal intérêt est plutôt à chercher du côté de sa programmation musicale. Les concerts *live* concernent autant la musique folklorique que la pop. Il est recommandé de réserver pour le dîner.

Cinémas

Les cinémas *(rap)* sont nombreux dans le centre-ville. En revanche, les films diffusés dans une autre langue que le vietnamien sont rares, exceptées dans les salles suivantes :
Diamond Plaza Cinema (carte p. 340 ; ☎ 825 7751 ; Diamond Plaza, 163 Đ Dong Khoi ; billets 30 000-40 000 d). Films en anglais.
Idecaf (☎ 829 5451 ; 31 Đ Thai Van Lung). Films en français et vidéos à louer.

Discothèques

La plupart n'ouvrent pas avant minuit. Renseignez-vous dans les bars de Pham Ngu Lao sur les derniers lieux incontournables.
Apocalypse Now (carte p. 340 ; ☎ 824 1463 ; 2C Đ Thi Sach). Si la plupart des discothèques vietnamiennes disparaissent très vite du paysage, l'"Apo" reste l'exception qui confirme la règle. L'endroit anime depuis fort longtemps la nuit de HCMV. La musique résonne à plein volume, dans un chahut apocalyptique.
Tropical Rainforest Disco (Mua Rung ; carte p. 340 ; ☎ 825 7783 ; 5-15 Đ Ho Huan Nghiep ; 4 $US). L'un des lieux incontournables du centre pour les plus jeunes. L'entrée comprend une consommation.

Underground (carte p. 340 ; ☎ 829 9079 ; 69 Đ Dong Khoi ; 10h-24h). Situé au sous-sol de l'immeuble Lucky Plaza et conçu sur le thème du métro de Londres, il propose une sympathique *happy hour* et de succulentes pizzas.

Théâtre
Théâtre municipal (Nha Hat Thanh Pho ; carte p. 340 ; ☎ 829 9976 ; Đ Dong Khoi). La programmation change chaque semaine, passant de la gymnastique sportive à un concert de musique classique ou au théâtre traditionnel. Les spectacles ont lieu à 20h. Renseignez-vous au théâtre ou à l'accueil de votre hôtel.

Si aucun spectacle n'est programmé pendant votre séjour, rendez-vous au Q Bar (en tournant à l'angle du bâtiment) pour boire un verre dans une ambiance branchée.

Conservatoire de musique (Nhac Vien Thanh Pho Ho Chi Minh ; carte p. 331 ; ☎ 824 3774 ; 112 Đ Nguyen Du ; spectacles 19h30 lun ven mars-mai et oct-déc). Proche du palais de la Réunification, ce conservatoire programme des concerts de musique traditionnelle ou de musique classique occidentale. Il est fréquenté par des élèves âgés de 7 à 16 ans et assure à la fois l'enseignement scolaire et les cours de musique. Les professeurs ont appris leur art en Europe ou aux États-Unis. L'enseignement est gratuit, mais la plupart des élèves sont issus de familles aisées, car seuls les plus favorisés peuvent acheter les instruments.

Marionnettes sur l'eau

Cet art apparu dans le Nord a été récemment introduit dans le Sud, en raison du vif succès qu'il remporte auprès des touristes. À HCMV, vous pourrez découvrir les spectacles de marionnettes sur l'eau au **musée des Souvenirs de guerre** (☎ 930 5587 ; 28 Đ Vo Van Tan) et au **musée d'Histoire** (☎ 829 8146 ; Đ Nguyen Binh Khiem). Les horaires sont variables, mais les spectacles commencent dès qu'un groupe de 5 personnes, au minimum, se présente.

Hippodrome de Saigon

Cet **hippodrome** (Cau Lac Bo The Thao Phu To ; carte p. 326-327 ; ☎ 855 1205 ; 2 Đ Le Dai Hanh, district 11 ; 1 000 d ; sam-dim 12h30-16h30) est un rescapé ! À la libération du Sud-Vietnam, en 1975, le gouvernement de Hanoi se dépêcha d'interdire les distractions capitalistes décadentes, comme les paris. Les champs de courses, concentrés dans la région de Saigon, furent fermés. Cependant, d'impérieux besoins financiers ont eu raison de l'idéologie.

L'hippodrome, qui date de 1900, a rouvert ses portes en 1989. Les courses rapportent gros à l'État, sans que personne ne sache bien où va tout cet argent. On parle aussi de dopage des chevaux. Les jockeys, censés avoir plus de 14 ans, semblent souvent en avoir à peine 10.

La plupart des turfistes sont vietnamiens. Cependant, aucune loi n'interdit aux étrangers de parier leurs dongs. Le pari minimum légal est de 2 000 d et les parieurs fous n'auront d'autre limite que celles de leurs rêves. Même les moins nantis devront s'acquitter d'un droit d'entrée de 2 000 d.

Les projets visant à instaurer des paris parallèles ne se sont toujours pas concrétisés. Cependant, les paris illégaux (on peut même parier en or !) concurrencent le monopole de l'État.

ACHATS

Au cours des dernières années, le marché des souvenirs a véritablement explosé grâce au secteur privé. Même si vous n'avez aucun besoin d'un singe mécanique qui joue des cymbales ou d'un bouddha de céramique qui siffle l'hymne national, vous dénicherez certainement une petite merveille qui vous séduira.

HCMV regorge en particulier de bonnes affaires à réaliser sur les vêtements, la porcelaine, les tissus traditionnels et les objets en bambou laqué.

Vous serez surpris de voir ce que des mains agiles peuvent fabriquer avec des canettes recyclées – cyclos, hélicoptères, avions, que vous trouverez à coup sûr à la boutique du musée des Souvenirs de guerre (p. 335).

Plus central et donc plus cher, le quartier de Dong Khoi est réputé pour ses boutiques d'artisanat. Il est difficile ici de négocier les prix. Le quartier de Pham Ngu Lao serait à cet égard plus intéressant même si le choix n'est pas aussi étendu. Si vous n'êtes pas pressé, le **Tax Department Store** (marché russe ; carte p. 340 ; angle Đ Nguyen Hue et Đ Le Loi), nouvellement refait, est le lieu rêvé pour dénicher un peu de tout, du matériel électronique aux vêtements et à l'artisanat.

Art et artisanat

Dans Đ Dong Khoi s'alignent les petites boutiques vendant toutes sortes d'accessoires de mode ou d'objets de décoration.

Authentic Interiors (carte p. 340 ; ☎ 822 1333 ; authentique@hcm.vnn.vn ; 6 Đ Dong Khoi). Choix intéressant de meubles, d'articles pour la table, de porcelaine, de linge de lit brodé de motifs uniques, de vêtements et de sacs.

Precious Qui (carte p. 340 ; quasarkhanh@hcm.vnn. vn ; ☎ 825 6817 ; 29A Đ Dong Khoi). Articles pour la maison et soieries ornées de motifs contemporains minimalistes.

Oriental Home (carte p. 331 ; ☎ 910 0194 ; www. madeinvietnamcollection.com ; 2A ĐL Le Duan). Mobilier, porcelaine, lampes, lanternes et gravures sur pierre parmi lesquelles des pièces anciennes, bijoux. Vêtements et *ao dai* sur commande.

Living & Giving (carte p. 340 ; ☎ 822 3104 ; livinggiving@bdvn.vnd.net ; 11 Đ Ngo Duc Ke). Linge de lit élégant, meubles et éléments de décoration intérieure en métal, bois et porcelaine.

Mai Handicrafts (carte p. 326-327 ; ☎ 844 0988 ; maivn@hcm.vnn.vn ; 298 Đ Nguyen Trong Tuyen, district de Tan Binh). Boutique liée au commerce équitable, où l'on trouve de la porcelaine, des tissus traditionnels et autres idées de cadeaux, au profit des familles défavorisées et des enfants des rues.

Café

Le café vietnamien est tout à la fois excellent et très bon marché. Encore faut-il savoir où l'acheter. Le meilleur provient de Buon Ma Thuot, où les grains sont grillés dans du beurre. Le prix varie selon la qualité et la saison, mais ne change pas selon qu'on l'achète en grains ou moulu.

Les principaux marchés de la ville offrent le meilleur choix et les prix les plus intéressants. Au marché de Ben Thanh, nous avons repéré une qualité de café supérieure, ainsi que les filtres individuels utilisées par les Vietnamiens. Si vous achetez une cafetière, préférez l'acier à l'aluminium, même si cela coûte plus cher, car son utilisation reste plus commode. Vous pourrez aussi vous procurer un moulin à café.

Galeries d'art

HCMC abonde en galeries d'art. La **Blue Space Gallery** (☎ 821 3695 ; 1A Đ Le Thi Hong Gam ; 9h-18h), à l'intérieur du musée des Beaux-Arts (p. 336), et la **Vinh Loi Gallery** (carte p. 331 ; ☎ 930 5006 ; www.galerievinhloi.com ; 41 Đ Ba Huyen

MODE ET CRÉATION À SAIGON

Si les magasins spécialisés dans la soie abondent dans le vieux Hanoi, les petites boutiques qui jalonnent Saigon sont bien plus diverses et originales, quand elles ne sont pas meilleur marché. Sans doute le caractère un peu débridé de Saigon attire-t-il davantage les créateurs de mode, vietnamiens ou étrangers, qui ont élu domicile dans le secteur de Dong Khoi. Dans leurs boutiques, on découvre un prêt-à-porter unique mêlant le style vietnamien à la touche des créateurs, donnant des résultats tour à tour élégants ou irrévérencieux. Ces modèle sont de surcroît disponibles dans des tailles européennes, et à des prix tout à fait abordables.

Voir ci-dessous pour les adresses de quelques-unes de ces boutiques.

Thanh Quan, District 3 ; 9h-18h) sont deux très bonnes adresses.

Sceaux

Aucune administration, communiste ou autre, ne pourrait se passer de ses cachets et sceaux officiels, qui sont la raison d'être d'une kyrielle de bureaucrates. Ces sceaux sont fabriqués dans nombre d'échoppes qui bordent la rue située au nord du New World Hotel (face à DL Ham Nghi et juste à l'ouest du marché Ben Thanh). À Cholon, vous trouverez des boutiques identiques Đ Hai Thuong Lai Ong.

La plupart des Vietnamiens possèdent leur propre sceau, gravé à leur nom (une vieille tradition empruntée aux Chinois). Vous pouvez vous en faire fabriquer un, mais demandez auparavant à un habitant de traduire votre nom en vietnamien. À Cholon, votre sceau sera réalisé en idéogrammes chinois, plus esthétiques (bien que moins pratiques) que l'alphabet latin utilisé par les Vietnamiens aujourd'hui.

Timbres et pièces de monnaie

À droite juste après l'entrée de la **poste principale** (carte p. 340 ; 2 Cong Xa Paris), vous découvrirez un comptoir où acheter de la papeterie, ainsi que des timbres de collection. À l'extérieur, à droite de l'entrée, quelques stands proposent des timbres de collection, des pièces et des billets étrangers. Vous trouverez même des reliques datant de l'ancien régime sud-vietnamien. Les prix sont variables : comptez 30 000 d pour une série de timbres récents ; les timbres plus rares et plus anciens valent évidemment beaucoup plus cher.

Des librairies et des magasins d'antiquités de Đ Dong Khoi vendent, à prix excessif,

des pièces et des billets de la période coloniale, ainsi que des séries de timbres vietnamiens.

Vêtements

Vous trouverez des tee-shirts bon marché dans Đ L Le Loi, dans le centre, et dans Đ De Tham, dans le quartier de Pham Ngu Lao. Un tee-shirt imprimé revient à 2 $US, un tee-shirt brodé entre 3 et 5 $US.

De nombreux tailleurs sont installés dans le district 1 et à Cholon. Plusieurs grands hôtels disposent de leur propre atelier.

Les *ao dai*, ces longues tuniques de soie portées sur un pantalon (voir l'encadré p. 431), sont confectionnés dans les boutiques du marché Ben Thanh et de ses environs, ainsi que dans le quartier des hôtels Rex et Continental. On trouve aussi des *ao dai* pour hommes, un peu plus larges et accompagnés d'un couvre-chef en soie.

Ao Dai Si Hoang (carte p. 331 ; ☎ 822 5271 ; sihoang@hcm.vnn.vn ; 260 Đ Pasteur, district 3) est une bonne référence pour la confection d'un *ao dai*.

Le secteur de Dong Khoi regorge de boutiques de vêtements toutes plus tentantes les unes que les autres. Certaines en fabriquent aussi sur mesure, ainsi que des chaussures. Comptez un délai de quelques jours. Au moins six boutiques sont à recommander dans le quartier de Đ Pasteur et Đ Le Thanh Ton et davantage encore dans Đ Dong Khoi et Đ Ngo Duc Ke ou Đ Dong Du.

Chi Chi (carte p. 340 ; ☎ 824 7812 ; anhxuanvn@hcm. fpt.vn ; 138 Đ Pasteur). Bon choix de modèles, de tissus et de motifs. Le sur-mesure est offert.

Khai Silk (carte p. 340 ; ☎ 829 1146 ; khaisilksg@hcm. fpt.vn ; 107 Đ Dong Khoi). Cette succursale de l'empire de la soie est une excellente adresse pour les ensembles ou les *ao dai* sur mesure.

Reda (carte p. 340 ; ☎ 827 2695 ; reda@hcm.vnn.vn ; 29 Đ Le Thanh Ton). Un style réputé. Le café adjacent à la boutique permet de faire une pause d'après-shopping.

Sapa (carte p. 360 ; vudong@hcm.vnn.vn ; ☎ 836 5163 ; 223 Đ De Tham). Tissus et motifs traditionnels sont incorporés à un style très chic. Bijoux et cadeaux.

Song (carte p. 340 ; ☎ 824 6986 ; www.asiasong design. com ; 76D Đ Le Thanh Ton). Un styliste élégant qui habille hommes et femmes.

Tha Ca (carte p. 340 ; ☎ 823 4465 ; 106 Đ Nam Ky Khoi Nghia). Sandales en bois, chemises de cow-boy en soie et jeans cloutés, entre autres.

DEPUIS/VERS HCMV
Avion
L'aéroport Tan Son Nhat était l'un des trois plus fréquentés au monde à la fin des années 1960. Les pistes sont toujours entourées de structures militaires – murs de protection couverts de lichen et hangars.

Il est essentiel de reconfirmer les réservations sur les vols internationaux. Pour de plus amples informations, voir p. 485.

La quasi-totalité des vols intérieurs est assurée par Vietnam Airlines. Pacific Airlines relie également HCMV à Hanoi et Danang. Pour plus d'informations, consultez le chapitre *Transports* (p. 478).

Bateau
Des **hydroglisseurs** (1 heure 15, tarif plein/réduit 10/5 $US) partent toutes les heures pour Vung Tao (p. 386) de la jetée de Bach Dang (carte p. 340), Đ Ton Duc Thang. Pour plus d'informations, contactez **Vina Express** (☎ 821 5609) sur cette jetée.

À Vung Tau, vous embarquez sur l'hydroglisseur de la jetée Cau Da, en face du Hai Au Hotel. **Vina Express** (☎ 856 530) possède un bureau sur la jetée.

Les ferries à destination du delta du Mékong partent du **quai** (☎ 829 7892) situé à l'extrémité de Đ L Ham Nghi. Chaque jour, un bateau dessert les provinces d'An Giang et de Vinh Long, ainsi que les villes de Ben Tre (8 heures), Camau (30 heures, un départ tous les quatre jours), My Tho (6 heures, départ à 11h) et Phu Chau (Tan Chau). Les billets sont vendus à bord, et le bateau propose parfois un service de restauration très simple. Sachez que ces vieux rafiots sont totalement dépourvus

d'équipements de sécurité et de gilets de sauvetage.

Bus
HCMV compte plusieurs gares routières longue distance. La **gare routière de Cholon** (carte p. 345 ; Đ Le Quang Sung) est la plus pratique pour prendre un bus à destination de My Tho ou d'une autre ville du delta du Mékong. Elle se situe au nord du vaste marché de Binh Tay.

Moins bien située que celle de Cholon, l'immense **gare routière de Mien Tay** (Ben Xe Mien Tay ; ☎ 825 5955) regroupe néanmoins davantage de lignes à destination du sud. Elle se trouve à quelque 10 km à l'ouest de HCMV, à An Lac, dans le district de Binh Chanh (Huyen Binh Chanh). De cette gare, des bus et des minibus desservent la plupart des villes du delta du Mékong.

Les bus ralliant le Nord partent de la **gare routière de Mien Dong** (Ben Xe Mien Dong ; ☎ 829 4056), dans le district de Binh Thanh, à 5 km environ du centre-ville, sur la RN 13 (Quoc Lo 13), dans le prolongement de Đ Xo Viet Nghe Tinh. La gare se trouve à moins de 2 km au nord de l'intersection de Đ Xo Viet Nghe Tinh et de Đ Dien Bien Phu.

De là, des bus rallient Buon Ma Thuot (15 heures), Danang (26 heures), Hai Phong (53 heures), Nha Trang (11 heures), Hanoi (49 heures), Hué (29 heures), Pleiku (22 heures), Vinh (42 heures), Quang Ngai (24 heures), Qui Nhon (17 heures), Nam Dinh (47 heures), et Tuy Hoa (12 heures). La plupart des bus partent chaque jour entre 5h et 5h30.

Les bus à destination de Tay Ninh, de Cu Chi et des autres villes au nord-est de HCMV partent de la **gare routière de Tay Ninh** (Ben Xe Tay Ninh ; carte p. 326-327 ; ☎ 849 5935), dans le district de Tan Binh, à l'ouest du centre. Pour vous y rendre, suivez Đ Cach Mang Thang Tam jusqu'au bout, puis Đ Le Dai Hanh sur environ 1 km.

Train
Les trains au départ de la **gare de Saigon** (Ga Sai Gon ; carte p. 326-327 ; ☎ 823 0105 ; 1 Đ Nguyen Thong, District 3 ; billetterie 7h15-11h et 13h-15h) desservent les villes côtières au nord de HCMV.

Vous pouvez acheter vos billets de train auprès de **Saigon Railways Tourist Services** (carte p. 360 ; ☎ 836 7970 ; fax 836 9031 ; 275C Đ Pham Ngu Lao ;

7h30-11h30 et 13h-16h30) ou dans la plupart des agences de voyages.

Pour plus de détails sur l'Express de la Réunification, voir p. 491.

Voiture et moto
La plupart des cafés et des hôtels touristiques peuvent vous procurer une voiture de location. Les agences du quartier de Pham Ngu Lao s'efforcent de pratiquer les tarifs les plus bas.

COMMENT CIRCULER
Desserte de l'aéroport
L'aéroport Tan Son Nhat se trouve à 7 km du centre de HCMV. La meilleure solution pour s'y rendre est un taxi avec compteur. Une nuée de chauffeurs vous accueillera avec enthousiasme à la sortie du terminal ; la plupart sont honnêtes, mais assurez-vous que le chauffeur accepte de mettre le compteur en marche et le fait une fois que vous êtes monté dans la voiture. Le prix total de la course jusqu'au centre-ville ne devrait pas dépasser 60 000 d.

Les chauffeurs de taxi vous recommanderont sans doute un "bon hôtel pas cher", où ils touchent une commission. Si vous ne savez pas où loger, ce peut être une bonne solution. Les problèmes commencent quand vous donnez l'adresse d'un hôtel qui ne verse pas de commission ; le chauffeur pourra alors prétendre que l'hôtel a fermé, a brûlé, est sale ou dangereux, etc. (voir l'encadré p. 334).

Si vous voyagez seul et sans trop de bagages, vous pouvez choisir une moto-taxi. Les conducteurs attendent près du parking de l'aéroport et demandent habituellement 3 $US jusqu'au centre-ville. En sens inverse, vous devrez parcourir à pied la courte distance qui sépare l'entrée de l'aéroport du terminal. Les voitures particulières peuvent entrer dans l'aéroport, mais doivent déposer les passagers devant le terminal des vols intérieurs, à 1 minute à pied du terminal international.

Plusieurs cafés de Pham Ngu Lao disposent de navettes pour l'aéroport et proposent des formulaires de réservation de taxi collectif (2 $US/personne).

Le plus économique est le bus (climatisé) n°152 qui dessert l'aéroport (1 000 d). Il part de l'aéroport toutes les 15 minutes environ et s'arrête brièvement aux gares routières internationale et locale avant de se diriger vers le centre, où il dessert régulièrement Đ De Tham (quartier de Pham Ngu Lao) et les hôtels internationaux de Đ Dong Khoi, comme le Caravelle et le Majestic. Le libellé des destinations sur ces bus est en anglais, mais vous pouvez également repérer les mots "Xe Buyt San Bay".

Bateau
Il est très facile de louer un bateau à moteur de 5 m, moyen idéal pour admirer la ville depuis la rivière Saigon ou les canaux. On vous abordera pour vous en proposer un – demandez à voir l'embarcation avant de donner votre accord.

Le prix moyen de la location va de 5 $US l'heure pour un petit bateau à 10 ou 15 $US pour une embarcation plus grande et plus rapide.

Parmi les destinations intéressantes figurent Cholon (par le canal Ben Nghe) et le zoo (par le canal Thi Nghe). Malheureusement, les égouts se déversent dans ces deux superbes canaux et les autorités projettent de déplacer les riverains, de combler les canaux et d'enterrer les canalisations.

Pour une promenade plus longue sur la Saigon, mieux vaut louer un bateau rapide auprès de Saigon Tourist (20 $US l'heure). Essayez de trouver d'autres passagers pour partager les frais. Si naviguer sur la Saigon est plaisant, cela ne saurait concurrencer la splendeur des canaux du delta du Mékong (voir ce chapitre).

La location à l'heure entraîne quelques abus : certains pilotes traînent, conscients que le compteur tourne. Mieux vaut s'entendre sur la durée et la destination de la promenade avant le départ.

Les ferries qui traversent la Saigon partent du quai situé à l'extrémité de Đ L Ham Nghi. Ils appareillent toutes les 30 minutes (entre 4h30 et 22h30).

Bicyclette
Le vélo est idéal pour visiter la ville paisiblement. Vous pourrez en louer un facilement, notamment auprès des hôtels, des cafés et des agences de voyages.

Les meilleurs magasins pour acheter une bicyclette correcte (souvent importée) se situent près du New World Hotel, Đ Le Thanh Ton, à quelques minutes de marche du quartier de Pham Ngu Lao (carte p. 331).

Pour une réparation immédiate, repérez un casque militaire à l'envers et une pompe à vélo, posés au bord du trottoir.

Les parkings à vélos consistent généralement en une portion de trottoir délimitée par une corde. Pour quelque 1 000 d, vous pouvez y laisser votre deux-roues en toute sécurité (le vol constitue un réel problème). L'employé inscrit un numéro à la craie sur la selle ou l'agrafe au guidon et vous remet un reçu (ne le perdez pas !). Si votre vélo disparaît, les gérants du parking sont censés le remplacer.

Bus
Peu d'étrangers prennent les bus urbains, moins esthétiques mais bien plus sûrs que les *cyclos*. Depuis que le Comité du peuple de HCMV a décidé de supprimer les cyclos, des crédits ont été alloués aux transports publics, jusque-là largement négligés.

Si les lignes de bus restent actuellement peu nombreuses, elles devraient bientôt se multiplier. Il n'existe aucun plan correct du réseau et les arrêts sont rarement signalés. Mieux vaut donc emprunter les lignes principales.

Les bus Saigon-Cholon partent de la place Me Linh, au centre de Saigon (près de la Saigon), et suivent Ð L Tran Hung Dao jusqu'au marché Binh Tay, dans Cholon. Au retour, ils empruntent le même itinéraire. Sur cette ligne, les bus, climatisés, passent des cassettes vidéo et le chauffeur possède un bel uniforme ! Le ticket (3 000 d) s'achète dans le bus auprès de la receveuse.

Les bus Mien Dong-Mien Tay partent de la gare routière de Mien Dong (au nord-est de HCMV), traversent Cholon, puis rejoignent la gare routière de Mien Tay, à l'extrême ouest de la ville (5 000 d).

Cyclo-pousse
Vous pouver héler un cyclo à peu près partout, car ils sillonnent les artères principales à toute heure du jour et de la nuit. À HCMV, la plupart des conducteurs sont d'anciens soldats de l'armée sud-vietnamienne et connaissent quelques mots d'anglais, voire le parlent couramment. Tous ont une histoire de guerre, de "rééducation", de persécution et de pauvreté à raconter (voir l'encadré p. 353).

Afin de juguler les problèmes croissants de circulation, 51 rues sont actuellement interdites aux cyclos. Les conducteurs doivent donc faire des détours pour les éviter et ne pas encourir les amendes que les policiers n'hésitent pas à leur infliger. Ne vous étonnez donc pas si votre cyclo-pousse ne vous dépose pas à l'adresse indiquée, mais dans la rue la plus proche. Faites preuve de compréhension face à cet inconvénient, dont les conducteurs ne sont pas responsables. Les autorités auraient sans aucun doute mieux fait de laisser carte blanche aux cyclos dans le centre-ville et d'obliger les voitures polluantes à emprunter des itinéraires détournés.

Une petite course dans le centre coûte 5 000 d environ et ne doit en aucun cas dépasser 10 000 d. Comptez quelque 20 000 d du district 1 au centre de Cholon. Gonfler les prix pour les touristes étant la norme, négociez le tarif au départ et munissez-vous de monnaie. Louer un cyclo constitue une bonne option pour une longue promenade (1 $US l'heure). Dans le quartier de Pham Ngu Lao, la plupart des cyclo-pousse proposent un circuit type.

Taxi
Des taxis équipés de compteur maraudent dans les rues. Toutefois, il est souvent plus facile d'en appeler un par téléphone. À HCMV, plusieurs compagnies disposent de taxis à compteur et pratiquent des tarifs identiques. Comptez environ 12 000 d pour la prise en charge et le premier kilomètre. La plupart des courses dans le centre reviennent à moins de 30 000 d.

Voici une liste des principales compagnies de taxis de HCMV :

Ben Thanh Taxi (☎ 842 2422)
Mai Linh Taxi (☎ 822 6666)
Red Taxi (☎ 844 6677)
Saigon Taxi (☎ 842 4242)
Vina Taxi (☎ 811 1111)

Voiture et moto
Les agences de voyages, les hôtels et les cafés proposent tous des voitures de location. La majorité des véhicules, relativement récents, sont de marques japonaises ou coréennes et de tous modèles. De temps à autre, on tombe sur une antiquité des années 1950 ou 1960. Il y a quelques années, les "paquebots" américains, avec ailerons et pare-chocs

chromés, servaient traditionnellement de "taxis de mariage". Aujourd'hui, les Toyota blanches les ont remplacés mais vous pourrez louer une "belle américaine" pour explorer HCMV et ses environs. Vous verrez aussi mais plus rarement des Renault, des Citroën, des Lada, des Moskvich et des Volga.

Les plus téméraires opteront pour une moto : c'est le moyen le plus rapide et le plus pratique pour circuler en ville à la condition absolue de rester très prudent. Même si vous êtes un motard expérimenté, observez bien le fonctionnement de la circulation dans la ville avant de vous lancer. Les quartiers touristiques, comme celui de Pham Ngu Lao, comptent de nombreux loueurs de motos. Renseignez-vous dans les cafés.

Comptez en général de 5 à 8 $US/jour pour une moto 100 cc – le loueur conservera parfois votre passeport le temps de la location. Vérifiez que la moto est en état de marche avant de signer et, surtout, portez un casque.

Le **Saigon Scooter Centre** (☎ 0903-013 690 ; www.saigonscootercentre.com ; H5A/K300 Đ Cong Hoa, Tan Binh district ; lun-sam 10h-17h) loue les traditionnels scooters Vespa et Lambretta, ainsi que des motos. Tous les véhicules sont bien entretenus. Comptez au minimum 10 $US/jour, en sachant que des réductions sont consenties pour les locations de longue durée. Moyennant un supplément, vous pourrez profiter d'un service "aller-simple" qui vous permettra de laisser le véhicule dans n'importe quel site du Vietnam.

Xe om (moto-taxi)

Un moyen rapide (quoiqu'un peu dangereux) de se déplacer en ville consiste à monter à l'arrière d'un *xe om* (parfois appelé *Honda om*). Vous pouvez essayer d'en arrêter un dans la rue ou demander à un Vietnamien de vous en trouver un. Les conducteurs de xe om stationnent généralement à l'angle des rues. Les tarifs équivalent à ceux des cyclos.

Xe lam

Petits véhicules à trois roues, les *xe lam* (ou Lambretta) relient les différents arrêts de bus. De l'arrêt des xe lam situé à l'angle nord-ouest de Đ Pham Ngu Lao et de Đ Nguyen Thai Hoc (carte p. 360), vous pouvez prendre un véhicule jusqu'à la gare routière de Mien Tay, qui dessert le delta du Mékong.

HO CHI MINH-VILLE

Environs de Ho Chi Minh-Ville

Au-delà de l'agglomération de Ho Chi Minh-Ville (HCMV), les routes pénètrent dans des zones plus calmes, propices aux excursions. Parmi les lieux d'intérêt figurent la route des tunnels de Cu Chi, où toute l'histoire de la guerre semble résumée, et le temple caodaï de Tay Ninh et ses couleurs éblouissantes, un sanctuaire fascinant où découvrir le caodaisme, religion vietnamienne très particulière.

Dans cette région géographiquement très diversifiée, les voyageurs autonomes peuvent sortir des itinéraires très fréquentés pour se réfugier dans les petits villages côtiers ou dans les parcs nationaux, pour une réelle communion avec la nature. Sur la route menant de HCMV à Dalat, le parc national de Cat Tien représente une magnifique halte et l'occasion d'inscrire quelques jours de randonnée hors des sentiers battus. Promenez-vous aussi dans les mangroves de Can Gio, une découverte qui passionnera les botanistes, les amateurs de mollusques, et les curieux !

Pour ceux qui séjournent peu de temps à HCMV et ne projettent pas de poursuivre jusqu'aux stations côtières de Nha Trang ou de Mui Ne, il est facile de sauter dans un hydroglisseur pour rejoindre la cité balnéaire de Vung Tau. Au nord de Vung Tau, la côte qui s'étire possède encore peu de plages aménagées, à l'exception des sources chaudes de Binh Chau, à privilégier pour un bain de boue et des aspersions d'eau minérale chaude.

Les voyageurs plus fortunés et disposant de plus de temps peuvent envisager un vol en hélicoptère jusqu'aux îles Con Dao, où les petites plages isolées au milieu des eaux claires ne sont pas encore touchées par le tourisme de masse.

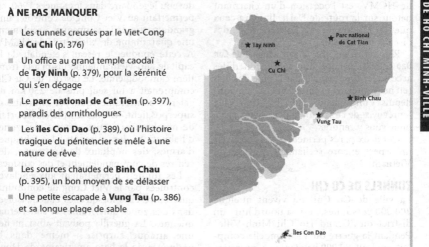

À NE PAS MANQUER

■ Les tunnels creusés par le Viet-Cong à **Cu Chi** (p. 376)

■ Un office au grand temple caodaï de **Tay Ninh** (p. 379), pour la sérénité qui s'en dégage

■ Le **parc national de Cat Tien** (p. 397), paradis des ornithologues

■ Les **îles Con Dao** (p. 389), où l'histoire tragique du pénitencier se mêle à une nature de rêve

■ Les sources chaudes de **Binh Chau** (p. 395), un bon moyen de se délasser

■ Une petite escapade à **Vung Tau** (p. 386) et sa longue plage de sable

ENVIRONS DE HO CHI MINH-VILLE

ENVIRONS DE HO CHI MINH-VILLE

Parcs nationaux

Il existe deux principaux parcs nationaux dans cette partie sud du Vietnam. Le **parc national de Cat Tien** (p. 397), à quelques heures de HCMV, est l'occasion d'un charmant détour sur la route de Dalat. Il ravira ceux que la randonnée et l'observation des oiseaux intéressent.

Plus retiré encore, le **parc national de Con Dao** (p. 390) occupe une succession d'îles accessibles uniquement par la voie des airs (en hélicoptère et éventuellement en avion) depuis Vung Tau ou Ho Chi Minh-Ville – prévoyez de ce fait un budget assez élevé pour vous y rendre.

Ces deux parcs permettent de découvrir un aspect encore réellement sauvage du Vietnam.

TUNNELS DE CU CHI

La ville de Cu Chi, où vivent quelque 200 000 personnes, est aujourd'hui un district du "Grand Ho Chi Minh-Ville". Pendant la guerre du Vietnam, elle comptait environ 80 000 habitants. À première vue, il reste peu de traces des combats et des bombardements qui ont fait rage à Cu Chi pendant les hostilités. La guerre est en revanche plus visible sous terre.

Le réseau des tunnels de Cu Chi est devenu légendaire dans les années 1960, en permettant au Viet-Cong de contrôler une grande partie de la campagne, à seulement une quarantaine de kilomètres de HCMV. À cette époque, le réseau s'étendait de la capitale sud-vietnamienne jusqu'à la frontière cambodgienne. Le district de Cu Chi comprenait à lui seul plus de 250 km de galeries souterraines qui, par endroits, se superposaient. Ce labyrinthe comportait de nombreuses sorties secrètes, des zones d'habitation, des entrepôts, des fabriques d'armes, des hôpitaux de campagne, des centres de commandement et des cuisines.

Les tunnels permettaient aux enclaves contrôlées par le Viet-Cong de communiquer entre elles lorsqu'elles étaient isolées dans des zones américaines et sud-vietnamiennes. La guérilla pouvait ainsi mener une attaque surprise – même dans le périmètre de la base américaine de Dong Du – et les combattants s'évaporer sans laisser de traces. Les tentatives de destruction de ce réseau se révélant aussi meurtrières qu'inefficaces, les Américains décidèrent de frapper fort et transformèrent les 420 km² de Cu Chi en ce qui fut appelé par la suite "la région la plus bombardée, gazée, défoliée et dévastée de tous les temps par la guerre".

Cu Chi est devenu un lieu de pèlerinage pour les écoliers vietnamiens et les cadres du parti. Certaines sections de ce remarquable réseau de tunnels, élargies et restaurées, sont ouvertes au public. D'autres, laissées en l'état, sont rarement visitées en raison de leur difficulté d'accès.

De nombreux cimetières militaires jalonnent les environs de Cu Chi.

Histoire

Il fallut plus de 25 ans pour construire les tunnels de Cu Chi. Commencés à la fin des années 1940, ils furent la réponse improvisée d'une armée de paysans sous-équipés à des ennemis disposant de techniques modernes, d'hélicoptères, d'artillerie, de bombardiers et d'armes chimiques.

C'est pendant la guerre d'Indochine que le Viet Minh creusa les premières galeries dans la terre dure et rouge de Cu Chi, idéale pour ce genre d'installations. Il s'agissait surtout, à l'époque, d'établir une communication entre les villages et d'éviter les patrouilles françaises.

Lorsque la résistance du Front national de libération vietcong (FLN) s'intensifia, vers 1960, les anciens tunnels vietminh furent réparés et prolongés. En quelques années, ces réseaux prirent une importance stratégique énorme et permirent au Viet-Cong de contrôler la plus grande partie du district de Cu Chi, ainsi que les régions avoisinantes. Cu Chi servait également de base aux agents secrets et aux équipes de sabotage de Saigon. De là furent planifiées et lancées les attaques-surprise effectuées dans la capitale sud-vietnamienne au cours de l'offensive du Têt, en 1968.

Au début de l'année 1963, le gouvernement Diem mit en œuvre le programme des "hameaux stratégiques", consistant en campements fortifiés, entourés de piques de bambou, pour reloger les populations fuyant les zones passées aux mains des communistes. Le premier hameau vit le jour dans le district de Ben Cat, tout près de Cu Chi. Ce programme fut appliqué avec

une telle incompétence, que la population rurale tourna le dos au régime. Le Viet-Cong s'employa, pour sa part, à infiltrer les hameaux, grâce aux tunnels. À la fin de 1963, il contrôlait déjà le premier.

La série de défaites enregistrée par les Sud-Vietnamiens dans la région permit, à la fin de 1965, la mainmise totale du Viet-Cong sur Cu Chi. Au début de cette année-là, la guérilla avait même organisé un défilé militaire dans les rues de la ville. La puissance du Viet-Cong dans la région fut l'une des raisons qui incitèrent l'administration Johnson à engager les troupes américaines dans le combat.

Pour parer à la menace du contrôle vietcong sur une zone aussi proche de la capitale sud-vietnamienne, les Américains commencèrent par installer une vaste base dans le district de Cu Chi. Sans le savoir, ils la construisirent juste au-dessus d'un réseau de galeries. La 25e division mit des mois à comprendre pourquoi ses soldats se faisaient abattre la nuit sous leurs tentes.

Les forces américaines et australiennes tentèrent de "pacifier" la région de Cu Chi, qui fut surnommée le Triangle de fer. Elles lancèrent de vastes opérations de terrain impliquant des milliers de soldats, sans parvenir à localiser les tunnels. Pour priver le Viet-Cong d'abris et d'approvisionnements, elles déversèrent des défoliants sur les rizières, rasèrent une énorme superficie de jungle, évacuèrent et laminèrent des villages. Quelques mois plus tard, elles arrosèrent d'essence et de napalm la végétation asséchée. Cependant, la chaleur intense et l'humidité de l'air tropical déclenchèrent des pluies qui éteignirent les feux, et le Viet-Cong survécut dans ses abris souterrains.

Incapable de gagner cette bataille avec des armes chimiques, l'armée américaine envoya des hommes à l'assaut des tunnels. Cette armée de "taupes" subit de lourdes pertes au cours des nombreux affrontements souterrains.

Les Américains firent alors venir des bergers allemands, spécialement dressés pour débusquer les trappes et les rebelles. Pour les dérouter, les soldats vietcong répandirent du poivre sur le sol. Ils commencèrent à se laver avec du savon américain et revêtirent les uniformes de leurs prisonniers, pour tromper l'odorat des chiens, qui n'avaient d'ailleurs pas appris à reconnaître les objets piégés. Les pertes canines atteignirent de telles proportions que leurs maîtres finirent par refuser de les envoyer dans les tunnels.

Les Américains déclarèrent alors Cu Chi "zone de tir à volonté" : les GI pouvaient faire feu sur tout ce qui bougeait. Des tirs d'artillerie au juisé avaient lieu de nuit, et les pilotes pouvaient déverser leurs surplus de bombes et de napalm avant de rentrer à leur base. Mais le Viet-Cong résista. À la fin des années 1960, les Américains donnèrent l'ordre à leurs B52 d'en finir avec la région. Les bombes détruisirent la plupart des tunnels et la campagne environnante. Néanmoins, il était trop tard : les États-Unis se retiraient déjà de la guerre. Les tunnels avaient rempli leur mission.

Dans ces tunnels, les soldats vietcong vécurent dans des conditions extrêmement pénibles et essuyèrent de terribles pertes. Seuls 6 000 des 16 000 combattants survécurent. Des milliers de civils périrent également dans cette horreur. La ténacité des combattants s'avéra extraordinaire compte tenu des bombardements, et de la pression qui régna pendant des semaines et des mois passés sous terre, à assister à la mort de centaines de camarades et d'amis.

Les villages du district de Cu Chi eurent, depuis, droit à de nombreux honneurs. Le gouvernement les décora et les déclara "villages héroïques". Depuis 1975, de nouveaux hameaux ont été construits et la population de la région a plus que doublé. Les défoliants contaminent toujours la terre et l'eau, et les récoltes s'en ressentent.

L'ouvrage *Les Tunnels de Cu Chi* de Tom Mangold et Johny Penycate constitue un excellent travail de documentation sur le sujet, en prenant en compte toutes les parties impliquées.

À voir
LES TUNNELS
Au fil des années, le Viet-Cong, tirant la leçon de ses erreurs, développa des techniques simples et efficaces pour rendre ses tunnels quasi indécelables et indestructibles. Il camoufla les trappes de sortie en bois sous de la terre et des feuillages et en piégea certaines. Il trouva même le moyen de bâtir des issues secrètes sous l'eau des rivières. Les repas étaient préparés sur des cuisinières "Dien Bien Phu", qui dégageaient leur fumée très loin du lieu de cuisson, grâce à un système de conduits. Des

trappes empêchaient les gaz lacrymogènes, la fumée et l'eau de se propager dans les tunnels. Certaines sections étaient équipées d'éclairage électrique.

Aujourd'hui, deux de ces tunnels sont ouverts au public, l'un à Ben Dinh et l'autre à Ben Duoc.

Ben Dinh
La petite zone rénovée des **tunnels** (65 000 d), ouverte aux visiteurs, se trouve près du village de Ben Dinh, à 50 km de HCMV. Dans l'une des salles du centre d'accueil, une carte illustre l'étendue du réseau (au nord-ouest de l'agglomération d'HCMV). Les tunnels sont indiqués en rouge, et les bases vietcong en gris clair. Les lignes bleu clair symbolisent les rivières ou les fleuves (la rivière Saigon en haut de la carte). Les villages fortifiés tenus par les Sud-Vietnamiens et les Américains sont signalés en gris. Les points bleus représentent les postes américains et sud-vietnamiens chargés d'assurer la sécurité des villages avoisinants. Au centre, la zone bleu marine représente la base de la 25e division d'infanterie américaine. Très peu de circuits organisés incluent la visite de cette ancienne base, pourtant proche. Vous pourrez vous y rendre facilement si vous disposez de votre propre guide et d'un véhicule.

À droite de la carte se trouvent deux schémas en coupe des tunnels. Le second est une copie de celui qu'utilisait le général Westmoreland, commandant en chef des forces américaines au Vietnam, entre 1964 et 1968. On observera que les informations recueillies par les services secrets américains n'étaient pas fausses, même si les tunnels ne passaient pas sous les cours d'eau, et que les rebelles ne portaient pas de casques dans les souterrains.

La section du tunnel ouverte au public se trouve à quelques centaines de mètres au sud du centre d'accueil. Elle serpente sur 50 m à travers diverses salles. Les tunnels, non éclairés, mesurent environ 1,20 m de haut sur 0,80 m de large. Un tank M41 détruit et un cratère de bombe avoisinant la sortie, dans une forêt d'eucalyptus récemment plantée.

Ben Duoc
Il ne s'agit pas de tunnels authentiques mais d'une **reconstitution** précise, réalisée pour les visiteurs (65 000 d). L'accent est plutôt mis

sur le côté "ludique" et les visiteurs imaginent facilement à quoi pouvait ressembler la guérilla. L'endroit accueille beaucoup plus de Vietnamiens que de touristes étrangers.

MUSÉE DE LA GUERRE DE CU CHI
Le **musée de la Guerre de Cu Chi** (Nha Truyen Thong Huyen Cu Chi ; 1 $US) ne se trouve pas sur le site même, mais près de la route nationale, dans le centre-ville de Cu Chi.

Dans ce petit musée, la majeure partie des commentaires sont en vietnamien. Une série de photos atroces montre des civils morts ou gravement blessés après avoir été bombardés ou brûlés au napalm par les Américains. Une peinture murale met en scène des soldats américains, fusil au poing, subissant l'assaut de paysans uniquement armés de bâtons.

Un des murs du musée porte une longue liste de noms des combattants vietcong morts dans la zone de Cu Chi. Dans une salle voisine figurent des photos récentes de fermes et d'usines prospères, assurément pour témoigner des bénéfices des réformes économiques. On trouve également une étonnante collection de poteries et de laques, dépourvue de tout commentaire. Dans le hall, près de l'entrée, se dresse une statue de Ho Chi Minh, levant le bras droit comme pour dire bonjour.

Plutôt décevant, ce musée reçoit peu de visiteurs. Le musée des Souvenirs de guerre de HCMV (p.335) se révèle bien plus intéressant pour les visiteurs étrangers.

Circuits organisés
Ces circuits constituent une solution pratique et peu coûteuse pour visiter les tunnels. La plupart des cafés de Đ Pham Ngu Lao, à HCMV, proposent des excursions d'une journée, associant la visite des tunnels de Cu Chi à celle du grand temple caodaï (p. 376), pour quelque 4 $US.

Depuis/vers Cu Chi
Cu Chi est un district assez étendu, dont une partie se situe à 30 km seulement du centre de HCMV. Le musée de la Guerre de Cu Chi est le site le plus proche de la ville ; par la nationale, les tunnels de Ben Dinh se trouvent à 50 km de HCMV, et ceux de Ben Duoc à 70 km. Un raccourci permet de réduire le trajet de plusieurs kilomètres, mais attendez-vous à une piste défoncée.

BUS
Les bus à destination de Tay Ninh s'arrêtent dans la ville de Cu Chi, mais vous devrez louer une moto pour parcourir les 15 km menant aux tunnels ; ce trajet n'est pas desservi par les transports publics (voir p. 382).

TAXI
Louer un taxi de HCMV à Cu Chi reste une solution abordable, surtout si vous partagez la course à plusieurs. Le plus simple est de s'arrêter dans l'un des cafés de Pham Ngu Lao (p. 330) pour essayer de trouver une voiture ou un taxi avec un chauffeur qui ne vous ferait payer que le temps de conduite. Voir p. 372 pour ce qui concerne les compagnies de taxi locales.

On peut aisément combiner la visite des tunnels de Cu Chi avec celle du grand temple caodaï de Tay Ninh. Un taxi vous coûtera quelque 40 $US pour cette excursion d'une journée.

TAY NINH
☎ 066 • 42 000 habitants
La ville de Tay Ninh, capitale de la province du même nom, est avant tout le siège de la plus fascinante des sectes religieuse du Vietnam, le caodaïsme. Le grand temple caodaï est l'un des édifices les plus saisissants d'Asie. Construit entre 1933 et 1955, ce chef-d'œuvre baroque tient à la fois d'une église française, du musée Grévin, d'une pagode chinoise et des jardins du Baume du Tigre de Hong Kong.

La province de Tay Ninh, au nord-ouest de HCMV, longe la frontière cambodgienne sur trois de ses côtés, le quatrième étant la rivière Saigon. Son point culminant, le Nui Ba Den ("mont de la Dame noire"), surplombe la plaine. Le fleuve Vam Co, qui prend sa source au Cambodge, traverse l'ouest de la province.

La puissance politique et militaire des caodaïstes provoqua de longs combats acharnés dans cette région durant la guerre d'Indochine. La province de Tay Ninh devint ensuite une étape primordiale de la piste Ho Chi Minh durant la guerre du Vietnam. Le Viet-Cong parvint à s'emparer de la ville de Tay Ninh en 1969, et la conserva plusieurs jours.

À la fin des années 1970, lorsque la tension régnait entre le Cambodge et le Vietnam,

LE CAODAÏSME

Le caodaïsme (Dai Dao Tam Ky Pho Do) est né de la volonté de créer une religion idéale par le syncrétisme des philosophies religieuses séculaires de l'Orient et de l'Occident. Il a pour cela emprunté à chacune des religions connues au Vietnam au début de ce siècle : bouddhisme, confucianisme, taoïsme, spiritisme vietnamien, christianisme et islam. Les termes "Cao Dai" (littéralement "haute tour" ou "palais suprême") forment un euphémisme qui désigne Dieu.

Histoire

Le caodaïsme fut fondé par Ngo Minh Chieu, également connu sous le nom de Ngo Van Chieu. Ce fonctionnaire mystique, né en 1878, dirigea le district de l'île Phu Quoc. Très érudit en matière de religions orientales et occidentales, il se passionna pour le spiritisme et avait, dit-on, un grand talent pour communiquer avec les esprits. Il commença vers 1919 à recevoir des révélations de Cao Dai, sur lesquelles il fonda sa doctrine

Le caodaïsme devint une religion officielle en 1926. Un an plus tard, il comptait déjà 26 000 adeptes, dont beaucoup de fonctionnaires vietnamiens de l'administration coloniale. Au milieu des années 1950, un Sud-Vietnamien sur huit se réclamait de la nouvelle secte religieuse et le mouvement avait acquis une renommée internationale pour son originalité. Les caodaïstes firent de la province de Tay Ninh un État féodal quasi indépendant, où ils continuèrent à exercer.

Les caodaïstes jouèrent un rôle politique et militaire important dans le Sud, de 1926 à 1956. Ils levèrent une armée privée de 25 000 hommes, avec la bénédiction des Japonais d'abord, des Français ensuite. Finalement, ces troupes rejoignirent les rangs de l'armée sud-vietnamienne.

Les caodaïstes refusèrent de soutenir le Viet-Cong durant la guerre du Vietnam, tout en étant à peine tolérés par le gouvernement de Saigon. Ils s'attendaient donc au pire après la Réunification. Le régime confisqua effectivement leurs terres et fit exécuter quatre de leurs membres en 1979. Leur disgrâce prit fin en 1985, quand les communistes leur rendirent l'Œil divin (ou grand temple, siège du mouvement), ainsi que quatre cents autres temples.

Si l'influence des caodaïstes reste prépondérante dans la province de Tay Ninh et le delta du Mékong, on trouve des temples dans tout le sud et le centre du pays. La religion compte actuellement trois millions d'adeptes.

Philosophie

La doctrine caodaïste s'inspire en grande partie du bouddhisme mahayana, tout en intégrant des éléments taoïstes et confucianistes (la "triple religion" du Vietnam). L'éthique caodaïste se fonde sur l'idéal bouddhiste de l'homme bon, tout en incorporant les sanctions et les tabous vietnamiens traditionnels.

Le but suprême de tout disciple caodaïste est d'échapper au cycle des réincarnations. Il doit pour cela s'abstenir de tuer, de mentir, de voler, de vivre dans le luxe et de s'adonner aux plaisirs de la chair. Les caodaïstes croient en un seul dieu, à l'existence de l'âme et à la communication avec le monde des esprits. Ils sont végétariens, pratiquent le spiritisme, le culte des morts et des ancêtres, ainsi que la méditation. Ils exercent un prosélytisme actif. Leurs prêtres font vœu de célibat.

Suivant le principe chinois de dualité du yin et du yang, il existe deux grandes divinités : une féminine, la déesse Mère, et une masculine, Dieu (une dualité qui complique quelque peu la croyance en "un seul dieu"). Les caodaïstes divergent sur un point : laquelle de ces deux divinités a créé le monde ? L'histoire, pour eux, se divise en trois grandes périodes de révélation divine. Au cours de la première, la vérité de Dieu fut révélée à l'humanité par Lao-Tseu (Laozi) et des personnages associés au bouddhisme, au confucianisme et au taoïsme. Les agents humains de la révélation sont intervenus pendant la deuxième période. Il s'agit de Bouddha (Sakyamuni), Mahomet, Confucius, Jésus et Moïse. Les caodaïstes croient que leurs messages ont été corrompus par la fragilité humaine des messagers et de leurs disciples. Ils croient également que ces révélations ne s'appliquaient qu'à une période spécifique et à la population originaire de la région où vivaient les messagers.

Le caodaïsme se considère comme le fruit d'une "troisième alliance entre Dieu et l'Homme". Ce principe est la troisième et dernière révélation. Les disciples estiment que le caodaïsme échappe aux échecs des deux premières périodes, car il est fondé sur une vérité divine communiquée par les esprits, messagers du salut et enseignants de la doctrine. La liste des esprits entrés en contact avec les caodaïstes comprend des personnages hors du commun (responsables caodaïstes décédés, patriotes, héros, philosophes, poètes, dirigeants politiques, guerriers), mais aussi des gens ordinaires. Quelques illustres Européens en font partie : Jeanne d'Arc, René Descartes, Victor Hugo, Lénine, Louis Pasteur et William Shakespeare. En raison de ses fréquentes conversations avec les médiums caodaïstes de la mission de Phnom Penh, Victor Hugo a été promu, à titre posthume, chef spirituel des missions étrangères.

Les communications avec les esprits se déroulent en vietnamien, en chinois, en français ou en anglais. La façon de recevoir les messages témoigne de l'influence du spiritisme occidental et extrême-oriental sur les rites caodaïstes. Parfois, un médium tient un stylo ou un pinceau de calligraphie. Dans les années 1920, on utilisait un bâton de bois de 66 cm de long, appelé "corbeille à bec". Le médium en tenait une extrémité, tandis que l'autre, munie d'un crayon, inscrivait les messages des esprits. Les caodaïstes ont également recours à ce que l'on appelle la pneumato-graphie – une feuille blanche est glissée dans une enveloppe cachetée, puis suspendue au-dessus de l'autel. Lorsqu'on la décroche, elle contient un message.

Une grande partie des textes sacrés du caodaïsme sont des transcriptions de messages communiqués aux dirigeants du mouvement lors de séances de spiritisme qui se sont déroulées entre 1925 et 1929. De 1927 à 1975, seules les séances officielles ayant eu lieu à Tay Ninh étaient reconnues par la hiérarchie. Cela n'empêche pas des groupes dissidents de procéder à des séances au cours desquelles arrivent des messages contredisant la doctrine officielle.

Le clergé accueille des hommes et des femmes, mais ces dernières ne peuvent accéder aux niveaux supérieurs de la hiérarchie. Lorsque des prêtres des deux sexes et de même rang officient dans la même région, les hommes prédominent. Les temples sont agencés de manière à ce que les disciples hommes et femmes entrent par des portes différentes et s'installent respectivement à droite et à gauche de l'autel.

Les temples caodaïstes célèbrent quatre offices par jour (à 6h, 12h, 18h et 24h). Le rite, durant lequel les dignitaires portent une tenue d'apparat et une coiffe, comporte des offrandes d'encens, de thé, d'alcool, de fruits et de fleurs. L'autel est toujours surmonté de l'"œil divin", devenu le symbole officiel de la religion, après que Ngo Minh Chieu en eut la vision sur l'île Phu Quoc.

les Khmers rouges lancèrent plusieurs raids sur la province et commirent des atrocités, comme en témoignent plusieurs cimetières des environs de Tay Ninh.

Renseignements

Tay Ninh Tourist (☎ 822376, tanitour@hcm.vnn.vn, 210B Đ 30/4) a élu domicile au Hoa Binh Hotel. La **poste** (Đ 30/4), plus bas dans la rue, ne dispose pas de connexion Internet.

À voir

L'ŒIL DIVIN

L'Œil divin, c'est-à-dire l'ensemble du sanctuaire caodaï fut construit en 1926, à 4 km à l'est de Tay Ninh, dans le village de Long Hoa.

Le complexe comprend le grand temple caodaï (Thanh That Cao Dai), des bureaux administratifs, les logements pour les employés et les fidèles, ainsi qu'un dispen-saire de médecine traditionnelle par les plantes, où l'on vient se faire soigner de tout le sud du Vietnam. Après la Réunification, le gouvernement "emprunta" une partie du complexe pour son propre usage.

Les prières ont lieu quatre fois par jour dans le grand temple, mais peuvent être suspendues durant la fête du Têt. Ne man-quez pas d'assister à une prière (celle de 12h est la préférée des groupes en provenance de HCMV), mais prenez soin de ne pas perturber les fidèles. Quelques centaines de prêtres, vêtus de blanc, participent aux prières en semaine ; ils se comptent par milliers les jours de fête. Le clergé ne voit pas d'objection à ce que vous preniez des photos des objets de culte ; toutefois, vous ne pouvez pas photographier les personnes sans leur permission – rarement accordée.

Vous pourrez photographier les séances de prière depuis le balcon, une concession faite en raison de l'afflux de touristes.

Faites particulièrement attention à votre tenue vestimentaire. Vous ne pourrez pas entrer vêtu d'un short ou d'un débardeur. Vous devrez vous déchausser en entrant.

L'"œil divin" orne le fronton de l'entrée. Les femmes entrent par une porte située au pied de la tour à gauche, puis font le tour de la pièce à l'extérieur des colonnades. Les hommes entrent par la droite et circulent en sens inverse. La zone située au centre du sanctuaire (entre les piliers) est réservée aux prêtres.

Une fresque dans le hall d'entrée présente les trois signataires de la "troisième alliance entre Dieu et l'Homme" : le révolutionnaire et homme d'État chinois Sun Yat-Sen (1866-1925) tient un encrier de pierre, tandis que le poète vietnamien Nguyen Binh Khiem (1492-1587) et Victor Hugo (1802-1885) écrivent respectivement "Dieu et Humanité" et "Amour et Justice" en chinois et en français. Victor Hugo utilise une plume, Nguyen Binh Khiem, un pinceau. Des panneaux en français, en anglais et en allemand donnent chacun une version un peu différente des principes du caodaïsme (voir l'encadré page suivante).

Le grand temple est construit sur neuf niveaux pour symboliser les neuf marches menant au paradis. Au fond du sanctuaire, huit colonnes de plâtre, ornées de dragons multicolores, soutiennent le dôme représentant, tout comme le reste du plafond, le paradis. Sous le dôme, une énorme sphère bleue parsemée d'étoiles porte l'"œil divin".

Le plus grand des sept sièges placés devant ce globe est réservé au pape caodaïste (son siège est vacant depuis 1933). Les trois suivants sont ceux des responsables des livres contenant les préceptes de la religion. Les trois derniers sont destinés aux responsables des trois branches du caodaïsme, représentées par les couleurs jaune, bleu et rouge.

Notez, de part et d'autre de la zone située entre les colonnes, les deux chaires ressemblant aux minbars des mosquées.

En haut, près de l'autel, l'on discerne à peine les portraits des six personnages clés du caodaïsme : le Bouddha Sakyamuni (Siddhartha Gautama, le fondateur du bouddhisme), Ly Thai Bach (Li Taibai, une fée de la mythologie chinoise), Khuong Tu Nha (Jiang Taigong, un saint chinois), Laozi (Lao-Tseu, fondateur du taoïsme), Quan Cong (Guangong, dieu chinois de la Guerre) et Quan Am (Guanyin, déesse chinoise de la Miséricorde).

MARCHÉ LONG HOA

Ce vaste **marché** (tlj 5h-18h), situé à quelques kilomètres au sud du temple caodaï, comporte des étals d'alimentation, de vêtements et de produits de base. Avant la Réunification, les caodaïstes avaient le droit de prélever des taxes auprès des commerçants.

Où se loger et se restaurer

Hoa Binh Hotel (☎ 821 315, fax 822 345, 210 Đ 30 Thang 4 ; ch 220 000-310 000 d, avec petit déj ; 🌐). Installé à 5 km du temple caodaï, ce bâtiment en béton, caractéristique de l'architecture soviétique, est le principal point de chute des visiteurs qui ne se limitent pas à une excursion d'une journée.

Anh Dao Hotel (☎ 827 306, Đ 30 Thang 4 ; ch 170 000/250 000 d, avec petit déj). À 500 m du Hoa Binh Hotel, cet hôtel vieillot et sans caractère a un atout : son petit déjeuner copieux.

Chacun des deux établissements possèdent une salle de restaurant. Cependant, juste à côté du Hoa Binh Hotel, le **Thanh Thuy** (☎ 827 606, Đ 30 Thang 40 ; plats 25 000-45 000 d) mitonne une cuisine vietnamienne plus savoureuse et meilleur marché. Les prix, non indiqués sur le menu, restent raisonnables et les portions sont généreuses.

Si vous vous rendez à Tay Ninh par vos propres moyens, l'un des meilleurs restaurants le long de la RN 22 s'appelle **Kieu** (☎ 850 357, 9/32 RN 22 ; plats 12 000 d). À 5 km du temple caodaï en direction de HCMV, ce restaurant sert une cuisine correcte à prix abordables. Les fours en brique offrent une distraction intéressante après le repas.

Depuis/vers Tay Ninh

Tay Ninh se trouve à 96 km de HCMV, sur la RN 22 (Quoc Lo 22). La route traverse Trang Bang, là où fut prise, durant une attaque américaine au napalm, la (tristement) célèbre photo d'une petite fille nue grièvement brûlée, courant et criant. Plusieurs temples caodaïs bordent la RN 22, dont un sévèrement endommagé par le Viet-Cong lors de sa construction, en 1975.

BUS

Les bus reliant HCMV à Tay Ninh partent de la gare routière de Tay Ninh (Ben Xe Tay Ninh), dans le district de Tan Binh, et de la gare routière de Mien Tay, à An Lac.

MOTO

Aucun transport public n'existant vers Cu Chi depuis Tay Ninh, il faut louer une moto à Tay Ninh. Guettez les conducteurs de *xe om* devant les hotels. Comptez à peu près 5 $US pour un aller-retour.

TAXI

La façon la plus simple de se rendre à Tay Ninh consiste à emprunter un taxi. Vous pouvez en profiter pour visiter Cu Chi (environ 40 $US l'aller-retour).

MONT NUI BA DEN

☎ 066

Le **mont Nui Ba Den** ("mont de la Dame noire" ; tarif plein/réduit 6 000/2 000 d), à 15 km au nord-ouest de Tay Ninh, culmine à 850 m dans un paysage de rizières, de champs de maïs et de manioc et de plantations d'hévéas. Pendant des siècles, le Nui Ba Den fut un sanctuaire pour les peuples de la région – Khmers, Cham, Vietnamiens et Chinois –, comme en témoignent plusieurs **temples creusés dans la roche**. Le sommet du Nui Ba Den bénéficie d'un climat nettement plus frais que le reste de la province, qui ne s'élève qu'à quelques dizaines de mètres au-dessus du niveau de la mer.

Le Viet Minh puis le Viet-Cong se servirent de ce mont comme base d'entraînement et le Nui Ba Den fut le théâtre de durs combats pendant les guerres d'Indochine et du Vietnam. L'armée américaine installa une base de tir et une station relais à son sommet, avant qu'il ne soit – ironie de l'histoire – lourdement bombardé et défolié par l'aviation américaine.

Le mont de la Dame noire tire son nom de la légende de Huong, une jeune femme qui avait épousé l'homme qu'elle aimait, malgré les avances d'un riche mandarin. Alors que son mari était parti au service militaire, Huong alla se recueillir devant une statue miraculeuse de Bouddha, au sommet de la montagne. C'est là qu'elle fut attaquée et kidnappée mais, préférant la mort au déshonneur, elle se jeta du haut d'une falaise. Son fantôme apparut à un bonze qui vivait dans la montagne et raconta son histoire.

La promenade aller-retour du pied de la montagne au temple principal se fait en 1 heure 30. Si certains passages sont assez pentus, la balade reste facile et vous croiserez de nombreuses vieilles femmes qui montent prier. Autour du temple sont installés quelques stands où trouver rafraîchissements et nourriture.

Si l'exercice ne vous fait pas peur, l'ascension jusqu'au sommet et la descente à pied demandent 6 heures environ.

Un moyen plus rapide (et moins fatigant) consiste à emprunter le **télésiège** (tarif plein/réduit aller simple 25 000/10 000 d, aller-retour 45 000/20 000 d).

Au pied de la montagne, vous découvrirez des plans d'eau et des jardins superbement entretenus. Comme dans nombre de sites sacrés en Asie, des attractions de fête foraine, mélangeant le spirituel et le kitsch, ont été installées : des pédalos, des poubelles en céramique en forme de castor, ainsi qu'un **petit train** (billet 1 000 d) pour éviter aux plus fatigués de marcher.

Si très peu d'étrangers fréquentent le site du Nui Ba Den, les Vietnamiens apprécient en revanche beaucoup l'endroit. Une foule dense se presse le dimanche, les jours fériés et lors des fêtes et mieux vaut donc programmer votre visite à un autre moment.

Où se loger et se restaurer

Nha Nghi Thuy Dong (☎ 624 204 ; bungalows 120 000 d ; tente à plate-forme 70 000 d). Des bungalows sombres, avec toilettes à la turque, sont disséminés à 500 m à l'intérieur du parc depuis le portail d'entrée, en bordure du lac. Douches à l'extérieur.

Si vous dormez sous la tente, on vous demandera 500 d pour utiliser les toilettes et les douches froides communes des hébergements. Vous pourrez vous doucher gratuitement à la **pagode Trung**, toute proche. Les moines vous concocteront par ailleurs un repas traditionnel végétarien si vous les prévenez un jour à l'avance (le repas est gratuit ; une participation est recommandée).

Le **Thuy Dong Restaurant**, rattaché au complexe des bungalows, jouit d'une jolie vue sur le lac. Des **échoppes** permettent de se restaurer et des kiosques vendent des boissons fraîches et des souvenirs. Sur le parking, à l'entrée principale, des étals proposent des fruits secs produits localement, ainsi que des bonbons à base de noix de coco et de sucre de canne.

Depuis/vers Nui Ba Den

Aucun transport public ne dessert Nui Ba Den. Si vous ne possédez pas votre propre véhicule, le plus simple est de prendre un *xe om* depuis Tay Ninh (environ 50 000 d).

PAGODE AU PILIER UNIQUE

Le nom officiel de ce bel édifice est **Nam Thien Nhat Tru**, mais tout le monde l'appelle la pagode au Pilier unique de Thu Duc (Chua Mot Cot Thu Duc ; ☎ 896 0780, 1/91 Đ Nguyen Du).

Sans en être la réplique, elle est bâtie sur le modèle de la pagode au Pilier unique de Hanoi. Cette dernière, édifiée au IXe siècle, fut détruite par les Français, puis reconstruite par les Vietnamiens en 1954. La pagode au Pilier unique de Thu Duc date, elle, de 1958.

Lors de la partition du Vietnam, en 1954, les moines bouddhistes et les prêtres catholiques s'enfuirent vers le Sud, afin d'éviter les persécutions et de continuer à pratiquer leur religion. Parmi eux se trouvait Thich Tri Dung, un moine de Hanoi. Peu après son arrivée à Saigon, il demanda au gouvernement du Sud-Vietnam l'autorisation de construire une réplique de la pagode au Pilier unique. Le président Ngo Dinh Diem, catholique peu tolérant envers le clergé bouddhiste, lui opposa son veto. Cela n'empêcha pas Thich et ses partisans de rassembler les fonds et de construire la pagode, outrepassant ainsi les ordres du président.

Le gouvernement ordonna aux moines de détruire le temple sous peine d'emprisonnement, mais ces derniers refusèrent d'obtempérer. Devant une telle résistance, le conflit s'enlisa. Les tentatives de harcèlement et d'intimidation du président, dans ce pays à 90% bouddhiste, contribuèrent finalement à son assassinat par ses propres soldats, en 1963.

Pendant la guerre, la pagode au Pilier unique de Thu Duc possédait encore une plaque de grande valeur, censée peser 612 kg. À la libération, le gouvernement s'en est emparée et l'a mise en "lieu sûr", à Hanoi. Toutefois, aucun des moines encore en vie aujourd'hui ne sait où elle se trouve.

La pagode est située dans le district de Thu Duc, à quelque 15 km au nord-est du centre de HCMV. Peu d'excursions proposent sa visite, et il faut louer une voiture ou une moto pour s'y rendre.

CAN GIO

☎ 08

La seule plage de la municipalité de HCMV se situe à Can Gio, une île presque plate frangée de palmiers, à l'embouchure de la Saigon. L'île a été créée par l'engorgement du limon en aval, ce qui donne à la plage, exposée à des vents violents, un aspect boueux peu esthétique. Aussi, les visiteurs ne se précipitent-ils pas à Can Gio et la plage ne possède aucune infrastructure.

Cependant, l'île possède une beauté sauvage, et l'on peut y déguster de bons fruits de mer. Sa pénurie en eau potable lui évite la surpopulation, contrairement au reste de la région de HCMV.

Les terres ne se situent qu'à 2 m au-dessus du niveau de la mer et une grande forêt de mangrove couvre l'île. Si la boue saumâtre empêche toute forme d'agriculture, l'aquaculture a pu s'y développer, et particulièrement l'élevage des crevettes. La plage regorge de clams et d'autres coquillages que les insulaires viennent ramasser. Vous verrez également quelques salines : l'eau de mer est déviée vers des bassins peu profonds et s'évapore jusqu'à ce qu'une fine couche de sel soit recueillie. Can Gio possède un petit port de pêche, mais le manque de profondeur empêche les gros navires d'y jeter l'ancre.

Can Gio se visite bien en une journée. Cependant, ceux qui veulent passer la nuit peuvent réserver un hébergement écologique tenu par **Phu Tho Tourist** (☎ 894008 ; luhanhphutho@hcm.fpt.vn ; 79 Đ Hoa Binh, district 11, HCMV), bien plus agréable qu'un établissement en ville.

À voir

PARC DE MANGROVE DE CAN GIO

Ce *parc* (Lam Vien Can Gio ; ☎ 874 3069, fax 874 3068 ; 7 000 d) s'étend sur 70 000 ha de mangrove formés par les sédiments du Dong Nai et du Long Tau. Il abrite le **musée de Can Gio**, où l'on peut admirer des expositions sur la faune et la flore locales, ainsi que sur l'histoire de la guerre dans la région. Des centaines de singes vivent près du musée et les touristes adorent les nourrir (geste peu recommandé). Faites très attention à vos affaires, car ils sont passés maîtres dans l'art de chiper sacs, stylos et lunettes de soleil, montrant une habileté supérieure à celle des voleurs à l'arraché de HCMV !

TEMPLE CAODAÏ

Bien que son temple soit plus petit que le sanctuaire de Tay Ninh, Can Gio s'enorgueillit d'en posséder un, situé près du marché. Vous ne pourrez le manquer.

MARCHÉ

Les odeurs puissantes de ce grand **marché** témoignent de l'importance des produits de la mer à Can Gio. Avec le sel, ils constituent l'essentiel des produits locaux. Les légumes, le riz et les fruits sont en revanche importés par bateau de HCMV.

MONUMENT AUX MORTS ET CIMETIÈRE MILITAIRE

Tout près de l'élevage de crevettes et à 2 km du marché de Can Gio, vous remarquerez un grand **cimetière militaire** et un **monument aux morts** (Nghia Trang Liet Si Rung Sac). Comme dans tous les sites de ce genre, l'éloge de la bravoure et du patriotisme ne s'adresse qu'aux vainqueurs. Les cimetières militaires contenant les restes de soldats sud-vietnamiens ont été rasés à la libération, ce qui cause encore beaucoup d'amertume.

PLAGE DE CAN GIO

La partie méridionale de l'île fait face à la mer, sur près de 10 km. La plage se révèle en grande partie inaccessible, car clôturée pour l'élevage des crevettes et le ramassage des clams. On peut toutefois y accéder, à 4 km à l'ouest du marché de Can Gio, par une mauvaise route, jalonnée de poteaux télégraphiques, qui débouche de la route de HCMV et conduit à la mer. Sur la plage, des stands vendent de la nourriture et des boissons.

Le sol étant aussi dur que du béton, on pourrait y rouler à moto, mais autant s'en abstenir afin de ne pas détruire l'environnement. Si, au premier coup d'œil, la plage semble déserte, elle grouille de vie sous le sable, comme le suggèrent les trous d'aération. Vous entendrez le craquement des minuscules coquillages en vous promenant. Les eaux sont peu profondes et vous avez

pied loin du bord mais prenez garde aux vives, aux poissons-pierre et aux oursins, qui se vengeront douloureusement si vous leur marchez dessus !

Par beau temps, les collines de la péninsule de Vung Tau se profilent à l'horizon.

Depuis/vers Can Gio

Can Gio se situe à une soixantaine de kilomètres au sud-est du centre de HCMV. Le trajet en voiture ou à moto, moyens de transport les plus rapides, dure environ 2 heures.

Il existe une ligne de ferry (moto/voiture 2 000/10 000 d). L'embarcadère se trouve à **Binh Khanh** (Cat Lai), une ancienne base navale américaine à 15 km de HCMV.

La route est pavée de HCMV à Can Gio. Après le premier bac, la circulation se raréfie et de luxuriantes mangroves bordent la route.

MONT BUU LONG

Nombre de brochures touristiques décrivent le **mont Buu Long** (5 000 d) comme la "baie d'Along du Sud", ce qui laisse imaginer un site d'une beauté exceptionnelle. Si l'endroit ne vaut pas baie d'Along, il mérite une visite d'une journée, ne serait-ce que pour échapper à la foule de HCMV.

Le sommet se dresse à 60 m du parking d'où partent plusieurs sentiers de randonnée. Une pagode marque le sommet depuis lequel vous aurez une vue plongeante sur le **Long An** ("lac du Dragon"). Vous pourrez profiter du paysage, observer les oiseaux et regarder les fermes implantées le long de la rivière Dong Nai.

Quelques échoppes proposent des boissons fraîches et des nouilles, mais nous vous recommandons le petit **restaurant végétarien** (menus environ 8 000 d), installé au sommet.

Le meilleur moyen de se rendre au mont Buu Long, à 32 km du centre de HCMV, reste la voiture ou la moto. Le parking au pied de la montagne se trouve à 2 km de la route nationale, après le pont marquant la fin de l'agglomération de HCMV et le début de la province de Dong Nai.

CHUTES DE TRI AN

Cette cascade de 8 m de haut et de 30 m de large sur la Song Be (rivière Be) s'avère particulièrement impressionnante à la fin de l'automne, lorsque le courant est au maximum de sa puissance. Situées dans la province de Dong Nai, les chutes de Tri An se trouvent à 36 km de Bien Hoa et à 68 km de HCMV (*via* Thu Dau Mot).

En amont des chutes, vous découvrirez le grand **lac artificiel de Tri An** (Ho Tri An), formé par le barrage du même nom et alimenté depuis les hautes plaines des environs de Dalat. Terminé au début des années 1980 avec l'aide des Soviétiques, ce barrage et sa centrale hydroélectrique alimentent en électricité la majeure partie de HCMV.

VUNG TAU
☎ 064 / 195 400 habitants

Vung Tau, que les Français appelaient cap Saint-Jacques (il fut d'abord baptisé ainsi par les marins portugais, du nom de leur saint patron), est une station balnéaire très développée au bord de la mer de Chine méridionale, à 128 km au sud-est de HCMV (*via* Bien Hoa). Autant le week-end l'atmosphère résonne du bruit des moteurs avec l'arrivée des visiteurs de HCMV, autant en semaine, la ville retombe dans un calme total.

Si ces plages ne sont pas les plus belles du pays, elles sont facilement accessibles depuis HCMV. D'où cet engouement pour le cap Saint-Jacques des premiers colons français vers 1890. L'industrie du forage pétrolier explique la présence de nombreux expatriés à Vung Tau, mais aussi la pollution des paysages. Les amateurs de plage qui cherchent à s'échapper de la ville auront mieux fait de rallier la superbe plage de Mui Ne, à 3 heures de route (p. 287).

Orientation
La péninsule de Vung Tau est traversée par la Petite Montagne (Nui Nho) au sud et par la Grande Montagne (Nui Lon) au nord. La "plage de derrière" (Bai Sau) large plage de sable, s'étend sur des kilomètres, bordée de pensions et d'hôtels. Toute l'animation se concentre sur la "plage de devant" (Bai Truoc), qui n'a de plage que le nom. Si vous cherchez une plage tranquille, essayez la plage de galets dite "du mûrier" (Bai Dau).

Renseignements
Ba Ria-Vung Tau Tourist (☎ 856 445 ; 33-35 Đ Tran Hung Dao). Vous y trouverez des cartes et pourrez réserver des circuits. À côté, est installé un bureau de Vietnam Airlines.

Gossip Internet Café (☎ 818 761 ; tttt@hcm.vnn.vn ; 15A Đ Ly Tu Trong). Les ordinateurs sont nombreux et les connexions très rapides.
International SOS (☎ 858 776 ; Đ Le Ngoc Han ; consultations 55-65 $US ; 24/24h).
Hôpital Le Loi (☎ 832 667 ; 22 Đ Le Loi).
Poste (8 Đ Hoang Dieu). Au rez-de-chaussée des Petrovietnam Towers.
Vietcombank (☎ 852 024 ; 27-29 ĐTran Hung Dao). Change les devises et les chèques de voyage et fournit des avances sur les cartes de crédit.

À voir et à faire
Sur la **Petite Montagne** se dresse une imposante **statue du Christ** (entrée libre, parking 2 000 d ; 7h30-11h30 et 13h30-17h), bénissant la mer de Chine méridionale, avec des nids d'hirondelles installés sous ses bras. À ses pieds, des cages offrent le triste spectacle de singes et de serpents emprisonnés.

À proximité, le **phare**, construit en 1910 (2 000 d ; 7h-17h) surplombe un panorama spectaculaire. De l'embarcadère des ferries, Đ Ha Long, tournez à droite dans l'allée au nord, puis remontez la colline.

Des pagodes jalonnent Đ Ha Long, mais la jolie **pagode Hon Ba**, construite sur un îlot, est un spectacle à voir absolument quand le soleil se lève à marée basse.

Sur la "plage de devant", en direction de la plage du Mûrier, plusieurs café-bars sont installés à flanc de colline face à la mer. Le week-end, des chanteurs amateurs, accompagnés d'orchestres, entonnent des airs à la mode. Un karaoké, mais de qualité.

Enfin, si vous vous intéressez aux **courses de lévriers** (Lam Son Stadium ; ☎ 807 309 ; www.sesracing.com ; 15 Đ Le Loi ; 20 000 d ; 7h-10h30 sam), c'est l'un des rares endroits du Vietnam où vous pourrez y assister.

Où se loger
Le week-end et les jours fériés, la centaine d'hôtels de Vung Tau est très rapidement prise d'assaut, mais on arrive toujours à trouver une chambre.

"PLAGE DE DERRIÈRE" (BAI SAU)
Sur le flanc ouest de la Petite Montagne s'alignent plusieurs hôtels un peu anciens de catégorie moyenne – des adresses utiles si les hébergements affichent complet sur Bai Sau. Les établissements suivants se situent de l'autre côté de la plage.

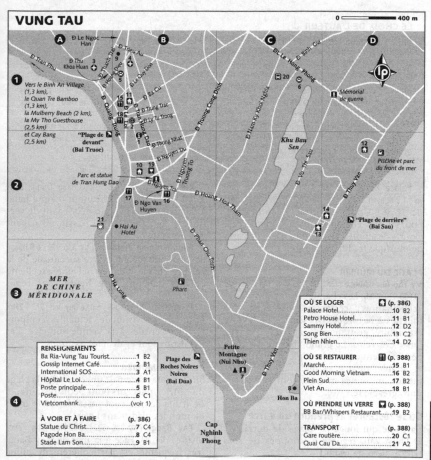

VUNG TAU

0 ———— 400 m

RENSEIGNEMENTS
Ba Ria-Vung Tau Tourist	**1** B2
Gossip Internet Café	**2** B1
International SOS	**3** A1
Hôpital Le Loi	**4** B1
Poste principale	**5** B1
Poste	**6** C1
Vietcombank	(voir 1)

À VOIR ET À FAIRE (p. 386)
Statue du Christ	**7** C4
Pagode Hon Ba	**8** C4
Stade Lam Son	**9** B1

OÙ SE LOGER (p. 386)
Palace Hotel	**10** B2
Petro House Hotel	**11** B1
Sammy Hotel	**12** D2
Song Bien	**13** C2
Thien Nhien	**14** D2

OÙ SE RESTAURER (p. 388)
Marché	**15** B1
Good Morning Vietnam	**16** B2
Plein Sud	**17** B2
Viet An	**18** B1

OÙ PRENDRE UN VERRE (p. 388)
BB Bar/Whispers Restaurant	**19** B2

TRANSPORT (p. 388)
Gare routière	**20** C1
Quai Cau Da	**21** A2

ENVIRONS
DE HO CHI MINH-VILLE

Thien Nhien (☎ 853 481 ; 145A Đ Thuy Van ; 100 000-200 000 d ; ☒). Cette pension simple et sympathique vous accueille dans une petite rue donnant sur l'avenue qui mène à la plage. Les chambres claires, propres et climatisées donnent sur la mer (certaines ont un balcon).

Song Bien (☎ 523 311 ; 131 A Đ Thuy Van ; 120 000-150 000 d ; ☒). Un décor chinois égaye ce lieu bien tenu et confortable ; les chambres à l'avant offrent des vues superbes sur la mer. Profitez aussi de la terrasse du dernier étage.

Sammy Hotel (☎ 854 755 ; sammyhotel@hcm.vnn.vn ; 157 Đ Thuy Van ; ch/ste 60/115 $US ; ☒ ▢ ☒). C'est de loin l'établissement le plus élégant de ce côté de la Petite Montagne. Il abrite un restaurant chinois et de confortables chambres bien équipées. Une piscine agrémente le parc en front de mer, de l'autre côté de la rue. Aucune des chambres donnant sur la mer ne possède de balcon, contrairement à celles qui s'ouvrent sur la montagne.

"PLAGE DE DEVANT" (BAI TROCH)

Petro House Hotel (☎ 852 014 ; petro.htl@hcm.vnn.vn ; 63 Đ Tran Hung Dao ; ch/ste 45/90 $US ; ☒ ▢ ☒). Le Petro House dégage une certaine élégance, avec des chambres d'un bon rapport qualité/prix, un centre d'affaires, une salle de remise en forme et un bar (doté d'une table de billard). Son restaurant français, **Ma Maison**, sert des repas 24h/24. Les non-résidents peuvent utiliser la piscine moyennant 5 $US.

LE CHOIX DE L'AUTEUR

Binh An Village (☎ 510 016 ; binhanvillagevt@hcm.vnn.vn ; 1 Đ Tran Phu ; 175-290 $US ; 🗴 🖭). Envie d'un nid cosy et stylé à Vung Tau ? Optez pour ce petit coin de paradis face à l'océan. Il n'abrite que cinq suites en bungalows, toutes meublées dans le style asiatique ancien, avec panneaux coulissants et aménagements uniques. L'une des suites possède une cuisine, une autre une sdb en plein air, et toutes sont dotées d'une terrasse lumineuse et magnifiquement aménagée (et pour les amateurs, des lecteurs de DVD sont disponibles). Vous pourrez en outre profiter de deux piscines, l'une d'eau de mer et l'autre d'eau douce, à deux pas de la mer.

Si les tarifs de l'hébergement dépassent votre budget, arrêtez-vous simplement pour déjeuner dans le **restaurant en plein air** (menus fixes 15-38 $US), où la carte propose des plats vietnamiens et internationaux. Concerts de jazz les vendredis et samedis soirs.

Palace Hotel (☎ 856 411 ; palacevt@hcm.vnn. vn ; 1 Đ Nguyen Trai ; ch/ste 40/95 $US, avec petit déj ; 🗴 🖵 🖭). Un hôtel central et confortable, pourvu de chambres bien aménagées. Courts de tennis à disposition. Des concerts de musique traditionnelle sont organisés.

PLAGE DU MÛRIER
My Tho Guesthouse (☎ 832 035 ; 47 Đ Tran Phu ; s/d 60,000-120,000d). Les chambres sont simples et accueillantes ; certaines possèdent des toilettes à la turque. Un service de laverie est assuré gratuitement et vous pouvez louer des vélos. Le grand charme de cette pension, tenue par un couple sympathique et affable, tient à sa table : de délicieux menus, mitonnés maison, sont servis sur une agréable terrasse.

Où se restaurer et prendre un verre
La route qui longe la "plage de derrière", Đ Thuy Van, regorge d'échoppes de *com* (riz) et de restaurants.

"PLAGE DE DEVANT" (BAI TROCH)
BB Bar/Whispers Restaurant (☎ 856 028 ; 13-15 Nguyen Trai ; jusqu'à 24h). Les expatriés de Vung Tau commencent leurs soirées dans ce bar qui concocte aussi une bonne cuisine européenne, servie au milieu des tables de billard et d'une ambiance animée.
Plein Sud (☎ 511 570 ; 152A Đ Ha Long ; plats 25 000-150 000 d ; 🖵). Rassasiez ici vos envies de cuisine méditerranéenne : saumon fumé et viande, pizza italienne cuite au feu de bois et tapas. Plein Sud propose un menu fixe, agrémenté de spécialités qui se renouvellent régulièrement, servi avec du pain français tout frais fait maison. Autres atouts : une jolie terrasse bordée de bananiers, une table de billard et un bar.

Viet An (☎ 853 735 ; 34 Đ Quang Trung ; plats 35 000 d). Une bonne cuisine indienne halal à déguster dans le patio débordant de verdure et agrémenté d'un bassin où nagent des poissons.
Good Morning Vietnam (☎ 856 959 ; 6 Đ Hoang Hoa Tham ; plats 40 000 d). Autre succursale de la célèbre chaîne. On sert ici une excellente cuisine italienne, aux heures des repas seulement.
Essentials (☎ 510 099 ; 6 Đ Le Quy Don ; 7h30-21h). Pour faire provision de victuailles à emporter, des céréales à la viande surgelée. Les livraisons sont également assurées.

PLAGE DU MÛRIER
Sur la route principale qui conduit à la plage du Mûrier, plusieurs bons petits restaurants de fruits de mer sont installés sur le front de mer, les pieds dans l'eau.
Cay Bang (☎ 838 522 ; 69 Đ Tran Phu ; plats 40 000 d ; 11h-22h). Face à la mer, le Cay Bang, très fréquenté, est particulièrement animé le week-end. À la carte : des fruits de mer extra-frais.
Quan Tre Bamboo (7 Đ Tran Phu ; plats 40 000 d). Pour déguster du homard ou un cocktail avec vue sur la statue géante de la Vierge tenant l'enfant Jésus, encore plus belle depuis la terrasse.

Depuis/vers Vung Tau
Depuis la gare routière de Mien Dong à HCMV, des minibus climatisés (25 000 d, 2 heures, 128 km) partent régulièrement pour Vung Tau durant la journée jusqu'aux alentours de 16h30. De la **gare routière de Vung Tau** (192A Đ Nam Ky Khoi Nghia) à destination de la plage du Mûrier ou de la "plage de derrière", un *xe om* revient environ à 10 000 d.

Si vous recherchez avant tout le côté pratique, prenez un **hydroglisseur Vina Express** (HCMV ☎ 829 7892, Vung Tau ☎ 856 530) jusqu'à Vung Tau (10 $US, 80 minutes) à la jetée de Bach Dang, à HCMV. Les bateaux partent environ toutes les 2 heures dès 6h30 mais vérifiez bien les horaires à HCMV. À Vung Tau, le bateau part de la jetée de Cau Da, face au Hai Au Hotel.

Comment circuler

Vung Tau se traverse aisément avec un deux-roues. Les pensions louent des bicyclettes (ou vous orientent vers des loueurs) ; pour une moto, comptez entre 4 et 10 $US par jour. Vous pouvez aussi tout simplement "héler" un *cyclo* ou un *xe om* au coin de la rue.

ÎLES CON DAO

☎ 064 / 1 650 habitants

Ce remarquable archipel comprend 15 îles et îlots, éparpillés à 180 km (97 miles marins) au sud de Vung Tau, dans la mer de Chine méridionale.

D'une superficie de 20 km², la verdoyante Con Son est la plus grande de ces îles. Ses nombreuses petites criques, ses plages et les récifs de corail qui la bordent en font un petit paradis.

On l'appelle également **Poulo Condore (Pulau Kun-dur)**, nom malais européanisé qui signifie "île aux Courges". Ce nom évoque le centre de détention de sinistre réputation, où ont été emprisonnés d'innombrables opposants aux régimes successifs – autorités coloniales françaises, gouvernement sud-vietnamien et armée américaine (voir le paragraphe *Histoire*). Des milliers de personnes ont été internées et torturées à mort sur cette île.

L'archipel produit du bois de teck et de pin, des fruits (noix de cajou, raisin, noix de coco et mangues) et l'on y vend également des perles, des tortues de mer, des homards et du corail.

Con Dao offre aux voyageurs intrépides une page d'histoire tragique, mais les amoureux de la nature et les adeptes de la bronzette ne seront pas déçus non plus. Le parc national de Con Dao s'étend sur près de 80% des terres de l'archipel et ce ne sont pas les sentiers de randonnée ni les plages désertes qui manquent.

Con Dao est l'un des rares lieux au Vietnam où vous ne verrez aucune construction

de plus de 2 étages et où les touristes sont peu sollicités. Il est même inutile de marchander dans les marchés locaux ! Le tourisme de masse évite heureusement cet endroit à cause de son inaccessibilité et du budget relativement élevé qu'il faut prévoir.

Con Dao représente le lieu de ponte le plus important du Vietnam pour les **tortues marines.** Depuis 1995, le Worldwide Fund for Nature (WWF) collabore avec les rangers du parc pour mettre en place un système de surveillance à long terme. Pendant la saison de ponte (mars-septembre), six postes de gardes sont installés pour sauver les nids menacés et transporter les œufs vers des couveuses.

Parmi les espèces marines rencontrées à Con Dao se trouve le **dugong**, un mammifère marin rare et peu observé de la famille des lamantins. On le rencontre aussi bien au nord du Japon que dans les eaux subtropicales de l'Australie. Le nombre des dugong décroît constamment, et des efforts ont été entrepris pour protéger ces adorables créatures. Parmi les dangers guettant ces siréniens figurent la création de routes côtières, qui détruisent les champs d'algues peu profonds où ils se nourrissent.

Aujourd'hui, la plupart des visiteurs à Con Son font partie de circuits organisés rassemblant d'anciens soldats vietcong autrefois emprisonnés sur l'île. Les autorités vietnamiennes subventionnent ces voyages en témoignage de leur gratitude pour leur sacrifice. Les visiteurs étrangers restent

ÎLES CON DAO

0 —— 6 km

Vers Vung Tau (177 km)

Pointe de Dong Bac

Île Tre Nho
Bai Nho

Île Tre Lon

Île Ba

Parc national de Con Son

Île Con Son

Bai Dat Doc

Île Bay Canh

Île Cau

Con Son

Ben Dam

Bai Nhat

Pointe Ca Map

Île Vung

Bai An Hai

Île Trac

Île Tho

MER DE CHINE MÉRIDIONALE

DE L'AMOUR À REVENDRE

Le nombre de Vietnamiennes ayant ces dernières années épousé des étrangers est assez élevé. Si nombre de ces femmes partent en Europe, elles sont également nombreuses à vivre en Asie, en particulier à Taiwan. Contrairement aux milliers de femmes ayant épousé des Taïwanais, le nombre de Vietnamiens mariés à des Taïwanaises se comptait auparavant sur les doigts d'une main. La tendance s'inverse depuis peu grâce à l'esprit d'entreprise qui se développe dans la province de Baria.

Selon des informations locales, un nombre croissant de Taïwanaises aux formes très épanouies, considérées comme "non mariables" dans leur pays car elles ne correspondent plus aux critères de beauté en vogue, épouseraient des Vietnamiens. Pourquoi un Vietnamien épouse-t-il une femme pesant trois fois son poids avec laquelle, de surcroît, il ne peut pas communiquer ? La réponse la plus évidente semble être l'argent.

Les marieurs ont fait de cette nouveauté une affaire florissante au point que les agents matrimoniaux passent maintenant des contrats basés sur le poids et la taille réelle des futures épouses. Actuellement, le tarif payé par une famille taïwanaise à la famille vietnamienne du marié se situe entre 1,2 et 1,8 millions de dongs et le nombre de ces mariages est en constante augmentation.

encore relativement rares. Cependant, avec l'amélioration des accès et de l'infrastructure, des changements sont à prévoir.

La meilleure époque pour visiter Con Dao va de novembre à février. La saison des pluies dure de juin à septembre, mais les moussons du nord-est et du sud-ouest de l'automne peuvent parfois apporter des bourrasques de vent. En novembre 1997, le typhon Linda a coulé 300 bateaux de pêche, lessivé les récifs et aplati les forêts. Septembre et octobre sont les mois les plus chauds, mais la brise marine rend la chaleur plus supportable qu'à HCMV ou Vung Tau.

Histoire

Occupée à plusieurs reprises par les Khmers, les Malais et les Vietnamiens, Con Son a très tôt servi de base aux Européens venus commercer dans la région. Les premiers Européens recensés ont débarqué d'un navire portugais en 1560. La Compagnie des Indes y tint un comptoir fortifié de 1702 à 1705, année où les Britanniques furent massacrés par des soldats de Macassar qu'ils avaient enrôlés dans l'île indonésienne de Sulawesi.

Con Son possède sa propre histoire politique et culturelle. De nombreux héros révolutionnaires vietnamiens, qui ont donné leur nom aux rues, furent incarcérés sur l'île. Les Français firent de Con Son un bagne de triste réputation, en raison des mauvais traitements et des tortures que subissaient les prisonniers politiques. Le gouvernement sud-vietnamien prit la relève en 1954, profitant de l'isolement de l'île pour y détenir ses opposants (dont des étudiants) dans des conditions effroyables. Pendant la guerre du Vietnam, c'est ici que les forces américaines ont rejoint l'armée du Sud-Vietnam.

Renseignements

Les **bureaux du parc** (29 Đ Vo Thi Sau) sont une mine d'informations, malgré leurs horaires irréguliers. Comme les contrôles militaires s'appliquent à certaines parties du parc, les employés vous indiqueront les itinéraires possibles de randonnées (certains sentiers sont balisés en anglais et en vietnamien). Les bureaux accueillent également une exposition très bien présentée sur la biodiversité des forêts et du milieu marin, les menaces qui pèsent sur l'environnement et les initiatives de protection menées localement.

À voir et à faire
PARC NATIONAL DE CON DAO
De mars à novembre, vous pouvez effectuer une belle **randonnée** de 2 heures (au départ de la piste de l'aéroport). Vous aurez besoin des services d'un guide (environ 6 $US pour plusieurs heures) pour ne pas vous perdre. Le sentier passe par une forêt dense et une mangrove, puis traverse un ruisseau pour finir au **Bamboo Lagoon** (Dam Tre). Le paysage est magnifique et il est possible d'explorer la baie avec un masque et un tuba. Vous pouvez organiser à l'avance votre retour en bateau.

ÎLE CON SON

La bourgade de Con Son est une petite cité balnéaire tranquille, qui constituerait un décor parfait pour un film historique. Les trois hôtels de la ville se trouvent tous sur Ð Ton Duc Thang, parmi une rangée de villas coloniales d'un étage (pour la plupart à l'abandon). Le **marché** local s'anime surtout entre 7h et 8h du matin.

Les principaux centres d'intérêt sur l'île Con Son sont le musée, le pénitencier, les cellules et le cimetière. Si vous commencez par le musée, le billet économique à 35 000 d vous permet de suivre la visite guidée des quatre sites.

Le **musée de la Révolution** (lun-sam 7h-11h et 13h30-17h), installé à côté du Saigon Con Dao Hotel, propose une exposition sur la résistance vietnamienne contre les Français, sur l'opposition communiste à la République du Vietnam et sur le traitement réservé aux prisonniers. La "nature" est également représentée avec quelques animaux empaillés. Le spécimen le plus bizarre est un singe assis les jambes croisées, fumant une cigarette.

La **prison de Phu Hai**, à quelques pas du musée, est la plus importante des 11 prisons de l'île. Bâtie en 1862, elle regroupe plusieurs centres de détention. L'un d'eux semble hanté par des mannequins enchaînés et émaciés aussi vrais que nature. Les cellules individuelles, avec pour seul aménagement les fers qui enchaînaient les chevilles des prisonniers, donnent également le frisson. Le règlement en vietnamien que l'on peut lire sur les murs signifie "ne pas tuer les puces" : les prisonniers n'avaient pas le droit de salir les murs.

Les fameuses **cages à tigres** ont été construites par les Français dans les années 1940. Quelque 2 000 prisonniers politiques ont été enfermés dans ces cellules minuscules. Cent vingt cellules possèdent des barreaux en guise de toit pour que les gardes puissent surveiller les prisonniers comme les fauves dans un zoo et soixante-dix autres, dites "solariums", n'avaient pas de toiture du tout.

Au cours des quatre décennies de guerre, 20 000 personnes ont trouvé la mort à Con Son, et 1 994 tombes ont été inventoriées au **cimetière de Hang Duong** ; seules 700 portent le nom des victimes. La plus célèbre héroïne du Vietnam, Vo Thi Sau (1933-1952), fut la première femme exécutée (par les armes) sur Con Son, le 23 janvier 1952. Aujourd'hui, des pèlerins viennent brûler de l'encens sur sa tombe et déposer des miroirs et des peignes (objets symbolisant la jeunesse). Au loin, derrière le cimetière, se dresse un **monument** imposant, qui représente trois bâtons d'encens géants.

La **prison de Phu Binh**, sans faire partie du circuit habituel, peut également se visiter. Bâtie en 1971 par les Américains, elle possède 384 cellules. Elle était connue sous le nom de Camp 7 jusqu'en 1973, date à laquelle elle ferma pour maltraitance et torture des prisonniers. Elle prit son nom actuel à la suite des accords de Paris, en 1973.

La romancière franco-vietnamienne Anna Moï évoque dans *Riz noir* (Gallimard, 2004) le destin de deux sœurs, internées sur Poulo Condor à la fin des années soixante. Filles d'un résistant communiste, elles ont quinze et seize ans quand elles sont arrêtées à Saigon (Ho Chi Minh-Ville) et envoyées à Con Dao où elles passèrent près de deux ans sur l'île, dont 18 mois dans les terribles cages à tigres.

L'étude de Maurice Demariaux, *Poulo Condor, archipel du Vietnam* (L'Harmattan, 2000), s'intéresse plus particulièrement à l'histoire du bagne sous la colonisation française.

PLAGES ET ÎLES

Con Son abrite plusieurs plages séduisantes. Renseignez-vous dans les hôtels pour louer un masque et un tuba (environ 50 000 d par jour) et vous adonner au **snorkeling**.

Bai Dat Doc est une belle plage bordée de champs d'algues, où il est possible d'apercevoir un dugong. **Bai Nho** est une étendue de sable, tranquille et isolée ; il faut escalader (ou contourner) des rochers pour y accéder. Petite et superbe, **Bai Nhat** apparaît uniquement à marée basse. L'attrait de **Bai An Hai** semble compromis par les nombreux bateaux de pêche qui jettent l'ancre devant la plage. En outre, les puces de sable sont un peu envahissantes. Enfin, **Bai Loi Voi** est pleine de charme, mais l'eau peu profonde favorise malheureusement l'amoncellement de détritus et de coquillages.

Les plus belles étendues se trouvent sur les îlots, comme la magnifique plage de sable blanc de **Tre Lon**.

Si vous ne devez visiter qu'une seule île, allez de préférence à **Bay Canh**. Vous y découvrirez des plages superbes, une forêt d'arbres séculaires, des mangroves, de beaux récifs coralliens (à explorer à marée basse en snorkeling), ainsi que des tortues marines (à la saison de ponte). Une agréable promenade de 2 heures conduit jusqu'au **phare**, construit par les Français et toujours en activité.

Où se loger

ATC (☎ 830 666, fax 830111, atccd@vol.vnn.vn ; 16B Đ Ton Duc Thang ; ch villa 18/20 $US, ch maison sur pilotis 25 $US, avec petit déj). Cette pension familiale est installée dans une superbe maison coloniale de 1929. Elle est ornée de jolis meubles en rotin et le jardin est magnifiquement entretenu. Outre la villa, la pension possède deux accueillantes maisons montagnardes sur pilotis, provenant directement de Hoa Binh, au nord du pays. Si vous n'y logez pas, essayez cependant d'y prendre un déjeuner ou un dîner.

Saigon Con Dao Hotel (☎ 830 366 ; fax 830 567 ; 18 Đ Ton Duc Thang ; ch 20-35 $US; ⊠). Géré par Saigon Tourist, cet hôtel, à quelques mètres de l'ATC, est entouré de plusieurs villas de l'époque coloniale. Renseignez-vous auprès Saigon Tourist à HCMV : cette agence située sur Đ Le Thanh Ton propose généralement des forfaits raisonnables pour des excursions sur cette île.

Phi Yen Hotel (☎ 830 168 ; fax 830 428 ; ch 180 000-222 000 d ; ⊠). Ce mini-hôtel au confort rudimentaire loue des chambres avec vue partielle sur la mer.

Depuis/vers Con Son

Avec son aéroport récemment amélioré, Con Son est à présent accessible avec un petit avion. Au moment où nous publions ce guide, Vasco (Vietnam Air Services Company) propose sept vols hebdomadaires (38 $US l'aller simple) entre Con Son et HCMV.

Un autre moyen d'arriver sur Con Son est de prendre un hélicoptère russe affrété par Vietnam Airlines (75 $US l'aller simple). Il faut réserver son billet. Sachez cependant que les officiels restent prioritaires sur les vols.

Comment circuler

DESSERTE DE L'AÉROPORT

L'aérodrome de Con Son se trouve à une quinzaine de kilomètres du centre-ville.

Mieux vaut réserver votre hôtel à l'avance et demander que l'on vienne vous chercher à l'aéroport. À défaut, prenez une moto-taxi ou un taxi collectif.

BATEAU

Pour explorer les îlots, louez un bateau aux bureaux du parc national. Une embarcation prévue pour 12 passagers coûte quelque 1 000 000 d la journée – un tarif élevé, qu'il convient de partager avec d'autres touristes si vous le pouvez. D'autres prestations moins onéreuses devraient bientôt être accessibles.

BICYCLETTE

Plusieurs des principaux sites d'intérêt de Con Son, tel le musée de la Révolution et la prison de Phu Hai, sont accessibles à pied. Pour atteindre les sites éloignés, le vélo s'impose. Si vous ne pouvez pas transporter le vôtre (recommandé), tous les hôtels en louent pour 2 $US la journée. Vous pourrez rouler sur les belles routes du littoral (comme celle qui part de la ville vers la plage de Bai Nhat et Ben Dam), qui montent et descendent en douceur, et vous croiserez peu de véhicules motorisés.

LONG HAI
☎ 064

Le tourisme de masse a transformé Vung Tau en une sorte de foire et beaucoup de visiteurs rêvent d'une station balnéaire plus calme à quelques heures de route de HCMV. Long Hai, à 30 km au nord-est de Vung Tau, offre cette tranquillité. Ce havre de paix a peu d'attraits en dehors de sa plage toute simple, ce qui peut parfaitement suffire. Si une vie nocturne animée vous manque, rendez-vous plutôt à Mui Ne (p. 287).

Les cafés de voyageurs de HCMV peuvent organiser des randonnées à Long Hai et il est toujours assez facile de voyager de façon autonome.

À voir et à faire

Les bateaux de pêche viennent mouiller dans la partie occidentale de la plage, dont la propreté laisse à désirer. Avec son sable blanc et ses palmiers, la partie orientale s'annonce bien plus agréable. La plus belle partie de la plage municipale se trouve en face de la Guesthouse 298 et l'on peut louer des chaises longues pour 10 000 d.

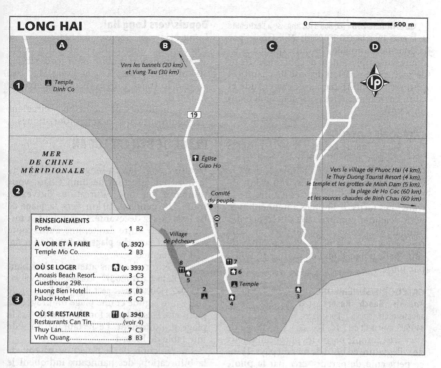

LONG HAI

0 ____ 500 m

Ⓐ   Ⓑ   Ⓒ   Ⓓ

❶ 🏯 Temple
Dinh Co

Vers les tunnels (20 km)
et Vung Tau (30 km)

19

🏯 Église
Giao Ho

MER
DE CHINE
MÉRIDIONALE

Vers le village de Phuoc Hai (4 km),
le Thuy Duong Tourist Resort (4 km),
le temple et les grottes de Minh Dam (5 km),
la plage de Ho Coc (60 km)
et les sources chaudes de Binh Chau (60 km)

❷

Comité
du peuple

Village
de pêcheurs

RENSEIGNEMENTS		
Poste	1	B2

À VOIR ET À FAIRE	(p. 392)	
Temple Mo Co	2	B3

OÙ SE LOGER	🏠 (p. 393)	
Anoasis Beach Resort	3	C3
Guesthouse 298	4	C3
Huong Bien Hotel	5	B3
Palace Hotel	6	C3

OÙ SE RESTAURER	🍴 (p. 394)	
Restaurants Can Tin	(voir 4)	
Thuy Lan	7	C3
Vinh Quang	8	B3

🏯 Temple

❸

Après la fête du Têt (approximativement du 10e au 12e jour du 2e mois lunaire), Long Hai accueille chaque année un grand **pèlerinage de pêcheurs** : ils viennent par centaines, certains de très loin, pour se recueillir au **temple Mo Co**.

Outre les plages, plusieurs sites dignes d'intérêt émaillent la région. À Minh Dam, à 5 km de Long Hai, vous découvrirez des **grottes** utilisées pendant les guerres d'Indochine et du Vietnam. Non loin, un **temple au sommet d'une montagne** surplombe un magnifique panorama englobant toute la côte.

À 20 km de là, à Dia Dao, des **tunnels**, semblables à ceux de Cu Chi mais moins étendus, datent de la guerre du Vietnam.

Si vous faites route au nord de Long Hai pour rejoindre la RN 1, un bel itinéraire moins fréquenté passe par les **sources chaudes** de Binh Chau, à 60 km de Long Hai. De nombreuses plages jalonnent également la route 55, qui longe la côte.

Et si vous le pouvez, offrez-vous une journée à l'**Anoasis Beach Resort** (entrée sem/week-end 6/10 $US). Les terres de ce luxueux village de vacances accueillaient autrefois l'une des villas de l'empereur Bao Dai. Un "laissez-passer" d'une journée donne aux non-résidents accès aux divers équipements : piscine, courts de tennis, tables de billard et de ping-pong, sans oublier la jolie plage privée.

Où se loger
PETIT BUDGET
Palace Hotel (☎ 868 364 ; d 140 000 d). Flanqué de frangipaniers, à l'angle de la route 19 et de la route située après Thuy Lan (p. 394), cette bâtisse au charme suranné exerce un attrait étrange. Les immenses chambres, équipées de ventil., sentent le renfermé, mais elles valent cependant le coup d'œil. De larges fenêtres donnent sur les escaliers en terrasse.

Huong Bien Hotel (☎ 868 430 ; route 19 ; bungalows 120 000-180 000 d ; ✕). Dans une petite allée signalée par un panneau et donnant dans l'avenue principale, le Huong Bien propose de simples bungalows, environnés de palmiers et de casuarinas et installés sur la plage. La plupart disposent d'une sdb et d'un ventil., certains de la clim.

Guesthouse 298 (☎ 868 316 ; impasse à l'extrémité de la route 19 ; d 100 000-180 000 d ; 🔀). Gérée par la Marine nationale, ce qui explique sans doute son emplacement de choix sur le front de mer, cette pension dispose de chambres propres et confortables, avec eau chaude et clim. Les moins chères possèdent seulement un ventil.

CATÉGORIE MOYENNE

Thuy Duong Tourist Resort (☎ 886 215 ; fax 886 180 ; bungalows 20-30 $US, hôtel ch avec petit déj 35-60 $US ; 🔀 🖳). Ce vaste complexe, dans le village de Phuoc Hai, à environ 4 km de Long Hai, s'étend de part et d'autre de la route. Les tarifs de l'hôtel s'entendent avec petit déjeuner compris, à la différence des bungalows. Évitez de loger face au café très bruyant, sur la plage. Pour profiter de cette belle plage, il faut débourser 15 000 d par jour.

CATÉGORIE SUPÉRIEURE

Anoasis Beach Resort (☎ 868 227 ; www. anoasisresort.com.vn ; bungalows 175-250 $US, villas 340 $US, avec petit déj ; 🔀 🖳 🕸). Ce village de vacances compte parmi les plus beaux lieux de villégiature en bord de mer du pays. Dans ce petit coin de paradis, créé par la pilote d'hélicoptère franco-vietnamienne Anoa Dussol-Perran et son époux, les cottages en bois tout confort sont dispersés sur un terrain verdoyant et fleuri. Le domaine comporte une piscine, une plage privée et un excellent restaurant. Les promenades à bicyclette, la pêche, le tennis et, bien sûr, les massages, figurent au nombre des activités et des services proposés.

Vous aurez le choix entre les bungalows cottage, les bungalows familiaux de deux pièces (pouvant accueillir 4 personnes), et les "villas océaniques" princières, dotées de deux pièces, d'une kitchenette, d'une terrasse et d'un Jacuzzi. Les tarifs augmentent le week-end. Des rabais sont consentis pour les séjours de 2 nuits au minimum.

Où se restaurer

Trois bons restaurants baptisés **Can Tin 1, 2** et **3** (plats environ 10 000 d) se regroupent en bord de mer, non loin de la Guesthouse 298.

En face du Palace Hotel, le **Thuy Lan** (menus 12 000 d), bien tenu, est également une bonne adresse, tout comme le **Vinh Quang** (menus 12 000 d), près du Huong Bien Hotel.

Depuis/vers Long Hai

Long Hai se trouve à 124 km et à 2 heures de voiture de HCMV. Il n'existe aucun transport public pour couvrir les 30 km entre Vung Tau et Long Hai ; en *xe om*, le trajet vous reviendra à environ 45 000 d.

Des chauffeurs de motos-taxis circulent fréquemment dans les zones touristiques.

PLAGE DE BEN CAT-LOC AN
☎ 064

Depuis Long Hai, en longeant la côte vers le nord en direction de Binh Chau, vous tomberez sur une bifurcation. Suivez la route 328 pendant 10 km vers la **plage de Ho Tram**, assez décevante. Cependant, à mi-parcours sur votre droite, une autre route mène à la superbe **plage de Ben Cat-Loc An**, peu fréquentée.

Sur cette route vous attend le charmant **Loc An Resort** (☎ 886 377 ; locanresort@hcm.vnn.vn ; d 190 000-440 000 d, avec petit déj ; 🔀 🕸), situé entre une lagune et une plage ombragée de palmiers. Des bateaux font la navette vers la plage gratuitement. Le restaurant possède une table de billard.

En direction de la plage, au niveau de la bifurcation, des panneaux indiquent le **Thuy Hoang** (☎ 874 223 ; bungalows 250 000 d ; 🔀). Là, vous logerez dans de petits bungalows sur la plage. Le restaurant sert, en salle et à l'extérieur, d'excellents produits de la mer pêchés sur place, ainsi que de la bière fraîche.

PLAGE DE HO COC
☎ 064

À près de 45 km au nord-est de Long Hai, la plage de Ho Coc, reculée et magnifique, bénéficie d'un cadre encore peu développé, bien que les habitants de la région aiment venir s'y détendre le week-end.

Autour de la plage s'étend une **forêt tropicale** de 11 000 ha, qui fut déclarée réserve naturelle en 1975. La plupart des grands mammifères ont été exterminés ou déplacés pour des raisons de sécurité (la plupart des éléphants ont ainsi été envoyés en Thaïlande dans le cadre d'un programme gouvernemental). On peut cependant encore observer de nombreuses espèces d'oiseaux et de singes. Des guides vous accompagneront sur les sentiers de randonnée, moyennant 50 000 d par jour. Renseignez-vous auprès

LE LITIGE DES ÎLES SPRATLY ET PARACEL

Les îles Paracel (Quan Dao Hoang Sa), à 300 km à l'est de Danang, et les îles Spratly (Quan Dao Truong Sa), à 475 km au sud-est de Nha Trang, seront très probablement une source de futurs conflits entre les différentes nations entourant la mer de Chine méridionale.

En 1951, la République populaire de Chine envahit plusieurs îles de l'archipel des Paracel, qui n'avaient été qu'épisodiquement occupées jusque-là. Dans les années 1960, les Sud-Vietnamiens prirent à leur tour possession de quelques îles, mais les forces chinoises les en chassèrent en 1964, ce qui entraîna les protestations de Saigon (Ho Chi Minh-Ville) et de Hanoi.

L'archipel des Spratly, constitué de centaines d'îlots, est géographiquement plus proche de Bornéo que du Vietnam. Tous les pays environnants en revendiquent la propriété, notamment les Philippines, la Malaisie, l'Indonésie, la Chine, Taiwan et le Vietnam. En 1988, il fut l'enjeu d'un conflit qui opposa le Vietnam à la Chine, au cours duquel le Vietnam perdit deux bateaux et 70 marins. En 1992, des patrouilleurs de la marine chinoise ouvrirent le feu à plusieurs reprises sur des cargos vietnamiens quittant Hong Kong. Cet affrontement faillit briser toute relation commerciale entre le Vietnam et Hong Kong. Pour toute explication, la Chine prétendit qu'elle voulait lutter contre la contrebande.

Ces deux archipels ont peu de valeur intrinsèque, si ce n'est que le pays propriétaire du territoire peut inclure de vastes zones de la mer de Chine méridionale (censées abriter de grandes réserves de pétrole) dans ses eaux territoriales. La Chine provoqua un regain de tension en 1992, en occupant l'un des îlots revendiqués par les Vietnamiens et en signant un contrat d'exploration pétrolière avec une compagnie américaine (Crestone Corporation). En 1996, le Vietnam signa, à son tour, un contrat similaire avec une société américaine concurrente, la Conoco. Toujours en 1996, la marine philippine détruisit une petite base radar chinoise, installée sur le récif Mischief, dans les îles Spratly.

La tension s'est trouvée un peu allégée avec la "Déclaration sur la conduite des parties en mer de Chine méridionale" signée par les nations asiatiques et la Chine en 2002, mais le problème de la souveraineté des ces îles n'a toujours pas été réglé.

---

de l'éablissement Hang Duong Ho Coc (coordonnées ci-dessous).

Où se loger et se restaurer

Vous n'aurez le choix qu'entre trois hôtels, installés sur la plage, avec leur restaurant adjacent, où sont servis de bons fruits de mer.

Saigon-Ho Coc Eco Resort (☎ 791 036 ; fax 878 175 ; bungalows 130 000-300 000 d). Bien que le terme "eco" n'évoque ici pas grand-chose, ces petits bungalows avec sdb sont plaisants. Les tarifs comprennent une entrée aux sources chaudes de Binh Chau, avec 10% de réduction sur les bains de boue – une aubaine !

Khu Du Lich Bien Ho Coc (☎ 878 175 ; fax 871 130 ; bungalows 120 000 d). Cinq petits bungalows en bois, dont la sdb adjacente n'offre que de l'eau froide.

Hang Duong Ho Coc (☎ 878 145 ; fax 873 878 ; dort 50 000 d, d 120 000-160 000 d). À 50 m du Khu Du Lich Bien et de la plage, ces confortables bungalows en bois disposent de chambres avec ventil. et sdb (eau froide).

Depuis/vers Ho Coc

Aucun transport public ne dessert la plage de Ho Coc. Quelques cafés de voyageurs de HCMV y organisent des excursions d'une ou plusieurs journées.

Saigon Tourist (☎ 08-829 8914 ; www.saigon tourist.net ; 49 Đ Le Thanh Ton) propose des excursions d'une ou plusieurs journées à Ho Coc comprenant une visite aux sources chaudes de Binh Chau.

Vous pouvez également vous y rendre à moto, une agréable (et très longue) promenade. Les 10 km de piste jusqu'à Ho Coc traversent la réserve naturelle.

SOURCES CHAUDES DE BINH CHAU
☎ 064

Les **sources d'eau chaude de Binh Chau** (Suoi Khoang Nong Binh Chau ; 15 000 d) se trouvent à environ 150 km de HCMV et à 60 km au nord-est de Long Hai. Le **Binh Chau Hot Springs Resort** (☎ 871 130 ; www.saigonbinhchauecoresort.com ; ch 20-267 $US) propose des hébergements, des restaurants, ainsi qu'un centre de soins

LES SITES D'INTÉRÊT AU BORD DE LA RN 20

Lac Langa

La route HCMV–Dalat (RN 20) enjambe ce lac *via* un pont. Vous apercevrez de nombreuses maisons flottantes sous lesquelles les familles élèvent des poissons. Ce cadre magnifique mérite une photo. D'ailleurs beaucoup de cars de touristes s'arrêtent à ce niveau de la route nationale pour se ravitailler en essence.

Cratères volcaniques

Près de Dinh Quan, sur la RN 20, se dressent trois volcans aujourd'hui éteints mais qui n'en restent pas moins impressionnants. Les cratères datent de la fin de la période jurassique, il y a environ 150 millions d'années. Pour les apercevoir, il vous faudra marcher un peu. L'un se trouve à gauche de la route, à environ 2 km au sud de Dinh Quan, et l'autre à droite, 8 km après Dinh Quan, en direction de Dalat.

Grottes de lave souterraines

Derrière les cratères volcaniques en direction de Dalat, des grottes souterraines ont été formées par le refroidissement et la solidification de la lave en surface, tandis que la lave plus chaude continue de couler en profondeur en créant des cavités. Ces grottes, très rares, diffèrent énormément des grottes calcaires (formées par des sources souterraines). Alors que ces dernières abondent en stalactites et en stalagmites, les parois des grottes de lave sont lisses.

Pour y accéder, repérez d'abord les forêts de teck sur la RN 20 entre le Km 120 et le Km 124. Les enfants qui habitent à proximité vous indiqueront l'entrée des grottes. Attention ! Il est fortement conseillé de ne pas y pénétrer seul. Mieux vaut s'assurer les services d'un guide et informer quelqu'un de l'endroit où vous vous rendez. Enfin, n'oubliez pas de vous munir d'une torche.

Pour plus d'informations sur les chutes et les autres sites le long de la RN 20, voir le chapitre sur les hauts plateaux du centre (p. 292).

---

thermaux (principalement des massages et des bains de boue).

Les bains chauds, en plein air, constituent son principal atout. Vous pouvez louer un bassin privé, entouré d'une plate-forme de bois couverte et doté d'un vestiaire. L'eau, dont la température varie de 37°C à 40°C, contient des sels minéraux censés fortifier les os, les muscles et la peau, améliorer la circulation sanguine et combattre les troubles mentaux !

Les tarifs varient selon la taille des bassins : de 60 000 d le bassin de 3 m² pour 2 personnes, à 100 000 d celui de 5 m² pour 5 personnes, et 160 000 d le bassin de 10 m² pour 10 personnes. Pour faire trempette dans une grande piscine commune, vous débourserez 6 000 d (3 000 d pour un enfant).

On apercevait autrefois des animaux sauvages, comme des tigres et des éléphants près de sources, mais le genre humain semble avoir aujourd'hui totalement investi les lieux. En 1994, six éléphants ont été capturés à Binh Chau. Après les avoir gardés quel-

ques mois, la direction en a fait don au zoo de HCMV. Aujourd'hui, les seuls animaux que vous rencontrerez sont des lions, des guépards et des panthères en céramique qui ornent les marécages des alentours.

La source la plus chaude atteint 82°C et l'on peut y cuire un œuf en 10 ou15 minutes. Les habitants aiment à en faire l'expérience et vous découvrirez deux petites sources près desquelles sont disposés des paniers en bambou à cet effet. Deux statues géantes représentent des poulets ornent les sources où vous pourrez, vous aussi, faire cuire vos œufs (un œuf cru coûte 2 000 d) !

Depuis/vers Binh Chau

Le complexe thermal se trouve à 6 km au nord du village de Binh Chau. La route reliant la route 55 à Binh Chau est désormais excellente.

Les transports publics ne le desservent pas. Il faut donc louer une moto ou une voiture. Si vous optez pour la seconde solution, essayez de partager le véhicule à plusieurs.

PARC NATIONAL DE CAT TIEN

☎ 061 / altitude 700 m

À cheval sur les provinces de Lam Dong, de Dong Nai et de Binh Phuoc, le **parc national de Cat Tien** (☎ /fax 669 228 ; 20 000 d) est distant de 150 km de HCMV et de 40 km de Buon Ma Thuot. La région de Cat Tien fut, au IIᵉ siècle, le centre spirituel du royaume du Funan. D'anciennes reliques Oc-Eo furent découvertes dans le parc.

Les défoliants ont fait des ravages considérables à Cat Tien pendant la guerre du Vietnam, mais les arbres séculaires ont résisté et la végétation basse a repoussé. La faune a également réintégré le parc. En 2002, le parc national de Cat Tien a été classé réserve de biosphère mondiale par l'Unesco.

Les 73 878 ha du parc abritent 77 espèces de mammifères, 133 espèces de poissons d'eau douce, 40 espèces de reptiles, 14 espèces d'amphibiens ainsi que de nombreux insectes, dont 457 sortes de papillons. Nombre de ces espèces sont menacées, mais aucune ne l'est autant que le rhinocéros de Java. Considéré comme l'un des plus rares mammifères au monde, ce rhinocéros vit uniquement dans le parc de Cat Tien (qui compterait 7 ou 8 spécimens), ainsi que dans quelques autres régions d'Asie du Sud-Est. On estime aussi que des léopards vivent dans ce parc, qui abrite également une sorte peu commune de buffle sauvage, le gaur.

La jungle de Cat Tien sert de refuge à une incroyable diversité d'oiseaux (326 espèces) que les ornithologues du monde entier viennent admirer. Parmi les espèces rares, citons la perdrix à gorge orangée, le paon spicifère et le faisan prélat. La population des singes s'avère, en revanche, en pleine croissance. Les sangsues sont une autre espèce courante et nettement moins sympathique, mieux vaut donc venir bien équipé, surtout pendant la saison des pluies.

Le parc compte également des éléphants dont la présence a posé des problèmes. Au début des années 1990, un troupeau de 10 bêtes affamées est tombé dans le cratère laissé par une bombe qui a explosé à l'extérieur de la limite du parc. Pris de pitié, des villageois ont creusé une rampe pour les sortir du trou. Hélas, 28 personnes ont, depuis, été tuées par les éléphants. En théorie, le problème aurait pu être "résolu" par l'abattage des pachydermes, mais le gouvernement vietnamien n'a pas voulu s'attirer les foudres des organisations écologistes internationales. Quoi qu'il en soit, aucune de ces organisations n'a financé le déplacement de ces animaux, dont certains ont été confiés à des zoos. À long terme, ce genre de conflits devrait sans doute se reproduire car les batailles territoriales s'intensifient entre la faune sauvage et la population humaine en pleine croissance.

Cat Tien compte également nombre d'espèces d'arbres à feuillage persistant ou semi-caduc, ainsi que des forêts de bambous. Au total, quelque 1 800 espèces de plantes ont été répertoriées dans le parc.

On peut explorer le parc national à pied, en VTT, en Jeep ou, même, en bateau sur la rivière Dong Nai. Les sentiers de randonnée sont bien entretenus. On peut louer une Jeep (120 000 d) pour une excursion plus courte, ou visiter le **marécage aux crocodiles** (Bau Sau, 160 000 d). Pour l'atteindre, il faut parcourir 9 km en voiture depuis les bureaux du parc, avant d'effectuer une marche de 4 km. Comptez 3 heures de marche aller-retour. Les petits groupes (4 personnes ou moins) peuvent passer la nuit dans une cabane de gardes pour observer les animaux qui viennent s'abreuver au marécage.

Les services d'un guide coûtent 50 000 d/100 000 d la demi-journée/journée, 160 000 d lorsque l'on passe la nuit dans la jungle.

Où se loger et se restaurer

Des **bungalows** et des **chambres** climatisées (☎ /fax 669 228 ; ch/bungalows 150 000/200 000 d ; ✗) sont disponibles près des bureaux du parc. Un petit restaurant est également installé à proximité.

Depuis/vers le parc national de Cat Tien

L'accès le plus facile pour se rendre au parc se fait depuis la RN 20 qui relie Dalat à HCMV. Pour l'atteindre, vous devez suivre une route étroite qui bifurque à l'ouest de la RN 20 au carrefour de Talai (Nga Ban Talai), à 125 km au nord de HCMV et à 175 km au sud de Dalat. Elle est indiquée par un panneau signalant le parc. Si vous êtes motorisé, l'accès au parc ne pose pas de problème, en revanche, téléphonez à l'avance pour réserver.

Vous pouvez également aller à Cat Tien par bateau en traversant le lac Langa et finir le chemin à pied.

Une agence écotouristique de bonne réputation, installée à Dalat, **Dalat Holidays/ Phat Tire Ventures** (☎ 063-829 422 ; langbian@hcm. vnn.vn ; www.phattireventures.com), est une bonne adresse pour se renseigner et connaître les autres moyens d'accès depuis les hauts plateaux du Centre (en particulier la possibilité de se rendre au parc en VTT depuis Dalat).

Pour organiser une excursion sur mesure au parc de Cat Tien, renseignez-vous à HCMV auprès de **Sinhbalo Adventures** (☎ 08- 837 6766, 836 7682 ; www.sinhbalo.com ; 283/20 Đ Pham Ngu Lao), une autre agence de qualité et fiable.

Delta du Mékong

Le delta du Mékong étincelle de multiples couleurs, du vert chatoyant des rizières au bleu et blanc des uniformes des écoliers à bicyclette qui envahissent les rues à midi, en passant par le jaune lumineux et le rose électrique des bâtons d'encens qui sèchent le long des routes. L'existence est ici rythmée par une énergie constante. Un voyage dans ce "grenier à riz" du Vietnam vous permettra de mieux appréhender l'importance des agriculteurs, qui travaillent chaque jour pour ravitailler la nation : le delta du Mékong nourrit non seulement ses habitants, mais il produit assez de riz pour le pays tout entier, et même, désormais, un surplus assez considérable destiné à l'exportation (voir l'encadré p. 404).

Formé par les limons du fleuve, le delta ne cesse, par un processus permanent de sédimentation, de gagner du terrain sur la mer, à raison de 79 m par an. Le fleuve est si large que la marée se produit deux fois par jour. Outre les nombreuses rizières et fermes de pisciculture, les riches terres produisent des fruits, des noix de coco et de la canne à sucre. Les crevettes constituent également une ressource non négligeable. La région du delta, essentiellement rurale, est l'une des plus peuplées du Vietnam, et quasiment chaque hectare se voit soumis à une agriculture intensive.

Joignez-vous à la vie quotidienne des habitants en vous promenant en bateau à travers les marchés flottants, ou en visitant les vergers et les fermes de pisciculture. Si vous préférez vous éloigner de l'agitation, les villes à l'est du delta feront votre bonheur ; bien qu'appartenant aux provinces les plus éloignées du Cambodge, elles comptent la plus grande proportion de Khmers du pays. Tra Vinh et Soc Trang abritent plusieurs magnifiques pagodes, rarement visitées par les étrangers.

Si vous recherchez un havre de paix, gagnez Rach Gia, à l'ouest, d'où un bateau vous mènera à la paisible Phu Quoc, une île préservée et peu fréquentée, pourvue de plusieurs sites de plongée, de plages désertes et d'agréables sources d'eau douce.

À NE PAS MANQUER

- Les innombrables canaux enlaçant **My Tho** (p. 403) et **Ben Tre** (p. 408), près de l'embouchure du Mékong
- Les marchés flottants près de **Can Tho** (p. 422)
- Les belles **pagodes khmères** (p. 414)
- Un séjour chez l'habitant au milieu des vergers, sur une île proche de **Vinh Long** (p. 411)
- Les environs de **Chau Doc** (p. 436), en remontant le fleuve Mékong vers le Cambodge
- Les plages de sable blanc de l'**île Phu Quoc** (p. 452)

DELTA DU MÉKONG

Histoire

Englobé dans le royaume khmer jusqu'au XVIIIe siècle, le delta fut la dernière région annexée par le Vietnam actuel. Les Cambodgiens, qui n'oublient pas pour autant le passé, l'appellent encore le Bas-Cambodge. C'est d'ailleurs la revendication de ce territoire qui poussa les Khmers rouges à lancer des raids nocturnes sur les villages vietnamiens et à massacrer leurs habitants. On connaît la suite : le Vietnam envahit le Cambodge en 1979 et chassa les Khmers rouges du pouvoir. Si la plupart des habitants du delta sont d'origine vietnamienne, de nombreux Chinois, des Khmers et quelques Cham y résident également.

En 1975, la collectivisation des terres fit s'effondrer la production agricole. Les paysans purent subvenir à leurs besoins, mais les Saigonais, en proie à la disette, partèrent alors acheter du riz au marché noir dans le delta. Pour éviter "tout profit excessif", le gouvernement installa des postes de contrôle, chargés de confisquer tout transport de riz supérieur à 10 kg. Tout cela prit fin en 1986 ; depuis lors, le Vietnam est devenu le deuxième exportateur mondial de riz après la Thaïlande.

Depuis/vers le delta du Mékong

La plupart des voyageurs découvrent le delta du Mékong dans le cadre d'un circuit organisé. Cette tendance s'affirme avec le grand choix d'excursions bon marché désormais faciles à réserver. Ces circuits, qui conviennent particulièrement aux visiteurs

LE MÉKONG, FLEUVE DES NEUF DRAGONS

Le Mékong est l'un des plus grands fleuves au monde, et son delta l'un des plus vastes. Il prend sa source au Tibet, traverse la Chine sur 4 500 km, marque un moment la frontière entre le Myanmar (Birmanie) et le Laos, qu'il arrose sur une bonne longueur et sépare de la Thaïlande, puis s'écoule au Cambodge et au Vietnam avant de se jeter dans la mer de Chine méridionale. À Phnom Penh, au Cambodge, il se sépare en deux bras : le Hau Giang (fleuve inférieur, ou Bassac), qui traverse les villes vietnamiennes de Chau Doc, de Long Xuyen et de Can Tho avant de rejoindre la mer, et le Tien Giang (fleuve supérieur), qui se divise lui-même en plusieurs bras à Vinh Long et se jette dans la mer en cinq endroits différents. Les nombreux bras qui composent le fleuve expliquent son nom vietnamien, Song Cuu Long, le fleuve des Neuf Dragons.

Les eaux du Mékong commencent à monter fin mai, et le fleuve atteint son plus haut niveau en septembre. Son débit varie, selon la saison, de 1 900 à 38 000 m³/seconde. L'affluent qu'il reçoit à Phnom Penh puise son eau dans le lac Tonlé Sap, au Cambodge. Quand le fleuve est en crue, cet affluent inverse son courant pour se déverser dans le lac, limitant ainsi les inondations dans le delta. Malheureusement, la déforestation du Cambodge perturbe cet équilibre délicat, entraînant plus d'inondations dans la partie vietnamienne du bassin.

Ces dernières années, les crues ont fait plusieurs centaines de victimes et contraint des dizaines de milliers d'habitants à quitter leur foyer : la population, dans certains endroits, doit attendre, souvent plusieurs mois, que les eaux se soient complètement retirées avant de pouvoir revenir. Les dommages causés par les inondations coûtent chaque année plusieurs centaines de millions de dollars et ont, localement, des conséquences catastrophiques sur la riziculture et la production de café.

La vie dans une plaine inondée régulièrement n'est pas sans présenter certains défis techniques : les habitants du delta construisent leurs maisons sur des pilotis de bambou pour se protéger de la montée des eaux. Pendant les inondations, de nombreuses routes sont submergées ou deviennent de véritables bourbiers, et il a donc fallu en surélever certaines, ce qui coûte très cher. La solution traditionnelle consiste à se déplacer en bateau et à creuser des canaux qui, par milliers, doivent être constamment dragués pour rester navigables.

La propreté des canaux pose également problème, car les riverains ont pour habitude de jeter directement leurs détritus et leurs eaux usées dans les cours d'eau qui passent devant chez eux. Cela n'est pas sans conséquences désagréables : dans les régions les plus peuplées du delta, l'accumulation des déchets est de plus en plus visible. On ne peut qu'espérer que des mesures gouvernementales strictes seront prises pour y mettre un frein.

disposant d'un temps limité, sont effectivement très tentants, car ils permettent en principe de gagner beaucoup de temps et de payer moins cher. Toutefois, les voyageurs qui décident de se débrouiller seuls ont la possibilité de sortir des sentiers battus et de découvrir de nombreux endroits peu fréquentés.

Les minibus express, bon marché, sont rapides et confortables, mais bondés. Pour découvrir le delta, le meilleur moyen reste la voiture, la bicyclette ou la moto de location. Sillonner la région avec un deux-roues est amusant, surtout lorsqu'on s'égare dans le dédale de petites routes ! Les irréductibles peuvent essayer de trouver

un bateau à HCMV (p. 370), pour une progression lente mais fascinante dans le delta.

Depuis l'ouverture de la frontière avec le Cambodge sur le Mékong, à Vinh Xuong, les voyageurs choisissent cet itinéraire (p. 484) de préférence au poste-frontière terrestre de Moc Bai. N'oubliez pas cependant de prendre votre visa d'entrée pour le Vietnam ou le Cambodge *avant* de rejoindre la frontière.

Quelle que soit votre destination, vous devrez emprunter des ferries (sauf pour My Tho). Vous pourrez acheter des fruits, des sodas et des en-cas à base de riz gluant dans les salles d'attente.

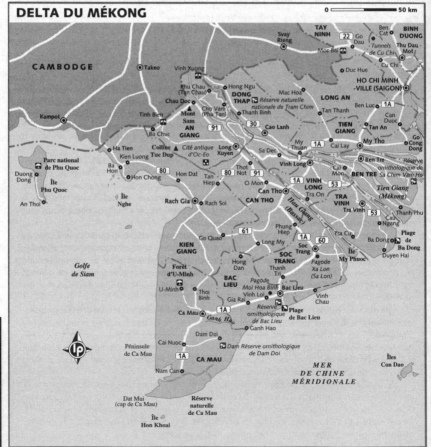

CIRCUITS ORGANISÉS

Les agences de voyages de HCMV proposent de nombreux circuits bon marché en minibus (p. 330) ; c'est dans le quartier de Pham Ngu Lao que vous trouverez les offres les plus intéressantes. Prenez le temps de comparer les propositions, car les moins chères ne sont pas toujours les meilleures : en général, la qualité se paie. Le prix dépend en grande partie de la distance parcourue, comme du mode de transport, de la nourriture et du nombre de participants.

Pour des circuits personnalisés en deux-roues ou en voiture, rien n'égale les prestations de **Sinhbalo Adventures**, à HCMV (www.sinhbalo.com).

MY THO

☎ 073 / 169 300 hab.

Paisible capitale de la province de Tien Giang, My Tho, étape obligée des circuits organisés, est la ville du delta la plus proche de HCMV. Il faut toutefois aller à Can Tho pour découvrir les marchés flottants (p. 422).

Sa proximité avec la prospère HCMV pourrait donner à penser que My Tho a profité des réformes économiques. Pourtant, bien au contraire, c'est l'une des villes les plus pauvres du delta, même si son gouvernement local est censé être le plus riche et que sa police compte parmi les plus strictes.

My Tho fut fondée vers 1680 par des Chinois, réfugiés politiques originaires de Taiwan. Les Chinois sont presque tous partis, le gouvernement ayant saisi tous leurs biens dans les années 1970. L'économie locale (du moins ce qu'il en reste) repose désormais sur le tourisme, la pêche, la riziculture, les fruits (noix de coco, bananes, mangues, longanes et agrumes).

Orientation

Il est relativement facile de s'orienter dans My Tho, qui s'étend selon un plan en damier sur la rive gauche du bras nord du Mékong.

La gare routière se trouve à 3 km à l'ouest du centre. De cette gare, vous entrerez dans la ville par Đ Ap Bac, qui mène à Đ Nguyen Trai, orientée est-ouest.

Đ 30 Thang 4, également orthographiée Đ 30/4 (jour de la libération de Saigon), est parallèle au Mékong.

Renseignements

Tien Giang Tourist (Cong Ty Du Lich Tien Giang ; ☎ 873 184 ; dulichtg@bdvn.vnd.net ; 8 Đ 30 Thang 4 ; ✆ 7h-17h) est l'office du tourisme officiel de la province de Tien Giang. En remontant la rue, vous trouverez son **annexe** (☎ 875 189 ; 25 Đ Nam Ky Khoi Nghia). La **poste** se situe au 59 Đ 30 Thang 4.

En cas de problème de santé, mieux vaut revenir à HCMV.

À voir

ÉGLISE

Cette solide **église** jaune pastel (32 Đ Hung Vuong ; messes lun-sam 5h et 17h, dim 5h, 7h et 17h), qui se dresse à l'angle de Đ Nguyen Trai, fut construite il y a un siècle. À l'intérieur, des ex-voto en pierre rendent grâce à plusieurs saints.

TEMPLE CAODAI

Si vous n'avez pas vu le sanctuaire caodai de Tay Ninh (p. 397), allez jeter un coup d'œil au **temple de My Tho** (Đ Ly Thuong Kiet, entre Đ Dong Da et Đ Tran Hung Đao), plus petit mais néanmoins intéressant.

MARCHÉ CENTRAL

Entre Đ Trung Trac et Đ Nguyen Hue, ce **marché**, fermé à la circulation, vend à peu près de tout, des denrées alimentaires au tabac en vrac en passant par les hélices de bateau. Pour rendre cette zone praticable, les autorités locales ont construit au bord du fleuve un horrible bâtiment en béton de 3 étages ; cependant, vu le montant élevé des loyers et des taxes, les commerçants ont été peu nombreux à s'y installer et les deux derniers étages restent vides.

PAGODE VINH TRANG

Ce magnifique **sanctuaire** (60A Đ Nguyen Trung Truc ; entrée libre ; ✆ 9h-11h30 et 13h30-17h), fort bien entretenu, accueille des enfants orphelins, handicapés ou démunis.

La pagode est à environ 1 km du centre. Pour y aller, empruntez le pont vers l'est (Đ Nguyen Trai) ; 400 m plus loin, prenez à gauche et parcourez 200 m jusqu'à l'entrée du sanctuaire, située à droite du bâtiment.

Promenades en bateau

Point fort de la visite de My Tho, elles vous permettront de découvrir, par le dédale de petits canaux, de jolis villages lacustres à bord de petites embarcations en bois. Parmi

LA PRODUCTION RIZICOLE

En langue indienne ancienne, riz se dit *dhanya*, qui signifie "soutien de la race humaine" : ce mot décrit assez bien l'importance du riz pour les Vietnamiens. Selon une légende locale, il fut un temps où le riz n'avait pas besoin d'être récolté : on le sollicitait par des prières et il était envoyé du ciel dans chaque foyer sous la forme d'une grosse balle. Un jour, un homme demanda à sa femme de balayer le sol en prévision de l'arrivage du riz mais, lorsque l'énorme balle surgit, elle balayait encore et la heurta malencontreusement, la brisant en mille morceaux. Depuis ce jour, les Vietnamiens doivent travailler dur et cultiver le riz à la main.

Le paysage rural du Vietnam ressemble encore beaucoup à ce qu'il était il y a plusieurs siècles : les femmes, coiffées d'un chapeau conique (*non bai tho*), irriguent la rizière à la main, tandis que les hommes repiquent le riz ou labourent avec des herses. Le riz est la principale culture du pays – il occupe 70% de la population active. La politique de réformes économiques mise en place en 1986 (*doi moi* – "rénovation") a considérablement intensifié sa production. Autrefois culture vivrière, la riziculture est devenue une culture de rapport ; jusqu'alors importateur de riz, le pays, dès 1989, est devenu exportateur. En 1997, 3,5 millions de tonnes ont ainsi été exportées (le Nord a enregistré les premiers excédents de son histoire : 270 000 tonnes sont parties à l'exportation). En 1999, le montant de l'exportation a atteint le chiffre record de 4,5 millions de tonnes. Depuis, la moyenne annuelle des exportations tourne autour de 3,5 millions de tonnes. Le delta du Mékong pourvoit à la moitié du riz vietnamien et à la majeure partie des exportations. Dans le Nord, le riz provient principalement du delta du fleuve Rouge (dont la production, parfois insuffisante, doit souvent être complétée par des approvisionnements du Sud). Sur les Hauts Plateaux, la riziculture compose une part importante des activités agricoles des minorités ethniques, même si leur rendement reste relativement faible par rapport au reste du pays. De puissants cartels agricoles fixent le prix des graines, des engrais et des pesticides, et retirent les bénéfices.

L'importance du riz dans l'alimentation vietnamienne n'est plus à démontrer. Il entre dans la composition de très nombreux plats, parmi lesquels l'omelette au riz (*banh xeo*), la bouillie

les destinations proposées figurent une fabrique de bonbons à la noix de coco, une ferme d'apiculteur et un verger.

Le Comité du peuple de My Tho exerce actuellement un quasi-monopole sur cette activité, rendant les tarifs prohibitifs si l'on ne fait pas partie d'un groupe important. Si vous essayez de louer un bateau à vous seul, il vous en coûtera au moins 25 $US pour une promenade de 2 à 3 heures ; dans le cadre d'un circuit organisé depuis HCMV, en revanche, cela peut vous revenir à seulement 7 $US/personne, aller-retour en bus HCMV-My Tho compris. Lorsque vous comparez les prix, prenez en compte la durée de l'excursion (de 1 à 4 heures, sans compter le trajet en bus). Si vous additionnez tous les coûts, il semble pratiquement impossible de payer moins cher par ses propres moyens – ce qui n'empêche pas de nombreux voyageurs d'opter tout de même pour cette formule.

Vous pouvez réserver une excursion sur le Mékong à l'agence de Tien Giang Tourist (p. 403), sur les quais. Plusieurs sociétés privées de My Tho, défiant les autorités, proposent des promenades dans les environs : elles pratiquent effectivement des tarifs inférieurs aux tarifs "officiels" (généralement aux alentours de 50 000 d/heure), mais il faut savoir qu'elles enfreignent la loi et que votre embarcation peut être arraisonnée par la police fluviale, qui vous infligera une amende – ou, plus vraisemblablement, à votre batelier. Si vous voulez malgré tout tenter votre chance, vous trouverez ces "indépendants" à proximité du Cuu Long Restaurant ou, ce qui ne manque pas de sel, devant les portes de Tien Giang Tourist ; mais il y a de fortes chances qu'ils vous trouvent les premiers.

Viet Phong Travel (☎ 882 522 ; vietphongtravel@hcm.vnn.vn ; 94Đ Le Thi Hong Gam ; ⌚ 8h-17h), excentré mais sympathique, vend également des billets bon marché pour des excursions en bateau. Le mieux est de s'adresser à l'un de ses employés au Trung Luong Restaurant, car le bureau situé sur les quais est difficile à trouver.

Voir ci-contre pour plus d'informations sur les excursions vers les îles du Dragon, de riz (*chao*) et le puissant vin de riz (*ruou gao*). Les innombrables restaurants *com pho* servent du riz blanc (*com*) accompagné de plats de viande et de légumes, de même que des soupes de nouilles (*pho*).

Presque partout, le riz est obtenu par culture en "plaine irriguée". Malgré l'introduction de nouvelles variétés de plants et la généralisation des engrais, les travaux agricoles à proprement parler sont encore en grande partie effectués sans équipement mécanique : les champs sont labourés et hersés avec des buffles, les grains semés à la main, les pousses arrachées et repiquées une à une dans un autre champ (toujours à la main) dès qu'elles atteignent une certaine hauteur, ce afin d'éviter le pourrissement des racines. Ces tâches minutieuses sont accomplies pour l'essentiel par les femmes. L'irrigation se fait presque toujours à deux personnes, qui transvasent l'eau des canaux dans les champs à l'aide de paniers en osier tirés par des cordes. Lorsque le niveau de l'eau est suffisamment haut, on lâche des poissons dans les rizières.

La récolte du riz a lieu trois à six mois après le semis, selon la variété et le lieu de plantation. Le climat du Vietnam permet trois récoltes (hiver-printemps, été-automne et saison humide). À maturité, les plants arrivent à hauteur de hanche et sont immergés dans environ 30 cm d'eau. Les grains – logés dans des panicules retombants – sont coupés à la main, puis transportés en brouette jusqu'à des batteuses qui les séparent de leur enveloppe. Ils passent ensuite dans d'autres machines qui les "décortiquent" (riz brun) ou les "polissent" (riz blanc). À cette période de l'année, on peut voir, étalés le long des routes, de véritables tapis de riz, mis à sécher avant d'être moulu. L'intensification de la production depuis le début des années 1990 a produit quelques effets néfastes, comme la salinisation des sols et l'infestation des rizières par les rats (qui, par ailleurs, chassent les serpents).

La dégradation constante du milieu naturel et l'augmentation rapide de la population vietnamienne font peser une menace supplémentaire sur les approvisionnements en riz, céréale de base de ce pays. Si l'on ajoute à cela les risques inhérents à la fertilisation à outrance, l'avenir à long terme de la riziculture au Vietnam est loin d'être garanti.

---

de la Tortue et de la Licorne, toutes proches, ou p.410 pour l'île du Phénix.

Où se loger
PETIT BUDGET
Rang Dong Hotel (☎ 874 400 ; 25 Đ 30 Thang 4 ; s/d 8/12 $US ; ✿). Cet hôtel privé est l'un des meilleurs de My Tho dans sa catégorie.

Song Tien Hotel (☎ 872 009 ; fax 884 745 ; 101 Đ Trung Trac ; s/d 110 000-250 000 d ; ✿). Cet hôtel récemment rénové possède des chambres propres et confortables, avec une TV, un réfrig. et un balcon commun donnant sur la ville et le fleuve. Il dispose également d'un ascenseur.

Trade Union Hotel (Khach San Cong Doan ; ☎ 874 324 ; congdoantourist@hcm.vnn.vn ; 61 Đ 30 Thang 4 ; s/d 100 000/180 000 d ; ✿). Hôtel d'État vieillissant mais propre, dont certaines chambres donnent sur le fleuve ; celles qui sont climatisées possèdent aussi un réfrig. Les groupes y descendent souvent. Le personnel est sympathique.

Autre solution : séjourner dans un bungalow sur l'île de la Licorne (Thoi Son). Renseignez-vous à ce sujet auprès de Tien Giang Tourist (p. 403). Il est également possible de **loger chez l'habitant** aux environs de Vinh Long (p. 411).

CATÉGORIE MOYENNE
Chuong Duong Hotel (☎ 870 875 ; fax 874 250 ; 10 Đ 30 Thang 4 ; ch/ste 20/30 $US ; ✿). Cet établissement spacieux et accueillant est le plus luxueux de My Tho. Il occupe un emplacement idéal, au bord du fleuve, et abrite un bon restaurant. Toutes les chambres donnent sur le Mékong, d'où un bon rapport qualité/prix. Toutes les suites possèdent une baignoire.

Où se restaurer
Chi Thanh (☎ 8/8 428 ; 19 Đ Ap Bac ; plats 15 000-30 000 d). Restaurant soigné servant une cuisine vietnamienne et chinoise délicieuse et peu chère ; carte en anglais.

Cuu Long (☎ 870 779 ; Đ 30 Thang 4 ; plats 20 000-30 000 d). L'emplacement sur les rives du Mékong est avantageux, mais la cuisine et le décor laissent à désirer.

Ngoc Gia Trang (☎ 872 742 ; 196 Đ Ap Bac ; menu 4-12 $US). Restaurant agréable, situé à l'entrée

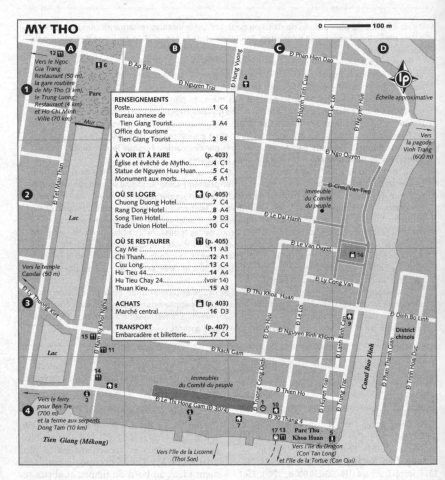

MY THO

0   100 m   Échelle approximative

Vers le Ngoc Gia Trang Restaurant (50 m), la gare routière de My Tho (3 km), le Trung Luong Restaurant (4 km) et Ho Chi Minh -Ville (70 km)

Vers la pagode Vinh Trang (600 m)

Vers le temple Caodai (50 m)

Vers le ferry pour Ben Tre (700 m) et la ferme aux serpents Dong Tam (10 km)

Tien Giang (Mékong)

Vers l'île de la Licorne (Thoi Son)

Vers l'île du Dragon (Con Tan Long) et l'île de la Tortue (Con Qui)

RENSEIGNEMENTS	
Poste	1 C4
Bureau annexe de Tien Giang Tourist	3 A4
Office du tourisme Tien Giang Tourist	2 B4

À VOIR ET À FAIRE	(p. 403)
Église et évêché de Mytho	4 C1
Statue de Nguyen Huu Huan	5 C4
Monument aux morts	6 A1

OÙ SE LOGER	(p. 405)
Chuong Duong Hotel	7 C4
Rang Dong Hotel	8 A4
Song Tien Hotel	9 D3
Trade Union Hotel	10 C4

OÙ SE RESTAURER	(p. 405)
Cay Me	11 A3
Chi Thanh	12 A1
Cuu Long	13 A3
Hu Tieu 44	14 A4
Hu Tieu Chay 24	(voir 14)
Thuan Kieu	15 A3

ACHATS	(p. 403)
Marché central	16 D3

TRANSPORT	(p. 407)
Embarcadère et billetterie	17 C4

District chinois

Immeubles du Comité du peuple

Parc Thu Khoa Huan

---

de My Tho en venant de HCMV. Il est un peu plus cher que les autres établissements de la ville, mais sa cour est très jolie et ses menus savoureux.

Trung Luong (☎ 855 441 ; RN 60 ; plats environ 25 000 d). Installé à quelques kilomètres à l'ouest du centre-ville, près de la porte marquant l'entrée dans My Tho, ce restaurant est environné d'un magnifique jardin. Il marque par ailleurs le point de départ des visites en bateau organisées par Viet Phong Travel (p. 403).

Parmi les autres restaurants vietnamiens typiques, citons :

Thuan Kieu (☎ 876 636 ; 47 Đ Nam Ky Khoi Nghia ; plats 10 000-20 000 d) et **Cay Me** (60 Đ Nam Ky Khoi Nghia ; plats 10 000-15 000 d).

RESTAURANTS DE HU TIEU

Le *hu tieu*, substantielle soupe aux vermicelles comprenant fruits de mer frais et séchés, porc, poulet et herbes, est la spécialité locale. Servi avec ou sans bouillon (présenté alors en accompagnement), il existe aussi en version végétarienne.

Le *hu tieu* figure sur la carte de la plupart des restaurants, mais certains établissements (ouverts le matin uniquement) en ont fait leur unique spécialité.

Les carnivores apprécieront **Hu Tieu 44** (44 Đ Nam Ky Khoi Nghia ; soupes 6 000 d ; ⏱ 5h-12h), tandis que les végétariens préféreront **Hu Tieu Chay 24** (24 Đ Nam Ky Khoi Nghia ; soupes 3 000 d ; ⏱ 6h-9h).

Depuis/vers My Tho
BATEAU
Le car-ferry desservant la province de Ben Tre part de la gare routière Ben Pha Rach Mieu, située à environ 1 km à l'ouest du centre-ville, près du 2/10A Ð Le Thi Hong Gam (prolongement vers l'ouest de Ð 30/4). Il existe au moins un départ/une arrivée par heure entre 4h et 22h (2 000/4 000 d par personne/moto). Des minibus pour 10 personnes font la navette entre le débarcadère et la gare routière.

BICYCLETTE
Il est possible de louer des bicyclettes auprès de Tien Giang Tourist (voir la rubrique *Renseignements*).

BUS
De HCMV, My Tho est desservie par des bus locaux au départ de la gare routière Mien Tay (p. 372) ou de celle de Cholon. Les bus en provenance de Cholon présentent l'avantage de déposer leurs passagers en plein centre-ville. Le trajet prend 1 heure 30.

La **gare routière de My Tho** (Ben Xe Khach Tien Giang ; ⌚ 4h-17h) se situe à quelques kilomètres vers l'ouest. Du centre-ville, suivez Ð Ap Bac vers l'ouest, puis la RN 1 (Quoc Lo 1).

Les bus pour HCMV (10 000 d, 2 heures) partent, dès qu'ils sont complets, de l'aube jusque vers 17h. Chaque jour, des bus desservent la plupart des localités du delta.

VOITURE ET MOTO
Le trajet HCMV-My Tho, en voiture ou moto, prend environ 2 heures par la RN 1. Par la route, My Tho se trouve à 16 km de Ben Tre, 104 km de Can Tho, 70 km de HCMV et 66 km de Vinh Long.

ENVIRONS DE MY THO
Île du Dragon (Con Tan Long)
Il est fort agréable de se promener dans les célèbres **plantations de longaniers** de l'île du Dragon (Con Tan Long). Les côtes, luxuriantes, fourmillent de bateaux de pêche ; Con Tan Long compte parmi ses habitants des constructeurs de bateaux. Vous y trouverez un petit restaurant.

L'île se trouve à 5 minutes en bateau (8 000 d/personne) depuis le quai à l'extrémité de Ð Le Loi.

Autres îles
Vous aurez plaisir à visiter, dans l'**île de la Tortue** (Con Qui) et l'**île de la Licorne** (Thoi Son), toutes proches, les ateliers de bonbons à la noix de coco et de vin de banane. Vous paierez moins cher en vous joignant à une excursion d'une journée au départ de HCMV (p. 330).

Ferme aux serpents Dong Tam
Cet **élevage de serpents** (15 000 d ; ⌚ 7h-18h) se trouve à environ 10 km de My Tho, sur la route de Vinh Long. Pythons et cobras sont en grande majorité destinés à l'alimentation, à la maroquinerie ou à la production de produits antivenimeux.

Très agressifs, capables de cracher leur venin assez loin, les cobras royaux sont surtout des hôtes à sensation, destinés à satisfaire la curiosité des clients. Ne vous approchez pas trop des cages. Les autres cobras séjournent dans une fosse et n'attaquent que si on

---

LES PONTS DE SINGE SONT EN VOIE DE DISPARITION
L'un des spectacles les plus fascinants du delta du Mékong est celui des "ponts de singe" (*cau khi*) : ces simples passerelles de rondins de 30 à 80 cm de large et dotées d'une rampe en bambou se balancent de 2 à 10 m au-dessus des canaux, reliant les minuscules villages aux grandes routes.

À première vue, ce sont des échafaudages de fortune. Pourtant, les habitants les traversent à vélo, chargés de lourds fardeaux à chaque extrémité de leur palanche. Une chute, et c'est la blessure assurée – mais ils les franchissent avec une aisance étonnante et le sourire aux lèvres !

En 1998, le gouvernement a lancé un programme visant à remplacer progressivement les ponts de singe par des passerelles plus solides, faites de planches de bois de 1 m de large. En 2000, ce plan a été modifié : il a été décidé que les ponts de singe seraient tous démolis et remplacés par des ouvrages modernes en béton, d'une durée de vie plus longue. L'infrastructure du delta du Mékong en sortira gagnante et les habitants pourront ainsi franchir les canaux plus facilement et plus sûrement. Les jours de ces ponts pittoresques sont donc comptés. Néanmoins, vous aurez encore sûrement l'occasion d'en apercevoir, car il y en a plusieurs milliers à démanteler.

les provoque. Dociles, les pythons sortent aisément de leurs cages et se prêtent au jeu. Cependant, n'oubliez pas que les plus gros peuvent étrangler un homme !

Dong Tam abrite aussi des tortues et des poissons mutants, dont les difformités génétiques résultent certainement de la pulvérisation intense d'Agent orange, pendant la guerre du Vietnam, sur les zones boisées de la région.

Outre les serpents, vous verrez à la ferme de Dong Tam d'autres animaux sauvages (singes, ours et chouettes), vivant dans des conditions déplorables. Cet élevage était auparavant dirigé de façon très efficace par Tu Duoc, un colonel vietcong à la retraite. Depuis sa mort, en 1990, l'endroit s'est considérablement dégradé. La ferme est désormais gérée par l'armée vietnamienne, qui encourage vivement les visites touristiques, importantes sources de revenus. La carte du restaurant de la ferme propose par ailleurs du cobra, tandis que la boutique vend du sérum antivenin.

Vous devrez vous rendre à la ferme par vos propres moyens. En venant de HCMV, continuez sur 3 km après avoir dépassé l'embranchement vers My Tho et prenez à gauche au carrefour de Dong Tam, indiqué par un panneau. Parcourez 4 km sur une piste en terre avant de tourner à droite en direction de la ferme, située à 1 km. De My Tho, suivez Đ Le Thi Hong Gam et longez le fleuve vers l'ouest pendant environ 7 km. Juste après la poste de Binh Duc, tournez à droite et suivez la piste sur 3 km.

BEN TRE
☎ 075 / 111 800 hab.

Constituée de plusieurs grandes îles dans l'embouchure du Mékong, la pittoresque province de Ben Tre s'étend juste au sud de My Tho. Cette région, à l'écart des principales grandes routes, est peu visitée.

Sa capitale, également appelée Ben Tre, abrite quelques édifices anciens près des rives du majestueux Mékong. Ben Tre est un bon point de départ pour les promenades en bateau. À la différence de My Tho, Vinh Long et Can Tho, son Comité du peuple n'a pas encore cherché à les monopoliser et leurs tarifs sont donc restés bas.

Ben Tre est une ville agréable réputée pour ses bonbons à la noix de coco (*keo dua*). Les femmes les confectionnent dans

de petits ateliers, en chauffant de vastes chaudrons remplis d'une mixture gluante, qu'elles roulent, coupent en petits carrés, puis enrobent de papier.

Renseignements

Ben Tre Tourist (☎ 829 618 ; fax 822 440 ; 65 Đ Dong Khoi ; ☾ 9h-18h) possède un autre bureau à côté du Dong Khoi Hotel.

Ben Tre compte deux **cybercafés** (4 000 d l'heure), un premier dans Đ Hung Vuong et un second dans Đ Tran Quoc Tuan. Vous pouvez également vous connecter à Internet à la **poste principale** (☎ 822 161 ; fax 823 330 ; 3/1 Đ Dong Khoi ; 4 000 d/heure).

Vous obtiendrez des espèces auprès d'**Incombank** (☎ 822 507 ; 42 Đ Nguyen Dinh Chieu ; ☾ fermé le week-end).

À voir
PAGODE VIEN MINH

Érigée au cœur de la ville, celle-ci abrite le siège de l'**Association bouddhiste de la province**. Plus que centenaire, au dire des bonzes du coin, cette pagode a une histoire incertaine. Sa structure d'origine, en bois, a fait place à un édifice de brique et de béton construit entre 1951 et 1958.

Vous remarquerez la grande statue de Quan The Am Bo Tat (déesse de la Miséricorde) qui se dresse dans l'avant-cour. On doit la calligraphie chinoise qui orne l'édifice à un ancien bonze. Seuls quelques fidèles savent encore en déchiffrer le sens ; les moines actuels, quant à eux, ignorent le chinois.

LAC TRUC GIANG

Cette petite étendue d'eau au bord de laquelle se sont installés plusieurs hôtels est agréable pour une promenade en bateau ou une halte tranquille sur la rive, pour simplement admirer le lac en buvant un café glacé.

Où se loger
PETIT BUDGET

Thao Nhi Guesthouse (☎ 860 009 ; hameau 1, village Tan Thach ; d 150 000 d ; ☒). Petite pension intimiste à 11 km au nord, entourée d'un verger. Son excellent restaurant sert du poisson avec des galettes de riz et des herbes. Tournez à gauche au marché, après avoir débarqué du ferry reliant My Tho à Ben Tre. Un panneau vous indique ensuite la

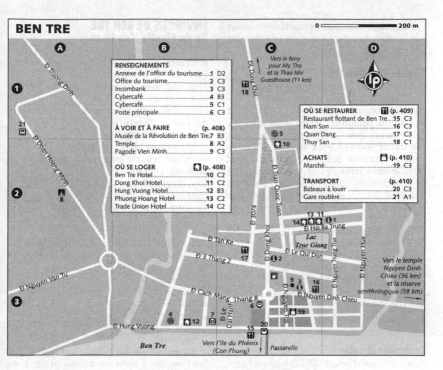

BEN TRE

0 ———— 200 m

RENSEIGNEMENTS
Annexe de l'office du tourisme....1 D2
Office du tourisme.............................2 C3
Incombank...3 C3
Cybercafé...4 B3
Cybercafé...5 C1
Poste principale.................................6 C3

À VOIR ET À FAIRE (p. 408)
Musée de la Révolution de Ben Tre.7 B3
Temple...8 A2
Pagode Vien Minh............................9 C3

OÙ SE LOGER (p. 408)
Ben Tre Hotel...................................10 C2
Dong Khoi Hotel..............................11 C2
Hung Vuong Hotel..........................12 B3
Phuong Hoang Hotel.......................13 C2
Trade Union Hotel...........................14 C2

OÙ SE RESTAURER (p. 409)
Restaurant flottant de Ben Tre...15 C3
Nam Son...16 C3
Quan Dang..17 C3
Thuy San..18 C1

ACHATS (p. 410)
Marché..19 C3

TRANSPORT (p. 410)
Bateaux à louer...............................20 C3
Gare routière....................................21 A1

Vers le ferry pour My Tho et la Thao Nhi Guesthouse (11 km)

Lac Truc Giang

Vers le temple Nguyen Dinh Chieu (36 km) et la réserve ornithologique (38 km)

Ben Tre

Vers l'île du Phénix (Con Phung)

Passerelle

---

direction à suivre sur quelques centaines de mètres.

Trade Union Hotel (☎ 825 082 ; 50 Đ Hai Ba Trung ; s et d 130 000-150 000 d ; ✉). Cet hôtel passablement dégradé est l'un des moins chers du centre-ville.

Phuong Hoang Hotel (☎ 821 385 ; 28 Hai Ba Trung ; s et d 150 000 d ; ✉). Mini-hôtel familial un peu lugubre, disposant néanmoins d'un joli balcon dominant le lac.

CATÉGORIE MOYENNE
Dong Khoi Hotel (☎ 822 501 ; fax 822 440 ; 16 Đ Hai Ba Trung ; s et d 10-35 $US ; ✉). Régulièrement loué pour des réceptions de mariage, Dong Khoi offre le meilleur hébergement des trois hôtels donnant sur le lac. Les chambres, bien tenues, possèdent de grandes sdb avec baignoire. Son restaurant est le meilleur du lieu ; le samedi soir s'y produit un orchestre.

Hung Vuong Hotel (☎ 822 408 ; 166 Đ Hung Vuong ; ancienne/nouvelle aile ch 10-37 $US ; ✉). Cet établissement est l'un des plus agréables de Ben Tre. C'est aussi le seul qui donne sur le fleuve. Les chambres de la nouvelle aile possèdent eau chaude, baignoire et TV. Le Hung Vuong se double par ailleurs d'un grand restaurant.

Ben Tre Hotel (☎ 825 332 ; 8/2 Đ Tran Quoc Tuan ; s et d 13-23 $US ; ✉). Eau chaude et sdb impeccables dans toutes les chambres. Un cybercafé est installé juste à côté.

Où se restaurer
Nam Son (☎ 822 873 ; 40-42 Đ Phan Ngoc Tong ; plats 15 000-30 000 d). Restaurant très apprécié des habitants qui viennent y déguster des plats locaux, du poulet grillé ou une bière pression.

Ben Tre Floating Restaurant (plats environ 35 000 d). Dans ce restaurant flottant amarré au sud de la ville, près du marché, le décor et la nourriture n'ont rien d'extraordinaire. Son atout de taille est son emplacement incomparable.

Voici deux adresses de bonnes spécialités vietnamiennes, de poisson d'eau douce et de fruits de mer tout frais :
Quan Dang (☎ 829 889 ; 1 Đ Tan Ke ; plats 15 000 d)
Thuy San (☎ 825 548 ; 210B ĐL Dong Khoi ; plats 15 000 d)

DELTA DU MÉKONG

Ceux dont le budget est limité trouveront sur les **étals** du marché de quoi se restaurer pour trois fois rien (plats de riz environ 7 000 d).

Depuis/vers Ben Tre

Pour rejoindre cette province insulaire, il faut prendre le bac. Si la traversée My Tho-Ben Tre vous semble lente (5 000/600 d par moto/personne, 25 minutes l'aller), dites-vous que c'est encore la plus rapide de toutes ! Plus au sud, d'autres bacs desservent Ben Tre, mais ils sont terriblement lents et très peu fiables. Les motocyclistes gagneront du temps sur les automobilistes, car ils peuvent emprunter des petits bateaux, nombreux et beaucoup plus rapides.

Les bus publics s'arrêtent à la gare routière de Đ Doan Hoang Minh, à l'est du centre-ville. Des minibus privés font aussi tous les jours la navette entre Ben Tre et HCMV – ils ne suivent pas d'horaire précis et il faut vous renseigner sur place. Essayez près du marché, ou encore à la station-service de Đ Dong Khoi (point de départ de certaines camionnettes).

Comment circuler

Ben Tre Tourist loue 35 $US/heure un hors-bord (où peuvent embarquer jusqu'à huit passagers) et dispose également d'embarcations moins rapides mais de plus grande capacité. Une autre option consiste à négocier avec un particulier sur l'embarcadère public, près du marché : vous pouvez vous baser sur un tarif d'environ 25 000 d/heure avec un minimum de 2 heures de promenade sur les canaux. Renseignez-vous auprès des propriétaires de bateaux, au bout de la passerelle.

ENVIRONS DE BEN TRE
Île du Phénix (Con Phung)

Jusqu'à son emprisonnement par les communistes pour ses activités antigouvernementales et la dispersion de ses adeptes, l'homme que l'on avait appelé le "moine aux noix de coco" (Ong Dao Dua ; voir l'encadré) dirigeait une petite communauté sur l'île du Phénix (Con Phung), à quelques kilomètres de My Tho.

Du temps de sa splendeur, l'île était dominée par un incroyable **sanctuaire en plein air** (10 000 d ; ✤ 8h-11h30 et 13h30-18h). Les colonnes aux dragons sculptés et la tour aux multiples étages, surmontée d'un énorme globe de métal, devaient ruisseler de couleurs. Aujourd'hui, cet ensemble sans vie est quelque peu branlant. Le kitsch de l'endroit vous fera certainement sourire, tout particulièrement la reproduction de la fusée Apollo trônant au beau milieu des statues bouddhiques ! Avec un peu d'imagination, il est possible d'imaginer le "moine aux noix de coco" présidant sa congrégation, flanqué de défenses d'éléphants et assis sur un trône richement ornementé.

La police de My Tho n'autorisant pas les touristes à louer un bateau privé, vous devrez débourser au moins 25 $US pour monter, à My Tho, à bord d'une embarcation gouvernementale. Vous pouvez louer un bateau de la province de Ben Tre, juste de l'autre côté du fleuve, mais le jeu n'en vaut pas la chandelle.

Temple Nguyen Dinh Chieu

Ce **temple** (✤ 7h30-11h30 et 13h30-18h30), plein de charme, fut édifié en l'honneur d'un lettré local. Il se trouve dans le district de

---

LE MOINE AUX NOIX DE COCO

Né en 1909, dans l'actuelle province de Ben Tre, et mort en 1990, Nguyen Thanh Nam a été surnommé le "moine aux noix de coco" car il disait s'être nourri exclusivement de ces fruits pendant trois ans.

De 1928 à 1935, il avait étudié la physique et la chimie à Lyon, Caen et Rouen. De retour au Vietnam, il se maria et eut une fille. En 1945, il quitta sa famille pour se consacrer à la vie monastique et passa alors trois ans à méditer jour et nuit, assis sur une dalle de pierre sous un mât. Les gouvernements sud-vietnamiens successifs l'emprisonnèrent à plusieurs reprises, car il préconisait d'unifier le pays par des moyens pacifiques. Les plaques apposées sur le vase de porcelaine géant de 3,5 m de hauteur (exécuté en 1972) raconte la vie de ce moine, fondateur d'une religion appelée Tinh Do Cu Si, mélange de bouddhisme et de christianisme, utilisant leurs symboles respectifs. Il ne reste aujourd'hui plus que ces symboles, la communauté Tinh Do Cu Si ayant disparu de l'île.

Ba Tri, à 36 km de Ben Tre (30 minutes en voiture).

Réserve ornithologique de San Chim Van Ho

Les habitants de la région sont particuliè-rement fiers de **San Chim Van Ho** (☎ 858 669 ; 10 000 d ; ⏲ 7h-11h et 13-19h), une réserve située à 38 km de Ben Tre où viennent nicher les cigognes. Ben Tre Tourist affrète des vedettes (elles effectuent le trajet aller-retour en 2 heures environ), ainsi que des bateaux moins rapides (près de 5 heures de trajet). Renseignez-vous sur les tarifs à l'agence, ou voyez les prix pratiqués par les parti culiers.

Pour y accéder par voie de terre, sortez de la ville en empruntant Đ Nguyen Dinh vers l'est sur 20 km, jusqu'à Giong Tram. Tournez à gauche sur une piste en terre sinueuse qui mène à Trai Tu K-20 (prison K-20), à 11 km de là – vous verrez sans doute des centaines de prisonniers occupés à labourer les champs. Prenez à droite et vous arriverez à Van Ho au bout de 7 km.

VINH LONG

☎ 070 / 124 600 hab.

Capitale de la province du même nom, cette ville de dimensions moyennes s'étend sur les rives du Mékong, à peu près à mi-chemin entre My Tho et Can Tho. Les touristes s'y rendent généralement pour aller, de là, visiter les îles alentour.

Renseignements

Cuu Long Tourist (☎ 823 616 ; cuulongtourist1@hcm. vnn.vn ; 1 Đ 1 Thang 5) est l'une des agences de voyages gouvernementales les plus efficaces du delta. Elle propose un hébergement dans des fermes (voir l'encadré p. 413). Il existe également un petit bureau de réservation au bord du fleuve, près du restaurant Phuong Thuy (p. 414) ; il loue des vélos (2 $US/jour) et des motos (8 $US).

Il est possible de se connecter à Internet à **@lpha** (☎ 829 905 ; 78 Đ Trung Nu Vuong ; 100 d/min).

La **Vietcombank** (☎ 823 109 ; 143 Đ Le Thai To) compte deux agences, qui changent les devises et les chèques de voyage.

À voir

ÎLES DU MÉKONG

Si Vinh Long en elle-même ne présente guère d'intérêt, les îles du Mékong, à proxi-mité, méritent le détour. On y pratique une agriculture intensive, avec une préférence pour les fruits tropicaux, lesquels alimentent les marchés de HCMV.

Pour visiter ces îles, vous devrez louer un bateau auprès de Cuu Long Tourist (voir ci-dessus). Un petit bateau revient à environ 10 $US/personne pour un circuit de 3 heures (4 personnes). Les excursions sont commentées par un guide parlant français ou anglais.

Pour court-circuiter le monopole d'État, empruntez le ferry public vers l'une des îles (3 000 d), puis, une fois sur place, promenez-vous à pied. Ce ne sera pas, toutefois, aussi intéressant qu'une excur-sion en bateau, car vous ne parcourrez pas les canaux.

Les îles les plus visitées sont **Binh Hoa Phuoc** et **An Binh**, mais il en existe bien d'autres. Dans cette région où l'eau est omniprésente, les maisons sont en général construites sur pilotis.

MARCHÉ FLOTTANT DE CAI BE

Ce **marché fluvial** très animé (⏲ 5h-17h) mérite d'être mis au programme d'une promenade en bateau au départ de Vinh Long. Mieux vaut s'y rendre tôt le matin. Les grossistes, spécialisés dans un ou plusieurs fruits ou légumes, amarrent leurs gros bateaux et accrochent des échantillons de leurs mar-chandises à de longues perches en bois. Les acheteurs vont de l'un à l'autre dans de petites embarcations.

Son originalité par rapport à d'autres marchés flottants réside dans sa toile de fond : l'immense cathédrale qui se dresse au bord du fleuve.

Il faut compter une heure de trajet direct depuis Vinh Long. Toutefois, il serait dommage de ne pas faire de détour à l'aller ou au retour pour visiter les canaux et les vergers.

MUSÉE MILITAIRE

Sans égaler ceux de HCMV et de Hanoi, ce **Musée militaire** (Bao Tang Quan Su ; Đ Phan Boi Chau ; ⏲ 8h-10h et 19h-21h sam et dim), proche du Cuu Long Hotel, présente un peu d'intérêt. Il était en cours de transformation lors de notre passage, mais aucune surprise n'est à attendre à sa réouverture – vous y trouverez toujours les éternelles odes à Ho Chi Minh et aux soldats vietnamiens.

TEMPLE VAN THANH MIEU

Bâti au bord de l'eau, ce **temple** (ou temple Phan Thanh Gian ; Đ Tran Phu) est très surprenant : tout d'abord, il est confucéen – une rareté dans le Sud. En outre, tandis que l'arrière-salle est consacrée à Confucius, dont le portrait trône au-dessus de l'autel, la salle en façade fut édifiée en l'honneur du héros local, Phan Thanh Gian. Cet homme mena, en 1930, un soulèvement contre les Français ; lorsqu'il prit conscience que son mouvement était définitivement voué à l'échec, il préféra se suicider plutôt que d'être capturé par les autorités coloniales. Nul ne connaît la date exacte de la construction de la salle à sa mémoire, mais elle pourrait être postérieure à 1975. Dans le hall du fond, un portrait de Confucius, à la mode chinoise, trône au-dessus de l'autel.

Le temple Van Thanh Mieu est à 3 km au sud-est du centre-ville. Ne le confondez pas avec la petite pagode Quoc Cong, sur Đ Tran Phu.

Promenades en bateau

Cuu Long Tourist (p. 411) propose plusieurs excursions en bateau de 3 à 5 heures, diurnes ou nocturnes, qui vous mèneront le long de petits canaux, dans des vergers, voir des fours en brique, un atelier de chapeaux coniques en feuilles de palmier ou encore le marché flottant de Cai Be (p. 411).

Comme c'est généralement le cas dans le delta du Mékong, vous devrez rassembler

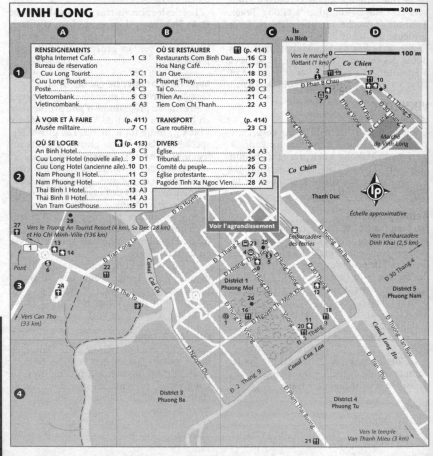

VINH LONG

UNE MAISON LOIN DE CHEZ SOI : UN SÉJOUR DANS UNE FAMILLE DU DELTA

Vivre quelque temps au sein d'une famille du delta du Mékong est une expérience inoubliable, qui vous permettra comme nulle autre de découvrir le quotidien de ces habitants qui tirent, pour la majorité d'entre eux, leur subsistance de la culture des fruits ou de la riziculture.

La plupart des maisons ouvertes aux touristes occidentaux se dressent sur les rives du Mékong. Enlevez vos chaussures en franchissant le seuil de votre famille d'accueil. Sachez également que nombre de ces familles préfèrent que leurs visiteuses soient décemment vêtues (c'est-à-dire plutôt couvertes).

Dans les maisons traditionnelles, la chambre est un espace ouvert où sont disposés hamacs et bâts-flancs, au-dessus desquels sont suspendues des moustiquaires. Avant même que les derniers rayons du soleil ne disparaissent commence la chasse aux moustiques.

Les repas de fête (souvent servis aux étrangers) se composent de poisson, servi entier sur une couche d'herbes et décoré de carottes découpées en forme de fleurs aquatiques. Il faut arracher la chair du poisson avec les baguettes en bois, puis l'envelopper d'une crêpe de riz que l'on trempe dans la sauce. Ce plat, qui s'accompagne de nems croustillants, est suivi d'une soupe et de riz : le riz du delta est réputé pour être le plus parfumé du pays – notez que ce riz servi à la fin du repas est une marque de politesse, et qu'il n'est pas destiné à être mangé. Après le dîner, certaines familles échangent chansons et histoires autour d'une bouteille de vin de riz, tandis que d'autres regardent la télévision.

La journée commence dès que les premiers rayons du soleil caressent l'eau du fleuve. Dès le lever, toute la famille se baigne. Barboter tout habillé dans l'eau boueuse du delta vous laissera un souvenir impérissable. Puis, après un copieux petit déjeuner, vous ferez vos adieux et repartirez pour Vinh Long en passant par le marché flottant.

La meilleure façon d'organiser ce type de séjour consiste à s'adresser à une agence de voyages de HCMV ou au **Cuu Long Tourist** (☎ 823 616 ; cuulongtourist1@hcm.vnn.vn ; Đ 1 Thang 5), à Vinh Long. Les voyageurs indépendants peuvent généralement s'arranger avec des agents privés à l'embarcadère d'An Binh, à leur arrivée à Vinh Long. Comptez autour de 7/10 $US la nuit.

---

plusieurs personnes pour espérer atteindre un prix raisonnable – à moins, bien sûr, que vous ne fassiez partie d'une excursion organisée.

Où se loger

Van Tram Guesthouse (☎ 823 820 ; 4 Đ 1 Thang 5 ; s/d 150 000-200 000 d ; 🔀). Les 5 chambres spacieuses de cet établissement familial, propre et confortable, comprennent eau chaude, TV et balcon.

Nam Phuong II Hotel (Đ 2 Thang 9 ; ch 100 000-150 000 d ; 🔀) Petit et sécurisé, ce sympathique hôtel familial propose des chambres avec eau chaude et TV. Lors de notre visite, une aile plus chic était en chantier sur Đ 30 Thang 4, près du fleuve et du marché.

Cuu Long Hotel (☎ 823 656 ; cuulonghotelvl@hcm. vnn.vn ; 1 Đ 1 Thang 5 ; ch ancien bâtiment 10-25 $US, nouveau bâtiment 25-40 $US, avec petit déj ; 🔀). Cet hôtel se compose de deux bâtiments situés au bord de l'eau. L'adresse indiquée est celle de la nouvelle aile, d'où il vous est possible de réserver une chambre dans l'ancienne – des chambres spacieuses,

avec balcon, mais un peu lugubres ; celles donnant sur le fleuve reviennent à 25 $US. Les chambres de la nouvelle aile, plus modernes, ont moins de caractère. Toutes les chambres climatisées possèdent la TV sat.

An Binh Hotel (☎ 823 190 ; fax 822 231 ; 3 Đ Hoang Thai Hieu ; ch 12-14 $US ; 🔀). Établissement plaisant, moins fréquenté toutefois car loin du fleuve. Il dispose d'un restaurant, de courts de tennis et d'un salon de massage.

Thai Binh I Hotel (☎ 827 161 ; fax 822 213 ; 190-202 Đ Le Thai To ; ch 7-10 $US ; 🔀). Situé en périphérie, Thai Binh est simple et économique. Les chambres, avec ventil., n'ont que l'eau froide. Il existe un autre établissement plus bas dans la même rue, moins cher mais mal tenu.

Truong An Tourist Resort (☎ 823 161 ; ch 25 $US). Le calme de cet établissement à mi-chemin entre Vinh Long et le pont My Thuan vous plaira si sa situation excentrée ne vous gêne pas. Ses maisonnettes, situées le long du fleuve et au cœur d'un parc verdoyant, forment un cadre agréable.

Cuu Long Tourist peut vous réserver une nuitée dans une des quatre fermes situées sur une île (voir l'encadré p. 413). Vous avez le choix entre une maison en brique, une habitation de style colonial, un bungalow dans un grand jardin de bonsaïs ou encore (formule peut-être la plus intéressante) une maison traditionnelle sur pilotis au-dessus du fleuve. Toutes ces habitations sont très calmes mais assez isolées : pour vous rendre en ville, vous devrez obligatoirement prendre un bateau. Le tarif pour la nuit s'élève à environ 35 $US/personne, ce qui inclut le trajet en bateau, le guide, les repas et un arrêt au marché flottant de Cai Be.

Où se restaurer

Thien Tan (☎ 824 001 ; 56/1 Đ Pham Thai Buong ; plats 40 000-50 000 d). Ce spécialiste des grillades est considéré comme le meilleur restaurant en ville : essayez le poisson cuisiné dans du bambou (*ca loc nuong tre*) ou le poulet cuit dans l'argile (*ga nuong dat set*). Les plus courageux se laisseront tenter par le rat de rizière grillé (*chuot quay*).

Tiem Com Chi Thanh (☎ 823 457 ; 64 Đ Le Thai To ; plats 10 000 d). Ce restaurant propose du riz cuit à la vapeur, servi dans de petits bols en argile, et d'excellents plats chinois (tofu, champignons shiitake, grenouilles et intestins de cochon).

Lan Que (☎ 823 262 ; Đ 2 Thang 9 ; plats environ 15 000 d). Une adresse populaire où est servie une cuisine vietnamienne authentique, notamment de délicieuses préparations à base de tortues et de grenouilles.

Tai Co (☎ 824 845 ; 40A Đ 2 Thang 9 ; fondue 30 000 d). Cuisine chinoise et excellente fondue (*lau*).

Plusieurs bons **restaurants** de *com binh dan* (plats à base de riz, 7 000 d) jalonnent Đ Nguyen Thi Minh Khai.

Hoa Nang Café. Café glacé face au fleuve.

Phuong Thuy. Une cuisine des plus correctes ; vue agréable sur le fleuve en prime.

Au marché de Vinh Long, vous dégusterez des fruits délicieux dans un cadre plaisant.

Depuis/vers Vinh Long

BATEAU

Il est possible de rejoindre Chau Doc (près de la frontière cambodgienne) en cargo au départ de Vinh Long, mais vous aurez sans doute besoin de l'aide d'un Vietnamien pour le décider.

BUS

De HCMV, les bus pour Vinh Long (3 heures) partent des gares routières de Cholon (p.370), dans le district 5, et de Mien Tay (p. 370). On peut aussi gagner Vinh Long en bus depuis My Tho, Tra Vinh, Can Tho, Chau Doc, entre autres villes du delta. La gare routière se situe en plein centre-ville.

VOITURE ET MOTO

Vinh Long se trouve sur la RN 1, à 66 km de My Tho, 33 km de Can Tho et 136 km de HCMV.

TRA VINH

☎ 074 / 70 000 hab.

Entre deux bras du Mékong (le Tien et le Hau), Tra Vinh paraît quelque peu isolée sur la péninsule. Cette visite ne peut se combiner avec une autre, car il n'existe pas de car-ferry ; toutefois, les motos peuvent se convoyer à bord de petits bateaux. Les touristes occidentaux sont rares, bien que l'endroit mérite vraiment le détour.

La province de Tra Vinh regroupe environ 300 000 Khmers de souche. À première vue, on pourrait les qualifier de "minorité invisible", car ils parlent tous le vietnamien et rien ne les distingue des autres, en apparence du moins, tant sur le plan vestimentaire que dans leur mode de vie. En approfondissant un peu le sujet, pourtant, vous apprendrez que la culture khmère est bel et bien vivante dans cette région : on ne dénombre pas moins, dans la seule province de Tra Vinh, de 140 pagodes khmères (contre 50 édifices vietnamiens et 5 de type chinois) abritant des écoles où s'enseigne la langue khmère, que la plupart des habitants de Tra Vinh lisent et écrivent aussi bien que le vietnamien.

La minorité khmère du Vietnam ne compte pratiquement que des adeptes du bouddhisme theravada. Si vous avez visité des monastères au Cambodge, vous aurez remarqué que les moines khmers ne pratiquent pas l'agriculture et se nourrissent uniquement grâce aux dons de la population. À Tra Vinh, les guides vietnamiens ne manqueront pas de vous faire remarquer fièrement que les bonzes riziculteurs symbolisent les réussites de la libération du pays ; en effet, le gouvernement vietnamien considérait les moines comme des "parasi-

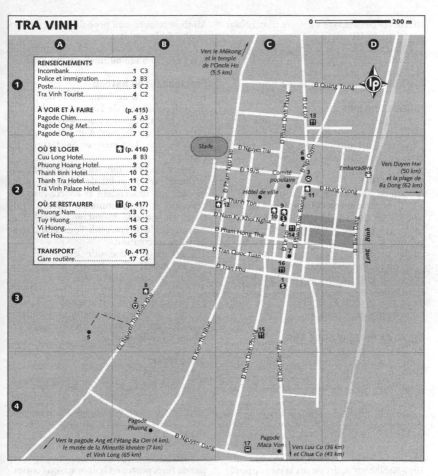

TRA VINH

0 ————— 200 m

RENSEIGNEMENTS	
Incombank	1 C3
Police et immigration	2 B3
Poste	3 C2
Tra Vinh Tourist	4 C2

À VOIR ET À FAIRE	(p. 415)
Pagode Chim	5 A3
Pagode Ong Met	6 C2
Pagode Ong	7 C3

OÙ SE LOGER	(p. 416)
Cuu Long Hotel	8 B3
Phuong Hoang Hotel	9 C2
Thanh Binh Hotel	10 C2
Thanh Tra Hotel	11 C2
Tra Vinh Palace Hotel	12 C2

OÙ SE RESTAURER	(p. 417)
Phuong Nam	13 C1
Tuy Huong	14 C2
Vi Huong	15 C3
Viet Hoa	16 C3

TRANSPORT	(p. 417)
Gare routière	17 C4

Vers le Mékong et le temple de l'Oncle Ho (5,5 km)

Đ Quang Trung

Stade

Vers Duyen Hai (50 km) et la plage de Ba Dong (62 km)

Embarcadère

Hôtel de ville

Comité populaire

Pagode Phuong

Vers la pagode Ang et l'étang Ba Om (4 km), le musée de la Minorité khmère (7 km) et Vinh Long (65 km)

Pagode Maca Von

Vers Luu Cu (36 km) et Chua Co (43 km)

---

tes". Les Khmers, qui n'ont pas forcément la même vision des choses, continuent à financer les bonzes en cachette.

Entre 15 et 20 ans, la plupart des adolescents suivent la vie monastique pendant quelques mois ou quelques années, selon leur choix. Les bonzes khmers mangent de la viande, mais tuer les animaux leur est interdit.

À Tra Vinh est également implantée une petite communauté chinoise assez active, l'une des rares à subsister dans le delta du Mékong.

Renseignements
Tra Vinh Tourist (☎ 862 559 ; fax 866 768 ; 64-6 Đ Le Loi ; ☺ 8h-18h) détient un monopole. De

nombreuses excursions sont proposées dans le secteur, les plus intéressantes se faisant par bateau.

L'**Incombank** (☎ 863 827 ; fax 863 886 ; 15A Đ Dien Bien Phu) change les devises et accorde des avances sur les cartes Visa.

À voir
PAGODE ONG
Cette **pagode** (Chua Ong et Chua Tau ; angle de Đ Pham Thai Buong et Đ Tran Quoc Tuan), lieu de culte d'autant plus actif que les pagodes "totalement" chinoises sont rares, est un édifice très décoré et haut en couleurs. Sur l'autel, le dieu au visage rouge représente le général Quan Cong (en chinois Guangong, Guandi ou Guanyu), censé protéger de la

guerre ; ce personnage s'inspire d'un soldat qui vécut au IIIe siècle.

Fondée en 1556 par la Congrégation chinoise du Fujian, la pagode fut reconstruite plusieurs fois, grâce en partie aux dons des touristes de Taiwan et de Hong Kong.

PAGODE ONG MET
Cet édifice religieux khmer (Chua Ong Met), en plein cœur de Tra Vinh, est facile à trouver. Fort aimables, les moines seront ravis de vous guider à l'intérieur.

PAGODE CHIM
À 1 km de Vinh Long, au sud-ouest de Tra Vinh, se dresse la **pagode Chim** (Chua Chim), peu visitée du fait du mauvais état de la route qui y mène. Si vous n'avez pas de voiture, le plus simple est de demander à quelqu'un de vous y conduire à moto.

Si l'on en croit ses bonzes, très accueillants, elle aurait plus de cinq siècles d'existence ; la structure actuelle, néanmoins, trahit un passé plus récent. Pour l'heure, une vingtaine de moines y résident.

ÉTANG BA OM ET PAGODE ANG
Ao Ba Om ("lac carré") est un site spirituel pour les Khmers et un lieu de pique-nique pour tous ; entouré de grands arbres magnifiques, ce bassin ne manque pas de charme.

Non loin de là se dresse la pagode Ang (Chua An en vietnamien, Angkor Rek Borei en khmer), belle et vénérable construction de style khmer. Le **musée de la Minorité khmère** (Bao Tang Van Hoa Dan Tac ; entrée libre ; ⏰ 7h30-11h et 13h30-16h30 lun-ven) se dresse sur la rive opposée du lac. Il est intéressant mais, hélas, compte peu de commentaires en anglais.

Ao Ba Om se trouve à 7 km au sud-ouest de Tra Vinh, sur la route de Vinh Long.

TEMPLE DE L'ONCLE HO
En construisant ce **temple de l'Oncle Ho** (Den Tho Bac) en hommage à Ho Chi Minh, les responsables du Comité du peuple désiraient probablement accentuer la vocation touristique de Tra Vinh. L'opération est réussie : bien qu'aucun moine n'ait élu domicile dans cet édifice, les "fidèles" ne cessent d'affluer. Les plus hautes personnalités du Parti s'y rendent régulièrement en limousine. Selon un fascicule touristique, le temple fait "la fierté des habitants de Tra Vinh". Ho Chi Minh se retournerait probablement dans sa tombe s'il le voyait...

Ce temple se situe dans la commune de Long Duc, à 5 km au nord de Tra Vinh.

Promenades en bateau
L'étroite rivière de Long Binh décrit des méandres sur plus de 10 km au sud de Tra Vinh ; elle atteint alors un **déversoir**, lequel évite que l'eau de mer, à marée haute, ne s'infiltre dans la rivière et ne détruise les récoltes.

À l'est de Tra Vinh, un embarcadère sur le fleuve sert de point de départ pour les bateaux qui descendent la rivière jusqu'au déversoir en aval. Comptez 1 heure 30 de trajet en vedette, davantage à bord d'un bateau plus lent. Tra Vinh Tourist se charge de votre réservation.

L'agence propose une excursion vers l'**île aux Huîtres** (Con Ngao), une étendue de vase abritant une petite communauté d'ostréiculteurs. Il vous en coûtera 100 $US par bateau quel que soit le nombre de participants – vous devriez néanmoins pouvoir négocier un tarif moins élevé auprès des pilotes à l'embarcadère.

Où se loger
PETIT BUDGET
Thanh Binh Hotel (☎ 858 120 ; fax 858 906 ; 1 Đ Le Thanh Ton ; ch 60 000-130 000 d ; ✻). Hôtel vieillot, mais propre et bien tenu. Les petites chambres carrelées de bleu comprennent eau chaude et TV.

Phuong Hoang Hotel (☎ 858 270 ; 1 Đ Le Thanh Ton ; ch 50 000-176 000 d ; ✻). Les chambres, fermées par de fines portes en bambou, sont correctes malgré leur confort rudimentaire.

CATÉGORIE MOYENNE
Tra Vinh Palace Hotel (☎ 864 999 ; fax 863 005 ; 3 Đ Le Thanh Ton ; ch 17-26 $US ; ✻). C'est l'hôtel le plus agréable de Tra Vinh : décor rose, plantes vertes dans la cour et chambres impeccables, meublées en bois massif et dotées d'une sdb avec baignoire.

Cuu Long Hotel (☎ 862 615 ; cuulonghotel travinh@hcm.vnn.vn ; 999 Đ Nguyen Thi Minh Khai ; ch/ste 20/35 $US ; ✻). Prestations habituelles dans cette catégorie : outre un balcon, un réfrig. et une TV, les chambres arborent de jolis meubles en bois et des éléments en bambou. Les suites gigantesques possèdent une sdb avec baignoire.

Thanh Tra Hotel (☎ 853 621 ; fax 853 769 ; 1 Ð Pham Thai Buong ; ch 13-27 $US ; ✪). La plupart des groupes choisissent de descendre dans cet établissement vaste et central, aux chambres propres, confortables et spacieuses. Billard au 1er étage.

Où se restaurer

Phuong Nam (☎ 853 511 ; Ð Chau Van Tiep ; plats 12 000 d). Excellents plats mijotés et grillades.

Viet Hoa (☎ 863 046 ; 80 Ð Tran Phu ; plats 10 000 d). Ce restaurant tenu par une sympathique famille chinoise est l'un des meilleurs de la ville.

Vi Huong (Ð Phan Dinh Phung ; plats 10 000 d). Une enseigne très bon marché, servant des plats simples.

Tuy Huong (☎ 858 312 ; Ð Pham Thai Buong ; plats 9000 d). Autre bon restaurant vietnamien.

Depuis/vers Tra Vinh

Tra Vinh se trouve à 65 km de Vinh Long et 205 km de HCMV. Pour s'y rendre en bus, Vinh Long et Can Tho sont les points de départ logiques. La gare routière interurbaine de Tra Vinh se trouve Ð Nguyen Dang, au sud.

ENVIRONS DE TRA VINH
Chua Co

Ce monastère khmer abrite une réserve ornithologique : au crépuscule, plusieurs espèces de cigognes et d'ibis se rassemblent en grand nombre pour y passer la nuit. Prenez garde aux nids.

Chua Co se trouve à 43 km de Tra Vinh. Allez d'abord jusqu'à Tra Cu, située à 36 km de Tra Vinh, puis suivez sur 7 km le chemin menant au monastère.

Luu Cu

Au sud de Tra Vinh, près des berges du Hau Giang, subsistent quelques **vestiges** où les fouilles archéologiques ont mis au jour des fondations en brique rappelant celles des temples cham. Ce site est à 10 km de Tra Cu, elle-même distante de 36 km de Tra Vinh.

Plage de Ba Dong

Cette plage de sable ocre, d'une rare tranquillité, est plutôt agréable comparée aux autres "plages" du delta. **Tra Vinh Tourist** (☎ 862 559) possède ici un restaurant et des

---

> ### L'INDOCHINE
> ### DE MARGUERITE DURAS
>
> Marguerite Duras (1914-1996) est née à Gia Dinh, près de Saigon, dans une famille d'enseignants qui firent carrière en Indochine (elle s'appelle alors Donnadieu, un nom qu'elle changea plus tard pour celui de Duras). À la mort de son père, en 1918, sa mère décide de rester en Indochine, avec ses deux fils et sa fille. Elle dirige un temps l'école des filles de Sa Dec. Certains disent que c'est dans cette ville que la jeune Marguerite rencontra le jeune Chinois qui lui inspira *L'Amant*. La maison qu'elle habita à Sa Dec appartient désormais à l'administration et ne se visite pas.
>
> C'est dans *Un Barrage contre le Pacifique* (1950) que Duras évoque son enfance et son adolescence en Indochine, un récit dominée par la forte personnalité de sa mère. Deux ouvrages plus tardifs, récits de désir et de douleur, *L'Amant* (prix Goncourt 1984) et *L'Amant de la Chine du Nord* (1991) – un "remake" du précédent –, reviennent à la colonie française des années 1930.
>
> Le film de Jean-Jacques Annaud, *L'Amant* (1991), tourné à Sa Dec, a soulevé une controverse. Duras aurait renié cette adaptation, taxée de trahison et de démagogie.

bungalows sans prétention (comptez 5 $US pour un hébergement).

Pour rejoindre la plage depuis Tra Vinh, faites 50 km sur la route pavée menant à Duyen Hai, puis roulez 12 km le long d'une piste accidentée.

SA DEC
☎ 067 / 101 800 hab.

Célèbre depuis le tournage de *L'Amant*, un film inspiré du roman de Marguerite Duras (voir l'encadré), Sa Dec est l'ancienne capitale de la province de Dong Thap. Du marché en plein air, vous apercevrez de l'autre côté du fleuve deux des villas françaises qui servirent de cadre dans le film.

Sa Dec est réputée pour ses nombreuses pépinières de fleurs et de bonsaïs. Les fleurs sont cueillies presque tous les jours et acheminées vers HCMV. Ces pépinières attirent beaucoup de touristes vietnamiens, notamment pendant les fêtes du Têt.

Renseignements

Vous trouverez un **accès Internet** (☎ 862 010 ;
Đ Hung Vuong) à côté de la **poste** (angle Đ Hung Vuong
et Quoc Lo 80). La RN 80 devient Đ Nguyen
Sinh Sac en traversant la ville.

À voir

PAGODE HUONG TU

La **pagode Huong Tu** (Chua Co Huong Tu) a
été édifiée dans le style chinois classique.
Trônant sur son piédestal, la statue de Quan
The Am Bo Tat illumine le parc de sa blan-
cheur immaculée. Ne confondez pas cette
pagode avec celle de Buu Quang, adjacente,
dont le cachet est moindre.

PÉPINIÈRES

Ouvertes toute l'année, les **pépinières** (Vuon
Hoa ; ☯ 8h-11h et 13h-17h) se retrouvent quasiment dépouillées de toutes leurs fleurs avant
la fête du Têt. Les photos sont autorisées,
mais ne cueillez que les fleurs que vous
comptez acheter.

Elles sont la propriété de plusieurs
jardiniers, chacun possédant sa spécialité
propre. Le jardin le plus célèbre est la
roseraie Tu Ton (Vuon Hong Tu Ton ; ☯ 8h-11h et
13h-17h), qui recèle plus de 500 variétés de
roses d'une cinquantaine de couleurs et de
nuances différentes.

STATUE DE L'ONCLE HO

Sa Dec possède sa statue de l'oncle Ho
(Tuong Bac Ho) : pourtant, c'est son père, et
non lui, qui y vécut. Elle se dresse quelques
kilomètres vers l'est, sur la route menant
aux pépinières.

Où se loger

Très peu d'étrangers passent la nuit à Sa
Dec, plus attirés par les villes voisines de
Cao Lanh, Long Xuyen et Vinh Long.
Vous n'y trouverez en effet rien de bien
extraordinaire mais y passerez une soirée
tout à fait agréable.

Sa Dec Hotel (☎ 861 430 ; fax 862 828 ; 108/5A
Đ Hung Vuong ; ch 8-18 $US ; ✂). Chambres
confortables avec balcon, baignoire et eau
chaude.

Hotel Phuong Nam (☎ 867 867 ; phuongnam384
@yahoo.com ; 384A Đ Nguyen Sinh Sac ; s/d 100 000/
150 000 d ; ✂). Son parquet et son atmosphère
tranquille en font un lieu à part. Les sdb,
quoique très propres, sentent parfois le
moisi.

Bong Hong Hotel (☎ 868 288 ; fax 868 289 ; 251A
Đ Nguyen Sinh Sac ; ch et ste 6-16 $US ; ✂). Ce nouvel
hôtel renferme des chambres avec réfrig.,
baignoire, téléphone et TV.

Nguyen Phong Guesthouse (☎ 866 515 ; 1/A2
Đ Tran Hung Dao ; s et d 120 000 d ; ✂). Cette pension sommaire mais bien tenue propose
l'hébergement le moins cher de la ville. Les
chambres ont l'eau chaude et la TV.

Où se restaurer

Chanh Ky (☎ 864 065 ; 192 Đ Nguyen Sinh Sac ; plats
15 000 d). Plats à base de riz, *chao* et bonnes
soupes de nouilles comme le *mi quang*.

Com Thuy (☎ 861 644 ; 439 Đ Hung Vuong ; plats
15 000 d). Bons repas en compagnie des poissons du grand aquarium.

Quan Com Cay Sung (☎ 861 749 ; 437 Ð Hung Vuong ; plats 15 000 d). Ce voisin du précédent concocte une cuisine convenable.

Quelques **échoppes de soupes de nouilles** (environ 5 000 d) bordent Ð Hung Vuong.

Depuis/vers Sa Dec
À mi-chemin entre Vinh Long et Long Xuyen, Sa Dec est desservi par des bus et des minibus.

CAO LANH
☎ 067 / 139 100 hab.
Cette ville nouvelle a surgi de la jungle et des marécages du delta du Mékong. Érigée en capitale de la province de Dong Thap, elle semble promise à un certain avenir. Les principales attractions de cette région sont les promenades en bateau vers les réserves ornithologiques et la forêt de Rung Tram.

Renseignements
Dong Thap Tourist (☎ /fax 855 637 ; dothatour@hcm. vnn.vn ; 2 Ð Doc Binh Kieu) vous sera précieux : c'est le meilleur endroit des environs pour se renseigner sur les promenades en bateau. Son

annexe (☎ 821054) organise des promenades en bateau qui partent de l'embarcadère du village de My Hiep.

Vous pourrez vous connecter à **Internet** (15 000 d/heure) au Xuan Mai Hotel (p. 420). La **poste** se trouve au 85 Ð Nguyen Hue. Il est possible de changer des devises à l'**Incombank** (☎ 822 030 ; Ð Nguyen Hue) ou à la **Banque d'État du Vietnam** (☎ 852 198 ; 50 Ð Ly Thuong Kiet).

À voir
MUSÉE DE DONG THAP
Le **musée de Dong Thap** (entrée libre ; ☺ 7h-11h et 13-16h), très bien conçu, est le plus intéressant du delta. Au rez-de-chaussée est contée l'histoire anthropologique de la province, à l'aide d'outils, de sculptures, de maquettes de maisons traditionnelles et de quelques animaux empaillés. Le 1ᵉʳ étage est consacré à l'histoire militaire du pays et, bien entendu, à celle de Ho Chi Minh. Toutes les explications sont en vietnamien.

MONUMENT AUX MORTS
Situé en retrait de la RN 30, à l'extrémité est de la ville, ce monument (Dai Liet Si) est un

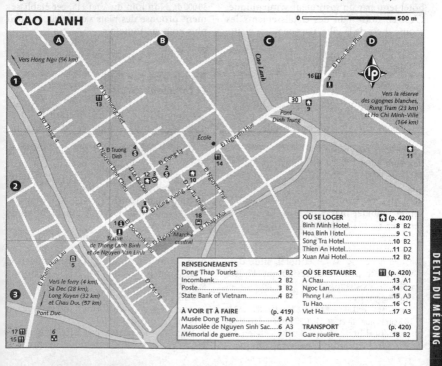

CAO LANH

0 — 500 m

Vers Hong Ngu (56 km)

Cao Lanh

Ð Dien Bien Phu

Vers la réserve des cigognes blanches, Rung Tram (23 km) et Ho Chi Minh-Ville (164 km)

Pont Dinh Trung

École

Ð Nguyen Hue

Ð 30 Thang 4

Ð Ly Thuong Kiet

Ð Truong Dinh

Ð Nguyen Dinh Chieu

Ð Cong Ly

Ð Ly Thai To

Ð Hung Vuong

Ð Nguyen Tri

Ð Nguyen Du

Ð Thap Moi

Ð Doc Binh Kieu

Marché central

Statue de Thong Lanh Binh et de Nguyen Van Linh

Ð Pham Huu Lau

Vers le ferry (4 km), Sa Dec (28 km), Long Xuyen (32 km) et Chau Duc (57 km)

Pont Duc

Ð CMT 8

RENSEIGNEMENTS	
Dong Thap Tourist	1 B2
Incombank	2 B2
Poste	3 B2
State Bank of Vietnam	4 B2

À VOIR ET À FAIRE	(p. 419)
Musée Dong Thap	5 A3
Mausolée de Nguyen Sinh Sac	6 A3
Mémorial de guerre	7 D1

OÙ SE LOGER	(p. 420)
Binh Minh Hotel	8 B2
Hoa Binh Hotel	9 C1
Song Tra Hotel	10 B2
Thien An Hotel	11 D2
Xuan Mai Hotel	12 B2

OÙ SE RESTAURER	(p. 420)
A Chau	13 A1
Ngoc Lan	14 C2
Phong Lan	15 A3
Tu Hao	16 C1
Viet Ha	17 A3

TRANSPORT	(p. 420)
Gare routière	18 B2

bon repère. Sa construction dura sept ans, de 1977 à 1984. La forme de ce chef-d'œuvre de la sculpture socialiste est celle d'une vaste palourde, qu'orne une grande étoile vietnamienne côtoyant la faucille et le marteau. En façade figurent plusieurs statues en béton de paysans et de soldats victorieux, brandissant des armes et levant le poing. Le parc abrite les sépultures de plus de 3 000 soldats vietcong morts au combat.

MAUSOLÉE DE NGUYEN SINH SAC

Ici repose Nguyen Sinh Sac (1862-1929), père de Ho Chi Minh. Son **mausolée** (Lang Cu Nguyen Sinh Sac) occupe un hectare à 1 km au sud-ouest de Cao Lanh.

Bien que de nombreuses plaques (en vietnamien) et brochures touristiques vantent ses mérites révolutionnaires, il est peu probable qu'il ait été impliqué dans la lutte anticolonialiste contre les Français.

Où se loger
PETIT BUDGET
Binh Minh Hotel (☎ 853 423 ; 157 Đ Hung Vuong ; ch 3-8 $US ; 🌫). Nous vous recommandons cet hôtel tenu par un instituteur sympathique. C'est en outre l'un des établissements les moins chers de la ville. Lors de notre visite, plusieurs chambres étaient en chantier. Les sdb n'ont que des toilettes à la turque.

Thien An Hotel (☎ 853 041 ; 177 Quoc Lo 30 ; ch 10 $US ; 🌫). À 500 m du monument aux morts se dresse cet établissement offrant un bon rapport qualité/prix. Quelques chambres donnent sur le Mékong ; toutes possèdent une sdb avec eau chaude.

CATÉGORIE MOYENNE
Hoa Binh Hotel (☎ 851 469 ; fax 851 218 ; Quoc Lo 30 ; ch/ste 15/20 $US ; 🌫). Face au monument aux morts, cette adresse, la plus luxueuse de toutes, renferme des chambres avec TV sat. et mobilier massif en bois. Essayez de réserver dans l'agréable villa érigée à l'arrière, près du bar en plein air.

Xuan Mai Hotel (☎ 852 852 ; fax 856 776 ; 33 Đ Le Qui Don ; d 16-20 $US ; 🌫 💻). Cet hôtel, situé derrière la poste, possède un restaurant. Toutes les chambres disposent de l'eau chaude et d'une baignoire.

Song Tra Hotel (☎ 852 624 ; fax 852 623 ; 178 Đ Nguyen Hue ; ch et ste 14-20 $US ; 🌫). Un établissement d'État, équipé d'un ascenseur et de TV sat. Le personnel est sympathique.

Où se restaurer
Vous pourrez déguster ici les rats de rizière (*chuot dong*), qui font la réputation culinaire de cette localité.

A Chau (☎ 852 202 ; 105B Đ Ly Thuong Kiet ; plats 15 000-40 000 d). Ce restaurant est spécialisé dans les *banh xeo*, crêpes sautées que l'on roule avant de les tremper dans une sauce de poisson. La fondue de chèvre (*lau de*) est également délicieuse.

Tu Hao (☎ 852 589 ; Đ Dien Bien Phu ; plats 25 000-45 000 d). Ce petit restaurant sert toutes sortes de grillades, notamment des rats de rizière et de leurs prédateurs les serpents, ainsi que des rouleaux de printemps tout frais (*cuon banh trang*).

Ngoc Lan (☎ 851 498 ; 208 Đ Nguyen Hue ; plats 15 000 d). Ne manquez pas cette adresse si vous êtes en quête de saveurs locales : que diriez-vous d'un émincé de grenouille, ou d'un bon plat d'"entrailles crues" ?

Viet Ha (☎ 851 639 ; 206 Đ Pham Huu Lau ; plats 20 000 d). Ce restaurant excellent se dresse sur la route menant à l'embarcadère, juste au sud du pont Duc.

Phong Lan (Jardin d'orchidées ; ☎ 851 294 ; plats 30 000 d). Non loin du Viet Ha, cet établissement propose des plats savoureux, un peu plus coûteux toutefois.

Les restaurants des hôtels Song Tra et Hoa Binh préparent une cuisine correcte.

Depuis/vers Cao Lanh et comment circuler
Le trajet entre Cao Lanh et Long Xuyen est magnifique. Les bus n'étant pas fréquents, le plus simple est de louer un véhicule.

Pour visiter les sites de Cao Lanh, le mieux est de louer un bateau. On peut négocier directement avec le propriétaire. Il est cependant plus pratique de s'adresser à Dong Thap Tourist (p. 419), qui pratique des prix raisonnables et offre un grand choix d'excursions.

Les formules de croisière sont trop nombreuses pour être énumérées. Comptez en gros, pour un circuit d'une demi-journée, tous transports inclus, 2 $US/personne sur la base d'un groupe de 15 passagers et 5 $US/personne pour un groupe de 5 personnes. Essayez de former un groupe en faisant le tour des hôtels.

Si vous ne partez pas directement de HCMV, il est plus commode de prendre un bus au départ de My Tho, de Can Tho ou de Vinh Long.

ENVIRONS DE CAO LANH
Réserve des cigognes blanches

Cette réserve ornithologique de 2 ha, au nord-est de Cao Lanh (Vuon Co Thap Muoi), accueille d'innombrables cigognes blanches qui ne semblent pas craindre les paysans des environs. Juchée sur le dos d'un buffle d'eau, la cigogne blanche symbolise véritablement le Mékong.

Elles ont pris l'habitude de la compagnie humaine, et vous les repérerez facilement lorsqu'elles se nourrissent dans les mangroves et les forêts de bambous. Elles vivent en couples et ne migrent plus aux changements de saison. Leur alimentation se compose de crabes d'eau douce et autres friandises qu'elles pêchent dans les canaux.

Aucune route ne conduit à la réserve : on s'y rend en bateau. Dong Thap Tourist (p. 419) propose des excursions, mais rien ne vous empêche de louer vous-même une embarcation moyennant 25 \$US/heure (50 minutes). À bord d'un bateau moins rapide, l'aller-retour prend 3 heures et revient à 4 \$US/personne pour un groupe de 20 passagers. À la saison sèche, il faut programmer l'excursion en fonction des deux marées quotidiennes, les canaux étant impraticables à marée basse.

La visite de la forêt de Rung Tram est une étape habituelle dans ce circuit.

Forêt de Rung Tram

Au sud-est de Cao Lanh, près du village de My Long, s'étendent les 46 ha de la forêt de Rung Tram. Ce vaste marécage, qu'abrite un épais manteau de grands arbres et de plantes grimpantes, est l'une des dernières forêts naturelles du delta du Mékong. Ce lieu aurait sans doute été transformé en rizière s'il n'était si chargé d'histoire : pendant la guerre du Vietnam, en effet, les soldats vietcong y avaient installé une base appelée Xeo Quit.

À 2 km à peine d'une base militaire américaine, une dizaine de généraux vietcong dirigeaient les opérations. Les Américains ne se sont jamais doutés que l'ennemi était si proche. Régulièrement arrosée de bombes, cette forêt les intriguait, mais les forces vietcong demeuraient à l'abri de leurs bunkers.

On accède à cette forêt par bateau, de préférence, et la plupart des touristes en profitent pour visiter la réserve des cigognes blanches. En vedette, le trajet de Cao Lanh à la forêt de Rung Tram ne prend que quelques minutes, mais il faut compter environ 30 minutes (en fonction de la marée) avec un bateau plus lent. Si vous voyagez en voiture ou à moto, il est désormais possible d'y accéder par la route.

Prenez garde aux énormes fourmis rouges : elles sont lestes et redoutables !

Réserve naturelle de Tram Chim

Située à Tam Nong (province de Dong Thap), au nord de Cao Lanh, la réserve naturelle nationale de Tram Chim (Tram Chim Tam Nong) abrite de nombreuses **grues** (*Grus antigone sharpii*). On en a identifié ici plus de 220 espèces, notamment les hérons à tête rouge, rares et de grand intérêt pour les ornithologues, et dont la taille peut dépasser 1,50 m.

Les oiseaux nichent ici de décembre à juin ; de juillet à novembre, ils migrent au Cambodge. L'aube est bien sûr le meilleur moment pour les observer, mais on peut les entrevoir lorsqu'ils regagnent leur nid. Dans la journée, en revanche, ils se consacrent à la recherche de nourriture.

Apercevoir ces oiseaux demande quelques efforts ! Il faudra vous lever dès 4h30 et cheminer dans l'obscurité le long d'une route de terre. Il semble préférable de passer la nuit dans la pension d'État de Tam Nong, qui se trouve beaucoup plus près de leurs habitats.

Tam Nong est une ville somnolente à 45 km de Cao Lanh ; prévoyez 1 heure 30 en voiture. Par voie d'eau, le trajet prend 1 heure en vedette (25 \$US/heure). Dong Thap Tourist (p. 419) affrète des bateaux plus lents (4 heures) pouvant accueillir 20 passagers (4 \$US/personne). Pour atteindre le secteur où nichent les hérons, comptez 1 heure supplémentaire à bord d'une petite embarcation (15 \$US/heure), plus le temps d'observation des oiseaux à la jumelle (pensez à prendre les vôtres), puis le retour.

Juste avant le pont menant au centre-ville se trouve la **pension d'État** (ch avec ventil 10 \$US) : lors de notre visite, nous l'avons trouvée en très mauvais état et infestée de punaises.

Si vous souhaitez y loger, armez-vous d'un bon insecticide !

Les boutiques ferment tôt à Tam Nong : si vous voulez dîner, prenez vos dispositions avant 17h. Après le coucher du soleil, les moustiques sont légion ; n'oubliez pas de vous en protéger.

Le **Phuong Chi** (☎ 827 230 ; 537 Thi Tran Tram Chim) est un bon restaurant situé dans le centre, près du marché. Sur réservation, et moyennant un supplément, on pourra vous servir plus tard dans la soirée.

CAN THO

☎ 071 / 330 100 hab.

Capitale de la province du même nom et première agglomération de la région, Can Tho est le centre politique, économique et culturel du delta du Mékong, ainsi que le carrefour des moyens de transport. L'industrie locale repose essentiellement sur les moulins à riz.

Cette ville accueillante et trépidante est reliée aux autres agglomérations du delta par une véritable toile de canaux et de rivières, atout touristique majeur de Can Tho au même titre que les "marchés flottants" hauts en couleurs qui l'entourent. Les tarifs des excursions sont très abordables.

Renseignements
ACCÈS INTERNET
Nu Hoang Internet Service (☎ 821 531 ; 9 Ð Chau Van Liem ; ☯ 7h30-23h30)

AGENCES DE VOYAGES
Can Tho Tourist (☎ 821 852 ; fax 822 719 ; 20 Ð Hai Ba Trung ; ☯ 7h-17h et 18h-20h). Le personnel de l'organisme touristique officiel de la province, très avenant, parle français (entre autres langues).

Vietnam Airlines (☎ 824 088) possède un guichet de réservation à l'office du tourisme de Can Tho.

ARGENT
Indovina Bank (☎ 827 368 ; fax 827 361 ; 59A Ð Phan Dinh Phung). Change les devises.
Sacombank (☎ 810 519 ; fax 810 523 ; 13A Ð Phan Dinh Phung) . Avances de liquide sur présentation de la carte de crédit.
Vietcombank (Ngan Hang Ngoai Thuong Viet Nam ; ☎ 820 445 ; fax 820 694 ; 7 Ð L Hoa Binh). Change les devises et dispose d'un DAB.

POSTE
Poste (2 Ð L Hoa Binh)

URGENCES
Hôpital (Khoa Khan Benh ; ☎ 820 071 ; 4 Ð Chau Van Liem)

À voir
PAGODE MUNIRANGSYARAM
La décoration de cette **pagode** (36 Ð L Hoa Binh) est tout à fait typique des pagodes bouddhiques hinayana de style khmer : les multiples bodhisattvas et esprits taoïstes, si courants dans les pagodes vietnamiennes mahayana, en sont absents. Le sanctuaire situé à l'étage abrite une statue (1,50 m de haut) de Sid-dhartha Gautama, le Bouddha historique, assis sereinement sous un arbre bodhi (banian sacré). Cette pagode, édifiée en 1946, est fréquentée par les quelque 2 000 Khmers de Can Tho. Les bonzes khmers y officient tous les jours.

PAGODE DE LA CONGRÉGATION CANTONAISE
Cette petite **pagode chinoise** (Quan Cong Hoi Quan ; Ð Hai Ba Trung) fut bâtie sur un site splendide, face à la rivière, grâce aux fonds envoyés par la Congrégation cantonaise, en remplacement d'un autre édifice érigé il y a 70 ans. Can Tho abritait auparavant une importante communauté chinoise, dont la plupart des membres ont fui les persécutions antichinoises de 1978-1979.

MARCHÉ CENTRAL
Il longe Ð Hai Ba Trung. De nombreux grossistes et cultivateurs des environs s'y rendent en bateau pour vendre leur production ou acheter des marchandises. Le marché aux fruits, près de l'intersection entre Ð Hai Ba Trung et Ð Ngo Quyen, est particulièrement intéressant et reste ouvert très tard dans la soirée.

MUSÉE HO CHI MINH
C'est le seul **musée** (☎ 823 591 ; fax 822 581 ; 6 Ð L Hoa Binh ; entrée libre ; ☯ 8h-11h et 14h-16h30 mar-sam) du delta du Mékong qui soit consacré à Ho Chi Minh, et ce choix reste d'ailleurs un mystère dans la mesure où Ho Chi Minh ne résida jamais ici. Proche de la poste principale, il donne sur une cour close. Il était fermé lors de notre visite, mais la cour reste accessible.

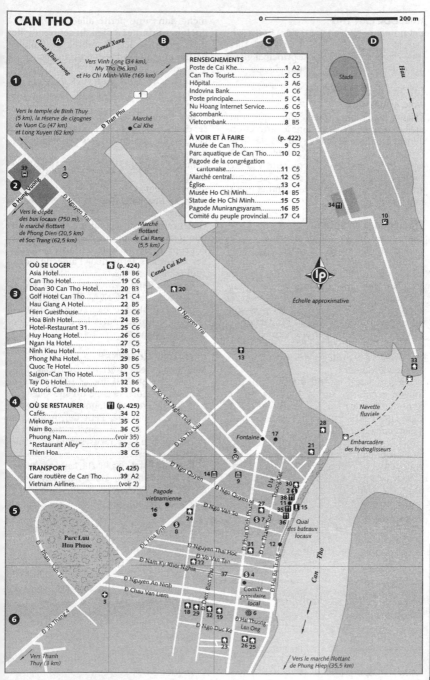

CAN THO

0 — 200 m

RENSEIGNEMENTS
Poste de Cai Khe.........................**1** A2
Can Tho Tourist.........................**2** C5
Hôpital.........................**3** A6
Indovina Bank.........................**4** C6
Poste principale.........................**5** C4
Nu Hoang Internet Service.........................**6** C6
Sacombank.........................**7** C5
Vietcombank.........................**8** B5

À VOIR ET À FAIRE (p. 422)
Musée de Can Tho.........................**9** C5
Parc aquatique de Can Tho.......**10** D2
Pagode de la congrégation
  cantonaise.........................**11** C5
Marché central.........................**12** C5
Église.........................**13** C4
Musée Ho Chi Minh.........................**14** B5
Statue de Ho Chi Minh.........................**15** C5
Pagode Munirangsyaram.........................**16** B5
Comité du peuple provincial.......**17** C4

OÙ SE LOGER (p. 424)
Asia Hotel.........................**18** B6
Can Tho Hotel.........................**19** C6
Doan 30 Can Tho Hotel.........................**20** B3
Golf Hotel Can Tho.........................**21** C4
Hau Giang A Hotel.........................**22** B5
Hien Guesthouse.........................**23** C6
Hoa Binh Hotel.........................**24** B5
Hotel-Restaurant 31.........................**25** C6
Huy Hoang Hotel.........................**26** C6
Ngan Ha Hotel.........................**27** C5
Ninh Kieu Hotel.........................**28** D4
Phong Nha Hotel.........................**29** B6
Quoc Te Hotel.........................**30** C5
Saigon-Can Tho Hotel.........................**31** C5
Tay Do Hotel.........................**32** B6
Victoria Can Tho Hotel.........................**33** D4

OÙ SE RESTAURER (p. 425)
Cafés.........................**34** D2
Mekong.........................**35** C5
Nam Bo.........................**36** C5
Phuong Nam.........................(voir 35)
"Restaurant Alley".........................**37** C6
Thien Hoa.........................**38** C5

TRANSPORT (p. 425)
Gare routière de Can Tho.........**39** A2
Vietnam Airlines.........................(voir 2)

Échelle approximative

Vers Vinh Long (34 km),
My Tho (96 km)
et Ho Chi Minh-Ville (165 km)

Vers le temple de Binh Thuy
(5 km), la réserve de cigognes
de Vuon Co (47 km)
et Long Xuyen (62 km)

Vers le dépôt
des bus locaux (750 m),
le marché flottant
de Phong Dien (20,5 km)
et Soc Trang (62,5 km)

Marché
flottant
de Cai Rang
(5,5 km)

Navette
fluviale

Embarcadère
des hydroglisseurs

Quai
des bateaux
locaux

Pagode
vietnamienne

Fontaine

Comité
populaire
local

Parc Luu
Huu Phuoc

Vers Thanh
Thuy (3 km)

Vers le marché flottant
de Phung Hiep (35,5 km)

Canal Khai Luong
Canal Xang
Đ Tran Phu
Marché
Cai Khe
Đ Hung Vuong
Đ Nguyen Trai
Canal Cai Khe
Đ Nguyen Trai
Đ Xo Viet Nghe Tinh
Đ Vo Thi Sau
Đ Ngo Quyen
Đ Ngo Quyen
Đ Ngo Van So
Đ Hoa Binh
Đ Phan Dinh Phung
Đ Dien Bien Phu
Đ Nguyen Thai Hoc
Đ Vo Van Tan
Đ Nam Ky Khoi Nghia
Đ Nguyen An Ninh
Đ Chau Van Liem
Đ 30 Thang 4
Đ Phan Van Tri
Đ Ngo Duc Ke
Đ Hai Thuong Lan Ong
Đ Hai Ba Trung
Đ Ly Tu Trong
Can Tho
Hau
Stade

DELTA DU MÉKONG

MUSÉE DE CAN THO

Cet immense **musée** (☎ 813 890 ; 1 Đ L Hoa Binh ; entrée libre ; ☾ 8h-11h et 14h-17h mar-jeu ; 8h-11h et 18h30-21h sam, dim et fêtes) expose principalement des œuvres relatives à l'histoire locale.

Can Tho pour les enfants
PARC AQUATIQUE

Laissez les enfants (ou l'enfant qui sommeille en vous) s'ébattre dans les attractions du **parc aquatique de Can Tho** (☎ 763 373 ; fax 761 730 ; Cai Khe ; adulte/enfant 40 000/25 000 d ; ☾ 9h-18h lun-ven, 8h-19h sam et dim) : ils pourront y glisser sur les toboggans ou lutter contre les vagues artificielles. Gratuit pour les enfants mesurant moins de 0,80 m.

Promenades en bateau

Quoi de mieux ici que de naviguer sur les canaux et aller visiter un marché flottant ? Comptez environ 3 \$US/heure pour la location d'un petit bateau à rames de 2 ou 3 places, que l'on vous proposera le long des quais, près du marché. Si vous réservez auprès de Can Tho Tourist, les prix sont difficilement négociables. La plupart de ces bateaux sont pilotés par des femmes.

Munissez-vous de votre appareil photo – et pensez à le protéger des aspersions des bateaux à moteur !

Un gros bateau motorisé permet une plus longue excursion sur le Mékong même. Renseignez-vous sur les tarifs auprès de Can Tho Tourist, puis allez faire un tour à l'embarcadère situé à côté du Ninh Kieu Hotel. Un circuit de 3 heures sur les canaux, avec visite du marché flottant de Cai Rang, vous coûtera environ 120 000 d sur un petit bateau (jusqu'à 4 passagers) ou 150 000 d pour un grand (5-12 passagers). Le prix d'une croisière de 5 heures au marché flottant de Phong Dien (1-10 personnes) revient à environ 200 000 d. N'oubliez pas de marchander.

Pour plus de détails sur les marchés flottants de la région, voir p. 426.

Où se loger

Can Tho offre les meilleures formules d'hébergement du delta.

PETIT BUDGET

Hien Guesthouse (☎ 812 718 ; hien_gh@yahoo. com ; 118/10 Đ Phan Dinh Phung ; ch 4-10 \$US ; ☒). Cette pension familiale et accueillante se niche dans une petite allée tranquille, à quelques minutes à pied du centre. Petites mais propres, les chambres de l'ancien bâtiment sont équipées d'un matelas posé à même le sol ; les nouvelles chambres, en revanche, sont pourvues de vrais lits. Vous pourrez y louer une bonne moto (5 \$US/jour).

Huy Hoang Hotel (☎ 825 833 ; 35 Đ Ngo Duc Ke ; ch 80 000-150 000 d ; ☒). Établissement en centre-ville, également très prisé dans cette catégorie.

Hotel-Restaurant 31 (☎ 825 287 ; 31 Đ Ngo Duc Ke ; ch 70 000-150 000 d ; ☒). Une adresse très propre du précédent et un excellent restaurant.

Phong Nha Hotel (☎ 821 615 ; 75 Đ Chau Van Liem ; ch 60 000-150 000 d ; ☒). Bon marché et chaleureux, familial et intime, le Phong Nha donne toutefois sur une rue très bruyante et la propreté de ses toilettes laisse à désirer. Ses chambres ferment à l'aide de portes coulissantes en bois.

Ngan Ha Hotel (☎ 821 024 ; fax 813 396 ; 39-41 Đ Ngo Quyen ; ch 70 000-200 000 d, avec petit déj ; ☒). Un hôtel ensoleillé et bien situé, avec un seul bémol : le bruit. Toutes les chambres sont avec eau chaude.

CATÉGORIE MOYENNE

Ninh Kieu Hotel (☎ 821 171 ; fax 821 104 ; 2 Đ Hai Ba Trung ; ch et ste 25-35 \$US ; ☒). Propriété de l'armée, cet hôtel occupe un site splendide face au fleuve. Ses chambres comportent balcon et moquette. Petit déj inclus. Une nouvelle aile était en construction lors de notre passage ; ses tarifs seront probablement plus élevés.

Hoa Binh Hotel (☎ 810 218 ; hoabinhct@hcm.vnn. vn ; 5 Đ L Hoa Binh ; ch 18-31 \$US, ste 52 \$US, avec petit déj ; ☒ ▢).Les chambres, avec moquette et mobilier élégant, disposent d'une ligne de téléphone internationale et de la TV sat. C'est l'un des meilleurs rapports qualité/prix dans sa catégorie.

Saigon-Can Tho Hotel (☎ 825 831 ; www. saigon-cantho.com ; 55 Đ Phan Dinh Phung ; ch 38-50 \$US, avec petit déj ; ☒ ▢). Ce trois-étoiles abrite un restaurant, un salon de massage, un sauna et un karaoké.

Tay Do Hotel (☎ 827 009 ; taydoct@hcm.vnn.vn ; 61 Đ Chau Van Liem ; ch 27-35 \$US ; ☒). Hall d'entrée étincelant, salon de massage et sauna. Les chambres sont équipées de la TV sat. ; celles qui donnent sur l'arrière sont plus calmes et moins chères.

Doan 30 Can Tho Hotel (☎ 823 623 ; fax 811 140 ; 80A Đ Nguyen Trai ; ch et ste 10-30 $US, avec petit déj ; ✖). Propriété de l'armée, cet établissement au nord de la ville compte quelques chambres, avec balcon donnant sur le fleuve et de grandes sdb. Un café en terrasse est installé sur la berge.

Quoc Te Hotel (International Hotel ; ☎ 822 080 ; ksquocte-ct@hcm.vnn.vn ; 12 Đ Hai Ba Trung ; ch et ste 17-71 $US, avec petit déj ; ✖). Toutes les chambres sont moquettées. Si les suites commencent à accuser leur âge, elles s'ouvrent sur une très belle vue sur le Mékong. Les chambres les moins chères sont lugubres et ne valent pas le prix demandé.

Parmi les autres hôtels de catégorie moyenne, citons :

Asia Hotel (Khach San A Chau ; ☎ 812 800 ; asiahotel@hcm.vnn.vn ; 91 Đ Chau Van Liem ; ch 20-28 $US, avec petit déj ; ✖). Un beau bâtiment, doté de grands balcons.

Can Tho Hotel (☎ 811 770 ; fax 820 356 ; 41 Đ Chau Van Liem ; ch 16-25 $US ; ✖). Un choix moins intéressant que le précédent, malgré un équipement digne de sa catégorie.

Hau Giang A Hotel (☎ 821 851 ; fax 821 139 ; 34-36 Đ Nam Ky Khoi Nghia ; ✖). Un hôtel-restaurant propre et confortable, avec toutes les prestations d'usage (dont un ascenseur).

CATÉGORIE SUPÉRIEURE

Victoria Can Tho Hotel (☎ 810 111 ; Cai Khe ; www.victoriahotels-asia.com ; ch 135-250 $US, avec petit déj ; ✖ 💻 🍴). Nec plus ultra en matière d'hébergement, ce charmant établissement installé sur la berge du fleuve propose des chambres donnant sur le jardin ou sur le Mékong, ainsi que 8 suites spacieuses. Les tarifs comprennent les taxes, le service et le petit déj. Il abrite deux bons restaurants, un bar en plein air, des courts de tennis et une piscine (accessible aux non-résidents moyennant 5 $US/jour). Un bateau effectue gratuitement la navette depuis l'autre rive. L'établissement organise des **croisières** (2 heures 30 ; 25 $US/pers) vers les hôtels de Chau Doc (escales possibles).

Golf Hotel Can Tho (☎ 812 210 ; golfcanthohtl@hcm.vnn.vn ; 2 Đ Hai Ba Trung ; ch 50-149 $US, ste 185-200 $US, avec petit déj ; ✖ 💻 🍴). Cette imposante tour clinquante, proche de la jetée de Ninh Kieu, loue des chambres aménagées avec goût. Des balcons des étages supérieurs, la vue est époustouflante. Vous trouverez ici une piscine, un club de remise en forme et un salon de beauté. Taxes, service et petit déj. inclus.

Où se restaurer

Le long du fleuve se dressent plusieurs cafés-restaurants où déguster des spécialités du Mékong (poissons, grenouilles et tortues) mais aussi les plats classiques du voyageur.

Nam Bo (☎ 823 908 ; nambo@hcm.vnn.vn ; 50 Đ Hai Ba Trung ; plats 25 000-50 000 d). Excellente cuisine européenne et vietnamienne, dans le cadre charmant d'une ancienne villa française restaurée avec soin. La terrasse à l'étage offre une vue imprenable sur le marché aux fruits.

Mekong (☎ 821 646 ; 38 Đ Hai Ba Trung ; plats 15 000-25 000 d). Un restaurant toujours bondé, servant de bons plats à prix raisonnables.

Phuong Nam (☎ 812 077 ; 48 Đ Hai Ba Trung ; plats 25 000 d). Une excellente cuisine à petits prix.

Il existe d'autres petits restaurants populaires au bord du fleuve, de l'autre côté de l'immense statue argentée de l'Oncle Ho.

Thien Hoa (☎ 821 942 ; 26 Đ Hai Ba Trung ; plats 15 000-25 000 d). La spécialité maison est le délicieux rouleau de printemps de Hué (*dac biet cha gio re*).

Thanh Thuy (☎ 840 207 ; 149 Đ 30 Thang 4 ; plats 20 000-40 000 d). Ce restaurant spécialisé dans la viande de chèvre est tenu par un ancien chef toulousain. Goûtez aux bons plats classiques, au curry de chèvre ou encore, si vous vous sentez l'esprit aventureux, à la fondue de scrotum de chèvre. Le Thanh Thuy se trouve à quelques kilomètres de la ville, après l'université : un panneau l'indique sur la gauche juste après le croisement avec Đ Tran Hoang Na. Pour environ 5 000 d, on y accède facilement à vélo ou en *xe loi* (voir la rubrique *Comment circuler*).

Allée des restaurants ("Restaurant Alley", Đ Nam Ky Khoi Nghia ; plats environ 15 000 d). Cet endroit est idéal pour échapper à l'agitation touristique des berges du Mékong : une douzaine de petits établissements est disséminée des deux côtés d'une rue située entre Đ Dien Bien Phu et Đ Phan Dinh Phung.

Depuis/vers Can Tho

BUS

Depuis HCMV, les bus desservant Can Tho partent de la gare routière de Mien Tay (p. 370 ; environ 30 000 d, 5 heures). Les minibus express font le même trajet et mettent à peu près le même temps.

La gare routière principale de Can Tho se trouve quant à elle à 1 km au nord, à l'angle de Đ Nguyen Trai et de Đ Tran Phu. Le dépôt de bus locaux, à 300 m au sud du croisement entre Đ 30 Thang 4 et Đ Mau Than, est pratique si l'on souhaite rejoindre Soc Trang ou le marché flottant de Phung Hiep.

VOITURE ET MOTO

En voiture ou à moto, comptez environ 4 heures pour le trajet Can Tho-HCMV par la RN 1. À Can Tho même, vous devrez prendre un ferry à Binh Minh ; il fonctionne entre 4h et 2h.

Pour vous rendre à l'embarcadère depuis ĐL Hoa Binh, à Can Tho, prenez Đ Nguyen Trai jusqu'à la gare routière principale, puis tournez à droite dans Đ Tran Phu.

Comment circuler

XE LOI

Propre au delta du Mékong, ce véhicule de fortune est le moyen de transport local le plus couramment utilisé : il consiste en une petite remorque à deux roues fixée à l'arrière d'une moto, sorte de cyclo motorisé. Le prix de la course en ville s'élève en moyenne à 3 000 d/personne (un *xe loi* peut transporter 2 passagers, parfois davantage), un peu plus si vous vous rendez dans des zones excentrées.

ENVIRONS DE CAN THO

Les **marchés flottants** sont l'un des grands attraits touristiques du delta. À la différence des marchés thaïlandais, où les petites embarcations en bois se faufilent dans d'étroits canaux, les marchés vietnamiens sont généralement installés à des endroits où le fleuve est large. Ils débutent pour la plupart tôt le matin, pour éviter la chaleur du milieu de journée : essayez de vous y rendre entre 6h et 8h. Il faut compter aussi avec les marées, car les plus grosses embarcations doivent souvent attendre que l'eau soit suffisamment haute pour circuler.

Du fait de l'amélioration de l'état des routes et de l'accès désormais facilité aux transports, publics ou privés, certains de ces petits marchés des zones rurales sont en voie de disparition. Les plus importants, toutefois, proches des zones urbaines, restent très actifs.

La province de Can Tho est réputée pour ses plantations de durians, de mangoustaniers et d'orangers. On accède facilement aux régions campagnardes à bicyclette ou en bateau.

Marché flottant de Cai Rang

Ce marché flottant, le plus grand du delta du Mékong, est à 6 km de Can Tho en direction de Soc Trang. Si certains des vendeurs restent jusqu'à midi, le marché bat son plein principalement jusqu'à 9h.

Il est visible depuis la route (le pont est un bon endroit d'où prendre des photos), mais mieux vaut y aller en bateau ; comptez 1 heure depuis le marché de Can Tho. Autre possibilité : prendre la route jusqu'à l'embarcadère de Cau Dau Sau (près du pont Dau Sau), à 10 minutes du marché.

Marché flottant de Phong Dien

Ce marché, à 20 km de Can Tho, est probablement le plus intéressant du delta, car on y voit moins de bateaux à moteur et plus de bateaux à rames. Moins fréquenté (et moins touristique) que celui de Cai Rang, il connaît son pic d'activité entre 6h et 8h. On s'y rend le plus souvent par la route.

Il est théoriquement possible d'y faire une rapide promenade en bateau, en visitant les petits canaux à l'aller et le marché flottant de Cai Rang au retour. Comptez 5 heures, en tout, au départ de Can Tho.

Marché flottant de Phung Hiep

Il y a peu de temps encore cette petite ville était surtout connue pour son incroyable marché aux serpents. En 1998, une nouvelle loi en a interdit la capture et la vente : la diminution de leur nombre dans les rizières avait fait proliférer les rats, qui dévastaient les récoltes. Les vendeurs de serpents travaillent donc désormais de façon clandestine. Les cages qui, jusqu'alors, étaient remplies de cobras et de pythons sont aujourd'hui vides, et Phung Hiep est redevenu un marché "normal", quoique non dénué d'intérêt. Il y a un petit marché flottant sous le pont, et l'on peut à cet endroit louer un bateau pour faire une promenade le long du fleuve.

Phung Hiep se trouve sur la RN 1, à 35 km de Can Tho en allant vers Soc Trang.

Jardin aux cigognes

La réserve de **Vuon Co** (2 000 d ; ☼ 5h-18h) occupe 1,3 ha entre Can Tho et Long Xuyen. De nombreux groupes en voyage organisé y font halte pour admirer, d'une haute plate-forme en bois, les milliers de cigognes. Les meilleurs moments pour l'observation courent de 5h à 6h du matin et de 16h à 18h.

Vuon Co se trouve dans le district de Thot Not, environ 15 km au sud-est de Long Xuyen. Si vous venez de Can Tho, guettez, en arrivant dans le hameau de Thoi An, le petit pont : vous verrez ensuite, du côté ouest de la route, un panneau portant les mots "Ap Von Hoa". La réserve n'est qu'à quelques kilomètres de la nationale. Il suffit de 30 minutes à pied pour l'atteindre, à moins de louer une moto-taxi (environ 5 000 d).

SOC TRANG
☎ 079 / 110 800 hab.

Capitale de la province du même nom, peuplée à 28% de Khmers, Soc Trang en elle-même n'a pas grand intérêt hormis ses impressionnants temples khmers. Il s'y déroule également, en décembre générale-ment, une fête haute en couleurs qui mérite vraiment le détour.

Soc Trang Tourist (☎ 821 498 ; www.soctrang tourism.com ; 131 Ð Nguyen Chi Thanh ; ◷ 8h-11h et 13h30-17h) jouxte le Phong Lan 2 Hotel. Son personnel est accueillant, mais ne parle que très peu anglais et n'a pas l'habitude des voyageurs indépendants.

La **poste** (☎ 820051) se trouve au 1 Ð L Tran Hung Dao.

À voir
PAGODE KH'LEANG

En regardant cette surprenante **pagode**, on se croirait au Cambodge, si ce n'était sa pein-ture orange. L'édifice d'origine, construit en bambou en 1533, fut remplacé en 1905 par une structure de béton. Sept fêtes religieuses rassemblent chaque année les habitants des provinces alentour. Même en dehors de ces manifestations, les Khmers viennent y déposer des offrandes et prier.

Plusieurs bonzes y résident encore. Elle héberge également plus de 150 novices, venus de toute la région du delta étudier à l'école bouddhiste, située juste en face. Vous serez accueilli à bras ouverts par les bonzes.

MUSÉE KHMER

Ce **musée** (Bao Tang Tinh Soc Trang ; ☎ 822 983 ; 23 Ð Nguyen Chi Thanh ; entrée libre ; ◷ 7h-11h et 13h-17h lun-ven), qui fait face à la pagode Kh'leang, traite de l'histoire et de la culture de la minorité khmère au Vietnam. C'est aussi un centre culturel où se déroulent des spectacles de danse et de musique tradition-nelles : renseignez-vous sur place pour les représentations ; en s'y prenant à l'avance, un spectacle peut être organisé à l'intention d'un groupe. Le musée est parfois fermé en semaine.

PAGODE D'ARGILE (CHUA DAT SET)

Le Buu Son Tu (temple de la Montagne précieuse) fut édifié il y a plus de deux siècles par une famille chinoise, les Ngo. Aujourd'hui, on l'appelle de préférence **Chua Dat Set** (Ð Mau Than 68), ce qui signifie "pagode d'argile".

En dépit de sa façade modeste, cette pagode est très différente des autres : pres-que tout ce qu'elle contient est en argile, et fut sculpté par un moine-artisan de génie, Ngo Kim Tong. De l'âge de 20 ans jusqu'à sa mort, 42 ans plus tard, celui-ci se voua à la décoration de la pagode, réalisant les centaines de statues et de sculptures qui l'ornent aujourd'hui.

Dès l'entrée, le visiteur est accueilli par l'une de ses plus imposantes créations : un éléphant à six défenses (qui serait apparu en rêve à la mère de Bouddha). L'autel central, qui nécessita à lui seul plus de 5 tonnes d'ar-gile, compte plus de 1 000 bouddhas assis sur des pétales de lotus. On admirera aussi la tour chinoise de 13 étages, haute de plus de 4 m, creusée de 208 niches contenant chacune un petit bouddha et décorée de 156 dragons.

Deux énormes cierges brûlent sans dis-continuer depuis 1970, année de la mort de l'artiste. À l'origine, ils pesaient 200 kg et mesuraient 2,60 m de haut ; deux autres attendent d'être allumés lorsque ceux-ci s'éteindront.

Si le décor est indéniablement très kitsch (nos préférés sont les lions avec des ampoules rouges à la place des yeux), cette pagode n'est pas un parc d'attractions pour touristes mais un vrai lieu de culte très actif, totalement différent des autres pagodes de Soc Trang. Le responsable de la pagode, le bonze Ngo Kim Giang, est le frère cadet de l'artiste : ce vieux monsieur adorable, qui parle parfaitement français, se fera un plaisir de vous renseigner.

DELTA DU MÉKONG

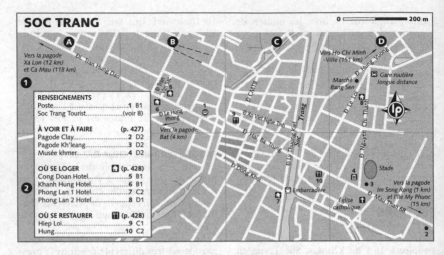

La pagode est proche du centre-ville. Faut-il le préciser, les objets en argile sont très fragiles et il est recommandé de ne pas les manipuler.

PAGODE IM SOM RONG
Des jardins impeccables entourent cette grande et belle **pagode khmère** édifiée en 1961. Une plaque sur le sol rend hommage à celui qui en a financé la construction. De nombreux moines y résident ; ils sont pour la plupart très accueillants et seront heureux de bavarder avec vous.

La pagode se trouve à un peu plus de 1 km à l'est de Soc Trang, sur la route de l'île My Phuoc. Une fois devant la porte principale, un chemin long de 300 m vous sépare de la pagode.

Fêtes
FÊTE D'OC BOM BOC
Une fois l'an, au cours de cette fête khmère, la rivière de Soc Trang accueille des régates, qui attirent des spectateurs des quatre coins du Vietnam et même du Cambodge. Le gagnant remporte plus de 1 000 $US ; inutile de préciser que la compétition est âpre.

Les courses se déroulent le 15ᵉ jour de la 10ᵉ lune du calendrier lunaire, ce qui correspond à peu près au mois de décembre. Les régates débutent à midi, mais l'effervescence règne dès la veille. Les chambres d'hôtel, bien entendu, sont prises d'assaut, et les étrangers sans réservation payée d'avance devront sans doute dormir dans leur voiture ou leur minibus.

Où se loger
Phong Lan 2 Hotel (☎ 821 757 ; phonglan2@ soctrangtourism.com ; 133 Đ Nguyen Chi Thanh ; ch 8-17 $US, avec petit déj ; 🗴). Un peu défraîchi mais correct, cet hôtel se distingue par son salon de massage et son sauna.

Khanh Hung Hotel (☎ 821 027 ; ksankhanhhung @hcm.vnn.vn ; 15 ĐL Tran Hung Dao ; ch 8-30 $US ; 🗴). Doté d'un vaste café avec terrasse, cet établissement dispose de la TV sat., qu'il restreint néanmoins aux séries et films indiens. Toutes les chambres possèdent un balcon.

Phong Lan 1 Hotel (☎ 821 619 ; phonglan1@ soctrangtourism.com ; 124 Đ Dong Khoi ; ch 16-21 $US, avec petit déj ; 🗴). Proche du fleuve, cet établissement pratique des prix assez élevés. Des spectacles de musique et de danse traditionnelles khmères sont organisées pour les groupes.

Cong Doan Hotel (☎ 825 614 ; fax 829 008 ; 4 Đ Tran Van Sac ; ch 60 000-120 000 d ; 🗴). Malgré les rénovations, cet hôtel d'État demeure défraîchi.

Où se restaurer
La plupart des restaurants ne possèdent ni carte en langue étrangère, ni affichage des prix : Soc Trang est donc l'endroit idéal où mettre vos rudiments de vietnamien en pratique.

Hung (☎ 822 268 ; 74-76 Đ Mau Than 68 ; plats 20 000 d). Ce restaurant est l'un des meilleurs de la ville ; il ouvre du matin jusque tard le soir sans jamais désemplir.

DELTA DU MÉKONG

Hiep Loi (☎ 821 301 ; 11 Đ CMT8 ; plats 15 000 d).
Une bonne cuisine vietnamienne vous
attend dans ce lieu réputé.

Depuis/vers Soc Trang

Les bus longue distance marquent un arrêt à
la gare de Đ Nguyen Chi Thanh, un peu plus
bas que Soc Trang Tourist. De Soc Trang, ils
desservent la plupart des villes du Mékong,
y compris Can Tho et Ca Mau.

ENVIRONS DE SOC TRANG
Pagode aux Chauves-Souris

Cette pagode (Chua Doi) est l'un des sites
les plus originaux du delta et l'une des étapes
favorites des touristes. À peine passée la
voûte d'entrée de ce vaste monastère,
vous serez accueilli par les cris perçants
de milliers de chauves-souris suspendues
aux arbres fruitiers ; les plus grandes pèsent
environ 1 kg, et leur envergure peut atteindre 1,50 m.

Le matin, ces fructivores font un tapage
du tonnerre. L'air s'emplit de leur forte
odeur, et mieux vaut ne pas séjourner sous
un arbre. Le soir, elles déploient leurs ailes
et vont envahir les vergers, sous le regard
consterné des fermiers ; d'ailleurs, ceux-ci
les piègent et les mangent. À l'intérieur du
monastère, toutefois, les chauves-souris
sont protégées, et c'est sans doute pour cela
qu'elles s'y plaisent autant.

Pour que les touristes puissent prendre
des photos, les habitants se font une joie de
secouer les arbres, mais mieux vaut laisser
ces animaux en paix et se contenter de
les photographier sur les branches. Pour
visiter la pagode, essayez de partir tôt le
matin ou 1 heure avant le coucher du soleil,
lorsque les chauves-souris s'en donnent à
cœur joie ; au crépuscule, on peut les voir
s'envoler des arbres par centaines pour
aller chasser.

Les bonzes sont chaleureux et ne réclam-
ent pas d'argent, mais rien n'interdit de
leur laisser une obole. Le temple ne manque
pas de charme avec ses bouddhas dorés et
ses fresques (offertes par des Vietnamiens
d'outre-mer). Dans l'une des salles se dressent la statue, grandeur nature, du moine
fondateur du temple, et un très beau bateau
khmer peint, du style de ceux que l'on utilise
lors de la fête d'Oc Bom Boc.

De jeunes enfants demandent de l'argent
aux touristes devant la porte (offrez-leur à

manger) ; ils n'ont pas le droit d'entrer dans
le monastère.

Un restaurant fait face à la pagode.

À environ 4 km à l'ouest de Soc Trang, la
pagode est accessible à pied en un peu moins
de 1 heure, ou bien en moto-taxi. Environ
3 km après la sortie de la ville, à la fourche,
il faut prendre à droite et poursuivre sur
1 km.

Pagode Xa Lon (Sa Lon)

Sur la RN 1, à 12 km de Soc Trang en direction de Ca Mau, s'élève cette magnifique
pagode khmère, fondée il y a deux siècles et
entièrement rebâtie en 1923. Trop petite,
elle fut ensuite agrandie par étapes de 1969
à 1985, au rythme des dons des fidèles.
Ses remarquables murs extérieurs sont
entièrement recouverts de superbes tuiles
en céramique.

Comme dans les autres pagodes, la vie
des bonzes est austère : petit déjeuner à 6h,
aumônes jusqu'à 11h, prière, déjeuner à
12h, étude l'après-midi (pas de repas le soir).
Actuellement, 25 bonzes environ résident
dans cette pagode, qui abrite une école où
sont étudiés le bouddhisme et le sanskrit,
langue dans laquelle, comme l'expliquent
les moines, sont rédigés tous les textes
religieux anciens.

Île My Phuoc

Le bras du Mékong appelé Hau Giang
n'est qu'à 15 km à l'est de Soc Trang.
Là, vous prendrez un bateau pour l'île
My Phuoc, qui se prête à la culture des
arbres fruitiers. Les agences touristiques
d'État aiment faire visiter les vergers
aux étrangers ; vous pouvez le faire seul,
mais vous aurez besoin d'une moto pour
atteindre les rives.

BAC LIEU
☎ 0781 / 129 300 hab.

Bac Lieu, capitale de la province du même
nom, se trouve à 280 km de HCMV. Sur les
800 000 habitants de la province, environ 8%
sont d'origine chinoise ou cambodgienne.

Quelques bâtiments anciens, autrefois
élégants et aujourd'hui décrépits, témoignent de la présence coloniale française,
comme l'imposante **maison Fop** (transformée
en centre sportif).

L'agriculture locale souffre beaucoup des
infiltrations d'eau salée, et le niveau de vie

des habitants s'en ressent. En revanche, la province est connue pour ses plantations de longaniers, et les paysans les plus dynamiques améliorent leur ordinaire grâce à la pêche, à l'ostréiculture et aux marais salants.

Pour les Vietnamiens, Bac Lieu a surtout le mérite d'abriter la tombe de Cao Van Lau (1892-1976), célèbre compositeur du chant *Da Co Hoai Long* ("La Chanson nocturne du mari disparu").

La plupart des touristes étrangers viennent à Bac Lieu non pour voir sa tombe, mais pour visiter l'étonnante réserve ornithologique. Cependant, si cela vous intéresse, suivez Đ Cao Van Lau sur 1 km en direction de la réserve, puis prenez à droite la piste en terre conduisant à la sépulture, 150 m plus loin.

Renseignements

L'**office du tourisme de Bac Lieu** (☎ 824 272 ; fax 824 273 ; 2 Đ Hoang Van Thu ; ☺ 7h-11h et 13h-17h), à côté du Bac Lieu Hotel, n'est pas débordé, et son personnel, s'il parle peu anglais, se montre en revanche très coopératif.

La **poste** (☎ 824 242 ; 20 Đ Tran Phu) se situe au bout de la rue principale, dans la même rue que la **Sacombank** (☎ 932 200 ; fax 932 201 ; B2 Đ Tran Phu), qui change les devises.

Où se loger et se restaurer

Les hôtels sont presque tous situés près du rond-point d'où partent les routes de Soc Trang et Ca Mau.

Bac Lieu Guest House (☎ 823 815 ; 8 Đ Ly Tu Trong ; d 6-8 $US ; ⊠). Hébergement très bon marché. Les chambres les moins chères comportent ventil. et sdb commune, les plus chères la clim. et une sdb. À l'étage se trouve une salle de détente.

Bac Lieu Hotel (☎ 822 437 ; fax 823 655 ; 4-6 Đ Hoang Van Thu ; ch 16-25 $US ; ⊠). Les chambres de cet hôtel raffiné possèdent clim., TV et réfrig. Les plus coûteuses arborent en outre balcon et baignoire.

Hoang Cung Hotel (☎ 823 362 ; 1B/5 Đ Tran Phu ; ch 80 000-250 000 d ; ⊠). À environ 1 km du rond-point, en direction de Soc Trang (en face de la pagode khmère), cet établissement abrite des chambres bien tenues.

Il existe un bon **restaurant** (plats 30 000 d) au Bac Lieu Hotel, mais tentez plutôt votre chance à l'un des **restaurants de fruits de mer** que compte la localité (plats environ 10 000 d).

ENVIRONS DE BAC LIEU
Réserve ornithologique de Bac Lieu

À 5 km au sud de la ville, la **réserve ornithologique de Bac Lieu** (Vuon Chim Bac Lieu ; ☎ 835 991 ; 10 000 d ; ☺ 7h30-crépuscule) abrite une bonne cinquantaine d'espèces d'oiseaux, dont une importante colonie de hérons blancs. Ce site, qui figure parmi les plus intéressants du delta, attire de nombreux touristes vietnamiens ; en revanche, son isolement en fait un lieu peu fréquenté des étrangers.

Le nombre d'oiseaux varie selon la saison : très nombreux à la saison des pluies (approximativement mai-octobre), ils nichent jusqu'en janvier, puis s'envolent quasiment tous pour de plus vertes contrées jusqu'à la saison des pluies suivante. Les inondations rendent en outre cette période peu favorable au tourisme. Il est donc plus judicieux de choisir le mois de décembre.

Si le trajet ne compte que 5 km, il est particulièrement pénible. La visite s'effectue à travers une jungle très dense, les insectes font rage (emportez suffisamment de produit répulsif) et le terrain est boueux par endroits (chaussez-vous en conséquence). Pensez également à emporter de l'eau, des jumelles et un appareil photo muni, si possible, d'un téléobjectif puissant.

Vous paierez le droit d'entrée en arrivant à la réserve. Choisissez une visite guidée, pour éviter de vous perdre. Les guides (dont la plupart ne parlent que vietnamien) n'étant pas censés recevoir de l'argent, versez-leur discrètement un pourboire (2 $US environ). Vous pouvez également organiser votre transport et réserver un guide à l'office du tourisme de Bac Lieu (8 $US).

Plage de Bac Lieu

Cette même route conduit à la plage de Bac Lieu (Bai Bien Bac Lieu), distante de 10 km. Ne vous attendez pas à une étendue de sable blanc, spectacle exceptionnel dans le delta du Mékong : le littoral boueux, découvert par la marée, est le domaine des coquillages et d'animalcules visqueux. Ceux qui adorent barboter dans les flaques d'eau à marée basse seront ravis, et les habitants vous montreront peut-être où ramasser des huîtres.

Pagode Moi Hoa Binh

Cette **pagode khmère** (Chua Moi Hoa Binh ou Se Rey Vongsa) se dresse sur la gauche

CA MAU SAUVE L'AO DAI

L'élégant costume traditionnel féminin se nomme *ao dai* (prononcé "ao-zaï" dans le Nord et "ao-yaï" dans le Sud). Cette longue tunique, fendue sur les côtés, se porte près du corps au-dessus d'un pantalon large. Conçue pour la chaleur, cette tenue est plus courante dans le Sud, particulièrement à Ho Chi Minh-Ville et dans le delta du Mékong. L'*ao dai* n'est évidemment pas adapté au travail dans les rizières ; en revanche, les étudiantes et les employées de bureau le portent régulièrement.

Jadis costume traditionnel masculin, il n'est plus porté aujourd'hui par les hommes qu'en de rares occasions, comme l'opéra ou le mariage traditionnel ; il est alors plus court et moins ajusté. À l'époque impériale, les couleurs du brocart et les broderies indiquaient le rang social de la personne : le brocart doré et les dragons étaient réservés à l'empereur ; la couleur pourpre désignait les mandarins de haut rang, le bleu ceux d'un rang moins élevé.

L'*ao dai* se porte également pour les enterrements : il est alors blanc ou noir, le blanc représentant traditionnellement le deuil. Pour les mariages, les couleurs sont éclatantes et la tunique ornée de broderies.

Immortalisés par Hollywood, les célèbres "pyjamas noirs" des soldats vietcong n'étaient pas des *ao dai* mais une forme courante d'accoutrement campagnard. Vous croiserez dans les campagnes de nombreuses personnes vêtues de ces "pyjamas", qui ne sont d'ailleurs pas toujours de couleur noire.

Entre 1975 et 1985, l'*ao dai*, considéré comme "non politiquement correct", tomba en disgrâce, laissant place aux tenues militaires amples.

En 1989, HCMV accueillit à nouveau des concours de beauté, auparavant interdits en tant que symboles du capitalisme. Les concurrentes pouvaient porter des jeans de marque mais pas de maillots de bain. Cependant, ce furent les jeunes filles de Ca Mau qui remportèrent la victoire, vêtues d'*ao dai* ; cet événement relança la production, qui connut alors une croissance extraordinaire.

en direction de Ca Mau, à 13 km au sud de Bac Lieu, sur la RN 1.

Impossible de manquer son énorme tour, qui présente une architecture unique en son genre. Sa construction ne remonte qu'à 1952 et la tour, qui abrite les ossements des défunts, fut ajoutée en 1990. Vous serez sans doute impressionné par la salle de réunion située devant la tour.

La plupart des jeunes Khmers de la région font leurs études dans les monastères de Soc Trang. Hormis le petit contingent de bonzes, la pagode accueille peu d'élèves.

CA MAU

☎ 0780 / 173 300 hab.

Bâtie sur les rives marécageuses de la rivière Ganh Hao, Ca Mau, capitale de la province du même nom, occupe la pointe sud du delta du Mékong, qui n'est cultivée que depuis la fin du XVIIe siècle. La communauté khmère y est très représentée.

Ca Mau s'étend au cœur du plus grand marais du Vietnam. Cette région de 1,7 million d'habitants détient la plus faible densité de population du Sud en raison de son sol marécageux. Qui dit marais dit moustiques, et ceux de Ca Mau ont la taille d'oiseaux-mouches ; il faudrait presque un fusil pour en venir à bout. Ils sortent par légions à la tombée de la nuit.

Ces dernières années, Ca Mau connaît un développement rapide, mais la ville elle-même reste plutôt morne ; vous apprécierez cependant d'explorer ses forêts et ses marais en bateau. C'est, dit-on, le paradis des ornithologues et des botanistes. Consultez Ca Mau Tourist pour connaître les visites proposées. Les tarifs prohibitifs des hôtels, l'éloignement de HCMV et la voracité des moustiques semblent toutefois décourager les touristes.

Renseignements

Ca Mau Tourist (Cong Ty Du Lich Minh Hai ; ☎ 831 238 ; 3-5 Đ Ly Bon ; ☉ 8h-11h et 13h-17h) propose d'intéressantes promenades en bateau de 2 jours et 2 nuits vers Nam Can, Dat Mui (cap Ca Mau), les îles Da Bac et la forêt d'U-Minh. Il est aussi possible d'y changer de l'argent, de louer un bateau ou une voiture et de faire proroger votre visa.

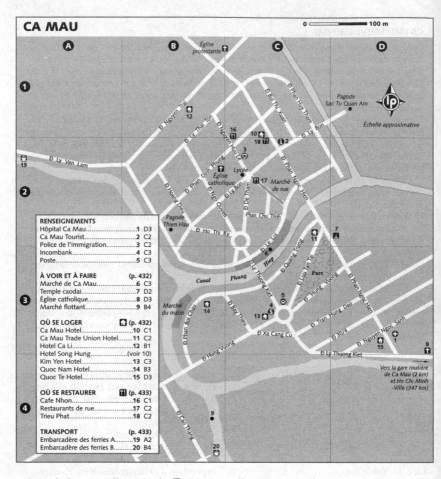

CA MAU

0 ————— 100 m

Échelle approximative

Vers la gare routière
de Ca Mau (2 km)
et Ho Chi Minh
-Ville (347 km)

RENSEIGNEMENTS
Hôpital Ca Mau...........................1 D3
Ca Mau Tourist..........................2 C2
Police de l'immigration............3 C2
Incombank.................................4 C3
Poste..5 C3

À VOIR ET À FAIRE (p. 432)
Marché de Ca Mau.....................6 C3
Temple caodai...........................7 D2
Église catholique.......................8 D3
Marché flottant..........................9 B4

OÙ SE LOGER (p. 432)
Ca Mau Hotel............................10 C1
Ca Mau Trade Union Hotel.......11 C2
Hotel Ca Li................................12 B1
Hotel Song Hung..................(voir 10)
Kim Yen Hotel...........................13 C3
Quoc Nam Hotel.......................14 B3
Quoc Te Hotel...........................15 D3

OÙ SE RESTAURER (p. 433)
Cafe Nhon................................16 C1
Restaurants de rue...................17 C2
Trieu Phat.................................18 C2

TRANSPORT (p. 433)
Embarcadère des ferries A.........19 A2
Embarcadère des ferries B.........20 B4

Près de la poste, l'**Incombank** (☎ 838 677 ;
icbcamau@hcm.vnn.vn ; 94 Đ Ly Thuong Kiet) change
les devises et les chèques de voyage ou
avance de l'argent sur les cartes Visa et
MasterCard.

En cas d'urgence, adressez-vous à l'**hôpital de Ca Mau** (Benh Vien Ca Mau ; ☎ 831 015 ; Đ Ly
Thuong Kiet).

À voir
MARCHÉ DE CA MAU
Sur ce **marché** de gros (6h-18h), les
animaux – notamment des tombereaux
de poissons et de tortues – sont tués,
nettoyés, empaquetés et congelés, avant
d'être transportés par camion jusqu'à Ho
Chi Minh-Ville. Flâner ici ne manque pas

d'intérêt ; toutefois, si vous êtes sensible
au sort des animaux, abstenez-vous de
la visite. Ca Mau possède également un
marché flottant (6h-12h).

TEMPLE CAODAI
Plus modeste que celui de Tay Ninh
(p. 381), le **temple caodai** de Ca Mau
(Đ Phan Ngoc Hien) n'en est pas moins un lieu
impressionnant, habité par des moines
accueillants. Construit en 1966, il semble
encore assez actif.

Où se loger
À prestations égales, les hôtels sont ici souvent plus chers que dans les autres localités
du delta.

PETIT BUDGET

Kim Yen Hotel (☎ 827 308 ; fax 831 249 ; 20A Đ Hung Vuong ; ch 70 000-250 000 d ; ⊠). Proche de la poste, ce petit hôtel très propre (avec ascenseur) loue des chambres confortables.

Ca Mau Hotel (☎ 831 165 ; fax 835 075 ; 20 Đ Phan Ngoc Hien ; ch 120 000-220 000 d, avec petit déj ; ⊠). Chambres spacieuses et bien équipées, comportant une sdb avec baignoire.

Ca Mau Trade Union Hotel (☎ 833 245 ; fax 830 873 ; 9 Đ Luu Tan Tai ; ch 100 000-200 000 d ; ⊠). Presque en face du temple caodai, ces petites chambres sont propres et chaleureuses. Celles dotées d'un ventil. disposent aussi d'un balcon, d'une moustiquaire et de l'eau chaude.

CATÉGORIE MOYENNE

Quoc Te Hotel (Hôtel international ; ☎ 826 745 ; ksquocte@hcm.vnn.vn ; 179 Đ Phan Ngoc Hien ; ch 100 000-350 000 d, avec petit déj en général ; ⊠). Son ascenseur, son restaurant et son salon de massage en font un bon choix dans cette catégorie. Les chambres les plus chères offrent une vue panoramique sur la ville.

Quoc Nam Hotel (☎ 827 281 ; 23 Đ Phan Boi Chau ; ch 150 000-250 000 d ; ⊠). Également très convenable, cet établissement privé abrite au dernier étage un café agréable surplombant le marché et le canal.

Hotel Ca Li (☎ 829 405 ; calihotel82@hotmail.com ; 121A Đ Nguyen Trai ; ch 180 000-250 000 d ; ⊠). Proche de la gare des minibus, cet établissement familial et sympathique est très confortable. Certaines chambres possèdent un balcon.

Hotel Song Hung (☎ 822 822 ; fax 831 790 ; 28 Đ Phan Ngoc Hien ; ch 140 000-220 000 d ; ⊠). Les chambres, assez exiguës mais impeccables, comprennent du mobilier massif en marqueterie, carrelage rose, TV, réfrig. et tél.

Où se restaurer

Les crevettes, élevées dans des bassins et dans les mangroves, sont la spécialité culinaire de la ville.

Trieu Phat (☎ 832 766 ; 26 Đ Phan Ngoc Hien ; plats 25 000 d). Voisin du Ca Mau Hotel, il propose des plats de fruits de mer très corrects.

Cafe Nhon (☎ 830 737 ; cafénhon@yahoo.com ; 443/2A Đ Nguyen Huu Le ; café 5 000 d). Son jardin est idéal pour savourer un café tout en observant l'animation de la rue.

Les petits restaurants installés dans Đ Ly Bon, à l'entrée du marché, servent une nourriture à petits prix. Le restaurant en plein air du Ca Mau Trade Union Hotel est

correct, et son cadre plus agréable que celui du marché.

Depuis/vers Ca Mau

BATEAU

Un cargo assure la liaison Ca Mau-HCMV tous les 4 jours environ ; la traversée dure 30 heures et n'est guère confortable. Le prix (à négocier) s'élève en général à 30 000 d, la nourriture et l'eau restant à votre charge.

On préférera la liaison maritime Ca Mau-Rach Gia, plus au nord – le bateau dépose ses passagers à Rach Soi, à une dizaine de kilomètres de Rach Gia. Les départs se font tous les jours vers 5h15 de l'embarcadère B des ferries (20 000 d, 10 heures). On peut embarquer un vélo/une moto moyennant 10 000/15 000 d supplémentaires, et louer un hamac 5 000 d. Cet embarcadère est aussi celui des vedettes pour Ngoc Hien, plus au sud.

Également très fréquenté, le bateau pour la forêt d'U-Minh (p. 434) part de l'embarcadère A. Il vous faudra négocier sur place. Sinon, vous pouvez demander à votre hôtel d'organiser un circuit de groupe.

BUS

De HCMV, les bus pour Ca Mau partent de la gare routière Mien Tay (p. 370) ; ce trajet dure 11 heures en bus ordinaire, 8 heures en express. De 5h à 10h30, plusieurs services express desservent tous les jours HCMV.

La gare routière de Ca Mau se situe sur la RN 1, à 2,5 km du centre en direction de HCMV.

VOITURE ET MOTO

À l'extrémité sud de la RN 1, Ca Mau est le point le plus méridional du Vietnam qui soit accessible par la route ; les téméraires qui s'aventurent au-delà auront tôt fait de s'embourber dans les mangroves.

Ca Mau est à 178 km de Can Tho (3 heures) et à 347 km de HCMV (8 heures).

Comment circuler

De nombreux bateaux-taxis sont amarrés le long du canal, derrière le marché de Ca Mau. Pour de plus longs trajets, vous devrez recourir aux grandes embarcations qui partent des jetées à la sortie du marché. Joignez-vous aux passagers qui descendent la rivière, ou louez le bateau entier pour environ 50 000 d/heure.

ENVIRONS DE CA MAU
Forêt d'U-Minh
La ville de Ca Mau longe la forêt d'U-Minh, vaste mangrove de 1 000 km² chevauchant les provinces de Ca Mau et de Kien Giang. Les habitants en utilisent certaines essences pour obtenir du bois de construction, du charbon de bois, du chaume et du tanin. Ils recueillent également le miel et la cire des abeilles butinant les fleurs de palétuvier. La région foisonne littéralement de gibier d'eau.

U-Minh est la plus grande mangrove au monde après le bassin amazonien. Pendant la guerre du Vietnam, les soldats vietcong en firent leur repaire favori : ils prenaient fréquemment en embuscade les bateaux de patrouille américains et posaient des mines dans les canaux. Les Américains répliquèrent en pulvérisant des défoliants, ce dont la forêt a cruellement souffert. Les premiers efforts de reboisement n'ont pas abouti, le sol contenant trop de produits toxiques, mais les fortes chutes de pluie ont fini par charrier la dioxine vers la mer, et les arbres ont pu repousser. Beaucoup d'eucalyptus ont aujourd'hui été replantés, car ils se montrent relativement résistants à la dioxine.

Malheureusement, les mangroves continuent d'être déboisées, cette fois pour installer des élevages de crevettes et produire du charbon et des copeaux de bois. Le gouvernement est intervenu pour tenter de limiter ces activités, mais le conflit entre la nature et l'homme se poursuit. Nul doute que cela risque d'empirer, vu le rapide accroissement de la population.

La région abrite de très nombreux oiseaux (comme en témoignent la présence de réserves ornithologiques), mais ceux-ci ont également été victimes des mauvais traitements infligés à l'environnement. Toutefois, les ornithologues prennent grand plaisir à visiter les environs de Ca Mau en bateau – même si les oiseaux y sont nettement moins nombreux que les moustiques.

Ca Mau Tourist (p. 432) propose des circuits d'une journée dans la forêt d'un montant de 135 $US par bateau (10 passagers au maximum). Vous devriez toutefois pouvoir négocier ce tarif, ou trouver moins cher en vous adressant directement à des particuliers sur l'embarcadère.

Réserve ornithologique
À 45 km au sud-est de Ca Mau se trouve une **réserve ornithologique** (10 000 d ; ☾ aube-crépuscule), appelée Vuon Chim en vietnamien. Elle abrite de nombreuses cigognes nichant dans les grands arbres. N'oubliez pas cependant qu'elles quittent leur nid tôt le matin pour aller chercher leur nourriture.

Ca Mau Tourist organise ici une excursion d'une journée en bateau (120 $US ; de 1 à 10 participants) jusqu'à la réserve.

NAM CAN
☎ 0780
Si l'on omet son minuscule port de pêche (Tran De) et une île côtière (Hon Khoai), Nam Can est la localité la plus méridionale du Vietnam. Peu de touristes visitent cette communauté isolée, qui survit grâce à l'élevage des crevettes.

À la pointe méridionale du delta se trouve la **réserve naturelle de Ca Mau**, parfois appelée aussi réserve ornithologique de Ngoc Hien. C'est l'une des régions les plus sauvages et les plus protégées du delta, uniquement accessible par bateau. L'élevage de crevettes est interdit dans la réserve, contrairement à la localité.

Au sud de la réserve, vous découvrirez le minuscule village de pêcheurs de Tran De, qu'un ferry public relie à Nam Can. Si vous souhaitez à tout prix atteindre la pointe méridionale du Vietnam, il vous faudra prendre un bateau de Tran De à l'île Hon Khoai.

Dat Mui (cap Ca Mau), à l'extrême sud-ouest du Vietnam, est un autre endroit isolé à visiter en bateau.

Où se loger
Nam Can Hotel (☎ 877 039 ; ch 16 $US ; ✷). Cet hôtel offre le seul hébergement convenable de Nam Can. À moins de camper, vous n'aurez aucun autre choix.

Depuis/vers Nam Can
La plupart des cartes du Vietnam indiquent une route reliant Ca Mau à Nam Can : en réalité, il s'agit d'une piste boueuse et la plupart du temps inondée.

La meilleure façon de gagner Nam Can est d'emprunter une vedette à Ca Mau (30 000 d).

Pour Tran De, comptez 4 heures supplémentaires.

LONG XUYEN

☎ 076 / 238 100 hab.

Capitale de la province d'An Giang, Long Xuyen fut un bastion de la secte Hoa Hao, fondée en 1939, qui préconise la sobriété du culte et s'insurge contre les temples ou tout autre intermédiaire entre les êtres humains et l'Être suprême. Jusqu'en 1956, l'armée levée par les Hoa Hao joua un grand rôle dans cette région.

Cette localité a pour titre de gloire d'être la ville natale de Ton Duc Thang, deuxième président du Vietnam. Elle possède un musée à la mémoire de "bac Ton" (oncle Ton), ainsi qu'une grande statue à son effigie.

Aujourd'hui, Long Xuyen est relativement prospère, et ses alentours se développent grâce à l'agriculture, à la pisciculture et aux noix de cajou. Il existe quelques sites à visiter dans les environs, mais les touristes y font un arrêt principalement pour la nuit ou pour changer leurs chèques de voyage (ce qui est impossible à Chau Doc). Le marché, sur les berges du fleuve, est très animé ; un bateau s'y loue environ 50 000 d/heure.

Renseignements

An Giang Tourist (☎ 841 036 ; angiangtour@hcm. vnn.vn ; 17 Đ Nguyen Van Cung ; ☿ 7h-11h et 13h-17h). Voisin du Long Xuyen Hotel. Les employés parlent un peu anglais et sont assez courtois mais, hormis vous vendre un circuit, ils ne vous seront pas d'une grande utilité.

Vietcombank (☎ 841 075 ; 1 Đ Hung Vuong ; ☿ fermé le week-end). Fait des avances sur les cartes de crédit et change les chèques de voyage. L'**Incombank** (☎ 841 704 ; 20-22 Ngo Gia Tu) se situe près de la poste.

À voir
ÉGLISE CATHOLIQUE

Cette église (☿ 7h30-17h30), l'une des plus grandes du delta, est une imposante bâtisse moderne dotée d'un clocher haut de 50 m. Construite entre 1966 et 1973, elle peut accueillir un millier de fidèles. La messe y est dite tous les jours.

MUSÉE D'AN GIANG

Ce petit **musée** somnolent (Bao Tang An Giang ; ☎ 841 251 ; 77 Đ Thoai Ngoc Hau ; entrée libre ; ☿ 7h30-10h30 mar, jeu, sam et dim, 14h-16h30 sam

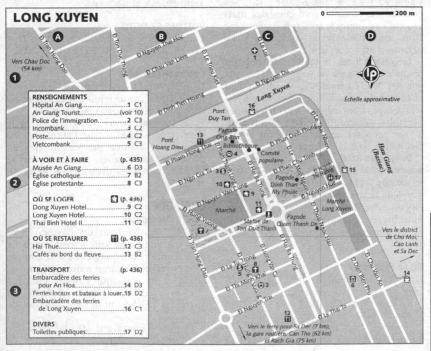

et dim) représente fièrement sa province. Il expose aussi des photos et des effets personnels de l'ancien président Ton Duc Thang, quelques objets de la cité d'Oc-Eo, proche de Rach Gia (p. 443), et comporte des panneaux explicatifs sur l'histoire régionale des années 1930 jusqu'à nos jours.

TEMPLE PROTESTANT
Ce **temple protestant** (4 Đ Hung Vuong ; prières 10h-12h dim) est une petite structure moderne.

DISTRICT DE CHO MOI
Sur l'autre rive du fleuve sont cultivés bananiers, durians, goyaviers, jacquiers, longaniers, manguiers, mangoustaniers et pruniers.

Les femmes y ont la réputation d'être les plus belles du delta.

Pour accéder au district de Cho Moi, prenez le bateau à l'embarcadère des ferries, au bas de Đ Nguyen Hue.

Où se loger
Thai Binh Hotel II (☎ 847 078 ; fax 846 451 ; 4-8 Đ Nguyen Hue A ; ch 70 000-220 000 d ; ✗). Ses chambres avec ventil. sont correctes mais sentent néanmoins le renfermé ; celles avec clim. sont spacieuses et confortables. Le personnel est accueillant.

Long Xuyen Hotel (☎ 841 927 ; longxuyenhotel@ hcm.vnn.vn ; 19 Đ Nguyen Van Cung ; ch 9-16 $US, avec petit déj ; ✗). Chambres avec sdb et eau chaude, balcons communs. Les employés, très occupés à bavarder sur leurs téléphones portables, penseront peut-être, néanmoins, à vous proposer une assurance sur la vie, facultative, de 0,11 $US par jour !

Dong Xuyen Hotel (☎ 942 260 ; dongxuyenhotel@ hcm.vnn.vn ; Đ 9A Luong Van Cu ; d 300 000-450 000 d, ste 600 000 d ; ✗). Cet établissement situé en plein centre propose un hébergement élégant : chambres bien équipées (TV sat., mini-bar, etc.), salon de massage et sauna. Le personnel, très attentionné, parle bien anglais.

Où se restaurer
Hormis les restaurants d'hôtels, Long Xuyen offre peu d'adresses convenables.

Hai Thue (☎ 845 573 ; 245/3 Đ Luong Van Cu ; plats 10 000 d). Excellentes spécialités à petits prix.

Pour un bon café et une ambiance animée, allez vous attabler aux **cafés** (café 4 000 d) installés Đ Pham Hong Thai, au bord du fleuve.

Depuis/vers Long Xuyen
BATEAU
Pour accéder au ferry de Long Xuyen depuis Đ Pham Hong Thai, traversez le pont Duy Tan puis tournez à droite. Les ferries passagers desservent Cho Vam, Dong Tien, Hong Ngu, Kien Luong, Lai Vung, Rach Gia, Sa Dec et Tan Chau. Pour Rach Gia, les bateaux (15 000 d, 9 heures) partent à 6h30 et/ou à 8h. Ceux pour Sa Dec (10 000 d, 4 heures) quittent le quai à 12h.

De l'embarcadère d'An Hoa, on rejoint également Cao Lanh et Sa Dec.

BUS
Les bus reliant Long Xuyen à HCMV partent de la gare routière de Mien Tay (p. 370 ; environ 35 000 d).

La **gare routière de Long Xuyen** (Ben Xe Long Xuyen ; ☎ 852125 ; face au 96/3B Đ Tran Hung Dao) se situe à la lisière sud de la ville. De là, les bus desservent Ca Mau, Can Tho, Chau Doc, Ha Tien, HCMV et Rach Gia.

VOITURE ET MOTO
Long Xuyen se trouve à 62 km de Can Tho, 126 km de My Tho et 189 km de HCMV.

Comment circuler
Le meilleur moyen est d'emprunter un cyclo, un *xe dap loi* (petite remorque à deux roues tirée par une bicyclette) ou un *xe loi*.

La traversée entre Long Xuyen et le district de Cho Moi (sur l'autre rive du fleuve) est assurée par des ferries au départ de l'embarcadère proche du marché (départs toutes les demi-heures entre 4h et 18h30).

CHAU DOC
☎ 076 / 100 000 hab.
Perchée sur les rives du Bassac, Chau Doc est une petite ville agréable proche de la frontière cambodgienne. Elle compte d'importantes communautés chinoise, cham et khmère, qui compte chacune leur propre temple. Cette localité était autrefois célèbre pour ses courses de pirogues.

Depuis l'ouverture de la frontière vietnamo-cambodgienne aux postes de

Vinh Xuong et Tinh Bien (voir p. 481 les informations concernant les passages de la frontière), de plus en plus de voyageurs passent par Chau Doc, où certains apprécient de se détendre quelques jours ; de nombreux endroits méritent la visite (p. 441). Les deux postes-frontières délivrent des visas cambodgiens (25 $US).

Sachez qu'il n'est pas possible de changer des chèques de voyage ou de tirer du liquide à Chau Doc ; avant de vous y rendre, prenez donc garde à effectuer ces démarches à Long Xuyen (p. 435).

Renseignements

Vous trouverez un **accès Internet** (4 000 d/heure ; ☾ 7h-21h) dans la cour de la **poste** principale (☎ 869 200 ; 2 Đ Le Loi). Il est possible de changer des espèces (mais non les chèques de voyage) à l'**Incombank** (☎ 866 497 ; 68-70 Đ Nguyen Huu Canh).

Le **Vinh Phuoc Hotel** (p. 438) abrite un bureau d'informations touristiques où vous seront dispensés des conseils objectifs pour vos excursions, sans aucune pression commerciale et à des prix raisonnables. Renseignez-vous ici sur les hydroglisseurs en direction de l'île Phu Quoc, sur le passage de la frontière ou sur les horaires des cargos et des bus.

À voir
TEMPLE CHAU PHU

Le **temple Chau Phu** (Đinh Than Chau Phu ; angle Đ Nguyen Van Thoai et Đ Gia Long) fut édifié en 1926 à la mémoire de Thoai Ngoc Hau (1761-1829), haut dignitaire de la dynastie des Nguyen qui repose au mont Sam (p. 441). Le bâtiment s'orne de motifs vietnamiens et chinois. À l'intérieur, de nombreuses épitaphes retracent les principaux événements de la vie des défunts auxquels elles sont consacrées.

ÉGLISE DE CHAU DOC

Cette petite **église catholique** (face au 459 Đ Lien Tinh Lo 10 ; ☾ messe 17h), qui date de 1920, est proche de l'embarcadère des ferries de Phu Hiep.

MOSQUÉES

La **mosquée Chau Giang**, dans le hameau du même nom, rassemble la communauté musulmane cham de la région. Pour y accéder, empruntez un ferry à l'embarcadère de Chau Giang, au sud de Chau Doc, et traversez le Hau Giang. De l'embarcadère, parcourez 30 m dos au fleuve puis tournez à gauche au bout de 50 m.

Du même côté du fleuve, la **mosquée Mubarak** (Thanh Duong Hoi Giao) abrite une école coranique. Les visiteurs y sont admis mais, si vous n'êtes pas musulman, évitez d'y pénétrer pendant l'appel à la prière (cinq fois par jour).

La région de Chau Doc compte d'autres petites mosquées accessibles en bateau, mais il vous faudra faire appel à un guide pour toutes les découvrir.

MAISONS FLOTTANTES

Ces maisons, qui flottent sur des bidons vides, jouent à la fois le rôle de logis et de lieu de travail. Leurs occupants installent en dessous de grandes nasses dans lesquelles ils élèvent des poissons ; ceux-ci restent dans leur milieu naturel et se nourrissent des restes de cuisine. Vous pourrez mieux les voir en louant un bateau, mais restez discret. Pour en savoir plus sur ce mode d'élevage, voir aussi l'encadré p. 439.

Où se loger
PETIT BUDGET

Vinh Phuoc Hotel (☎ 866 242, 562 265 ; 12-14 Đ Quang Trung ; ch 4 $US ; ☒). D'un excellent rapport qualité/prix, cet hôtel est tenu par un sympathique Britannique, qui vous donnera de multiples conseils sur les visites à faire dans la région. Le **restaurant** (plats environ 25 000 d) sert une bonne cuisine vietnamienne et occidentale à petits prix.

Thuan Loi Hotel (☎ 866 134 ; hotelthuanloi@hcm. vnn.vn ; 18 Đ Tran Hung Dao ; d 6-10 $US ; ☒). Un établissement agréable, occupant un emplacement de choix au bord de l'eau. Son personnel est sympathique et l'atmosphère décontractée. La terrasse du 2e étage est un poste d'observation idéal de l'animation flu-

DELTA DU MÉKONG

CHAU DOC

0   100 m

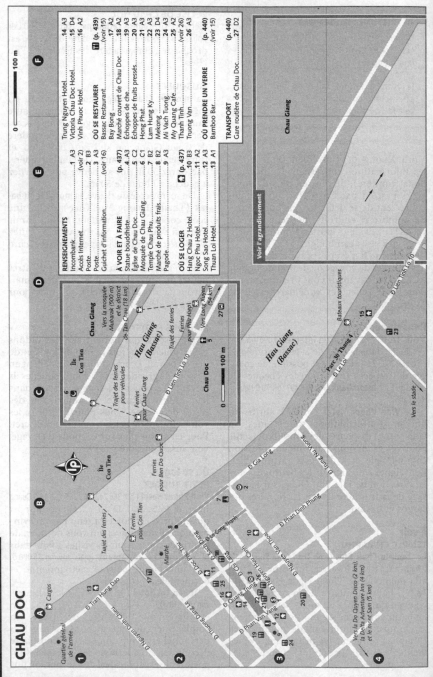

LA PISCICULTURE DANS LE DELTA : PETIT POISSON DEVIENDRA GROS !

Largement pratiquée dans la province d'An Giang, proche de la frontière cambodgienne, la pisciculture représente environ 15% de la production piscicole totale du Vietnam. Chau Doc réunit, sur les rives du Bassac, la plus grande concentration de "maisons flottantes", non loin de l'endroit où le bras inférieur rejoint le puissant Mékong.

On élève ici deux espèces de *Pangasiidae* appartenant à la famille des poissons-chats asiatiques : *Pangasius bocourti* et *P. hypophthalmus*. Il est intéressant de noter que, même avec deux marées par jour, la rivière ne contient pas d'eau de mer. La région exporte annuellement environ 15 000 tonnes de poissons sous forme de filets congelés, essentiellement à destination des marchés européen et nord-américain.

Le cycle de production comprend deux étapes : on récolte les œufs dans la nature, puis on élève les poissons jusqu'à ce qu'ils atteignent leur poids de vente, généralement 1 kg. Ils sont nourris d'une sorte de pâte à base de céréales, de légumes et d'abats de poissons. La cage la plus grande, d'une capacité de 2 000 m³, peut donner jusqu'à 400 tonnes de poissons par période de production, soit en dix mois.

Depuis 1994, le Centre français de coopération internationale en recherche agronomique pour le développement (Cirad) mène un projet visant à élaborer une méthode de reproduction artificielle (sic) pour ces deux espèces. Après une première tentative couronnée de succès en 1995, la production a atteint, en 2000, 700 millions de larves de chaque espèce. Des recherches supplémentaires sont conduites à Chau Doc sur la nutrition et la reproduction des poissons.

---

viale. Les chambres avec ventil. comportent quelques piètres accessoires en plastique (comme les portes de sdb).

Ngoc Phu Hotel (☎ 866 484 ; 17 Ð Doc Phu Thu ; ch 90 000-150 000 d ; 🌫). Cet hôtel vaste et plaisant loue des chambres avec ventil., eau chaude et réfrig. Autre attrait : le personnel est particulièrement enjoué et serviable.

Delta Adventure Inn (Nha Khach Long Chau ; carte p. 442 ; ☎ 861 249 ; deltaadventureinn@hotmail. com ; ch 7-10 $US ; 🌫). Installé dans un cadre charmant de rizières, à environ 4 km de Chau Doc, ce complexe est confortable. Le café-restaurant, au centre du domaine, offre une belle vue sur le mont Sam.

CATÉGORIE MOYENNE

Trung Nguyen Hotel (☎ 866 158 ; trunghotel@yahoo. com ; 86 Ð Bach Dang ; ch 10-18 $US ; 🌫). D'un bon rapport qualité/prix, ce mini-hôtel impeccable, adjacent au marché, dispose de chambres, petites et confortables, avec eau chaude, TV et mini-bar. En prime : la grande amabilité des employés.

Song Sao Hotel (☎ 561 777 ; songsaohotel@yahoo. com ; 12-13 Ð Nguyen Huu Canh ; ch 12-16 $US ; 🌫). Toutes les chambres sont bien équipées, rutilantes et décorées de beaux meubles en bois ; certaines comportent aussi un balcon. Comptez 2 $US pour un petit déj.

Hang Chau 2 Hotel (☎ 868 891 ; hangchau2agg @hcm.vnn.vn ; 10 Ð Nguyen Van Thoai ; ch 120 000-

200 000 d ; 🌫). Des chambres spacieuses et bien équipées, meublées de bois sculpté. La "spéciale" arbore parquet et balcon.

CATÉGORIE SUPÉRIEURE

Victoria Chau Doc Hotel (☎ 865 010 ; www. victoriahotels-asia.com ; 32 Ð Le Loi ; ch 115-196 $US, tarifs Internet 92-144 $US ; 🌫 🖥 🌫). Érigé en bordure de fleuve, cet établissement est de loin le plus luxueux de Chau Doc. Les chambres, avec parquet et baignoire, possèdent une superbe décoration. Le Bassac Restaurant (p. 440) est excellent, et le salon de massage du dernier étage offre une vue imprenable sur le fleuve. La piscine et le centre de remise en forme sont ouverts aux non-résidents (5 $US). Comptez 8 $US pour une séance de sauna et un massage. L'hôtel organise des croisières entre le Victoria Can Tho et les hébergements de Chau Doc (25 $US/personne, 2 heures 30 ; escales possibles). Il affrète également des bateaux pour Phnom Penh (voir la rubrique *Depuis/vers Chau Doc*).

Où se restaurer
RESTAURANTS

Chau Doc compte quelques restaurants vraiment exceptionnels.

Bay Bong (☎ 867 271 ; 22 Ð Thuong Dang Le ; plats 35 000 d). Excellente adresse pour les fondues, les soupes et le poisson. Essayez le poisson cuit à l'étouffée dans un pot en terre (*ca kho to*) ou la soupe aigre-douce (*canh chua*).

Mekong (☎ 867 381 ; 41 Đ Le Loi ; plats 35 000 d). Tout aussi recommandable, le Mekong, face au Victoria Chau Doc Hotel, occupe la terrasse d'une ancienne villa française de style classique.

Bassac Restaurant (☎ 865 010 ; 32 Đ Le Loi ; plats 7-12 $US ; ☾ 6h-11h et 18-21h). Cuisine sophistiquée et ambiance détendue. À côté de la piscine se trouve également le Bamboo Bar, qui sert des hamburgers, des sandwichs, des ailes de poulet épicées et des pizzas.

Lam Hung Ky (☎ 866 745 ; 71 Đ Chi Lang ; plats 40 000 d). De bons plats chinois et vietnamiens. Ne vous laissez pas tromper par sa carte, mal conçue et peu alléchante.

Hong Phat (☎ 866 950 ; 79 Đ Chi Lang ; plats 40 000 d). Plats et prix similaires à ceux du précédent.

Autres établissements à proximité :

Mi Vach Tuong (Đ Thu Khoa Nghia ; nouilles 7 000 d). Situé à côté du terrain de base-ball, il sert des nouilles excellentes à l'heure du petit déj.

My Quang Cafe (☎ 560 398 ; 25 Đ Doc Phu Thu ; plats 12 000 d). Enseigne populaire, réputée pour son accueil.

Thanh Tinh (☎ 865 064 ; 13 Đ Quang Trung ; plats 15 000 d). Excellents plats végétariens.

Truong Van (☎ 866 567 ; 15 Đ Quang Trung ; plats 15 000 d). De succulents plats vietnamiens à prix raisonnables.

ÉCHOPPES ET MARCHÉ

Les échoppes installées à l'angle de Đ Phan Van Vang et de Đ Nguyen Van Thoai Si préparent d'excellents cocktails de fruits (*sinh to*). Le soir, les étals de Đ Bach Dang, près de la pagode, vendent des coupes sucrées fraîches (*che*).

Enfin, le **marché couvert de Chau Doc** (Đ Bach Dang) permet de se restaurer rapidement de petits plats délicieux.

Tous ces petits plaisirs vous coûteront entre 3 000 et 10 000 d.

Où sortir

Chau Doc est une ville calme où l'on se couche tôt.

Do Quyen (☎ 865 565 ; 7 Đ Truong Dua ; entrée libre ; ☾ 20-23h presque tlj). Une bonne discothèque, animée, à environ 2 km de Chau Doc, en direction du mont Sam.

An Tuong 2 (20 000 d ; ☾ 20-23h, fermé lun et mer) est un lieu également très fréquenté. Le prix d'entrée comprend une boisson.

Pour boire un verre ou faire une partie de billard, optez pour l'agréable **Lobby Bar** du Victoria Chau Doc Hotel.

Depuis/vers Chau Doc

BATEAU

Un bateau de croisière fait quotidiennement la navette (*via* le Mékong) entre Chau Doc et Phnom Penh (Cambodge) – une manière fascinante d'aller d'un pays à l'autre. Le départ a lieu vers 8h dans les deux sens, et le voyage prend la quasi-totalité de la journée. La plupart des pensions et des hôtels peuvent effectuer la réservation (10-15 $US l'aller). Pensez à obtenir votre visa vietnamien avant la croisière : il n'est pas délivré à la frontière, mais on peut en général l'obtenir en quelques jours à Phnom Penh. Le Victoria Hotel affrète pour la même traversée un bateau plus luxueux (35 $US/personne, 3 heures 30).

Un cargo rudimentaire part tous les jours de Chau Doc à 4h en direction de Ha Tien, ce qui représente une croisière intéressante de 95 km le long du canal Vinh Te (5 $US, 13 heures). À cheval sur la frontière, ce canal tire son nom de la femme de Thoai Ngoc Hau, l'architecte qui le fit percer.

D'autres cargos naviguent vers/depuis Vinh Long.

BUS

À HCMV, les bus à destination de Chau Doc partent de la gare routière de Mien Tay (p. 370). Le trajet en bus express dure en principe 6 heures (50 000 d).

La gare routière de Chau Doc (Ben Xe Chau Doc) se trouve au sud-ouest de la ville, en direction de Long Xuyen. Sont également desservies les localités de Ca Mau, Can Tho, Ha Tien, Long Xuyen, My Tho, HCMV, Soc Trang et Tra Vinh.

VOITURE ET MOTO

Chau Doc est à 117 km environ de Can Tho, 181 km de My Tho et 245 km de HCMV.

Les 100 km de route entre Chau Doc et Ha Tien se font sur une route en assez bon état. Au fur et à mesure qu'on se rapproche de Ha Tien, le paysage se transforme en mangrove, infertile et presque inhabitée. Il n'est pas recommandé de s'y promener de nuit. Le trajet prend 3 heures. En chemin, vous pouvez visiter Ba Chuc et Tup Duc.

Si vous ne souhaitez pas conduire, prenez un *xe om* (environ 12 $US).

Comment circuler

Vous pouvez emprunter un *xe loi* pour circuler en ville, moyennant quelques milliers de dongs.

Pour gagner le district de Chau Giang (en traversant le Hau Giang), les car-ferries partent de l'embarcadère de Chau Giang (Ben Pha Chau Giang, face au 419 Đ Le Loi). Des bateaux plus petits et plus fréquents partent de l'embarcadère de Phu Hiep (Ben Pha FB Phu Hiep), un peu plus au sud.

Le car-ferry pour l'île Con Tien part de l'embarcadère de Con Tien (Ben Pha Con Tien), à l'extrémité de Đ Thuong Dang Le. Le bateau pour Chau Giang et Tan Chau se prend à l'embarcadère Ben Do Quoc Doanh (Đ Gia Long), en face de la poste.

Des bateaux privés (où l'on rame debout) se louent 10 000 d/heure aux deux endroits. Ils sont très pratiques pour aller voir les maisons flottantes et visiter les villages et les mosquées cham environnantes.

Le prix du ferry public (500 d/personne, 1 000 d pour une moto ou un vélo) double la nuit. Vous devez prendre un billet spécifique pour votre moto ou votre vélo.

ENVIRONS DE CHAU DOC
District de Phu Chau (Tan Chau)

Le travail traditionnel de la soie assure la renommée de ce district. Le **marché** de Tan Chau est largement fourni en produits thaïlandais et cambodgiens à bons prix.

Pour aller du district de Chau Doc à celui de Tan Chau, prenez un ferry à l'embarcadère de Phu Hiep, puis un *xe om* (environ 10 000 d) pour faire les 18 km restants.

Mont Sam (Nui Sam)

Au pied du mont Sam (Nui Sam), à 6 km au sud-ouest de Chau Doc (que l'on quitte par Đ Bao Ho Thoai), apparaissent nombre de pagodes et de temples, certains bâtis dans des grottes. L'influence chinoise saute aux yeux ; Chinois de HCMV et Vietnamiens de l'outre-mer sinisé viennent ici en pèlerinage.

L'ascension du mont Sam débouche, par beau temps, sur un époustouflant panorama sur le Cambodge. Un avant-poste militaire (toujours en service) en occupe

le sommet, héritage de l'époque où les Khmers rouges franchissaient la frontière et massacraient les civils vietnamiens. Les soldats sont maintenant habitués aux touristes ; cependant, demandez-leur tout de même la permission de les photographier, moyennant quelques cigarettes, et ne faites évidemment rien qui puisse s'avérer sensible sur le plan militaire.

L'ascension du mont Sam, difficile à pied, peut s'effectuer à moto par une route tracée sur le flanc est de la montagne jusqu'au temple principal. La descente, en revanche, se fait tranquillement à pied par le flanc nord. Au sommet, la route a été décorée d'objets étonnants, comme des dinosaures en céramique. Vous verrez également de charmants petits autels et des pavillons.

Pagode Tay An

Fondée en 1847 par un bonze de la pagode de Giac Lam, à HCMV, et reconstruite en 1958, cette **pagode** (Chua Tay An) est célèbre pour la délicatesse de ses centaines de statuettes, pour la plupart en bois. Son architecture reflète en partie des influences hindoues et islamiques.

Le portique est de style vietnamien traditionnel. Au-dessus du toit à deux niveaux, les statues représentent des lions et deux dragons se disputant des perles, des chrysanthèmes, des abricotiers et des fleurs de lotus. Plus loin se dresse une statue de Quan Am Thi Kinh, gardienne de la mère et de l'enfant (voir l'encadré au chapitre *Ho Chi Minh-Ville*).

Devant la pagode sont représentés un éléphant noir à deux défenses et un éléphant blanc à six défenses. De nombreuses tombes de bonzes entourent l'édifice. À l'intérieur, on remarque des statues de Bouddha, ornées de petites lampes disco incroyablement kitsch.

TEMPLE DE LA DÉESSE CHUA XU

À proximité de la pagode Tay An, ce temple fondé dans les années 1820 fait face au mont Sam. Le bâtiment d'origine était en bambou et en feuillage. La dernière reconstruction remonte à 1972.

Selon la légende, une statue de la déesse s'élevait au sommet du mont Sam quand, au début du XIXe siècle, la région fut envahie par les troupes du Siam. Trouvant la statue à leur goût, les soldats décidèrent de l'emporter. Comme elle devenait trop lourde à porter, ils l'abandonnèrent au bord du chemin.

Des villageois la trouvèrent et décidèrent de la rapporter au village pour lui construire un temple. Hélas ! Il était devenu impossible de la déplacer. Apparut alors une jeune fille possédée par un esprit, qui déclara être la déesse Chua Xu. Elle leur dit que seules quarante vierges étaient autorisées à descendre la statue de la montagne ; ce qui fut fait. Une fois dans la plaine, la statue devint plus pesante, et les vierges durent la poser à terre. Les paysans en conclurent que la déesse souhaitait un temple à cet emplacement et se mirent tout de suite à l'ouvrage.

Selon une autre légende, l'épouse de Thoai Ngoc Hau, l'architecte du canal de Vinh Te, avait juré d'ériger un temple à la fin des travaux, qui avaient coûté tant de vies. Elle mourut avant de pouvoir accomplir son vœu, mais son mari prit la relève et la promesse fut ainsi tenue.

Il est fréquent que des porcs rôtis (entiers) soient apportés ici en offrande. Une fois par an, du 23ᵉ au 26ᵉ jour du 4ᵉ mois lunaire, le temple se transforme en haut lieu de pèlerinage. Les fidèles affluent ; des nattes sont alors installées pour la nuit dans le dortoir à 2 étages qui jouxte le temple.

TOMBEAU DE THOAI NGOC HAU
Ce haut fonctionnaire (1761-1829) au service de la dynastie des Nguyen ordonna au début de l'année 1829 qu'on érige son tombeau au pied du mont Sam, à proximité de la pagode Tay An.

Les marches sont taillées dans une pierre rouge insolite (*da ong*) provenant du sud-est du pays. La tombe de Thoai Ngoc Hau est entourée de celles de ses deux épouses, Chau Thi Te et Truong Thi Miet. Tout près reposent les fonctionnaires ayant servi sous ses ordres.

PAGODE DE LA CAVERNE
Cette pagode (Chua Hang, également appelée Phuoc Dien Tu) se niche à flanc de coteau sur le versant ouest du mont Sam. Sa partie inférieure accueille les habitations des bonzes ainsi que deux tombeaux hexagonaux où reposent la fondatrice de la pagode, Le Thi Tho, une couturière, et un ancien chef bonze nommé Thich Hue

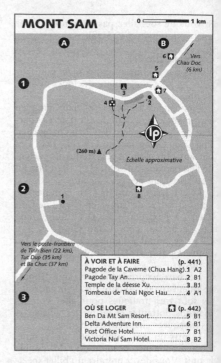

MONT SAM
0   1 km
Échelle approximative
(260 m)
Vers Chau Doc (6 km)
Vers le poste-frontière de Tinh Bien (22 km), Tuc Dup (35 km) et Ba Chuc (37 km)

À VOIR ET À FAIRE   (p. 441)
Pagode de la Caverne (Chua Hang)....1 A2
Pagode Tay An.............................2 B1
Temple de la déesse Xu..................3 B1
Tombeau de Thoai Ngoc Hau............4 A1

OÙ SE LOGER   (p. 442)
Ben Da Mt Sam Resort....................5 B1
Delta Adventure Inn.......................6 B1
Post Office Hotel...........................7 B1
Victoria Nui Sam Hotel....................8 B2

Thien. La partie supérieure est divisée en deux : le sanctuaire principal, contenant des statues d'A Di Da (bouddha du Passé) et du bouddha Thich Ca (Sakyamuni, le Bouddha historique), ainsi que la caverne. Derrière le sanctuaire, au fond de la caverne, se trouve l'autel dédié à Quan The Am Bo Tat.

Le Thi Tho aurait quitté la pagode Tay An il y a plus d'une cinquantaine d'années pour se consacrer à la méditation. Selon la légende, elle aurait trouvé à son arrivée deux énormes serpents, l'un blanc, l'autre vert foncé : aussitôt convertis, ils auraient par la suite mené une vie pieuse ; à sa mort, ils disparurent.

Où se loger et se restaurer
Pour plus de détails sur la Delta Adventure Inn, entre Chau Doc et le mont Sam, voir p. 439.

Ben Da Mt Sam Resort (☎ 076-861 745 ; bendanuisam@hcm.vnn.vn ; Quoc Lo 91 ; ch 250 000 d, avec petit déj ; ☒). Lieu bien tenu proposant, en plus des équipements habituels, un Jacuzzi, un salon de massage, un sauna et un restaurant.

Post Office Hotel (Khach San Buu Dien ; ☎ 076-861 999 ; ksnhnsag@hcm.vnn.vn ; Quoc Lo 91 ; d/q 20/25 $US, avec petit déj; 🔀). Cet hôtel très fréquenté, face à la pagode Tay An, occupe le même bâtiment que la poste. Les chambres sont bien tenues.

BA CHUC

Tout proche de la frontière cambodgienne, ce site a reçu l'appellation de "pagode aux ossements" en souvenir des horreurs perpétrées par les Khmers rouges. Entre 1975 et 1978, ceux-ci traversaient régulièrement la frontière pour commettre des tueries.

Entre le 12 et le 30 avril 1978, ils massacrèrent à Ba Chuc 3 157 civils, dont beaucoup furent torturés à mort ; seuls deux d'entre eux survécurent. Ces atrocités fournirent certainement aux Vietnamiens une raison majeure (même s'il y en eut d'autres) pour envahir le Cambodge à la fin de 1978.

Ba Chuc compte deux autres pagodes importantes : Chua Tam Buu et Chua Phi Lai. Le sanctuaire "aux ossements" comprend une tombe commune abritant les crânes et les ossements de plus de 1 100 victimes ; l'endroit n'est pas sans évoquer le camp d'extermination cambodgien de Choeung Ek, où sont exposés plusieurs milliers de crânes de victimes des Khmers rouges. À proximité, le temple abrite des photos atroces prises peu après le massacre.

Pour vous rendre à Ba Chuc, suivez la piste de Chau Doc à Ha Tien ; suivez ensuite la RN 3T sur 4 km.

COLLINE DE TUC DUP

alt. 216 m

Du fait de son réseau de grottes toutes reliées entre elles, la colline de Tuc Dup servit de base stratégique pour les opérations de la guerre du Vietnam. En khmer, *tuc dup* signifie "l'eau coule la nuit", et certains habitants avaient même surnommé le site "colline aux deux millions de dollars", en référence à tout l'argent qu'y investirent les Américains pour sécuriser la zone. Tuc Dup se trouve à 35 km de Chau Doc et à 64 km de Long Xuyen.

Ce site historique ne vaut le détour que si vous visitez Ba Chuc.

RACH GIA

☎ 077 / 172 400 hab.

Cette dynamique cité portuaire du golfe de Siam, où vivent de nombreux Chinois et de Khmers, est le chef-lieu de la province de Kien Giang.

La pêche et l'agriculture lui ont apporté une certaine prospérité. La facilité d'accès à la mer et la proximité du Cambodge et de la Thaïlande ont aussi favorisé la contrebande. Autrefois, cette région était célèbre pour sa production de grandes plumes, destinées à la confection des éventails de cérémonie à la cour impériale.

Rach Gia sert de ville-étape aux voyageurs qui viennent y prendre le ferry pour l'île Phu Quoc (p. 452).

Renseignements

L'organisme touristique de la province est **Kien Giang Tourist** (Cong Ty Du Lich Kien Giang ; ☎ 862 081 ; fax 862 111 ; 12 Đ Ly Tu Trong).

Rach Gia est la dernière ville où changer de l'argent avant Ha Tien ou l'île Phu Quoc. La **Vietcombank** (☎ 863 178 ; fax 866 243 ; 2 Đ Mac Cuu) dispose d'un DAB 24h/24.

Sur la route menant à Long Xuyen, **Rach Gia Internet Café** (130 Đ Nguyen Trung Truc) assure une connexion rapide à Internet. La **poste** (☎ 873008 ; 2 Đ Mau Than) se trouve au centre-ville, près du fleuve.

À voir

MUSÉE DE RACH GIA

Ce **musée** (☎ 863 727 ; 21 Đ Nguyen Van Troi ; entrée libre ; 🕐 7h-11h lun-ven, ou sur RV), récemment restauré, abrite une collection d'objets et de poteries Oc-Eo, qui mérite une visite.

TEMPLE NGUYEN TRUNG TRUC

Ce **temple** (18 Đ Nguyen Cong Tru) honore la mémoire de Nguyen Trung Truc, leader de la résistance vietnamienne contre la toute nouvelle présence française, dans les années 1860. Il réalisa de nombreux exploits, parmi lesquels la direction du groupe de patriotes qui incendia le bateau de guerre *L'Espérance*. Ce n'est que plusieurs années plus tard que les Français parvinrent à le capturer : ils prirent en otage sa mère et d'autres civils, et menacèrent de les fusiller s'il ne se rendait pas. Le résistant se constitua alors prisonnier et fut exécuté le 27 octobre 1868 sur la place du marché.

À l'origine, ce temple très simple était surmonté d'un toit de chaume. Il a été agrandi au fil des années et plusieurs fois reconstruit. La dernière reconstruction a duré de 1964 à 1970. Le portrait du héros trône sur l'autel, au centre de la salle principale.

PAGODE PHAT LON

Cette vaste **pagode bouddhique hinayana**, dont le nom signifie Grand Bouddha, fut fondée il y a environ deux siècles par la communauté cambodgienne. La trentaine de bonzes qui y résident sont tous d'origine khmère, mais les Vietnamiens la fréquentent aussi.

À l'intérieur du sanctuaire (*vihara*), les statues du Bouddha Thich Ca portent des chapeaux pointus de styles cambodgien et thaï. Huit petits autels bordent le grand vestibule. Les deux tours situées près de l'entrée servent à la crémation des corps des bonzes. De nombreuses tombes de bonzes entourent la pagode.

Les prières ont lieu tous les jours de 4h à 6h et de 17h à 19h. La pagode est officiellement ouverte pendant les 7e, 8e et 9e mois lunaires (en été), mais les visiteurs y sont accueillis toute l'année.

PAGODE PHO MINH

Seules quelques bonzesses habitent cette petite **pagode** (angle Đ Co Bac et Đ Nguyen Van Cu ; ✆ prières 3h30-4h30 et 18h30-19h30), qui date de 1967. Elle abrite un grand Bouddha Thich Ca (Sakyamuni) de style thaï, donation d'une organisation bouddhiste thaïlandaise. Un peu plus loin se dresse un Bouddha Thich Ca de style vietnamien. Les bonzesses résident derrière le hall principal. Les visiteurs sont les bienvenus.

PAGODE TAM BAO

La **pagode** Tam Bao (✆ prières 4h30-5h30 et 17h30-18h30), près du croisement entre Đ Thich Thien An et Đ Ngo Quyen, fut fondée au début du XIXe siècle ; sa dernière reconstruction remonte à 1913. Le jardin comprend des arbres taillés en forme de dragons, de biches et autres animaux.

TEMPLE CAODAI

Ce petit **temple** (189 Đ Nguyen Trung Truc), qui date de 1969, mérite le détour si vous ne connaissez pas le sanctuaire de Tay Ninh.

LIEUX DE CULTE CHRÉTIENS

L'**église de Rach Gia** (Nha Tho Chanh Toa Rach Gia) date de 1918. Toute de briques

rouges, elle fait face au canal menant au marché Vinh Thanh Van.

Le **temple protestant** (133 Đ Nguyen Trung Truc) fut construit en 1972. Un office a lieu le dimanche de 10h à 12h.

Où se loger
PETIT BUDGET

Nhat Quang Hotel (✆ 863 433, 879 687 ; 16 Đ Tu Do ; ch 60 000-150 000 d ; ✖). Certes, les murs sont minces et les chambres petites, mais cette adresse, située dans une rue charmante près de l'embouchure du fleuve, reste fort sympathique.

Thanh Binh II Hotel (✆ 861 921 ; 37 Đ Hung Vuong ; ch 50 000-120 000 d ; ✖). Rien d'exceptionnel ici. Toutes les chambres, exiguës, disposent d'une douche et d'une baignoire (eau froide seulement) et certaines d'un balcon.

Ngoc Huong 2 Hotel (✆ 863 499 ; 150 Đ Nguyen Hung Son ; ch 60 000-150 000 d ; ✖). Peu onéreux, cet hôtel mériterait cependant d'être mieux tenu.

CATÉGORIE MOYENNE

Phuong Hoang Hotel (✆ /fax 866 525, 866 078 ; 6 Đ Nguyen Trung Truc ; s et d 200 000-250 000 d ; ✖). Ce mini-hôtel privé loue des chambres peu spacieuses mais impeccables côté propreté et très confortables (eau chaude, TV, réfrig. et baignoire).

Kim Co Hotel (✆ 879 610 ; fax 879 611 ; 141 Đ Nguyen Hung Son ; s/d 160 000/200 000 d ; ✖). Cet hôtel au décor coloré offre toutes les prestations habituelles. Demandez une chambre donnant sur la rue ou la petite cour.

Palace Hotel (✆ 863 049, 867 423 ; 243 Đ Tran Phu ; ch 12-23 $US ; ✖). Étonnamment, les chambres du dernier étage, moins chères, sont les seules à disposer de balcons. Excepté ce détail, toutes les chambres se valent et sont immaculées.

Hong Nam Hotel (✆ 873 090 ; Đ Ly Thai To ; ch 150 000-250 000 d ; ✖). Proche du centre commercial de Rach Gia, ce mini-hôtel abrite des chambres bien tenues, spacieuses et tout confort.

Hoang Cung Hotel (✆ 872 655 ; 26-27 Đ Le Thanh Ton ; ch 150 000-250 000 d). Semblable au précédent. Les chambres les plus onéreuses possèdent une baignoire et sont décorées de bas-reliefs.

Nam Nho Hotel (✆ 866 644, 879 879 ; 21 Đ Tran Phu ; ch 160 000-180 000 d ; ✖). Une petite pension propre et confortable, gérée par un personnel très serviable.

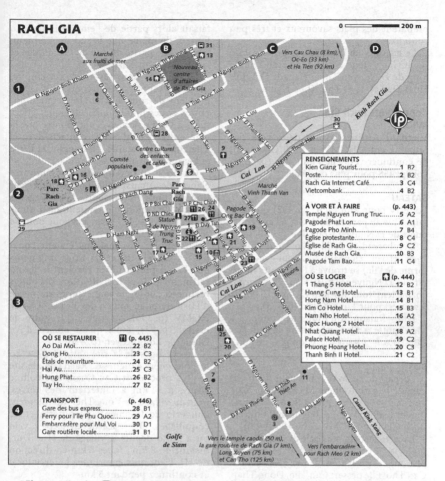

1 Thang 5 Hotel (☎ 862 103 ; fax 866 917 ; 137 Đ Nguyen Hung Son ; d/tr 150 000/190 000 d ; ⊠). Son nom se réfère au 1ᵉʳ mai, Journée internationale des travailleurs. Le batiment (avec ascenseur) a mal vieilli et les chambres, bien tenues, sentent malgré tout le moisi.

Où se restaurer

Rach Gia est réputée pour ses fruits de mer, ses seiches et ses filets de poisson séchés (*ca thieu*), ainsi que pour son *nuoc mam* et son poivre noir.

Hung Phat (☎ 867 599 ; 7 Đ Nguyen Du ; repas 25 000 d). Excellentes soupes aigres-douces et savoureux riz sauté végétarien.

Tay Ho (☎ 863 031 ; 6 Đ Nguyen Du ; repas 25 000 d). Une autre bonne adresse pour les amateurs de cuisine chinoise et vietnamienne ; mêmes prix que le Hung Phat.

Dong Ho (124 Đ Tran Phu ; plats 18 000 d). Géré par la même famille que le précédent, cet établissement sert des mets vietnamiens, chinois et occidentaux.

Ao Dai Moi (☎ 866 295 ; 26 Đ Ly Tu Trong ; soupes 8 000 d). Ce lieu, dont le nom signifie "*ao dai* neuf", appartient à un tailleur. Le matin, on y sert de très bons *pho* et d'excellentes soupes *won ton*.

Hai Au (☎ 863 740 ; fax 876 4192 Đ Nguyen Trung Truc ; plats 45 000 d). Près de la rivière Cai Lon, le Hai Au propose de bons plats régionaux.

Les **étals** longeant Đ Hung Vuong, entre Đ Bach Dang et Đ Le Hong Phong, préparent des plats savoureux et très peu coûteux.

Le **marché Vinh Thanh Van**, le principal de Rach Gia, s'étend à l'est de Đ Tran Phu, le long de Đ Nguyen Thoai Hau, de Đ Trinh Hoai Duc et de Đ Thu Khoa Nghia.

Depuis/vers Rach Gia

AVION
Vietnam Airlines assure deux vols par semaine entre HCMV et Rach Gia, avant de continuer vers l'île Phu Quoc (p. 485) : voir p. 458 pour plus de détails.

BATEAU
Le ferry pour Phu Quoc (p. 452) quitte le quai situé au parc de Rach Gia, à l'extrémité ouest de Đ Nguyen Cong Tru.

L'embarcadère de Mui Voi (*mui* signifie "nez" et *voi* "éléphant" – ce qui évoque la forme de l'île) se trouve à l'extrémité nord-est de Đ Nguyen Thoai Hau. Des cargos en partent tous les jours à 8h (15 000 d, 9 heures) pour Long Xuyen (p. 435).

Une liaison quotidienne pour Ca Mau quitte à 5h l'**embarcadère de Rach Meo** (☎ 811306, 747 Đ Ngo Quyen), 2 km plus au sud.

BUS
Au départ de HCMV, le bus pour Rach Gia part de la gare routière Mien Tay (p. 370). Le trajet en express prend de 6 à 7 heures (environ 90 000 d). Les bus quittent Rach Gia pour HCMV entre 19h et 23h.

La **gare routière principale de Rach Gia** (Ben Xe Rach Soi ; 78 Đ Nguyen Trung Truc) se trouve 7 km plus au sud, sur la route de Long Xuyen et de Can Tho. Elle dessert Can Tho, Dong Thap, Ha Tien, Long Xuyen et HCMV.

Plus proche de la ville, dans Đ L 30/4, la **gare des minibus** (Ben Xe Ha Tien ; Đ Tran Quoc Tuan) dessert chaque jour Long Xuyen, Sa Dec et HCMV.

Les bus pour Hon Chong et Ha Tien partent du terminal des bus locaux, près du nouveau centre commercial de Rach Gia.

VOITURE ET MOTO
Rach Gia est à 92 km de Ha Tien, 125 km de Can Tho et 248 km de HCMV.

ENVIRONS DE RACH GIA
Cité antique d'Oc-Eo
Entre le Ier et le VIe siècles, Oc-Eo était une grande cité commerçante. La région faisait alors partie de l'empire indien du Funan, de même que le sud du Vietnam, une grande partie du sud du Cambodge et la péninsule malaise.

Le peu que nous savons de cet empire, qui connut son apogée au cours du Ve siècle, provient de sources chinoises contemporaines et des fouilles archéologiques effectuées à Oc-Eo : celles-ci ont montré que la ville entretenait d'étroits contacts avec la Thaïlande, la Malaisie, l'Indonésie, la Perse et l'empire romain.

Oc-Eo avait développé un système très élaboré de canaux, utilisé tant pour l'irrigation que pour les transports. Les voyageurs chinois de l'époque écrivaient ainsi qu'ils avaient traversé le Funan à la voile pour se rendre en Malaisie.

La plupart des maisons étaient construites sur pilotis, et les rares fragments que l'on a pu retrouver révèlent le grand raffinement de cette civilisation. Les objets récupérés sur le site sont exposés au musée d'Histoire et au musée des Beaux-Arts de HCMV (p. 336), au musée d'Histoire de Hanoi (p. 93), ainsi qu'au musée d'An Giang de Long Xuyen (p. 436).

Les vestiges de la cité antique d'Oc-Eo ne sont guère éloignés de Rach Gia : le site le plus proche est Cau Chau, une colline située à 11 km à l'intérieur des terres, près du village de Vong The, littéralement couverte de fragments de poterie et de coquillages. On y accède en jeep, à vélo ou à moto depuis le village de Hue Duc, distant de 8 km ; faites 3 km en direction de Ha Tien, puis empruntez le ferry local et continuez pendant 5 km.

Mieux vaut visiter Oc-Eo pendant la saison sèche. Vous aurez peut-être besoin d'un laissez-passer : contactez Kien Giang Tourist (p. 443) ou renseignez-vous au Hong Nam Hotel : demandez M. Duong Quang, un professeur d'anglais qui pourra vous guider jusqu'au site.

HA TIEN
☎ 077 / 90 100 hab.
Ha Tien, à 8 km seulement de la frontière cambodgienne, donne sur le golfe de Siam. La région est réputée pour ses fruits de mer, son poivre noir et ses objets fabriqués avec des carapaces de tortues.

Les roches calcaires en forme de tours donnent au paysage une beauté absolument unique, sans ressemblance avec le reste du delta. Les rochers sont creusés d'un véritable réseau de grottes, dont certaines abritent des temples. Les plantations de poivriers se déploient sur les flancs des collines. Par beau temps, l'île Phu Quoc est visible depuis la côte.

Ha Tien fit partie du Cambodge jusqu'en 1708, date à laquelle le gouverneur khmer, Mac Cuu (un immigrant chinois), fit appel aux Vietnamiens pour contrer les attaques répétées des Thaïs. Protégé par les seigneurs Nguyen, il conserva le pouvoir et Mac Thien Tu, son fils, lui succéda. Au XVIIIe siècle, les Thaïs effectuèrent ici plusieurs raids meurtriers. Rach Gia et la pointe méridionale du delta du Mékong tombèrent officiellement sous la coupe des Nguyen en 1798.

Sous le régime khmer rouge, les soldats se livrèrent à des incursions particulièrement violentes sur cette partie du territoire vietnamien ; tous les habitants de Ha Tien et des environs (des dizaines de milliers de personnes) durent s'enfuir. Depuis cette période, les zones situées au nord de Ha Tien, le long de la frontière cambodgienne, sont semées de mines et de pièges toujours actifs.

Même si Ha Tien a été déclarée officiellement "zone économique frontalière", les touristes n'ont toujours pas l'autorisation de passer la frontière à cet endroit. Il faut encore patienter un peu. Renseignez-vous auprès des agences de voyages et consultez les magazines locaux en anglais.

Renseignements

La **poste** (☎ 852 190 ; 3 Đ To Chau ; ☻ 6h30-21h) propose un accès Internet (4 000 d l'heure).

L'**Agricultural Bank** (Ngan Hang Nong Nhiep ; ☎ 852 055 ; fax 851 888 ; 37 Đ Lam Son) se tient près du marché.

À voir

TOMBES DE LA FAMILLE DE MAC CUU

Ces **sépultures** (Lang Mac Cuu), également appelées Nui Lang, ou la "colline aux tombes", occupent un promontoire proche de la ville. Des dizaines de membres de la famille Mac Cuu y sont enterrés. Dans la plus pure tradition chinoise, leurs tombeaux sont richement ornés de dragons, de phénix, de lions et de gardiens.

Le plus important de ces tombeaux, celui où figurent Thanh Long (Dragon vert) et Bach Ho (Tigre blanc) est celui de Mac Cuu lui-même ; l'empereur Gia Long en ordonna la construction en 1809. La tombe de sa première épouse est entourée de dragons et de phénix. Au pied de la corniche s'élève un monument funéraire à la gloire de la dynastie Mac.

PAGODE TAM BAO

Le gouverneur Mac Cuu fonda en 1730 cette **pagode** (Sac Tu Tam Bao Tu ; 328 Đ Phuong Thanh ;

VOUS POURRIEZ ÊTRE L'HEUREUX GAGNANT !

Les Asiatiques adorent le jeu, et les Vietnamiens ne font pas exception à la règle. La folie du loto a envahi le pays, et les billets se vendent dans plus de 40 provinces. La loterie est bien sûr légale, mais les autorités sanctionnent les fréquentes contrefaçons et les erreurs d'impression, ce qui lui confère une tout autre dimension.

On trouve trois principaux types de billets, vendus 2 000 d. Les plus populaires, fabriqués sur du papier à billet de banque, s'ornent de voitures de sport rouges, de fleurs ou encore de superbes mannequins vietnamiens, dans un style "années 1970". Les billets à résultat instantané, enveloppés dans du papier, sont moins prisés ; on les présente directement au vendeur, qui vérifie s'ils correspondent aux numéros gagnants. Enfin, décorés d'animaux africains exotiques, les billets à gratter remportent un grand succès dans le Centre. Ces tickets sont vendus dans la rue par des enfants ou des personnes âgées qui prennent une commission de 10% sur chaque vente (soit moins de 0,01 $US). Les numéros gagnants du jour sont communiqués chaque après-midi ; on peut les vérifier auprès des vendeurs, ce qui oblige plus ou moins à leur en acheter un nouveau, ou dans les journaux locaux du lendemain. Le montant du lot, déterminé par le nombre de bons numéros sur le billet acheté, ne dépasse pas 50 millions de dongs (soit 350 $US). Le gagnant dispose d'un mois pour se faire connaître.

HA TIEN

0 ————— 200 m

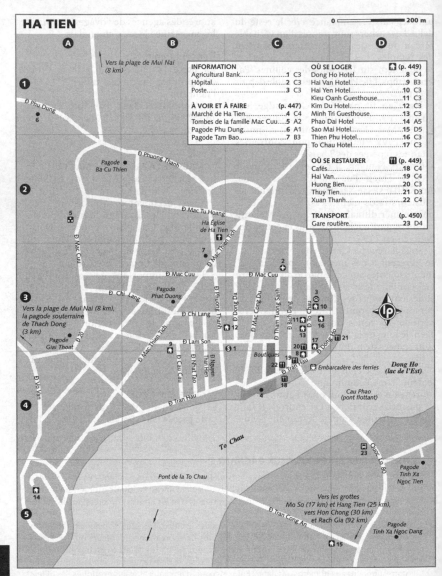

INFORMATION
Agricultural Bank.......................**1** C3
Hôpital.....................................**2** C3
Poste..**3** C3

À VOIR ET À FAIRE (p. 447)
Marché de Ha Tien....................**4** C4
Tombes de la famille Mac Cuu...**5** A2
Pagode Phu Dung......................**6** A1
Pagode Tam Bao.......................**7** B3

OÙ SE LOGER (p. 449)
Dong Ho Hotel..........................**8** C4
Hai Van Hotel............................**9** B3
Hai Yen Hotel..........................**10** C3
Kieu Oanh Guesthouse............**11** C3
Kim Du Hotel...........................**12** C3
Minh Tri Guesthouse................**13** C3
Phao Dai Hotel........................**14** A5
Sao Mai Hotel..........................**15** D5
Thien Phu Hotel.......................**16** C3
To Chau Hotel..........................**17** C3

OÙ SE RESTAURER (p. 449)
Cafés.......................................**18** C4
Hai Van....................................**19** C4
Huong Bien..............................**20** C3
Thuy Tien.................................**21** D3
Xuan Thanh..............................**22** C4

TRANSPORT (p. 450)
Gare routière...........................**23** D4

prières 8h-9h et 14h-15h), où résident à l'heure actuelle plusieurs bonzesses. À l'entrée, une statue de Quan The Am Bo Tat, déesse de la Miséricorde, se dresse sur une fleur de lotus au milieu d'une fontaine. Le sanctuaire abrite une magnifique statue en bronze peint du Bouddha du passé, A Di Da. Seize tombes de bonzes entourent la pagode.

À proximité s'élèvent les vestiges de l'enceinte édifiée au début du XVIIIe siècle.

PAGODE PHU DUNG

Cette **pagode** (Phu Cu Am Tu ; prières 4h-5h et 19h-20h) fut érigée au milieu du XVIIIe siècle par Nguyen Thi Xuan, l'épouse de Mac Thien Tich. Un seul bonze y réside de nos jours.

Au milieu du hall principal se dresse une statue représentant neuf dragons entourant le bouddha Thich Ca à sa naissance. Remarquez, sur la grande estrade, l'intéressante statue en bronze du bouddha Thich Ca, rapportée de Chine. Derrière, à flanc de coteau, apparaissent les tombes de Nguyen Thi Xuan et de l'une de ses servantes, ainsi que celles de quatre bonzes.

Le petit temple (Dien Ngoc Hoang), derrière le hall principal, est dédié à l'empereur de Jade taoïste. À l'intérieur se trouve Ngoc Hoang, entouré de Nam Tao, dieu de l'étoile polaire du Sud et de la félicité (à droite) et de Bac Dao, dieu de l'étoile polaire du Nord et de la Longévité (à gauche) ; ces statues sont faites de papier mâché moulé sur une structure en bambou.

Pour y accéder, quittez Đ Phuong Thanh à hauteur du n° 374.

PAGODE SOUTERRAINE THACH DONG

Cette **pagode bouddhique** souterraine (Chua Thanh Van) est située à 4 km du centre.

À gauche de l'entrée, la Stèle de la haine (Bia Cam Thu) commémore le souvenir des 130 victimes des massacres perpétrés par les Khmers rouges le 14 mars 1978.

À travers les différentes salles de la grotte, vous découvrirez diverses tablettes funéraires et des autels dédiés à Ngoc Hoang, à Quan The Am Bo Tat et aux deux bonzes fondateurs de la pagode. En passant dans les anfractuosités de la grotte, le vent crée des sons extraordinaires. Plusieurs ouvertures permettent d'apercevoir le Cambodge.

DONG HO

Le Dong Ho (lac de l'Est), qui s'étend à l'est de Ha Tien, est en fait un bras de mer, bordé par des collines granitiques – Ngu Ho, ou "cinq tigres", à l'est et To Chan, à l'ouest. Le Dong Ho serait, dit-on, d'une telle beauté les jours de pleine lune que les fées viendraient danser à sa surface.

MARCHÉ DE HA TIEN

Cet excellent marché s'étend le long de la rivière Chau. La plupart des produits proviennent de Thaïlande et du Cambodge, et les prix sont inférieurs à ceux de HCMV. La contrebande de cigarettes est un commerce très porteur ici.

Où se loger
PETIT BUDGET

Dong Ho Hotel (☎ 851 031 ; fax 852 141 ; 2 Đ Tran Hau ; ch 50 000-160 000 d ; ⊠). Une adresse proche de la rivière, pleine de charme avec ses fenêtres coulissantes et ses chambres bien équipées. Celles avec ventil. n'ont qu'une sdb commune. Le personnel est extrêmement sympathique.

Thien Phu Hotel (☎ 851 144 ; 3 Đ Chi Lang ; ch 80 000-180 000 d ; ⊠). Cet hôtel familial très accueillant est décoré d'un carrelage bleu et vert pâle. Les chambres doubles, certes calmes et plaisantes, semblent bien petites. La triple accueille jusqu'à 6 personnes.

Phao Dai Hotel (☎ 851 849 ; ch 80 000-140 000 d ; ⊠). Un cadre tranquille, sur une colline à la lisière sud-ouest de la ville. Les chambres climatisées donnent sur l'océan, tout comme les vastes terrasses. À disposition : un salon de massage, un bar karaoké et un restaurant.

Autres enseignes pour les petits budgets : **Minh Tri Guesthouse** (☎ 852 724 ; 22 Đ To Chau ; ch 100 000-120 000 d ; ⊠). Simple et familial.

Kieu Oanh Guesthouse (☎ 852 748 ; 14-20 Đ To Chau ; ch 80 000-120 000 d ; ⊠). Mêmes prestations que le Minh Tri. Accueil souriant.

Sao Mai Hotel (☎ 852 740 ; Đ Tran Cong An ; ch 80 000-150 000 d ; ⊠). Une jolie adresse sympathique au sud du pont flottant.

To Chau Hotel (☎ 852 277 ; Đ To Chau ; ch 100 000-150 000 d ; ⊠). Un hôtel d'État très correct, où le personnel se montre extrêmement aimable.

CATÉGORIE MOYENNE

Hai Van Hotel (☎ 852 001 ; fax 851 685 ; 55 Đ Lam Son ; ch aile ancienne 70 000-150 000 d, nouvelle aile avec petit déj 250 000-400 000 d ; ⊠ 🖳). Le personnel très attentif et les chambres confortables en font un excellent choix.

Kim Du Hotel (☎ 851 929 ; fax 852 119 ; 14 Đ Phuong Thanh ; ch 14-23 $US, avec petit déj ; ⊠). Un lieu agréable (avec ascenseur), même si les chambres de 3ᵉ catégorie sentent un peu le moisi. Le restaurant est excellent.

Hai Yen Hotel (☎ 851 580 ; 15 Đ To Chau ; ch 200 000-250 000 d ; ⊠). Un autre bon choix. Toutes les chambres possèdent eau chaude, TV, tél. et réfrig. Les plus coûteuses, spacieuses, s'ornent d'un balcon.

Où se restaurer

La spécialité de Ha Tien est une variété de noix de coco sans lait, qui ne pousse qu'au

Cambodge et dans cette région du Vietnam. Tous les restaurants vous serviront sa chair délicieuse dans un verre, avec de la glace et du sucre. Les Cambodgiens ont longtemps prétendu que tout endroit où poussait ce fruit était territoire cambodgien.

Hai Van (☎ 850 344 ; 4 Đ Tran Hau ; soupes/plats du midi 7 000/10 000 d). Plats vietnamiens, chinois et occidentaux. Le Hai Van accueille également des anniversaires ou des banquets de mariage.

Xuan Thanh (☎ 852 197 ; 20 Đ Tran Hau ; plats 15 000 d). Cet établissement accueillant installé face au marché, dans un cadre agréable, sert des plats savoureux.

Huong Bien (☎ 852 072 ; 974 Đ To Chau ; plats 20 000 d). Un excellent choix.

Thuy Tien (☎ 851 828 ; Đ Dong Ho ; café 3 000 d). Un superbe emplacement, au bord du lac.

Les cafés qui longent le front de mer sont très animés.

Depuis/vers Ha Tien
BATEAU
L'embarcadère des ferries se trouve non loin du To Chau Hotel, près du pont flottant. De là, un ferry gagne tous les jours Chau Doc en 3 heures (départ à 6h). Vous pouvez venir ici en bateau de HCMV (en changeant à Chau Doc), mais le trajet est interminable et le bateau n'a rien de luxueux.

BUS
À HCMV, le bus pour Ha Tien part de la gare routière Mien Tay (p. 370). Le trajet dure de 9 à 10 heures et coûte environ 90 000 d.

La **gare routière de Ha Tien** (Ben Xe Ha Tien) se trouve, par rapport au centre-ville, de l'autre côté du pont flottant. Elle dessert la province d'An Giang, Can Tho (départs 5h50 et 9h10), la province de Vinh Long, HCMV (68 000 d, 8 heures, départs 7h et 9h) et Rach Gia (5 heures, 5 fois/jour).

Des bus rallient également Rach Gia (20 000 d, 1 heure 30, départs 5h et 17h).

VOITURE ET MOTO
Ha Tien se situe à 92 km de Rach Gia, 95 km de Chau Doc, 206 km de Can Tho et 338 km de HCMV.

ENVIRONS DE HA TIEN
Au large de la côte, entre Rach Gia et la frontière cambodgienne, se trouvent de nombreuses îles, dont les habitants récoltent, sur les falaises rocheuses, le précieux salangane, principal ingrédient de la fameuse soupe aux nids d'hirondelles.

Plages
Les plages bordent le golfe de Siam. L'eau, ici incroyablement chaude et calme, est parfaite pour les nageurs et les plongeurs, mais sans espoir pour les surfeurs.

Située 8 km à l'ouest de Ha Tien et dominée par un phare, **Mui Nai** (ou "péninsule de la tête de cerf") a la forme d'un cerf qui brame, d'où son nom. Coiffée d'un phare, elle est bordée de sable fin des deux côtés. On y accède par des routes depuis Ha Tien et la pagode souterraine de Thach Dong.

Quelques kilomètres à l'ouest de Ha Tien, non loin d'un village de pêcheurs, la **plage de No** (Bai No) est ourlée de cocotiers. Celle de **Bai Bang** s'étend à quelques kilomètres à l'ouest de Ha Tien.

Grotte Mo So
Cette grotte se niche à 17 km de Ha Tien sur la route de Rach Gia ; on y accède à pied pendant la saison sèche et en canot à la saison des pluies. Ses trois salles sont reliées par un véritable labyrinthe souterrain. Malheureusement, l'usine de ciment voisine a extrait une grande partie du calcaire et causé des dégâts irréparables. Il est conseillé aux visiteurs de se munir d'une lampe-torche et de se faire accompagner d'un guide.

Grotte Hang Tien
Cette grotte historique servit en 1784 de cachette à Nguyen Anh, futur empereur sous le nom de Gia Long, alors qu'il était poursuivi par les rebelles Tay Son. Ses soldats y découvrirent une cachette de pièces en zinc, d'où son nom de "grotte aux Pièces". À 25 km de Ha Tien en direction de Rach Gia, elle est également accessible en 1 heure par bateau (15 000 d) depuis l'embarcadère des ferries de Hai Tien.

Île Hon Giang
Située au large de Ha Tien, à environ 15 km, cette île possède une superbe plage isolée, où vous pourrez vous faire conduire en petite embarcation.

HON CHONG

☎ 077

Également appelée Binh An, cette petite station balnéaire isolée possède le plus beau littoral du delta du Mékong. Cette bourgade paisible, guère fréquentée par les touristes étrangers, mérite une visite de quelques jours.

Les principaux sites à y découvrir sont la grotte Chua Hang, la plage Duong et l'île Nghe. Nous sommes bien loin des 3 000 îles et grottes de la baie d'Along (p. 130), mais ses formations rocheuses sont tout de même très photogéniques. Si l'on excepte trois imposantes cimenteries crachant leur polluante fumée sur la route de Ha Tien, le trajet le long du littoral traverse de beaux paysages.

Hon Chong s'étend des deux côtés de la route, qui suit les sinuosités de la côte. Les hôtels et autres complexes parsèment cette route qui prend fin à la grotte Chua Hang.

Temple Hai Son Tu et grotte Chua Hang

Construit à flanc de colline, le temple bouddhique Hai Son Tu (temple de la Mer et de la Montagne) commande l'entrée de la grotte. Les visiteurs prient et brûlent des bâtons d'encens avant de passer derrière l'autel pour pénétrer dans la grotte, où se dresse une statue de Quan The Am Bo Tat. Des stalactites creuses tintent comme des cloches si on les heurte légèrement (attention, fragile !).

Plage Duong

Au nord de la grotte Chua Hang, cette plage doit son nom aux pins à longues aiguilles (*duong*) qui la bordent. Si la partie sud est très fréquentée par les touristes vietnamiens (notamment pour ses karaokés), les 3 km de plage sont beaux et paisibles.

Ne vous attendez pas à un sable fin et immaculé : les eaux alentour charrient de lourds sédiments et, depuis peu, de la poussière de ciment, tandis que le sol a tendance à se tasser. Toutefois, l'eau est relativement claire. C'est d'ailleurs la seule plage au sud de HCMV, hormis celles de l'île Phu Quoc, qui invite vraiment à la baignade. En outre, les couchers de soleil y sont extraordinaires.

De l'extrémité sud de la plage, très animée à proximité de la grotte, vous apercevrez, à quelques centaines de mètres au large, l'**île du Père et du Fils** (Hon Phu Tu) : par sa forme, elle évoquerait l'étreinte d'un père et de son fils. Cette colonne de pierre est juchée sur un "socle" érodé par les vagues, presque entièrement découvert à marée basse. Pour aller la voir de plus près, vous pouvez louer un bateau à rames sur la rive.

Île Nghe

Nghe, la plus belle île de la région, accueille un pèlerinage bouddhiste très fréquenté. Près de la grande statue de Quan The Am Bo Tat, qui regarde la mer, vous découvrirez un **temple troglodytique** (Chua Hang). Le lieu s'appelle Doc Lau Chuong.

Vous n'aurez guère de difficultés à dénicher un bateau pour vous y rendre, la solution la plus économique étant de le louer à plusieurs ; renseignez-vous à la Hon Trem Guesthouse (voir ci-dessous). Une excursion d'une journée, comprenant une traversée de 1 à 2 heures, vous fera visiter trois îles, à bord d'un bateau pouvant contenir 15 passagers (environ 60 \$US).

On peut aussi louer une vedette d'une capacité de 20 personnes au Doi Xanh Restaurant, au bord de l'eau, à 4,5 km de la grotte Chua Hang sur la route de Ha Tien. Le propriétaire demande 50/100 \$US pour une demi-journée/journée de cabotage.

À l'heure où nous rédigeons cet ouvrage, les étrangers ne sont pas autorisés à séjourner dans l'île.

Où se loger

Attention ! Les hôtels sont pris d'assaut lors des pèlerinages bouddhistes, depuis la quinzaine précédant la fête du Têt jusqu'au mois suivant, ainsi qu'en mars et avril.

PETIT BUDGET

Binh An Hotel (☎ 854332 ; fax 854533 ; 1030 hameau 3 ; ch 80 000-160 000 d ; ✗). Un établissement agréable, à 1 km en direction de la grotte de Chua Hang, sur la même route que le Phuong Thao Hotel. Il occupe une propriété spacieuse et calme, entourée d'une enceinte et de jardins. Toutes les chambres possèdent une sdb. Celles de l'ancienne aile sont bon marché mais sordides ; celles de la nouvelle aile, avec clim., sont nettement plus belles.

Huong Bien Guesthouse (☎ 854 537 ; hameau 3, d 70 000-150 000 d ; ✗). Cette pension est désormais installée face à de petits restaurants, loin du bruit de l'entrée de la grotte Chua Hang.

Hon Trem Guesthouse (☎ /fax 854 331 ; ch à partir de 130 000 d ; 🛠). Proche de la route, environ 1 km avant la barrière de la plage, cette pension d'État loue des chambres occupant un grand bungalow ou le bâtiment principal. Le personnel prépare des repas sur demande.

Phuong Thao Guesthouse (☎ 854 357 ; ch 80 000-120 000 d ; 🛠). À 200 m du Green Hill, cette pension offre des chambres de style bungalow, aux murs plutôt minces. Peu entretenue, elle n'en demeure pas moins sympathique. Des poulets et des dindons gambadent dans la cour.

CATÉGORIE MOYENNE

Green Hill Guesthouse (☎ 854 369 ; 905 Hon Chong ; d 13-20 $US ; 🛠). Cette charmante villa perchée sur un tertre dominant la plage de Duong est le premier établissement que vous apercevrez en arrivant à Hon Chong. Les chambres de cette sympathique pension familiale sont confortables et spacieuses. Le balcon du 1er étage, décoré de multiples orchidées et bougainvilliers, s'ouvre sur un beau panorama sur Hon Phu Tu (île du Père et du Fils). Essayez de réserver la "chambre Hollywood" du dernier étage, pour son joli plafond conique et sa terrasse privée.

An Hai Son Resort (☎ 759 226 ; anhaison@hcm. vnn.vn ; hameau de Bai Gieng ; ch 200 000-250 000 d ; 🛠 🖳). Ce complexe d'un bon rapport qualité/prix s'inscrit dans un jardin paysager. Les chambres des bungalows et des villas sont bien équipées ; celles des villas, plus petites et moins chères, ont davantage de charme car elles sont meublées avec goût. Celles du 1er étage donnent sur la mer.

My Lan Hotel (☎ 759 044 ; fax 759 040 ; ch 150 000-210 000 d ; 🛠). Une adresse recommandée, propriété de Vietnamiens installés à Milan (d'où le jeu de mots sur son nom). Chambres standard immaculées.

Où se restaurer

Si vous délaissez le restaurant de votre hôtel, allez jetez un œil aux **stands** (plats environ 8 000 d), installés près de l'entrée de la grotte. Si le cœur vous en dit, vous pourrez même choisir votre poulet avant qu'il soit tué et rôti sous vos yeux.

Hong Ngoc (noix de coco environ 3 000 d). À côté de l'entrée de la grotte, ne manquez pas les délicieuses noix de coco de Ha Tien.

Depuis/vers Hon Chong

La grotte de Chua Hong et la plage Duong se trouvent à 32 km de Ha Tien, en direction de Rach Gia. L'embranchement de la route se situe sur la nationale, à Ba Hon, petite bourgade à l'ouest de la cimenterie de Kien Luong. Les bus peuvent vous déposer à Ba Hon, où vous louerez une moto.

Un bus direct (15 000 d, 4 heures de trajet) relie Rach Gia à Hon Chong. Il part à 10h de la **gare routière Ben Xe Ha Tien** (Đ 30 Thang 4). Au retour, le bus (qui stationne devant la Huong Bien Guesthouse) quitte Hon Chong à 4h pour Rach Gia.

ÎLE PHU QUOC
☎ 077 / 52 700 hab.

Montagneuse et verdoyante, Phu Quoc, qui fait partie de la province de Kien Giang, se niche au creux du golfe de Siam, à 45 km à l'ouest de Ha Tien et à 15 km du littoral cambodgien. Sa forme évoque celle d'une larme de 48 km de long, et sa superficie atteint 1 320 km². Elle abrite certaines des plages les plus magnifiques du Vietnam, et ses eaux bleu-vert abritent une fantastique faune sous-marine.

Au grand dam des Vietnamiens, qui y ont construit une base militaire couvrant la plus grande partie de sa partie nord, le Cambodge revendique Phu Quoc, qu'il nomme Ko Tral.

Pendant les années 1760 et 1780, le missionnaire français Pigneau de Béhaine utilisa Phu Quoc comme base d'opérations pour soutenir le prince Nguyen Anh, futur empereur Gia Long, alors poursuivi par les rebelles Tay Son.

L'île ne fait pas réellement partie du delta du Mékong. Sa culture la plus lucrative est celle du poivre noir, mais les habitants vivent traditionnellement des produits de la mer. La réputation de l'île tient aussi à l'excellence du *nuoc mam* qu'elle produit.

Enfin, Phu Quoc est également renommée pour ses chiens de chasse : avec leur aide, les îliens ont décimé la plus grande partie de la faune locale. À ce qu'on dit, ces chiens, à la queue arrondie et à la langue bleue, sont capables de sentir l'odeur de leur maître à plus de 1 km de distance.

Les formidables atouts touristiques de Phu Quoc restent encore peu exploités : les problèmes de transport, ainsi que l'occupation de quelques plages magnifiques par des bases militaires, ont contribué à tenir les visiteurs à l'écart. L'île, néanmoins, a été classée parc national en 2001 : le **parc national de Phu Quoc** couvre désormais 31 422 ha, soit près de 70% de la superficie totale de l'île.

La saison des pluies dure ici de juillet à novembre. Les touristes affluent vers le milieu de l'hiver, lorsque le temps est clément et que la mer est calme ; c'est alors la canicule. Emportez lunettes de soleil et crème solaire. Si vous vous aventurez à l'intérieur de l'île, emportez au moins 2 litres d'eau pour éviter la déshydratation.

Orientation

À l'extrémité sud se trouve **An Thoi**, le principal port de plaisance. Si cette ville a peu d'attraits pour les visiteurs – seul son marché vaut le coup d'œil –, elle constitue le point d'embarquement pour Rach Gia (p. 443) et des excursions d'une journée vers les îles An Thoi (p. 455).

L'aéroport et la plupart des hôtels sont rassemblés à **Duong Dong**, le principal port de pêche.

Renseignements

La **poste** et l'**Agricultural Bank** (🕲 fermée le week-end) se situent en plein centre-ville. La banque ne change que les dollars ; mieux vaut changer vos devises à Rach Gia, avant d'arriver à Phu Quoc.

Il est difficile de trouver un accès Internet ; tentez votre chance au Tropicana Resort.

À voir et à faire
PLAGES
Bai Dai et Bai Thom (carte p. 454)

Bai Dai, au nord-ouest, et **Bai Thom**, au nord-est, sont très reculées et très peu fréquentées. La première est desservie par une nouvelle route.

Elles font toutes deux partie de zones militaires, mais Bai Dai est ouverte au public et compte deux restaurants. Les civils ne peuvent aller à Bai Thom que le dimanche ; ils doivent déposer leur passeport au réceptionniste de la base. N'essayez surtout pas de vous faufiler sur les plages :

renseignez-vous sur le règlement et respectez-le.

Bai Cua Can et Long Beach (carte p. 454)

Bai Cua Can, à 11 km seulement de Duong Dong, est la plus accessible du nord-ouest.

Long Beach (Bai Truong) s'étend à perte de vue sur la côte ouest, de Duong Dong jusqu'aux abords du port de An Thoi (20 km) ; dans sa partie sud, on l'appelle baie de Tau Ru (Khoe Tau Ru). La mer est cristalline et la plage bordée de cocotiers.

On peut facilement y accéder à pied, en se dirigeant vers le sud à partir du château de Cau. En revanche, la portion isolée, à l'extrémité sud de l'île, n'est accessible qu'à moto ou à vélo. La plage proche de la pension familiale est particulièrement fréquentée. Quelques huttes de bambou y vendent des boissons, mais pensez à emporter de l'eau si vous envisagez de faire une longue promenade.

Bai Sao et Bai Dam (carte p. 454)

Les magnifiques plages de sable blanc appelées **Bai Sao** et **Bai Dam** se trouvent au sud-est de l'île, à seulement quelques kilomètres de An Thoi. Plusieurs restaurants se sont installés face à la mer.

Plus au sud, Bai Khem, l'une des plus belles plages de Phu Quoc, est encore peu développée. Malheureusement, lors de notre passage, elle faisait encore partie d'une zone militaire fermée au public.

SUOI DA BAN (carte p.454)

Comparée au delta, Phu Quoc compte peu de cours d'eau. Toutefois, les collines abritent quelques sources, la plus accessible étant **Suoi Da Ban** ("ruisseau à la surface de pierre"), une source d'eau vive tombant en cascade dans un cadre de grands rochers de granit. Certaines criques sont assez profondes pour se baigner. N'oubliez surtout pas votre produit antimoustiques !

Suoi Da Ban se situe au centre de l'île, vers le sud. L'entrée est libre, mais garer votre moto dans le parking coûte 4 000 d.

RÉSERVES FORESTIÈRES

Le sol pauvre et sec de Phu Quoc a toujours découragé les agriculteurs. Il s'est en revanche montré salvateur pour l'environnement de l'île. Les arbres, qui occupent 90% de sa

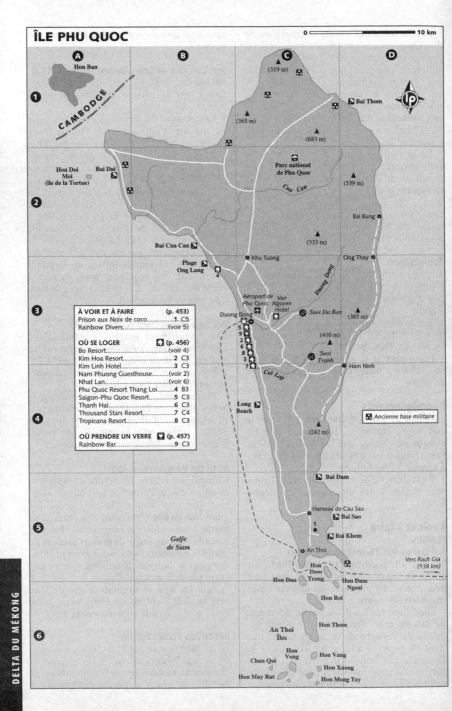

ÎLE PHU QUOC

0 ━━━━━━ 10 km

A · **B** · **C** · **D**

Hon Ban

CAMBODGE

(319 m)

(365 m)

(683 m)

Bai Thom

Parc national
de Phu Quoc

(539 m)

Hon Doi
Moi
(île de la Tortue)

Bai Dai

Cua Can

Bai Bung

(333 m)

Bai Cua Can

Khu Tuong

Ong Thay

Plage
Ong Lang

4

Duong Dong

Aéroport de
Phu Quoc

Van
Nguyen
Hotel

Suoi Da Ban

(365 m)

Duong Dong

(410 m)

5
9
2
6
8
3
7

Suoi
Tranh

Cai Lop

Ham Ninh

Long
Beach

(242 m)

À VOIR ET À FAIRE   (p. 453)
Prison aux Noix de coco........1..C5
Rainbow Divers....................(voir 5)

OÙ SE LOGER   (p. 456)
Bo Resort...............................(voir 4)
Kim Hoa Resort........................2 C3
Kim Linh Hotel.........................3 C3
Nam Phuong Guesthouse........(voir 2)
Nhat Lan..............................(voir 6)
Phu Quoc Resort Thang Loi.........4 B3
Saigon-Phu Quoc Resort.............5 C3
Thanh Hai................................6 C3
Thousand Stars Resort...............7 C4
Tropicana Resort.......................8 C3

OÙ PRENDRE UN VERRE   (p. 457)
Rainbow Bar..............................9 C3

🏛 Ancienne base militaire

Bai Dam

Hameau de Cau Sau

Bai Sao

1

Bai Khem

Golfe
de Siam

An Thoi

Vers Rach Gia
(138 km)

Hon
Dam
Trong

Hon Dua

Hon Dam
Ngoai

Hon Roi

Hon Thom

An Thoi
Îles

Hon
Vong

Hon Vang

Chan Qui

Hon Xuong

Hon May Rut

Hon Mong Tay

DELTA DU MÉKONG

superficie, sont aujourd'hui officiellement protégés et constituent la dernière grande forêt du Sud.

La partie la plus dense de la **forêt**, dans la moitié nord de l'île, a été classée réserve forestière (Khu Rung Nguyen Sinh). Pour vous y rendre, vous devrez emprunter une moto ou un VTT ; il existe quelques pistes, mais aucun sentier de promenade à proprement parler.

ÎLES AN THOI

Au sud de Phu Quoc, ces quinze **îlots** (Quan Dao An Thoi ; carte p. 454) se visitent en bateau. Le voyage mérite le détour : outre des paysages superbes, vous découvrirez des lieux de rêve pour la pêche, la baignade et le snorkeling. Hon Thom (île aux Ananas), la plus grande de l'archipel, mesure 3 km de long ; Hon Dua (île aux Noix de coco), Hon Roi (île de la Lampe), Hon Vang (île de l'Écho), Hon May Rut (île du Nuage froid), Hon Dam (île de l'Ombre), Chan Qui (île de la Tortue jaune) et Hon Mong Tay (l'île du Petit Pistolet) font également partie de cet ensemble.

La plupart des bateaux partent de An Thoi, mais les hôtels de Duong Dong peuvent aussi vous organiser une excursion. Le grand bateau du Tropicana Resort effectue cette traversée directement depuis Long Beach ; Kim Linh Hotel loue également deux bateaux à la journée dont le premier accueille 8 à 10 passagers (35 $US) et le second 15 à 20 passagers (65 $US). La location des bateaux est saisonnière : en principe, les bateaux ne partent pas pendant la saison des pluies.

PLONGÉE SOUS-MARINE

Si Nha Trang (p. 266) est la première destination de plongée du pays, de nombreux sites autour de Phu Quoc se prêtent également à l'exploration des fonds sous-marins. Le très réputé **Rainbow Divers** (carte p. 454 ; ☎ 0913-400 964 ; www.divevietnam.com ; ⏰ 7h-22h) dispose ici d'un centre de plongée : adressez-vous au Saigon-Phu Quoc Resort (voir *Où se loger*).

PRISON AU COCOTIER

Île isolée et zone économiquement marginale, Phu Quoc servit de prison à l'administration française, puis aux Américains :

elle abrita ainsi environ 40 000 prisonniers vietcong.

La **prison au Cocotier** (Nha Lao Cay Dua ; carte p. 454), près de An Thoi, était la principale colonie pénitentiaire. Bien qu'elle soit considérée comme un site historique et qu'il soit envisagé d'y ouvrir un musée, elle abrite toujours des détenus. Vous ne serez donc pas surpris d'apprendre que très peu de visiteurs s'aventurent jusque là.

CHÂTEAU DE CAU (DINH CAU)

Selon les brochures touristiques, Duong Dong est surtout renommée pour le **château de Cau** (Dinh Cau ; carte p. 456; entrée libre). Il s'agit en fait moins d'un château que d'un temple accolé à un phare. Construit en 1937 en l'honneur de Thien Hau (déesse de la Mer), protectrice des marins et des pêcheurs, il mérite une visite pour la vue offerte sur l'entrée du port.

FABRIQUE DE NUOC MAM

Si vous voulez sortir des sentiers battus, sachez que de nombreux voyageurs ont grandement apprécié leur visite de la **fabrique de nuoc mam Hung Thanh** (carte p. 456; entrée libre ; ⏰ 8h-11h et 13h-17h), la plus importante de l'île. En apercevant les énormes cuves en bois, vous penserez peut-être avoir droit à une dégustation de vin : vous changerez d'avis en humant l'odeur très forte qui s'en dégage – à laquelle on s'habitue très vite.

La plus grande partie du *nuoc mam* produit ici pourvoit à la consommation intérieure, mais une quantité étonnante part à l'exportation vers la France, le Japon, les États-Unis et le Canada.

La fabrique est proche à pied des **marchés** de Duong Dong. La visite est gratuite ; louez les services d'un guide si vous ne parlez pas vietnamien.

Promenades en bateau

Faute d'office du tourisme à Duong Dong, la réservation s'effectue auprès de votre hôtel. La plupart des touristes se déplacent dans l'île sur des motos de location. Vous trouverez plusieurs guides à moto qui parlent anglais : **Tony** (☎ 846 144), le plus connu, a grandi dans une famille américaine ; il est facile de le contacter, mais il vous trouvera probablement le premier !

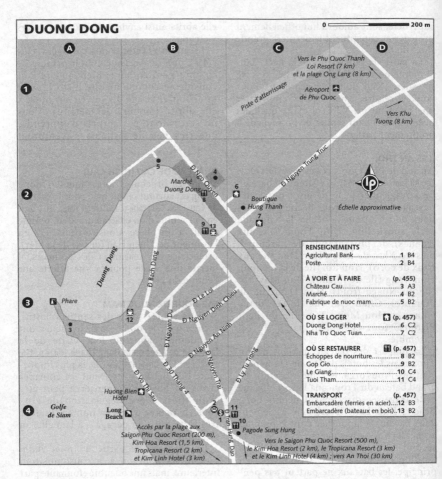

DUONG DONG

0 — 200 m

Vers le Phu Quoc Thanh
Loi Resort (7 km)
et la plage Ong Lang (8 km)

Aéroport
de Phu Quoc

Vers Khu
Tuong (8 km)

Piste d'atterrissage

D Ngo Quyen

Marché
Duong Dong

Boutique
Hung Thanh

Échelle approximative

Duong Dong

D Bach Dang

Phare

D Le Loi

D Nguyen Dinh Chieu

D Nguyen Du

D Nguyen An Ninh

D Nguyen Trai

D Ly Tu Trong

Huong Bien
Hotel

Golfe
de Siam

Long
Beach

D Vo Thi Sau

D 30 Thang 4

D Tran Hung Dao

Accès par la plage aux
Saigon-Phu Quoc Resort (200 m),
Kim Hoa Resort (1,5 km),
Tropicana Resort (2 km)
et Kim Linh Hotel (3 km)

Pagode Sung Hung

Vers le Saigon-Phu Quoc Resort (500 m),
le Kim Hoa Resort (2 km), le Tropicana Resort (3 km)
et le Kim Linh Hotel (4 km) ; vers An Thoi (30 km)

RENSEIGNEMENTS		
Agricultural Bank	1	B4
Poste	2	B4
À VOIR ET À FAIRE	**(p. 455)**	
Château Cau	3	A3
Marché	4	B2
Fabrique de nuoc mam	5	B2
OÙ SE LOGER	**(p. 457)**	
Duong Dong Hotel	6	C2
Nha Tro Quoc Tuan	7	C2
OÙ SE RESTAURER	**(p. 457)**	
Échoppes de nourriture	8	B2
Gop Gio	9	B2
Le Giang	10	C4
Tuoi Tham	11	C4
TRANSPORT	**(p. 457)**	
Embarcadère (ferries en acier)	12	B3
Embarcadère (bateaux en bois)	13	B2

Où se loger

Les tarifs des hôtels et des résidences de Phu Quoc chutent considérablement en basse saison – à vous de négocier. Entre fin décembre et début janvier, les hébergements sont pris d'assaut, et il est alors indispensable de réserver longtemps à l'avance.

LONG BEACH

Tropicana Resort (carte p. 454 ; ☎ 847 127 ; www.vngold.com/pq/tropicana ; km 2 ; d 15-50 $US, bungalows 35-70 $US, avec petit déj ; 🅿 🖥). Ce charmant complexe est le havre de paix dont vous aurez probablement besoin après une rude traversée en ferry. Le personnel (qui parle français) peut louer pour vous planches à

voile, kayaks et motos. Il est aussi tout à fait possible de rester dans la véranda du restaurant à ne rien faire, sauf contempler le paysage ! Les tarifs incluent le transport vers/depuis l'aéroport.

Saigon-Phu Quoc Resort (carte p. 454 ; ☎ 846 510 ; www.sgphuquocresort.com.vn ; ch 56-161 $US avec petit déj, maison familiale 507 $US ; 🅿 🖥). De jolies chambres installées dans des bâtiments modernes (aux noms incongrus tels "villa de Tarzan"), avec un magnifique point de vue sur la plage. Elles comprennent toutes une ligne téléphonique internationale, ainsi qu'une TV sat. et un mini-bar. Le transfert vers l'aéroport est compris. De plus, la réservation par Internet donne droit à certaines réductions intéressantes.

Thousand Stars Resort (Khu Du Lich Ngan Sao ; carte p. 454 ; ☎ 848 203 ; hungthanhphuquoc@hcm.vnn. vn ; km 3 ; d 220 000 d, bungalows 300 000-600 000 d ; 🏊). Cette adresse occupe une plage splendide. De jolies statues en plâtre égaient le sentier menant à l'entrée. Au coucher du soleil, le restaurant face à la mer est l'endroit idéal pour prendre un verre ou déguster des fruits de mer.

Kim Hoa Resort (carte p. 454 ; ☎ 847 039 ; km 1,5 ; d 225 000-270 000 d, bungalows 180 000 d ; 🏊). Cet hôtel très fréquenté abrite un nombreux bungalows et un restaurant avec terrasse, accueillant en journée des fêtes de mariage. Les chambres sont confortables. Le personnel semble hélas peu attentionné et guère sympathique.

Quelques pensions familiales le long de Long Beach :

Beach Club (☎ 980 998 ; ch 8-15 $US). Un nouvel établissement, tenu par des Français. Au programme : cours de yoga et soirées animées par des projections de films et des DJ.

Nam Phuong Guesthouse (carte p. 454 ; ☎ 846 319 ; km 1,5 ; d 105 000-120 000 d, bungalows 225 000 d). Bungalows et café de plage.

Nhat Lan (carte p. 454 ; ☎ 847 663 ; km 1,7 ; d 120 000 180 000 d). Une famille sympathique, mais des bungalows en béton ; location de hamacs.

Thanh Hai (carte p. 454 ; ☎ 847 482 ; km 1,7 ; d 120 000 d). Un lieu paisible et familial disposant de 6 chambres en pleine forêt.

PLAGE ONG LANG
À 7 km au nord de Duong Dong, près du hameau de Ong Lang, cette plage rocheuse est moins belle que celle de Bai Truong, mais bien plus tranquille.

Phu Quoc Resort Thang Loi (carte p. 454 ; ☎ 0918-073 494, 0908-297 413 ; www.phu-quoc.de ; bungalows 11-17 $US). Ce ravissant complexe compte 12 bungalows en bois, disséminés dans un jardin à l'ombre de palmiers, de manguiers et d'anacardiers. Le personnel est aimable et le restaurant agréable. Réservez par Internet.

Bo Resort (carte p. 454 ; ☎ 0913-640 520 ; boresort@yahoo.com ; bungalows 15-20 $US). Une adresse recommandée par les voyageurs, comptant un bon restaurant tenu par un couple franco-vietnamien.

DUONG DONG
Si la plupart des voyageurs préfèrent loger près de la plage, il existe aussi plusieurs adresses en ville.

Duong Dong Hotel (carte p. 456 ; ☎ 846 106 ; ch avec/sans baignoire 50 000/35 000 d). Proche du marché de Duong Dong, cet hôtel sympathique propose de petites chambres sombres.

Nha Tro Quoc Tuan (carte p. 456 ; ☎ 847 552 ; ch 50 000 d). Huit chambres d'un standing légèrement supérieur à celui de son voisin.

AN THOI
Rares sont les touristes qui séjournent à An Thoi (carte p. 454), un endroit pourtant pratique si l'on débarque tard du ferry ou si l'on embarque tôt le matin.

Duy Khoa (☎ 844 832 ; www.vngold.com/pq/ duykhoa ; ch 70 000-150 000 d ; 🏊). Hôtel tout proche de l'embarcadère des ferries et le plus sympathique de An Thoi. Les chambres (petites) sont bien tenues.

Où se restaurer
Gop Gio (carte p. 456 ; ☎ 847 057 ; 145 Đ Bach Dang ; plats 15 000 d). Restaurant sans prétention, tout proche de l'embarcadère de Duong Dong, servant les fruits de mer les plus frais et les moins chers de la ville.

Tuoi Tham (carte p. 456 ; ☎ 846 368 ; Đ Tran Hung Dao) et **Le Giang** (carte p. 456 ; ☎ 846 444 ; 289 Đ Tran Hung Dao), sur la route reliant Duong Dong à Long Beach, proposent tous deux des plats succulents (environ 10 000 d).

Les voyageurs en quête d'un cadre romantique et d'une cuisine de qualité ne manqueront à aucun prix les restaurants en terrasse du **Tropicana Resort** (p. 454) et du **Kim Hoa Resort** (p.454), situés sur le front de mer.

Une ambiance plus typique et plus animée vous attend aux **restaurants de la plage**, près des petites pensions de Long Beach (carte p. 454).

Tout autour du marché de Duong Dong, les nombreux stands (carte p. 456) proposent des plats bon marché.

Où prendre un verre
Tenu par l'équipe formidable qui a fait de l'institution homonyme de Nha Trang un lieu légendaire, le sympathique **Rainbow Bar** (carte p. 454) se trouve entre le Saigon-Phu Quoc Resort et le Kim Hoa Resort.

Depuis/vers Phu Quoc
AVION
Vietnam Airlines assure entre HCMV et Duong Dong, principale ville de Phu Quoc,

quatre vols par semaine, dont certains font escale à Rach Gia ; pour plus d'informations, voir p. 485.

Les voyageurs traversent volontiers le delta du Mékong par la route, prennent ensuite à Rach Gia un ferry pour Phu Quoc (ou un vol à 32 $US) puis, une fois bronzés et reposés, rentrent à HCMV en 1 heure de vol (46 $US).

BATEAU

Pour atteindre l'île, le bateau le plus rapide est l'**hydroglisseur** (adulte/enfant 130 000/70 000 d, 2 heures 30, départ 8h30/13h30 depuis Rach Gia/An Thoi), qui relie tous les jours Rach Gia à Phu Quoc. Vous devez acheter les billets à l'avance. Lors de notre passage, nous avons appris que les bateaux rapides entre Ba Hon et Phu Quoc allaient être supprimés.

Tous les bateaux arrivent et partent de An Thoi, à la pointe sud de l'île.

Les **ferries** (☎ 863 242 ; 66 000 d) pour An Thoi partent à 9h. Les départs peuvent être retardés en fonction des marées et du nombre de passagers ; dans tous les cas, mieux vaut arriver tôt pour être sûr d'embarquer et trouver un endroit convenable où s'asseoir et s'allonger. Sur les petits bateaux, évitez la plate-forme située au-dessus du moteur : c'est une véritable fournaise. Faites des provisions de boisson et de nourriture en ville ou sur les quais.

Aucun des bateaux de cette flotte (des antiquités en acier et des embarcations en bois) n'est très confortable. Il sont souvent surchargés, tant en passagers (qui suspendent des hamacs dans tous les recoins possibles) qu'en marchandises – parmi lesquelles de bruyants coqs de combat ou d'autres animaux exotiques. Nous n'avons entendu parler d'aucun incident, mais cette traversée est rude ; si vous le pouvez, n'hésitez pas à envisager un transport aérien. À marée basse, le ferry ne peut accoster à Rach Gia : passagers et marchandises sont alors transférés sur une petite navette.

Le trajet dure environ 8 heures. La plupart des touristes descendent à An Thoi, d'où ils prennent une moto jusqu'à Duong Dong. Si vous n'êtes pas pressé, vous pouvez, moyennant 15 000 d supplémentaires (acquittés lors de l'achat du billet), rester à bord jusqu'à Duong Dong, ce qui prend encore 2 heures 30 (arrêt à An Thoi compris), mais vous aurez droit à une petite croisière au clair de lune le long de la côte.

Il existe des liaisons irrégulières entre Ham Tinh (sur la côte est de Phu Quoc) et Ha Tien, sur le continent, mais ces traversées sont dangereuses et ne valent pas le risque encouru.

Comment circuler
DEPUIS/VERS L'AÉROPORT

L'aéroport de Phu Quoc se trouve pratiquement dans le centre de Duong Dong. Les quelques centaines de mètres se parcourent facilement à pied, si vos bagages ne sont pas trop lourds. Pour vous rendre dans l'un des hôtels de Long Beach, vous n'aurez qu'à longer la plage depuis Huong Bien Hotel.

Les conducteurs de moto-taxi qui stationnent à l'aéroport vous demanderont environ 1 $US pour vous conduire dans votre hôtel, mais attention : ils essaieront de vous emmener là où ils pourront toucher une commission. Si vous savez où aller, précisez-leur que vous avez déjà réservé.

BICYCLETTE

Si vous pouvez supporter une journée à bicyclette sous le soleil tropical et sur les mauvaises routes, bravo à vous ! La plupart des hôtels en louent – comptez environ 1 $US/jour.

BUS

Le service est quasi inexistant entre An Thoi et Duong Dong (un bus toutes les heures, voire toutes les 2 heures). À l'arrivée du ferry, un bus va de An Thoi à Duong Dong (10 000 d).

MOTO

Ne cherchez pas les motos-taxis : ce sont elles qui vous trouveront ! Un marchandage poli s'impose. Pour une course en ville, comptez 5 000 d ; en dehors de la cité, comptez près de 10 000 d les 5 km. Un trajet Duong Dong-An Thoi ne devrait pas excéder 30 000 d.

Une moto se loue 7 $US/jour ; rajoutez 5 $US pour les services d'un chauffeur. Cette formule est parfaite pour visiter l'île ; votre hôtel peut se charger de la location.

Les routes de l'île ne sont pas goudronnées : vous serez sans doute recouvert de poussière en fin de journée.

Carnet pratique

SOMMAIRE

ACCÈS INTERNET

L'accès aux services en ligne est désormais largement répandu dans les principales villes du Vietnam. Vous trouverez de tout, des cybercafés branchés aux terminaux installés dans les halls des hôtels et des pensions. De nombreux bureaux de poste offrent également un accès public à Internet.

La connexion coûte généralement de 100 à 500 d la minute, selon l'endroit. L'impression revient à 1 000 d la page et le scanner à environ 2 000 d la page.

Si vous voyagez avec votre ordinateur portable, n'oubliez pas que votre modem peut ne pas fonctionner hors de votre pays d'origine. La meilleure solution est d'acheter un bon modem global ou un modem à carte PC si vous comptez passer un certain temps au Vietnam. Pour plus d'informations sur les voyages avec un ordinateur portable, consultez www.teleadapt.com.

Le voltage peut aussi être différent de celui de votre pays et il risque dans ce cas d'endommager votre matériel. Mieux vaut investir dans un adaptateur universel, qui vous permettra de vous brancher partout sans craindre de griller les circuits.

Les toutes nouvelles cartes prépayées d'accès à Internet permettent de se brancher sur le Net partout dans le pays. La carte Internet de **FPT** (☎ 08-821 4160 ; www.fpt.com.vn), l'un des plus grands ISP du Vietnam, est en vente dans la plupart des villes.

ACHATS

Le Vietnam, en particulier Hanoi, Hoi An et HCMV, offre de multiples occasions d'acheter les marchandises les plus diverses. Un large choix allant d'objets d'avant-garde à de somptueux articles en soie vous sera proposé. Parmi les meilleures affaires figurent les poteries vernissées, les lanternes traditionnelles, les "fausses antiquités", les nappes brodées, le mobilier et les créations en soie et en lin des boutiques de mode.

Objets d'art et antiquités

Plusieurs bons marchands d'art et des antiquaires tiennent boutique à Hanoi et HCMV, mais les autorités sont extrêmement strictes pour l'exportation des véritables antiquités ; assurez-vous que vous pourrez sortir votre achat du pays en toute légalité. La plupart des magasins fiables fournissent les papiers nécessaires.

Les peintures traditionnelles et modernes sont très recherchées. Les œuvres produites en série et bon marché sont vendues dans les boutiques de souvenirs ou dans la rue. Les œuvres d'art de qualité sont exposées dans les galeries, où les prix s'échelonnent de 50 à 500 $US – les œuvres de certains artistes vietnamiens parmi les plus en vogue atteignent cependant dix fois cette somme. Toutefois, les entourloupes sont légion : si

---

EN PRATIQUE

- **Électricité.** Le courant est en général de 220 V, 50 Hz, mais vous trouverez parfois du 110 V, également en 50 Hz. Les prises n'ont généralement que deux fiches.

- **Laveries.** La plupart des hôtels et des pensions assurent un service de laverie peu onéreux – en cas de mauvais temps, vérifiez qu'ils disposent d'un séchoir. Le nettoyage à sec est possible dans toutes les villes.

- **Journaux et magazines.** *Vietnam News* et *Saigon Times* sont les quotidiens anglophones les plus lus. Pami les magazines, citons *Vietnam Economic Times* et son *Guide* (agenda des sorties), ainsi que *Vietnam Investment Review*.

- **Radio et télévision.** *Voice of Vietnam* tient le haut du pavé sur les ondes – elle est même diffusé par haut-parleur dans de nombreuses petites villes. Il existe plusieurs chaînes TV, dont un bouquet diffusé par satellite.

- **Poids et mesures.** Le Vietnam utilise le système métrique, hormis pour les métaux et les pierres précieuses, pour lesquels il recourt au système chinois.

---

vous repérez un tableau d'un "artiste vietnamien connu", aussi séduisant soit-il, sachez qu'il ne s'agit pas forcément d'un original.

L'"antiquité instantanée", avec une étiquette à 2 \$US pour une théière ou une assiette en céramique, est une grande spécialité. Toutefois, rien ne vous empêche d'acheter une fausse antiquité tant que vous ne payez pas le prix d'une vraie !

Vêtements

Oubliez les sandales en caoutchouc et les casques coloniaux : le Vietnam en tant que centre de la mode sort du rang dans cette partie du monde, et vous découvrirez d'extraordinaires créations dans les boutiques de Hanoi et de HCMV. L'*ao dai* (prononcé *aho*-zaï dans le Nord, *aho*-yaï dans le Sud), le costume vietnamien traditionnel des femmes, coûte de 10 à 20 \$US en prêt-à-porter et nettement plus cher sur mesure. Il existe des tailleurs d'*ao dai* sur mesure dans tout le pays, mais ceux des grands centres touristiques sont plus habitués à traiter avec les étrangers. Les magnifiques robes en soie ne coûtent rien par rapport à celles que l'on trouve en Occident et pour les hommes, pensez aux superbes chemises ou aux élégants costumes.

On trouve de plus en plus les vêtements que portent et fabriquent les tribus montagnardes dans les boutiques de Hanoi et de HCMV. Les couleurs sont superbes, mais vous devrez les fixer pour éviter qu'elles ne déteignent.

Les Vietnamiennes portent des chapeaux coniques pour se protéger du soleil ou de la pluie. Les meilleurs sont fabriqués dans la région de Hué.

Côté T-shirts, comptez 20 000 d pour un modèle imprimé, et environ 50 000 d pour un motif brodé.

Artisanat

Laques, objets incrustés de nacre, belles porcelaines, vêtements, coussins, draps, nappes richement brodées, cartes de vœux peintes sur soie, sceaux en bois, peintures à l'huile, aquarelles, stores en perles de bambou, nattes en roseau, tapis de style chinois, bijoux et maroquinerie... Le choix semble infini !

Souvenirs de guerre

Les lieux touristiques se font une spécialité de présenter des objets qui s'apparentent peu ou prou à des vestiges de la guerre du Vietnam. La plupart sont des reproductions et vous avez peu de chance d'acquérir un original.

Les faux briquets Zippo gravés d'un "poème de soldat" semblent toujours très recherchés et deux options s'offrent alors à vous : payer un supplément pour un briquet cabossé évoquant une relique ou en acheter un flambant neuf à moindre prix.

Marchandage

Le marchandage est généralement de mise. Cependant, n'oubliez pas qu'en Asie, l'important est de ne pas perdre la face : marchandez donc dans la bonne humeur, avec le sourire, sans jamais crier. Vous obtiendrez parfois jusqu'à 50% de remise, parfois seulement 10%. Dès que vous remettez l'argent, l'affaire est conclue et si quelqu'un s'en est mieux tiré que vous, inutile de ruminer et de bouder votre plaisir !

ACTIVITÉS SPORTIVES

Si vous aimez le mouvement, le Vietnam a beaucoup à offrir : kayak, surf, plongée et snorkeling le long des côtes ; randonnée à pied ou à vélo d'un bout à l'autre du pays. Et si l'énergie vous manque, il vous reste à louer une moto et à vous laisser porter.

Cyclotourisme

Se déplacer à vélo, que ce soit sur de courtes ou de longues distances, est une excellente façon de découvrir le pays. Dans la plupart des centres touristiques, il est possible de louer une bicyclette pour environ 1 $US par jour.

Les plaines du delta du Mékong sont idéales pour de longues balades à vélo sur les routes secondaires. Suivre le littoral *via* la RN 1 est un autre itinéraire tentant, qui comporte cependant un bémol : la circulation débridée le rend difficile, voire dangereux, à vélo. Mieux vaut emprunter la route RN 14, ou route Ho Chi Minh, qui offre un panorama splendide et une circulation moindre.

En hiver, au nord de l'ancienne zone démilitarisée (DMZ), il est préférable de ne pas circuler à bicyclette, surtout dans le sens sud-nord, en raison des forts vents de moussons soufflant du nord.

Pour d'autres renseignements, visitez le site anglophone, plutôt humoristique, www.mrpumpy.net, dédié aux circuits à bicyclette en Asie.

Escalade

Si cette activité n'en est encore qu'à ses débuts, ce n'est plus qu'une question de temps pour que les prestataires s'aventurent sur tous les reliefs karstiques présents du nord au sud du pays. Pour le moment, la baie d'Along (p. 130) arrive en première position, suivie de près par Ninh Binh (p. 178) et Phong Nha (p. 188).

Golf

Mark Twain a déclaré un jour que jouer au golf c'était "perdre l'occasion d'une belle balade", une opinion que partageait apparemment Ho Chi Minh. Les temps ont bien changé et aujourd'hui, on peut même voir les membres du gouvernement fraterniser sur les greens. Partout en Asie du Sud-Est, il est particulièrement bien vu de jouer au golf, même mal. Le comble du snobisme est de s'inscrire dans un country-club, ce qui coûte 20 000 $US au minimum.

Vous pourrez jouer en invité dans la plupart des clubs, en acquittant un simple droit d'entrée. Les deux meilleurs parcours sont ceux de Dalat (p. 301) et de Phan Thiet (p. 286). Il existe également des terrains près de Hanoi et de HCMV.

Le site Internet www.vietnamgolfresorts. com informe sur les voyages organisés axés sur le golf.

Kayak

Cette activité se répand depuis quelques années dans le cadre majestueux de la baie d'Along (p. 132), suivant la voie ouverte par Krabi en Thaïlande. Plusieurs opérateurs spécialisés proposent des forfaits avec itinéraires en kayak et nuits sur les îles qui parsèment la baie.

Moto

Parcourir le grand nord vietnamien à moto est une expérience inoubliable, idéale pour les natures aventureuses. Si vous n'avez pas envie de piloter vous-même, il est possible de louer une moto et un guide. L'expédition est aussi conseillée en voiture, même si pour la mobilité, les deux-roues n'ont pas leur pareil.

Plongée sous-marine et snorkeling

Le lieu le plus couru pour la plongée se trouve près de Nha Trang (p. 266), où vous serez accueillis par divers spécialistes de la plongée ; leur équipement et leur formation sont conformes aux normes internationales. Vous pourrez aussi louer des masques, des tubas et du matériel de plongée sous-marine dans certaines stations balnéaires, notamment à Ca Na (p. 285) et China Beach (p. 232). L'île Phu Quoc (p. 452) est en passe de devenir la référence dans le domaine de l'exploration sous-marine, mais aucun spécialiste n'y est encore installé.

Surf et planche à voile

Récemment implantées au Vietnam, ces deux activités connaissent déjà un grand succès. La plage de Mui Ne (p. 287) détient pour l'instant la palme pour ces sports nautiques. Les surfers expérimentés se donnent rendez-vous à China Beach, près de Danang (p. 232).

Randonnée
Avec un nombre grandissant de parcs nationaux et de réserves naturelles, le Vietnam arrive en excellente position dans le domaine de la marche à pied. Il existe de nombreuses possibilités de trekking vers les villages des minorités du Nord-Ouest, du Nord-Est et dans la région des hauts plateaux du Centre. Toutes les formules sont envisageables, de la balade d'une demi-journée à l'ascension du Fansipan, le plus haut sommet du Vietnam, qui dure 6 jours. Pour préparer un trek, choisissez Sapa (p. 163), Bac Ha (p. 171) et Cat Ba (p. 134), dans le nord du Vietnam ; le parc national de Bach Ma (p. 220), dans le centre du pays ; les parcs nationaux de Cat Tien (p.397) et de Yok Don (p. 315), dans le Sud. Les tour-opérateurs de Hanoi et de HCMV ont aussi à leur catalogue diverses formules de randonnées.

N'oubliez pas qu'il vous faudra peut-être demander des autorisations spéciales, surtout si vous voulez passer la nuit dans des villages de montagne reculés où il n'existe pas d'hôtels (voir les chapitres régionaux).

ALIMENTATION
Un voyage au Vietnam est l'occasion d'une belle expérience gastronomique ! Pour plus de détails, voir le chapitre *Saveurs du Vietnam* (p. 64).

AMBASSADES ET CONSULATS
Ambassades et consulats du Vietnam
Voici les coordonnées des représentations diplomatiques vietnamiennes à l'étranger :
Belgique Bruxelles (☎ 2-379 2737 ; fax 2-374 9376 ; 1 bd Général-Jacques, 1050)
Cambodge Phnom Penh (☎ 023-362531 ; 436 Monivong Blvd)
Canada Ottawa (☎ 613-236 0772 ; www.vietnam embassy-canada.ca ; 470 Wilbrod St, ON K1N 6M8)
Chine Beijing (☎ 010-6532 1125 ; vnaemba@mailhost. cinet.co.cn ; 32 Guanghua Lu, 100600) ; Guangzhou (☎ 020-8652 7908 ; Jin Yanf Hotel, 92 Huanshi Western Rd)
France Paris (☎ 01 44 14 64 00 et 01 44 14 64 20 pour les informations sur répondeur ; 62-66 rue Boileau, 75016)

Hong Kong Wan Chai (☎ 22-591 4510 ; 15e ét., Great Smart Tower, 230 Wan Chai Rd)
Laos Vientiane (☎ 214-13409 ; dsqvn@laotel.net ; Thap Luang Rd) ; Savannakhet (☎ 412-12239 ; 418 Sisavang Vong)
Philippines Manille (☎ 2-500 364 ; 54 Victor Cruz, Malate)
Suisse Berne (☎ 031 388 7878, fax 031 388 7879 ; Schlosslistrasse 26, 3008)
Thaïlande Bangkok (☎ 2-251 7202 ; 83/1 Wireless Rd 10500)

Ambassades et consulats étrangers au Vietnam
À l'exception des réprésentations du Laos et du Cambodge, les ambassades étrangères à Hanoi et leurs consulats à HCMV délivrent très peu de visas aux non-Vietnamiens.

Il est important de savoir ce que votre ambassade peut et ne peut pas faire pour vous si vous avez des ennuis. En règle générale, elle ne vous sera pas d'un grand secours si vous êtes responsable des problèmes rencontrés. N'oubliez pas que vous devez respecter les lois du pays dans lequel vous séjournez.

Votre ambassade ne fera pas preuve d'indulgence si vous vous retrouvez en prison pour avoir enfreint la loi, même si ce qu'on vous reproche ne constitue pas un délit dans votre pays.

En cas de véritable urgence, elle vous fournira sans doute une assistance lorsque que tout autre recours aura été épuisé. Si vous vous faites voler argent et papiers, elle vous aidera sûrement à obtenir un nouveau passeport ; en revanche, elle ne vous avancera pas d'argent pour le billet de retour.

Voici les adresses de quelques ambassades à Hanoi et de consulats à HCMV.
Belgique Hanoi (☎ 934 6179 ; 49 Pho Hai Ba Trung) ; HCMV (☎ 821 9354 ; 115 Nguyen Hué, district 1)
Cambodge Hanoi (carte p. 85 ; ☎ 825 3788 ; 71A Pho Tran Hung Dao) ; HCMV (carte p. 331 ; ☎ 829 2751 ; cambocg@hcm.vnn.vn ; 41 Đ Phung Khac Khoan)
Canada (www.dfait-maeci.gc.ca/vietnam) Hanoi (carte p. 85 ; ☎ 823 5500 ; 31 Pho Hung Vuong) ; HCMC (carte p. 331 ; ☎ 824 5025 ; 10e ét., 235 Đ Dong Khoi)
Chine Hanoi (carte p. 85 ; ☎ 845 3736 ; Pho Hoang Dieu) ; HCMV (carte p. 331 ; ☎ 829 2457 ; chinaconsul_ hcm_vn@mfa.gov.cn ; 39 Đ Nguyen Thi Minh Khai)
France Hanoi (carte p. 85 ; ☎ 943 7719 ; www.ambafrance-vn.org ; Pho Tran Hung Dao) ; HCMV (carte p. 331 ; ☎ 829 7231 ; 27 Đ Nguyen Thi Minh Khai)

PROTECTION DES DOCUMENTS

Avant de partir, nous vous conseillons de photocopier tous vos documents importants (pages d'introduction de votre passeport, cartes de crédit, numéros de chèques de voyage, police d'assurance, billets de train/d'avion/de bus, permis de conduire, etc.). Emportez plusieurs jeux de ces copies, que vous conserverez à part des originaux. Vous remplacerez ainsi plus aisément ces documents en cas de perte ou de vol.

Laos Hanoi (carte p. 85 ; ☎ 825 4576 ; 22 Pho Tran Dinh Trong) ; HCMV (carte p. 340 ; ☎ 829 9272 ; 93 Đ Pasteur) ; Danang (carte p. 226 ; 16 Đ Tran Qui Cap)
Singapour Hanoi (carte p. 85 ; ☎ 823 3965 ; 41-43 Đ Tran Phu)
Suisse Hanoi (☎ 934 6589/6717; Hanoi Central Building Office, 15e ét., 44 Pho Ly Thuong Kiet)
Thaïlande Hanoi (carte p. 85 ; ☎ 823 5092 ; 63-65 Pho Hoang Dieu) ; HCMV (carte p. 331 ; ☎ 822 2637 ; 77 Đ Tran Quoc Thao)

ARGENT

La monnaie nationale est le dong (d). On trouve actuellement des billets de 200 d, 500 d, 1 000 d, 2 000 d, 5 000 d, 10 000 d, 20 000 d, 50 000 d et 100 000 d. Maintenant que, contrairement à son vœu, Ho Chi Minh a été "canonisé", on peut voir son portrait sur tous les billets de banque. Des pièces de 500 d, 1 000 d et 5 000 d ont été récemment mises en circulation : la seconde devise est, sans surprise, le dollar US.

Le dong a subi de fortes fluctuations. La crise économique de la fin des années 1990 en Asie, qui a fortement ébranlé les monnaies thaïlandaise, coréenne et indonésienne, a fait chuter le dong d'environ 15% par rapport au dollar. Depuis, le dong reste stable avec un taux de change proche des 16 000 d pour 1 $US.

Quand les prix sont affichés en dongs, nous les indiquons dans ce guide en dongs et nous donnons en dollars ceux exprimés en dollars. Aussi étrange que cela puisse paraître, c'est ainsi que se présentent les prix au Vietnam – autant vous habituer au plus vite à penser en dongs et en dollars.

Des taux de change, valables au moment où nous mettons sous presse, figurent en 2e de couverture.

Cartes de crédit

Les cartes Visa et MasterCard sont désormais largement acceptées dans toutes les grandes villes et dans de nombreux centres touristiques. Néanmoins, une commission de 3% est ajoutée sur chaque opération ; posez la question avant de payer, car certains commerçants perçoivent une commission plus élevée que d'autres. Certains commerçants acceptent également la carte AmEx (commission de 4%). En général, les hôtels et les restaurants de catégorie supérieure ne prennent pas de commission.

Dans la plupart des villes, la Vietcombank, ainsi que certaines banques étrangères à HCMV et Hanoi, délivrent des avances en espèces sur les cartes Visa et MasterCard, avec le plus souvent une commission de 3%. L'opération est pratique pour obtenir des sommes importantes, puisque les DAB sont plafonnés journalièrement.

Chèques de voyage

Ne vous reposez pas uniquement sur vos chèques de voyage et gardez toujours en réserve une certaine somme en espèces (des dollars US de préférence). Les chèques de voyage se changent uniquement dans les banques habilitées pour ces transactions. Elles ne sont pas présentes dans chaque ville (ni même dans chaque province). Étonnamment, aucune banque n'est installée aux postes-frontières avec les pays voisins. Dans ces endroits, le seul recours reste alors le marché noir.

Si vous possédez uniquement des chèques de voyage, vous pourrez obtenir des dollars en liquide dans les banques de change habilitées (avec commission allant de 1,25 à 3%). La Vietcombank ne prend pas de commission sur le change de chèques de voyage en dongs.

Si vos chèques de voyage sont libellés dans une autre monnaie que le dollar américain, vous risquez d'avoir du mal à les changer ailleurs que dans les grandes villes, où on vous prélèvera souvent au passage une commission substantielle.

Distributeurs automatiques de billets (DAB)

Si, récemment encore, seules quelques banques étrangères à Hanoi et HCMV étaient équipées de DAB, les banques vietnamiennes sont à présent entrées dans le jeu. La Vietcombank dispose du plus grand réseau, comprenant la plupart des grandes villes et des destinations touristiques. Chacune de ses succursales possède la liste des distributeurs à travers le pays. Les retraits s'effectuent en dongs, avec un plafond journalier de 2 000 000 d (environ 125 $US). Les avances en liquide pour des montants plus importants, en dongs comme en dollars, se négocient à la banque aux heures d'ouverture.

Espèces

La plupart des grandes devises étrangères s'échangent dans les principales banques vietnamiennes ; en revanche, hors des centres touristiques, le dollar garde la part belle. La Vietcombank est la mieux organisée des banques du pays pour le change, y compris en euros. Les taux de change du dollar baisse au fur et à mesure que l'on s'éloigne des régions fréquentées par les touristes : aussi, approvisionnez-vous en dongs si vous vous rendez dans des parties reculées du pays.

Les faibles valeurs que représentent les billets vietnamiens impliquent des centaines de billets à compter à chaque opération de change : contre 100 $US, on vous remettra environ 1,5 million de dongs ! Dans les villes peu importantes, vous aurez parfois des difficultés à "casser" les plus grosses coupures, gardez donc toujours quelques petits billets en réserve.

Assurez-vous que vos "gros" billets en dollars ne soient pas abîmés ou défraîchis, sinon on vous les refusera partout dans le pays.

Au départ du Vietnam, il est interdit de sortir des dongs mais il est possible d'en convertir une quantité raisonnable en dollars.

Marché noir

Le marché noir, véritable système bancaire officieux, se pratique presque partout et quasiment au grand jour. Des personnes privées comme certains commerces et restaurants vous échangeront vos dollars US contre des dongs, ou inversement. Même si cette pratique est illégale, personne ne cherche réellement à faire respecter la loi. N'oubliez pas pour autant que les taux de change au marché noir sont généralement moins intéressants que ceux du marché officiel. Le seul intérêt est de pouvoir changer de l'argent où et quand bon vous semble. Si quelqu'un vous aborde dans la rue pour vous proposer de changer de l'argent à des taux supérieurs au cours officiel, soyez sûr que vous allez vous faire avoir. "Trop beau pour être vrai" : l'expression est parfaitement appropriée dans ces cas-là.

Pourboire

Les Vietnamiens ne s'attendent pas à un pourboire, mais ils seront heureux si vous en laissez un. Pour celui qui gagne 50 $US par mois, un pourboire de 1 $US représente une demi-journée de travail ! Les hôtels de luxe et certains restaurants ont tendance à facturer un service de 5%, même s'il est probable que seule une infime proportion reviendra aux employés. Nous vous suggérons de donner un pourboire au personnel de ménage si vous restez quelques jours dans le même hôtel.

Si vous avez loué les services d'un guide ou d'un chauffeur, qui aura passé beaucoup de temps avec vous, un pourboire est également de rigueur. Les voyageurs en excursion à bord d'un minibus se cotisent généralement pour réunir une somme d'argent à répartir entre le guide et le chauffeur. Un dollar par jour et par voyageur semble raisonnable.

Il est de coutume de laisser une obole lors de la visite d'une pagode, surtout si le bonze vous a servi de guide. Vous trouverez un tronc prévu à cet effet.

ASSURANCE

S'assurer est fortement recommandé pour un voyage au Vietnam, car le coût des traitements médicaux est prohibitif. Attention : vous pouvez avoir souscrit une police dans votre pays qui ne soit pas valable au Vietnam. Veillez à posséder une assurance complète, qui vous couvre en cas de vol, perte et problèmes de santé – les formules sont nombreuses. Vérifiez bien votre contrat.

Certains assureurs excluent spécifiquement les activités dites à risques, telles la moto, la plongée et le trekking. Vérifiez également que vous avez droit à une évacuation d'urgence en cas de problème grave.

CARTES

Vous trouverez des cartes du pays dans la plupart des librairies vietnamiennes. Pour ses cartes routières très détaillées, nous recommandons le *Viet Nam Administrative Atlas*, publié par Ban Do (68 000 d). Il convient particulièrement aux cyclotouristes et aux motards à la recherche de routes moins fréquentées.

Ban Do publie également de bonnes cartes touristiques de HCMV, Hanoi, Danang et Hué. N'y figure malheureusement aucune carte de ville moins importante. La plupart des magazines répertoriant les salles de cinéma et de spectacles contiennent des cartes utiles de Hanoi et HCMV. De bonnes cartes manuelles en 3D de Hué et de Sapa sont disponibles chez Covit, un éditeur local.

Les noms des rues sont précédés des termes Pho, Duong et Dai Lo – respectivement P, Ð et ÐL sur les cartes et dans les adresses de ce guide.

CARTES DE RÉDUCTION

Aucune réduction n'est prévue pour les retraités, les étudiants ou les jeunes au Vietnam, selon le principe (valable) que les étrangers pouvant se payer un billet d'avion jusqu'ici sont assez à l'aise financièrement pour acquitter un plein tarif. Emportez éventuellement votre carte, en sachant que vous avez peu de chance de vous en servir.

CLIMAT

Le climat varie considérablement d'une région à l'autre. Bien que le pays tout entier se trouve placé dans la zone intertropicale, les conditions locales varient de l'hiver glacial, dans les montagnes les plus septentrionales, à la chaleur subéquatoriale permanente dans le delta du Mékong.

Pour d'autres précisions, voir la rubrique *Quand partir* (p.13).

COMMUNAUTÉ GAY ET LESBIENNE

En général, les homosexuels ne rencontrent pas trop de désagréments au Vietnam. Aucune loi n'interdit les relations avec une personne du même sexe, ni ne traite non plus du harcèlement individuel.

Le gouvernement continue cependant de faire fermer les endroits où se retrouvent les homosexuels. Mystérieusement, les lieux cités dans les médias sont souvent la cible de descentes peu de temps après. La plupart des lieux de rencontre pour homosexuels se font donc assez discrets. Il existe néanmoins, à Hanoi et HCMV notamment, une communauté dynamique qui ne se laisse nullement intimider et se retrouve autour de certains lacs à Hanoi (p. 98) ou dans des cafés, de plus en plus nombreux, à HCMV (p. 355).

Les comportements de la population indiquent que l'homosexualité représente encore un interdit, même si l'absence de lois ne fait planer aucun danger. En 1997, le premier mariage homosexuel masculin au Vietnam a fait grand bruit, à l'instar de la première union entre deux femmes, dans le delta du Mékong, en 1998 ; toutefois, 15 jours plus tard, appliquant deux poids deux mesures, les autorités ont annulé le mariage de ces femmes et leur ont fait signer la promesse de renoncer à vivre ensemble.

Étant donné le nombre croissant de personnes du même sexe, homosexuelles ou non, séjournant ensemble dans des hôtels, les Vietnamiens ne cherchent pas à connaître le lien qui unit deux voyageurs. Il est toutefois préférable de rester discret quant à ses habitudes. Règle de base : comme pour les couples hétérosexuels, les démonstrations d'affection en public sont à proscrire.

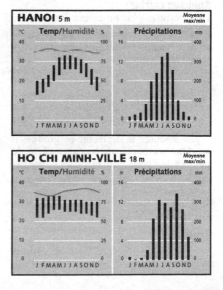

Utopia (www.utopia-asia.com) offre des informations et des adresses aux voyageurs homosexuels, notamment des rubriques détaillées sur l'homosexualité et la loi au Vietnam, ainsi que quelques termes gays locaux.

COURS
Cuisine
Consultez le chapitre *Saveurs du Vietnam* (p. 64).

Langues
Si vous avez envie d'améliorer votre vietnamien, vous trouverez des cours appropriés à HCMV et Hanoi. Pour faire une demande de visa étudiant, il faut vous inscrire dans une université reconnue (et non dans un centre de langues privé ou en cours particulier). Les cours de langues ont lieu en général 2 heures par jour et coûtent 3-7 $US l'heure.

Le choix de la ville où vous voulez étudier – Hanoi ou HCMV – est important car les dialectes du nord et du sud sont très différents. Beaucoup se sont aperçus qu'en ayant étudié dans une ville, ils ne comprenaient pas leurs interlocuteurs dans une autre. Pour plus détails, voir la rubrique *Cours* à Hanoi (p. 97) et à Ho Chi Minh-Ville (p. 351).

DÉSAGRÉMENTS ET DANGERS
Animaux marins
Des créatures plus ou moins dangereuses peuplent les fonds marins. La liste de ces animaux englobe les requins, les méduses, les poissons-pierres, les poissons-scorpions, les serpents de mer et les vives (pastenagues), pour ne citer qu'eux. Ne vous privez pas de baignade pour autant : la plupart de ces animaux évitent les humains et le nombre d'accidents, mortels ou non, reste faible.

Les méduses se déplaçant en groupe, il est donc assez facile de les éviter avant de plonger. Les poissons-pierres, les poissons-scorpions et les vives séjournent plutôt en eaux peu profondes. Ils sont difficiles à voir et le meilleur moyen de vous protéger est de porter des chaussures spéciales.

Bruit
Les bruits de toutes sortes semblent ne jamais s'arrêter au Vietnam, la nuit surtout, quand la pétarade des motos se joint à la cacophonie provenant des salles de danse, des cafés, des salles de jeux vidéo, des bars à karaoké ou des restaurants. Si votre chambre d'hôtel se trouve à proximité d'un de ces endroits, vous aurez du mal à trouver le sommeil. Le bruit diminue généralement à partir de 22h ou 23h, rares étant les établissements ouverts au-delà. Le calme règne jusqu'aux alentours de 5h, heure à laquelle la plupart des Vietnamiens sortent du lit. C'est alors à nouveau le tintamarre de la circulation et des radios. Essayez d'obtenir une chambre sur cour ou… optez pour des boules Quiès !

Engins de guerre non explosés
Quatre armées différentes se sont employées durant trois décennies à mitrailler, pilonner, miner, piéger et bombarder le territoire vietnamien. À la fin des combats, presque tout ce matériel mortifère est resté exactement là où on l'avait déposé. Les Américains estiment qu'au moins 150 000 tonnes de mines et de bombes non explosées jonchent le sol du pays.

Depuis 1975, environ 40 000 Vietnamiens ont été tués ou mutilés en défrichant paisiblement leurs champs, où ces bombes avaient été "oubliées". Vous ne risquez rien dans les villes, les régions cultivées, les petites routes et les chemins fréquentés. Toutefois, ne sortez pas des sentiers battus, au sens strict du terme. Les champs de mines sont connus des gens de la région, mais non signalés.

Ne touchez jamais ces "reliques" de guerre. Certaines demeurent actives pendant des années. Ne marchez pas dans les cratères de bombes : on ne sait jamais ce qui peut rester au fond. Vous en saurez plus sur le problème des mines en contactant **International Campaign to Ban Landmines** (ICBL ; www.icbl. org), lauréat du prix Nobel de la paix.

Escroqueries
Les escrocs et les voleurs sont, bien sûr, toujours à la recherche de nouvelles astuces pour soutirer de l'argent à des touristes quelque peu naïfs. Impossible de dresser la liste de tous les tours que l'on pourra vous jouer, le meilleur conseil étant peut-être de faire preuve de scepticisme et de bon sens.

Méfiez-vous des entourloupes sur les locations de moto, dont certains voyageurs ont fait les frais à HCMV : lors de la transaction, le propriétaire vous fournit un cadenas de qualité et vous conseille de l'utiliser. Ce qu'il ne précise pas, c'est qu'il a un double de la clef et que quelqu'un va vous suivre pour "voler" la moto à la première occasion. Il vous faudra alors la rembourser, ou renoncer à vos passeport, visa, caution ou tout autre garantie que vous aurez laissée.

Plus couramment, votre moto refuse de démarrer alors que vous l'aviez garée dans un parking surveillé. Quelle chance, le gardien connaît quelqu'un qui peut la réparer ! Le mécanicien arrive, remet rapidement en place les pièces qu'il avait ôtées. La moto redémarre, et il vous réclame 10 \$US.

Gardez la tête froide et voyez les choses avec un peu de recul, d'autant que les Vietnamiens que vous croiserez ne seront pas là pour vous tromper. Nous avons fait un constat inquiétant au Vietnam par rapport aux pays voisins, tels la Thaïlande ou le Laos : les étrangers ne font pas confiance à la population locale. Aussi, faites preuve de discernement et ne vous fermez pas systématiquement aux personnes que vous rencontrerez.

Un dernier conseil, qui paraîtra peut-être étrange de notre part : nous voyons beaucoup de voyageurs qui passent leur temps le nez dans le guide. La crainte de "se faire avoir" les conduit à ne croire personne si "ce n'est pas dans le livre" ! Pour le meilleur et pour le pire, souvent ce n'est pas dans le guide. Gardez l'esprit ouvert, sachez à peu près le prix des choses, et fiez-vous à votre jugement.

Vols

Voyageurs, évitez la paranoïa : si la criminalité existe au Vietnam, comme partout, les vols n'y sont pas plus nombreux qu'ailleurs. Ceci étant dit, sachez que les Vietnamiens eux-mêmes sont convaincus que leurs villes sont très dangereuses et peuplées de criminels. D'une façon générale, soyez toujours sur vos gardes, en particulier à Nha Trang et à HCMV, où la délinquance de rue est répandue. Ne laissez pas pendre négligemment votre sac et évitez de porter des bijoux, même fantaisie.

Prenez garde aux voleurs à moto ; ils ont pour spécialité d'arracher sacs à main et appareils photo aux touristes qui se promènent à pied ou en cyclo-pousse.

Les pickpockets (souvent des enfants, des femmes avec un bébé, ou des vendeurs de journaux) constituent également un sérieux problème, surtout dans les quartiers touristiques de HCMV, tels que les rues Dong Khoi et Pham Ngu Lao. Les enfants sont très doués pour détrousser les passants de leur portefeuille.

Évitez de poser vos affaires par terre lorsque vous vous restaurez, ou prenez la précaution de les attacher à votre siège. Tout objet que vous laisserez sans surveillance un court instant peut disparaître comme par enchantement.

On a vu aussi des "taxi-girls" (parfois des travestis) approcher des Occidentaux, les serrer dans leurs bras et leur demander s'ils ont envie de "s'amuser un peu". Puis elles se ravisent subitement et tournent les talons… non sans avoir au passage dérobé une montre ou un portefeuille.

Des voyageurs nous ont raconté que, dans des bus longue distance, ils avaient été drogués, puis dépouillés de leurs biens. La chose est rapide : un voyageur sympathique vous propose un "Coca", qui n'est autre qu'un cocktail à base d'hydrate de chloral, un puissant hypnotique. Quelques heures plus tard, vous vous réveillez… et tous vos effets ont disparu avec votre "nouvel ami".

DOUANE

Après votre arrivée en avion au Vietnam, la procédure habituelle ne vous prendra que quelques minutes. Si vous entrez par voie terrestre, comptez un peu plus longtemps. En *duty free*, vous avez droit à l'habituelle cartouche de 200 cigarettes et à une bouteille d'alcool. À l'entrée sur le territoire, les visiteurs peuvent posséder la somme de leur choix en devises étrangères ; les très grosses sommes doivent simplement être déclarées.

FÊTES ET FESTIVALS

Les principales fêtes religieuses ci-après tiennent compte de la date lunaire ; vérifiez sur un calendrier vietnamien leur équivalent grégorien. Voir aussi la rubrique *Jours fériés*, plus loin, pour un calendrier des fêtes nationales.

On récite des prières spéciales dans les pagodes vietnamiennes et chinoises les jours de pleine et de nouvelle lune. De nombreux bouddhistes mangent végétarien ces jours-là – selon le calendrier lunaire chinois, ils tombent les 14e et 15e jours du mois, ainsi que le dernier jour du mois finissant et le premier du nouveau mois.

Têt (Tet Nguyen Dan). Du 1er au 7e jour de la 1re lune – le Nouvel An lunaire vietnamien est la fête la plus importante de l'année. Elle tombe fin janvier ou début février (voir la section consacrée à la fête du Têt en début d'ouvrage).

Fête des Morts (Thanh Minh). 5e jour de la 3e lune – les familles se recueillent sur les tombes de leurs défunts
et déposent des offrandes (fleurs, nourriture, bâtons d'encens) et des messages votifs.

Naissance, illumination et mort de Bouddha. 8e jour de la 4e lune – processions et célébrations dans les pagodes et les temples.

Solstice d'été (Tiet Doan Ngo). 5e jour de la 5e lune – offrandes aux esprits, aux fantômes et au dieu de la Mort pour éloigner les épidémies.

Jour des âmes errantes (Trung Nguyen). 15e jour de la 7e lune – deuxième fête de l'année en terme d'importance, avec des offrandes dans les maisons et les pagodes pour les âmes errantes des morts oubliés.

Fête de la mi-automne (Trung Thu). 15e jour de la 8e lune – cette fête se célèbre avec des gâteaux en forme de lune, faits de riz gluant et fourrés de graines de lotus, de pastèque, de cacahuètes, de jaunes d'œuf de cane, de raisin et de sucre.

Anniversaire de Confucius. 28e jour de la 9e lune – fête du plus connu des philosophes chinois.

HÉBERGEMENT

Au Vietnam, toutes les possibilités d'hébergement existent pour tous les budgets, de la pension la plus modeste à l'établissement cinq-étoiles.

La plupart des hôtels affichent leurs prix moitié en dongs moitié en dollars. En province, les tarifs les plus bas en dongs sont généralement réservés aux habitants de la région ; les étrangers paient le prix fort en dollars. Dans cet ouvrage, les prix sont cités en dongs ou en dollars, selon la préférence pour l'une ou l'autre monnaie.

Par budget modéré, nous entendons des chambres à moins de 15 $US. Ce sont souvent des pensions familiales, des hôtels petits ou peu attrayants ou encore des pensions d'État quelque peu délabrées. Les chambres bon marché sont généralement bien équipées, avec climatisation, eau chaude et TV, pour moins de 10 $US. Entre 15 et 50 $US, vous bénéficiez d'agréables suppléments – toutefois, les hôtels les plus modestes de cette catégorie se démarquent de leurs homologues petits budgets simplement parce que leurs chambres sont plus spacieuses ou possèdent un balcon.

Le cran au-dessus concerne les établissements trois-étoiles, avec sèche-cheveux dans la chambre et accès à la piscine de l'hôtel. Enfin, à l'échelon supérieur, l'hébergement en hôtel international revient à 50 $US pour une chambre et 500 $US pour une suite. Certains de ces établissements sont sans caractère, d'autres en revanche sont chargés d'histoire ou dotés d'un charme... sans prix. Par rapport à la même catégorie à Hong Kong ou à Singapour, les prix sont réellement intéressants et si vous avez envie de vous faire plaisir, le Vietnam est l'endroit rêvé. Sachez que la plupart des établissements de catégorie supérieure imposent une taxe de 10% un service de 5%, signalés par un ++ ("plus plus") sur la note.

La demande touristique en matière d'hébergement atteint des sommets à l'époque de Noël et du jour de l'An, avec des augmentations de prix atteignant parfois 25%. La demande est également importante à l'époque du Têt, lorsque la moitié du pays est en mouvement. À ces périodes, il est plus prudent de réserver tôt. Dans les périodes plus calmes, il est souvent possible de négocier le prix des chambres, soit à l'avance, par e-mail, soit sur place à l'arrivée, d'autant que dans de nombreuses villes, les possibilités d'hébergement se sont multipliées.

À votre arrivée à l'hôtel, on vous demandera presque systématiquement sinon votre passeport, du moins une photocopie des renseignements y figurant (y compris la page avec le visa et votre carte de départ de couleur jaune). La plupart des voyageurs finissent par présenter leur passeport ; dans ce cas, assurez-vous qu'il vous revient avec la carte de départ.

Les prix répertoriés dans ce guide s'entendent pour la haute saison et concernent des chambres avec sdb, sauf mention contraire. Une icône indique éventuellement si la climatisation est disponible ; à défaut, il s'agira de ventilateurs.

Camping

Le camping ne jouit pas d'une grande popularité auprès des Vietnamiens, probablement du fait que des millions d'entre eux ont passé les années de guerre sous une tente, comme soldats ou réfugiés.

À HCMV et à Hanoi, des agences de voyages privées quelque peu novatrices proposent des circuits organisés, notamment dans les parcs nationaux et vers les sites d'exception comme la baie d'Along – voir les rubriques *Agences de voyages* de Hanoi (p. 81) et de HCMV (p. 330).

Hôtels

La plupart des grands hôtels (*khach san*) et des pensions (*nha khach* ou *nha nghi*) appartiennent à l'État ou à des sociétés mixtes. Toutefois, le nombre d'hôtels privés (ou mini-hôtels) d'un bon rapport qualité/prix augmente rapidement. Les grandes chaînes internationales sont aujourd'hui bien représentées à Hanoi et à HCMV.

On assiste à une certaine confusion entre les termes "single", "double", "double occupancy" et "twin" (l'anglais est couramment utilisé sur place). Une "single" est une chambre à un lit, même si 2 personnes y dorment. Si la chambre contient 2 lits, il s'agit alors d'une "twin", même si une seule personne l'occupe. Si 2 personnes occupent la même chambre, il s'agit d'une "double occupancy" (double occupation), mais le prix ne change pas. La confusion surgit lorsque "double" fait référence à des lits jumeaux (dans ce cas, vous connaîtrez la signification réelle en visitant la chambre).

La plupart des hôtels récents disposent d'ascenseur ; ce n'est pas le cas des plus anciens où, pour accéder aux chambres les moins chères, il faut souvent grimper plusieurs escaliers. Vous avez cependant tout à y gagner : vous payez moins cher, vous faites de l'exercice, et la vue est plus belle !

Dans bon nombre d'hôtels, un avertissement vous engage à ne pas laisser d'appareil photo, de passeport ou d'objet de valeur dans votre chambre. La plupart d'entre eux disposent d'un coffre ou d'un système de sécurité ; si vous laissez de l'argent liquide (peu recommandé) ou des chèques de voyage, placez-les dans une enveloppe fermée, que vous ferez signer par le responsable de l'établissement.

HEURE LOCALE

Le Vietnam, comme la Thaïlande, est en avance de 7 heures sur l'heure du méridien de Greenwich (temps universel). Sa proximité de l'équateur ne rend pas nécessaire un horaire d'été, et l'heure ne varie pas. Quand il est 12h à Hanoi ou à HCMV, il est 6h du matin à Paris en hiver, 7h en été.

HEURES D'OUVERTURE

Pour les Vietnamiens, très matinaux, traîner au lit signifie être malade. Les bureaux, les musées et la plupart des boutiques commencent leur journée dès 7h ou 8h (un peu plus tôt en été) et la finissent vers 16h ou 17h. Les bureaux de poste ont des horaires plus étendus, de 6h30 à 21h. Les banques ouvrent généralement de 8h à 11h30 et de 13h à 16h en semaine, et de 8h à 11h30 le samedi. La plupart des administrations ouvrent le samedi jusqu'à 12h et ferment le dimanche. Les musées, quant à eux, sont souvent fermés le lundi. Les temples et les pagodes ouvrent tous les jours de 5h à 21h environ. Enfin, nombre de boutiques, de petits restaurants et d'étals ouvrent 7j/7 et ne ferment leurs portes que tard le soir.

La pause-déjeuner est sacrée et le pays semble s'arrêter entre 12h et 13h30, voire de 11h30 à 14h pour les administrations.

INFORMATIONS TOURISTIQUES

Les offices du tourisme locaux ne ressemblent pas à ceux des autres pays. Ce sont des organismes d'État à but totalement lucratif, dont le premier souci est de vendre des excursions. Cartes et brochures ne sont donc pas gratuites.

Vietnam Tourism et Saigon Tourist sont les plus anciennement établis. Toutefois, chaque province possède aujourd'hui au moins un organisme de ce type. Les "cafés" dits de voyage et les agences locales, sans oublier les autres voyageurs, constituent de bien meilleures sources d'information.

En France, il existe un bureau d'information sur le Vietnam, qui sert d'office du tourisme : **Cap Vietnam** (☎ 0892 707 712, fax 0826 000 726 ; www.cap-vietnam.com ; 69 rue de la Glacière, 75013 Paris).

JOURS FÉRIÉS

La politique influence tout au Vietnam, même les jours fériés. Après quinze ans de déshérence, des fêtes comme Noël, le 1er janvier, le Têt (nouvelle année lunaire) et l'anniversaire de Bouddha sont redevenus jours chômés en 1990. Voici la liste des jours fériés :

Nouvel An (Tet Duong Lich) 1er janvier

Anniversaire de la fondation du Parti communiste vietnamien (Thanh Lap Dang CSVN) (Thanh Lap Dang CSVN) 3 février – il fut fondé le 3 février 1930.

Anniversaire de la Libération (Saigon Giai Phong) 30 avril – la libération de Saigon (aujourd'hui Ho Chi Minh-Ville), ou sa reddition selon l'opinion que l'on professe, est commémorée dans tout le pays.

Fête du travail (Quoc Te Lao Dong) 1er mai

Anniversaire de Ho Chi Minh (Sinh Nhat Bac Ho) 19 mai

Anniversaire de Bouddha (Phat Dan) 8e jour de la 4e lune (généralement en juin).

Fête nationale (Quoc Khanh) 2 septembre – cette fête commémore la proclamation par Ho Chi Minh de l'indépendance de la République démocratique du Vietnam, en 1945.

Noël (Giang Sinh) 25 décembre

LAVERIES

Des employés de nombreux hôtels sont disposés à laver les vêtements (de 1 à 2 $US). On nous a toutefois rapporté des exemples de prix très exagérés ; renseignez-vous.

Dans les hôtels petits budgets, votre linge sèchera au soleil, sur la terrasse. Prévoyez donc au moins une journée et demie pour la lessive et le séchage, surtout pendant la saison humide.

PHOTO ET VIDÉO

Vous trouverez presque partout des pellicules papier couleur à des prix raisonnables – environ 2,50 $US la pellicule 36 poses ; les diapositives couleur sont en vente à Hanoi et HCMV, essentiellement. Les stocks de pellicules noir et blanc s'amenuisant de plus en plus, il est préférable d'en apporter avec soi.

Les développements sont possibles dans tous les lieux touristiques (comptez environ 5 $US la pellicule selon le format). La qualité est plutôt bonne. Pour les diapositives, faites-les développer de préférence à votre retour.

Les appareils photo sont assez chers et le choix limité. Les piles au lithium et les cartes mémoire pour les appareils numériques sont disponibles dans la plupart des grandes villes.

La police vietnamienne vous laissera généralement tranquille dans vos activités de photographe, mais elle peut parfois se montrer tatillonne. Comme partout, ne photographiez pas de sites sensibles, comme les aéroports et les postes-frontières ; quant à Ho Chi Minh dans son sarcophage de verre, n'y pensez même pas !

Faites preuve de politesse et de discrétion et demandez toujours la permission avant de prendre une photo ; si la personne refuse, n'insistez pas.

Pour d'autres renseignements sur la photo de voyage, consultez *Travel Photography* de Lonely Planet.

POSTE

Chaque ville, village ou communauté rurale est équipé d'une poste (*Buu Dien*). Dans tout le pays, les bureaux de poste sont généralement ouverts de 6h à 20h, week-end et jours fériés compris (y compris durant le Têt).

Les tarifs postaux internationaux sont similaires à ceux des pays européens : envoyer une carte postale coûte de 7 000 à 9 000 d suivant la destination. Les délais d'acheminement peuvent être longs (parfois près d'un mois), surtout si vous postez votre courrier en dehors d'une grande ville ; le courrier partant de HCMV et de Hanoi par avion vers l'Europe ne met pas plus de 5 à 10 jours.

L'EMS (service postal express international), accessible dans les grandes villes, peut être deux fois plus rapide que le courrier aérien normal, son autre grand avantage étant que l'envoi est enregistré.

Les transporteurs privés comme FedEx, DHL et UPS expédient des documents ou de petits paquets, dans le pays ou à l'étranger. Pour les adresses, reportez-vous aux rubriques *Poste* de Hanoi (p. 82) et de HCMV (p. 333).

La poste restante fonctionne bien dans les bureaux de Hanoi et HCMV. Les voyageurs étrangers doivent acquitter 500 d pour chaque lettre reçue par ce biais.

Si votre colis contient des livres, des documents, des cassettes vidéo, des disquettes d'ordinateur ou tout autre produit "dangereux", il est fort possible qu'une inspection soit nécessaire. Cela peut alors prendre entre quelques jours et… quelques semaines, et vous compliquer un peu les choses.

PROBLÈMES JURIDIQUES
Droit civil
Sur le papier, tout paraît simple. Dans la pratique, les lois ne font jamais autorité. Les dignitaires locaux les interprètent à leur goût, souvent contre les désirs de Hanoi. L'indépendance judiciaire n'existe pas. Il n'est donc pas surprenant que la plupart des litiges se règlent en dehors des tribunaux. En général, on obtient de meilleurs résultats avec une cartouche de cigarettes et une bouteille de cognac qu'avec un avocat.

Drogue
Le problème de l'héroïne, actuellement très inquiétant, pousse les autorités à prendre des mesures radicales. Pour la seule année 2001, 55 personnes ont été exécutées pour des affaires de drogue.

On vous proposera peut-être de la marijuana et, occasionnellement, de l'opium. Céder à la tentation est, au mieux, très risqué. Quantité de policiers en civil patrouillent dans les rues. En cas d'arrestation, vous risquez une longue peine de prison et/ou une amende conséquente.

Police
Les journaux officiels reconnaissent eux-mêmes que la police est corrompue. Comme dans bon nombre de pays en développement, les bas salaires et le faible niveau d'études et de formation en sont la cause. En cas de problème ou de vol, la police ne fera souvent rien d'autre que d'établir un rapport pour votre compagnie d'assurance.

Hanoi a averti les gouvernements provinciaux que tout policier surpris en train d'extorquer des fonds aux touristes serait renvoyé et incarcéré. Ces avertissements ont effrité l'enthousiasme avec lequel les policiers réclamaient des pots-de-vin aux étrangers. Le problème n'est toutefois pas éradiqué.

TÉLÉPHONE ET FAX
Pour les numéros utiles, services d'urgence, indicatifs étrangers, reportez-vous à *Bon à*

savoir, en deuxième de couverture de ce guide.

Toutes les grandes villes possèdent un service de renseignements (☎ 1080), utile pour obtenir un numéro de téléphone, mais aussi des horaires de train et d'avion, des taux de change et les derniers résultats de football. Il délivre même des conseils matrimoniaux ou vous recommande des berceuses pour votre bébé ! On peut généralement obtenir un opérateur parlant français.

Appels locaux
À Hanoi et HCMV, les numéros de téléphone comportent 7 chiffres. Ailleurs, ils n'en ont que 6. Chaque province possède son indicatif régional.

Vous pouvez téléphoner de la plupart des hôtels et des restaurants – et souvent gratuitement (faites-vous préciser le coût éventuel de l'appel au préalable afin d'éviter les mauvaises surprises). Les appels intérieurs longue distance sont facturés à des prix raisonnables ; ils sont moins chers en automatique et bénéficient d'une réduction allant jusqu'à 20% entre 22h et 5h.

Appels internationaux
Les tarifs des communications internationales depuis le Vietnam ont considérablement diminué ces dernières années. Depuis l'introduction du Voice Over Internet Protocol en 2001, il est possible de joindre une cinquantaine de pays au tarif forfaitaire de 1,30 $US la minute. Ce service est accessible à partir de n'importe quel appareil téléphonique ; il suffit de composer le ☎ 17100, suivi du code du pays et du numéro du correspondant.

On peut appeler la province ou l'étranger depuis de nombreux hôtels, mais à quel prix ! Cela revient moins cher de passer ses appels depuis un bureau de poste. Les appels en PCV sont possibles.

Téléphones portables
Comme de nombreux pays en développement, le Vietnam investit beaucoup d'argent dans le réseau cellulaire. Il utilise le réseau GSM 900/1800, compatible avec la plupart des pays d'Asie et d'Europe, mais pas avec le GSM 1900 d'Amérique du Nord.

Si votre téléphone est compatible, il est facile, quoiqu'un peu cher, de téléphoner au Vietnam. Autre possibilité, acheter une carte SIM avec un numéro local à utiliser pendant votre voyage au Vietnam.

Les compagnies rivales Vina Phone et Mobi Phone se sont affrontées sur le marché de la téléphonie mobile en cassant les prix et en proposant des promotions alléchantes pour attirer de nouveaux clients. Toutes deux disposent de bureaux et de succursales dans tout le pays.

Appeler un numéro de portable au Vietnam (repérable au préfixe ☎ 0903 ou ☎ 0913) revient naturellement plus cher qu'un numéro local.

Fax

La plupart des grandes postes et des hôtels proposent un service de fax. Les prix pratiqués dans les hôtels sont plus élevés que ceux des bureaux de poste.

TOILETTES

Le papier hygiénique est généralement fourni dans les hôtels mais rarement dans les toilettes des gares et autres établissements publics. Dans les lieux publics, si vous voyez une poubelle à côté de la cuvette, c'est là que doit atterrir votre papier hygiénique, le système d'évacuation n'étant pas prévu pour le papier.

Les lieux d'aisance sont souvent des toilettes à la turque, parfois très sommaires. En guise de chasse d'eau, vous devez remplir d'eau le seau mis à disposition et le vider dans le trou. Les hôtels de catégorie moyenne sont en général équipés de toilettes "à l'occidentale".

Petite astuce : les toilettes publiques étant assez rares, les femmes se sentiront plus à l'aise si elles portent un sarong pour un arrêt en bordure de route.

TOURISME RESPONSABLE

Le tourisme de masse exerce à la fois des effets positifs et négatifs. Il injecte ainsi des devises dans l'économie et crée des emplois, mais les voyageurs doivent garder à l'esprit les éventuelles retombées de leur visite sur l'ensemble du pays. On peut limiter considérablement les effets néfastes du tourisme, tant national qu'international, si l'on se comporte en voyageur responsable, respectueux des personnes, des cultures et des coutumes. Sensibilisez-vous et pliez-vous aux usages locaux (voir le chapitre *Culture*

et société p. 39, ainsi que la section sur les minorités ethniques p. 54). Concernant la protection de l'environnement, consultez le chapitre p. 58.

Attitude à l'égard de la mendicité

Vous allez sans doute cotoyer la dure réalité de la pauvreté. Vendeurs de rue ou mendiants, adultes ou enfants, ne se retrouvent dans cette situation que poussés par les circonstances. Ce n'est pas un choix. Ces personnes méritent le respect, et prendre conscience de ce qu'est leur vie ne peut qu'aider à mieux les comprendre. Que faire pour aider cette population des rues, pour la plupart sous-alimentée, illettrée et sans avenir ? Une question aussi difficile ne saurait avoir de réponse en quelques lignes. Si vous décidez de faire quelque chose, réfléchissez bien avant d'agir. Beaucoup se laissent gagner par la culpabilité face à une misère aussi flagrante, et le désespoir manifeste réveille des sentiments charitables. Distribuer de l'argent ou des cadeaux aux mendiants peut faire plus de mal que de bien. Une avalanche d'aumônes les dissuadera de quitter la rue. Si l'argent devient trop difficile à gagner, cela finira peut-être par décourager les parents et les "chefs" qui forcent les enfants et les mendiants à vivre ainsi.

Vous contribuerez plus efficacement à améliorer la situation en soutenant une des organisations locales qui travaillent avec les personnes défavorisées (voir les coordonnées de certaines ONG à la rubrique *Bénévolat*, plus loin).

Si vous voulez agir immédiatement, évitez de donner de l'argent ou toute chose susceptible d'être vendue. Offrez plutôt de la nourriture, un plat substantiel ou un fruit qui se consomme tout de suite.

Préservation du patrimoine culturel

Le patrimoine culturel de chaque pays est unique et irremplaçable. Il requiert une attention particulière et des soins qualifiés, ainsi qu'une action préventive contre le risque de détérioration et de destruction. Le défi n'est pas seulement de préserver cet héritage aujourd'hui, pour notre génération, mais aussi de le sauvegarder pour celles qui nous suivront.

Au rang des principales causes de dégradation de ce patrimoine extrême-

CONTRE LE TOURISME SEXUEL ET LA PROSTITUTION ENFANTINE

Le tourisme sexuel, considéré comme une atteinte à la dignité humaine, est condamné par les lois internationales et la législation vietnamienne. Quand ce tourisme concerne des enfants, il est d'autant plus intolérable. La charte éthique de Lonely Planet (à consulter sur le site www.lonelyplanet.fr) prend fermement position contre le tourisme sexuel et la prostitution enfantine.

La convention des Nations unies sur les droits de l'enfant (1989), la convention de Stockholm (1996) et les corpus législatifs de nombreux pays condamnent l'exploitation sexuelle des enfants et établissent des peines réprimant le tourisme sexuel. C'est à l'initiative de l'Unicef et d'ONG partenaires de la campagne internationale pour mettre fin à la prostitution enfantine liée au tourisme en Asie (rassemblées sous le sigle Ecpat, End Child Prostitution in Asia) que le Congrès mondial contre l'exploitation sexuelle des enfants s'est tenu à New York en 1996. Sa déclaration finale a défini un programme d'action signé par plus de 120 pays – parmi les signataires de la convention figurent la Belgique, le Canada, la France et la Suisse.

Aujourd'hui, la lutte contre la pédophilie s'organise donc par la mobilisation de la communauté internationale et l'adoption de lois extraterritoriales dans chaque État. Ces lois permettent de poursuivre des personnes dans leur pays d'origine pour des violences accomplies à l'étranger.

La France a adopté dès 1994 le principe de lois pénales extraterritoriales, s'appliquant pour l'ensemble des crimes ou des délits sexuels commis contre des mineurs à l'étranger. Elle va au-delà de la rémunération donnée ou non à l'enfant ou à son souteneur. Par ailleurs, le code pénal punit de 5 ans d'emprisonnement des relations sexuelles rémunérées avec un enfant de moins de 15 ans et de 20 ans de réclusion "toute atteinte sexuelle" sur un mineur de moins de 15 ans "commise avec violence, contrainte ou surprise".

Consultez le site Internet d'Ecpat International (www.ecpat.net/fr/) pour plus d'informations.

ment vulnérable figurent les restaurations inappropriées, la pollution, les intempéries et l'impact du tourisme. De simples gestes, comme caresser de la main une statue, provoquent un désastre quand ils sont répétés des milliers de fois par des visiteurs plus ou moins avertis. Ces gestes annihilent tous les efforts techniques, financiers et humains mis en œuvre pour la conservation de l'objet d'art ou du monument – la préservation du patrimoine, techniquement difficile, mobilise en effet d'énormes moyens. Ces sites sont inaltérables, pense-t-on, et puisqu'ils ont survécu pendant des siècles, ils sont éternels... Rien n'est moins vrai ! Ces merveilles de civilisation sont en danger.

La préservation du patrimoine culturel concerne chacun d'entre nous. Gardez cette pensée à l'esprit lorsque vous serez au Vietnam. Si cette conservation requiert l'intervention de spécialistes, des gouvernements locaux et d'institutions internationales (telles l'Unesco), elle présuppose aussi un effort collectif et une prise de conscience individuelle. Aussi, évitez :
• de dégrader les œuvres d'art, les sites ou les monuments, notamment par des graffitis,
• de déplacer pierres et objets,
• d'escalader les sites,
• de heurter les parois décorées avec votre sac à dos
• de laisser des détritus derrière vous
• d'acheter des objets qui proviendraient éventuellement de sites pillés

Respectez également les mesures prises par les autorités en matière de régulation des flux touristiques ou d'entrée sur les sites, ainsi que les politiques de mise en valeur, les travaux de restauration et de préservation des monuments.

Pour plus d'informations, consultez les sites des institutions œuvrant à la préservation du patrimoine culturel :
Unesco (http://whc.unesco.org/nwhc.fr/pages/home/pages/homepage.htm)
Iccrom (Centre international d'études pour la conservation et la restauration des biens culturels ; www.iccrom.org/frhome.htm)
Icomos (Conseil international des monuments et des sites ; www.international.icomos.org/f_somair.htm)
Icom (Conseil international des musées ; www.icom.museum/francais.html#Infocentre)

Prostitution et pédophilie

Les enseignes invitant à des karaokés ou à des massages sont omniprésentes au Vietnam. Parfois, il s'agit réellement de chanter sur une bande sonore ou de se faire masser – les deux existent dans les grandes villes. La plupart du temps ce ne sont que des façades derrière lesquelles se cache une quelconque forme de prostitution, surtout si les lieux semblent exigus et peu entretenus.

Le Vietnam est malheureusement l'un des pays où se développe la prostitution enfantine. Les autorités infligent de lourdes sanctions aux pédophiles et certains pays (dont la France, la Belgique ou le Canada) poursuivent leurs ressortissants accusés d'actes pédophiles à l'étranger (voir l'encadré *Contre le tourisme sexuel et la prostitution enfantine*). Le sentiment d'impunité, si facile à éprouver quand on est "loin de chez soi", n'a absolument plus lieu d'exister ! L'exploitation sexuelle des enfants est devenu un problème majeur dans toute l'Asie : ne la laissez pas s'implanter solidement au Vietnam.

TRAVAILLER AU VIETNAM
Bénévolat
Pour tout renseignement sur le travail bénévole, adressez-vous au centre d'information sur les ONG, le **NGO Resource Centre** (☎ 04-832 8570 ; ngocentr@netnam.org.vn ; Hotel La Thanh, 218 Pho Doi Can, Hanoi), qui possède des dossiers complets sur toutes les ONG présentes au Vietnam. Vous pouvez contactez les organisations (anglophones) suivantes :

15 May School (www.15mayschool.org). Une école de HCMV qui offre éducation et formation professionnelle aux enfants défavorisés.

Idealist.org (www.idealist.org). Pour rechercher les possibilités de travail bénévole auprès d'organisations humanitaires dans le monde.

Street Voices (www.streetvoices.com.au). Permet d'offrir vos compétences, votre temps ou un peu d'argent aux enfants des rues pris en charge par cette organisation. Le projet de base de Street Voices' primary est le KOTO Restaurant (p.102) ; consultez leur site pour savoir comment les aider au Vietnam.

En France, quelques organismes offrent des opportunités de travail bénévole sur des projets de développement ou d'environnement.

Comité de coordination pour le service volontaire international (CCVIS, ☎ 01 45 68 49 36, fax 01 42 73 05 21, ccivs@unesco.org, www.unesco.org/ccivs/accueil800600-fr-bis.htm ; maison de l'Unesco, 1 rue Miollis, 75732 Paris Cedex 15)

Délégation catholique pour la coopération (DCC, ☎ 01 45 65 96 65, fax 01 45 81 30 81, dcc@ladcc.org, http://dcc.cef.fr ; BP 303, 11 rue Guyton-de-Morveau, 75625 Paris Cedex 13)

Travail salarié
L'ouverture du Vietnam l'économie libérale a soudainement créé diverses possibilités de travail pour les Occidentaux. Les emplois les plus rémunérateurs proviennent des organismes internationaux, tels l'ONU, des ambassades et des sociétés étrangères.

Si des touristes ressemblant à Rambo se sont parfois vu proposer des rôles de figurants dans des films de guerre, la plupart de ceux qui viennent travailler au Vietnam enseignent les langues étrangères.

L'anglais demeure de loin la langue la plus demandée par les étudiants vietnamiens, mais certains souhaitent aussi apprendre le français. On recherche parfois aussi des professeurs de japonais, d'allemand, d'espagnol et de coréen.

Les universités d'État recrutent certains enseignants étrangers, rémunérés en moyenne 5 \$US l'heure. Ils jouissent en outre d'un logement de fonction et du renouvellement illimité de leur visa.

Les cours de langue privés, ainsi que les cours particuliers, essaiment un peu partout. C'est ce genre d'emploi qu'obtiennent la plupart des étrangers qui viennent d'arriver au Vietnam. Le secteur privé offre une rémunération un peu plus élevée : de 6 à 10 \$US l'heure selon l'endroit où vous enseignez. Néanmoins, les écoles privées ne procurent pas les mêmes avantages que les établissements publics. Généralement plus rentables, les cours particuliers rapportent de 10 à 15 \$US l'heure.

Trouver un travail d'enseignant s'avère relativement facile dans des villes comme HCMV et Hanoi, et parfois possible dans des villes universitaires moins importantes ; dans les petites villes, les salaires proposés sont moins élevés et les possibilités de travail plus rares.

Trouver un emploi relève en général du bouche-à-oreille – les petites annonces sont peu nombreuses. Plus votre séjour est long, plus votre démarche sera aisée. À l'inverse, les voyageurs qui s'attendent à dénicher un job pour repartir 2 mois plus tard, risquent d'être déçus.

VISA

Un visa est obligatoire pour entrer au Vietnam, que ce soit par voie aérienne (*via* les aéroports de Hanoi, HCMV et Danang) ou par voie terrestre (il existe neuf postes-frontières terrestres, trois pour chaque pays frontalier, le Cambodge, le Laos et la Chine).

Le gouvernement envisage régulièrement de délivrer des visas à l'arrivée aux ressortissants de certains pays, mais une telle décision n'a pas encore été prise.

Visa de tourisme

Les visas de tourisme autorisent généralement un séjour de 30 jours (il est désormais possible d'obtenir un visa de trois mois : renseignez-vous auprès de l'ambassade ou de l'organisme en charge d'obtenir votre visa).

Réunir les documents nécessaires pour l'obtention d'un visa vietnamien est devenu assez simple, les seuls problèmes étant le coût relativement élevé et le délai. Pour un ressortissant belge ou français, le coût peut varier entre 80 € (visa de 30 jours, une seule entrée) et 125 € (visa de 30 jours, entrées multiples), avec un délai (minimal) de 5 à 7 jours (prévoyez plus de temps).

Les personnes d'origine vietnamienne doivent remplir un formulaire particulier et prévoir un temps d'obtention plus long.

Vous devez être muni d'un passeport d'une validité supérieure à un mois.

Pour plus d'informations, contactez le bureau d'information sur le Vietnam, **Cap Vietnam** (☎ 0892 707 712, fax 0826 000 726 ; www. cap-vietnam.com ; 69 rue de la Glacière, 75013 Paris). Son site présente un lien vers l'organisme Action Visas : vous pouvez déposer une demande de visa en ligne (ou l'envoyer par correspondance), une solution pratique quoique un peu plus coûteuse.

Vous pouvez aussi vous adresser directement aux services d'obtention des visas des ambassades vietnamiennes de votre pays (voir leurs coordonnées à la rubrique *Ambasssades et consulats*, plus haut). Téléphonez avant de vous déplacer pour connaître les jours et les heures d'ouverture, ainsi que la liste précise des documents à fournir.

Si vous prévoyez de séjourner plus d'un mois au Vietnam, ou de quitter le pays et de revenir, essayez d'obtenir un visa à entrées multiples de 3 mois.

En Asie, Bangkok a toujours été considéré comme l'endroit le plus commode pour obtenir un visa pour le Vietnam. La plupart des agences de voyages thaïlandaises proposent des formules billet d'avion aller-retour avec visa inclus.

Enfin, croyez-en notre expérience : les services de l'immigration de l'aéroport tiendront compte de votre apparence physique. Évitez les tenues négligées (dont le short) et, messieurs, veillez à être rasé de près.

Visa d'affaires

Le visa d'affaires présente plusieurs avantages : il est valable de 3 à 6 mois, peut être délivré pour des entrées multiples et permet de travailler.

Son obtention présente peu de difficultés et vous pouvez confier cette mission aux voyagistes. Il coûte environ quatre fois plus cher qu'un visa ordinaire. Il est en général beaucoup plus facile de demander un visa d'affaires une fois au Vietnam.

Visa d'études

Un visa d'études s'obtient d'ordinaire après votre arrivée. Vous pouvez très bien entrer au Vietnam avec un visa de tourisme, vous inscrire à des cours de vietnamien, puis déposer une demande de changement de statut auprès de la police de l'immigration.

Visa à entrées multiples

Il est en théorie possible de se rendre au Cambodge, au Laos ou dans n'importe quel autre pays depuis le Vietnam, puis d'y revenir sans avoir à demander un autre visa. Il faut cependant faire une demande de visa de retour avant de quitter le Vietnam. Sinon, vous devrez recommencer la procédure, longue et chère, pour l'obtention d'un nouveau visa.

Les visas de retour s'obtiennent le plus facilement à Hanoi ou HCMV, mais vous devrez presque certainement demander à une agence de voyages de se charger des démarches, lesquelles prendront 1 ou 2 jours – et 25 $US.

Prorogation de visa

Une prorogation coûte environ 20 $US, mais vous devrez sans doute confier cette mission à une agence de voyages et non aller vous-même à la police de l'immigration. La procédure prend 2 ou 3 jours. Officiellement, vous avez droit à une seule prorogation de 30 jours au maximum.

N'importe quelle capitale provinciale est censée proroger un visa, mais les formalités s'accomplissent plus facilement dans les grandes villes touristiques (HCMV, Hanoi, Danang et Hué).

Pour faire une demande de prorogation à Hué, adressez-vous à la **police de l'immigration** (carte p.204 ; Đ Hung Vuong).

VOYAGER AVEC DES ENFANTS

En règle générale, les enfants sont très bien accueillis et suscitent un grand intérêt auprès des Vietnamiens, qui voudront jouer avec eux. Ceux qui pratiquent l'anglais pourront se procurer *Travel with Children* de Cathy Lanigan (Lonely Planet Publications), un ouvrage qui donne de judicieux conseils pour voyager à l'étranger avec des enfants en bas âge et durant la grossesse.

Pratique

Dans les grandes villes, les petits pots, les couches et les vêtements pour enfants se trouvent facilement, ce qui n'est pas le cas dans les campagnes. Les enfants trop jeunes pour tenir des baguettes se verront remettre des fourchettes et des couteaux dans la plupart des restaurants. Vous trouverez des chaises hautes dans certains restaurants à l'occidentale. Les hôtels internationaux de catégorie moyenne et supérieure mettront à votre disposition des lits pour enfant. Les voitures de location et les taxis ne sont pas équipés de siège enfant.

Allaiter en public est courant au Vietnam, vous ne choquerez donc personne en le faisant. En revanche, il existe peu d'aménagements spéciaux pour changer les bébés. Il faut donc s'en tenir aux toilettes et penser à apporter avec soi un sac à langer.

À voir et à faire

Dans les grandes villes, les distractions ne manquent pas ; en revanche, les bourgades et les campagnes proposent peu de lieux de loisir destinés spécifiquement aux enfants. Nous vous recommandons les zoos, les parcs et les boutiques de crèmes glacées, qui figurent parmi les meilleures d'Asie du Sud-Est ! À HCMV, emmenez vos enfants au parc aquatique (p. 351) ; à Hanoi, le cirque (p. 109) et les spectacles de marionnettes sur l'eau (p. 110) sont tout indiqués !

Les amoureux de la nature choisiront peut-être de partir en randonnée avec leurs enfants dans l'un des immenses parcs ou réserves naturels du pays. Le parc national de Cuc Phuong (p. 181), notamment, abrite le Centre d'aide aux primates en danger. Vous y découvrirez les efforts réalisés pour protéger et élever en captivité des espèces menacées de singes. C'est le lieu où s'informer sur les menaces touchant à l'environnement et sur la condition réservée à nos amis à fourrure.

Au Vietnam, avec une aussi longue côte, impossible de ne pas trouver de belles plages où laisser jouer vos enfants. En revanche, la baignade peut être dangereuse en raison des forts courants de retour.

VOYAGER SEULE

Tout comme la Thaïlande et d'autres pays à prédominance bouddhiste, le Vietnam, en général, ne présente pas de véritable danger pour les femmes occidentales qui voyagent en solo. Il n'en va pas de même pour les Asiatiques, en particulier si elles sont jeunes. Une femme asiatique accompagnée d'un Occidental sera facilement cataloguée comme "prostituée vietnamienne". Il ne vient pas à l'idée de tous qu'ils peuvent être mariés ou de simples amis. Des femmes asiatiques voyageant au Vietnam avec un compagnon occidental ont raconté avoir été parfois insultées.

Inutile de sombrer pour autant dans la paranoïa : les Vietnamiens ont de plus en plus l'habitude de croiser des étrangers et réalisent que toutes les femmes asiatiques ne sont pas forcément vietnamiennes.

Sur le plan purement pratique, sachez que l'on peut trouver des serviettes hygiéniques (moins facilement des tampons) dans toutes les grandes villes.

VOYAGEURS HANDICAPÉS

Le Vietnam n'est pas une destination facile pour les voyageurs handicapés, bien que de nombreux Vietnamiens le soient eux-mêmes, à la suite de blessures de guerre. La circulation effrénée, la pénurie de trottoirs, l'absence d'ascenseurs et les toilettes à la turque sont en effet sources de difficultés.

Toutefois en planifiant bien votre voyage, vous pouvez parfaitement envisager de partir au Vietnam. Adressez-vous à une agence de voyages fiable pour tout organiser et n'hésitez pas à vérifier vous-même les réservations prises. Dans les grandes villes, de nombreux hôtels possèdent un ascenseur et les accès pour handicapés s'améliorent. Trains et bus ne sont pas vraiment équipés pour les voyageurs à mobilité réduite mais en louant une voiture avec guide, tout deviendra possible ou presque. Il vous faudra parfois savoir monter un peu bizarrement un escalier ou à bord d'un bateau, mais sachez aussi que les Vietnamiens seront toujours prêts à vous aider. Pour plus de détails, vous pouvez contacter :

Society for Accessible Travel & Hospitality (SATH ; ☎ 212-447 7284 ; www.sath.org)

En France, l'**APF** (Association des paralysés de France ; ☎ 01 40 78 69 00 ; fax 01 45 89 40 57 ; www.apf.asso.fr ; 17 bd Blanqui, 75013 Paris) peut vous fournir d'utiles informations sur les voyages accessibles.

Le forum de Lonely Planet (www.lonelyplanet. fr) est aussi un bon moyen de recueillir les conseils d'autres voyageurs.

Transports

SOMMAIRE

> **ATTENTION !**
>
> En raison de l'évolution constante du marché et de la forte concurrence régissant l'industrie du tourisme, les renseignements présentés dans ce chapitre restent purement indicatifs. En particulier, les tarifs des vols internationaux et les horaires sont toujours susceptibles d'être modifiés. De plus, l'administration et les compagnies aériennes semblent prendre un malin plaisir à concevoir des formules relativement complexes. Assurez-vous, auprès de la compagnie aérienne ou d'une agence de voyages, que vous avez bien compris les modalités de votre billet.
>
> Avant de vous engager, renseignez-vous et comparez les tarifs et les conditions proposés par chaque agence et compagnie aérienne.

DEPUIS/VERS LE VIETNAM

ENTRER AU VIETNAM

Si les procédures bureaucratiques qui accompagnaient l'entrée au Vietnam relevaient autrefois du cauchemar, elles sont devenues nettement plus simples ces dernières années. Les formalités sont généralement moins lourdes dans les aéroports internationaux vietnamiens qu'aux postes-frontières terrestres puisque le trafic y est plus dense. Cela dit, franchir la frontière vietnamienne en venant du Cambodge, de la Chine ou du Laos ne pose guère de problèmes.

La voie aérienne est généralement privilégiée par les vacanciers qui séjournent uniquement au Vietnam, tandis que le bus est plus utilisé par les voyageurs qui explorent toute la péninsule Indochinoise par exemple. Si vous prévoyez de passer par la Chine, pensez à emprunter la splendide voie ferroviaire reliant Kunming à Hanoi.

Lors de votre passage en douane vous sera remise une feuille de papier jaune qu'il vous faudra présenter à la sortie du pays. En cas de perte, vous devrez vous acquitter d'une "amende" de 20 $US environ auprès des services de l'immigration.

Passeport et visa

Pour entrer au Vietnam, vous devez être muni d'un passeport valide et d'un visa. Aucun visa ou tampon apposé sur votre passeport provenant d'un autre État ne vous empêchera d'entrer dans le pays. En revanche, certains Vietnamiens expatriés peuvent être ennuyés par les services d'immigration et de douane.

Les ressortissants français, belges, suisses et canadiens, entre autres nationalités, doivent se procurer un visa pour séjourner au Vietnam. Pour l'instant, il ne peut pas être délivré à l'arrivée. Le visa s'obtient facilement avant votre départ, auprès de l'ambassade vietnamienne de votre pays ou des autres pays asiatiques ; vous pouvez également vous adresser à un organisme spécialisé ou à votre agence si vous partez en circuit organisé. Pour tout détail sur les formalités d'obtention d'un visa de tourisme ou d'affaires, consultez la rubrique *Visa* p. 475.

VOIE AÉRIENNE
Aéroports et compagnies aériennes
Le Vietnam compte trois aéroports internationaux. L'**aéroport Tan Son Nhat** (SGN ; ☎ 08-848 5383) de Ho Chi Minh-Ville (HCMV) est la plaque tournante du trafic aérien international du pays. L'**aéroport Noi Bai** (HAN ; ☎ 04-886 6527), à Hanoi, accueille essentiellement les personnes qui consacrent leur voyage au nord du Vietnam. De rares vols internationaux desservent également l'**aéroport de Danang** (DAD ; ☎ 0511-830 339), porte d'entrée idéale pour qui veut découvrir les charmes du centre du Vietnam.

La compagnie **Vietnam Airlines** (☎ 04-943 9660 à Hanoi, ☎ 08-829 2118 à HCMV ; www.vietnamair.com.vn) est une entreprise d'État. La majorité des lignes internationales desservant le Vietnam sont exploitées par Vietnam Airlines en association avec des compagnies étrangères.

Vietnam Airlines possède une flotte moderne d'Airbus et de Boeing et le niveau des services sur les vols internationaux commence à rattraper celui de ses principaux concurrents. Sur les lignes intérieures, par contre, les retards et les vols annulés restent fréquents.

Un grand nombre de vols internationaux au départ de Hanoi font escale à HCMV . Toutefois, au lieu de pouvoir embarquer sur leur vol international dès Hanoi, les passagers sur le retour sont contraints de payer une taxe aérienne intérieure pour rejoindre HCMV, de récupérer leurs bagages, d'effectuer à nouveau leur enregistrement et de payer une taxe aérienne internationale avant d'embarquer enfin sur leur international !

COMPAGNIES AÉRIENNES
DESSERVANT LE VIETNAM
Sauf indication contraire, les numéros de téléphone suivants sont ceux des agences de Hanoi (indicatif régional 04).
Air France (code compagnie AF ; ☎ 825 6742 ; www.airfrance.fr ; siège Paris)
Asiana Airlines (code compagnie OZ ; ☎ 822 2671 ; www.us.flyasiana.com ; siège Séoul)
Cathay Pacific (code compagnie CX ; ☎ 826 7298 ; www.cathaypacific.com ; siège Hong Kong)
China Airlines (code compagnie CI ; ☎ 824 2688 ; www.china-airlines.com ; siège Taipei)
China Southern Airlines (code compagnie CZ ; ☎ 771 6611 ; www.cs-air.com ; siège Guangzhou)

TAXE D'AÉROPORT
La taxe à acquitter pour les vols internationaux est de 14 $US de Hanoi, 12 $US de HCMV et 8 $US de Danang.

Lao Airlines (code compagnie QV ; ☎ 846 4873 ; www.laoairlines.com ; siège Vientiane)
Malaysia Airlines (code compagnie MY ; ☎ 826 8820 ; www.malaysiaairlines.com ; siège Kuala Lumpur)
Philippine Airlines (code compagnie PR ; à HCMV ☎ 08-822 2241 ; www.philippineair.com ; siège Manille)
Siem Reap Airways (code compagnie FT ; à HCMV ☎ 08-914 0296 ; www.siemreapair.com ; siège Phnom Penh)
Singapore Airlines (code compagnie SQ ; ☎ 826 8888 ; www.singaporeair.com ; siège Singapour)
Thai Airways (code compagnie TG ; ☎ 826 6893 ; www.thaiair.com ; siège Bangkok)

Billets
En cherchant un peu, vous devriez pouvoir trouver un billet à prix intéressant pour Hanoi ou HCMV. Dans le cas contraire, une autre option consiste à prendre un billet peu coûteux pour Bangkok ou Hong Kong, puis à prendre une correspondance pour le Vietnam.

Les petites agences de voyages spécialisées dans l'Asie du Sud-Est sont les plus à même d'obtenir des tarifs intéressants pour le Vietnam.

S'il est possible de se procurer des tarifs promotionnels pour entrer dans le pays, Vietnam Airlines ne permet pas aux compagnies étrangères de vendre ses billets à tarif réduit dans le sens du retour. Par exemple, un billet de Bangkok à Hanoi ou HCMV, s'il est acheté à Bangkok, coûte presque 50% moins cher qu'un vol de Vietnam Airlines. Aussi, si vous comptez acheter un billet long-courrier dans la région, faites-le plutôt à Bangkok.

Il est difficile d'obtenir des réservations pour des vols depuis/vers le Vietnam au moment des vacances locales, notamment aux alentours du Têt, entre fin janvier et mi-février. Si vous prévoyez de vous rendre au Vietnam à cette période, faites vos réservations longtemps à l'avance pour ne pas rester bloqué dans un aéroport régional en chemin. L'affluence débute une semaine avant le Têt et se prolonge parfois jusqu'à deux semaines après l'événement.

TRANSPORTS

N'oubliez pas que le Vietnam n'est pas le seul pays à célébrer le Nouvel An lunaire : le Nouvel An chinois tombe également à cette époque. Comme tout le monde part au même moment, avions, trains et hôtels affichent complet dans toute l'Asie.

BILLETS RÉGIONAUX

Les personnes qui prévoient de visiter plusieurs pays dans la région seront heureuses d'apprendre la création de l'ASEAN Hip-Hop Pass qui permet d'effectuer trois vols internationaux dans les pays de l'ASEAN pour 399 $US, plus trois vols supplémentaires à 150 $US chacun. Cette solution n'est pas des plus avantageuses si vous explorez les différents pays de la péninsule Indochinoise (où les vols régionaux sont peu onéreux). Elle reste en revanche très intéressante si vous voyagez dans toute l'Asie du Sud-Est.

Asie

Si la majorité des pays d'Asie proposent désormais des billets d'avion à prix assez compétitifs, c'est à Bangkok, Singapour et Hong Kong que l'on trouve les tarifs les plus intéressants.

CAMBODGE

Vietnam Airlines et Siem Reap Airways assurent des vols quotidiens entre Phnom Penh et HCMV. Vietnam Airlines relie aussi directement Siem Reap à HCMV (plusieurs fois par jour) et à Hanoi (un vol direct par jour).

Siem Reap Airways dessert Siem Reap au départ de Danang plusieurs fois par semaine mais ne propose *pas* le trajet en sens inverse.

L'une des agences de voyages les plus fiables du Cambodge est **Hanuman Tourism** (www. hanumantourism.com ; ☎ 023-218 356), installée à Phnom Penh.

CHINE

Vietnam Airlines offre désormais des vols entre Hanoi et quelques grandes villes chinoises, notamment Beijing (Pékin), Guangzhou (Canton) et Kunming. Ces liaisons sont partagées avec, respectivement, Air China, China Southern Airlines et China Yunnan Airlines. Le seul vol direct au départ de HCMV à destination de la Chine dessert Guangzhou.

HONG KONG

Vietnam Airlines et Cathay Pacific se partagent la liaison quotidienne entre Hong Kong et HCMV. L'option la plus vendue, l'*open jaw*, permet de faire l'aller avec une compagnie et le retour avec l'autre transporteur.

Voici des agences de voyages recommandées à Hong Kong :
Four Seas Tours (☎ 2200 7760 ; www.fourseastravel.com)
Phoenix Services (☎ 2722 7378)
STA (☎ 2736 1618 ; www.statravel.com.hk)

LAOS

Lao Airlines et Vietnam Airlines assurent, toutes deux, plusieurs vols entre Vientiane et Hanoi ou HCMV.

SINGAPOUR

Singapore Airlines et Vietnam Airlines relient plusieurs fois par jour Singapour à Hanoi et à HCMV. À Singapour, **STA Travel** (☎ 6737 7188 ; www.statravel.com.sg) pratique des tarifs fiables.

TAIWAN

Parmi les compagnies partant de Taipei, citons China Airlines, Eva Air et Vietnam Airlines.

L'agence de voyages **Jenny Su Travel** (☎ 02-2594 7733 ; jennysu@tpe.atti.net.tw) jouit d'une longue expérience et d'une bonne réputation.

THAÏLANDE

Bangkok demeure l'escale favorite des voyageurs pour entrer au Vietnam. Air France, Thai Airways et Vietnam Airlines assurent des vols quotidiens entre Bangkok et Hanoi ou HCMV.

De nombreux voyageurs choisissent le billet *open jaw*, qui permet d'arriver soit à HCMV, soit à Hanoi, et de repartir pour Bangkok depuis l'autre ville.

Khao San Rd, à Bangkok, est le quartier des voyageurs à petit budget. L'excellente agence **STA Travel** (☎ 0 2236 0262 ; www.statravel.co.th) côtoie des enseignes moins recommandables.

Canada

Au Canada, les tarifs promotionnels sont souvent 10% plus chers que ceux vendus aux États-Unis. Pour avoir des renseignements sur les tarifs réduits, contactez **Travel Cuts** (☎ 800-667 2887 ; www.travelcuts.com ; 225 Président Kennedy PK-R-206, Montréal, Québec H2X 3Y8), qui est implantée partout dans le pays, ou **Funtastique Tours** (☎ 514 270-7373 ; fax 514 270 8187 ; www.funtastique.com; 8060 rue Saint-Hubert, Montréal, Québec H2R 2P3). Vous pouvez aussi vous adresser à **Air Canada** (☎ 01805-024 7226 ; www.aircanada.ca)

Europe continentale
Les principales compagnies aériennes et de nombreuses agences de voyages disposent d'offres intéressantes au départ de plusieurs capitales. Consultez également les agences citées à la rubrique *Circuits organisés*, plus loin dans ce chapitre.

AGENCES AU DÉPART DE LA FRANCE
Nous vous recommandons ces agences, susceptibles d'obtenir des vols secs à prix intéressants (certaines proposent également des circuits organisés).
Air France (☎ 0820 820 820 ; www.airfrance.fr ; 3615/16 AF ; 119 av. des Champs-Élysées, 75008 Paris)
Melting Pot (☎ 01 43 72 20 55 ; 91 rue de Charonne, 75011 Paris)
Nouvelles Frontières (☎ 08 25 00 07 47 ; www.nouvelles-frontieres.fr)
OTU Voyages (www.otu.fr). Spécialisée dans les voyages destinés aux jeunes et aux étudiants.
Roots Travel (☎ 01 42 74 07 07, fax 01 42 74 01 01 ; www.rootstravel.com ; 85 rue de la Verrerie, 75004 Paris)
Usit Connections (☎ 01 44 55 32 60 ; n° Indigo 0 892 888 888 ; fax 01 44 55 32 61 ; www.usitconnections.fr ; www.usitworld.com ; 3615 Usit ; 14 rue Vivienne, 75002 Paris) ; (☎ 01 42 34 56 90 ; fax 01 42 34 56 97 ; 6 rue de Vaugirard, 75006 Paris)
Voyageurs Associés Marseille (☎ 04 91 47 49 40 ; fax 04 91 47 27 68 ; 39 rue des Trois-Frères-Barthélémy, 13006 Marseille) ; Strasbourg (☎ 03 90 23 67 00 ; 7 rue de Bonnes-Gens, 67000 Strasbourg)
Voyageurs du Monde (☎ 01 42 86 16 00 ; fax 01 42 86 17 88 par fax, indiquer votre destination ; www.vdm.com; 3615 Voyageurs ; 55 rue Sainte-Anne, 75002 Paris).

AGENCES AU DÉPART DE LA BELGIQUE
Airstop (☎ 070 23 31 88 ; fax 09/268 85 49 ; www.airstop.be ; 28 rue du Fossé aux Loups, Bruxelles 1000)
Connections Bruxelles (☎ 02/550 01 00 ; fax 02/512 94 47 ; 19-21 rue du Midi, Bruxelles 1000) ; Bruxelles (☎ 02/647 06 05 ; fax 02/647 05 64 ; 78 av. Adolphe-Buyllan, Bruxelles 1050) ; Gand (☎ 09/223 90 20 ; fax 09/233 29 13 ; 120 Nederkouter, Gand 9000) ; Liège (☎ 04/223 03 75 ; fax 04/223 08 82 ; www.connections.

be ; 7 rue Sœurs-de-Hasque , Liège 4000). Le spécialiste belge du voyage pour les jeunes et les étudiants.
Éole (☎ 02/227 57 81 ; fax 2 219 90 73 ; 43 chaussée de Haecht, Bruxelles 1210)

AGENCES AU DÉPART DE LA SUISSE
Jerrycan (☎ 022/346 92 82 ; fax 022/789 43 63 ; www.jerrycan-travel.ch ; 11 rue Sautter, Genève 1205).
STA Travel Lausanne (☎ 021/617 56 27 ; fax 021/616 50 77 ; 20 bd de Grancy, Lausanne 1006) ; Genève (☎ 022/329 97 33 ; fax 022/329 50 62 ; 3 rue Vigner, Genève 1205) ; Genève (☎ 022/818 02 00 ; fax 022/818 02 10 ; www.statravel.ch ; 10 rue de Rive, Genève 1204). Coopérative de voyages suisse. Propose des vols à prix négociés pour les étudiants de moins de 26 ans et des vols charters pour tous.
Swiss (☎ 0848 85 2000 ; www.swiss.com)

VOIE TERRESTRE
Le Vietnam est frontalier avec le Cambodge, la Chine et le Laos. Il possède neuf postes-frontières internationaux (trois avec chacun des pays) ouverts aux étrangers, ce qui représente une grande amélioration par rapport à la situation des dernières années.

Passer la frontière
Il est obligatoire d'être muni d'un visa vietnamien avant de passer la frontière, car ils ne sont pas délivrés aux postes-frontières (voir la rubrique *Visa* p. 475).

Comme il est difficile de changer de l'argent du côté vietnamien, prenez sur vous des dollars américains (en petites coupures de préférence). Sinon, le marché noir vous permettra de changer les monnaies locales (dong vietnamien, renminbi chinois, kip laotien et riel cambodgien). Souvenez-vous que les taux du marché noir sont à juste titre réputés pour être peu intéressants, voire carrément malhonnêtes.

La police vietnamienne aux postes-frontières est extrêmement chicaneuse, en particulier à la frontière avec le Laos. La plupart des voyageurs trouvent moins compliqué de quitter le Vietnam par voie terrestre que d'y entrer. Au passage des frontières, il arrive que les étrangers aient à régler une "taxe d'immigration".

CAMBODGE
Moc Bai-Bavet, point de passage rapide et peu onéreux, est très prisé des voyageurs se rendant de HCMV à Phnom Penh. Pour les personnes ayant du temps, le voyage par

TRANSPORTS

POSTES-FRONTIÈRES

Pays	Postes-frontières	Villes les plus proches
Cambodge	Bavet/Moc Bai	Svay Rieng/Tay Ninh
	Kaam Samnor/Vinh Xuong	Neak Luong/Chau Doc
	Phnom Den/Tinh Bien	Takeo/Chau Doc
Chine	Youyi Guan/Huu Nghi Quan (col de l'Amitié)	Pingxiang/Lang Son
	Hekou/Lao Cai	Hekou/Lao Cai
	Dongxing/Mong Cai	Dongxing/Mong Cai
Laos	Donsavanh/Lao Bao	Sepon/Dong Ha
	Nam Phao/Cau Treo	Tha Kaek/Vinh
	Na Meo/Nam Can	Phonsavan/Vinh

la voie fluviale dans le delta du Mékong, entre Chau Doc et Phnom Penh, est bien plus agréable. Des visas cambodgiens d'un mois sont délivrés à votre arrivée à Bavet et à Kaam Samnor moyennant 20 $US ; ils ne sont pas encore disponibles à Phnom Den.

Moc Bai-Bavet
Le poste-frontière le plus fréquenté entre le Cambodge et le Vietnam se trouve à Moc Bai, qui relie la province de Tay Ninh (Vietnam) à celle de Svay Rieng (Cambodge). Des bus circulent tous les jours entre Phnom Penh et HCMV (*via* Moc Bai) ; ils partent généralement aux alentours de 8h. Le trajet dure près de 7 heures (6 $US). Les billets les moins chers sont en vente dans les cafés de voyageurs du quartier Pham Ngu Lao, à HCMV (voir p.330), ainsi qu'à la **Capitol Guesthouse** (☎ 023-364104) et à la **Narin Guesthouse** (☎ 023-982554), à Phnom Penh.

Vinh Xuong-Kaam Samnor
La frontière de Vinh Xuong, près de Chau Doc, offre une alternative plaisante à celle de Moc Dai. Entrer ou sortir *via* Vinh Xuong offre l'avantage de découvrir le delta du Mékong sans avoir à repasser par HCMV. Plusieurs agences proposent des liaisons quotidiennes en bateau entre Chau Doc et Phnom Penh (8 $US environ, départ vers 9h) ; le trajet prend quelque 6 heures, arrêt à la douane compris.

Si vous préférez un parcours plus rapide, empruntez les **bateaux express des Victoria Hotels** (www.victoriahotels-asia.com), qui naviguent entre Victoria Chau Doc Hotel et Phnom Penh plusieurs fois par semaine. S'ils sont très confortables, ils sont également assez onéreux – environ 65 $US/personne.

Enfin, deux compagnies organisent des croisières de luxe entre HCMV et Siem Reap qui passent par cette frontière : l'agence internationale **Pandaw Cruises** (www.pandaw. com) et le tour-opérateur cambodgien **Toum Teav Cruises** (cfm@online.com.kh). Pandaw est une option coûteuse qui reçoit la faveur des agences haut de gamme, tandis que Tum Teav est une entreprise de petite taille très prisée pour son service individualisé et son excellente cuisine.

Tinh Bien-Phnom Den
Ce point de passage est peu fréquenté car la majorité des voyageurs se trouvant à Chau Doc préfèrent se rendre à Phnom Penh par la rivière. Par ailleurs, ce poste-frontière est fort reculé et les routes qui y mènent sont en mauvais état : mieux vaut l'éviter pour l'instant.

CHINE
Actuellement, les voyageurs étrangers peuvent traverser la frontière sino-vietnamienne en trois endroits : le col de l'Amitié, Lao Cai et Mong Cai. Le visa chinois (35 $US pour un mois) doit être demandé à l'avance auprès de l'**ambassade chinoise** (p. 462 ; ☽ 8h30-11h30 pour les visas), à Hanoi.

On ne peut traverser la frontière sino-vietnamienne que de 7h à 16h (heure vietnamienne). Réglez vos montres en traversant la frontière car la Chine est en avance d'une heure par rapport au Vietnam.

Col de l'Amitié
Le poste-frontière le plus fréquenté est la ville vietnamienne de Dong Dang, à 164 km au nord-est de Hanoi. Les postes-frontières vietnamien et chinois sont à 600 m l'un de l'autre.

Dong Dang est une localité de peu d'intérêt, à environ 18 km au nord de Lang Son (p. 144). Les bus sont fréquents entre Hanoi et Lang Son. La solution la moins chère pour effectuer le trajet entre Dong Dang et Lang Son consiste à louer une moto (30 000 d). Des minibus sillonnent également les rues à la recherche de passagers. Assurez-vous qu'ils vous emmènent bien à Huu Nghi Quan : les autres postes-frontières des environs sont réservés à la population locale.

Du côté chinois, le trajet entre la frontière et Pingxiang dure 20 minutes en bus ou en taxi collectif. Pingxiang est reliée par chemin de fer et par bus à Nanning, la capitale de la province chinoise du Guangxi.

Un train bihebdomadaire relie Beijing à Hanoi *via* le col de l'Amitié ; il dessert de nombreuses villes chinoises. Le trajet de 2 951 km dure à peu près 48 heures, dont 3 heures (dans le meilleur des cas) sont dévolues aux contrôles douaniers.

Les billets de train pour la Chine étant chers à Hanoi, certains voyageurs préfèrent acheter un billet pour Dong Dang, traverser la frontière à pied, puis racheter un billet de train chinois de l'autre côté. Même si vous devez louer une moto pour gagner la frontière et prendre ensuite un bus ou un taxi pour rejoindre Pingxiang, ce système vous permettra d'échapper aux 3 heures d'attente à la douane frontalière.

Lao Cai-Hekou
Une voie ferrée longue de 762 km relie Hanoi à Kunming, dans la province chinoise du Yunnan. La ville-frontière du côté vietnamien est Lao Cai (p170), à 294 km de Hanoi. Côté chinois, la ville frontalière s'appelle Hekou et se trouve à 468 km au sud de Kunming.

Aucun train direct ne circule actuellement entre Hanoi et Kunming. Trois trains par jour assurent la liaison entre Hanoi et Lao Cai, il est donc facile de prévoir un arrêt

à Sapa (p. 163) en route. Du côté chinois, le trajet Hekou-Kunming prend approximativement 17 heures.

Mieux vaut prendre une moto (10 000 d) pour faire le trajet entre la frontière et la gare ferroviaire de Lao Cai, à environ 3 km de distance.

Mong Cai-Dongxing
Le troisième poste-frontière vietnamien, rarement utilisé, est à Mong Cai (p. 140) dans le nord-est du pays, juste en face de la ville chinoise de Dongxing. Seuls les voyageurs qui se rendent de la baie d'Along à l'île de Hainan trouveront un intérêt à utiliser ce poste-frontière.

LAOS
Franchir la frontière entre le Laos et le Vietnam peut se faire à trois endroits : Lao Bao, Cau Treo et Na Meo, qui est le poste-frontière le moins important. Il est désormais possible de se procurer un visa laotien valable 15 jours à ces trois points de passage. Nous avons reçu d'innombrables lettres de voyageurs qui se plaignaient des tracasseries dont ils avaient fait l'objet de la part des services de l'immigration et dans les transports publics du côté vietnamien de la frontière, mais la situation s'améliore peu à peu.

Renseignez-vous sur l'ouverture aux étrangers du poste-frontière de Tay Trang, près de Dien Bien Phu (au nord-ouest du Vietnam).

Lao Bao-Donsavanh
Le petit village vietnamien de Lao Bao se trouve sur la RN 9, à 80 km à l'ouest de Dong Ha. Juste de l'autre côté de la frontière s'étend la province de Savannakhet, au sud du Laos, mais il n'y a pas de ville-frontière à proprement parler.

Un bus international assure quotidiennement la liaison entre Danang (Vietnam) et Savannakhet, au tarif de 25 $US pour les étrangers, ce qui n'est pas très intéressant. Plus avantageux, un service relie Hué à Savannakhet (15 $US, 13 heures, départs quotidiens à 6h et 18h). Dans le sens inverse, le bus journalier qui part à 22h de Savannakhet, nettement moins coûteux, dessert Dong Ha (7 $US, 329 km), Hué (9 $US, 409 km) ou Danang (11 $US, 508 km).

Pour plus de détails sur les transports locaux vers ce poste-frontière, consultez l'encadré p. 202.

Cau Treo-Nam Phao

La RN 8 vietnamienne traverse la frontière au col de Keo Nua (à 734 m d'altitude), connu sous le nom de Cau Treo en vietnamien et de Kaew Neua en laotien.

Du côté vietnamien, la grande ville la plus proche est Vinh, à 96 km à l'est de la frontière. Côté laotien, la ville de Tha Khaek se trouve à environ 200 km de la frontière. Les voyageurs ne passent par ce poste-frontière que lorsqu'ils se rendent en bus (liaison directe) de Hanoi à Vientiane. Toutefois, cet itinéraire est assez rude : le voyage prend quelque 24 heures et les bus sont de plus en plus bondés et de moins en moins sûrs au fur et à mesure du voyage ; les chauffeurs ne proposent aux voyageurs que de rares arrêts (erratiques) quand ils se sentent fatigués ; enfin, le bus arrive à la frontière à une heure indue. Tous les passagers, ou presque, finissent par regretter de n'avoir pas pris l'avion ! Profitant de la crédulité de certains touristes, des agences de voyages et des pensions de Hanoi et de Vientiane se proposent de vous "aider" moyennant 12 $US à 25 $US.

Pour plus de détails sur les transports locaux reliant le Laos et le Vietnam *via* ce poste-frontière, consultez l'encadré p. 187.

Nam Can-Na Meo

Ce poste-frontière n'est conseillé qu'aux aventuriers émérites. Situé à plus de 200 km au nord-ouest de Vinh, il débouche au milieu de nulle part. La ville laotienne la plus proche est Phonsavan, à près de 80 km à l'ouest. Les routes sont en bon état mais les transports publics sont presque inexistants.

Pour plus de renseignements sur le passage de la frontière dans cette région reculée, reportez-vous à l'encadré p. 184.

Bus

Il est possible de pénétrer au Vietnam en bus depuis le Cambodge et le Laos. Le moyen le plus prisé au départ du Cambodge est la navette touristique bon marché qui passe par le poste-frontière de Bavet-Moc Bai (voir p. 481). Depuis le Laos, la plupart des voyageurs prennent le bus cauchemardesque qui relie Vientiane à Hanoi *via* le point de passage de Cau Treo ou suivent l'itinéraire (plus facile) entre Savannakhet, dans le sud du Laos, et Hué, dans le centre du Vietnam, qui traverse la frontière à Lao Bao.

Voiture et moto

Que ce soit en voiture ou en moto, il n'est possible de traverser que les frontières séparant le Vietnam du Laos et du Cambodge. Il est actuellement interdit d'entrer en Chine depuis le Vietnam à bord d'un véhicule.

Les voyageurs motorisés (voiture ou moto) doivent être munis de la carte grise de leur véhicule, d'une assurance fiable et d'un permis de conduire international en plus de leur permis national. Vous aurez aussi besoin d'un carnet de passage en douane, qui est en fait le passeport du véhicule et sert d'exemption temporaire de taxe d'importation.

Train

Plusieurs trains internationaux circulent entre la Chine et le Vietnam. La voie ferrée la plus pittoresque se trouve entre Hanoi et Kunming (*via* Lao Cai), mais l'interminable voyage de Hanoi à Beijing (Pékin) par le poste-frontière de Lang Son est également agréable. Aucune ligne ferroviaire ne relie le Vietnam au Cambodge ou au Laos.

VOIE FLUVIALE

La frontière entre le Cambodge et le Vietnam possède un point de passage fluvial, sur les rives du Mékong. Les bateaux de passagers réguliers naviguent entre Phnom Penh au Cambodge et Chau Doc au Vietnam, avec une correspondance au poste-frontière de Vinh Xuong-Kaam Samnor (voir p. 482). Un navire de luxe express et deux bateaux suivent la rivière depuis les temples d'Angkor à Siem Reap au Cambodge (voir p. 481).

CIRCUITS ORGANISÉS

De nombreuses agences de voyages ont inscrit le Vietnam à leur catalogue. Tous les circuits, ou presque, suivent l'un des quelques itinéraires typiques. Chacun pourra trouver le voyage de son choix, quel que soit son budget et la durée de son séjour. Généralement, les circuits réservés en dehors du Vietnam sont d'un assez bon rapport qualité/prix lorsque tout est pris en compte (vols, nuitées, transport) mais, de toute façon, c'est un pays peu onéreux pour les visiteurs.

Il est par ailleurs très facile de mettre sur pied un circuit une fois arrivé au Vietnam (voir p. 495). En fait, la seule chose que vous gagnerez en réservant avant le départ, c'est un peu de temps. Si votre temps est plus compté que votre argent, optez alors pour un circuit organisé à l'avance.

Certains circuits au Vietnam, notamment dans le delta du Mékong, sont couplés avec un itinéraire au Cambodge.

Presque toutes les agences assurent des circuits standard en minibus à travers le Vietnam, réglés comme des métronomes. Plus intéressants, des voyagistes proposent des itinéraires thématiques dédiés aux cyclistes, aux randonneurs, aux ornithologues, aux anciens combattants, aux gastronomes ou aux férus de culture.

Voici quelques agences spécialisées :

Circuits culturels

Asia Paris (☎ 01 44 41 50 10 ; www.asia.fr ; 1 rue Dante, 75005 Paris) ; Genève (c/o Fert et Cie Voyages ☎ 022 839 43 92 ; 22a rue Le Corbusier, case postale 2364, CHI211 Genève 2)
Clio (☎ 01 53 68 82 82 ; fax 01 53 68 82 60 ; www.clio.fr; 27 rue du Hameau, 75015 Paris)
Compagnie des Indes et de l'Extrême Orient (☎ 01 53 63 33 40 ; www.compagniesdumonde.com)
Maison de l'Indochine (☎ 01 40 51 95 15 ; réservations 01 43 10 31 00 ; fax 01 46 33 73 03 ; www.maisondelindochine.com ; 76 rue Bonaparte, 75006 Paris)
Orients (☎ 01 40 51 10 40 ; fax 01 40 51 10 41 ; www.orients.com ; 25 rue des Boulangers, 75005 Paris)
Route de l'Asie (☎ 01 42 60 46 46 ; fax 01 42 61 11 70 ; www.laroutedesindes.com ; 7 rue d'Argenteuil, 75001 Paris)

Tourisme fluvial

Fleuves du Monde (☎ 01 44 32 12 85 ; fax 01 43 25 54 ; www.fleuves-du-monde.com ; 17 rue de la Bûcherie, 75005 Paris)

Treks et voyages sportifs

Atalante Paris (☎ 01 55 42 81 00 ; fax 01 55 42 81 01 ; www.atalante.fr ; 10 rue des Carmes, 75005 Paris) ; Lyon (☎ 04 72 53 24 80 ; fax 04 72 53 24 81 ; www.atalante.fr; 36-37 quai Arloing, 69256 Lyon Cedex 09)
Nomade Paris (☎ 0826 100 326 ; fax 0826 100 366 ; www.nomade-aventure.com ; 3615 Nomadav ; 40 rue de la Montagne-Sainte-Geneviève, 75005 Paris) ; Toulouse (☎ 05 61 55 49 22 ; fax 06 07 14 02 68 ; 21 place du Salin, 31000 Toulouse)

Tamera (☎ 04 78 37 88 88 ; fax 04 78 92 99 70 ; tamera@ tamera.fr ; www.tamera.fr ; 26 rue du Bœuf, Lyon 69005)
Ultramarina Nantes (☎ 02 40 89 34 44 ; fax 02 40 89 74 89 ; www.ultramarina.com; 37 rue Saint-Léonard, BP 33 221, 44032 Nantes Cedex 01) ; Paris (☎ 0825 02 98 02 ; fax 01 53 68 90 78 ; 25 rue Thibouméry, Paris 75015) ; (☎ 0 825 02 98 02 ; fax 04 91 54 01 04 ; 27 rue de la Palud, Marseille 13001)

COMMENT CIRCULER

AVION
Compagnies aériennes du Vietnam
Vietnam Airlines (www.vietnamairlines.com.vn) détient le monopole des vols intérieurs puisqu'elle est l'actionnaire majoritaire de son seul concurrent, **Pacific Airlines** (www. pacificairlines.com.vn), qui assure les liaisons Hanoi-HCMV et HCMV-Danang.

La plupart des agences de voyages vendent des billets sans frais supplémentaires ; ils sont directement commissionnés par la compagnie. Il est impératif de se munir de son passeport pour réserver une place sur un vol intérieur.

La plupart des succursales de Vietnam Airlines acceptent dorénavant les paiements par cartes de crédit. La compagnie a retiré de la circulation ses appareils soviétiques, pour les remplacer par des avions occidentaux neufs.

Reportez-vous à la carte des lignes aériennes et à l'encadré *Les liaisons aériennes au Vietnam* pour connaître les vols intérieurs possibles. Il existe un service d'hélicoptères entre Hanoi et la baie d'Along (voir p. 132).

> **TAXE D'AÉROPORT**
>
> La taxe intérieure (25 000 d) est comprise dans le prix du billet.

BATEAU
Le Vietnam compte un très grand nombre de cours d'eau partiellement navigables, les plus importantes étant sans conteste les multiples bras du Mékong. Des croisières panoramiques d'une journée sont organisées sur les rivières à Hoi An, Danang, Hué,

LES LIAISONS AÉRIENNES AU VIETNAM

Vietnam Airlines

Depuis	Vers	Fréquence	Tarif
Danang	Buon Ma Thuot	3/semaine	500 000 d
	Hai Phong	3/semaine	800 000 d
	Nha Trang	3/semaine	550 000 d
	Pleiku	1/jour	400 000 d
	Vinh	3/semaine	500 000 d
Hanoi	Danang	3/jour	800 000 d
	Dien Bien Phu	1/jour	465 000 d
	HCMC	7/jour	1 500 000 d
	Hué	1/jour	800 000 d
	Son La	2/semaine	390 000 d
Ho Chi Minh-Ville	Buon Ma Thuot	3/jour	400 000 d
	Dalat	6/semaine	400 000 d
	Danang	3/jour	800 000 d
	Hai Phong	2/jour	1 500 000 d
	Hanoi	7/jour	1 500 000 d
	Hué	1/jour	800 000 d
	Nha Trang	2/jour	550 000 d
	Phu Quoc	3/semaine	500 000 d
	Pleiku	3/jour	550 000 d
	Quy Nhon	6/semaine	550 000 d
	Rach Gia	5/semaine	570 000 d

Pacific Airlines

Depuis	Vers	Fréquence	Tarif
Ho Chi Minh-Ville	Danang	1/jour	800 000 d
Ho Chi Minh-Ville	Hanoi	3/jour	1 500 000 d

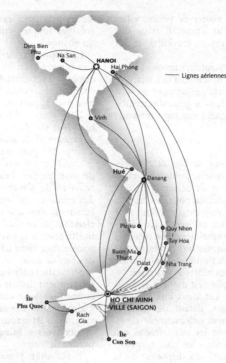

Lignes aériennes

Tam Coc et même HCMV, mais les bateaux ne servent de moyen de transport courant que dans le delta du Mékong.

Il est également possible de faire des circuits en mer. La croisière qui dessert les îles au large de Nha Trang attire de nombreux touristes. Si vous visitez la baie d'Along, la croisière autour des îles est incontournable. Dans certaines parties du Vietnam (notamment le delta du Mékong), les traversées en bac sont monnaie courante. Attention ! Ne restez pas debout entre deux véhicules garés sur le ferry : ils pourraient bouger et vous prendre en sandwich.

Consultez les chapitres régionaux pour plus de détails.

BICYCLETTE

Se déplacer à vélo comme le fait la population est un bon moyen d'explorer les villes du pays. Aux heures de pointe, les rues sont bondées de cyclistes tâchant de traverser des carrefours sans feux de signalisation. À la campagne, les étrangers à bicyclette sont souvent salués avec enthousiasme par les Vietnamiens, étonnés de les voir pédaler.

La bicyclette est très prisée pour parcourir de longues distances : le relief est plat ou modérément montagneux, et les routes principales praticables. La sécurité, en revanche, pose un sérieux problème. Vous pouvez toujours charger votre vélo sur un bus ou dans le wagon à bagages d'un train. Le guide *Cycling Vietnam, Laos & Cambodia*, édité par Lonely Planet (en anglais), fournit tous les renseignements nécessaires.

Il est possible d'acheter un bon vélo dans l'une des boutiques spécialisées de Hanoi et de HCMV. Mieux vaut apporter le vôtre si vous projetez de faire de longues distances. Les VTT sont plus appropriés pour circuler au Vietnam, les véhicules trop légers risquant de ne pas résister aux nids-de-poule occasionnels et aux routes non goudronnées. Emportez également votre équipement de sécurité et des pièces détachées, qui sont rares au Vietnam. Une sonnette, la plus stridente possible, fait partie du matériel indispensable.

Les hôtels et certaines agences de voyages louent des bicyclettes entre 10 000 d et 1 $US/jour. C'est un très bon moyen de transport pour visiter de petites villes comme Hué ou Nha Trang. Il existe des réparateurs dans toutes les villes et les bourgades du pays.

Les groupes de cyclotouristes qui sillonnent le Vietnam sont aujourd'hui relativement fréquents. Certaines agences se sont même spécialisées dans ce genre de circuits. Pour plus de renseignements, reportez-vous p. 484 et p. 490.

BUS

Un important réseau de bus et d'autres véhicules de transports publics, parfois assez vétustes, permet de desservir chaque recoin du pays. Toutefois, pour des raisons de sécurité et de surfréquentation, rares sont les voyageurs qui les utilisent. Heureusement, la situation s'améliore peu à peu ; on rencontre désormais des bus modernes, et la majorité des gares routières disposent de guichets vendant des billets à prix fixes.

Le parc automobile s'est modernisé aussi vite que les routes. Les vieux bus français, américains et russes, datant des années 1950-1970, deviennent extrêmement rares. Aujourd'hui, ce sont les bus coréens qui sillonnent les itinéraires les plus empruntés. La plupart d'entre eux disposent de la climatisation et de fauteuils confortables. Ils sont malheureusement souvent équipés de magnétoscopes et de redoutables machines à karaoké – il suffit de fermer les yeux (ou de mettre un bandeau) pour ignorer les sanglantes vidéos kung-fu ; par contre, réussir à dormir pendant les séances de karaoké relève de l'exploit (prenez des boules Quies).

Comprendre l'organisation des transports en bus est tout sauf aisé. De nombreuses villes disposent de différentes gares routières, utilisées en fonction des destinations (au nord ou au sud de la ville) ou du type de service proposé (interurbain, longue distance, express ou ordinaire).

Les bus interurbains – essentiellement des minibus – ne partent qu'une fois pleins (c'est-à-dire littéralement bondés de personnes et de bagages). Ils circulent généralement toute la journée, mais les liaisons se raréfient après 16h.

Les bus et les minibus ordinaires s'arrêtent fréquemment au bord des routes pour faire descendre et monter autant de passagers que possible. Essayez, tant que faire se peut, de les éviter. Les arrêts et le temps pris pour ranger les bagages et les volailles augmentent de beaucoup la durée du voyage !

Les express assurent des liaisons directes. Ces bus de luxe, où vous serez sans aucun doute assis confortablement, sont bien plus chers que les autres, tout en restant abordables par rapport aux tarifs occidentaux.

Une autre solution (fortement recommandée) est de rassembler un groupe de voyageurs et de louer son propre minibus. Voir p. 493 pour plus de détails.

Dans la mesure du possible, voyagez de jour. En fait, beaucoup de conducteurs refusent de s'aventurer de nuit en raison des ornières qui émaillent les routes non éclairées, ainsi que des innombrables bicyclettes et piétons qui se déplacent totalement indifférents à la circulation. Néanmoins, si vous aimez vivre dangereusement, il existe des bus de nuit.

Surveillez sérieusement vos bagages, notamment durant les "arrêts toilettes" (ou confiez-les à un compagnon sûr). Théoriquement, attachés sur le toit, ils ne craignent rien, mais ils seront exposés à la poussière et aux averses. Mieux vaut donc ne pas les perdre de vue.

N'acceptez *jamais* de boisson de vos compagnons de route, même s'ils paraissent sympathiques. Vous risquez de vous faire droguer et voler.

Tarifs et réservations

Réserver n'est pas nécessaire pour les services les plus fréquents entre les villes mais rien ne vous empêche d'acheter vos billets la veille si vous avez déterminé votre horaire de départ. La plupart des gares routières principales disposent dorénavant de guichets, où les prix sont clairement affichés. Achetez toujours vos billets à ces guichets car les chauffeurs sont connus pour demander plus cher.

Les tarifs restent très bon marché, même si les étrangers paient souvent 2 à 10 fois le prix normal sur les trajets ruraux. Si vous envisagez de discuter le prix avec le chauffeur, il est préférable de vous renseigner sur le tarif réservé aux Vietnamiens avant de négocier.

Trajets "Open"

Dans tous les lieux fréquentés par les voyageurs à petit budget, on peut voir de

TRANSPORTS

Distances routières (Km)

	Can Tho	Chau Doc	Dalat	Danang	Dong Ha	Dien Bien Phu	Hai Phong	Along (ville)	Hanoi	Ho Chi Minh-Ville	Hoi An	Hué	Lang Son	Kon Tum	Mui Ne	Nha Trang	Qui Nhon	Sapa
Can Tho	---																	
Chau Doc	116	---																
Dalat	477	593	---															
Danang	1141	1257	746	---														
Dong Ha	1331	1447	936	190	---													
Dien Bien Phu	2418	2534	1979	1233	1043	---												
Hai Phong	1971	2087	1532	826	636	573	---											
Along (ville)	2026	2142	1587	881	691	635	55	---										
Hanoi	1948	2064	1509	763	617	470	103	165	---									
Ho Chi Minh-Ville	169	285	308	972	1169	2180	1733	1788	1710	---								
Hoi An	1111	1227	716	30	220	1263	856	911	793	942	---							
Hué	1229	1445	854	108	72	1128	718	773	658	1097	138	---						
Lang Son	2094	2210	1655	909	763	616	249	311	146	1856	939	804	---					
Kon Tum	1053	1169	641	274	464	1507	1100	1155	1037	896	258	380	1183	---				
Mui Ne	379	495	257	762	952	1995	1548	1603	1525	210	732	870	1671	646	---			
Nha Trang	617	733	205	541	731	1774	1327	1383	1304	448	511	649	1450	436	238	---		
Qui Nhon	855	971	453	303	493	1536	1089	1144	1066	686	273	411	1212	198	979	470	---	
Sapa	2271	2388	1833	1087	897	253	427	489	324	2034	1117	979	470	1361	1849	1628	1390	---
Vinh	1629	1745	1190	484	294	789	342	397	319	1391	514	376	465	758	1206	985	747	643

nombreuses publicités vantant l'"Open Tour", l'"Open Date Ticket" ou l'"Open Ticket" : il s'agit en fait d'un service de bus s'adressant spécifiquement aux voyageurs étrangers à petit budget. Ces bus circulant entre HCMV et Hanoi offrent à leurs passagers la possibilité de monter ou descendre dans n'importe quelle grande ville traversée.

La concurrence y est si féroce qu'il n'y a que le trajet à pied qui revienne moins cher ! Voici quelques exemples de prix au départ de HCMV :

Trajet	Prix
Ho Chi Minh-Ville – Dalat	5 $US
Ho Chi Minh-Ville – Mui Ne	6 $US
Ho Chi Minh-Ville – Nha Trang	7 $US
Ho Chi Minh-Ville – Hoi An	13 $US
Ho Chi Minh-Ville – Hué	14 $US
Ho Chi Minh-Ville – Hanoi	21 $US

D'aucuns souhaiteraient que les tarifs des billets "open" *augmentent* jusqu'à devenir rentables et que, en retour, les passagers puissent séjourner là où ils le désirent. Malheureusement, le système est fondé sur les commissions que reverse un réseau très bien organisé d'hôtels et de restaurants installés tout le long du trajet, enfermant les voyageurs dans des groupes de touristes.

Gardez quand même à l'esprit que sans ces arrêts obligatoires, les billets ne seraient pas aussi bon marché.

Aussi avantageux et populaire soit-il, ce système présente tout de même des inconvénients : une fois votre billet acheté, vous ne pouvez plus changer de type de transport. En outre, cela isole réellement de la population, or il est bon d'avoir des contacts avec les habitants. Acheter des tickets "open" pour de courts trajets au fur et à mesure de son voyage, d'un coût légèrement supérieur, offre cependant plus de souplesse et permet de prendre le train, louer une moto ou de changer d'itinéraire comme on l'entend.

Ces billets remportent un franc succès. Nous vous conseillons d'utiliser ce moyen de transport pour des trajets courts comme HCMV-Dalat ou HCMV-plage de Mui Ne, deux localités non desservies par le train.

Si ce système vous intéresse, rendez-vous dans les cafés pour voyageurs à petit budget de HCMV et Hanoi. Créé par le Sinh Café il y a une dizaine d'années, ce concept a été repris par de nombreuses compagnies. Avant d'acheter votre billet, allez jeter un coup d'œil aux bus car ils présentent des différences de taille et de confort.

MARCHE À PIED

La connaissance de certaines règles locales de survie pour les piétons vous évitera de finir renversé sous un deux-roues, notamment à HCMV et à Hanoi. Les touristes étrangers pensent fréquemment que le moyen le plus sûr de traverser la rue est de courir à toute vitesse jusqu'au trottoir opposé. Grave erreur ! Cela ne marche pas toujours et s'avère même dangereux. La majorité des Vietnamiens traversent la rue lentement, très lentement, donnant aux motocyclistes le temps de les voir et de décider de passer d'un côté ou de l'autre. Attention : ils ne s'arrêtent ni ne ralentissent jamais, ils essaient juste de ne pas vous rentrer dedans. Évitez donc les mouvements brusques et, surtout, bonne chance !

EN STOP

Nous ne recommandons pas ce type de transport, qui n'est sûr dans aucun pays. Les voyageurs qui décident de se déplacer en auto-stop prennent un risque certain, même s'il est limité. Mieux vaut pratiquer le stop à plusieurs et toujours prévenir quelqu'un de la destination prévue.

Les Vietnamiens qui hèlent un véhicule privé ou public pour parcourir une courte distance paient une petite somme en contrepartie. Il est attendu des étrangers qu'ils donnent plus.

TRANSPORTS LOCAUX
Bus

Si les réseaux de bus de Hanoi et HCMV se sont améliorés récemment, ils restent malgré tout à des années-lumière de ceux de Hong Kong ou de Bangkok. Aussi, en règle générale, le bus ne constitue pas un moyen idéal de transport urbain. Fort heureusement, vous avez beaucoup d'autres solutions rapides et économiques, tels que les taxis avec compteur, les cyclo-pousse et les motos-taxis.

Cyclo-pousse

Le cyclo-pousse *(xich lo)* est un moyen de locomotion remarquablement pratique. Bon marché, non polluant, il vous permettra de circuler sans encombre dans les villes vietnamiennes.

Des groupes de conducteurs de cyclo-pousse stationnent en permanence à proximité des hôtels et des marchés. Bon nombre d'entre eux parlent quelques mots d'anglais. Pour être sûr d'être compris, mieux vaut montrer au conducteur votre destination sur un plan. Le marchandage est de mise. Pour évitez toute mauvaise surprise à l'arrivée, mettez-vous bien d'accord sur le prix de la course *avant* de partir.

En règle générale, il faut compter 5 000 d environ pour un court trajet en ville. Pour un trajet plus long, ou pour une course de nuit, le prix est au moins multiplié par deux. Avoir le montant exact de la course peut être pratique, notamment si le chauffeur affirme ne pas avoir de monnaie. Un cyclo-pousse revient moins cher à l'heure qu'au kilomètre. Le tarif moyen est de 1 \$US de l'heure.

Plusieurs voyageurs ayant déjà été agressés par leur conducteur, mieux vaut éviter de prendre un cyclo-pousse de nuit. Aussi, si vous devez rentrer tard, préférez un taxi au compteur.

Taxi

Les taxis à l'occidentale avec compteur, que l'on trouve dans la plupart des grandes villes, sont extrêmement bon marché par rapport aux critères internationaux et constituent un moyen sûr de circuler de nuit. Le tarif moyen est de 10 000 d par kilomètre environ.

Xe Dap Loi et Xe Loi

Les deux types de transport les plus fréquents dans le delta du Mékong sont le *xe dap loi*, remorque tirée par une bicyclette, et le *xe loi*, sa version motorisée.

Xe Lam

Les *xe lam* sont des mini-camionnettes à trois roues utilisées pour le transport des passagers et des marchandises (comme les *bajaj* indonésiens). Ils sont généralement équipés d'un moteur deux-temps, qui pétarade et crache d'épaisses volutes de fumée bleue.

Xe Om

Le *xe om* est une moto ordinaire sur laquelle le client s'installe à l'arrière. *Xe* signifie moto et *om* enlacer. Vous l'avez compris, il s'agit d'une moto-taxi. C'est un moyen de transport très pratique pourvu que l'on n'ait pas trop de bagages.

En règle générale, le prix de la course équivaut à celle d'un cyclo-pousse mais fixez tout de même le prix avant la course. Vous rencontrerez quantité de chauffeurs de *xe om* aux coins de rue, près des marchés, des hôtels et des stations de bus... mais, n'ayez crainte, ils vous auront trouvé avant même que vous n'ayez besoin d'eux !

TRAIN

Les 2 600 kilomètres du réseau ferroviaire vietnamien, géré par **Vietnam Railways** (Duong Sat Viet Nam ; ☎ 04-747 0308 ; www.vr.com.vn), se déploient le long de la côte entre HCMV et Hanoi et relient la capitale à Haiphong ou à d'autres villes du nord. Parfois plus lents que les bus kamikazes, les trains offrent plus de confort et bien plus de sécurité.

En outre, la Société des chemins de fer du Vietnam a fait des efforts pour rénover les gares et les trains (les express disposent désormais de voitures-couchettes climatisées et d'un wagon-restaurant), et baisser les tarifs pour les étrangers. Les Vietnamiens et les étrangers payent désormais le même prix. Un changement notable par rapport à il y a quelques années, lorsque les étrangers devaient débourser quatre fois plus !

L'express le plus rapide entre Hanoi et HCMV met 30 heures, le plus lent parcourt ce trajet en 41 heures. Des trains régionaux effectuent certaines parties du trajet mais ils sont très lents (15 km/h environ), il n'existe qu'une seule voie, et les autres trains ont toujours la priorité.

Les vols à bord des trains sont fréquents. S'il semble qu'il n'y ait pas de bandes vraiment organisées comme en Inde, certains voleurs sont néanmoins devenus experts dans l'arrachage des sacs par la fenêtre au moment où le train démarre. Gardez toujours vos bagages près de vous et n'oubliez pas de les fermer et/ou de les attacher, surtout la nuit.

Les enfants qui lancent des pierres au passage du train constituent un autre impondérable. Certains passagers ayant été gravement blessés, nombre de conducteurs insistent pour que les voyageurs baissent le volet métallique, lequel, malheureusement, cache aussi le paysage.

Les vélos et les motos doivent voyager dans un wagon réservé au fret. Assurez-vous bien que votre train en possède un (c'est le cas la plupart du temps), car vous risquez de voir votre vélo arriver après vous.

Se restaurer pendant le voyage n'est pas un problème. Des vendeurs envahissent les wagons lors des arrêts en gare pour vous proposer de quoi manger, boire et fumer. Pourtant, le prix des billets longue distance inclut parfois un repas (mais on est très loin du trois-étoiles). Aussi, vous seriez bien avisé de prendre avec vous un en-cas à votre goût avant d'entamer un long voyage.

Les trains à numéro impair se dirigent vers le sud, et ceux à numéro pair vers le nord. Le train le plus rapide, l'*Express de la Réunification*, circule entre HCMV et Hanoi en ne faisant que quelques haltes. Si vous voulez vous arrêter dans une petite bourgade entre ces deux grandes villes, vous devrez emprunter un train local, plus lent.

En dehors de ce parcours HCMV/Hanoi, trois lignes secondaires relient Hanoi à d'autres régions du Nord. La première rejoint le port de Haiphong à l'est. La deuxième dessert la région du Nord-Est jusqu'à Lang Son et traverse la frontière chinoise pour aboutir à Nanning. La troisième relie le Nord-Ouest jusqu'à Lao Cai avant de rejoindre Kunming, en Chine.

Quatre *Express de la Réunification* quittent quotidiennement la gare de Saigon, à HCMV, entre 9h et 22h30. Le même nombre de trains quittent Hanoi entre 5h et 18h40.

Les horaires sont sujets à des changements fréquents. Vous pouvez les consulter sur le site Internet de la Société des chemins de fer du Vietnam ainsi que dans les grandes gares. La plupart des hôtels et des agences de voyages en gardent également une copie. À HCMV, vous pouvez également appeler ou visiter le **Saigon Railways Tourist Service** (☎ 08-836 7640 ; 275C Đ Pham Ngu Lao, district 1), dans le quartier de Pham Ngu Lao.

Il convient de noter que ces horaires s'avèrent en grande partie inutiles durant la fête du Têt. L'*Express de la Réunification* arrête de fonctionner neuf jours durant (la période commençant quatre jours avant et s'achevant quatre jours après l'événement).

Classes

Il y a quatre classes principales : siège dur, siège rembourré, couchette dure, couchette rembourrée. Cette dernière se présente elle-même en deux catégories : avec ou sans climatisation. Toutefois, la climatisation n'est valable que dans les express les plus rapides. Seule catégorie que la plupart des Vietnamiens peuvent se permettre, les "sièges durs" sont souvent bondés. Ces sièges en bois sont tolérables pour un trajet dans la journée, mais encore moins confortables que le bus pour voyager de nuit. Les sièges rembourrés, recouverts de vinyle, sont bien plus douillets !

Les couchettes en dur sont réparties sur trois niveaux, par compartiment de six. Les Vietnamiens paraissant peu apprécier l'altitude, les couchettes du haut sont les moins chères, suivies de celles du milieu. Aucune porte ne sépare le compartiment du couloir. Les couchettes rembourrées sont réparties sur deux niveaux, par compartiment de quatre (toutes les couchettes sont au même prix, et il y a une porte).

Tarifs

Les tarifs en vigueur dépendent du train emprunté, les plus rapides étant naturellement les plus chers. Reportez-vous au

---

L'EXPRESS DE LA RÉUNIFICATION

La construction de ces 1 726 km de ligne ferroviaire entre Hanoi et Saigon – le Transindochinois – fut entamée en 1899 pour s'achever en 1936. À la fin des années 1930, le trajet Hanoi-Saigon durait 40 heures et 20 minutes, pour une vitesse moyenne de 43 km/h. Pendant la Seconde Guerre mondiale, les Japonais employèrent massivement ce réseau : il fut donc saboté par le Viet-Minh et bombardé par l'aviation américaine. Après la guerre, on entreprit de restaurer le Transindochinois, en majeure partie détruit ou recouvert par la végétation.

Durant la guerre d'Indochine, les soldats vietminh se livrèrent à des opérations massives de sabotage, démontant des kilomètres de voie la nuit pour finalement réussir à mettre en service 300 km de voie ferrée dans une région entièrement sous son contrôle (entre Ninh Hoa et Danang). Les Français répondirent rapidement en sabotant à leur tour le réseau ennemi.

À la fin des années 1950, l'aide financière américaine permit au Sud-Vietnam de reconstruire les 1 041 km de voie entre Saigon et Hué. Entre 1961 et 1964, on dénombra cependant 795 attaques vietcong sur le réseau, ce qui conduisit à l'abandon forcé de larges portions, dont l'embranchement de Dalat.

En 1960, le Nord avait réparé 1 000 km de voie ferrée, principalement entre Hanoi et la Chine. Pendant la guerre aérienne que livrèrent les États-Unis au Nord-Vietnam, le réseau ferroviaire du Nord fut bombardé à maintes reprises. Aujourd'hui, on voit encore des cratères de bombes autour de presque tous les ponts de chemin de fer et les gares de la région.

Après la réunification, le gouvernement décida aussitôt de rétablir la liaison ferroviaire entre Hanoi et Ho Chi Minh-Ville (HCMV), comme symbole de l'unité vietnamienne. Lorsque l'*Express de la Réunification* fut inauguré, le 31 décembre 1976, 1 334 ponts, 27 tunnels, 158 gares et 1 370 aiguillages avaient été réparés.

Aujourd'hui, avec une vitesse moyenne de 48 km/h, l'*Express de la Réunification* circule à une vitesse légèrement supérieure à laquelle il roulait dans les années 1930.

TARIFS DE L'*EXPRESS DE LA RÉUNIFICATION* AU DÉPART DE HANOI

Hanoi–HCMV (train express S1) ; 33 heures

gare	siège dur	siège mou/clim.	couchette dure/clim. (compartiment 6 places)	couchette molle/clim. (compartiment 4 places)
Vinh	85 000 d	103 000 d	152 000 d	171 000 d
Dong Hoi	148 000 d	179 000 d	264 000 d	296 000 d
Hué	195 000 d	235 000 d	348 000 d	390 000 d
Danang	224 000 d	271 000 d	400 000 d	448 000 d
Nha Trang	386 000 d	466 000 d	689 000 d	773 000 d
HCMV	460 000 d	556 000 d	822 000 d	922 000 d

TRANSPORTS

tableau *Tarifs de l'Express de la Réunification* pour quelques exemples de prix entre Hanoi et des gares du Sud. Pour plus de détails sur les trains entre Hanoi et Haiphong (p. 127), Lao Cai (p.171) ou Lang Son (p. 144), reportez-vous aux rubriques correspondantes des chapitres régionaux.

Réservations

La demande dépassant fréquemment l'offre, il est conseillé de réserver au moins une journée à l'avance. Mieux vaut même prévoir plusieurs jours pour les couchettes. La présentation du passeport peut être exigée pour l'achat d'un billet.

Nombre de voyagistes, d'hôtels et de cafés vendent des billets moyennant une petite commission. Cela peut permettre de gagner un temps considérable et d'éviter certains soucis. En général, mieux vaut réserver pour les voyages suivants dès que l'on arrive dans une ville.

VOITURE ET MOTO

Du fait de l'inconfort et du manque de fiabilité des transports publics vietnamiens, la location d'un véhicule, dont les prix sont en outre assez abordables, est une option fréquemment adoptée. Disposer d'un véhicule personnel offre une grande souplesse pour visiter les régions les plus reculées et s'arrêter quand on le désire.

Permis de conduire

Pour vous déplacer en voiture au Vietnam, vous devez être en possession d'un permis de conduire national et d'un permis de conduite international délivré dans votre pays d'origine. En revanche, aucun permis n'est demandé pour louer une moto.

Essence et pièces détachées

Le prix de l'essence est très peu élevé, environ 6 000 d le litre, sauf dans les zones rurales où elle coûte plus cher. L'essence peut s'acheter dans tout le pays ; même dans les villages les plus isolés, vous trouverez des stands qui en proposent dans des bouteilles de limonade. Attention ! Il arrive que ce carburant contienne du kérosène qui revient moins cher – ne l'utilisez qu'en cas d'urgence.

Le Vietnam compte quantité de motos japonaises et dispose de toutes les pièces de rechange pour les deux-roues de marque Honda, Yamaha ou Suzuki. En revanche, il est moins aisé de trouver des pièces pour une Harley ou une Ducati. Les pièces détachées de voitures japonaises et de marques occidentales courantes au Vietnam, comme Ford ou Mercedes, sont en vente un peu partout. Si vous conduisez une marque peu connue (que ce soit une moto ou une voiture), pensez à emporter du matériel avec vous.

Location

La sécurité, l'état de fonctionnement du véhicule, la fiabilité de l'agence de location et votre budget sont les principaux éléments à prendre en considération. Nous vous recommandons de ne pas prendre le volant d'une voiture (conduire une moto est déjà assez dangereux). En outre, les services d'un chauffeur sont compris dans le tarif de la location.

VOITURES ET MINIBUS

Le Vietnam n'admet pas encore la location de voiture sans chauffeur – ce qui est plutôt sensé compte tenu des conditions de circulation – mais vous trouverez facilement un véhicule avec chauffeur. Louer un véhicule avec chauffeur et guide n'est pas une option inconsidérée, même pour les budgets serrés, surtout s'ils partagent les frais à plusieurs.

Hanoi et HCMV regorgent d'agences de voyages s'occupant de location de voitures. Pour de simples excursions dans les environs de HCMV ou de Hanoi, une voiture avec chauffeur peut être louée à la journée. Il vous en coûtera entre 20 et 30 \$US/jour, en fonction du modèle.

Il peut s'avérer avantageux de louer un minibus (van) de 8 à 15 places si vous formez un groupe. Cette solution est également valable pour les groupes de 3 ou 4 voyageurs roulant de nuit sur de longues distances car ils pourront tous s'étendre.

Sur les mauvaises routes du Nord-Ouest, seuls les véhicules tout-terrain offrent un niveau de sécurité raisonnable. Faute de quatre roues motrices, les routes bourbeuses de montagne peuvent être meurtrières. Les 4x4 les moins chers (et les moins confortables) sont les russes ; la location de tout-terrain coréens ou japonais, plus adaptés et dotés de la climatisation, coûte deux fois plus cher.

MOTO

Il est possible de louer une moto dans nombre de cafés, hôtels, boutiques de motos et agences de voyages. Si vous ne voulez pas conduire, de très nombreux conducteurs seront tout à fait disposés à vous servir de guide/chauffeur pour 6 à 10 \$US/jour.

Le prix d'une 100 cc est modique (environ 6 \$US/jour), souvent avec un kilométrage illimité. Pour plus de renseignements sur la location d'une puissante Minsk qui vous emmènera dans les montagnes du Nord-Ouest, reportez-vous p. 115.

La plupart des établissements vous demanderont de laisser votre passeport jusqu'au retour de l'engin. Demandez à signer une convention (rédigée dans une langue que vous comprenez) qui indiquera clairement la nature de l'engin loué, le coût de la location, le montant de l'indemnité due en cas de vol, etc.

Assurance

Si vous roulez dans un véhicule touristique loué avec un chauffeur, il y a de grandes chances que l'assurance soit comprise. En revanche, nombre de motos de location ne sont pas assurées, et vous devrez souscrire un contrat indiquant le montant de l'indemnité en cas de vol. Munissez-vous d'un antivol solide et garez-vous dans les parkings surveillés (lorsqu'il y en a).

Oubliez la location de moto si vous visitez le Vietnam sans assurance. Le coût des soins en cas d'accident grave peut s'avérer ruineux pour les voyageurs au budget serré.

État des routes et sécurité

La sécurité routière n'est en aucun cas le point fort du Vietnam. Il devient de plus en plus dangereux de rouler sur les routes nationales à deux voies pour se rendre d'une ville à l'autre. De terribles collisions entre bus, camions et autres véhicules (y compris des motos et des vélos) sont hélas devenues un spectacle familier sur les nationales. Le Vietnam ne dispose d'aucun service de secours d'urgence efficace : en cas d'accident, vous risquez donc de rester plusieurs heures sans recevoir le moindre soin.

En général, les artères principales sont bitumées et raisonnablement entretenues, mais les inondations peuvent causer des problèmes saisonniers. Un gros typhon creusera d'énormes nids-de-poule et, dans les contrées reculées, les routes en terre se transformeront en un océan de boue. Mieux vaut les affronter avec une voiture ou une moto tout-terrain. Les routes de montagne sont particulièrement dangereuses : chutes de pierres, glissements de terrain et conducteurs perdant le contrôle de leur véhicule peuvent gâcher votre voyage. Les cimetières s'étirant le long des routes indiquent souvent l'emplacement d'un accident de bus catastrophique.

À moto, prenez garde aux coups de soleil, voire aux brûlures, car le vent frais peut vous faire oublier les risques du soleil qui tape. Couvrez les zones exposées ou protégez-les avec un écran total. Pensez également aux violentes averses qui s'abattent par intermittence. Munissez-vous de combinaisons ou de ponchos imperméables, surtout pendant la mousson.

Code de la route

Le code de la route est tout bonnement inexistant et c'est toujours le plus gros véhicule qui gagne la partie. Sur la route, faites particulièrement attention aux enfants, qui parfois jouent à la marelle au beau milieu des grands axes routiers ! Soyez attentif aussi au bétail qui peut traverser la route.

Si les policiers font fréquemment payer aux conducteurs toutes sortes d'infractions réelles ou imaginaires, on n'a encore jamais vu quelqu'un se faire arrêter pour excès de vitesse. Au Vietnam, on conduit systématiquement à la vitesse d'un Grand Prix. Dans les villes, il est interdit de tourner à droite à un feu rouge. Il est facile d'oublier cette particularité et la police vous infligera une amende.

Avertir de coups de klaxon les piétons et les cyclistes est la règle de base d'une conduite prudente. Les gros véhicules et les bus pourraient tout aussi bien posséder une sirène permanente !

Le port de la ceinture de sécurité n'est pas obligatoire ; les Vietnamiens se moquent même des étrangers qui insistent pour l'attacher. Désormais, une loi impose le port du casque sur les routes nationales. Même si elle est souvent ignorée par la population, la prudence vous incitera à la respecter. Vous trouverez des casques de qualité à HCMV et à Hanoi pour 20 $US environ.

Légalement, une moto ne peut transporter que 2 personnes mais nous avons vu jusqu'à 7 passagers sur un deux-roues (plus des bagages). Cette règle, respectée en ville, est largement ignorée ailleurs.

CIRCUITS ORGANISÉS

Nous avons reçu quantité de plaintes concernant les circuits organisés très bon marché proposés à HCMV ou à Hanoi. Certains sont meilleurs que d'autres mais sachez que les prestations sont en général à hauteur des sommes déboursées. Les tour-opérateurs qui tentent d'attirer le client avec "une bière gratuite" ou "dix minutes d'Internet" n'augurent en général rien de bon.

Louer une voiture avec chauffeur vous donne la possibilité de vous organiser un circuit sur mesure. Très semblable à un voyage en indépendant, cette manière de voir le pays est toutefois plus confortable et permet de gagner un temps précieux. Elle permet également de s'arrêter où on le souhaite en chemin, contrairement aux circuits organisés habituels.

La fourchette des prix est large. Les circuits les plus chers sont proposés par les organismes gouvernementaux, tel Saigon Tourist, et des agences de voyage haut de gamme. Toutefois, certaines agences pour moyens ou petits budgets pourront aussi vous proposer des circuits sympathiques bien meilleur marché.

Le tarif comprend généralement l'hébergement, le guide, le chauffeur et la voiture. Le prix de la voiture dépend largement du type de véhicule choisi.

N'oubliez pas de demander une copie de votre itinéraire à l'agence de voyages. Si vous constatez ultérieurement que votre guide semble n'en faire qu'à sa tête, ce document vous servira de référence.

Les services d'un bon guide s'avèrent précieux car il vous sert d'interprète et de compagnon de voyage. Il vous aide également à économiser, en marchandant les prix à votre place. Un mauvais guide peut en revanche ruiner votre voyage. Si possible, essayez de rencontrer votre guide avant de partir, afin de vous assurer que vous vous entendrez bien.

Louer les services d'un guide indépendant vous contraint aussi à prendre en charge ses frais personnels. En revanche, si vous prenez un forfait auprès d'une agence, toutes les dépenses du guide et du chauffeur doivent être incluses.

À Hanoi et à HCMV, ce sont souvent des femmes qui font office de guides pour visiter la ville et ses environs. Elles sont en revanche beaucoup plus rares sur les circuits longues distances.

Basées au Vietnam, les agences suivantes proposent de bons circuits à travers le Vietnam et les autres pays de la péninsule Indochinoise :

Buffalo Tours (☎ 04-828 0702 ; www.buffalotours.com ; 11 Pho Hang Muoi, Hanoi)

Destination Asia (☎ 08-844 8071 ; www.destination-asia.com ; 143 Ð Nguyen Van Trol, district de Phu Nhuan, HCMV)

Exotissimo (☎ 04-828 2150 ; www.exotissimo.com ; 26 Tran Nhat Duat, Hanoi)

Phoenix Voyages (☎ 04-716 1956 ; www. phoenixvietnam.com ; 52 Pho Nguyen Khac Hieu, Hanoi)

Sinhbalo Adventures (☎ 08-837 6766 ; www. sinhbalo.com ; 283/20 Ð Pham Ngu Lao, district 1, HCMV)

Sisters Tours (☎ 04-562 2733 ; www. sisterstoursvietnam.com ; 37 Ð Thai Thinh, Hanoi)

Vidotour (☎ 08-933 0457 ; www.vidotour.com ; 145 Ð Nam Ky Khoi Nghia, HCMV)

Santé

Les problèmes de santé et la qualité des services médicaux varient énormément selon les lieux où vous vous rendez et la manière dont vous voyagez au Vietnam. Si la plupart des grandes villes sont désormais bien développées, les zones rurales présentent quelques risques et ne disposent pas toujours d'infrastructures médicales adéquates.

Bien qu'elles entraînent rarement de graves affections chez les voyageurs, les maladies infectieuses sont les plus redoutées par les étrangers qui visitent des pays tropicaux. Les pathologies préalables au voyage, telles que les maladies cardiaques, et les accidents (notamment de la circulation), menacent pourtant plus fortement les vacanciers.

Tomber malade n'est cependant pas rare. Il est très important au Vietnam de prêter une grande attention à son alimentation (voir ce paragraphe plus loin), de partir en ayant des vaccinations à jour et de prendre quelques précautions élémentaires (comme se laver les mains régulièrement). Il est possible d'éviter les maladies les plus courantes avec un peu de bon sens, ou de les traiter avec les médicaments de base que contiennent les bonnes trousses à pharmacie.

Les conseils donnés ici sont d'ordre général et ne se substituent pas aux avis de professionnels.

SANTÉ SUR INTERNET

Il existe de très bons sites Internet consacrés à la santé en voyage. Avant de partir, vous pouvez consulter les conseils en ligne du **ministère des Affaires étrangères** français (www.france.diplomatie.fr/voyageurs/etrangers/avis/conseils/default2.asp) ou le site très complet du **ministère de la Santé** (www.sante.gouv.fr). Les ressortissants canadiens peuvent aussi consulter le site de l'**Agence de santé publique du Canada** (www.santevoyage.gc.ca).

Sur les maladies rares, vous pouvez vous informer sur le site **www.orpha.net**, constitué d'une encyclopédie en ligne rédigée par des experts européens. Vous trouverez, d'autre part, plusieurs liens sur le site de **Lonely Planet** (www.lonelyplanet.fr), à la rubrique Ressources.

AVANT DE PARTIR

ASSURANCE

Il est conseillé de souscrire une police d'assurance qui vous couvrira en cas d'annulation de votre voyage, de vol, de perte de vos affaires, de maladie ou encore d'accident. Les assurances internationales pour étudiants sont en général d'un bon rapport qualité/prix. Lisez avec la plus grande attention les clauses en petits caractères : c'est là que se cachent les restrictions.

Vérifiez notamment que les "sports à risques", comme la plongée, la moto ou même la randonnée ne sont pas exclus de votre contrat, ou encore que le rapatriement médical d'urgence, en ambulance ou en avion, est couvert. De même, le fait d'acquérir un véhicule dans un autre pays ne signifie pas nécessairement que vous serez protégé par votre propre assurance.

Vous pouvez contracter une assurance qui réglera directement les hôpitaux et les médecins, vous évitant ainsi d'avancer des sommes qui ne vous seront remboursées qu'à votre retour. Dans ce cas, conservez avec vous tous les documents nécessaires.

Attention ! Avant de souscrire une police d'assurance, vérifiez bien que vous ne bénéficiez pas déjà d'une assistance par votre carte de crédit, votre mutuelle ou votre assurance automobile. C'est bien souvent le cas.

QUELQUES CONSEILS

Assurez-vous que vous êtes en bonne santé avant de partir. Si vous partez pour un long voyage, faites contrôler l'état de vos dents.

Si vous suivez un traitement de façon régulière, n'oubliez pas votre ordonnance (avec le nom du principe actif plutôt que la marque du médicament, afin de pouvoir trouver un équivalent local, le cas échéant). De plus, l'ordonnance vous permettra de prouver que vos médicaments vous sont légalement prescrits, des médicaments en vente libre dans certains pays ne l'étant pas dans d'autres.

Attention aux dates limites d'utilisation et aux conditions de stockage, parfois mauvaises. Il arrive également que l'on trouve, dans des pays en développement, des produits interdits en Occident.

VACCINS

Seul le vaccin contre la fièvre jaune est rendu obligatoire par le Règlement sanitaire international. Le certificat de vaccination ne sera exigé que des voyageurs en provenance d'une zone où sévit la fièvre jaune dans une période de six jours avant l'entrée au Vietnam.

Plus vous vous éloignez des circuits classiques, plus il faut prendre vos précautions. Il est important de faire la différence entre les vaccins recommandés lorsque l'on voyage dans certains pays, et ceux obligatoires. Par précaution, faites le point avec un médecin avant votre départ et inscrivez vos

VACCINATIONS RECOMMANDÉES

Voici les vaccinations conseillées pour un voyage en Asie du Sud-Est :

- Diphtérie et tétanos – fortement préconisés.
- Hépatites A et B – il existe un vaccin combiné hépatite A et B qui s'administre en trois injections. La durée effective de ce vaccin ne sera pas connue avant quelques années.
- Polio – en 2002, aucun pays du Sud-Est asiatique n'a recensé de cas de poliomyélite. Toutefois, ce vaccin reste conseillé, que vous voyagiez ou non. Une injection suffit à protéger un individu pour 10 ans.
- Typhoïde – recommandé si vous voyagez dans des conditions d'hygiène médiocres.
- Varicelle – parlez-en avec votre médecin si vous n'avez jamais contracté la varicelle

Voyages au long cours

Ces vaccinations sont recommandées aux voyageurs qui séjournent plus d'un mois dans la région ou qui prévoient un voyage dans des zones isolées :

- Encéphalite japonaise – maladie virale longtemps endémique en Asie tropicale. De récentes épidémies ont éclaté pendant la saison des pluies en Thaïlande du nord et au Vietnam. Un moustique nocturne (le Culex) est responsable de sa transmission, surtout dans les zones rurales près des élevages de cochons ou des rizières, car les porcs et certains oiseaux nichant dans les rizières servent de réservoirs au virus. Les personnes les plus en danger sont celles qui doivent passer de longues périodes en zone rurale pendant la saison des pluies (juillet-octobre). Si c'est votre cas, il faudra peut-être vous faire vacciner.
- Méningite – le vaccin est efficace pendant 4 ans. Renseignez-vous avant votre départ sur les éventuelles épidémies.
- Rage – trois injections sont nécessaires pour une vaccination préventive, qui ne dispense pas de la nécessité d'un traitement antirabique immédiatement après un contact avec un animal enragé ou dont le comportement peut paraître suspect. Parlez-en avec votre médecin.
- Tuberculose – cette maladie ne présente pas de grand danger pour le voyageur. Les enfants de moins de 12 ans sont plus exposés que les adultes. Il est donc conseillé de les faire vacciner s'ils voyagent dans des régions où la maladie est endémique.

vaccinations dans un carnet international de vaccination (à vous procurer auprès de votre médecin ou d'un centre).

Planifiez vos vaccinations à l'avance (au moins six semaines avant le départ), car certaines demandent des rappels ou sont incompatibles entre elles. Même si vous avez été vacciné contre plusieurs maladies dans votre enfance, votre médecin vous recommandera peut-être des rappels contre le tétanos ou la poliomyélite, maladies qui existent toujours dans de nombreux pays en développement. Les vaccins ont des durées d'efficacité très variables ; certains sont contre-indiqués pour les femmes enceintes.

Voici les coordonnées de quelques centres de vaccination à Paris :

Hôtel-Dieu - Vaccins obligatoires en France : centre gratuit de l'Assistance publique (☎ 01 42 34 84 84 ; 1 parvis Notre-Dame, 75004 Paris). Vaccins pour les voyageurs (non obligatoires) : centre payant (☎ 01 45 82 90 26 ; 15-17 rue Charles-Bertheau, 75013 Paris).

Assistance publique voyages, service payant de l'hôpital de la Pitié-Salpêtrière (☎ 01 45 85 90 21 ; 47 bd de l'Hôpital, 75013 Paris).

Institut Pasteur (☎ 01 45 68 81 98 ; 209 rue de Vaugirard, 75015 Paris).

Air France, centre de vaccination (☎ 01 43 17 22 00 ; aérogare des Invalides, 2 rue Robert-Esnault-Pelterie, 75007 Paris).

Il existe de nombreux centres en province, en général liés à un hôpital ou un service de santé municipal.

Pour davantage de renseignements sur les vaccinations recommandées pour se rendre au Vietnam, vous pouvez contacter l'équipe internationale de médecins du **Family Medical Practice** (www.doctorkot.com) à Hanoi (p. 83) et à HCMV (p. 333). Ils vous fourniront les toutes dernières informations sur les vaccinations, l'évolution de la malaria et de la dengue, ainsi que des conseils médicaux d'ordre général concernant le Vietnam.

La liste des vaccins recommandés est donnée dans l'encadré page précédente.

TROUSSE MÉDICALE DE VOYAGE

Veillez à emporter avec vous une petite trousse à pharmacie (transportez-la en soute) contenant quelques produits indispensables. Certains ne sont délivrés que sur ordonnance médicale.

- des antibiotiques, à utiliser uniquement aux doses et périodes prescrites, même si

vous avez l'impression d'être guéri avant. Chaque antibiotique soigne une affection précise : ne les utilisez pas au hasard. Cessez immédiatement le traitement en cas de réactions graves
- un antidiarrhéique et un réhydratant, en cas de forte diarrhée, surtout si vous voyagez avec des enfants
- un antihistaminique en cas de rhumes, allergies, piqûres d'insectes, mal des transports – évitez de boire de l'alcool
- un antiseptique ou un désinfectant pour les coupures, les égratignures superficielles et les brûlures, ainsi que des pansements gras pour les brûlures
- de l'aspirine ou du paracétamol (douleurs, fièvre)
- une bande Velpeau et des pansements pour les petites blessures
- une paire de lunettes de secours (si vous portez des lunettes ou des lentilles de contact) et la copie de votre ordonnance
- un produit contre les moustiques, un écran total, une pommade pour soigner les piqûres et les coupures et des comprimés pour stériliser l'eau
- une paire de ciseaux à bouts ronds, une pince à épiler et un thermomètre à alcool
- des préservatifs

LECTURES COMPLÉMENTAIRES

Un guide sur la santé peut s'avérer utile. *Les Maladies en voyage*, du Dr Éric Caumes (Points Planète), *Voyages internationaux et santé*, de l'Organisation mondiale de la santé (OMS), et *Saisons et climats*, de Jean-Noël Darde (Balland) sont d'excellentes références.

Ceux qui lisent l'anglais pourront se procurer *Healthy Travel Asia & India*, de Lonely Planet Publications. Mine d'informations pratiques, cet ouvrage renseigne sur la conduite à tenir en matière de santé en voyage.

PENDANT LE VOYAGE

MAL DES TRANSPORTS

Pour réduire les risques d'avoir le mal des transports, mangez légèrement avant et pendant le voyage. Si vous êtes sujet à ces malaises, essayez de trouver un siège dans une partie du véhicule où les oscillations sont moindres : près de l'aile dans un avion, au centre sur un bateau et dans un bus. Évitez de lire et de fumer. Tout médicament doit être pris avant le départ ; une fois que vous vous sentez mal, il est trop tard.

TROMBOSE VEINEUSE PROFONDE

Les trajets en avion, principalement du fait d'une immobilité prolongée, peuvent favoriser la formation de caillots sanguins dans les jambes (thrombose veineuse profonde ou TVP). Le risque est d'autant plus élevé que le vol est plus long. Ces caillots se résorbent le plus souvent sans autre incident, mais il peut arriver qu'ils se rompent et migrent à travers les vaisseaux sanguins jusqu'aux poumons, risquant alors de provoquer de graves complications. Généralement, le principal symptôme est un gonflement ou une douleur du pied, de la cheville ou du mollet d'un seul côté, mais pas toujours. La migration d'un caillot vers les poumons peut se traduire par une douleur à la poitrine et des difficultés respiratoires. Tout voyageur qui remarque l'un de ces symptômes doit aussitôt réclamer une assistance médicale.

Pour prévenir le développement de thrombose veineuse profonde durant un vol long-courrier, buvez en abondance des boissons non alcoolisées, évitez de fumer, pratiquez des compressions isométriques sur les muscles des jambes (c'est à dire faites jouer les muscles de vos jambes lorsque vous êtes assis) et levez-vous de temps à autre pour marcher dans la cabine. Vous pouvez également prévoir des chaussettes de contention.

AU VIETNAM

SERVICES MÉDICAUX

Les grandes avancées économiques réalisées récemment se sont accompagnées de progrès sur le plan médical. De sérieuses difficultés persistent toutefois dans les campagnes. Les étrangers qui règlent les soins en devises fortes auront plus de chances d'être bien soignés, mais les dollars ne peuvent pas faire apparaître, comme par magie, le matériel nécessaire à une analyse de sang ou à une radiographie si le dispensaire local ne dispose même pas d'un thermomètre ou d'une aspirine. Si vous tombez malade en pleine campagne, rejoignez rapidement HCMV ou Hanoi. Si votre état nécessite une intervention chirurgicale ou un traitement intensif, n'hésitez pas à vous envoler

SANTÉ

DÉCALAGE HORAIRE

Les malaises liés aux voyages en avion apparaissent généralement après la traversée de trois fuseaux horaires (chaque zone correspond à un décalage d'une heure). Plusieurs fonctions de notre organisme – dont la régulation thermique, les pulsations cardiaques, le travail de la vessie et des intestins – obéissent en effet à des cycles internes de 24 heures, qu'on appelle rythmes circadiens. Lorsque nous effectuons de longs parcours en avion, le corps met un certain temps à s'adapter à la "nouvelle" heure de notre lieu de destination – ce qui se traduit souvent par des sensations d'épuisement, de confusion, d'anxiété, accompagnées d'insomnie et de perte d'appétit. Ces symptômes disparaissent généralement au bout de quelques jours, mais on peut en atténuer les effets moyennant quelques précautions :

• Efforcez-vous de partir reposé. Autrement dit, organisez-vous : pas d'affolement de dernière minute, pas de courses échevelées pour récupérer passeport ou chèques de voyage. Évitez aussi les soirées prolongées avant d'entreprendre un long voyage aérien, et si vous le pouvez, essayez de vous préparer en vous mettant progressivement au rythme du pays.

• À bord, évitez les repas trop copieux (ils gonflent l'estomac !) et l'alcool (qui déshydrate). Mais veillez à boire beaucoup – des boissons non gazeuses, non alcoolisées, comme de l'eau et des jus de fruits.

• Abstenez-vous de fumer pour ne pas appauvrir les réserves d'oxygène ; ce serait un facteur de fatigue supplémentaire.

• Portez des vêtements amples, dans lesquels vous vous sentez à l'aise ; un masque oculaire et des bouchons d'oreille vous aideront peut-être à dormir.

pour Bangkok, Hong Kong ou à vous faire rapatrier.

Au Vietnam, les hôpitaux gouvernementaux sont rudimentaires et surfréquentés. Les établissements doivent obtenir une autorisation pour soigner les étrangers et, pour l'instant, seuls quelques-uns l'ont reçue. Dirigez-vous en premier lieu vers les cliniques privées de Hanoi et HCMV. Les médecins peuvent organiser un rapatriement si nécessaire. Vous trouverez les coordonnées des meilleurs centres médicaux dans les chapitres concernant HCMV (p. 333) et Hanoi (p. 83), seules villes où les normes sanitaires peuvent être comparées à celles des pays occidentaux.

L'automédication ne doit être pratiquée qu'en cas de problème mineur (comme la diarrhée), à condition que vous disposiez des médicaments appropriés et que vous ne puissiez pas vous rendre dans une clinique recommandée. Si vous pensez être atteint d'une maladie grave, notamment le paludisme, rendez-vous sans perdre de temps dans l'hôpital de qualité le plus proche pour vous faire soigner. Se faire suivre par un médecin est toujours plus sûr.

Il est déconseillé d'acheter des médicaments en vente libre car il n'est pas rare de tomber sur des médicaments contrefaits, mal conservés ou périmés. Vérifiez la date de péremption sur toutes les boîtes de médicaments que vous vous procurer. Si vous suivez un traitement particulier, emportez une réserve suffisante avec vous.

MALADIES INFECTIEUSES
Bilharziozes
Les bilharzioses sont des maladies dues à des vers qui vivent dans les vaisseaux sanguins et dont les femelles viennent pondre leurs œufs à travers la paroi des intestins ou de la vessie.

On se contamine en se baignant dans les eaux douces (rivières, ruisseaux, lacs et retenues de barrage) où vivent les mollusques qui hébergent la forme larvaire des bilharzies. Juste après le bain infestant, on peut noter des picotements ou une légère éruption cutanée à l'endroit où le parasite est passé à travers la peau. Quatre à douze semaines plus tard, apparaissent une fièvre et des manifestations allergiques. En phase chronique, les symptômes principaux sont des douleurs abdominales et une diarrhée, ou la présence de sang dans les urines.

Si par mégarde ou par accident, vous vous baignez dans une eau infectée (même les eaux douces profondes peuvent être infestées), séchez-vous vite et séchez aussi vos vêtements. Consultez un médecin si vous êtes inquiet. Les premiers symptômes de la bilharziose peuvent être confondus avec ceux du paludisme ou de la typhoïde.

Dengue
Il n'existe pas de traitement prophylactique contre cette maladie propagée par les moustiques. Poussée de fièvre, maux de tête, douleurs articulaires et musculaires précèdent une éruption cutanée sur le tronc qui s'étend ensuite aux membres puis au visage. Au bout de quelques jours, la fièvre régresse, et la convalescence commence. Les complications graves sont rares.

Encéphalite japonaise
Rare chez les voyageurs, l'encéphalite japonaise touche au moins 50 000 personnes d'Asie du Sud-Est chaque année. Cette maladie virale est transmise par les moustiques. La plupart des cas apparaissent dans les zones rurales et la vaccination est justifiée pour les voyageurs qui veulent passer plus d'un mois hors des villes. Il n'existe aucun traitement. Un tiers des personnes atteintes en meurt et un second tiers subit des dommages cérébraux irréversibles.

Filariose
Cette maladie parasitaire, transmise par les piqûres de moustique, est facilement contractée par la population locale, mais affecte rarement les voyageurs. Éviter de se faire piquer par les moustiques est le meilleur moyen de se protéger (voir le paragraphe sur le traitement antipaludique, plus loin).

Grippe
Présente toute l'année dans les tropiques, la grippe a des symptômes reconnaissables : température élevée, courbatures, nez qui coule, toux et gorge irritée. Elle peut s'avérer dangereuse chez les personnes de plus de 65 ans et celles qui ont des problèmes de santé, tels que des maladies cardiaques ou du diabète. Il est conseillé à cette population de se faire vacciner. Il n'y a aucun traitement

particulier, il faut seulement se reposer et prendre du paracétamol.

Grippe aviaire

Une épidémie de grippe aviaire a fait quelques victimes humaines au Vietnam en 2004. Si l'OMS ne déconseille pas d'effectuer un voyage en Asie du Sud-Est, elle recommande d'éviter tout contact avec les volailles et les oiseaux (restez à distance des cages de volatiles sur les marchés, dans les élevages et les poulaillers) et de se laver régulièrement les mains.

Le virus se transmet par voie respiratoire, soit directement en côtoyant les animaux ou en touchant leurs matières fécales, soit indirectement, en ingérant de la nourriture ou de l'eau contaminées par exemple.

Symptômes : la maladie se traduit par l'apparition d'une fièvre supérieure à 38°C, de maux de gorge, de douleurs musculaires et de troubles respiratoires accompagnés de toux.

Hépatite A

Répandue dans toute la région, cette maladie se contracte par l'eau et la nourriture. Elle attaque le foie et provoque une jaunisse, des nausées et une léthargie. Il n'existe aucun traitement médical : il faut simplement du temps pour que le foie redevienne normal. Tous les voyageurs se rendant en Asie du Sud-Est devraient se faire vacciner.

Hépatite B

Seule maladie sexuellement transmissible pour laquelle il existe un vaccin préventif, l'hépatite B se propage par les liquides biologiques (sang, salive, sperme…) – et donc, en particulier, lors de rapports sexuels.

Dans certaines zones d'Asie du Sud-Est, près de 20% de la population est porteuse de cette affection sans le savoir. À long terme, l'hépatite B peut provoquer, entre autres, cirrhose et cancer du foie.

Hépatite E

Moins fréquente que l'hépatite A, l'hépatite E se transmet de la même manière (l'eau et la nourriture). Leurs symptômes sont similaires. Elle peut être dangereuse pour les femmes enceintes en mettant en danger la vie de l'enfant et de la mère. Il n'existe actuellement aucun vaccin. Il est possible

de la prévenir en faisant attention à ce que l'on mange et boit.

MST

L'herpès, les condylomes vénériens (verrues), la syphilis, la blennorragie et l'infection à *chlamydiae* sont des maladies sexuellement transmissibles (MST). Les personnes contaminées peuvent ne pas avoir de symptômes. Les préservatifs peuvent prévenir la blennorragie et l'infection à *chlamydiae*, mais ils ne protègent pas des verrues et de l'herpès. Si après un rapport sexuel, vous souffrez d'éruptions, de cloques, de pertes anormales ou de douleurs lors de la miction, prenez immédiatement rendez-vous chez le médecin. Si vous avez eu des relations pendant votre voyage, faites un bilan à votre retour.

L'utilisation de préservatifs est le moyen le plus efficace pour se protéger des MST. Des préservatifs sont en vente dans tout le Vietnam. Lorsque vous en achetez, assurez-vous que le paquet n'est pas resté au soleil car le caoutchouc pourrait être détérioré.

Paludisme

En dépit de sa dangerosité et de son caractère mortel, le paludisme, ou malaria, est très mal connu. Avant de partir en voyage, renseignez-vous auprès de professionnels qui vous informeront sur les risques que comporte votre voyage.

Dans la plupart des régions du Vietnam, notamment les zones urbaines et balnéaires, il existe peu de risques, voire aucun, de contracter la maladie. Dans la plupart des zones rurales, en revanche, la probabilité d'être contaminé est bien plus importante que le risque de subir les effets négatifs des médicaments. Les voyageurs qui veulent explorer des régions où la maladie est endémique, comme les provinces de Ca Mau (p. 431) et de Bac Lieu (p. 429), ainsi que la campagne méridionale, doivent prendre l'avis d'un médecin.

Le paludisme est transmis par un moustique, l'anophèle, dont la femelle pique surtout la nuit, entre le coucher et le lever du soleil. Il survient généralement dans le mois suivant le retour de la zone d'endémie. Symptômes : maux de tête, fièvre et troubles digestifs. Non traité, il peut avoir des suites graves, parfois mortelles. Il existe différentes espèces de paludisme, dont celui

SANTÉ

SANTÉ

SRAS, UN NOUVEAU RISQUE ?

En mars 2003, l'attention du monde entier a été attirée par une nouvelle maladie respiratoire, bientôt baptisée *sras* (syndrome respiratoire aigu sévère), ou pneumonie atypique. Lors de la rédaction de ce guide, l'épidémie semblait contenue. Depuis son apparition, elle a contaminé près de 8 500 personnes et fait 800 morts. C'est au début du mois de mai 2003 qu'elle a été la plus forte, avec près de 200 nouveaux cas répertoriés chaque jour. L'émergence du sras s'est faite dans la province chinoise de Guangdong en novembre 2002. Vers la mi-mars 2003, on faisait état d'un grand nombre de malades souffrant d'un virus respiratoire particulièrement virulent à Hong Kong, au Vietnam, à Singapour et au Canada. Rapidement, l'Organisation mondiale de la santé (OMS) lançait une alerte mondiale aux autorités de la santé et au public. Si cette annonce a permis de mettre un frein à l'épidémie, elle a également suscité un vent de panique mondial. Par ailleurs, le sras a entraîné un manque à gagner de quelque 30 milliards de dollars américains pour les pays de l'Extrême Orient, dû à la baisse du tourisme et du commerce.

L'agent pathogène du Sras a été identifié en avril 2003 : c'est un coronavirus encore jamais observé ni chez l'homme ni chez les animaux. Les symptômes sont similaires à de nombreuses infections respiratoires, à savoir forte fièvre et toux. Toute personne présentant de la fièvre associé à un problème respiratoire, et qui a effectué un voyage dans une zone touchée ou a eu un contact étroit avec une personne contaminée dans une période de 10 jours avant le début des symptômes peut être considérée comme atteinte du sras. Il n'existe aucun test de dépistage rapide. Toutefois, certaines analyses sanguines et une radio de la cage thoracique permettent d'effectuer un premier diagnostic. Aucun traitement spécifique n'est pour l'instant disponible et la mort consécutive à un arrêt respiratoire survient dans 10% des cas. Heureusement, il semble que le sras ne se contracte pas aussi facilement qu'on le pensait à l'origine. Le port d'un masque n'a qu'une efficacité limitée et n'est pas particulièrement recommandé.

à *Plasmodium falciparum* pour lequel le traitement devient de plus en plus difficile à mesure que la résistance du parasite aux médicaments gagne en intensité.

Les médicaments antipaludiques n'empêchent pas la contamination, mais ils suppriment les symptômes de la maladie. Tout voyageur atteint de fièvre ou montrant les symptômes de la grippe doit se faire examiner. Il suffit d'une analyse de sang pour établir le diagnostic. Contrairement à certaines croyances, une crise de paludisme ne signifie pas que l'on est touché à vie.

PRÉVENTION ANTIPALUDIQUE

Le soir, dès le coucher du soleil, quand les moustiques sont en pleine activité, couvrez vos bras et surtout vos chevilles, mettez de la crème antimoustiques. Les moustiques sont parfois attirés par le parfum ou l'après-rasage.

En dehors du port de vêtements longs, l'utilisation d'insecticides (diffuseurs électriques, bombes insecticides, tortillons fumigènes) ou de répulsifs sur les parties découvertes du corps est à recommander. La durée d'action de ces répulsifs est généralement de 3 à 6 heures. Les moustiquaires

constituent en outre une protection efficace, à condition qu'elles soient imprégnées d'insecticide (non nocif pour l'homme). L'Organisation mondiale de la santé (OMS) préconise fortement ce mode de prévention. De plus, ces moustiquaires sont radicales contre tout insecte à sang froid (puces, punaises, etc.) et permettent d'éloigner serpents et scorpions.

Il existe désormais des moustiquaires imprégnées synthétiques, très légères (environ 350 g), que l'on peut trouver en pharmacie. À titre indicatif, vous pouvez vous en procurer par correspondance auprès du **Service médical international** (SMI ; ☎ 01 30 05 05 40 ; fax 01 30 05 05 41 ; 29 avenue de la Gare, Coignières, BP 125, 78312 Maurepas Cedex).

Notez enfin que, d'une manière générale, le risque de contamination est plus élevé en zone rurale et pendant la saison des pluies.

Rage

Très répandue, cette maladie est transmise par un animal contaminé : chien, singe et chat principalement. Morsures, griffures ou même simples coups de langue d'un mammifère doivent être nettoyés immédiatement

---

BOIRE DE L'EAU SANS DANGER

La règle d'or est simple : méfiez-vous de l'eau. Les glaçons peuvent également être dangereux. Si vous n'êtes pas sûr à 100% que l'eau ne présente aucun danger, imaginez le pire. Cependant, nombre de glaçons du Vietnam proviennent d'usines construites par les Français – ils sont donc aussi sûrs que l'eau minérale. Pour éviter d'être contaminé, suivez les conseils suivants :

- Ne buvez jamais d'eau du robinet.
- Les eaux minérales sont généralement sûres mais vérifiez que les capsules sont intactes au moment de l'achat.
- Évitez les jus de fruits qui peuvent être allongés à l'eau.
- Faire bouillir l'eau est le meilleur moyen pour la purifier.
- Le meilleur purificateur chimique est l'iode. Toutefois, il ne doit pas être consommé par les femmes enceintes ou les personnes souffrant d'affections de la thyroïde.
- Les filtres à eau peuvent éliminer les virus. Assurez-vous que votre filtre contient une barrière chimique, iodée par exemple, et qu'il présente des pores de moins de quatre microns.

---

et à fond. Frottez avec du savon et de l'eau courante, puis nettoyez avec de l'alcool. S'il y a le moindre risque que l'animal soit contaminé, allez immédiatement voir un médecin. Même si l'animal n'est pas enragé, toutes les morsures doivent être surveillées de près pour éviter les risques d'infection et de tétanos. Un vaccin antirabique est désormais disponible. Il faut y songer si vous pensez explorer des grottes (les morsures de chauves-souris peuvent être dangereuses) ou travailler avec des animaux. Cependant, la vaccination préventive ne dispense pas de la nécessité d'un traitement antirabique immédiatement après un contact avec un animal enragé ou dont le comportement peut paraître suspect.

Rougeole

La rougeole reste un problème dans certaines régions du Vietnam. Cette maladie infectieuse hautement contagieuse se transmet par les sécrétions du nez et de la gorge. La majorité des personnes nées avant 1966 sont immunisées contre la maladie car elles l'ont contractée dans leur enfance. La rougeole se caractérise par une forte fièvre et des éruptions cutanées. La maladie peut s'accompagner de complications telles qu'une pneumonie ou une encéphalite. Il n'existe aucun traitement spécifique.

Tuberculose

Les vacanciers attrapent rarement la tuberculose au Vietnam. Toutefois, les médecins, les travailleurs humanitaires et les voyageurs pour longs séjours, qui ont des contacts importants avec la population locale doivent prendre des précautions. La vaccination ne se fait généralement que sur les enfants de moins de 5 ans. Il est conseillé aux adultes à risque de pratiquer des tests tuberculiniques avant et après le voyage. Les principaux symptômes sont la fièvre, la toux, la perte de poids, les sueurs nocturnes et la fatigue.

Typhoïde

La fièvre typhoïde est une infection du tube digestif. La vaccination n'est pas entièrement efficace et l'infection est particulièrement dangereuse.

Premiers symptômes : les mêmes que ceux d'un mauvais rhume ou d'une grippe, mal de tête et de gorge, fièvre qui augmente régulièrement pour atteindre 40°C ou plus. Le pouls est souvent lent par rapport à la température élevée et ralentit à mesure que la fièvre augmente. Ces symptômes peuvent être accompagnés de vomissements, de diarrhée ou de constipation.

La deuxième semaine, quelques petites taches roses peuvent apparaître sur le corps. Autres symptômes : tremblements, délire, faiblesse, perte de poids et déshydratation. S'il n'y a pas d'autres complications, la fièvre et les autres symptômes disparaissent peu à peu la troisième semaine. Cependant, un suivi médical est indispensable, car les complications sont fréquentes, en particulier la pneumonie (infection aiguë des poumons) et la péritonite (éclatement de l'appendice).

De plus, la typhoïde est très contagieuse. Mieux vaut garder le malade dans une pièce fraîche et veiller à ce qu'il ne se déshydrate pas.

Typhus et rickettsioses

Les rickettsioses sont des maladies transmises soit par des acariens (dont les tiques), soit par des poux. La plus connue est le typhus. Elle commence comme un mauvais rhume, suivi de fièvre, de frissons, de migraines, de douleurs musculaires et d'une éruption cutanée. Une plaie douloureuse se forme autour de la piqûre et les ganglions lymphatiques voisins sont enflés et douloureux.

Le typhus des broussailles est transmis par des acariens. On le rencontre principalement en Asie. Soyez prudent si vous faites de la randonnée dans des zones rurales du Vietnam.

VIH/sida

Les chiffres officiels portant sur le nombre de personnes infectées par le VIH ou atteintes du sida au Vietnam sont vagues et, malheureusement, en constante augmentation. Bien que les campagnes de sensibilisation au problème du VIH et du sida soient partout présentes, la ligne officielle est d'affirmer que seuls les prostituées et les toxicomanes sont menacés par l'infection. Les préservatifs sont en vente dans tout le pays.

DIARRHÉE

Le changement de nourriture, d'eau ou de climat suffit à la provoquer ; si elle est causée par des aliments ou de l'eau contaminés, le problème est plus grave. En dépit de toutes vos précautions, vous aurez peut-être la "turista", mais quelques visites aux toilettes sans aucun autre symptôme n'ont rien d'alarmant. La déshydratation est le danger principal lié à toute diarrhée, particulièrement chez les enfants. Ainsi le premier traitement consiste à boire beaucoup : idéalement, il faut mélanger huit cuillerées à café de sucre et une de sel dans un litre d'eau. Sinon du thé noir léger, avec peu de sucre, des boissons gazeuses qu'on laisse se dégazéifier et qu'on dilue à 50% avec de l'eau purifiée, sont à recommander. En cas de forte diarrhée, il faut prendre une solution réhydratante pour remplacer les sels minéraux. Quand vous irez mieux, continuez à manger légèrement.

Les antibiotiques peuvent être utiles dans le traitement de diarrhées très fortes, en particulier si elles sont accompagnées de nausées, de vomissements, de crampes d'estomac ou d'une fièvre légère. Trois jours de traitement sont généralement suffisants, et on constate normalement une amélioration dans les 24 heures. Toutefois, lorsque la diarrhée persiste au-delà de 48 heures, ou s'il y a présence de sang dans les selles, il est préférable de consulter un médecin.

Dysenterie amibienne

Très rares chez les voyageurs, la dysenterie n'est souvent pas diagnostiquée par les laboratoires peu équipés de l'Asie du Sud-Est. Les symptômes sont similaires à ceux de la diarrhée : les malades se sentent mal, ont de la fièvre et souffrent de diarrhées sanguinolentes. Si vous remarquez la présence de sang dans vos selles, rendez-vous dans un centre médical de bonne qualité. Le traitement repose sur la prise de deux médicaments : le tinidazole ou le metronidazole, utilisés pour lutter contre les parasites, suivi d'un antiamibien de contact qui agit contre le kyste de l'amibe. Sans traitement, des abcès du foie ou de l'intestin peuvent apparaître.

Giardiase

Ce parasite intestinal est présent dans l'eau souillée ou dans les aliments souillés par l'eau. Symptômes : crampes d'estomac, nausées, estomac ballonné, selles très liquides et nauséabondes, et gaz fréquents. La giardiase peut n'apparaître que plusieurs semaines après la contamination. Les symptômes peuvent disparaître pendant quelques jours puis réapparaître, et ceci pendant plusieurs semaines.

DES GESTES SIMPLES D'HYGIÈNE

S'il est une recommandation à garder en tête au cours de votre voyage au Vietnam, c'est de suivre les règles de base d'hygiène, qui visent à se protéger des infections microbiennes. Et ce conseil vaut surtout pour l'alimentation (voir cette rubrique), la consommation d'eau (voir l'encadré correspondant) et les fréquents lavages des mains (avec du savon).

AFFECTIONS LIÉES À L'ENVIRONNEMENT
Alimentation

Le risque de diarrhée s'accentue lorsque l'on mange dans les restaurants. Pour vous en protéger, préférez ne manger que des plats cuisinés le jour même, et évitez autant que possible les fruits de mer (parce qu'ils sont crus), ainsi que la nourriture qui semble être restée longtemps en exposition. Pelez les fruits, faites cuire les légumes et laissez tremper la salade dans de l'eau iodée pendant au moins 20 minutes. Choisissez les restaurants les plus fréquentés, avec une clientèle variée.

Coup de chaleur

Cet état grave, parfois mortel, survient quand le mécanisme de régulation thermique du corps ne fonctionne plus : la température s'élève alors de façon dangereuse. De longues périodes d'exposition à des températures élevées peuvent vous rendre vulnérable au coup de chaleur. Évitez l'alcool et les activités fatigantes lorsque vous arrivez dans un pays à climat chaud.

Symptômes : malaise général, transpiration faible ou inexistante et forte fièvre (39 à 41°C). Là où la transpiration a cessé, la peau devient rouge. La personne qui souffre d'un coup de chaleur est atteinte d'une céphalée lancinante et éprouve des difficultés à coordonner ses mouvements ; elle peut aussi donner des signes de confusion mentale ou d'agressivité. Enfin, elle délire et est en proie à des convulsions. Il faut absolument hospitaliser le malade. En attendant les secours, installez-le à l'ombre, ôtez-lui ses vêtements, couvrez-le d'un drap ou d'une serviette mouillés et éventez-le continuellement.

Coup de soleil

Sous les tropiques, les coups de soleil sont plus fréquents, même par temps couvert. Utilisez un écran solaire et pensez à couvrir les endroits qui sont habituellement protégés, les pieds par exemple. Si les chapeaux fournissent une bonne protection, n'hésitez pas à appliquer également un écran total sur le nez et les lèvres. Les lunettes de soleil s'avèrent souvent indispensables.

Morsures et piqûres d'insectes

La punaise des lits ne transporte pas de maladies, mais sa morsure entraîne de fortes démangeaisons. Elle vit dans les petites fentes des meubles et des murs, où elle attend la nuit pour venir se repaître de votre sang. La morsure se traite avec un antihistaminique.

Les poux se logent en diverses parties du corps, mais plus généralement dans les cheveux et les poils pubiens. Ils se transmettent par contact rapproché entre deux personnes ; les poux de corps peuvent également provenir de draps non lavés. Il est difficile de s'en débarrasser (plusieurs applications d'un shampoing anti-poux ou, dans le cas de poux de corps, de crèmes adaptées). Les poux du pubis (phtiriase) se transmettent en général lors de rapports sexuels.

Les tiques s'attrapent souvent lors de marches dans des zones rurales. On les retrouve en général derrière les oreilles, sur le ventre et sous les aisselles. Consultez un médecin si, suite à une morsure de tique, vous êtes sujets à des rougeurs (à l'endroit de la morsure ou ailleurs), à de la fièvre ou à des douleurs musculaires. La doxycycline prévient les maladies transmises par les tiques.

Les sangsues, présentes dans les régions de forêts humides, ne transmettent pas de maladie mais leurs morsures entraînent d'importantes démangeaisons qui peuvent durer des semaines et s'infecter facilement. Aussi, mieux vaut prévenir toute infection en appliquant un antiseptique à base d'iode sur la plaie.

Les piqûres de guêpes ou d'abeilles ne sont vraiment dangereuses que pour les personnes allergiques. Si tel est votre cas, gardez toujours sur vous une seringue d'adrénaline en cas d'urgence. Pour les autres, le problème vient surtout de la douleur – appliquez de la glace sur la piqûre et prenez des analgésiques.

Les méduses du Sud-Est asiatique ne sont, pour la plupart, pas dangereuses. Toutefois, la preuve du pouvoir urticant de leur tentacules n'est plus à faire. Les premiers secours en cas de piqûre par une méduse consistent à verser du vinaigre sur l'endroit touché pour neutraliser le venin. Ne frottez surtout pas la zone blessée avec du sable ou de l'eau. Prenez des analgésiques et consultez immédiatement un médecin si vous vous sentez mal suite à une piqûre. Enfin, mieux vaut prévenir que guérir : les conseils des habitants vous éviteront de vous baigner dans des eaux réputées pour être infestées de méduses.

Parasites

Fréquents chez les populations d'Asie du Sud-Est, ils sont en revanche rares chez les voyageurs. Il y a deux règles à respecter pour les éviter : porter des chaussures et éviter de manger cru, notamment le poisson, le porc et les légumes. Nombre de parasites peuvent également s'attraper par la peau en marchant pieds nus, comme le strongyle, l'ankylostome ou la *larva migrans* cutanée.

Pollution

La pollution, notamment due aux gaz d'échappement, pose un problème croissant dans la plupart des grandes villes de l'Asie du Sud-Est. Si vous souffrez de graves problèmes respiratoires et vous rendez dans des centre urbains pollués, parlez de votre voyage à votre médecin traitant avant votre départ.

Cette pollution provoque également de difficultés respiratoires mineures telles que sinusite, gorge sèche et yeux irrités. Si vous êtes très gêné par la pollution, mettez-vous au vert quelques jours.

Problèmes de peau

Les infections fongiques sont courantes dans les climats humides. Elles apparaissent souvent sur les parties du corps les moins "aérées" (aine, aisselles, orteils) et se caractérisent par une tâche rouge qui grossit lentement, souvent accompagnée de démangeaisons. Le traitement consiste à garder la peau sèche, à éviter les frottements et à utiliser une crème antifongique comme le clotrimazole ou la lamisil.

La teigne (qui est un champignon et non un parasite animal) est également fréquente. Elle se caractérise par l'apparition de petites tâches légèrement colorées, souvent sur le dos, la poitrine et les épaules. Quelle que soit l'infection, consultez un médecin.

Les coupures et les égratignures s'infectent très facilement dans les climats chauds et humides. Aussi convient-il de surveiller attentivement toute blessure, aussi petite soit elle, pour éviter toute complication (comme un abcès). Lavez immédiatement toute blessure à l'eau claire et traitez-les avec un antiseptique. N'hésitez pas à voir un médecin si des signes d'infection apparaissent (rougeur et douleur croissantes).

Les plongeurs et les surfeurs feront particulièrement attention aux coupures de corail car elles s'infectent très facilement.

Serpents

Le Sud-Est asiatique abrite plusieurs espèces de serpents, dont certains sont venimeux. Portez toujours bottes, chaussettes et pantalons longs pour marcher dans la végétation à risque. Ne hasardez pas la main dans les trous et les anfractuosités, et faites attention lorsque vous ramassez du bois pour faire du feu. Les morsures de serpent ne provoquent pas instantanément la mort, et il existe généralement des antivenins. Il faut calmer la victime, lui interdire de bouger, bander étroitement le membre comme pour une foulure et l'immobiliser avec une attelle. Trouvez ensuite un médecin, et essayez de lui apporter le serpent mort. N'essayez en aucun cas d'attraper le serpent s'il y a le moindre risque qu'il pique à nouveau. On sait désormais qu'il ne faut absolument pas sucer le venin ou poser un garrot.

SANTÉ AU FÉMININ

Les femmes enceintes doivent impérativement consulter un médecin avant de partir. Le deuxième trimestre (entre 16 et 28 semaines) est la meilleure période pour voyager, car c'est à cette époque que les futures mères se sentent généralement le mieux, et que les risques de problèmes liés à la grossesse sont les plus faibles. En effet, la plupart des fausses couches ont lieu au cours du premier trimestre et il existe des risques de complications (tension, travail prématuré…) durant le troisième. Mieux vaut également partir accompagnée.

Gardez toujours sur vous une liste des bonnes infrastructures médicales disponibles sur place, où vous pourrez bénéficier des mêmes soins prénataux que chez vous. Évitez les zones rurales en raison du manque de moyens de transports efficaces et d'infrastructures médicales. Enfin, et surtout, veillez à ce que votre assurance couvre tous les risque liés à la grossesse à l'étranger, notamment le travail prématuré.

Le paludisme entraîne des risques très élevés en période de grossesse. Aussi, l'OMS recommande aux femmes enceintes de ne pas se rendre dans les zones où sévit un paludisme résistant à la chloroquine. Aucun des traitements antipaludiques n'est complètement sûr pour les femmes enceintes.

La déshydratation est le risque principal lié à toute diarrhée. Chez les femmes enceintes, cela peut conduire à une mauvaise irrigation en sang du placenta. En outre, nombre d'antidiarrhéiques sont déconseillés durant la grossesse.

Les zones urbaines du Sud-Est asiatique sont en général correctement pourvues en médicaments et produits sanitaires. Toutefois, l'offre en contraceptifs est limitée et mieux vaut donc prendre ses précautions avant de partir. La chaleur, l'humidité et les antibiotiques peuvent entraîner le développement de mycoses, qui se traitent à l'aide de crèmes et d'ovules antifongiques tels que le clotrimazole. Emporter une simple plaquette de fluconazole constitue une alternative pratique. De même, les infections urinaires peuvent être aggravées par la déshydratation ou les longs trajets en bus sans arrêt pour aller aux toilettes. Prévoyez donc les antibiotiques nécessaires.

MÉDECINE TRADITIONNELLE

Nombre de pratiques médicales traditionnelles sont encore très en vogue au Vietnam, notamment la médecine par les plantes, en grande partie importée de Chine et parfois efficace. Attention, toutefois : si vous souhaitez recourir aux plantes médicinales, il est hors de question de pratiquer l'automédication ; consultez un spécialiste. Vous en trouverez dans toutes les grandes communautés chinoises, notamment à HCMV, Hanoi et Hoi An.

Une visite chez un médecin traditionnel risque de vous apprendre des choses insoupçonnées sur votre corps. Ainsi, vous découvrirez par exemple que vous avez un pouls "filant" ou "fuyant". Les médecins traditionnels ont identifié plus de 30 sortes de pouls : vide, lent, irrégulier... ou même régulièrement irrégulier ! Un examen de la langue permet aussi de déterminer si elle est glissante, sèche, pâle, grasse... Passés tous ces examens, vient l'heure du diagnostic, durant lequel vous apprendrez, par exemple, que votre pouls fuyant et votre langue rouge et grasse sont des symptômes évidents de "chaleur humide". Pas de panique, cependant, votre médecin ne manquera pas

de vous prescrire les plantes appropriées à votre cas.

La moxibustion est l'un des traitements les plus pratiqués. Elle consiste à faire brûler à fleur de peau des moxas, petites boules d'herbes ressemblant un peu à du coton. Une méthode légèrement différente est de placer les herbes sur une feuille de gingembre avant de l'allumer. L'idée est de créer le maximum de chaleur sans brûler le patient. La méthode est censée soulager grandement certaines affections telles que l'arthrite.

On voit fréquemment des Vietnamiens couverts de longues marques rouges sur le cou, le front ou le dos. Loin d'être une affreuse maladie de peau, ce sont en fait les traces d'un traitement appelé *cao gio*, littéralement "gratter le vent". Dans la médecine traditionnelle vietnamienne, de nombreuses maladies sont attribuées à un "vent pernicieux", dont on peut se débarrasser en s'appliquant de l'huile d'eucalyptus ou du baume du tigre, puis en grattant la peau avec une cuillère, une pièce de monnaie, etc. Le résultat est loin d'être esthétique mais les gens qui pratiquent cette technique affirment que c'est un remède souverain contre le rhume, la fatigue, la migraine et autres petits maux. Reste à savoir si le remède n'est pas pire que le mal.

La pose de ventouses en bambou ou en verre, le *giac hoi*, est un autre moyen de combattre les mauvaises brises. Un petit morceau de coton imbibé d'alcool est brièvement introduit dans la ventouse pour en chasser l'air. Au fur et à mesure que la ventouse refroidit, un vide partiel se crée, laissant de vilaines, mais inoffensives, marques rouges sur la peau, qui disparaissent au bout de quelques jours.

L'acupuncture est une technique dont l'efficacité a été reconnue dans plusieurs cas. Ainsi, des interventions chirurgicales importantes ont ainsi été pratiquées (notamment au niveau de la tête) avec l'acupuncture pour seule anesthésie, en faisant passer (grâce à des piles) un courant de faible intensité à travers les aiguilles.

Lorsqu'elle est bien pratiquée, l'opération est indolore. Le principal est de savoir exactement où planter les aiguilles. Les acupuncteurs ont relevé plus de 2 000 points d'application, dont seuls 150 sont couramment utilisés. On ignore toutefois

SANTÉ

quel est le mécanisme exact de l'acupuncture. Les praticiens parlent d'énergie vitale circulant le long de méridiens qui relient chaque point d'acupuncture à une glande, une articulation ou un organe particuliers. Le point d'acupuncture est parfois très éloigné de la partie du corps qui est traitée.

Dans cette région du monde où les risques de contamination par le sida sont très importants, les aiguilles non stérilisées posent un énorme problème de sécurité. Aussi, si vous envisagez de suivre un traitement lors de votre voyage au Vietnam, mieux vaut acheter vous-même vos aiguilles à l'avance.

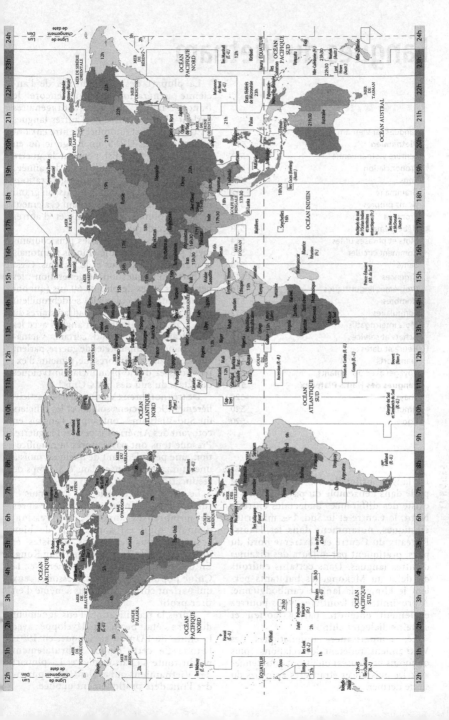

Langues du Vietnam

LANGUES

La langue officielle est le vietnamien, parlé dans l'ensemble du pays, même s'il existe des différences dialectales entre le Nord, le Centre et le Sud. Les minorités ethniques, notamment dans les Hauts-Plateaux du Centre et l'extrême nord du pays, pratiquent par ailleurs des dizaines d'autres langues. Dans certains endroits du delta du Mékong, les habitants parlent le khmer, la langue cambodgienne. À proximité des frontières, vous pourrez également entendre parler laotien et certains dialectes chinois.

Les connaissances linguistiques des Vietnamiens reflètent les relations (plus ou moins houleuses) qu'ils ont entretenues avec les puissances étrangères au cours du siècle dernier.

La plupart des Vietnamiens de l'ancienne génération parlent encore le français, tandis que les quadragénaires parlent plutôt le russe et d'autres langues d'Europe de l'Est : nombre d'entre eux ont séjourné en ex-URSS, en Bulgarie ou en ex-Allemagne de l'Est pendant la guerre froide et, souvent, jusqu'à la fin des années 1980. Aujourd'hui, les jeunes générations adoptent très largement l'anglais, un grand nombre d'étudiants se tournant également vers le japonais, le français et d'autres langues occidentales.

Les langues étrangères les plus couramment pratiquées sont le chinois (cantonais et mandarin), l'anglais et le français. C'est en partie une question de génération : les personnes âgées de plus de 60 ans (qui ont grandi sous l'ère coloniale) se débrouillent mieux en français que les quadragénaires du Sud, qui, eux, traitaient en anglais avec les Américains. Dans le Sud, certains Vietnamiens, anciens interprètes de guerre, parlent encore un anglais pittoresque, pimenté d'expressions et d'une prononciation typique des États du sud des États-Unis !

De très nombreux Vietnamiens – particulièrement les anciens soldats et les officiers du Sud-Vietnam – ont appris l'anglais en côtoyant des Américains pendant la guerre. Presque tous ont passé, après la réunification, une période allant de quelques mois à une quinzaine d'années dans des camps de rééducation.

Le chinois parlé (à la fois cantonais et surtout mandarin) revient en force après de nombreuses années de répression, d'autant qu'il est souhaitable de bien accueillir tous les riches touristes et investisseurs de Taiwan et de Hong Kong. En outre, le commerce frontalier avec la Chine populaire est en plein essor et ceux qui parlent chinois sont plus à même d'en tirer profit.

Après la réunification, l'enseignement du russe s'était beaucoup développé ; avec la chute de l'Union soviétique, en 1991, l'étude de cette langue a brutalement perdu toute sa raison d'être. La plupart des Vietnamiens qui avaient dû l'apprendre l'ont déjà pratiquement oublié.

VIETNAMIEN

La langue vietnamienne *(kinh)* est une fusion du mon-khmer, du thaï et du chinois. Un pourcentage significatif des mots vietnamiens proviennent des langues mon-khmer, sans tons. Le vietnamien a également recueilli des langues thaïes des éléments grammaticaux ou tonaux, mais c'est du chinois qu'il a hérité la majeure partie de son écriture traditionnelle et de son vocabulaire littéraire, technique et administratif.

La liste qui suit vous permettra d'en découvrir les bases. Si vous désirez approfondir votre connaissance de la langue, reportez-vous au guide de conversation (en anglais) édité par Lonely Planet, *Vietnamese Phrasebook*.

Il existe des variations entre le Nord (N) et le Sud (S).

ÉCRITURE VIETNAMIENNE

Pendant des siècles, la langue vietnamienne utilisa les caractères chinois *(chữ nho)*. Vers le XIIIᵉ siècle, les Vietnamiens inventèrent leur propre système d'écriture *(chữ nôm* ou *nôm)*, en réunissant deux caractères chinois ou en recourant à leur valeur phonétique. Ces deux systèmes d'écriture cohabitèrent en fait jusqu'au XXᵉ siècle : on utilisait le *chữ nho* pour les affaires officielles et l'enseignement, le *chữ nôm* pour la littérature populaire. Au XVIIᵉ siècle fut créé le *quốc ngữ*, qui est une graphie romanisée du vietnamien. Largement utilisée depuis la Première Guerre mondiale, cette notation nouvelle, sans idéogrammes, fut créée par le brillant jésuite français Alexandre de Rhodes (voir l'encadré). Cette romanisation contribua par ailleurs à affaiblir le statut des mandarins, dont le pouvoir était fondé sur un savoir traditionnel rédigé en scripts *chữ nho* et *chữ nôm* que le peuple ne savait pas déchiffrer.

Les Vietnamiens traitent chaque syllabe comme un mot à part entière ("Saigon" se dit "Sai Gon" et "Vietnam" s'écrit "Viet Nam"), ce qui est un peu surprenant pour les étrangers. Cette transcription donne à croire, à tort, que le vietnamien est une langue monosyllabique dont chaque syllabe représente un mot complet. Si c'est effectivement le cas de l'écriture chinoise, où chaque syllabe est représentée

par un caractère spécifique, lui-même considéré comme un mot doté d'une signification précise, le vietnamien est en réalité, tout comme le français, une langue polysyllabique. Reste que, l'écrivant de manière monosyllabique, les Vietnamiens affirment que leur langue l'est aussi.

PRONONCIATION

La plupart des lettres de l'alphabet *quốc ngữ* se prononcent comme les lettres de l'alphabet français. Les dictionnaires respectent l'ordre alphabétique, en y ajoutant les voyelles modifiées traitées comme des lettres à part entière.

Les consonnes de l'alphabet vietnamien romanisé sont souvent prononcées comme en français, à quelques exceptions près. Les lettres "f", "j", "w" et "z" n'existent pas.

Pour vous aider à mieux comprendre ce système d'écriture relativement complexe, les mots et les phrases de ce chapitre linguistique s'accompagnent de leur prononciation phonétique française. Ainsi, le **d** et le **gi-** vietnamiens sont représentés par "z", **đ** par "d", **ph-** par "f", **x** par "s", **-ng** par "m", **-nh** par "ny", etc.

Les mêmes symboles que ceux du *quốc ngữ* sont utilisés pour marquer les tons.

c	comme "k"
đ	(barré) comme un d français
d	(non barré) comme un "z" dans le Nord ; comme un "y" dans le Sud
gi-	comme un "z" dans le Nord ; comme un "y" dans le Sud
kh-	comme un "k" suivi d'une sorte de "y", à la fois guttural et aspiré
ng-	comme en français
nh-	comme "gne"
ph-	comme un "f"
r	comme un "z" dans le Nord ; comme un "y" roulé dans le Sud
s	comme un "s" dans le Nord ; comme "ch" dans le Sud
tr-	comme "tch" dans le Nord ; comme "tr" dans le Sud
th-	comme un "t" très aspiré
x	comme un "s"
-ch	comme un "k"
-ng	comme un "ng", mais très fermé
-nh	comme "ngn"

TONS

Le plus ardu, pour les Occidentaux découvrant le vietnamien, est d'apprendre à différencier les tons. Il en existe six en vietnamien parlé, ce qui signifie que chaque syllabe peut se prononcer de six manières différentes et posséder six sens différents. Par exemple, le mot *ma* peut vouloir dire, selon le ton, "fantôme", "qui", "mère", "plant de riz", "tombe" ou "cheval".

Dans le vietnamien écrit, les six tons de la langue parlée sont représentés par cinq signes diacritiques (le premier ton n'étant pas représenté), à ne pas confondre avec les quatre autres signes diacritiques destinés à marquer certaines consonnes et voyelles.

EXEMPLES

dấu ngang	ma	"fantôme"
dấu sắc	má	"mère"
dấu huyền	mà	"qui"
dấu nặng	mạ	"plant de riz"
dấu hỏi	mả	"tombe"
dấu ngã	mã	"cheval"

La représentation visuelle de ces tons donnerait à peu près ceci :

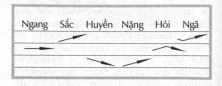

GRAMMAIRE

La grammaire vietnamienne est assez simple mais présente une grande variété de structures de phrases possibles. Les nombres et les genres des substantifs sont généralement non explicites, de même que les temps et les modes des verbes. On a alors recours à des "mots-outils" et à des classificateurs pour spécifier la relation d'un mot avec son voisin. Par exemple, dans l'expression *con mèo (của) tôi* (mon chat), *con* est le classificateur, *mèo* le nom, *của* signifiant "de/qui appartient à" (on peut l'omettre), et *tôi* est le pronom personnel "je".

NOMS PROPRES

Les noms vietnamiens se déclinent dans l'ordre suivant : le nom de famille, le prénom intermédiaire et le prénom usuel. Si le peintre Jean-Baptiste Camille Corot avait été vietnamien, il se serait appelé Corot Camille Jean-Baptiste, et on l'aurait appelé dans la conversation M. Jean-Baptiste. Les Vietnamiens s'appellent en effet par leur prénom, mais omettre monsieur, madame ou mademoiselle est signe d'arrogance ou d'une grande intimité.

"Monsieur" se dit *ông* si l'homme est de la génération des grands-parents, *bác* s'il a l'âge des parents, *chú* s'il est plus jeune que les parents et *anh* s'il s'agit d'un adolescent ou d'un jeune homme d'une vingtaine d'années. "Madame" se dit *bà* si la dame est de l'âge des grands-parents et *bác* si elle a l'âge des parents ou un peu moins. "Mademoiselle" se dit *chị* ou *em* ; si c'est une toute jeune fille, utilisez plutôt *cô*. Aux bonzes et aux hommes enseignants, on dit *thầy*, aux bonzesses *bà*, aux prêtres catholiques *cha* et aux religieuses catholiques *cô*.

Le Vietnam ne possède qu'une centaine de patronymes, et 28% des Vietnamiens s'appellent Nguyen ! Les femmes, en se mariant, adoptent généralement le nom de leur mari, mais pas toujours. Le prénom intermédiaire peut être purement décoratif, ou indiquer le sexe de la personne qui le porte, ou même être porté par tous les hommes d'une même famille. Quant au prénom usuel, il se choisit avec beaucoup de soin : il doit former un ensemble harmonieux avec le nom de famille et le prénom intermédiaire, ainsi qu'avec les noms des autres membres de la famille.

PRONOMS

je

tôi	toy

tu

ông (à un homme âgé)	om
bà (à une femme âgée)	bà
anh (à un homme de son âge)	ang
chị (à une femme de son âge)	tchi

il

anh ấy	ang ey

elle

chị ấy/cô ấy	tchi ey/ko ey

nous

chúng tôi	tchoum toy

ils ou elles

họ	ho

HÉBERGEMENT

Où y a-t-il un ... (pas cher) ?

đâu có... (ré tiền) ?	
dao ko... (ze ti-enn) ?	

camping

đất trại	dat tchaï

hôtel

khách sạn	khat san

pension

nhà khách	nya khat

Quelle est l'adresse ?

Địa chỉ là gì ?	
di-a tchi la zi ?	

Pourriez-vous m'écrire l'adresse, s'il vous plaît ?

Bạn có thể viết giùm địa chỉ được không ?	
ban ko té vi-ett zoum di-a tchi deu-oc kom ?	

Je dois partir à... (demain matin)

Tôi phải đi lúc... giờ (sáng mai)	
toy faï di loup'... zeu (sang mai)	

Combien coûte une chambre ?

Giá một phòng là bao nhiêu ?	
za mot fom la bao ni-ou ?	

J'aimerais (un/une)...

Tôi muốn...	
toy moun...	

lit

cái giường	caï zeu-ong

chambre simple

phòng đơn	fom deun

lit double

giường đôi	zeu-ong doï

chambre

phòng	fom

chambre avec deux lits

phòng gồm hai giường ngú	fom gom haï zeu-ong gnou

chambre avec salle de bains

phòng có phòng tắm	fom ko fom tam

lit en dortoir

ở chung phòng nội trú	eu tchoum fom noï tchou

air conditionné

máy lạnh	maï lang

salle de bains

phòng tắm	fom tam

couverture

mền	men'

ventilateur

quạt máy	couat maï

eau chaude

nước nóng	nuoc nom

blanchisserie

giặt úi	zat ouille

moustiquaire

màng	mang

réception

tiếp tân	tip tan

chambre

phòng	fom

clé

chìa khóa phòng	tchi-a khoua fom

chambre 1re catégorie

phòng loại 1	fom louaï mot'

chambre 2e catégorie

phòng loại 2	fom louaï haï

drap

ra trãi giường	za tcha-ï zeu-ong

LANGUES

FAIRE UNE RÉSERVATION
(par écrit ou par téléphone)

vers...
  Đến...   den...
de...
  Từ...   teu...
date
  ngày tháng   gnaï tang
j'aimerais réserver...
  Làm ơn cho tôi   lam eun tcho toy
  đặt trước một...   dat tchuoc mot'...
au nom de...
  tên là...   ten la...
de...
  Từ...   teu...
vers...
  Đến...   den...
carte de crédit
  thẻ tín dụng   te tinn zoum
numéro
  số   so
date d'expiration
  hết hàng   het hang

MOTS ET PHRASES UTILES

bonjour
  Xin chào   sin tchao
au revoir
  Tạm biệt   tam bi-ett
oui
  Vâng (N)/Dạ. (S)   vang/ya
non
  Không   kom
s'il vous plaît
  Làm ơn   lam eun
merci
  Cảm ơn   kam eun
je vous en prie
  Không có gì   kom ko zi
excusez-moi (souvent employé
  avant de poser une question)
  Xin lỗi   sin leu-ï
pardon
  Xin lỗi   sin leu-ï

toilettes
  nhà vệ sinh   nya ve sing
papier toilette
  giấy vệ sinh   zeï ve sing
serviette
  khăn tắm   khan tam
Combien cela coûte-t-il... ?
  Giá bao nhiêu...?   za bao ni-ou...?
par nuit
  mọt đêm   mot' dem
par personne
  mọt ngừời   mot' gneu-ï

Pourrais-je la voir ?
  Tôi có thể xem phòng được không ?
  toy ko te sem fom deu-oc kom ?
Où est la salle de bains ?
  Phòng tắm ở đâu ?
  fom tam eu dao ?
Où sont les toilettes ?
  Nhà vệ sinh ở đâu ?
  nya ve sing eu dao ?
Je pars aujourd'hui
  Hôm nay tôi rời đay.
  hom naï toy zeuï dey
Nous partons demain
  Ngày mai chúng tôi rời đay.
  ngaï maï tchoum toy zeuï dey

Comment allez-vous ?
  Có khỏe không ?   ko khoué kom ?
bien, merci
  Khỏe, cảm ơn   khoué, kam eun
bonne nuit
  Chúc ngủ ngon   tchouc gnou gnonn

Comment vous appelez-vous ?
  Tên là gì ?   ten la zi ?
Je m'appelle...
  Tên tôi là...   ten toy la...
D'où venez-vous ?
  Bạn từ đâu đến?   ban teu dao den ?
Je viens de...
  Tôi đến từ...   toy den teu...
J'aime...
  Tôi thích...   toy tit
Je n'aime pas...
  Tôi không thích...   toy kom tit
Je veux...
  Tôi muốn...   toy moun...
Je ne veux pas...
  Tôi không muốn...   toy kom moun...

LANGUES

COMMENT CIRCULER
Où est...?
Ở đâu... ? eu dao... ?

Allez toujours tout droit
Thẳng tới trước thang teu-ï tcheu-oc
Tournez à gauche
Sang trái sang tchaï
Tournez à droite
Sang phải sang faï
à l'angle
Ở góc đường eu gop deu-ong
aux feux
tại đèn giao thông taï den zao thom
derrière
đằng sau dang sao
en face de
đằng trước dang tcheu-oc

loin
xa sa
près (de)
gần gan
en face de
đối diện doï zi-enn

plage
bãi biển ba-ï bi-enn
pont
cầu kao
île
đảo dao
place principale
quảng trường kwang tcheu-ong
chính tching
marché
chợ trường tcheu tcheu-ong
montagne
núi nou-ï
quai
bến tàu ben tao
fleuve
sông som
mer
biển bi-enn
place (dans une ville)
công viên com vi-enn
temple
chùa tchou-a
boulevard
đại lộ daï lo
rue
phố/đường (N/S) fo/duong
nord
bắc bak

URGENCES
À l'aide !
Cứu tôi! keu-ou toy !
Il y a eu un accident !
Có tai nạn! ko taï nan' !
Je suis perdu
Tôi bị lạc đường toy bi lak duong
Laissez-moi tranquille !
Thôi ! thoï !
Au voleur !
Ăn cắp ! ann cap !
Au pickpocket !
Móc túi! mop tou-ï
Pourriez-vous appelez...
Làm ơn gọi... lam eun goï...
  une ambulance
  xe cứu thương sai keu-ou theu-ong
  un médecin
  bác sĩ bak si
  la police
  công an com ann

sud
nam nam
est
đông dom
ouest
tây taï

SANTÉ
Je suis malade
Tôi bị đau toy bi dao
J'ai mal ici
Chỗ bị đau ở đây tcho bi dao eu dey
Emmenez-moi à l'hôpital, s'il vous plaît
Làm ơn đưa tôi bệnh viện lam eun deu-a toy ben vi-enn

dentiste
nha sĩ nya si
médecin
bác sĩ bak si
pharmacie
nhà thuốc tây nya touc tai

Je suis...
Tôi bị... toy bi...
  asthmatique
  suyễn souï-yen

LANGUES

diabétique
bệnh đái đường   ben daï duong
épileptique
động kinh   dom king

Je suis allergique aux...
Tôi bị dị ứng với...   toy bi zi eung veu-ï...
antibiotiques
thuốc kháng sinh   touc khang sing
aspirine
thuốc cảm/ất pi rin   touc kam/at pi rin
penicilline
trụ sinh   tchou sing
abeilles
ong   om
cacahuètes
đậu phộng   do fom

mal de dos
đau lưng   dao leung
diarrhée
tiêu chảy   ti-ou tchaï
vertige
chóng mặt   tchom mat
fièvre
bệnh sốt   ben sot
mal de tête
nhức đầu   nyeuk do
paludisme
sốt rét   sot' zet
nausée
buồn nôn   boun nonn
mal de ventre
đau bụng   dao boum
mal de dents
nhức răng   nieuk zang
vomissement
ói   oï

antiseptique
thuốc khử trùng   touk kheu tchoum
préservatif
bao dương vật   bao zu-eung vat
contraceptif
cách ngừa thai   kak gneu-a thaï
anti-insectes
thuốc chống muỗi   touk tchom mou-ï
médicaments
y thuốc   i touk

spirales antimoustiques
hương đớt chống   heung deut tchom
  muỗi (N)   mou-ï
nhang chống   nyang tchom
  muỗi (S)   mou-ï

serviettes hygiéniques
băng vệ sinh   bang ve sing
crème solaire
kem chống nắng   kem tchom nang
tampons
ống băng vệ sinh   om bang ve sinh

PROBLÈMES LINGUISTIQUES
Parlez-vous français ?
Bạn có nói được tiếng Ph a\p không ?
Ban co noï deu-oc ting fap kom ?
Est-ce que quelqu'un parle français ?
Có ai biết nói tiếng Ph a\p không ?
co aï bi-et' noï ting fap kom ?
Qu'est ce que cela signifie ?
Nghĩa là gì ?
gni-a la zi ?
Je (ne) comprends (pas)
Tôi (không) hiểu
toy (kom) hi-ou
Pourriez-vous l'écrire, s'il vous plaît ?
Xin viết ra giùm tôi ?
sin vi-et za zoum toy ?
**Pourriez-vous me montrer où cela se trouve
(sur la carte) ?**
Xin chỉ giùm (trên bản đồ này)
sin chi zoum (tchen ban do naï)

NOMBRES

1	*một*	mot'
2	*hai*	haï
3	*ba*	ba
4	*bốn*	bonn
5	*năm*	nam
6	*sáu*	sao
7	*báy*	bay
8	*tám*	tam
9	*chín*	tchinn
10	*mười*	meu-ï
11	*mười một*	meu-ï mot'
19	*mười chín*	meu-ï tchinn
20	*hai mười*	haï meu-ï
21	*hai mười mốt*	haï meu-ï mot'
22	*hai mười hai*	haï meu-ï haï
30	*ba mười*	ba meu-ï
90	*chín mười*	tchinn meu-ï
100	*một trăm*	mot tcham
200	*hai trăm*	haï tcham
900	*chín trăm*	tchinn tcham
1 000	*một nghìn* (N)	mot gninn
	một gnànn (S)	mot gnann
10 000	*mười nghìn* (N)	meu-ï gninn
	mười gnànn (S)	meu-ï gnann
un million	*một triệu*	mot' tchi-ou
deux millions	*hai triệu*	haï tchi-ou

PANNEAUX

Lối Vào	entrée
Lối Ra	sortie
Hướng Dẫn	informations
Mở	ouvert
Đóng	fermé
Cấm	interdit
Cảnh Sát/Công An	police
Nhà Vệ Sinh	toilettes/WC
Đàn Ông	hommes
Phụ Nữ	femmes

premier *thứ nhất* theu nyeut
deuxième *thứ hai* theu haï

FORMULAIRES

nom
  tên ten
nationalité
  quốc gia kwok za
adresse
  địa chỉ di-a tchi
date/lieu de naissance
  ngày/nơi sinh nga-ï/neuï sing
sexe
  giới tính zeuï ting
passeport (numéro)
  (số) hộ chiếu (so) ho tchi-ou
visa
  thị thực ti teuc

MOTS INTERROGATIFS

qui ?	*Ái?*	aï ?
quoi ?	*Cái gì?*	kaï zi ?
qu'est-ce que c'est ?	*Cái này là cái gì?*	
	kaï naï la kaï zi ?	
quand ?	*Khi nào?*	khi nao ?
où ?	*Ở đâu?*	eu dao ?
lequel ?	*Cái nào?*	kaï nao ?
pourquoi ?	*Tại sao?*	tai sao ?
comment ?	*Làm sao?*	lam sao ?

ACHATS ET SERVICES

J'aimerais acheter...
  Tôi muốn mua...
  toy moun mou-a...
Combien cela coûte-il ?
  Cái này giá bao nhiêu?
  kaï naï za bao ni-ou ?
Je désire payer en dongs
  Tôi muốn trả bằng tiền Việt Nam
  toy moun tcha bang ti-en viet nam

Je ne l'aime pas
  Tôi không thích cái này
  toy kom tit kaï naï
Est-ce que je peux le regarder de plus près ?
  Tôi có thể xem được không ?
  toy ko tey sem duoc kom ?
Je regarde seulement
  Tôi chỉ ngắm xem
  toy tchi gnam sem
Ce n'est pas cher
  Cái này rẻ
  kaï naï ze
C'est trop cher
  Cái này quá mắc
  kaï naï coua mak
Je le prends
  Tôi lấy cái này
  toy ley kaï naï

Est-ce que vous acceptez... ?
Cô nhận... không ?
co ko nyan... kom ?
  les cartes de crédit
  thẻ tín dụng te tin zoum
  les chèques de voyage
  xét du lịch set zou lit

plus	*nhiều hơn*	ni-ou heun
moins	*ít hơn*	it heun
plus petit	*nhỏ hơn*	nyo heun
plus grand	*lớn hơn*	leun heun

Je cherche...
  Tôi tìm...
  toy tim...
  une banque
  ngân hàng ngann hang
  l'église
  nhà thờ nya teu
  le centre-ville
  trung tâm thành phố troum tam tang fo
  l'ambassade de...
  sự quan... seu kwann...
  l'hôpital
  nhà thương nya theu-ong
  mon hôtel
  khách sạn của tôi kat san kou-a toy
  le marché
  chợ tcheu
  le musée
  viện bảo tàng vi-en bao tang
  la police
  cảnh sát kang sat
  la poste
  bưu điện beu-ou di-en

un téléphone public		
phòng điện thoại	fom di-en twaï	
un restaurant		
nhà hàng	nya hang	
des toilettes publiques		
phòng vệ sinh	fom vey sing	
l'office du tourisme		
văn phòng hướng	van fom heu-ong	
dẫn du lịch	zan zou lit	

HEURE ET DATES

Quelle heure est-il ?

Mấy giờ rồi?	mey zeu zoï ?

Il est (8 heures) pile

Bây giờ là (mười)	bay zeu la (meu-ï)
giờ	zeu

quand ?

Khi nào ?	khi nao ?

maintenant

bây giờ	bey zeu

le matin

sáng	sang

l'après-midi

chiều	tchi-ou

le soir

tối	toy

aujourd'hui

hôm nay	hom naï

demain

ngày mai	gna-ï mai

lundi	*thứ hai*	theu haï
mardi	*thứ ba*	theu ba
mercredi	*thứ tư*	theu teu
jeudi	*thứ năm*	theu nam
vendredi	*thứ sáu*	theu sao
samedi	*thứ bảy*	theu bay
dimanche	*chủ nhật*	tchou nyat

janvier	*tháng giêng*	thang zi-eng
février	*tháng hai*	thang haï
mars	*tháng ba*	thang ba
avril	*tháng tư*	thang teu
mai	*tháng năm*	thang nam
juin	*tháng sáu*	thang sao
juillet	*tháng bảy*	thang bay
août	*tháng tám*	thang tam
septembre	*tháng chín*	thang tchinn
octobre	*tháng mười*	thang meu-ï
novembre	*tháng mười một*	thang meu-ï mot
décembre	*tháng mười hai*	thang meu-ï haï

TRANSPORTS
Transports publics

Quand part/arrive le (premier)... ?

Chuyến... (sớm nhất) chạy lúc mấy giờ ?
tchu-yen... (seum nyat) tchaï loup mey zeu ?

bateau		
tàu/thuyền	tao/twiyen	
bus		
xe buýt	sai bouït	
avion		
máy bay	maï baï	
train		
xe lửa	sai leu-a	

Je voudrais un billet pour...

Tôi muốn vé...
toy moun vai...

aller simple		
đi một chiều	di mot tchi-ou	
aller-retour		
khứ hồi	khou hoï	
1ʳᵉ classe		
hạng nhất	hang nyat	
2ᵉ classe		
hạng nhì	hang nyi	

Je veux aller à...

Tôi muốn đi...
toy moun di...

Combien de temps dure le voyage ?

Chuyến đi sẽ mất bao lâu ?
tchwi-yen di meut' bao lao ?

À quelle heure arrive-t-il ?

Mấy giờ đến ?
mey zeu den ?

Le train a été annulé

Chuyến xe lửa bị hủy bỏ
tchwi-yen sai leu-a bi houi bo

premier		
đầu tiên	dao ti-enn	
dernier		
cuối cùng	kwoï koum	
station de bus		
bến xe	ben sai	
billetterie		
phòng bán vé	fom ban vai	
horaires		
thời biểu	teuï bi-ou	
train couchettes		
giường ngủ	zeu-ong gnou	
gare		
ga xe lửa	ga sai leu-a	

PANNEAUX ROUTIERS

Nguy Hiểm	danger
Cấm Đậu Xe	stationnement interdit
Quảnh Lại	déviation
Lối Vào	entrée
Cấm Vượt Qua	interdiction de doubler
Chạy Chậm Lại	ralentir
Cấm Vào	entrée interdite
Đường Một Chiều	sens unique
Lối Ra	sortie

Transports privés

J'aimerais louer...
Tôi muốn thuê...(N)   toy moun toué...
Tôi muốn muốn...(S)   toy moun mou-eun...
  une voiture
  xe hơi   sai heu-ï
  une motocyclette
  xe moto   sai mo-to
  une bicyclette
  xe đạp   sai dap
  un cyclo
  xe xích lô   sai sik lo

Est-ce la route menant à... ?
Con đường nầy có dẫn đến... ?
kon deu-ong naï co zeun den... ?
Combien reste-t-il de kilomètres jusqu'à... ?
... cách đây bao nhiêu ki-lô-mét ?
... kak dey bao ni-ou ki-lo-met ?
Où y a-t-il une station-service ?
Trạm xăng ở đâu ?
tcham sang eu dao ?
Faites le plein s'il vous plaît
Làm ơn đổ đầy bình
lam eun do zay bing
Je voudrais... litres
Tôi muốn... lít
toy moun... lit

diesel
  dầu diesel   zo di-sel
essence
  dầu xăng có chì   zo sang co tchi
essence sans plomb
  dầu xăng   zo sang
autoroute
  xa lộ   sa lo
Nationale 1
  Quốc Lộ 1   kwok lo mot
carte
  bản đồ   ban do

(combien de temps) puis-je laisser ma voiture ici ?
Chúng tôi có thể đậu được (bao lâu) ?
tchoum toy co te do deu-oc (bao lao) ?
Où est-ce que je paie ?
Trả tiền ở đâu ?
tcha ti-enn eu dao ?
Nous avons besoin d'un garagiste
Chúng tôi cần thợ sửa xe
tchoum toy kan teu seu-a sai
La voiture/moto est tombée en panne (à...)
Xe bị hư (tại...)
sai bi heu (taï...)
La voiture/moto ne veut plus démarrer
(Xe hơi/Xe moto) không đề được
(sai heu-ï/sai mo-to) kom zaï deu-oc
Mon pneu est crevé
Bánh xe tôi bị xì
bang sai toy bi si
Je n'ai plus d'essence
Tôi bị hết dầu/xăng
toy bi het zo/sang

VOYAGER AVEC DES ENFANTS

Y a-t-il un/une... ?
Ở đây có... ?   eu dey co... ?
J'ai besoin d'un/une...
Tôi cần...   toy kan...
  table à langer
  phòng thay quần áo   fom taï kwan ao
  cho em bé   tcho em bai
  un siège enfant
  ghế ngồi trong xe   gué gno-ï trom sai
  cho em bé   tcho em bai
  garde d'enfants
  dịch vụ giữ trẻ em   zit vou zeu tche em
  menu enfants
  thực đơn cho trẻ em   theuk deun tcho tche em
  couches jetables
  tã lót   ta lot'
  baby-sitter (francophone)
  người giữ trẻ em   gneu-ï zeu tche em
  nói tiếng Anh   noï ting fap
  chaise haute
  ghế cao cho em bé   gué cao tcho em bai
  pot
  bô cho trẻ em   bo tcho tche em
  poussette
  xe đẩy cho em bé   sai dey tcho em bai

Est-ce que cela vous dérange si j'allaite ici ?
Xin lỗi tôi có thể cho con tôi bú ở đây không ?
sin loï toy co tey tcho con toy bou eu dey kom ?
Les enfants sont-ils acceptés ?
Trẻ em có được phép không ?
tche em co deu-oc fep kom ?

LANGUES

LANGUES DES HAUTS PLATEAUX

Il est difficile de répertorier avec précision les différentes tribus montagnardes. Les ethnologues effectuent généralement une classification linguistique, distinguant trois groupes principaux eux-mêmes subdivisés en vastes et complexes sous-groupes : la famille austro-asiatique, qui comprend les groupes linguistiques viet-muong, mon-khmer, thay-thaï et méo-dao ; la famille austronésienne, qui rassemble les langues malayo-polynésiennes ; enfin, la famille sino-tibétaine, constituée des groupes linguistiques chinois et tibéto-birmans. Pour chaque langue parlée, il existe en outre une multitude de variations dialectales.

Les mots et phrases suivants vous aideront dans une certaine mesure à communiquer avec les trois groupes ethniques des Hauts Plateaux. Si vous avez l'intention de séjourner un certain temps chez les Montagnards, nous ne saurions trop vous recommander de vous procurer le guide de conversation Lonely Planet en anglais *Hill Tribes Phrasebook*. Pour plus d'informations sur les tribus des Hauts Plateaux, voir p. 54.

THAY

Également connus sous le nom de Ngan, Pa Di, Phen, Thu Lao et Tho, les Thay font partie du groupe linguistique thay-thaï.

Bonjour	*pá prama*
Au revoir	*pá paynó*
Oui	*mi*
Non	*boomi*
Merci	*đay fon*

Comment vous appelez-vous ?
ten múng le xăng ma ?
D'où venez-vous ?
mu'ng du' te là ma ?
Combien cela coûte-t-il ?
Ău ni ki lai tiên ?

HMONG

Les Hmong sont également appelés Meo, Mieu, Mong Do (Hmong blancs), Mong Du (Hmong noirs), Mong Lenh (Hmong Fleur) et Mong Si (Hmong rouges). Ils appartiennent au groupe linguistique Hmong Dao, mais leur langue parlée ressemble au mandarin.

Bonjour	*ti nấu/caó cu*
Au revoir	*caó mun'g chè*
Oui	*có mua*
Non	*chúi muá*
Merci	*ô chá*

Comment vous appelez-vous ?
caó be hua chan'g ?
D'où venez-vous ?
caó nhao từ tuá ?
Combien cela coûte-t-il ?
pố chố chá ?

DAO

Répondant également aux noms de Coc Mun, Coc Ngang, Dai Ban, Diu Mien, Dong, Kim Mien, Lan Ten, Lu Gang, Tieu Ban, Trai et Xa, cette tribu appartient au groupe linguistique mong-dao.

Bonjour	*puang tọi*
Au revoir	*puang tọi*
Oui	*mái*
Non	*mái mái*
Merci	*tở dun*

Comment vous appelez-vous ?
mang nhi búa chiên nay ?
D'où venez-vous ?
may hái đo ?
Combien cela coûte-t-il ?
pchiá nhăng

Également disponible dans la collection Lonely Planet :
Vietnamien en français
et *Hill Tribes Phrasebooks* en anglais

Glossaire

Les termes culinaires, les plats ou les boissons sont répertoriés à la rubrique *Les mots à la bouche* p. 71. Pour toute indication sur la langue vietnamienne et la prononciation, consultez le chapitre *Langues* (p. 510).

A Di Da – Bouddha du passé

Agent orange – défoliant cancérigène et mutagène, utilisé massivement pendant la guerre du Vietnam

am et duong – équivalents vietnamiens du yin et du yang

Amérasiens – enfants nés de l'union de soldats américains et de femmes asiatiques pendant la guerre du Vietnam

Annam – ancien nom chinois du Vietnam signifiant "Sud pacifié"

Annamites – terme utilisé par les Français pour désigner les Vietnamiens

ANV – armée nord-vietnamienne

ao dai – costume traditionnel

apsara – vierge céleste

arhat – personne ayant atteint le nirvana

ARVN – armée de la république du Vietnam (ancienne armée du Sud-Vietnam)

ba mu – douze "sages-femmes" : chacune enseignait au nouveau-né une des aptitudes nécessaires à sa première année : sourire, téter, s'allonger sur le ventre, etc.

ban – village

bang – congrégation (dans la communauté chinoise)

bar om – ou "karaoké om", bars associés à l'industrie du sexe

Ba Tay – une Occidentale

bat trang – tuiles

binh dinh vo – art martial traditionnel pratiqué avec un bâton en bambou

bo de – arbre Bodhi (ou banian sacré)

bonze – moine bouddhiste vietnamien

Bouddha Di Lac – Bouddha du futur

buu dien – bureau de poste

cai luong – théâtre moderne

can – cycle de 10 ans

can dan – cafard

caodaïsme – secte religieuse vietnamienne

cay son – arbre dont on tire la résine pour la fabrication de la laque

Cham – habitants du royaume de Champa et leurs descendants

cham chu – acupuncture

Champa – royaume hindou remontant à la fin du IIe siècle

Charlie – surnom donné par les soldats américains aux soldats vietcong

choi ga – combat de coqs

chu nho – idéogrammes chinois

chu nom – (ou *nom*) anciens idéogrammes vietnamiens

Chuan De – déesse bouddhiste de la Miséricorde (en chinois : Guanyin)

Cochinchine – région sud du Vietnam à l'époque coloniale française

Co Den – voir *Drapeaux noirs*

cong – gong

corbeille à bec – dans le cadaïsme, crosse en bois comportant une craie servant à noter les messages des esprits

cow-boys – voleurs à moto

crémaillère – train

cu ly – racines de fougère utilisées pour ses vertus hémostatiques

dan bau – luth à une corde qui produit une étonnante gamme de tonalités

danh de – jeu des chiffres, illégal

dan tranh – cithare à seize cordes

dikpalaka – dieux des points cardinaux

dinh – maison communale

DMZ – zone démilitarisée. No man's land qui séparait autrefois le Nord-Vietnam du Sud-Vietnam

doi moi – restructuration ou réforme économique

dong – grottes naturelles

dong chi – camarade

Drapeaux noirs – *Co Den* ; armée semi-autonome de Chinois, de Vietnamiens et de Montagnards

écocide – terme désignant les effets dévastateurs des herbicides utilisés pendant la guerre du Vietnam

fengshui – voir *phong thuy*

fléaux sociaux – campagne visant à combattre les idées "polluantes" de la société vietnamienne occidentalisée

FNL – Front national de libération, nom officiel du Viet-Cong

fléchette – arme expérimentale utilisée par l'armée américaine, pièce d'artillerie renfermant des milliers de traits acérés

fu – amulette

Funan – voir *Oc-Eo*

garuda – mot sanskrit désignant des êtres célestes semblables aux griffons et se nourrissant de *naga*

ghe – pirogue

giay phep di lai – laisser-passer

gom – céramique

GRP – Gouvernement révolutionnaire provisoire, institué par le Viet-Cong dans le Sud de 1969 à 1976

guerre américaine – nom donné par les Vietnamiens à ce que la plupart des autres nations appellent la "guerre du Vietnam"

hai dang – phare
hai lua – littéralement "riz de deuxième choix" ; terme utilisé dans un sens péjoratif dans le delta du Mékong pour désigner les gens de la campagne. Voir aussi *nha que*
han viet – littérature sino-vietnamienne
hat boi – théâtre classique du Sud
hat cheo – théâtre populaire
hat tuong – théâtre classique du Nord
Hoa – ethnie chinoise, la plus importante des minorités vietnamiennes
ho ca – aquarium
hoi – période de soixante ans
hoi quan – salles de rassemblement des congrégations chinoises
ho khau – permis de résidence requis pour tous les aspects de la vie courante (école, emploi, enregistrement d'un véhicule et propriété d'un terrain, d'une habitation ou d'un commerce)
Honda Dream – modèle de scooter le plus vendu au Vietnam
Honda om – moto-taxi ; aussi appelé *xe om*
huong – parfum
huyen – district rural

Indochine – nom qu'utilisaient les Français pour désigner leurs colonies asiatiques et qui englobait le Vietnam, le Cambodge et le Laos

kala-makara – divinité prenant la forme d'un monstre marin
kalan – sanctuaire
ken doi – instrument de musique composé de deux flûtes de bambou à sept trous
khach san – hôtel
khmer – personne d'origine cambodgienne
kich noi – théâtre récitatif
kim mao cau tich – fougère utilisée pour arrêter les saignements en médecine chinoise traditionnelle ; également appelée *cu ly*
kinh – langue vietnamienne
Khong Tu – Confucius
Kuomintang – ou KMT, Parti nationaliste. Le KMT prit le pouvoir en Chine en 1925 et le garda jusqu'en 1949, année de sa défaite face aux communistes
ky – cycle de douze ans (pour les calendriers)

lang – famille de noblesse héréditaire qui dirige les terres communes et perçoit les récoltes et les taxes des habitants
lang tam – tombes
li xi – argent de la chance

Libération – prise du Sud par le Nord en 1975. Les étrangers préfèrent le terme de "réunification"
Lien Xo – littéralement "Union soviétique" ; mot utilisé pour attirer l'attention d'un étranger
Ligue de la jeunesse révolutionnaire – ligue fondée par Ho Chi Minh en 1925, à Canton, et premier groupe marxiste du Vietnam, prédécesseur du Parti communiste
lingam – phallus stylisé, symbole de la divinité hindoue Shiva

MAAG – groupe de conseil et d'aide militaires (Military Assistance Advisory Group), créé pour entraîner les troupes auxquelles on confiait des armes américaines
mandapa – salle de méditation
manushi-bouddha – bouddha qui apparaissait sous une forme humaine
mat cua – "œil bienveillant" chargé de protéger la maisonnée
MIA – soldat porté disparu (Missing In Action)
minbar – chaire en forme d'escalier, d'où l'imam dirige la prière dans les mosquées
mirhab – niche dans le mur d'une mosquée indiquant la direction de La Mecque
moi – terme péjoratif signifiant "sauvage", utilisé envers les membres des minorités ethniques montagnardes
Montagnards – désigne au Vietnam les minorités ethniques peuplant les régions reculées du pays
muong – grand village composé de *quel*

naga – terme sanskrit désignant un serpent mythique aux pouvoirs divins, souvent représenté la tête dressée au-dessus du Bouddha qu'il protège pendant sa méditation
nam phai – pour hommes
napalm – essence solidifiée, larguée sous forme de bombes, aux effets dévastateurs
nha hang – restaurant
nha khach – hôtel ou pension
nha nghi – pension
nha que – terme signifiant littéralement "campagne", utilisé dans un sens péjoratif (surtout dans le Nord) pour désigner les gens de la campagne. Voir aussi *hai lua*
nha rong – maison sur pilotis utilisée par les Montagnards comme maison commune (voir aussi *rong*)
nha tro – dortoir
nom – voir *chu nom*
nui – montagne
nu phai – pour les femmes

Oc-Eo – (ou Funan) royaume hindouisé du sud du Vietnam des Ier-VIe siècles
ODP – programme de départ organisé (Orderly Departure Program), exécuté sous la houlette de l'*UNHCR* et destiné à organiser l'installation en Occident des réfugiés politiques vietnamiens

OSS – prédécesseur de la CIA
Ong Tay – un Occidental

pagode – à l'origine, tour octogonale bouddhique ; terme utilisé au Vietnam pour désigner un temple
phong thuy – littéralement, "eau du vent" ; terme désignant la géomancie et également connu sous son appellation chinoise, *fengshui*
piastre – monnaie utilisée sous l'Indochine française
piste Ho Chi Minh – réseau de voies emprunté par l'*ANV* et le Viet-Cong pour approvisionner leurs combattants au Sud
pneumatographie – rituel caodaïste au cours duquel un morceau de papier blanc est placé dans une enveloppe cachetée accrochée au-dessus d'un autel. Lorsque celle-ci est décrochée, un message est inscrit à l'intérieur
POW – prisonnier de guerre (Prisoner of War)
programme de hameaux stratégiques – tentative infructueuse de l'armée américaine et du gouvernement sud-vietnamien visant à regrouper de force les paysans des zones "chaudes" dans des villages fortifiés, afin de mieux isoler le Viet-Cong
programme Phœnix – plan controversé de la CIA visant à éliminer les cadres du Viet-Cong par assassinat, capture ou retournement
PTSD – stress post-traumatique (Post-Traumatic Stress Disorder)

quan – district urbain
quan lai – mandarins
quel – hameau de maisons sur pilotis
quoc am – littérature vietnamienne moderne
quoc ngu – transcription phonétique du vietnamien en alphabet latin, actuellement en usage

rap – cinéma
RDV – République démocratique du Vietnam (ancien Nord-Vietnam)
roi can – marionnettes
roi nuoc – marionnettes sur l'eau
rong – maison commune
RSV – République socialiste du Vietnam (nom officiel actuel)
RVN –République du Vietnam (ancien Sud-Vietnam)

salangane – petites hirondelles, dont les nids sont très recherchés dans la gastronomie vietnamienne
sao – flûte en bois
sao la – animal ressemblant à une antilope
shakti – manifestation féminine de Shiva

song – cours d'eau
Son then – couleur noire
sung – bois de figuier

Tam Giao – religion triple mêlant le confucianisme, le taoïsme et le bouddhisme, auxquels s'ajoutèrent avec le temps les croyances populaires chinoises et l'animisme vietnamien
Tao – la Voie, essence constituant toutes les choses
Têt – Nouvel An lunaire vietnamien
thai cuc quyen – taichi (vietnamien)
Thich Ca – Bouddha historique (Sakyamuni)
thung chai – embarcation circulaire en jonc, rendue imperméable par du goudron
thuoc bac – médecine chinoise
toc hanh – bus express
Tonkin – nom donné au nord du Vietnam pendant la période coloniale française. Il existe un golfe du même nom
to rung – xylophone en bambou
trong com – tambourin
truyen khau – tradition orale
tu sat – dominos

UNHCR – Haut-Commissariat des Nations unies pour les réfugiés (United Nations High Commission for Refugees)

Vietcong – terme (à l'origine péjoratif) pour désigner les communistes du Sud-Vietnam (on écrit "Viet-Cong" pour désigner le mouvement dans son ensemble)
Viet Kieu – Vietnamiens expatriés
Viet Minh – Ligue pour l'indépendance du Vietnam. Mouvement nationaliste qui a combattu les Japonais, puis les Français, avant de devenir communiste
VNQDD – Viet Nam Quoc Dan Dang ; parti nationaliste populaire

xang – essence
xe dap loi – voiture tirée par une bicyclette
xe Honda loi – voiture tirée par une moto
xe lam – mini-camionnette à trois roues servant au transport des passagers et des marchandises sur de courtes distances (semblable au bajaj indonésien)
xe loi – voiture tirée par une moto (dans le delta du Mékong)
xe om – moto-taxi, aussi appelée Honda om
xich lo – cyclo ; terme dérivé du français cyclo-pousse
xo so – loterie d'État

yang – génie

En coulisses

À PROPOS DE CET OUVRAGE

Ce livre est la 7e édition française du guide *Vietnam*, issue de la 8e édition en anglais. Nick Ray, en tant qu'auteur coordinateur, a mené à bien la mise à jour de ce guide ; il a été assisté par Wendy Yanagihara. Nick et Wendy ont suivi les traces de Mason Florence et de Virginia Jealous, auteurs de la 7e édition anglaise ; la 6e édition anglaise avait été rédigée par Mason Florence. Le chapitre *Saveurs du Vietnam* est l'œuvre de Nick, qui s'est inspiré du livre *World Food Vietnam* de Richard Sterling. Le Dr Trish Batchelor, médecin généraliste, et Luc Paris, docteur en médecine du service de Parasitologie-Mycologie de l'hôpital de la Pitié-Salpêtrière à Paris, ont collaboré à la rédaction du chapitre *Santé*.

Traduction : Florence Delahoche, Alexandra Helleu, Florence Vuarnesson

UN MOT DES AUTEURS

Nick Ray. Comme toujours, d'innombrables personnes ont contribué à la bonne marche de cette édition. Merci tout d'abord à ma merveilleuse épouse, Kulikar Sotho, et à mon jeune fils Julian. Merci aussi à "Mum and Dad" pour leurs encouragements à me faire parcourir les terres lointaines depuis mon plus jeune âge.

Merci à John McGeoghan, ainsi qu'à Neal Bedford qui m'a rejoint dans les montagnes du Nord-Ouest. Vinh, Linh et Thanh ont été de belle compagnie à Hanoi, tout comme Dida, Tim, Digby, Dan, Maeve et Marcus. Merci aussi à Digby, pour qui emprunter en Minsk les routes du Nord-Ouest n'ont plus de secret. Merci à Minh Ly

pour son aide logistique précieuse dans les régions reculées, ainsi qu'à Hoang et Thanh qui ont réglé avec maestria les impondérables de dernière minute.

Remerciements tout particuliers à Le Van Sinh et à Mason Florence pour l'excellent travail réalisé sur les précédentes éditions de ce guide.

Wendy Yanagihara. Je serais à jamais redevable à Diem et Adrien ; à ma famille vietnamienne Me, Bo, Quynh et Quan ; à Chau et à sa formidable famille ; à la nouvelle maman Quyen ; et à l'équipe Son, pour leur amitié et bien plus encore.

Mille remerciements au fabuleux Sinh, qui a gardé la police éloignée de mon chemin et a contribué, de fait, à ce que mes notes soient complètes et abondantes. De nombreux et chaleureux remerciements également à Dung de HCMC, à Xuan de Dalat et à Barbara de Quy Nhon. Merci aussi à Thanh pour nous avoir mené sans encombre sur toutes les voies du Mékong, et à Tam pour m'avoir fait traverser les hauts plateaux du Centre.

Gracias, otra vez, à Paul Wellman, "auteur de la photo de l'auteur". Enfin, merci à ma famille pour leur amour et leur soutien permanents.

UN MOT DE L'ÉDITEUR

Bénédicte Houdré a assuré la coordination de l'édition française de ce guide. Jean-Noël Doan en a réalisé la mise en pages.

Merci à Catherine Frémont et à Christiane Mouttet pour leur précieux travail sur le texte.

Les cartes originales, signées Anthony Phelan, Jacqueline Nguyen, Corie Waddell et Bonnie Wintle, ont été adaptées en français par Gudrun Fricke. Quentin Frayne a supervisé le chapitre *Langues* et Ben Handicott a veillé à la bonne transcription des caractères vietnamiens pour le chapitre *Saveurs*.

La couverture, réalisée par James Hardy et Wendy Wright, a été adaptée en français par David Guittet et Corinne Holst.

Merci à Émilie Esnaud, Branka Grujic et Dominique Spaety pour leur aide précieuse tout au long de l'édition de ce guide.

Enfin, un grand merci, également, à Clare Mercer et Ellie Cobbs, du bureau Lonely Planet de Londres, pour leur contribution efficace.

À NOS LECTEURS

Nous remercions vivement les les lecteurs qui ont utilisé la précédente édition et qui ont pris la peine de nous écrire pour nous communiquer informations, commentaires et anecdotes.

A Marie Aimée, François Albaret, Thari Ali, J. Ange, Jean-Joachim Anken, Jean-jacques Argaud, Magali Auchère **B** Monique Balestier, Stéphane Barret, Michel Baudry, Pierre Bernard, Béatrice Barral, Loane Bigorne, Jean-Paul Blaise, Catherine Boisvenue, Éléonore Bollart-Gay, Virginie Bonnet, Mr. Bonnet, Jean-Jacques Bordier-Chêne, Claudine Boucher, Christiane Boudier, Édith Boumendil, Julie et Olivier Bouvry, Michel Boudon, Danielle Boulogne, H. Boyer-Resses, Olivier Brennet, Jean Buttafoghi **C** Odyle Cassoret, Isabelle Chalon, Yves Chantepie, Jean-Louis Charrat, Claude Chastang, Fabien Chébaut, Françoise Chevalier, Aurore Colsenet, Bernard Contat, A.Cordier, Daniel Cordonnier, Bernard Coric, Anne Camille Coudurier, Thierry Courtine, Emmanuel Couton, Aline Couturier, Marie-Jo Cumin **D** Véronique David, Damien D'Agostino, Stéphane Debecker, Julie Deblois, Marie Dechoux, Maxime Delcourt, Nathalie Delrue, Benjamin Depassio, Guy Dequeker, Alain Derivier, Anne Devars, Sébastien Dominguez **E** Daniel Erspamer **F** Remy Farssi, Claudine Fievet-Laforet, Annelie Fitzgerald, Robert Flammini, Olivier Folliot, Caroline Forcheron, Jean-Marc Fortin, Ludovic Foulon, Frédéric Fourt, Adeline Frajer, Éric François **G** Marie-Pierre Galian, Jacqueline Gamblin, Marie Garcia, Valérie Gasnier, Gérard Gastel, Pascal Geoffroy, Nathalie Geraudel, Pierre Gernelle, Eric Giry, Wolfgang Glebe, Philippe Goiffon, Magalie Gonzalez, Annick Gougis, Alban Granger, Gérard Grapton, Christian Greiling, Cécile Guerin, Jérôme Guery **H** Christelle et Yannick Hautbois, Katia Herault, Elisabeth Hillairet **I** Florence Iknayan **J** Nicolas Jacquot, Sébastien Joseph, Dominique Jouenet **K** Alexandre Katz **L** Bernard Lambillon, Maxence Langlois, Élisabeth Larger, Robert Larocque, Jérôme Laurent, Pierre Le Normand, Martine Le Roy, Marie Loys, Catherine Lucas, François Luciotto **M** Pascal Mallen, Raphaël Marc, Raymond Marquis, Bianca Marvin, Catherine Mauduit, Anne-Sophie Mauffré, Josée Mazepa, Marie Menu, Vu Hong Minh, Christophe Moret, Nicolas Moroz, G. Muller, Tamara Muller **N** Christian Neutelings, Phuong Nguyen, Duyen Ngyen-phoung, Jean-Baptiste Nicolas, Olivier et Pascale Noaillon **P** Laure Pauplin, Martine Payant, Jean Pérés, Julien Pernot, Christine Petit, Thi-Duong Petitjean, Estelle Pfalzgraf, Bich Ngoc Pham, Nicolas Ponçon, Jean et Rose Poteux, Jérôme Pertuiset, Marianne Pin, Mathias Panhard, Philippe Prégaldien, Jean-Paul Preumont **Q** Nicolas Quatresols-Fournier **R** Gaston Rabier, Matthieu Remond, Alain Remy, Françoise Ravier, Annette Revest, Jean-Marie Ribot, Nadège Richard, Synda Roche, Serge Rubio **S** Judith Sarfati, Isabelle Second, Yann Schneylin, Noëlle Schonenberger, Jacqueline C. Smiths, Eric Strullu **T** Daniel Tanguay, Nicolas Thery, Françoise Thibaud, Stéphane Tella, Jean-Pierre Thibauet, Ho Thi-Kim-Ngan, Jean-Christophe Tilquin, Herve Vilches **V** Thibaud Voita **W** Hélène Wadoux, Hélène Wadox, Fahmy Frédéric Wael **Z** René WintzLaure Ziegler.

VOS RÉACTIONS ?

Vos commentaires nous sont très précieux et nous permettent d'améliorer constamment nos guides. Notre équipe lit toutes vos lettres avec la plus grande attention. Nous ne pouvons pas répondre individuellement à tous ceux qui nous écrivent, mais vos commentaires sont transmis aux auteurs concernés. Tous les lecteurs qui prennent la peine de nous communiquer des informations sont remerciés dans l'édition suivante, et ceux qui nous fournissent les renseignements les plus utiles se voient offrir un guide.

Pour nous faire part de vos réactions et prendre connaissance de notre catalogue, de notre revue d'information et des mises à jour, consultez notre site web : 🖥 **www.lonelyplanet.fr**.

Nous reprenons parfois des extraits de votre courrier pour les publier dans nos produits, guides ou sites web. Si vous ne souhaitez pas que vos commentaires soient repris ou que votre nom apparaisse, merci de nous le préciser. Pour connaître notre politique en matière de confidentialité, connectez-vous à notre site.

Index

INDEX

Les références des cartes sont
indiquées en **gras**.

INDEX

ENCADRÉS

Culture et société

Gastronomie et plaisirs de table

Histoire

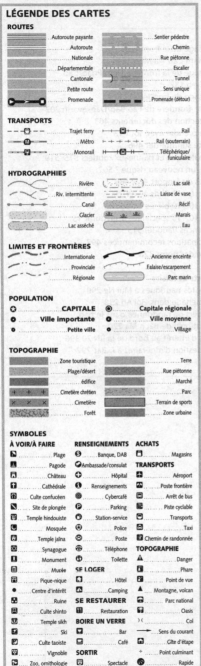

LÉGENDE DES CARTES

ROUTES

	Autoroute payante		Sentier pédestre
	Autoroute		Chemin
	Nationale		Rue piétonne
	Départementale		Escalier
	Cantonale		Tunnel
	Petite route		Sens unique
	Promenade		Promenade (détour)

TRANSPORTS

	Trajet ferry		Rail
	Métro		Rail (souterrain)
	Monorail		Téléphérique/funiculaire

HYDROGRAPHIES

	Rivière		Lac salé
	Riv. intermittente		Laisse de vase
	Canal		Récif
	Glacier		Marais
	Lac asséché		Eau

LIMITES ET FRONTIÈRES

	Internationale		Ancienne enceinte
	Provinciale		Falaise/escarpement
	Régionale		Parc marin

POPULATION

	CAPITALE		Capitale régionale
	Ville importante		Ville moyenne
	Petite ville		Village

TOPOGRAPHIE

	Zone touristique		Terre
	Plage/désert		Rue piétonne
	édifice		Marché
	Cimetière chrétien		Parc
	Cimetière		Terrain de sports
	Forêt		Zone urbaine

SYMBOLES

À VOIR/À FAIRE

	Plage
	Pagode
	Château
	Cathédrale
	Culte confucéen
	Site de plongée
	Temple hindouiste
	Mosquée
	Temple jaïna
	Synagogue
	Monument
	Musée
	Pique-nique
	Centre d'intérêt
	Ruine
	Culte shinto
	Temple sikh
	Ski
	Culte taoïste
	Vignoble
	Zoo, ornithologie

RENSEIGNEMENTS

	Banque, DAB
	Ambassade/consulat
	Hôpital
	Renseignements
	Cybercafé
	Parking
	Station-service
	Police
	Poste
	Téléphone
	Toilette

SE LOGER

	Hôtel
	Camping

SE RESTAURER

	Restauration

BOIRE UN VERRE

	Bar
	Café

SORTIR

	Spectacle

ACHATS

	Magasins

TRANSPORTS

	Aéroport
	Poste frontière
	Arrêt de bus
	Piste cyclable
	Transports
	Taxi
	Chemin de randonnée

TOPOGRAPHIE

	Danger
	Phare
	Point de vue
	Montagne, volcan
	Parc national
	Oasis
	Col
	Sens du courant
	Gîte d'étape
	Point culminant
	Rapide

Note : tous les symboles ne sont pas utilisés dans cet ouvrage

Vietnam 7

Traduit de l'ouvrage *Vietnam (8th edition)*, février 2005

© Lonely Planet Publications Pty Ltd

Traduction française : place des éditeurs

© Lonely Planet 2006,
12 avenue d'Italie, 75627 Paris cedex 13
☎ 01 44 16 05 00
✉ lonelyplanet@placedesediteurs.com
🖥 www.lonelyplanet.fr

Dépôt légal
Avril 2005
ISBN 2 84070-272-X

© photographes comme indiqués 2005

Photographies de couverture : Gomme à confiserie séchant au soleil dans les environs de Ho Chi Minh-Ville, Keren Sue/Lonely Planet Images. La plupart des photos publiées dans ce guide sont disponibles auprès de notre agence photographique Lonely Planet Images : www.lonelyplanetimages.com.

Imprimé par Hérissey, Évreux, France
Réimpression 03, mars 2006